Édition française publiée par
TALENT SPORT
115 rue de l'Abbé Groult, 75015 Paris

Photographies couverture et intérieur :
© AFP, © Icon Sport et Archives Fédération française de football

ISBN : 978-2-37815-110-2

Les 1000 joueurs de l'équipe de France

de 1904 à nos jours

Talent Sport

1 000 joueurs et quelques...

Voici regroupés tous ceux qui ont fait un jour ou l'autre l'histoire de l'équipe de France, par ordre d'entrée en scène. Des onze pionniers participant en 1904 au premier match, à Bruxelles face à la Belgique, aux vingt-six qui ont été sélectionnés pour l'Euro 2021 qui s'est terminé à Bucarest, sur une séance de tirs au but perdue face à la Suisse. Au total, ils sont 1052 en attendant les suivants...

On y retrouve ceux qui furent les premières vedettes du ballon rond en France, les Chayrigues, Maës, Delfour, Aston, Mattler, Ben Barek. Bien sûr ensuite les grands généraux de l'armée bleue victorieuse, Kopa, Platini, Zidane. Et leurs meilleurs lieutenants, Fontaine, Giresse, Bossis ou Henry parmi tant d'autres. Mais également de simples soldats, aux carrières parfois très longues ou très courtes, parsemées de joie ou de déconvenues, de buts marqués ou de buts encaissés. Et puis aussi des sans-grade : tous ces joueurs convoqués un jour, installés sur le banc de touche, prêts à bondir, mais qui n'ont jamais pu fouler la pelouse avec le maillot national sur les épaules, si ce n'est parfois lors de matches d'entraînement...

C'est de tous ceux-là dont il est question dans cette encyclopédie, de tous ces joueurs qui ont laissé une trace, tantôt gigantesque, tantôt presque invisible, car tel était leur destin. Année après année, de 1904 à 2021, à travers 873 matches, ils ont fait la grandeur de l'équipe de France dont les Pogba, Mbappé et Griezmann sont aujourd'hui les héritiers.

1904

12 joueurs
1 match

1er mai : Belgique - France 3-3

Maurice Guichard

Gardien de but
2 sélections

Né en 1876 à Paris, décédé le 17 février 1915 (39 ans)

Première sélection : 1er mai 1904 à Bruxelles, Belgique - France (3-3)

Dernière sélection : 12 février 1905 à Paris, France - Suisse (1-0)

Club : 1903-1905 : US Parisienne (2 sélections)

Bilan : 1 victoire, 1 nul

Maurice Guichard est le premier gardien de but de l'équipe de France, qui débute sa longue épopée en Belgique le 1er mai 1904 (3-3). S'il encaisse trois buts pour cette première sortie internationale (7e, 50e et 65e minutes), il brille lors de la seconde, qui intervient neuf mois plus tard contre la Suisse, et assure ainsi la première victoire tricolore de l'histoire (1-0). Ce Parisien alors âgé de 29 ans ne sera pourtant jamais rappelé.

Matches joués : 1904 1 match sur 1 ▪ **1905** 1 match sur 2 | **Titulaire :** 2 fois sur 2

Fernand Canelle

Défenseur
6 sélections

Né le 2 janvier 1882 à Paris, décédé le 30 septembre 1951 (69 ans)

Première sélection : 1er mai 1904 à Bruxelles, Belgique - France (3-3)

Dernière sélection : 10 mai 1908 à Rotterdam, Pays-Bas - France (4-1)

Club : 1903-1905 : Club Français Paris (6 sélections)

Bilan : 2 victoires, 1 nul, 3 défaites

C'est le tout premier capitaine de l'équipe de France. Fernand Canelle évolue comme arrière gauche sous le simple patronyme de « Fernand », afin que son activité sportive ne soit pas ébruitée ! Il laisse ensuite le capitanat à Pierre Allemane, forfait pour le premier match. Lors de sa troisième sélection, Canelle termine la rencontre dans les buts, le gardien Georges Crozier ayant dû quitter le terrain à la 65e minute... pour rentrer à temps dans sa caserne ! Lors de son quatrième match, un penalty est sifflé contre lui en faveur de l'Angleterre, pour une main involontaire. L'avant-centre de Tottenham Vivian Woodward, auteur d'un quadruplé ce jour-là, fait exprès de le frapper à côté, estimant la sanction injuste. Les Anglais s'imposent 15-0 au Parc des Princes, ce qui reste la plus lourde défaite de la France sur son sol.

Matches joués : 1904 1 match sur 1 ▪ **1905** 2 matches sur 2 ▪ **1906** 1 match sur 2 ▪ **1907** 1 match sur 1 ▪ **1908** 1 match sur 6 | **Titulaire :** 6 fois sur 6 | **Capitaine :** 2 fois (1re et 3e sélections)

Joseph Verlet

Défenseur
7 sélections, 1 but

Né le 16 août 1883 à Asnières-sur-Seine (Hauts-de-Seine), décédé le 22 juillet 1924 (40 ans)

Première sélection : 1er mai 1904 à Bruxelles, Belgique - France (3-3)

Dernière sélection : 9 avril 1011 à Saint-Ouen, France - Italie (2-2)

Clubs : 1903-1905 : FC Paris (2 sélections) ▪ 1905-1911 : CA Paris (5 sélections)

Bilan : 3 victoires, 1 nul, 3 défaites

Défenseur central de la première équipe de France, Joseph Verlet est à l'origine de l'égalisation tricolore contre la Belgique. Il est aussi le premier à transformer un penalty, le 12 avril 1908 contre la Belgique à Colombes (1-2), après une faute sur Gabriel Hanot, futur sélectionneur des Bleus. Bien que rangé des cadres internationaux, après les Jeux olympiques de Londres en 1908, Verlet est rappelé en 1911. Il doit déclarer forfait contre l'Angleterre avant de disputer son dernier match, un mois plus tard, contre l'Italie.

Matches joués : 1904 1 match sur 1 ▪ **1905** 1 match sur 2 ▪ **1906** 1 match sur 2 ▪ **1907** - ▪ **1908** 3 matches sur 6 ▪ **1909** - ▪ **1910** - ▪ **1911** 1 match sur 6 | **But : 1908** 1 | **Titulaire :** 7 fois sur 7 | **Capitaine :** 1 fois (6e sélection)

Jacques Davy

Défenseur
1 sélection

Né le 26 septembre 1883 à Paris, décédé le 12 octobre 1944 (61 ans)

Unique sélection : 1er mai 1904 à Bruxelles, Belgique - France (3-3)

Club : 1903-1904 : US Parisienne (1 sélection)

Bilan : 1 nul

C'est le seul joueur ayant disputé le premier match de l'équipe de France qui n'a jamais été sélectionné à nouveau. Mais il devait cette cape à une certaine part de chance : c'est après le forfait de Pierre Allemane et un tirage au sort avec Émile Fontaine qu'il avait obtenu le droit de jouer…

Match joué : 1904 1 match sur 1 | **Titulaire :** 1 fois sur 1

Charles Bilot

Milieu de terrain
6 sélections

Né le 11 mars 1883 à Paris, décédé le 17 septembre 1912 (29 ans)

Première sélection : 1er mai 1904 à Bruxelles, Belgique - France (3-3)

Dernière présélection : 28 janvier 1912 à Saint-Ouen, France - Belgique (1-1)

Clubs : 1903-1904 : FC Paris (1 sélection) ▪ 1907-1908 : CA Paris (5 sélections)

Bilan : 3 nuls, 3 défaites

L'aîné des frères Bilot (ils sont trois avec Auguste, qui ne sera pas international, et Georges, qui le sera) débute à 21 ans dans la première équipe de France, à la suite du forfait de Pierre Allemane. Il ne s'y installe vraiment que sept ans plus tard, connaissant entre-temps une sélection malheureuse pour les J.O. de Londres, face au Danemark (0-9). Bilot termine sa carrière sans avoir pu remporter un match : il décède brutalement au cours de l'année 1912. Médecin, il fut contaminé par l'un de ses patients et succomba à une maladie pulmonaire.

Matches joués : 1904 1 match sur 1 ▪ **1905** - ▪ **1906** - ▪ **1907** - ▪ **1908** 1 match sur 6 ▪ **1909** - ▪ **1910** - ▪ **1911** 3 matches sur 6 ▪ **1912** 1 match sur 3 | **Titulaire :** 6 fois sur 6

Georges Bilot

Milieu de terrain
1 sélection

Né le 12 mai 1885 à Paris, décédé le 8 février 1964 (78 ans)

Unique sélection : 1er mai 1904 à Bruxelles, Belgique - France (3-3)

Dernière présélection : 1er novembre 1906, France - Angleterre (0-15)

Club : 1903-1904 : FC Paris (1 sélection)

Bilan : 1 nul

C'est le frère cadet de Charles, avec lequel il fait la paire dans le milieu de terrain du FC Paris (c'est la première fratrie de l'équipe de France qui en comptera neuf autres : Julien et Victor Denis, Jean et Raymond Dubly, Paul et Félix Romano, Georges et Charles Géronimi, Pierre et Alexis Mony, Jean et Lucien Laurent, Fritz et Curt Keller, Paul et Pierre Sinibaldi, Hervé et Patrick Revelli). Georges Bilot est de la première équipe de France, comme son frangin. S'il est rappelé trois fois, pour les deux matches suivants puis pour le cinquième, c'est sans être aligné, contrairement à Charles. Gravement blessé pendant la Première Guerre mondiale, Georges vivra longtemps, jusqu'en 1964 (il avait alors 78 ans). La majorité de ses camarades n'ont pas eu cette chance.

Matches joués : 1904 1 match sur 1 ▪ **1905** - ▪ **1906** - | **Titulaire :** 1 fois sur 1 | **Resté sur le banc :** 3 fois

Louis Mesnier

Milieu de terrain
14 sélections, 6 buts

Né le 2 juillet 1884 à Angers (Maine-et-Loire), décédé le 10 novembre 1921 (37 ans)

Première sélection : 1er mai 1904 à Bruxelles, Belgique - France (3-3)

Dernière sélection : 12 janvier 1913 à Saint-Ouen, France-Italie (1-0)

Clubs : 1903-1905 : FC Paris (2 sélections) ▪ 1905-1913 : CA Paris (12 sélections)

Bilan : 5 victoires, 3 nuls, 6 défaites

Des onze pionniers du premier match de l'équipe de France (3-3 contre la Belgique en 1904), Louis Mesnier est celui qui fera la plus grosse carrière, disputant 14 rencontres sur 27 possibles. Ailier droit, celui que l'on surnommait « Didi » (comme Canelle, il tenait à son anonymat vis-à-vis de ses employeurs) fut le premier buteur de l'histoire du foot tricolore : il trouva le chemin des filets à la 12e minute du match contre la Belgique. Après 1908, Mesnier passe deux années sans être sélectionné, une période durant laquelle la France perd six matches consécutivement ! Premier joueur à atteindre les 10 sélections, en 1911, il termine sa carrière internationale sur trois succès de rang.

Matches joués : 1904 1 match sur 1 ▪ **1905** 2 matches sur 2 ▪ **1906** 1 match sur 2 ▪ **1907** - ▪ **1908** 1 match sur 6 ▪ **1909** - ▪ **1910** - ▪ **1911** 5 matches sur 6 ▪ **1912** 3 matches sur 3 ▪ **1913** 1 match sur 5 | **Buts : 1904** 1 ▪ **1911** 3 ▪ **1912** 2 | **Titulaire :** 14 fois sur 14 | **Capitaine :** 4 fois (6e-8e, 10e sélection)

Marius Royet

Attaquant
9 sélections, 2 buts

Né le 19 juin 1880 à Saint-Jean-Bonnefonds (Loire), décédé le 8 novembre 1918 (38 ans)

Première sélection : 1er mai 1904 à Bruxelles, Belgique - France (3-3)

Dernière sélection : 10 mai 1908 à Rotterdam, Pays-Bas - France (4-1)

Club : 1903-1905 : US Parisienne (9 sélections)

Bilan : 2 victoires, 1 nul, 6 défaites

Deuxième buteur tricolore du premier match, Marius Royet est le premier joueur à donner l'avantage à une équipe de France. Pour son dernier rendez-vous, il est nommé capitaine. Et pour la première fois, la France porte le maillot bleu qu'elle adoptera définitivement par la suite. Mobilisé pendant la Grande Guerre, il est fait prisonnier par les Allemands et envoyé dans un camp à Mannheim où il décédera de la grippe espagnole, trois jours avant l'armistice.

Matches joués : 1904 1 match sur 1 ▪ **1905** 2 matches sur 2 ▪ **1906** 2 matches sur 2 ▪ **1907** 1 match sur 1 ▪ **1908** 3 matches sur 6 | **Buts : 1904** 1 ▪ **1907** 1 | **Titulaire :** 9 fois sur 9 | **Capitaine :** 1 fois (9e sélection)

Georges Garnier

Attaquant
3 sélections

Né en 1878, décédé en 1936 (58 ans)

Première sélection : 1er mai 1904 à Bruxelles, Belgique - France (3-3)

Dernière sélection : 7 mai 1905 à Bruxelles, Belgique - France (0-7)

Club : 1903-1905 : Club français (3 sélections)

Bilan : 1 victoire, 1 nul, 1 défaite

Avant le football, Georges Garnier a fait de l'athlétisme et remporté les championnats de France du 400 m et du 800 m. C'était en 1895 et 1897. Passé au ballon rond, il évolue comme avant-centre et dispute les trois premiers matches de l'équipe de France, sans marquer. L'histoire retiendra qu'il fut passeur décisif sur l'égalisation contre la Belgique. Il n'a plus été rappelé après la première défaite tricolore, un sévère 7-0 à Bruxelles, alors qu'il était capitaine.

Matches joués : 1904 1 match sur 1 ▪ **1905** 2 matches sur 2 | **Titulaire :** 3 fois sur 3 | **Capitaine :** 1 fois (3e sélection)

Gaston Cyprès

Attaquant
6 sélections, 2 buts

Né le 19 novembre 1884 à La Cornuaille (Maine-et-Loire), décédé le 18 août 1925 (40 ans)

Première sélection : 1er mai 1904 à Bruxelles, Belgique - France (3-3)

Dernière sélection : 22 octobre 1908 à Londres, France - Danemark (1-17)

Club : 1903-1909 : CA Paris (6 sélections)

Bilan : 1 victoire, 1 nul, 4 défaites

Gaston Cyprès a sauvé le résultat nul pour son premier match, en égalisant à trois minutes de la fin de la rencontre face à la Belgique d'une reprise de volée, après un coup franc de Joseph Verlet dévié de la tête par Georges Garnier. Neuf mois plus tard, Cyprès marquait le but de la première victoire française, contre la Suisse au Parc des Princes, à la suite d'une longue course. Son seul succès en équipe nationale.

Matches joués : 1904 1 match sur 1 ▪ **1905** 2 matches sur 2 ▪ **1906** 2 matches sur 2 ▪ **1907** - ▪ **1908** 1 match sur 6 | **Buts : 1904** 1 ▪ **1905** 1 | **Titulaire :** 6 fois sur 6 | **Resté sur le banc :** 1 fois

Adrien Filez

Attaquant
5 sélections

Né le 27 août 1885 à Tourcoing (Nord), décédé le 18 octobre 1965 (80 ans)

Première sélection : 1er mai 1904 à Bruxelles, Belgique - France (3-3)

Dernière sélection : 19 octobre 1908 à Londres, France - Danemark (0-9)

Club : 1903-1910 : US Tourquennoise (5 sélections)

Bilan : 1 victoire, 1 nul, 3 défaites

Ce Nordiste fils d'un négociant en vin est le seul non-Parisien de la première sélection française. C'est aussi le garçon le plus jeune (18 ans). Sa bonne prestation face aux Belges comme ailier gauche ouvre les portes de l'équipe nationale à d'autres joueurs de Tourcoing comme Henri Moigneu, Gabriel Hanot, Victor Denis ou Fernand Desrousseaux. Après la guerre, Filez déclinera une nouvelle sélection, préférant gérer les affaires familiales. Il a été le dernier survivant des pionniers de l'équipe de France. Et l'un des quatre à dépasser les 40 ans...

Matches joués : 1904 1 match sur 1 ▪ **1905** 2 matches sur 2 ▪ **1906** 1 match sur 2 ▪ **1907** - ▪ **1908** 1 match sur 6 | **Titulaire :** 5 fois sur 5

Émile Fontaine

Milieu de terrain
0 sélection
Première présélection : 1er mai 1904 à Bruxelles, Belgique - France (3-3)

Dernière présélection : 1er novembre 1906 à Paris, France - Angleterre (0-15)

Club : 1903-1907 : Gallia Club de Paris

C'est le premier grand malchanceux de l'histoire de l'équipe de France. Fontaine est le premier joueur à être sélectionné mais à devoir rester sur le banc des remplaçants. Cette mésaventure lui est arrivée deux fois : pour le premier match en Belgique, après un tirage au sort avec Jacques Davy, puis deux ans et demi plus tard, lors de la mémorable raclée reçue face à l'Angleterre au Parc des Princes (15-0). Il aurait pu participer au troisième match de l'histoire, outre-Quiévrain à nouveau, mais cette fois, c'est lui qui déclara forfait...

Resté sur le banc : 2 fois

1905

7 nouveaux joueurs
2 matches

12 février : France - Suisse 1-0
7 mai : Belgique - France 7-0

Charles Wilkes

Milieu de terrain
4 sélections

Né le 2 juin 1879 au Havre (Seine-Maritime), décédé le 27 août 1939 (60 ans)

Première sélection : 12 février 1905 à Paris, France - Suisse (1-0)

Dernière sélection : 12 avril 1908 à Colombes, France - Belgique (1-2)

Clubs : 1904-1905 : Le Havre AC (2 sélections) ▪ 1905-1908 : Le Havre Sports (2 sélections)

Bilan : 1 victoire, 3 défaites

Le Havrais Charles Wilkes est d'origine anglaise. Il aurait dû disputer le premier match de l'équipe de France mais comme Pierre Allemane, il a préféré déclarer forfait car il trouvait le voyage du Havre à Bruxelles trop compliqué ! Il est bien présent pour le deuxième rendez-vous, à Paris contre la Suisse, et participe à la première victoire française mais la seule de sa carrière internationale, vite achevée : elle s'interrompt à la neuvième sortie de la sélection. Il se consacrera ensuite à l'aviation.

Matches joués : 1905 2 matches sur 2 ▪ **1906** 1 match sur 2 ▪ **1907** - ▪ **1908** 1 match sur 6 | **Titulaire :** 4 fois sur 4 | **Resté sur le banc :** 1 fois

Pierre Allemane

Milieu de terrain
7 sélections

Né le 19 janvier 1882 à Montpellier (Hérault), décédé le 20 mai 1956 (74 ans)

Première sélection : 12 février 1905 à Paris, France - Suisse (1-0)

Dernière sélection : 12 avril 1908 à Colombes, France - Belgique (1-2)

Club : 1904-1908 : RC Paris (7 sélections)

Bilan : 3 victoires, 4 défaites

Comme Charles Wilkes, Pierre Allemane a été convoqué pour le premier match auquel il n'a pas pu venir : maréchal des logis dans l'artillerie, il était retenu par l'armée. Ce n'est donc que neuf mois plus tard qu'il honore sa première sélection, comme capitaine, tant son aura est grande avec sa stature haute. Une fonction qu'il occupe à chacune de ses sélections, pendant quatre ans. Il est l'un des premiers joueurs à changer d'équipe à plusieurs reprises, passant du Club Français au Racing puis au Club Athlétique de la Société Générale. Ce qui lui coûtera peut-être une carrière internationale plus longue. La sienne s'est achevée alors qu'il avait 26 ans.

Matches joués : 1905 1 match sur 2 ▪ **1906** 2 matches sur 2 ▪ **1907** 1 match sur 1 ▪ **1908** 3 matches sur 6 | **Titulaire :** 7 fois sur 7 | **Capitaine :** 7 fois (1re-7e sélection)

Eugène Nicolaï

Milieu de terrain
2 sélections

Né le 26 juin 1885 à Paris, décédé le 18 février 1958 (72 ans)

Première sélection : 12 février 1905 à Paris, France - Suisse (1-0)

Dernière sélection : 7 mai 1906 à Bruxelles, Belgique - France (7-0)

Club : 1904-1906 : USCS Paris (2 sélections)

Bilan : 1 victoire, 1 défaite

Joueur de l'United Sports and Swiss Club, qui opère Porte Dauphine, Eugène Nicolaï est un demi-défensif qui participe au premier succès français de l'histoire, face à la Suisse. Reconduit trois mois plus tard, il est victime du véritable naufrage de la sélection au Vivier d'Oie, le terrain de la Belgique, et ne sera plus jamais convoqué.

Matches joués : 1905 1 match sur 2 ▪ **1906** 1 match sur 2 | **Titulaire :** 2 fois sur 2

René Eucher

Attaquant
1 sélection

Né le 16 juin 1884 à Paris, décédé le 23 mai 1940 (55 ans)

Première présélection : 12 février 1905 à Paris, France - Suisse (1-0)

Unique sélection : 10 mai 1908 à Rotterdam, Pays-Bas - France (4-1)

Club : 1904-1908 : AS Française Le Perreux (1 sélection)

Bilan : 1 défaite

René Eucher est convoqué pour la première fois à l'occasion du deuxième match de l'équipe de France. Cet ailier droit reste cantonné sur le banc de touche. Ce n'est que quatre ans plus tard qu'il est à nouveau appelé, après la défection d'Émile Sartorius, retenu par l'armée. Cette fois, Eucher joue mais une défaite aux Pays-Bas (4-1) lui est fatale.

Match joué : 1905 - ▪ **1906** - ▪ **1907** - ▪ **1908** 1 match sur 6 | **Titulaire :** 1 fois sur 1 | **Resté sur le banc :** 1 fois

Georges Crozier

Gardien de but
2 sélections

Né en 1882, décédé en 1944 (62 ans)

Première sélection : 7 mai 1905 à Bruxelles, Belgique - France (0-7)

Dernière sélection : 22 avril 1906 à Saint-Cloud, France - Belgique (0-5)

Club : 1904-1906 : US Parisienne (2 sélections)

Bilan : 2 défaites

Georges Crozier est à l'armée quand il est sélectionné pour la première fois, pour rencontrer la Belgique à Bruxelles. La partie débute avec une heure de retard en ce joli dimanche après-midi de mai et il est obligé d'abandonner son poste en cours de match, à la 65e minute précisément : il doit vite courir prendre le dernier train pour Paris ! Le score, qui était de 4-0, grimpe à 7-0 avec un joueur de champ, Fernand Canelle, à sa place dans les buts. Crozier est convoqué pour le rendez-vous suivant, toujours contre la Belgique mais à Saint-Cloud. Cette fois, il encaisse la totalité des buts, échappant simplement à un penalty manqué en fin de partie.

Matches joués : 1905 1 match sur 2 ▪ **1906** 1 match sur 2 | **Titulaire :** 2 fois sur 2

Henri Moigneu

Défenseur
8 sélections

Né le 9 mars 1887 à Chevilly (Loiret), décédé le 14 mars 1937 (50 ans)

Raymond Gigot

Première sélection : 7 mai 1905 à Bruxelles, Belgique - France (7-0)

Dernière sélection : 10 mai 1908 à Rotterdam, Pays-Bas - France (4-1)

Club : 1904-1908 : US Tourquennoise (8 sélections)

Bilan : 2 victoires, 6 défaites

Huit matches consécutifs pour cet arrière droit de Tourcoing sélectionné à 18 ans. Avec ses camarades de club Gabriel Hanot et Victor Denis, il ne parvient pas à empêcher les lourdes défaites françaises face à la Belgique et l'Angleterre.

Matches joués : 1905 1 match sur 2 ▪ **1906** 2 matches sur 2 ▪ **1907** 1 match sur 1 ▪ **1908** 4 matches sur 6 | **Titulaire :** 8 fois sur 8

Raymond Gigot

Attaquant
1 sélection

Né le 11 mai 1885 à Perpignan (Pyrénées Orientales), décédé le 25 septembre 1915 (30 ans)

Unique sélection : 7 mai 1905 à Bruxelles, Belgique - France (7-0)

Dernière présélection : 22 avril 1906 à Saint-Cloud, France - Belgique (0-5)

Club : 1904-1905 : Club Français (1 sélection)

Bilan : 1 défaite

Appelé pour pallier de nombreux forfaits, Raymond Gigot ne fait qu'une pige en équipe de France, restant sur le banc de touche pour le match suivant. Il trouve la mort lors de la deuxième année de la Grande Guerre, dans le Pas-de-Calais, à Neuville-Saint-Vaast, le même jour que le Breton Ernest Guéguen.

Match joué : 1905 1 match sur 2 ▪ **1906** - | **Titulaire :** 1 fois sur 1 | **Resté sur le banc :** 1 fois

1906

10 nouveaux joueurs

2 matches

22 avril : France - Belgique 0-5
1er novembre : France - Angleterre 0-15

Julien du Rhéart

Défenseur
3 sélections

Né le 13 mars 1885, décédé le 28 février 1963 (78 ans)

Première sélection : 22 avril 1906 à Saint-Cloud, France - Belgique (0-5)

Dernière sélection : 1er janvier 1911 à Charenton, France - Hongrie (0-3)

Clubs : 1905-1906 : SA Montrouge (1 sélection) ▪ 1906-1908 : Club Français (1 sélection) ▪ 1908-1911 : Red Star (1 sélection)

Bilan : 3 défaites

Julien du Rhéart connaît des débuts internationaux compliqués comme défenseur, contre les Belges. Il fait son retour en équipe de France six ans plus tard, comme milieu de terrain, sans être plus heureux.

Matches joués : 1906 1 match sur 2 ▪ **1907** - ▪ **1908** 1 match sur 6 ▪ **1909** - ▪ **1910** - ▪ **1911** 1 match sur 6 | **Titulaire :** 3 fois sur 3 | **Resté sur le banc :** 1 fois

Louis Schubart

Milieu de terrain
3 sélections

Né le 8 avril 1885 à Lille (Nord), décédé le 23 novembre 1954 (69 ans)

Première sélection : 22 avril 1906 à Saint-Cloud, France - Belgique (0-5)

Dernière sélection : 22 octobre 1908 à Londres, France - Danemark (1-17)

Club : 1905-1909 : Olympique Lillois (3 sélections)

Bilan : 3 défaites

C'est le premier Lillois en sélection. Comme du Rhéart, Louis Schubart débute lors du quatrième match de la France et comme lui, il ne connaît que des défaites. La plus douloureuse est la dernière, en demi-finales des Jeux olympiques de Londres, face au Danemark : 17-1 ! Le plus gros revers essuyé par une équipe tricolore.

Matches joués : 1906 2 matches sur 2 ▪ **1907** - ▪ **1908** 1 match sur 6 | **Titulaire :** 3 fois sur 3

Albert Jouve

Attaquant
1 sélection

Né le 10 février 1886

Unique sélection : 22 avril 1906 à Saint-Cloud, France - Belgique (0-5)

Club : 1905-1906 : Gallia Club de Paris (1 sélection)

Bilan : 1 défaite

L'ailier gauche parisien ne voit pas beaucoup le ballon lors du troisième France-Belgique de l'histoire (0-5). Il ne reverra pas non plus l'équipe nationale.

Match joué : 1906 1 match sur 2 | **Titulaire :** 1 fois sur 1

Zacharie Baton

Gardien de but, 4 sélections

Né le 20 septembre 1886 à Arras (Pas-de-Calais), décédé le 21 février 1925 (38 ans)

Première présélection : 22 avril 1906 à Saint-Cloud (France - Belgique)

Première sélection : 1er novembre 1906 à Paris, France - Angleterre (0-15)

Dernière sélection : 12 avril 1908 à Colombes, France - Belgique (1-2)

Dernière présélection : 10 mai 1908 à Rotterdam, Pays-Bas - France (4-1)

Club : 1905-1906 : Olympique Lillois (4 sélections)

Bilan : 2 victoires, 2 défaites

Le premier à s'asseoir sur le banc des remplaçants en attendant son heure. Celle-ci intervient dès sa deuxième convocation, sept mois plus tard. Et comme baptême du feu, il est servi : 15-0 face à l'Angleterre ! Baton encaisse quatre buts de Vivian Woodward, qui manque en outre un penalty volontairement, et sept de Stanley Harris. Heureusement pour lui, il enchaîne avec deux victoires. Zacharie manque une quatrième sélection consécutive car il est retenu par ses obligations militaires, en mars 1908. Il n'a donc pas droit à la revanche contre les Anglais. Cette quatrième sélection survient un mois plus tard et c'est la dernière. Blessé une première fois durant la Grande Guerre, Baton fait partie de l'Armée française d'Orient. Il est envoyé en Serbie comme sous-lieutenant. Blessé de nouveau, il sera amputé du bras gauche et sera retenu en captivité en Bulgarie pendant deux ans.

Matches joués : 1906 1 match sur 2 ▪ **1907** 1 match sur 1 ▪ **1908** 2 matches sur 6 | **Titulaire** : 4 fois sur 4 | **Resté sur le banc :** 2 fois

Alfred Gindrat

Défenseur
4 sélections

Né le 2 janvier 1884, décédé le 19 juin 1958 (74 ans)

Première présélection : 22 avril 1906 à Saint-Cloud, France - Belgique (0-5)

Première sélection : 1er novembre 1911 à Charenton, France - Hongrie (0-3)

Dernière sélection : 18 février 1912 à Saint-Ouen, France - Suisse (4-1)

Club : 1905-1912 : Red Star (4 sélections)

Bilan : 1 victoire, 1 nul, 2 défaites

Pour sa première venue en équipe de France, Alfred Gindrat reste sur le banc de touche. Il aurait pu croire sa carrière internationale terminée avant même d'avoir débuté : il ne fut présélectionné de nouveau que cinq ans et demi plus tard ! Ce défenseur rugueux sur le terrain l'était aussi en dehors : n'ayant pu obtenir les primes souhaitées, il refusa de jouer au-delà de sa quatrième sélection.

Matches joués : 1906 - ▪ **1907** - ▪ **1908** - ▪ **1909** - ▪ **1910** - ▪ **1911** 2 matches sur 6 ▪ **1912** 2 matches sur 3 | **Titulaire :** 4 fois sur 4 | **Resté sur le banc :** 1 fois

Albert Schaff

Attaquant
1 sélection

Né le 8 avril 1885 à Paris, décédé le 21 avril 1968 (83 ans)

Première présélection : 22 avril 1906 à Saint-Cloud, France - Belgique (0-5)

Unique sélection : 8 mars 1914 à Saint-Ouen, France - Suisse (2-2)

Club : 1905-1914 : Club Athlétique de Paris du XIVe (1 sélection)

Bilan : 1 nul

À l'image d'Alfred Gindrat, Albert Schaff doit patienter entre sa première convocation, à 21 ans, et sa première sélection : presque neuf ans ! Et encore, il ne devait pas être présent contre la Suisse, c'est le forfait du Lillois Paul Chandelier qui précipite sa convocation. Entre-temps, Schaff fut présélectionné pour les J.O. de Londres, en 1908, mais il dut renoncer au dernier moment sur blessure. Cet « inter gauche » parisien fut gravement blessé durant la guerre de 1914-18, ce qui stoppa sa carrière.

Match joué : 1906 - ▪ 1907 - ▪ 1908 - ▪ 1909 - ▪ 1910 - ▪ 1911 - ▪ 1912 - ▪ 1913 - ▪ 1914 1 match sur 5 | **Titulaire :** 1 fois sur 1 | **Resté sur le banc :** 1 fois

J. Zimmermann

0 sélection

Première présélection : 22 avril 1906 à Saint-Cloud, France - Belgique (0-5)

Dernière présélection : 10 mai 1908 à Rotterdam, Pays-Bas - France (4-1)

Resté sur le banc : 3 fois

Émile Sartorius

Attaquant
5 sélections, 2 buts

Né le 1er avril 1885 à Roubaix (Nord), décédé en novembre 1933 (48 ans)

Première sélection : 1er novembre 1906 à Paris, France - Angleterre (0-15)

Dernière sélection : 22 octobre 1908 à Londres, France - Danemark (1-17)

Club : 1906-1907 : RC Roubaix (5 sélections)

Bilan : 1 victoire, 4 défaites

Premier joueur de Roubaix, avec André François, à porter le maillot national, l'ailier droit vit une carrière internationale cauchemardesque : elle débute mal et se termine mal avec les cartons mémorables encaissés face aux Anglais et aux Danois. Sartorius marque le but qui sauve l'honneur contre le Danemark, aux J.O. de Londres. À la 17e minute, il ramène l'écart à 3-1 (mais celui-ci grimpera à 17-1...). Comme tous les Français alignés ce jour-là, il ne sera jamais rappelé.

Matches joués : 1906 1 match sur 2 **▪ 1907 - ▪ 1908** 4 matches sur 6 | **Buts : 1908** 2 | **Titulaire :** 5 fois sur 5

André François

Attaquant
6 sélections, 3 buts

Né le 13 janvier 1886 à Roubaix (Nord), décédé le 17 mars 1915 (29 ans)

Première sélection : 1er novembre 1906 à Paris, France - Angleterre (0-15)

Dernière sélection : 22 octobre 1908 à Londres, France - Danemark (1-17)

Club : 1906-1907 : RC Roubaix (6 sélections)

Bilan : 2 victoires, 4 défaites

Julien Verbrugghe

Débutant avec son collègue roubaisien Émile Sartorius, André François connaît les mêmes heures difficiles mais il donne deux victoires à la France en marquant contre la Belgique à Bruxelles (72e minute) puis contre la Suisse à Genève (70e). Capitaine lors de la déroute olympique face au Danemark, il sera gravement blessé lors de la bataille de la Marne, en septembre 1914, et mourra quelques mois plus tard, à l'hôpital de Sainte-Menehould.

Matches joués : 1906 1 match sur 2 ▪ **1907** 1 match sur 1 ▪ **1908** 4 matches sur 6 | **Buts : 1907** 1 ▪ **1908** 2 | **Titulaire :** 6 fois sur 6 | **Capitaine :** 1 fois (6e sélection)

Julien Verbrugghe

Attaquant
4 sélections

Né le 26 décembre 1889 à Roubaix (Nord), décédé le 21 août 1916 (26 ans)

Première sélection : 1er novembre 1906 à Paris, France - Angleterre (0-15)

Dernière sélection : 9 avril 1911 à Saint-Ouen, France - Italie (2-2)

Dernière présélection : 30 avril 1911, Belgique - France (7-1)

Clubs : 1906-1907 : AS Française Le Perreux (1 sélection) ▪ 1910-1911 : Red Star (3 sélections)

Bilan : 1 nul, 3 défaites

Ce Nordiste qui évoluait à Paris aurait pu ne pas se remettre de sa première sélection au Parc des Princes : la France, qui évoluait en maillot rouge, fut corrigée par l'Angleterre sur un score de rugby (15-0). Il n'a alors pas encore 17 ans, ce qui en fait toujours le plus jeune international tricolore de l'histoire. Mais cinq ans plus tard, il revient pour trois apparitions consécutives comme ailier gauche. Hélas, il trouvera la mort durant la bataille de la Somme, à Maurepas, au cours de l'été 1916.

Matches joués : 1906 1 match sur 2 ▪ **1907** - ▪ **1908** - ▪ **1909** - ▪ **1910** - ▪ **1911** 3 matches sur 6 | **Titulaire :** 4 fois sur 4 | **Resté sur le banc :** 1 fois

1907

6 nouveaux joueurs
1 match

21 avril : Belgique - France 1-2

Victor Sergent

Défenseur
5 sélections

Né le 8 août 1886 à Saint-Raphaël (Var), décédé le 28 décembre 1925 (39 ans)

Première sélection : 21 avril 1907 à Bruxelles, Belgique - France (1-2)

Dernière sélection : 16 février 1913 à Bruxelles, Belgique - France (0-3)

Clubs : 1906-1912 : RC Paris (4 sélections) ▪ 1912-1913 : Stade Raphaélois (1 sélection)

Bilan : 2 victoires, 3 défaites

Né en Angleterre, pays de sa mère, Miss Bentall, Victor Sergent débute à Winchester avant de venir jouer à Paris. Cet arrière gauche subit la sévère défaite 12-0 face à l'Angleterre en 1908 à Londres. Le buteur de Liverpool William Jordan marque six fois ce jour-là. Sergent est néanmoins rappelé cinq ans plus tard, alors qu'il a migré sur la Côte d'Azur, à

Saint-Raphaël, pour une ultime sélection.

Matches joués : 1907 1 match sur 1 ▪ **1908** 2 matches sur 6 ▪ **1909** - ▪ **1910** - ▪ **1911** - ▪ **1912** - ▪ **1913** 1 match sur 5 | **Titulaire :** 5 fois sur 5

Paul Zeiger

Défenseur
1 sélection
Unique sélection : 21 avril 1907 à Bruxelles, Belgique-France (1-2)

Club : 1906-1907 : US Parisienne (1 sélection)

Bilan : 1 victoire

Appelé pour la première fois en équipe de France en même temps que Victor Sergent, André Puget, Georges Bon et René Camard, Paul Zeiger se trouve à point nommé pour savourer la première victoire française à l'extérieur. Un succès qui n'appellera pourtant aucune autre sélection pour lui comme pour ses compères, à l'exception de Sergent.

Match joué : 1907 1 match sur 1 | **Titulaire :** 1 fois sur 1

André Puget

Attaquant
1 sélection
Né le 12 janvier 1882 à Paris, décédé le 9 avril 1915 (33 ans)

Unique sélection : 21 avril 1907 à Bruxelles, Belgique - France (1-2)

Club : 1906-1907 : RC Paris (1 sélection)

Bilan : 1 victoire

L'ailier du Racing est à l'origine du but de la première victoire tricolore à l'extérieur. Il adresse un centre au terme duquel André François pousse le ballon et le gardien belge dans les filets... Mobilisé et envoyé sur le front, il trouvera la mort à Neuville-Saint-Vaast, dans le Pas-de-Calais, en 1915.

Match joué : 1907 1 match sur 1 | **Titulaire :** 1 fois sur 1

Georges Bon

Attaquant
1 sélection

Né le 14 juillet 1886 à Boulogne-sur-Mer (Pas-de-Calais), décédé le 18 décembre 1949 (63 ans)

Unique sélection : 21 avril 1907 à Bruxelles, Belgique - France (1-2)

Club : 1906-1907 : US Boulonnaise (1 sélection)

Bilan : 1 victoire

Pour sa première sélection, l'inter droit de Boulogne bouscule quelque peu le gardien belge sur le deuxième but tricolore mais celui-ci est validé et permet à la France de remporter son premier match à l'extérieur. Une performance inattendue car elle restait sur deux revers très nets face à la Belgique : 7-0 et 5-0 !

Match joué : 1907 1 match sur 1 | **Titulaire :** 1 fois sur 1

René Camard

Attaquant
1 sélection
Né le 8 février 1887 à Paris, décédé le 16 mars 1915 (28 ans)

Unique sélection : 21 avril 1907 à Bruxelles, Belgique - France (1-2)

Club : 1906-1907 : AS Française Le Perreux (1 sélection)

Bilan : 1 victoire

Impliqué sur le deuxième but tricolore en Belgique, avec André François et Georges Bon, cet ailier gauche parisien est blessé dès le début de la guerre, en août 1914, à Guise (Aisne). Rétabli, il retourne au front et périt au combat, dans la Somme, à Carnoy. Le même destin tragique qu'André François, André Puget et Marius Royet, qui participèrent avec lui à la première victoire de l'équipe de France hors de ses frontières.

Match joué : 1907 1 match sur 1 | **Titulaire :** 1 fois sur 1

Perrault

Attaquant
0 sélection

Unique présélection : 21 avril 1907 à Bruxelles, Belgique - France (1-2)

Resté sur le banc : 1 fois

1908

23 nouveaux joueurs
6 matches

8 mars : Suisse - France 1-2
23 mars : Angleterre - France 12-0
12 avril : France - Belgique 1-2
10 mai : Pays-Bas - France 4-1
19 octobre : Danemark - France 9-0
22 octobre : France - Danemark 1-17

Maurice Vandendriessche

Milieu de terrain
2 sélections

Né le 2 avril 1887 à Lille (Nord), décédé le 18 novembre 1959 (72 ans)

Première sélection : 8 mars 1908 à Genève, Suisse - France (1-2)

Dernière sélection : 23 mars 1908 à Londres, Angleterre - France (12-0)

Club : 1907-1908 : RC Roubaix (2 sélections)

Bilan : 1 victoire, 1 défaite

La carrière internationale de Maurice Vandendriessche ne dure que trois semaines. Le temps de jouer deux fois et d'adresser une passe décisive dans la victoire de la France en Suisse, avant d'opter pour la nationalité belge ! Il ne portera plus les couleurs de l'Hexagone et disputera des matches avec une équipe de Belgique non officielle durant la guerre, contre des sélections de soldats français.

Matches joués : 1908 2 matches sur 6 | **Titulaire :** 2 fois sur 2

Albert Jenicot

Attaquant
3 sélections

Né le 15 février 1885 à Lille (Nord), décédé le 22 février 1916 (31 ans)

Première sélection : 8 mars 1908 à Genève, Suisse - France (1-2)

Dernière sélection : 19 octobre 1909 à Londres, France - Danemark (0-9)

Club : 1907-1909 : RC Roubaix (3 sélections)

Bilan : 1 victoire, 2 défaites

« Inter » roubaisien, Albert Jenicot débute avec son camarade de club Maurice Vandendriessche. Il retrouve aussi André François et Émile Sartorius. Sa carrière s'arrête aux Jeux olympiques de Londres, après le premier revers face au Danemark en quarts de finale (0-9). Il sera tué au cours de la terrible bataille de Verdun en 1916, à Vacherauville (Meuse).

Matches joués : 1908 3 matches sur 6 | **Titulaire :** 3 fois sur 3 | **Resté sur le banc :** 1 fois

Gabriel Hanot

Attaquant puis défenseur
12 sélections, 3 buts

Né le 6 novembre 1889 à Arras (Pas-de-Calais), décédé le 10 août 1968 (78 ans)

Première sélection : 8 mars 1908 à Genève, Suisse - France (1-2)

Dernière sélection : 9 mars 1919 à Bruxelles, Belgique - France (2-2)

Clubs : 1907-1914 : US Tourquennoise (11 sélections) ▪ 1918-1919 : AS Française Le Perreux (1 sélection)

Bilan : 4 victoires, 2 nuls, 6 défaites

Jeune attaquant de Tourcoing, Gabriel Hanot débute par une victoire en Suisse (3-1) mais il est ensuite pris dans la spirale infernale des défaites françaises, qui lui font perdre sa place. Une seconde chance s'offre à lui cinq ans plus tard. Cette fois, c'est comme défenseur qu'il est retenu et la victoire sur l'Italie à Saint-Ouen lui ouvre en grand les portes de la sélection nationale. La Grande Guerre vient interrompre provisoirement sa carrière. Il fait partie de la première équipe de France de l'après-guerre et l'histoire retiendra aussi qu'à 29 ans, il marque dans les dix dernières minutes les deux buts qui permettent à la France de revenir de

0-2 à 2-2 face à la Belgique. Un accident d'avion le contraint à stopper définitivement la pratique de ce sport. Il se tourne alors vers le journalisme et intègre parallèlement la direction technique de l'équipe de France, faisant office de sélectionneur de 1946 à 1949.

Matches joués : 1908 4 matches sur 6 ▪ **1909** - ▪ **1910** - ▪ **1911** - ▪ **1912** - ▪ **1913** 3 matches sur 5 ▪ **1914** 4 matches sur 5 ▪ **1919** : 1 match sur 1 | **Buts : 1914** 1 ▪ **1919** 2 | **Titulaire :** 12 fois sur 12

Paul Mathaux

Attaquant
5 sélections

Né le 19 février 1888 à Boulogne-sur-Mer (Pas-de-Calais), décédé le 18 septembre 1966 (78 ans)

Première sélection : 8 mars 1908 à Genève, Suisse - France (1-2)

Dernière sélection : 19 octobre 1908 à Londres, France - Danemark (0-9)

Club : 1907-1908 : US Boulonnaise (5 sélections)

Bilan : 1 victoire, 4 défaites

C'est une « équipe de France du Nord » qu'intègre Paul Mathaux : le Boulonnais y retrouve le Lillois Zacharie Baton, les Roubaisiens Émile Sartorius, Albert Jenicot, André François et Maurice Vandendriessche ainsi que les Tourquennois Gabriel Hanot et Henri Moigneu. Huit Nordistes sont ainsi alignés contre la Suisse ! Après une victoire inaugurale, Mathaux n'est pas heureux : il ne marque pas et perd tous les matches. Comme tous les participants aux J.O. de Londres, il ne sera pas rappelé après la débâcle face au Danemark.

Matches joués : 1908 5 matches sur 6 | **Titulaire :** 5 fois sur 5

André Renaux

Gardien de but
1 sélection

Né le 28 août 1882 à Roubaix (Nord), décédé le 27 mai 1924 (41 ans)

Unique sélection : 23 mars 1908 à Londres, Angleterre - France (12-0)

Club : 1907-1908 : RC Roubaix (1 sélection)

Bilan : 1 défaite

Le gardien roubaisien succède dans les buts de l'équipe de France à Zacharie Baton, retenu par ses obligations militaires, pour un match amical contre l'Angleterre au Park Royal de Londres. Il s'en souviendra avec douze buts encaissés, six par mi-temps ! Baton retrouvera ensuite sa place et Renaux, lui, ne sera jamais rappelé...

Match joué : 1908 1 match sur 6 | **Titulaire :** 1 fois sur 1

Gabriel Hanot

Julien Denis

Milieu de terrain
2 sélections

Né le 20 mars 1886 à La Gorgue (Nord), décédé le 15 août 1914 (28 ans)

Première sélection : 23 mars 1908 à Londres, Angleterre - France (12-0)

Dernière sélection : 10 mai 1908 à Rotterdam, Pays-Bas - France (4-1)

Club : 1907-1908 : RC Calais (2 sélections)

Bilan : 2 défaites

Le « demi-aile » calaisien débute par une raclée mémorable contre l'Angleterre à Londres puis revient deux mois plus tard, au Kuip de Rotterdam. Dans la cuvette néerlandaise, il ne peut s'opposer aux attaquants « oranje » qui mènent rapidement 2-0. À la 55e minute de ce match, il cède sa place à son frère Victor, en simulant une blessure. C'est le premier changement de joueur au cours d'un match de l'équipe de France. Jamais rappelé par la suite, Julien Denis trouve la mort au début de la guerre, le 15 août 1914 en Belgique, durant le premier jour de la bataille de Dinant. Sergent-major au 8e régiment d'infanterie, il est le premier des 21 internationaux français qui tomberont au champ d'honneur.

Matches joués : 1908 2 matches sur 6 | **Titulaire :** 2 fois sur 2

Maurice Tillette

Gardien de but
2 sélections

Né le 29 novembre 1884 à Boulogne-sur-Mer (Nord), décédé le 26 août 1973 (88 ans)

Première présélection : 23 mars 1908 à Londres, Angleterre - France (12-0)

Première sélection : 10 mai 1909 à Rotterdam, Pays-Bas - France (4-1)

Dernière sélection : 22 octobre 1908 à Londres, France - Danemark (1-17)

Club : 1907-1908 : US Boulonnaise (2 sélections)

Bilan : 2 défaites

Gardien remplaçant pour le 12-0 encaissé par la France en Angleterre puis lors du match suivant, contre la Belgique, Maurice Tillette entre en scène aux Pays-Bas. Malgré la défaite (1-4), il est sélectionné pour les J.O. de Londres qui suivent. Malheureusement, le Nordiste fait partie du naufrage de Shepherd's Bush, face au Danemark. Cette rencontre est passée à la postérité car elle a enregistré le plus grand nombre de buts inscrits dans une rencontre internationale. Score final : 17-1 ! Sophus Nielsen, qui a marqué 10 buts pour la formation scandinave, est toujours le recordman. Tillette ne reverra jamais l'équipe nationale.

Matches joués : 1908 2 matches sur 6 | **Titulaire :** 2 fois sur 2 | **Resté sur le banc :** 2 fois

Victor Denis

Milieu de terrain
1 sélection

Né le 12 janvier 1889 à La Gorgue (Nord), décédé le 3 mars 1972 (83 ans)

Unique sélection : 19 mai 1908 à Rotterdam, Pays-Bas - France (4-1)

Club : 1907-1908 : US Tourquennoise (1 sélection)

Bilan : 1 défaite

Le frère cadet de Julien entre en cours de match contre les Pays-Bas (une première pour un Tricolore). Il n'évoluera plus en équipe nationale, déclarant forfait pour les Jeux de Londres. Par la suite, il est devenu journaliste à *L'Équipe*.

Match joué : 1908 1 match sur 6 | **Titulaire :** 0 fois sur 1 | **Remplaçant :** 1 fois sur 1 (de J. Denis)

Fernand Desrousseaux

Gardien de but, 1 sélection

Né le 3 janvier 1885 à Constantine (Algérie française), décédé le 18 octobre 1956 (71 ans)

Unique sélection : 19 octobre 1908 à Londres, France - Danemark (0-9)

Club : 1907-1908 : US Tourquennoise (1 sélection)

Bilan : 1 défaite

Comme Maurice Tillette, Fernand Desrousseaux est sélectionné pour les J.O. de Londres. Il est aligné avec l'équipe de France « B » qui dispute un quart de finale contre le Danemark. Elle ne fait pas illusion, encaissant un sévère 9-0. Comme tous les participants à cette rencontre, il ne sera jamais rappelé.

Match joué : 1908 1 match sur 6 | **Titulaire :** 1 fois sur 1

Sadi Dastarac

Défenseur
1 sélection

Né en 1888 à Constantine (Algérie française), décédé le 5 Janvier 1911 (23 ans)

Unique sélection : 19 octobre 1908 à Londres, France - Danemark (0-9)

Club : 1907-1908 : Gallia Paris (1 sélection)

Bilan : 1 défaite

Sélectionné avec l'équipe de France « B » pour les J.O. de Londres, le défenseur parisien sombre rapidement face aux Danois. Comme tous ses partenaires, arrivés outre-Manche le matin du match seulement.

Match joué : 1908 1 match sur 6 | **Titulaire :** 1 fois sur 1

Raoul Gressier

Milieu de terrain
1 sélection

Né le 19 novembre 1885 à Calais (Pas-de-Calais), décédé le 6 octobre 1915 (29 ans)

Unique sélection : 19 octobre 1908 à Londres, France - Danemark (0-9)

Club : 1907-1908 : RC Calais (1 sélection)

Bilan : 1 défaite

Lui aussi est incorporé dans l'équipe de France « bis » qui dispute le quart de finale des J.O. dans la capitale anglaise. Raoul Gressier trouve la mort dans la Marne, à Tahure, en octobre 1915. Il était adjudant au 310e régiment d'infanterie.

Match joué : 1908 1 match sur 6 | **Titulaire :** 1 fois sur 1

Justin Vialaret

Milieu de terrain
1 sélection

Né le 12 novembre 1883 à Millau (Aveyron), décédé le 30 septembre 1916 (32 ans)

Unique sélection : 19 octobre 1908 à Londres, France - Danemark (0-9)

Club : 1907-1908 : Cercle Athlétique du XIVe Paris (1 sélection)

Bilan : 1 défaite

Le Parisien connaît le même destin que Raoul Gressier. Une unique sélection pour les J.O. puis la mort pendant la guerre, à Marcelcave, dans la Somme, un an après son camarade nordiste.

Match joué : 1908 1 match sur 6 | **Titulaire :** 1 fois sur 1

Pierre Six

Attaquant
1 sélection

Né le 18 janvier 1888 au Havre (Seine-Maritime), décédé le 7 juillet 1916 (28 ans)

Unique sélection : 19 octobre 1908 à Londres, France - Danemark (0-9)

Club : 1907-1908 : Olympique Lillois (1 sélection)

Bilan : 1 défaite

Sélectionné de dernière minute pour incorporer l'équipe « bis » alignée contre le Danemark au 1er tour des J.O. de Londres, Pierre Six ne reviendra jamais en équipe de France. Comme Raoul Gressier et Justin Vialaret, il est tué durant la guerre, succombant au cours de l'été 1916 à Estrées-Mons, dans la Somme.

Match joué : 1908 1 match sur 6 | **Titulaire :** 1 fois sur 1

Henri Holgard

Attaquant
1 sélection

Né le 17 décembre 1884 à Quevauvillers (Somme), décédé le 1927 (43 ans)

Unique sélection : 19 octobre 1908 à Londres, France - Danemark (0-9)

Club : 1907-1908 : Amiens AC (1 sélection)

Bilan : 1 défaite

Aligné en attaque, Henri Holgard est le premier Amiénois appelé en équipe de France. L'avant-centre ne trouve pas la faille face à l'équipe olympique danoise.

Match joué : 1908 1 match sur 6 | **Titulaire :** 1 fois sur 1

Georges Prouvost

Attaquant
0 sélection
Unique présélection : 19 octobre 1908 à Londres, France - Danemark (0-9)

Club : 1907-1908 : US Tourcoing (0 sélection)

Le Nordiste fut le douzième homme de l'équipe de France « bis » aux J.O. de Londres. Il ne participa pas au naufrage mais ne fut jamais rappelé lui non plus.

Resté sur le banc : 1 fois

Ursule Wibaut

Défenseur
1 sélection

Né en 1887

Unique sélection : 22 octobre 1908 à Londres, France - Danemark (1-17)

Club : 1907-1908 : Olympique Lillois (1 sélection)

Bilan : 1 défaite

Désigné pour intégrer l'équipe de France A en demi-finales des Jeux de Londres, face au Danemark qui vient de passer un 9-0 à l'équipe de France B, Ursule Wibaut vit un véritable cauchemar. Il fait encore pire que ses collègues de la sélection « bis » puisqu'il enregistre une historique raclée 17-1. Comme tous ceux qui subissent cette humiliation, il ne sera jamais revu en équipe nationale.

Match joué : 1908 1 match sur 6 | **Titulaire :** 1 fois sur 1

Jean Dubly

Défenseur, 1 sélection

Né le 9 août 1886 à Tourcoing (Nord), décédé le 21 novembre 1953 (67 ans)

Unique sélection : 22 octobre 1908 à Londres, France - Danemark (1-17)

Dernière présélection : 29 février 1920 à Genève, Suisse - France (0-2)

Club : 1907-1908 : RC Roubaix (1 sélection)

Bilan : 1 défaite

Au sein de l'équipe de France à forte coloration nordiste alignée en demi-finales des J.O. de Londres (un joueur de Boulogne, deux de Lille et quatre de Roubaix), Jean Dubly ne connaît aucune réussite. Son frère Raymond, qui arrivera en sélection cinq ans plus tard, sera nettement plus heureux.

Match joué : 1908 1 match sur 6 ▪ **1909** - ▪ **1910** - ▪ **1911** - ▪ **1912** - ▪ **1913** - ▪ **1914** - ▪ **1919** - ▪ **1920** - | **Titulaire :** 1 fois sur 1 | **Resté sur le banc :** 1 fois

Georges Bayrou

Défenseur
1 sélection

Né le 21 décembre 1883 à Sète (Hérault), décédé le 5 décembre 1953 (69 ans)

Unique sélection : 22 octobre 1908 à Londres, France - Danemark (1-17)

Club : 1907-1908 : Gallia Club Paris (1 sélection)

Bilan : 1 défaite

Fils du fondateur du FC Sète, Georges Bayrou est l'un des quatre joueurs parisiens de l'équipe de France qui coule aux Jeux de Londres. Il connaît une seconde carrière plus réussie, comme dirigeant, à la présidence du Groupement des clubs professionnels, l'ancêtre de la Ligue Nationale de Football. Cette aventure a duré pendant près de dix ans.

Match joué : 1908 1 match sur 6 | **Titulaire :** 1 fois sur 1

Charles Renaux

Milieu de terrain
1 sélection

Né le 31 décembre 1884 à Roubaix (Nord), décédé le 17 octobre 1971 (86 ans)

Unique sélection : 22 octobre 1908 à Londres, France - Danemark (1-17)

Club : 1907-1908 : RC Roubaix (1 sélection)

Bilan : 1 défaite

« Demi-aile » roubaisien, il est emporté, avec ses camarades, par la tornade danoise de Shepherd's Park durant les J.O. de Londres. Son frère André, gardien de but, sera international à son tour quatre ans plus tard et connaîtra un destin parfaitement similaire.

Match joué : 1908 1 match sur 6 | **Titulaire :** 1 fois sur 1

Georges Albert

Attaquant
1 sélection

Né en 1885, décédé le 24 mai 1963 (78 ans)

Unique sélection : 22 octobre 1908 à Londres, France - Danemark (1-17)

Club : 1907-1908 : CA Paris (1 sélection)

Bilan : 1 défaite

Autre Parisien, représentant du Cercle Athlétique, Georges Albert est un attaquant positionné comme « inter gauche » face au Danemark lors des J.O. de Londres. Sans succès ni lendemain.

Match joué : 1908 1 match sur 6 | **Titulaire :** 1 fois sur 1

René Fenouillère

Attaquant
1 sélection

Né le 22 octobre 1882 à Portbail (Manche), décédé le 4 novembre 1916 (34 ans)

Unique sélection : 22 octobre 1908 à Londres, France - Danemark (1-17)

Club : 1907-1908 : Red Star (1 sélection)

Bilan : 1 défaite

Le Normand, qui a joué au FC Barcelone quand il était étudiant, en 1904, fait les beaux jours du Red Star, à Paris, lorsqu'il est sélectionné pour les Jeux de Londres. Ailier droit, il vit en direct le plus grand traumatisme d'une équipe de France avec le 17-1 concédé au Danemark. Blessé en 1915, pendant la guerre, il dispute quelques matches avec des soldats en permission avant de retourner au front. Sous-lieutenant au 410ᵉ régiment d'infanterie, il trouve la mort un an plus tard, au nord de Reims, dans le secteur de Bétheny.

Match joué : 1908 1 match sur 6 | **Titulaire :** 1 fois sur 1

J. Signoret

0 sélection

Unique présélection : 22 octobre 1908 à Londres, France - Danemark (1-17)

Club : 1907-1908 : RC Paris (0 sélection)

Signoret faisait partie de la sélection française alignée pour la demi-finale des J.O. de Londres face au Danemark mais en tant que remplaçant, il a vécu la déroute depuis le banc.

Resté sur le banc : 1 fois

René Fenouillère

Albert Dubly

0 sélection

Unique présélection : 22 octobre 1908 à Londres, France - Danemark (1-17)

Comme Signoret, c'est depuis la touche qu'il a assisté à la déroute historique de l'équipe de France face au Danemark lors des Jeux de Londres.

Resté sur le banc : 1 fois

1909

18 nouveaux joueurs
2 matches

9 mai : Belgique - France 5-2
22 mai : France - Angleterre 0-11

Jean-Pierre Tessier

Gardien de but
5 sélections

Première sélection : 9 mai 1909 à Bruxelles, Belgique - France (5-2)

Dernière sélection : 15 mai 1910 à Milan, Italie - France (6-2)

Club : 1908-1910 : AS Bon Conseil Paris (5 sélections)

Bilan : 5 défaites

C'est le septième gardien de l'équipe de France et Jean-Pierre Tessier est le premier à atteindre le cap des 5 sélections. Toutes consécutives et toutes soldées par une défaite, dont trois très lourdes, contre l'Italie (6-2 à l'occasion du premier match international de la Squadra Azzurra) puis l'Angleterre : 11-0 à Gentilly et 10-1 à Brighton...

Matches joués : 1909 2 matches sur 2 ▪ **1910** 3 matches sur 3 | **Titulaire :** 5 fois sur 5

Ernest Tossier

Défenseur
1 sélection

Né en 1889, décédé en 1946 (57 ans)

Unique sélection : 9 mai 1909 à Bruxelles, Belgique - France (5-2)

Club : 1908-1909 : Patronage Olier Paris (1 sélection)

Bilan : 1 défaite

Comme ses dix partenaires, il débute face à la Belgique à Bruxelles, au Vivier d'Oie, dans la sélection tricolore rebâtie après le fiasco des J.O. de Londres à partir des équipes de patronage catholiques. Et comme sept coéquipiers, il ne sera pas revu.

Match joué : 1909 1 match sur 2 | **Titulaire :** 1 fois sur 1

Henri Guerre

Défenseur, 1 sélection

Unique sélection : 9 mai 1909 à Bruxelles, Belgique - France (5-2)

Club : 1908-1909 : Patronage Olier Paris (1 sélection)

Bilan : 1 défaite

Partenaire d'Ernest Tossier au Patronage Olier (un club parisien), Henri Guerre est appelé pour pallier le forfait d'André Sollier. Comme lui, il ne fait qu'une apparition internationale, en Belgique. C'est la quatrième défaite de la France face aux Belges en six matches.

Match joué : 1909 1 match sur 2 | **Titulaire :** 1 fois sur 1

Jean Rigal

Milieu de terrain
11 sélections, 1 but

Né le 12 septembre 1890 à Boulogne-Billancourt (Hauts-de-Seine), décédé le 5 novembre 1979 (88 ans)

Première sélection : 9 mai 1909 à Bruxelles, Belgique - France (5-2)

Dernière sélection : 28 janvier 1912 à Saint-Ouen, France - Belgique (1-1)

Club : 1908-1912 : AF Garenne-Colombes (11 sélections)

Bilan : 2 nuls, 9 défaites

Retenu par son entreprise de textile, Jean Rigal doit prendre le train de nuit Paris-Bruxelles pour rejoindre ses coéquipiers appelés à affronter la Belgique un dimanche 9 mai. Si sa première sélection se solde par un échec, il réussit à marquer en fin de match, à la suite d'un corner d'Henri Bellocq. Du coup, contrairement à la majorité de ses partenaires, il est rappelé sans discontinuer pendant quatre ans. Sans inscrire d'autre but et sans connaître la victoire... Après sa carrière de joueur, Rigal entame une brillante carrière de dirigeant : il est membre du comité de sélection pendant quinze ans, jusqu'à la fin des années 1950.

Matches joués : 1909 2 matches sur 2 ▪ **1910** 3 matches sur 3 ▪ **1911** 5 matches sur 6 ▪ **1912** 1 match sur 3 | **But : 1909** 1 | **Titulaire :** 11 fois sur 11

Raymond Gouin

Milieu de terrain
2 sélections

Né le 20 juin 1888 à Choisy (Val-de-Marne), décédé le 28 octobre 1954 (66 ans)

Première sélection : 9 mai 1909 à Bruxelles, Belgique - France (5-2)

Dernière sélection : 22 mai 1909 à Chantilly, France - Angleterre (0-11)

Club : 1908-1909 : JA Levallois (2 sélections)

Bilan : 2 défaites

Le demi-centre de Levallois ne peut stopper les attaques belges à lui seul mais son courage est reconnu et il a droit, deux semaines plus tard, à une deuxième sélection. La dernière.

Matches joués : 1909 : 2 matches sur 2 | **Titulaire :** 2 fois sur 2

Jean-Marie Barat

Milieu de terrain, 2 sélections

Né le 1er août 1892 à Paris, décédé le 16 mai 1956 (63 ans)*

Première sélection : 9 mai 1909 à Bruxelles, Belgique - France (5-2)

Dernière sélection : 22 mai 1909 à Chantilly, France - Angleterre (0-11)

Club : 1908-1909 : AS Bon Conseil Paris (2 sélections)

Bilan : 2 défaites

Comme Raymond Gouin, Jean-Marie Barat dispute les deux matches du mois de mai. Il ne reviendra jamais en équipe de France.

Matches joués : 1909 : 2 matches sur 2 | **Titulaire :** 2 fois sur 2

Henri Bellocq

Attaquant
6 sélections, 1 but

Né le 16 décembre 1884 à Bordeaux (Gironde), décédé le 5 septembre 1959 (74 ans)

Première sélection : 9 mai 1909 à Bruxelles, Belgique - France (5-2)

Dernière sélection : 1er janvier 1911 à Charentonneau, France - Hongrie (0-3)

Club : 1908-1911 : Étoile des Deux Lacs Paris (6 sélections)

Bilan : 6 défaites

Cet « inter » droit est l'auteur des passes décisives qui amènent les deux buts français en Belgique. Une performance qui lui permet d'évoluer avec l'équipe nationale pour les cinq matches suivants. Il est buteur contre l'Italie à Milan, pour sa cinquième sortie et le premier France-Italie de l'histoire. Sa carrière en sélection s'arrête à la rencontre suivante, sur une nouvelle défaite.

Matches joués : 1909 2 matches sur 2 ▪ **1910** 3 matches sur 3 ▪ **1911** 1 match sur 6 | **But : 1910** 1 | **Titulaire :** 6 fois sur 6

Henri Mouton

Attaquant
5 sélections, 1 but

Né le 12 avril 1881 à Morsain (Aisne), décédé le 20 mars 1962 (80 ans)

Première sélection : 9 mai 1909 à Bruxelles, Belgique - France (5-2)

Dernière sélection : 15 mai 1910 à Milan, Italie - France (6-2)

Club : 1908-1910 : Étoile des Deux Lacs Paris (5 sélections)

Bilan : 5 défaites

Servi par Henri Bellocq, son partenaire habituel au patronage de l'Étoile des Deux Lacs, Henri Mouton marque le premier but français en Belgique. Cela lui permet de rester l'avant-centre de l'équipe nationale pendant deux ans mais sans grande réussite.

Matches joués : 1909 2 matches sur 2 ▪ **1910** 3 matches sur 3 | **But : 1909** 1 | **Titulaire :** 5 fois sur 5

Maurice Meunier

Attaquant
1 sélection

Né le 27 janvier 1890 à Paris, décédé le 27 février 1971 (81 ans)

Unique sélection : 9 mai 1909 à Bruxelles, Belgique - France (5-2)

Club : 1908-1909 : Étoile des Deux Lacs Paris (1 sélection)

Bilan : 1 défaite

L'ailier droit parisien de la prestigieuse Étoile des Deux Lacs est à l'origine du premier but français contre la Belgique, portant le score à 2-1. La défaite finale 5-2 lui est fatale car on ne le rappelle pas, contrairement à ses camarades de club Henri Bellocq et Henri Mouton.

Match joué : 1909 1 match sur 2 | **Titulaire :** 1 fois sur 1

Félix Julien

Attaquant
2 sélections

Né le 7 décembre 1884 à Corbeil (Essonne), décédé le 1er mars 1915 à Clermont-en-Argonne (30 ans). Comme beaucoup, il est perd la vie lors de la guerre, sur le front d'Argonne.

Première sélection : 9 mai 1909 à Bruxelles, Belgique - France (5-2)

Dernière sélection : 22 mai 1909 à Gentilly, France - Angleterre (0-11)

Club : 1908-1909 : AS Bon Conseil Paris (2 sélections)

Bilan : 2 défaites

Sociétaire du Bon Conseil, « l'inter » gauche Félix Julien est maintenu, après la défaite en Belgique, pour le match contre l'Angleterre mais pas au-delà.

Matches joués : 1909 2 matches sur 2 | **Titulaire :** 2 fois sur 2

Alfred Compeyrat

Défenseur
3 sélections

Né le 28 janvier 1890 à Pantin (Seine-Saint-Denis), décédé le 27 septembre 1951 (61 ans)

Première sélection : 9 mai 1909 à Bruxelles, Belgique - France (5-2)

Dernière sélection : 30 avril 1911 à Bruxelles, Belgique - France (3-1)

Clubs : 1908-1909 : JA Levallois (1 sélection) ▪ 1910-1911 : CA Rosaire Paris (2 sélections)

Bilan : 3 défaites

L'ailier gauche de Levallois disparaît de la sélection après la défaite en Belgique. Mais contrairement à six autres joueurs dont c'est aussi le cas, il revient deux ans plus tard. Et comme défenseur. Il supplée d'abord Joseph Verlet, forfait à la dernière minute contre l'Angleterre. Confirmé par la suite, il retrouve la Belgique deux ans après ses débuts, pour un nouveau et dernier revers.

Matches joués : 1909 1 match sur 2 ▪ **1910** - ▪ **1911** 2 matches sur 6 | **Titulaire :** 3 fois sur 3 | **Resté sur le banc :** 1 fois

Gilbert Brebion

Défenseur, 1 sélection

Né le 20 mars 1887 à Paris, décédé le 21 septembre 1970 (83 ans)

Unique sélection : 22 mai 1909 à Gentilly, France-Angleterre (0-11)

Club : 1908-1909 : Étoile des Deux Lacs (1 sélection)

Bilan : 1 défaite

Forfait pour le rendez-vous en Belgique, Gilbert Brebion débute au match suivant, contre l'Angleterre, à Gentilly. En tant que défenseur, il vit un calvaire avec un 11-0 qui clôt aussitôt sa carrière internationale.

Match joué : 1909 1 match sur 2 | **Titulaire :** 1 fois sur 1

Henri Bellocq

André Sollier

Défenseur, 5 sélections

Né en 1890

Première sélection : 22 mai 1909 à Gentilly, France - Angleterre (0-11)
Dernière sélection : 1er janvier 1911 à Charentonneau, France - Hongrie (0-3)

Club : 1908-1911 : CA Vitry (5 sélections)

Bilan : 5 défaites

Forfait lui aussi contre la Belgique, l'arrière gauche André Sollier résiste à la raclée reçue contre l'Angleterre et dispute les quatre matches qui suivent, pour autant de défaites. Lors de la dernière, il doit sortir sur blessure en seconde mi-temps, laissant ses camarades à 10 face à la Hongrie et son redoutable buteur Imre Schlosser-Lakatos. Ce jour-là, ce dernier signe trois de ses 59 buts internationaux.

Matches joués : 1909 1 match sur 2 ▪ **1910** 3 matches sur 3 ▪ **1911** 1 match sur 6 | **Titulaire :** 5 fois sur 5

Victor Hitzel

Attaquant
1 sélection

Né le 12 novembre 1883 à Levallois-Perret, décédé le 13 janvier 1915 (31 ans)

Unique sélection : 22 mai 1909 à Gentilly, France - Angleterre (0-11)

Club : 1908-1909 : JA Levallois (1 sélection)

Bilan : 1 défaite

Privé de ballon, l'ailier droit de Levallois d'origine alsacienne ne goûte guère sa sélection contre l'Angleterre, qui débouche sur une lourde défaite 11-0, d'autant qu'elle est sans lendemain. Il sera le cinquième international à être victime de la guerre, fauché au début de l'année 1915 à Bucy-le-Long (Aisne).

Match joué : 1909 1 match sur 2 | **Titulaire :** 1 fois sur 1

Jean Pacot

Attaquant
1 sélection

Né le 28 janvier 1898 à Pantin (Seine-Saint-Denis), décédé le 12 juillet 1962 (64 ans)

Unique sélection : 22 mai 1909 à Gentilly, France - Angleterre (0-11)

Club : 1908-1909 : CA Pierrefitte (1 sélection)

Bilan : 1 défaite

Ailier gauche, il n'est pas plus heureux que ses camarades de l'attaque française contre l'Angleterre.

Match joué : 1909 1 match sur 2 | **Titulaire :** 1 fois sur 1

Hattelart

0 sélection

Unique présélection : 22 mai 1909 à Gentilly, France - Angleterre (0-11)

C'est sur le banc de touche qu'il assiste à la leçon de football donnée par les Anglais aux Français.

Resté sur le banc : 1 fois

Marodon

0 sélection

Unique présélection : 22 mai 1909 à Gentilly, France - Angleterre (0-11)

Comme Hattelart, il reste sur la touche de Gentilly pour voir les Anglais corriger les Français.

Resté sur le banc : 1 fois

Richez

0 sélection

Unique présélection : 22 mai 1909 à Gentilly, France - Angleterre (0-11)

Présent avec Hattelar et Marodon, il est remplaçant et ne sera jamais rappelé en équipe de France.

Resté sur le banc : 1 fois

1910

10 nouveaux joueurs 3 matches

3 avril : France - Belgique 0-4
16 avril : Angleterre - France 10-1
15 mai : Italie - France 6-2

Jean Ducret

Milieu de terrain
20 sélections, 3 buts

Né le 29 novembre 1887 à Puteaux (Hauts-de-

Seine), décédé le 15 novembre 1975 (87 ans)

Première sélection : 3 avril 1910 à Gentilly, France - Belgique (0-4)

Dernière sélection : 29 mars 1914 à Turin, Italie - France (2-0)

Clubs : 1909-1913 : Étoile des Deux Lacs Paris (16 sélections) ▪ 1913-1914 : Olympique Lillois (4 sélections)

Bilan : 7 victoires, 3 nuls, 10 défaites

C'est le premier grand leader de l'histoire de l'équipe de France. Il dépasse le record de sélections de Louis Mesnier (14) pour le porter à 20 avant la guerre. Jean Ducret est un meneur de jeu à la robustesse physique savamment entretenue (sorti sur blessure au genou à la 10e minute du match contre la Suisse, en 1911, il revient en jeu après la pause). C'est le « demi-centre » et capitaine de l'équipe de France victorieuse pour la première fois de l'Italie, en 1912 à Turin. Muté à Lille en 1913, il participe au succès sur la Belgique, dans la cité nordiste justement, le deuxième seulement en onze confrontations avec les Belges. Un événement, donc ! Il doit déclarer forfait pour ce qui aurait été sa 21e sélection, en mai 1914, et la guerre met fin à sa carrière internationale. Après le conflit, il sera entraîneur d'équipes parisiennes, formant notamment le futur international Fred Aston.

Matches joués : 1910 3 matches sur 3 ▪ **1911** 5 matches

sur 6 ▪ **1912** 3 matches sur 3 ▪ **1913** 5 matches sur 5 ▪ **1914** 4 matches sur 5 | Buts : **1910** 1 ▪ **1913** 1 ▪ **1914** 1 | **Titulaire :** 20 fois sur 20 | **Capitaine :** 13 fois (2e, 3e, 9e-17e, 19e, 20e)

Eugène Petel

Milieu de terrain
1 sélection

Né le 10 novembre 1888 à Paris, décédé le 22 septembre 1914 (25 ans)

Unique sélection : 3 avril 1910 à Gentilly, France - Belgique (0-4)

Club : 1909-1910 : US Alfortville (1 sélection)

Bilan : 1 défaite

Le jeune « demi » parisien ne pèse pas lourd contre les Belges et ne reviendra pas en équipe de France. Grièvement blessé dès le début de la guerre, il est évacué vers l'hôpital d'Orléans, où il succombe quelques semaines plus tard.

Match joué : 1910 1 match sur 3 | **Titulaire :** 1 fois sur 1

Joseph Delvecchio

Attaquant
1 sélection

Né le 23 juin 1885 à Alfortville (Val-de-Marne), décédé le 20 mars 1971 (85 ans)

Unique sélection : 3 avril 1910 à Gentilly, France - Belgique (0-4)

Club : 1909-1910 : AS Alfortville (1 sélection)

Bilan : 1 défaite

Contrairement à son camarade de club Eugène Petel, cet ailier gauche fait suffisamment voir ses talents pour être convoqué une seconde fois. Mais il renonce à la dernière minute au déplacement à Brighton, pour affronter l'Angleterre, et ne sera jamais rappelé.

Match joué : 1910 1 match sur 3 | **Titulaire :** 1 fois sur 1

Étienne Jourde

Attaquant
8 sélections, 1 but

Né le 3 janvier 1890, décédé le 17 octobre 1921 (31 ans)

Première sélection : 3 avril 1910 à Gentilly, France - Belgique (0-4)

Dernière sélection : 31 mai 1914 à Budapest, Hongrie - France (5-1)

Clubs : 1909-1910 : CA Vitry (5 sélections) ▪ 1913-1914 : Club des Sports Athlétiques Paris (3 sélections)

Bilan : 2 victoires, 1 nul, 5 défaites

Nommé capitaine pour sa première cape, cet « inter » gauche parisien ne connaît pas un franc succès, à titre personnel, ce jour-là mais il est régulièrement appelé en sélection jusqu'à la guerre. Il est de la belle victoire à Turin, sur l'Italie, en 1912 puis de celle sur la Belgique en 1914 à Lille. Il inscrit le troisième but français et il est à l'origine de deux autres. Cette performance semble l'installer en équipe nationale mais la Première Guerre mondiale vient stopper net sa carrière sous les couleurs de son pays.

Matches joués : 1910 3 matches sur 3 ▪ **1911** 1 match sur 6 ▪ **1912** 1 match sur 3 ▪ **1913** - ▪ **1914** 3 matches sur 5 | **But : 1914** 1 | **Titulaire :** 8 fois sur 8 | **Capitaine :** 2 fois (1re, 3e)

Maurice Olivier

Milieu de terrain
6 sélections

Né le 10 février 1887 à Duclair (Seine-Maritime), décédé le 15 mai 1978 (91 ans)

Première sélection : 3 avril 1910 à Gentilly, France - Belgique (0-4)

Dernière sélection : 8 février 1914 à Luxembourg, Luxembourg - France (5-4)

Club : 1909-1914 : Étoile des Deux Lacs Paris (6 sélections)

Bilan : 2 victoires, 4 défaites

Cet ailier droit qui vient du patronage catholique de l'Étoile des Deux Lacs, comme D. Mercier, Henri Bellocq et Henri Mouton, s'installe avec eux, quelque temps, en équipe de France. En 1914, après deux ans d'absence, il est rappelé, à la suite d'une cascade de forfaits, pour jouer au Luxembourg. Un retour malheureux car il coïncide avec un incroyable succès des modestes Luxembourgeois (5-4), ce qui sonne pour de bon la fin de sa carrière internationale.

Matches joués : 1910 3 matches sur 3 ▪ **1911** 1 match sur 6 ▪ **1912** 1 match sur 3 ▪ **1913** - ▪ **1914** 1 match sur 5 | **Titulaire :** 6 fois sur 6

Daniel Mercier

Défenseur,
3 sélections

Né le 2 juillet 1892 à Saint-Denis (Seine Saint-Denis), décédé le 22 aout 1914 (22 ans)

Première sélection : 3 avril 1910 à Gentilly, France - Belgique (0-4)

Dernière sélection : 15 mai 1910 à Milan, Italie - France (6-2)

Club : 1909-1910 : Étoile des Deux Lacs Paris (3 sélections)

Bilan : 3 défaites

Jouer arrière droit dans une équipe de France qui encaisse but sur but n'était sans doute pas son rêve. Il ne résiste pas à cette année 1910 très noire pour la sélection.

Matches joués : 1910 3 matches sur 3 | **Titulaire :** 3 fois sur 3

Henri Vascout

Milieu de terrain
7 sélections

Né en 1885

Première sélection : 16 avril 1910 à Brighton, Angleterre - France (10-1)

Dernière sélection : 29 octobre 1911 à Luxembourg, Luxembourg - France (1-4)

Club : 1909-1910 : CA Vitry (7 sélections)

Bilan : 1 victoire, 1 nul, 5 défaites

Bien que débutant par un nouveau naufrage face à l'Angleterre, à Brighton, ce « demi-aile » reste en équipe de France pendant deux ans.

Matches joués : 1910 2 matches sur 3 ▪ **1911** 5 matches sur 6 | **Titulaire :** 7 fois sur 7

Auguste Tousset

Attaquant
2 sélections, 1 but

Né en 1888

Première sélection : 16 avril 1910 à Brighton, Angleterre - France (10-1)

Dernière sélection : 12 janvier 1913 à Saint-Ouen, France - Italie (1-0)

Club : 1909-1913 : Étoile des Deux Lacs Paris (2 sélections)

Bilan : 1 victoire, 1 défaite

C'est en remplaçant Joseph Delvecchio, forfait de dernière minute, qu'Auguste Tousset découvre le niveau international. Et c'est en se précipitant, avec Henri Mouton, sur un ballon relâché par le gardien anglais Frederick Leese qu'il sauve l'honneur de l'équipe de France à la 87e minute, dans la déroute de Brighton. Mais ce but ne suffit pas à sauver sa place. Tousset ne retrouve la sélection que trois ans plus tard, contre l'Italie. Il joue défenseur et s'adjuge cette fois la victoire.

Matches joués : 1910 1 match sur 3 ▪ **1911** - ▪ **1912** - ▪ **1913** 1 match sur 5 | **But :** 1910 1 | **Titulaire :** 2 fois sur 2

H. Sentenac

0 sélection

Première présélection : 16 avril 1910 à Brighton, Angleterre - France (10-1)

Dernière présélection : 15 mai 1910 à Milan, Italie - France (6-2)

Club : 1909-1910 : Étoile des Deux Lacs Paris

Remplaçant lors du déplacement de Brighton contre l'Angleterre, il l'est encore au match suivant, à Milan, avant de disparaître.

Resté sur le banc : 2 fois

Henri Sellier

Attaquant
1 sélection

Né en 1889

Unique sélection : 15 mai 1910 à Milan, Italie - France (6-2)

Club : 1909-1910 : Étoile des Deux Lacs Paris (1 sélection)

Bilan : 1 défaite

« Inter » droit lors du tout premier match contre l'Italie de l'histoire, sur un terrain en terre battue, il n'est pas à la noce, malgré la présence de cinq de ses camarades de club (D. Mercier, Jean Ducret, Maurice Olivier, Henri Bellocq et Henri Mouton). Comme ce dernier, il ne sera jamais rappelé.

Match joué : 1910 1 match sur 3 | **Titulaire :** 1 fois sur 1

1911

14 nouveaux joueurs 6 matches

1er janvier : France - Hongrie 0-3
23 mars : France - Angleterre 0-3
9 avril : France - Italie 2-2
23 avril : Suisse - France 5-2
30 avril : Belgique - France 7-1
29 octobre : Luxembourg - France 1-4

Eugène Maes

Eugène Maes

Attaquant
11 sélections, 15 buts

Né le 15 septembre 1890 à Paris, décédé le 30 mars 1945 (54 ans)

Première sélection : 1er janvier 1911 à Charentonneau, France - Hongrie (0-3)

Dernière sélection : 20 avril 1913 à Saint-Ouen, France - Luxembourg (8-0)

Club : 1910-1913 : Red Star AC (11 sélections)

Bilan : 4 victoires, 2 nuls, 5 défaites

Avec Eugène Maes, la France se découvre (enfin !) un vrai marqueur de buts, grand, bon de la tête, puissant et opportuniste. Si ses débuts internationaux sont pénibles, avec deux revers, le troisième match lance la machine : à Saint-Ouen, dans le stade où il évolue habituellement avec le Red Star, Maes inscrit les deux buts de la France contre l'Italie, deux buts à bout portant, deux vrais buts d'avant-centre. Il marque encore lors du match suivant contre la Suisse. C'est aussi lui qui signe le but de l'équipe écrasée en Belgique 7-1. Quatre buts en cinq rencontres pour sa première année, c'est bien. Cinq lors des trois matches suivants, c'est encore mieux ! Dont un triplé à Turin contre l'Italie, le premier de l'Histoire pour un joueur français. Encore plus fort : Maes réussit un quintuplé dans son stade fétiche de Saint-Ouen contre le Luxembourg. Une performance qui ne sera égalée qu'une seule fois, en 1956 par Thadée Cisowski. À 23 ans seulement, ce match est son dernier en équipe nationale car il doit se faire opérer des adducteurs. La guerre brise ensuite sa carrière. Eugène est gravement blessé dès le mois d'août 1914. Il reprendra le football après le conflit mondial, à Caen, où il évoluera jusqu'en 1930. Il s'y installera définitivement mais connaîtra une fin tragique durant la Seconde Guerre mondiale. Dénoncé en 1943 pour « propos anti-allemands », il est déporté au terrible camp de Dora où il meurt six semaines avant l'armistice.

Matches joués : 1911 5 matches sur 6 ▪ **1912** 3 matches sur 3 ▪ **1913** 3 matches sur 5 | **Buts : 1911** 4 ▪ **1912** 6 ▪ **1913** 5 | **Titulaire :** 11 fois sur 11

Capitaines

Fernand Canelle a été le premier capitaine de l'équipe de France, en 1904. Deux fois ainsi honoré, son record a été battu ensuite par Pierre Allemane (7 fois capitaine), puis par Jean Ducret (12), Paul Nicolas (18), Roger Marche (42), Michel Platini (50), Didier Deschamps (54) et enfin Hugo Lloris (105), dont la monumentale série est en cours.

Ernest Gravier

Attaquant puis défenseur
11 sélections, 1 but

Né le 28 août 1892 à Montbeugny (Allier), décédé le 14 mars 1965 (72 ans)

Première sélection : 1er janvier 1911 à Charentonneau, France - Hongrie (0-3)

Dernière sélection : 11 novembre 1924 à Molenbeek, Belgique - France (3-0)

Clubs : 1910-1920 : CA Paris (6 sélections) ▪ 1920-1921 : Red Star ▪ 1921-1926 : FC Sète (5 sélections)

Bilan : 2 victoires, 1 nul, 8 défaites

Ce gaucher qui évolue à tous les postes côté gauche est le premier à connaître une carrière internationale avant et après la guerre. Avant, c'est uniquement l'année 1911 où il évolue comme attaquant, alors qu'il n'a que 19 ans. Après, c'est sur trois ans, comme défenseur. Il a alors quitté Paris pour Sète. Il participera aux J.O. de 1924 dans la capitale. Emporté, comme tout le monde, par la tornade uruguayenne à Colombes (5-1), celle des futurs champions du monde de 1930, il jouera une autre fois sous le maillot bleu avant de tourner la page.

Matches joués : 1911 6 matches sur 6 ▪ **1912** - ▪ **1913** - ▪ **1914** - ▪ **1919** - ▪ **1920** - ▪ **1921** - ▪ **1922** - ▪ **1923** 1 match sur 6 ▪ **1924** 4 matches sur 7 | **But : 1911** 1 | **Titulaire :** 11 fois sur 11 | **Resté sur le banc :** 1 fois | **JO de 1924 :** 2 matches sur 2

Henri Coulon

Gardien de but
5 sélections

Né le 28 novembre 1881 à Paris, décédé le 27 juin 1928 (46 ans)

Première sélection : 1er janvier 1911 à Charentonneau, France - Hongrie (0-3)

Dernière sélection : 30 avril 1911 à Bruxelles, Belgique - France (7-1)

Club : 1910-1911 : CA Paris (5 sélections)

Bilan : 1 nul, 4 défaites

Henri Coulon succède à Tessier dans les buts de l'équipe de France, toujours bombardés par les attaquants adverses. Il limite la casse autant que faire se peut pendant un an, sans réaliser de miracle, avant de laisser sa place à d'autres. On apprend alors que Coulon n'est pas son véritable nom : il se nommait en fait Henri Beau et utilisait ce pseudonyme pour qu'on ne sache pas qu'il jouait au football !

Matches joués : 1911 5 matches sur 6 | **Titulaire :** 5 fois sur 5

Pol Gaston Morel

Attaquant
2 sélections

Né le 5 mars 1890 à Mohon (Ardennes), décédé le 28 septembre 1915 (25 ans)

Première sélection : 1er janvier 1911 à Charentonneau, France - Hongrie (0-3)

Dernière sélection : 23 mars 1911 à Saint-Ouen, France - Angleterre (0-3)

Club : 1910-1911 : Red Star AC (2 sélections)

Bilan : 2 défaites

Partenaire de Maes au Red Star, Morel reste muet, comme lui, lors de ses deux premières sélections. Mais contrairement à Maes, cet ailier droit n'aura pas de troisième chance. Lancé dans la guerre en 1914, il est tué à Servins (Pas-de-Calais), l'année suivante.

Matches joués : 1911 2 matches sur 6 | **Titulaire :** 2 fois sur 2

Émilien Devic

Milieu de terrain
9 sélections, 2 buts

Né le 16 novembre 1888 à Romainville (Seine-Saint-Denis), décédé le 21 août 1944 (55 ans)

Première sélection : 9 avril 1911 à Saint-Ouen, France - Italie (2-2)

Dernière sélection : 20 février 1921 à Marseille, France - Italie (1-2)

Dernière présélection : 6 mars 1921 à Bruxelles, Belgique - France (3-1)

Clubs : 1910-1913 : Racing Club de France (2 sélections) ▪ 1913-1914 : Red Star AC (3 sélections) ▪ 1918-1919 : CASG Paris (1 sélection) ▪ 1920-1921 : Racing Club de France (3 sélections)

Bilan : 1 victoire, 3 nuls, 5 défaites

Milieu de terrain infatigable, Émilien Devic connaît une carrière internationale tronçonnée, sur une période de dix ans. Sa première sélection est marquée par une blessure à la 15e minute. Le temps de se faire soigner, il revient en jeu... à la 55e ! Comme Ernest Gravier, Devic parvient à poursuivre l'aventure après le conflit de 1914-18. Il fait ainsi partie de la première équipe de France de l'après-guerre. Il est aussi le premier international à changer trois fois de club, tout en restant à Paris. Il connaîtra un destin tragique durant la Seconde Guerre mondiale, comme Eugène Maes : résistant, il est fusillé par les Allemands à Pacy-sur-Eure (Eure), deux mois après le débarquement allié en Normandie.

Matches joués : 1911 1 match sur 6 ▪ **1912** - ▪ **1913** - ▪ **1914** 3 matches sur 5 ▪ **1919** 1 match sur 1 ▪ **1920** 2 matches sur 6 ▪ **1921** 1 match sur 5 | **Buts : 1914** 1 ▪ **1921** 1 | **Titulaire :** 9 fois sur 9 | **Resté sur le banc :** 2 fois

Lucien Gamblin

Défenseur
17 sélections

Né le 22 juillet 1890 à Ivry-sur-Seine (Val-de-Marne), décédé le 30 août 1972 (82 ans)

Première sélection : 23 avril 1911 à Genève, Suisse - France (5-2)

Dernière sélection : 10 mai 1923 à Paris, France - Angleterre (1-4)

Club : 1910-1911 : Red Star AC (17 sélections)

Bilan : 4 victoires, 3 nuls, 10 défaites

Voilà le grand défenseur qui faisait jusque-là tant défaut à l'équipe de France ! Pilier du Red Star, le fougueux Lucien Gamblin devient rapidement celui de l'équipe nationale. Capitaine d'infanterie plusieurs fois décoré pour bravoure pendant la guerre, il retrouve l'équipe après celle-ci, comme Ernest Gravier et Émilien Devic. Capitaine à partir de 1920, notamment lors du premier succès français contre l'Angleterre, en 1921, le jour des 100 ans de la mort de Napoléon, il en impose. Il ne manque qu'un but à son palmarès... Celui qu'il inscrit contre son camp lors du match France-Belgique de 1919 ne le satisfait évidemment pas, d'autant que c'est le premier « c.s.c. » répertorié de la sélection hexagonale ! Sa carrière achevée, il deviendra journaliste sportif pour plusieurs quotidiens. Un commentateur apprécié, exploitant au mieux sa verve naturelle.

Matches joués : 1911 1 match sur 6 ▪ **1912** - ▪ **1913** 2 matches sur 5 ▪ **1914** 3 matches sur 5 ▪ **1919** 1 match sur 1 ▪ **1920** 2 matches sur 6 ▪ **1921** 5 matches sur 5 ▪ **1922** - ▪ **1923** 3 matches sur 6 | **Titulaire :** 17 fois sur 17 | **Capitaine :** 10 fois (8e-17e)

Marcel Triboulet

Attaquant
6 sélections, 2 buts

Né le 26 janvier 1890 à Thierffrans (Haute-Saône), décédé le 30 avril 1939 (49 ans)

Première sélection : 23 avril 1911 à Genève, Suisse - France (5-2)

Dernière sélection : 9 mars 1919 à Bruxelles, Belgique - France (2-2)

Dernière présélection : 5 mai 1921 à Paris, France - Angleterre (2-1)

Clubs : 1910-1914 : FEC Levallois (4 sélections) ▪ 1916-1921 : RC Paris (1 sélection)

Bilan : 1 victoire, 2 nuls, 3 défaites

Ce militaire et ailier gauche honore sa première sélection, qui le voit adresser une passe décisive, sans avoir l'autorisation de ses supérieurs, ce qui lui vaut, à son retour à la caserne, huit jours d'arrêt ! Appelé cinq autres fois avant la guerre, Marcel Triboulet l'est encore après celle-ci, dont il est revenu vivant après avoir été gravement blessé. Ses qualités de centre sont toujours aussi précieuses pour les attaques françaises, même s'il ne connaît qu'une seule victoire en dix ans de carrière. Devenu industriel, il perdra la vie dans un accident de la route, juste avant la Seconde Guerre mondiale.

Matches joués : 1911 1 match sur 6 ▪ **1912** 2 matches sur 3 ▪ **1913** - ▪ **1914** 2 matches sur 5 ▪ **1919** 1 match sur 1 ▪ **1920** - ▪ **1921** 0 match sur 5 | **Buts : 1912** 1 ▪ **1914** 1 | **Titulaire :** 6 fois sur 6 | **Resté sur le banc :** 1 fois

Georges Geronimi

Attaquant
1 sélection

Né le 16 juin 1892 à Villepreux (Yvelines), décédé le 6 mars 1994 (101 ans)

Unique sélection : 23 avril 1911 à Genève, Suisse - France (5-2)

Club : 1910-1911 : AG Garenne-Colombes (1 sélection)

Bilan : 1 défaite

Ailier gauche, il n'a sa chance qu'une seule fois, contre la Suisse. Il ne sera jamais rappelé par la suite. En revanche, il établira au fil des ans un record de longévité pour un ancien international, dépassant allègrement les 100 ans !

Match joué : 1911 1 match sur 6 | **Titulaire :** 1 fois sur 1

Maurice Bigué

Défenseur
7 sélections

Né le 3 juillet 1886 à Paris, décédé le 25 avril 1972 (85 ans)

Première présélection : 30 avril 1911 à Bruxelles, Belgique - France (7-1)

Première sélection : 29 octobre 1911 à Luxembourg, Luxembourg - France (1-4)

Dernière sélection : 29 mars 1914 à Turin, Italie - France (2-0)

Club : 1910-1914 : CA Paris (7 sélections)

Bilan : 3 victoires, 1 nul, 3 défaites

Remplaçant en Belgique, Maurice Bigué débute six mois plus tard au Luxembourg. Il est ensuite régulièrement appelé pour jouer devant la défense française. Il refuse d'évoluer contre le Luxembourg en 1914. Neuf autres joueurs se sont également désistés pour ce match perdu 5-4 par la France. Bigué est suspendu quinze jours. Cela ne l'empêche pas de participer aux deux rendez-vous suivants pour conclure sa carrière internationale avant la guerre.

Matches joués : 1911 1 match sur 6 ▪ **1912** 2 matches sur 3 ▪ **1913** 2 matches sur 5 ▪ **1914** 2 matches sur 5 | **Titulaire :** 7 fois sur 7 | **Resté sur le banc :** 1 fois

Gaston Barreau

Milieu de terrain
12 sélections

Né le 7 décembre 1883 à Levallois-Perret (Hauts-de-Seine), décédé le 11 juin 1958 (74 ans)

Première sélection : 30 avril 1911 à Bruxelles, Belgique - France (7-1)

Dernière sélection : 31 mai 1914 à Budapest, Hongrie - France (5-1)

Club : 1910-1914 : FEC Levallois (12 sélections)

Bilan : 7 victoires, 1 nul, 4 défaites

Le « demi-gauche » de Levallois s'impose tout de suite en équipe de France, enchaînant les apparitions pendant quatre ans et terminant avec le brassard de capitaine. Il est stoppé uniquement par la guerre. Courageux, Gaston Barreau reste sur le terrain à Budapest alors qu'il s'est fracturé l'épaule à la 75e minute de ce qui sera son dernier match. Son sens des responsabilités et de l'organisation qui transparaît sur le terrain sera aussi visible en dehors : après la guerre, il deviendra le manager de l'équipe de France. Il occupera ce poste pendant près de quarante ans à la tête d'un comité de sélection qu'il affinera.

Matches joués : 1911 2 matches sur 6 ▪ **1912** 3 matches sur 3 ▪ **1913** 5 matches sur 5 ▪ **1914** 2 matches sur 5 | **Titulaire :** 12 fois sur 12 | **Capitaine :** 3 fois (1re, 11e, 12e)

Pierre Chayriguès

Gardien de but
21 sélections

Né le 2 mai 1892 à Paris, décédé le 19 mars 1965 (72 ans)

Première sélection : 29 octobre 1911 à Luxembourg, Luxembourg - France (1-4)

Dernière sélection : 21 mai 1925 à Colombes, France - Angleterre (2-3)

Club : 1911-1925 : Red Star AC (21 sélections)

Bilan : 8 victoires, 3 nuls, 10 défaites

L'équipe de France trouve en Pierre Chayriguès son premier grand gardien. Le portier du Red Star n'a pas encore 20 ans mais il impose un style nouveau qui le rend rapidement très populaire, avec des sorties hors de sa ligne de but, parfois de ses six mètres, et un jeu au pied abouti. Le club anglais de Tottenham tente de le débaucher. Comme Lucien Gamblin et Eugène Maes, Chayriguès est un pilier de l'équipe nationale. On croit que la guerre de 1914-18 a mis fin à sa carrière internationale, d'autant qu'il est blessé à l'épaule lors d'un match amical en 1919. Mais Chayriguès, aviateur durant le conflit, revient en 1923 pour une seconde épopée. Il dispute dix autres matches en trois ans, dont les rencontres des J.O. de 1924 à Paris. Son parcours est émaillé de tensions et de querelles avec ses dirigeants qui lui reprochent de monnayer ses talents, ce qui est encore rigoureusement interdit. Du reste, en 1927, Chayriguès est radié. À 35 ans, miné par de nombreuses blessures, il renonce à jouer au football pour devenir hôtelier à Avranches, près du Mont-Saint-Michel.

Matches joués : 1911 1 match sur 6 ▪ **1912** 3 matches sur 3 ▪ **1913** 4 matches sur 5 ▪ **1914** 3 matches sur 5 ▪ **1919** - ▪ **1920** - ▪ **1921** - ▪ **1922** - ▪ **1923** 4 matches sur 6 ▪ **1924** 5 matches sur 7 ▪ **1925** 1 match sur 3 | **Titulaire :** 21 fois sur 21 | **JO de 1924 :** 2 matches sur 2

Henri Vialmonteil

Attaquant
6 sélections, 2 buts

Né le 2 avril 1892 à Paris, décédé le 16 janvier 1937 (45 ans)

Première sélection : 29 octobre 1911 à Luxembourg, Luxembourg - France (1-4)

Dernière sélection : 16 février 1913 à Bruxelles, Belgique - France (3-0)

Club : 1911-1912 : CA Vitry (6 sélections)

Bilan : 4 victoires, 1 nul, 1 défaite

« L'inter » droit de Vitry débute sa carrière internationale de la meilleure de manière, en ouvrant le score contre le Luxembourg à la 26e minute. Ce match, qui est le premier des Luxembourgeois, le lance pour trois belles années. Il bat deux fois l'Italie, coup sur coup, à Turin puis à Saint-Ouen, et reste invaincu jusqu'à sa sixième cape, en Belgique. Qui sera la dernière.

Matches joués : 1911 1 match sur 6 ▪ **1912** 3 matches sur 3 ▪ **1913** 2 matches sur 5 | **Buts : 1911** 1 ▪ **1912** 1 | **Titulaire :** 6 fois sur 6

Le plus jeune

Julien Verbrugghe avait 16 ans et 10 mois le jour de sa première sélection, le 1er novembre 1906, au Parc des Princes contre l'Angleterre. Même s'il a dû attendre cinq ans pour connaître d'autres sélections, son record semble imbattable. Eduardo Camavinga s'en est approché en 2020, avec une première sélection à 17 ans et 10 mois.

Paul Romano

Défenseur, 3 sélections

Né en 1892

Première sélection : 29 octobre 1911 à Luxembourg, Luxembourg - France (1-4)

Dernière sélection : 17 mars 1912 à Turin, Italie - France (3-4)

Club : 1911-1912 : Étoile des Deux Lacs Paris (3 sélections)

Bilan : 3 victoires

Défenseur parisien, il présente un fait unique pour l'époque, n'ayant connu que des victoires ! Son frère Félix jouera en équipe nationale un an après lui.

Matches joués : 1911 1 match sur 6 ▪ **1912** 2 matches sur 3 | **Titulaire :** 3 fois sur 3

Morts pour la France

26 internationaux français ont trouvé la mort durant la Première Guerre mondiale, sur les 139 qui avaient été sélectionnés de 1904 à 1914 : Denis, Petel, Mercier, Lesmann, Dujardin (tombés en 1914), Guichard, Gigot, François, Puget, Camard, Gressier, Julien, Hitzel, Morel, Gueguen, Loubière (1915), Verbrugghe, Jenicot, Vialaret, Six, Fenouillère (1916), Royet, Vial, Faroux, Geronimi et Dusart (1918).

Francis Vial

Attaquant
1 sélection

Né le 23 octobre 1880, décédé le 18 novembre 1914 (34 ans)

Unique sélection : 29 octobre 1911 à Luxembourg, Luxembourg - France (1-4)

Club : 1911-1912 : CA Vitry (1 sélection)

Bilan : 1 victoire

L'ailier gauche de Vitry débute en même temps que Pierre Chayriguès, Maurice Bigué, Paul Romano et Henri Vialmonteil, son partenaire de club, mais lui ne sera jamais rappelé par la suite. Il est tué au cours des premiers mois de la guerre.

Match joué : 1911 1 match sur 6 | **Titulaire :** 1 fois sur 1

1912

5 nouveaux joueurs
3 matches

28 janvier : France - Belgique 1-1
18 février : France - Suisse -1
17 mars : Italie - France 3-4

Émile Lesmann

Attaquant
1 sélection

Né le 3 mai 1891 à Paris, décédé le 15 novembre 1914 (23 ans)

Unique sélection : 28 janvier 1912 à Saint-Ouen, France - Belgique (1-1)

Club : 1911-1912 : JA Saint-Ouen (1 sélection)

Bilan : 1 nul

Après la déroute de 1911 (7-1), faire match nul contre la Belgique (1-1) est un bon résultat, même si l'adversaire a terminé à neuf à cause des blessures. Une rencontre à laquelle participe l'ailier droit de la J.A. Saint-Ouen, dans son stade. Mais Émile Lesmann ne sera plus sélectionné. Il trouve la mort à Loivre, dès le début de la guerre, au cours de la bataille de la Marne qui marque la fin de l'avancée allemande vers Paris.

Match joué : 1912 1 match sur 3 | **Titulaire :** 1 fois sur 1

Émile Fievet

Défenseur
1 sélection

Né le 25 mai 1886 à Pantin (Seine-Saint-Denis), décédé le 23 novembre 1952 (66 ans)

Unique sélection : 17 mars 1912 à Turin, Italie - France (3-4)

Dernière présélection : 8 février 1914 à Luxembourg, Luxembourg - France (5-4)

Club : 1911-1914 : Olympique de Pantin (1 sélection)

Bilan : 1 victoire

Il participe comme arrière gauche à la première victoire française en Italie, sur la terre battue du Campo Torino. De nouveau sélectionné en 1914, Émile Fievet reste cette fois sur la touche. Il passera à la postérité cinq ans plus tard en jouant attaquant et en étant le premier buteur de la première finale de la Coupe de France, qui oppose Pantin et Lyon (3-0).

Match joué : 1912 1 match sur 3 | **Titulaire :** 1 fois sur 1 | **Resté sur le banc :** 1 fois

Fernand Faroux

Attaquant
1 sélection

Né le 13 juillet 1887 aux Lilas (Seine-Saint-Denis), décédé en juillet 1918 (31 ans)

Unique sélection : 17 mars 1912 à Turin, Italie-France (3-4)

Club : 1911-1912 : Olympique de Pantin (1 sélection)

Bilan : 1 victoire

Comme son collègue de club Émile Fievet, Fernand Faroux débute victorieusement à Turin face aux Italiens. Il ne connaîtra pas de deuxième sélection.

Match joué : 1912 1 match sur 3 | **Titulaire :** 1 fois sur 1

Poisson

0 sélection

Unique présélection : 17 mars 1912 à Turin, Italie - France (3-4)

Remplaçant à Turin lors de la victoire sur l'Italie, il ne sera jamais revu.

Resté sur le banc : 1 fois

Marcel Bruneau

Gardien de but
0 sélection

Unique présélection : 17 mars 1912 à Turin, Italie - France (3-4)

Comme Poisson, il est sur la touche dans le Piémont. C'est le remplaçant du gardien Pierre Chayriguès, dont les exploits lui bouchent logiquement l'horizon.

Resté sur le banc : 1 fois

1913

20 nouveaux joueurs
5 matches

12 janvier : France - Italie 1-0
16 février : Belgique - France 3-0
27 février : France - Angleterre 1-4
9 mars : Suisse - France 1-4
20 avril : France - Luxembourg 8-0

Ferdinand Rochet

Attaquant
1 sélection

Né le 6 avril 1889 à Paris, décédé le 29 septembre 1929 (40 ans)

Unique sélection : 12 janvier 1913 à Saint-Ouen, France - Italie (1-0)

Club : 1912-1913 : CA Boulonnais (1 sélection)

Bilan : 1 victoire

Aligné comme ailier droit, il participe au premier succès sur l'Italie en France. Sans être de nouveau sélectionné.

Match joué : 1913 1 match sur 5 | **Titulaire :** 1 fois sur 1

Lucien Letailleur

Défenseur
1 sélection

Né le 17 avril 1885 à Paris, décédé le 6 novembre 1957 (72 ans)

Unique sélection : 12 janvier 1913 à Saint-Ouen, France-Italie (1-0)

Club : 1912-1913 : FEC Levallois (1 sélection)

Bilan : 1 victoire

À l'instar de Rochet, ce défenseur parisien ne fait que passer en équipe de France mais il repart avec une victoire sur la Nazionale.

Match joué : 1913 1 match sur 5 | **Titulaire :** 1 fois sur 1

Abel Lafouge

Attaquant
1 sélection

Né le 10 avril 1895 à Fresse (Haute-Saône), décédé le 20 mars 1950 (54 ans)

Unique sélection : 12 janvier 1913 à Saint-Ouen, France - Italie (1-0)

Club : 1912-1913 : Championnat Sports Paris (1 sélection)

Bilan : 1 victoire

Comme Lucien Letailleur et Rochet, cet attaquant parisien joue un match sans lendemain.

Match joué : 1913 1 match sur 5 | **Titulaire :** 1 fois sur 1

Paul Chandelier

Attaquant
3 sélections

Né le 23 janvier 1892 à Hergies (Nord), décédé le 18 septembre 1983 (91 ans)

Première présélection : 12 janvier 1913 à Saint-Ouen (France-Italie)

Première sélection : 9 mars 1913 à Genève, Suisse - France (1-4)

Dernière sélection : 29 mars 1914 à Turin, Italie - France (2-0)

Club : 1912-1913 : Olympique Lillois (3 sélections)

Bilan : 2 victoires, 1 défaite

L'ailier gauche nordiste n'est que remplaçant lors du premier match de l'année, contre l'Italie. Mais il est rappelé et lancé par un succès en Suisse où il offre le troisième but français à son ami roubaisien Raymond Dubly. Contre la Belgique, c'est Étienne Jourde qui bénéficie de sa passe décisive. Paul Chandelier devient meneur de jeu contre l'Italie et la défaite à Turin sonne la fin de sa carrière internationale : la guerre ne lui permettra pas d'aller plus loin.

Matches joués : 1913 1 match sur 5 ▪ **1914** 2 matches sur 5 | **Titulaire :** 3 fois sur 3 | **Resté sur le banc :** 1 fois

Raymond Dubly

Attaquant
31 sélections, 4 buts

Né le 5 novembre 1893 à Roubaix (Nord), décédé le 7 septembre 1988 (94 ans)

Première sélection : 16 février 1913 à Bruxelles, Belgique - France (3-0)

Dernière sélection : 21 mai 1925 à Colombes, France - Angleterre (2-3)

Club : 1912-1925 : RC Roubaix (31 sélections)

Bilan : 10 victoires, 2 nuls, 19 défaites

Le frère cadet de Jean Dubly avait subi le naufrage des J.O. de 1908. Il débute par deux défaites mais ses prestations personnelles laissent augurer des temps meilleurs, tant cet ailier gauche doté d'un petit gabarit (1,65 m) est rapide et bon dribbleur. Ces temps viennent assez vite et Raymond s'installe ainsi en équipe de France alors que la guerre arrive. Après elle, il reprend sa place et aligne 15 matches consécutifs, de 1920 à 1923, obtenant les galons de capitaine à plusieurs reprises. S'il marque assez peu, ses passes décisives sont nombreuses. On en compte une bonne quinzaine, notamment lors de la victoire historique contre l'Angleterre en 1921. Il adresse à Jules Devaquez et Jean Boyer les deux balles de but qui font tomber les sujets de Sa Majesté pour la première fois. Dubly devient l'année suivante le deuxième joueur, après Jean Ducret, à atteindre les 20 sélections. Il porte le record à 31, en 1925 face à l'Angleterre, s'établissant comme le meilleur joueur français de son époque. D'autant qu'il a disputé deux fois les Jeux olympiques (demi-finaliste en 1920 contre la Tchécoslovaquie), qui constituaient alors la seule compétition internationale.

Étoile des deux Lacs

Le club parisien de l'Étoile des deux lacs a été le premier grand pourvoyeur d'internationaux français, avec Ducret, Bellocq, Olivier, Mouton, P. et F. Romano, Mercier, Tousset, Brebion, Sellier et Meunier. Issu du patronage paroissial de l'église Saint-Honoré-d'Eylau, dans le 16e arrondissement de Paris, à la fin du 19e siècle, ce club, qui tenait son nom de la présence de deux lacs situés non loin de son terrain du bois de Boulogne, a disparu à la fin des années 1940.

Matches joués : 1913 4 matches sur 5 ▪ **1914** 3 matches sur 5 ▪ **1919** - ▪ **1920** 6 matches sur 6 ▪ **1921** 5 matches sur 5 ▪ **1922** 2 matches sur 2 ▪ **1923** 5 matches sur 6 ▪ **1924** 5 matches sur 7 ▪ **1925** 1 match sur 3 | **Buts : 1913** 1 ▪ **1914** 1 ▪ **1920** 1 ▪ **1923** 1 | **Titulaire :** 31 fois sur 31 | **Capitaine :** 9 fois (19e, 20e, 22e, 25e-30e) | **JO de 1920 :** 2 matches sur 2 | **JO de 1924 :** 2 matches sur 2

Henri Lesur

Attaquant
6 sélections

Né le 24 février 1887 à Camelin (Aisne), décédé le 1er mars 1981 (94 ans)

Première sélection : 16 février 1913 à Bruxelles, Belgique - France (3-0)

Dernière sélection : 31 mai 1914 Budapest, Hongrie - France (5-1)

Club : 1912-1914 : US Tourquennoise (6 sélections)

Bilan : 2 victoires, 4 défaites

Comme Raymond Dubly, cet autre Nordiste débute sur une défaite face aux Belges mais il enchaîne les matches en tant qu'ailier droit titulaire. Sans connaître, toutefois, la même réussite que Dubly. Henri Lesur ne réapparaîtra pas après la guerre.

Matches joués : 1913 3 matches sur 5 ▪ **1914** 3 matches sur 5 | **Titulaire :** 6 fois sur 6

René Jacolliot

Attaquant
1 sélection

Né le 17 juillet 1892 à Montluçon (Allier), décédé le 29 mai 1968 (75 ans)

Unique sélection : 16 février 1913 à Bruxelles, Belgique - France (3-0)

Club : 1912-1913 : AS Française Paris (1 sélection)

Bilan : 1 défaite

Débutant, comme Raymond Dubly et Henri Lesur, par un revers en Belgique, ce meneur de jeu n'aura, lui, pas droit à une deuxième chance.

Match joué : 1913 1 match sur 5 | **Titulaire :** 1 fois sur 1

Henri Bard

Attaquant
18 sélections, 6 buts

Né le 29 avril 1892 à Lyon (Rhône), décédé le 26 janvier 1951 (58 ans)

Première sélection : 27 février 1913 à Colombes, France - Angleterre (1-4)

Dernière sélection : 28 octobre 1923 à Paris, France - Norvège (0-2)

Dernière présélection : 1er juin 1924 à Colombes, France - Uruguay (1-5)

Clubs : 1912-1914 : RC Paris (3 sélections) ▪ 1918-1922 : CA Paris (10 sélections) ▪ 1922-1924 : RC Paris (5 sélections)

Bilan : 5 victoires, 2 nuls, 11 défaites

C'est un Suisse naturalisé qui rejoint l'équipe de France. Alors qu'il a refusé deux fois la sélection en 1914, sa carrière internationale est interrompue pour de bon par la guerre. Il retrouve néanmoins le maillot bleu après celle-ci et s'installe comme le grand stratège de cette formation au début des années 1920, buteur à l'occasion comme lors des J.O. d'Anvers, contre l'Italie, en quarts de finale. C'est un leader sur le terrain (il conduit la manœuvre lors de la victoire historique sur l'Angleterre avec Raymond Dubly) comme en dehors, où il réclame l'attribution de primes de résultat. Ce qui lui vaut son exclusion pour finir...

Il se reconvertira dans l'architecture, avec succès.

Matches joués : 1913 1 match sur 5 ▪ **1914** 2 matches sur 5 ▪ **1919** 1 match sur 1 ▪ **1920** 5 matches sur 6 ▪ **1921** 4 matches sur 5 ▪ **1922** - ▪ **1923** 5 matches sur 6 ▪ **1924** 0 match sur 7 | **Buts : 1914** 2 ▪ **1920** 3 ▪ **1923** 1 | Titulaire : 18 fois sur 18 | Resté sur le banc : 2 fois | Capitaine : 4 fois (5e, 6e, 8e, 9e) | **JO de 1920 :** 2 matches sur 2 | **JO de 1924 :** 0 match sur 2

André Poullain

Attaquant
3 sélections, 2 buts

Né le 25 novembre 1893 à Paris, décédé le 11 juin 1954 (60 ans)

Première sélection : 27 février 1913 à Colombes, France - Angleterre (1-4)

Dernière sélection : 20 avril 1913 à Saint-Ouen, France - Luxembourg (8-0)

Dernière présélection : 5 mai 1921 à Paris, France - Angleterre (2-1)

Club : 1912-1913 : CA Paris (3 sélections)

Bilan : 2 victoires, 1 défaite

Débuter contre l'Angleterre n'est pas évident mais André Poullain ne s'en tire pas trop mal, marquant l'unique but français à la 75e minute, d'une belle frappe de 25 mètres. Conservé contre la Suisse et le Luxembourg, il participe activement aux deux succès tricolores mais il ne sera rappelé qu'une seule fois par les sélectionneurs, huit ans plus tard. Et cette fois, il ne joue pas contre l'Angleterre, que la France bat pour la première fois de son histoire.

Matches joués : 1913 3 matches sur 5 | **Buts : 1913** 2 | **Titulaire :** 3 fois sur 3 | **Resté sur le banc :** 1 fois

Fernand Massip

Défenseur
1 sélection

Né le 10 juin 1884 à Paris, décédé le 20 juillet 1958 (74 ans)

Unique sélection : 27 février 1913 à Colombes, France-Angleterre (1-4)

Club : 1912-1913 : Red Star AC (1 sélection)

Bilan : 1 défaite

C'est pour remplacer le Nordiste Gabriel Hanot, forfait, qu'on fait appel à Fernand Massip. Malgré la présence de Lucien Gamblin, son habituel partenaire du Red Star, à ses côtés, défendre contre les Anglais relève de la mission impossible. Les attaquants Arthur Berry et G. Hoare marquent deux fois chacun. On n'appellera plus jamais Massip en équipe de France.

Match joué : 1913 1 match sur 5 | **Titulaire :** 1 fois sur 1

Ernest Gueguen

Ernest Gueguen

Attaquant
1 sélection

Né le 30 mai 1885 à Saint-Servan (Ille-et-Vilaine), décédé le 25 septembre 1915 (30 ans)

Unique sélection : 27 février 1913 à Colombes, France - Angleterre (1-4)

Club : 1912-1913 : US Saint-Servan (1 sélection)

Bilan : 1 défaite

L'attaquant breton évolue comme meneur de jeu face aux imbattables Anglais. Il réussit la passe décisive qui permet à André Poullain de sauver l'honneur en fin de match mais ne sera pas convoqué de nouveau avant la guerre. Où il perdra la vie : il tombe à Souain, dans la Marne, le même jour que Raymond Gigot, international de 1905.

Match joué : 1913 1 match sur 5 | **Titulaire :** 1 fois sur 1

Auguste Schalbar

Attaquant
0 sélection

Unique présélection : 27 février 1913 à Colombes, France - Angleterre (1-4)

Club : 1912-1913 : USA Clichy

Remplaçant contre les Anglais, il doit se contenter de sa position d'observateur et ne reviendra pas.

Resté sur le banc : 1 fois

Charles Montagne

Milieu de terrain
3 sélections, 1 but

Né en 1891

Première sélection : 9 mars 1913 à Genève, Suisse - France (1-4)

Dernière sélection : 28 mars 1920 à Paris, France - Belgique (2-1)

Club : 1912-1920 : Olympique Lillois (3 sélections)

Bilan : 3 victoires

Treize minutes, c'est le temps qu'il faut au « demi-aile » Charles Montagne pour marquer lors de sa première sélection, face à la Suisse. Ces débuts encourageants se confirment contre le Luxembourg puis, après la guerre, face à la Belgique, deux rencontres conclues par une victoire. Le Lillois a réussi, comme Raymond Dubly et Henri Bard, à surmonter le terrible conflit qui a amputé leur carrière de cinq années mais contrairement à eux, il n'est pas allé au-delà d'un match.

Matches joués : 1913 2 matches sur 5 ▪ **1914** - ▪ **1919** - ▪ **1920** 1 match sur 6 | **But : 1913** 1 | **Titulaire :** 3 fois sur 3

Albert Eloy

Attaquant
2 sélections, 2 buts

Né le 17 avril 1892 à Carnin (Nord), décédé le 7 janvier 1947 (54 ans)

Première sélection : 9 mars 1913 à Genève, Suisse - France (1-4)

Dernière sélection : 8 février 1914 à Luxembourg, Luxembourg - France (5-4)

Club : 1912-1914 : Olympique Lillois (2 sélections)

Bilan : 1 victoire, 1 défaite

Comme son coéquipier de club Charles Montagne, Albert Eloy signe des débuts fracassants en équipe de France avec un doublé face aux Suisses, à Genève (16e, 83e). Mais l'avant-centre lillois doit ensuite céder sa place à Eugène Maës qui s'impose sans discussion comme le grand buteur de la sélection. Du coup, Eloy n'est retenu qu'une seule fois, quand Maës refuse de jouer contre le Luxembourg. Sans succès pour le coup....

Matches joués : 1913 1 match sur 5 ▪ **1914** 1 match sur 5 | **Buts : 1913** : 2 | **Titulaire :** 2 fois sur 2 | **Resté sur le banc :** 1 fois

Jean Degouve

Défenseur
2 sélections

Né le 19 août 1889 à Bléharies (Belgique)

Première sélection : 9 mars 1913 à Genève, Suisse - France (1-4)

Dernière sélection : 8 février 1914 à Luxembourg, Luxembourg - France (5-4)

Club : 1912-1914 : Olympique Lillois (2 sélections)

Bilan : 1 victoire, 1 défaite

Avec Albert Eloy, Charles Montagne et Paul Chandelier, ses partenaires lillois, Jean Degouve découvre l'équipe de France grâce au renoncement de plusieurs joueurs parisiens qui réclament des primes de résultat. Si les Nordistes s'en sortent bien face aux Suisses, ils doivent céder leur place aux « grévistes » à leur retour. Degouve ne rejoue qu'une seule fois, contre le Luxembourg, comme Eloy.

Matches joués : 1913 1 match sur 5 ▪ **1914** 1 match sur 5 | **Titulaire :** 2 fois sur 2

Charles Dujardin

Milieu de terrain, 1 sélection

Né le 15 avril 1888 à Tourcoing (Nord), décédé le 29 août 1914 (26 ans)

Unique sélection : 9 mars 1913 à Genève, Suisse - France (1-4)

Club : 1912-1913 : US Tourquennoise (1 sélection)

Bilan : 1 victoire

Profitant de la « désertion » des joueurs du Red Star et de Levallois contre la Suisse, Charles Dujardin évolue en défense dans une équipe de France où l'on trouve neuf joueurs issus de clubs du Nord ! Après cette victoire, il aurait pu connaître une autre sélection, contre le Luxembourg en 1914, mais à l'image de tous les joueurs de Tourcoing, il la décline en signe de protestation : la Fédération leur avait fait payer leur place pour assister au match précédent de la sélection, contre la Belgique à Lille... Dujardin sera tué dès les premiers jours de la guerre, près de Vervins, dans l'Aisne.

Match joué : 1913 1 match sur 5 | **Titulaire :** 1 fois sur 1

Louis Bournonville

Gardien de but
1 sélection

Né le 25 juillet 1891 à Anzin-Saint-Aubin (Pas-de-Calais), décédé le 21 septembre 1962 (71 ans)

Unique sélection : 9 mars 1913 à Genève, Suisse - France (1-4)

Club : 1912-1913 : RC Arras (1 sélection)

Bilan : 1 victoire

Pour pallier, dans les buts, le forfait de Pierre Chayriguès qui, comme les joueurs du Red Star, réclame des primes, on fait appel au gardien d'Arras. Il complète une équipe de France où évoluent majoritairement des joueurs de Roubaix, Tourcoing et Lille. Dans cette ambiance nordiste, Bournonville n'encaisse qu'un seul but, en début de match, et participe donc grandement au succès des siens. Mais Chayriguès reprend ensuite sa place et il doit donc rester dans le Pas-de-Calais.

Match joué : 1913 1 match sur 5 | **Titulaire :** 1 fois sur 1

C. Lozinguez

0 sélection

Première présélection : 9 mars 1913 à Genève, Suisse - France (1-4)

Dernière sélection : 25 janvier 1914 à Lille, France - Belgique (4-3)

Appelé deux fois comme remplaçant, il n'aura jamais droit à mieux.

Resté sur le banc : 2 fois

Paul Voyeux

Attaquant
1 sélection

Né le 11 avril 1884 Valenciennes (Nord), décédé en mai 1968 (84 ans)

Unique sélection : 20 avril 1913 à Saint-Ouen, France - Luxembourg (8-0)

Club : 1912-1913 : Olympique Lillois (1 sélection)

Bilan : 1 victoire

Sélectionné pour affronter le Luxembourg en remplacement du Tourquennois Henri Lesur, l'ailier lillois fit son travail, offrant deux des huit buts français. Mais on se passa ensuite de ses services, Lesur ayant retrouvé sa place de titulaire.

Match joué : 1913 1 match sur 5 | **Titulaire :** 1 fois sur 1

Félix Romano

Attaquant
1 sélection, 1 but

Né le 30 novembre 1894 à Buenos Aires (Argentine), décédé le 30 novembre 1970 (76 ans)

Unique sélection : 20 avril 1913 à Saint-Ouen, France - Luxembourg (8-0)

Club : 1912-1913 : Étoile des Deux Lacs Paris (1 sélection)

Bilan : 1 victoire

De même que Paul Voyeux, le frère cadet de Paul Romano (international l'année précédente) débute avec le carton de l'équipe de France face au Luxembourg. Mais contrairement à l'attaquant lillois, il parvient à marquer, sur une passe d'Eugène Maës qui score quant à lui à cinq reprises. Romano n'a que 18 ans et de belles espérances. Qui ne seront pas concrétisées en équipe de France. Il est né en Argentine et d'origine italienne. Après la guerre, il traversera les Alpes et obtiendra cinq sélections avec la Squadra Azzurra, de 1921 à 1924, jouant, en club, pour le Torino puis la Reggiana. Il s'installera ensuite à Reggio d'Émilie, jusqu'à la fin de sa vie.

Match joué : 1913 1 match sur 5 | **But : 1913** 1 | **Titulaire :** 1 fois sur 1

1914

14 nouveaux joueurs
5 matches

25 janvier : France - Belgique 4-3
8 février : Luxembourg - France 5-4
8 mars : France - Suisse 2-2
29 mars : Italie - France 2-0
31 mai : Hongrie - France 5-1

Albert Parsys

Gardien de but
5 sélections

Né le 2 juin 1890 à Tourcoing (Nord), décédé le 24 février 1980 (89 ans)

Première présélection : 25 janvier 1914 à Saint-Ouen, France - Belgique (4-3)

Première sélection : 29 mars 1914 à Turin, Italie - France (2-0)

Dernière sélection : 31 août 1920 à Anvers, France - Tchécoslovaquie (1-4)

Club : 1913-1921 : US Tourquennoise (5 sélections)

Bilan : 3 victoires, 2 défaites

Le gardien de Tourcoing n'est que réserviste lors de sa première convocation, au début de l'année 1914, la place étant tenue par Pierre Chayriguès. Il a sa chance deux mois plus tard, à Turin, où il doit s'incliner sur deux frappes de Felice Berardo. Ce seront les deux seuls buts de l'attaquant de Vercelli en 15 matches avec la Squadra Azzurra. Parsys refuse de disputer le rendez-vous suivant, mécontent, comme tous les joueurs tourquennois, de la mesquinerie de la Fédération. Il n'est donc plus convoqué avant l'année 1920, où il devient gardien titulaire alors que Chayriguès n'est pas encore apte à rejouer. Le Nordiste dispute ainsi les Jeux d'Anvers, qui marqueront la fin de sa carrière internationale.

Matches joués : 1914 1 match sur 5 ▪ **1919** - ▪ **1920** 4 matches sur 6 | **Titulaire :** 5 fois sur 5 | **Resté sur le banc :** 2 fois | **JO de 1920 :** 2 matches sur 2

Maurice Gastiger

Attaquant
3 sélections, 1 but

Né le 3 octobre 1896 à Cernay (Haut-Rhin), décédé le 22 janvier 1966 (69 ans)

Première sélection : 8 février 1914 à Luxembourg, Luxembourg - France (5-4)

Dernière sélection : 28 mars 1920 à Paris, France-Belgique (2-1)

Club : 1913-1914 : FEC Levallois (3 sélections)

Bilan : 1 victoire, 1 nul, 1 défaite

C'est la cascade de forfaits avant le match au Luxembourg qui ouvre les portes de l'équipe de France à Maurice Gastiger. Il n'a que 17 ans et 4 mois, ce qui en fait alors le plus jeune international jamais sélectionné. Reconduit au match suivant, il devra ensuite attendre six ans pour connaître sa troisième cape qui sera aussi sa dernière, même s'il est convoqué pour les J.O. d'Anvers. Comme son frère Pierre, également retenu, il n'entrera pas en jeu.

Matches joués : 1914 2 matches sur 5 ▪ **1919** - ▪ **1920** 1 match sur 6 | **But : 1914** 1 | **Titulaire :** 3 fois sur 3 | **Resté sur le banc :** 2 fois | **JO de 1920 :** 0 match sur 2

Maurice Gastiger

Jean Loubière

Gardien de but
1 sélection

Né le 7 février 1892 à Ladinhac (Cantal), décédé le 4 février 1915 (23 ans)

Unique sélection : 8 février 1914 à Luxembourg, Luxembourg-France (5-4)

Club : 1913-1914 : Gallia Club Paris (1 sélection)

Bilan : 1 défaite

Après Albert Parsys, c'est le gardien du Gallia Club qui est choisi pour être la doublure de Pierre Chayriguès dans les buts tricolores. Mais Jean Loubière débute avant le Nordiste car les récriminations des joueurs de Tourcoing et les obligations militaires de ceux du Red Star lui offrent l'opportunité d'évoluer face au Luxembourg. Cadeau empoisonné : contre une équipe de France délestée de huit joueurs habituels, les modestes Luxembourgeois se déchaînent et inscrivent cinq buts dans une victoire historique, toujours la seule à ce jour face aux Bleus (5-4). La malchance ne lâchera pas Loubière, tué dans la Marne, à Massiges, lors de la deuxième année de guerre.

Match joué : 1914 1 match sur 5 | **Titulaire :** 1 fois sur 1

Charles Geronimi

Attaquant
1 sélection, 1 but

Né le 8 février 1895 à Villepreux (Meuse), décédé le 9 novembre 1918 (23 ans)

Unique sélection : 8 février 1914 à Luxembourg, Luxembourg - France (5-4)

Club : 1913-1914 : AF Garenne-Colombes (1 sélection)

Bilan : 1 défaite

Imitant Jean Loubière, il débute lors de la fâcheuse défaite au Luxembourg, à la suite des nombreux forfaits dans le camp tricolore. Petite consolation : il marque le troisième but de sa formation. À l'instar du gardien parisien, Géronimi ne sera jamais rappelé par la suite. Il tombe au champ d'honneur, lui aussi, deux jours avant l'armistice, à Souilly, dans la Meuse.

Match joué : 1914 1 match sur 5 | **But : 1914** 1 | **Titulaire :** 1 fois sur 1

René Bonnet

Défenseur
1 sélection

Né en 1880

Unique sélection : 8 février 1914 à Luxembourg, Luxembourg - France (5-4)

Club : 1913-1914 : AS Française (1 sélection)

Bilan : 1 défaite

Encore un nouvel appelé faute de joueurs disponibles contre le Luxembourg. Le défenseur parisien est nommé capitaine pour l'occasion et doit assumer une défaite historique face aux Luxembourgeois, ce qui plombe d'entrée de jeu sa carrière internationale.

Match joué : 1914 1 match sur 5 | **Titulaire :** 1 fois sur 1 | **Capitaine :** 1 fois (1re)

Paul Landauer

Attaquant
0 sélection

Unique présélection : 8 février 1914 à Luxembourg, Luxembourg-France (5-4)

Club : 1913-1914 : CSA Paris (0 sélection)

Lui aussi est convoqué pour pallier la dizaine de forfaits à l'occasion du déplacement au Luxembourg. Il reste réserviste et ne sera jamais rappelé par la suite.

Resté sur le banc : 1 fois

Albert Jourda

Milieu de terrain
7 sélections

Né le 30 novembre 1892 à Paris, décédé le 6 janvier 1962 (68 ans)

Première sélection : 8 mars 1914 à Saint-Ouen, France - Suisse (2-2)

Dernière sélection : 4 juin 1924 au Havre, France - Hongrie (0-1)

Clubs : 1913-1914 : CA Vitry (3 sélections) ▪ 1914-1920 : Club Français Paris ▪ 1920-1921 : RC Paris (2 sélections) ▪ 1921-1924 : FC Sète (2 sélections)

Bilan : 1 victoire, 1 nul, 5 défaites

Titulaire en milieu de terrain pour les trois matches de l'année, avant la déclaration de la guerre, Albert Jourda devra attendre sept ans pour retrouver l'équipe de France. Il peut ainsi participer au succès historique sur l'Angleterre en 1921 (2-1). Ayant quitté Paris pour Sète, il devient le premier Sétois en sélection. Il est retenu pour les J.O. dans la capitale en 1924 mais n'entre pas en jeu. Il signera une ultime sortie juste après les Jeux, avec le brassard de capitaine, Raymond Dubly étant absent.

Matches joués : 1914 3 matches sur 5 ▪ **1919** - ▪ **1920** - ▪ **1921** 3 matches sur 5 ▪ **1922** - ▪ **1923** - ▪ **1924** 1 match sur 7 | **Titulaire :** 7 fois sur 7 | **Resté sur le banc :** 2 fois | **Capitaine :** 1 fois (7e) | **JO de 1924 :** 0 match sur 2

Jules Dubly

Attaquant
1 sélection

Né le 30 décembre 1889 à Tourcoing (Nord), décédé le 21 novembre 1953 (63 ans)

Unique sélection : 29 mars 1914 à Turin, Italie - France (2-0)

Dernière présélection : 29 février 1920 à Genève, Suisse - France (0-2)

Club : 1907-1908 : US Tourquennoise (1 sélection)

Bilan : 1 défaite

Homonyme des Roubaisiens Raymond et Jean Dubly, Jules, un Nordiste également mais de Tourcoing, a sa chance une fois avant la guerre, comme ailier droit. Il est convoqué une deuxième fois après la fin du conflit mais seulement pour être remplaçant.

Match joué : 1914 1 match sur 5 | **Titulaire :** 1 fois sur 1 | **Resté sur le banc :** 1 fois

Maurice Mathieu

Défenseur
2 sélections

Né le 28 décembre 1890, décédé le 16 juillet 1981 (90 ans)

Première présélection : 29 mars 1914 à Turin, Italie - France (2-0)

Première sélection : 31 mai 1914 à Budapest, Hongrie - France (5-1)

Dernière sélection : 9 mars 1919 à Bruxelles, Belgique - France (2-2)

Clubs : 1913-1914 : CASG Paris (1 sélection) ▪ 1918-1919 : Red Star AC (1 sélection)

Bilan : 1 nul, 1 défaite

Arrière droit lors du dernier match de l'équipe de France avant la guerre, après avoir été remplaçant lors du rendez-vous précédent, Maurice Mathieu l'est aussi pour la première confrontation d'après-guerre. Il aurait pu jouer une fois de plus mais déclara forfait juste avant un Suisse-France en 1920.

Matches joués : 1914 1 match sur 5 ▪ **1919** 1 match sur 1 | **Titulaire :** 2 fois sur 2 | **Resté sur le banc :** 1 fois

Jean Picy

Attaquant
1 sélection

Né le 11 octobre 1893 à Paris, décédé le 2 mai 1967 (73 ans)

Unique sélection : 29 mars 1914 à Turin, Italie - France (0-2)

Club : 1913-1914 : Olympique de Pantin (1 sélection)

Bilan : 1 défaite

Un essai contre l'Italie pour l'avant-centre de Pantin, à la place d'Émilien Devic, mis sur le banc. Il ne sera jamais renouvelé.

Match joué : 1914 1 match sur 5 | **Titulaire :** 1 fois sur 1

Juste Brouzes

Attaquant
6 sélections, 3 buts

Né le 18 janvier 1894 à Paris, décédé le 28 février 1973 (79 ans)

Première sélection : 31 mai 1914 à Budapest, Hongrie - France (5-1)

Dernière sélection : 29 mai 1928 à Amsterdam, France - Italie (3-4)

Clubs : 1913-1914 : CASG Paris (1 sélection) ▪ 1917-1928 : Red Star AC (5 sélections)

Bilan : 1 nul, 5 défaites

Contrairement à Jean Picy, qui a débuté au match précédent, en Italie, Juste Brouzes parvient à marquer pour ses débuts. C'est le seul but d'une équipe de France balayée en Hongrie (5-1). Il la retrouve bien après la guerre, d'abord comme remplaçant, en 1922, puis pour un match l'année suivante et quatre autres en 1928, quatorze ans après ses débuts ! Il a alors 34 ans et enchaîne quatre apparitions, dont la dernière à l'occasion des J.O. d'Amsterdam. Il aurait pu être le héros de cette rencontre car il marque deux fois. La France mène 2-0 contre l'Italie à 17e minute mais les Transalpins scorent à quatre reprises et se qualifient pour les quarts de finale. La fin d'une longue carrière internationale pour Brouzes.

Matches joués : 1914 1 match sur 5 ▪ **1919** - ▪ **1920** - ▪ **1921** - ▪ **1922** - ▪ **1923** 1 match sur 6 ▪ **1924** - ▪ **1925** - ▪ **1926** - ▪ **1927** - ▪ **1928** 4 matches sur 7 | **Buts : 1914** 1 ▪ **1928** 2 | **Titulaire :** 6 fois sur 6 | **Resté sur le banc :** 1 fois | **JO de 1928 :** 1 match sur 1

Émile Dusart

Attaquant
1 sélection

Né le 3 septembre 1892 à Chooz (Ardennes), décédé le 13 mars 1919 (26 ans)

Unique sélection : 31 mai 1914 à Budapest, Hongrie - France (5-1)

Club : 1913-1914 : RC Roubaix (1 sélection)

Bilan : 1 défaite

« L'inter » gauche roubaisien n'a pas la réussite du débutant, comme Juste Brouzes face aux Hongrois. Et il ne reverra jamais l'équipe de France, étant le dernier des 21 internationaux tricolores à perdre la vie au cours de la guerre. Émile Dusart, infirmier durant le conflit, décède quatre mois après l'armistice d'une maladie contractée au cours de son service.

Match joué : 1914 1 match sur 5 | **Titulaire :** 1 fois sur 1

André Allègre

Défenseur
1 sélection

Né le 10 mai 1895 à Saint-Maurice (Val-de-Marne), décédé le 2 novembre 1966 (71 ans)

Unique sélection : 31 mai 1914 à Budapest, Hongrie - France (5-1)

Club : 1913-1914 : UA du 1er Paris (1 sélection)

Bilan : 1 défaite

Comme Juste Brouzes, Maurice Mathieu et Émile Dusart, André Allègre joue pour la première fois en équipe de France à l'occasion de ce qui sera son dernier match avant la Première Guerre mondiale. Aussi malheureux que Dusart, le « demi-défensif » parisien voit ainsi s'achever une carrière internationale à peine débutée.

Match joué : 1914 1 match sur 5 | **Titulaire :** 1 fois sur 1

Victor Delblat

Attaquant
0 sélection

Unique présélection : 31 mai 1914 à Budapest, Hongrie - France (5-1)

Club : 1913-1914 : Club des Sports Athlétique Paris (0 sélection)

Si leur carrière a été stoppée par la guerre, André Allègre et Émile Dusart ont pu jouer contre la Hongrie. Pas Victor Delbat, qui a fait le voyage à Budapest uniquement pour assister au match depuis la touche.

Resté sur le banc : 1 fois

1919

7 nouveaux joueurs
1 match
9 mars : Belgique - France 2-2

François Hugues

Milieu de terrain
24 sélections, 1 but

Né le 13 août 1896 à Paris, décédé le 16 décembre 1965 (69 ans)

Première sélection : 9 mars 1919 à Bruxelles, Belgique - France (2-2)

Dernière sélection : 26 mai 1927 à Colombes, France - Angleterre (0-6)

Clubs : 1918-1921 : Red Star (10 sélections) ▪ 1921-1922 : Stade Rennais (2 sélections) ▪ 1922-1926 : Red Star (10 sélections) ▪ 1926-1927 : FC Lyon (2 sélections)

Bilan : 5 victoires, 3 nuls, 16 défaites

Pour rebâtir l'équipe de France après la guerre, le comité de sélection fait appel à sept nouveaux. Parmi eux, le demi filiforme François Hugues, 21 ans. Ce Parisien à l'activité incessante fait rapidement merveille au cœur du jeu et il ne rate pas beaucoup de matches pendant six ans. Présent aux J.O. d'Anvers, en 1920, puis lors du premier succès contre les Anglais, en 1921, il devient le premier international du Stade Rennais. Alors qu'il est retourné au Red Star, il doit malheureusement

François Hugues

déclarer forfait en 1924 pour les Jeux de Paris. Parti à Lyon en 1926, il devient de même le premier international du club. Hugues termine sa carrière en sélection en 1927, avec le brassard de capitaine et un nombre de capes qui « équivaudrait » aujourd'hui à une bonne soixantaine.

Matches joués : 1919 1 match sur 1 ▪ **1920** 5 matches sur 6 ▪ **1921** 4 matches sur 5 ▪ **1922** 2 matches sur 2 ▪ **1923** 6 matches sur 6 ▪ **1924** 2 matches sur 7 ▪ **1925** 2 matches sur 3 ▪ **1926** - ▪ **1927** 2 matches sur 5 | **But : 1921** 1 | **Titulaire :** 24 fois sur 24 | **Resté sur le banc :** 1 fois | **Capitaine :** 1 fois (20e) | **JO de 1920 :** 2 matches sur 2

Louis Darques

Attaquant
9 sélections, 1 but

Né le 8 juin 1896 à Saint-Ouen (Seine-Saint-Denis), décédé le 18 février 1984 (87 ans)

Première sélection : 9 mars 1919 à Bruxelles, Belgique - France (2-2)

Dernière sélection : 28 octobre 1923 à Paris, France - Norvège (0-2)

Club : 1918-1924 : Olympique de Paris (9 sélections)

Bilan : 2 victoires, 2 nuls, 5 défaites

Sélectionné pour le premier match de l'après-guerre, Louis Darques est un « inter » gauche précieux mais peu utilisé au final. Ce n'est qu'en 1923 que le Parisien peut enchaîner les sélections. Parce qu'il a eu le tort de réclamer des primes, il est « oublié » pour les J.O. de 1924 qui se déroulent à Paris.

Matches joués : 1919 1 match sur 1 ▪ **1920** 1 match sur 6 ▪ **1921** 2 matches sur 5 ▪ **1922** 1 match sur 2 ▪ **1923** 4 matches sur 6 | **But : 1922** 1 | **Titulaire :** 9 fois sur 9 | **Resté sur le banc :** 1 fois

Raymond Frémont

Gardien de but
1 sélection

Né le 7 décembre 1890 à Croixdalle (Seine-Maritime), décédé le 17 août 1960 (69 ans)

Unique sélection : 9 mars 1919 à Bruxelles, Belgique - France (2-2)

Club : 1918-1919 : Le Havre AC (1 sélection)

Bilan : 1 nul

C'est le premier gardien de l'équipe de France de l'après-guerre. Et même si Pierre Chayriguès n'est pas encore opérationnel, le portier havrais ne fait que passer.

Match joué : 1919 1 match sur 1 | **Titulaire :** 1 fois sur 1

Paul Faure

Milieu de terrain
1 sélection

Né le 3 juillet 1893 à Saint-Brieuc (Côtes d'Armor), décédé le 18 mars 1921 (27 ans)

Unique sélection : 9 mars 1919 à Bruxelles, Belgique-France (2-2)

Club : 1918-1919 : RC Paris (1 sélection)

Bilan : 1 nul

L'ailier droit du Racing de Paris a 33 ans quand il débute en sélection. Ce n'est plus un espoir mais il a encore des jambes et le montre contre la Belgique. Il ne rejouera jamais avec l'équipe de France : il meurt du tétanos à la suite d'une fracture d'un coude, moins de deux ans après sa première cape.

Match joué : 1919 1 match sur 1 | **Titulaire :** 1 fois sur 1

Albert Mercier

Défenseur
1 sélection

Né le 7 novembre 1898, décédé le 12 novembre 1955 (57 ans)

Unique sélection : 9 mars 1919 à Bruxelles, Belgique-France (2-2)

Club : 1918-1919 : RC Paris (1 sélection)

Bilan : 1 nul

Comme Paul Faure, son coéquipier du Racing, ce défenseur est l'un des sept nouveaux visages de l'équipe de France. Il ne jouera qu'une seule fois lui aussi.

Match joué : 1919 1 match sur 1 | **Titulaire :** 1 fois sur 1

Julien Devicq

Attaquant
0 sélection

Unique apparition : 9 mars 1919 à Bruxelles, Belgique-France (2-2)

Club : 1918-1919 : CASG Paris (0 sélection)

C'est également un nouveau venu en sélection, mais contrairement à Hugues, Darques, Frémont, Faure et Mercier, Julien Devicq reste sur le banc de touche en Belgique et ne sera jamais rappelé.

Resté sur le banc : 1 fois

Carlier

0 sélection

Unique apparition : 9 mars 1919 à Bruxelles, Belgique-France (2-2)

Même destin que Julien Devicq : il est du voyage à Bruxelles mais ne jouera jamais en équipe de France.

Resté sur le banc : 1 fois

1920

24 nouveaux joueurs
6 matches

18 janvier : Italie - France 9-4
29 février : Suisse - France 0-2
28 mars : France - Belgique 2-1
5 avril : France - Angleterre 0-5
29 août : France - Italie 3-1
31 août : France - Tchécoslovaquie 1-4

Jules Devaquez

Attaquant
41 sélections, 12 buts

Né le 12 mars 1899 à Paris, décédé le 11 juin 1971 (72 ans)

Première sélection : 18 janvier 1920 à Milan, Italie - France (9-4)

Dernière sélection : 26 mai 1929 à Rocourt, Belgique - France (4-1)

Clubs : 1919-1924 : Olympique de Paris (22 sélections) ▪ 1924-1929 : Olympique de Marseille (19 sélections)

Bilan : 12 victoires, 4 nuls, 25 défaites

C'est un petit ailier droit qui ne paie pas de mine mais qui est une vraie pile électrique. Le Parisien Jules Devaquez entre, à 20 ans, en équipe de France pour ne plus en sortir pendant une décennie. Il dispute les trois Olympiades des années 1920 (Anvers, Paris, Amsterdam), la référence internationale suprême, et se fait une spécialité de marquer contre l'Angleterre. En 1921, pour sa 10e sélection, c'est lui qui ouvre le score dès la 6e minute, sur un centre de Raymond Dubly. En 1923, il sauve l'honneur à la 89e minute, toujours sur un centre de Dubly. En 1924, rebelote. En 1925, idem, en chargeant le gardien anglais qui doit quitter le terrain. Et en 1929, c'est encore lui qui marque le seul but tricolore ! En 1927, Devaquez, passé de Paris à Marseille trois ans plus tôt, est le capitaine de l'équipe de France écrasée en Hongrie 13-1. Le jour où il égale le record de sélections de Raymond Dubly (31)... Furieux du comportement de sa défense, Devaquez se positionne de lui-même en arrière droit en seconde période. Mais il est l'auteur d'une passe en retrait un peu trop appuyée qui surprend son propre gardien ! Vexé par ce but contre son camp qui porte la marque à 9-0 pour les Hongrois, Jules repasse en attaque et il parvient à inscrire le seul but français du jour, sur un raid solitaire. Il portera ensuite le record de sélections à 41, lors du dernier rendez-vous de l'année 1929. À Rocourt (Belgique), où il marque une fois encore le seul but tricolore, il dispute sans le savoir son dernier match international. Car en quittant Marseille pour Nice à 30 ans, il perd sa place. Ainsi, il ne dispute pas la première Coupe du monde, en

1930 en Uruguay, qui aurait été le couronnement de sa carrière, ornée par ailleurs de trois Coupes de France (1918, 1926, 1927).

Matches joués : 1920 6 matches sur 6 ▪ **1921** 5 matches sur 5 ▪ **1922** 2 matches sur 2 ▪ **1923** 5 matches sur 6 ▪ **1924** 4 matches sur 7 ▪ **1925** 1 matches sur 3 ▪ **1926** 5 matches sur 6 ▪ **1927** 3 matches sur 5 ▪ **1928** 5 matches sur 7 ▪ **1929** 5 matches sur 6 | **Buts : 1920** 1 ▪ **1921** 2 ▪ **1922** 1 ▪ **1923** 1 ▪ **1924** 1 ▪ **1925** 1 ▪ **1926** 2 ▪ **1927** 1 ▪ **1929** 2 | **Titulaire :** 41 fois sur 41 | **Capitaine :** 4 fois (29e-31e, 41e) | **JO de 1920 :** 2 matches sur 2 | **JO de 1924 :** 2 matches sur 2 | **JO de 1928 :** 1 match sur 1

Paul Nicolas

Attaquant
35 sélections, 20 buts

Né le 4 novembre 1899 à Paris, décédé le 3 mars 1959 (59 ans)

Première sélection : 18 janvier 1920 à Milan, Italie - France (9-4)

Dernière sélection : 15 février 1931 à Colombes, France - Tchécoslovaquie (1-2)

Clubs : 1919-1920 : Red Star (28 sélections) ▪ 1929-1931 : Amiens AC (7 sélections)

Bilan : 11 victoires, 4 nuls, 20 défaites

C'est un grand espoir qui sort en courant de la gare de Milan avec ses collègues de l'équipe de France, qui arrivent en provenance de Paris. Retardés par des grèves des chemins de fer, les Français ne sont pas au mieux pour affronter l'Italie et ils le paient cher (9-4). Mais l'Auvergnat de Paris Paul Nicolas, un avant-centre de 20 ans successeur d'Eugène Maës au Red Star, marque le premier but tricolore et fait bonne impression. Ce qui lui permet de rester dans l'équipe pour le match suivant puis pour tous les autres durant une longue période. Il devient capitaine à partir de 1925, à la fois buteur et meneur de jeu inspiré. En 1926, Nicolas réussit un triplé contre la Yougoslavie à Colombes, sur trois passes de Maurice Gallay. Puis un autre en 1928, contre l'Irlande, au stade Buffalo de Paris, en moins d'une demi-heure. Comme Jules Devaquez, Nicolas participe aux trois Olympiades des années 1920, y marquant quatre de ses 20 buts internationaux. C'est cinq de mieux que Maës, ce qui établit un nouveau record de France. À l'instar de Devaquez, il paie un changement de club, après son départ du Red Star pour Amiens : il n'est pas sélectionné pour la première Coupe du monde de l'histoire, en Uruguay. Il jouera encore une fois en 1931. Ses talents de meneur d'hommes ne sont pas oubliés par la Fédération qui en fait le directeur de l'équipe de France vingt ans plus tard. C'est cet habile technicien et fin psychologue qui conduit les Tricolores au Mondial 1958 en Suède. Hélas, un accident de la route lui coûte la vie un an plus tard, au lendemain d'un France-Belgique. Une grande perte pour la sélection. Son successeur, Georges Verriest, n'a pas son charisme et les résultats s'en ressentent grandement.

Matches joués : 1920 6 matches sur 6 ▪ **1921** 4 matches sur 5 ▪ **1922** 2 matches sur 2 ▪ **1923** 2 matches sur 6 ▪ **1924** 3 matches sur 7 ▪ **1925** 2 matches sur 3 ▪ **1926** 3 matches sur 6 ▪ **1927** - ▪ **1928** 6 matches sur 7 ▪ **1929** 5 matches sur 6 ▪ **1930** 1 match sur 10 ▪ **1931** 1 match sur 5 | **Buts : 1920** 5 ▪ **1923** 1 ▪ **1924** 3 ▪ **1926** 4 ▪ 1928 5 ▪ **1929** 2 | **Titulaire :** 35 fois sur 35 | **Capitaine :** 18 fois (18e-35e) | **JO de 1920 :** 2 match sur 2 | **JO de 1924 :** 2 match sur 2 | **JO de 1928 :** 1 match sur 1

Maurice Cottenet

Gardien de but
18 sélections

Né le 11 février 1895 à Paris, décédé le 6 avril 1972 (77 ans)

Première sélection : 18 janvier 1920 à Milan, Italie - France (9-4)

Dernière sélection : 12 juin 1927 à Budapest, Hongrie - France (13-1)

Clubs : 1919-1921 : Raincy Sports (2 sélections) ▪ 1921-1926 : Olympique de Paris (7 sélections) ▪ 1926-1927 : AS Cannes (6 sélections)

Bilan : 5 victoires, 2 nuls, 12 défaites

Après le passage sans lendemain du Havrais Raymond Frémont, c'est au tour de Maurice Cottenet de garder les buts de l'équipe de France, durant l'absence prolongée de Pierre Chayriguès. Et ça commence mal pour le Parisien qui va chercher neuf fois le ballon au fond de ses filets, à Milan ! Il rejoue trois matches plus tard et encaisse cinq buts, cette fois, à Rouen, face aux Anglais. C'est encore face à eux qu'il est aligné pour sa troisième sélection, un an plus tard. Et celle-ci est exceptionnelle puisque la France bat l'Angleterre pour la première fois de son histoire, 2-1, au stade Pershing de Paris ! Bien que conforté par ce succès, Cottenet reste une solution de rechange en attendant le retour de Chayriguès. Pour les J.O. de Paris, c'est le portier du Red Star qui est aligné, Cottenet s'asseyant sur le banc des remplaçants. Après ces Jeux, il devient enfin titulaire, à 30 ans, et étrenne même les galons de capitaine à deux reprises. Alors que débute le prometteur gardien breton Alexis Thépot, une déroute précipite la fin de carrière de Maurice Cottenet, à Budapest. Il encaisse 13 buts dont six de József Takács et un de son propre capitaine, Jules Devaquez, contre son camp... Il retrouvera l'équipe de France onze ans plus tard : c'est son préparateur physique à l'occasion de la Coupe du monde 1938, disputée dans l'Hexagone.

Matches joués : 1920 2 matches sur 6 ▪ **1921** 2 matches sur 5 ▪ **1922** - ▪ **1923** 1 matches sur 6 ▪ **1924** 2 matches sur 7 ▪ **1925** 2 matches sur 3 ▪ **1926** 6 matches sur 6 ▪ **1927** 3 matches sur 5 | **Titulaire :** 18 fois sur 18 | **Resté sur le banc :** 6 fois | **Capitaine :** 2 fois (8e, 13e) | **JO de 1924 :** 0 match sur 2

Maurice Cottenet

Pierre Mony

Défenseur
5 sélections

Né le 2 mars 1896 à Paris, décédé le 1er janvier 1980 (83 ans)

Première sélection : 18 janvier 1920 à Milan, Italie - France (9-4)

Dernière sélection : 10 mai 1923 à Paris, France - Angleterre (1-4)

Clubs : 1919-1921 : US Boulonnaise (1 sélection) ▪ 1921-1923 : CASG Paris (4 sélections)

Bilan : 5 défaites

Aligné comme arrière droit face à l'Italie, pour sa première sélection, il vit un cauchemar à Milan où les attaquants transalpins marquent neuf fois ! Pierre Mony ne disparaît pourtant pas de la sélection : il fait partie de l'équipe qui va disputer les Jeux olympiques à Anvers, en 1920. Il ne joue pas en Belgique et après son départ de Boulogne-sur-Mer pour Paris, il doit attendre trois ans pour retrouver le groupe tricolore. Hélas pour lui, les défaites s'accumulent et sa carrière s'arrête là.

Matches joués : 1920 1 match sur 6 ▪ **1921** - ▪ **1922** - ▪ **1923** 4 matches sur 6 | **Titulaire :** 5 fois sur 5 | **Resté sur le banc :** 2 fois | **JO de 1920 :** 0 match sur 2

Alexis Mony

Défenseur
1 sélection

Né le 9 décembre 1897 à Bourg-la-Reine (Hauts-de-Seine), décédé le 17 juillet 1986 (88 ans)

Unique sélection : 18 janvier 1920 à Milan, Italie - France (9-4)

Club : 1919-1920 : US Boulonnaise (1 sélection)

Bilan : 1 défaite

Alexis Mony débute avec son frère Pierre en Italie, lui comme arrière gauche. Le tandem prend l'eau de toutes parts face aux Transalpins. L'aîné sera rappelé, pas le cadet.

Match joué : 1920 1 match sur 6 | **Titulaire :** 1 fois sur 1

Louis Mistral

Milieu de terrain, 5 sélections

Né le 4 août 1900 à Paris, décédé le 12 juillet 1973 (72 ans)

Première sélection : 18 janvier 1920 à Milan, Italie - France (9-4)

Dernière sélection : 28 octobre 1923 à Paris, France - Norvège (0-2)

Clubs : 1919-1920 : Red Star (2 sélections) ▪ 1920-1924 : Olympique de Paris (3 sélections)

Bilan : 1 victoire, 4 défaites

Avec l'équipée milanaise qui se solde par une lourde défaite 9-4, la carrière internationale de ce « demi-aile » ne s'annonce pas sous les meilleurs auspices. Si Louis Mistral conserve sa place au match suivant et participe au succès sur la Suisse 2-0, il n'est qu'un joueur de rechange pour les sélectionneurs. Il reste ainsi sur le banc lors du succès historique face à l'Angleterre en 1921. Après sa carrière, il deviendra journaliste et animera la chronique sportive du quotidien *Paris Jour.*

Matches joués : 1920 2 matches sur 6 ▪ **1921** 1 match sur 5 ▪ **1922** - ▪ **1923** 2 matches sur 6 | **Titulaire :** 5 fois sur 5 | **Resté sur le banc :** 2 fois

Louis Olagnier

Milieu de terrain
1 sélection

Né le 6 novembre 1889 à Saint-Étienne (Loire), décédé le 18 octobre 1964 (74 ans)

Unique sélection : 18 janvier 1920 à Milan, Italie - France (9-4)

Club : 1919-1920 : Gallia Club Paris (1 sélection)

Bilan : 1 défaite

L'un des huit joueurs alignés pour la première fois à Milan, lors de la déroute face à l'Italie. Louis Olagnier ne sera jamais rappelé.

Match joué : 1920 1 match sur 6 | **Titulaire :** 1 fois sur 1

Albert Rénier

Attaquant
4 sélections, 1 but

Né le 8 mai 1896 au Havre (Seine-Maritime), décédé le 5 avril 1948 (51 ans)

Première sélection : 18 janvier 1920 à Milan, Italie - France (9-4)

Dernière sélection : 11 novembre 1924 à Molenbeek, Belgique - France (3-0)

Club : 1919-1920 : Le Havre AC (4 sélections)

Bilan : 1 victoire, 3 défaites

Un an après Raymond Frémont, un deuxième Havrais est appelé en équipe de France : Albert Rénier. Mais « l'inter » droit du HAC, pris dans la débandade milanaise, disparaît aussitôt. Ce n'est que cinq ans plus tard, en 1924, qu'il retrouve la sélection. Auteur d'un but de la tête – fait rare pour un Français – contre la Belgique en début d'année, il est ensuite remplaçant durant les J.O. de Paris. Après ceux-ci, il évolue dans son stade de la Cavée verte, au Havre, face à la Hongrie mais, blessé, doit céder sa place à la mi-temps. On ne le reverra plus à ce niveau.

Penalty

Joseph Verlet a été le premier joueur à marquer sur penalty pour l'équipe de France, en 1908, contre la Belgique. Le recordman des transformations est aujourd'hui Antoine Griezmann (7 penalties transformés), devant Raymond Kopa, Jean-Pierre Papin et Zinedine Zidane (6).

Matches joués : 1920 1 match sur 6 ▪ **1921** - ▪ **1922** - ▪ **1923** - ▪ **1924** 3 matches sur 7 | **But : 1924** 1 | **Titulaire :** 4 fois sur 4 | **Resté sur le banc :** 2 fois | **JO de 1924 :** 0 match sur 2

Eugène Languenove

Défenseur, 2 sélections

Né le 12 août 1899 à Paris, décédé le 3 mars 1958 (58 ans)

Première présélection : 18 janvier 1920 à Milan, Italie - France (9-4)

Première sélection : 20 février 1921 à Marseille, France - Italie (1-2)

Dernière sélection : 6 mars 1921 à Bruxelles, Belgique - France (3-1)

Club : 1919-1921 : Olympique de Paris (2 sélections)

Bilan : 2 défaites

C'est depuis la touche qu'Eugène Langenove assiste au désastre de Milan, face à l'Italie. Un an plus tard, cet arrière droit parisien est aligné face aux Transalpins, à Marseille, puis en Belgique. Il ne brille pas assez durant ces deux matches pour être appelé de nouveau. Il est ensuite transféré au Havre et grâce à des relations britanniques, il obtient un contrat professionnel en Angleterre, à Walsall, au nord de Birmingham. Le professionnalisme étant banni en France, il ne sera jamais rappelé en sélection.

Matches joués : 1920 - ▪ **1921** 2 matches sur 5 | **Titulaire :** 2 fois sur 2 | **Resté sur le banc :** 1 fois

Philippe Bonnardel

Milieu de terrain
23 sélections

Né le 28 juillet 1899 à Paris, décédé le 13 février 1953 (53 ans)

Première sélection : 2 février 1920 à Genève, Suisse - France (0-2)

Dernière sélection : 16 mars 1927 à Lisbonne, Portugal - France (4-0)

Clubs : 1919-1920 : Gallia Club Paris (2 sélections) ▪ 1920-1925 : Red Star (20 sélections) ▪ 1925-1927 : US Quevilly (1 sélection)

Bilan : 4 victoires, 1 nul, 18 défaites

C'est un « demi-aile » d'envergure qui intègre l'équipe de France à 20 ans pour devenir, comme Jules Devaquez et Paul Nicolas, un pilier de la sélection. Il fait partie de la formation qui vient à bout, pour la première fois, de l'Angleterre en 1921 à Pershing. Il dispute également les J.O. de Paris en 1924. Moins présent par la suite, Bonnardel connaît une dernière sortie douloureuse au Portugal. Alors qu'il est le premier joueur de Quevilly à devenir international, il essuie une lourde défaite 4-0 qui clôt sa carrière internationale. Il portait le brassard de capitaine d'une équipe considérablement rajeunie pour cause de match disputé en semaine.

Matches joués : 1920 2 matches sur 6 ▪ **1921** 5 matches sur 5 ▪ **1922** 1 match sur 2 ▪ **1923** 5 matches sur 6 ▪ **1924** 6 matches sur 7 ▪ **1925** 3 matches sur 3 ▪ **1926** - ▪ **1927** 1 match sur 5 | **Titulaire :** 23 fois sur 23 | **Resté sur le banc :** 4 fois | **Capitaine :** 1 fois (23e) | **JO de 1924 :** 2 matches sur 2

Édouard Baumann

Défenseur
8 sélections

Né le 4 mars 1895 à Paris, décédé le 12 avril 1985 (90 ans)

Première sélection : 2 février 1920 à Genève, Suisse - France (0-2)

Dernière sélection : 27 mai 1924 Colombes, France - Lettonie (7-0)

Clubs : 1919-1920 : RC Paris (4 sélections) ▪ 1923-1924 : CASG Paris (4 sélections)

Bilan : 5 victoires, 3 défaites

Avec un succès d'entrée de jeu en Suisse, sans encaisser de but, l'arrière droit parisien réussit ses débuts. Il peut dans la foulée aller disputer les J.O. d'Anvers. Si Édouard Baumann n'apparaît plus ensuite que comme remplaçant, il revient en sélection quatre ans plus tard, l'année des Jeux à Paris. Titulaire contre la Lettonie, en 8es de finale, il est blessé par un adversaire et doit quitter le terrain à la 35e minute. Ce sera, hélas, sa dernière apparition.

Matches joués : 1920 3 matches sur 6 ▪ **1921** 0 match sur 5 ▪ **1922** 1 match sur 2 ▪ **1923** - ▪ **1924** 4 matches sur 7 | **Titulaire :** 8 fois sur 8 | **Resté sur le banc :** 4 fois | **JO de 1920 :** 2 matches sur 2 | **JO de 1924 :** 1 match sur 2

Alfred Roth

Défenseur
1 sélection

Né le 17 août 1891 à Schiltigheim (Bas-Rhin), décédé le 4 septembre 1966 (75 ans)

Unique sélection : 2 février 1920 à Genève, Suisse-France (0-2)

Club : 1919-1920 : AS Strasbourg (1 sélection)

Bilan : 1 victoire

Comme Philippe Bonnardel et Édouard Baumann, Alfred Roth découvre l'équipe de France en Suisse. C'est le premier joueur strasbourgeois à entrer en sélection depuis que l'Alsace est redevenue française. Malgré la victoire, le défenseur ne sera pas revu. Il avait été appelé, il est vrai, au dernier moment pour suppléer Maurice Mathieu, forfait.

Match joué : 1920 1 match sur 6 | **Titulaire :** 1 fois sur 1

Pierre Gastiger

Milieu de terrain
0 sélection

Né le 28 février 1993 à Hayange (Moselle), décédé le 8 mars 1943 (50 ans)

Première présélection : 2 février 1920 à Genève, Suisse - France (0-2)

Dernière présélection : 31 août 1920 à Anvers, France - Tchécoslovaquie (1-4)

Club : 1919-1920 : FEC Levallois

Milieu de terrain parisien, le frère de Maurice Gastiger, sélectionné en 1914 et 1920, n'a pas sa chance alors qu'il est inscrit dans l'équipe de France qui dispute les Jeux olympiques d'Anvers.

Resté sur le banc : 3 fois | **JO de 1920 :** 0 match sur 2

Marcel Vanco

Défenseur
8 sélections

Né le 19 mars 1895 à Marseille (Bouches-du-Rhône), décédé le 15 juillet 1987 (92 ans)

Première sélection : 28 mars 1920 à Paris, France - Belgique (2-1)

Dernière sélection : 28 octobre 1923 à Paris, France - Norvège (0-2)

Clubs : 1919-1923 : CA Paris (7 sélections) ▪ 1923-1924 : RC Roubaix (1 sélection)

Bilan : 3 victoires, 5 défaites

Défenseur âpre, ce Marseillais évoluant à Paris se fait une place dans l'équipe de France qui commence à performer avec notamment le succès historique sur l'Angleterre en 1921. Mais il a le tort, comme Henri Bard ou Louis Darques, de réclamer des primes, ce qui conduit à la fin prématurée de son aventure en sélection où pourtant, son association avec Lucien Gamblin faisait merveille.

Matches joués : 1920 2 matches sur 6 ▪ **1921** 3 matches sur 5 ▪ **1922** 2 matches sur 2 ▪ **1923** 1 match sur 6 | **Titulaire :** 8 fois sur 8

Maurice Gravelines

Milieu de terrain
2 sélections

Né le 17 juillet 1891 à Lille (Nord), décédé le 31 janvier 1973 (81 ans)

Première sélection : 28 mars 1920 à Paris, France - Belgique (2-1)

Dernière sélection : 15 janvier 1922 à Colombes, France - Belgique (2-1)

Club : 1919-1920 : Olympique Lillois (2 sélections)

Bilan : 2 victoires

Le « demi-aile » nordiste connaît une curieuse carrière internationale. Appelé une première fois en 1914 pour jouer contre la Belgique, chez lui à Lille, il décline l'invitation et se voit suspendu. Six ans plus tard, au début de l'année 1920, il est convoqué pour affronter l'Italie et déclare cette fois forfait sur blessure. Il finit par participer à deux matches, tous les deux en France et contre la Belgique, soldés sur le même score de 2-1. Entre les deux, il fait partie de l'équipe présente aux J.O. d'Anvers, mais sans jouer.

Matches joués : 1920 1 match sur 6 ▪ **1921** - ▪ **1922** 1 match sur 2 | **Titulaire :** 2 fois sur 2 | **Resté sur le banc :** 2 fois | **JO de 1920 :** 0 match sur 2

Oscar Bongard

0 sélection

Né le 18 avril 1894 à Haguenau (Bas Rhin)

Première présélection : 28 mars 1920 à Paris, France - Belgique (2-1)

Dernière présélection : 31 août 1920 à Anvers, France - Tchécoslovaquie (1-4)

Club : 1919-1920 : AS Strasbourg (0 sélection)

Cet Alsacien est sélectionné pour jouer contre la Belgique puis pour aller à Anvers afin de représenter la France aux Jeux d'été. Mais comme Maurice Gravelines, il n'entrera jamais en jeu.

Resté sur le banc : 3 fois

Jean Batmale

Milieu de terrain
6 sélections

Né le 10 septembre 1895 à Pau (Pyrénées-Atlantiques), décédé le 3 juin 1973 (77 ans)

Première sélection : 5 avril 1920 à Rouen, France - Angleterre (0-5)

Dernière sélection : 4 juin 1924 au Havre, France - Hongrie (0-1)

Clubs : 1919-1920 : Club Français (1 sélection) ▪ 1920-1921 : USA Clichy (2 sélections) ▪ 1921-1922 : Club Français (1 sélection) ▪ 1922-1924 : Stade Rennais (2 sélections)

Bilan : 1 victoire, 5 défaites

Ce solide « demi-aile » béarnais reçoit une douche froide pour ses débuts, à Rouen, face aux invincibles Anglais (0-5). Mais il a séduit le comité de sélection par son abattage et fait ainsi partie de l'équipée française des Jeux d'Anvers. Il est également intégré à l'équipe olympique pour le rendez-vous de 1924 à Paris, alors qu'il est devenu un joueur du Stade Rennais. Club dont il sera ensuite l'entraîneur, de 1936 à 1945.

Matches joués : 1920 3 matches sur 6 ▪ **1921** 1 match sur 5 ▪ **1922** - ▪ **1923** - ▪ **1924** 2 matches sur 7 | **Titulaire :** 6 fois sur 6 | **Resté sur le banc :** 3 fois | **JO de 1920 :** 2 matches sur 2 | **JO de 1924 :** 1 match sur 2

Maurice Mercery

Attaquant
1 sélection

Né le 20 avril 1902 à Paris, décédé le 13 novembre 1991 (89 ans)

Unique sélection : 5 avril 1920 à Rouen, France-Angleterre (0-5)

Club : 1919-1920 : AS Française (1 sélection)

Bilan : 1 défaite

Nouveau sélectionné, comme Jean Batmale, cet attaquant parisien joue contre les Anglais mais en ce lundi de Pâques à Rouen, rien ne lui permet de venger Jeanne d'Arc et il ne reviendra pas en équipe de France.

Match joué : 1920 1 match sur 6 | **Titulaire :** 1 fois sur 1

JO

L'équipe de France « principale » a participé quatre fois aux Jeux olympiques avant la création de la Coupe du monde en 1930. Elle était présente aux JO de Londres en 1908, d'Anvers en 1920, de Paris en 1924 et d'Amsterdam en 1928. Ensuite, ce sont des sélections réservées aux joueurs amateurs ou de moins de 23 ans qui y ont été alignées (en 1948, 52, 60, 68, 76, 84, 96 et 2021).

Jean Boyer

Attaquant
15 sélections, 7 buts

Né le 2 février 1901 à Vitry-sur-Seine (Val-de-Marne), décédé le 24 novembre 1981 (80 ans)

Première sélection : 29 août 1920 à Anvers, France-Italie (3-1)

Dernière sélection : 26 mai 1929 à Rocourt, Belgique-France (4-1)

Clubs : 1919-1920 : CASG Paris (4 sélections) ▪ 1920-1923 : SC Choisy-le-Roi (2 sélections) ▪ 1923-1924 : Olympique de Marseille (9 sélections)

Bilan : 4 victoires, 11 défaites

Choisi pour la première fois à l'occasion des Jeux olympiques d'Anvers, « l'inter » droit ou avant-centre parisien ne loupe pas ses débuts : il ouvre le score contre l'Italie dès la 10e minute ! En demi-finales, Jean Boyer marque encore mais c'est pour sauver l'honneur face aux puissants Tchécoslovaques. Il revient en équipe nationale neuf mois plus tard pour affronter l'Angleterre au stade Pershing de Paris. Les Anglais ont battu les Français durant les sept premières confrontations entre les deux pays et ils restent sur une victoire 5-0, obtenue un an auparavant. Mais, divine surprise, le pays hôte s'impose 2-1 grâce à un but de Boyer à la 67e minute, sur un centre de l'inévitable Raymond Dubly, passeur en or. Le héros du jour devient la nouvelle vedette du football hexagonal. L'Olympique de Marseille l'engage à prix d'or, comme il le fera ensuite avec Jules Devaquez. Jean Boyer devient ainsi le premier international de l'OM en 1923. Lors des J.O. de Paris, il inscrit les deux derniers buts français dans la large victoire contre la Lettonie (7-0) mais ne peut rien face au futur champion, l'Uruguay. Après cela, sa carrière internationale s'écrit en pointillé. Il ne jouera plus que trois fois en cinq ans. Boyer marque son dernier but à Colombes, en 1927, face à Ricardo Zamora, le gardien vedette de l'Espagne, qu'il blesse par la même occasion, et dispute son dernier match contre la Belgique en 1929. Il n'a alors que 28 ans. À l'instar de Paul Nicolas et Jules Devaquez, il n'ira pas disputer la Coupe du monde en Amérique du Sud.

8 cartons qui font date

Avant la Première Guerre mondiale, l'équipe de France a encaissé huit sévères revers lors de ses vingt premiers matches : face à l'Angleterre (0-15, 0-12, 0-11, 1-10), au Danemark (0-9, 1-17) et face à la Belgique (0-7, 1-7). Des défaites jamais égalées par la suite.

Matches joués : 1920 2 matches sur 6 ▪ **1921** 1 match sur 5 ▪ **1922** 1 match sur 2 ▪ **1923** 3 matches sur 6 ▪ **1924** 5 matches sur 7 ▪ **1925** 1 match sur 3 ▪ **1926** - ▪ **1927** 1 match sur 5 ▪ **1928** - ▪ **1929** 1 match sur 6 | **Buts : 1920** 2 ▪ **1921** 1 ▪ **1924** 2 ▪ **1925** 1 ▪ **1927** 1 | **Titulaire :** 15 fois sur 15 | **JO de 1920 :** 2 matches sur 2 | **JO de 1924 :** 2 matches sur 2

René Petit

Milieu de terrain
2 sélections

Né le 8 octobre 1899 à Dax (Landes), décédé le 14 octobre 1989 (90 ans)

Première sélection : 29 août 1920 à Anvers, France - Italie (3-1)

Dernière sélection : 31 août 1920 à Anvers, France - Tchécoslovaquie (1-4)

Club : 1920-1921 : Stade Bordelais UC (2 sélections)

Bilan : 1 victoire, 1 défaite

Ce « demi-centre » fait ses débuts à l'occasion des J.O. d'Anvers. Le Landais devient le premier international de Bordeaux. Il ne disputera pas d'autres matches car il appartient au Real Irun, un club espagnol qui l'a laissé signer au Stade Bordelais afin qu'il puisse disputer réglementairement les Jeux. Irun récupère ensuite son joueur qui ne sera plus jamais sélectionné.

Matches joués : 1920 2 matches sur 6 | **Titulaire :** 2 fois sur 2 | **JO de 1920 :** 2 matches sur 2

Léon Huot

Défenseur
4 sélections

Né le 31 décembre 1898 à Villeneuve-Saint-Georges (Val-de-Marne), décédé le 26 mai 1961 (62 ans)

Première sélection : 29 août 1920 à Anvers, France - Italie (3-1)

Dernière sélection : 20 juin 1926 à Molenbeek, Belgique - France (2-2)

Clubs : 1920-1922 : CA Vitry (2 sélections) ▪ 1922-1923 : FC Sète ▪ 1923-1924 : CA Vitry (1 sélection) ▪ 1924-1925 : GGA Médoc ▪ 1925-1926 : Olympique d'Alès (1 sélection)

Bilan : 1 victoire, 1 nul, 2 défaites

Avec Jean Boyer et René Petit, Léon Huot est le troisième débutant des Jeux d'Anvers. Le défenseur parisien compense sa petite taille (1,60 m) par une adresse naturelle et une grosse activité mais il ne rejoue par la suite que deux fois en quatre ans, se retrouvant remplaçant pour les J.O. de Paris. Il est vrai qu'il réclamait, comme d'autres, des primes, qui lui seront toujours refusées. Sélectionné contre la Belgique en 1926, il devient le premier joueur d'Alès en équipe de France. Et le seul à ce jour.

Matches joués : 1920 2 matches sur 6 ▪ **1921** - ▪ **1922** - ▪ **1923** - ▪ **1924** 1 match sur 7 ▪ **1925** - ▪ **1926** 1 match sur 6 | **Titulaire :** 4 fois sur 4 | **Resté sur le banc :** 4 fois | **JO de 1920 :** 2 matches sur 2 | **JO de 1924 :** 0 match sur 2

André Lassalle

Défenseur
0 sélection

Première présélection : 29 août 1920 à Anvers, France - Italie (3-1)

Dernière présélection : 31 août 1920 à Anvers, France - Tchécoslovaquie (1-4)

Club : 1920-1921 : Stade Bordelais UC

André Lassalle aurait pu être, avec René Petit, l'autre Bordelais de l'équipe de France aux J.O. d'Anvers. Mais ce défenseur resta sur la touche et ne fut jamais rappelé.

Resté sur le banc : 2 fois

André Lebidois

Gardien de but
0 sélection

Première présélection : 29 août 1920 à Anvers (France-Italie)

Dernière présélection : 31 août 1920 à Anvers (France-Tchécoslovaquie)

Club : 1920-1921 : Sotteville FC (0 sélection)

Gardien remplaçant du Nordiste Albert Parsys, lors des J.O. d'Anvers, le goal normand n'aura jamais l'occasion de montrer ses talents.

Resté sur le banc : 2 fois

Maurice Leroux

Milieu de terrain
0 sélection

Première présélection : 29 août 1920 à Anvers, France - Italie (3-1)

Dernière présélection : 31 août 1920 à Anvers France - Tchécoslovaquie (1-4)

Club : 1920-1921 : FC Dieppe (0 sélection)

Comme André Lassalle et André Lebidois, Maurice Leroux fait partie de l'équipe de France olympique à Anvers mais il reste cantonné au banc de touche, la composition du onze tricolore ne changeant pas d'un match à l'autre.

Resté sur le banc : 2 fois

1921

10 nouveaux joueurs
5 matches

8 février : France - Irlande 1-2
20 février : France - Italie 1-2
6 mars : Belgique - France 3-1
5 mai : France - Angleterre 2-1
13 novembre : France - Pays-Bas 0-5

Maurice Beaudier

Gardien de but
3 sélections

Né le 22 juillet 1897 à Avallon (Yonne), décédé le 21 mars 1932 (34 ans)

Première sélection : 8 février 1921 à Paris, France - Irlande (1-2)

Dernière sélection : 6 mars 1921 à Bruxelles, Belgique - France (3-1)

Club : 1920-1921 : CA Paris (3 sélections)

Bilan : 3 défaites

Sans doute le plus petit gardien de but de l'histoire de l'équipe de France (1,65 m). Maurice Baudier succède à Albert Parsys après les J.O. d'Anvers. Avec trois défaites, il doit céder sa place à Maurice Cottenet et se consacrer à son club.

Matches joués : 1921 3 matches sur 5 | **Titulaire :** 3 fois sur 3

Maurice Meyer

Défenseur, 1 sélection

Né le 17 août 1892 à Paris, décédé le 25 mars 1971 (78 ans)

Unique sélection : 8 février 1921 à Paris, France - Irlande (1-2)

Dernière présélection : 13 novembre 1921 à Paris, France - Pays-Bas (0-5)

Club : 1920-1922 : Red Star (1 sélection)

Bilan : 1 défaite

Le défenseur du Red Star rejoint ses partenaires Lucien Gamblin, François Hugues, Paul Nicolas et Philippe Bonnardel en équipe de France. Il n'est rappelé qu'une seule fois par la suite, en fin d'année, et ne joue pas.

Match joué : 1921 1 match sur 5 | **Titulaire :** 1 fois sur 1 | **Resté sur le banc :** 1 fois

Paul (Poly) Bloch

Attaquant, 1 sélection

Né en 1896, décédé en 1962 (66 ans)

Unique sélection : 8 février 1921 à Paris, France - Irlande (1-2)

Dernière présélection : 28 octobre 1923 à Paris, France - Norvège (1-3)

Club : 1920-1924 : FC Mulhouse (1 sélection)

Bilan : 1 défaite

Paul Bloch est le seul non-Parisien de l'équipe de France alignée face aux Irlandais. Premier Mulhousien sélectionné, cet « inter » gauche ne sera convoqué qu'une seule fois par la suite, deux ans plus tard. Et il ne jouera pas.

Match joué : 1921 1 match sur 5 ▪ **1922** - ▪ **1923** - | **Titulaire :** 1 fois sur 1 | **Resté sur le banc :** 1 fois

Antoine Rouchès

Attaquant
1 sélection

Né le 21 mai 1893 à Paris, décédé le 23 février 1974 (80 ans)

Unique sélection : 6 mars 1921 à Bruxelles, Belgique-France (3-1)

Club : 1920-1922 : Olympique de Paris (1 sélection)

Bilan : 1 défaite

« L'inter » droit parisien est testé face aux Belges, aux côtés de son partenaire habituel de club, Jules Devaquez. L'essai ne sera pas confirmé.

Match joué : 1921 1 match sur 5 | **Titulaire :** 1 fois sur 1

Cheyroux

0 sélection

Unique présélection : 5 mai 1921 à Paris, France - Angleterre (2-1)

Gardien remplaçant, il se contente d'assister de près au succès historique de la France sur l'Angleterre (2-1).

Resté sur le banc : 1 fois

Robert Accard

Attaquant
6 sélections, 1 but

Né le 26 novembre 1897 à Lisieux (Calvados), décédé le 16 octobre 1971 (73 ans)

Première présélection : 13 novembre 1921 à Paris, France - Pays-Bas (0-5)

Première sélection : 15 janvier 1922 à Colombes, France - Belgique (2-1)

Dernière sélection : 20 juin 1926 à Molenbeek, Belgique - France (2-2)

Clubs : 1921-1925 : Le Havre AC (4 sélections) ▪ 1925-1926 : Stade Havrais (1 sélection)

Bilan : 3 victoires, 1 nul, 2 défaites

Apparu pour la première fois à la fin de l'année 1921, comme remplaçant contre les Pays-Bas, ce

Normand débute deux mois plus tard dans l'attaque française, aux côtés des prestigieux Raymond Dubly, Jules Devaquez et Paul Nicolas. Entouré des vainqueurs de l'Angleterre, Robert Accard fait tomber les Belges en donnant la balle de la victoire à Devaquez, confirmant ainsi le net regain de forme de l'équipe tricolore. Mais souvent blessé, il peine à s'installer en sélection. Lors de son dernier match, en Belgique, il marque en reprenant un tir de Devaquez renvoyé par la barre transversale. Plus tard, il deviendra entraîneur du Stade Français, mettant au point la tactique défensive dite du « béton ».

Matches joués : 1921 - ▪ **1922** 1 match sur 2 ▪ **1923** - ▪ **1924** 2 matches sur 7 ▪ **1925** 1 match sur 3 ▪ **1926** 2 matches sur 6 | **But : 1926** 1 | **Titulaire :** 5 fois sur 6 | **Remplaçant :** 1 fois sur 6 (de Boyer) | **Resté sur le banc :** 3 fois

Coups francs

Le premier but de la France sur coup franc a été inscrit en 1921, par Jules Devaquez, à Bruxelles contre la Belgique. Mais c'est Michel Platini l'incontestable roi des coups francs en équipe de France : il a marqué onze fois de la sorte – contre la Tchécoslovaquie, le Danemark et la Bulgarie en 1976, la Suisse en 1977, l'Italie en 1978, les États-Unis en 1979, les Pays-Bas en 1981, l'Angleterre, la Yougoslavie et l'Espagne en 1984, la Yougoslavie en 1985.

Édouard Macquart

Attaquant
1 sélection

Né en 1884

Unique sélection : 13 novembre 1921 à Paris, France - Pays-Bas (0-5)

Dernière présélection : 15 janvier 1922 à Colombes, France - Belgique (2-1)

Club : 1921-1922 : AS Française Le Perreux (1 sélection)

Bilan : 1 défaite

Contrairement à Robert Accard, appelé comme lui pour le dernier match de l'année, face aux Pays-Bas, l'avant-centre parisien joue face aux Néerlandais. Mais Édouard Macquart en retire un souvenir amer avec une sévère défaite. Remplaçant, à la place d'Accard, pour le rendez-vous suivant, il disparaîtra ensuite de la sélection.

Match joué : 1921 1 match sur 5 | **Titulaire :** 1 fois sur 1 | **Resté sur le banc :** 1 fois

Albert Courquin

Milieu de terrain
1 sélection

Né le 5 août 1898 à Bourbourg (Nord), décédé le 2 février 1940 (41 ans)

Première présélection : 13 novembre 1921 à Paris, France - Pays-Bas (0-5)

Unique sélection : 15 janvier 1922 à Colombes, France - Belgique (2-1)

Dernière présélection : 22 avril 1923 à Paris, France - Suisse (2-2)

Club : 1921-1923 : Olympique Lillois (1 sélection)

Bilan : 1 victoire

Remplaçant, à l'instar de Robert Accard, face aux Pays-Bas, le « demi-aile » Albert Courquin dispute comme lui le match suivant face aux Belges. Ce sera la seule fois où il portera le maillot bleu ciel frappé du coq. Convoqué deux fois l'année suivante, il restera sur le banc des remplaçants.

Match joué : 1921 - ▪ **1922** 1 match sur 2 | **Titulaire :** 1 fois sur 1 | **Resté sur le banc :** 3 fois

René Verquin

0 sélection

Unique présélection : 13 novembre 1921 à Paris, France - Pays-Bas (0-5)

Alors qu'Édouard Macquart est titulaire contre les Pays-Bas et qu'Albert Courquin et Robert Accard ont leur chance au match suivant, René Verquin n'obtient pas le droit de jouer. Il ne reviendra jamais en équipe de France.

Resté sur le banc : 1 fois

Émile Friess

Alphonse Jou

Gardien de but
0 sélection

Première présélection : 13 novembre 1921 à Paris, France - Pays-Bas (0-5)

Dernière présélection : 30 avril 1922 à Bordeaux, France - Espagne (0-4)

Club : 1920-1921 : CASG Paris

Avec Édouard Macquart, Albert Courquin, Robert Accard et René Verquin, le gardien parisien est l'un des cinq nouveaux dans le groupe de 16 joueurs constitué pour affronter les Pays-Bas. Il ne figure plus dans la liste deux mois plus tard pour défier la Belgique mais il reviendra deux mois après pour affronter l'Espagne. Sans jouer, de nouveau. Et cette fois, on ne le reverra plus.

Resté sur le banc : 2 fois

1922

7 nouveaux joueurs
2 matches

15 janvier : France - Belgique 2-1
30 avril : France - Espagne 0-4

Émile Friess

Gardien de but
2 sélections

Né le 21 février 1902 à Hegenheim (Haut-Rhin), décédé le 26 avril 1993 (91 ans)

Première sélection : 15 janvier 1922 à Colombes, France - Belgique (2-1)

Dernière sélection : 30 avril 1922 à Bordeaux, France - Espagne (0-4)

Dernière présélection : 11 mars 1928 à Lausanne, France - Suisse (4-3)

Club : 1921-1928 : AS Strasbourg (2 sélections)

Bilan : 1 victoire, 1 défaite

Le gardien alsacien a le bonheur de débuter par une victoire en équipe de France, ce qui n'est pas commun à l'époque. Mais il a été convié à jouer ce match uniquement parce que Pierre Chayriguès et Maurice Cottenet ont décliné leur sélection. Comme ceux-ci sont suspendus « en représailles », Émile Friess reste dans les buts pour le match suivant, qui se passe nettement moins bien : les Espagnols Paulino Alcántara et Manuel Travieso, buteurs de Barcelone et Bilbao, réussissent tous deux un doublé en première mi-temps... Le retour de Chayriguès stoppe la carrière internationale de Friess mais comme son bon état d'esprit a séduit le comité de sélection, on le reverra comme remplaçant de temps en temps, jusqu'en 1928.

Matches joués : 1922 2 matches sur 2 ▪ **1923** - ▪ **1924** - ▪ **1925** - ▪ **1926** - ▪ **1927** - ▪ **1928** - | **Titulaire :** 2 fois sur 2 | **Resté sur le banc :** 5 fois

Marcel Domergue

Milieu de terrain, 20 sélections

Né le 16 novembre 1901 à Port-Saïd (Égypte)

Première sélection : 30 avril 1922 à Bordeaux, France - Espagne (0-4)

Dernière sélection : 29 mai 1928 à Amsterdam, France - Italie (3-4)

Clubs : 1921-1923 : CASG Paris (1 sélection) ▪ 1923-1924 : FC Sète (2 sélections) ▪ 1924-1926 : SC Nîmes (11 sélections) ▪ 1926-1928 : Red Star (6 sélections)

Bilan : 7 victoires, 1 nul, 12 défaites

« Demi-centre » puissant, Marcel Domergue met un peu de temps à s'affirmer en équipe de France. Ses deux premières années ne sont pas convaincantes mais en 1924, à 22 ans, il prend sa chance et participe aux J.O. de Paris. Il remplace ensuite Paul Nicolas comme capitaine quand l'avant-centre du Red Star ne joue pas. Alors qu'il est devenu le premier international nîmois, une première blessure contrarie sa carrière en 1927. Puis une brouille avec la Fédération le prive des matches suivants. Il revient en force l'année d'après et peut ainsi participer aux Jeux d'Amsterdam. Malheureusement, une nouvelle blessure, survenue en club, met un terme définitif à sa carrière, à 28 ans. Dommage car la France aurait eu besoin de lui en Uruguay pour la première Coupe du monde.

Matches joués : 1922 1 match sur 2 ▪ **1923** 1 match sur 6 ▪ **1924** 5 matches sur 7 ▪ **1925** 1 match sur 3 ▪ **1926** 6 matches sur 6 ▪ **1927** - ▪ **1928** 6 matches sur 7 | **Titulaire :** 20 fois sur 20 | **Resté sur le banc :** 2 fois | **Capitaine :** 3 fois (9e, 10e, 19e) | **JO de 1924 :** 2 matches sur 2 | **JO de 1928 :** 1 match sur 1

André Ryssen

Attaquant
1 sélection

Né le 23 août 1902 à Boulogne-sur-Mer (Pas-de-Calais), décédé en 1946 (44 ans)

Unique sélection : 30 avril 1922 à Bordeaux, France - Espagne (0-4)

Club : 1921-1922 : Olympique Lillois (1 sélection)

Bilan : 1 défaite

Le Parisien Louis Darques forfait, ce Nordiste peut débuter face à l'Espagne. Après une défaite assez sèche, André Ryssen ne sera pas reconvoqué.

Match joué : 1922 1 match sur 2 | **Titulaire :** 1 fois sur 1

Grégoire Berg

Défenseur
1 sélection

Né le 31 mars 1896 à Rouen (Seine-Maritime), décédé le 24 août 1944 (48 ans)

Il connaîtra une fin tragique : dénoncé en 1942 comme Juif, interné au camp de Drancy, il échappera à la déportation mais sera fusillé par les Allemands la veille de la libération de Paris, au bois de Vincennes

Unique sélection : 30 avril 1922 à Bordeaux, France - Espagne (0-4)

Club : 1921-1922 : Red Star Strasbourg (1 sélection)

Bilan : 1 défaite

Comme Marcel Domergue et André Ryssen, cet arrière gauche alsacien découvre l'équipe de France dans des conditions difficiles. Certains joueurs traînent les pieds, d'autres refusent d'honorer leur convocation. Les Tricolores se présentent seulement vingt minutes avant le coup d'envoi de leur rencontre. Il est très compliqué de se montrer sous son meilleur jour. À l'image de Ryssen, Grégoire Berg ne sera jamais revu.

Match joué : 1922 1 match sur 2 | **Titulaire :** 1 fois sur 1

Albert Lerouge

Milieu de terrain, 0 sélection

Unique présélection : 30 avril 1922 à Bordeaux, France - Espagne (0-4)

Club : 1921-1922 : RC Roubaix

Le « demi » nordiste est sollicité avec l'accumulation des forfaits et des suspensions. Mais il reste sur la touche et on ne fera jamais plus appel à lui.

Resté sur le banc : 1 fois

F. Parsys

0 sélection

Unique présélection : 30 avril 1922 à Bordeaux, France - Espagne (0-4)

Comme Albert Lerouge, appelé « de circonstance », il ne fait que de la figuration en équipe de France.

Resté sur le banc : 1 fois

Aussel

0 sélection

Unique présélection : 30 avril 1922 à Bordeaux, France - Espagne (0-4)

La même histoire qu'Albert Lerouge et F. Parsys, c'est-à-dire sans lendemain !

Resté sur le banc : 1 fois

1923

14 nouveaux joueurs 6 matches

28 janvier : Espagne - France 3-0
25 février : Belgique - France 4-1
2 avril : Pays-Bas - France 8-1
22 avril : France - Suisse 2-2
10 mai : France - Angleterre 1-4
28 octobre : France - Norvège 0-2

Robert Joyaut

Défenseur
4 sélections

Né le 5 décembre 1900 à Paris, décédé le 12 septembre 1966 (66 ans)

Première sélection : 28 janvier 1923, à Saint-Sébastien, Espagne - France (3-0)

Dernière sélection : 22 avril 1923 à Paris, France - Suisse (2-2)

Club : 1922-1923 : Red Star (4 sélections)

Bilan : 1 nul, 3 défaites

Ce « demi-aile » rejoint ses coéquipiers du Red Star Pierre Chayriguès, Lucien Gamblin, François Hugues, Philippe Bonnardel, Juste Brouzes et Paul Nicolas. Malgré cette ossature parisienne record, l'équipe de France peine à décoller et Joyaut s'en va au bout de quatre matches.

Matches joués : 1923 4 matches sur 6 | **Titulaire :** 4 fois sur 4

Maurice Depaepe

Défenseur
1 sélection

Né en 1899 à Tourcoing (Nord), décédé le 11 avril 1976 (77 ans)

Unique sélection : 25 février 1923, à Bruxelles, Belgique - France (4-1)

Club : 1922-1923 : US Tourquennoise (1 sélection)

Bilan : 1 défaite

Arrière central réputé puissant, le Nordiste ne peut endiguer les assauts belges. Le Liégeois du Standard Maurice Gillis et l'Anversois du Beerschot Henri Laernoe réussissent des doublés. On ne reverra plus Depaepe...

Match joué : 1923 1 match sur 6 | **Titulaire :** 1 fois sur 1

Gérard Isbecque

Attaquant
4 sélections, 1 but

Né le 15 mars 1897 à Roubaix (Nord), décédé le 3 août 1970 (73 ans)

Première sélection : 25 février 1923, à Bruxelles, Belgique - France (4-1)

Dernière sélection : 11 novembre 1924 à Molenbeek, Belgique - France (3-0)

Club : 1922-1923 : RC Roubaix (4 sélections)

Bilan : 1 victoire, 3 défaites

L'ailier droit roubaisien tire son épingle du jeu pour sa première sélection, marquant l'unique but français contre la Belgique sur un centre impeccable de Raymond Dubly, son coéquipier en club. Il ne rejoue qu'un an plus tard, toujours face aux Belges, et réussit cette fois une passe décisive pour Albert Rénier. Il est titulaire lors du match suivant mais n'est que remplaçant pour les J.O. de Paris, qu'il regarde depuis le banc de touche. Gérard Isbecque est aligné une troisième fois contre la Belgique et c'est la dernière. Plus tard, il deviendra dirigeant de la Ligue du Nord.

Matches joués : 1923 1 match sur 6 ▪ **1924** 3 matches sur 7 | **But : 1923** 1 | **Titulaire :** 4 fois sur 4 | **Resté sur le banc :** 3 fois | **JO de 1924 :** 0 match sur 2

Raymond Wattine

Attaquant, 1 sélection

Né le 22 août 1895, décédé le 7 mai 1937 (41 ans)

Unique sélection : 25 février 1923, à Bruxelles, Belgique - France (4-1)

Dernière présélection : 28 octobre 1923 à Paris, France - Norvège (0-2)

Club : 1922-1923 : RC Roubaix (1 sélection)

Bilan : 1 défaite

Comme son coéquipier roubaisien Gérard Isbecque, cet « inter » droit débute contre les Belges en l'absence de Henri Bard et Paul Nicolas. Et comme lui, il ne parvient pas à se montrer suffisamment à son avantage pour être de nouveau appelé autrement qu'une fois, comme remplaçant, huit mois plus tard.

Match joué : 1923 1 match sur 6 | **Titulaire :** 1 fois sur 1 | **Resté sur le banc :** 1 fois

Charles Berthelot

Gardien de but
1 sélection

Né le 19 février 1901 à Rennes (Ille-et-Vilaine), décédé le 13 septembre 1940 (39 ans)

Unique sélection : 2 avril 1923, à Amsterdam, Pays-Bas - France (8-1)

Dernière présélection : 13 mai 1928 à Colombes, France - Tchécoslovaquie (0-2)

Clubs : 1922-1924 : Stade Rennais (1 sélection) ▪ 1924-1928 : Drapeau de Fougères (0 sélection)

Bilan : 1 défaite

Le gardien du Stade Rennais a la lourde charge de remplacer Pierre Chayriguès pour un périlleux déplacement aux Pays-Bas en avril. Face aux Néerlandais, il encaisse un but dès la première minute et c'est une avalanche qui suit avec, au total, quatre doublés, signés Wim Roetert (Deventer), Wim Addicks (Ajax), Evert van Linge et Jaap Bulder (Groningue). Renvoyé chez lui après un désastre comme on n'en avait pas vu depuis longtemps, Charles Berthelot reviendra une fois, cinq ans plus tard, comme remplaçant d'un autre gardien breton, Alexis Thépot.

Match joué : 1923 1 match sur 6 ▪ **1924** - ▪ **1925** - ▪ **1926** - ▪ **1927** - ▪ **1928** - | **Titulaire :** 1 fois sur 1 | **Resté sur le banc :** 1 fois

Robert Coat

Défenseur
1 sélection

Né le 12 juillet 1900 à Brest (Finistère), décédé en 1940 (40 ans)

Unique sélection : 2 avril 1923, à Amsterdam, Pays-Bas - France (8-1)

Dernière présélection : 22 avril 1923 à Paris, France - Suisse (2-2)

Club : 1922-1923 : AS Brest (1 sélection)

Bilan : 1 défaite

Avec Charles Berthelot, Robert Coat est le deuxième Breton appelé pour affronter les Pays-Bas. Et l'arrière droit de l'A.S. Brestoise prend l'eau dans le port d'Amsterdam... Il est rappelé deux mois plus tard, sans entrer en jeu, et ne reviendra plus.

Match joué : 1923 1 match sur 6 | **Titulaire :** 1 fois sur 1 | **Resté sur le banc :** 1 fois

Red Star

Le club de Saint-Ouen, le Red Star, a été le club majeur des joueurs de l'équipe de France dans l'entre-deux guerres mondiales. 190 sélections rien qu'à lui seul. Les plus souvent sélectionnés ont pour noms Jean Nicolas, Alfred Aston, Alexis Thépot, Pierre Chayriguès, Philippe Bonnardel, François Hugues, Lucien Gamblin, Eugène Maes, Augustin Chantrel, Marcel Pinel, Marcel Domergue, Jacques Mairesse, Ernest Gross et Juste Brouzes...

André Caillet

Milieu de terrain

1 sélection

Né le 5 octobre 1900, décédé le 13 août 1925 (24 ans)

Unique sélection : 2 avril 1923, à Amsterdam, Pays-Bas - France (8-1)

Club : 1922-1923 : CASG Paris (1 sélection)

Bilan : 1 défaite

L'intégration de cet « inter » droit parisien à l'attaque française n'étant pas concluante, il n'est pas rappelé. Deux ans plus tard, il remportera la Coupe de France avec le Cercle athlétique des sports généraux. Il décédera rapidement, ensuite, d'une maladie.

Match joué : 1923 1 match sur 6 | **Titulaire :** 1 fois sur 1

Paul Hoenen

Attaquant
1 sélection

Né le 17 janvier 1899 à Ville-sur-Illon (Vosges), décédé le 17 juillet 1975 (76 ans)

Unique sélection : 2 avril 1923, à Amsterdam, Pays-Bas - France (8-1)

Club : 1922-1923 : JA Saint-Ouen (1 sélection)

Bilan : 1 défaite

L'avant-centre parisien remplace Paul Nicolas, forfait. C'est le quatrième débutant français à Amsterdam avec Charles Berthelot, Robert Coat et André Caillet. Et comme eux, il ne connaîtra pas d'autre sélection.

Match joué : 1923 1 match sur 6 | **Titulaire :** 1 fois sur 1

André Jacquemet

Attaquant
0 sélection

Unique présélection : 2 avril 1923, à Amsterdam, Pays-Bas - France (8-1)

Club : 1922-1923 : FC Sète

Le Sétois reste sur la touche aux Pays-Bas et ne peut donc pas être mis en cause dans le naufrage d'Amsterdam. Cependant, comme les quatre nouveaux qui ont joué, il ne sera jamais rappelé.

Resté sur le banc : 1 fois

Austro-français

Des cinq joueurs de l'équipe de France nés en Autriche (André, Hiltl, Jordan, Hiden et Charrier), le célèbre gardien du Racing, Rudi Hiden, a la particularité d'avoir porté vingt fois auparavant le maillot de l'équipe autrichienne, de 1928 à 1933, avant de connaître la sélection française en 1940, après sa naturalisation.

Raymond Sentubéry

Attaquant
3 sélections

Né le 21 novembre 1901 à Paris, décédé le 4 juillet 1981 (79 ans)

Première présélection : 22 avril 1923 à Paris, France - Suisse (2-2)

Première sélection : 11 novembre 1924 à Molenbeek, Belgique - France (3-0)

Dernière sélection : 30 mai 1926 à Vienne, Autriche - France (4-1)

Dernière présélection : 13 juin 1926 à Colombes, France - Yougoslavie (4-1)

Clubs : 1923-1924 : Stade Rennais (0 sélection) ▪ 1924-1926 : Club Français (3 sélections)

Bilan : 1 victoire, 2 défaites

Après le désastre d'Amsterdam, on cherche de nouveaux attaquants. Louis Darques, Paul Nicolas et Raymond Dubly retrouvant leur place, l'ailier gauche du Stade Rennais Raymond Sentubéry reste sur la touche. Passé de l'Ille-et-Vilaine à Paris, il débute dix-neuf mois plus tard, sans grand succès, face aux Belges. Forfait contre l'Autriche, il ne retrouve l'équipe de France qu'un an et demi après, toujours contre la Belgique, et remplace après la pause Maurice Gallay. La formation tricolore mène alors 3-0. Elle gagnera finalement 4-3. Le Parisien d'origine basque reste dans le groupe des sélectionnés mais l'aventure ne dure pas au-delà du mois de juin.

Matches joués : 1923 - ▪ 1 : **1924** match sur : **1925** ▪ 7 2 : **1926** ▪ - matches sur 6 | **Titulaire :** 2 fois sur 3 | **Remplaçant :** 1 fois sur 3 (de Gallay) | **Resté sur le banc :** 3 fois

Paul Baron

Milieu de terrain
1 sélection

Né le 23 mai 1895 à Saint-Maur-des-Fossés (Val-de-Marne), décédé le 5 novembre 1973 (78 ans)

Unique sélection : 22 avril 1923 à Paris, France - Suisse (2-2)

Dernière présélection : 21 février 1928 à Paris, France - Irlande (4-0)

Clubs : 1922-1926 : Olympique de Paris (1 sélection) ▪ 1926-1928 : Red Star (0 sélection)

Bilan : 1 nul

L'arrière droit parisien ne connaît pas une première sélection tranquille, le Suisse Robert Afflerbach marquant deux buts. Il revient en équipe de France près de cinq ans plus tard, sans entrer en jeu. Ce qui ne l'empêchera pas de devenir un brillant entraîneur, notamment au Racing Club de Paris après la Seconde Guerre mondiale. Il retrouvera la sélection nationale en 1949, comme préparateur physique.

Match joué : 1923 1 match sur 6 ▪ **1924** - ▪ **1925** - ▪ **1926** - ▪ **1927** - ▪ **1928** - | **Titulaire :** 1 fois sur 1 | **Resté sur le banc :** 1 fois

Fernand Capronnier

Gardien de but
0 sélection

Première présélection : 28 octobre 1923, à Paris, France - Norvège (0-2)

Dernière présélection : 23 mars 1924 à Genève, Suisse - France (3-0)

Club : 1923-1924 : Amiens AC (0 sélection)

Derrière Pierre Chayriguès et Maurice Cottenet, Fernand Capronnier devient un temps le troisième gardien de l'équipe de France. Le portier d'Amiens est ainsi placé sur le banc des remplaçants quand l'un des deux ne peut pas tenir sa place. Il ne connaîtra jamais la titularisation.

Resté sur le banc : 2 fois

Marcel Dangles

Attaquant, 1 sélection

Né le 26 février 1899 à Sète (Hérault), décédé le 15 février 1974 (74 ans)

Unique sélection : 10 mai 1923 à Paris, France - Angleterre (1-4)

Club : 1922-1923 : FC Sète (1 sélection)

Bilan : 1 défaite

L'avant-centre sétois est sélectionné pour pallier un forfait de Paul Nicolas. Face aux rudes Anglais, il n'a pas la partie facile et on ne fera plus appel à lui par la suite.

Match joué : 1923 1 match sur 6 | **Titulaire :** 1 fois sur 1

Marcel Vignoli

Défenseur
2 sélections

Né le 3 novembre 1998 à Menton (Alpes-Maritimes), décédé le 31 mai 1985 (86 ans)

Première présélection : 28 octobre 1923, à Paris, France - Norvège (0-2)

Première sélection : 22 mars 1925 à Turin, Italie - France (7-0)

Dernière sélection : 21 mai 1925 à Colombes, France - Angleterre (2-3)

Club : 1923-1925 : Olympique de Paris (2 sélections)

Bilan : 2 défaites

Le comité de sélection repère ce défenseur parisien en 1923 mais ce n'est qu'un an et demi plus tard qu'il est aligné. Et sur le terrain de la Juventus, où débutent également les deux autres défenseurs français, Urbain Wallet et Maurice Thédié, c'est la débandade... Après avoir déclaré forfait contre l'Autriche au match suivant, Marcel Vignoli a droit à une deuxième chance. Face aux Anglais, c'est tout aussi compliqué pour lui.

Matches joués : 1923 - ▪ **1924** - ▪ **1925** 2 matches sur 3 | **Titulaire :** 2 fois sur 2 | **Resté sur le banc :** 1 fois

1924

17 nouveaux joueurs
7 matches

13 janvier : France - Belgique 2-0
23 mars : Suisse - France 3-0
17 mai : France - Angleterre 1-3
27 mai : France - Lettonie 7-0
1er juin : France - Uruguay 1-5
4 juin : France - Hongrie 0-1
11 novembre : Belgique - France 3-0

Bernard Lenoble

Défenseur
2 sélections

Né le 16 décembre 1902 au Havre (Seine-Maritime), décédé le 19 novembre 1997 (95 ans)

Première sélection : 13 janvier 1924 à Paris, France - Belgique (2-0)

Dernière sélection : 23 mars 1924 à Genève, Suisse - France (3-0)

Club : 1923-1924 : Le Havre AC (2 sélections)

Bilan : 1 victoire, 1 défaite

L'arrière gauche normand réussit ses débuts : il fait partie de la défense française qui, pour la première fois en 17 matches face aux Belges, n'encaisse pas de but ! Fort de cette performance, il est reconduit pour le rendez-vous suivant mais ce sera sa dernière apparition internationale.

Matches joués : 1924 2 matches sur 7 | **Titulaire :** 2 fois sur 2

Ernest Gross

Attaquant
5 sélections, 1 but

Né le 22 décembre 1902 à Strasbourg (Bas-Rhin, alors en Allemagne), décédé le 8 décembre 1986 (83 ans)

Première sélection : 13 janvier 1924 à Paris, France - Belgique (2-0)

Dernière sélection : 19 avril 1925 à Paris, France - Autriche (0-4)

Club : 1923-1924 : RS Strasbourg (5 sélections)

Bilan : 1 victoire, 4 défaites

« L'inter » gauche alsacien frappe les esprits en marquant pour son premier match international. Juste avant la pause, il ouvre le score contre la Belgique en reprenant victorieusement un coup franc de Raymond Dubly. Mais ce but est le seul et son crédit diminuant au fil des rencontres, toutes perdues, Ernest Gross n'est que remplaçant lors des J.O. de Paris. Il ne rejouera qu'une fois après.

Matches joués : 1924 4 matches sur 7 ▪ **1925** 1 match sur 3 | **But : 1924** 1 | **Titulaire :** 5 fois sur 5 | **Resté sur le banc :** 2 fois | **JO de 1924 :** 0 match sur 2

Michel Dupoix

Milieu de terrain
1 sélection

Né le 15 novembre 1893 à Joinville-le-Pont (Val-de-Marne), décédé le 7 mai 1961 (67 ans)

Unique sélection : 13 janvier 1924 à Paris, France - Belgique (2-0)

Dernière présélection : 22 mars 1925 à Turin, Italie - France (7-0)

Club : 1923-1924 : RC Paris (1 sélection)

Bilan : 1 victoire

Sélectionné pour la première fois à 32 ans, le « demi-aile » Michel Dupoix avait peu de chances de faire une longue carrière internationale. Elle se cantonne à un seul match mais pour l'une des cinq victoires de la France sur la Belgique, lors des dix-sept premières confrontations entre les deux pays.

Match joué : 1924 : 1 match sur **1925** ▪ 7 : - | **Titulaire :** 1 fois sur 1 | **Resté sur le banc :** 1 fois

Jean Cabassu

Défenseur
0 sélection

Né le 1er août 1902 à Marseille (Bouches-du-Rhône), décédé le 29 novembre 1979 (77 ans)

Première présélection : 13 janvier 1924 à Paris, France - Belgique (2-0)

Dernière présélection : 23 mars 1924 à Genève, Suisse - France (3-0)

Club : 1923-1924 : Olympique de Marseille (0 sélection)

Le défenseur marseillais est convoqué deux fois consécutivement mais il reste sur la touche.

Resté sur le banc : 2 fois

Boursault

0 sélection

Unique présélection : 13 janvier 1924 à Paris, France - Belgique (2-0)

Appelé pour rencontrer la Belgique, au stade Buffalo de Paris, il assiste sans jouer à la victoire française. Et ne reviendra pas.

Resté sur le banc : 1 fois

Fernand Thirion

0 sélection

Unique présélection : 13 janvier 1924 à Paris, France - Belgique (2-0)

Club : 1923-1924 : CA Vitry

Comme Boursault, les sélectionneurs ne l'ont pas fait jouer.

Resté sur le banc : 1 fois

Ernest Clère

Milieu de terrain
1 sélection

Né en 1897

Unique sélection : 23 mars 1924 à Genève, Suisse - France (3-0)

Club : 1923-1924 : Olympique de Paris (1 sélection)

Bilan : 1 défaite

Incorporé au groupe à la suite de forfaits, Ernest Clère ne peut saisir sa chance. Il connaît une nette défaite face aux Suisses et on ne le rappellera pas.

Match joué : 1924 1 match sur 7 | **Titulaire :** 1 fois sur 1

Paris

L'équipe de France a disputé son premier match en France à Paris, au Parc des Princes, en 1905, et la majeure partie de ses rencontres « à domicile » ensuite dans la capitale ou sa périphérie. 342 matches, répartis ainsi : 53 au Parc, du temps de son vélodrome (de 1905 à 1969), 1 à Saint-Cloud, 83 à Colombes, 2 à Gentilly, 1 à Charenton, 8 à Saint-Ouen, 7 à Vincennes, 3 à Montrouge, 77 au Parc rénové (à partir de 1972), et 108 au Stade de France de Saint-Denis, série en cours.

P. Lenoble

0 sélection

Unique présélection : 23 mars 1924 à Genève, Suisse - France (3-0)

Incorporé dans la sélection pour le déplacement en Suisse, en tant que remplaçant, il ne sera jamais revu par la suite.

Resté sur le banc : 1 fois

Schoettel

0 sélection

Unique sélection : 23 mars 1924 à Genève, Suisse - France (3-0)

Comme Lenoble, il honore une convocation en Suisse. Pour rien.

Resté sur le banc : 1 fois

Antoine Parachini

Défenseur
3 sélections

Né le 12 juillet 1897 à Janville-sur-Juine (Essonne), décédé le 9 novembre 1963 (66 ans)

Première sélection : 17 mai 1924 à Paris, France - Angleterre (1-3)

Dernière sélection : 1er juin 1924 à Colombes, France - Uruguay (1-5)

Club : 1923-1924 : FC Sète (3 sélections)

Bilan : 1 victoire, 2 défaites

« Demi-aile », il débute au bon moment pour être retenu pour les Jeux de Paris, c'est-à-dire lors du dernier match de préparation. Il dispute les deux rencontres olympiques mais n'est pas rappelé par la suite, sa dernière sélection (face aux futurs champions uruguayens) s'étant mal passée.

Matches joués : 1924 3 matches sur 7 | **Titulaire :** 3 fois sur 3 | **JO de 1924 :** 2 matches sur 2

Édouard Crut

Édouard Crut

Attaquant
8 sélections, 6 buts

Né le 16 avril 1901 à Neuilly-sur-Seine (Hauts-de-Seine), décédé le 24 octobre 1974 (73 ans)

Première sélection : 27 mai 1924 à Saint-Ouen, France - Lettonie (7-0)

Dernière sélection : 16 mars 1927 à Lisbonne, Portugal - France (4-0)

Club : 1923-1924 : Olympique de Marseille (8 sélections)

Bilan : 4 victoires, 4 défaites

La frappe puissante de « l'inter » droit marseillais a séduit le comité de sélection qui le titularise pour les Jeux olympiques de Paris. Édouard Crut ne déçoit pas en étant le premier marqueur face à la Lettonie, à la 17e minute, puis en inscrivant un deuxième but à la 20e et un troisième à la 55e. Trois buts pour une première cape : du jamais-vu ni revu depuis ! Ce qui ne l'empêche pas de tomber dans l'oubli pendant plus d'un an car il écope d'une suspension infligée par la Fédération. Crut ne revient qu'en avril 1926 et il frappe de nouveau fort avec un doublé face aux Belges, à Paris. Un coup franc direct et une frappe de 30 mètres. Il restera dans le onze français un peu plus longtemps cette fois mais pour s'être mal comporté avec les officiels lors de la finale de la Coupe de France 1927, Marseille-Quevilly (3-0), il est définitivement écarté de l'équipe nationale.

Matches joués : 1924 1 match sur 7 ▪ **1925** - ▪ **1926** 3 matches sur 6 ▪ **1927** 1 match sur 5 | **Buts : 1924** 3 ▪ **1926** 3 | **Titulaire :** 8 fois sur 8 | **JO de 1924 :** 2 matches sur 2

Jacques Canthelou

Défenseur
11 sélections

Né le 29 mars 1904 à Rouen (Seine-Maritime), décédé le 18 avril 1973 (69 ans)

Première présélection : 27 mai 1924 à Saint-Ouen, France - Lettonie (7-0)

Première sélection : 4 juin 1924 au Havre, France - Hongrie (0-1)

Dernière sélection : 17 mai 1928 à Colombes, France - Angleterre (1-5)

Dernière présélection : 23 février 1930 à Porto, Portugal - France (2-0)

Club : 1923-1930 : FC Rouen (11 sélections)

Bilan : 4 victoires, 2 nuls, 5 défaites

Sélectionné pour les J.O. de Paris sans jamais avoir été appelé auparavant, Jacques Canthelou débute juste après ceux-ci. Ce solide arrière droit devient ainsi le premier Rouennais à porter le maillot bleu. Il enchaîne les matches jusqu'en 1926 puis passe sur le banc des remplaçants à partir de 1928. C'est ainsi qu'à Amsterdam, il assiste à l'élimination de la France par l'Italie, en 8es de finale. Canthelou reste malgré tout dans le groupe jusqu'à cinq mois de la première Coupe du monde pour laquelle il n'est pas retenu.

Matches joués : 1924 2 matches sur 7 ▪ **1925** 1 match sur 3 ▪ **1926** 6 matches sur 6 ▪ **1927** - ▪ **1928** 2 matches sur 7 ▪ **1929** - ▪ **1930** - | **Titulaire :** 11 fois sur 11 | **Resté sur le banc :** 10 fois | **JO de 1924 :** 0 match sur 2 | **JO de 1928 :** 0 match sur 1

Pierre Chesnau

Attaquant, 1 sélection

Né le 10 avril 1902 à Boufarik (Algérie française)

Première présélection : 27 mai 1924 à Saint-Ouen, France - Lettonie (7-0)

Unique sélection : 4 juin 1924 au Havre, France - Hongrie 0-1

Club : 1923-1924 : FC Blidéen (1 sélection)

Bilan : 1 défaite

Comme Jacques Canthelou, il découvre l'équipe de France à l'occasion des Jeux mais sans jouer. Et comme le Rouennais, il dispute le match suivant, entrant après la pause pour remplacer le Havrais Albert Rénier, blessé. Pierre Chesnau est alors le premier joueur évoluant en Afrique du Nord (à Blida, en Algérie) à porter le maillot bleu. Malheureusement, un orage rend le terrain difficile et il ne peut se montrer à son avantage. Il ne sera jamais rappelé.

Match joué : 1924 1 match sur 7 | **Titulaire :** 0 fois sur 1 | **Remplaçant :** 1 fois sur 1 (de Rénier) | **Resté sur le banc :** 2 fois | **JO de 1924 :** 0 match sur 2

Robert Dufour

Attaquant
1 sélection

Né le 16 août 1901 à Paris, décédé le 20 décembre 1933 (32 ans)

Première présélection : 27 mai 1924 à Saint-Ouen, France - Lettonie (7-0)

Unique sélection : 4 juin 1924 au Havre, France - Hongrie (0-1)

Club : 1923-1924 : Olympique de Paris (1 sélection)

Bilan : 1 défaite

Robert Dufour fait partie des 22 joueurs français sélectionnés pour les Jeux de Paris. Il est dans la même situation qu'Édouard Crut, Jacques Canthelou et Pierre Chesnau : c'est une première pour lui. Il n'entre pas en jeu mais se voit aligné pour le match amical suivant. Sans succès. Il ne sera jamais reconvoqué par la suite.

Match joué : 1924 1 match sur 7 | **Titulaire :** 1 fois sur 1 | **Resté sur le banc :** 2 fois | **JO de 1924 :** 0 match sur 2

René Dedieu

Milieu de terrain
6 sélections

Né le 27 août 1898 à Sète (Hérault), décédé le 21 novembre 1985 (87 ans)

Première sélection : 11 novembre 1924 à Molenbeek, Belgique - France (3-0)

Dernière sélection : 12 juin 1927 à Budapest, Hongrie - France (13-1)

Clubs : 1924-1926 : SC Nîmes (4 sélections) ▪ 1926-1927 : SO Montpellier (2 sélections)

Bilan : 2 victoires, 1 nul, 3 défaites

Deuxième Nîmois à devenir international, après Marcel Domergue, René Dedieu enchaîne les sélections aux côtés de son partenaire de club. Il est aussi le premier Montpelliérain appelé en équipe de France. Mais comme cinq autres joueurs, il est victime de la terrible défaite 13-1 en Hongrie en 1927 et n'est plus convoqué ensuite.

Matches joués : 1924 1 match sur 7 ▪ **1925** - ▪ **1926** 4 matches sur 6 ▪ **1927** 1 match sur 5 | **Titulaire :** 6 fois sur 6

Louis Bloquel

Attaquant
2 sélections

Né le 20 juillet 1901 à Boulogne-sur-Mer (Nord), décédé le 31 octobre 1979 (78 ans)

Première sélection : 11 novembre 1924 à Molenbeek, Belgique - France (3-0)

Dernière sélection : 22 mars 1925 à Turin, Italie - France (7-0)

Club : 1924-1925 : US Boulonnaise (2 sélections)

Bilan : 2 défaites

« L'inter » droit nordiste n'est pas à la noce avec une équipe de France qui se liquéfie hors de ses frontières. Après deux essais infructueux, il est écarté.

Matches joués : 1924 1 match sur 7 ▪ **1925** 1 match sur 3 | **Titulaire :** 2 fois sur 2

Serge Denis

Attaquant, 1 sélection

Né le 7 avril 1906 à Colombes (Hauts-de-Seine), décédé le 18 mars 1980 (73 ans)

Unique sélection : 11 novembre 1924 à Molenbeek, Belgique - France (3-0)

Club : 1924-1925 : AF Garennes-Colombes (1 sélection)

Bilan : 1 défaite

Testé au poste d'avant-centre, Serge Denis n'a guère l'occasion de s'exprimer dans le dernier match de l'année, disputé en commémoration du sixième anniversaire de l'armistice de 1918. On ne fera plus appel à ses services.

Match joué : 1924 : 1 match sur 7 | **Titulaire :** 1 fois

Urbain Wallet

Défenseur
21 sélections

Né le 3 juillet 1899 à Montdidier (Somme), décédé le 9 décembre 1973 (74 ans)

Première sélection : 22 mars 1925 à Turin, Italie - France (7-0)

Dernière sélection : 14 avril 1929 à Saragosse, Espagne - France (8-1)

Club : 1924-1929 : Amiens AC (21 sélections)

Bilan : 7 victoires, 2 nuls, 12 défaites

Pour son baptême du feu, l'imposant arrière droit amiénois (1,82 m, 100 kg) est servi, encaissant un 7-0 sur le terrain de la Juventus ! Après cette claque, Urbain Wallet est relégué sur le banc pour le match suivant. Mais il revient et durablement puisqu'il dispute 20 matches sur 22 possibles, dont celui des J.O. d'Amsterdam face à l'Italie, en 8es de finale. Souvent chargé de marquer l'avant-centre adverse, il survit à l'effroyable défaite en Hongrie de 1927 (13-1) mais pas à celle de Saragosse (8-1 pour l'Espagne), où Gaspar Rubio, le jeune avant-centre du Real Madrid, marque quatre fois. Il renonce alors de lui-même à la sélection, à un an de la première Coupe du monde de l'histoire…

Matches joués : 1925 1 match sur 3 ▪ **1926** 5 matches sur 6 ▪ **1927** 5 matches sur 5 ▪ **1928** 7 matches sur 7 ▪ **1929** 3 matches sur 6 | **Titulaire :** 21 fois sur 21 | **Resté sur le banc :** 1 fois | **JO de 1928 :** 1 match sur 1

1925

15 nouveaux joueurs
3 matches

22 mars : Italie - France 7-0
19 avril : France - Autriche 0-4
21 mai : France - Angleterre 2-3

Charles Bardot

Attaquant
6 sélections, 3 buts

Né le 9 avril 1904 à Clauzel (Algérie française)

Première sélection : 22 mars 1925 à Turin, Italie - France (7-0)

Dernière sélection : 10 avril 1932 à Colombes, France - Italie (1-2)

Clubs : 1924-1926 : RC Philippeville (1 sélection) ▪ 1926-1932 : AS Cannes (5 sélections)

Bilan : 1 nul, 5 défaites

Lancé contre l'Italie à 20 ans, Charles Bardot est le deuxième joueur opérant en Algérie (avec André Liminana, retenu en même temps) à être sélectionné, après Pierre Chesnau l'année précédente. Militaire, il est muté en métropole, à Cannes, et retrouve l'équipe nationale deux ans plus tard, sans succès. C'est à Colombes que cet avant-centre connaît son heure de gloire, en 1928 : il inscrit les deux buts de la formation tricolore battue par la Belgique (3-2). Cela lui permet de se maintenir dans le groupe pour les Jeux olympiques d'Amsterdam mais comme remplaçant, car on lui préfère toujours Paul Nicolas. Après avoir manqué le voyage en Uruguay pour la première Coupe du monde, Bardot est rappelé au printemps 1932. Il peut alors enfin aligner deux sélections de suite mais ce sont ses dernières, l'année où il remporte la Coupe de France avec l'A.S. Cannes.

Matches joués : 1925 1 match sur 3 ▪ **1926** - ▪ **1927** 1 match sur 5 ▪ **1928** 2 matches sur 7 ▪ **1929** - ▪ **1930** - ▪ **1931** - ▪ **1932** 2 matches sur 7 | **Buts :** 1928 2 ▪ 1932 1 | **Titulaire :** 6 fois sur 6 | **Resté sur le banc :** 2 fois | **JO de 1928 :** 0 match sur 1

André Liminana

Attaquant
2 sélections

Né le 25 mai 1899 à Sidi-Bel-Abbès (Algérie française), décédé le 14 octobre 1947 (48 ans)

Première sélection : 22 mars 1925 à Turin, Italie - France (7-0)

Dernière sélection : 19 avril 1925 à Paris, France - Autriche (0-4)

Club : 1924-1925 : SC Sidi Bel Abbes (2 sélections)

Bilan : 2 défaites

Comme Charles Bardot, il vient d'Algérie, et pour subir deux déroutes françaises coup sur coup, face aux Italiens et aux Autrichiens. On ne le reverra plus.

Matches joués : 1925 : 2 matches sur 3 | **Titulaire :** 2 fois sur 2

Maurice Thédié

Milieu de terrain
1 sélection

Né le 29 janvier 1896 à Puteaux (Hauts-de-Seine), décédé le 2 juillet 1944 (48 ans)

Unique sélection : 22 mars 1925 à Turin, Italie - France (7-0)

Club : 1924-1925 : Amiens AC (1 sélection)

Bilan : 1 défaite

Plongé dans la tourmente turinoise avec son camarade amiénois Urbain Wallet. Mais contrairement à lui, ce « demi-aile » ne sera jamais revu.

Match joué : 1925 1 match sur 3 | **Titulaire :** 1 fois sur 1

Chronologie

Le record de sélections, de 1914 à nos jours, a grimpé selon cette chronologie : Jean Ducret 20 sélections en 1914, Jules Devaquez 41 en 1929, Étienne Mattler 46 en 1940, Roger Marche 63 en 1989, Marius Trésor 65 en 1983, Maxime Bossis 76 en 1986, Manuel Amoros 82 en 1992, Didier Deschamps 103 en 2001, Marcel Desailly 116 en 2004 et Lilian Thuram 142 en 2008.

Félix Pozo

Attaquant
1 sélection

Né le 9 janvier 1899 à Sidi-Bel-Abbès (Algérie française), décédé en 1967 (68 ans)

Unique sélection : 22 mars 1925 à Turin, Italie-France (7-0)

Club : 1924-1925 : FC Rouen (1 sélection)

Bilan : 1 défaite

Le petit ailier gauche du FC Rouen, originaire, comme André Liminana, de Sidi Bel Abbès, en Algérie, ne peut émerger face aux solides Italiens, pour ses débuts. Forfait pour le match suivant, il ne reviendra pas en sélection, hormis pour des rendez-vous de l'équipe de France B. Parti jouer à Lyon, il se fracture la jambe en 1927, ce qui mettra fin à sa carrière.

Match joué : 1925 1 match sur 3 | **Titulaire :** 1 fois sur 1

Paul-Émile Bel

Milieu de terrain
1 sélection

Né le 6 février 1896 à Charenton-le-Pont (Val-de-Marne), décédé le 9 juillet 1932 (36 ans)

Unique sélection : 22 mars 1925 à Turin, Italie - France (7-0)

Club : 1924-1925 : CA Vitry (1 sélection)

Bilan : 1 défaite

Même destin que Maurice Thédié et Félix Pozo : la première sélection de ce demi-centre est aussi la dernière.

Match joué : 1925 1 match sur 3 | **Titulaire :** 1 fois sur 1

Louis Vandeputte

Gardien de but
0 sélection

Première présélection : 22 mars 1925 à Turin, Italie - France (7-0)

Dernière présélection : 19 avril 1925 à Paris, France - Autriche (0-4)

Alors que débutent en équipe de France six joueurs (Urbain Wallet, Marcel Vignoli, Paul-Émile Bel, André Liminana, Charles Bardot et Félix Pozo), Louis Vandeputte reste sur le banc des remplaçants en Italie. Il y est encore cantonné au match suivant et ce sera la dernière fois qu'on le verra.

Resté sur le banc : 2 fois

Lucien Cordon

0 sélection

Première présélection : 22 mars 1925 à Turin, Italie - France (7-0)

Dernière présélection : 19 avril 1925 à Paris, France - Autriche (0-4)

Comme Louis Vandeputte, Lucien Cordon fait seulement deux apparitions comme remplaçant en équipe de France.

Resté sur le banc : 2 fois

Guillaume Lieb

Milieu de terrain
15 sélections, 2 buts

Né le 13 février 1904 à Bischwiller (Bas-Rhin, alors annexé par l'Allemagne), décédé le 13 mai 1978 (74 ans)

Première sélection : 19 avril 1925 à Paris, France - Autriche (0-4)

Dernière sélection : 14 avril 1929 à Saragosse, Espagne - France (8-1)

Clubs : 1924-1926 : FC Bischwiller (7 sélections) ▪ 1926-1927 : FC Lyon (3 sélections) ▪ 1927-1929 : FC Mulhouse (5 sélections)

Bilan : 6 victoires, 1 nul, 8 défaites

Le premier et unique international de Bischwiller, petite commune au nord de Strasbourg. « Inter » droit, Guillaume Lieb est l'un des quatre nouveaux appelés après la déroute de Turin. Malgré un nouveau revers cinglant, à domicile cette fois, il séduit par son abattage et reste dans l'équipe pendant cinq ans, jouant meneur de jeu quand

Paul Nicolas n'est pas là. Mais Lieb, Willy pour les amis, manque les J.O. de 1928 et voit sa carrière internationale s'arrêter l'année suivante, comme Urbain Wallet, après une nouvelle grosse déconvenue en Espagne.

Matches joués : 1925 2 matches sur 3 ▪ **1926** 5 matches sur 6 ▪ **1927** 3 matches sur 5 ▪ **1928** 2 matches sur 7 ▪ **1929** 3 matches sur 6 | **Buts : 1928** 1 ▪ **1929** 1 | **Titulaire :** 15 fois sur 15

Robert Dauphin

Milieu de terrain
15 sélections, 1 but

Né le 5 février 1905 à Saint-Malo (Ille-et-Vilaine), décédé le 18 juillet 1961 (56 ans)

Première sélection : 19 avril 1925 à Paris, France - Autriche (0-4)

Dernière sélection : 26 mai 1929 à Rocourt, Belgique - France (4-1)

Club : 1924-1929 : Stade Français Paris (15 sélections)

Bilan : 2 victoires, 2 nuls, 11 défaites

Le « demi-centre » parisien s'affirme, au fil des matches, comme le pivot de la défense française. Dans une équipe qui ne gagne pas souvent, Robert Dauphin se rend indispensable. Lors du 8e de finale des Jeux olympiques d'Amsterdam, en 1928, il marque le but qui ramène la France à 3-4 face à l'Italie, à la 61e minute, ce qui lui permet d'espérer pendant une demi-heure... Il manquera l'expédition en Uruguay pour la première Coupe du monde, ayant vu sa carrière internationale s'arrêter un an avant.

Matches joués : 1925 2 matches sur 3 ▪ **1926** 1 matches sur 6 ▪ **1927** 3 matches sur 5 ▪ **1928** 5 matches sur 7 ▪ **1929** 4 matches sur 6 | **But : 1928** 1 | **Titulaire :** 15 fois sur 15 | **Resté sur le banc :** 2 fois | **JO de 1928 :** 1 match sur 1

Pierre Lienert

Défenseur
1 sélection

Né le 7 octobre 1898 à Épinal (Vosges), décédé le 25 avril 1926 (27 ans)

Unique sélection : 19 avril 1925 à Paris, France - Autriche (0-4)

Club : 1924-1925 : CASG Paris (1 sélection)

Bilan : 1 défaite

Il débute, comme Robert Dauphin et Guillaume Lieb, face aux Autrichiens, qui sont alors les maîtres à jouer. Leur succès à Paris lui coûte sa place, à peine acquise.

Match joué : 1925 1 match sur 3 | **Titulaire :** 1 fois sur 1

Julien Buré

Attaquant
1 sélection

Né le 10 juillet 1897 à Dieppe (Seine-Maritime), décédé le 2 janvier 1958 (60 ans)

Unique sélection : 19 avril 1925 à Paris, France-Autriche (0-4)

Club : 1924-1925 : Le Havre AC (1 sélection)

Bilan : 1 défaite

Comme Pierre Lienert, l'ailier gauche du Havre ne fait que passer face à l'Autriche.

Match joué : 1925 1 match sur 3 | **Titulaire :** 1 fois sur 1

Georges Moulène

Défenseur, 1 sélection

Né le 29 octobre 1901 à Paris, décédé le 26 mars 1976 (74 ans)

Première présélection : 19 avril 1925 à Paris, France - Autriche (0-4)

Unique sélection : 11 avril 1926 à Paris, France - Belgique (4-3)

Club : 1924-1926 : CA Paris (1 sélection)

Bilan : 1 victoire

Georges Moulène fait partie de l'équipe surclassée chez elle par l'Autriche. Il doit passer par les sélections B et militaire avant de revenir, un an plus tard, pour une belle victoire sur la Belgique. Un succès qui a failli échapper aux Français : ils menaient 4-0 à la 59e minute et se sont finalement imposés 4-3. On ne fait plus appel à lui ensuite. Plus tard, il deviendra président de la Ligue amateur de Paris.

Match joué : 1925 - ▪ 1926 1 match sur 6 | **Titulaire :** 1 fois sur 1 | **Resté sur le banc :** 1 fois

Désiré Gosselin

Attaquant
1 sélection

Né le 27 avril 1901 à Clichy (Hauts-de-Seine), décédé le 8 octobre 1983 (82 ans)

Première présélection : 19 avril 1925 à Paris, France - Autriche (0-4)

Unique sélection : 30 mai 1926 à Vienne, Autriche - France (4-1)

Club : 1924-1926 : Stade Olympique de l'Est Nice (1 sélection)

Bilan : 1 défaite

Comme Georges Moulène, il reste sur la touche pour la venue de l'Autriche et débute un an plus tard. Pour lui, c'est contre le même adversaire, dans une revanche que la France perd à nouveau, après avoir ouvert le score en début de rencontre. L'ailier droit niçois, qui compensait l'absence de Paul Nicolas, ne sera pas rappelé.

Match joué : 1925 - ▪ 1926 1 match sur 6 | **Titulaire :** 1 fois sur 1 | **Resté sur le banc :** 1 fois

Alfred Lutz

0 sélection

Unique présélection : 19 avril 1925 à Paris, France - Autriche (0-4)

Club : 1924-1925 : Mulhouse

Remplaçant au stade Pershing, pour la venue des Autrichiens, il ne sera jamais revu.

Resté sur le banc : 1 fois

1926

10 nouveaux joueurs 6 matches

11 avril : France - Belgique 4-3
18 avril : France - Portugal 4-2
25 avril : France - Suisse 1-0
30 mai : Autriche - France 1-4
13 juin : France - Yougoslavie 4-1
20 juin : Belgique - France 2-2

Maurice Gallay

Attaquant
13 sélections, 1 but

Né le 25 décembre 1902 à Genève (Suisse), décédé le 15 août 1982 (79 ans)

Première sélection : 11 avril 1926 à Paris, France - Belgique (4-3)

Dernière sélection : 26 mai 1929 à Rocourt, Belgique - France (4-1)

Club : 1925-1926 : Olympique de Marseille (13 sélections)

Bilan : 2 victoires, 2 nuls, 9 défaites

L'ailier gauche de Marseille rejoint en sélection ses partenaires de club Jules Devaquez et Édouard Crut. Blessé lors de son premier match, il doit céder sa place à Raymond Sentubéry à la mi-temps mais conserve la confiance des sélectionneurs. En juin, Maurice Gallay réalise un festival à Colombes, face à la Yougoslavie (4-1) : il ouvre le score à la 16e minute, sur une passe de Devaquez, puis adresse trois passes décisives à Paul Nicolas ! Gallay ne retrouvera pas une telle réussite par la suite. Il ne participe pas aux J.O. de 1928 et ne connaît que des défaites avec l'équipe de France pour ses huit dernières capes. Comme deux autres joueurs de l'OM, Devaquez et Jean Boyer, il dispute son dernier match à un an de la première Coupe du monde.

Matches joués : 1926 4 matches sur 6 ▪ **1927** 4 matches sur 5 ▪ **1928** 2 matches sur 7 ▪ **1929** 3 matches sur 6 | **But : 1926** 1 (Yougoslavie) | **Titulaire :** 13 fois sur 13

Alexandre Villaplane

Milieu de terrain
25 sélections

Né le 12 septembre 1905 à Alger (Algérie française), décédé le 26 décembre 1944 (39 ans)

Première sélection : 11 avril 1926 à Paris, France - Belgique (4-3)

Dernière sélection : 19 juillet 1930 à Montevideo, France - Chili (0-1)

Clubs : 1925-1927 : FC Sète (6 sélections) ▪ 1927-1929 : SC Nîmes (13 sélections) ▪ 1929-1930 : RC Paris (6 sélections)

Bilan : 8 victoires, 3 nuls, 14 défaites

Alexandre Villaplane

Voilà un demi-gauche qui n'a pas froid aux yeux ! Combatif, intuitif, il se révèle à Sète à 18 ans et incorpore l'équipe de France à 21, se rendant vite très populaire par son abattage. Oublié durant quelques matches en 1927, Alexandre Villaplane est rappelé après le désastre de Budapest, la défaite 13-1 qui coûte leur place à sept joueurs tricolores. Il s'installe alors pour de bon, disputant toutes les rencontres pendant trois ans. Il devient même capitaine en février 1930, succédant à Paul Nicolas, et c'est donc lui qui conduit l'équipe de France lors du premier Mondial, en Uruguay. Il dispute les trois affrontements du 1er tour et sa carrière internationale s'arrête là, à 25 ans. Par la suite, il va malheureusement tomber dans le banditisme. Voleur et escroc dans les années 1930, il se fait engager, pendant la guerre, par la sinistre Gestapo française de la rue Lauriston. Après avoir participé à de très nombreuses exactions, il est arrêté lors de la libération de Paris en août 1944, condamné à mort et fusillé au fort de Montrouge.

Matches joués : 1926 6 matches sur 6 ▪ **1927** - ▪ **1928** 7 matches sur 7 ▪ **1929** 6 matches sur 6 ▪ **1930** 6 matches sur 10 | **Titulaire :** 25 fois sur 25 | **Resté sur le banc :** 1 fois | **Capitaine :** 5 fois (20e, 22e-25e) | **JO 1928 :** 1 match sur 1 | **Coupe du monde 1930 :** 3 matche sur 3

Edmond Leveugle

Attaquant
1 sélection, 1 but

Né le 21 septembre 1904 à Tourcoing (Nord), décédé le 29 janvier 1986 (81 ans)

Unique sélection : 11 avril 1926 à Paris, France - Belgique (4-3)

Club : 1925-1926 : RC Roubaix (1 sélection)

Bilan : 1 victoire

Edmond Leveugle débute avec Maurice Gallay, Alexandre Villaplane et Georges Moulène et ne sera, comme ce dernier, pas revu. Pourtant, l'avant-centre de Roubaix marque le troisième but français contre la Belgique (4-3), juste avant la pause, en reprenant un tir d'Édouard Crut repoussé par le gardien adverse.

Match joué : 1926 1 match sur 6 | **But : 1926** 1 | **Titulaire :** 1 fois sur 1

Jacques Dhur

Gardien de but, 1 sélection

Né le 23 février 1902 à Paris, décédé le 26 décembre 1983 (81 ans)

Première présélection : 11 avril 1926 à Paris, France - Belgique (4-3)

Unique sélection : 16 mars 1927 à Lisbonne, Portugal - France (0-4)

Club : 1925-1927 : Stade Français (1 sélection)

Bilan : 1 défaite

Gardien remplaçant de Maurice Cottenet, au début de l'année 1926, Jacques Dhur le supplée un an plus tard quand le néo-Cannois déclare forfait face au Portugal. Malheureusement pour lui, la nette défaite de la France (4-0), qui présentait une équipe sans Paul Nicolas, Jules Devaquez, Marcel Domergue et Maurice Gallay, n'incite pas les sélectionneurs à le rappeler.

Match joué : 1926 - ▪ **1927** 1 match sur 5 | **Titulaire :** 1 fois sur 1 | **Resté sur le banc :** 1 fois

Georges Bonello

Attaquant
3 sélections, 1 but

Né le 3 juillet 1898 à Blida (Algérie française), décédé en 1962 (64 ans)

Première sélection : 18 avril 1926 à Toulouse, France - Portugal (4-2)

Dernière sélection : 16 mars 1927 à Lisbonne, Portugal - France (4-0)

Club : 1925-1926 : FC Blidéen (3 sélections)

Bilan : 2 victoires, 1 défaite

Convoqué à Toulouse pour la première fois, Georges Bonello ne rate pas ses débuts internationaux : il donne deux buts et en marque un face au Portugal ! Il est donc confirmé au match suivant, une semaine plus tard face à la Suisse, et adresse une autre passe décisive à Paul Nicolas, auteur de l'unique but de la rencontre. Trop éloigné géographiquement, puisqu'il évolue en Afrique du Nord, il n'est rappelé qu'une seule fois, l'année suivante face aux Portugais, sans succès.

Matches joués : 1926 2 matches sur 6 ▪ **1927** 1 match sur 5 | **But : 1926** 1 | **Titulaire :** 3 fois sur 3

Henri Salvano

Attaquant
1 sélection, 1 but

Né le 22 août 1901 à Blida (Algérie française), décédé le 15 mai 1964 (62 ans)

Unique sélection : 18 avril 1926 à Toulouse, France - Portugal (4-2)

Dernière présélection : 25 avril 1926 à Colombes, France - Suisse (1-0)

Club : 1925-1926 : FC Blidéen (1 sélection)

Bilan : 1 victoire

Bien qu'évoluant en Algérie, ce joueur du FC Blidéen attire l'attention des sélectionneurs. Il faut dire que c'est le meilleur club d'Afrique du Nord. Après Pierre Chesnau en 1924, Henri Salvano est testé en équipe de France en même temps que Georges Bonello. Les deux compères de Blida s'entendent à merveille et dès la 16e minute, un service de Bonello permet à Salvano d'ouvrir le score face au Portugal. Les deux amis sont conservés pour affronter la Suisse huit jours plus tard à Colombes mais si Bonello est bien sur le terrain, Salvano s'installe sur le banc de touche. L'Alsacien Willy Lieb le remplace. Il ne rejouera plus jamais en équipe de France.

Match joué : 1926 1 match sur 6 | **But : 1926** 1 | **Titulaire :** 1 fois sur 1 | **Resté sur le banc :** 1 fois

Fernand Brunel

Attaquant
1 sélection, 2 buts

Né le 9 février 1907 à Lunel (Hérault), décédé le 11 mars 1927 (20 ans)

Unique sélection : 18 avril 1926 à Toulouse, France - Portugal (4-2)

Club : 1925-1926 : Gallia Club Lunel (1 sélection)

Bilan : 1 victoire

Avec les feux follets blidéens Henri Salvano et Georges Bonello, Fernand Brunel est bien loti pour débuter en équipe de France. L'avant-centre n'a que 19 ans mais il marque deux des quatre buts face aux Portugais. Sacré début de carrière ! Il en restera toutefois là : l'unique international de Lunel décède moins d'un an plus tard, d'une méningite foudroyante.

Match joué : 1926 1 match sur 6 | **Buts : 1926** 2 | **Titulaire :** 1 fois sur 1

René Kenner

Milieu de terrain
1 sélection

Né le 21 avril 1906 à Choisy-le-Roi (Val-de-Marne), décédé le 4 janvier 1970 (63 ans)

Première présélection : 25 avril 1926 à Colombes, France - Suisse (1-0)

Unique sélection : 15 avril 1928 à Colombes, France - Belgique (2-3)

Dernière présélection : 24 février 1929 à Colombes, France - Hongrie (3-0)

Club : 1925-1929 : CA Vitry (1 sélection)

Bilan : 1 défaite

Sur le banc des remplaçants, ce futur polytechnicien passe inaperçu en 1926. Ce n'est que deux ans plus tard que René Kenner est appelé à jouer, comme demi défensif, dans une équipe de France qui se cherche. S'il ne démérite pas, il ne rejouera pas, malgré une convocation l'année suivante.

Match joué : 1926 - ▪ **1927** - ▪ **1928** 1 match sur 7 ▪ **1929** - | **Titulaire :** 1 fois sur 1 | **Resté sur le banc :** 2 fois

Marcel Bertrand

Défenseur
5 sélections

Né le 9 avril 1899 à Bondy (Seine-Saint-Denis), décédé le 19 mars 1933 (32 ans)

Première présélection : 30 mai 1926 à Vienne, Autriche - France (4-1)

Première sélection : 24 février 1929 à Colombes, France - Hongrie (3-0)

Dernière sélection : 19 mai 1929 à Colombes, France - Yougoslavie (1-3)

Dernière présélection : 26 mai 1929 à Rocourt, Belgique - France (4-1)

Club : 1925-1929 : Club Français Paris (5 sélections)

Bilan : 2 victoires, 3 défaites

L'arrière droit parisien est convoqué une première fois en 1926, pour deux matches, mais c'est à chaque fois l'Amiénois Urbain Wallet qui est aligné. Présent sur la liste des sélectionnés pour les J.O. d'Amsterdam, il reste en tribune. Ce n'est donc que près de trois ans après sa première convocation que Marcel Bertrand peut rentrer sur le terrain et y rester, aux côtés du même Wallet. Il participe ainsi à la première victoire de la France sur la Hongrie (3-0). Une série de revers l'éjecte du groupe, à un an de la Coupe du monde en Amérique du Sud.

Matches joués : 1926 - ▪ **1927** - ▪ **1928** - ▪ **1929** 5 matches sur 6 | **Titulaire :** 5 fois sur 5 | **Resté sur le banc :** 3 fois | **Resté en tribune :** 1 fois | **JO de 1928 :** 0 match sur 1

Georges Stuttler

Attaquant, 1 sélection

Né le 26 janvier 1897 à Paris, décédé en 1976 (79 ans)

Unique sélection : 20 juin 1926 à Molenbeek, Belgique - France (2-2)

Dernière présélection : 16 mars 1927 à Lisbonne, Portugal - France (4-0)

Club : 1925-1926 : Red Star (1 sélection)

Bilan : 1 nul

Georges Stuttler entre en jeu à la 16e minute, en Belgique, pour remplacer son capitaine en club, Paul Nicolas, blessé. Maintenu dans le groupe pour le match suivant, qui se déroule neuf mois plus tard, il reste sur le banc des remplaçants et on ne le reverra plus.

Match joué : 1926 1 match sur 6 ▪ **1927** - | **Titulaire :** 0 fois sur 1 | **Remplaçant :** 1 fois sur 1 (de P. Nicolas) | **Resté sur le banc :** 1 fois

1927

15 nouveaux joueurs
5 matches

16 mars : Portugal - France 4-0
24 avril : France - Italie 3-3
22 mai : France - Espagne 1-4
26 mai : France - Angleterre 0-6
12 juin : Hongrie - France 13-1

Jacques Wild

Milieu de terrain
8 sélections

Né le 20 octobre 1905 à Saïda (Algérie française), décédé le 30 novembre 1989 (84 ans)

Première sélection : 16 mars 1927 à Lisbonne, Portugal - France (4-0)

Dernière sélection : 26 mai 1929 à Rocourt, Belgique - France (4-1)

Dernière présélection : 11 mai 1930 à Colombes, France - Tchécoslovaquie (2-3)

Club : 1926-1929 : Stade Français (8 sélections)

Bilan : 1 victoire, 1 nul, 6 défaites

Le « demi-aile » du Stade Français connaît une année difficile pour ses débuts en équipe de France, terminée par un naufrage absolu face à la Hongrie à Budapest (13-1). Mais contrairement à la majorité de ses partenaires, Jacques Wild ne perd pas sa place et il continue d'être sélectionné. Il fait ainsi partie de l'expédition pour les Jeux olympiques d'Amsterdam l'année suivante mais reste en tribune. Il ne rejouera qu'une fois, en Belgique, un match qui marque aussi la fin des carrières de Jules Devaquez, Jean Boyer, Maurice Gallay, Robert Dauphin et Charles Allé. Pourtant, Wild est rappelé trois fois en 1930, en mars, avril et mai. Il ne peut jouer et manque ainsi le bateau pour aller disputer la première Coupe du monde en Uruguay.

Matches joués : 1927 5 matches sur 5 ▪ **1928** 2 matches sur 7 ▪ **1929** 1 matches sur 6 ▪ **1930** - | **Titulaire :** 8 fois sur 8 | **Resté sur le banc :** 6 fois | **Resté en tribune :** 1 fois | **JO 1928 :** 0 match sur 1

Jacques Mairesse

Défenseur
6 sélections

Né le 27 février 1905 à Paris, décédé le 15 juin 1940 (35 ans)

Première sélection : 16 mars 1927 à Lisbonne, Portugal - France (4-0)

Dernière sélection : 27 mai 1934 à Turin, France - Autriche (2-3 ap)

Clubs : 1926-1932 : FC Sète (1 sélection) ▪ 1932-1934 : Red Star (5 sélections)

Bilan : 1 victoire, 5 défaites

Avec une grosse défaite au Portugal (4-0), le défenseur sétois, qui évoluait dans une équipe de France avec six débutants, peut croire sa carrière internationale terminée à peine débutée. Jacques Mairesse ne disparaît pourtant pas totalement des sélections puisqu'il est inscrit dans la liste olympique pour les Jeux de 1928. Il reste en tribune et ne revient vraiment que six ans plus tard. Il est alors passé au Red Star. Mairesse participe à une tournée de dix jours dans les Balkans, disputant deux matches sur trois. Ayant repris pied en équipe de France, il joue encore deux fois avant l'annonce de la sélection pour la deuxième Coupe du monde. C'est suffisant pour décrocher sa place, à 29 ans, en compagnie de ses camarades de Saint-Ouen Alexis Thépot et Alfred Aston. Le match de Turin face à l'Autriche, en 8es de finale, est bien son dernier. Il joue à Strasbourg jusqu'en 1940 et trouve la mort au début de la Seconde Guerre mondiale, près de Sens. Fait prisonnier par les Allemands, il est abattu alors qu'il tente de leur échapper.

Matches joués : 1927 1 match sur 5 ▪ **1928** - ▪ **1929** - ▪ **1930** - ▪ **1931** - ▪ **1932** 2 matches sur 7 ▪ **1933** 1 match sur 7 ▪ **1934** 2 matches sur 7 | **Titulaire :** 6 fois sur 6 | **Resté sur le banc :** 2 fois | **Resté en tribune :** 1 fois | **Capitaine :** 1 fois (3e) | **JO 1928 :** 0 match sur 1 | **Coupe du monde 1934 :** 1 match sur 1

Louis Cazal

Défenseur, 6 sélections

Né le 24 octpbre 1906 à Sète (Hérault), décédé le 27 septembre 1945 (38 ans)

Première sélection : 16 mars 1927 à Lisbonne, Portugal - France (4-0)

Dernière sélection : 25 mai 1930 à Liège, Belgique - France (1-2)

Club : 1926-1927 : FC Sète (6 sélections)

Bilan : 1 victoire, 1 nul, 4 défaites

Avec Jacques Mairesse, c'est un autre Sétois qui débute en équipe de France par une large défaite au Portugal. Après un autre revers, à Colombes face à l'Espagne, deux mois plus tard, Louis Cazal disparaît de la sélection, de même que Mairesse. Mais il y revient avant son coéquipier, en 1930, l'année de la Coupe du monde. Hélas, il se blesse au cours du dernier match de préparation, en Belgique, et ne peut pas être du voyage vers l'Uruguay à bord du paquebot italien *Conte Verde*.

Matches joués : 1927 2 matches sur 5 ▪ **1928** - ▪ **1929** - ▪ **1930** 4 matches sur 10 | **Titulaire :** 6 fois sur 6 | **Resté sur le banc :** 1 fois | **Capitaine :** 1 fois (5e)

Julien Sotiault

Attaquant
5 sélections, 1 but

Né le 6 septembre 1904 au Havre (Seine-Maritime), décédé le 27 août 1975 (70 ans)

Première sélection : 16 mars 1927 à Lisbonne, Portugal - France (4-0)

Dernière sélection : 12 juin 1927 à Budapest, Hongrie - France (13-1)

Club : 1926-1927 : US Saint-Thomas Le Havre (5 sélections)

Bilan : 1 nul, 4 défaites

Bien qu'il n'évolue pas dans le club phare du Havre, le HAC, mais au patronage catholique Saint-Thomas, Julien Sotiault réussit à attirer l'attention des sélectionneurs. Il débute lui aussi par le revers de Lisbonne (4-0) mais garde sa place, jouant n° 9 ou n° 10 selon les besoins. Lors de sa deuxième sélection, à Colombes, il marque, contre l'Italie, le but de l'égalisation à la 89e minute, en reprenant un centre de Jules Devaquez, d'abord de la tête sur la barre, puis du droit, victorieusement (3-3). Sorti sur blessure face à l'Angleterre, il subit ensuite la lourde défaite en Hongrie (13-1) qui plombe sa carrière internationale.

Matches joués : 1927 5 matches sur 5 | **But : 1927** 1 | **Titulaire :** 5 fois sur 5

Province

L'équipe de France a joué pour la première fois en Province à Lille, en 1914, face la Belgique. Au total ce sont 24 villes qui ont accueilli au moins une fois l'équipe nationale dans l'Hexagone, pour 105 matches, le plus souvent remportés (73 victoires, 20 nuls, 12 défaites). Marseille a été la ville la plus visitée, 16 fois, devant Nantes et Lyon (10 fois), Lens (9 fois), Saint-Etienne et Toulouse (7 fois).

André Hurtevent

Milieu de terrain
1 sélection

Né le 28 novembre 1906 à Abbeville (Somme), décédé le 21 septembre 1988 (81 ans)

Unique sélection : 16 mars 1927 à Lisbonne, Portugal - France (4-0)

Club : 1926-1927 : SC Abbeville (1 sélection)

Bilan : 1 défaite

André Hurtevent est appelé afin de pallier l'absence de l'Alsacien Willy Lieb qui ne peut se rendre au Portugal pour un match se déroulant en semaine. L'ailler droit voit ses débuts en équipe de France compromis par la large défaite (4-0). Il restera le seul joueur d'Abbeville à avoir été sélectionné.

Match joué : 1927 1 match sur 5 | **Titulaire :** 1 fois sur 1

Alexis Thépot

Gardien de but, 31 sélections

Né le 30 juillet 1906 à Brest (Finistère), décédé le 21 février 1989 (82 ans)

Première présélection : 16 mars 1927 à Lisbonne, Portugal - France (4-0)

Première sélection : 26 mai 1927 à Colombes, France - Angleterre (0-6)

Dernière sélection : 17 mars 1935 à Paris, France - Allemagne (1-3)

Clubs : 1926-1928 : Armoricaine de Brest (1 sélection) ▪ 1927-1928 : FEC Levallois (6 sélections) ▪ 1928-1935 : Red Star (28 sélections)

Bilan : 8 victoires, 3 nuls, 20 défaites

L'athlétique gardien brestois commence à faire parler de lui hors de Bretagne et il est appelé en équipe de France à 21 ans, comme remplaçant après le forfait de Maurice Cottenet. Il reste sur le banc pendant trois matches puis est lancé dans l'aventure internationale contre les redoutables Anglais. Le portier de l'Armoricaine est victime des frappes de George Brown, Dixie Dean et Arthur Rigby, sans compter un « c.s.c. » d'André Rollet. Score final : 6-0... Mais contrairement à Cottenet, victime du 13-1 hongrois, Thépot s'en remet et l'année suivante, il devient le titulaire du poste, alors qu'il a rallié la capitale pour jouer à Levallois (il rejoindra en 1928 le Red Star, où il succédera à Pierre Chayriguès). Thépot peut ainsi disputer les J.O. d'Amsterdam et faire partie, deux ans plus tard, de l'équipée du *Conte Verde,* le paquebot italien voguant vers l'Uruguay où se dispute la première Coupe du monde. Blessé lors du premier match, après avoir percuté un Mexicain, et remplacé par Augustin Chantrel, le gardien breton peut tenir sa place lors des deux rendez-vous suivants, réussissant une belle performance face aux attaquants argentins puis déviant un penalty contre les Chiliens, ce qui lui vaut le titre de meilleur portier du Mondial ! Non seulement Alexis Thépot conserve sa place par la suite mais il devient capitaine de l'équipe de France en 1931. Absent de la sélection pendant près de deux ans, il y revient en mars 1934. Au Luxembourg, lors du match de qualification pour la Coupe du monde, il stoppe un penalty qui aurait pu permettre aux locaux de revenir à 2-2. La France s'impose finalement 6-1 et peut donc aller au Mondial en Italie. Le Breton pousse un peu plus loin, pendant encore quelques mois, le record de sélections pour un gardien de but, qu'il porte à 31 capes. Une marque qui tiendra jusqu'aux années 1970, où elle est effacée par Georges Carnus, lui aussi à l'œuvre dans les cages. Thépot intégrera ensuite le comité de sélection de 1953 à 1960, aux côtés de Paul Nicolas avec lequel il a joué en club et en équipe nationale.

Matches joués : 1927 1 match sur 5 ▪ **1928** 6 matches sur 7 ▪ **1929** 2 matches sur 6 ▪ **1930** 7 matches sur 10 ▪ **1931** 5 matches sur 5 ▪ **1932** 2 matches sur 7 ▪ **1933** - ▪ **1934** 6 matches sur 7 ▪ **1935** 2 matches sur 7 | **Titulaire :** 31 fois sur 31 | **Resté sur le banc :** 7 fois | **Capitaine :** 13 fois (19e-31e) | **JO 1928 :** 1 match sur 1 | **Coupe du monde 1930 :** 3 matches sur 3 | **Coupe du monde 1934 :** 1 match sur 1

Alexis Thépot

Augustin Chantrel

Défenseur
15 sélections

Né le 11 novembre 1906 à Mers-les-Bains (Somme), décédé le 4 septembre 1956 (49 ans)

Première présélection : 16 mars 1927 à Lisbonne, Portugal - France (4-0)

Première sélection : 11 mars 1928 à Lausanne, Suisse - France (4-3)

Dernière sélection : 19 mars 1933 à Berlin, Allemagne - France (3-3)

Dernière présélection : 24 janvier 1937 à Paris, France - Autriche (1-2)

Clubs : 1926-1929 : Red Star (6 sélections) ▪ 1929-1931 : CASG Paris (7 sélections) ▪ 1932-1937 : Red Star (2 sélections)

Bilan : 3 victoires, 3 nuls, 9 défaites

Appelé, comme Alexis Thépot, pour s'installer sur le banc des remplaçants au Portugal, Augustin Chantrel ne débute, lui, qu'un an plus tard, en Suisse. Mais il fait bien partie de l'équipe olympique à Amsterdam puis de celle qui dispute la première Coupe du monde en Uruguay. « Demi » relayeur, il remplace Thépot dans les buts lors du premier affrontement de la Coupe du monde, à la 26e minute, quand celui-ci reste K.-O. après un choc avec un Mexicain. Gardien de fortune, il n'encaisse qu'un seul but et retrouve sa place dans le champ au match suivant. La suite du parcours du sympathique « Tintin » s'écrit en pointillé. Il ne dispute plus que deux matches en trois ans et manque la Coupe du monde 1934 en Italie. On pense sa carrière internationale terminée mais il est rappelé au début de l'année 1937. Il reste sur le banc et ne reviendra plus.

Matches joués : 1927 - ▪ **1928** 5 matches sur 7 ▪ **1929** 1 match sur 6 ▪ **1930** 6 matches sur 10 ▪ **1931** 1 match sur 5 ▪ **1932** - ▪ **1933** 2 matches sur 7 ▪ **1934** - ▪ **1935** - ▪ **1936** - ▪ **1937** - | **Titulaire :** 15 fois sur 15 | **Resté sur le banc :** 6 fois | **JO 1928 :** 1 match sur 1 | **Coupe du monde 1930 :** 3 matches sur 3

André Maschinot

Attaquant
5 sélections, 2 buts

Né le 28 juin 1903 à Valdoie (Territoire de Belfort), décédé le 10 mars 1963 (59 ans)

Première sélection : 24 avril 1927 à Colombes, France - Italie (3-3)

Dernière sélection : 15 juillet 1930 à Montevideo, France - Argentine (0-1)

Dernière présélection : 19 juillet 1930 à Montevideo, Chili - France (1-0)

Clubs : 1926-1927 : US Belfort (1 sélection) ▪ 1927-1929 : AS Strasbourg ▪ 1929-1930 : FC Sochaux (4 sélections)

Bilan : 1 victoire, 2 nuls, 2 défaites

Premier et unique joueur de Belfort à être sélectionné, cet avant-centre un peu rondouillard ne marque pas les esprits lors de ses débuts. Trois ans plus tard, alors qu'il est passé au FC Sochaux voisin, André Maschinot est retenu après deux matches amicaux pour aller disputer la première Coupe du monde en Uruguay. Il ne laisse pas passer l'occasion de s'illustrer et marque deux fois contre le Mexique, lors de la première rencontre à Montevideo. Au match suivant, il bute sur la défense argentine, menée par le rugueux Luis Monti, dans ce qui est le dernier match international de sa carrière, à 27 ans.

Matches joués : 1927 1 match sur 5 ▪ **1928** - ▪ **1929** - ▪ **1930** 4 matches sur 10 | **Buts : 1930** 2 | **Titulaire :** 5 fois sur 5 | **Resté sur le banc :** 2 fois | **Coupe du monde 1930 :** 2 matches sur 3

André Rollet

Défenseur, 4 sélections

Né le 8 octobre 1905 à Ivry-sur-Seine (Val-de-Marne), décédé le 20 avril 1985 (79 ans)

Première sélection : 24 avril 1927 à Colombes, France - Italie (3-3)

Dernière sélection : 12 juin 1927 à Budapest, Hongrie - France (13-1)

Dernière présélection : 29 mai 1928 à Amsterdam, France - Italie (3-4)

Club : 1926-1928 : FEC Levallois (4 sélections)

Bilan : 1 nul, 3 défaites

Testé contre l'Italie à Colombes, cet arrière gauche parisien fait l'affaire et reste donc dans l'équipe pour les matches suivants. L'énorme défaite en Hongrie (13-1) lui est fatale, comme à six de ses partenaires. Malade, il a dû céder sa place à Jean Fidon, à la 28e minute, alors que le score était déjà de 3-0. Toutefois, il est rappelé au dernier moment pour compléter la liste olympique d'Amsterdam, l'année suivante. Il reste alors sur le banc.

Matches joués : 1927 4 matches sur 5 ▪ **1928** - | **Titulaire :** 4 fois sur 4 | **Resté sur le banc :** 1 fois | **JO 1928 :** 0 match sur 1

Georges Taisne

Attaquant, 3 sélections, 2 buts

Né le 13 avril 1904 à Avesnes (Pas-de-Calais), décédé le 27 mars 1998 (93 ans)

Première sélection : 24 avril 1927 à Colombes, France - Italie (3-3)

Dernière sélection : 12 juin 1927 à Budapest, Hongrie - France (13-1)

Club : 1926-1927 : Amiens AC (3 sélections)

Bilan : 1 nul, 2 défaites

Comme André Maschinot et André Rollet, Georges Taisne débute contre les Italiens. Et de la plus belle des manières, en concluant deux actions de son capitaine, Jules Devaquez, pour signer la première réalisation française puis la deuxième. L'avant-centre amiénois, qui a justifié sa réputation de chasseur de buts, est donc reconduit mais face aux défenses anglaise et hongroise, il est beaucoup moins heureux. Paul Nicolas retrouvant sa place au match suivant, il se retrouve remplaçant contre l'Irlande. Finalement forfait, il ne sera plus jamais rappelé.

Matches joués : 1927 3 matches sur 5 | **Buts : 1927** 2 | **Titulaire :** 3 fois sur 3

Marcel Langiller

Attaquant
30 sélections, 7 buts

Né le 2 juin 1908 à Paris, décédé le 28 décembre 1980 (72 ans)

Première présélection : 24 avril 1927 à Colombes, France - Italie (3-3)

Première sélection : 22 mai 1927 à Colombes, France - Espagne (1-4)

Dernière sélection : 5 décembre 1937 à Paris, France - Italie (0-0)

Clubs : 1926-1928 : CA Paris (7 sélections) ▪ 1928-1933 : Excelsior Roubaix AC (17 sélections) ▪ 1933-1934 : Red Star (3 sélections) ▪ 1934-1936 : AS Saint-Étienne ▪ 1936-1938 : CA Paris (3 sélections)

Bilan : 8 victoires, 6 nuls, 16 défaites

L'ailier gauche parisien n'entre pas en jeu contre l'Italie et il n'aurait pas dû le faire non plus au match suivant contre l'Espagne. Mais le Marseillais Maurice Gallay se blesse dans un choc et Marcel Langiller débute ainsi en équipe de France au cours d'un affrontement brutal, où les deux équipes terminent à dix, avec deux blessés chacune. Vif et trapu, Langiller a pris sa chance et il devient un habitué des rendez-vous internationaux l'année suivante, alors qu'il a rejoint Roubaix. Il ouvre le score dans un match contre les Anglais, que les Français perdent largement à Colombes (5-1), et dispute dans la foulée les Jeux olympiques d'Amsterdam. Absent en 1929, Langiller revient en force l'année de la Coupe du monde. En Uruguay, il dispute les trois rencontres, marquant le deuxième but tricolore face au Mexique. Devenu capitaine de l'équipe de France en 1933, il manque sur blessure la Coupe du monde en Italie l'année suivante. Il revient juste après celle-ci mais se montre moins performant et on se dit que sa carrière internationale va se terminer en 1935. Toutefois, après un intermède de deux ans à Saint-Étienne, son installation à Paris lui donne l'occasion de réapparaître en équipe nationale. Il se produit trois fois en 1937. À 30 ans, il n'est pas convié à disputer la Coupe du monde 1938, qui se tient en France. Il deviendra un dirigeant majeur de son club formateur, le Cercle Athlétique de Paris.

Matches joués : 1927 2 matches sur 5 ▪ **1928** 5 matches sur 7 ▪ **1929** - ▪ **1930** 4 matches sur 10 ▪ **1931** 4 matches sur 5 ▪ **1932** 4 matches sur 7 ▪ **1933** 5 matches sur 7 ▪ **1934** 1 match sur 7 ▪ **1935** 2 matches sur 7 ▪ **1936** - ▪ **1937** 3 matches sur 7 | **Buts : 1928** 1 ▪ **1930** 1 ▪ **1931** 2 ▪ **1932** 1 ▪ **1933** 1 ▪ **1937** 1 | **Titulaire :** 29 fois sur 30 | **Remplaçant :** 1 fois sur 30 (de Gallay) | **Resté sur le banc :** 2 fois | **Capitaine :** 7 fois (17e, 18e, 20e-24e) | **JO 1928 :** 1 match sur 1 | **Coupe du monde 1930 :** 3 matches sur 3

Paul Koenig

0 sélection

Unique présélection : 24 avril 1927 à Colombes, France - Italie (3-3)

Remplaçant contre l'Italie, il ne sera jamais revu.

Resté sur le banc : 1 fois

Jean Barville

Attaquant
0 sélection

Unique présélection : 24 avril 1927 à Colombes, France - Italie (3-3)

Club : 1926-1927 : CASG Paris (0 sélection)

Comme Paul Koenig, il est simplement de passage sur le banc, lors du match contre les Italiens.

Resté sur le banc : 1 fois

Quintuplé

Eugène Maes a été le premier buteur en série de l'équipe de France, avec notamment un quintuplé contre le Luxembourg, en 1913. Exploit égalé en 1956 par Thaddée Cisowski, contre la Belgique. Just Fontaine est le seul ensuite à s'en être approché, avec un quadruplé contre l'Allemagne, lors du match pour la 3e place de la Coupe du monde 1958, à Göteborg.

Jean Fidon

Milieu de terrain
1 sélection

Né le 1er juin 1906 à Meaux (Seine-et-Marne), décédé le 16 août 1992 (86 ans)

Première présélection : 22 mai 1927 à Colombes, France - Espagne (1-4)

Première et unique sélection : 12 juin 1927 à Budapest, Hongrie - France (13-1)

Dernière présélection : 15 février 1931 à Colombes, France - Tchécoslovaquie (1-2)

Club : 1926-1931 : CA Paris (1 sélection)

Bilan : 1 défaite

Prévu comme remplaçant contre la Hongrie, comme face à l'Espagne un mois auparavant, Jean Fidon doit entrer en jeu à la 28e minute pour suppléer en défense André Rollet, malade. Le score est déjà de 3-0 pour les Hongrois, il montera à 13-1... Difficile de se remettre d'une telle raclée. Le Parisien est pourtant rappelé pour la revanche, en 1929. Cette fois, il n'entre pas en jeu. Pas plus que contre la Tchécoslovaquie, deux ans plus tard, pour sa dernière apparition.

Match joué : 1927 1 match sur 5 ▪ **1928** - ▪ **1929** - ▪ **1930** - ▪ **1931** - | **Titulaire :** 0 fois sur 1 | **Remplaçant :** 1 fois sur 1 (de Rollet) | **Resté sur le banc :** 3 fois

Aimé Durbec

Défenseur
1 sélection

Né le 13 décembre 1902 à Ollioules (Var), décédé le 23 décembre 1991 (89 ans)

Unique sélection : 12 juin 1927 à Budapest, Hongrie - France (13-1)

Club : 1926-1927 : Olympique de Marseille (1 sélection)

Bilan : 1 défaite

Comme Jean Fidon, il débute en équipe de France à l'occasion du déplacement en Hongrie. Lui est aligné dès le coup d'envoi. Le « demi-aile » marseillais a beau être entouré de ses coéquipiers en club Jules Devaquez et Maurice Gallay, il sombre comme tout le monde, par un après-midi de plomb. À l'instar de Maurice Cottenet, André Rollet, Jean Fidon, René Dedieu, Julien Sotiault et Georges Taisne, il ne sera jamais rappelé.

Match joué : 1927 1 match sur 5 | **Titulaire :** 1 fois sur 1

1928

13 nouveaux joueurs
7 matches

21 février : France - Irlande 4-0
11 mars : Suisse - France 4-3
15 avril : France - Belgique 2-3
29 avril : France - Portugal 1-1
13 mai : France - Tchécoslovaquie 0-2
17 mai : France - Angleterre 1-5
29 mai : France - Italie 3-4

Pierre Seyler

Attaquant
2 sélections, 1 but

Première sélection : 21 février 1928 à Paris, France - Irlande (4-0)

Dernière sélection : 11 mars 1928 à Lausanne, Suisse - France (4-3)

Club : 1927-1928 : AS Strasbourg (2 sélections)

Bilan : 1 victoire, 1 défaite

Cet Alsacien est choisi après la débâcle de Budapest, pour tenter de faire oublier le 13-1 subi en Hongrie. « L'inter » gauche de Strasbourg ne marque pas face aux Irlandais mais il participe au plus large succès de la France depuis quatre ans (4-0). Reconduit pour le match suivant, en Suisse, il score en interceptant une passe en retrait. Mais cette seconde sélection est aussi sa dernière.

Matches joués : 1928 2 matches sur 7 | **But : 1928** 1 | **Titulaire :** 2 fois sur 2

Georges Ouvray

Attaquant
1 sélection, 1 but

Né le 11 juin 1905 à Saint-Maur-des-Fossés (Val-de-Marne), décédé le 25 juillet 1983 (78 ans)

Unique sélection : 21 février 1928 à Paris, France - Irlande (4-0)

Dernière présélection : 17 mai 1928 à Colombes, France - Angleterre (1-5)

Club : 1927-1928 : CA Paris (1 sélection)

Bilan : 1 victoire

Débutant contre l'Irlande, Georges Ouvray inscrit le dernier but de la large victoire française (4-0) sur un service de Paul Nicolas, qui a marqué les trois premiers. L'ailier droit parisien ne connaîtra ensuite que les sélections militaire ou France B.

Match joué : 1928 1 match sur 7 | **But : 1928** 1 | **Titulaire :** 1 fois sur 1 | **Resté sur le banc :** 3 fois

Victor Farvacque

Attaquant
1 sélection

Né le 30 septembre 1902 à Tourcoing (Nord), décédé le 25 avril 1940 (37 ans)

Unique sélection : 21 février 1928 à Paris, France-Irlande (4-0)

Club : 1927-1928 : US Tourquennoise (1 sélection)

Bilan : 1 victoire

Avec Pierre Seyler et Georges Ouvray, il est le troisième nouveau venu après la déroute hongroise. Comme le deuxième cité, l'ailier gauche nordiste ne fait que passer, le poste étant repris ensuite par le Marseillais Maurice Gallay.

Match joué : 1928 1 match sur 7 | **Titulaire :** 1 fois sur 1

Gardiens

Le record de sélections pour un gardien a été détenu successivement par Georges Crozier 2 sélections en 1905, Zacharie Baton 4 en 1908, Jean-Pierre Tessier 5 en 1910, Pierre Chayriguès 21 en 1925, Alexis Thépot 31 en 1935, Georges Carnus 36 en 1973, Joël Bats 50 en 1989, Fabien Barthez 87 en 2006 et Hugo Lloris, qui a porté le record à 129 en juin 2021.

Laurent Henric

Gardien de but
4 sélections

Né le 20 mars 1905 à Sète (Hérault), décédé le 3 mars 1992 (86 ans)

Première présélection : 21 février 1928 à Paris, France - Irlande (4-0)

Première sélection : 15 avril 1928 à Colombes, France - Belgique (2-3)

Dernière sélection : 14 avril 1929 à Saragosse, Espagne - France (8-1)

Dernière présélection : 9 mai 1929 à Colombes, France - Angleterre (1-4)

Club : 1927-1929 : FC Sète (4 sélections)

Bilan : 2 victoires, 2 défaites

Le gardien de but sétois est le suppléant d'Alexis Thépot en début d'année. Il le remplace pour le troisième match, face aux Belges, et doit s'incliner trois fois, dont deux sur une frappe de Raymond Braine, l'avant-centre d'Anvers. Laurent Henric retourne ainsi sur le banc des remplaçants, notamment lors des Jeux olympiques d'Amsterdam. Après ceux-ci, il est titularisé et garde sa cage inviolée deux fois de suite, ce qui est rarissime à l'époque. Il cède au cours du troisième rendez-vous, en Espagne, encaissant huit buts dont quatre de Gaspar Rubio, l'avant-centre du Real Madrid. Cette valise lui coûte sa place car s'il est encore remplaçant la fois d'après, il disparaît ensuite des listes de sélectionnés.

Matches joués : 1928 1 match sur 7 ▪ **1929** 3 matches sur 6 | **Titulaire :** 4 fois sur 4 | **Resté sur le banc :** 3 fois | JO 1928 : 0 match sur 1

Lucien Laurent

Attaquant
10 sélections, 2 buts

Né le 10 décembre 1907 à Saint-Maur-des-Fossés (Val-de-Marne), décédé le 11 avril 2005 (97 ans)

Première présélection : 15 avril 1928 à Colombes, France - Belgique (2-3)

Première sélection : 23 février 1930 à Porto, Portugal - France (2-0)

Dernière sélection : 19 mai 1935 à Colombes, France - Hongrie (2-0)

Clubs : 1927-1930 : CA Paris (4 sélections) ▪ 1930-1933 : FC Sochaux (5 sélections) ▪ 1933-1934 : CA Paris ▪ 1934-1935 : FC Mulhouse (1 sélection)

Bilan : 4 victoires, 1 nul, 5 défaites

Aperçu pour la première fois sur le banc des remplaçants en 1928 puis dans le groupe pour les J.O. d'Amsterdam, cet « inter » droit parisien n'est aligné que deux ans plus tard, à cinq mois de la première Coupe du monde. Les débuts de Lucien Laurent ne sont pas fracassants mais il fait partie de l'équipe qui vogue vers Montevideo. Pour sa troisième sélection, il est l'auteur, à la 19e minute du match contre le Mexique, de ce qui est le tout premier but de l'histoire de la Coupe du monde. Une reprise de volée sur un centre d'Ernest Libérati. Il ne devient pas un titulaire indiscutable pour autant. Lucien Laurent, qui a rejoint Sochaux après le Mondial, est présent lors du premier rendez-vous face à l'Allemagne, en 1931. Deux mois plus tard, il inscrit le premier but français dans la formidable victoire 5-2 sur l'Angleterre à Colombes, encore une fois sur un service de Libérati. C'est son second et dernier but en équipe nationale car il ne rejouera plus que trois fois par la suite. Lors de la Coupe du monde 1934 en Italie, Laurent reste sur le banc des remplaçants et sa carrière internationale s'achève un an plus tard. On lui a souvent reparlé de son but contre le Mexique : il fit de lui une vedette mondiale jusqu'à la fin de sa vie, en 2005.

Matches joués : 1928 - ▪ **1929** - ▪ **1930** 4 matches sur 10 ▪ **1931** 3 matches sur 5 ▪ **1932** 2 matches sur 7 ▪ **1933** - ▪ **1934** - ▪ **1935** 1 match sur 7 | **Buts : 1930** 1 ▪ **1931** 1 | **Titulaire :** 10 fois sur 10 | **Resté sur le banc :** 6 fois | Resté en tribune : 2 fois | **JO 1928 :** 0 match sur 1 | **Coupe du monde 1930 :** 2 matches sur 3 | **Coupe du monde 1934 :** 0 match sur 1

René Espanet

Gardien de but, 0 sélection

Première présélection : 15 avril 1928 à Colombes, France - Belgique (2-3)

Dernière présélection : 17 mai 1928 à Colombes, France - Angleterre (1-5)

Club : 1927-1928 : Red Star

Alexis Thépot forfait, c'est Laurent Henric qui garde les buts contre la Belgique. René Espanet est son remplaçant. Ce gardien du Red Star est le suppléant du Breton un mois plus tard mais il ne fait pas partie de l'équipe olympique pour Amsterdam. On ne fera plus appel à lui.

Resté sur le banc : 2 fois

Henri Pavillard

Attaquant, 14 sélections, 1 but

Né le 15 août 1905 à Héricourt (Haute-Saône), décédé le 7 février 1978 (72 ans)

Première sélection : 29 avril 1928 à Paris, France - Portugal (1-1)

Dernière sélection : 1er mai 1932 à Bruxelles, Belgique - France (5-2)

Club : 1927-1932 : Stade Français (14 sélections)

Bilan : 1 victoire, 3 nuls, 10 défaites

« L'inter » gauche du Stade Français séduit dès son entrée en jeu, même s'il ne connaît pas la moindre victoire lors de ses neuf premiers matches. Il participe ainsi aux Jeux olympiques d'Amsterdam et il est à l'origine de deux des trois buts français face à l'Italie. En 1930, Henri Pavillard dispute tous les rendez-vous de préparation à la Coupe du monde, portant même le brassard de capitaine à quatre reprises. Mais il ne peut se rendre disponible pour aller en Uruguay, n'obtenant pas les deux mois de congé nécessaires pour participer au premier Mondial de l'histoire... Pavillard retrouve ses camarades à leur retour d'Amérique du Sud, ainsi que son capitanat. En 1932, il marque enfin son premier but, à Bruxelles, face aux Belges, au cours de ce qui constitue sa dernière prestation en sélection.

Matches joués : 1928 4 matches sur 7 ▪ **1929** 1 match sur 6 ▪ **1930** 6 matches sur 10 ▪ **1931** 2 matches sur 5 ▪ **1932** 1 match sur 7 | **But : 1932** 1 | **Titulaire :** 14 fois sur 14 | **Capitaine :** 4 fois (9e-12e) | **JO 1928 :** 1 match sur 1

Edmond Delfour

Attaquant
41 sélections, 2 buts

Né le 1er novembre 1907 à Ris-Orangis (Essonne), décédé le 21 novembre 1990 (83 ans)

Première présélection : 17 mai 1928 à Colombes, France - Angleterre (1-5)

Première sélection : 9 mai 1929 à Colombes, France - Angleterre (1-4)

Dernière sélection : 12 juin 1938 à Colombes, France - Italie (1-3)

Clubs : 1927-1928 : Stade Français (3 sélections) ▪ 1929-1937 : RC Paris (34 sélections) ▪ 1937-1938 : RC Roubaix (4 sélections)

Bilan : 13 victoires, 5 nuls, 23 défaites

Comme Lucien Laurent, Edmond Delfour est appelé en 1928 mais ne joue pas. Il entre en scène l'année suivante et pour une très longue série de matches, qui durera près de dix ans. « Demi-aile », ce Parisien se rend vite indispensable dans l'entrejeu. S'il loupe les J.O. d'Amsterdam, il ne rate pas la première Coupe du monde en 1930. Sur le paquebot transatlantique *Conte Verde* qui emmène l'équipe de France en Amérique du Sud, il fait office de préparateur physique, avec les moyens du bord. Il dispute les trois matches en Uruguay, contre le Mexique (4-1), l'Argentine (0-1) et le Chili (0-1). Sur le chemin du retour, la formation tricolore profite d'une escale à Rio pour disputer un match non-officiel contre le Flamengo du célèbre buteur brésilien Arthur Friedenreich, en nocturne. Delfour marque les deux buts de la courte défaite française (3-2). Travailleur infatigable, il trouve aussi la faille contre les Tchécoslovaques en 1930 puis contre les Anglais en 1931, lors de la mémorable victoire 5-2 à Colombes. Blessé en 1932, Edmond revient en force l'année suivante et peut ainsi disputer dans les mois qui suivent sa deuxième Coupe du monde, comme Alexis Thépot et Étienne Mattler. Il reste dans l'équipe jusqu'au Mondial, à l'image du second, et pourra s'enorgueillir d'avoir disputé l'intégralité des six premiers matches de la France dans cette compétition. Capitaine un temps, après le retrait de Thépot, il laisse le brassard à Mattler pour la Coupe du monde 1938 disputée dans l'Hexagone, un tournoi qui lui permet d'égaler le record de sélections de Jules Devaquez (41). C'est chose faite lors du quart de finale contre l'Italie, une défaite 3-1 qui constitue sa dernière apparition à ce niveau. Il a alors 30 ans et il est considéré comme le meilleur milieu de terrain d'Europe. D'ailleurs, l'année précédente, il a fait partie de la sélection « Europe occidentale » pour un match de gala contre « l'Europe centrale » (1-3), à Amsterdam. Après la guerre, il deviendra entraîneur en France et en Belgique. C'est le beau-père de Dominique Colonna qui fut gardien de but des Bleus de 1957 à 1961. En participant à quatre Coupes du monde (1998, 2002, 2006 et 2010), Thierry Henry a battu le record d'Edmond Delfour, Étienne Mattler et Émile Veinante, tous trois engagés dans les trois premières éditions.

Matches joués : 1928 - ▪ **1929** 3 matches sur 6 ▪ **1930** 7 matches sur 10 ▪ **1931** 4 matches sur 5 ▪ **1932** 1 match sur 7 ▪ **1933** 7 matches sur 7 ▪ **1934** 3 matches sur 7 ▪ **1935** 6 matches sur 7 ▪ **1936** 3 matches sur 4 ▪ **1937** 5 matches sur 7 ▪ **1938** 2 matches sur 6 | **Buts : 1930** 1 ▪ **1931** 1 | **Titulaire :** 40 fois sur 41 | **Remplaçant :** 1 fois sur 41 (de Touffait) | **Resté sur le banc :** 4 fois | **Coupe du monde 1930 :** 3 matches sur 3 | **Coupe du monde 1934 :** 1 match sur 1 | **Coupe du monde 1938 :** 2 matches sur 2 | **Capitaine :** 12 fois (21e-22e, 30e-39e)

Edmond Delfour

Maurice Banide

Milieu de terrain
9 sélections, 1 but

Né le 19 mai 1905 à Montpellier (Hérault), décédé le 20 mai 1995 (90 ans)

Première présélection : 17 mai 1928 à Colombes, France - Angleterre (1-5)

Première sélection : 24 février 1929, à Colombes, France - Hongrie (3-0)

Dernière sélection : 12 janvier 1936 à Paris, France - Pays-Bas (1-6)

Clubs : 1927-1930 : AS Strasbourg (3 sélections) ▪ 1930-1932 : FC Mulhouse (3 sélections) ▪ 1932-1934 : Club français (1 sélection) ▪ 1934-1936 : RC Paris (1 sélection)

Bilan : 2 victoires, 7 défaites

Comme Lucien Laurent et Edmond Delfour, Maurice Banide est repéré au cours de l'année 1928 par les sélectionneurs. Il fait partie de l'équipe olympique pour Amsterdam mais ne débute que l'année suivante, à l'occasion de la première victoire de la France sur la Hongrie. Le « demi-aile » strasbourgeois a le malheur de participer, aussi, à deux grosses défaites tricolores, 8-1 en Espagne et 6-1 en Belgique, avant la Coupe du monde, ce qui ruine ses chances d'aller en Uruguay. De même, il rate la Coupe du monde 1934 et si sa carrière s'étire jusqu'en 1936, pour un match où il remplace, en cours de jeu, Louis Gabrillargues, blessé, il est toujours considéré comme un élément d'appoint. Alors qu'au Racing de Paris, il forme un formidable duo avec Edmond Delfour au milieu de terrain.

Matches joués : 1928 - ▪ **1929** 3 matches sur 6 ▪ **1930** 3 matches sur 10 ▪ **1931** - ▪ **1932** - ▪ **1933** 1 match sur 7 ▪ **1934** 1 match sur 7 ▪ **1935** - ▪ **1936** 1 match sur 4 | **But : 1929** 1 | **Titulaire :** 8 fois sur 9 | **Remplaçant :** 1 fois sur 9 (de Gabrillargues) | **Resté sur le banc :** 3 fois | **JO 1928 :** 0 match sur 1

Jules Monsallier

Attaquant
3 sélections

Né le 23 janvier 1907 à Boulogne-Billancourt (Hauts-de-Seine), décédé le 4 septembre 1972 (65 ans)

Première sélection : 17 mai 1928 à Colombes, France - Angleterre (1-5)

Dernière sélection : 12 janvier 1936 à Paris, France - Pays-Bas (1-6)

Clubs : 1927-1928 : Stade Français (1 sélection) ▪ 1928-1931 : Red Star (1 sélection) ▪ 1931-1933 : Club Français ▪ 1933-1936 : FC Sète (1 sélection)

Bilan : 1 victoire, 2 défaites

Testé contre l'Angleterre, l'ailier droit parisien convainc les sélectionneurs, malgré la défaite 5-1, de l'emmener à Amsterdam pour les Jeux olympiques, comme remplaçant. En revanche, il n'est pas choisi pour la Coupe du monde 1930. Jules Monsallier rejoue un an après celle-ci, à l'occasion du premier France-Allemagne de l'histoire (1-0). Une grave fracture de la jambe interrompt sa carrière. Il n'est sélectionné à nouveau que cinq ans plus tard. Alors qu'il évolue à Sète, il est emporté, au Parc, par une tornade orange (6-1) qui met fin à sa courte et longue, à la fois, carrière internationale.

Matches joués : 1928 : 1 match sur 7 ▪ **1929** : - ▪ **1930** : - ▪ 1 : **1931** match sur **1932** ▪ 5 : - ▪ **1933** : - ▪ **1934** : - ▪ **1935** : - ▪ **1936** : 1 match sur 4 | **Titulaire :** 3 fois sur 3 | **Resté sur le banc :** 1 fois | **JO 1928 :** 0 match sur 1

Raoul Blanc

Milieu de terrain
0 sélection

Né le 28 aout 1905 à Marseille (Bouches-du-Rhône), décédé le 22 juillet 1985 (79 ans)

Unique présélection : 17 mai 1928 à Colombes, France - Angleterre (1-5)

Club : 1927-1928 : Olympique de Marseille (0 sélection)

Remplaçant pour la venue des Anglais à Colombes. Jamais revu ensuite.

Resté sur le banc : 1 fois

Hervé Marc

Attaquant
1 sélection

Né le 12 octobre 1903 à Douai (Nord), décédé le 24 décembre 1946 (43 ans)

Première présélection : 29 mai 1928 à Amsterdam, France - Italie (3-4)

Unique sélection : 7 décembre 1930 à Paris, France - Belgique (2-2)

Clubs : 1927-1929 : FC Rouen (0 sélection) ▪ 1929-1931 : Stade Rennais (1 sélection)

Bilan : 1 nul

Pressenti pour les Jeux d'Amsterdam, Hervé Marc reste en tribune. Ce n'est qu'après la première Coupe du monde que cet ailier gauche passé de Rouen à Rennes a sa chance, pour le 100e match de l'équipe de France. Il ne sera jamais revu.

Match joué : 1928 - ▪ **1929** - ▪ **1930** 1 match sur 10 | **Titulaire :** 1 fois sur 1 | **Resté en tribune :** 1 fois | **JO de 1928 :** 0 match sur 1

Maurice Gourdon

Attaquant
0 sélection

Première présélection : 29 mai 1928 à Amsterdam, France - Italie (3-4)

Dernière présélection : 19 mai 1929 à Colombes, France - Yougoslavie (1-3)

Club : 1927-1929 : Stade Français (0 sélection)

Il fait partie de la sélection olympique pour les Jeux d'Amsterdam mais reste sur le banc des remplaçants. L'attaquant parisien y est à nouveau placé deux fois l'année suivante, sans entrer en jeu.

Resté sur le banc : 3 fois

Spectateurs

L'équipe de France a joué devant de petites assemblées à ses débuts : 1 500 spectateurs pour son premier match, 500 pour son premier en France. Mais au fur et à mesure que les stades se sont agrandis, les affluences ont vite grimpé : 25 000 personnes à Bruxelles en 1919, 45 000 à Colombes en 1924, 72 000 à Stuttgart en 1937 et 125 631 à Glasgow pour Écosse-France en 1949 ! Un record qui ne sera sans doute jamais battu.

1929

13 nouveaux joueurs
6 matches

24 février : France - Hongrie 3-0
24 mars : France - Portugal 2-0
14 avril : Espagne - France 8-1
9 mai : France - Angleterre 1-4

19 mai : France - Yougoslavie 1-3
26 mai : Belgique - France 4-1

Émile Veinante

Attaquant
24 sélections, 14 buts

Né le 12 juin 1907 à Metz (Moselle, alors annexée à l'Allemagne), décédé le 18 novembre 1983 (76 ans)

Première sélection : 24 février 1929 à Colombes, France - Hongrie (3-0)

Dernière sélection : 28 janvier 1940 à Paris, France - Portugal (3-2)

Club : 1928-1940 : RC Paris (24 sélections)

Bilan : 11 victoires, 3 nuls, 10 défaites

Ailier ou « inter » gauche, habile technicien, spécialiste des coups de pied arrêtés au FC Metz puis au Racing, Émile Veinante entre discrètement en équipe de France le jour historique de sa première victoire sur la Hongrie. S'il est évincé après trois matches, en 1929, il est quand même emmené eu Uruguay pour la première Coupe du monde, l'année suivante. Il remplace Lucien Laurent lors du dernier match, contre le Chili, et disparaît ensuite quelque peu des listes. Toujours très collectif, Veinante n'est intégré qu'occasionnellement dans le onze titulaire, même s'il marque régulièrement. Doublure d'Alfred Aston pour la deuxième Coupe du monde, en 1934 en Italie, il n'entre pas en jeu. Mais quatre ans plus tard (il en a alors 30), le Lorrain devient enfin titulaire, associé en attaque à Jean Nicolas et Oscar Heisserer. Cette triplette qui dynamite la Belgique et la Bulgarie au début de l'année 1938, durant des matches amicaux, compose l'attaque tricolore lors de la Coupe du monde qui se déroule dans l'Hexagone. Veinante marque le premier but français du Mondial 1938, dès la première minute du 8e de finale contre la Belgique, à Colombes, en reprenant un tir de Nicolas relâché par le gardien adverse. En quarts de finale, il donne la balle d'égalisation à Heisserer face à l'Italie mais les futurs champions du monde l'emportent 3-1 et mettent fin au rêve de tout un pays. Émile poursuit néanmoins une carrière internationale qui s'étire sur douze ans, jusqu'au dernier match disputé par l'équipe de France avant la guerre, en janvier 1940.

Matches joués : 1929 3 matches sur 6 ▪ **1930** 1 match sur 10 ▪ **1931** 1 match sur 5 ▪ **1932** 2 matches sur 7 ▪ **1933** 2 matches sur 7 ▪ **1934** 2 matches sur 7 ▪ **1935** 1 match sur 7 ▪ **1936** 1 match sur 4 ▪ **1937** 3 matches sur 7 ▪ **1938** 5 matches sur 6 ▪ **1939** 2 matches sur 4 ▪ **1940** 1 match sur 1 | Buts : **1929** 1 ▪ **1931** 2 ▪ **1932** 1 ▪ **1933** 1 ▪ **1934** 1 ▪ **1937** 2 ▪ **1938** 4 ▪ **1939** 2 | **Titulaire :** 24 fois sur 24 | **Resté sur le banc :** 5 fois | **Coupe du monde 1930 :** 1 match sur 3 | **Coupe du monde 1934 :** 0 match sur 1 | **Coupe du monde 1938 :** 2 matches sur 2

Marcel Galey

Attaquant
3 sélections, 1 but

Né le 2 septembre 1905 à Clichy (Hauts-de-Seine), décédé le 31 janvier 1991 (85 ans)

Première sélection : 24 février 1929 à Colombes, France - Hongrie (3-0)

Dernière sélection : 14 avril 1929 à Saragosse, Espagne - France (8-1)

Club : 1928-1929 : FC Sète (3 sélections)

Bilan : 2 victoires, 1 défaite

Le Sétois joue ailier gauche aux côtés d'Émile Veinante pour ses débuts en équipe de France, contre la Hongrie. Il parvient à se montrer davantage que le Racingman et marque contre le Portugal au match suivant, en reprenant un centre de Jules Devaquez. Mais comme Veinante, Marcel Galey est écarté après trois matches. Contrairement à lui, il ne fait pas partie de l'équipée pour l'Uruguay et il ne reviendra jamais plus. Son transfert au Racing, où il retrouvera Veinante en 1929, ne changera pas la donne.

Matches joués : 1929 3 matches sur 6 | **But : 1929** 1 | **Titulaire :** 3 fois sur 3

Antonio Lozès

Gardien de but
3 sélections

Né le 19 mai 1905 à Saint-Sébastien (Espagne), décédé en 1945 (40 ans)

Première présélection : 24 février 1929 à Colombes, France - Hongrie (3-0)

Première sélection : 23 février 1930 à Porto, Portugal - France (2-0)

Dernière sélection : 13 avril 1930 à Colombes, France - Belgique (1-6)

Club : 1928-1929 : FC Sochaux (3 sélections)

Bilan : 1 nul, 2 défaites

Après André Maschinot, Antonio Lozes est le deuxième Sochalien à entrer en équipe de France. Ce gardien de but d'origine espagnole est une vedette, un joueur intrépide et spectaculaire qu'on a envie de voir à l'œuvre. Remplaçant contre la Hongrie et le Portugal en 1929, il débute face à ces mêmes Lusitaniens l'année suivante. Il doit s'incliner sur deux tirs de José Manuel Soares, « Pepe », la pépite de Belenenses. Puis trois fois face aux Suisses et à six reprises contre les Belges. Cette addition de buts (11 encaissés en trois matches) lui est fatale pour le rendez-vous en Uruguay : c'est Alexis Thépot et André Tassin qui seront les gardiens français pour la première Coupe du monde. Sa chance est passée et il n'en aura pas de deuxième.

Matches joués : 1929 - ▪ **1930** 3 matches sur 10 | **Titulaire :** 3 fois sur 3 | **Resté sur le banc :** 2 fois

Manuel Anatol

Défenseur
16 sélections, 1 but

Né le 8 mai 1903 à Irun (Espagne), décédé le 17 mai 1990 (87 ans)

Première sélection : 24 mars 1929 à Colombes, France - Portugal (2-0)

Dernière sélection : 16 décembre 1934 à Paris, France - Yougoslavie (3-2)

Club : 1928-1935 : RC Paris (16 sélections)

Bilan : 3 victoires, 2 nuls, 11 défaites

Arrière gauche athlétique (il a été plusieurs fois champion d'Espagne en sprint), puissant et rapide, Manuel Anatol a été naturalisé français après être arrivé à Paris en 1929, en provenance du Real Madrid. Ce Basque peut ainsi disputer neuf matches avec l'équipe tricolore avant la Coupe du monde mais il ne fait pas partie de l'expédition sud-américaine : son employeur refuse de libérer aussi longtemps, pour les deux mois que requiert le Mondial 1930. Dommage, car il n'avait pas failli jusque-là, marquant même un but mémorable contre la Suisse à Colombes, un coup franc de 40 mètres. Repris en sélection après le Mondial, Marcel Anatol manque à nouveau le grand rendez-vous en 1934, victime cette fois de la concurrence. Il rejoue encore une fois après celle-ci mais à 31 ans, son crépuscule est arrivé.

Matches joués : 1929 4 matches sur 6 ▪ **1930** 5 matches sur 10 ▪ **1931** 2 matches sur 5 ▪ **1932** 4 matches sur 7 ▪ **1933** - ▪ **1934** 1 match sur 7 | **But : 1930** 1 | **Titulaire :** 16 fois sur 16

Georges Haas

Défenseur
0 sélection

Unique présélection : 24 mars 1929 à Colombes, France - Portugal (2-0)

Club : 1928-1929 : Club Français

Ce défenseur parisien est convoqué en même temps que son coéquipier du Club français Marcel Bertrand mais il se contente de regarder et ne reviendra pas.

Resté sur le banc : 1 fois

Raoul Dutheil

Attaquant
1 sélection

Né le 18 octobre 1903 à Saïda (Algérie française), décédé le 3 avril 1945 (41 ans)

Unique sélection : 14 avril 1929 à Saragosse, Espagne - France (8-1)

Club : 1928-1929 : AS Cannes (1 sélection)

Bilan : 1 défaite

L'ailier droit cannois remplace au pied levé le Marseillais Jules Devaquez pour le déplacement de l'équipe de France à Saragosse et c'est un piège. Les Tricolores sont submergés par les vagues espagnoles et on ne rappellera plus Raoul Dutheil.

Match joué : 1929 1 match sur 6 | **Titulaire :** 1 fois sur 1

André Cheuva

Attaquant
7 sélections, 2 buts

Né le 30 mai 1908 à Hellemes (Nord), décédé le 5 février 1989 (80 ans)

Première sélection : 9 mai 1929 à Colombes, France - Angleterre (1-4)

Dernière sélection : 12 janvier 1936 à Paris, France - Pays-Bas (1-6)

Clubs : 1928-1932 : Olympique Lillois (4 sélections) ▪ 1932-1935 : SC Fives (3 sélections)

Bilan : 1 victoire, 1 nul, 5 défaites

« L'inter » droit nordiste débute en même temps qu'Edmond Delfour et dispute quatre matches avant la première Coupe du monde. Auteur d'un but contre la Yougoslavie et un autre face à la Suisse, André Cheuva est sélectionné pour la première Coupe du monde en Uruguay. Mais il renonce au dernier moment, sous la pression… de sa fiancée ! Il ne retrouve l'équipe de France que bien plus tard, lors de la saison 1935-1936, et dispute trois matches consécutivement mais la lourde défaite au Parc face aux Hollandais (1-6) sonne le glas de sa carrière internationale.

Matches joués : 1929 2 matches sur 6 ▪ **1930** 2 matches sur 10 ▪ **1931** - ▪ **1932** - ▪ **1933** - ▪ **1934** - ▪ **1935** 2 matches sur 7 ▪ **1936** 1 match sur 4 | **Buts : 1929** 1 ▪ **1930** 1 | **Titulaire :** 7 fois sur 7

Yvon Segalen

Milieu de terrain
3 sélections

Né le 15 avril 1906 à Brest (Finistère), décédé le 13 janvier 2000 (93 ans)

Première sélection : 9 mai 1929 à Colombes, France - Angleterre (1-4)

Dernière sélection : 26 mai 1929 à Rocourt, Belgique - France (4-1)

Club : 1928-1929 : Stade Français (3 sélections)

Bilan : 3 défaites

Le fils de l'écrivain et explorateur breton Victor Segalen, mort en 1919, est sélectionné pour jouer contre l'Angleterre aux côtés de son coéquipier parisien Victor Dauphin. Trois défaites plus tard, Yvon voit sa carrière internationale s'achever en même temps que la sienne. Il partira alors à Saïgon, comme fondé de pouvoir de la Banque de l'Indochine.

Matches joués : 1929 3 matches sur 6 | **Titulaire :** 3 fois sur 3

Yvon Segalen

Marcel Pinel

Attaquant
7 sélections, 4 buts

Né le 8 juillet 1908 à Honfleur (Calvados), décédé le 18 mars 1968 (59 ans)

Première présélection : 9 mai 1929 à Colombes, France - Angleterre (1-4)

Première sélection : 11 mai 1930 à Colombes, France - Tchécoslovaquie (2-3)

Dernière sélection : 7 décembre 1930 à Paris, France - Belgique (2-2)

Club : 1928-1931 : Red Star (7 sélections)

Bilan : 1 victoire, 1 nul, 5 défaites

Témoin, sur le banc de touche, de la nouvelle défaite française face à l'Angleterre, Marcel Pinel est aligné un an et deux jours plus tard, face aux Tchécoslovaques, lors de la première des trois rencontres de préparation à la Coupe du monde.

Si sa formation perd les deux premiers matches, il gagne sa place pour le Mondial lors du dernier, en marquant les deux buts de la victoire sur la Belgique. L'avant-centre du Red Star est donc du voyage en Uruguay. Il est, à 22 ans, le plus jeune des seize sélectionnés mais cela s'est fait non sans mal. Car Pinel est militaire et l'armée renâcle à le laisser partir deux mois. Finalement, on le nomme « Envoyé extraordinaire auprès de l'ambassadeur de France à Montevideo » ! En Amérique du Sud, il évolue au milieu du terrain, laissant les avant-postes à Lucien Laurent et André Maschinot. De retour en France, il réussit à nouveau un doublé contre la Belgique, pour la dernière confrontation de l'année. C'est aussi son ultime sortie internationale.

Matches joués : 1929 - ▪ 1930 7 matches sur 10 | **Buts : 1930** 4 | **Titulaire :** 7 fois sur 7 | **Resté sur le banc :** 2 fois | **Coupe du monde 1930 :** 3 matches sur 3

Marcel Pinel

Marcel Colomb

Milieu de terrain
0 sélection

Né en 1907

Première présélection : 9 mai 1929 à Colombes, France - Angleterre (1-4)

Dernière présélection : 19 mai 1929 à Colombes, France - Yougoslavie (1-3)

Club : 1928-1929 : CA Paris

Remplaçant pour la première fois, comme Marcel Pinel, à l'occasion de la venue des Anglais à Colombes, Marcel Colomb est reconvoqué dix jours plus tard, au même endroit, pour réceptionner les Yougoslaves. Mais c'est du banc de touche qu'il assiste aux deux revers français et il ne sera jamais rappelé.

Resté sur le banc : 2 fois

Jean Gautheroux

Milieu de terrain
2 sélections

Né le 11 février 1909 à Lalinde (Dordogne), décédé le 14 octobre 1986 (77 ans)

Première présélection : 19 mai 1929 à Colombes, France - Yougoslavie (1-3)

Première sélection : 23 février 1930 à Porto, Portugal - France (2-0)

Dernière sélection : 13 décembre 1936 à Paris, France - Yougoslavie (1-0)

Clubs : 1928-1935 : RC Paris (1 sélection) ▪ 1935-1937 : Excelsior Roubaix (1 sélection)

Bilan : 1 victoire, 1 défaite

Ce futur dentiste aurait pu être sélectionné pour la première Coupe du monde mais il est remplaçant la première fois où il est appelé et battu lors de la seconde. Aussi, son essai n'est pas jugé concluant. Mais Jean Gautheroux est retenu à nouveau six ans plus tard comme « demi-centre », face aux Yougoslaves, avec pour mission de marquer le meneur de jeu Aleksandar Tomašević, tâche dont il s'acquitte bien. Il ne sera pourtant jamais revu. En 1959, après la mort tragique de Paul Nicolas dans un accident de voiture, il intégrera le comité de sélection pendant un an, aux côtés d'Alexis Thépot et Georges Verriest.

Matches joués : 1929 - ▪ 1930 1 match sur 10 ▪ **1931 - ▪ 1932 - ▪ 1933 - ▪ 1934 - ▪ 1935 - ▪ 1936** 1 match sur 4 | **Titulaire :** 2 fois sur 2 | **Resté sur le banc :** 5 fois

Charles Allé

Gardien de but
1 sélection

Né le 3 juillet 1904 à Oran (Algérie française), décédé le 15 septembre 1994 (90 ans)

Unique sélection : 26 mai 1929 à Bruxelles, Belgique - France (4-1)

Dernière présélection : 1er mai 1931 à Bruxelles (Belgique-France)

Club : 1928-1931 : Olympique de Marseille (1 sélection)

Bilan : 1 défaite

En l'absence d'Alexis Thépot, les buts de l'équipe de France sont confiés au gardien de Marseille Charles Allé qui a connu plusieurs sélections dans l'équipe d'Afrique du Nord avant de s'installer en Provence en 1926, en provenance du Gallia Club d'Oran. Malgré la compagnie de trois autres Olympiens, Jules Devaquez, Jean Boyer et Maurice Gallay, il passe un mauvais après-midi en Belgique, avec quatre buts encaissés. C'est donc le gardien de Sochaux, Antonio Lozes, qui est testé au match suivant. Sans plus de succès au final : ni l'un ni l'autre ne sont de l'odyssée sur le Conte Verde pour la première Coupe du monde. Charles Allé est toutefois convoqué une seconde fois, comme suppléant d'André Tassin, alors que Thépot est absent. Il ne joue pas et doit dès lors se consacrer à l'OM.

Match joué : 1929 1 match sur 6 ▪ **1930** - ▪ **1931** - | **Titulaire :** 1 fois sur 1 | **Resté sur le banc :** 1 fois

Lepeytre

Gardien de but
0 sélection

Première présélection : 26 mai 1929 à Rocourt, Belgique - France (4-1)

Dernière présélection : 11 mai 1930 à Colombes, France - Tchécoslovaquie (2-3)

Club : 1928-1929 : CA Paris (0 sélection)

Le comité de sélection mise sur Alexis Thépot pour la Coupe du monde mais hésite pour le poste de second gardien. Après Laurent Henric, c'est Charles Allé qui est aligné. Lepeytre, portier du CA Paris, est sa doublure. Il ne sort pas de sa position de « choix n°4 » et n'ira pas au Mondial.

Resté sur le banc : 2 fois

1930

17 nouveaux joueurs
10 matches

23 février : Portugal - France 2-0
23 mars : France - Suisse 3-3
13 avril : France - Belgique 1-6
11 mai : France - Tchécoslovaquie
2-3 • 18 mai : France - Écosse 0-2
25 mai : Belgique - France 1-2
13 juillet : France - Mexique 4-1 (CM)
15 juillet : France - Argentine 0-1 (CM)
19 juillet : France - Chili 0-1 (CM)
7 décembre : France - Belgique 2-2

Ernest Liberati

Attaquant
19 sélections, 4 buts

Né le 22 mars 1906 à Oran (Algérie française), décédé le 2 juin 1983 (77 ans)

Première sélection : 23 février 1930 à Porto, Portugal - France (2-0)

Dernière sélection : 14 avril 1934 à Luxembourg, Luxembourg - France (1-6)

Clubs : 1929-1932 : Amiens AC (16 sélections) ▪ 1932-1934 : SC Fives (3 sélections)

Bilan : 4 victoires, 5 nuls, 10 défaites

Le rapide ailier droit d'Amiens, où il évolue avec Paul Nicolas, débute en même temps que Lucien Laurent dans une équipe de France expérimentale, qui compte sept néophytes sur onze joueurs. La défaite 2-0 face aux Portugais à Porto ne douche pas l'enthousiasme des sélectionneurs le concernant. Ernest Libérati fait donc partie des 16 sélectionnés pour le premier Mondial et même des onze titulaires en Uruguay. C'est lui qui offre à Laurent le premier but de la Coupe du monde, face au Mexique. Pilier de la sélection pendant deux ans, Libérati migre à Fives en 1932 et perd sa place. Malgré sa présence au Luxembourg lors du match de qualification pour la Coupe du monde 1934, où il marque sur coup franc le quatrième des six buts français, il n'ira pas en Italie deux mois plus tard.

Matches joués : 1930 7 matches sur 10 ▪ **1931** 2 matches sur 5 ▪ **1932** 7 matches sur 7 ▪ **1933** 1 match sur 7 ▪ **1934** 2 matches sur 7 | **Buts : 1930** 1 ▪ **1932** 2 ▪ **1934** 1 | **Titulaire :** 19 fois sur 19 | **Resté sur le banc :** 3 fois | **Coupe du monde 1930 :** 3 matches sur 3

Gustave Dubus

Attaquant
2 sélections, 1 but

Né le 26 mars 1910 à Arzew (Algérie française), décédé le 9 décembre 1991 (81 ans)

Première sélection : 23 février 1930 à Porto, Portugal - France (2-0)

Dernière sélection : 13 avril 1930 à Colombes, France - Belgique (1-6)

Club : 1929-1930 : FC Sète (2 sélections)

Bilan : 2 défaites

Comme Ernest Libérati, Gustave Dubus est un pied-noir qui tente sa chance en métropole. Cet avant-centre débute avec ses coéquipiers sétois Louis Cazal et André Chardar mais il est blessé au cours du match contre le Portugal et ne peut donner sa pleine mesure. Remplaçant pour la rencontre suivante, il rejoue deux mois plus tard et marque un joli but de la tête, sur un centre de Libérati. La lourde défaite concédée face aux Néerlandais à Colombes l'écarte de la sélection pour la première Coupe du monde.

Matches joués : 1930 2 matches sur 10 | **But : 1930** 1 | **Titulaire :** 2 fois sur 2 | **Resté sur le banc :** 1 fois

Pierre Korb

Attaquant
12 sélections, 2 buts

Né le 20 avril 1908 à Mulhouse (Haut-Rhin, alors annexé par l'Allemagne), décédé le 22 février 1980 (71 ans)

Première sélection : 23 février 1930 à Porto, Portugal - France (2-0)

Dernière sélection : 25 mars 1934 à Colombes, France - Tchécoslovaquie (1-2)

Dernière présélection : 19 mai 1935 à Colombes, France - Hongrie (2-0)

Club : 1929-1935 : FC Mulhouse (12 sélections)

Bilan : 2 victoires, 1 nul, 9 défaites

C'est l'un des sept nouveaux venus du début d'année. Ailier gauche élancé et subtil, l'Alsacien Pierre Korb dispute dans la foulée cinq matches avant la Coupe du monde mais il n'est pas du voyage à Montevideo car le Roubaisien Marcel Langiller lui est préféré. Il reste néanmoins dans les listes de sélectionnés après la Coupe du monde. Il participe ainsi au premier match contre l'Allemagne en 1931, remplaçant à la 36ᵉ minute un Lucien Laurent blessé. En 1932, Korb fait toute la tournée balkanique (Belgrade, Sofia, Bucarest) comme titulaire mais disparaît ensuite des choix du comité de sélection, jusqu'en 1934. Il dispute deux rencontres amicales avant le Mondial, pour lequel il est cette fois sélectionné. Il reste sur le banc des remplaçants, ce qui se reproduira deux fois l'année suivante.

Matches joués : 1930 5 matches sur 10 ▪ **1931** 2 matches sur 6 ▪ **1932** 3 matches sur 7 ▪ **1933** - ▪ **1934** 2 matches sur 7 ▪ **1935** - | **Buts : 1930** 1 ▪ **1934** 1 | **Titulaire :** 11 fois sur 12 | **Remplaçant :** 1 fois sur 12 (de L. Laurent) | **Resté sur le banc :** 9 fois | **Resté en tribune :** 1 fois | **Coupe du monde 1934 :** 0 match sur 1

André Chardar

Défenseur
12 sélections, 1 but

Né le 7 octobre 1906 à Buenos Aires (Argentine), décédé le 13 avril 1993 (86 ans)

Première sélection : 23 février 1930 à Porto, Portugal - France (2-0)

Dernière sélection : 19 mars 1933 à Berlin, Allemagne - France (3-3)

Dernière présélection : 15 avril 1934 à Luxembourg, Luxembourg-France (1-6)

Clubs : 1929-1933 : FC Sète (12 sélections) ▪ 1933-1934 : SC Nîmes (0 sélection)

Bilan : 1 victoire, 4 nuls, 7 défaites

Arrivé en France en 1919, André Chardar est naturalisé français dix ans plus tard et peut donc être sélectionné l'année de la première Coupe du monde. Le solide défenseur sétois dispute deux matches amicaux mais n'est finalement pas retenu parmi les 16 qui vont en Uruguay. Il retrouve la sélection dès la fin du Mondial mais c'est deux ans plus tard qu'il devient un vrai titulaire, disputant huit rencontres d'affilée. Il passe ensuite remplaçant et n'entre en jeu qu'une seule fois, à Berlin, pour suppléer Jules Vandooren, blessé dès la 9e minute. Réserviste une dernière fois lors du match de qualification pour le Mondial 1934 au Luxembourg, il n'est pas du voyage en Italie.

Matches joués : 1930 2 matches sur 10 ▪ **1931** 1 match sur 5 ▪ **1932** 7 matches sur 7 ▪ **1933** 1 match sur 7 ▪ **1934** - | **But : 1932** 1 | **Titulaire :** 11 fois sur 12 | **Remplaçant :** 1 fois sur 12 (de J. Vandooren) | **Resté sur le banc :** 3 fois | **Capitaine :** 1 fois (9e)

André Lapierre

Défenseur
0 sélection

Unique présélection : 23 février 1930 à Porto, Portugal - France (2-0)

Club : 1929-1930 : Amiens AC (0 sélection)

André Lapierre accompagne Ernest Libérati, son coéquipier d'Amiens, pour sa première sélection au Portugal. Mais lui n'entre pas en jeu et il ne sera jamais convoqué à nouveau.

Resté sur le banc : 1 fois

Marcel Capelle

Défenseur
9 sélections

Né le 11 décembre 1904 à Paris, décédé le 8 avril 1996 (92 ans)

Première sélection : 13 avril 1930 à Colombes, France - Belgique (1-6)

Dernière sélection : 14 mai 1931 à Colombes, France - Angleterre (5-2)

Dernière présélection : 12 février 1933 à Paris, France - Autriche (0-4)

Club : 1929-1930 : RC Paris (9 sélections)

Bilan : 2 victoires, 7 défaites

Débuter à deux mois de la première Coupe du monde avec une cinglante défaite à domicile 6-1 face à la Belgique n'est pas le meilleur moyen, pour un défenseur, d'être sélectionné. C'est pourtant ce qu'arrive à faire Marcel Capelle qui forme, avec Manuel Anatol, une belle paire dans l'arrière-garde du Racing. Mais alors que celui-ci ne parvient pas à se libérer pour aller en Uruguay, Capelle obtient le report de son intégration militaire et peut ainsi disputer l'intégralité des matches de la France lors du premier Mondial. Après celui-ci, le Racingman n'apparaît plus que deux fois en équipe nationale, dont la dernière lors du formidable succès 5-2 sur l'Angleterre à Colombes. Une opposition à laquelle il ne devait pas prendre part : il avait été appelé pour parer au forfait de son complice de toujours, Manuel Anatol.

Célestin Delmer

Matches joués : 1930 7 matches sur 10 ▪ **1931** 2 matches sur 5 ▪ **1932** - ▪ **1933** - | **Titulaire :** 9 fois sur 9 | **Resté sur le banc :** 3 fois | **Coupe du monde 1930 :** 3 matches sur 3

Célestin Delmer

Milieu de terrain, 11 sélections

Né le 15 février 1907 à Villejuif (Val-de-Marne), décédé le 2 mars 1996 (89 ans)

Les adversaires prestigieux des années folles

L'équipe de France a affronté les joueurs les plus prestigieux d'avant-guerre. Des vedettes internationales comme l'Espagnol Zamora (1929-33-35), l'Autrichien Sindelar (1933-34), le Tchèque Nejedly (1933-34-36), les Italiens Meazza (1935-37-38) et Piola (1937, 38), le Hongrois Sárosi (1935-39), l'Anglais Matthews (1938) ou le Polonais Wilimowski (1939).

Première sélection : 11 mai 1930 à Colombes, France - Tchécoslovaquie (2-3)

Dernière sélection : 15 avril 1934 à Luxembourg, Luxembourg - France (1-6)

Dernière présélection : 10 mai 1934 à Amsterdam, Pays-Bas - France (4-5)

Clubs : 1929-1932 : Amiens AC (6 sélections) ▪ 1932-1934 : Excelsior Roubaix (5 sélections)

Bilan : 2 victoires, 2 nuls, 7 défaites

Encore un arrivant de dernière minute avant la Coupe du monde. Célestin Delmer remplace en cours de match Louis Cazal devant la défense française, contre les Tchécoslovaques. L'Amiénois dispute ensuite un match contre la Belgique et c'est suffisant pour obtenir un billet sur le *Conte Verde* afin d'aller disputer la première Coupe du monde. En Uruguay, Delmer est remplaçant mais prend part au dernier duel, contre le Chili. Sélectionné en équipe de France B, celui qui quitte Amiens pour Roubaix retrouve les A en 1933 et joue le match au Luxembourg dans le cadre de la qualification pour la Coupe du monde en Italie. Il est retenu pour ce Mondial mais reste en tribune, à Turin, lors du 8e de finale contre l'Autriche (2-3 après prolongation) et ne revêt plus, ensuite, le maillot de son pays.

Matches joués : 1930 4 matches sur 10 ▪ **1931** 2 matches sur 5 ▪ **1932** - ▪ **1933** 3 matches sur 7 ▪ **1934** 2 matches sur 7 | **Titulaire :** 10 fois sur 11 | **Remplaçant :** 1 fois sur 11 (de Cazal) | **Resté sur le banc :** 5 fois | **Resté en tribune :** 1 fois | **Coupe du monde 1930 :** 1 match sur 3 | **Coupe du monde 1934 :** 0 match sur 1

Jean Laurent

Milieu de terrain
9 sélections

Né le 30 décembre 1906 à Maisons-Alfort (Val-de-Marne), décédé le 14 mai 1995 (88 ans)

Première sélection : 11 mai 1930 à Colombes, France - Tchécoslovaquie (2-3)

Dernière sélection : 12 juin 1932 à Bucarest, Roumanie - France (6-3)

Clubs : 1929-1930 : CA Paris (3 sélections) ▪ 1930-1932 : FC Sochaux (6 sélections)

Bilan : 2 victoires, 7 défaites

Le frère aîné de Lucien Laurent débute en équipe de France trois mois après lui. Il dispute les trois derniers matches de préparation à la Coupe du monde et accompagne son frère en Uruguay dans la foulée. Jean Laurent ne dispute aucun match à Montevideo et sa carrière internationale, contrairement à celle de son cadet, avec lequel il ne se produit qu'une fois, contre l'Italie en 1932, ne décolle pas avant cette année-là. Parti, comme lui, au FC Sochaux, Jean Laurent peut enfin enchaîner les prestations mais il ne va pas plus loin que la pittoresque tournée de juin dans les Balkans.

Matches joués : 1930 3 matches sur 10 ▪ **1931** - ▪ **1932** 6 matches sur 7 | **Titulaire :** 8 fois sur 9 | **Remplaçant :** 1 fois sur 9 (de Cazal) | **Resté sur le banc :** 5 fois | **Coupe du monde 1930 :** 0 match sur 3

Marcel Kauffmann

Milieu de terrain
5 sélections

Né le 22 mai 1910 à Mulhouse (Haut-Rhin, alors annexé par l'Allemagne), décédé le 17 septembre 1969 (59 ans)

Première sélection : 11 mai 1930 à Colombes, France - Tchécoslovaquie (2-3)

Dernière sélection : 12 février 1933 à Paris, France - Autriche (0-4)

Club : 1929-1933 : FC Mulhouse (5 sélections)

Bilan : 1 victoire, 4 défaites

Le jeune Marcel Kauffmann, qui n'a pas encore 20 ans, découvre l'équipe de France avec son coéquipier mulhousien Pierre Korb. Ce sont les deux seuls véritables attaquants d'une formation très défensive qui affronte la Tchécoslovaquie à deux mois de la Coupe du monde. L'ailier droit dispute les deux derniers matches de préparation au Mondial mais comme Korb, il n'est pas invité à aller en Uruguay. Les deux « K » alsaciens restent donc à quai. On ne le revoit ensuite que deux fois, sans succès.

Matches joués : 1930 3 matches sur 10 ▪ **1931** 1 match sur 5 ▪ **1932** - ▪ **1933** 1 match sur 7 | **Titulaire :** 5 fois sur 5

Raoul Chaisaz

Gardien de but
2 sélections

Né le 9 aout 1908 à Tunis (Tunisie), décédé le 25 novembre 1978 (70 ans)

Première présélection : 18 mai 1930 à Colombes, France - Écosse (0-2)

Première sélection : 5 juin 1932 à Belgrade, Yougoslavie - France (2-1)

Dernière sélection : 9 juin 1932 Sofia, Bulgarie-France (5-3)

Dernière présélection : 12 juin 1932 à Bucarest, France - Roumanie (6-3)

Club : 1929-1932 : Stade Français (2 sélections)

Bilan : 1 victoire, 1 défaite

Remplaçant d'Alexis Thépot lors de l'avant-dernier match de préparation à la Coupe du monde, le gardien parisien doit patienter pour débuter en équipe de France. Remplaçant du Breton à trois reprises l'année suivante, il obtient sa chance à l'occasion de la tournée dans les Balkans en 1932. Mais de manière inopinée puisqu'il remplace le titulaire, André Tassin, deux fois de suite en cours de jeu, à Belgrade puis Sofia. On ne fait plus jamais appel à lui après.

Matches joués : 1930 - ▪ **1931** - ▪ **1932** 2 matches sur 7 | **Titulaire :** 0 fois sur 2 | **Remplaçant :** 2 fois sur 2 (de Tassin 2 fois) | **Resté sur le banc :** 5 fois

Georges Rose

Défenseur
1 sélection

Né le 30 avril 1910 à Maisons-Alfort (Val-de-Marne), décédé le 13 décembre 1997 (87 ans)

Première présélection : 11 mai 1930 à Colombes, France - Tchécoslovaquie (2-3)

Unique sélection : 15 avril 1934 à Luxembourg, Luxembourg - France (1-6)

Dernière présélection : 10 mai 1934 à Amsterdam, Pays-Bas - France (4-5)

Club : 1929-1934 : Stade Rennais (1 sélection)

Bilan : 1 victoire

Il fait partie des appelés en cours de préparation avant la première Coupe du monde mais n'est finalement pas retenu. Quatre ans plus tard, le défenseur du Stade Rennais revient sur le devant de la scène, à l'approche du deuxième Mondial. Il joue le match de qualification contre le Luxembourg mais n'a pas la chance d'intégrer le groupe de 22 joueurs qui se rend ensuite en Italie.

Match joué : 1930 -▪ **1931** -▪ **1932** -▪ **1933** -▪ **1934** 1 match sur 7 | **Titulaire :** 1 fois sur 1 | **Resté sur le banc :** 3 fois

Marius Peytieu

0 sélection

Unique présélection : 11 mai 1930 à Colombes, France - Tchécoslovaquie (2-3)

Club : 1929-1930 : Stade Français Paris

Comme Georges Rose et Lepeytre, le Parisien fait le nombre sur le banc des remplaçants avant le Mondial. Il n'ira pas plus loin.

Resté sur le banc : 1 fois

Étienne Mattler

Défenseur, 46 sélections

Né le 25 décembre 1905 à Belfort (Territoire de Belfort), décédé le 23 mars 1986 (80 ans)

Première présélection : 18 mai 1930 à Colombes, France - Écosse (0-2)

Première sélection : 25 mai 1930 à Liège, Belgique - France (1-2)

Dernière sélection : 28 janvier 1940 à Paris, France - Portugal (3-2)

Club : 1929-1940 : FC Sochaux (46 sélections)

Bilan : 21 victoires, 6 nuls, 19 défaites

La défection de Manuel Anatol fait le bonheur d'Étienne Mattler, né vingt-quatre ans auparavant, le jour de Noël, à Belfort. Il part ainsi en Uruguay à sa place. Le défenseur sochalien découvre la Coupe du monde et l'équipe de France quasiment en même temps et c'est un coup de foudre. Non seulement Mattler dispute l'intégralité des matches du Mondial en Amérique du Sud mais ce sera aussi le cas lors des deux éditions suivantes, comme Edmond Delfour dont il battra le record de sélections en 1939 (46 contre 41). Sa carrière n'est stoppée que par la guerre, alors qu'il est le capitaine incontesté de la sélection. Arrière gauche athlétique et intraitable, Étienne Mattler est reconnu pour sa bravoure qui le fait rester sur le terrain bien que blessé. Si Manuel Anatol lui reprend la place de titulaire en 1932, il la retrouve l'année suivante pour former, avec Jules Vandooren, une paire défensive de premier plan, comme il le fera ensuite avec son coéquipier sochalien Hector Cazenave. Résistant pendant le conflit mondial, Mattler est arrêté par les Allemands en 1944 mais réussit à s'évader après 98 jours de détention. Participant à la libération de Belfort, il recevra la Croix de guerre.

Matches joués : 1930 5 matches sur 10 ▪ **1931** 5 matches sur 5 ▪ **1932** - ▪ **1933** 6 matches sur 7 ▪ **1934** 7 matches sur 7 ▪ **1935** 7 matches sur 7 ▪ **1936** 2 matches sur 4 ▪ **1937** 3 matches sur 7 ▪ **1938** 6 matches sur 6 ▪ **1939** 4 matches sur 4 ▪ **1940** 1 match sur 1 | **Titulaire :** 46 fois sur 46 | **Resté sur le banc :** 4 fois | **Capitaine :** 11 fois (17ᵉ, 37ᵉ-46ᵉ) | **Coupe du monde 1930 :** 3 matches sur 3 | **Coupe du monde 1934 :** 1 match sur 1 | **Coupe du monde 1938 :** 2 matches sur 2

Allard

0 sélection

Unique présélection : 18 mai 1930 à Colombes, France - Écosse (0-2)

Installé, comme Étienne Mattler, sur le banc des remplaçants lors de l'avant-dernier match de préparation à la Coupe du monde, Allard ne sera jamais revu.

Resté sur le banc : 1 fois

Louis Finot

Milieu de terrain
7 sélections

Né le 8 juillet 1909 à Saint-Maur-des-Fossés (Val-de-Marne), décédé le 14 février 1996 (86 ans)

Première présélection : 25 mai 1930 à Liège, Belgique - France (1-2)

Première sélection : 7 décembre 1930 à Paris, France - Belgique (2-2)

Dernière sélection : 21 janvier 1934 à Bruxelles, Belgique - France (2-3)

Club : 1929-1934 : CA Paris (7 sélections)

Bilan : 3 victoires, 1 nul, 3 défaites

Le « demi » droit parisien vient faire le nombre sur le banc de touche pour le dernier match amical de la France avant sa première Coupe du monde, contre les Belges. Il ne le sait pas encore mais la Belgique va être le dénominateur commun de sa carrière internationale. Si Louis Finot ne part pas en Uruguay pour disputer le Mondial, il débute pour la première rencontre que la France dispute après, contre la Belgique. L'histoire retiendra que c'est son 100ᵉ match. Quatre ans plus tard, c'est outre-Quiévrain que Finot signe sa dernière performance. Entre-temps, « Fifi », dit « la Courette » parce qu'il court partout, connaît une année comme titulaire, marquée par deux succès historiques : sur l'Allemagne, 1-0, et sur l'Angleterre, 5-2. Il entamera ensuite un long périple en club, changeant huit fois d'écurie en dix ans, ce qui était rare à l'époque.

Matches joués : 1930 1 match sur 10 ▪ **1931** 4 matches sur 5 ▪ **1932** - ▪ **1933** - ▪ **1934** 1 match sur 7 | **Titulaire :** 7 fois sur 7 | **Resté sur le banc :** 2 fois

André Tassin

Gardien de but, 5 sélections

Né le 12 février 1902 à Arras (Pas-de-Calais), décédé le 12 juillet 1986 (84 ans)

Première présélection : 25 mai 1930 à Liège, Belgique - France (1-2)

Né en Amérique du Sud

Dix internationaux français sont nés en Amérique du Sud. Six en Argentine. À Buenos Aires : Romano (international en 1913), Chardar (1930), Rambert (1962) ; à Zárate : Lauri (1937) ; à Posadas : De Bourgoing (1962) ; à Las Rosas : Combin (1964). Et quatre ont vu le jour en Uruguay. À Montevideo : Duhart (1935), Cazenave (1937), Ithurbide (1938) ; à San José de Mayo : Curbelo (1976).

Première sélection : 10 avril 1932 à Colombes, France - Italie (1-2)

Dernière sélection : 12 juin 1932 à Bucarest, Roumanie - France (6-3)

Club : 1929-1932 : RC Paris (5 sélections)

Bilan : 2 victoires, 3 défaites

Avant la Coupe du monde, la guerre des goals fait rage en France. Si Alexis Thépot a un temps d'avance, pour le comité de sélection, ça se bouscule, dans l'esprit des sélectionneurs, pour le poste de deuxième gardien pour le Mondial. Finalement, Laurent Henric, Antonio Lozes, Charles Allé, Lepeytre et Raoul Chaisaz sont coiffés au poteau par le gardien du Racing, André Tassin, bien que celui-ci ne compte aucune sélection ! Il a pris place sur le banc des remplaçants lors du dernier match amical avant le départ pour l'Uruguay. Ce n'est que deux ans plus tard, après sept apparitions comme doublure, que Thépot lui cède la place, face à l'Italie à Colombes. Malgré ses cinq sélections, André Tassin reste un suppléant aux yeux des sélectionneurs. Deux fois blessé en cours de match, à Belgrade et Sofia, il encaisse les six buts d'une lourde défaite à Bucarest (heureusement qu'un penalty est manqué) et n'est plus rappelé après la tournée des Balkans de 1932.

Matches joués : 1930 - ▪ **1931** 2 matches sur 5 ▪ **1932** 3 matches sur 7 | **Titulaire :** 5 fois sur 5 | **Resté sur le banc :** 8 fois | **Coupe du monde 1930 :** 0 match sur 3

Numa Andoire

Défenseur
0 sélection

Né le 19 mars 1908 à Coursegoules (Alpes-Maritimes), décédé le 2 janvier 1994 (85 ans)

Première présélection : 25 mai 1930 à Liège, Belgique - France (1-2)

Dernière présélection : 17 mars 1935 à Paris, France - Allemagne (1-3)

Clubs : 1929-1932 : Antibes ▪ 1932-1933 : OGC Nice ▪ 1933-1935 : Red Star

Sélectionné, comme Louis Finot et André Tassin, pour le dernier match avant la Coupe du monde, Numa Andoire reste sur la touche, à l'image du second, mais il fait bien partie des 16 joueurs retenus pour l'aventure en Uruguay. Il n'est pas rappelé avant 1935, pour faire à nouveau banquette lors des deux affrontements contre les champions du monde italiens, à Rome, et contre les Allemands, à Paris. Plus tard, Andoire se reconvertira avec succès comme entraîneur dans l'un de ses anciens clubs, Nice, devenant champion de France en 1952 et 1954.

Resté sur le banc : 6 fois | **Coupe du monde 1930 :** 0 match sur 3

1931

10 nouveaux joueurs
5 matches

25 janvier : Italie - France 5-0
15 février : France - Tchécoslovaquie 1-2
15 mars : France - Allemagne 1-0
14 mai : France - Angleterre 5-2
29 novembre : France - Pays-Bas 3-4

Joseph Alcazar

Attaquant
11 sélections, 2 buts

Né le 15 juin 1911 à Oran (Algérie française), décédé le 4 avril 1979 (74 ans)

Première sélection : 25 janvier 1931 à Bologne, Italie - France (5-0)

Dernière sélection : 24 janvier 1935 à Madrid, Espagne - France (2-0)

Dernière présélection : 10 novembre 1935 à Paris, France - Suède (2-0)

Club : 1930-1965 : Olympique de Marseille (11 sélections)

Bilan : 4 victoires, 7 défaites

Débarqué à Marseille en 1927 en provenance d'Oran, « Pepito » est engagé par l'OM dont il devient rapidement un joueur important. « Inter » droit, Joseph Alcazar est testé en équipe de France alors qu'il n'a que 19 ans. Placé avant-centre, il ne fait pas le poids face à la solide défense italienne. On le rappelle cependant un an plus tard et il fait ensuite partie de la tournée balkanique de 1932. Meneur de jeu, cette fois, il inscrit le but tricolore en Yougoslavie, d'une volée, dès la première minute. Contre la Bulgarie, il réussit deux passes décisives mais il doit quitter le terrain sur blessure à la 75e minute. Contre la Roumanie aussi. Malgré ce bon bilan personnel, il perd sa place au profit du Rouennais Roger Rio. Alcazar revient en 1934, à point pour disputer la Coupe du monde en Italie. À Turin, il évolue en duo avec Rio, en appui de Jean Nicolas. La France est éliminée en 8e de finale par l'Autriche, après prolongation. Du coup, le Marseillais perd à nouveau sa place. Il s'efface définitivement l'année suivante.

Matches joués : 1931 1 match sur 5 ▪ **1932** 4 matches sur 7 ▪ **1933** - ▪ **1934** 5 matches sur 7 ▪ **1935** 1 match sur 7 | **Buts : 1931** 1 ▪ **1934** 1 | **Titulaire :** 11 fois sur 11 | **Resté sur le banc :** 1 fois | **Coupe du monde 1934 :** 1 match sur 1

Raymond Durand

Milieu de terrain
1 sélection

Né le 29 janvier 1908 à Marseille (Bouches-du-Rhône), décédé le 30 octobre 1989 (81 ans)

Interruptions

Depuis 1904 l'équipe de France a pu jouer tous les ans, sauf pendant les deux guerres mondiales : de 1915 à 1918, puis en 1941 et en 1943. La France a cependant pu disputer un match en 1940, deux en 1942 et un en 1944, le 24 décembre contre la Belgique, au Parc des princes.

Première présélection : 25 janvier 1931 à Bologne, Italie - France (5-0)

Unique sélection : 15 février 1930 à Colombes, France - Tchécoslovaquie (1-2)

Dernière présélection : 13 décembre 1936 à Paris, France - Yougoslavie (1-0)

Club : 1930-1931 : Olympique de Marseille (1 sélection)

Bilan : 1 défaite

Le Marseillais Raymond Durand accompagne son coéquipier Joseph Alcazar à Bologne pour une rencontre face à l'Italie. Mais contrairement à lui, l'ailier droit de l'OM ne joue pas. Il est en revanche titularisé au match suivant. Le gardien tchécoslovaque František Plánička, future vedette des Coupes du monde 1934 et 1938, fait faute sur lui à la 23e minute, ce qui permet à Marcel Langiller d'égaliser sur penalty. Raymond Durand aurait pu donner l'avantage à la France mais l'un de ses tirs frappe la barre. Finalement battue 2-1, sur deux penalties, la sélection ne fait plus appel à lui. Il est retenu à nouveau cinq ans plus tard, pour le dernier match de l'année 1936, comme doublure d'Alfred Aston, sans entrer en jeu.

Match joué : 1931 1 match sur 5 ▪ **1932** - ▪ **1933** - ▪ **1934** - ▪ ▪**1935** - ▪ **1936** - | **Titulaire :** 1 fois sur 1 | **Resté sur le banc :** 2 fois

Raoul Diagne

Milieu de terrain, 18 sélections

Né le 10 novembre 1910 à Saint-Laurent-du-Maroni (Guyane), décédé le 12 novembre 2002 (92 ans)

Première sélection : 15 février 1931 à Colombes, France - Tchécoslovaquie (1-2)

Dernière sélection : 28 janvier 1940 à Paris, France - Portugal (3-2)

Club :1930-1940 : RC Paris (18 sélections)

Bilan : 7 victoires, 2 nuls, 9 défaites

Fils d'un député sénégalais à l'Assemblée nationale et ministre des Colonies, Raoul Diagne n'était pas destiné à pratiquer le football. Mais au Racing, on le convainc d'intégrer l'équipe première. Si bien qu'il se retrouve sélectionné en équipe de France à 20 ans. Il est ainsi le premier joueur de couleur à porter le maillot bleu. Forfait contre l'Italie en janvier, Diagne joue arrière gauche contre la Tchécoslovaquie en février mais apparaît encore un peu tendre. Du coup, il ne revient que deux ans plus tard. Il évolue cette fois comme arrière droit et participe à la première victoire de la France sur l'Espagne du célèbre gardien Ricardo Zamora (1-0). Il ne reste pas dans l'équipe et manque la Coupe du monde dans la Botte l'année suivante. Ce défenseur long et fin (1,87 m) ne s'impose que petit à petit dans un groupe où l'on privilégie les profils plus massifs. C'est en 1937, à 26 ans, qu'il devient titulaire. Diagne enchaîne les rencontres avant la Coupe du monde qui se déroule dans l'Hexagone, passant de défenseur à « demi » défensif. Il ne peut empêcher les redoutables Italiens Silvio Piola, Giovanni Ferrari et Giuseppe Meazza de s'imposer. Comme Étienne Mattler et Émile Veinante, c'est la guerre qui met fin à sa carrière internationale en 1940.

Matches joués : 1931 1 match sur 5 ▪ **1932** - ▪ **1933** 1 match sur 7 ▪ **1934** - ▪ **1935** 2 matches sur 7 ▪ **1936** 1 match sur 4 ▪ **1937** 4 matches sur 7 ▪ **1938** 5 matches sur 6 ▪ **1939** 3 matches sur 4 ▪ **1940** 1 match sur 1 | **Titulaire :** 18 fois sur 18 | **Resté sur le banc :** 6 fois | **Coupe du monde 1938 :** 2 matches sur 2

Émile Scharwath

Milieu de terrain, 8 sélections

Né le 20 juillet 1904 à Strasbourg (Bas-Rhin, alors en Allemagne), décédé le 5 octobre 1980 (76 ans)

Première présélection : 15 février 1931 à Colombes, France - Tchécoslovaquie (1-2)

Première sélection : 20 mars 1932 à Berne, Suisse - France (3-3)

Dernière sélection : 21 janvier 1934 à Bruxelles, Belgique - France (2-3)

Dernière présélection : 16 décembre 1934 à Paris, France - Yougoslavie (3-2)

Clubs : 1930-1932 : AS Strasbourg (7 sélections) ▪ 1932-1934 : RC Paris (1 sélection)

Bilan : 2 victoires, 1 nul, 5 défaites

Nouvel Alsacien appelé en équipe de France, Émile Scharwath est un « demi » gauche chauve, très actif. Laissé sur le banc contre les Tchécoslovaques, il débute l'année suivante en Suisse et enchaîne les prestations, jusqu'au terme de la tournée dans les Balkans. Il ne revient qu'une fois après et manque la Coupe du monde 1934 en Italie. S'il est sélectionné pour le premier match d'après-Mondial, Scharwath reste à nouveau sur le banc des remplaçants et il ne sera plus convoqué par la suite.

Matches joués : 1931 - ▪ **1932** 7 matches sur 7 ▪ **1933** - ▪ **1934** 1 match sur 7 | **Titulaire :** 8 fois sur 8 | **Resté sur le banc :** 4 fois

Joseph Kaucsar

Défenseur
15 sélections

Né le 20 septembre 1904 à Abeuth (Roumanie), décédé en 1986 (82 ans)

Première sélection : 15 mars 1931 à Colombes, France - Allemagne (1-0)

Dernière sélection : 11 mars 1934 à Paris, France - Suisse (0-1)

Clubs : 1930-1931 : Stade Raphaëlois (2 sélections) ▪ 1931-1934 : SO Montpelliérain (13 sélections)

Bilan : 5 victoires, 2 nuls, 8 défaites

« Demi-centre » athlétique du Stade raphaëlois, Joseph Kaucsar est un Roumain d'origine hongroise qui se prénommait initialement Guyla. Il arrive dans l'Hexagone à 21 ans. Naturalisé français quatre ans plus tard, il intéresse le comité de sélection qui lui donne sa chance à l'occasion du premier match de l'histoire contre l'Allemagne, en 1931. Kaucsar joue stoppeur, au marquage du meneur de jeu de la Mannschaft, Heinrich Hergert. Comme il s'en sort à son avantage, il est reconduit contre l'Angleterre. Là, il adresse une passe décisive pour participer à un brillant succès 2-5. Transféré à Montpellier, où évoluera aussi son frère Alfred, Joseph ne sort plus de l'équipe de France, évoluant le plus souvent comme milieu défensif et marquant le stratège adverse. Comme le prodige autrichien Matthias Sindelar au Parc, en 1933. Mais Kaucsar se blesse contre l'Espagne et Georges Verriest, qui le remplace en cours de jeu, prend sa place en sélection. Kaucsar la retrouve un an plus tard contre la Suisse. Mais il est touché de nouveau en fin d'année, au cours d'un match de Coupe de France, et ne peut malheureusement pas partir en Italie pour disputer la deuxième Coupe du monde, en 1934.

Matches joués : 1931 3 matches sur 5 ▪ **1932** 7 matches sur 7 ▪ **1933** 4 matches sur 7 ▪ **1934** 1 match sur 7 | **Titulaire :** 15 fois sur 15

Roger Rolhion

Attaquant
4 sélections, 2 buts

Né le 4 janvier 1909 à Montpellier (Hérault), décédé le 30 novembre 1977 (68 ans)

Première sélection : 15 mars 1931 à Colombes, France - Allemagne (1-0)

Dernière sélection : 10 juin 1933 à Prague, Tchécoslovaquie - France (4-0)

Club : 1930-1933 : SO Montpellier (4 sélections)

Bilan : 1 victoire, 3 défaites

Comme son futur coéquipier à Montpellier Joseph Kaucsar, l'avant-centre Roger Rolhion débute contre l'Allemagne et il est à l'origine du but de la victoire française (1-0), son tir étant détourné par un défenseur. Il revient en sélection un an après, pour la tournée balkanique. Titulaire en Yougoslavie, il est remplaçant par la suite, entrant en jeu contre la Roumanie pour suppléer l'Antibois Joseph Rodriguez, blessé. Une entrée réussie puisqu'il marque deux buts (75e et 77e minutes) qui atténuent un peu la déconvenue des Français, battus 6-3 à Bucarest. Rolhion n'est pas pour autant considéré comme un titulaire. On fait appel à lui une dernière fois, un an plus tard. Remplaçant contre le Pays de Galles, il est aligné comme défenseur en Tchécoslovaquie. Face à l'une des meilleures équipes du monde, il n'est pas à son aise et on ne le reverra plus.

Matches joués : 1931 1 match sur 5 ▪ **1932** 2 matches sur 7 ▪ **1933** 1 match sur 7 | **Buts : 1932** 2 | **Titulaire :** 3 fois sur 4 | **Remplaçant :** 1 fois sur 4 (de Rodriguez) | **Resté sur le banc :** 2 fois

Pierre Hornus

Milieu de terrain, 3 sélections

Né le 1er février 1908 à Mulhouse (Haut-Rhin, alors en Allemagne), décédé le 29 octobre 1995 83) ans)

Première sélection : 15 mars 1931 à Colombes, France - Allemagne (1-0)

Dernière sélection : 29 novembre 1931 à Colombes, France - Pays-Bas (3-4)

Club : 1930-1932 : SO Montpellier (3 sélections)

Bilan : 2 victoires, 1 défaite

Le « demi-aile » alsacien de Montpellier découvre l'équipe de France en même temps que Roger Rolhion, contre l'Allemagne. Il reste dans le onze titulaire pour trois matches de rang, dont la prestigieuse victoire sur l'Angleterre 5-2 à Colombes. Pierre Hornus n'est pas rappelé l'année suivante et il se consacrera à ses études de droit pour devenir avocat chez lui, à Mulhouse.

Matches joués : 1931 3 matches sur 5 | **Titulaire :** 3 fois sur 3

Robert Mercier

Attaquant, 7 sélections, 3 buts

Né le 14 octobre 1909 à Paris, décédé le 15 septembre 1958 (48 ans)

Première sélection : 14 mai 1931 à Colombes, France - Angleterre (5-2)

Dernière sélection : 10 novembre 1935 à Paris, France - Suède (2-0)

Clubs : 1930-1934 : Club Français (6 sélections) ▪ 1934-1936 : RC Paris (1 sélection)

Bilan : 4 victoires, 3 défaites

L'avant-centre parisien est le seul néophyte de l'équipe de France qui affronte l'Angleterre pour la quinzième fois. Restant sur six défaites, les Tricolores créent la surprise en s'imposant 5-2. Robert Mercier marque les deuxième et cinquième buts de sa formation (18e et 76e minutes), après avoir servi Lucien Laurent sur le premier. Fort de ces débuts tonitruants, il est reconduit pour le match suivant et ouvre le score face aux Pays-Bas. Malgré ces trois buts en deux matches, il ne parvient pas à devenir titulaire. S'il fait partie du groupe des habitués et se voit intégré à la sélection pour le match au Luxembourg qualificatif pour la Coupe du monde 1934, il ne joue pas et n'effectue finalement pas le déplacement en Italie pour le fameux rendez-vous. Appelé de nouveau en 1935, Robert Mercier se fracture malheureusement une jambe et sa carrière internationale se terminera ainsi.

Matches joués : 1931 2 matches sur 5 ▪ **1932** 1 match sur 7 ▪ **1933** 3 matches sur 7 ▪ **1934** - ▪ **1935** 1 match sur 7 | **Buts : 1931** 3 | **Titulaire :** 6 fois sur 7 | **Remplaçant :** 1 fois sur 7 (de R. Rio) | **Resté sur le banc :** 6 fois

Nés en Italie

Quatre joueurs de l'équipe de France ont vu le jour en Italie : Albanesi (né à Foligno) et Pierre Landi (à Cetara) ont été internationaux en 1951. Dario Grava (né à Cetara), en 1973. Et plus récemment, Marcus Thuram, né à Parme quand son papa Lilian y jouait encore, sélectionné en 2020.

André Guillard

Gardien de but
0 sélection

Né le 9 juin 1906 à Saussines (Hérault), décédé le 25 décembre 1972 (66 ans).

Unique présélection : 14 mai 1931 à Colombes, France - Angleterre (5-2)

Club : 1930-1931 : SO Montpellier (0 sélection)

Le gardien montpelliérain est choisi comme doublure d'Alexis Thépot face à l'Angleterre, dans un match où sont alignés ses coéquipiers Pierre Hornus et Roger Rolhion. André Guillard ne joue pas et André Tassin reprend le poste de n° 2 dès la confrontation suivante.

Resté sur le banc : 1 fois

André Bousquet

Milieu de terrain
0 sélection

Né le 26 février 1905 à Sète (Hérault)

Unique présélection : 29 novembre 1931 à Colombes, France - Pays-Bas (3-4)

Club : 1930-1931 : SO Montpellier

Encore un nouveau joueur de Montpellier appelé en sélection. Mais alors que Joseph Kaucsar et Roger Rolhion sont sollicités contre les Pays-Bas, André Bousquet reste sur la touche. Il ne sera jamais rappelé.

Resté sur le banc : 1 fois

1932

9 nouveaux joueurs
7 matches

20 mars : Suisse - France 3-3
10 avril : France - Italie 1-2
1er mai : Belgique - France 5-2
8 mai : France - Écosse 1-3
5 juin : Yougoslavie - France 2-1
9 juin : Bulgarie - France 3-5
12 juin : Roumanie - France 6-3

Jules Cottenier

Défenseur
4 sélections

Né le 10 octobre 1904, décédé le 29 juin 1995 (90 ans)

Première sélection : 20 mars 1932 à Berne, Suisse - France (3-3)

Dernière sélection : 10 mai 1934 à Amsterdam, Pays-Bas - France (4-5)

Club : 1931-1934 : RC Roubaix (4 sélections)

Bilan : 3 victoires, 1 nul

Le « demi-aile » nordiste joue par intermittence en équipe de France mais il ne perd pas un match, une vraie rareté depuis 1904 ! Jules Cottenier participe ainsi à la première victoire tricolore sur l'Espagne, en cinq confrontations, à Colombes en 1933, en remplaçant à la 37e minute un autre Nordiste, Jules Vandooren, blessé. Il dispute la dernière rencontre avant le Mondial 1934 mais n'est pas retenu pour le voyage en Italie et ne sera plus revu ensuite.

Matches joués : 1932 1 match sur 7 ▪ **1933** 2 matches sur 7 ▪ **1934** 1 match sur 7 | **Titulaire :** 3 fois sur 4 | **Remplaçant :** 1 fois sur 4 (de J. Vandooren)

Adolphe Touffait

Milieu de terrain
1 sélection

Né le 29 mars 1907 à Rennes (Ille-et-Vilaine), décédé le 12 mars 1990 (82 ans)

Unique sélection : 10 avril 1932 à Colombes, France - Italie (1-2)

Club : 1931-1932 : Stade Rennais (1 sélection)

Bilan : 1 défaite

Brillant étudiant en droit, le Rennais Adolphe Touffait est sélectionné pour affronter l'Italie. Mais il arrive souffrant d'une angine, se blesse au bout de 15 minutes de jeu et doit céder sa place à Edmond Delfour. Une vraie tuile car il ne sera jamais rappelé. À défaut d'une carrière internationale, il effectuera une brillante carrière juridique, terminant procureur général près de la Cour de cassation, le poste le plus élevé du parquet.

Match joué : 1932 1 match sur 7 | **Titulaire :** 1 fois sur 1

Jean Sécember

Attaquant
4 sélections, 5 buts

Né le 11 avril 1911 à Tourcoing (Nord), décédé le 6 février 1990 (79 ans)

Première sélection : 1er mai 1932 à Bruxelles, Belgique - France (5-2)

Dernière sélection : 17 mars 1935 à Paris, France - Allemagne (1-3)

Clubs : 1931-1933 : US Tourquennoise (4 sélections) ▪ 1933-1935 : Excelsior Roubaix (1 sélection)

Bilan : 1 victoire, 3 défaites

Jean Sécember

L'avant-centre de Tourcoing réussit ses débuts malgré une large défaite en Belgique car il inscrit un but en fin de match, en reprenant un ballon relâché par le gardien adverse sur un coup franc d'Émile Scharwath. Il obtient ainsi un ticket pour le périple des Tricolores dans les Balkans, durant la première quinzaine de juin. Remplaçant en Yougoslavie, Jean Sécember est aligné en Bulgarie où il réalise un exploit peu commun : quatre buts inscrits de rang, de la 6e à la 47e minute ! Titulaire à nouveau en Roumanie, il ne marque pas et les sélectionneurs ne le rappellent pas par la suite. Ce n'est que près de trois ans plus tard qu'il connaît sa quatrième sélection. Sur le banc de touche au coup d'envoi de l'opposition contre l'Allemagne au Parc, il entre en fin de première mi-temps pour remplacer le Messin Aimé Nuic, blessé. C'est sa dernière apparition.

Matches joués : 1932 3 matches sur 7 ▪ **1933** - ▪ **1934** - ▪ **1935** 1 matches sur 7 | **Buts : 1932** 5 | **Titulaire :** 3 fois sur 4 | **Remplaçant :** 1 fois sur 4 (de Nuic) | **Resté sur le banc :** 1 fois

Jacques Delannoy

Attaquant, 1 sélection

Né le 5 août 1912 à Douai (Nord), décédé en 1958 (46 ans)

Première présélection : 1er mai 1932 à Bruxelles, Belgique - France (5-2)

Unique sélection : 5 juin 1932 à Belgrade, Yougoslavie - France (2-1)

Dernière présélection : 12 juin 1932 à Bucarest, Roumanie - France (6-3)

Club : 1931-1932 : Olympique Lillois (1 sélection)

Bilan : 1 défaite

Présent sur le banc des remplaçants en mai, Jacques Delannoy fait partie de la tournée dans les Balkans programmée le mois suivant. « Inter » droit, il dispute le premier match dans la ligne d'attaque française, avec Ernest Libérati, Roger Rolhion, Joseph Alcazar et Pierre Korb. Il reste sur la touche pour les deux autres, en Bulgarie et en Roumanie, et ne sera plus sélectionné.

Match joué : 1932 1 match sur 7 | **Titulaire :** 1 fois sur 1 | **Resté sur le banc :** 3 fois

Marcel Desrousseaux

Milieu de terrain
2 sélections

Né le 13 décembre 1907 à Tourcoing (Nord), décédé le 3 juillet 1974 (66 ans)

Première présélection : 1er mai 1932 à Bruxelles, Belgique - France (5-2)

Première sélection : 27 octobre 1935 à Genève, Suisse - France (2-1)

Dernière sélection : 10 octobre 1937 à Paris, France - Suisse (2-1)

Dernière présélection : 31 octobre 1937 à Amsterdam, Pays-Bas - France (2-3)

Clubs : 1931-1932 : FC Metz (0 sélection) ▪ 1932-1933 : US Tourcoing (0 sélection) ▪ 1933-1938 : Excelsior Roubaix (2 sélections)

Bilan : 1 victoire, 1 défaite

Remplaçant, comme Jacques Delannoy, en Belgique, Marcel Desrousseaux n'est aligné que trois ans plus tard, en Suisse, sans convaincre. Il doit attendre deux autres années pour rejouer, toujours contre les Helvètes. Il reste dans la sélection pour le match suivant mais n'est pas utilisé. Il ne reviendra plus.

Matches joués : 1932 : - ▪ **1933** : - ▪ 1 : **1935** ▪ - : **1934** match sur 1 : **1937** ▪ - : **1936** ▪ 7 match sur 7 | **Titulaire :** 2 fois sur 2 | **Resté sur le banc :** 2 fois

René Gérard

Attaquant
7 sélections, 2 buts

Né le 8 juin 1914 à Montpellier (Hérault), décédé le 7 juillet 1987 (73 ans)

Première sélection : 8 mai 1932 à Colombes, France - Écosse (1-3)

Dernière sélection : 6 décembre 1933 à Londres, Angleterre - France (4-1)

Club : 1931-1932 : SO Montpellier (7 sélections)

Bilan : 2 victoires, 1 nul, 4 défaites

Le tout jeune Montpelliérain (17 ans) n'a pas la partie facile face aux rugueux défenseurs écossais pour ses débuts. Mais sa fougue plaît aux sélectionneurs qui le convoquent à nouveau quelques mois plus tard. René Gérard réussit un coup d'éclat à Berlin, au Grunewald Stadion, alors que l'équipe de France est menée 3-1 : il marque deux fois en deux minutes (81e et 83e minutes) et arrache ainsi un nul inespéré (3-3). Dans la foulée, il participe aux succès de prestige sur la Belgique et l'Espagne. Il peut espérer être sélectionné pour la deuxième Coupe du monde, qui se tient l'année suivante en Italie, mais cela ne se produit pas. Et Gérard termine donc sa carrière internationale à 19 ans !

Matches joués : 1932 1 match sur 7 ▪ **1933** 6 matches sur 7 | **But : 1933** 2 | **Titulaire :** 7 fois sur 7

Georges Houyvet

Défenseur, 1 sélection

Né le 15 juillet 1906 à Saint-Denis (Seine-Saint-Denis), décédé le 11 avril 1998 (91 ans)

Première présélection : 8 mai 1932 à Colombes, France - Écosse (1-3)

Unique sélection : 9 juin 1932 à Sofia, Bulgarie - France (3-5)

Dernière présélection : 12 juin 1932 à Bucarest, Roumanie - France (6-3)

Club : 1931-1932 : Le Havre AC (1 sélection)

Bilan : 1 victoire

Vu pour la première fois sur le banc en mai, l'arrière-gauche breton du HAC Georges Houyvet est embarqué dans le périple balkanique de l'équipe de France. À nouveau sur le banc à Belgrade, il signe ses débuts quatre jours plus tard à Sofia, dans un scénario étrange : sous une pluie battante, les Tricolores mènent 5-0 grâce à un quadruplé de Jean Sécember mais ne l'emportent finalement que 5-3, le Bulgare Asen Panchev ayant réussi un triplé en seconde mi-temps. L'équipe termine le dernier quart d'heure à dix après la blessure de Joseph Alcazar, non remplacé. Bien que n'ayant pas démérité, Houyvet ne sera plus sélectionné après cette tournée, comme Jacques Delannoy et Joseph Rodriguez.

Match joué : 1932 1 match sur 7 | **Titulaire :** 1 fois sur 1 | **Resté sur le banc :** 3 fois

Max Charbit

Milieu de terrain
4 sélections

Né le 17 juin 1908 à Saint-Denis-du-Sig (Algérie française), décédé le 14 février 2001 (92 ans)

Première présélection : 8 mai 1932 à Colombes, France - Écosse (1-3)

Première sélection : 11 mars 1934 à Paris, France - Suisse (0-1)

Dernière sélection : 19 mai 1935 à Colombes, France - Hongrie (2-0)

Dernière présélection : 10 novembre 1935 à Paris, France - Suède (2-0)

Clubs : 1931-1935 : Olympique de Marseille (4 sélections) ▪ 1935-1936 : AS Saint-Étienne (0 sélection)

Bilan : 1 victoire, 1 nul, 2 défaites

Remplaçant, comme Georges Houyvet, contre l'Écosse, Max Charbit ne fait pas partie de l'expédition dans les Balkans qui suit. Le « demi » défensif marseillais au petit gabarit, repéré en Afrique du Nord par les recruteurs de l'OM, comme Joseph Alcazar, est sélectionné pour de bon deux ans plus tard, l'année de la deuxième Coupe du monde, à laquelle il ne participe malheureusement pas. Revu un an après, Charbit ne parvient pas à s'incruster dans la défense française aux côtés des tauliers de l'époque que sont Étienne Mattler, Jules Vandooren, Raoul Diagne et Georges Verriest.

Matches joués : 1932 - ▪ **1933** - ▪ **1934** 2 matches sur 7 ▪ **1935** 2 matches sur 7 | **Titulaire :** 4 fois sur 4 | **Resté sur le banc :** 3 fois

Joseph Rodriguez

Attaquant
2 sélections, 1 but

Né le 25 mai 1908 à Oran (Algérie française)

Première présélection : 5 juin 1932 à Belgrade, Yougoslavie - France (2-1)

Première sélection : 9 juin 1932 à Sofia, Bulgarie - France (3-5)

Dernière sélection : 12 juin 1932 à Bucarest, Roumanie - France (6-3)

Club : 1931-1932 : Olympique d'Antibes (1 sélection)

Bilan : 1 victoire, 1 défaite

Appelé pour la tournée dans les Balkans, « l'inter » droit antibois est sur le banc à Belgrade puis titulaire à Sofia, quatre jours plus tard. Et il lui faut une minute pour inscrire son premier but international, sur une passe de Joseph Alcazar, l'autre pied-noir d'Oran ! Joseph Rodriguez prend part au match suivant à Bucarest mais doit quitter le terrain avant la mi-temps. Il ne sera plus sélectionné ensuite.

Matches joués : 1932 2 matches sur 7 | **But : 1932** 1 | **Titulaire :** 2 fois sur 2 | **Resté sur le banc :** 1 fois

1933

15 nouveaux joueurs
7 matches

12 février : France - Autriche 0-4
19 mars : Allemagne - France 3-3
26 mars : France - Belgique 3-0
23 avril : France - Espagne 1-0
25 mai : France - Galles 1-1
10 juin : Tchécoslovaquie - France 4-0
6 décembre : Angleterre - France 4-1

Jean Nicolas

Attaquant
25 sélections, 21 buts

Né le 9 juin 1913 à Nanterre (Hauts-de-Seine), décédé le 8 septembre 1978 (65 ans)

Première sélection : 12 février 1933 à Paris, France - Autriche (0-4)

Dernière sélection : 4 décembre 1938 à Naples, Italie - France (1-0)

Club : 1932-1939 : FC Rouen (25 sélections)

Bilan : 10 victoires, 3 nuls, 12 défaites

L'avant-centre breton de Rouen est l'un des quatre nouveaux venus dans ce onze de France qui n'a plus disputé de match depuis huit mois. Il n'a pas 20 ans mais présente déjà toutes les qualités d'un grand attaquant. S'il ne parvient pas à tromper le gardien autrichien Rudi Hiden, l'un des meilleurs d'Europe, Jean Nicolas prend date. Il reste dans l'équipe, et pour longtemps. Bien qu'évoluant en Deuxième division, dont il est trois ans de suite le meilleur buteur, il a ses partisans. Sa frappe de balle, sèche et précise, constitue sa marque. Si son premier but en équipe nationale est facile (il pousse le ballon dans un but vide pour sa troisième cape, contre la Belgique), le deuxième, inscrit sur un centre de Marcel Langiller, est très important : c'est celui qui permet à la France de battre pour la première fois l'Espagne. La machine à scorer est lancée et Jean Nicolas empile les buts avant la Coupe du monde 1934 : deux contre la Belgique, quatre contre le Luxembourg, trois contre les Pays-Bas. Il est devenu l'arme fatale des Tricolores qui défient l'Autriche en 8e de finale du Mondial. À Turin, il ouvre le score à la 18e minute mais il le fait dans un état de semi-conscience car il a été sévèrement sonné, auparavant, dans un choc avec le capitaine autrichien Josef Smistik. La suite de son match s'en ressent car c'est un véritable K.-O. à retardement qu'il a subi. Jean Nicolas n'est plus vraiment là et la France est éliminée en prolongation (3-2). Il s'en remet heureusement et réalise un nouveau doublé lors du match suivant, contre la Yougoslavie au Parc. Il en est alors à 15 pions en 13 matches ! Blessé au

Jean Nicolas

cours de l'année 1935 et toujours confiné en D2 avec le FCR, le garçon originaire de Roscoff joue moins et voit le Sochalien Roger Courtois prendre sa place d'avant-centre. Mais, enfin promu en Première division avec Rouen, il revient sur le devant de la scène en 1937 et peut ainsi être le fer de lance de l'équipe de France pour la Coupe du monde 1938, qu'elle accueille. Jean Nicolas ne rate pas son entrée dans la compétition, à Colombes, inscrivant deux des trois buts de sa formation contre la Belgique en 8es de finale. Avec Alfred Aston, Oscar Heisserer, Edmond Delfour et

Émile Veinante, il forme un quintette d'attaque efficace. Toutefois pas assez pour franchir le mur italien en quarts de finale. Avec ses 21 buts, Nicolas est devenu le meilleur buteur français de l'histoire. Et il n'a que 25 ans... Il arrête pourtant la sélection à la fin de l'année 1938 et la guerre ne lui donnera pas l'occasion d'aller plus loin en club.

Matches joués : 1933 6 matches sur 7 ▪ **1934** 7 matches sur 7 ▪ **1935** 2 matches sur 7 ▪ **1936** - ▪ **1937** 4 matches sur 7 ▪ **1938** 6 matches sur 6 | **Buts : 1933** 3 ▪ **1934** 12 ▪ **1937** 1 ▪ **1938** 5 | **Titulaire :** 25 fois sur 25 | **Resté sur le banc :** 1 fois | **Capitaine :** 1 fois (16e) | **Coupe du monde 1934 :** 1 match sur 1 | **Coupe du monde 1938 :** 2 matches sur 2

Roger Rio

Roger Rio

Attaquant
18 sélections, 4 buts

Né le 13 février 1913 à Dunkerque (Nord), décédé le 23 avril 1999 (86 ans)

Première sélection : 12 février 1933 à Paris, France-Autriche (0-4)

Dernière sélection : 21 mars 1937 à Stuttgart, Allemagne-France (4-0)

Club : 1932-1937 : RC Rouen (18 sélections)

Bilan : 6 victoires, 2 nuls, 10 défaites

De quatre mois l'aîné de son coéquipier rouennais Jean Nicolas, Roger Rio est un meneur de jeu avisé qui fait briller son attaque en Normandie. Lancé, comme Nicolas, face à l'Autriche, il prend vite ses marques dans une équipe de France qu'il ne quitte pas pendant deux ans, doublonnant parfois avec le Marseillais Joseph Alcazar mais marquant, au passage, en Allemagne et contre la Belgique. Il dispute ainsi la Coupe du monde 1934 en Italie, avec Jean Nicolas. Comme lui, il pâtit du fait d'évoluer en Deuxième division et joue moins ensuite, d'autant qu'il reste amateur. L'accession du FCR à l'élite à l'été 1936 le relance au niveau international mais il n'est pas retenu pour le Mondial 1938 qui se dispute dans l'Hexagone. Quarante ans plus tard, son fils Patrice disputera celui organisé en Argentine.

Matches joués : 1933 7 matches sur 7 ▪ **1934** 5 matches sur 7 ▪ **1935** 1 match sur 7 ▪ **1936** 2 matches sur 4 ▪ **1937** 3 matches sur 7 | **Buts : 1933** 2 ▪ **1936** 1 ▪ **1937** 1 | **Titulaire :** 18 fois sur 18 | **Resté sur le banc :** 1 fois | **Capitaine :** 1 fois (17e) | **Coupe du monde 1934 :** 1 match sur 1

Jules Vandooren

Défenseur
22 sélections

Né le 30 décembre 1908 à Armentières (Nord), décédé le 7 janvier 1985 (76 ans)

Première sélection : 12 février 1933 à Paris, France - Autriche (0-4)

Dernière sélection : 15 mars 1942 à Séville, Espagne - France (4-0)

Clubs : 1932-1941 : Olympique Lillois (20 sélections) ▪ 1941-1942 : Stade de Reims (2 sélections)

Bilan : 8 victoires, 3 nuls, 11 défaites

Le grand arrière-droit nordiste, bientôt sacré champion de France avec Lille, débute face à la redoutable équipe d'Autriche, la « Wunderteam », associé en défense au Parisien Jacques Mairesse. Le mur tient une mi-temps avant de céder devant les attaquants autrichiens. Blessé lors du match suivant contre l'Allemagne, Jules Vandooren a du mal à s'installer mais il fait quand même partie de la sélection tricolore pour la Coupe du monde 1934. À Turin, il reste toutefois en tribune quand l'Autriche bat de nouveau la France, en 8es de finale. C'est l'année suivante que son association avec le Sochalien Étienne Mattler commence à fonctionner. Un duo de costauds qui n'hésitent pas à dégager loin devant. Jules Vandooren perd sa place un an avant la Coupe du monde 1938 au profit d'un autre Sochalien, Hector Cazenave, et se retrouve donc sur le banc de touche lors du grand tournoi, disputé cette fois devant son public. Vandooren redevient titulaire l'année suivante, à presque 31 ans. Il est nommé capitaine de l'équipe qui livre deux matches pendant la guerre, à Marseille et Séville, mais cette fois, c'est bien le crépuscule de sa carrière internationale.

Matches joués : 1933 5 matches sur 7 ▪ **1934** 2 matches sur 7 ▪ **1935** 5 matches sur 7 ▪ **1936** 2 matches sur 4 ▪ **1937** - ▪ **1938** 1 match sur 6 ▪ **1939** 4 matches sur 4 ▪ **1940** 1 match sur 1 ▪ **1942** 2 matches sur 2 | **Titulaire :** 22 fois sur 22 | **Resté sur le banc :** 6 fois | **Resté en tribune :** 1 fois | **Coupe du monde 1934 :** 0 match sur 1 | **Coupe du monde 1938 :** 0 match sur 2 | **Capitaine :** 3 fois (14e, 21e, 22e)

Robert Défossé

Gardien de but
9 sélections

Né le 19 juin 1909 à Liévin (Nord), décédé le 30 août 1973 (64 ans)

Première sélection : 12 février 1933 à Paris, France - Autriche (0-4)

Dernière sélection : 13 décembre 1936 à Paris, France - Yougoslavie (1-0)

Club : 1932-1933 : Olympique lillois (9 sélections)

Bilan : 4 victoires, 2 nuls, 3 défaites

Comme son coéquipier lillois Jules Vandooren et les Rouennais Roger Rio et Jean Nicolas, Robert Défossé a le redoutable honneur de débuter sa carrière internationale face à la « Wunderteam », la formidable équipe d'Autriche. Le gardien nordiste résiste bien pendant une heure avant de s'avouer vaincu sur des tirs de Matthias Sindelar, Karl Zischek, Franz Weselik et Gögl, sur lesquels il n'est pas exempt de reproches. Mais ses qualités de détente faisant merveille, on ne lui en tient pas rigueur et il devient titulaire durant l'absence prolongée d'Alexis Thépot. Le retour du Breton aux affaires, en mars 1934, envoie Défossé sur le banc des remplaçants. Et même en tribune pour la Coupe du monde qui se déroule en Italie. Il rejoue une fois, à l'occasion du dernier rendez-vous de l'année 1936, et fait alors barrage aux attaquants yougoslaves. La concurrence du Sochalien Laurent Di Lorto l'éloigne définitivement, ensuite, de la sélection.

Matches joués : 1933 6 matches sur 7 ▪ **1934** 1 match sur 7 ▪ **1935** - ▪ **1936** 1 match sur 4 | **Titulaire :** 9 fois sur 9 | **Resté sur le banc :** 5 fois | **Resté en tribune :** 1 fois | **Coupe du monde 1934 :** 0 match sur 1

André Postel

Gardien de but, 0 sélection

Né le 27 janvier 1908 au Havre (Seine-Maritime), décédé le 20 novembre 1981 (73 ans)

Première présélection : 12 février 1933 à Paris, France - Autriche (0-4)

Dernière présélection : 26 mars 1933 à Colombes, France - Belgique (3-0)

Club : 1932-1933 : Le Havre AC (0 sélection)

Le gardien havrais est convoqué deux fois comme suppléant de Robert Défossé, qui débute dans les buts de l'équipe de France. Il n'a pas sa chance pour autant, le Lillois conservant la confiance des sélectionneurs.

Resté sur le banc : 2 fois

Paul Poirier

Milieu de terrain
1 sélection

Né en 1906, décédé le 25 janvier 1947 (41 ans)

Première présélection : 19 mars 1933 à Berlin, Allemagne - France (3-3)

Unique sélection : 26 mars 1933 à Colombes, France - Belgique (3-0)

Club : 1932-1933 : Red Star (1 sélection)

Bilan : 1 victoire

Remplaçant en Allemagne, le « demi-aile » parisien joue arrière droit face aux attaquants belges, pour le match suivant à Colombes. Il s'en sort à son avantage mais en dépit de la plus large victoire jamais enregistrée, à l'époque, sur la Belgique (3-0), il ne sera pas rappelé.

Match joué : 1933 1 match sur 7 | **Titulaire :** 1 fois sur 1 | **Resté sur le banc :** 1 fois

Francis Roux

Gardien de but
0 sélection

Né le 20 mars 1908 à Cannes (Alpes-Maritimes), décédé le 24 juillet 1998 (90 ans)

Première présélection : 19 mars 1933 à Berlin, Allemagne - France (3-3)

Dernière présélection : 12 janvier 1936 à Paris, France - Pays-Bas (1-6)

Clubs : 1932-1935 : AS Cannes ▪ 1935-1936 : RC Paris

Comme André Postel, Francis Roux est présélectionné en tant que doublure, celle de Robert Défossé. Deux ans plus tard, le gardien cannois est le suppléant du Sétois René Llense à quatre reprises, sans jamais jouer non plus.

Resté sur le banc : 5 fois

Georges Verriest

Milieu de terrain
14 sélections, 1 but

Né le 15 juillet 1909 à Roubaix (Nord), décédé le 11 juillet 1985 (75 ans)

Première sélection : 23 avril 1933 à Colombes, France - Espagne (1-0)

Dernière sélection : 9 février 1936 à Paris, France - Tchécoslovaquie (0-3)

Club : 1932-1936 : RC Roubaix (14 sélections)

Bilan : 5 victoires, 2 nuls, 7 défaites

C'est la blessure de Joseph Kaucsar qui permet au « demi » roubaisien Georges Verriest d'entrer à la 37e minute face à l'Espagne, en défense centrale. Et comme il fait l'affaire, le Nordiste reste pour les deux matches suivants. Verriest est reconvoqué juste avant la Coupe du monde 1934 avec pour mission de marquer le meneur de jeu adverse, comme l'Espagnol Isidro Lángara, l'Italien Giuseppe Meazza ou le Hongrois György Sárosi. Après le Néerlandais Leen Vente, c'est au tour de Matthias Sindelar d'être suivi de près lors du Mondial en Italie. Le célèbre Autrichien lui échappe une fois en première mi-temps et la France est éliminée après prolongation (3-2), non sans que Verriest ait converti un penalty après une faute de main. Un but pour l'honneur mais qui l'installe dans l'équipe pour deux ans. Celui qui reste amateur durant toute sa carrière au Racing Club de Roubaix évolue dans un style sûr et sobre. En 1959, il intégrera le comité de sélection, succédant à Paul Nicolas qui a perdu la vie dans un accident de la route. Il deviendra, à partir de l'année suivante, le premier sélectionneur unique de l'équipe de France. Un certain manque de psychologie envers Raymond Kopa et une accumulation de défaites le contraindront à la démission en 1964.

Matches joués : 1933 3 matches sur 7 ▪ **1934** 3 matches sur 7 ▪ **1935** 6 matches sur 7 ▪ **1936** 2 matches sur 4 | **But : 1934** 1 | **Titulaire :** 13 fois sur 14 | **Remplaçant :** 1 fois sur 14 (de Kaucsar) | **Capitaine :** 1 fois (11e) | **Coupe du monde 1934 :** 1 match sur 1

Albert Polge

Attaquant
3 sélections

Né le 29 novembre 1909 à Hog Haï (Indochine française), décédé en 1944 (34 ans)

Première présélection : 23 avril 1933 à Colombes, France - Espagne (1-0)

Première sélection : 25 mai 1933 à Colombes, France - Galles (1-1)

Dernière sélection : 21 janvier 1934 à Bruxelles, Belgique - France (3-2)

Club : 1932-1933 : SC Nîmes (3 sélections)

Bilan : 1 victoire, 1 nul, 1 défaite

Non entré en jeu face aux Espagnols, le brillant ailier droit nîmois est aligné pour le match suivant face aux Gallois. Confirmé en Tchécoslovaquie, il ne rejoue ensuite qu'une fois, en l'absence de Roger Rio. Trop peu pour se mettre en évidence, malgré son talent.

Matches joués : 1933 2 matches sur 7 ▪ **1934** 1 match sur 7 | **Titulaire :** 3 fois sur 3 | **Resté sur le banc :** 1 fois

Roger Courtois

Marceau Lherminé

Attaquant
1 sélection

Né le 2 juillet 1910 à Bihorel (Seine-Maritime), décédé le 5 février 1979 (68 ans)

Première sélection : 23 avril 1933 à Colombes, France - Espagne (1-0)

Unique sélection : 10 juin 1933 à Prague, Tchécoslovaquie - France (4-0)

Club : 1932-1933 : FC Rouen (1 sélection)

Bilan : 1 défaite

Complice de Jean Nicolas et Roger Rio en club, Marceau Lherminé, originaire de Bihorel, dans la banlieue rouennaise, regarde ses collègues battre l'Espagne avant de remplacer le premier nommé, forfait, pour affronter les Tchécoslovaques. La sévère défaite essuyée dans le stade du Sparta Prague (4-0) n'incite pas le comité de sélection à convoquer de nouveau cet ailier gauche.

Match joué : 1933 1 match sur 7 | **Titulaire :** 1 fois sur 1 | **Resté sur le banc :** 1 fois

François Encontre

Gardien de but
0 sélection

Première présélection : 23 avril 1933 à Colombes, France - Espagne (1-0)

Dernière présélection : 10 juin 1933 à Prague, Tchécoslovaquie - France (4-0)

Club : 1932-1933 : RC Roubaix (0 sélection)

Après André Postel et Francis Roux, c'est au tour du gardien roubaisien François Encontre de jouer les doublures du Lillois Robert Défossé, trois matches de rang. Comme ses deux confrères, il n'entre jamais en service.

Resté sur le banc : 3 fois

Noël Liétaer

Milieu de terrain
7 sélections

Né le 17 novembre 1908 à Neuville-en-Ferrain (Nord), décédé le 22 février 1941 (32 ans)

Première sélection : 25 mai 1933 à Colombes, France - Galles (1-1)

Dernière sélection : 16 décembre 1934 à Paris, France - Yougoslavie (3-2)

Club : 1932-1933 : Excelsior Roubaix (7 sélections)

Bilan : 3 victoires, 1 nul, 3 défaites

Comme Georges Verriest, Noël Liétaer évolue à Roubaix. Mais à l'Excelsior, le club rival du Racing. Il débute avec deux de ses coéquipiers habituels, Marcel Langiller et Célestin Delmer, dans une équipe de France qui compte six Nordistes. « Inter » droit, Liétaer revient dix mois plus tard et s'impose dans un rôle de milieu de terrain relayeur. Il peut ainsi disputer la deuxième Coupe du monde, en Italie, mais ne va pas au-delà de cette année 1934 en équipe nationale.

Matches joués : 1933 1 match sur 7 ▪ **1934** 6 matches sur 7 | **Titulaire :** 7 fois sur 7 | **Coupe du monde 1934 :** 1 match sur 1

Roger Courtois

Attaquant
22 sélections, 10 buts

Né le 30 mai 1921 à Genève (Suisse), décédé le 5 mai 1972 (59 ans)

Première sélection : 6 décembre 1933 à Londres, Angleterre - France (4-1)

Dernière sélection : 23 mars 1947 à Colombes, France - Portugal (1-0)

Club : 1933-1947 : FC Sochaux (21 sélections)

Bilan : 10 victoires, 3 nuls, 9 défaites

Le dernier match de l'année offre l'opportunité d'associer en attaque les Rouennais Roger Rio et Jean Nicolas au prometteur buteur sochalien Roger Courtois, de petite taille mais à la détente et au timing parfaits. Leur association ne fonctionne pas vraiment en Angleterre et le Franc-Comtois doit se contenter d'une place de réserviste pour la Coupe du monde 1934. C'est après ce Mondial qu'il retrouve une chance. Face aux Yougoslaves, au Parc, Jean Nicolas réussit un doublé et Roger Courtois marque le but de la victoire à la 88e minute, en reprenant une frappe de Roger Rio sur le poteau (3-2). La concurrence entre le Rouennais et le Sochalien peut débuter, en championnat comme en sélection. Courtois marque en Belgique puis deux fois contre la Hongrie et une fois contre la Suède, en 1935. Et comme il tourne à plus d'un but par match en Division 1 avec les Lionceaux (34 réalisations en 28 sorties), il prend la place de Nicolas, toujours en D2 avec le FC Rouen. Mais la malchance frappe le joueur du Doubs, qui se blesse au début de l'année 1938, et s'il reste dans le groupe tricolore, il perd sa place pour la Coupe du monde, qu'il suit depuis les tribunes de Colombes. Courtois revient l'année suivante, sans marquer. La guerre stoppe sa carrière mais il peut la reprendre par la suite. Il est même de nouveau sélectionné, à 35 ans, pour en découdre avec le Portugal, dans ce qui sera sa dernière apparition internationale, quatorze ans après la première. Une longévité record !

Matches joués : 1933 1 match sur 7 ▪ **1934** 1 match sur 7 ▪ **1935** 6 matches sur 7 ▪ **1936** 4 matches sur 4 ▪ **1937** 5 matches sur 7 ▪ **1938** 2 matches sur 6 ▪ **1939** 1 match sur 4 ▪ **1940** 1 match sur 1 ▪ **1942** - ▪ **1944** - ▪ **1945** - ▪ **1946** - ▪ **1947** 1 match sur 6 | **Buts : 1934** 1 ▪ **1935** 4 ▪ **1936** 3 ▪ **1937** 1 ▪ **1938** 1 | **Titulaire :** 22 fois sur 22 | **Resté en tribune :** 3 fois | **Coupe du monde 1934 :** 0 match sur 1 | **Coupe du monde 1938 :** 0 match sur 2

Albert Gougain

Milieu de terrain
0 sélection

Né le 1er janvier 1910 à Genève (Suisse)

Première présélection : 6 décembre 1933 à Londres, Angleterre - France (4-1)

Dernière présélection : 8 mars 1936 à Colombes, France - Belgique (3-0)

Club : 1932-1936 : FC Sochaux

Il accompagne ses camarades sochaliens Roger Courtois et Étienne Mattler à Londres pour le dernier match de l'année, sans fouler la pelouse de White Hart Lane. Pas plus qu'il ne joue, trois ans plus tard, au Parc et à Colombes, où sont alignés Maxime Lehmann et Pierre Duhart, deux autres Sochaliens plus heureux que lui.

Resté sur le banc : 3 fois

Nés à l'Est

Seize internationaux français sont originaires de pays de l'Est de l'Europe. Sept viennent de Pologne : de Krapkowice (Novicki, international en 1936), de Duszniki (Swiatek, 1944), de Dombrowa (Tempowski, 1947), de Gorki (Kargu, 1950, né allemand), de Laskow (Cisowski, 1951), de Wieliczka (Jacowski, 1952) et de Bytom (Skiba, 1959, né allemand). Six de Hongrie : de Budapest (Mathé 1936, Weiskopf 1939, Silko 1945, Ujlaki 1952), de Huszt (Simonyi, 1938) et de Szeged (Koranyi, 1939).

Joseph Bessero

Gardien de but
0 sélection

Né le 29 mai 1912 à Beausoleil (Alpes-Maritimes), décédé le 30 octobre 2003 (91 ans)

Première présélection : 6 décembre 1933 à Londres, Angleterre - France (4-1)

Dernière présélection : 21 mai 1939 à Colombes, France - Galles (2-1)

Clubs : 1932-1934 : OGC Nice (0 sélection) ▪ 1934-1935 : Antibes (0 sélection) ▪ 1935-1939 : FC Rouen (0 sélection)

Nouveau suppléant de Robert Défossé, indétrônable dans les buts français en cette année 1933, Joseph Bessero se contente de découvrir les charmes de White Hart Lane, le stade de Tottenham, pour sa première apparition. Quatre ans plus tard, il est la doublure de Laurent Di Lorto à Stuttgart, au stade Adolf-Hitler. Puis en 1939, celle de Julien Darui à Bruxelles et Colombes. Au final, aucun match disputé pour Bessero malgré six années de présence en équipe de France…

Resté sur le banc : 4 fois

1934

10 nouveaux joueurs
7 matches

21 janvier : Belgique - France 3-2
11 mars : France - Suisse 0-1
25 mars : France - Tchécoslovaquie 1-2
15 avril : Luxembourg - France 1-6 (QCM)
10 mai : Pays-Bas - France 4-5
27 mai : France - Autriche 2-3 ap (CM)
16 décembre : France - Yougoslavie 3-2

René Llense

Gardien de but
11 sélections

Né le 14 juillet 1913 à Collioure (Pyrénées Orientales), décédé le 12 mars 2014 (100 ans)

Première présélection : 21 janvier 1934 à Bruxelles, Belgique - France (3-2)

Première sélection : 17 février 1935 à Rome, Italie - France (2-1)

Dernière sélection : 22 janvier 1939 à Paris, France - Pologne (4-0)

Dernière présélection : 15 mars 1942 à Séville, Espagne - France (4-0)

Clubs : 1933-1934 : FC Sète (9 sélections) ▪ 1938-1942 : AS Saint-Étienne (2 sélections)

Bilan : 4 victoires, 1 nul, 6 défaites

L'athlétique gardien au visage poupin est le second portier de l'équipe de France pendant un an, doublure de Robert Défossé ou Alexis Thépot, notamment pour la Coupe du monde 1934 en Italie. Champion de France et vainqueur de la Coupe avec Sète, René Llense débute de l'autre côté des Alpes, dans une équipe où deux de ses coéquipiers en club sont présents : Louis Gabrillargues et Yvan Beck. Thépot prenant sa retraite au match suivant, il devient titulaire dans les cages françaises en 1935. Mais l'arrivée de Laurent Di Lorto, le talentueux gardien de Marseille, le repousse à nouveau sur le banc. Llense reste toutefois dans le groupe des sélectionnés jusqu'en 1939. C'est sur la touche qu'il assiste à la Coupe du monde 1938. Il termine sa carrière internationale pendant la guerre, en étant le suppléant de Julien Darui, un autre as de la voltige.

Matches joués : 1934 - ▪ **1935** 5 matches sur 7 ▪ **1936** 1 match sur 4 ▪ **1937** 2 matches sur 7 ▪ **1938** 2 matches sur 6 ▪ **1939** 1 match sur 4 ▪ **1940** - ▪ **1942** - | **Titulaire :** 11 fois sur 11 | **Resté sur le banc :** 13 fois | **Coupe du monde 1934 :** 0 match sur 1 | **Coupe du monde 1938 :** 0 match sur 2

Bernard Antoinette

Attaquant
2 sélections

Né le 11 mars 1914 à Rouen (Seine-Maritime), décédé le 5 mars 2008 (93 ans)

Première présélection : 21 janvier 1934 à Bruxelles, Belgique - France (3-2)

Première sélection : 24 janvier 1937 à Paris, France - Autriche (1-2)

Dernière sélection : 21 février 1937 à Bruxelles, Belgique - France (3-1)

Club : 1933-1937 : FC Rouen (2 sélections)

Bilan : 2 défaites

Avec Roger Rio, Jean Nicolas et Marceau Lherminé, Bernard Antoinette est le quatrième mousquetaire de l'attaque rouennaise convoqué en équipe de France. Mais l'ailier gauche, qui a

Le onze de France qui défie l'Autriche, la « Wunderteam », en 8e de finale de la Coupe du monde 1934, le 27 mai à Turin : George Kimpton (entraîneur), Edmond Delfour, Jacques Mairesse, Alexis Thépot, Georges Verriest, Noël Liétaer, Étienne Mattler (debouts), Fritz Keller, Joseph Alcazar, Jean Nicolas, Roger Rio et Alfred Aston.

remporté le concours national du jeune footballeur en 1932, reste sur la touche à Bruxelles. Comme il évolue encore en Deuxième division, à l'image de ses camarades normands, les sélectionneurs le laissent ensuite de côté. Ce n'est que trois ans plus tard qu'il est de nouveau appelé. Cette fois, il est aligné contre l'Autriche, en compagnie de Rio, Nicolas et de deux autres joueurs du FCR, Michel Payen et Matthieu André. Malgré la défaite au Parc, Antoinette est confirmé un mois plus tard mais cela ne fonctionne pas mieux face aux Belges et on ne le rappelle plus. Il part jouer au Red Star, sans avoir connu la Coupe du monde 1938.

Matches joués : 1934 - ▪ **1935** - ▪ **1936** - ▪ **1937** 2 matches sur 7 | **Titulaire :** 2 fois sur 2 | **Resté sur le banc :** 1 fois

Maxime Deschizeaulx

Attaquant, 0 sélection

Né en 1911 à Djidjelli (Algérie française)

Unique présélection : 21 janvier 1934 à Bruxelles, Belgique - France (3-2)

Club : 1933-1934 : SO Montpellier (0 sélection)

Remplaçant, comme Bernard Antoinette, pour le déplacement en Belgique, le Montpelliérain ne sera jamais revu.

Resté sur le banc : 1 fois

Alfred Aston

Attaquant
31 sélections, 5 buts

Né le 16 mai 1912 à Chantilly (Oise), décédé le 10 février 2003 (90 ans)

Première sélection : 11 mars 1934 à Paris, France - Suisse (0-1)

Dernière sélection : 19 mai 1946 à Colombes, France - Angleterre (2-1)

Clubs : 1933-1938 : Red Star (17 sélections) ▪ 1938-1940 : RC Paris (3 sélections) ▪ 1940-1946 : Red Star (11 sélections)

Bilan : 11 victoires, 3 nuls, 17 défaites

Fils d'un Anglais qui passait sa vie autour des champs de courses comme lad, Alfred Aston aurait pu devenir jockey, compte tenu de son petit gabarit. Mais c'est un ailier droit virevoltant et tonique qui s'impose au Red Star au début des années 1930 et très vite en équipe de France, à 22 ans. Il participe donc à la Coupe du monde 1934 en Italie puis à celle organisée dans l'Hexagone, quatre ans plus tard. Sans être un grand marqueur de buts, Fred Aston est le feu follet de l'attaque tricolore. Indéniablement l'un des meilleurs joueurs de l'époque, il est retenu au sein d'une sélection européenne pour affronter l'Angleterre à l'occasion du 75e anniversaire de sa Fédération, en octobre 1938, à Highbury, sur le terrain d'Arsenal. Contrairement à ce qui se passe pour la majorité de ses contemporains, la guerre ne stoppe pas sa carrière. Aston participe aux deux matches organisés en 1942, à Marseille et Séville, puis devient capitaine de l'équipe de France en 1944. Il enchaîne neuf rendez-vous après la Libération, restant titulaire jusqu'à 34 ans.

Matches joués : 1934 5 matches sur 7 ▪ **1935** 5 matches sur 7 ▪ **1936** 2 matches sur 4 ▪ **1937** 1 match sur 7 ▪ **1938** 5 matches sur 6 ▪ **1939** 2 matches sur 4 ▪ **1940** - ▪ **1942** 2 matches sur 2 ▪ **1944** 1 match sur 1 ▪ **1945** 4 matches sur 4 ▪ **1946** 4 matches sur 4 | **Buts : 1934** 1 ▪ **1938** 2 ▪ **1944** 1 ▪ **1945** 1 | **Titulaire :** 30 fois sur 31 | **Remplaçant :** 1 fois sur 31 (de Nuic) | **Resté sur le banc :** 3 fois | **Capitaine :** 7 fois (23e, 24e, 26e-30e) | **Coupe du monde 1934 :** 1 match sur 1 | **Coupe du monde 1938 :** 2 matches sur 2

François Vasse

Défenseur
1 sélection

Né le 13 novembre 1907 à Croisilles (Pas-de-Calais), décédé le 5 janvier 1874 (66 ans)

Unique sélection : 25 mars 1934 à Colombes, France - Tchécoslovaquie (1-2)

Club : 1933-1934 : RC Arras (1 sélection)

Bilan : 1 défaite

Testé à trois mois de la Coupe du monde, François Vasse n'est pas à la noce face aux attaquants tchécoslovaques Oldřich Nejedlý, Antonín Puč, Jiří Sobotka et František Svoboda, tous des vedettes européennes. Les deux derniers marquent les deux buts qui font tomber la France à Colombes (2-1) et en gênant son gardien, Alexis Thépot,

Vasse est largement impliqué dans le but décisif de l'avant-centre du Slavia Prague Jiří Sobotka. Du coup, l'Arrageois ne va pas au Mondial. Sa carrière internationale s'arrête à peine débutée.

Match joué : 1934 1 match sur 7 | **Titulaire :** 1 fois sur 1

Guillaume Wagner

Gardien de but
0 sélection

Né le 16 décembre 1909 à Helmlingen (Allemagne), décédé le 31 juillet 1990 (80 ans)

Première présélection : 15 avril 1934 à Luxembourg, Luxembourg - France (1-6)

Dernière présélection : 17 février 1935 à Rome, Italie - France (2-1)

Clubs : 1933-1934 : Hyères ▪ 1934-1935 : FC Sochaux

Robert Défossé et René Llense étant indisponibles, c'est le gardien de Hyères qui est choisi pour être la doublure d'Alexis Thépot au Luxembourg, dans le match qualificatif pour la deuxième Coupe du monde. Une compétition que Guillaume Wagner ne voit pas, Défossé et Llense reprenant leur place. Il est convoqué l'année suivante, après un forfait de Thépot, mais simplement comme suppléant de Llense. Ce sera la dernière fois.

Resté sur le banc : 2 fois

Fritz Keller

Attaquant
8 sélections, 3 buts

Né le 21 août 1913 à Strasbourg (alors annexé par l'Allemagne), décédé le 8 juin 1985 (71 ans)

Première sélection : 10 mai 1934 à Amsterdam, Pays-Bas - France (4-5)

Dernière sélection : 21 mars 1937 à Stuttgart, Allemagne - France (4-0)

Club : 1933-1934 : RC Strasbourg (8 sélections)

Bilan : 4 victoires, 4 défaites

L'ailier droit de Strasbourg arrive à point nommé en équipe de France pour disputer la deuxième Coupe du monde. Il signe des débuts en fanfare en marquant le premier but tricolore au cours du dernier match de préparation, aux Pays-Bas (13e minute). Il est ensuite à l'origine des quatre autres buts de sa formation ! Titulaire dans la foulée en Italie, pour le 8e de finale contre l'Autriche, Fritz Keller sert Jean Nicolas pour l'ouverture du score... Si la France s'incline finalement à Turin après prolongation (3-2), il reste dans l'équipe et réussit encore deux passes décisives contre la Yougoslavie. Il est ainsi impliqué dans huit des dix derniers buts de son pays ! C'est aussi lui qui inscrit l'unique but des siens contre l'Italie en 1935 à Rome, de la tête, et celui de la victoire française sur la Yougoslavie au Parc en 1936, sur un coup franc à ras de terre, de 25 mètres. Comme Roger Rio, Fritz dispute son dernier match en Allemagne en 1937, un an avant la Coupe du monde qu'il ne dispute donc pas. Son frère Curt, ailier droit lui aussi mais à Sochaux, jouera une fois en équipe de France, peu de temps après lui, en octobre 1937.

Matches joués : 1934 3 matches sur 7 ▪ **1935** 2 matches sur 7 ▪ **1936** 1 matches sur 4 ▪ **1937** 2 matches sur 7 | **Buts : 1934** 1 ▪ **1935** 1 ▪ **1936** 1 | **Titulaire :** 8 fois sur 8 | **Resté sur le banc :** 1 fois | **Coupe du monde 1934 :** 1 match sur 1

Fritz Keller

Joseph Gonzales

Défenseur, 1 sélection

Né le 19 février 1907 à Béni Saf (Algérie française), décédé le 26 juin 1984 (77 ans)

Première présélection : 27 mai 1934 à Turin, Autriche - France (3-2)

Unique sélection : 8 mars 1936 à Colombes, France - Belgique (3-0)

Club : 1933-1936 : SC Fives (1 sélection)

Bilan : 1 victoire

L'équipe de France voit défiler beaucoup de nouveaux joueurs au cours des mois précédant la deuxième Coupe du monde. Joseph Gonzales en fait partie mais le défenseur fivois reste cantonné sur la touche durant ce Mondial en Italie qui ne dure qu'un match pour son pays. Ce n'est que deux ans après qu'il est aligné, comme arrière droit, face aux Belges, pour pallier le forfait de Jules Vandooren. Malgré un large succès (3-0), il ne sera plus appelé.

Match joué : 1934 - ▪ **1935** - ▪ **1936** 1 match sur 4 | **Titulaire :** 1 fois sur 1 | **Resté sur le banc :** 2 fois | **Coupe du monde 1934 :** 0 match sur 1

Louis Gabrillargues

Louis Gabrillargues

Milieu de terrain
9 sélections

Né le 16 juin 1914 à Montpellier (Hérault), décédé le 23 novembre 1994 (80 ans)

Première présélection : 27 mai 1934 à Turin, Autriche - France (3-2)

Première sélection : 16 décembre 1934 à Paris, France - Yougoslavie (3-2)

Dernière sélection : 24 janvier 1937 à Paris, France - Autriche (1-2)

Dernière présélection : 21 février 1937 à Bruxelles, Belgique - France (3-1)

Club : 1933-1934 : FC Sète (9 sélections)

Bilan : 2 victoires, 7 défaites

Comme Joseph Gonzales, le Sétois fait partie de la sélection française pour la Coupe du monde sans jamais avoir été appelé auparavant. Ce grand « demi-défensif » débute avant lui, lors du premier match post-Mondial, au Parc, avec la redoutable mission de marquer l'avant-centre yougoslave Đorđe Vujadinović. Celui-ci marque une fois mais comme la France s'impose 3-2, Gabrillargues n'est pas écarté. Bien au contraire : il devient titulaire et impose pendant deux ans, sur les terrains, son élégante silhouette. Les deux défaites consécutives concédées à domicile en 1936, face aux Pays-Bas (1-6) et à la Tchécoslovaquie (0-3), entament son crédit et sa carrière internationale s'arrête à un an de la Coupe du monde 1938.

Matches joués : 1934 1 match sur 7 ▪ **1935** 5 matches sur 7 ▪ **1936** 2 matches sur 4 ▪ **1937** 1 match sur 7 | **Titulaire :** 9 fois sur 9 | **Resté sur le banc :** 2 fois | **Coupe du monde 1934 :** 0 match sur 1

Georges Beaucourt

Défenseur
1 sélection

Né le 15 avril 1912 à Roubaix (Nord), décédé le 1er mars 2002 (89 ans)

Première présélection : 27 mai 1934 à Turin, Autriche - France (3-2)

Unique sélection : 13 décembre 1936 à Paris, France - Yougoslavie (1-0)

Club : 1936-1937 : Olympique Lillois (1 sélection)

Bilan : 1 victoire

L'arrière central lillois est lui aussi un bizuth en arrivant au Mondial 1934. Mais contrairement à Louis Gabrillargues et Joseph Gonzales, il n'est pas inscrit sur la feuille de match et doit rester dans les tribunes du stade Benito-Mussolini à Turin. Ce n'est que deux ans plus tard que ce diplômé, ingénieur des mines, devient vraiment international, à l'occasion de la belle victoire sur la Yougoslavie au Parc (1-0). Un match qu'il dispute avec deux autres Lillois, le gardien Robert Défossé et le défenseur Jules Vandooren. La concurrence de Raoul Diagne l'empêche d'être à nouveau mis à contribution par la suite.

Match joué : 1934 - ▪ **1935** - ▪ **1936** 1 match sur 4 | **Titulaire :** 1 fois sur 1 | **Resté en tribune :** 1 fois | **Coupe du monde 1934 :** 0 match sur 1

1935

11 nouveaux joueurs
7 matches

24 janvier : Espagne - France 2-0
17 février : Italie - France 2-1
17 mars : France - Allemagne 1-3
14 avril : Belgique - France 1-1
19 mai : France - Hongrie 2-0
27 octobre : Suisse - France 2-1
10 novembre : France - Suède 2-0

Maxime Lehmann

Milieu de terrain
2 sélections

Né le 17 décembre 1906 à Bâle (Suisse), décédé le 24 avril 2009 (102 ans)

Première sélection : 24 janvier 1935 à Madrid, Espagne - France (2-0)

Dernière sélection : 8 mars 1936 à Colombes, France - Belgique (3-0)

Club : 1934-1936 : FC Sochaux (2 sélections)

Bilan : 1 victoire, 1 défaite

Les Sochaliens, qui brillent dans le championnat de France professionnel depuis 1933, attirent les sélectionneurs. Après Étienne Mattler et Roger Courtois, voici venu le temps de Maxime Lehmann, un Suisse fraîchement naturalisé français. Chargé du marquage de l'attaquant de l'Atlético Ramon de la Fuente à Madrid, il n'est pas confirmé au match suivant. Il se retrouve remplaçant en Belgique trois mois plus tard et revient, par la suite, pour offrir à Roger Courtois le troisième but d'une large victoire française sur le même adversaire (3-0). Ensuite, il disparaît des listes.

Matches joués : 1935 1 match sur 7 ▪ **1936** 1 match sur 4 | **Titulaire :** 2 fois sur 2 | **Resté sur le banc :** 1 fois

Yvan Beck

Attaquant
5 sélections

Né le 29 octobre 1909 à Belgrade (Yougoslavie), décédé le 2 juin 1963 (53 ans)

Première sélection : 17 février 1935 à Rome, Italie - France (2-1)

Dernière sélection : 10 octobre 1937 à Paris, France - Suisse (2-1)

Clubs : 1934-1935 : FC Sète (4 sélections) ▪ 1935-1937 : AS Saint-Étienne (1 sélection)

Bilan : 2 victoires, 1 nul, 2 défaites

Yvan Beck a disputé la première Coupe du monde. Il a été demi-finaliste et auteur de trois buts en Uruguay. Mais pas avec l'équipe de France. Car à l'époque, il s'appelait Ivica Beck et il était yougoslave... À 20 ans, il évoluait au FC Sète, avec lequel il venait de remporter la Coupe de France. Une fois de retour dans l'Hexagone, ce milieu offensif costaud a obtenu sa naturalisation française, devenant donc Yvan Beck. Il peut ainsi être aligné par les Tricolores à Rome contre l'Italie, en compagnie de deux autres Sétois, René Llense et Louis Gabrillargues. Beck enchaîne les matches, donnant des balles de but au Sochalien Roger Courtois. Il marque lui-même contre la Belgique mais voit sa réalisation finalement refusée pour hors-jeu, après une longue protestation de ses adversaires. Yvan s'éloigne de la sélection en 1936 et n'y revient qu'une fois. Héroïque chef de maquis durant la guerre, il disparaît en 1963, après avoir connu une période très délicate. Il a été enterré à Sète, sa ville d'adoption.

Matches joués : 1935 4 matches sur 7 ▪ **1936** - ▪ **1937** 1 match sur 7 | **Titulaire :** 5 fois sur 5

Pierre Duhart

Attaquant, 6 sélections, 1 but

Né le 25 avril 1910 à Montevideo (Uruguay), décédé le 5 janvier 1956 (45 ans)

Première sélection : 17 février 1935 à Rome, Italie - France (2-1)

Dernière sélection : 21 février 1937 à Bruxelles, Belgique - France (3-1)

Club : 1934-1935 : FC Sochaux (6 sélections)

Bilan : 2 victoires, 4 défaites

Après le Suisse Maxime Lehmann, c'est au tour de l'Uruguayen Pierre Duhart de rejoindre les Sochaliens de l'équipe de France, en profitant d'un forfait de Jean Nicolas. Prénommé Pedro à l'origine, il a profité des origines basques de ses ancêtres pour obtenir une naturalisation rapide, alors qu'il avait été international à deux reprises pour la Celeste avant de traverser l'Atlantique. Cet « inter » dribbleur au charme sud-américain marque de la tête au Parc des Princes, contre l'Allemagne, pour son deuxième match mais ce n'est pas suffisant pour s'imposer. L'année suivante, Duhart réalise deux passes décisives contre la Belgique. La concurrence de Jean Nicolas limitera le nombre de ses sélections.

Matches joués : 1935 3 matches sur 7 ▪ **1936** 2 matches sur 4 ▪ **1937** 1 match sur 7 | **But : 1935** 1 | **Titulaire :** 6 fois sur 6

Oscar Heisserer

Attaquant
25 sélections, 8 buts

Né le 18 juillet 1914 à Schirrhein (Bas-Rhin, alors annexé par l'Allemagne), décédé le 7 octobre 2004 (90 ans)

Première présélection : 17 février 1935 à Rome, Italie - France (2-1)

Première sélection : 13 décembre 1936 à Paris, France - Yougoslavie (1-0)

Dernière sélection : 4 avril 1948 à Colombes, France - Italie (1-3)

Clubs : 1935-1938 : RC Strasbourg (8 sélections) ▪ 1938-1945 : RC Paris (7 sélections) ▪ 1945-1948 : RC Strasbourg (10 sélections)

Bilan : 16 victoires, 3 nuls, 6 défaites

Après le Suisse Maxime Lehmann, le Yougoslave Yvan Beck et l'Uruguayen Pierre Duhart, c'est au tour de l'Alsacien Oscar Heisserer d'intégrer l'équipe de France. S'il entre plus discrètement qu'eux, restant sur la touche, il mène une longue carrière internationale. Associé en attaque à son coéquipier strasbourgeois Fritz Keller, Heisserer débute par une belle victoire sur la Yougoslavie, en 1936 au Parc (1-0). Mais ce n'est qu'un an plus tard que ce solide « inter » gauche devient titulaire, ne sortant plus du onze tricolore. Oscar fait ainsi naturellement partie de l'aventure de la Coupe du monde 1938, qui se dispute dans l'Hexagone. C'est lui qui marque, en quarts de finale, l'unique but français contre les futurs champions du monde italiens, à la réception d'un centre d'Émile Veinante. Il prolonge son bail avec un groupe où il est devenu le stratège de l'attaque, ce qui durera jusqu'à la guerre. Il reprend son rôle à la Libération. Capitaine contre l'Angleterre en 1945 à Wembley, il est bien lancé par Alfred Aston et égalise à la dernière minute (2-2). Un match mémorable puisque c'est la première fois que la formation de Sa Majesté est tenue en échec sur son sol ! Heisserer enchaîne à nouveau les matches pendant trois ans, portant définitivement le brassard de capitaine après le départ en retraite d'Aston.

Matches joués : 1935 - ▪ **1936** 1 match sur 4 ▪ **1937** 2 matches sur 7 ▪ **1938** 6 matches sur 6 ▪ **1939** 4 matches sur 4 ▪ **1940** 1 match sur 1 ▪ **1942** - ▪ **1944** - ▪ **1945** 1 match sur 4 ▪ **1946** 4 matches sur 4 ▪ **1947** 5 matches sur 6 ▪ **1948** 1 match sur 5 | **Buts : 1938** 2 ▪ **1939** 2 ▪ **1940** 1 ▪ **1945** 1 ▪ **1946** 2 | **Titulaire :** 25 fois sur 25 | **Resté sur le banc :** 7 fois | **Capitaine :** 7 fois (15e, 19e, 21e-25e) | **Coupe du monde 1938 :** 2 matches sur 2

Aimé Nuic

Attaquant, 2 sélections

Né le 8 juillet 1912 à Mostar (Yougoslavie, aujourd'hui Bosnie), décédé le 8 novembre 1995 (83 ans)

Première sélection : 17 mars 1935 à Paris, France - Allemagne (1-3)

Dernière sélection : 12 janvier 1936 à Paris, France - Pays-Bas (1-6)

Club : 1934-1936 : FC Metz (2 sélections)

Bilan : 2 défaites

Encore un joueur né hors de France qui intègre la sélection. Premier Messin à être appelé en équipe tricolore, cet ailier gauche yougoslave qui se prénommait Ljubomir avant d'être baptisé Aimé est victime d'un claquage lors de sa première sortie, au bout de 37 minutes de jeu, au Parc, face à l'Allemagne. Il est remplacé par Jean Sécember dont c'est la dernière apparition. Nuic doit de nouveau quitter le terrain du Parc en première mi-temps, cette fois face aux Néerlandais. Au total, cela donne une carrière internationale de 59 minutes en deux matches... L'une des plus courtes qui soient.

Matches joués : 1935 1 match sur 7 ▪ **1936** 1 match sur 4 | **Titulaire :** 2 fois sur 2

Aimé Nuic

Charles Fosset

Milieu de terrain
2 sélections

Né le 25 janvier 1910 à Montigny-lès-Metz (Moselle), décédé le 12 décembre 1989 (79 ans)

Première présélection : 19 mai 1935 à Colombes, France - Hongrie (2-0)

Première sélection : 31 octobre 1937 à Amsterdam, Pays-Bas - France (2-3)

Dernière sélection : 5 décembre 1937 à Paris, France - Italie (0-0)

Club : 1934-1935 : FC Metz (2 sélections)

Bilan : 1 victoire, 1 nul

Le « demi-centre » messin doit patienter plus de deux ans, après sa première convocation, pour jouer en équipe de France. Il débute à moins d'un an de la troisième Coupe du monde et en dépit de deux matches sans défaite, durant lesquels il évolue au milieu du terrain, en binôme avec Edmond Delfour, il n'est pas retenu parmi les 22 sélectionnés pour le Mondial 1938.

Matches joués : 1935 - ▪ **1936** - ▪ **1937** 2 matches sur 7 | **Titulaire :** 2 fois sur 2 | **Resté sur le banc :** 1 fois

Charles Zehren

Défenseur, 1 sélection

Né le 10 octobre 1910 à Hayange (Moselle), décédé 30 septembre 2005 (95 ans)

Première présélection : 19 mai 1935 à Colombes, France - Hongrie (2-0)

Unique sélection : 8 mars 1936 à Colombes, France - Belgique (3-0)

Club : 1934-1936 : CS Metz (1 sélection)

Bilan : 1 victoire

Après Aimé Nuic et avec Charles Fosset, c'est un autre Messin qui est convié à rejoindre l'équipe de France. Mais cet arrière gauche se heurte tout de suite à la concurrence d'Étienne Mattler, qui en est à 28 sélections. Du coup, Charles Zehren ne trouve qu'une fois l'occasion de jouer, un an plus tard. Et même s'il s'en sort très bien face aux attaquants belges, il ne sera jamais rappelé.

Match joué : 1935 - ▪ **1936** 1 match sur 4 | **Titulaire :** 1 fois sur 1 | **Resté sur le banc :** 1 fois

Émile Zermani

Attaquant
1 sélection

Né le 25 septembre 1910 à El Attaf (Algérie française), décédé le 10 mai 1983 (72 ans)

Unique sélection : 27 octobre 1935 à Genève, Suisse - France (2-1)

Club : 1935-1936 : Olympique de Marseille (1 sélection)

Bilan : 1 défaite

Pilier de l'OM, où il fait marquer des buts à Jean Boyer et Joseph Alcazar, l'ailier droit Émile Zermani est testé à son tour en équipe de France. N'ayant pas convaincu en Suisse, il ne sera pas rappelé.

Match joué : 1935 1 match sur 7 | **Titulaire :** 1 fois sur 1

Laurent Di Lorto

Laurent Di Lorto

Gardien de but
11 sélections

Né le 1er janvier 1909 à Martigues (Bouches-du-Rhône), décédé le 2 octobre 1989 (80 ans)

Première présélection : 27 octobre 1935 à Genève, Suisse - France (2-1)

Première sélection : 9 février 1936 à Paris, France - Tchécoslovaquie (0-3)

Dernière sélection : 12 juin 1938 à Colombes, France - Italie (1-3)

Dernière présélection : 16 mars 1939 à Paris, France - Hongrie (2-2)

Clubs : 1935-1936 : Olympique de Marseille (2 sélections) ▪ 1936-1939 : FC Sochaux (9 sélections)

Bilan : 5 victoires, 1 nul, 5 défaites

Il est talentueux, ce grand gardien provençal ! Aussi, les sélectionneurs de l'équipe de France, qui cherchent un successeur à Alexis Thépot, pensent rapidement à lui. Suppléant de René Llense dans un premier temps, Laurent Di Lorto est testé quatre mois plus tard. Il doit s'incliner à trois reprises face à l'attaque tchécoslovaque conduite par les redoutables Oldřich Nejedlý et Antonín Puč. Mais il dégage une telle aisance et une telle agilité dans les cages qu'on le maintient dans le groupe, alors qu'il quitte Marseille pour rejoindre Sochaux, l'équipe en pointe du championnat. Di Lorto devient alors titulaire et Llense son remplaçant. En décembre 1937, il réalise une prouesse au Parc, face à l'Italie, dans un match amical programmé à six mois de la Coupe du monde. Face aux champions du monde de 1934, Laurent Di Lorto est impeccable, tenant en échec Giuseppe Meazza, Silvio Piola et Giovanni Ferrari. Hélas, il n'en est pas de même six mois plus tard à Colombes, en quarts de finale du Mondial. Le portier tricolore s'incline vite devant le petit ailier Gino Colaussi puis deux fois devant Silvio Piola, l'avant-centre de la Lazio Rome. Le Sochalien n'est rappelé qu'une fois par la suite, pour être la doublure d'un débutant très prometteur : le Lillois Julien Darui.

Matches joués : 1935 - ▪ **1936** 2 matches sur 4 ▪ **1937** 5 matches sur 7 ▪ **1938** 4 matches sur 6 ▪ **1939** - | **Titulaire :** 11 fois sur 11 | **Resté sur le banc :** 4 fois | **Coupe du monde 1938 :** 2 matches sur 2

Ignace Kowalczyk

Attaquant
5 sélections, 1 but

Né le 27 septembre 1913 à Castrop (Allemagne), décédé le 27 mars 1996 (82 ans)

Première sélection : 10 novembre 1935 à Paris, France - Suède (2-0)

Dernière sélection : 30 janvier 1938 à Paris, France - Belgique (5-3)

Dernière présélection : 12 juin 1938 à Colombes, France - Italie (3-1)

Clubs : 1935-1936 : US Valenciennes-Anzin (2 sélections) ▪ 1936-1937 : Olympique de Marseille (2 sélections) ▪ 1937-1938 : FC Metz (1 sélection)

Bilan : 2 victoires, 3 défaites

Polonais d'origine mais né en Allemagne, Ignace Kowalczyk se fait appeler par son prénom afin de faciliter son intégration. Excellent organisateur d'attaque, il est le premier joueur de Valenciennes à être sélectionné, en même temps que son compère Édouard Wawrzeniak. Transféré à l'OM, il n'y reste qu'une saison mais les sélectionneurs ne le perdent pas de vue, y compris quand il part à Metz. En 1938, Ignace marque un joli but au Parc, le cinquième de la belle victoire de la France sur les Belges (5-3). Il trouve la faille d'une volée, sur un centre d'Émile Veinante, pour ce qui est son dernier match. Car s'il est bien retenu pour la Coupe du monde 1938, Kowalczyk restera sur le banc des remplaçants.

Matches joués : 1935 1 match sur 7 ▪ **1936** 1 match sur 4 ▪ **1937** 2 matches sur 7 ▪ **1938** 1 match sur 6 | **But : 1938** 1 | **Titulaire :** 5 fois sur 5 | **Resté sur le banc :** 3 fois | **Coupe du monde 1938 :** 0 matches sur 2

Édouard Wawrzeniak

Attaquant, 1 sélection

Né le 28 septembre 1912 à Oberhausen (Allemagne), décédé le 16 avril 1991 (78 ans)

Unique sélection : 10 novembre 1935 à Paris, France-Suède (2-0)

Club : 1935-1936 : US Valenciennes Anzin (1 sélection)

Bilan : 1 victoire

Comme Ignace Kowalczyk, Édouard Wawrzeniak est un garçon d'origine polonaise né en Allemagne. Il doit se faire appeler « Wagi » pour mieux se faire connaître en France... Cet ailier gauche explosif fait le bonheur de Valenciennes, en duo avec Ignace. Sélectionné en même temps que lui pour affronter les Suédois au Parc, il permet à Roger Courtois de marquer le second but de la victoire tricolore dans ce qui est le premier match entre les deux nations (2-0). Contrairement à Ignace, il ne sera pas convoqué une autre fois.

Match joué : 1935 1 match sur 7 | **Titulaire :** 1 fois sur 1

1936

9 nouveaux joueurs
4 matches

12 janvier : France - Pays-Bas 1-6
9 février : France - Tchécoslovaquie 0-3
8 mars : France - Belgique 3-0
13 décembre : France - Yougoslavie 1-0

Pierre Illiet

Attaquant
0 sélection

Né le 1er février 1912 à Rouen (Seine-Maritime), décédé le 18 juin 2002 (90 ans)

Unique présélection : 12 janvier 1936 à Paris, France - Pays-Bas (1-6)

Club : 1935-1936 : Amiens

Cela faisait quatre ans qu'un Amiénois n'avait pas été choisi en équipe de France. Mais Pierre Illiet doit se contenter du banc de touche contre les Néerlandais et lorsqu'Aimé Nuic se blesse, ce n'est pas lui qui entre en jeu mais Alfred Aston. Et on ne le reverra plus.

Resté sur le banc : 1 fois

Jules Bigot

Milieu de terrain
6 sélections, 1 but

Né le 22 octobre 1915 à Bully-les-Mines (Pas-de-Calais), décédé le 24 octobre 2007 (92 ans)

Première sélection : 9 février 1936 à Paris, France - Tchécoslovaquie (0-3)

Dernière sélection : 8 avril 1945 à Lausanne, Suisse - France (1-0)

Dernière présélection : 26 mai 1945 à Wembley, Angleterre - France (2-2)

Club : 1935-1950 : Lille OSC (6 sélections)

Bilan : 2 victoires, 4 défaites

« Demi-aile », ce Nordiste de 20 ans découvre le niveau international face aux rudes

Tchécoslovaques (3-0). Jules Bigot revient mais il reste deux fois sur le banc des remplaçants avant de rejouer et de subir une nouvelle correction, à Stuttgart face aux Allemands (4-0). Il n'est donc pas retenu pour la Coupe du monde 1938. Il retrouve cependant la sélection l'année suivante, après le départ d'Edmond Delfour qui libère une place en milieu de terrain. Il marque un but, après un une-deux avec Oscar Heisserer, contre le Pays de Galles à Colombes mais la guerre interrompt sa trajectoire. Il la reprend juste après et fait partie de la première équipe de France alignée en décembre 1944. Dans la foulée, Bigot dispute le match suivant. Il fait encore partie du groupe qui tient l'Angleterre en échec à Wembley, sans entrer en jeu. Devenu entraîneur après avoir raccroché les crampons, il fut un temps chargé de l'entraînement de l'équipe de France après le Mondial 1954. Il laissa ensuite la place à Albert Batteux.

Matches joués : 1936 1 match sur 4 ▪ **1937** 1 match sur 7 ▪ **1938** - ▪ **1939** 2 matches sur 4 ▪ **1940** - ▪ **1942** - ▪ **1944** 1 match sur 1 ▪ **1945** 1 match sur 4 | **But : 1939** : 1 | **Titulaire :** 6 fois sur 6 | **Resté sur le banc :** 3 fois

Ali Benouna

Attaquant
2 sélections

Né le 23 juillet 1097 à Alger (Algérie française), décédé le 6 novembre 1980 (73 ans)

Première sélection : 9 février 1936 à Paris, France - Tchécoslovaquie (0-3)

Dernière sélection : 8 mars 1936 à Colombes, France - Belgique (3-0)

Club : 1935-1936 : FC Sète (2 sélections)

Bilan : 1 victoire, 1 défaite

Si de nombreux pieds-noirs d'Algérie ont déjà été sélectionnés, Ali Benouna est le premier joueur arabe à intégrer l'équipe de France. Comme Jules Bigot, l'ailier gauche sétois débute contre les Tchécoslovaques, au Parc. Contrairement à lui, il est confirmé au match suivant. Malgré la victoire sur les Belges, il n'est pas rappelé.

Matches joués : 1936 2 matches sur 4 | **Titulaire :** 2 fois sur 2

Jules Mathé

Attaquant
2 sélections, 1 but

Né le 5 janvier 1915 à Budapest (Hongrie), décédé le 26 décembre 1995 (80 ans)

Première présélection : 9 février 1936 à Paris, France - Tchécoslovaquie (0-3)

Première sélection : 18 mai 1939 à Bruxelles, Belgique - France (1-3)

Dernière sélection : 21 mai 1939 à Colombes, France - Galles (2-1)

Club : 1935-1939 : RC Paris (2 sélections)

Bilan : 2 victoires

Ali Benouna lui est préféré pour le poste d'ailier gauche contre la Tchécoslovaquie. Le Parisien Jules Mathé, Mathe Gyula de son nom hongrois d'origine, ne revient pas pour les matches suivants. Ce n'est que trois ans plus tard, au printemps 1939, qu'il intègre l'équipe de France à nouveau. Remplaçant contre la Hongrie, il est ensuite titularisé deux fois, marquant en Belgique pour sa première sélection, sur un service de son coéquipier du Racing Oscar Heisserer. La guerre stoppe net sa carrière internationale naissante.

Matches joués : 1936 - ▪ **1937** - ▪ **1938** - ▪ **1939** 2 matches sur 4 | **But : 1939** 1 | **Titulaire :** 2 fois sur 2 | **Resté sur le banc :** 2 fois

Raymond François

Milieu de terrain, 1 sélection

Né le 7 novembre 1909 à Aniche (Nord), décédé le 23 avril 1984 (74 ans)

Unique sélection : 8 mars 1936 à Colombes, France - Belgique (3-0)

Club : 1935-1936 : RC Lens (1 sélection)

Bilan : 1 victoire

Tous les clubs du Nord avaient eu des sélectionnés mais pas le RC Lens avant que Raymond François et Edmond Novicki ne soient appelés. Le « demi-centre » nordiste évolue avec succès aux côtés d'Edmond Delfour en milieu de terrain mais il ne sera pas revu.

Match joué : 1936 1 match sur 4 | **Titulaire :** 1 fois sur 1

Nouveaux venus

Le nombre de nouveaux sélectionnés par année varie selon les époques, la richesse des équipes en place et la nécessité de renouveler les effectifs. 23 nouveaux venus en 1908 est le record. Il y en a eu 21 en 1953, car des « Espoirs » avaient été appelés en renfort, et plus récemment 19 en 1976, pour la première année de Michel Hidalgo comme sélectionneur et 15 en 2010 après le scandale de Knysna.

Edmond Novicki

Attaquant
2 sélections, 1 but

Né le 20 septembre 1912 à Krapkowice (Pologne, alors allemande), décédé le 4 octobre 1967 (55 ans)

Première sélection : 8 mars 1936 à Colombes, France - Belgique (3-0)

Dernière sélection : 24 janvier 1937 à Paris, France - Autriche (1-2)

Club : 1935-1937 : RC Lens (2 sélections)

Bilan : 1 victoire, 1 défaite

Comme Raymond François, Edmond Novicki découvre l'équipe de France dans une nette victoire sur la Belgique (3-0). Le petit ailier droit lensois rejoue deux matches plus tard, contre l'Autriche, au Parc. C'est lui qui inscrit le but tricolore mais il ne sera pas reconvoqué.

Matches joués : 1936 1 match sur 4 ▪ **1937** 1 match sur 7 | **But : 1937** 1 | **Titulaire :** 2 fois sur 2

Mathieu André

Milieu de terrain
3 sélections

Né le 8 avril 1909 à Vienne (Autriche), décédé le 28 août 1979 (70 ans)

Première sélection : 13 décembre 1936 à Paris, France - Yougoslavie (1-0)

Dernière sélection : 21 février 1937 à Bruxelles, Belgique - France (3-1)

Club : 1936-1937 : FC Rouen (3 sélections)

Bilan : 1 victoire, 2 défaites

Le FC Rouen étant monté en Première division, ses joueurs phares sont sélectionnés avec moins de réticence qu'avant. Jean Nicolas et Roger Rio sont donc accompagnés de Matthieu André contre la Yougoslavie, pour le dernier match de l'année. Bientôt, Michel Payen et Bernard Antoinette les rejoindront. « Demi-aile », Matthieu André, Andreas Matthäus de son nom autrichien, est au marquage et il s'en sort bien. Il revient pour les deux confrontations suivantes mais ça se passe moins bien et on ne fera plus appel à lui.

Matches joués : 1936 1 match sur 4 ▪ **1937** 2 matches sur 7 | **Titulaire :** 3 fois sur 3

Émilien Méresse

Milieu de terrain
1 sélection

Né le 12 janvier 1915 à Beaumont-en-Cambrésis (Nord), décédé le 10 septembre 2000 (85 ans)

Unique sélection : 13 décembre 1936 à Paris, France - Yougoslavie (1-0)

Dernière présélection : 10 octobre 1937 à Paris, France - Suisse (2-1)

Club : 1936-1937 : SC Fives (1 sélection)

Bilan : 1 victoire

Le « demi-aile » nordiste évolue à côté de Matthieu André, au milieu de terrain, face aux Yougoslaves mais contrairement à lui, il n'est rappelé qu'une seule fois, dix mois plus tard, et sans pouvoir jouer.

Match joué : 1936 1 match sur 4 ▪ **1937** - | **Titulaire :** 1 fois sur 1 | **Resté sur le banc :** 1 fois

Maurice Dupuis

Défenseur, 9 sélections

Né le 4 février 1914 à Franconville (Val-d'Oise), décédé le 28 septembre 1977 (63 ans)

Première présélection : 13 décembre 1936 à Paris, France - Yougoslavie (1-0)

Première sélection : 24 janvier 1937 à Paris, France - Autriche (1-2)

Dernière sélection : 15 décembre 1945 à Bruxelles, Belgique - France (2-1)

Club : 1937-1946 : RC Paris (9 sélections)

Bilan : 1 nul, 8 défaites

Non aligné contre la Yougoslavie, Maurice Dupuis l'est au match suivant face aux Autrichiens, au Parc. Joueur polyvalent, il évolue en défense aux côtés de son coéquipier du Racing Raoul Diagne. Malgré la défaite face aux Autrichiens, qui livrent l'un de leurs derniers matches avant d'être incorporés de force dans l'équipe d'Allemagne, Dupuis reste dans le onze tricolore. Deux nouvelles défaites l'en éjectent rapidement et il n'est pas retenu pour la Coupe du monde 1938. Ce n'est que pendant la guerre qu'on fait de nouveau appel à lui, pour les matches organisés à Marseille et Séville en 1942. Il revient à nouveau après la fin des hostilités, en 1945. Il dispute les quatre rendez-vous programmés cette année-là mais termine sa carrière internationale sans aucune victoire, n'échappant à la défaite que lors du match héroïque de la France à Wembley. Pour la première fois, l'Angleterre ne parvient pas à s'imposer chez elle.

Matches joués : 1936 - ▪ **1937** 3 matches sur 7 ▪ **1938** - ▪ **1939** - ▪ **1940** - ▪ **1942** 2 matches sur 2 ▪ **1944** - ▪ **1945** 4 matches sur 4 | **Titulaire :** 9 fois sur 9 | **Resté sur le banc :** 2 fois

1937

12 nouveaux joueurs 7 matches

24 janvier : France - Autriche 1-2
21 février : Belgique - France 3-1
21 mars : Allemagne - France 4-0
23 mai : France - Eire 0-2
10 octobre : France - Suisse 2-1
31 octobre : Pays-Bas - France 2-3
5 décembre : France - Italie 0-0

Nés en Espagne

Quatre membres de l'équipe de France sont venus d'Espagne : Antonin Lozès (sélectionné en 1929) né à Saint-Sébastien, Manuel Anatol (1929) né à Irun, Segundo Pascual (1947) né à Villaescusa et Luis Fernandez (1982) né à Tarifa.

Michel Payen

Défenseur
3 sélections

Né le 29 novembre 1915 à Thieulloy-l'Abbaye (Somme), décédé le 20 février 2002 (86 ans)

Première sélection : 24 janvier 1937 à Paris, France - Autriche (1-2)

Dernière sélection : 11 mars 1937 à Stuttgart, Allemagne - France (4-0)

Club : 1936-1937 : FC Rouen (3 sélections)

Bilan : 3 défaites

C'est un nouveau Rouennais qui rejoint l'équipe de France. Ce « demi-aile » retrouve Matthieu André, Roger Rio, Jean Nicolas et Bernard Antoinette. Cela donne cinq Diables Rouges alignés contre l'Autriche. La sélection tricolore s'incline en fin de match et on ne retrouvera jamais une telle concentration de joueurs du FCR. Pour les rendez-vous suivants, Michel Payen est chargé de marquer le meneur de jeu adverse, le Belge d'Anvers Raymond Braine puis l'Allemand de

Schalke 04 Fritz Szepan. Les deux revers subis lui coûtent sa place.

Matches joués : 1937 3 matches sur 7 | **Titulaire :** 3 fois sur 3

Georges Janin

Attaquant
1 sélection

Né le 15 novembre 1910 à Aïn M'Lila (Algérie française), décédé le 29 juillet 1974 (63 ans)

Unique sélection : 24 janvier 1937 à Paris, France - Autriche (1-2)

Club : 1936-1937 : Red Star (1 sélection)

Bilan : 1 défaite

C'est le forfait du Sochalien Pierre Duhart qui ouvre les portes de l'équipe de France au Parisien Georges Janin. « L'inter » gauche du Red Star est à l'origine du but tricolore contre la « Wunderteam » autrichienne, le Lensois Edmond Novicki déviant l'un de ses tirs, mal cadré. Pourtant, il ne sera jamais rappelé.

Match joué : 1937 1 match sur 7 | **Titulaire :** 1 fois sur 1

Roland Schmitt

Milieu de terrain
2 sélections

Né le 5 juin 1912 à Eaubonne (Val-d'Oise), décédé le 20 décembre 1954 (42 ans)

Première présélection : 24 janvier 1937 à Paris, France - Autriche (1-2)

Première sélection : 22 janvier 1939 à Paris, France - Pologne (4-0)

Dernière sélection : 8 mars 1942 à Marseille, France - Suisse (0-2)

Dernière présélection : 15 mars 1942 à Séville, Espagne - France (4-0)

Clubs : 1936-1939 : FC Sète (1 sélections) ▪ 1939-1942 : Toulouse FC (1 sélection)

Bilan : 1 victoire, 1 défaite

Le « demi-aile » sétois est sur le banc pour la venue de l'Autriche. Ce n'est que deux ans moins deux jours plus tard qu'il pénètre sur la pelouse du Parc, au moment où Étienne Mattler bat le record de sélections (42). Remplaçant contre la Hongrie, Roland Schmitt passe à Toulouse en 1939. Il n'est rappelé en équipe de France que pendant la guerre, pour les deux matches organisés en 1942.

Matches joués : 1937 - ▪ **1938** - ▪ **1939** 1 match sur 4 ▪ **1940** - ▪ **1942** 1 match sur 2 | **Titulaire :** 2 fois sur 2 | **Resté sur le banc :** 3 fois

François Bourbotte

Milieu de terrain
17 sélections

Né le 24 février 1913 à Loison-sous-Lens (Pas-de-Calais), décédé le 15 décembre 1972 (59 ans)

Première sélection : 21 février 1937 à Bruxelles, Belgique - France (3-1)

Dernière sélection : 15 mars 1942 à Séville, Espagne - France (4-0)

Club : 1936-1942 : SC Fives (17 sélections)

Bilan : 8 victoires, 2 nuls, 7 défaites

Une fois entré en équipe de France, à 24 ans, ce solide « demi-centre » nordiste n'en sort plus ! François Bourbotte aligne les prestations convaincantes, malgré les défaites, et devient un pilier de la sélection en vue du Mondial 1938. Mais il se blesse juste avant l'ouverture de la Coupe du monde disputée dans l'Hexagone et doit donc regarder ses camarades depuis les tribunes de Colombes. Une sacrée déveine car Bourbotte retrouve sa place après cette compétition et dispute à nouveau tous les matches, jusqu'à ceux de 1942.

Matches joués : 1937 6 matches sur 7 ▪ **1938** 4 matches sur 6 ▪ **1939** 4 matches sur 4 ▪ **1940** 1 match sur 1 ▪ **1942** 2 matches sur 2 | **Titulaire :** 17 fois sur 17 | **Resté en tribune :** 2 fois | **Coupe du monde 1938 :** 0 match sur 2

Abdelkader Ben Bouali

Défenseur
1 sélection

Né le 25 octobre 1912 à Tamedrara (Algérie française), décédé le 23 février 1997 (84 ans)

Première présélection : 21 février 1937 à Bruxelles, Belgique - France (3-1)

Unique sélection : 23 mai 1937 à Colombes, France - Eire (0-2)

Dernière présélection : 31 octobre 1937 à Amsterdam, Pays-Bas - France (2-3)

Club : 1936-1938 : Olympique de Marseille (1 sélection)

Bilan : 1 défaite

Après Ali Benouna, c'est au tour d'Abdelkader Ben Bouali d'entrer en équipe de France. L'arrière gauche de l'OM est remplaçant en Belgique avant d'être titularisé deux matches après. Les attaquants irlandais marquent deux fois à Colombes et il retourne sur le banc. Ben Bouali fait partie des 22 joueurs retenus pour la Coupe du monde 1938 mais il reste en tribune et n'est pas rappelé par la suite.

Match joué : 1937 1 match sur 7 ▪ **1938** - | **Titulaire :** 1 fois sur 1 | **Resté sur le banc :** 3 fois | **Resté en tribune :** 2 fois | **Coupe du monde 1938 :** 0 matches sur 2

Georges Meuris

Milieu de terrain
1 sélection

Né le 14 mars 1907 à Forest-lès-Bruxelles (Belgique), décédé le 8 septembre 1984 (77 ans)

Unique sélection : 23 mai 1937 à Colombes, France-Eire (0-2)

Club : 1936-1937 : Red Star (1 sélection)

Bilan : 1 défaite

Titularisé comme stoppeur pour ses débuts, face à l'Irlandais de Southampton James Dunne, le « demi-centre » parisien souffre durant tout le match, perdu par la France. L'expérience ne sera pas reconduite.

Match joué : 1937 1 match sur 7 | **Titulaire :** 1 fois sur 1

Michel Lauri

Milieu de terrain
1 sélection

Né le 29 août 1910 à Zárate (Argentine), décédé le 26 septembre 1994 (86 ans)

Unique sélection : 23 mai 1937 à Colombes, France - Eire (0-2)

Club : 1936-1937 : FC Sochaux (1 sélection)

Bilan : 1 défaite

Miguel Ángel Lauri est international argentin quand il est transféré d'Estudiantes de La Plata au FC Sochaux, en 1936. Avec des ancêtres basques, comme son coéquipier doubiste Pierre Duhart, venu d'Uruguay, il obtient la nationalité française rapidement et peut ainsi être aligné face à l'Irlande. Dans une équipe très rajeunie, Michel Lauri ne peut tirer son épingle du jeu et il ne sera pas reconvoqué.

Match joué : 1937 1 match sur 7 | **Titulaire :** 1 fois sur 1

Michel Frutuoso

Milieu de terrain
1 sélection

Né le 21 mars 1914 à Oran (Algérie française), décédé le 21 décembre 2003 (89 ans)

Unique sélection : 23 mai 1937 à Colombes, France - Eire (0-2)

Club : 1936-1937 : RC Roubaix (1 sélection)

Bilan : 1 défaite

Avec Abdelkader Ben Bouali, Georges Meuris et Michel Lauri, Michel Frutoso est le quatrième nouvel élu en équipe de France contre l'Irlande. Et comme ses trois camarades, cet « inter » gauche râblé ne sera jamais sélectionné par la suite.

Match joué : 1937 1 match sur 7 | **Titulaire :** 1 fois sur 1

Hector Cazenave

Défenseur
8 sélections

Né le 13 avril 1914 à Montevideo (Uruguay), décédé le 27 septembre 1958 (44 ans)

Première sélection : 10 octobre 1937 à Paris, France - Suisse (2-1)

Dernière sélection : 12 juin 1938 à Colombes, France - Italie (1-3)

Club : 1937-1938 : FC Sochaux (8 sélections)

Bilan : 5 victoires, 1 nul, 2 défaites

Comme son coéquipier sochalien Pierre Duhart, Hector Cazenave est uruguayen. Naturalisé français un an après son arrivée dans l'Hexagone, il devient le stoppeur de la sélection tricolore en vue de la Coupe du monde, chargé de marquer l'avant-centre adverse. Débutant dans une formation où l'on trouve cinq Lionceaux, Cazenave est vite à son aise. Avec Étienne Mattler, il forme une paire solide devant Laurent Di Lorto, leur gardien habituel en club. Durant la Coupe du monde, il repousse bien les assauts belges à Colombes, même si l'avant-centre Henri Isemborghs parvient à marquer en 8es de finale. En quarts de finale, Silvio Piola lui échappe deux fois, assurant ainsi la victoire de l'Italie (3-1). C'est la dernière sélection de Cazenave car le Nordiste Jules Vandooren, qu'il avait poussé sur le banc des remplaçants pendant deux ans, reprend ensuite sa place.

Matches joués : 1937 3 matches sur 7 ▪ **1938** 5 matches sur 6 | **Titulaire :** 8 fois sur 8 | **Coupe du monde 1938 :** 2 matches sur 2

Hector Cazenave

Curt Keller

Attaquant
1 sélection

Né le 28 avril 1918 à Strasbourg (Bas-Rhin), décédé le 23 mars 1992 (73 ans)

Unique sélection : 10 octobre 1937 à Paris, France - Suisse (2-1)

Club : 1937-1938 : FC Sochaux (1 sélection)

Bilan : 1 victoire

Le frère cadet de Fritz Keller, ailier droit comme lui, débute six mois après son dernier match. Malgré la présence à ses côtés, contre la Suisse, de quatre de ses coéquipiers sochaliens, Laurent Di Lorto, Étienne Mattler, Hector Cazenave et Roger Courtois, il ne parvient pas s'imposer et ne fait pas partie de la sélection pour la Coupe du monde.

Match joué : 1937 1 match sur 7 | **Titulaire :** 1 fois sur 1

Lucien Jasseron

Milieu de terrain
2 sélections

Né le 29 décembre 1913 à Oran (Algérie française), décédé le 15 novembre 1999 (85 ans)

Première présélection : 10 octobre 1937 à Paris (France-Suisse)

Première sélection : 8 avril 1945 à Lausanne, Suisse - France (1-0)

Dernière sélection : 26 mai 1945 à Wembley, Angleterre- France (2-2)

Clubs : 1937-1940 : Le Havre AC (0 sélection) ▪ 1944-1945 : RC Paris (2 sélections)

Bilan : 1 nul, 1 défaite

Nouvel appelé, comme Curt Keller, pour le match contre la Suisse, le « demi-aile » havrais parvient à rester dans le groupe, contrairement à l'Alsacien. Mais toujours comme remplaçant, notamment pendant la Coupe du monde 1938. Ce n'est qu'après la guerre que Lucien Jasseron, passé au Racing, joue enfin. Il prend ainsi part à l'exploit de Wembley, la France étant la première à tenir l'Angleterre en échec sur ses terres (2-2). Jasseron deviendra dans les années 1950-1960 un entraîneur réputé, au Havre puis à Lyon. En 1966, il est l'un des deux adjoints d'Henri Guérin durant la Coupe du monde qui se tient outre-Manche.

Matches joués : 1937 - ▪ **1938** - ▪ **1939** - ▪ **1940** - ▪ **1942** - ▪ **1944** - ▪ **1945** 2 matches sur 4 | **Titulaire :** 2 fois sur 2 | **Resté sur le banc :** 4 fois | **Resté en tribune :** 2 fois | **Coupe du monde 1938 :** 0 match sur 2

Martin Gonzales

Gardien de but
0 sélection

Né le 18 juillet 1915 à Misserghin (Algérie française), décédé le 2 mars 1984 (68 ans)

Première présélection : 10 octobre 1937 à Paris, France - Suisse (2-1)

Dernière présélection : 24 mars 1938 à Paris, France - Bulgarie (6-1)

Club : 1937-1938 : Red Star

La gardien parisien d'origine espagnole est en course pour intégrer l'équipe de France. Il reste le suppléant de Laurent Di Lorto et René Llense pendant la préparation de la Coupe du monde 1938. C'est finalement le Nordiste Julien Darui qui sera le troisième portier tricolore.

Resté sur le banc : 4 fois

1938

14 nouveaux joueurs
6 matches

30 janvier : France - Belgique 5-3
24 mars : France - Bulgarie 6-1
26 mai : France - Angleterre 2-4
5 juin : France - Belgique 3-1 (CM)
12 juin : France - Italie 3-1 (CM)
4 décembre : Italie - France 1-0

Auguste Jordan

Défenseur
16 sélections, 1 but

Né le 21 février 1909 à Linz (Autriche), décédé le 17 mai 1990 (81 ans)

Première sélection : 30 janvier 1938 à Paris, France - Belgique (5-3)

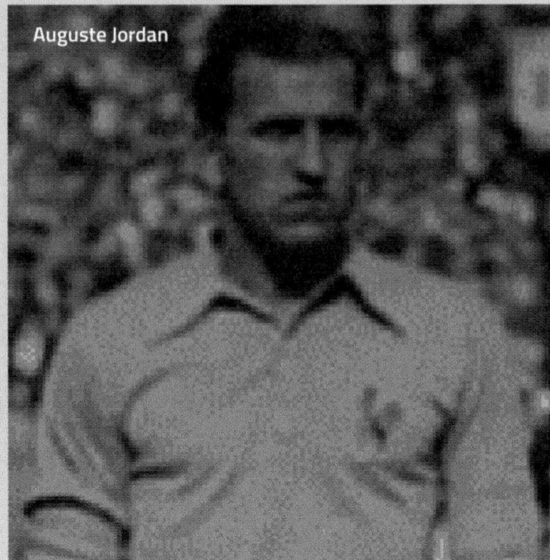
Auguste Jordan

Dernière sélection : 6 décembre 1945 à Vienne, Autriche - France (1-4)

Club : 1937-1945 : RC Paris (16 sélections)

Bilan : 7 victoires, 2 nuls, 7 défaites

Cet attaquant autrichien arrive en France pour participer au premier championnat professionnel en 1933, avec le Racing. Rapidement, il est replacé en défense ou devant celle-ci, poste où il excelle sous les couleurs du club parisien. Naturalisé français en 1935, Auguste Jordan est convoqué en équipe nationale à l'approche de la troisième Coupe du monde, qui se tient dans l'Hexagone. On fait appel à ses services au poste de stoppeur. Et l'essayer, c'est l'adopter puisqu'il dispute tous les matches pendant deux ans, jusqu'à la guerre. Si lors de sa deuxième sortie, « Gusti » marque contre son camp, au profit de la Bulgarie, lors de la suivante, il reprend de la tête un corner d'Alfred Aston et score contre l'Angleterre. C'est son sens du placement et son toucher de balle qui font surtout merveille. Il a beau avoir 35 ans à la Libération, il est encore présent pour la reprise des confrontations internationales. Après l'exploit de Wembley, le nul 2-2 arraché aux Anglais sur leur sol, il est du voyage à Vienne, dans son pays d'origine, à la fin de l'année 1945. C'est sa dernière apparition à ce niveau, chargée d'une émotion particulière.

Matches joués : 1938 6 matches sur 6 ▪ **1939** 4 matches sur 4 ▪ **1940** 1 match sur 1 ▪ **1942** 2 matches sur 2 ▪ **1944** - ▪ **1945** 3 matches sur 4 | **But : 1938** 1 | **Titulaire :** 16 fois sur 16 | **Coupe du monde 1938 :** 2 matches sur 2

Marcel Marchal

Milieu de terrain, 1 sélection

Né le 2 juin 1913 à Metz (Moselle), décédé le 30 novembre 2010 (97 ans)

Unique sélection : 30 janvier 1938 à Paris, France - Belgique (5-3)

Dernière présélection : 22 janvier 1939 à Paris, France - Pologne (4-0)

Club : 1937-1939 : FC Metz (1 sélection)

Bilan : 1 victoire

Il débute avec Auguste Jordan contre la Belgique, l'année de la Coupe du monde en France. Le « demi-aile » messin, qui accompagne son coéquipier Ignace Kowalczyk, dont c'est la dernière sélection, convainc nettement moins que le Parisien. Il n'est pas convoqué avant un an et un match amical contre la Pologne, durant lequel il reste sur la touche. On ne le reverra plus, ce qui ne l'empêchera pas de vivre très longtemps : 97 ans !

Match joué : 1938 1 match sur 6 ▪ **1939** - | **Titulaire :** 1 fois sur 1 | **Resté sur le banc :** 1 fois

Camille Cottin

Milieu de terrain, 0 sélection

Né le 10 février 1910 à Paris-l'Hôpital (Saône-et-Loire), décédé le 18 avril 1988 (78 ans)

Unique présélection : 30 janvier 1938 à Paris, France - Belgique (5-3)

Club : 1937-1938 : RC Roubaix

Comme Auguste Jordan et Marcel Marchal, le Roubaisien Camille Cottin est convoqué pour le premier match de l'année 1938. Il demeure sur le banc de touche et ce sera la dernière fois.

Resté sur le banc : 1 fois

Ramon Ithurbide

Attaquant, 0 sélection

Né en Uruguay

Unique présélection : 24 mars 1938 à Paris, France-Bulgarie (6-1)

Club : 1937-1938 : FC Sochaux

Encore un Sud-Américain engagé par Sochaux, après Hector Cazenave et Pierre Duhart. Uruguayen comme eux, Ramon Ithurbide intéresse les sélectionneurs tricolores. Ce garçon d'origine basque est naturalisé français. Il fait seulement acte de présence sur le banc de touche lors d'un match amical contre la Bulgarie au Parc, avant la Coupe du monde.

Resté sur le banc : 1 fois

André Simonyi

Attaquant
4 sélections, 1 but

Né le 31 mars 1914 à Huszt (Hongrie, aujourd'hui Ukraine), décédé le 17 juillet 2002 (86 ans)

Première présélection : 24 mars 1938 à Paris, France - Bulgarie (6-1)

Première sélection : 8 mars 1942 à Marseille, France - Suisse (0-2)

Dernière sélection : 8 avril 1945 à Lausanne, Suisse - France (1-0)

Club : 1937-1945 : Red Star (4 sélections)

Bilan : 1 victoire, 3 défaites

Comme l'Uruguayen Ramon Ithurbide, le Hongrois Andras Simonyi est sollicité par l'équipe de France pour préparer « sa » Coupe du monde. Né dans l'empire d'Autriche-Hongrie, juste avant la Première Guerre mondiale, Andras est devenu André en arrivant à Lille en 1933. Après avoir évolué à Sochaux, cet « inter » droit est devenu un brillant meneur de jeu au Red Star, où il forme un joli duo avec Alfred Aston. Mais les sélectionneurs font finalement marche arrière, le laissent sur la touche et ne l'intègrent pas au groupe du Mondial. Ce n'est que quatre ans plus tard, en pleine guerre, que Simonyi se met au service de son pays. Il fait partie de la première équipe qui joue à la Libération, comme Aston. Mieux : il marque le premier but de la France contre la Belgique, au Parc (3-1). Simonyi dispute son dernier match un mois après, en Suisse. Il poursuit sa carrière en effectuant un long tour de France qui le mène à Rennes, Angers, Paris, Rouen, Roubaix et Cherbourg (jusqu'en 1962), comme entraîneur-joueur. C'est là qu'il découvre Jacky Simon, futur international nantais.

Matches joués : 1938 - ▪ **1939** - ▪ **1940** - ▪ **1942** 2 matches sur 2 ▪ **1944** 1 match sur 1 ▪ **1945** 1 match sur 4 | **But : 1944** 1 | **Titulaire :** 4 fois sur 4 | **Resté sur le banc :** 1 fois

Emmanuel Aznar

Attaquant
1 sélection, 1 but

Né le 23 décembre 1915 à Sidi-Bel-Abbès (Algérie française), décédé le 4 octobre 1970 (54 ans)

Unique sélection : 24 mars 1938 à Paris, France - Bulgarie (6-1)

Dernière présélection : 24 décembre 1944 à Paris (France-Belgique)

Club : 1937-1945 : Olympique de Marseille (1 sélection)

Bilan : 1 victoire

Le forfait du Sochalien Roger Courtois donne l'occasion au Marseillais Emmanuel Aznar d'entrer en équipe de France. Le buteur de l'OM, « inter » gauche, participe au festival offensif des Tricolores face aux Bulgares : il marque le quatrième de leurs six buts en reprenant un ballon relâché par le gardien adverse sur un coup franc de Jean Nicolas. Pourtant, Aznar ne fait pas partie des 22 pour la Coupe du monde deux mois plus tard et on ne le rappelle pas avant le premier match de l'après-guerre. Il reste sur le banc des remplaçants, barré par le Lillois Jean Baratte.

Match joué : 1938 1 match sur 6 ▪ **1939** - ▪ **1940** - ▪ **1942** - ▪ **1944** - | **But : 1938** 1 | **Titulaire :** 1 fois sur 1 | **Resté sur le banc :** 1 fois

Jean Bastien

Milieu de terrain
4 sélections

Né le 21 juin 1915 à Oran (Algérie française), décédé le 8 avril 1969 (53 ans)

Première présélection : 24 mars 1938 à Paris, France - Bulgarie (6-1)

Première sélection : 5 juin 1938 à Colombes, France - Belgique (3-1)

Dernière sélection : 6 décembre 1945 à Vienne, Autriche - France (4-1)

Club : 1938-1945 : Olympique de Marseille (4 sélections)

Bilan : 2 victoires, 2 défaites

Le « demi-aile » marseillais Jean Bastien monte à Paris avec Emmanuel Aznar pour le match de préparation au Mondial contre la Bulgarie. Initialement, ce devait être contre l'Autriche mais l'Anschluss réalisé par l'Allemagne trois semaines auparavant a abouti à la dissolution de l'équipe autrichienne, intégrée dans la Mannschaft. Si Aznar joue, Bastien, lui, reste sur le banc. Contrairement à son camarade de l'OM, il est rappelé pour le match amical suivant puis titularisé pour la Coupe du monde ! Il dispute ainsi comme « demi » défensif le 8e de finale contre les Belges puis le quart de finale contre les Italiens. La guerre interrompt sa carrière mais il retrouve l'équipe de France après. Il évolue en défense centrale à Vienne, avec Gusti Jordan, dans ce qui est leur dernière sortie à ce niveau de compétition.

Matches joués : 1938 2 matches sur 6 ▪ **1939** - ▪ **1940** - ▪ **1942** - ▪ **1944** 1 match sur 1 ▪ **1945** 1 match sur 4 | **Titulaire :** 4 fois sur 4 | **Resté sur le banc :** 2 fois | **Coupe du monde 1938 :** 2 matches sur 2

Michel Brusseaux

Attaquant
1 sélection

Né le 19 mars 1913 Oran (Algérie française), décédé le 28 février 1986 (72 ans)

Unique sélection : 25 mai 1938 à Paris, France - Angleterre (2-4)

Dernière présélection : 16 mars 1939 à Paris, France - Hongrie (2-2)

Club : 1937-1939 : FC Sète (1 sélection)

Bilan : 1 défaite

« Inter » droit aux jambes arquées, le Sétois originaire d'Oran, comme Jean Bastien, est testé avec succès contre l'Angleterre, malgré une défaite 2-4 dans le dernier match avant la

Coupe du monde. Il donne notamment le but de l'égalisation à 2-2 à Jean Nicolas. Durant le Mondial, Michel Brusseaux reste en tribune et il ne sera jamais revu en action.

Match joué : 1938 1 match sur 6 ▪ **1939** - | **Titulaire :** 1 fois sur 1 | **Resté sur le banc :** 1 fois | **Resté en tribune :** 2 fois | **Coupe du monde 1938 :** 0 match sur 2

Mario Zatelli

Attaquant
1 sélection, 1 but

Né le 21 décembre 1912 à Sétif (Algérie française), décédé le 7 janvier 2004 (91 ans)

Première présélection : 5 juin 1938 à Colombes, France - Belgique (3-1)

Unique sélection : 22 janvier 1939 à Paris, France - Pologne (4-0)

Clubs : 1937-1938 : Olympique de Marseille (0 sélection) ▪ 1938-1939 : RC Paris (1 sélection)

Bilan : 1 victoire

Après Emmanuel Aznar, Jean Bastien et Michel Brusseaux, c'est un nouveau pied-noir qui débarque en équipe de France et un troisième Marseillais : Mario Zatelli. Mais lui déboule directement en Coupe du monde ! En fait, cet avant-centre doit se contenter de figurer parmi les 22 sélectionnés et suivre depuis les tribunes de Colombes les deux matches que disputent les Tricolores. Zatelli est titularisé seulement sept mois plus tard, alors qu'il évolue au Racing, pour la venue de la Pologne à Paris. Il inscrit le quatrième but de la large victoire française sur une passe de Larbi Ben Barek, qu'on voit habituellement à l'œuvre à l'OM. Comme pour beaucoup, la guerre va stopper sa carrière internationale. Rentré à Marseille en 1943, Zatelli y prolonge sa carrière jusqu'en 1948 avant de devenir un entraîneur réputé, entre autres à l'OM.

Match joué : 1938 - ▪ **1939** 1 match sur 4 | **But : 1939** : 1 | **Titulaire :** 1 fois sur 1 | **Resté en tribune :** 2 fois | **Coupe du monde 1938 :** 0 matches sur 2

César Povolny

Milieu de terrain
0 sélection

Né le 19 juillet 1914 à Recklinghausen (Allemagne)

Première présélection : 5 juin 1938 à Colombes, France - Belgique (3-1)

Dernière présélection : 12 juin 1938 à Colombes, France - Italie, (3-1)

Club : 1937-1938 : Le Havre (0 sélection)

Comme Mario Zatelli, César Povolny entre en équipe de France directement pour la Coupe du monde. Czeslaw, de son prénom polonais, est né en Allemagne, comme Ignace Kowalczyk et Édouard Wawrzeniak. Fait notable : il évolue en D2 avec Le Havre, qui accèdera à la Première division à la fin de l'été. Il reste sur le banc de touche et ne sera plus sélectionné par la suite.

Resté sur le banc : 2 fois | **Coupe du monde 1938 :** 0 match sur 2

Mario Zatelli

Julien Darui

Gardien de but
25 sélections

Né le 16 février 1916 à Oberkorn (Luxembourg), décédé le 12 décembre 1987 (71 ans)

Première présélection : 5 juin 1938 à Colombes, France - Belgique (3-1)

Première sélection : 16 mars 1939 à Paris, France - Hongrie (2-2)

Dernière sélection : 12 mai 1951 à Belfast, Irlande du Nord - France (2-2)

Clubs : 1938-1940 : Olympique Lillois (3 sélections) ▪ 1940-1942 : Red Star (2 sélections) ▪ 1942-1945 : Lille OSC (2 sélections) ▪ 1945-1951 : CO Roubaix (16 sélections)

Bilan : 13 victoires, 4 nuls, 8 défaites

Le gardien né au Luxembourg est mosellan depuis l'après-guerre. Il brille à Lille après avoir débuté à Charleville, si bien qu'il arrache la place de troisième gardien dans la sélection française établie pour la Coupe du monde 1938, derrière Laurent Di Lorto et René Llense. Julien Darui est un goal d'un nouveau genre, pas très grand (1,69 m) mais souple et particulièrement habile des pieds, ce qui lui permet d'exceller dans la relance. Un vrai chef de défense. Placé en tribune durant le Mondial puis sur le banc des remplaçants pour les deux matches post-Coupe du monde, il effectue ses débuts au Parc contre la Hongrie. Darui encaisse deux buts du finisseur de Ferencváros István Kiszely mais face aux vice-champions du monde, le nul 2-2 reste une bonne performance. Aussi, il devient le titulaire du poste, précipitant la fin de carrière de Di Lorto. La guerre interrompt la sienne mais ne la compromet pas. Passé de Lille à Roubaix en 1945, Darui perfectionne son style et s'impose sur la durée. Lors du match historique de la France à Wembley en 1945, il stoppe un penalty de l'attaquant d'Aston Villa Leslie Smith, ce qui oblige l'Angleterre à concéder un nul chez elle pour la première fois (2-2). À 31 ans, Darui est même le gardien de l'équipe d'Europe qui dispute un match de prestige contre la Grande-Bretagne à Glasgow, le 10 mai 1947. Malgré les six buts encaissés à Hampden Park ce jour-là, il est alors considéré comme le meilleur portier du monde ! À partir de 1949 et alors qu'il a 33 ans, il subit la concurrence de René Vignal, le fantasque gardien du Racing, et disparaît des sélections au moment où la France essaie de se qualifier pour le Mondial 1950. Il revient brièvement en 1951 et termine sa carrière internationale dans une mini-tournée en Grande-Bretagne, effectuant sa dernière sortie au Windsor Park de Belfast. Il laisse sa place au Nîmois Stéphane Dakowski contre l'Écosse, à Hampden Park. Darui terminera son parcours comme entraîneur-joueur à Montpellier. Il se livrera durant quelque temps à des exhibitions dans un cirque, devant un public ravi des prouesses physiques qu'il réalise à 40 ans.

Matches joués : 1938 - ▪ **1939** 3 matches sur 4 ▪ **1940** - ▪ **1942** 2 matches sur 2 ▪ **1944** - ▪ 1945 4 matches sur 4 ▪ **1946** 4 matches sur 4 ▪ **1947** 6 matches sur 6 ▪ **1948** 4 matches sur 5 ▪ **1949** - ▪ **1950** - ▪ **1951** 2 matches sur 7 | **Titulaire :** 25 fois sur 25 | **Resté sur le banc :** 4 fois | **Resté en tribune :** 2 fois | **Capitaine :** 5 fois (16e, 20e-23e) | **Coupe du monde 1938 :** 0 match sur 2

Larbi Ben Barek

Attaquant
17 sélections, 3 buts

Né le 16 juin 1917 à Casablanca (Maroc, alors sous protectorat français), décédé le 16 septembre 1992 (75 ans)

Première sélection : 4 décembre 1938 à Naples, Italie - France (1-0)

Dernière sélection : 16 octobre 1954 à Hanovre, Allemagne - France (1-3)

Clubs : 1938-1939 : Olympique de Marseille (4 sélections) ▪ 1945-1948 : Stade Français (12 sélections) ▪ 1948-1953 : Atlético de Madrid ▪ 1953-1955 : Olympique de Marseille (1 sélection)

Bilan : 10 victoires, 1 nul, 6 défaites

Il a 21 ans et déjà, il brille tel un diamant à l'Olympique de Marseille. Le Marocain Larbi Ben Barek aurait pu être sélectionné pour la Coupe du monde s'il n'avait pas été jugé encore un peu tendre pour concurrencer les expérimentés Oscar Heisserer et Jean Nicolas. Mais dès le match suivant, une revanche du quart de finale du Mondial perdu contre l'Italie qui constitue le 150e rendez-vous de l'équipe de France, il est retenu. Son talent hors norme fait qu'il est reconduit pour les oppositions suivantes mais la guerre vient malheureusement stopper son ascension internationale. Ce n'est qu'après celle-ci qu'il peut la reprendre, alors qu'il a déjà 28 ans. Pendant trois saisons, Larbi Ben Barek est la vedette de l'équipe de France. Athlétique, technique, doté d'une détente et d'une agilité fascinantes, il est la « perle noire » que tout le monde veut voir jouer et que les clubs s'arrachent. En 1948, il part en Espagne, fait rarissime pour un joueur tricolore, afin d'intégrer les rangs de l'Atlético de Madrid, ce qui met un terme provisoire à sa carrière en équipe nationale. Son compteur reste bloqué à 16 sélections. Il aura été plus souvent passeur décisif que buteur, même s'il marqua, en 1939, contre la Hongrie, finaliste du Mondial précédent. Il avait également réussi un retourné spectaculaire contre la Belgique au Heysel en 1948. Revenu en France en 1953, plus précisément à Marseille, Larbi se voit finalement convié à défendre les couleurs de son pays après la Coupe du monde disputée l'année suivante ! Six ans après sa dernière sélection et seize ans après sa première, on le voit ainsi à l'œuvre à Hanovre, contre les champions du monde allemands, aux côtés de Raymond Kopa. Mais à 37 ans, son corps souffre et il doit quitter le terrain à la 27e minute, laissant son remplaçant, Jacques Foix, inscrire deux des trois buts de l'inattendue victoire tricolore. Cette fois, c'est bien sa dernière sortie.

Matches joués : 1938 1 match sur 6 ▪ **1939** 3 matches sur 4 ▪ **1940** - ▪ **1942** - ▪ **1944** - ▪ **1945** 2 matches sur 4 ▪ **1946** 4 matches sur 4 ▪ **1947** 2 matches sur 6 ▪ **1948** 4 matches sur 5 ▪ **1949** - ▪ **1950** - ▪ **1951** - ▪ **1952** - ▪ **1953** - ▪ **1954** 1 match sur 6 | **Buts : 1939** 1 ▪ **1947** 1 ▪ **1948** 1 | **Titulaire :** 17 fois sur 17 | **Resté sur le banc :** 1 fois

Jean Snella

Milieu de terrain, 0 sélection

Né le 8 décembre 1914 à Nette (Allemagne), décédé le 19 novembre 1979 (64 ans)

Unique présélection : 4 décembre 1938 à Naples, Italie - France (1-0)

Club : 1938-1939 : AS Saint-Étienne (0 sélection)

Discret, le joueur stéphanois fait partie pour la première fois de la sélection pour la revanche du quart de finale de la Coupe du monde, programmée le 4 décembre à Naples. Comme Julien Darui, il n'entre pas en jeu et la guerre stoppe net sa carrière. Retenu prisonnier deux ans en Allemagne, il s'évade. Jean Snella deviendra coach à partir de 1945. C'est bien plus tard qu'il retrouvera l'équipe de France, comme entraîneur en 1958, aux côtés d'Albert Batteux, puis comme sélectionneur en 1966, en duo avec José Arribas. Une expérience qui tourne court puisqu'elle s'interrompt au bout de quatre matches…

Resté sur le banc : 1 fois

Henri Luddens

Attaquant
0 sélection

Unique présélection : 4 décembre 1938 à Naples, Italie - France (1-0)

Club : 1938-1939 : Excelsior Roubaix (0 sélection)

Comme Jean Snella, Henri Luddens ne fait que passer en fin d'année. Contrairement à Larbi Ben Barek, qui débute, il n'entre pas en jeu. Et contrairement à Julien Darui, il ne reviendra pas.

Resté sur le banc : 1 fois

1939

3 nouveaux joueurs
4 matches

22 janvier : France - Pologne 4-0
16 mars : France - Hongrie 2-2
18 mai : Belgique - France 1-3
21 mai : France - Galles 2-1

Edmond Weisskopf

Attaquant
1 sélection

Né le 22 décembre 1911 à Budapest (Hongrie), décédé le 16 mars 1996 (84 ans)

Unique sélection : 15 mars 1939 à Paris, France - Hongrie (2-2)

Club : 1938-1939 : FC Metz (1 sélection)

Bilan : 1 nul

Étrange destin que celui de cet ailier gauche hongrois, naturalisé français après être venu jouer dans l'Hexagone, d'abord à Sète, en 1934, puis à Marseille et Metz, et qui se retrouve international, aligné contre son pays d'origine ! Edmond Weiskopf est dans le coup sur les deux buts tricolores, signés Larbi Ben Barek et Oscar Heisserer, face aux vice-champions du monde. Mais il ne sera pas rappelé pour autant.

Match joué : 1939 1 match sur 4 | **Titulaire :** 1 fois sur 1

Désiré Koranyi

Attaquant
5 sélections, 5 buts

Né le 28 janvier 1914 à Szeged (Hongrie), décédé le 9 janvier 1981 (66 ans)

Première sélection : 18 mai 1939 à Bruxelles, Belgique - France (1-3)

Dernière sélection : 15 mars 1942 à Séville, Espagne - France (4-0)

Club : 1938-1942 : FC Sète (5 sélections)

Bilan : 3 victoires, 2 défaites

Comme Edmond Weiskopf, Dezső Korányi est hongrois. Il arrive dans l'Hexagone un an après lui, à Sète également. Quand Odon, naturalisé français au bout de trois ans, devient Edmond, Dezső devient Désiré... Toujours avec le maillot sétois, Koranyi termine meilleur buteur du championnat de France 1939, à égalité avec le Sochalien Roger Courtois (27 réalisations). Bien que mesurant 1,68 m, il est doté d'un jeu de tête redoutable grâce à une impressionnante « double détente ». Ses débuts avec l'équipe de France sont remarquables : il remplace Courtois, forfait, et marque deux fois contre la Belgique au Heysel, puis une fois contre le Pays de Galles à Colombes, au match suivant. Il réussit encore un doublé face au Portugal au Parc. Cinq pions en trois matches... Voilà le digne successeur de Jean Nicolas ! Seulement, la guerre vient stopper son aventure internationale. Désiré Koranyi participe bien aux deux confrontations organisées en 1942, à Marseille et Séville, mais il ne reviendra plus, par la suite, en équipe de France. Et ce, bien qu'il poursuive sa moisson de buts à Sète jusqu'en 1950. Il figura ainsi parmi les meilleurs réalisateurs du championnat en 1946 et 1947.

Matches joués : 1939 2 matches sur 4 ▪ **1940** 1 match sur 1 ▪ **1942** 2 matches sur 2 | **Buts : 1939** 3 ▪ **1940** 2 | **Titulaire :** 5 fois sur 5

Jean Laune

Milieu de terrain
0 sélection

Né le 30 juillet 1916 à Montpellier (Hérault), décédé le 3 septembre 1996 (80 ans)

Première présélection : 18 mai 1939 à Bruxelles, Belgique - France (1-3)

Dernière présélection : 15 mars 1942 à Séville, Espagne - France (4-0)

Cinq fois appelé, cinq fois laissé sur le banc des remplaçants. Jean Laune n'a jamais pu débuter sa carrière internationale, marquée par l'éclatement de la Seconde Guerre mondiale.

Resté sur le banc : 5 fois

1940

4 nouveaux joueurs
1 match

28 janvier : France - Portugal 3-2

Henri Hiltl

Attaquant
2 sélections

Né le 8 octobre 1910 à Vienne (Autriche), décédé le 25 novembre 1982 (72 ans)

Première sélection : 28 janvier 1940 à Paris, France - Portugal (3-2)

Dernière sélection : 24 décembre 1944 à Paris, France - Belgique (3-1)

Dernière présélection : 19 mai 1946 à Colombes, France - Angleterre (2-1)

Clubs : 1939-1940 : RC Paris (1 sélection) ▪ 1944-1945 : Excelsior Roubaix (1 sélection) ▪ 1945-1946 : CO Roubaix (0 sélection)

Bilan : 2 victoires

Après les Hongrois Edmond Weiskopf et Désiré Koranyi, c'est au tour des Autrichiens de France d'entrer en équipe nationale. Henri Hiltl a été une fois l'avant-centre de la « Wunderteam » avant de venir jouer au RC Paris, où la précision de ses coups de pied arrêtés fait merveille. « Inter » droit, il sert Oscar Heisserer pour le premier but face au Portugal au Parc. C'est le dernier match avant que la guerre ne vienne ravager le pays. Juste après la fin de celle-ci, Hiltl retrouve la formation tricolore et réussit une nouvelle passe décisive contre la Belgique, au profit d'Henri Arnaudeau. Il doit ensuite se contenter d'une place sur le banc des remplaçants. Après 1945, il se consacre à son club de Roubaix avec lequel il remporte le championnat de France 1947.

Matches joués : 1940 1 match sur 1 ▪ **1942** - ▪ **1944** 1 match sur 1 ▪ **1945** - ▪ **1946** - | **Titulaire :** 2 fois sur 2 | **Resté sur le banc :** 4 fois

Rodolphe Hiden

Gardien de but
1 sélection

Né le 9 mars 1909 à Graz (Autriche), décédé le 11 septembre 1973 (64 ans)

Unique sélection : 28 janvier 1940 à Paris, France - Portugal (3-2)

Club : 1939-1940 : RC Paris (1 sélection)

Bilan : 1 victoire

Rodolphe « Rudi » Hiden est un gardien spectaculaire, grand, souple, avec des mains immenses, toujours vêtu de noir et qui ne passe donc pas inaperçu. Il possède tout simplement un physique de cinéma. Contrairement à Henri Hiltl, il fut une vraie vedette de l'équipe autrichienne du début des années 1930, sélectionné à 32 reprises dans la « Wunderteam ». Arrivé comme lui à Paris en 1933, Rudi Hiden est naturalisé français en 1939 et peut donc jouer pour la sélection tricolore, car ce n'était pas interdit à l'époque. Malheureusement pour lui, la guerre va stopper sa seconde carrière internationale, à 31 ans. Après un match face au Portugal et une rencontre non-officielle face à l'Angleterre (1-1), il n'aura pas d'autre occasion de briller.

Match joué : 1940 1 match sur 1 | **Titulaire :** 1 fois sur 1

La plus longue durée

Une carrière en équipe de France peut se faire sur une année seulement, mais aussi sur beaucoup plus : 15 ans et 10 mois pour Larbi Ben Barek, entre décembre 1938 et octobre 1954. Lilian Thuram (1994-2006) est celui qui s'en est approché le plus. Mais Karim Benzema, sélectionné depuis 2007 peut viser ce record à son tour...

Louis Hermant

0 sélection

Né le 22 avril 1918 à Auchel (Pas-de-Calais), décédé le 27 mars 2007 (88 ans)

Unique présélection : 28 janvier 1940 à Paris, France - Portugal (3-2)

Club : 1939-1940 : RC Lens

Remplaçant contre le Portugal, il ne sera jamais revu.

Resté sur le banc : 1 fois

Pierre Danzelle

Attaquant
0 sélection

Né le 2 novembre 1919 à Sète (Hérault), décédé le 1er novembre 1988 (68 ans)

Unique présélection : 28 janvier 1940 à Paris, France - Portugal (3-2)

Club : 1939-1940 : FC Sète

Comme Louis Hermant, cet ailier sétois qui accompagne Désiré Koranyi ne fait que passer. Il a été champion de France 1939.

Resté sur le banc : 1 fois

1942

3 nouveaux joueurs
2 matches

8 mars : France - Suisse 0-2
15 mars : Espagne - France 4-0

Henri Arnaudeau

Milieu de terrain
6 sélections, 1 but

Né le 23 avril 1922 à Bordeaux (Gironde), décédé le 23 octobre 1987 (65 ans)

Première sélection : 8 mars 1942 à Marseille, France - Suisse (0-1)

Dernière sélection : 6 février 1951 à Paris, France - Yougoslavie (2-1)

Clubs : 1941-1949 : Girondins de Bordeaux (3 sélections) ▪ 1949-1951 : Stade Français (3 sélections)

Bilan : 3 victoires, 1 nul, 2 défaites

L'ailier gauche girondin fait partie, à 20 ans, de l'équipe qui a pu être rassemblée à Marseille pendant la deuxième année d'occupation. Il est de nouveau sélectionné à la Libération, et c'est lui qui permet à André Simonyi de marquer le premier but de la France libérée, au Parc, contre la Belgique. Mais Henri Arnaudeau disparaît ensuite des listes du comité de sélection. Ce que n'est que cinq ans plus tard, alors qu'il est parti à Paris jouer au Stade Français, qu'il revient en lice. En fin d'année 1950, il joue cette fois demi-défensif, avec succès contre les Belges puis les Hollandais à Colombes. Henri Arnaudeau enchaîne une troisième victoire contre la Yougoslavie, mais, blessé ensuite, il ne peut faire la tournée britannique qui suit et ne sera plus rappelé.

Matches Joués : 1942 2 matches sur 2 ▪ **1944** 1 match sur 1 ▪ **1945** - ▪ **1946** - ▪ **1947** - ▪ **1948** - ▪ **1949** - ▪ **1950** 2 matches sur 4 ▪ **1951** 1 match sur 7 | **But : 1944** 1 | **Titulaire :** 6 fois sur 6

Henri Roessler

Défenseur
2 sélections

Né le 16 septembre 1910 à Lauterbourg (Bas-Rhin, alors annexé par l'Allemagne), décédé le 18 septembre 1978 (68 ans)

Première sélection : 8 mars 1942 à Marseille, France - Suisse (0-1)

Dernière sélection : 15 mars 1942 à Séville, Espagne - France (4-0)

Club : 1941-1942 : Red Star (2 sélections)

Bilan : 2 défaites

Avec ses partenaires de club Aston, Julien Darui et André Simonyi, Henri Roessler rejoint l'équipe bricolée en zone libre et joue arrière gauche contre la Suisse, puis l'Espagne. Mais ce solide Alsacien ne sera pas convoqué ensuite. Il se tournera alors vers une carrière d'entraîneur.

Matches joués : 1942 2 matches sur 2 | **Titulaire :** 2 fois sur 2

François Mercier

Défenseur
1 sélection

Né le 19 juillet 1916 à Palavas-les-Flots (Hérault), décédé le 17 juin 1996 (79 ans)

Première présélection : 8 mars 1942 à Marseille, France - Suisse (0-2)

Unique sélection : 15 mars 1942 à Séville, Espagne - France (4-0)

Club : 1941-1942 : FC Sète (1 sélection)

Bilan : 1 défaite

Remplaçant dans la première équipe de France formée sous l'occupation, François Mercier est titulaire pour le match suivant, en Espagne. Débordé par l'attaquant madrilène de l'Atlético, Francisco Campos, on ne reverra plus le demi-aile Sétois.

Match joué : 1942 1 match sur 2 | **Titulaire :** 1 fois sur 1 | **Resté sur le banc :** 1 fois

1944

9 nouveaux joueurs 1 match

24 décembre : France - Belgique 3-1

Jean Baratte

Attaquant
32 sélections, 19 buts

Né le 7 juin 1923 à Lambersart (Nord), décédé le 1er juillet 1986 (63 ans)

Première sélection : 24 décembre 1944 à Paris, France - Belgique (3-1)

Dernière sélection : 11 novembre 1952 à Colombes, France - Irlande du Nord (3-1)

Dernière présélection : 14 mai 1953 à Colombes, France - Galles (6-1)

Club : 1944-1953 : Lille OSC (32 sélections)

Bilan : 15 victoires, 7 nuls, 10 défaites

Il n'a que 21 ans mais sa réputation de leader d'attaque est déjà grande. Athlétique, Jean Baratte est le premier avant-centre de l'équipe de France à la Libération. Mais il ne fait alors que passer. C'est deux ans et demi après qu'il « explose » vraiment alors que son club, le Losc, brille en Coupe de France et qu'il devient meilleur buteur du championnat avec 31 réalisations. Baratte marque deux fois contre les Pays-Bas à Colombes pour sa deuxième sélection et cette fois, il ne sort plus de l'équipe. En 1948, à Prague, associé à Larbi Ben Barek et Albert Batteux, Jean Baratte réussit un nouveau doublé retentissant, avec un but sur une ouverture du gardien Julien Darui. Devenu capitaine, Baratte joue en position de relayeur lors du match décisif de qualification pour la Coupe du monde 1950, contre la Yougoslavie à Belgrade. Mais la France qui mène 2-1 à sept minutes de la fin finit par lâcher son billet en prolongation (2-3). Cela ne stoppe pas pour autant sa carrière internationale. Elle perdure au-delà du début des années 50. En 1952, Baratte joue avec le jeune Raymond Kopa, leader de la nouvelle génération qui le pousse sur le banc de touche doucement. Remplaçant contre l'Irlande du Nord, Jean Baratte entre une dernière fois en cours de match, pour suppléer Antoine Bonifaci blessé. Il n'est rappelé ensuite qu'une fois, six mois plus tard. Le Nordiste n'a que 30 ans, mais son temps est passé et il n'entre pas en jeu et ne dispute pas les qualifications pour le Mondial 54. Son dernier but, inscrit au Prater de Vienne en 1952, une volée sur un centre de Cisowski, avait fait de lui le 3e meilleur buteur de l'équipe de France avec 19 buts, juste derrière Jean Nicolas (21) et Paul Nicolas (20).

Matches joués : 1944 1 match sur 1 ▪ **1945** - ▪ **1946** - ▪ **1947** 4 matches sur 6 **1948** 5 matches sur 5 ▪ **1949** 8 matches sur 9 ▪ **1950** 3 matches sur 4 ▪ **1951** 6 matches sur 7 ▪ **1952** 5 matches sur 8 ▪ **1953** - | **Buts : 1947** 4 ▪ **1948** 5 ▪ **1949** 5 ▪ **1950** 3 ▪ **1951** 1 ▪ **1952** 1 | **Titulaire :** 31 fois sur 32 | **Remplaçant :** 1 fois sur 32 (de Bonifaci) | **Resté sur le banc :** 5 fois | **Capitaine :** 12 fois (17e-21e, 25e-31e)

André Frey

Défenseur, 6 sélections

Né le 5 novembre 1919 à Rosselange (Moselle), décédé le 18 décembre 2002 (83 ans)

Première sélection : 24 décembre 1944 à Paris, France - Belgique (3-1)

Dernière sélection : 4 juin 1950 à Bruxelles, Belgique - France (4-1)

Club : 1944-1950 : Toulouse FC (6 sélections)

Bilan : 1 victoire, 2 nuls, 3 défaites

Champion de France avec le TFC pendant la Guerre, le Messin de Toulouse joue arrière droit dans la première sélection française alignée à la Libération, la veille de Noël. Maintenu au match suivant, il ne revient que pour les matches de qualification au Mondial 1950. Face aux redoutables Yougoslaves Bobec et Cajowski, les Français finissent par craquer en match d'appui, à Belgrade, ce qui les élimine de la course à la Coupe du monde. André Frey ne rejoue ensuite qu'une fois mais dans une défense qui prend l'eau en Belgique, et on ne le revoit plus ensuite. En 2004, son petit-fils, Sébastien Frey, sera sélectionné à son tour, au poste de gardien de but.

Matches joués : 1944 1 match sur 1 ▪ **1945** 1 match sur 4 ▪ **1946** - ▪ **1947** - ▪ **1948** - ▪ **1949** 3 matches sur 9 ▪ **1950** 1 match sur 4 | **Titulaire :** 6 fois sur 6 | **Remplaçant :** 1 fois

Jean Swiatek

Défenseur
5 sélections

Né le 11 décembre 1921 à Duszniki (Pologne), décédé le 17 mai 2017 (95 ans)

Première sélection : 24 décembre 1944 à Paris, France - Belgique (3-1)

Dernière sélection : 4 juin 1950 à Bruxelles, Belgique - France (4-1)

Dernière présélection : 16 mai 1951 à Glasgow, Écosse - France (1-0)

Club : 1944-1950 : Girondins de Bordeaux (5 sélections)

Bilan : 2 victoires, 1 nul, 2 défaites

Comme André Frey, le défenseur bordelais découvre l'équipe de France à la veille de Noël dans un Parc des Princes glacé. Cet arrière gauche d'origine polonaise, prénommé alors Janek, est arrivé à Bordeaux pendant la guerre, après avoir fui le STO. Remplaçant au match suivant, Jean Swiatek est aligné de nouveau pour celui d'après. Cette force de la nature pour sa deuxième sélection doit alors marquer la vedette anglaise, le génial dribbleur Stanley Matthews. Au bout d'un match haletant à Wembley, la France repart avec le match nul (2-2) auquel Swiatek a bien contribué. Mais blessé, il manque le match suivant, puis redevient remplaçant. Moins heureux face aux Anglais à Highbury en 1947 (0-3), sa carrière internationale s'écrit ensuite en pointillé jusqu'au début des années 50, année où il est sacré champion de France avec Bordeaux.

Matches joués : 1944 1 match sur 1 ▪ **1945** 1 match sur 4 ▪ **1946** - ▪ **1947** 2 matches sur 6 ▪ **1948** - ▪ **1949** - ▪ **1950** 1 match sur 4 ▪ **1951** - | **Titulaire :** 5 fois sur 5 | **Resté sur le banc :** 4 fois

Félix Pironti

Attaquant
1 sélection

Né le 5 avril 1921 à Marseille (Bouches-du-Rhône), décédé le 12 janvier 1999 (77 ans)

Unique sélection : 24 décembre 1944 à Paris, France - Belgique (3-1)

Club : 1944-1945 : Olympique de Marseille (1 sélection)

Bilan : 1 victoire

Cet ailier gauche marseillais est placé en demi-défensif pour le premier match de la Libération, contre la Belgique. Pas très à son aise, forcément, on ne le sélectionnera jamais plus.

Match joué : 1944 1 match sur 1 | **Titulaire :** 1 fois sur 1

Matches consécutifs

Les joueurs de l'équipe de France parvenant à enchaîner les sélections consécutivement sont nombreux. Mais entre les rotations, les méformes et les blessures, ceux qui dépassent les 20 matches d'affilée sont rares, même si désormais cela peut représenter seulement deux années pleines, au lieu de cinq ou six jadis. Le record est détenu à présent par Antoine Griezmann, avec une série entamée en 2017 de 51 matches consécutifs jusqu'en juin 2021.

Alfred Dambach

Gardien de but
1 sélection

Né le 22 septembre 1918 à Strasbourg (Bas-Rhin), décédé le 26 novembre 1960 (42 ans)

Unique sélection : 24 décembre 1944 à Paris, France - Belgique (3-1)

Dernière présélection : 26 mai 1945 à Wembley, Angleterre - France (2-2)

Club : 1944-1945 : FC Rouen (1 sélection)

Bilan : 1 victoire

Le gardien rouennais est le premier portier de l'équipe de France à la Libération, alors que la guerre n'est pas encore terminée. Ce solide Alsacien est ensuite la doublure de Julien Darui, qui s'impose trop vite comme le n° 1 français pour qu'Alfred Dambach puisse espérer une plus longue carrière internationale.

Match joué : 1944 1 match sur 1 ▪ **1945** - | **Titulaire :** 1 fois sur 1 | **Resté sur le banc :** 2 fois

André Grillon

Défenseur
15 sélections

Né le 1er novembre 1921 à Paris, décédé le 20 juin 2003 (81 ans)

Première présélection : 24 décembre 1944 à Paris, France - Belgique (3-1)

Première sélection : 7 avril 1946 à Colombes, France - Tchécoslovaquie (3-0)

Dernière sélection : 1er novembre 1951 à Colombes, France - Autriche (2-2)

Clubs : 1944-1949 : Stade Français Paris (12 sélections) ▪ 1949-1952 : Olympique Lyonnais (3 sélections)

Bilan : 9 victoires, 2 nuls, 4 défaites

Avec Baratte, Dambach, Frey, Pironti et Swiatek, André Grillon est un sixième nouvel élu en équipe de France. Mais il reste sur la touche car c'est André Frey qui lui est préféré. Ce n'est que cinq matches plus tard qu'il honore sa première sélection. Alors coéquipier de Larbi Ben Barek à Paris, André Grillon s'impose comme un défenseur dur mal loyal, à la frappe de balle précise. Après douze sélections, il perd sa place quand la redoutable équipe d'Espagne, de Telmo Zarra, Basora et Gainza, vient s'imposer 5-1 à Colombes et il ne participe donc pas aux qualifications pour le Mondial 1950. Mais il est rappelé en 1951, pour trois matches, alors qu'il est parti à Lyon. Mais, à 30 ans, ce sont ses derniers matches internationaux. André Grillon retrouvera toutefois l'équipe de France dans les années 60, comme sélectionneur de l'équipe amateur qu'il conduira jusqu'aux quarts de finale des JO de Mexico en 1968, avec Larqué, Grava, Triantafilos et Horlaville...

Matches joués : 1944 - ▪ **1945** - ▪ **1946** 4 matches sur 4 ▪ **1947** 4 matches sur 6 ▪ **1948** 1 match sur 5 ▪ **1949** 3 matches sur 9 ▪ **1950** - ▪ **1951** 3 matches sur 7 | **Titulaire :** 15 fois sur 15 | **Resté sur le banc :** 3 fois

Gabriel Braun

Défenseur
1 sélection

Né le 26 mars 1921 à Montigny-lès-Metz (Moselle), décédé le 25 novembre 1983 (62 ans)

Première présélection : 24 décembre 1944 à Paris, France - Belgique (3-1)

Unique sélection : 15 décembre 1945 à Bruxelles, Belgique - France (2-1)

Club : 1944-1946 : FC Metz (1 sélection)

Bilan : 1 défaite

Samedi 5 octobre 1952, le match de la réconciliation, France-Allemagne, à Colombes. Les capitaines Roger Marche (à droite) et Fritz Walter se serrent la main devant 56 000 spectateurs. L'équipe de France, où Raymond Kopa débute, l'emportera 3-1 (Ujlaki 4e, Cisowski 81e, Strappe 90e/ O. Walter 16e), mais c'est l'Allemagne qui sera sacrée championne du monde deux ans plus tard en Suisse.

VAN HOU
KREICH
SCHLAND

Comme Grillon, Gabriel Braun est laissé sur le banc de touche du Parc des Princes pour la venue de la Belgique en France. Un an plus tard, il est sélectionné pour la revanche, au stade de Molenbeek. Le Messin joue alors stoppeur devant Léon Grillaux, une expérience qui ne sera pas renouvelée.

Match joué : 1944 - ▪ 1945 1 match sur 4 | **Titulaire** : 1 fois sur 1 | **Resté sur le banc :** 1 fois

Jean Robin

Attaquant, 0 sélection

Né le 25 juillet 1921 à Marseille (Bouches-du-Rhône), décédé le 9 octobre 2004 (83 ans)

Première présélection : 24 décembre 1944 Paris, France - Belgique (3-1)

Dernière présélection : 23 mai 1948 à Colombes, France - Écosse (3-0)

Club : 1944-1948 : Olympique de Marseille

Le Marseillais est avec son compère Emmanuel Aznar sur le banc de touche pour la venue de la Belgique au Parc, alors que jouent leurs deux collègues de l'OM, Jean Bastien et Félix Pironti. Une position d'attente qu'il connaît une seconde fois, trois ans et demi plus tard, face à l'Écosse, à Colombes cette fois, et qui n'aboutit pas plus à une entrée en jeu.

Resté sur le banc : 2 fois

Georges Hatz

Gardien de but
0 sélection

Né le 11 mai 1917 à Montgeron (Essonne), décédé le 12 mai 2007 (90 ans)

Unique présélection : 24 décembre 1944 à Paris, France - Belgique (3-1)

Club : 1944-1945 : Red Star

Avec Grillon, Braun, Aznar et Robin, Georges Hatz compose le premier banc des remplaçants de l'après-guerre. Mais comme Robin, le gardien parisien ne jouera jamais, la concurrence de Julien Darui à qui il a succédé dans les buts du Red Star, lui interdisant de rêver.

Resté sur le banc : 1 fois

1945

8 nouveaux joueurs 4 matches

8 avril : Suisse - France 1-0
26 mai : Angleterre - France 2-2
6 décembre : Autriche - France 4-1
15 décembre : Belgique - France 2-1

Ernest Vaast

Attaquant
15 sélections, 11 buts

Né le 29 octobre 1922 à Paris, décédé le 10 avril 2011 (88 ans)

Première sélection : 8 avril 1945 à Lausanne, Suisse - France (1-0)

Dernière sélection : 19 juin 1949 à Colombes, France - Espagne (1-5)

Club : 1945-1949 : RC Paris (15 sélections)

Bilan : 7 victoires, 1 nul, 7 défaites

Même s'il débute par une défaite, l'ailier gauche parisien, vif et adroit, s'installe rapidement en équipe de France. Pour sa deuxième sélection, à Wembley, il inscrit le premier but français, sur un centre du Lillois René Bihel, et contribue donc au premier match nul concédé par l'Angleterre sur son sol (2-2). L'année suivante, Ernest Vaast montre son opportunisme face au but, en réalisant un doublé, à Colombes contre la Tchécoslovaquie, puis il marque lors des trois matches suivants, dont le dernier, une fois encore, contre l'Angleterre. Il en est alors à six réalisations en huit sélections. Son ratio monte à 11 buts en 13 matches après la victoire française sur le Portugal à Lisbonne où le Racingman réussit un triplé en une demi-heure (47e, 51e, 77e) ! Son entente avec Jean Baratte et Larbi Ben Barek fait un malheur. Mais, blessé au printemps 48, sa belle série s'interrompt. Vaast ne connaît

plus qu'une seule sélection ensuite, à Colombes contre l'Espagne, et, à 26 ans, malheureusement sa carrière internationale s'arrête par la faute de blessures à répétition.

Matches joués : 1945 4 matches sur 4 ▪ **1946** 4 matches sur 4 ▪ **1947** 4 matches sur 6 ▪ **1948** 1 match sur 5 ▪ **1949** 1 match sur 9 | **Buts : 1945** 1 ▪ **1946** 5 ▪ **1947** 5 | **Titulaire :** 15 fois sur 15

René Bihel

Attaquant
6 sélections, 1 but

Né le 2 septembre 1916 à Montivilliers (Seine-Maritime), décédé le 8 septembre 1997 (81 ans)

Première sélection : 8 avril 1945 à Lausanne, Suisse - France (1-0)

Dernière sélection : 23 mars 1947 à Colombes, France - Portugal (1-0)

Clubs : 1944-1946 : Lille OSC (5 sélections) ▪ 1946-1947 : Le Havre AC (1 sélection)

Bilan : 3 victoires, 1 nul, 2 défaites

René Bihel a 29 ans quand les portes de l'équipe s'ouvrent devant lui. La Guerre a retardé son entrée de cinq ans au moins, car cet avant-centre doué avait déjà été remarqué quand il jouait à Valenciennes et au Havre. Devenu Lillois, il est le meilleur buteur du championnat 1944-45 avec 30 buts, et le sera encore la saison suivante avec 28 buts. René Bihel débute donc avec Ernest Vaast et c'est lui qui permet au Parisien de marquer contre l'Angleterre à Wembley. Bihel inscrit le but de la victoire française sur le Portugal à Colombes en 1947, sur un service de Larbi Ben Barek, mais à bientôt 31 ans, c'est sa dernière sélection.

Matches joués : 1945 2 matches sur 4 ▪ **1946** 3 matches sur 4 ▪ **1947** 1 match sur 6 | **But : 1947** | **Titulaire :** 6 fois sur 6

Ladislas Smid, dit « Silko »

Milieu de terrain, 4 sélections

Né le 1er mai 1915 à Budapest (Hongrie), décédé le 24 septembre 1990 (75 ans)

Première sélection : 8 avril 1945 à Lausanne, Suisse - France (1-0)

Dernière sélection : 15 décembre 1945 à Bruxelles, Belgique - France (2-1)

Dernière présélection : 19 mai 1946 à Colombes, France - Angleterre (2-1)

Club : 1944-1946 : RC Lens (4 sélections)

Bilan : 1 nul, 3 défaites

Avec Vaast et Bihel, Ladislas Smid, dit « Silko », est le troisième débutant de l'attaque française en Suisse. Son histoire n'est pas banale car en 1935 son club d'alors, l'Attila Budapest, en tournée en France, le vend au RC Lens pour pouvoir payer le voyage retour de l'équipe en Hongrie ! Installé avec bonheur dans le Nord, devenu un inter-droit de bon niveau et naturalisé français, le voici donc en équipe de France dix ans plus tard ! Petit par la taille, Silko (le serpent en Hongrois…) joue avec Ben Barek et Vaast pendant quatre matches avant de passer l'année suivante sur le banc des remplaçants. Comme Bihel, son âge l'éloigne ensuite définitivement de la sélection.

Matches joués : 1945 4 matches sur 4 ▪ **1946** - | **Titulaire :** 4 fois sur 4 | **Resté sur le banc :** 4 fois

Jean-Claude Samuel

Milieu de terrain
3 sélections

Né le 11 novembre 1921 à Guelma (Algérie française), décédé le 8 août 2015 (93 ans)

Première sélection : 26 mai 1945 à Wembley, Angleterre - France (2-2)

Dernière sélection : 16 décembre 1945 à Bruxelles, Belgique - France (2-1)

Club : 1944-1946 : RC Paris (3 sélections)

Bilan : 1 nul, 2 défaites

Débuter à Wembley face à l'équipe d'Angleterre, est un sacré baptême du feu pour Jean-Claude Samuel. Mais le demi-aile parisien est encadré par quatre de ses coéquipiers du Racing : Jordan, Jasseron, Vaast et Heisserer qui est aussi le capitaine de l'équipe. Et la France tient tête à l'Angleterre, pour la première fois contrainte au match nul sur sa pelouse (2-2). Jean-Claude Samuel dispute les deux matches suivants, mais qui, se soldant par des défaites, n'incitent pas les sélectionneurs à le conserver plus longtemps.

Matches joués : 1945 3 matches sur 4 | **Titulaire :** 3 fois sur 3

Marcel Salva

Défenseur
13 sélections

Né le 1er octobre 1922 à Alger (Algérie française), décédé le 19 décembre 2005 (83 ans)

Première sélection : 6 décembre 1945 à Vienne, Autriche - France (4-1)

Dernière sélection : 26 mars 1951 à Paris, France - Suède (0-1)

Dernière présélection : 22 mai 1952 à Bruxelles, Belgique - France (1-2)

Club : 1945-1952 : RC Paris (13 sélections)

Bilan : 4 victoires, 2 nuls, 7 défaites

Comme Jean-Claude Samuel, Marcel Salva est venu d'Afrique du nord après la guerre pour jouer au Racing. Arrière gauche efficace en championnat, il devient titulaire en équipe de France et enquille les matches pendant deux ans. La concurrence de Roger Marche vient ensuite contrarier sa carrière internationale. Il retrouve sa place par intermittence, mais ne dispute pas les qualifications pour le Mondial 1950. Il retournera ensuite en Algérie pour devenir entraîneur avant d'être rapatrié avec sa famille en 1962.

Matches joués : 1945 2 matches sur 4 ▪ **1946** 4 matches sur 4 ▪ **1947** - ▪ **1948** - ▪ **1949** 3 matches sur 9 ▪ **1950** - ▪ **1951** 4 matches sur 7 ▪ **1952** - | **Titulaire :** 13 fois sur 13 | **Resté sur le banc :** 2 fois

Émile Bongiorni

Attaquant
5 sélections, 2 buts

Né le 18 mars 1921 à Boulogne-Billancourt (Hauts-de-Seine), décédé la 4 mai 1949 à Superga (28 ans)

Première sélection : 6 décembre 1945 à Vienne, Autriche - France (4-1)

Dernière sélection : 6 juin 1948 à Bruxelles, Belgique - France (4-2)

Club : 1945-1948 : RC Paris (5 sélections)

Bilan : 1 victoire, 4 défaites

Puissant comme un avant-centre britannique, Émile Bongiorni forme un sacré duo avec Ernest Vaast au Racing et désormais en équipe de France. Buteur dès la 8e minute à Vienne pour sa première sélection, puis à Colombes lors de sa 4e contre l'Écosse, il forme également avec Baratte et Ben Barek un « triple B » qui fait peur à toutes les défenses. Ses qualités et ses origines italiennes attirent alors l'attention du Torino, la meilleure équipe d'Italie, qui l'embauche pour la saison 1948-49. Hélas, vers la fin de celle-ci, l'équipe italienne tout entière disparaît dans un accident d'avion, au-dessus de la colline de Superga, près de Turin.

Matches joués : 1945 2 matches sur 4 ▪ **1946** - ▪ **1947** 1 match sur 6 ▪ **1948** 2 matches sur 5 | **Buts : 1945** 1 ▪ **1948** 1 | **Titulaire :** 5 fois sur 5 | **Resté sur le banc :** 2 fois

Marcel Domingo

Gardien de but
1 sélection

Né le 15 janvier 1924 à Salin-de-Giraud (Bouches-du-Rhône), décédé le 10 décembre 2010 (86 ans)

Première présélection : 6 décembre 1945 à Vienne, Autriche - France (4-1)

Unique sélection : 4 avril 1948 à Colombes, France - Italie (1-3)

Dernière présélection : 1er novembre 1951 à Colombes, France - Autriche (2-2)

Clubs : 1945-1948 : Stade Français (1 sélection) ▪ 1948-1951 : Atlético de Madrid ▪ 1951-1952 : OGC Nice (0 sélection)

Bilan : 1 défaite

Avec Julien Darui désormais bien installé dans ses buts, l'équipe de France est parée. Mais le poste de doublure reste à débattre. Après Dambach et Hatz, c'est le méridional Marcel Domingo qui est appelé, pour une carrière de remplaçant. Ainsi le gardien du Stade Français doit attendre trois ans pour avoir sa chance, à la suite d'un forfait de Darui. Mais devant les 60 000 spectateurs de Colombes, les Italiens ne font pas de cadeau à Domingo en lui marquant trois buts en huit minutes avant la pause, par le buteur du Milan AC Riccardo Carapellese, deux fois, et par le Turinois Guglielmo Gabetto, qui trouvera la mort avec Bongiorni dans la catastrophe de Superga. Du coup, Marcel Domingo perd sa place de remplaçant ! D'origine espagnole, il part jouer en Espagne, à l'Atlético de Madrid, et n'est plus rappelé avant qu'il revienne jouer en France, à Nice. Il est alors présélectionné à nouveau, pour être la doublure cette fois du successeur de Darui, René Vignal. Mais il ne connaît que le banc de touche. Domingo deviendra ensuite entraîneur et fera une longue carrière de coach en Espagne, dans plusieurs clubs, dont l'Atlético avec qui il remportera le championnat en 1972.

Match joué : 1945 - ▪ **1946** - ▪ **1947** - ▪ **1948** 1 match sur 5 ▪ **1949** - ▪ **1950** - ▪ **1951** - | **Titulaire :** 1 fois sur 1 | **Resté sur le banc :** 10 fois

Marcel Ourdouillé

Milieu de terrain, 1 sélection

Né le 18 décembre 1913 à Isbergues (Pas-de-Calais), décédé le 18 juillet 1962 (48 ans)

Unique sélection : 15 décembre 1945 à Bruxelles, Belgique - France (2-1)

Club : 1945-1946 : RC Lens (1 sélection)

Bilan : 1 défaite

Autre Lensois avec Silko à devenir international, Marcel Ourdouillé doit jouer stoppeur face au redoutable buteur d'Anderlecht, Joseph Mermans. Mais, par un temps de chien sur le terrain de Molenbeek, la France termine l'année avec une défaite face à la Belgique (2-1) et les deux Lensois leur carrière internationale avec !

Match joué : 1945 1 match sur 4 | **Titulaire :** 1 fois sur 1

1946

7 nouveaux joueurs
4 matches

7 avril : France - Tchécoslovaquie 3-0
14 avril : Portugal - France 2-1
5 mai : France - Autriche 3-1
19 mai : France - Angleterre 2-1

Antoine Cuissard

Milieu de terrain
27 sélections, 1 but

Né le 19 juillet 1924 à Saint-Étienne (Loire), décédé le 3 novembre 1997 (73 ans)

Première sélection : 7 avril 1946 à Colombes, France - Tchécoslovaquie (3-0)

Antoine Cuissard

Dernière sélection : 30 mai 1954 à Bruxelles, Belgique - France (3-3)

Clubs : 1945-1946 : AS Saint-Étienne (4 sélections) ▪ 1946-1947 : FC Lorient (5 sélections) ▪ 1947-1948 : AS Saint-Étienne (16 sélections) ▪ 1953-1954 : OGC Nice (2 sélections)

Bilan : 13 victoires, 3 nuls, 11 défaites

Antoine Cuissard devient rapidement un pilier de l'équipe de France de l'immédiat après-guerre. Le Breton de Saint-Étienne peut jouer à différents postes en défense et au milieu de terrain. Il forme alors une paire royale avec un autre Breton, le Rennais Jean Prouff. Si bien que pendant la saison qu'il passe en amateur à Lorient, le club fondé par son grand-père, il continue à être sélectionné. Mais des blessures commencent à freiner sa carrière à partir de 1949 et il ne dispute qu'un seul des trois matches contre la Yougoslavie lors des qualifications pour la Coupe du monde 1950, celui d'appui à Belgrade qui finit par échapper aux Français (3-2 ap). À partir de 1952, Cuissard disparaît des listes, mais il est rappelé pour le match de qualification au Mondial 54 contre l'Irlande au Parc. Il est, à 29 ans, avec Roger Marche un « vétéran » des années 40, mais il a repris sa place et il fait partie des 22 sélectionnés pour la Coupe du monde en Suisse. Hélas, une nouvelle blessure l'empêche de jouer, c'est le point final de sa carrière internationale. Son cousin Julien Stopyra sera lui aussi international.

Matches joués : 1946 4 matches sur 4 ▪ **1947** 5 matches sur 6 ▪ **1948** 5 matches sur 5 ▪ **1949** 5 matches sur 9 ▪ **1950** 2 matches sur 4 ▪ **1951** 4 matches sur 7 ▪ **1952** - ▪ **1953** 1 match sur 8 ▪ **1954** 1 match sur 6 | **But : 1948** 1 | **Titulaire :** 27 fois sur 27 | **Resté sur le banc :** 1 fois | **Capitaine :** 1 fois (27e) | **Coupe du monde 1954 :** 0 match sur 2

Jean Prouff

Milieu de terrain
17 sélections, 1 but

Né le 12 septembre 1919 à Peillac (Morbihan), décédé le 12 février 2008 (88 ans)

Première sélection : 7 avril 1946 à Colombes, France - Tchécoslovaquie (3-0)

Dernière sélection : 30 octobre 1949 à Colombes, France - Yougoslavie (1-1)

Dernière présélection : 13 novembre 1949 à Colombes, France - Tchécoslovaquie (1-0)

Clubs : 1945-1949 : Stade Rennais (13 sélections) ▪ 1949-1950 : Stade de Reims (4 sélections)

Bilan : 9 victoires, 3 nuls, 5 défaites

Ce solide Breton a rejoint l'équipe de France en vélo, faisant le trajet Rennes-Paris pour honorer sa première sélection ! Plus âgé de quatre ans que Cuissard, Jean Prouff s'installe comme un patron au milieu de terrain. Il ne manque qu'un match en trois ans, sur blessure. Lors de la venue de l'Angleterre à Colombes en 1946, Prouff ouvre le score de manière incroyable, un centre qui se transforme en tir et qui lobe le gardien Albert Williams. Jean Prouff est le capitaine des Tricolores lors des matches de qualification pour la Coupe du monde 1950 face à la Yougoslavie. Deux matches nuls 1-1, à Belgrade puis à Colombes trois semaines plus tard. Mais après celui-ci, il doit laisser sa place de demi-défensif à Antoine Cuissard et ne la retrouvera plus. Jean Prouff deviendra ensuite entraîneur, notamment au Stade Rennais qu'il mènera à ses plus beaux succès en Coupe de France en 1965 et 71.

Matches joués : 1946 4 matches sur 4 ▪ **1947** 5 matches sur 6 ▪ **1948** 5 matches sur 5 ▪ **1949** 3 matches sur 9 | **But : 1946** 1 | **Titulaire :** 17 fois sur 17 | **Resté sur le banc :** 1 fois | **Capitaine :** 3 fois (15e-17e)

Lucien Leduc

Milieu de terrain
4 sélections, 1 but

Né le 30 décembre 1918 au Portel (Pas-de-Calais), décédé le 16 juillet 2004 (85 ans)

Première sélection : 7 avril 1946 à Colombes, France - Tchécoslovaquie (3-0)

Dernière sélection : 19 mai 1946 à Colombes, France - Angleterre (2-1)

Dernière présélection : 19 juin 1949 à Colombes, France - Espagne (1-5)

Clubs : 1945-1946 : Red Star (4 sélections) ▪ 1946-1947 : CO Roubaix ▪ 1947-1949 : RC Paris (0 sélection)

Bilan : 3 victoires, 1 défaite

Demi-aile infatigable, Lucien Leduc trouve sa place dans l'entrejeu de l'équipe de France 1946. Entre Jean Prouff et Oscar Heisserer. Il marque même de la tête le troisième but français contre l'Autriche, à Colombes, sur un corner d'Ernest Vaast. Il sort ensuite de la sélection, n'étant retenu qu'une fois comme remplaçant. Changeant très souvent de club, Lucien Leduc ne parvient pas à s'inscrire dans la durée. Il fera ensuite une longue carrière d'entraîneur, brillant notamment avec l'AS Monaco dans les années 60.

Matches joués : 1946 4 matches sur 4 ▪ **1947** - ▪ **1948** - ▪ **1949** - | **But : 1946** 1 | **Titulaire :** 4 fois sur 4 | **Resté sur le banc :** 1 fois

Roger Marche

Défenseur
63 sélections, 1 but

Né le 5 mars 1924 à Villers-Semeuse (Ardennes), décédé le 1er novembre 1997 (73 ans)

Première présélection : 7 avril 1946 à Colombes, France - Tchécoslovaquie (3-0)

Première sélection : 23 mars 1947 à Colombes, France - Portugal (1-0)

Dernière sélection : 17 décembre 1959 à Paris, France - Espagne (4-3)

Clubs : 1946-1954 : Stade de Reims (38 sélections) ▪ 1954-1959 : RC Paris (25 sélections)

Bilan : 32 victoires, 13 nuls, 18 défaites

L'énergique défenseur rémois n'est que remplaçant pour ses premières convocations. Et ce n'est qu'à la fin de l'année 1947 qu'il décolle véritablement, après sa quatrième sélection, face à l'Italie. Il enchaîne alors une longue série de sélections qui l'amène à dépasser, en 1955, le record des 46 d'Étienne Mattler. Un record qu'il porte jusqu'à 63, en 1959. Entre-temps, Roger Marche, même passé de Reims au Racing, est devenu « le Sanglier des Ardennes », le leader de la défense française. Il participe donc au Mondial 54 en Suisse : remplaçant lors de la défaite face à la Yougoslavie, il retrouve sa place contre le Mexique, pour une de ses nombreuses victoires en équipe nationale (3-2). Comme celle ensuite en Allemagne, tout juste sacrée championne du monde (3-1), puis à Madrid face à l'Espagne (2-1), contre l'Angleterre à Colombes en 1955 (1-0), ou sur l'URSS en 1956 (2-1). À partir de 1958, Roger Marche joue moins et c'est le Lyonnais André Lerond qui prend sa place durant la Coupe du monde en Suède. Marche dispute seulement le deuxième match, que la France perd contre la Yougoslavie… Il revient néanmoins après, pour les qualifications du premier championnat d'Europe, face à la Grèce en 8e de finale, puis l'Autriche en quart. Mais à 35 ans ce sont ces derniers feux. À la fin de l'année 59, Roger Marche qui honore sa 63e sélection (un record qui tiendra 24 ans, jusqu'à Marius Trésor en 1983), réalise son rêve : marquer un but en équipe de France. C'est au Parc des Princes, contre l'Espagne, qu'il inscrit le quatrième but de la victoire française (4-2), face à Di Stefano, Gento, Kubala, Suárez et Ramallets. Un « centre-tir », un peu comme le but de Jean Prouff face à l'Angleterre en 1946. Comme dans une apothéose, c'est sa dernière sélection.

Matches joués : 1946 - ▪ **1947** 3 matches sur 6 ▪ **1948** 5 matches sur 5 ▪ **1949** 6 matches sur 9 ▪ **1950** 4 matches sur 4 ▪ **1951** 4 matches sur 7 ▪ **1952** 7 matches sur 8 ▪ **1953** 7 matches sur 8 ▪ **1954** 4 matches sur 6 ▪ **1955** 7 matches sur 7 ▪ **1956** 5 matches sur 5 ▪ **1957** 2 matches sur 7 ▪ **1958** 4 matches sur 13 ▪ **1959** 5 matches sur 5 | **But : 1959** 1 | **Titulaire :** 58 fois sur 59 | **Remplaçant :** 1 fois sur 59 (de Kaelbel) | **Resté sur le banc :** 14 fois | **Capitaine :** 43 fois (16e, 19e-22e, 25e-63e) | **Coupe du monde 1954 :** 1 match sur 2 | **Coupe du monde 1958 :** 1 match sur 6 | **Sélectionneurs :** Nicolas 19 fois, Verriest 4 fois

Jean Grégoire

Défenseur
10 sélections

Né le 7 juillet 1922 à Valence (Drome), décédé le 14 septembre 2013 (91 ans)

Première présélection : 7 avril 1946 à Colombes, France - Tchécoslovaquie (3-0)

Première sélection : 3 mai 1947 à Londres, Angleterre - France (3-0)

Dernière sélection : 27 mai 1950 à Colombes, France - Écosse (0-1)

Dernière présélection : 1er novembre 1950 à Colombes, France - Belgique (1-2)

Club : 1945-1950 : Stade Français (10 sélections)

Bilan : 6 victoires, 4 défaites

Arrière central au puissant jeu de tête, Jean Grégoire, après avoir été toute l'année 1946 remplaçant, doit pour sa première titularisation un an plus tard, marquer l'Anglais Thomas Lawton, le buteur de Chelsea aux 22 buts en 23 sélections. Malgré une nette défaite française à Highbury (3-0), le Parisien s'en sort bien, Lawton ne marque pas, et il reste dans le onze tricolore. Il faut dire qu'en plus il a été touché à l'arcade sourcilière dans un duel aérien et qu'il a dû jouer sur un côté toute la seconde mi-temps pour éviter les coups de tête... Mais en 1949, Grégoire est écarté de la sélection pour les deux matches de qualification à la Coupe du monde 50 contre la Yougoslavie. Il revient néanmoins pour le match de barrage, toujours contre les Yougoslaves, mais il reste sur le banc des remplaçants et ne joue qu'une seule fois ensuite, tournant définitivement la page bleue.

Matches joués : 1946 - ▪ **1947** 5 matches sur 6 ▪ **1948** 2 matches sur 5 ▪ **1949** 2 matches sur 9 ▪ **1950** 1 match sur 4 | **Titulaire :** 10 fois sur 10 | **Resté sur le banc :** 7 fois

Pierre Sinibaldi

Attaquant
2 sélections

Né le 29 février 1924 à Montemaggiore (Corse), décédé le 24 janvier 2012 (87 ans)

Première sélection : 19 mai 1946 à Colombes, France - Angleterre (2-1)

Dernière sélection : 17 octobre 1948 à Colombes, France - Belgique (3-3)

Dernière présélection : 22 mai 1949 à Colombes, France - Angleterre (1-3)

Club : 1945-1949 : Stade de Reims (2 sélections)

Bilan : 1 victoire, 1 nul

Le frère cadet de Paul Sinibaldi débute avant lui en équipe de France, il est donc le premier Corse à revêtir le maillot de l'équipe de France. L'avant-centre rémois est convoqué pour la réception de l'Angleterre, associé en attaque aux anciens Aston et Heisserer, ainsi qu'aux nouvelles vedettes, Ben Barek et Vaast. Pierre Sinibaldi est à l'origine du second but français en pressant le gardien anglais Albert Williams ce qui permet à Ernest Vaast de marquer. Mais le Havrais René Bihel prenant sa place au match suivant, Sinibaldi est poussé sur le banc, puis hors des listes. Meilleur buteur du championnat de France en 1947 (33 buts, après en avoir inscrit 30 et 26 les saisons précédentes, puis 25 encore en 1948), il revient deux ans après, contre la Belgique. Il offre le premier but français à son camarade de club Pierre Flamion, mais contrairement à lui, c'est sa dernière sélection, car ensuite, s'il est toujours convoqué, il n'est que remplaçant. Une grave blessure au genou freine alors considérablement sa carrière et il n'est plus sélectionné du tout. Dans les années 60, Pierre Sinibaldi deviendra un entraîneur hautement réputé avec Anderlecht.

Matches joués : 1946 1 match sur 4 ▪ **1947** - ▪ **1948** 1 match sur 5 ▪ **1949** - | **Titulaire :** 2 fois sur 2 | **Resté sur le banc :** 3 fois

Pierre Flamion

Attaquant, 17 sélections, 8 buts

Né le 13 décembre 1924 à Mohon (Ardennes), décédé le 3 janvier 2004 (79 ans)

Première présélection : 19 mai 1946 à Colombes, France - Angleterre (2-1)

Première sélection : 23 mai 1948 à Colombes, France - Écosse (3-0)

Dernière sélection : 11 novembre 1953 à Colombes, France - Suisse (2-4)

Clubs : 1946-1950 : Stade de Reims (7 sélections) ▪ 1950-1951 : Olympique de Marseille (3 sélections) ▪ 1951-1952 : Olympique Lyonnais (3 sélections) ▪ 1952-1954 : AS Troyes (4 sélections)

Bilan : 6 victoires, 4 nuls, 7 défaites

Alors que Pierre Sinibaldi est aligné contre les Anglais, son coéquipier rémois Pierre Flamion est sur le banc des remplaçants. Ce n'est que huit matches et deux ans plus tard, que cet ailier gauche rapide et athlétique, est titularisé. Natif de Mohon, le pays de Roger Marche, Flamion ne laisse pas passer l'occasion : il inscrit face à l'Écosse le deuxième but français, sur une ouverture d'Antoine Cuissard, et signe ainsi un long bail avec l'équipe de France, marquant huit fois et faisant marquer neuf fois... Flamion joue avec son compère Sinibaldi contre la Belgique et réussi à cette occasion un doublé à Colombes en 1948. La concurrence l'écarte un temps de la sélection, mais il y revient en tant qu'inter et joueur de l'OM au début des années 50. Il réalise ainsi un nouveau doublé contre les Pays-Bas à Colombes. Absent en 1952, Pierre Flamion, évoluant désormais à Troyes, revient pour les éliminatoires du Mondial 54, associé à la jeune génération, Kopa, Piantoni, Glovacki. Il marque contre le Luxembourg, mais il ne sera pas retenu pour la Coupe du monde en Suisse. Comme Pierre Sinibaldi, Pierre Flamion deviendra ensuite entraîneur, à Metz, Troyes et Reims dans les années 60-70.

Matches joués : 1946 - ▪ **1947** - ▪ **1948** 4 matches sur 5 ▪ **1949** 2 matches sur 9 ▪ **1950** 3 matches sur 4 ▪ **1951** 4 matches sur 7 ▪ **1952** - ▪ **1953** 4 matches sur 8 | **Buts : 1948** 3 ▪ **1950** 2 ▪ **1951** 1 ▪ **1953** 2 | **Titulaire :** 17 fois sur 17 | **Resté sur le banc :** 2 fois

1947

16 nouveaux joueurs
6 matches

23 mars : France - Portugal 1-0
3 mai : Angleterre - France 3-0
26 mai : France - Pays-Bas 4-0
1er juin : France - Belgique 4-2
8 juin : Suisse - France 1-2
23 novembre : Portugal - France 2-4

Michel Jacques

Attaquant
1 sélection

Né le 9 janvier 1924 à Sochaux (Doubs), décédé le 4 mars 1997 (73 ans)

Unique sélection : 23 mars 1947 à Colombes, France - Portugal (1-0)

Club : 1946-1947 : FC Sochaux (1 sélection)

Bilan : 1 victoire

L'ailier gauche sochalien, formé par Roger Courtois, se retrouve sélectionné avec son mentor qui est de onze ans son aîné. Mais il n'a pas la même vista que lui. Il ne fait donc que passer lors de ce qui est également la dernière sélection de Courtois.

Match joué : 1947 1 match sur 6 | **Titulaire :** 1 fois sur 1

René Gallice

Milieu de terrain
1 sélection

Né le 13 avril 1919 à Forcalquier Alpes-de-Haute-Provence, décédé le 25 mai 1999 (80 ans)

Première présélection : 23 mars 1947 à Colombes, France - Portugal (1-0)

Unique sélection : 12 mai 1951 à Belfast, Irlande du Nord - France (2-2)

Dernière présélection : 16 mai 1951 à Glasgow, Écosse - France (1-0)

Club : 1946-1951 : Girondins de Bordeaux (1 sélection)

Bilan : 1 nul

L'excellent technicien bordelais est appelé mais ne joue pas contre le Portugal. Ce n'est que près de quatre ans plus tard que René Gallice, champion de France 1950 avec les Girondins, est aligné, en Irlande du Nord. Comme relayeur, aux côtés du Niçois Bonifaci et de son partenaire girondin Édouard Kargu. Comme l'équipe de France est en tournée en Grande-Bretagne, il est présent quatre jours plus tard en Écosse, mais il n'entre pas en jeu. C'est sa dernière apparition, comme pour le gardien Julien Darui. 23 années plus tard, un de ses fils, Jean, sera à son tour international.

Match joué : 1947 - ▪ 1948 - ▪ 1949 - ▪ 1950 - ▪ 1951 1 match sur 7 | **Titulaire :** 1 fois sur 1 | **Resté sur le banc :** 2 fois

Jean Lechantre

Attaquant
3 sélections

Né le 13 février 1922 à Taintignies (Belgique), décédé le 12 février 2015 (92 ans)

Première sélection : 3 mai 1947 à Londres, Angleterre - France (3-0)

Dernière sélection : 11 décembre 1949 à Florence, France - Yougoslavie (3-2 ap)

Club : 1946-1950 : Lille OSC (3 sélections)

Bilan : 1 victoire, 2 défaites

Après le Sochalien Michel Jacques, c'est au tour du Lillois Jean Lechantre d'occuper le poste d'ailier gauche, une fois ce Belge naturalisé d'urgence français. Mais à Highbury face aux Anglais, il n'a guère l'occasion de s'illustrer. On ne le revoit que deux ans plus tard, alors que la France cherche à se qualifier pour la Coupe du monde 1950. Après deux nuls 1-1 contre la Yougoslavie, elle doit faire un match d'appui contre ce même adversaire, à Florence cette fois. Lechantre est testé lors du match amical qui précède, face aux Tchécoslovaques à Colombes, associé à ses deux partenaires du LOSC, Jean Baratte et André Strappe. Formule plaisante et reconduite pour le match de barrage. Mais la France perd et Lechantre sa place d'international avec.

Matches joués : 1947 1 match sur 6 **▪ 1948 - ▪ 1949** 2 matches sur 9 | **Titulaire :** 3 fois sur 3 | **Resté sur le banc :** 2 fois

Villes étrangères visitées

Si la première ville visitée à l'étranger par l'équipe de France a été Bruxelles en 1904, elle a été aussi la plus souvent fréquentée : 34 matches y ont été joués en 117 ans. Loin devant Luxembourg (11 fois), Genève et Budapest (10), Vienne, Sofia, Moscou, Stockholm (9), Dublin, Londres, Rotterdam et Lisbonne (8), Oslo, Madrid, Belgrade et Amsterdam (7).

Bolek Tempowski

Attaquant
1 sélection

Né le 31 mai 1921 à Dombrowa (Pologne), décédé le 5 décembre 2008 (87 ans)

Unique sélection : 3 mai 1947 à Londres, Angleterre - France (3-0)

Club : 1946-1947 : Lille OSC (1 sélection)

Bilan : 1 défaite

Né en Pologne mais arrivé en France à l'âge de six ans, à Valenciennes en 1927, Bolek Tempowski brille avec l'attaque lilloise de l'après-guerre, aux côtés de Baratte, Strappe, Carré et Lechantre. Inter droit, Tempowski débute comme Lechantre à Highbury face aux Anglais, mais avec la mission de marquer le meneur de jeu anglais, Wilfried Mannion. Mais la vedette de Middlesbrough lui fait des misères, marquant le deuxième des trois buts anglais. Du coup, Tempowski n'est pas sélectionné pour les matches suivants. Auteur de 23 buts en championnat en 1949, une fracture de la jambe en 1949 compromettra sa carrière ensuite.

Match joué : 1947 1 match sur 6 | **Titulaire :** 1 fois sur 1

Roger Gabet

Milieu de terrain
3 sélections

Né le 12 décembre 1923 à Paris, décédé le 20 février 2007 (83 ans)

Première présélection : 3 mai 1947 à Londres, Angleterre - France (3-0)

Première sélection : 23 avril 1949 à Rotterdam, Pays-Bas - France (4-1)

Dernière sélection : 22 mai 1949 à Colombes, France - Angleterre (1-3)

Dernière présélection : 4 juin 1949 à Colombes, France - Suisse (4-2)

Club : 1946-1949 : RC Paris (3 sélections)

Bilan : 3 défaites

Remplaçant en Angleterre puis contre la Belgique, le Parisien Roger Gabet entre en jeu deux ans plus tard. Le même jour que son gardien en club, René Vignal. Malgré la claque reçue au Feyenoord Stadion ce jour-là (4-1), Gabet reste dans l'équipe et enchaîne deux autres matches, perdus également. Remplaçant au quatrième, il ne joue plus ensuite. Car, très marqué par la mort tragique de son ami Émile Bongiorni, le 4 mai 1949 dans la catastrophe de Superga, il refuse de prendre l'avion...

Matches joués : 1947 - ▪ **1948** - ▪ **1949** 3 matches sur 9 | **Titulaire :** 3 fois sur 3 | **Resté sur le banc :** 3 fois

Segundo Pascual

Défenseur
0 sélection

Né le 21 mai 1917 à Villaescusa (Espagne), décédé le 1er janvier 1978 (60 ans)

Première présélection : 3 mai 1947 à Londres, Angleterre - France (3-0)

Dernière présélection : 23 novembre 1947 à Lisbonne, Portugal - France (2-4)

Club : 1946-1948 : RC Strasbourg

Espagnol de naissance, Segundo Pascual fait carrière à Strasbourg après la Libération. Solide défenseur, il est naturalisé français et peut donc jouer en équipe nationale. Convoqué pour deux déplacements, à Londres puis Lisbonne, il n'entre cependant pas en jeu.

Resté sur le banc : 2 fois

Jacques Favre

Gardien de but, 0 sélection

Né le 6 mai 1921 à Laon (Aisne), décédé le 8 mai 2008 (87 ans)

Première présélection : 3 mai 1947 à Londres, Angleterre - France (3-0)

Dernière présélection : 4 juin 1950 à Bruxelles, Belgique - France (4-1)

Clubs : 1947-1948 : Stade de Reims ▪ 1948-1949 : OGC Nice ▪ 1949-1950 : FC Nancy

Jacques Favre est choisi comme suppléant de Julien Darui pour affronter l'Angleterre sur le terrain d'Arsenal. C'est le début d'une carrière de doublure pour ce gardien qui passe de Reims à Nice puis Nancy, tout en restant le fidèle remplaçant de Darui. Car quand le Nordiste est forfait, c'est Marcel Domingo, René Vignal, Abderrahmane Ibrir ou Paul Sinibaldi qui jouent !

Resté sur le banc : 10 fois

René Alpsteg

Attaquant
12 sélections, 4 buts

Né le 3 décembre 1920 à Bonneville (Haute-Savoie), décédé le 24 décembre 2001 (81 ans)

Première sélection : 26 mai 1947 à Colombes, France - Pays-Bas (4-0)

Dernière sélection : 20 avril 1952 à Colombes, France - Portugal (3-0)

Club : 1946-1952 : AS Saint-Étienne (12 sélections)

Bilan : 6 victoires, 2 nuls, 4 défaites

Ce Savoyard ne rate pas ses débuts en équipe de France : au bout de 17 minutes, il ouvre le score contre les Pays-Bas à Colombes, sur une passe de son ancien coéquipier stéphanois Antoine Cuissard. André Alpsteg reste donc dans le onze tricolore. Attaquant polyvalent, il combine bien avec Heisserer, Baratte, Vaast et Ben Barek, les autres titulaires de la fin des années 40, leur fournissant plusieurs passes décisives. Mais il ne participe pas aux qualifications pour le Mondial 50. Il revient l'année d'après, d'abord comme remplaçant puis comme titulaire et il inscrit un but face à l'Angleterre, sur la pelouse d'Arsenal qui permet à la France d'arracher un valeureux match nul (2-2). Pour sa dernière sélection, Alpsteg marque le premier but français face au Portugal, dix minutes après avoir remplacé Jean Grumellon, blessé en début de match, dont c'est également la dernière sélection.

Matches joués : 1947 4 matches sur 6 ▪ **1948** 1 match sur 5 ▪ 1949 - ▪ **1950** - ▪ **1951** 5 matches sur 7 ▪ **1952** 2 matches sur 8 | **Buts : 1947** 2 ▪ **1951** 1 ▪ **1952** 1 | **Titulaire :** 11 fois sur 12 | **Remplaçant :** 1 fois sur 12 (de Grumellon) | **Resté sur le banc :** 4 fois

Joseph Jadrejak

Défenseur
3 sélections

Né le 20 février 1918 à Gladbeck (Allemagne), décédé le 24 novembre 1990 (72 ans)

Première sélection : 26 mai 1947 à Colombes, France - Pays-Bas (4-0)

Dernière sélection : 8 juin 1947 à Lausanne, Suisse - France (1-2)

Club : 1946-1947 : Lille OSC (3 sélections)

Bilan : 3 victoires

Fils de Polonais, mais né en Allemagne, Joseph Jadrejak arrive en France à l'âge de deux ans, comme Bolek Tempowski, quand ses parents s'installent dans le Pas-de-Calais. Naturalisé français après la guerre, Jadrejak fait partie de la grande équipe lilloise qui gagne le championnat de France 1946 et les Coupes de France 1946, 1947, 1948. Testé avec succès face aux Pays-Bas, ce rude arrière droit dispute les deux matches suivants, deux succès également, mais il ne va pas plus loin malgré son bilan impeccable.

Matches joués : 1947 3 matches sur 6 | **Titulaire :** 3 fois sur 3

Georges Dard

Attaquant
3 sélections, 2 buts

Né le 2 juin 1918 à Marseille (Bouches-du-Rhône), décédé le 2 mai 2001 (82 ans)

Première sélection : 26 mai 1947 à Colombes, France - Pays-Bas (4-0)

Dernière sélection : 27 mai 1950 à Colombes, France - Écosse (0-1)

Club : 1946-1950 : Olympique de Marseille (3 sélections)

Bilan : 2 victoires, 1 défaite

Le Marseillais Georges Dard n'est plus un débutant lorsqu'il honore sa première sélection, à presque 29 ans. Comme Alpsteg, cet ailier droit en profite pour marquer un des quatre buts français face aux Pays-Bas à Colombes. Il récidive dès le match suivant, au même endroit une semaine plus tard, contre les Belges cette fois, sur un centre d'Alpsteg. Mais malgré ses deux buts en deux matches, Georges Dard n'a pas vraiment convaincu le comité de sélection. Il ne remonte à Colombes qu'une fois, trois ans plus tard, pour une défaite face l'Écosse qui clôt sa carrière internationale.

Matches joués : 1947 2 matches sur 6 ▪ **1948** - ▪ **1949** - ▪ **1950** 1 match sur 4 | **Buts : 1947** 2 | **Titulaire :** 3 fois sur 3 | **Resté sur le banc :** 1 fois

Roger Carré

Milieu de terrain
2 sélections

Né le 14 janvier 1921 à Roubaix (Nord), décédé le 2 novembre 1996 (75 ans)

Première sélection : 26 mai 1947 à Colombes, France - Pays-Bas (4-0)

Dernière sélection : 9 octobre 1949 à Belgrade, Yougoslavie - France (1-1)

Club : 1946-1950 : Lille OSC (2 sélections)

Bilan : 1 victoire, 1 nul

C'est une suspension infligée à Oscar Heisserer qui permet à Roger Carré de débuter en équipe de France. Cet inter gauche lillois se met alors dans le sillage de son coéquipier Jean Baratte. Mais il n'est que remplaçant au match suivant et n'est convoqué ensuite qu'une seule fois, pour le premier match de qualification au Mondial 50, à Belgrade, où il doit jouer demi-défensif. Une sélection sans lendemain cette fois.

Matches joués : 1947 1 match sur 6 ▪ **1948** - ▪ **1949** 1 match sur 9 | **Titulaire :** 2 fois sur 2 | **Resté sur le banc :** 1 fois

Carton rouge

Trente joueurs de l'équipe de France ont été expulsés en cours de match, de Just Fontaine en 1959 à Raphaël Varane en 2017. Trois l'ont été à deux reprises : Yvon Le Roux, Frank Lebœuf et Zinedine Zidane lors des Coupes du monde 1998 et 2006. Au carton rouge, si on trouve le plus souvent des défenseurs il y a aussi des attaquants comme Larqué, Six, Dugarry, Henry, Trezeguet, Gourcuff, et un gardien, Lloris.

Sauveur Rodriguez

Défenseur
1 sélection

Né le 17 octobre 1920 à Sidi Bel Abbes (Algérie française), décédé le 15 février 2013 (92 ans)

Unique sélection : 26 mai 1947 à Colombes, France - Pays-Bas (4-0)

Dernière présélection : 8 juin 1947 Lausanne, Suisse - France (1-2)

Club : 1946-1947 : Olympique de Marseille (1 sélection)

Bilan : 1 victoire

Attaquant en Afrique du Nord, Sauveur Rodriguez est devenu défenseur en France, à Paris, au Stade Français, puis à Marseille. Comme son collègue de l'OM Georges Dard, il débute en équipe de France face aux Hollandais et s'en sort très bien puis que Kees Rijvers et les siens ne marquent pas. Il est donc appelé de nouveau, deux fois, mais les deux fois il reste sur le banc des remplaçants et ne revient plus ensuite.

Match joué : 1947 1 match sur 6 | **Titulaire :** 1 fois sur 1 | **Resté sur le banc :** 2 fois

Charles Heiné

Attaquant
2 sélections

Né le 2 janvier 1920 à Colmar (Haut-Rhin), décédé le 1er juillet 1971 (51 ans)

Première présélection : 26 mai 1947 à Colombes, France - Pays-Bas (4-0)

Première sélection : 1er juin 1947 à Colombes, France - Belgique (4-2)

Dernière sélection : 8 juin 1947 à Lausanne, Suisse - France (1-2)

Club : 1946-1947 : RC Strasbourg (2 sélections)

Bilan : 2 victoires

Il est un des six nouveaux appelés en équipe de France contre les Pays-Bas, mais il n'entre pas en jeu. Partie remise une semaine plus tard pour cet Alsacien qui peut évoluer à tous les postes du milieu de terrain. Chargé de marquer le Belge Jeff Mermans, l'excellent meneur de jeu d'Anderlecht, Charles Heiné s'en sort bien et obtient le droit de rester titulaire une semaine plus tard, cette fois comme ailier droit. Nouveau succès, mais pourtant il ne sera plus jamais convoqué.

Matches joués : 1947 2 matches sur 6 | **Titulaire :** 2 fois sur 2 | **Resté sur le banc :** 1 fois

Louis Hon

Milieu de terrain
12 sélections

Né le 11 septembre 1924 à Couches-les-Mines (Saône-et-Loire), décédé le 5 janvier 2008 (83 ans)

Première sélection : 23 novembre 1947 à Lisbonne, Portugal - France (2-4)

Dernière sélection : 11 décembre 1949 à Florence, France - Yougoslavie (3-2 ap)

Club : 1946-1950 : Stade Français (12 sélections)

Bilan : 4 victoires, 3 nuls, 5 défaites

Solide demi-aile parisien, Louis Hon fait un essai concluant en remplacement d'Antoine Cuissard, forfait pour un match au Portugal. Il intègre véritablement l'équipe de France six mois plus tard à Prague. Sur la pelouse du Sparta, la France réalise une démonstration avec son attaque royale Batteux-Baratte-Flamion-Ben Barek, mais le tandem Cuissard-Hon au milieu de terrain séduit également. Dès lors, Louis Hon ne sort plus de l'équipe et en devient, comme Prouff, Cuissard et Baratte, un pilier pour les matches de qualification à la Coupe du monde 50. Mais la France finit par être éliminée au bout de la prolongation du troisième match face à la Yougoslavie. Louis Hon, partant ensuite jouer au Real Madrid, ne sera plus sélectionné. Il deviendra plus tard un entraîneur réputé, en Espagne, puis en France dans les années 60-70, à Lyon notamment.

Matches joués : 1947 1 match sur 6 • **1948** 2 matches sur 5 • **1949** 9 matches sur 9 | **Titulaire :** 12 fois sur 12 | **Resté sur le banc :** 2 fois

Robert Jonquet

Défenseur
58 sélections

Né le 3 mai 1925 à Paris, décédé le 18 décembre 2008 (83 ans)

Première présélection : 23 novembre 1947 à Lisbonne, Portugal - France (2-4)

Première sélection : 4 avril 1948 à Colombes, France - Italie (1-3)

Dernière sélection : 9 juillet 1960 à Marseille, France - Tchécoslovaquie (0-2)

Club : 1947-1960 : Stade de Reims (58 sélections)

Bilan : 27 victoires, 11 nuls, 20 défaites

Robert Jonquet

Emmené au Portugal comme remplaçant à la fin de l'année 1947, Robert Jonquet est aligné au début de l'année suivante, contre l'Italie, aux côtés de Roger Marche, lors d'un match où pour la première fois les joueurs de l'équipe de France portent un numéro dans le dos, le sien étant le 5. Après une nette défaite, Jonquet retourne sur le banc. Il en ressort l'année suivante, mais toujours dans une équipe qui perd… Ce n'est donc qu'en 1951, à 26 ans, que Robert Jonquet parvient à s'inscrire dans la durée Mais pour près de dix ans ! Pour sa 9e sélection, il réalise à Highbury contre l'Angleterre un match de grande classe face aux attaquants anglais. Il participe ensuite aux qualifications pour le Mondial 54 et dispute en Suisse le premier match de la France, contre la Yougoslavie, en tant que capitaine. Alors que Raymond Kopa s'affirme comme le leader de l'attaque française, Robert Jonquet est le patron de la défense. Élégant, clairvoyant, c'est un défenseur central toujours bien placé et sûr dans ses interventions. Il semble perdre sa place en 1957, supplanté par Mustapha Zitouni. Mais la fuite de ce dernier, parti rejoindre l'équipe du FLN algérien, lui permet à 33 ans de disputer sa deuxième Coupe du monde, en Suède. En demi-finale, Jonquet est violemment percuté par le Brésilien Vavá, peu avant la pause. Il reprend sa place, malgré une intense douleur car il a un tibia fracturé ! Jonquet joue la seconde mi-temps sur un côté du terrain sans pouvoir participer vraiment au jeu... Mais sa carrière ne se termine pas là. Après la Suède, Robert Jonquet revient en lice. Il joue jusqu'au championnat d'Europe dont la phase finale se tient en France. Remplaçant pour la demi-finale face à la Yougoslavie (c'est Robert Herbin qui joue), Jonquet est aligné pour le match de la 3e place, à Marseille, contre les Tchécoslovaques. Capitaine pour la 9e fois, il ne peut empêcher son équipe de s'incliner et, à 35 ans, cette fois c'est bien sa dernière sortie internationale.

Matches joués : 1947 - ▪ **1948** 1 match sur 5 ▪ **1949** 3 matches sur 9 ▪ **1950** - ▪ **1951** 7 matches sur 7 ▪ **1952** 8 matches sur 8 ▪ **1953** 6 matches sur 8 ▪ **1954** 4 matches sur 6 ▪ **1955** 7 matches sur 7 ▪ **1956** 5 matches sur 5 ▪ **1957** 4 matches sur 7 ▪ **1958** 7 matches sur 13 ▪ **1959** 5 matches sur 5 ▪ **1960** 1 match sur 10 | **Titulaire :** 58 fois sur 58 | **Resté sur le banc :** 7 fois | **Capitaine :** 9 fois (27e, 44e-45e, 47e, 49e-51e, 57e-58e) | **Coupe du monde 1954 :** 1 match sur 2 | **Coupe du monde 1958 :** 5 matches sur 6 | **Championnat d'Europe 1960 :** 1 match sur 2 | **Sélectionneurs :** Nicolas 14 fois, Verriest 5 fois

Alphonse Rolland

Attaquant
0 sélection

Né le 14 septembre 1919 à Forbach (Moselle), décédé le 28 février 2012 (92 ans)

Unique présélection : 23 novembre 1947 à Lisbonne, Portugal - France (2-4)

Club : 1947-1948 : RC Strasbourg

Comme Pascual et Jonquet, Alphonse Rolland est présélectionné pour la première fois à l'occasion d'un match amical au Portugal et reste sur le banc. Mais contrairement à eux, il ne sera pas revu.

Resté sur le banc : 1 fois

1948

9 nouveaux joueurs

5 matches

4 avril : France - Italie 1-3
23 mai : France - Écosse 3-0
6 juin : Belgique - France 4-2
12 juin : Tchécoslovaquie - France 0-4
17 octobre : France - Belgique 3-3

Georges Moreel

Attaquant
1 sélection, 1 but

Né le 22 juillet 1924 à Gennevilliers (Hauts-de-Seine), décédé le 4 décembre 2003 (79 ans)

Première présélection : 4 avril 1948 à Colombes, France - Italie (1-3)

Unique sélection : 22 mai 1949 à Colombes, France - Angleterre (1-3)

Club : 1947-1949 : RC Paris (1 sélection)

Bilan : 1 défaite

Présélectionné pour le premier match de l'année 48, l'ailier gauche parisien Georges Moreel ne joue qu'un an plus tard, pour la venue des Anglais à Colombes. Et il fait vraiment des débuts fracassants puisqu'il ouvre le score au bout de soixante secondes ! Moreel justifie alors sa réputation acquise au Racing, de buteur vif et adroit. Mais hélas une blessure au genou vient rapidement le handicaper et il ne sera plus jamais sélectionné.

Match joué : 1948 - ▪ **1949** 1 match sur 9 | **But : 1949** 1 | **Titulaire :** 1 fois sur 1 | **Resté sur le banc :** 1 fois

René Vignal

Gardien de but
17 sélections

Né le 12 août 1926 à Béziers (Hérault), décédé le 20 novembre 2016 (90 ans)

Première présélection : 4 avril 1948 à Colombes, France - Italie (1-3)

Première sélection : 23 avril 1949 à Rotterdam, Pays-Bas - France (1-4)

Dernière sélection : 11 avril 1954 à Colombes, France - Italie (1-3)

Club : 1947-1954 : RC Paris (17 sélections)

Bilan : 7 victoires, 2 nuls, 8 défaites

Le trépidant gardien du Racing, repéré après-guerre à Toulouse avec sa détente horizontale phénoménale, commence à faire parler de lui et le forfait de Julien Darui pour le France-Italie de début d'année incite le comité de sélection à l'appeler. Mais c'est Marcel Domingo qui joue, pour la première fois après avoir déjà été remplaçant. Vignal est à nouveau choisi comme doublure, de Darui cette fois, deux mois plus tard. Et il débute dans les cages de l'équipe de France l'année suivante. Son baptême du feu est corsé : dans la célèbre cuvette du Feyenoord, l'attaquant hollandais de La Haye Théo Timmermans lui marque trois buts en une demi-heure ! La France perd 4-1, et Timmermans signe un contrat avec Nîmes dans la foulée ! Mais René Vignal ne perd pas sa place. Quatre jours plus tard, il joue à Glasgow contre l'Écosse. Et à Hampden Park, devant 125 000 spectateurs, Vignal stoppe un penalty du capitaine des Glasgow Rangers George Young, en deux fois, alors que le score est de 0-0. Les Français s'inclinent 2-0 finalement, mais Vignal a fait forte impression, la presse écossaise le baptise « le Français volant »… Il enchaîne donc les matches, jusqu'à une cinglante défaite à Colombes face à l'Espagne, où cette fois c'est Estanislao Basora, le buteur du Barça, qui lui inflige un triplé, en onze minutes ! Sans être totalement écarté, Vignal, souvent blessé, ne participe pas ensuite aux matches de qualification pour le Mondial 50, c'est le Toulousain Ibrir qui les dispute. C'est en 1951, alors que Julien Darui s'est définitivement retiré, que Vignal revient en force. Mais il a aussi deux concurrents, le Lillois Ruminski et surtout le Messin Remetter, avec toujours le handicap d'être souvent blessé. Et pour son malheur, le Racing descend en D2 en 1953… Vignal joue néanmoins les deux premiers matches de qualification pour le Mondial 54, mais malgré une 17e sélection à un mois du début de la compétition, il n'est pas retenu pour aller en Suisse car blessé lors du match d'accession à la D1 entre le Racing et le Stade Français : bras cassé lors d'un choc avec Casimir Hnatow. Sa carrière internationale s'achève ainsi, à 28 ans seulement. Impliqué dans des actes de grand banditisme après sa carrière, l'ancien gardien se retrouvera en prison pendant sept ans dans les années 70.

Matches joués : 1948 - ▪ **1949** 5 matches sur 9 ▪ **1950** 1 match sur 4 ▪ **1951** 4 matches sur 7 ▪ **1952** 2 matches sur 8 ▪ **1953** 4 matches sur 8 ▪ **1954** 1 match sur 6 | **Titulaire :** 17 fois sur 17 | **Resté sur le banc :** 6 fois | **Coupe du monde 1954 :** forfait

Guy Huguet

Défenseur
12 sélections

Né le 3 août 1923 à Gannat (Allier), décédé le 17 juin 1991 (67 ans)

Première présélection : 4 avril 1948 à Colombes, France - Italie (1-3)

Première sélection : 23 mai 1948 à Colombes, France - Écosse (3-0)

Dernière sélection : 26 mars 1952 à Paris, France - Suède (0-1)

Club : 1947-1952 : AS Saint-Étienne (12 sélections)

Bilan : 5 victoires, 2 nuls, 5 défaites

Comme Vignal et Moreel, Guy Huguet regarde depuis le banc de touche de Colombes l'Italie battre une nouvelle fois la France. Le défenseur stéphanois est aligné au match suivant. Guy Huguet, arrière droit et licencié en droit, lucide et calme, fait du bien à la défense française et semble pouvoir s'y installer. Mais il n'est pas retenu pour les matches qualificatifs à la Coupe du monde 1950. Il rejoue cependant ensuite, mais en 1952 il doit quitter le match contre la Suède, blessé, sans être remplacé. Quatre minutes après, la Suède marque le but de la victoire par Gösta Sandberg, et on ne reverra plus Guy Huguet.

Matches joués : 1948 4 matches sur 5 ▪ **1949** 1 match sur 9 ▪ **1950** 2 matches sur 4 ▪ **1951** 4 matches sur 7 ▪ **1952** 1 match sur 8 | **Titulaire :** 12 fois sur 12 | **Resté sur le banc :** 4 fois

Georges Sesia

Attaquant
1 sélection

Né le 8 juillet 1924 Villerupt (Meurthe-et-Moselle), décédé le 12 mai 2016 (91 ans)

Unique sélection : 23 mai 1948 à Colombes, France - Écosse (3-0)

Club : 1947-1948 : FC Nancy (1 sélection)

Bilan : 1 victoire

L'ailier droit de Nancy est le premier joueur du club lorrain à être sélectionné en équipe de France. Il intègre une équipe offensive où il encadre, avec Pierre Flamion, ailier gauche, un trio de « B » : Baratte, Ben Barek et Bongiorni. Ce quintette terrasse l'Écosse (3-0), mais Georges Sesia ne sera plus convoqué.

Match joué : 1948 1 match sur 5 | **Titulaire :** 1 fois sur 1

Albert Batteux

Attaquant
8 sélections, 1 but

Né le 2 juillet 1919 à Reims (Marne), décédé le 28 février 2002 (83 ans)

Première sélection : 6 juin 1948 à Bruxelles, Belgique - France (4-2)

Dernière sélection : 19 juin 1949 à Colombes, France - Espagne (1-5)

Club : 1947-1949 : Stade de Reims (8 sélections)

Bilan : 2 victoires, 1 nul, 5 défaites

La Guerre a retardé son arrivée en équipe de France et le Rémois Albert Batteux à presque 29 ans quand il est convoqué pour jouer au Heysel face aux Belges. En position d'inter, il rejoint trois autres « B », Baratte, Bongiorni et Ben Barek. Pour sa deuxième sélection, six jours après la première, à Prague, Batteux marque sur un corner direct ! Ce sera son seul but international, mais évoluant comme meneur de jeu, il devient capitaine dès sa 5e sélection, en Écosse, et le demeure jusqu'à sa dernière, qui sera la 8e seulement. Car à l'automne 49, le nouveau comité de sélection mis en place le trouve trop âgé pour faire partie l'aventure de la Coupe du monde 1950 qui doit se dérouler au Brésil. Batteux se consacrera alors entièrement au Stade de Reims dont il deviendra rapidement l'entraîneur. Sous sa férule, les Rémois domineront les années 50, allant deux fois en finale de Coupe d'Europe. Au point que Batteux sera rappelé en équipe de France en 1955, comme entraîneur ! Poste qu'il occupera jusqu'en 1962, mais sans être le sélectionneur. Il deviendra ensuite entraîneur de l'AS Saint-Étienne, y remportant de nombreux succès de 1967 à 1972, avec la génération internationale des Jacquet, Herbin, Revelli et Bereta.

Matches joués : 1948 3 matches sur 5 ▪ **1949** 5 matches sur 9 | **But : 1948** 1 | **Titulaire :** 8 fois sur 8 | **Capitaine :** 4 fois (5e-8e)

Albert Batteux

Henri Baillot

Attaquant
8 sélections, 4 buts

Né le 13 décembre 1924 à Magny (Moselle), décédé le 9 novembre 2000 (75 ans)

Première sélection : 12 juin 1948 à Prague, Tchécoslovaquie - France (0-4)

Dernière sélection : 27 mai 1950 à Colombes, France - Écosse (0-1)

Dernière présélection : 22 mai 1952 à Bruxelles, Belgique - France (1-2)

Clubs : 1947-1950 : FC Metz (8 sélections) ▪ 1950-1952 : Girondins de Bordeaux (0 sélection)

Bilan : 3 victoires, 3 nuls, 2 défaites

Encore un attaquant au nom commençant par B ! Après Baratte, Bongiorni, Ben Barek et Batteux, c'est l'ailier messin, droit ou gauche, Henri Baillot qui est convié à enfiler le maillot bleu. Comme Batteux et Baratte, il marque face aux Tchécoslovaques, pour sa première sélection, d'une reprise de volée d'un centre de Flamion. L'année suivante, Baillot fait partie de l'équipe qui doit affronter la Yougoslavie en qualification pour la Coupe du monde 1950. Au premier match, à Belgrade, au stade du Partizan, il égalise de la tête sur un centre de Roger Vandooren. Au match retour, il ouvre le score dès la 8e minute, sur un centre de Jean Luciano. Mais les deux matches, soldés sur le même score de 1-1, obligent les Français à une « belle » à Florence, à laquelle il ne peut participer à cause d'une blessure et la France est éliminée (3-2 a.p.). Henri Baillot ne joue ensuite plus qu'un match avec les Tricolores. Parti de Metz à Bordeaux, il est bien rappelé en 1952, mais il reste alors sur le banc des remplaçants et doit tourner définitivement la page.

Matches joués : 1948 2 matches sur 5 ▪ **1949** 5 matches sur 9 ▪ **1950** 1 match sur 4 ▪ **1951** - ▪ **1952** - | **Buts : 1948** 1 ▪ **1949** 3 | **Titulaire :** 8 fois sur 8 | **Resté sur le banc :** 3 fois

Nés en Algérie

Arabes ou « Pieds-Noirs », 54 joueurs nés en Algérie ont porté le maillot de l'équipe de France, dont 45 avant l'Indépendance. Ils sont venus de Constantine, Boufarik, Clauzel, Sidi-Bel-Abbès, Alger, Blida, Saïda, Oran, Arzew, Saint-Denis du Sig, Djidjelli, Beni Saf, El Attaf, Misserghin, Tamedrara, Aïn M'Lila, Sétif, Guelma, Dellys, Hussein Dey, Fort-de-l'Eau, Mostaganem, Annaba, La Calle, Mascar, Aïn Témouchent, Taher, Guerrouma et Bône.

Henri Guérin

Milieu de terrain
3 sélections

Né le 27 aout 1931 à Montmirail (Marne), décédé le 2 avril 1995 (73 ans)

Première sélection : 17 octobre 1948 à Colombes, France - Belgique (3-3)

Dernière sélection : 19 juin 1949 à Colombes, France - Espagne (1-5)

Dernière présélection : 11 décembre 1949 à Florence, France - Yougoslavie (2-3 ap)

Club : 1947-1949 : Stade Rennais (3 sélections)

Bilan : 1 victoire, 1 nul, 1 défaite

Suivant les traces de Jean Prouff, un nouveau joueur du Stade Rennais est présélectionné, Henri Guérin. Prévu comme remplaçant face à la Belgique, il entre en jeu à la 41e minute pour suppléer Antoine Cuissard blessé, et se retrouve ainsi aux côtés de son ancien partenaire Prouff, parti à Reims. Henri Guérin retrouve l'équipe de France l'année suivante, comme défenseur, pour deux matches, puis pour celui de barrage contre la Yougoslavie, à la fin de l'année 49. Mais à Florence, Guérin reste sur la touche. La France n'ira pas à la Coupe du monde au Brésil et Guérin ne sera plus jamais en équipe de France. Professeur d'éducation physique, il se tournera alors vers l'entraînement. Il dirigera avec succès Rennes puis Saint-Étienne. Et en juillet 1964, il deviendra sélectionneur de l'équipe de France qu'il qualifiera pour la Coupe du monde 66, en Angleterre. Il sera aussi l'adjoint de Michel Hidalgo dans les années 80, notamment lors de l'Euro 84 remporté par la France à Paris.

Matches joués : 1948 1 match sur 5 ▪ **1949** 2 matches sur 9 | **Titulaire :** 2 fois sur 3 | **Remplaçant :** 1 fois sur 3 (de Cuissard) | **Resté sur le banc :** 1 fois

Abderrahmane Ibrir

Gardien de but
6 sélections

Né le 10 novembre 1919 à Dellys (Algérie française), décédé le 18 février 1988 (68 ans)

Première présélection : 17 octobre 1948 à Colombes, France - Belgique (3-3)

Première sélection : 9 octobre 1949 à Belgrade, Yougoslavie - France (1-1)

Dernière sélection : 1er novembre 1950 à Colombes, France - Belgique (3-3)

Club : 1948-1951 : Toulouse FC (6 sélections)

Bilan : 1 victoire, 3 nuls, 2 défaites

Julien Darui est certes l'indiscutable gardien de l'équipe de France, mais les bonnes performances à Bordeaux puis à Toulouse d'Abderrahmane Ibrir, fraîchement arrivé d'Algérie, ont conduit les sélectionneurs à le retenir comme remplaçant. C'est ensuite René Vignal qui succède à Darui comme titulaire, mais les blessures à répétition du Parisien ouvrent une porte à Ibrir au moment d'entamer la qualification pour le Mondial 50. Ibrir, gardien athlétique, ancien joueur de champ, fait ainsi ses débuts à Belgrade, au stade du Partizan, contre la Yougoslavie. Contraint à un match d'appui à Florence, face aux Yougoslaves, la France menant 2-1 à dix minutes de la fin, croit tenir sa qualification pour le Brésil. Mais un penalty de Mihajlovic puis une frappe du buteur du Dynamo Zagreb Zelijko Čajkovski en prolongation stoppent les Tricolores. Ibrir, 30 ans, conserve néanmoins sa place encore deux matches avant que Vignal revienne aux affaires. En 1958, Abderrahmane Ibrir quittera la France pour rejoindre l'équipe du FLN et deviendra, après l'indépendance de son pays, le premier sélectionneur de l'équipe d'Algérie. Il disparaîtra tragiquement en mer à la fin des années 80.

Matches joués : 1948 - ▪ 1949 4 matches sur 9 **▪ 1950** 2 matches sur 4 | **Titulaire :** 6 fois sur 6 | **Resté sur le banc :** 1 fois

Roger Scotti

Milieu de terrain, 2 sélections

Né le 25 juillet 1925 à Marseille, décédé le 12 décembre 2001 (76 ans)

Première présélection : 17 octobre 1948 à Colombes, France - Belgique (3-3)

Première sélection : 1er novembre 1950 à Colombes, France - Belgique (3-3)

Dernière sélection : 7 octobre 1956 à Colombes, France - Hongrie (1-2)

Dernière présélection : 11 novembre 1956 à Colombes, France - Belgique (6-3)

Club : 1948-1957 : Olympique de Marseille (2 sélections)

Bilan : 1 nul, 1 défaite

Présent mais remplaçant contre la Belgique, Roger Scotti bon technicien au milieu de terrain marseillais, est titularisé contre les Belges pour sa deuxième présélection, deux ans plus tard, à 25 ans. Une sélection sans lendemain immédiat, puisqu'il doit attendre six ans pour revenir, lors de la visite en France des célèbres Hongrois, Puskás, Czibor, Kocsis, Grocsics, Bozsik. Scotti est une dernière fois appelé un mois après, contra la Belgique encore, mais il ne joue pas et ne reviendra plus.

Matches joués : 1948 - ▪ 1949 - ▪ 1950 1 match sur 4 **▪ 1951 - ▪ 1952 - ▪ 1953 - ▪ 1954 - ▪ 1955 - ▪ 1956** 1 match sur 5 | **Titulaire :** 2 fois sur 2 | **Resté sur le banc :** 2 fois

1949

13 nouveaux joueurs
9 matches

23 avril : Pays-Bas - France 4-1
27 avril : Écosse - France 2-0
22 mai : France - Angleterre 1-3
4 juin : France - Suisse 4-2
19 juin : France - Espagne 1-5
9 octobre : Yougoslavie - France 1-1 (QCM)
30 oct : France - Yougoslavie 1-1 (QCM)
13 nov : France - Tchécoslovaquie 1-0
11 déc : France- Yougoslavie 2-3 ap (QCM)

Roger Mindonnet

Défenseur, 4 sélections

Né le 24 décembre 1924 à Châteauroux (Indre), décédé le 2 juillet 2014 (89 ans)

Première présélection : 23 avril 1949 à Rotterdam, Pays-Bas - France (4-1)

Première sélection : 27 avril 1949 à Glasgow, Écosse - France (2-0)

Dernière sélection : 19 juin 1949 à Colombes, France - Espagne (1-5)

Club : 1948-1949 : OGC Nice (4 sélections)

Bilan : 1 victoire, 3 défaites

Robuste défenseur central, Roger Mindonnet est le premier Niçois appelé en équipe de France. Après avoir été remplaçant, il est titularisé quatre matches d'affilée, avec pour mission de neutraliser le buteur adverse… Hélas, l'Écossais William Steel marque deux fois contre la France, tout comme l'Anglais John Morris, puis le Suisse Jacques Faton et l'Espagnol Agustín Gaínza ! Même s'il n'est pas seul en cause, ces quatre doublés successifs ont raison de sa carrière internationale, ce qui ne l'empêchera pas d'être champion de France avec Nice en 1951.

Matches joués : 1949 4 matches sur 9 | **Titulaire :** 4 fois sur 4 | **Resté sur le banc :** 1 fois

Paul Sinibaldi

Gardien de but
1 sélection

Né le 3 décembre 1921 à Montemaggiore (Corse), décédé le 2 avril 2018 (96 ans)

Première présélection : 2 avril 1949 à Rotterdam, Pays-Bas - France (1-4)

Première et unique sélection : 4 juin 1950 à Bruxelles, Belgique - France (4-1)

Dernière présélection : 3 avril 1955 à Colombes, France - Suède (2-0)

Club : 1948-1955 : Stade de Reims (1 sélection)

Bilan : 1 défaite

Son frère cadet, Pierre, a joué attaquant le 19 mai 1946, à Colombes contre l'Angleterre (2-1). Rémois comme lui, Paul Sinibaldi est présélectionné trois ans plus tard, mais au poste hautement concurrentiel de gardien, en tant que remplaçant de René Vignal. Trois matches plus tard, les frères Sinibaldi sont convoqués, ensemble cette fois, pour une nouvelle venue de l'Angleterre à Colombes. Ce sera la seule fois et ils restent tous les deux sur le banc de touche. Si Pierre Sinibaldi termine alors ainsi sa carrière internationale, Paul la poursuit et décroche l'année suivante sa première sélection, en Belgique. Mais le gardien corse du Stade de Reims est victime de Jeff Mermans, le « bombardier d'Anderlecht », qui lui inflige un triplé au Heysel. Battue 4-1, la France qui alignait une équipe expérimentale avec quatre nouveaux venus, ne sera jamais reconduite telle quelle, sept des onze joueurs terminant leur carrière sur ce match. Dont Paul Sinibaldi, qui est toutefois rappelé en 1955, pour deux matches sur le banc des remplaçants, alors que François Remetter garde les buts.

Match joué : 1949 - ▪ **1950** 1 match sur 4 ▪ **1951** - ▪ **1952** - ▪ **1953** - ▪ **1954** - ▪ **1955** - | **Titulaire :** 1 fois sur 1 | **Resté sur le banc :** 7 fois

Roger Quenolle

Attaquant
2 sélections

Né le 19 juillet 1925 au Vésinet (Yvelines), décédé le 13 juillet 2004 (78 ans)

Première sélection : 22 mai 1949 à Colombes, France - Angleterre (1-3)

Dernière sélection : 11 décembre 1949 à Belgrade, France - Yougoslavie (2-3 ap)

Club : 1949-1950 : RC Paris (2 sélections)

Bilan : 2 défaites

Cet attaquant parisien doué fait un malheur en championnat avec l'attaque du Racing. Il est donc testé en équipe de France, avec ses partenaires Georges Moreel, qui débute en même temps que lui, et Roger Gabet. Mais sa sélection n'est pas une réussite, peut-être parce qu'il lui manquait son meilleur complément du Racing, Ernest Vaast… Roger Quenolle reste sur le banc deux fois avant de rejouer, pour le match de barrage à Florence contre la Yougoslavie, pour la qualification à la Coupe du monde. Il parvient cette fois à servir le Lillois Marius Walter pour l'ouverture du score, mais l'élimination de la France sonne le glas de sa carrière internationale.

Matches joués : 1949 2 matches sur 9 | **Titulaire :** 2 fois sur 2 | **Resté sur le banc :** 2 fois

Jean Grumellon

Attaquant
10 sélections, 5 buts

Né le 1er juin 1923 à Saint-Servan (Ille-et-Vilaine), décédé le 30 décembre 1991 (68 ans)

Première sélection : 4 juin 1949 à Colombes, France - Suisse (4-2)

Dernière sélection : 20 avril 1952 à Colombes, France - Portugal (3-0)

Club : 1949-1952 : Stade Rennais (10 sélections)

Bilan : 3 victoires, 4 nuls, 3 défaites

L'ailier gauche du Stade Rennais sait faire parler la poudre en championnat, marquant plus de 20 buts par saison, alors pourquoi pas en équipe nationale ? C'est ainsi que Jean Grumellon est sélectionné, à 26 ans, contre la Suisse. Et il ne manque pas l'occasion d'inscrire son premier but, sur un centre de l'autre ailier, le Messin Henri Baillot. À l'automne, Grumellon dispute un des trois matches contre les Yougoslaves en vue de la Coupe du monde 50, mais sans briller alors qu'il termine pourtant meilleur buteur du championnat de France avec 24 buts. Il se rattrape deux ans plus tard. À Gênes, le Rennais inscrit le seul but français face aux Italiens, de la tête sur un centre de Kargu. Puis il réalise un doublé contre l'Autriche à Colombes. Entre-temps, il aurait pu être le héros d'Angleterre-France, quand il frappe sur le poteau à la dernière minute et manque d'un rien ensuite de reprendre le ballon qui aurait été celui d'une victoire historique en terre anglaise... Par la suite, Jean Grumellon décline les sélections, se jugeant hors de forme, et il préférera se consacrer à son club dont il est encore aujourd'hui le meilleur buteur de l'histoire.

Nés au Maroc

Moins nombreux que les Algériens, les natifs du Maroc sont au nombre de dix, venus de Casablanca : Ben Barek (sélectionné en 1938), Ben Mbarek (1950), Ben Mohammed (1953), Mahjoub (1953), Chiesa (1969), Bertrand-Demanes (1973) ; de Marrakech : Fontaine (1953) ; de Meknès : Estève (1968) ; d'Agadir : Rico (1970) et d'Oujda : Soler (1974).

Matches joués : 1949 4 matches sur 9 ▪ **1950** 1 match sur 4 ▪ **1951** 4 matches sur 7 ▪ **1952** 1 match sur 8 | **Buts : 1949** 1 ▪ **1951** 4 | **Titulaire :** 10 fois sur 10

Roger Vandooren

Attaquant
4 sélections

Né le 27 avril 1923 à Choisy-le-Roi (Val-de-Marne), décédé le 31 mars 1998 (74 ans)

Première sélection : 4 juin 1949 à Colombes, France - Suisse (4-2)

Dernière sélection : 6 février 1951 à Paris, France - Yougoslavie (2-1)

Clubs : 1948-1949 : Lille OSC (3 sélections) ▪ 1950-1951 : CP Roubaix (1 sélection)

Bilan : 2 victoires, 2 nuls

Cousin éloigné de Jules Vandooren, international de 1933 à 1942, Roger Vandooren est également lillois quand il débute en même temps que Jean Grumellon dans une attaque française où il retrouve son coéquipier du LOSC, Jean Baratte. Il enchaîne avec les matches contre la Yougoslavie avec pour objectif la Coupe du monde 1950. À Belgrade, Vandooren offre la balle de but à Baillot, mais il sort de l'équipe après le match retour. Il n'y revient qu'une fois, un an et demi plus tard, pour jouer encore contre la Yougoslavie, mais en amical, alors qu'il a quitté Lille pour Roubaix.

Matches joués : 1949 3 matches sur 9 ▪ **1950** - ▪ **1951** 1 match sur 7 | **Titulaire :** 4 fois sur 4

Marius Walter

Attaquant
2 sélections, 1 but

Né le 5 mai 1925 à Carvin (Pas-de-Calais)

Première présélection : 19 juin 1949 à Colombes, France - Espagne (1-5)

Première sélection : 11 décembre 1949 à Florence, France - Yougoslavie (2-3 ap)

Dernière sélection : 4 juin 1950 à Bruxelles, Belgique - France (1-4)

Dernière présélection : 1er novembre 1950 à Colombes, France - Belgique (3-3)

Club : 1948-1950 : Lille OSC (2 sélections)

Bilan : 2 défaites

Encore un attaquant lillois en équipe de France : après Baratte, Bihel, Lechantre et Vandooren, c'est au tour de l'ailier droit Marius (Maik, de son prénom polonais d'origine) Walter d'avoir sa chance. Remplaçant face à l'Espagne, il est titularisé six mois plus tard pour le match décisif en vue du Mondial 50, à Florence face à la Yougoslavie. C'est lui qui ouvre le score à la 13e minute sur une passe du Parisien Roger Quenolle. Et c'est encore lui qui est à l'origine du deuxième but français. Mais la France, battue en prolongation (3-2), échoue à se qualifier et Walter ne rejoue qu'une seule fois, en juin suivant, avant d'être une dernière fois remplaçant en novembre 1950.

Matches joués : 1949 1 match sur 9 ▪ **1950** 1 match sur 4 | **But : 1949** 1 | **Titulaire :** 2 fois sur 2 | **Resté sur le banc :** 2 fois

Pierre Ranzoni

Milieu de terrain
2 sélections

Né le 31 mars 1921 à Paris, décédé le 15 août 1999 (78 ans)

Première sélection : 9 octobre 1949 à Belgrade, Yougoslavie - France (1-1)

Dernière sélection : 10 décembre 1950 à Colombes, France - Pays-Bas (5-2)

Clubs : 1948-1949 : Stade Français (1 sélection) ▪ 1949-1950 : Le Hare AC (1 sélection)

Bilan : 1 victoire, 1 nul

Symbole des tâtonnements du comité de sélection français, le Parisien Pierre Ranzoni est appelé à jouer directement pour le premier match de qualification au Mondial 1950, contre la Yougoslavie. Inter droit en club, on le fait évoluer en demi-défensif à Belgrade et il se retrouve sur le banc des remplaçants au match retour, puis il n'est plus appelé... Ranzoni ne rejoue qu'une fois, pour le dernier match de l'année suivante. Parti alors au Havre, il évolue à nouveau devant la défense dans un match où la France marque cinq buts pour la première fois depuis dix ans ! Mais il ne reviendra plus.

Matches joués : 1949 1 match sur 9 ▪ **1950** 1 match sur 4 | **Titulaire :** 2 fois sur 2 | **Resté sur le banc :** 1 fois

Outre-mer

Le premier joueur d'Outre-mer en équipe de France est Raoul Diagne, en 1931. Le natif de Saint-Laurent-du-Maroni a été rejoint par deux autres Guyanais : Malouda et Maignan. Des Martiniquais sont venus ensuite (Louis, Chillan, Charles-Alfred, Janvion). Puis des Guadeloupéens (Trésor, Sonor, Angloma, Cyprien, Thuram, Chimbonda, Lemar), des Néo-Calédoniens (Zimako, Karembeu, Piquionne), un Tahitien (Vahirua) et des Réunionnais (Robert, Sinama-Pongolle, Hoarau, Payet).

Albert Dubreucq

Milieu de terrain
1 sélection

Né le 3 juin 1924 à Lille, décédé le 13 octobre 1995 (71 ans)

Première présélection : 9 octobre 1949 à Belgrade, Yougoslavie-France (1-1)

Unique sélection : 26 mars 1952 à Paris, France - Suède (0-1)

Club : 1948-1952 : Lille OSC (1 sélection)

Bilan : 1 défaite

Comme Ranzoni, Albert Dubreucq est appelé pour sécuriser la défense française lors de son premier match qualification pour la Coupe du monde 1950. Le Nordiste est un costaud du championnat de France mais il reste néanmoins sur le banc des remplaçants, à l'aller comme au retour. Il ne foule la pelouse que deux ans et demi plus tard, contre la Suède, au Parc, à l'occasion du premier match de l'équipe de France en nocturne sur son sol. Mais ce sera son unique sélection.

Match joué : 1949 - ▪ **1950** - ▪ **1951** - ▪ **1952** 1 match sur 8 | **Titulaire :** 1 fois sur 1 | **Resté sur le banc :** 2 fois

Marceau Sommerlinck

Défenseur
0 sélection

Né le 4 janvier 1922 à Lille (Nord), décédé le 9 novembre 2005 (83 ans)

Première présélection : 9 octobre 1949 à Belgrade, Yougoslavie-France (1-1)

Dernière présélection : 30 octobre 1949 à Colombes, France - Yougoslavie (1-1)

Club : 1949-1950 : Lille OSC

Presque tous les joueurs de la glorieuse équipe lilloise des années 40 sont passés par l'équipe de France. Mais pas Marceau Sommerlinck, défenseur intraitable qui connaît tous les succès du club champion de France 1946 et 54, vice-champion 48, 49, 50 et 51, vainqueur de la Coupe de France 46, 47, 48, 53 et 55, et qui est encore aujourd'hui le recordman de matches disputés pour le LOSC. Sommerlinck est pourtant appelé pour consolider la défense française, qui a explosé en match amical contre l'Espagne, juste avant les matches de qualification pour le Mondial 50 face à la Yougoslavie. Mais il reste sur le banc des remplaçants et ne sera pas convoqué à nouveau.

Resté sur le banc : 2 fois

André Strappe

Attaquant
23 sélections, 4 buts

Né le 23 février 1928 à Bully-les-Mines (Pas-de-Calais), décédé le 9 février 2006 (77 ans)

Première sélection : 30 octobre 1949 à Colombes, France - Yougoslavie (1-1)

Dernière sélection : 19 juin 1954 à Genève, France - Mexique (3-2)

Dernière présélection : 25 mars 1956 à Colombes, France - Autriche (3-1)

Club : 1949-1956 : Lille OSC (23 sélections)

Bilan : 11 victoires, 5 nuls, 7 défaites

C'est le dernier Lillois à entrer en lice. Il a 21 ans et rejoint ses compères Baratte et Vandooren pour le match retour contre la Yougoslavie qui peut envoyer la France au Brésil disputer la quatrième Coupe du monde. Mais les Français concèdent le nul et sont obligés d'aller disputer « une belle » à Florence que Strappe, blessé, ne joue pas, laissant sa place à Francis Méano. Il revient au match suivant et ne sort alors plus de l'équipe pendant trois ans, se révélant un inter habile, au démarrage rapide, pesant sans cesse sur la défense adverse, souvent passeur décisif. Même si Strappe n'est pas un grand buteur (il marque tout de même 20 buts en championnat pour Lille en 1949 et en 1950), il réalise un doublé contre le Portugal en 1952. Malgré quelques matches manqués sur blessures à partir de 1953, il fait partie des 22 sélectionnés pour la Coupe du monde 1954 que cette fois la France ne manque pas. Strappe est titulaire lors des deux matches en Suisse, mais la France ne parvient pas à se qualifier pour les quarts de finale. Ce sont ses deux dernières sélections bien qu'il soit encore présélectionné pendant deux ans.

Matches joués : 1949 2 matches sur 9 ▪ **1950** 4 matches sur 4 ▪ **1951** 5 matches sur 7 ▪ **1952** 7 matches sur 8 ▪ **1953** 2 matches sur 8 ▪ **1954** 3 matches sur 6 ▪ **1955** - ▪ **1956** - | **Buts : 1951** 1 ▪ **1952** 3 | **Titulaire :** 23 fois sur 23 | **Resté sur le banc :** 4 fois | **Coupe du monde 1954 :** 2 matches sur 2

Jean Luciano

Milieu de terrain
4 sélections, 1 but

Né 2 janvier 1921 à Nice (Alpes-Maritimes), décédé le 7 juillet 1997 (76 ans)

Première sélection : 30 octobre 1949 à Colombes, France - Yougoslavie (1-1)

Dernière sélection : 4 juin 1950 à Bruxelles, Belgique - France (4-1)

Club : 1948-1950 : OGC Nice (4 sélections)

Bilan : 1 victoire, 1 nul, 2 défaites

Le milieu de terrain niçois est appelé pour consolider l'équipe de France qui cherche à se qualifier pour la Coupe du monde 1950 qui doit se dérouler au Brésil. Il est chargé de marquer l'avant-centre yougoslave Stjepan Bobek. Le buteur du Partizan parvient à égaliser, ce qui oblige la France à un match d'appui... Mais Luciano reste dans l'équipe. Et à Florence, on pense qu'il a donné la qualification à la France quand à la

83e minute il marque après un corner de Walter renvoyé par la défense yougoslave. Mais si Bobek ne marque pas cette fois, la France est quand même éliminée, après prolongation (3-2). Jean Luciano ne rejoue qu'une fois ensuite car il part au Real Madrid, comme Louis Hon, à une époque où on ne sélectionne que des joueurs évoluant en France.

Matches joués : 1949 3 matches sur 9 ▪ **1950** 1 match sur 4 | **But : 1950** 1 | **Titulaire :** 4 fois sur 4

Désiré Carré

Milieu de terrain
1 sélection

Né le 21 mai 1923 à Courcelles-sur-Seine (Eure), décédé le 9 septembre 2014 (91 ans)

Unique sélection : 13 novembre 1949 à Colombes, France - Tchécoslovaquie (1-0)

Dernière présélection : 16 mai 1951 à Glasgow, Écosse - France (1-0)

Club : 1948-1952 : OGC Nice (1 sélection)

Bilan : 1 victoire

Dans le sillage de Jean Luciano, un autre Niçois entre en équipe de France, l'ailier droit Désiré Carré, élément important du Gym. Mais il ne convainc guère lors du match amical contre la Tchécoslovaquie qui précède le match décisif contre la Yougoslavie. Carré n'est donc pas rappelé. Deux ans plus tard, il fait partie de la tournée en Grande-Bretagne, mais il reste sur le banc de touche. Sans autre sélection, il poursuivra une bonne carrière en championnat avant de se reconvertir comme journaliste.

Match joué : 1949 1 match sur 9 ▪ **1950** - ▪ **1951** - | **Titulaire :** 1 fois sur 1 | **Resté sur le banc :** 2 fois

Francis Méano

Attaquant
2 sélections

Né le 22 mai 1931 à Puyloubier (Bouches-du-Rhône), décédé le 25 juin 1953 (22 ans)

Première sélection : 11 décembre 1949 à Florence, France - Yougoslavie (2-3 ap)

Dernière sélection : 19 octobre 1952 à Vienne, Autriche - France (1-2)

Dernière présélection : 25 décembre 1952 France - Belgique (0-1)

Club : 1948-1953 : Stade de Reims (2 sélections)

Bilan : 1 victoire, 1 défaite

Ce petit ailier gauche du Stade de Reims, où il côtoie Batteux, Flamion et Sinibaldi, est si prometteur que les sélectionneurs l'alignent malgré ses 18 ans pour le match décisif face à la Yougoslavie à Florence, en remplacement de Strappe blessé. Hélas, la France s'incline et ni Méano ni les Tricolores ne vont au Brésil pour la Coupe du monde. Le Rémois doit attendre alors trois ans pour retrouver l'équipe de France, et jouer en Autriche en compagnie de ses coéquipiers rémois Kopa, Jonquet et Penverne. Mais, six mois plus tard, il trouve la mort dans un accident d'automobile, avec son beau-frère, le gardien troyen Antonio Abenoza.

Matches joués : 1949 1 match sur 9 ▪ **1950** - ▪ **1951** - ▪ **1952** 1 match sur 8 | **Titulaire :** 2 fois sur 2 | **Resté sur le banc :** 1 fois

1950

8 nouveaux joueurs
4 matches

27 mai : France - Écosse 0-1
4 juin : Belgique - France 4-1
1er novembre : France - Belgique 3-3
10 décembre : France - Pays-Bas 5-2

Roger Lamy

Défenseur
2 sélections

Né le 13 janvier 1926 à Paris, décédé le 2 septembre 2018 (92 ans)

Première sélection : 27 mai 1950 à Colombes, France - Écosse (0-1)

Dernière sélection : 1er novembre 1950 à Colombes, France - Belgique (3-3)

Club : 1949-1951 : RC Paris (2 sélections)

Bilan : 1 nul, 1 défaite

Le Racingman Roger Lamy est un demi-centre qu'on installe en défense contre l'Écosse, sans grand succès. Remplaçant au match suivant, il est à nouveau aligné dans cette position contre la Belgique six mois plus tard. Sans convaincre davantage face au redoutable buteur d'Anderlecht, Jeff Mermans, qui marque deux fois, ce qui lui fait sept buts inscrits contre la France en quatre matches. Lamy ne reviendra donc plus.

Matches joués : 1950 2 matches sur 4 | **Titulaire :** 2 fois sur 2 | **Resté sur le banc :** 1 fois

André Laborde

Milieu de terrain
0 sélection

Né le 23 novembre 1920 à Lamalou-les-Bains (Hérault), décédé le 21 août 1984 (63 ans)

Unique présélection : 27 mai 1950 à Colombes, France - Écosse (0-1)

Club : 1949-1950 : Stade Français

Il accompagne son coéquipier parisien Jean Grégoire pour la venue des Écossais en France. Si ce dernier est aligné, et ce sera pour la dernière fois, André Laborde doit se contenter de regarder depuis le banc des remplaçants et ne sera jamais revu ensuite.

Resté sur le banc : 1 fois

Édouard Kargu

Attaquant
11 sélections, 3 buts

Né le 16 décembre 1925 à Gorki (Allemagne, aujourd'hui en Pologne), décédé le 13 mars 2010 (84 ans)

Première sélection : 4 juin 1950 à Bruxelles, Belgique - France (4-1)

Dernière sélection : 11 novembre 1953 à Colombes, France - Suisse (2-4)

Club : 1949-1954 : Girondins de Bordeaux (11 sélections)

Bilan : 4 victoires, 2 nuls, 5 défaites

Arrivé enfant en Lorraine, en 1927, Edward Kargulewitz devient Édouard Kargu en étant naturalisé français et, après la guerre, une pièce maîtresse des Girondins à Bordeaux. Kargu, qui peut évoluer comme avant-centre ou inter gauche, retrouve en équipe de France son coéquipier Jean Swiatek, d'origine polonaise lui aussi, et inscrit l'unique but français contre la Belgique, sur un centre de Pierre Flamion. Son entrée est suffisamment convaincante pour qu'il soit titularisé ensuite pendant un an. Mais il perd sa place à l'automne 51, pour ne la retrouver qu'au printemps 53, dans une équipe où jouent désormais Kopa et Piantoni. Kargu débute avec eux les qualifications pour le Mondial 54, mais malgré ses huit passes décisives en onze sélections, il ne fait pas partie des sélectionnés pour aller en Suisse le disputer ensuite. C'est donc la fin de sa carrière internationale, alors qu'il termine meilleur buteur du championnat 1953-54 avec 27 buts pour Bordeaux...

Matches joués : 1950 3 matches sur 4 ▪ **1951** 4 matches sur 7 ▪ **1952** - ▪ **1953** 4 matches sur 8 | **Buts : 1950** 2 ▪ **1953** 1 | **Titulaire :** 10 fois sur 11 | **Remplaçant :** 1 fois sur 11 (de Baratte) | **Resté sur le banc :** 1 fois

Mustapha Ben M'Barek

Attaquant
1 sélection

Né le 3 mai 1926 à Casablanca (Maroc)

Unique sélection : 4 juin 1950 à Bruxelles, Belgique - France (4-1)

Dernière présélection : 16 mai 1951 à Glasgow, Écosse - France (1-0)

Club : 1949-1951 : Girondins de Bordeaux (1 sélection)

Bilan : 1 défaite

Il débute en même temps qu'Édouard Kargu avec lequel il forme un bon duo d'attaque à Bordeaux. Mustapha Ben M'Barek est un Casablancais comme Larbi Ben Barek, et se fait appeler par son prénom pour éviter toute confusion avec son illustre aîné. Mais contrairement à Kargu, Ben M'Barek n'est rappelé qu'une fois, onze mois plus tard, pour la tournée en Grande-Bretagne, mais sans pouvoir entrer en jeu.

Match joué : 1950 1 match sur 4 ▪ **1951** - | **Titulaire :** 1 fois sur 1 | **Resté sur le banc :** 2 fois

Jean Belver

Défenseur
1 sélection

Né le 22 mai 1921 à Villeurbanne (Rhône), décédé le 27 octobre 2016 (95 ans)

Unique sélection : 4 juin 1950 à Bruxelles, Belgique - France (1-4)

Club : 1949-1950 : OGC Nice (1 sélection)

Bilan : 1 défaite

Brillant en club, ce demi-aile rhodanien est un des quatre nouveaux venus contre la Belgique avec Kargu, Sinibaldi et Ben M'Barek. Comme ces deux derniers, il ne rejouera pas en équipe nationale après cette nouvelle défaite.

Match joué : 1950 1 match sur 4 | **Titulaire :** 1 fois sur 1

André Doye

Attaquant
7 sélections, 5 buts

Né le 15 septembre 1925 à Raimbeaucourt (Nord), décédé le 29 novembre 1981 (56 ans)

Première sélection : 1er novembre 1950 à Colombes, France - Belgique (3-3)

Dernière sélection : 22 mai 1952 à Bruxelles, Belgique - France (1-2)

Club : 1949-1952 : Girondins de Bordeaux (6 sélections)

Bilan : 4 victoires, 2 nuls, 1 défaite

Après Kargu et Ben M'Barek, c'est l'ailier gauche de Bordeaux, André Doye qui découvre l'équipe de France le mois suivant. Il ne lui faut que 18 minutes contre la Belgique pour signer son entrée, en marquant sur un service de Kargu ! Il récidive au match suivant, contre les Pays-Bas à Colombes. Pour sa quatrième sélection, Doye marque contre l'Angleterre, à Highbury, le premier but d'une équipe de France pas loin de l'exploit (2-2). Buteur encore contre la Suisse, à Genève, André Doye en est à quatre buts en cinq matches. Puis à cinq en sept rencontres après une tête victorieuse contre la Belgique au Heysel. Malheureusement, des ennuis de santé compromettent la suite de sa carrière alors qu'il n'a que 26 ans.

Matches joués : 1950 2 matches sur 4 ▪ **1951** 4 matches sur 7 ▪ **1952** 1 match sur 8 | **Buts : 1950** 1 ▪ **1951** 2 ▪ **1952** 1 | **Titulaire :** 7 fois sur 7

Manuel Garriga

Défenseur
1 sélection

Né le 7 février 1926 à Sidi-Bel-Abbès (Algérie française), décédé en 1983 (57 ans)

Unique sélection : 1er novembre 1950 à Colombes, France - Belgique (3-3)

Dernière présélection : 6 février 1951 à Paris, France - Yougoslavie (2-1)

Club : 1950-1951 : Girondins de Bordeaux (1 sélection)

Bilan : 1 nul

Avec Doye, un autre Bordelais entre en équipe de France contre la Belgique : l'arrière droit Manuel Garriga. Un athlète puissant mais jugé trop lent pour rester durablement aux côtés de Roger Marche en défense. Il est toutefois convoqué deux fois ensuite, mais sans pouvoir jouer.

Match joué : 1950 1 match sur 4 ▪ **1951** - | **Titulaire :** 1 fois sur 1 | **Resté sur le banc :** 2 fois

Robert Germain

Gardien de but
0 sélection

Né le 19 avril 1925 à Orléans (Loiret), décédé le 25 juin 2004 (79 ans)

Unique présélection : 10 décembre 1950 à Colombes, France - Pays-Bas (5-2)

Club : 1950-1951 : OGC Nice

Après Sinibaldi, Ibrir et Favre, c'est au tour de Robert Germain d'être la doublure de René Vignal. Une apparition sans lendemain pour le gardien niçois.

Resté sur le banc : 1 fois sur 1

1951

10 nouveaux joueurs

7 matches

6 février : France - Yougoslavie 2-1
12 mai : Irlande du Nord - France 2-2
16 mai : Écosse - France 1-0
3 juin : Italie - France 4-1
3 octobre Angleterre - France 2-2
14 octobre : Suisse - France 1-2
1er novembre : France - Autriche 2-2

Pierre Landi

Gardien de but
0 sélection

Né le 2 août 1926 à Cetara (Italie), décédé le 3 février 2007 (80 ans)

Unique présélection : 6 février 1951 à Paris, France - Yougoslavie (2-1)

Club : 1950-1951 : RC Paris

Comme Germain avant lui, Pierre Landi est choisi pour le poste de gardien remplaçant, cette fois de Julien Darui. Une pige sans lendemain pour le goal du Racing. Son frère cadet, Louis Landi, sera également présélectionné 15 ans plus tard, alors qu'il évoluait à Nîmes, mais sans jouer également.

Resté sur le banc : 1 fois

Antoine Bonifaci

Milieu de terrain
12 sélections, 2 buts

Né le 4 septembre 1931 à Bezons (Val-d'Oise)

Première sélection : 12 mai 1951 à Belfast, Irlande du Nord - France (2-2)

Dernière sélection : 14 mai 1953 à Colombes, France - Galles (6-1)

Club : 1950-1953 : OGC Nice (12 sélections)

Bilan : 6 victoires, 3 nuls, 3 défaites

Demi-aile à la technique parfaite, le Niçois est sélectionné à 19 ans. Et il brille tout de suite : Antoine Bonifaci marque pour sa première sélection, de la tête sur un centre de Kargu, contre les Irlandais du Nord. Pendant deux ans, il rayonne au milieu de terrain dans une équipe de France qui, enfin, gagne plus de matches qu'elle n'en perd. Il brille tellement que les clubs italiens lui font des propositions qu'il finit par accepter. À l'été 53, Bonifaci rejoint ainsi l'Inter Milan. Dès lors, sa carrière internationale est terminée, comme cela est le cas pour Ben Barek et Domingo partis à l'Atlético de Madrid, ou pour Hon et Luciano enrôlés par le Real. Bonifaci jouera ensuite à Bologne, au Torino et à Vicence avant de revenir au Stade Français en 1961.

Matches joués : 1951 6 matches sur 7 ▪ **1952** 5 matches sur 8 ▪ **1953** 1 match sur 8 | **Buts : 1951** 1 ▪ **1953** 1 | **Titulaire :** 12 fois sur 12

Edmond Haan

Attaquant
4 sélections

Né le 25 mai 1924 à Schorndorf (Allemagne), décédé le 15 aoput 2018 (94 ans)

Première sélection : 12 mai 1951 à Belfast, Irlande du Nord - France (2-2)

Dernière sélection : 11 novembre 1953 à Colombes, France - Suisse (2-4)

Club : 1950-1953 : RC Strasbourg (4 sélections)

Bilan : 1 nul, 3 défaites

Originaire d'Allemagne et ailier gauche à la lourde frappe de balle, Edmond Haan est sélectionné quelques jours avant ses 27 ans, pour la tournée que l'équipe de France effectue en Irlande du Nord et en Écosse. Mais le Strasbourgeois est moins à son aise qu'en championnat et s'il joue encore une fois dans la foulée, il ne revient pas avant deux ans. Mais sans pouvoir faire mieux.

Matches joués : 1951 3 matches sur 7 ▪ **1952** - ▪ **1953** 1 match sur 8 | **Titulaire :** 4 fois sur 4

Stéphane Dakowski

Gardien de but
2 sélections

Né le 29 juin 1921 à Provins (Seine-et-Marne), décédé le 11 juillet 2016 (95 ans)

Première présélection : 12 mai 1951 à Belfast, Irlande du Nord - France (2-2)

Première sélection : 16 mai 1951 à Glasgow, Écosse - France (0-1)

Dernière sélection : 3 juin 1951 à Gènes, Italie - France (4-1)

Dernière présélection : 7 octobre 1956 à Colombes, France - Hongrie (1-2)

Clubs : 1950-1956 : Nîmes Olympique (2 sélections) ▪ 1956-1957 : FC Nantes (0 sélection)

Bilan : 2 défaites

Le Nîmois Stéphane Dakowski succède directement à Julien Darui, l'immense gardien de la fin des années 40, qu'il remplace pour le match en Écosse après avoir été sa doublure en Irlande du Nord. Confirmé au match suivant, contre l'Italie à Gènes, les quatre buts inscrits par Lorenzi, deux fois, Amedei et Cappello sur penalty, ne sont pas directement fatals à sa carrière, mais ils poussent Dakowski sur le banc des remplaçants dont il ne ressort plus pendant cinq ans.

Matches joués : 1951 2 matches sur 7 ▪ **1952** - ▪ **1953** - ▪ **1954** - ▪ **1955** - ▪ **1956** - | **Titulaire :** 2 fois sur 2 | **Resté sur le banc :** 9 fois

Cesar Ruminski

Gardien de but
7 sélections

Né le 13 juin 1924 à Douai (Nord), décédé le 14 mai 2009 (84 ans)

Première présélection : 3 juin 1951 à Gènes, Italie - France (4-1)

Première sélection : 5 octobre 1952 à Colombes, France - Allemagne (3-1)

Dernière sélection : 30 mai 1954 à Bruxelles, Belgique - France (3-3)

Club : 1950-1954 : Lille OSC (7 sélections)

Bilan : 4 victoires, 2 nuls, 1 défaite

Alors que Dakowski est titulaire dans les buts à Gènes, un autre fils de Polonais est sa doublure, Cesar Ruminski, le gardien du Losc aux dégagements puissants. Mais le retour de blessure de René Vignal les écarte tous les deux. Comme Dakowski, Ruminski revient comme doublure du Parisien, en mai 1952, puis est titularisé contre l'Allemagne match où il débute donc vraiment, en même temps que Raymond Kopa, autre fils de Polonais. Vignal toujours blessé, Ruminski s'installe alors comme le gardien titulaire de l'équipe de France. Mais au bout d'un an, la concurrence de François Remetter le sort à nouveau du jeu. Il revient bien pour le dernier match amical avant la Coupe du monde 54, contre la Belgique. Mais c'est Claude Abbes qui sera finalement la doublure de Remetter au Mondial, Ruminski devant se contenter du rôle de troisième gardien, remisé en tribune.

Matches joués : 1951 - ▪ **1952** 5 matches sur 8 ▪ **1953** 1 match sur 8 ▪ **1954** 1 match sur 6 | **Titulaire :** 7 fois sur 7 | **Resté sur le banc :** 3 fois | **Resté en tribune :** 2 fois | **Coupe du monde 1954 :** 0 match sur 2

Lido Albanesi

Défenseur
0 sélection

Né le 28 août 1921 à Foligno (Italie), décédé le 13 mai 1998 (76 ans)

Première présélection : 3 juin 1951 à Gènes, Italie - France (4-1)

Dernière présélection : 11 juin 1953 à Solna, Suède - France (1-0)

Club : 1950-1953 : Le Havre AC

Pour ce défenseur havrais d'origine italienne, être sélectionné contre l'Italie est un sacré clin d'œil du destin. Mais Lido Albanesi reste sur le banc, et c'est également le cas pour les huit autres fois où il est convoqué en équipe de France !

Resté sur le banc : 9 fois

Abdelkader Firoud

Milieu de terrain
6 sélections

Né le 11 octobre 1919 à Oran (Algérie française), décédé le 3 avril 2005 (85 ans)

Première sélection : 3 octobre 1951 à Londres, Angleterre - France (2-2)

Dernière sélection : 22 mai 1952 à Bruxelles, Belgique - France (1-2)

Club : 1951-1952 : Nîmes Olympique (6 sélections)

Bilan : 3 victoires, 2 nuls, 1 défaite

Ancien buteur reconverti demi-défensif plutôt coriace, Kader Firoud est le moteur de Nîmes. Il débute en équipe de France à presque 32 ans comme arrière central, associé à Robert Jonquet face à l'Angleterre. Le match nul ramené du terrain d'Arsenal lui vaut de continuer pour le reste de la saison. Mais son âge pousse les sélectionneurs à l'oublier pour la suivante. Sa carrière de joueur se terminera en 1954, après un accident de voiture. Firoud entamera alors une longue vie d'entraîneur, à Nîmes, Toulouse et Montpellier, où il transmettra à ses joueurs sa rage de vaincre.

Matches joués : 1951 3 matches sur 7 ▪ **1952** 3 matches sur 8 | **Titulaire :** 6 fois sur 6

Clubs étrangers

Longtemps puisés uniquement dans les clubs de l'Hexagone, les internationaux français sont venus aussi de l'étranger à partir de 1958. Les grands pourvoyeurs ont été Arsenal (17, depuis Vieira en 1997), Barcelone (15, depuis Blanc en 1996), Juventus (13, depuis Combin en 1964), Chelsea (12, depuis Lebœuf en 1996), Real (10, depuis Kopa en 1958), Séville (8, depuis Escudé en 2006), Newcastle (8, depuis Ginola en 1995), Manchester U. (8, depuis Cantona en 1993), Bayern (8, depuis Papin en 1995).

Roger Boury

Milieu de terrain
1 sélection

Né le 30 décembre 1925 à Isbergues (Pas-de-Calais), décédé le 4 décembre 2010 (84 ans)

Première présélection : 3 octobre 1951 à Londres, Angleterre - France (2-2)

Unique sélection : 20 avril 1952 à Colombes, France - Portugal (3-0)

Club : 1951-1952 : CO Roubaix (1 sélection)

Bilan : 1 victoire

Présent sur le banc des remplaçants à Highbury pour le match nul de la France face à l'Angleterre, le Nordiste Roger Boury revient six mois plus tard, pour la venue du Portugal à Colombes. Mais, malgré la nette victoire française, le demi-aile roubaisien ne trouve pas vraiment sa place.

Match joué : 1951 - ▪ **1952** 1 match sur 8 | **Titulaire :** 1 fois sur 1 | **Resté sur le banc :** 1 fois

Thaddée Cisowski

Attaquant
13 sélections, 11 buts

Né le 16 février 1927 à Laskow (Pologne), décédé le 24 février 2005 (78 ans)

Première sélection : 1er novembre 1951 à Colombes, France - Autriche (2-2)

Dernière sélection : 25 octobre 1958 à Colombes, France - Allemagne (2-2)

Clubs : 1951-1952 : FC Metz (1 sélection) ▪ 1952-1959 : RC Paris (12 sélections)

Bilan : 9 victoires, 2 nuls, 2 défaites

Fils d'un mineur polonais, comme tant d'autres, Tadeusz Cisowski, est arrivé en Lorraine dans les années 30. C'est au FC Metz qu'il se révèle comme un excellent buteur, à la fin des années 40. Sélectionné contre l'Autriche, il ne peut pas aller au bout du premier quart d'heure, victime d'une fracture de la jambe... Une des multiples blessures qui vont jalonner sa carrière. Cisowski, parti au Racing, revient en Bleu onze mois plus tard et marque le deuxième but français face l'Allemagne de Turek, Rahn et des frères Walter, les futurs champions du monde, battus 3-1. Deux semaines plus tard, au Prater de Vienne, il délivre les deux passes décisives sur les buts de Baratte et Penverne qui offrent une victoire de prestige à la France contre l'Autriche : cette fois « Ciso » est lancé ! Mais les blessures lui font manquer le Mondial 54 et il ne retrouve l'équipe de France qu'en octobre 1956. Il marque deux fois contre la Hongrie à Colombes, mais son second but est refusé car inscrit dans le coup de sifflet final de l'arbitre ! D'autant plus rageant que ce but aurait donné le match nul à la France... Cisowski réalise le chef-d'œuvre de sa carrière un mois plus tard : cinq buts (13e, 15e, 44e, 72e, 88e) contre la Belgique, battue 6-3 en match de qualification pour la Coupe du monde 58 ! Le record d'Eugène Maës établi en 1913 est égalé, avec une passe décisive pour le 6e but français, en prime... Double buteur ensuite contre l'Islande dans un autre match qualificatif, il est un des atouts majeurs de la France pour le Mondial en Suède, lui qui termine meilleur buteur du championnat en 1956 et 57 avec 33 et 31 buts. Mais une nouvelle fracture de la jambe l'empêche d'y participer... Cisowski revient après l'expédition suédoise, pour disputer les derniers matches de l'année 58, signant un doublé contre la Grèce, au Parc. Mais à 31 ans, cette fois l'équipe nationale est bien terminée pour lui. Ce qui ne l'empêchera pas de terminer à nouveau meilleur buteur du championnat en 1959 avec 30 buts, et deuxième derrière Fontaine l'année suivante avec 27...

Matches joués : 1951 1 match sur 7 ▪ **1952** 3 matches sur 8 ▪ **1953** - ▪ **1954** 1 match sur 6 ▪ **1955** - ▪ **1956** 3 matches sur 5 ▪ **1957** 2 matches sur 7 ▪ **1958** 3 matches sur 13 | **Buts : 1952** 1 ▪ **1956** 6 ▪ **1957** 2 ▪ **1958** 2 | **Titulaire :** 12 fois sur 13 | **Remplaçant :** 1 fois sur 13 (de Piantoni) | **Sélectionneur :** Nicolas 7 fois

Marceau Stricanne

Attaquant
1 sélection

Né le 1er janvier 1920 à Lomme (Nord), décédé le 25 juillet 2012 (92 ans)

Unique sélection : 1er novembre 1951 à Colombes, France - Autriche (2-2)

Club : 1951-1952 : Le Havre AC (1 sélection)

Bilan : 1 nul

C'est la grave blessure de Thaddée Cisowski qui permet au Nordiste Marceau Stricanne de pénétrer sur la pelouse face aux Autrichiens au bout de dix minutes de jeu. Mais pour l'inter havrais aux fines lunettes, ce sera une apparition sans suite.

Match joué : 1951 1 match sur 7 | **Remplaçant :** 1 fois sur 1 (de Cisowski)

1952

12 nouveaux joueurs
8 matches

26 mars : France - Suède 0-1
20 avril : France - Portugal 3-0
22 mai : Belgique - France 1-2
5 octobre : France - Allemagne 3-1
19 octobre : Autriche - France 1-2
11 nov : France - Irlande du Nord 3-1
16 novembre : Eire - France 1-1
25 décembre : France - Belgique 0-1

Ferenc Koczur (dit Ferry)

Milieu de terrain
3 sélections

Né le 2 septembre 1930 à Brunssum (Pays-Bas), décédé le 19 septembre 1989 (59 ans)

Première présélection : 26 mars 1952 à Paris, France - Suède (0-1)

Première sélection : 22 mai 1952 à Bruxelles, Belgique - France (1-2)

Dernière sélection : 25 décembre 1952 à Colombes, France - Belgique (0-1)

Dernière présélection : 3 décembre 1958 à Athènes, Grèce - France (1-1)

Clubs : 1951-1956 : AS Saint-Étienne (3 sélections) ▪ 1956-1959 : OGC Nice (0 sélection)

Bilan : 1 victoire, 1 nul, 1 défaite

Il est né dans le Limbourg néerlandais, mais il est Hongrois d'origine : Ferenc Koczur se fait appeler par commodité Ferry en France et fait les beaux jours de Saint-Étienne en milieu de terrain. Naturalisé français, il est installé comme relayeur face à la Belgique et l'Irlande. Sans faillir, le Stéphanois est cependant poussé ensuite sur la touche. Enrôlé par Nice, Koczur reste un des bons joueurs du championnat, un travailleur infatigable, mais ce n'est qu'après la Coupe du monde 58 qu'il est sélectionné à nouveau… Et pour rester sur le banc de touche.

Matches joués : 1952 3 matches sur 8 ▪ **1953** - ▪ **1954** - ▪ **1955** - ▪ **1956** - ▪ **1957** - ▪ **1958** - | **Titulaire :** 3 fois sur 3 | **Resté sur le banc :** 5 fois

André Jacowski

Défenseur, 2 sélections

Né le 5 décembre 2922 à Wieliczka (Pologne), décédé le 20 avril 2002 (79 ans)

Première présélection : 26 mars 1952 à Paris, France - Suède (0-1)

Première sélection : 20 avril 1952 à Colombes, France - Portugal (3-0)

Dernière sélection : 22 mai 1952 à Bruxelles, Belgique - France (1-2)

Club : 1951-1952 : Stade de Reims (2 sélections)

Bilan : 2 victoires

Originaire de la banlieue de Cracovie, Andrzej Żakowski est devenu en France André Jacowski, solide arrière droit du Stade de Reims dont il forme l'arrière-garde avec Roger Marche et Robert Jonquet. C'est donc tout naturellement qu'il les rejoint en équipe de France. Une équipe qui, ainsi équipée du trio rémois, gagne deux fois de suite. Mais une blessure éloigne Jacowski de la sélection ensuite. Et une autre en 1954 mettra un terme définitif à sa carrière.

Matches joués : 1951 2 matches sur 8 | **Titulaire :** 2 fois sur 2 | **Resté sur le banc :** 1 fois

Dominique Colonna

Gardien de but
13 sélections

Né le 4 septembre 1928 à Corte (Corse)

Première présélection : 20 avril 1952 à Colombes, France - Portugal (3-0)

Première sélection : 1er septembre 1957 à Reykjavik, Islande - France (1-5)

Dernière sélection : 2 avril 1961 à Madrid, Espagne - France (2-0)

Dernière présélection : 24 octobre 1962 à Stuttgart, Allemagne - France (2-2)

Clubs : 1950-1955 : Stade Français Paris (0 sélection) ▪ 1955-1957 : OGC Nice (0 sélection) ▪ 1957-1963 : Stade de Reims (13 sélections)

Bilan : 5 victoires, 4 nuls, 4 défaites

Avec René Vignal dans ses buts, l'équipe de France a trouvé le successeur de Julien Darui. Elle lui cherche une doublure. Après Domingo, Ruminski et Dakowski, pourquoi pas le sympathique Corse du Stade Français, Dominique Colonna ? C'est ainsi qu'il passe l'année 52 sur le banc de touche. Mais l'arrivée de François Remetter l'écarte ensuite pendant cinq ans. C'est en 1956, alors qu'il est devenu Niçois, que Dominique Colonna est rappelé, comme doublure de Remetter cette fois. Passé ensuite à Reims durant l'été, et après avoir vécu déjà huit matches sur le banc de touche, Dominique Colonna peut enfin débuter en 1957, au Laugardalsvöllur de Reykjavik, face à l'Islande. La France s'impose facilement 5-1 et Colonna, qui a détourné un penalty, obtient le droit de jouer le match suivant. Mais la défaite 2-0 à Budapest incite le sélectionneur Paul Nicolas à tester au match suivant le Stéphanois Claude Abbes. C'est désormais un « match à trois », Abbes-Colonna-Remetter, qui se joue pour le Mondial 58. Les trois gardiens sont sélectionnés, mais le seul qui ne joue pas en Suède c'est Colonna. Il a 30 ans, sa carrière internationale débute pourtant véritablement. Il est le gardien titulaire pendant un an et demi, jusqu'à ce qu'il se blesse lors de la venue du Portugal à Colombes, en novembre 59. Le Niçois Georges Lamia prend sa relève et Colonna manque l'Euro 60 en France. Il rejoue bien ensuite à trois reprises, dont un malheureux match à Bâle où le Suisse Josef Hügi lui marque cinq buts en trois quarts d'heure, mais il est plus souvent remplaçant du Nîmois Pierre Bernard.

Matches joués : 1952 - ▪ **1953** - ▪ **1954** - ▪ **1955** - ▪ **1956** - ▪ **1957** 3 matches sur 7 ▪ **1958** 4 matches sur 13 ▪ **1959** 3 matches sur 5 ▪ **1960** 2 matches sur 10 ▪ **1961** 1 match sur 7 ▪ **1962** - | **Titulaire :** 12 fois sur 13 | **Remplaçant :** 1 fois sur 13 (de P. Bernard) | **Resté sur le banc :** 22 fois | **Coupe du monde 1958 :** 0 match sur 6 | **Sélectionneurs :** Nicolas 8 fois, Verriest 5 fois

Léon Deladerrière

Attaquant
11 sélections, 3 buts

Né le 26 juin 1927 à Annœullin (Nord), décédé le 13 mars 2013 (85 ans)

Première sélection : 20 avril 1952 à Colombes, France - Portugal (3-0)

Dernière sélection : 3 décembre 1958 à Athènes, Grèce - France (1-1)

Club : 1952-1958 : FC Nancy (11 sélections)

Bilan : 6 victoires, 3 nuls, 2 défaites

Petit ailier gauche nancéen (1,64 m) au dribble déroutant, Léon Deladerrière se rend vite utile en offrant deux balles de buts à André Strappe, contre le Portugal, lors de sa première sélection. Le Lillois lui rend la pareille au match suivant, contre la Belgique, avant de marquer de nouveau, sur un centre de Deladerrière contre l'Allemagne. Bien que présent lors des qualifications pour le Mondial 54, le Nancéen n'est pas retenu pour aller en Suisse, victime de la concurrence du Lillois Jean Vincent. Il est sélectionné une fois en 1956, comme remplaçant contre l'Autriche, mais il entre en jeu après la blessure de Jacques Foix et permet aussitôt à Vincent de marquer ! Deladerrière n'est donc pas oublié des sélectionneurs, mais il ne retrouve les Bleus qu'après le Mondial 58. Il marque sur coup franc pour son retour, à Vienne contre l'Autriche, puis contre l'Allemagne. Il termine l'année comme titulaire avant de disparaître à nouveau des listes, et cette fois définitivement.

Matches joués : 1952 4 matches sur 8 ▪ **1953** 1 match sur 8 ▪ **1954** 1 match sur 6 ▪ **1955** - ▪ **1956** 1 match sur 5 ▪ **1957** - ▪ **1958** 4 matches sur 13 | **Buts : 1952** 1 ▪ **1958** 2 | **Titulaire :** 10 fois sur 11 | **Remplaçant :** 1 fois sur 11 (de Foix) | **Resté sur le banc :** 2 fois | **Sélectionneur :** Nicolas 4 fois

Abdelaziz Ben Tiffour

Attaquant, 4 sélections

Né le 25 juillet 1927 à Hussein Dey (Algérie française), décédé le 19 novembre 1970 (43 ans)

Première sélection : 22 mai 1952 à Bruxelles, Belgique - France (1-2)

Dernière sélection : 6 octobre 1957 à Budapest, Hongrie - France (2-0)

Clubs : 1950-1954 : OGC Nice (2 sélections) ▪ 1954-1955 : AS Troyes ▪ 1955-1958 : AS Monaco (2 sélections)

Bilan : 2 victoires, 1 nul, 1 défaite

Voilà un joueur particulièrement brillant. Ailier gauche rapide et imprévisible à Nice, Abdelaziz Ben Tiffour succède à Deladerrière en équipe de France, mais sans convaincre véritablement. Pourtant, il fait partie de la sélection pour la Coupe du monde 54. Prévu comme remplaçant, il dispute le deuxième match, face aux Mexique, à la place du Rémois Léon Glovacki décevant. Mais l'élimination précoce de la France le renvoie en club. C'est avec l'AS Monaco en 1955 qu'il refait parler de lui, et, profitant d'un forfait de Jean Vincent, il joue à Colombes contre la Yougoslavie. Mais Ben Tiffour doit attendre près de deux ans pour revenir, cette fois après le forfait de René Bliard... Il a alors 30 ans, et il peut prétendre à jouer une deuxième Coupe du monde, celle de 58 en Suède. Il y renonce en s'engageant en avril 1958 dans l'équipe du FLN, avec Zitouni, Ibrir et Mekhloufi, les trois autres internationaux français d'origine algérienne. Devenu entraîneur en Algérie dans les années 60, Abdelaziz Ben Tiffour perdra la vie dans un accident de voiture.

Matches joués : 1952 1 match sur 8 ▪ **1953** - ▪ **1954** 1 match sur 6 ▪ **1955** 1 match sur 7 ▪ **1956** - ▪ **1957** 1 match sur 7 | **Titulaire :** 4 fois sur 4 | **Resté sur le banc :** 1 fois | **Coupe du monde 1954 :** 1 match sur 2 | **Sélectionneur :** Nicolas 1 fois

Raymond Kopa

Attaquant
45 sélections, 18 buts

Né le 13 octobre 1931 à Nœux-les-Mines (Pas-de-Calais), décédé le 3 mars 2017 (85 ans)

Première sélection : 5 octobre 1952 à Colombes, France - Allemagne (3-1)

Dernière sélection : 11 novembre 1962 à Colombes, France - Hongrie (2-3)

Clubs : 1952-1956 : Stade de Reims (24 sélections) ▪ 1956-1959 : Real Madrid (7 sélections) ▪ 1959-1962 : Stade de Reims (14 sélections)

Bilan : 20 victoires, 7 nuls, 18 défaites

Raymond Kopa

Il n'a pas encore 21 ans, mais Raymond Kopaszewski, fils et petit-fils de mineurs polonais, brille déjà de mille feux. C'est Jean Batmale, l'international des années 20, qui l'a repéré à Nœux-les-Mines. Après des débuts prometteurs à Angers en 1949, le Stade de Reims a fait venir en 1951 ce joueur qui, désormais coaché par Albert Batteux, est doué pour tous les postes de l'attaque : ailier droit, inter, avant-centre ou meneur de jeu... Ses débuts en équipe de France ne souffrent aucune contestation. Encadré par les Rémois Jonquet, Marche et Penverne, le jeune Kopa joue en pointe avec Cisowski et Strappe et il ne sort plus de l'équipe pendant quatre ans. Il marque ses premiers buts contre l'Irlande du Nord, à Colombes, et se présente deux ans plus tard comme le grand espoir de la France à la Coupe du monde en Suisse. Hélas, la France perd contre la Yougoslavie, et si Kopa obtient la victoire contre le Mexique en transformant un penalty en fin de match, la France est éliminée. Kopa n'échappe pas aux critiques qui tombent sur « les coqs en pâte », mais il reste le leader de la jeune génération. Il le prouve neuf mois plus tard, à Madrid, en réalisant une partie sensationnelle face à l'Espagne, devant 120 000 spectateurs éblouis. Allier droit, il ouvre le score, passé meneur de jeu, il est à l'origine du but de la victoire (2-1) signé Jean Vincent. Avec en plus un but refusé injustement, il est le héros de Chamartin. Santiago Bernabéu, le président du Real Madrid, tombe sous le charme de celui qu'on surnomme désormais « Napoléon » ! À 24 ans, dribbleur, passeur, frappeur, Raymond Kopa est déjà au sommet. Le Real l'engageant à l'été 56, il perd sa place en équipe de France. D'une part parce que la Fédération rechigne à faire venir des joueurs qui évoluent à l'étranger, d'autre part parce que son club rechigne de son côté à le laisser y aller... C'est pourquoi Kopa ne participe pas aux matches qualificatifs pour la Coupe du monde 58. Vainqueur deux fois de la Coupe d'Europe avec le Real, il est quand même convoqué pour le Mondial. Arrivé après ses camarades en Suède, Kopa orchestre alors à merveille le jeu d'attaque français. Avec Fontaine, Vincent, Piantoni et Wisnieski, la France étonne le monde et prend la 3e place. Et Raymond Kopa est désigné meilleur joueur : il a marqué trois fois et réalisé neuf passes décisives, dont six pour Fontaine... Revenu à Reims en 1959, Kopa retrouve régulièrement l'équipe de France. Mais il ne s'entend guère avec le nouveau sélectionneur, Georges Verriest, qui a succédé à Paul Nicolas décédé tragiquement dans un accident de voiture. Kopa reste l'atout majeur de l'équipe de France et participe activement à sa qualification pour la phase finale de l'Euro 60. Hélas, il se blesse juste avant et ne peut y participer. Absent des qualifications pour le Mondial 62, il revient pour les éliminatoires de l'Euro 64 et réalise un grand match à Sheffield face à l'Angleterre. Il a alors 31 ans. Mais il ne joue pas le match retour, brouillé définitivement avec le sélectionneur qui ne comprend pas que Kopa demande à être exempté de matches amicaux pour rester au chevet de son fils atteint d'une grave maladie. Sa carrière internationale s'achève donc à 45 sélections, 18 buts et 24 passes décisives. Mais il continuera à jouer à Reims jusqu'en 1968, y compris en deuxième division, de 1964 à 66. Puis il se lancera dans une prospère vie d'homme d'affaires, continuant à jouer au football en vétéran le dimanche matin à Angers jusqu'à ses 70 ans.

Matches joués : 1952 5 matches sur 8 ▪ **1953** 6 matches sur 8 ▪ **1954** 6 matches sur 6 ▪ **1955** 6 matches sur 7 ▪ **1956** 1 match sur 5 ▪ **1957** - ▪ **1958** 7 matches sur 13 ▪ **1959** 4 matches sur 5 ▪ **1960** 3 matches sur 10 ▪ **1961** 3 matches sur 7 ▪ **1962** 4 matches sur 5 | **Buts : 1952** 2 ▪ **1953** 3 ▪ **1954** 4 ▪ **1955** 4 ▪ **1958** 4 ▪ **1960** 1 | **Titulaire :** 45 fois sur 45 | **Capitaine :** 5 fois (37e, 38e, 40e, 42e, 43e) | **Coupe du monde 1954 :** 2 matches sur 2 | **Coupe du monde 1958 :** 6 matches sur 6 | **Sélectionneurs :** Nicolas 7 fois, Verriest 14 fois

Antoine Penverne

Armand Penverne

Milieu de terrain
39 sélections, 2 buts

Né le 26 novembre 1926 à Pont-Scorff (Morbihan), décédé le 27 février 2012 (85 ans)

Première sélection : 5 octobre 1952 à Colombes, France-Allemagne (3-1)

Dernière sélection : 13 décembre 1959 à Colombes, France-Autriche (5-2)

Dernière présélection : 17 décembre 1959 à Paris, France - Espagne (4-3)

Clubs : 1951-1959 : Stade de Reims (36 sélections) ▪ 1959-1960 : Red Star (3 sélections)

Bilan : 19 victoires, 8 nuls, 12 défaites

De cinq ans plus âgé que Raymond Kopa, le discret breton Armand Penverne débute lui aussi en équipe de France contre l'Allemagne. C'est le match de la réconciliation entre les deux pays ce jour-là Colombes, sept ans après la guerre, et personne ne songe que les Allemands seront sacrés champions du monde un an et demi plus tard ! Penverne, demi-défensif efficace, fait bonne figure au milieu de terrain. Si bien qu'il est sélectionné pour le Mondial 54. Résistant, régulier, technique, clairvoyant, auteur de passes décisives, Penverne est la transition parfaite entre les défenseurs et les attaquants et il ne sort pas de l'équipe jusqu'à la Coupe du monde suivante. En Suède, il participe à tous les matches et joue le dernier avec le brassard de capitaine en l'absence de Jonquet, blessé. À 32 ans, Penverne dispute les éliminatoires du premier championnat d'Europe qui voit la France éliminer la Grèce puis l'Autriche. Mais, blessé comme Kopa et Fontaine, il ne peut disputer la phase finale en France.

Matches joués : 1952 5 matches sur 8 ▪ **1953** 5 matches sur 8 ▪ **1954** 2 matches sur 6 ▪ **1955** 6 matches sur 7 ▪ **1956** 1 match sur 5 ▪ **1957** 6 matches sur 7 ▪ **1958** 11 matches sur 13 ▪ **1959** 3 matches sur 5 | **Buts : 1952** 1 ▪ **1953** 1 | **Titulaire :** 39 fois sur 39 | **Resté sur le banc :** 3 fois | **Capitaine :** 7 fois (23e, 24e, 26e, 32e-36e) | **Coupe du monde 1954 :** 1 match sur 2 | **Coupe du monde 1958 :** 6 matches sur 6 | **Sélectionneurs :** Nicolas : 17 fois, Verriest 3 fois

Joseph Ujlaki

Attaquant
21 sélections, 10 buts

Né le 10 août 1929 à Budapest (Hongrie), décédé le 13 février 2006 (76 ans)

Première sélection : 5 octobre 1952 à Colombes, France - Allemagne (3-1)

Dernière sélection : 30 octobre 1960 à Solna, Suède - France (1-0)

Clubs : 1951-1953 : Nîmes Olympique (6 sélections) ▪ 1953-1958 : OGC Nice (11 sélections) ▪ 1958-1961 : RC Paris (4 sélections)

Bilan : 9 victoires, 2 nuls, 10 défaites

Comme Koczur, József Újlaki est Hongrois. International junior, il a préféré fuir en 1947 son pays en voit de soviétisation forcée. Jouant d'abord à Paris, au Stade Français, puis à Sète, il se fait remarquer ensuite à Nîmes. Naturalisé Français en 1952, il devient Joseph Ujlaki et est sélectionné dans la foulée contre l'Allemagne et marque au bout de quatre minutes ! Rival direct de Raymond Kopa, il joue un temps avec le Rémois qui est un peu plus jeune que lui. Ce sont les deux buteurs français du match contre l'Irlande du Nord. Mais au fil des mois, Kopa, plus régulier, prend l'ascendant et Ujlaki ne fait pas partie des 22 retenus pour la Coupe du monde en Suisse malgré sept buts inscrits lors de ses neuf premières sélections. Avant le Mondial 58, Ujlaki profite de l'absence de Kopa pour rejouer. Il est double buteur en qualification face à l'Islande mais il est de nouveau écarté en vue de la Coupe du monde après des prestations décevantes en amical. Revenu à Paris, pour jouer au Racing, Joseph Ujlaki se met à marquer davantage en championnat, et retrouve l'équipe de France après l'Euro 60. Et à 31 ans, il dispute son dernier match en compagnie de Kopa, alors capitaine.

Matches joués : 1952 4 matches sur 8 ▪ **1953** 6 matches sur 8 ▪ **1954** 1 match sur 6 ▪ **1955** 3 matches sur 7 ▪ **1956** - ▪ **1957** 3 matches sur 7 ▪ **1958** - ▪ **1959** - ▪ **1960** 4 matches sur 10 | **Buts : 1952** 2 ▪ **1953** 5 ▪ **1957** 2 ▪ **1960** 1 | **Titulaire :** 21 fois sur 21 | **Resté sur le banc :** 1 fois | **Sélectionneurs :** Nicolas 3 fois, Verriest 4 fois

Lazare Gianessi

Défenseur
14 sélections

Né le 9 novembre 1925 à Aniche (Nord), décédé le 11 août 2009 (83 ans)

Première sélection : 5 octobre 1952 à Colombes, France - Allemagne (3-1)

Dernière sélection : 19 juin 1954 à Genève, France - Mexique (3-2)

Clubs : 1952-1953 : CO Roubaix (7 sélections) ▪ 1953-1954 : AS Monaco (7 sélections)

Bilan : 8 victoires, 1 nul, 5 défaites

Avec le gardien Ruminski, les Rémois Kopa, Penverne et le Nîmois Ujlaki, Lazare Gianessi est le cinquième nouvel international intronisé à l'occasion de la venue de l'Allemagne à Colombes. L'arrière droit nordiste, fils de mineur italien, impose tout de suite sa sûreté en défense aux côtés de Roger Marche. Il est ainsi titulaire jusqu'à la Coupe du monde 54, même en ayant quitté Roubaix, dont il reste à ce jour le dernier international, pour Monaco dont il devient le premier sélectionné en équipe de France. En Suisse, Lazare Gianessi souffre face aux attaquants yougoslaves et mexicains, mais c'est une maladie pulmonaire qui stoppe ensuite sa carrière pendant quatre ans. Bien que revenu en jeu en 1958, il ne peut plus prétendre à un nouveau Mondial.

Matches joués : 1952 5 matches sur 8 ▪ **1953** 6 matches sur 8 ▪ **1954** 3 matches sur 6 | **Titulaire :** 14 fois sur 14 | **Resté sur le banc :** 1 fois | **Coupe du monde 1954 :** 2 matches sur 2

François Remetter

Gardien de but, 26 sélections

Né le 8 août 1928 à Strasbourg (Bas-Rhin)

Première présélection : 5 octobre 1952 à Colombes, France - Allemagne (3-1)

Première sélection : 11 juin 1953 à Solna, Suède - France (1-0)

Dernière sélection : 17 décembre 1959 à Paris, France - Espagne (4-3)

Dernière présélection : 16 décembre 1961 à Milan, France - Bulgarie (0-1)

Clubs : 1952-1954 : FC Metz (5 sélections) ▪ 1954-1957 : FC Sochaux (17 sélections) ▪ 1957-1958 : Girondins de Bordeaux (3 sélections) ▪ 1958-1959 : FC Grenoble ▪ 1959-1960 : FC Limoges (1 sélections) ▪ 1960-1962 : RC Strasbourg (0 sélection)

Bilan : 15 victoires, 4 nuls, 7 défaites

L'Alsacien François Remetter fait de bonnes sorties en championnat de France avec Metz, où l'ancien international des années 30, Émile Veinante, a reconverti cet attaquant en gardien. Alors les sélectionneurs décident de le voir de plus près lorsque, blessé, Vignal déclare forfait face à l'Allemagne. Mais c'est finalement le Lillois César Ruminski qu'ils font débuter. Et Remetter reste sa doublure pendant les matches suivants avant de débuter à son tour, pour le dernier match de la saison, contre la Suède. Vignal, une fois rétabli, reste le titulaire du poste. Mais il se blesse deux fois en match, et c'est deux fois Remetter qui le remplace : contre le Luxembourg dès la 8e minute, puis contre la Suisse au bout de 22 minutes... Si bien que lorsque Vignal doit renoncer à disputer la Coupe du monde 54, c'est François Remetter qui le remplace en Suisse. Fort de son nouveau statut, Remetter, devenu titulaire en équipe de France, part jouer pour Sochaux et ne manque plus un seul match durant trois ans, jusqu'à la fin de la saison 57. Passé de Sochaux à Bordeaux, en D2, il est absent avant la Coupe du monde 58, mais il redevient titulaire à son approche. Il dispute ainsi les deux premiers matches où il encaisse six buts : Paul Nicolas décide alors de faire jouer le Stéphanois Claude Abbes pour le match décisif contre l'Écosse. Du coup, Remetter termine le Mondial comme remplaçant. Parti ensuite à Limoges, il n'a qu'une occasion de rejouer pendant un an, à la fin de l'année 59. Comme Roger Marche, c'est son dernier match international, face à l'Espagne. Mais avec cette 26e sélection, il bat le record de matches d'un gardien dans les buts de l'équipe de France, détenu depuis 1951 par Julien Darui. Il peut encore améliorer ce record en disputant le championnat d'Europe mais il se blesse et doit déclarer forfait. On croit alors sa carrière internationale terminée. Pas tout à fait : à la fin de l'année 61, Georges Verriest le rappelle pour être la doublure du Nîmois Pierre Bernard, notamment lors du match de barrage pour la Coupe du monde 62, contre la Bulgarie à San Siro. À 33 ans, François Remetter aurait donc pu disputer sa troisième Coupe du monde, si la France n'avait pas été éliminée...

Matches joués : 1952 - ▪ **1953** 4 matches sur 8 ▪ **1954** 4 matches sur 6 ▪ **1955** 7 matches sur 7 ▪ **1956** 5 matches sur 5 ▪ **1957** 2 matches sur 7 ▪ **1958** 3 matches sur 13 ▪ **1959** 1 match sur 5 ▪ **1960** - ▪ **1961** - | **Titulaire :** 24 fois sur 26 | **Remplaçant :** 2 fois sur 26 (de Vignal 2 fois) | **Resté sur le banc :** 15 fois | **Coupe du monde 1954 :** 2 matches sur 2 | **Coupe du monde 1958 :** 2 matches sur 6 | **Championnat d'Europe 1960 :** forfait | **Sélectionneurs :** Nicolas 8 fois, Verriest 0 fois

Roger Piantoni

Attaquant
37 sélections, 16 buts

Né le 26 décembre 1931 à Étain (Meuse), décédé le 27 mai 2018 (86 ans)

Première sélection : 16 novembre 1952 à Dublin, Eire - France (1-1)

Dernière sélection : 28 septembre 1961 à Paris, France - Finlande (5-1)

Clubs : 1951-1957 : FC Nancy (20 sélections) ▪ 1957-1962 : Stade de Reims (17 sélections)

Bilan : 17 victoires, 7 nuls, 13 défaites

À Nancy, il y a Léon Deladerrière ailier gauche et Roger Piantoni inter gauche : un sacré duo d'attaquants que le comité de sélection ne tarde pas à réunir en équipe de France. Lors de sa première sélection, Piantoni marque et s'impose comme une valeur sûre. Mais il manque le rendez-vous de la Coupe du monde 54 pour s'être blessé lors du match amical contre l'Italie, juste avant d'aller en Suisse. Mais Piantoni revient en force après le Mondial et devient un titulaire à partir de 1955, mariant son jeu à la perfection avec celui de Raymond Kopa, devenant ainsi un buteur régulier (il avait été le meilleur buteur du championnat en 1951 avec 28 buts). En Suède, lors de la Coupe du monde 58, Piantoni marque contre le Paraguay, l'Irlande du Nord et le Brésil en demi-finale. Victime d'une crise d'appendicite, il ne peut tenir sa place pour le dernier match contre l'Allemagne. Rémois depuis 1957, Piantoni forme avec Fontaine et Vincent un trio infernal en championnat. Mais le 11 octobre 1959, il est volontairement blessé par le Bulgare Dimitar Largov, à Sofia. Une grave blessure au genou dont il ne se remettra jamais totalement, faisant des rechutes régulières. Il manque ainsi l'Euro 60. Après avoir terminé la saison1960-61 à nouveau meilleur buteur du championnat avec 28 buts (comme en 1951), pour sa dernière sélection, à 29 ans à l'automne suivant, Roger Piantoni réussit un coup franc direct contre la Finlande au Parc en match de qualification pour le Mondial 62. Il se retire alors de l'équipe de France avec 16 buts et 8 passes décisives au compteur.

Matches joués : 1952 2 matches sur 8 ▪ **1953** 5 matches sur 8 ▪ **1954** 1 match sur 6 ▪ **1955** 5 matches sur 7 ▪ **1956** 5 matches sur 5 ▪ **1957** 6 matches sur 7 ▪ **1958** 7 matches sur 13 ▪ **1959** 1 match sur 5 ▪ **1960** 3 matches sur 10 ▪ **1961** 2 matches sur 7 | **Buts : 1952** 1 ▪ **1953** 1 ▪ **1954** 1 ▪ **1955** 4 ▪ **1956** 1 ▪ **1957** 3 ▪ **1958** 3 ▪ **1961** 2 | **Titulaire :** 37 fois sur 37 | **Capitaine :** 1 fois (23e) | **Coupe du monde 1958 :** 5 matches sur 6 | **Sélectionneurs :** Nicolas 15 fois, Verriest 6 fois

Stanislas Curyl

Attaquant, 2 sélections

Né le 24 avril 1929 à Wittelsheim (Haut-Rhin), décédé le 17 avril 2017 (87 ans)

Première sélection : 11 novembre 1952 à Colombes, France-Irlande du Nord (3-1)

Dernière sélection : 16 novembre 1952 à Dublin, Eire-France (1-1)

Club : 1952-1953 : FC Sète (2 sélections)

Bilan : 1 victoire, 1 nul

Fils d'émigrés polonais venus travailler dans les mines de l'est de la France, Stanislav Curyl est le quatrième ailier gauche aligné en six mois, après Deladerrière, Ben Tiffour et Méano. Il donne à Kopa le troisième but contre l'Irlande du Nord, à Colombes, mais il ne confirme pas vraiment contre l'Eire et on ne le reverra plus, Deladerrière reprenant ensuite le poste.

Matches joués : 1952 2 matches sur 8 | **Titulaire :** 2 fois sur 2

1953

21 nouveaux joueurs

8 matches

14 mai : France - Galles 6-1
11 juin : Suède - France 1-0
20 sep : Luxembourg - France 1-6 (QCM)
4 octobre : Eire - France 3-5 (QCM)
18 octobre : Yougoslavie - France 3-1
11 novembre : France - Suisse 2-4
25 novembre : France - Eire 1-0 (QCM)
17 déc : France - Luxembourg 8-0 (QCM)

Jean-Jacques Marcel

Jean-Jacques Marcel

Défenseur
44 sélections, 3 buts

Né le 13 juin 1931 à Brignoles (Var), décédé le 3 octobre 2014 (83 ans)

Première sélection : 14 mai 1953 à Colombes, France - Galles (6-1)

Dernière sélection : 18 octobre 1961 à Bruxelles, Belgique - France (3-0)

Dernière présélection : 16 décembre 1961 à Milan, France - Bulgarie (0-1)

Clubs : 1952-1954 : FC Sochaux (10 sélections) ▪ 1954-1959 : Olympique de Marseille (24 sélections) ▪ 1959-1960 : SC Toulon (3 sélections) ▪ 1960-1962 : RC Paris (7 sélections)

Bilan : 20 victoires, 9 nuls, 15 défaites

Demi-aile puissant, ce Méridional a été forgé à la rude école de Sochaux. Meneur d'hommes jovial, Jean-Jacques Marcel s'impose rapidement en milieu de terrain aux côtés d'Armand Penverne et ne fait pas que passer. Il dispute ainsi les Coupes du monde 54 et 58 et la phase finale de l'Euro 60 ! Seule une blessure à l'épaule lui fait manquer un match lors de ces trois compétitions, celui contre la Yougoslavie en Suède. Marcel possède aussi une belle frappe de balle, qui lui permet de marquer sur coup franc des 18 mètres à Zagreb contre la Yougoslavie, lors de sa quatrième sélection, et un sens de la passe qui lui permet d'être à l'origine de nombreux buts. Arrivé à l'OM après le Mondial 54, Jean-Jacques Marcel quitte son club de cœur avant l'Euro 60, ce qui lui coûte sa place un temps, avant de revenir pour la phase finale disputée en France. Parti ensuite au Racing, Marcel peut tenir pendant un an encore sa place au milieu de terrain, même s'il glisse sur le banc des remplaçants en fin d'année 1961. Mais l'élimination de la Coupe du monde 62, par la Bulgarie en match d'appui à Milan, sonne la fin de sa longue carrière internationale.

Matches joués : 1953 6 matches sur 8 ▪ **1954** 4 matches sur 6 ▪ **1955** 4 matches sur 7 ▪ **1956** 5 matches sur 5 ▪ **1957** 4 matches sur 7 ▪ **1958** 10 matches sur 13 ▪ **1959** 1 match sur 5 ▪ **1960** 6 matches sur 10 ▪ **1961** 4 matches sur 7 | Buts : **1953** 1 ▪ **1960** 2 | **Titulaire :** 44 fois sur 44 | **Resté sur le banc :** 3 fois | **Capitaine :** 4 fois (40e, 41e, 43e, 44e) | **Coupe du monde 1954 :** 2 matches sur 2 | **Coupe du monde 1958 :** 5 matches sur 6 | **Euro 1960 :** 2 matches sur 2 | **Sélectionneurs :** Nicolas 17 fois, Verriest 10 fois

René Gardien

Attaquant
2 sélections, 2 buts

Né le 10 février 1928 à Chambéry (Savoie), décédé le 1er février 2006 (77 ans)

Première sélection : 14 mai 1953 à Colombes, France - Galles (6-1)

Dernière sélection : 11 juin 1953 à Solna, Suède - France (1-0)

Club : 1952-1953 : FC Sochaux (2 sélections)

Bilan : 1 victoire, 1 défaite

Comme de nombreux attaquants, René Gardien ne rate pas ses débuts en équipe de France. Testé en match non officiel contre les « Hollandais de France » au Parc des Princes en mars, il est positionné en mai comme ailier gauche (alors qu'il joue à droite à Sochaux) contre le Pays de Galles et il ouvre le score après dix minutes de jeu. Puis il inscrit un second but après 33 minutes ! Il est donc aligné au match suivant, en Suède. Mais sans réussite cette fois, alors on ne le rappellera plus.

Matches joués : 1953 2 matches sur 8 | **Buts : 1952** 2 | **Titulaire :** 2 fois sur 2

Léon Glovacki

Attaquant
11 sélections, 3 buts

Né le 19 février 1928 à Libercourt (Pas-de-Calais), décédé le 9 septembre 2009 (81 ans)

Première sélection : 20 septembre 1953 à Luxembourg, Luxembourg - France (1-6)

Dernière sélection : 25 décembre 1955 à Bruxelles, Belgique - France (2-1)

Dernière présélection : 2 juin 1957 à Nantes, France - Islande (8-0)

Club : 1953-1957 : Stade de Reims (11 sélections)

Bilan : 6 victoires, 2 nuls, 3 défaites

Dans l'équipe de Reims, qui rayonne en championnat, Léon Glovacki est le partenaire préféré de Raymond Kopa, fils de mineur polonais comme lui. Ailier ou inter rapide, au bon jeu de tête, Léon Glovacki est vite incorporé en équipe de France et il ne manque pas de marquer pour ses deux premiers matches, au Luxembourg puis en Irlande. En 1954, Glovacki fait donc partie des 22 joueurs retenus pour la Coupe du monde et il est titulaire pour le premier match, à Lausanne face à la Yougoslavie. Mais il manque trop d'occasions pour rester dans l'équipe. Il y revient pourtant l'année suivante, lors de la belle victoire de la France en Espagne (2-1) où il est le passeur décisif sur le but victorieux de Jean Vincent. Entouré de ses coéquipiers rémois Kopa, Penverne, Jonquet et Bliard, Glovacki enchaîne cette fois les rencontres. Mais il n'est ensuite convoqué que deux fois seulement, en 1957, et, restant alors sur la touche, il n'est pas retenu pour le Mondial 58.

Matches joués : 1953 3 matches sur 8 ▪ **1954** 1 match sur 6 ▪ **1955** 7 matches sur 7 ▪ **1956** - ▪ **1957** - | **Buts : 1953** 2 ▪ **1955** 1 | **Titulaire :** 11 fois sur 11 | **Resté sur le banc :** 4 fois | **Coupe du monde 1954 :** 1 match sur 2

Raymond Cicci

Milieu de terrain
1 sélection, 1 but

Né le 11 août 1929 à Audun-le-Tiche (Moselle), décédé le 20 février 2012 (82 ans)

Unique sélection : 20 septembre 1953 à Luxembourg, Luxembourg-France (1-6)

Club : 1953-1954 : Stade de Reims (1 sélection)

Bilan : 1 victoire

C'est la vague rémoise qui emmène le demi-aile Raymond Cicci en équipe de France. Il y débute en même temps que Léon Glovacki et y retrouve Roger Marche, Armand Penverne, Robert Jonquet et Raymond Kopa. Les Français s'amusent face au Luxembourg (6-1) et Cicci marque sur un coup franc indirect, décalé par Jonquet. Mais la concurrence de Jean-Jacques Marcel se révèle ensuite trop forte pour lui et il n'est plus convoqué.

Match joué : 1953 1 match sur 8 | **But : 1953** 1 | **Titulaire :** 1 fois sur 1

René Pleimelding

Défenseur
1 sélection

Né le 13 février 1925 à Joudreville (Meurthe-et-Moselle), décédé le 20 octobre 1998 (73 ans)

Première présélection : 20 septembre 1953 à Luxembourg, Luxembourg - France (1-6)

Unique sélection : 18 octobre 1953 à Zagreb, Yougoslavie - France (3-1)

Dernière présélection : 15 mai 1955 à Colombes, France - Angleterre (1-0)

Club : 1953-1955 : Toulouse FC (1 sélection)

Bilan : 1 défaite

Remplaçant contre le Luxembourg, René Pleimelding joue en Yougoslavie associé en défense à Jonquet, Marcel et Marche. La France mène 1-0 à la pause mais perd finalement 3-1 et Pleimelding n'est pas reconduit. Sans faire partie des 22 pour le Mondial 54, il est rappelé sept fois pendant trois ans, mais sans jamais pouvoir entrer en jeu... Son fils Pierre jouera lui aussi une fois avec le maillot bleu, en 1978, après la Coupe du monde.

Match joué : 1953 1 match sur 8 ▪ **1954** - ▪ **1955** - | **Titulaire :** 1 fois sur 1 | **Resté sur le banc :** 8 fois

Ahmed Mihoubi

Défenseur
1 sélection

Né le 2 juin 1924 à Fort-de-l'Eau (Algérie française), décédé le 24 janvier 2004 (79 ans)

Première présélection : 11 novembre 1953 à Colombes, France - Suisse (2-4)

Unique sélection : 25 novembre 1953 à Paris, France - Eire (1-0)

Club : 1953-1954 : Toulouse FC (1 sélection)

Bilan : 1 victoire

Cet arrière droit toulousain est un costaud qu'on choisit pour renforcer une défense française qui prend trop de buts. Avec lui sur le banc, la France perd en Suisse et, ensuite, avec lui aligné, la défense tricolore tient bon contre l'Irlande... Mais son faible niveau technique n'incite pas le comité de sélection à le revoir.

Match joué : 1953 1 match sur 8 | **Titulaire :** 1 fois sur 1 | **Resté sur le banc :** 1 fois

Abdesselem Ben Mohammed

Attaquant
1 sélection

Né le 15 juin 1926 à Casablanca (Maroc), décédé en 1965 (39 ans)

Unique sélection : 25 novembre 1953 à Paris, France-Eire (1-0)

Club : 1953-1954 : Girondins de Bordeaux (1 sélection)

Bilan : 1 victoire

Dans le cadre des éliminatoires de la Coupe du monde 54, l'avant-centre bordelais est sélectionné pour le match retour contre l'Irlande au Parc, après le forfait de Raymond Kopa. Vainqueurs 5-3 à l'aller à Dublin, les Français peinent pour s'imposer 1-0. Abdesselem est à l'origine du but de Piantoni, mais cela est jugé insuffisant pour qu'il revienne par la suite.

Match joué : 1953 1 match sur 8 | **Titulaire :** 1 fois sur 1

Jean Vincent

Attaquant
46 sélections, 22 buts

Né le 29 novembre 1930 à Lebeuvrière (Pas-de-Calais), décédé le 13 août 2013 (82 ans)

Première sélection : 17 décembre 1953 à Paris, France - Luxembourg (8-0)

Dernière sélection : 18 octobre 1961 à Bruxelles, Belgique - France (3-0)

Dernière présélection : 16 décembre 1961 à Milan, France - Bulgarie (0-1)

Clubs : 1953-1956 : Lille OSC (13 sélections) ▪ 1956-1962 : Stade de Reims (33 sélections)

Bilan : 23 victoires, 11 nuls, 12 défaites

Jean Vincent, 23 ans, est un ailier gauche lillois puissant et habile. Il ne déçoit pas, marquant deux fois dans les dix premières minutes de sa première sélection face au Luxembourg. Une sélection où tous les joueurs français débutent car en fait c'est l'équipe de France Espoirs qui est alignée face à ce modeste adversaire dans les qualifications pour le Mondial 54. Du coup, Jean Vincent doit patienter un peu avant de revenir, mais il revient juste avant la Coupe du monde : il marque contre la Belgique en match préparatoire et le voilà titulaire en Suisse ! Il honore cette promotion éclair en marquant le premier but français face au Mexique, signant ainsi un long bail avec l'équipe de France puisqu'il ne manque aucun match du Mondial 58 ni de l'Euro 60. Vincent est souvent le buteur décisif de l'équipe de France, en Allemagne quand la France s'impose 3-1 après la Coupe du monde, en Espagne quand elle gagne 2-1 à Chamartin, ou quand il obtient le penalty transformé par Kopa qui donne une victoire sur l'Angleterre 1-0. Sélectionné dans une équipe continentale en 1955, avec Kopa et Jonquet, Vincent est un des joyaux de l'équipe de France. Ayant rejoint l'armada rémoise en 1956, quand Kopa la quittait pour le Real, il a optimisé son jeu, à la fois buteur et créateur passant d'ailier gauche à inter gauche. Durant la Coupe du monde 58, en Suède, Jean Vincent est le plus discret des attaquants français mais pas le moins précieux, passant d'un poste à l'autre. Lors de la phase finale du premier championnat d'Europe qui se déroule en France en 1960, alors que Fontaine, Kopa et Piantoni sont accablés par les blessures, il est le capitaine de l'équipe. Il marque au Parc le premier but de la France qui s'incline face à la Yougoslavie dans un match à rebondissements (5-4). À 30 ans, Jean Vincent reste un pilier des Tricolores, avec dix passes décisives à son actif, qui cherchent à se qualifier pour la Coupe du monde 62. Il joue désormais en milieu de terrain, puis glisse sur le banc des remplaçants, assistant impuissant à l'élimination par la Bulgarie en décembre 1961. Dans les années 70, Jean Vincent deviendra un entraîneur inspiré, à Lorient, Nantes puis Rennes, et entre ces deux clubs, sélectionneur du Cameroun durant la Coupe du monde 82.

Matches joués : 1953 1 match sur 8 ▪ **1954** 5 matches sur 6 ▪ **1955** 5 matches sur 7 ▪ **1956** 4 matches sur 5 ▪ **1957** 5 matches sur 7 ▪ **1958** 12 matches sur 13 ▪ **1959** 5 matches sur 5 ▪ **1960** 8 matches sur 10 ▪ **1961** 1 match sur 7 | **Buts : 1953** 2 ▪ **1954** 3 ▪ **1955** 1 ▪ **1956** 3 ▪ **1957** 2 ▪ **1958** 4 ▪ **1959** 5 ▪ **1960** 2 | **Titulaire :** 46 fois sur 46 | **Resté sur le banc :** 2 fois | **Capitaine :** 5 fois (39e, 40e, 42e-44e) | **Coupe du monde 1954 :** 2 matches sur 2 | **Coupe du monde 1958 :** 6 matches sur 6 | **Euro 1960 :** 2 matches sur 2 | **Sélectionneurs :** Nicolas 20 fois, Verriest 13 fois

Just Fontaine

Attaquant
21 sélections, 30 buts

Né le 18 août 1933 à Marrakech (Maroc)

Première sélection : 17 décembre 1953 à Paris, France - Luxembourg (8-0)

Dernière sélection : 11 décembre 1960 à Colombes, France - Bulgarie (3-0)

Clubs : 1953-1956 : OGC Nice (1 sélection) ▪ 1956-1961 : Stade de Reims (20 sélections)

Bilan : 12 victoires, 4 nuls, 5 défaites

Comme Vincent, Just Fontaine est sélectionné en tant qu'Espoir pour affronter le Luxembourg dans le cadre des éliminatoires de la Coupe du monde 54. Mais l'avant-centre niçois a beau marquer trois fois, il n'est pas intégré à la « vraie » équipe de France pour autant. Il n'a que 20 ans et toute la vie devant lui, mais les sélectionneurs croient-ils vraiment en Just Fontaine ? Recruté en même temps que Roger Piantoni et Jean Vincent par Reims en 1956, il n'est appelé que deux fois avant l'année de la Coupe du monde 58. Deux matches contre la Hongrie où il ne marque pas, alors qu'il tourne désormais à 30 buts par saison en championnat. Ses buts à répétition retiennent quand même l'attention, et il fait partie des 22 sélectionnés pour la Suède. Pressenti comme remplaçant de René Bliard, mais avec l'assurance de Paul Nicolas d'avoir sa chance le moment venu, Just Fontaine débute finalement comme titulaire après la blessure de son coéquipier

Just Fontaine

rémois. Les matches de préparation de la France contre des clubs amateurs suédois ont laissé voir qu'il était en super forme… Une aubaine pour lui et pour la France puisqu'alors qu'il ne compte que cinq sélections en arrivant en Suède, il y inscrit treize buts en six matches, battant ainsi le record du Hongrois Kocsis (11 buts en 1954) ! Un record qui tient toujours, plus de soixante ans après. Fontaine marque à tous les matches : trois fois contre le Paraguay, deux fois contre la Yougoslavie, une fois face à l'Écosse, deux fois contre l'Irlande du Nord, une fois contre le Brésil, et pour finir quatre fois contre l'Allemagne lors du match pour la 3e place…

En Suède, Fontaine joue pour la première fois avec Kopa, une association qui fonctionne à merveille, bien encadrée par Piantoni, Vincent et Wisnieski. Buteur instinctif, rapide, précis, rusé, adroit, mais aussi passeur à l'occasion (six fois), Fontaine fait l'unanimité. Il marque encore quatre fois après le Mondial, portant son total de l'année 58 à 18 buts en 12 matches ! Just Fontaine devient « Justo », un joueur aimé de tous. En 1959, à Sofia dans un match amical où la France se fait chahuter par la Bulgarie, Fontaine marque en fin de match mais on lui refuse ce but et ses protestations lui valent un carton rouge : c'est le premier expulsé de l'histoire de l'équipe de France ! Malheureusement, après avoir déjà subi des blessures lors de la période de qualification pour l'Euro 60, Fontaine est victime d'une grave fracture de la jambe en championnat en mars 1960, ce qui le prive de la phase finale. Il revient en équipe de France à la fin de l'année, pour les qualifications de la Coupe du monde 62. Mais il se fracture à nouveau la jambe un mois plus tard ! À 27 ans, sa carrière est terminée car il ne peut rejouer que quelques matches avec Reims, sans espoir de retrouver tous ses moyens physiques. Juste Fontaine retrouvera pourtant l'équipe de France en 1967, pour un éphémère poste de sélectionneur, le temps de deux matches seulement.

Matches joués : 1953 1 match sur 8 ▪ **1954** - ▪ **1955** - ▪ **1956** 1 match sur 5 ▪ **1957** 1 match sur 7 ▪ **1958** 12 matches sur 13 ▪ **1959** 4 matches sur 5 ▪ **1960** 2 matches sur 10 | **Buts : 1953** 3 ▪ **1958** 18 ▪ **1959** 7 ▪ **1960** 2 | **Titulaire :** 21 fois sur 21 | **Resté sur le banc :** 2 fois | **Expulsion :** 1 fois | **Coupe du monde 1958 :** 6 matches sur 6 | **Sélectionneurs :** Nicolas 13 fois, Verriest 6 fois

Guillaume Bieganski

Défenseur
9 sélections

Né le 3 novembre 1932 à Librecourt (Pas-de-Calais), décédé le 8 octobre 2016 (83 ans)

Première sélection : 17 décembre 1953 à Paris, France - Luxembourg (8-0)

Dernière sélection : 28 septembre 1961 à Paris, France - Finlande (5-1)

Dernière présélection : 16 décembre 1961 à Milan, France - Bulgarie (0-1)

Clubs : 1953-1959 : Lille OSC (4 sélections) ▪ 1959-1962 : RC Lens (5 sélections)

Bilan : 6 victoires, 1 nul, 2 défaites

Espoir face au Luxembourg, le Nordiste Guillaume Bieganski accompagne son coéquipier Jean Vincent à la Coupe du monde, comme remplaçant. Demi-aile en club, il est utilisé en défense en sélection. En 1955, il débute véritablement et enchaîne les victoires prestigieuses en matches amicaux. Mais il est ensuite écarté pendant cinq ans. Ce n'est qu'en 1960, après l'Euro, que Bieganski revient en équipe de France. Il est titulaire pendant un an avant de s'effacer à nouveau au moment des qualifications pour le Mondial 62.

Matches joués : 1953 1 match sur 8 ▪ **1954** - ▪ **1955** 3 matches sur 7 ▪ **1956** - ▪ **1957** - ▪ **1958** - ▪ **1959** - ▪ **1960** 2 matches sur 10 ▪ **1961** 3 matches sur 7 | **Titulaire :** 9 fois sur 9 | **Resté sur le banc :** 4 fois | **Coupe du monde 1954 :** 0 match sur 2 | **Sélectionneur :** Verriest 5 fois

De 1 à 18

Si l'équipe de France n'a joué qu'un match lors de sa première année, le nombre a assez vite grandi au fil des ans. Jusqu'à en compter régulièrement six ou huit jusqu'aux années 1970. Puis de passer la barre des 10 pour grimper jusqu'à 18 ! Record établi en 1998 et égalé en 2018, les deux années de victoire en Coupe du monde.

Abderrahmane Mahjoub

Milieu de terrain
7 sélections

Né le 25 avril 1929 à Casablanca (Maroc), décédé le 31 août 2011 (82 ans)

Première sélection : 17 décembre 1953 à Paris,

France - Luxembourg (8-0)

Dernière sélection : 9 octobre 1955 à Bâle, Suisse - France (1-2)

Dernière présélection : 23 octobre 1955 à Moscou, URSS - France (2-2)

Clubs : 1953-1954 : OGC Nice (3 sélections) ▪ 1954-1956 : RC Paris (4 sélections)

Bilan : 5 victoires, 2 nuls

Venu du Maroc, comme Ben Barek, Abderrahmane Mahjoub est un milieu de terrain séduisant. Comme Vincent et Bieganski, après avoir débuté avec l'équipe Espoirs, il est incorporé dans la liste des 22 pour la Coupe du monde en Suisse et dispute le second match, face au Mexique, en compagnie de son coéquipier niçois Ben Tiffour. Il fait ensuite partie de l'équipe de France qui gagne en Allemagne et en Espagne, où il sert Kopa pour l'ouverture du score, deux matches amicaux prestigieux. Mais après 1955, il n'est plus rappelé.

Matches joués : 1953 1 match sur 8 ▪ **1954** 4 matches sur 6 ▪ **1955** 2 matches sur 7 | **Titulaire :** 7 fois sur 7 | **Resté sur le banc :** 4 fois | **Coupe du monde 1954 :** 1 match sur 2

Jacques Foix

Attaquant
7 sélections, 3 buts

Né le 26 novembre 1930 à Mont-de-Marsan (Landes), décédé le 14 juin 2017 (86 ans)

Première sélection : 17 décembre 1953 à Paris, France - Luxembourg (8-0)

Dernière sélection : 25 mars 1956 à Colombes, France - Autriche (3-1)

Dernière présélection : 27 octobre 1957 à Bruxelles, Belgique - France (0-0)

Clubs : 1953-1956 : AS Saint-Étienne (7 sélections) ▪ 1956-1957 : OGC Nice (0 sélection)

Bilan : 3 victoires, 3 nuls, 1 défaite

Buteur lors de sa sélection Espoirs, comme Vincent et Fontaine, Jacques Foix revient après la Coupe du monde 54, comme remplaçant. La sortie sur blessure de Larbi Ben Barek, qui dispute son dernier match à plus de 40 ans face à l'Allemagne, lui permet d'entrer en jeu au bout d'une demi-heure à Hanovre. Et de marquer sur sa première occasion, en interceptant une passe en retrait. Mieux, il marque le troisième but français sur une passe de Kopa ! Ce match télévisé le révèle au grand public. Le commentateur, ne le connaissant pas, l'appelle « le Remplaçant de Ben Barek » à chaque fois qu'il touche le ballon... Foix est titulaire au match suivant, mais il ne parvient pas à s'inscrire dans la durée. Il ne fait ensuite que des apparitions non confirmées et la concurrence des Rémois en équipe de France le renvoie à ses clubs avant la Coupe du monde 1958.

Matches joués : 1953 1 match sur 8 ▪ **1954** 2 matches sur 6 ▪ **1955** 2 matches sur 7 ▪ **1956** 2 matches sur 5 ▪ **1957** - | **Buts : 1953** 1 ▪ **1954** 2 | **Titulaire :** 6 fois sur 7 | **Remplaçant :** 1 fois sur 7 (de Ben Barek) | **Resté sur le banc :** 2 fois

Célestin Oliver

Attaquant
5 sélections, 3 buts

Né le 12 juillet 1930 à Mostaganem (Algérie française), décédé le 5 juin 2011 (80 ans)

Première sélection : 17 décembre 1953 à Paris, France - Luxembourg (8-0)

Dernière sélection : 16 avril 1958 à Paris, France - Suisse (0-0)

Dernière présélection : 28 juin 1958 à Göteborg, France - Allemagne (6-3)

Club : 1953-1958 : US Sedan (5 sélections)

Bilan : 3 victoires, 2 nuls

Avant-centre trapu venu d'Oran, Célestin Oliver s'est affirmé à Sedan sous la tutelle de Louis Dugauguez, un futur sélectionneur de l'équipe de France, ce qui lui vaut d'être dans l'équipe Espoirs contre le Luxembourg. Mais ensuite, face à la concurrence des Rémois en attaque, Oliver ne joue que par intermittence. En 1955, un forfait de Kopa lui offre une sélection contre la Suède et il marque le premier but à Colombes. En 1957, il est aligné contre l'Islande à Nantes et il marque cette fois les deux premiers des huit buts français (6e, 11e). Trois fois buteur mais également passeur à quatre reprises, Célestin Oliver décroche ainsi une place de remplaçant pour la Coupe du monde 1958. En Suède, il doit se contenter de supporter ses camarades depuis le banc de touche, mais il fait partie de l'aventure et il s'arrête sur celle-ci.

Matches joués : 1953 1 match sur 8 ▪ **1954** - ▪ **1955** 1 match sur 7 ▪ **1956** - ▪ **1957** 2 matches sur 7 ▪ **1958** 1 match sur 13 | **Buts : 1955** 1 ▪ **1957** 2 | **Titulaire :** 5 fois sur 5 | **Resté sur le banc :** 8 fois | **Coupe du monde 1958 :** 0 match sur 6 | **Sélectionneur :** Nicolas 3 fois

Robert Lemaître

Défenseur
2 sélections

Né le 7 mars 1929 à Plancoët (Côtes-d'Armor), décédé le 9 mars 2019 (90 ans)

Première sélection : 17 décembre 1953 à Paris, France - Luxembourg (8-0)

Dernière sélection : 30 mai 1954 à Bruxelles, Belgique - France (3-3)

Club : 1953-1954 : Lille OSC (2 sélections)

Bilan : 1 victoire, 1 nul

Le Breton du Losc est appelé comme Guillaume Bieganski et Antoine Pazur pour former la défense de l'équipe de France Espoirs contre le Luxembourg. Il est nommé capitaine de cette équipe où les onze joueurs débutent à ce niveau. Contrairement à Pazur, Lemaître est convoqué en « A » avant la Coupe du monde, pour un match amical en Belgique, mais il ne fait pas partie ensuite de la sélection pour la Suisse.

Matches joués : 1953 1 match sur 8 ▪ **1954** 1 match sur 6 | **Titulaire :** 2 fois sur 2 | **Capitaine :** 1 fois (1re)

Antoine Pazur

Défenseur
1 sélection

Né le 3 janvier 1931 à Aulnoye (Nord), décédé le 20 octobre 2011 (80 ans)

Unique sélection : 17 décembre 1953 à Paris, France - Luxembourg (8-0)

Club : 1953-1954 : Lille OSC (1 sélection)

Bilan : 1 victoire

Membre de la solide défense lilloise championne de France 1954, avec Sommerlinck, Bieganski et Lemaître, Antoine Pazur doit se contenter de sa sélection Espoirs contre le Luxembourg, qui sera validée comme une sélection « A » par la FFF quelques années plus tard.

Match joué : 1953 1 match sur 8 | **Titulaire :** 1 fois sur 1

Jean-Pierre Kress

Gardien de but
1 sélection

Né le 1er mars 1930 à Strasbourg (Bas-Rhin)

Unique sélection : 17 décembre 1953 à Paris, France - Luxembourg (8-0)

Club : 1953-1954 : RC Strasbourg (1 sélection)

Bilan : 1 victoire

C'est le gardien de Strasbourg qui a été choisi pour l'équipe de France Espoirs qui reçoit le Luxembourg au Parc des Princes. Une formalité (8-0), mais qui ne débouche pas sur une autre sélection pour l'Alsacien, le poste de gardien étant déjà bien pourvu avec Vignal, Remetter et Abbes...

Match joué : 1953 1 match sur 8 | **Titulaire :** 1 fois sur 1

Marius Bruat

Défenseur
1 sélection

Né le 27 juin 1930 à Mulhouse (Haut-Rhin), décédé le 1er janvier 2020 (89 ans)

Unique sélection : 17 décembre 1953 à Paris, France - Luxembourg (8-0)

Club : 1953-1954 : FC Sochaux (1 sélection)

Bilan : 1 victoire

Demi-centre alsacien, il est dans l'équipe des Espoirs comme son voisin Jean-Pierre Kress, mais il n'y sera jamais revu ensuite.

Match joué : 1953 1 match sur 8 | **Titulaire :** 1 fois sur 1

Jean Desgranges

Attaquant
1 sélection, 2 buts

Né le 22 avril 1929 à Persan (Val-d'Oise), décédé le 10 mars 1996 (66 ans)

Unique sélection : 17 décembre 1953 à Paris, France - Luxembourg (8-0)

Club : 1953-1954 : RC Lens (1 sélection)

Bilan : 1 victoire

Le Lensois Jean Desgranges, formé au Stade Français, ne dépareille pas des Fontaine, Foix et Vincent en marquant lui aussi face au Luxembourg avec l'équipe des Espoirs alignée pour la circonstance au Parc des Princes. Il ouvre le score (1-0, 2e) et le referme (8-0, 88e), et entre-temps donne le troisième but à Jean Vincent ! Mais comme Kress, Bruat et Pazur, jamais on ne le sélectionnera ensuite.

Match joué : 1953 1 match sur 8 | **Buts : 1953** 2 | **Titulaire :** 1 fois sur 1

André Lerond

André Lerond

Défenseur
31 sélections

Né le 6 décembre 1930 au Havre (Seine-Maritime), décédé le 8 avril 2018 (87 ans)

Première présélection : 17 décembre 1953 à Paris, France - Luxembourg (8-0)

Première sélection : 6 octobre 1957 à Budapest, Hongrie - France (2-0)

Dernière sélection : 28 avril 1963 à Colombes, France - Brésil (2-3)

Clubs : 1953-1959 : Olympique Lyonnais (16 sélections) ▪ 1959-1963 : Stade Français (15 sélections)

Bilan : 8 victoires, 11 nuls, 12 défaites

André Lerond n'est que remplaçant dans l'équipe des Espoirs choisie pour jouer contre le Luxembourg. Mais il est un de ceux qui vont ensuite faire une longue carrière internationale... Lerond n'est pourtant rappelé que bien plus tard, à l'automne 1957. Mais c'est le bon moment pour se faire remarquer, juste avant la Coupe du monde 1958. Entrée réussie alors en défense pour le demi-centre lyonnais malgré un gabarit modeste. D'abord au centre, puis sur le flanc gauche quand Robert Jonquet joue, Lerond est titularisé juste avant le départ en Suède. Il tient sa place remarquablement avec son sens du placement et de l'anticipation. Recentré quand Jonquet s'efface, André Lerond devient aussi capitaine de l'équipe de France. Il fait partie des nombreux forfaits pour la phase finale de l'Euro 1960, avec Fontaine, Kopa, Piantoni, mais il retrouve sa place ensuite. Il est à la tête de l'équipe de France quand celle-ci se fait éliminer du Mondial 1962 par la Bulgarie : c'est lui qui marque malencontreusement contre son camp, à San Siro, le but qui élimine la France... Mais il est aussi capitaine de l'équipe qui écrase l'Angleterre 5-2 au Parc des Princes, en qualification de l'Euro 1964. Lerond est alors le dernier « survivant » des « héros de Suède ». Il termine sa carrière internationale à 33 ans avec la venue pour la première fois du Brésil en France, quand son coéquipier du Stade Français Georges Carnus débute au poste de gardien en encaissant trois buts du génial Pelé.

Matches joués : 1953 - ▪ **1954** - ▪ **1955** - ▪ **1956** - ▪ **1957** 3 matches sur 7 ▪ **1958** 12 matches sur 13 ▪ **1959** 2 matches sur 5 ▪ **1960** 1 match sur 10 ▪ **1961** 5 matches sur 7 ▪ **1962** 4 matches sur 5 ▪ **1963** 4 matches sur 8 | **Titulaire :** 31 fois sur 31 | **Resté sur le banc :** 4 fois | **Capitaine :** 10 fois (21e-23e, 25e-31e) | **Coupe du monde 1958 :** 6 matches sur 6 | **Sélectionneurs :** Nicolas 16 fois, Verriest 15 fois

Pierre Bernard

Gardien de but
21 sélections

Né le 27 juin 1932 à Boissezon (Tarn), décédé le 28 mai 2014 (82 ans)

Première présélection : 17 décembre 1953 à Paris, France - Luxembourg (8-0)

Première sélection : 11 décembre 1960 à Colombes, France - Bulgarie (3-0)

Dernière sélection : 24 mars 1965 à Paris, France - Autriche (1-2)

Dernière présélection : 26 novembre 1966 à Luxembourg, Luxembourg - France (0-3)

Clubs : 1953-1957 : Girondins de Bordeaux (0 sélection) ▪ 1957-1961 : US Sedan (3 sélections) ▪ 1961-1963 : Nîmes Olympique (11 sélections) ▪ 1963-1965 : AS Saint-Étienne (7 sélections)

Bilan : 4 victoires, 5 nuls, 12 défaites

Pierre Bernard

Comme André Lerond, Pierre Bernard reste sur la touche lors du match des Espoirs. Le gardien tarnais évolue alors à Bordeaux. Convoqué deux fois en 1955 pour être la doublure de Remetter, puis trois fois en 1957 pour doubler Colonna, c'est sous le maillot de Sedan que Pierre Bernard connaît sa première sélection en 1960, sept ans après le match des Espoirs. Il a alors 28 ans et réalise une bonne prestation dans un match de qualification pour le Mondial 62 face aux Bulgares. Malheureusement, il ne peut empêcher l'élimination de la France en match d'appui à Milan en 1961. Il reste néanmoins titulaire pendant trois ans et devient capitaine, fin 63. Mais l'élimination en quart de finale du championnat d'Europe 64 par la Hongrie sonne la fin de son règne, même s'il joue encore une fois ensuite, contre l'Autriche, un match au cours duquel il doit céder sa place au jeune Marcel Aubour à la mi-temps.

Matches joués : 1953 - ▪ **1954** - ▪ **1955** - ▪ **1956** - ▪ **1957** - ▪ **1958** - ▪ **1959** - ▪ **1960** 1 match sur 10 ▪ **1961** 7 matches sur 7 ▪ **1962** 3 matches sur 5 ▪ **1963** 7 matches sur 8 ▪ **1964** 2 matches sur 5 ▪ **1965** 1 match sur 6 ▪ **1966** - | **Titulaire :** 21 fois sur 21 | **Resté sur le banc :** 14 fois | **Capitaine :** 4 fois (18e-21e) | **Sélectionneurs :** Verriest 20 fois, Guérin 1 fois

Raymond Wozniesko

Milieu de terrain
0 sélection

Né le 17 janvier 1930 à Champagne (Cantal), décédé le 4 octobre 2004 (74 ans)

Unique présélection : 17 décembre 1953 à Paris, France - Luxembourg (8-0)

Club : 1953-1954 : Girondins de Bordeaux

Appelé pour le dernier match de l'année, le Bordelais fait partie de la sélection Espoirs choisie pour jouer contre le Luxembourg. Non seulement il ne joue pas, mais il ne sera jamais appelé par la suite.

Resté sur le banc : 1 fois

1954

13 nouveaux joueurs
6 matches

14 avril : France - Italie 1-3
30 mai : Belgique - France 3-3
16 juin : Yougoslavie - France 1-0 (CM)
19 juin : France - Mexique 3-2 (CM)
16 octobre : Allemagne - France 1-3
11 novembre : France - Belgique 2-2

Jacques Grimonpon

Défenseur
0 sélection

Né le 30 juillet 1925 à Tourcoing (Nord), décédé le 23 janvier 2013 (87 ans)

Première présélection : 11 avril 1954 à Colombes, France - Italie (1-3)

Dernière présélection : 19 juin 1954 à Genève, France - Mexique (3-2)

Club : 1953-1954 : Girondins de Bordeaux

L'arrière gauche bordelais avait été champion de France avec Lille à 21 ans. Il est appelé en équipe de France sept ans plus tard, à deux mois de la Coupe du monde. Non entré en jeu face à l'Italie, Jacques Grimonpon est néanmoins retenu pour aller en Suisse. Mais il passe les deux matches sur le banc de touche et ne revient pas.

Resté sur le banc : 3 fois | **Coupe du monde 1954 :** 0 match sur 2

Michel Leblond

Attaquant
4 sélections, 1 but

Né le 10 mai 1932 à Reims (Marne), décédé le 17 décembre 2009 (77 ans)

Première sélection : 30 mai 1954 à Bruxelles, Belgique - France (3-3)

Dernière sélection : 27 octobre 1957 à Bruxelles, Belgique - France (0-0)

Club : 1953-1958 : Stade de Reims (4 sélections)

Bilan : 1 victoire, 2 nuls, 1 défaite

Les Rémois sont désormais en force en équipe de France. Michel Leblond entre ainsi juste avant la Coupe du monde, pour le dernier match de préparation face aux Belges, comme relayeur. Examen de passage satisfaisant, il fait donc partie des 22 pour la Suisse, mais comme remplaçant. Il ne revient que deux ans plus tard, et ouvre le score contre l'Autriche en amical à Colombes. Mais la concurrence des autres attaquants rémois, Piantoni, Fontaine, Vincent, Bliard, lui barre la route de la Coupe du monde 1958.

Matches joués : 1954 1 match sur 6 ▪ **1955** - ▪ **1956** 2 matches sur 5 ▪ **1957** 1 match sur 7 | **But : 1956** 1 | **Titulaire :** 4 fois sur 4 | **Resté sur le banc :** 2 fois | **Coupe du monde 1954 :** 0 match sur 2

René Dereuddre

Attaquant
6 sélections, 1 but

Né le 22 juin 1930 à Bully-les-Mines (Pas-de-Calais), décédé le 16 avril 2008 (77 ans)

Première sélection : 30 mai 1954 à Bruxelles, Belgique - France (3-3)

Dernière sélection : 2 juin 1957 à Nantes, France - Islande (8-0)

Club : 1953-1957 : Toulouse FC (6 sélections)

Bilan : 3 victoires, 2 nuls, 1 défaite

Comme Michel Leblond, René Dereuddre débute en équipe de France au poste d'inter, ou relayeur. Comme le Rémois, le Toulousain originaire du Nord donne satisfaction face aux Belges et part en Suisse disputer la Coupe du monde dans la foulée. Titulaire lors des deux matches des Tricolores, René Dereuddre est à l'origine du but contre son camp du Mexicain Cardenas à Lausanne pour la seule victoire française du Mondial 54 (3-2). Bon organisateur en attaque, il reste dans l'équipe ensuite, mais le Rémois Léon Glovacki le supplante en début d'année 1955. René Dereuddre ne revient qu'une fois, pour un match de qualification au Mondial 1958, à Nantes contre l'Islande. Il inscrit le quatrième des huit buts français, sur un ballon relâché par le gardien Islandais et offre à Piantoni le septième. Mais il ne fait pas partie de la sélection pour le Suède.

Matches joués : 1954 5 matches sur 6 ▪ **1955** - ▪ **1956** - ▪ **1957** 1 match sur 7 | **But : 1957** 1 | **Titulaire :** 6 fois sur 6 | **Resté sur le banc :** 0 fois sur 6 | **Coupe du monde 1954 :** 2 matches sur 2 | **Sélectionneur :** Nicolas 1 fois

Daniel Carpentier

Défenseur
1 sélection

Né le 19 février 1927 à Hirson (Aisne), décédé le 18 octobre 2004 (77 ans)

Unique sélection : 30 mai 1954 à Bruxelles, Belgique - France (3-3)

Club : 1953-1954 : US Sedan (1 sélection)

Bilan : 1 nul

Le Sedanais est le troisième nouveau joueur testé juste avant le Mondial, avec Leblond et Dereuddre. Mais l'arrière gauche, qui remplace

Lazare Gianessi forfait, souffre trop face au terrible Belge Jeff Mermans pour être conservé dans l'effectif.

Match joué : 1954 1 match sur 6 | **Titulaire :** 1 fois sur 1

Albert Eloy

Défenseur
0 sélection

Né 30 juin 1927 à Bully-les-Mines (Pas-de-Calais), décédé le 8 décembre 2008 (81 ans)

Unique présélection : 30 mai 1954 à Bruxelles, Belgique - France (3-3)

Club : 1953-1954 : US Sedan

Né dans le même village que René Dereuddre, mais trois ans auparavant, Albert Eloy se retrouve sélectionné en même temps que lui en équipe de France ! Mais alors que le Toulousain, et l'autre Sedanais Daniel Carpentier, jouent contre les Belges, Albert Eloy reste sur la touche et ne sera jamais rappelé.

Resté sur le banc : 1 fois

Yvon Douis

Attaquant
20 sélections, 4 buts

Né le 16 mai 1935 aux Andelys (Eure), décédé le 28 janvier 2021 (85 ans)

Première présélection : 30 mai 1954 à Bruxelles, Belgique - France (3-3)

Première sélection : 27 novembre 1957 à Wembley, Angleterre - France (4-0)

Dernière sélection : 15 septembre 1965 à Oslo, Norvège - France (0-1)

Clubs : 1953-1959 : Lille OSC (8 sélections) ▪ 1959-1961 : Le Havre AC (4 sélections) ▪ 1961-1965 : AS Monaco (8 sélections)

Bilan : 8 victoires, 6 nuls, 6 défaites

C'est le dernier venu de la lignée des grands attaquants lillois. Après Baratte, Strappe, Lechantre Vandooren et Vincent, voici Yvon Douis : tout juste 21 ans, technicien élégant, pouvant jouer avant-centre ou ailier droit. Convoqué juste avec la Coupe du monde, il n'est finalement pas retenu. Ce n'est que plus de trois ans après le Mondial suisse qu'il est sélectionné à nouveau, pour le déplacement toujours périlleux en Angleterre. À Wembley, Douis retrouve son ancien partenaire du LOSC Jean Vincent, mais voit peu de ballons. Néanmoins, en l'absence de Kopa retenu par le Real Madrid, il fait bonne impression et reste dans l'équipe. Au match suivant, au Parc, Douis marque contre la Bulgarie d'un lob astucieux. Passeur décisif, pour Piantoni, au match suivant, il gagne sa place dans les 22 pour la Coupe du monde. Mais en Suède, avec le retour de Kopa, il est sur le banc des remplaçants. Jusqu'au match contre l'Allemagne pour la 3e place quand le forfait de Roger Piantoni libère une place dans la ligne d'attaque française. Douis en profite pour inscrire le quatrième but, sur une ouverture de Kopa. Le Lillois reste dans le onze titulaire les matches suivants, reprenant le poste de second avant-centre de Kopa. Transféré au Havre à l'été 1959, Douis joue moins souvent ensuite, mais il fait encore partie des 22 Tricolores pour la phase finale du championnat d'Europe 1960. Mais c'est en 1963 qu'il revient en force, à 28 ans. Il porte alors le maillot de Monaco, et, palliant l'absence de Kopa, mène le jeu d'attaque contre l'Angleterre au Parc pour un match d'anthologie (5-2). Passeur et buteur, il est l'homme du match et devient capitaine face à la Bulgarie dans les éliminatoires de l'Euro 1964. Mais après l'éviction de Georges Verriest du poste de sélectionneur l'année suivante, Douis n'est sélectionné qu'une fois et doit s'effacer devant la nouvelle génération, ayant la malchance de se blesser juste avant le match contre la Yougoslavie, en octobre 1965, qui envoie la France en Coupe du monde…

Matches joués : 1954 - ▪ **1955** - ▪ **1956** - ▪ **1957** 2 matches sur 7 ▪ **1958** 6 matches sur 13 ▪ **1959** 1 match sur 5 ▪ **1960** 2 matches sur 10 ▪ **1961** 1 match sur 7 ▪ **1962** - ▪ **1963** 7 matches sur 8 ▪ **1964** - ▪ **1965** 1 match sur 6 | **Buts : 1957** 1 ▪ **1958** 2 ▪ **1963** 1 | **Titulaire :** 20 fois sur 20 | **Resté sur le banc :** 13 fois | **Capitaine :** 3 fois (17e-19e) | **Coupe du monde 1958 :** 1 match sur 6 | **Euro 1960 :** 1 match sur 2 | **Sélectionneurs :** Nicolas 5 fois, Verriest 11 fois, Guérin 1 fois.

Raymond Kaelbel

Défenseur
35 sélections, 1 but

Né le 31 janvier 1932 à Colmar (Haut-Rhin), décédé le 17 avril 2007 (75 ans)

Première sélection : 16 juin 1954 à Lausanne, France - Yougoslavie (0-1)

Dernière sélection : 25 septembre 1960 à Helsinki, Finlande - France (1-2)

Dernière présélection : 12 novembre 1961 à Sofia, Bulgarie - France (1-0)

Clubs : 1953-1956 : RC Strasbourg (5 sélections) ▪ 1956-1961 : AS Monaco (30 sélections)

Bilan : 18 victoires, 9 nuls, 8 défaites

Rugueux défenseur, l'Alsacien Raymond Kaelbel maîtrise le tacle britannique comme personne en France. Ce geste parfois limite le fait redouter de tous, alors les sélectionneurs l'incorporent au groupe pour la Coupe du monde 54 après l'avoir simplement vu lors d'un match de l'équipe de France « B » contre l'Espagne... Mieux, il est aligné d'entrée en Suisse ! Si Kaelbel ne peut éviter l'élimination précoce de la France, sa puissance a plu, et après divers essais, il devient titulaire indiscutable en 1956. Il joue alors tous les matches jusqu'à la Coupe du monde en Suède. Sa popularité est grande, car s'il n'est pas un technicien comme Kopa ni un finisseur comme Fontaine, sa grosse frappe de balle (il marque sur coup franc de 30 mètres contre le Chili, au Parc en 1960) et son abnégation font merveille. Et font bien défaut aux Bleus lors de la phase finale de l'Euro 1960 car il est blessé et s'ajoute aux nombreux forfaits qui plombent l'équipe de France. Raymond Kaelbel revient néanmoins après ce championnat d'Europe, mais le Rémois Jean Wendling a pris sa place et il doit tourner la page.

Matches joués : 1954 4 matches sur 6 ▪ **1955** - ▪ **1956** 4 matches sur 5 ▪ **1957** 7 matches sur 7 ▪ **1958** 13 matches sur 13 ▪ **1959** 3 matches sur 5 ▪ **1960** 4 matches sur 10 ▪ **1961** - | **But : 1960** 1 | **Titulaire :** 35 fois sur 35 | **Resté sur le banc :** 4 fois | **Coupe du monde 1954 :** 2 matches sur 2 | **Coupe du monde 1958 :** 6 matches sur 6 | **Sélectionneurs :** Nicolas 23 fois, Verriest 6 fois.

Xercès Louis

Milieu de terrain
12 sélections

Xercès Louis

Né le 30 octobre 1926 à Sainte-Marie (Martinique), décédé le 6 mars 1978 (51 ans)

Première présélection : 16 juin 1954 à Lausanne, France - Yougoslavie (0-1)

Première sélection : 16 octobre 1954 à Hanovre, Allemagne - France (1-3)

Dernière sélection : 11 novembre 1956 à Colombes, France - Belgique (6-3)

Dernière présélection : 2 juin 1957 à Nantes, France - Islande (8-0)

Club : 1953-1957 : RC Lens (12 sélections)

Bilan : 7 victoires, 3 nuls, 2 défaites

C'est le premier Martiniquais de l'équipe de France. Élégant et athlétique, Xercès Louis est arrivé d'Afrique du Nord pour jouer à Lyon, puis à Lens. C'est dans le Nord que ses qualités ont séduit les sélectionneurs qui ont glissé son nom comme remplaçant parmi les 22 pour le Coupe du monde en Suisse. Xercès Louis débute réellement juste après le Mondial, pour un match contre les nouveaux champions du monde allemands. Il forme la charnière centrale avec Robert Jonquet, un duo séduisant, face à Ottmar Walter et le tout jeune Uwe Seeler qui débute comme Xercès Louis et qui sera la star du football allemand pendant quinze ans. Le Lensois participe ensuite à une série de succès de prestige de l'équipe de France, en Espagne, contre l'Angleterre et au premier match en URSS où il affronte le phénomène soviétique

Eduard Streltsov. Sa carrière internationale s'arrête à 30 ans et il n'accompagne pas Jonquet et Marche, ses partenaires habituels en équipe de France, en Suède pour la Coupe du monde 1958.

Matches joués : 1954 2 matches sur 6 ▪ **1955** 6 matches sur 7 ▪ **1956** 4 matches sur 5 ▪ **1957** - | **Titulaire :** 12 fois sur 12 | **Resté sur le banc :** 6 fois | **Coupe du monde 1954 :** 0 match sur 2 | **Sélectionneur :** Nicolas 2 fois

Claude Abbes

Claude Abbes

Gardien de but, 9 sélections

Né le 24 mai 1927 à Faugères (Hérault), décédé le 11 avril 2008 (80 ans)

Première présélection : 16 juin 1954 à Lausanne, France - Yougoslavie (0-1)

Première sélection : 27 octobre 1957 à Bruxelles, Belgique - France (0-0)

Dernière sélection : 3 décembre 1958 à Athènes, Grèce - France (1-1)

Club : 1953-1959 : AS Saint-Étienne (9 sélections)

Bilan : 3 victoires, 4 nuls, 2 défaites

Le poste de gardien de but devait revenir à René Vignal pour la Coupe du monde 54. Mais le Parisien s'étant blessé une nouvelle fois, son forfait sème le doute chez les sélectionneurs. Si François Remetter devient le titulaire, qui pour le seconder ? Ces derniers mois, il y a eu Ruminski, Colonna, Dakowski et Kress... Finalement avec César Ruminski, c'est Claude Abbes, le Stéphanois, qui est choisi pour être remplaçant au Mondial suisse. Mais il est renvoyé en club ensuite. Il débute véritablement trois ans plus tard, à 30 ans déjà. Malheureusement, son deuxième match est un calvaire, à Wembley, face aux attaquants anglais Thomas Taylor (le joueur de Manchester United qui trouvera la mort dans un accident d'avion quelques mois plus tard, à Munich) et Bobby Robson (futur sélectionneur de l'Angleterre dans les années 80-90), qui lui marquent chacun un doublé. Néanmoins, Claude Abbes fait partie des 22 pour le Mondial 1958, comme remplaçant de Remetter, au même titre que Colonna. Il est cependant titularisé au troisième match, décisif contre l'Écosse, après les six buts encaissés par Remetter lors des deux premières rencontres. Abbes garde ainsi les buts français jusqu'au match pour la troisième place ! Il ne va pas plus loin que la fin de l'année, cédant sa place à Colonna, mais il fait partie à vie des « héros de Suède ».

Matches joués : 1954 - ▪ **1955** - ▪ **1956** - ▪ **1957** 2 matches sur 7 ▪ **1958** 7 matches sur 13 | **Titulaire :** 8 fois sur 9 | **Remplaçant** : 1 fois sur 9 (de Colonna) | **Resté sur le banc :** 6 fois | **Coupe du monde 1954 :** 0 match sur 2 | **Coupe du monde 1958 :** 4 matches sur 6 | **Sélectionneur :** Nicolas 9 fois

Ernest Schultz

Attaquant
1 sélection, 1 but

Né le 29 janvier 1931 à Dalhunden (Bas-Rhin), décédé le 21 septembre 2013 (82 ans)

Première présélection : 16 juin 1954 à Lausanne, France - Yougoslavie (0-1)

Unique sélection : 28 septembre 1961 à Paris, France - Finlande (5-1)

Clubs : 1953-1957 : Olympique Lyonnais (0 sélection) ▪ 1957-1961 : Toulouse FC (1 sélection)

Bilan : 1 victoire

Invité surprise pour la Coupe du monde en Suisse, le solide avant-centre alsacien Ernest Schultz reste sur le banc des remplaçants. Il a alors 23 ans, et ce n'est qu'à 30 ans qu'il connaîtra sa première sélection, lors des qualifications pour le Mondial 1962. Testé avec succès contre le Servette de Genève en match non officiel début septembre, « Ernie » Schultz inscrit quinze jours plus tard le dernier des cinq buts français face la Finlande, sur une ouverture de Lerond. C'est alors le dernier match de Piantoni en équipe de France, et c'est aussi le sien.

Match joué : **1954** - ▪ **1955** - ▪ **1956** - ▪ **1957** - ▪ **1958** - ▪ **1959** - ▪ **1960** - ▪ **1961** 1 match sur 7 | **Buts :** **1961** 1 | **Titulaire :** 1 fois sur 1 | **Resté sur le banc :** 2 fois | **Coupe du monde 1954 :** 0 match sur 2 | **Sélectionneur :** Verriest 1 fois

Pierre Grillet

Milieu de terrain
9 sélections, 2 buts

Né le 21 mars 1932 à Piolenc (Vaucluse), décédé le 10 janvier 2018 (85 ans)

Première sélection : 16 octobre 1954 à Hanovre, Allemagne - France (1-3)

Dernière sélection : 27 mars 1960 à Vienne, Autriche - France (2-4)

Club : 1954-1960 : RC Paris (9 sélections)

Bilan : 5 victoires, 1 nul, 3 défaites

L'ailier droit du Racing est un talent. Il débute comme Xercès Louis par une victoire inattendue sur les champions du monde allemands, à Hanovre. Mais il ne joue que par intermittence ensuite. Pierre Grillet réalise pourtant un bon match pour la première venue de l'URSS en France, en 1956, étant à l'origine du premier but de la victoire française, face à Lev Yachine (2-1). Mais il n'est pas retenu pour le Mondial 1958. Grillet retrouve l'équipe de France après. Il marque contre le Portugal, sur une remise de Fontaine, puis contre le Chili, de la tête sur corner, fait encore un bon match avec deux passes décisives contre l'Autriche. Mais, blessé, il ne peut disputer la phase finale du championnat d'Europe 1960. Et cette fois il ne reviendra plus.

Matches joués : **1954** 2 matches sur 6 ▪ **1955** - ▪ **1956** 2 matches sur 5 ▪ **1957** - ▪ **1958** - ▪ **1959** 2 matches sur 5 ▪ **1960** 3 matches sur 10 | **Buts :** **1959** 1 ▪ **1960** 1 | **Titulaire :** 9 fois sur 9 | **Sélectionneurs :** Nicolas 1 fois, Verriest 5 fois

Ladislas Nagy

Gardien de but, 0 sélection

Né le 16 décembre 1931 à La Tronche (Isère), décédé le 20 septembre 1991 (59 ans)

Unique présélection : 16 octobre 1954 à Hanovre, Allemagne - France (1-3)

Club : 1954-1955 : FC Nancy

Le gardien nancéen est choisi de préférence à Abbes et Colonna pour être la doublure de Remetter pour le premier match post Coupe du monde 1954. Mais ce sera la seule fois.

Resté sur le banc : 1 fois

Michel Lefèbvre

Milieu de terrain, 0 sélection

Né le 23 avril 1929 à Rouen (Seine-Maritime), décédé le 6 janvier 2011 (81 ans)

Unique présélection : 11 novembre 1954 à Bruxelles, Belgique - France (2-2)

Club : 1954-1955 : US Sedan

C'est le troisième sedanais sélectionné cette année, après Carpentier et Eloy. Mais comme ce dernier, Michel Lefèbvre ne fait que passer.

Resté sur le banc : 1 fois

1955

6 nouveaux joueurs
7 matches

17 mars : Espagne - France 1-2
3 avril : France - Suède 2-0
15 mai : France - Angleterre 1-0
9 octobre : Suisse - France 1-2
23 octobre : URSS - France 2-2
11 novembre : France - Yougoslavie 1-1
25 décembre : Belgique - France 2-1

René Bliard

Attaquant
7 sélections

Né le 18 octobre 1932 à Épernay (Marne), décédé le 27 septembre 2009 (76 ans)

Première sélection : 17 mars 1955 à Madrid, Espagne - France (1-2)

Dernière sélection : 16 avril 1958 à Paris, France - Suisse (0-0)

Club : 1954-1958 : Stade de Reims (7 sélections)

Bilan : 3 victoires, 2 nuls, 2 défaites

René Bliard rejoint ses copains rémois Armand Penverne, Robert Jonquet, Raymond Kopa et Léon Glovacki à l'occasion du match de prestige en Espagne, puis contre l'Angleterre. Avant-centre fin et précis mais utilisé comme inter, il ne trouve pas l'ouverture même s'il est à l'origine de buts contre l'URSS et la Belgique. Meilleur buteur du championnat 1954-55 avec 30 buts, René Bliard est sélectionné pour la Coupe du monde 1958. Hélas, il se blesse avant le départ pour la Suède et c'est le Monégasque Raymond Bellot qui le remplace dans la liste Mais c'est Just Fontaine qui jouera le Mondial au poste d'avant-centre, et avec un tel succès que Bliard ne sera jamais rappelé.

Matches joués : 1955 4 matches sur 7 ▪ **1956** 1 match sur 5 ▪ **1957** 1 match sur 7 ▪ **1958** 1 match sur 13 | **Titulaire :** 6 fois sur 7 | **Remplaçant :** 1 fois sur 7 (de Vincent) | **Resté sur le banc :** 2 fois | **Coupe du monde 1958 :** forfait | **Sélectionneur :** Nicolas 2 fois

Antoine Dalla Cieca

Milieu de terrain, 0 sélection

Né le 15 novembre 1931 à Champigny-sur-Marne (Val-de-Marne)

Unique présélection : 17 mars 1955 à Madrid, Espagne - France (1-2)

Club : 1954-1955 : RC Paris

Demi relayeur parisien, Antoine Dalla Cieca accompagne ses coéquipiers parisiens Roger Marche et Abderrahmane Mahjoub à Madrid, pour le match contre l'Espagne. Mais il reste sur le banc de touche et ne revient pas.

Resté sur le banc : 1 fois

Maryan Wisniewski

Attaquant, 33 sélections, 12 buts

Né le 1er février 1937 à Calonne-Ricouart (Pas-de-Calais)

Première sélection : 3 avril 1955 à Colombes, France - Suède (2-0)

Dernière sélection : 28 avril 1963 à Colombes, France - Brésil (2-3)

Club : 1954-1963 : RC Lens (33 sélections)

Bilan : 12 victoires, 9 nuls, 12 défaites

Après Xercès Louis, un autre Lensois est convoqué en équipe de France, l'ailier droit Maryan Wisnieski. C'est le plus jeune joueur convoqué depuis René Gérard en 1932. Il n'a qu'à peine 18 ans, mais il tranche déjà par sa virtuosité en attaque. Mais il se blesse à la 66e minute contre la Suède, et s'il reste sur le terrain, son match est terminé. Wisnieski ne revient qu'un an et demi plus tard, pour la rencontre face à la Belgique où Cisowski marque cinq buts, dont deux sur des services de Wisnieski. Cette fois, sa carrière internationale est bien lancée. À partir de 1957, il devient titulaire et il peut ainsi disputer toute la Coupe du monde en Suède, où complétant à merveille Kopa, Vincent, Piantoni et Fontaine, il marque contre le Paraguay et l'Irlande du Nord. Après le Mondial, il est un des rares « héros de Suède » à pouvoir disputer la phase finale du premier championnat d'Europe qui se joue en France. En demi-finale, Wisnieski inscrit le but du 3-1 contre les Yougoslaves à la 52e minute, mais la France s'incline 4-5 au Parc des Princes. Malgré cette déception il participe aux qualifications du Mondial 1962 qui se terminent à Milan sur l'élimination de la France par la Bulgarie en match d'appui. Écarté alors de la sélection, Wisnieski y revient de manière fracassante avec le match où la France écrase l'Angleterre 2-5 dans les éliminatoires de l'Euro 1964. Il marque le premier et le quatrième but français. Il est alors le plus expérimenté des Tricolores. À l'occasion de la première venue du Brésil en France, Wisnieski inscrit le premier but français et dans la foulée signe pour la Sampdoria de Gênes. Du coup, sa carrière internationale s'arrête, sur ses 12 buts agrémentés de 7 passes décisives, en même temps que celle d'André Lerond, sur ce match resté célèbre face à Pelé.

Matches joués : 1955 1 match sur 7 ▪ **1956** 1 match sur 5 ▪ **1957** 5 matches sur 7 ▪ **1958** 10 matches sur 13 ▪ **1959** 1 match sur 5 ▪ **1960** 7 matches sur 10 ▪ **1961** 5 matches sur 7 ▪ **1962** - ▪ **1963** 3 matches sur 8 | **Buts : 1957** 2 ▪ **1958** 2 ▪ **1960** 4 ▪ **1961** 1 ▪ **1963** 3 | **Titulaire :** 33 fois sur 33 | **Coupe du monde 1958 :** 6 matches sur 6 | **Euro 1960 :** 2 matches sur 2 | **Sélectionneurs :** Nicolas 17 fois, Verriest 15 fois

Maryan Wisniewski

Mustafa Zitouni

Défenseur
4 sélections

Né le 19 octobre 1928 à Alger (Algérie française), décédé le 5 janvier 2014 (85 ans)

Première présélection : 3 avril 1955 à Colombes, France - Suède (2-0)

Première sélection : 6 octobre 1957 à Budapest, Hongrie - France (2-0)

Dernière sélection : 13 mars 1958 à Paris, France - Espagne (2-2)

Club : 1954-1958 : AS Monaco (4 sélections)

Bilan : 2 nuls, 2 défaites

Arrière central, Mustafa Zitouni a retenu l'attention par son calme olympien. Appelé une première fois comme remplaçant en 1955, il est aligné deux ans et demi plus tard quand Robert Jonquet est blessé. Il rejoint alors son coéquipier monégasque Raymond Kaelbel. Et même si Zitouni ne fait pas gagner la France, il est fortement pressenti pour aller à la Coupe du monde en Suède. Mais comme Mekhloufi, Ben Tiffour, Brahimi et Ibrir, il part trois mois plus tôt rejoindre l'équipe du FLN algérien, alors qu'il a été sélectionné pour le match amical contre la Suisse au Parc, et tire ainsi un trait sur sa carrière internationale.

Matches joués : 1955 - ▪ **1956** - ▪ **1957** 3 matches sur 7 ▪ **1958** 1 match sur 13 | **Titulaire :** 4 fois sur 4 | **Resté sur le banc :** 2 fois | **Sélectionneur :** Nicolas 4 fois

Simon Zimny

Défenseur
1 sélection

Né le 18 mai 1927 à Divion (Pas-de-Calais), décédé le 3 mars 2007 (79 ans)

Unique sélection : 9 octobre 1955 à Bâle, Suisse-France (1-2)

Club : 1955-1956 : Stade de Reims (1 sélection)

Bilan : 1 victoire

Un nouveau rémois appelé en équipe de France. Il y retrouve Jonquet, Glovacki et Kopa mais pas ses automatismes de club où il est un titulaire indiscutable en défense, comme arrière droit. Et malgré la victoire en Suisse, on ne le rappelle pas.

Match joué : 1955 1 match sur 7 | **Titulaire :** 1 fois sur 1

Joseph Tellechéa

Milieu de terrain
3 sélections, 1 but

Né le 27 novembre 1926 à Drancy (Seine-Saint-Denis), décédé le 15 décembre 2015 (89 ans)

Première apparition : 11 novembre 1955 à Colombes, France - Yougoslavie (1-1)

Première sélection : 25 décembre 1955 à Bruxelles, Belgique - France (2-1)

Dernière sélection : 1er mars 1959 à Colombes, France - Belgique (2-2)

Club : 1954-1959 : FC Sochaux (3 sélections)

Bilan : 1 victoire, 1 nul, 1 défaite

C'est comme remplaçant que le demi-aile est convié à rejoindre l'équipe de France. Mais il entre en jeu contre la Belgique, pour suppléer Jean-Jacques Marcel dès la 11e minute. Puis pour remplacer Roger Marche à la 32e minute face à l'URSS. Et enfin à nouveau face aux Belges, pour remplacer André Lerond, blessé lui aussi, à la 23e minute ! Étrange carrière internationale donc, mais Joseph Tellechéa connaît son jour de gloire face aux Soviétiques à Colombes : c'est lui qui ouvre le score devant Lev Yachine juste après la pause.

Match joué : 1955 1 match sur 7 ▪ **1956** 1 match sur 5 ▪ **1957** - ▪ **1958** - ▪ **1959** 1 match sur 5 | **But : 1956** 1 | **Titulaire :** 0 fois sur 3 | **Remplaçant :** 3 fois sur 3 (de Marcel, Marche, Lerond) | **Resté sur le banc :** 3 fois | **Sélectionneur :** Nicolas 2 fois

1956

2 nouveaux joueurs
5 matches

15 février : Italie - France 2-0
25 mars : France - Autriche 3-1
7 octobre : France - Hongrie 1-2
21 octobre : France - URSS 2-1
11 nov : France - Belgique 6-3 (QCM)

Jean Hédiart

Attaquant
1 sélection

Né le 21 janvier 1931 à Laon (Aisne), décédé le 3 mars 2004 (73 ans)

Unique sélection : 15 mars 1956 à Colombes, France - Autriche (3-1)

Club : 1955-1956 : FC Nancy (1 sélection)

Bilan : 1 victoire

L'ailier droit Jean Hédiart rejoint ses camarades nancéens Roger Piantoni et Léon Deladerrière pour affronter l'Autriche en match amical, alors que Kopa et Cisowski sont absents. Il frappe le corner qui aboutit à l'ouverture du score par Leblond. Prestation honorable, mais sans lendemain car c'est le Racingman Pierre Grillet qui est appelé ensuite, puis le Lensois Maryan Wisnieski.

Match joué : 1956 1 match sur 5 | **Titulaire :** 1 fois sur 1

Rachid Mekhloufi

Rachid Mekhloufi

Attaquant
4 sélections

Né le 12 août 1936 à Sétif (Algérie française)

Première présélection : 7 octobre 1956 à Colombes, France - Hongrie (1-2)

Première sélection : 21 octobre 1956 à Colombes, France - URSS (2-1)

Dernière sélection : 25 décembre 1957 à Paris, France - Bulgarie (2-2)

Club : 1955-1958 : AS Saint-Étienne (4 sélections)

Bilan : 3 victoires, 1 nul

De tous les Nord-Africains qui jouent en France, Rachid Mekhloufi est le plus doué. Habile technicien au jeu chatoyant, il fait déjà le bonheur de l'attaque stéphanoise alors qu'il n'a pas 20 ans. Le comité de sélection n'attend pas longtemps pour le faire venir en équipe de France.

Remplaçant début octobre, il est aligné pour la première venue de l'URSS en France, quinze jours plus tard, alors qu'un sélectionneur unique, Jean Nicolas, vient d'être nommé. Rachid Mekhloufi évolue comme second avant-centre, aux côtés de Cisowski, et donne la balle de la victoire à Jean Vincent (2-1). Son talent est aussi brillant que celui de Kopa, retenu par le Real Madrid, alors il enchaîne les deux matches suivants, comme inter cette fois. Jugé néanmoins encore un peu jeune, il est laissé de côté un temps mais il revient à la fin de l'année 57 : sur le banc de touche au coup d'envoi contre la Bulgarie, il remplace Wisnieski en seconde mi-temps. Il est probable qu'il fera partie des 22 pour la Coupe du monde en Suède. Mais, comme Zitouni, Ben Tiffour, Brahimi et Ibrir, il choisit de s'engager dans l'équipe du FLN algérien quelques semaines avant. Pendant quatre ans, Mekhloufi jouera des matches non officiels avec cette équipe, jusqu'à l'indépendance de l'Algérie. Il reviendra alors en France, rejouera avec Saint-Étienne, marquant 21 buts en championnat en 1966, mais il ne pourra plus porter le maillot bleu.

Matches joués : 1956 2 matches sur 5 ▪ **1957** 2 matches sur 7 | **Titulaire :** 3 fois sur 4 | **Remplaçant :** 1 fois sur 4 (de Wisnieski) | **Resté sur le banc :** 1 fois | **Sélectionneur :** Nicolas 4 fois

1957

9 joueurs
7 matches

24 mars : Portugal - France 0-1
2 juin : France- Islande 8-0 (QCM)
1er septembre : Islande - France 1-5 (QCM)
6 octobre : Hongrie - France 2-0
27 octobre : Belgique - France 0-0 (QCM)
27 novembre : Angleterre - France 4-0
25 décembre : France - Bulgarie 2-2

Saïd Brahimi

Milieu de terrain
2 sélections

Né le 4 mars 1931 à Annaba (Algérie française), décédé le 27 décembre 1997 (66 ans)

Première sélection : 2 juin 1957 à Nantes, France - Islande (8-0)

Dernière sélection : 27 octobre 1957 à Bruxelles, Belgique - France (0-0)

Club : 1956-1958 : Toulouse FC (2 sélections)

Bilan : 1 victoire, 1 nul

Cet excellent dribbleur accompagne René Dereuddre, son comparse de l'attaque toulousaine, pour la réception de la modeste Islande, au stade Malakoff de Nantes, lors des qualifications pour le Mondial 1958. Saïd Brahimi, ailier droit, ne déçoit pas en marquant le sixième des huit buts français et en étant à l'origine de deux autres. Maryan Wisnieski indisponible, le Toulousain joue un second match de qualification, au Heysel face aux Belges mais où son individualisme est un peu trop exacerbé. Il n'ira pas en Suède disputer la Coupe du monde car en avril 1958 il préférera rejoindre l'équipe du FLN algérien et dira adieu à l'équipe de France, comme Zitouni, Mekhloufi, Ibrir et Ben Tiffour.

Matches joués : 1957 2 matches sur 7 | **Titulaire :** 2 fois sur 2 | **Sélectionneur :** Nicolas 2 fois

Richard Boucher

Défenseur
3 sélections

Né le 1er mars 1932 à Créteil (Val-de-Marne), décédé le 26 septembre 2017 (85 ans)

Première sélection : 1er septembre 1957 à Reykjavik, Islande - France (1-5)

Dernière sélection : 18 octobre 1961 à Bruxelles, Belgique - France (3-0)

Club : 1957-1962 : Toulouse FC (3 sélections)

Bilan : 2 victoires, 1 défaite

Après Brahimi, c'est un autre Toulousain qui découvre l'équipe de France, le solide défenseur Richard Boucher qui vient pallier l'absence d'André Lerond pour le match de qualification pour le Mondial 1958 en Islande. Mais le Lyonnais reprend sa place dès le match suivant et Boucher ne figure pas dans les 22 retenus pour la Coupe du monde. Ce n'est que quatre ans après qu'il est sélectionné de nouveau, pour les qualifications du Mondial 1962, contre la Finlande. Cette fois Boucher peut disputer le match suivant mais la débâcle du Heysel en Belgique (3-0) qui est fatale à deux piliers de l'équipe de France, Jean Vincent et Jean-Jacques Marcel, l'est aussi pour lui.

Matches joués : 1957 1 match sur 7 ▪ **1958** - ▪ **1959** - ▪ **1960** - ▪ **1961** 2 matches sur 7 | **Titulaire :** 3 fois sur 3 | **Sélectionneurs :** Nicolas 1 fois, Verriest 2 fois

Robert Siatka

Milieu de terrain
1 sélection

Né le 20 juin 1934 au Martinet (Gard)

Première présélection : 1er septembre 1957 à Reykjavik (Islande-France)

Première et unique sélection : 9 juillet 1960 à Marseille, France - Tchécoslovaquie (0-2)

Dernière présélection : 11 décembre 1960 à Colombes, France - Bulgarie (3-0)

Club : 1957-1961 : Stade de Reims (1 sélection)

Bilan : 1 défaite

Dans la longue liste des internationaux rémois, Robert Siatka apparaît avant la Coupe du monde 1958. Mais il reste trois fois sur le banc des remplaçants et ne va finalement pas en Suède. Par contre, deux ans plus tard il fait partie des 22 pour la phase finale du championnat d'Europe. À nouveau remplaçant pour la demi-finale, Siatka entre enfin en jeu pour le match de la 3e place, à Marseille contre les Tchécoslovaques, en duo avec Jonquet en défense centrale. Il reste dans le groupe jusqu'à la fin de l'année 1960, mais ensuite il n'y revient plus.

Match joué : 1957 - ▪ **1958** - ▪ **1959** - ▪ **1960** 1 match sur 10 | **Titulaire :** 1 fois sur 1 | **Resté sur le banc :** 6 fois | **Euro 1960 :** 1 match sur 2 | **Sélectionneur :** Verriest 1 fois

Pierre Cahuzac

Milieu de terrain
2 sélections

Né le 3 juillet 1927 à Saint-Pons-de-Thomières (Hérault), décédé le 31 aout 2003 (76 ans)

Première sélection : 6 octobre 1957 à Budapest, Hongrie - France (2-0)

Dernière sélection : 25 décembre 1957 à Paris, France - Bulgarie (2-2)

Club : 1957-1958 : Toulouse FC (2 sélections)

Bilan : 1 nul, 1 défaite

Encore un Toulousain appelé : après Brahimi et Boucher, c'est au tour de Pierre Cahuzac, demi-aile dur au mal. Il joue arrière central, avec Zitouni, en Hongrie, puis avec Lerond contre la Bulgarie. Mais il ne convainc pas Paul Nicolas de le sélectionner pour la Coupe du monde en Suède. Cahuzac deviendra par la suite entraîneur. Il conduira notamment l'incroyable épopée européenne de Bastia jusqu'en finale de la Coupe de l'UEFA en 1978.

Matches joués : 1957 2 matches sur 7 | **Titulaire :** 2 fois sur 2 | **Sélectionneur :** Nicolas 2 fois

Stéphane Bruey

Attaquant
4 sélections, 1 but

Né le 1er décembre 1932 à Champigny-sur-Marne (Val-de-Marne), décédé le 31 août 2005 (72 ans)

Première sélection : 27 octobre 1957 à Bruxelles, Belgique- France (0-0)

Dernière sélection : 5 mai 1962 à Florence, Italie - France (2-1)

Club : 1957-1962 : SCO Angers (4 sélections)

Bilan : 3 nuls, 1 défaite

L'avant-centre du Sporting Club de l'Ouest, arrivé durant l'été de Monaco, est le premier Angevin appelé en équipe de France. Stéphane Bruey débute dans un match compliqué de qualification pour la Coupe du monde, en Belgique où la France joue très prudemment (0-0). Resté sur le banc de touche au match suivant, à Wembley, Bruey dispute le match amical de fin d'année au Parc contre la Bulgarie et donne la balle de premier but à Wisnieski. Ses prestations ont convaincu Paul

Nicolas de l'emmener en Suède pour le Mondial où il est l'avant-centre de réserve. Mais le festival que réalise alors Just Fontaine ne lui permet pas de disputer la moindre minute de jeu. Maigre consolation, il prête au Rémois ses chaussures en cours de compétition… Le Sélectionneur ne l'oublie pourtant pas, et l'aligne pour le dernier match de l'année 1958, quand Fontaine est blessé. Stéphane Bruey inscrit alors le but tricolore en Grèce. Après la disparation de Paul Nicolas, il disparaît des convocations. Ce n'est qu'en 1962 que Georges Verriest fait appel à lui. Mais en Italie, Bruey ne joue qu'une mi-temps, celle que la France remporte, et il est remplacé par un débutant nommé Michel Hidalgo qui sera, quinze ans plus tard, le sélectionneur des Bleus.

Matches joués : 1957 2 matches sur 7 ▪ **1958** 1 match sur 13 ▪ **1959** - ▪ **1960** - ▪ **1961** - ▪ **1962** 1 match sur 5 | **But : 1958** 1 | **Titulaire :** 4 fois sur 4 | **Resté sur le banc :** 7 fois | **Coupe du monde 1958 :** 0 match sur 6 | **Sélectionneurs :** Nicolas 3 fois, Verriest 1 fois

Stéphane Bruey

Richard Tylinski

Défenseur
3 sélections

Né le 18 septembre 1937 à Noyant-d'Allier (Allier)

Première sélection : 27 novembre 1957 à Wembley, Angleterre - France (4-0)

Dernière sélection : 12 octobre 1960 à Bâle, Suisse - France (6-2)

Club : 1957-1961 : AS Saint-Étienne (3 sélections)

Bilan : 1 nul, 2 défaites

Le Lyonnais André Lerond forfait, c'est le jeune Stéphanois Richard Tylinski, 20 ans, qui est sélectionné pour affronter l'Angleterre à Wembley en défense centrale. Mais alors que Tylinski se blesse à la 54e minute et doit se positionner arrière latéral, la paire Taylor-Robson dynamite la défense française : 4-0 ! Du coup, Tylinski est laissé à la disposition de son club. Il n'en revient qu'après l'Euro 1960. Mais après avoir déjà souffert face aux attaquants polonais, il sombre comme toute l'équipe de France face aux Suisses et notamment le Bâlois Josef Hügi qui marque cinq fois ! Une lourde défaite (6-2) dont il est un des deux joueurs, avec Julien Stopyra, à faire les frais puisqu'il n'est plus sélectionné ensuite.

Matches joués : 1957 1 match sur 7 ▪ **1958** - ▪ **1959** - ▪ **1960** 2 matches sur 10 | **Titulaire :** 3 fois sur 3 | **Resté sur le banc :** 1 fois | **Sélectionneurs :** Nicolas 1 fois, Verriest 2 fois

René Domingo

Défenseur
1 sélection

Né le 28 décembre 1928 à Soucieux-les-Mines (Rhône), décédé le 13 juin 2013 (84 ans)

Unique sélection : 27 novembre 1957 à Wembley, Angleterre - France (4-0)

Club : 1957-1958 : AS Saint-Étienne (1 sélection)

Bilan : 1 défaite

René Domingo fait le voyage de Wembley avec son coéquipier Richard Tylinski : les deux néophytes stéphanois, qui ont été sacrés champions de France en juin, ont pour mission de composer la charnière centrale de l'équipe de France en Angleterre. Comme Tylinski, René Domingo qui est plus expérimenté pourtant à 28 ans, souffre face aux buteurs anglais et il est écarté de la sélection en vue de la Coupe du monde comme lui. Sans jamais être rappelé.

Match joué : 1957 1 match sur 7 | **Titulaire :** 1 fois sur 1 | **Sélectionneur :** Nicolas 1 fois

Bruno Bollini

Défenseur
3 sélections

Né le 14 septembre 1933 à Paris, décédé le 20 février 2015 (81 ans)

Première sélection : 27 novembre 1957 à Wembley, Angleterre - France (4-0)

Dernière sélection : 15 mars 1961 à Paris, France - Belgique (1-1)

Dernière présélection : 11 avril 1962 à Paris, France - Pologne (1-3)

Club : 1957-1962 : RC Paris (3 sélections)

Bilan : 2 nuls, 1 défaite

Le défenseur parisien fait partie des nouveaux lancés dans l'enfer de Wembley par Paul Nicolas. Jouant demi-défensif, Bruno Bollini ne peut s'opposer efficacement aux vagues anglaises et il n'est pas conservé en vue du Mondial en Suède. Le Racingman, excellent en championnat, revient pour les éliminatoires de l'Euro 1960, mais n'est pas conservé non plus. Il revient une troisième fois, comme défenseur face aux Belges, en match amical, mais sans plus de réussite.

Matches joués : 1957 1 match sur 7 ▪ **1958** 1 match sur 13 ▪ **1959** - ▪ **1960** - ▪ **1961** 1 match sur 7 ▪ **1962** - | **Titulaire :** 3 fois sur 3 | **Resté sur le banc :** 1 fois | **Sélectionneurs :** Nicolas 2 fois, Verriest 1 fois

Buteurs à leur premier match...

Plusieurs joueurs ont marqué lors de leur première sélection, comme P. Nicolas, Flamion, Grumelon, Piantoni, Cossou, Guy, Gondet, H. Revelli, Berdoll, Coste, Platini, Stopyra, Bravo, Touré, Le Roux, Guivarc'h, Saha, Benzema, Ben Arfa, Valbuena et, dernier en date, Ikoné. 11 ont réussi un doublé, comme Vincent, Di Nallo, Molitor, Zidane, Gomis ou Martin. Et trois un triplé : Crut, en 1924, et Fontaine, en 1953.

Marcel Nowak

Défenseur
0 sélection

Né le 10 juillet 1934 à Piennes (Meurthe-et-Moselle), décédé le 24 décembre 1985 (51 ans)

Unique présélection : 27 novembre 1957 à Wembley, Angleterre - France (4-0)

Club : 1957-1958 : Olympique Lyonnais

Le défenseur lyonnais est avec Douis, Bollini, Tylinski et Domingo, le cinquième nouvel appelé en équipe de France à l'occasion du match amical en Angleterre. Le seul à rester sur le banc de touche à Wembley, et il ne reviendra pas.

Resté sur le banc : 1 fois

1958

10 nouveaux joueurs
13 matches

13 mars : France - Espagne 2-2
16 avril : France - Suisse 0-0
8 juin : France - Paraguay 7-3 (CM)
11 juin : France - Yougoslavie 2-3 (CM)
15 juin : France - Écosse 2-1 (CM)
19 juin : France - Irlande du Nord 4-0 (CM)
24 juin : France - Brésil 2-5 (CM)
28 juin : France - Allemagne 6-3 (CM)
1er octobre : France - Grèce 7-1 (CE)
5 octobre : Autriche - France 1-2
26 octobre : France - Allemagne 2-2
9 novembre : France - Italie 2-2
3 décembre : Grèce - France 1-1 (CE)

Bernard Chiarelli

Milieu de terrain
1 sélection

Né le 24 février 1934 à Valenciennes (Nord)

Première présélection : 13 mars 1958 à Paris, France - Espagne (2-2)

Unique sélection : 16 avril 1958 à Paris, France - Suisse (0-0)

Dernière présélection : 28 juin 1958 à Göteborg, France - Allemagne (6-3)

Club : 1957-1958 : US Valenciennes (1 sélection)

Bilan : 1 nul

Les défections de Zitouni et Mekhloufi ont ouvert des portes à d'autres en équipe de France. Le Valenciennois Bernard Chiarelli, remplaçant en mars, en profite ainsi pour débuter comme demi-aile dans le dernier match de préparation avant la Coupe du monde pour laquelle il est sélectionné dans la foulée. Mais la concurrence est ensuite trop forte pour qu'il puisse jouer en Suède.

Match joué : 1958 1 match sur 13 | **Titulaire :** 1 fois sur 1 | **Resté sur le banc :** 7 fois | **Coupe du monde 1958 :** 0 match sur 6 | **Sélectionneur :** Nicolas 1 fois

Maurice Lafont

Défenseur
4 sélections

Né le 13 septembre 1927 à Villeneuve-Saint-Georges (Val-de-Marne), décédé le 8 avril 2005 (77 ans)

Première présélection : 8 juin 1958 à Norrköping, France - Paraguay (7-3)

Première sélection : 28 juin 1958 à Göteborg, France- Allemagne (6-3)

Dernière sélection : 26 octobre 1958 à Colombes, France - Allemagne (2-2)

Club : 1957-1959 : Nîmes Olympique (4 sélections)

Bilan : 3 victoires, 1 nul

Le défenseur nîmois n'avait jamais été appelé en équipe de France avant que Paul Nicolas ne fasse sa liste des 22 joueurs pour aller en Suède. Il fait donc simplement partie des remplaçants, mais la blessure de Robert Jonquet en demi-finale lui offre l'occasion de débuter avec le match pour la troisième place, contre l'Allemagne. Et il reste dans l'équipe pour les trois matches suivants, jusqu'au retour de Jonquet. Après quoi, il n'est plus jamais appelé.

Matches joués : 1958 4 matches sur 13 | **Titulaire :** 4 fois sur 4 | **Resté sur le banc :** 5 fois | **Coupe du monde 1958 :** 1 match sur 6 | **Sélectionneur :** Nicolas 4 fois

Robert Mouynet

Défenseur
0 sélection

Né le 25 mars 1930 à Toulouse (Haute-Garonne)

Première présélection : 8 juin 1958 à Norrköping, France - Paraguay (7-3)

Dernière présélection : 28 juin 1958 à Göteborg, France - Allemagne (6-3)

Club : 1957-1959 : Olympique Lyonnais

À l'image de Maurice Lafont, Robert Mouynet débarque en équipe de France comme arrière droit remplaçant juste pour la Coupe du monde. Mais contrairement au Nîmois, le partenaire d'André Lerond à Lyon n'a pas l'occasion de jouer car il est blessé... Et il ne reviendra pas après l'épopée suédoise.

Resté sur le banc : 6 fois | **Coupe du monde 1958 :** 0 match sur 6

Casimir Hnatow

Milieu de terrain, 0 sélection

Né le 9 novembre 1929 à Crusnes (Meurthe-et-Moselle), décédé le 16 décembre 2010 (81 ans)

Première présélection : 8 juin 1958 à Norrköping, France - Paraguay (7-3)

Dernière présélection : 28 juin 1958 à Göteborg, France - Allemagne (6-3)

Club : 1957-1959 : SCO Angers

L'Angevin Stéphane Bruey ne part pas seul à la Coupe du monde, il est accompagné par Casimir Hnatow son camarade du Sco. Mais comme Robert Mouynet, ce milieu de terrain d'origine ukrainienne n'a pas l'occasion d'entrer en jeu et, contrairement à Bruey, il n'est pas revu après le Mondial.

Resté sur le banc : 6 fois | **Coupe du monde 1958 :** 0 match sur 6

Just Fontaine, le héros du Mondial 1958, est porté en triomphe par Yvon Douis, André Lerond et Jean Vincent après son exploit face à l'Allemagne, le 28 juin à Göteborg : quatre buts qui lui en font 13, record du monde !

Raymond Bellot

Attaquant
0 sélection

Né le 9 juin 1929 à Alfortville (Val-de-Marne), décédé le 24 février 2019 (89 ans)

Première présélection : 8 juin 1958 à Norrköping, France - Paraguay (7-3)

Dernière présélection : 28 juin 1958 à Göteborg, France - Allemagne (6-3)

Club : 1957-1959 : AS Monaco

C'est la même histoire que pour Hnatow et Mouynet : l'attaquant monégasque, appelé pour remplacer numériquement René Bliard, est remplaçant durant toute la Coupe du monde en Suède et ne sera jamais convoqué après.

Resté sur le banc : 6 fois | **Coupe du monde 1958 :** 0 match sur 6

Stanislas Dombeck

Attaquant
1 sélection

Né le 26 septembre 1931 à Crisenoy (Seine-et-Marne), décédé le 18 septembre 2013 (81 ans)

Première présélection : 1er octobre 1958 à Paris, France - Grèce (7-1)

Unique sélection : 3 décembre 1958 à Athènes, Grèce - France (1-1)

Club : 1958-1959 : Stade Rennais (1 sélection)

Bilan : 1 nul

Stanislas Dombeck est un nouveau visage de l'après-Mondial suédois. Remplaçant lors du premier match de qualification pour le championnat d'Europe 1960, contre la Grèce, il est aligné au match retour, sur le terrain du Panathinaïkos, car Cisowski est blessé et les Rémois ont été laissés au repos pour préparer les matches de Coupe d'Europe. Dombeck joue attaquant, en soutien de Bruey qui marque le but français, mais il ne sera plus jamais appelé par la suite.

Match joué : 1958 1 match sur 13 | **Titulaire :** 1 fois sur 1 | **Resté sur le banc :** 2 fois | **Sélectionneur :** Nicolas 1 fois

René Ferrier

Milieu de terrain
24 sélections

Né le 7 décembre 1936 à Thionne (Allier), décédé le 15 septembre 1998 (61 ans)

Première sélection : 3 décembre 1958 à Athènes, Grèce - France (1-1)

Dernière sélection : 2 décembre 1964 à Bruxelles, Belgique - France (3-0)

Club : 1958-1965 : AS Saint-Étienne (24 sélections)

Bilan : 9 victoires, 6 nuls, 9 défaites

Issue de la pépinière stéphanoise, René Ferrier, élégant demi-aile, aurait pu faire partie de la liste pour la Coupe du monde en Suède s'il avait été un peu plus âgé. Car il devient rapidement titulaire dans l'équipe de France que dirige à partir de l'automne 1959 Georges Verriest. Après avoir disputé les qualifications de l'Euro 1960, il joue la demi-finale contre la Yougoslavie au Parc, le jour où débute à ses côtés son coéquipier stéphanois Robert Herbin. Ferrier continue ensuite avec les qualifications pour le Mondial 1962, mais la Bulgarie ruine ses rêves de disputer une Coupe du monde. Henri Guérin en fait son capitaine lorsqu'il reprend l'équipe de France après l'été 1964. Mais il ne joue alors que trois matches avant de s'effacer devant la concurrence de Joseph Bonnel.

Matches joués : 1958 1 match sur 13 ▪ **1959** 3 matches sur 5 ▪ **1960** 7 matches sur 10 ▪ **1961** 4 matches sur 7 ▪ **1962** 4 matches sur 5 ▪ **1963** 2 matches sur 8 ▪ **1964** 3 matches sur 5 ▪ **1965** - | **Titulaire :** 23 fois sur 24 | **Remplaçant :** 1 fois sur 24 (de Kopa) | **Resté sur le banc :** 5 fois | **Capitaine :** 3 fois (22e-24e) | **Euro 1960 :** 1 match sur 2 | **Sélectionneurs :** Nicolas 1 fois, Verriest 20 fois, Guérin 3 fois

Roland Guillas

Attaquant
9 sélections, 1 but

Né le 23 septembre 1936 à Lorient (Morbihan)

Première sélection : 3 décembre 1958 à Athènes, Grèce - France (1-1)

Dernière sélection : 11 avril 1962 à Paris, France - Pologne (1-3)

Clubs : 1958-1960 : Girondins de Bordeaux (4 sélections) ▪ 1960-1962 : AS Saint-Étienne (5 sélections)

Bilan : 2 victoires, 3 nuls, 4 défaites

Avant-centre technique, le petit Breton de Bordeaux Rolland Guillas fait ses premiers pas comme meneur de jeu à la place de Raymond Kopa, préservé par le Stade de Reims en vue de la Coupe d'Europe. Mais il reste dans l'équipe quand le Rémois y revient pour jouer contre l'Espagne, un match où Guillas se claque malheureusement à la 70e minute. Il joue avant la phase finale de l'Euro 1960 en France, mais à laquelle il n'est pas convié. Passé de Bordeaux à Saint-Étienne durant l'été 1960, Guillas retrouve la sélection et marque à Varsovie contre la Pologne le but qui relance la France arrachant le nul en fin de match (2-2). Mais ensuite, il participe à des défaites françaises et malgré ses performances en championnat, il n'est plus appelé après 1962. Guillas retournera en fin de carrière jouer au FC Lorient, de 1967 à 1971.

Matches joués : 1958 1 match sur 13 ▪ **1959** 2 matches sur 5 ▪ **1960** 3 matches sur 10 ▪ **1961** 2 matches sur 7 ▪ **1962** 1 match sur 5 | **But : 1960** 1 | **Titulaire :** 8 fois sur 9 | **Remplaçant :** 1 fois sur 9 (de Koza) | **Resté sur le banc :** 1 fois | **Sélectionneurs :** Nicolas 2 fois, Verriest 7 fois

Yvon Goujon

Attaquant, 11 sélections, 6 buts

Né le 21 janvier 1937 à Lorient (Morbihan)

Première présélection : 3 décembre 1958 à Athènes, Grèce - France (1-1)

Première sélection : 28 septembre 1960 à Varsovie, Pologne - France (2-2)

Dernière sélection : 25 décembre 1963 à Paris, France - Belgique (1-2)

Clubs : 1958-1960 : FC Sochaux (2 sélections) ▪ 1960-1961 : Limoges ▪ 1961-1963 : Stade Rennais (6 sélections) ▪ 1963-1964 : FC Rouen (3 sélections)

Bilan : 2 victoires, 5 nuls, 4 défaites

Le cousin d'Antoine Cuissard est un avant-centre détonnant. Remplaçant à 21 ans pour le dernier match de l'année 1958, Yvon Goujon est aligné après l'Euro 1960, avec Guillas qui est lorientais

comme lui. C'est au match suivant que Goujon s'impose : il marque deux fois et frappe trois fois les poteaux contre la Suisse ! Mais hélas la France perd ce match 6-2, sa performance personnelle passe donc quelque peu inaperçue et il n'est plus convoqué avant un an et demi. Goujon est alors au Stade Rennais et évolue comme relayeur contre l'Italie à Florence, derrière Raymond Kopa avant-centre. Ce duo inédit séduit, et il est reconduit au match suivant, à Sheffield contre l'Angleterre, en éliminatoire de l'Euro 1964. La France joue bien, Goujon marque sur passe de Kopa dès la 8e minute, et obtient un méritoire match nul (1-1). Buteur encore contre l'Allemagne ensuite, Goujon repasse avant-centre, avant de reculer à nouveau au milieu de terrain pour le match retour contre l'Angleterre où la France s'impose spectaculairement 5-2. À nouveau positionné comme avant-centre, Yvon Goujon, parti au FC Rouen à l'été 1963 où il est associé à Jean-Louis Buron, fait sauter le verrou bulgare en match éliminatoire de l'Euro 1964, au Parc, en scorant deux fois : ses 5e et 6e buts internationaux, qui sont agrémentés de quatre passes décisives en onze matches. Mais en 1964, il ne fait plus partie du groupe qui se fait sortir par la Hongrie en quart de finale de l'Euro. Un de ses neveux, Yannick Stopyra, fera lui aussi carrière internationale comme avant-centre, dans les années 1980.

Matches joués : 1958 - ▪ **1959** - ▪ **1960** 2 matches sur 10 ▪ **1961** - ▪ **1962** 4 matches sur 5 ▪ **1963** 2 matches sur 8 | **Buts : 1960** 2 ▪ **1962** 2 ▪ **1963** 2 | **Titulaire :** 11 fois sur 11 | **Resté sur le banc :** 1 fois | **Sélectionneur :** Verriest 11 fois

Georges Lamia

Gardien de but
7 sélections

Né le 14 mars 1933 à La Calle (Algérie française), décédé le 10 mars 2014 (80 ans)

Première présélection : 3 décembre 1958 à Athènes, Grèce - France (1-1)

Première sélection : 11 novembre 1959 à Colombes, France - Portugal (5-3)

Dernière sélection : 24 octobre 1962 à Stuttgart, Allemagne - France (2-2)

Dernière présélection : 11 novembre 1962 à Colombes, France - Hongrie (2-3)

Club : 1958-1963 : OGC Nice (7 sélections)

Bilan : 4 victoires, 1 nul, 2 défaites

Georges Lamia

Présélectionné comme doublure de Claude Abbes, le spectaculaire gardien niçois Georges Lamia l'est ensuite comme recours à Dominique Colonna. Mais celui-ci se blesse au cours du match contre le Portugal et Lamia débute ainsi de manière imprévue à Colombes, n'encaissant qu'un des trois buts inscrits par les Portugais battus 5-3. Il est titularisé pour le match suivant, de préférence à François Remetter, puis devient titulaire en vue du championnat d'Europe qui se déroule en France. Lamia garde les buts français en demi-finale face aux Yougoslaves. Si le redoutable buteur de l'Étoile Rouge Bora Kostić ne marque pas, ceux du Partizan, Milan Galić (qui jouera à Reims dix ans plus tard), et du Dynamo Zagreb, Drazen Jerković, pilonnent la défense française battue cinq fois. Lamia y perd sa place. Il est rappelé deux ans plus tard, à deux reprises comme remplaçant de Pierre Bernard, et joue entre-temps un match à Stuttgart contre l'Allemagne où il encaisse un but entaché d'un contrôle de la main.

Matches joués : 1958 - ▪ **1959** 2 matches sur 5 ▪ **1960** 4 matches sur 10 ▪ **1961** - ▪ **1962** 1 match sur 5 | **Titulaire :** 6 fois sur 7 | **Remplaçant :** 1 fois sur 7 (de Colonna) | **Resté sur le banc :** 5 fois | **Euro 1960 :** 1 match sur 2 | **Sélectionneur :** Verriest 7 fois

1959

8 nouveaux joueurs
5 matches

1er mars : France - Belgique 2-2
11 octobre : Bulgarie - France 1-0
11 novembre : France - Portugal 5-3
13 décembre : France - Autriche 5-2 (CE)
17 décembre : France - Espagne 4-3

Édouard Stako

Attaquant
3 sélections, 1 but

Né le 11 janvier 1934 à Escaudain (Nord), décédé le 23 octobre 2008 (74 ans)

Première sélection : 1er mars 1959 à Colombes, France - Belgique (2-2)

Dernière sélection : 25 mai 1964 à Budapest, Hongrie - France (2-1)

Clubs : 1958-1959 : US Valenciennes (1 sélection) ▪ 1959-1964 : Stade Français (2 sélections)

Bilan : 2 nuls, 1 défaite

Just Fontaine puis Roger Piantoni forfaits, Jean Nicolas fait appel à l'inter valenciennois Édouard

Stako pour épauler en attaque Jean Vincent, qui marque les deux buts français face aux Belges. Ce fils de mineur polonais (Stachowitz de son nom d'origine) au gabarit léger ne revient que deux ans et demi plus tard. Devenu Parisien, Stako ne retrouve seulement que son coéquipier du Stade Français André Lerond, tellement l'équipe a changé ! Cela ne l'empêche pas d'ouvrir le score à Stuttgart face à l'Allemagne où il joue en soutien d'Yvon Goujon. Remplaçant ensuite, pendant deux ans, Stako ne rejoue qu'une fois, en quart de finale retour du championnat d'Europe 1964, contre les Hongrois qui éliminent les Français.

Matches joués : 1959 1 match sur 5 ▪ **1960** - ▪ **1961** - ▪ **1962** 1 match sur 5 ▪ **1963** - ▪ **1964** 1 match sur 5 | **But : 1962** 1 | **Titulaire :** 3 fois sur 3 | **Resté sur le banc :** 5 fois | **Sélectionneurs :** Nicolas 1 fois, Verriest 2 fois

Henri Skiba

Attaquant
3 sélections

Né le 14 juillet 1927 à Beuhthen (alors en Allemagne, aujourd'hui Bytom, en Pologne), décédé le 11 mars 2018 (90 ans)

Première sélection : 1er mars 1959 à Colombes, France - Belgique (2-2)

Dernière sélection : 16 décembre 1961 à Milan, France - Bulgarie (0-1)

Clubs : 1958-1960 : Nîmes Olympique (1 sélection) ▪ 1960-1961 : Stade Français (2 sélections)

Bilan : 2 nuls, 1 défaite

D'origine polonaise comme Stako, le Nîmois, excellent attaquant du championnat, profite lui aussi des absences de Fontaine et Piantoni pour entrer en équipe de France. Il est à l'origine du premier but face aux Belges, mais, comme le Valenciennois, il n'est pas retenu pour les matches suivants. Parti ensuite comme Stako au Stade Français, il est sélectionné à nouveau, mais ne parvient pas à rester après l'élimination de la France dans la course au Mondial 1962, par la Bulgarie à San Siro.

Matches joués : 1959 1 match sur 5 ▪ **1960** - ▪ **1961** 2 matches sur 7 | **Titulaire :** 3 fois sur 3 | **Resté sur le banc :** 1 fois | **Sélectionneurs :** Nicolas 1 fois, Verriest 2

Alexandre Roszak

Gardien de but
0 sélection

Né le 29 décembre 1931 à Masny (Nord), décédé le 3 février 1998 (66 ans)

Première présélection : 1er mars 1959 à Colombes, France - Belgique (2-2)

Dernière présélection : 12 novembre 1961 à Sofia, Bulgarie - France (1-0)

Clubs : 1958-1961 : Nîmes Olympique ▪ 1961-1962 : US Sedan

Suppléant de Dominique Colonna, le gardien nîmois est comme Skiba et Stako d'origine polonaise. Mais la concurrence de François Remetter, Georges Lamia et Pierre Bénard l'écarte du groupe où il ne revient qu'une fois, deux ans et demi plus tard, toujours comme éphémère remplaçant.

Resté sur le banc : 2 fois

Lucien Muller

Milieu de terrain
16 sélections, 3 buts

Né le 3 septembre 1934 à Bischwiller (Bas-Rhin)

Première sélection : 11 octobre 1959 à Sofia, Bulgarie - France (1-0)

Dernière sélection : 25 avril 1964 à Colombes, France - Hongrie (1-3)

Dernière présélection : 29 juillet 1966 à Wembley, France - Angleterre (2-0)

Clubs : 1959-1962 : Stade de Reims (14 sélections) ▪ 1962-1965 : Real Madrid (2 sélections) ▪ 1965-1966 : FC Barcelone (0 sélection)

Bilan : 6 victoires, 1 nul, 9 défaites

L'attaque de l'équipe de France composée par le nouveau sélectionneur Georges Verriest est celle du Stade de Reims : Kopa-Fontaine-Piantoni-Vincent. Face aux rugueux Bulgares, les Rémois souffrent, et particulièrement Piantoni, blessé volontairement par Dimitar Largov. Il doit céder sa place à la 27e minute à un autre joueur rémois, Lucien Muller, Alsacien de 25 ans, qui saisit sa chance malgré la défaite française (0-1). Muller, fin technicien, marque lors des matches suivants, contre le Portugal à Colombes puis l'Espagne lors du « jubilé » de Roger Marche. Il devient rapidement un élément important de l'équipe de France pour le championnat d'Europe 1960 et le demeure après, en jouant demi-aile ou inter, ce qui lui permet à la fois de marquer et de faire marquer. Mais Lucien Muller ne peut pas empêcher l'élimination de la France dans la course à la Coupe du monde 1962, lors du match d'appui à Milan, face à la Bulgarie en décembre 1961. Pour avoir joué brillamment trois fois contre l'Espagne en match amical, Lucien Muller s'est fait remarquer du Real Madrid qui l'engage à l'été 1962, comme sept ans avant lui Raymond Kopa. Dès lors, il n'est plus appelé en équipe de France, sauf deux fois, mais l'élimination de la France en quart de finale de l'Euro 1964 rompt son lien avec les Tricolores. Pourtant, Henri Guérin, qui a pris les manettes de l'équipe de France, le sélectionne parmi les 22 pour la Coupe du monde 1966. Lucien Muller évolue alors au FC Barcelone où il a été transféré l'été précédent. Mais en Angleterre, la France est vite éliminée et il n'a pas l'occasion de jouer. Lucien Muller deviendra entraîneur dans les années 1970, en Espagne principalement, mais aussi à Monaco.

Matches joués : 1959 4 matches sur 5 ▪ **1960** 5 matches sur 10 ▪ **1961** 5 matches sur 7 ▪ **1962** - ▪ **1963** 1 match sur 8 ▪ **1964** 1 match sur 5 ▪ **1965** - ▪ **1966** - | **Buts : 1959** 2 ▪ **1960** 1 | **Titulaire :** 15 fois sur 16 | **Remplaçant :** 1 fois sur 16 (de Piantoni) | **Resté sur le banc :** 5 fois | **Euro 1960 :** 1 match sur 2 | **Coupe du monde 1966 :** 0 match sur 3 | **Sélectionneurs :** Verriest 16 fois, Guérin 0 fois

Jean Wendling

Défenseur, 26 sélections

Né le 29 avril 1934 à Bischheim (Bas-Rhin)

Première sélection : 11 novembre 1959 à Colombes, France-Portugal (5-3)

Dernière sélection : 17 avril 1963 à Rotterdam, Pays-Bas - France (1-0)

Dernière présélection : 28 avril 1963 à Colombes, France - Brésil (2-3)

Club : 1959-1964 : Stade de Reims (26 sélections)

Bilan : 9 victoires, 6 nuls, 11 défaites

Avec Lucien Muller, Jean Wendling, Alsacien comme lui, représente la nouvelle vague rémoise. Cet arrière droit athlétique est un roc qui fait face avec adresse dès ses débuts à des adversaires aussi réputés que le Portugais Mario Coluna et l'Espagnol Francisco Gento. En cinq ans, Wendling ne manque que quatre matches avec l'équipe de France. Jusqu'à ce qu'il soit blessé en 1963. Entre-temps, il a connu la désillusion de la demi-finale de l'Euro 1960, perdue face à la Yougoslavie, et l'élimination de la Coupe du monde 62 par la Bulgarie, en match d'appui à Milan. Fidèle à Reims jusqu'en 1965, Jean Wendling s'associera ensuite avec son ami Raymond Kopa pour la promotion d'une marque d'équipements sportifs.

Matches joués : 1959 3 matches sur 5 ▪ **1960** 9 matches sur 10 ▪ **1961** 6 matches sur 7 ▪ **1962** 5 matches sur 5 ▪ **1963** 3 matches sur 8 | **Titulaire :** 26 fois sur 26 | **Resté sur le banc :** 2 fois | **Euro 1960 :** 1 match sur 2 | **Sélectionneur :** Verriest 26 fois

François Heutte

Attaquant
9 sélections, 4 buts

Né le 21 février 1938 à Chaumont-en-Vexin (Oise)

Première sélection : 13 décembre 1959 à Colombes, France - Autriche (5-2)

Dernière sélection : 16 décembre 1961 à Milan, France - Bulgarie (0-1)

Club : 1959-1962 : RC Paris (9 sélections)

Bilan : 4 victoires, 1 nul, 4 défaites

Après Skiba, Stako et Muller, un nouvel attaquant est testé par Georges Verriest : le Racingman François Heutte. Ce Normand, formé au FC Rouen, fin dribbleur, est passeur décisif sur deux des cinq buts que les Tricolores passent à l'Autriche (5-2) et revient l'année suivante comme remplaçant. Une nouvelle blessure de Piantoni, en Belgique, lui donne l'occasion de rejouer rapidement. Et cette fois de rester dans l'équipe. Deux fois passeur encore contre le Chili, François Heutte score contre l'Autriche au Prater de Vienne et obtient un penalty, que Kopa transforme pour une victoire de prestige (4-2). Titulaire lors de la phase finale du championnat d'Europe 1960, Heutte marque deux fois face aux Yougoslaves : le but du 2-1 (43e) et celui du 4-2 (62e). Mais la France finit par perdre ce match fou, 5-4. Il joue ses derniers matches à la fin de l'année 61, associé à son coéquipier du Racing, Guy Van Sam, mais la défaite face à la Bulgarie en match d'appui à Milan, qui élimine la France du Mondial 1962, marque la fin de leur carrière à tous deux.

Matches joués : 1959 1 match sur 5 ▪ **1960** 6 matches sur 10 ▪ **1961** 2 matches sur 7 | **Buts : 1960** 3 ▪ **1961** 1 | **Titulaire :** 8 fois sur 9 | **Remplaçant :** 1 fois sur 9 (de Piantoni) | **Resté sur le banc :** 1 fois | **Euro 1960 :** 2 matches sur 2 | **Sélectionneur :** Verriest 9 fois

Bernard Rahis

Attaquant
3 sélections, 1 but

Né le 12 février 1933 à Blida (Algérie française), décédé le 16 mars 2008 (75 ans)

Première sélection : 17 décembre 1959 à Paris, France - Espagne (4-3)

Dernière sélection : 2 avril 1961 à Madrid, Espagne - France (2-0)

Club : 1959-1961 : Nîmes Olympique (3 sélections)

Bilan : 2 victoires, 1 défaite

Bernard Rahis est le premier joueur à être un deuxième remplaçant à pouvoir entrer en cours de jeu. Après Roger Marche entré (pour son dernier match) à la 23e minute, le Nîmois remplace Yvon Douis à la 52e minute. Ailier gauche puissant, Rahis est cependant barré par Jean Vincent en sélection. Il profite du forfait du Rémois pour jouer au Prater contre l'Autriche, l'année suivante, et il inscrit le deuxième but français, de la tête. Mais il n'a qu'une autre occasion de se montrer, à Madrid un an plus tard.

Matches joués : 1959 1 match sur 5 ▪ **1960** 1 match sur 10 ▪ **1961** 1 match sur 7 | **But : 1960** 1 | **Titulaire :** 3 fois sur 3 | **Sélectionneur :** Verriest 3 fois

Guy Sénac

Milieu de terrain
2 sélections

Né le 13 mars 1932 à Villetaneuse (Seine-Saint-Denis), décédé le 13 janvier 2019 (86 ans)

Première présélection : 13 décembre 1959 à Colombes, France - Autriche (5-2)

Première sélection : 11 décembre 1960 à Colombes, France - Bulgarie (3-0)

Dernière sélection : 15 mars 1961 à Paris, France - Belgique (1-1)

Club : 1959-1961 : RC Paris (2 sélections)

Bilan : 1 victoire, 1 nul

Alors que Roger Marche dispute son 63e et dernier match international face aux Espagnols, son coéquipier du Racing Guy Sénac, demi-aile, reste sur le banc des remplaçants. Il y demeure encore trois fois, avant d'être aligné, en compagnie d'un autre racingman, Jean-Jacques Marcel, contre les Bulgares en qualification pour le Mondial 1962, à Colombes. La France s'impose 3-0 et Sénac conserve sa place au match suivant, mais il n'est plus revu ensuite. Son fils Didier jouera, lui, trois fois en équipe de France, dans les années 1980.

Guy Sénac

Matches joués : 1959 - ▪ **1960** 1 match sur 10 ▪ **1961** 1 match sur 7 | **Titulaire :** 2 fois sur 2 | **Resté sur le banc :** 4 fois | **Sélectionneur :** Verriest 2 fois

1960

13 nouveaux joueurs

10 matches

28 février : Belgique - France 1-0
16 mars : France - Chili 6-0
27 mars : Autriche - France 2-4 (CE)
6 juillet : France - Yougoslavie 4-5 (CE)
9 juillet : France - Tchécoslovaquie 2-0 (CE)
25 sep : Finlande - France 1-2 (QCM)
28 septembre : Pologne - France 2-2
12 octobre : Suisse - France 6-2
30 octobre : Suède - France 1-0
11 décembre : France - Bulgarie 3-0 (QCM)

Alain Cornu

Défenseur
1 sélection

Né le 12 décembre 1936 au Canet (Alpes-Maritimes)

Première présélection : 28 février 1960 à Bruxelles, Belgique - France (1-0)

Unique sélection : 11 avril 1962 à Paris, France - Pologne (1-3)

Club : 1959-1962 : OGC Nice (1 sélection)

Bilan : 1 défaite

Sélectionné comme remplaçant pour le premier match de l'année, Alain Cornu, champion de France 1959 avec Nice, n'est aligné que deux ans plus tard dans un match où débute également son coéquipier niçois Hector de Bourgoing. Mais, contrairement à lui, cet arrière central ne sera jamais revu.

Match joué : 1960 - ▪ 1961 - ▪ 1962 1 match sur 5 | **Titulaire :** 1 fois sur 1 | **Resté sur le banc :** 1 fois | **Sélectionneur :** Verriest 1 fois

André Chorda

Défenseur
24 sélections

Né le 20 février 1938 à Charleval (Bouches-du-Rhône), décédé le 18 juin 1998 (60 ans)

Première sélection : 16 mars 1960 à Paris, France - Chili (6-0)

Dernière sélection : 26 novembre 1966 à Luxembourg, Luxembourg - France (0-3)

Clubs : 1959-1962 : OGC Nice (2 sélections) ▪ 1962-1966 : Girondins de Bordeaux (22 sélections)

Bilan : 9 victoires, 5 nuls, 10 défaites

André Chorda

Après Cornu, un autre défenseur niçois champion de France 1959 est convoqué au printemps 1960 : André Chorda, un arrière gauche agressif de 22 ans qui gagne aussitôt sa place pour la phase finale du premier championnat d'Europe des nations. Remplaçant en demi-finale, il joue la « petite finale » à Marseille, à la place de Rodzik qui lui remplace Wendling, mais il ne peut rien face aux Tchécoslovaques, futurs finalistes du Mondial 1962. Chorda est de nouveau sélectionné à l'automne 62. Devenu Bordelais, son jeu puissant s'est affirmé et à partir du printemps 1963, il ne sort plus du onze de départ de Georges Verriest. Il survit ainsi aux éliminations de la Coupe du monde 1962 et du championnat d'Europe 1964, Henri Guérin le confirmant dans son équipe de base. Chorda est donc présent quand la France obtient son billet pour le Mondial 1966, au Parc, en battant la Yougoslavie (1-0). Il est toujours titulaire un mois avant la Coupe du monde, mais durant celle-ci en Angleterre, il fait banquette,

De Michèle et Bosquier se relayant au poste d'arrière gauche. Le Bordelais retrouve sa place avec les nouveaux sélectionneurs, Jean Snella et José Arribas, et termine l'année à nouveau titulaire. Mais, comme eux, il ne va pas au-delà de la fin de l'année.

Matches joués : 1960 2 matches sur 10 ▪ **1961** - ▪ **1962** 1 match sur 5 ▪ **1963** 6 matches sur 8 ▪ **1964** 5 matches sur 5 ▪ **1965** 3 matches sur 6 ▪ **1966** 7 matches sur 10 | **Titulaire :** 24 fois sur 24 | **Resté sur le banc :** 4 fois | **Championnat d'Europe 1960 :** 1 match sur 2 | **Coupe du monde 1966 :** 0 match sur 3 | **Sélectionneurs :** Verriest 11 fois, Guérin 9 fois, Snella-Arribas 4

Georges Peyroche

Milieu de terrain
3 sélections

Né le 27 janvier 1937 à Roche-la-Molière (Loire)

Première sélection : 16 mars 1960 à Paris, France - Chili (6-0)

Dernière sélection : 12 novembre 1961 à Sofia, Bulgarie - France (1-0)

Dernière présélection : 24 octobre 1962 à Stuttgart, France - Allemagne (2-2)

Clubs : 1959-1962 : AS Saint-Étienne (3 sélections) ▪ 1962-1963 : RC Strasbourg (0 sélection)

Bilan : 1 victoire, 2 défaites

L'inter ou demi-aile stéphanois peut évoluer à tous les postes, ce que teste Georges Verriest pour la première venue de l'équipe du Chili en France, l'associant en milieu de terrain avec son habituel partenaire de club René Ferrier. Remplaçant lors du dernier match avant la phase finale de l'Euro 1960, Georges Peyroche n'est finalement pas retenu pour la compétition qui se déroule en France. Il revient en sélection un an et demi plus tard, mais pour une lourde défaite en Suisse (6-2). Puis il est aligné comme ailier droit face aux Bulgares, à Sofia, pour le match retour qualificatif au Mondial 1962. Mais la nouvelle défaite des Français qui les oblige à un match d'appui, l'écarte à nouveau de la sélection. Il n'est plus convoqué qu'une fois, à l'automne 1962, comme remplaçant. Après sa carrière, Georges Peyroche deviendra entraîneur, conduisant notamment le Paris SG à ses premières victoires en Coupe de France.

Matches joués : 1960 2 matches sur 10 ▪ **1961** 1 match sur 7 ▪ **1962** - | **Titulaire :** 3 fois sur 3 | **Resté sur le banc :** 3 fois | **Sélectionneur :** Verriest 3 fois

Bruno Rodzik

Défenseur
21 sélections

Né le 29 mai 1935 à Giraumont (Meurthe-et-Moselle), décédé le 12 avril 1998 (62 ans)

Première sélection : 27 mars 1960 à Vienne, Autriche - France (2-4)

Dernière sélection : 11 novembre 1963 à Paris, France - Suisse (2-2)

Dernière présélection : 25 avril 1964 à Colombes, France - Hongrie (1-3)

Club : 1959-1964 : Stade de Reims (21 sélections)

Bilan : 5 victoires, 5 nuls, 11 défaites

Avec Lucien Muller et Jean Wendling, Bruno Rodzik incarne la nouvelle vague rémoise championne de France 1960. Ce défenseur latéral solide et longiligne, à la relance propre et pleine de sang-froid, les rejoint juste avant la phase finale du premier championnat d'Europe des nations qui se dispute en France. Malgré la quatrième place décevante récoltée par l'équipe de France, Rodzik reste titulaire pendant quatre ans, ne manquant que très peu de rencontres, comme Jean Wendling. Il finit par perdre sa place en début d'année 1963. Après l'élimination de la France en quart de finale de l'Euro 1964, le nouveau sélectionneur Henri Guérin ne fait pas appel à lui.

Matches joués : 1960 7 matches sur 10 ▪ **1961** 5 matches sur 7 ▪ **1962** 4 matches sur 5 ▪ **1963** 5 matches sur 8 ▪ **1964** - | **Titulaire :** 21 fois sur 21 | **Resté sur le banc :** 4 fois | **Championnat d'Europe 1960 :** 2 matches sur 2 | **Sélectionneur :** Verriest 21 fois

Robert Herbin

Milieu de terrain
23 sélections, 3 buts

Né le 30 mars 1939 à Paris, décédé le 27 avril 2020 (81 ans)

Première sélection : 6 juillet 1960 à Paris, France - Yougoslavie (4-5)

Dernière sélection : 17 octobre 1968 à Lyon, France - Espagne (1-3)

Club : 1960-1968 : AS Saint-Étienne (23 sélections)

Bilan : 7 victoires, 7 nuls, 9 défaites

La cascade de forfaits qui accablent l'équipe de France (Fontaine, Kopa, Piantoni, Kaelbel, Grillet, Remetter, Colonna...) oblige Georges Verriest à innover au moment de disputer la première phase finale du championnat d'Europe des nations, qui se déroule en France. Séduit par le jeune Stéphanois Robert Herbin, polyvalent, travailleur, excellent de la tête, il décide de le lancer contre la Yougoslavie en demi-finale, associé en défense centrale à Jean-Jacques Marcel. Mais la France explose en seconde mi-temps face à Milan Galić, Drazen Jerković et Dragoslav Sekularac, et Herbin est renvoyé à Saint-Étienne parfaire sa formation. Il en revient en 1962, une fois, sans plus de réussite. Les Verts passant la saison 1962-63 en D2, ce n'est que l'année suivante que Robert Herbin parvient à s'inscrire durablement en équipe de France, en livrant, en milieu de terrain, des prestations convaincantes. En 1964, Henri Guérin en fait son capitaine pour le match à Belgrade face à la Yougoslavie comptant pour les éliminatoires du Mondial 1966. Malgré son forfait pour le match retour, qui qualifie la France pour la Coupe du monde, Robert Herbin a montré ses qualités, buteur, passeur et meneur d'hommes, même si Marcel Artelesa hérite finalement des galons de capitaine. En Angleterre, Herbin blessé est forfait pour le deuxième match, perdu contre l'Uruguay et qui oblige les Tricolores à un exploit au troisième match, qu'ils ne peuvent réaliser à Wembley face à l'Angleterre (0-2). Herbin est blessé volontairement par le méchant Nobby Stiles et doit jouer en position haute pour limiter ses courses. Écarté un temps de l'équipe de France ensuite, il retrouve sa place et le brassard de capitaine à l'automne 1967, quand débute à ses côtés le jeune prodige nantais Henri Michel. Herbin marque le premier but français d'une belle victoire 4-1 face à la Pologne à Varsovie. Louis Dugauguez mise sur lui pour les quarts de finale de l'Euro 1968. Mais à nouveau blessé, au genou, Herbin ne peut pas jouer le match retour contre la Yougoslavie. Il dispute un seul match ensuite, victime de nouvelles blessures, et s'efface avec le départ de Dugauguez à la fin de l'année. À l'arrêt de sa carrière en 1972, Robert Herbin deviendra l'entraîneur de Saint-Étienne, qui dominera le championnat de France pendant trois ans et parviendra jusqu'en finale de la Coupe d'Europe 1976.

Matches joués : 1960 1 match sur 10 ▪ **1961** - ▪ **1962** 1 match sur 5 ▪ **1963** 6 matches sur 8 ▪ **1964** 3 matches sur 5 ▪ **1965** 3 matches sur 6 ▪ **1966** 5 matches sur 10 ▪ **1967** 2 matches sur 6 ▪ **1968** 2 matches sur 5 | **Buts : 1963** 1 ▪ **1967** 2 | **Titulaire :** 23 fois sur 23 | **Resté sur le banc :** 3 fois | **Capitaine :** 5 fois (12e-14e, 20e, 21e) | **Championnat d'Europe 1960 :** 1 match sur 2 | **Coupe du monde 1966 :** 2 matches sur 3 | **Sélectionneurs :** Verriest 6 fois, Guérin 13 fois, Dugauguez 4 fois

Michel Stievenard

Attaquant
2 sélections

Né le 21 septembre 1937 à Waziers (Nord)

Première sélection : 6 juillet 1960 à Paris, France - Yougoslavie (4-5)

Dernière sélection : 9 juillet 1960 à Marseille, France - Tchécoslovaquie (0-2)

Dernière présélection : 23 mai 1964 à Budapest, Hongrie - France (2-1)

Clubs : 1959-1961 : RC Lens (2 sélections) ▪ 1961-1966 : SCO Angers (0 sélection)

Bilan : 2 défaites

La pénurie d'attaquants pour disputer la phase finale de l'Euro 1960 oblige Georges Verriest à sélectionner le jeune attaquant lensois Michel Stievenard. Il l'associe à Maryan Wisnieski son habituel partenaire en club pour la demi-finale contre la Yougoslavie. Un sacré baptême du feu face aux Tchécoslovaques pour le match de la troisième place, à Marseille. Mais ensuite Stievenard disparaît de toutes les listes. Parti à Angers à l'été 1961, ce n'est que pour le match retour du quart de finale du championnat d'Europe 1964 que Verriest fait appel de nouveau à lui. Mais au Nepstadion, il reste sur le banc des remplaçants et après il ne revient qu'une fois, pour un match d'entraînement en février 1966, contre Bordeaux, qui se révèle insuffisant pour aller disputer la Coupe du monde.

Matches joués : 1960 2 matches sur 10 ▪ **1961** - ▪ **1962** - ▪ **1963** - ▪ **1964** - | **Titulaire :** 2 fois sur 2 | **Resté sur le banc :** 1 fois | **Championnat d'Europe 1960 :** 2 matches sur 2 | **Sélectionneur :** Verriest 2 fois

Paul Sauvage

Attaquant
6 sélections

Né le 17 mars 1939 à La Souterraine (Creuse), décédé le 17 décembre 2019 (80 ans)

Première présélection : 6 juillet 1960 à Paris, France - Yougoslavie (4-5)

Première sélection : 15 mars 1961 à Paris, France - Belgique (1-1)

Dernière sélection : 18 avril 1965 à Belgrade, Yougoslavie - France (1-0)

Clubs : 1959-1964 : Stade de Reims (5 sélections) ▪ 1964-1965 : US Valenciennes (1 sélection)

Bilan : 4 nuls, 2 défaites

Comme Michel Stievenard, Paul Sauvage est appelé en renfort pour l'Euro 1960. Mais ce n'est que huit mois plus tard qu'il est aligné, avec ses partenaires rémois Raymond Kopa et Roger Piantoni, comme ailier gauche. Cependant, il doit attendre l'automne 1962, alors qu'il a été sacré champion de France avec Reims, pour être vraiment incorporé à l'équipe de France. Mais après la saison 1962-1963, Paul Sauvage perd sa place et ne revient qu'en tant que remplaçant. Henri Guérin ne le sélectionne qu'une seule fois, pour le match aller contre la Yougoslavie à Belgrade, en éliminatoire de la Coupe du monde 1966, alors qu'il vient de quitter Reims pour Valenciennes avec qui il flambe en championnat. Mais une blessure au genou survient alors, lui enlevant tout espoir d'être convoqué pour la Coupe du monde en Angleterre.

Matches joués : 1960 - ▪ **1961** 1 match sur 7 ▪ **1962** 3 matches sur 5 ▪ **1963** 1 match sur 8 ▪ **1964** - ▪ **1965** 1 match sur 6 | **Titulaire :** 6 fois sur 6 | **Resté sur le banc :** 4 fois | **Championnat d'Europe 1960 :** 0 match sur 2 | **Sélectionneurs :** Verriest 5 fois, Guérin 1 fois

Jean Taillandier

Gardien de but
3 sélections

Né le 22 janvier 1938 à Auzances (Creuse)

Première présélection : 6 juillet 1960 à Paris, France - Yougoslavie (4-5)

Première sélection : 9 juillet 1960 à Marseille, France - Tchécoslovaquie (0-2)

Dernière sélection : 30 octobre 1960 à Solna, Suède - France (1-0)

Dernière présélection : 15 mars 1961 à Paris, France - Belgique (1-1)

Club : 1959-1962 : RC Paris (3 sélections)

Bilan : 1 nul, 2 défaites

Les forfaits de François Remetter et Dominique Colonna pour l'Euro 1960, ouvrent un espace de remplaçant dans les buts de l'équipe de France. C'est le jeune gardien parisien Jean Taillandier, successeur de René Vignal au Racing, qui est l'heureux élu. Après la prestation ratée de Georges Lamia en demi-finale face à la Yougoslavie, Taillandier passe du banc aux cages du stade Vélodrome de Marseille, quasiment désert, pour jouer la troisième place de l'Euro face à la Tchécoslovaquie. Il ne peut empêcher Vlastimil Bubnik (qui est aussi international de hockey sur glace !) et Ladislav Pavolič de marquer. Il reste dans la sélection ensuite, comme doublure de Colonna qu'il remplace contre la Pologne et la Suède quand celui-ci doit déclarer forfait. Mais l'arrivée de Pierre Bernard l'écarte ensuite définitivement.

Matches joués : 1960 3 matches sur 10 ▪ **1961** - | **Titulaire :** 3 fois sur 3 | **Resté sur le banc :** 4 fois | **Championnat d'Europe 1960 :** 1 match sur 2 | **Sélectionneur :** Verriest 3 fois

Henri Biancheri

Milieu de terrain
2 sélections

Né le 30 juillet 1932 à Marseille (Bouches-du-Rhône), décédé le 1er décembre 2019 (87 ans)

Première sélection : 25 septembre 1960 à Helsinki, Finlande -France (1-2)

Dernière sélection : 28 septembre 1960 à Varsovie, Pologne - France (2-2)

Club : 1960-1961 : AS Monaco (2 sélections)

Bilan : 1 victoire, 1 nul

Après l'échec de l'Euro 1960, l'équipe de France se cherche de nouveaux talents. Henri Biancheri, élégant demi monégasque, est appelé pour la tournée finlando-polonaise de l'automne. Mais il a déjà 28 ans et ne représente pas l'avenir, il n'est donc pas revu malgré ses titres de champion de France 1961 et 1963. Il deviendra par la suite le directeur sportif de l'AS Monaco durant de longues années.

Matches joués : 1960 2 matches sur 10 | **Titulaire :** 2 fois sur 2 | **Sélectionneur :** Verriest 2 fois

Maxime Fulgenzi

Attaquant
1 sélection

Né le 26 juin 1934 à Monthermé (Ardennes)

Première présélection : 30 octobre 1960 à Solna, Suède - France (1-0)

Unique sélection : 12 novembre 1961 à Sofia, Bulgarie - France (1-0)

Dernière présélection : 3 juin 1965 à Paris, France - Argentine (0-0)

Club : 1960-1965 : US Sedan (1 sélection)

Bilan : 1 défaite

Une fois remplaçant à l'automne 1960, Maxime Fulgenzi est rappelé comme tel contre l'Espagne l'année suivante, puis pour jouer cette fois, en Bulgarie. L'ailier gauche sedanais remplace alors le Nîmois Bernard Rahis, forfait. Fulgenzi a le malheur de se voir refuser un but pour hors-jeu, qui aurait sans doute qualifié la France pour le Mondial 1962... Non seulement il ne joue pas la Coupe du monde, mais il ne rejoue plus en équipe de France, malgré deux convocations, la dernière en 1965, le Strasbourgeois Gérard Hausser ayant alors la préférence d'Henri Guérin.

Match joué : 1960 - ▪ **1961** 1 match sur 7 ▪ **1962** - ▪ **1963** - ▪ **1964** - ▪ **1965** - | **Titulaire :** 1 fois sur 1 | **Resté sur le banc :** 4 fois | **Sélectionneur :** Verriest 1 fois

Lucien Cossou

Attaquant
6 sélections, 4 buts

Né le 29 janvier 1936 à Marseille (Bouches-du-Rhône)

Première sélection : 11 décembre 1960 à Colombes, France - Bulgarie (3-0)

Dernière sélection : 25 avril 1964 à Colombes, France - Hongrie (1-3)

Club : 1960-1964 : AS Monaco (3 sélections)

Bilan : 2 victoires, 4 défaites

Trois mois après Henri Biancheri, c'est l'ailier gauche monégasque Lucien Cossou, né comme lui à Marseille, qui est appelé en équipe de France, pour le dernier match de l'année, qui est aussi le dernier de Just Fontaine avant que le meilleur buteur de la Coupe du monde se blesse gravement. En fin de partie, Cossou marque le troisième but français, en reprenant un tir de Fontaine renvoyé par le poteau… Malgré ce signe du destin, Cossou n'est pas reconduit aux matches suivants. Sauvage et Rahis, puis Faivre, Fulgenzi, Van Sam, Rambert et Robushi sont tour à tour essayés à son poste, avant qu'il revienne enfin, en février 1963, pour la venue au Parc de l'Angleterre dans le cadre des éliminatoires de l'Euro 1964. Associé à son partenaire de club Yvon Douis, Lucien Cossou fait un malheur : il marque les 3e et 5e buts français et gagne cette fois le droit de rester dans l'équipe, d'autant qu'il termine la saison avec 28 buts dans le championnat que l'ASM remporte. Mais le Rouennais Jean-Louis Buron le remplace à l'automne suivant et Cossou ne joue plus qu'une fois, lors du quart de final aller de l'Euro 1964, contre la Hongrie. Il est le seul buteur français à Colombes mais la défaite des Tricolores (1-3) marque la fin de sa carrière internationale.

Matches joués : 1960 1 match sur 10 ▪ **1961** - ▪ **1962** - ▪ **1963** 4 matches sur 8 ▪ **1964** 1 match sur 5 | **Buts : 1960** 1 ▪ **1963** 2 ▪ **1964** 1 | **Titulaire :** 6 fois sur 6 | **Sélectionneur :** Verriest 6 fois

Julien Stopyra

Attaquant, 1 sélection

Né le 10 janvier 1933 à Montceau-les-Mines (Saône-et-Loire), décédé le 25 janvier 2015 (82 ans)

Unique sélection : 12 décembre 1960 à Bâle, Suisse - France (6-2)

Club : 1960-1961 : AS Troyes (1 sélection)

Bilan : 1 défaite

Après Flamion et Ben Tiffour, Julien Stopyra est le troisième troyen sélectionné en équipe de France, et à ce jour le dernier… À 27 ans, le cousin d'Antoine Cuissard vient pallier en milieu de terrain le forfait de Raymond Kopa. Hélas pour lui, c'est une vraie débandade à Bâle. Face aux Suisses, les Français qui ouvrent pourtant le score, sur un centre de Stopyra pour son beau-frère Yvon Goujon, s'inclinent 6-2 et Stopyra ne sera jamais rappelé. Son fils Yannick sera plus heureux, en alignant 33 sélections comme attaquant dans les années 1980.

Match joué : 1960 1 match sur 10 | **Titulaire :** 1 fois sur 1 | **Sélectionneur :** Verriest 1 fois

Robert Devis

Gardien de but, 0 sélection

Né le 2 mai 1933 à Bazouges (Ille-et-Vilaine), décédé le 10 décembre 2014 (81 ans)

Unique présélection : 11 décembre 1960 à Colombes, France - Bulgarie (3-0)

Club : 1960-1961 : SCO Angers

Jean Taillandier étant indisponible, le gardien de but angevin est choisi pour être la doublure de Pierre Bernard contre la Bulgarie en match éliminatoire de la Coupe du monde 1962. Le Breton du SCO reste sur le banc de touche comme prévu et sa place de remplaçant reviendra ensuite à Taillandier et Colonna.

Resté sur le banc : 1 fois

1961

10 nouveaux joueurs
7 matches

15 mars : France - Belgique 1-1
2 avril : Espagne - France 2-0
28 sept : France - Finlande 5-1 (QCM)
18 octobre : Belgique - France 3-0
12 nov : Bulgarie - France 1-0 (QCM)
10 décembre : France - Espagne 1-1
16 décembre : Bulgarie - France 1-0 (QCM)

Bernard Lelong

Défenseur, 0 sélection

Né le 18 juin 1929 au Petit-Quevilly (Seine-Maritime), décédé le 4 janvier 2015 (85 ans)

Unique présélection : 15 mars 1961 à Paris, France - Belgique (1-1)

Club : 1960-1961 : RC Paris

Convié à 31 ans pour le premier match de l'année avec ses collègues parisiens Guy Sénac, Bruno Bollini, Jean-Jacques Marcel et Jean Taillandier, comme ce dernier, le défenseur normand reste sur le banc des remplaçants au Parc, et ne revient pas. Mais il restera un pilier de son club jusqu'en 1964.

Resté sur le banc : 1 fois

Serge Roy

Attaquant, 1 sélection

Né le 9 novembre 1932 à Beaune (Côte-d'Or)

Unique sélection : 2 avril 1961 à Madrid, Espagne - France (2-0)

Club : 1960-1961 : AS Monaco (1 sélection)

Bilan : 1 défaite

Partenaire en attaque de Lucien Cossou dans l'équipe monégasque que dirige l'ancien international des années 1940 Lucien Leduc, Serge Roy est sélectionné pour jouer au stade Chamartin, en amical, face à l'Espagne. Mais Raymond Kopa rapidement blessé, la France s'incline 2-0 et Roy n'est pas rappelé.

Match joué : 1961 1 match sur 7 | **Titulaire :** 1 fois sur 1 | **Sélectionneur :** Verriest 1 fois

François Ludo

Milieu de terrain, 1 sélection

Né le 4 mars 1930 à Rouvroy-sous-Lens (Pas-de-Calais), décédé le 29 juin 1992 (62 ans)

Unique sélection : 2 avril 1961 à Madrid, Espagne - France (2-0)

Dernière apparition : 28 septembre 1961 à Paris, France - Finlande (5-1)

Club : 1960-1961 : AS Monaco (1 sélection)

Bilan : 1 défaite

Comme son coéquipier Serge Roy, le demi-centre monégasque d'origine polonaise François Ludwvikowski, dit Ludo par facilité, débute face à l'attaque espagnole, forte de Di Stefano, Gento et Kubala, qui s'impose 2-0. Cet ancien Lensois, sacré champion de France 1962 avec l'ASM en fin de saison, reste dans la sélection au match suivant, mais ne joue pas et ne revient plus ensuite.

Match joué : 1961 1 match sur 7 | **Titulaire :** 1 fois sur 1 | **Resté sur le banc :** 1 fois | **Sélectionneur :** Verriest 1 fois

Jacques Faivre

Attaquant
2 sélections, 2 buts

Né le 23 novembre 1932 à Bourg-en-Bresse (Ain), décédé le 13 août 2020 (87 ans)

Première sélection : 28 septembre 1961 à Paris, France - Finlande (5-1)

Dernière sélection : 18 octobre 1961 à Bruxelles, Belgique - France (3-0)

Club : 1961-1962 : AS Saint-Étienne (2 sélections)

Bilan : 1 victoire, 1 défaite

Ailier gauche réputé à Sochaux, Nice et Rennes, bien qu'handicapé par des blessures, Jacques Faivre décroche enfin la sélection à 28 ans alors qu'il évolue à Saint-Étienne. Début septembre, il a participé au match non officiel de l'équipe de France contre le Servette de Genève (6-0) et a marqué trois fois à partir d'un poste où les candidats défilent depuis que Jean Vincent est passé milieu de terrain. Après Cossou, Sauvage et Rahis, c'est donc à son tour. Faivre profite de la modeste adversité pour marquer deux fois, le premier et troisième des cinq buts que les Français passent aux Finlandais au Parc en match de qualification pour le Mondial 1962. Il reste donc dans l'équipe pour la rencontre suivante, en Belgique. Mais la nette défaite au Heysel (3-0) sonne déjà le glas de sa carrière internationale.

Matches joués : 1961 2 matches sur 7 | **Buts : 1961** 2 | **Titulaire :** 2 fois sur 2 | **Sélectionneur :** Verriest 2 fois

Fleury Di Nallo

Attaquant
10 sélections, 8 buts

Né le 20 avril 1943 à Lyon (Rhône)

Première apparition : 28 septembre 1961 à Paris, France - Finlande (5-1)

Première sélection : 11 novembre 1962 à Colombes, France - Hongrie (2-3)

Dernière sélection : 24 avril 1971 à Budapest, Hongrie - France (1-1)

Club : 1961-1971 : Olympique Lyonnais (10 sélections)

Bilan : 2 victoires, 3 nuls, 5 défaites

Le brillant lutin de l'attaque lyonnaise ne passe pas inaperçu. Il n'a que 18 ans et Georges Verriest l'incorpore déjà à sa sélection, à l'automne 1961. Mais Fleury Di Nallo reste sur le banc de touche et repart faire ses classes en équipe Espoirs. Il n'entre en jeu que l'année suivante, pour un match qui s'avère être le dernier de Raymond Kopa. Si à Colombes les Hongrois de Lajos Tichy, une des vedettes du Mondial 1962 au Chili, s'imposent 3-2, les deux buts français sont inscrits par Di Nallo. Remplaçant en février, le Lyonnais est titulaire au mois d'avril, quand c'est le Brésil qui vient s'imposer sur le même score à Colombes. Di Nallo, pour sa deuxième sélection, marque le deuxième but français, juste avant que Pelé signe son « hat-trick »... Attaquant vif et adroit mais de petite taille, Di Nallo ne retrouve la sélection qu'un an plus tard en compagnie de ses deux complices franco-argentins de l'OL, Nestor Combin et Angel Rambert, pour le match retour des quarts de finale de l'Euro 1964, en Hongrie. Dans une équipe de France à nouveau battue (2-1), Di Nallo ne fait décidément que passer, il joue même contre elle dans un match d'entraînement, équipe A contre Espoirs, où il marque le but des jeunes battus 2-1 en décembre 1964 au Parc. Mais Di Nallo ne va pas à la Coupe du monde 1966 alors qu'il est pourtant l'idole de Gerland. Il ne la retrouve qu'après ce Mondial raté, en qualification pour l'Euro 1968. Il marque contre la Pologne le premier but de la victoire française (2-1). Il dispute le match retour à Varsovie (4-1) où il marque deux fois et donne un but à André Guy, son partenaire de l'OL. Di Nallo en est à six buts en six sélections et peut enfin s'installer en équipe de France, à 24 ans. Au printemps 1968, la France se fait éliminer du championnat d'Europe, une nouvelle fois en quart de finale, par la Yougoslavie (1-1, 1-5). Di Nallo marque les deux buts français, à Marseille puis à Belgrade où la France a sombré. Gravement blessé en septembre suivant, au cours d'un match de championnat contre le Red Star, Di Nallo sort de l'équipe pour de longs mois. Il n'y revient qu'une fois, appelé par Georges Boulogne, son cinquième sélectionneur, trois ans plus tard, pour jouer à nouveau en qualification pour l'Euro 1972, en Hongrie. Mais, blessé au bout de vingt-cinq minutes, il doit quitter le terrain et la sélection définitivement, après dix ans d'une carrière internationale en pointillé.

Matches joués : 1961 - ▪ **1962** 1 match sur 5 ▪ **1963** 1 match sur 8 ▪ **1964** 1 match sur 5 ▪ **1965** - ▪ **1966** 1 match sur 10 ▪ **1967** 3 matches sur 6 ▪ **1968** 2 matches sur 5 ▪ **1969** - ▪ **1970** - ▪ **1971** 1 match sur 8 | **Buts : 1962** 2 ▪ **1963** 1 ▪ **1966** 1 ▪ **1967** 2 ▪ **1968** 2 | **Titulaire :** 10 fois sur 10 | **Resté sur le banc :** 2 fois | **Sélectionneurs :** Verriest 2 fois, Guérin 1 fois, Snella-Arribas 1 fois, Dugauguez 5 fois, Boulogne 1 fois

Fleury Di Nallo

Casimir Koza

Attaquant, 1 sélection

Né le 27 janvier 1935 à Fouquières-lès-Lens (Pas-de-Calais), décédé le 30 novembre 2010 (75 ans)

Première présélection : 28 septembre 1961 à Paris, France - Finlande (5-1)

Unique sélection : 11 avril 1962 à Paris, France-Pologne (1-3)

Club : 1961-1962 : RC Strasbourg (1 sélection)

Bilan : 1 défaite

Comme Fleury Di Nallo, l'avant-centre strasbourgeois Casimir Koza (Kozakiewicz de son nom d'origine polonaise) reste sur le banc des remplaçants du Parc pour le match de qualification à la Coupe du monde 1962 face à la Finlande. Il n'est rappelé que six mois plus tard, une fois la France éliminée par la Bulgarie, pour le match amical contre la Pologne, le pays de ses parents. Mais il ne peut jouer que les vingt premières minutes au Parc, car blessé il doit laisser sa place au Stéphanois Roland Guillas. Pour tous les deux, c'est la dernière apparition sous le maillot bleu.

Match joué : 1962 1 match sur 7 | **Titulaire :** 1 fois sur 1 | **Resté sur le banc :** 1 fois | **Sélectionneur :** Verriest 1 fois

Guy Van Sam

Guy Van Sam

Attaquant
3 sélections

Né le 20 décembre 1935 à Beyrouth (Liban)

Première sélection : 18 octobre 1961 à Bruxelles, Belgique - France (3-0)

Dernière sélection : 16 décembre 1961 à Milan, France - Bulgarie (0-1)

Club : 1961-1962 : RC Paris (3 sélections)

Bilan : 1 nul, 2 défaites

Inter gauche du Racing, Guy Van Sam, d'origine eurasienne, débute au Heysel en soutient de la paire Wisnieski-Faivre, aux côtés de Raymond Kopa et Jean Vincent, dont c'est le dernier match. Ce n'est pas une réussite mais il reste dans le groupe de Georges Verriest qui cherche à se qualifier pour le Mondial 1962 du Chili. Van Sam joue ainsi au poste d'ailier gauche le match d'appui contre la Bulgarie Milan. Mais la défaite de la France, 1-0 à San Siro, met un terme à sa carrière internationale, comme pour Henri Skiba et François Heutte. Van San est alors le dernier international du Racing pendant vingt-quatre ans, jusqu'à Maxime Bossis en 1985.

Matches joués : 1961 3 matches sur 7 | **Titulaire :** 3 fois sur 3 | **Sélectionneur :** Verriest 3 fois

Mahi Khennane

Attaquant
2 sélections

Né le 21 octobre 1936 à Mascara (Algérie française)

Première sélection : 18 octobre 1961 Bruxelles, Belgique - France (3-0)

Dernière sélection : 12 novembre 1961 à Sofia, Bulgarie - France (1-0)

Club : 1961-1962 : Stade Rennais (2 sélections)

Bilan : 2 défaites

Testé avec succès contre le Servette de Genève début septembre, au Parc, où il a marqué le quatrième des six buts français (6-0), le puissant avant-centre rennais débute en équipe de France en même temps que Guy Van Sam, dans un rôle commun de soutien aux attaquants Faivre et Wisnieski. Mais comme le Parisien, il n'est pas à son aise face aux Belges. Mahi Khennane est aligné lors du match suivant, décisif contre la Bulgarie à Sofia, comme meneur de jeu cette fois après le forfait de Raymond Kopa. Mais la France se voit refuser un but valable et un autre hors-jeu accordé aux Bulgares à la dernière minute... Elle doit donc disputer un match d'appui qui lui est fatal, mais que Mahi ne dispute pas. Quelques années plus tard, il répondra favorablement aux sollicitations de l'équipe d'Algérie et jouera trois fois sous son maillot (1963-64), tout en restant joueur en France, à Toulouse puis Nîmes.

Matches joués : 1961 2 matches sur 7 | **Titulaire :** 2 fois sur 2 | **Sélectionneur :** Verriest 2 fois

Maryan Synakowski

Défenseur, 13 sélections

Né le 14 mars 1936 à Calonne-Ricouart (Pas-de-Calais), décédé le 25 janvier 2021 (84 ans)

Première apparition : 18 octobre 1961 à Bruxelles, Belgique - France (3-0)

Première sélection : 12 novembre 1961 à Sofia, Bulgarie - France (1-0)

Dernière sélection : 15 septembre 1965 à Oslo, Norvège - France (0-1)

Clubs : 1961-1963 : US Sedan (11 sélections) ▪ 1963-1965 : Stade Français (1 sélection) ▪ 1965-1966 : Union Saint-Gilloise (1 sélection)

Bilan : 2 victoires, 5 nuls, 6 défaites

Ce nouveau joueur d'origine polonaise préfère se faire appeler par son prénom que changer de nom : Maryan Synakowski est un demi-centre au souffle inépuisable, pilier de Sedan qui remporte la Coupe de France 1961. Il débute avec une amère défaite en Bulgarie (l'arbitre sera radié ensuite…) qui oblige la France à un match d'appui qui lui est fatal à Milan, une semaine avant Noël. Maryan résiste à cette déception et reste titulaire pendant deux ans, jusqu'à la fin de la saison 1962-63. Henri Guérin le rappelle au printemps 1965 puis à l'automne suivant, mais il ne fait pas partie de l'équipe qui se qualifie pour la Coupe du monde 1966 et ne va pas donc en Angleterre.

Matches joués : 1961 3 matches sur 7 ▪ **1962** 4 matches sur 5 ▪ **1963** 4 matches sur 8 ▪ **1964** - ▪ **1965** 2 matches sur 6 | **Titulaire :** 13 fois sur 13 | **Resté sur le banc :** 1 fois | **Sélectionneurs :** Verriest 11 fois, Guérin 2 fois

Pierre Barlaguet

Milieu de terrain
0 sélection

Né le 18 octobre 1931 à Calvisson (Gard), décédé le 16 octobre 2018 (86 ans)

Unique apparition : 12 novembre 1961 à Sofia, Bulgarie - France (1-0)

Club : 1961-1962 : Nîmes Olympique

Le Gardois Pierre Barlaguet a tout juste 20 ans quand il est convié à rejoindre l'équipe de France qui s'envole pour la Bulgarie avec l'espoir d'y décrocher sa qualification pour le Mondial 1962 qui se déroulera au Chili. Hélas, la France est battue in extremis, et Barlaguet n'est jamais plus appelé.

Resté sur le banc : 1 fois

1962

10 nouveaux joueurs
5 matches

11 avril : France - Pologne 1-3
5 mai : Italie - France 2-1
3 octobre : Angleterre - France 1-1 (CE)
24 octobre : Allemagne - France 2-2
11 novembre : France - Hongrie 2-3

Angel Rambert

Attaquant
5 sélections, 1 but

Né le 12 juin 1936 à Buenos Aires (Argentine), décédé le 25 octobre 1983 (47 ans)

Première sélection : 11 avril 1962 à Paris, France - Pologne (1-3)

Dernière sélection : 2 décembre 1964 à Bruxelles, Belgique - France (3-0)

Club : 1961-1965 : Olympique Lyonnais (5 sélections)

Bilan : 2 victoires, 3 défaites

Il est Argentin, il joue à Lyon depuis deux ans et il y brille, alors que la France semble manquer de talents en attaque. Naturalisé français, Angel Rambert est appelé aussitôt par Georges Verriest, pour un match amical contre la Pologne. Essai peu concluant, Rambert reste à l'OL pour la suite de la saison. Il ne revient que pour une mission désespérée, qualifier la France à l'Euro 1964 en quart de finale retour en Hongrie alors qu'elle a été battue par les Hongrois 3-1 à Colombes... Bien qu'entouré de deux autres Lyonnais, Di Nallo et Combin, Rambert ne fait pas de miracle. Mais Henri Guérin, qui succède alors à Verriest, le conserve dans son équipe jusqu'à la fin de l'année 1964. Rambert marque au passage le seul but français en amical contre la Norvège au Parc, de la tête. Mais il ne revient plus ensuite, se consacrant définitivement à l'OL jusqu'en 1970. Son fils, Sebastián, né en Argentine après sa carrière française, sera, lui, international argentin dans les années 1990.

Matches joués : 1962 1 match sur 5 ▪ **1963** - ▪ **1964** 4 matches sur 5 | **But : 1964** 1 | **Titulaire :** 5 fois sur 5 | **Sélectionneurs :** Verriest 2 fois, Guérin 3 fois

Hector De Bourgoing

Attaquant
3 sélections, 2 buts

Né le 23 juillet 1934 à Posadas (Argentine), décédé le 14 janvier 1993 (58 ans)

Première sélection : 11 avril 1962 à Paris, France - Pologne (1-3)

Dernière sélection : 15 juillet 1966 à Londres, France - Uruguay (1-2)

Dernière présélection : 20 juillet 1966 à Wembley, Angleterre - France (2-0)

Clubs : 1961-1964 : OGC Nice (2 sélections) ▪ 1964-1966 : Girondins de Bordeaux (1 sélection)

Bilan : 3 défaites

Comme Angel Rambert, Hector De Bourgoing est un attaquant argentin qui brille en championnat de France. Arrivé à Nice en provenance de River Plate en 1959, c'est un ailier droit puissant et un buteur régulier. Contrairement à Rambert, il a été international argentin, cinq fois, de 1956 à 1957, ce qui n'empêche pas encore un joueur de changer de nationalité sportive une fois naturalisé (comme avant lui les Uruguayens Cazenave, Ithurbide et Duhart dans les années 1930), mais la Fifa réclame désormais trois ans de présence dans le nouveau pays. De fait, De Bourgoing avait déjà été sélectionné par Georges Verriest en 1960, avant le match retour contre la Bulgarie, mais la FFF avait reculé au dernier moment devant le risque de se faire sanctionner en le faisant jouer alors qu'il ne parlait pas encore un mot de français bien qu'ayant été rapidement naturalisé sur ses origines françaises... Ce n'est donc qu'au printemps 1962 que De Bourgoing est aligné, et il marque contre la Pologne le seul but français, sur une passe de Kopa. Contrairement encore à Rambert, De Bourgoing reste dans l'équipe au match suivant. Avant de disparaître des listes des sélectionnés pendant quatre ans. Jusqu'en 1966, quand à l'approche de la Coupe du monde, on se penche à nouveau sur son cas car il vient de marquer 21 buts en championnat pour Bordeaux, un de plus qu'en 1961 et 1963 quand il jouait à Nice... Il est présélectionné, à 32 ans, pour le dernier match de préparation de la France, à Moscou contre l'URSS, mais il déclare forfait sur blessure. Cela ne l'empêche pas d'être présent dans la liste des 22 pour aller en Angleterre. Remplaçant contre le Mexique, Hector De Bourgoing est titulaire face à l'Uruguay. Il joue en second avant-centre aux côtés de Philippe Gondet et il ouvre le score, sur penalty, après une faute sur Herbet. Joie de courte durée car l'Uruguay égalise vite et l'emporte 2-1. Cette fois De Bourgoing ne rejouera plus avec la France, se consacrant jusqu'en 1970 à Bordeaux qu'il avait rejoint en 1964.

Matches joués : 1962 2 matches sur 5 ▪ **1963** - ▪ **1964** - ▪ **1965** - ▪ **1966** 1 match sur 10 | **Buts : 1962** 1 ▪ **1966** 1 | **Titulaire :** 3 fois sur 3 | **Resté sur le banc :** 2 fois | **Coupe du monde 1966 :** 1 match sur 3 | **Sélectionneurs :** Verriest 2 fois, Guérin 1 fois

Théodore Szkudlapski (Théo)

Attaquant, 2 sélections

Né le 17 novembre 1935 à Avion (Pas-de-Calais), décédé le 7 avril 2006 (70 ans)

Première sélection : 11 avril 1962 à Paris, France - Pologne (1-3)

Dernière sélection : 29 septembre 1963 à Sofia, Bulgarie - France (1-0)

Club : 1961-1964 : AS Monaco (2 sélections)

Bilan : 2 défaites

Théo Szkudlapski

Inter gauche monégasque, d'origine polonaise lui aussi, Théodore Szkudlapski se fait appeler Théo par commodité en championnat de France. Il a été champion du monde militaire avec l'équipe de France en 1957, en compagnie de Douis, Cossou, Biancheri, Hidalgo, Wendling, Siatka... Dribbleur et gaucher, il déroute souvent ses adversaires. Positionné comme relayeur contre la Pologne, la défaite française l'éloigne de la sélection. Il y revient en Bulgarie, un an et demi plus tard, mais toujours sans convaincre, malgré la présence à ses côtés de deux autres Monégasques, Douis et Cossou. Jugé trop peu rapide, on ne le revoit plus ensuite, alors il se contentera de faire le bonheur de Monaco jusqu'en 1967 après avoir été deux fois champion de France, en 1961 et 1963.

Matches joués : 1962 1 match sur 5 ▪ **1963** 1 match sur 8 | **Titulaire :** 2 fois sur 2 | **Sélectionneur :** Verriest 2 fois

Bruno Ferrero

Gardien de but, 1 sélection

Né le 24 novembre 1933 à Tressange (Moselle)

Première présélection : 11 avril 1962 à Paris, France - Pologne (1-3)

Unique sélection : 5 mai 1962 à Florence, Italie - France (2-1)

Club : 1961-1962 : FC Nancy (1 sélection)

Bilan : 1 défaite

Suppléant de Pierre Bernard contre la Pologne, Bruno Ferrero inverse les rôles au match suivant, à Florence en match amical contre les Italiens. La France mène 1-0, mais José Altafini, l'avant-centre brésilien du Milan AC qui vient d'être naturalisé italien, en vue du Mondial 1962, marque deux fois en quatre minutes après la pause, et la carrière de Ferrero s'arrêtera là.

Match joué : 1962 1 match sur 5 | **Titulaire :** 1 fois sur 1 | **Resté sur le banc :** 1 fois | **Sélectionneur :** Verriest 1 fois

Laurent Robuschi

Attaquant
5 sélections

Né le 5 octobre 1935 à Nice (Alpes-Maritimes)

Première sélection : 5 mai 1962 à Florence, Italie - France (2-1)

Dernière sélection : 26 novembre 1966 à Luxembourg, Luxembourg - France (0-3)

Club : 1961-1967 : Girondins de Bordeaux (5 sélections)

Bilan : 1 victoire, 2 nuls, 2 défaites

Le match amical à Florence contre l'Italie, le dernier de la saison 1961-62, est l'occasion de nombreux essais. Parmi ceux-ci, l'attaquant bordelais Laurent Robuschi. La prestation de cet ailier gauche trapu et teigneux est suffisamment convaincante pour que Georges Verriest le conserve à l'automne suivant pour le match éliminatoire de l'Euro 1964, en Angleterre. Puis en Allemagne pour un match amical à Stuttgart. Robuschi passe ensuite sur le banc contre la Hongrie et au match retour contre l'Angleterre, avant de disparaître des listes. Il y revient en septembre 1963, en Bulgarie, avant de s'effacer pour de bon durant trois ans. Comme Hector De Bourgoing, qui l'a rejoint à Bordeaux, Laurent Robuschi refait surface l'année de la Coupe du monde en Angleterre, alors qu'il termine vice-champion de France avec les Girondins et qu'il marque un but contre l'équipe de France lors d'un match d'entraînement en février avec son club... Il est appelé par Henri Guérin pour le dernier match de préparation, à Moscou contre l'URSS et, s'il n'entre pas en jeu, il fait partie des 22 pour le Mondial. Bien que n'ayant pas joué en Angleterre, le Bordelais est convoqué par le duo Sella-Arribas qui prend la suite de Guérin. Il joue contre le Luxembourg en qualification de l'Euro 1968, mais malgré une passe décisive à Hervé Revelli, on ne fait pas appel à lui ensuite.

Matches joués : 1962 3 matches sur 5 ▪ **1963** 1 match sur 8 ▪ **1964** - ▪ **1965** - ▪ **1966** 1 match sur 10 | **Titulaire :** 5 fois sur 5 | **Resté sur le banc :** 7 fois | **Coupe du monde 1966 :** 0 match sur 3 | **Sélectionneurs :** Verriest 4 fois, Guérin 0 fois, Snella-Arribas 1 fois

Jean-Claude Piumi

Défenseur
4 sélections, 1 but

Né le 27 mai 1940 à Giraumont (Meurthe-et-Moselle), décédé le 24 mars 1996 (55 ans)

Première sélection : 5 mai 1962 à Florence, Italie - France (2-1)

Dernière sélection : 3 juin 1967 à Paris, France - URSS (2-4)

Club : 1961-1967 : US Valenciennes (4 sélections)

Bilan : 1 nul, 3 défaites

Le défenseur valenciennois, qui évolue alors en D2 mais qui va monter en D1, fait partie avec Ferrero et Robuschi des nouveaux joueurs titularisés par Georges Verriest en Italie où il est aligné comme demi défensif. Sur une passe de Raymond Kopa, Jean-Claude Piumi ouvre le score au Stadio Comunale de Florence en battant le gardien de l'Inter, Lorenzo Buffon (grand-oncle de Gianluigi). Piumi est encore dans le groupe en octobre pour le match en Angleterre, mais comme remplaçant. Il ne sort du banc qu'en novembre 1963, au Parc face à la Suisse, avant de reprendre sa place sur la touche à de nombreuses reprises, comme durant la Coupe du monde en Angleterre. C'est Just Fontaine qui le fait enfin jouer, en 1967, pour les deux matches qu'il dirige. Jean-Claude Piumi évolue alors en défense centrale, mais les deux défaites, face à la Roumanie puis l'URSS, qui précipitent le départ de Fontaine sonnent aussi la fin de son étrange carrière internationale. Valenciennois jusqu'en 1970, il terminera sa carrière à Monaco. (2-1, 3-1)

Matches joués : 1962 1 match sur 5 ▪ **1963** 1 match sur 8 ▪ **1964** - ▪ **1965** - ▪ **1966** - ▪ **1967** 2 matches sur 6 | **But : 1962** 1 | **Titulaire :** 4 fois sur 4 | **Resté sur le banc :** 10 fois | **Coupe du monde 1966 :** 0 match sur 3 | **Sélectionneurs :** Verriest 2 fois, Guérin 0 fois, Snella-Arribas 0 fois, Fontaine 2 fois.

Michel Hidalgo

Milieu de terrain
1 sélection

Né le 22 mars 1933 à Leffrinckoucke (Nord), décédé le 26 mars 2020 (87 ans)

Unique sélection : 5 mai 1962 à Florence, Italie - France (2-1)

Club : 1961-1962 : AS Monaco (1 sélection)

Bilan : 1 défaite

Michel Hidalgo

Les Monégasques sont entrés en force en équipe de France avec Cossou, Douis, Biancheri, Ludo, Roy, ces derniers mois. C'est au tour de Michel Hidalgo d'être appelé. L'ancien Rémois, 29 ans, est toujours un demi élégant et technique, mais il n'est prévu que comme remplaçant à Florence pour le dernier match de la saison car au départ il était sélectionné en équipe de France « B » et a été appelé après les forfaits successifs de Robert Herbin, Jean-Jacques Marcel, François Heutte et Maryan Wisnieski... Georges Verriest décide de le faire entrer en milieu de terrain défensif après la pause, à la place de l'avant-centre angevin Stéphane Bruey, pour conserver le but d'avance inscrit par Piumi. Hélas, la France est vite rejointe puis dépassée au score avec le doublé de José Altafini (47e, 51e) et Michel Hidalgo ne sera jamais plus convoqué, se contentant de ses titres de champion de France 1961 et 1963. Mais il deviendra treize ans plus tard le sélectionneur des Bleus qu'il conduira magistralement jusqu'au titre de champion d'Europe en 1984.

Match joué : 1962 1 match sur 5 | **Titulaire :** 0 fois sur 1 | **Remplaçant :** 1 fois sur 1 (de Bruey) | **Sélectionneur :** Verriest 1 fois

Joseph Bonnel

Milieu de terrain
25 sélections, 1 but

Né le 4 janvier 1939 à Florensac (Hérault), décédé le 13 février 2018 (79 ans)

Première sélection : 3 octobre 1962 à Sheffield, Angleterre - France (1-1)

Dernière sélection : 12 mars 1969 Wembley, Angleterre - France (5-0)

Clubs : 1962-1967 : US Valenciennes (21 sélections) ▪ 1967-1969 : Olympique de Marseille (1 sélection)

Bilan : 5 victoires, 5 nuls, 15 défaites

À 23 ans, Joseph Bonnel est un Méridional exilé dans le Nord. Cela n'empêche pas le Valenciennois de réussir son entrée en équipe de France à l'occasion du match de qualification pour l'Euro 1964 en Angleterre. Avec Ferrier, Goujon et Kopa, il tient en échec les Anglais à Sheffield (1-1) puis les bat au Parc (2-5). L'élimination en quart de finale par la Hongrie (2-1, 3-1) ne lui fait pas perdre sa place alors que la sélection change de patron. Henri Guérin qui succède à Georges Verriest lui conserve sa confiance : Joseph Bonnel participe ainsi activement à la qualification pour le Mondial 1966 : c'est lui qui sert Philippe Gondet pour le but qui qualifie la France face à la Yougoslavie (0-1) en septembre 1965 au Parc. Bonnel est logiquement titulaire durant la Coupe du monde en Angleterre, associé à Herbin, Herbet et Simon en milieu de terrain. Mais ensuite, il perd sa place avec les changements de sélectionneurs. Just Fontaine n'en fait qu'un remplaçant lors des deux matches qu'il dirige, puis Louis Dugauguez, qui a pris la relève à l'été 1967, ne l'appelle pas. Par contre, Georges Boulogne, arrivé aux commandes en début d'année 1969, le convoque. Bonnel, qui a rejoint l'OM depuis un an et demi, est aligné à Wembley en amical face aux Anglais, comme à ses débuts. Mais la France sombre cette fois (5-0). À 30 ans, ce sera sa dernière sélection, même s'il continuera de jouer efficacement à Marseille jusqu'en 1973.

Matches joués : 1962 3 matches sur 5 ▪ **1963** 5 matches sur 8 ▪ **1964** 4 matches sur 5 ▪ **1965** 4 matches sur 6 ▪ **1966** 6 matches sur 10 ▪ **1967** 2 matches sur 6 ▪ **1968** - ▪ **1969** 1 match sur 5 | **But : 1966** 1 | **Titulaire :** 23 fois sur 25 | **Remplaçant :** 2 fois sur 25 (de Suaudeau, Gondet) | **Resté sur le banc :** 6 fois | **Coupe du monde 1966 :** 3 matches sur 3 | **Sélectionneurs :** Verriest 10 fois, Guérin 11 fois, Snella-Arribas 1 fois Fontaine 2 fois, Dugauguez 0 fois, Boulogne 1 fois.

Alain Jubert

Attaquant, 0 sélection

Né le 25 décembre 1936 à Ugny (Meurthe-et-Moselle), décédé le 20 septembre 2001 (64 ans)

Unique présélection : 3 octobre 1962 Sheffield, Angleterre - France (1-1)

Club : 1962-1963 : Stade Rennais

L'attaquant de Rennes, arrivé de Toulouse en début de saison, fait partie avec son camarade stadiste Yvon Goujon de l'expédition anglaise par laquelle débutent les qualifications pour l'Euro 1964. Réserviste à Hillsborough, le terrain de Sheffield Wednesday, Alain Jubert reste sur le banc de touche, et ne sera jamais convié à y revenir.

Resté sur le banc : 1 fois

Marcel Adamczyk

Défenseur, 1 sélection

Né le 5 janvier 1935 à Giraumont (Meurthe-et-Moselle)

Première présélection : 24 octobre 1962 à Stuttgart, Allemagne-France (2-2)

Unique sélection : 29 septembre 1963 à Sofia, Bulgarie - France (1-0)

Dernière présélection : 26 octobre 1963 à Paris, France - Bulgarie (3-1)

Clubs : 1961-1963 : FC Nancy (0 sélection) ▪ 1963-1964 : Lille OSC (1 sélection)

Bilan : 1 défaite

Après le gardien Bruno Ferrero en mai, un autre Nancéen est sélectionné en septembre, Marcel Adamczyk. Sur le banc en amical à Stuttgart puis à Barcelone, il est aligné dans un match d'entraînement contre le Standard de Liège au Parc (3-2). Puis titularisé à Sofia dans le cadre des qualifications pour l'Euro 1964. Devenu lillois durant l'été, Adamczyk ne peut empêcher l'attaquant de Plovdiv, Todor Diev, de marquer le but d'une nouvelle victoire bulgare sur la France (1-0). Et Georges Verriest lui préfère le Rémois Bruno Rodzik pour le match retour, qu'Adamczyk regarde du banc de touche à nouveau. Sa dernière apparition en équipe de France.

Match joué : 1962 - ▪ 1963 1 match sur 8 | **Titulaire :** 1 fois sur 1 | **Resté sur le banc :** 3 fois | **Sélectionneur :** Verriest 1 fois

1963

12 nouveaux joueurs
8 matches

9 janvier : Espagne - France 0-0
27 février : France - Angleterre 5-2 (CE)
17 avril : Pays-Bas - France 1-0
28 avril : France - Brésil 2-3
29 septembre : Bulgarie - France 1-0 (CE)
26 octobre : France - Bulgarie 3-1 (CE)
11 novembre : France - Suisse 2-2
25 décembre : France - Belgique 1-2

Serge Masnaghetti

Attaquant
2 sélections, 1 but

Né le 15 avril 1934 à Mancieulles (Meurthe-et-Moselle)

Première sélection : 9 janvier 1963 à Barcelone, Espagne - France (0-0)

Dernière sélection : 25 décembre 1963 à Paris, France - Belgique (1-2)

Club : 1962-1964 : US Valenciennes-Anzin (2 sélections)

Bilan : 1 nul, 1 défaite

Après Jean-Claude Piumi l'année précédente, un autre Valenciennois attire le sélectionneur : l'avant-centre Serge Masnaghetti qui marque but sur but et qui finira meilleur marqueur de la saison avec 35 réalisations, nouveau record pour un Français. Il débute au Camp Nou de Barcelone, face à l'Espagne en amical, entouré de Goujon et Sauvage, mais ne marque pas. Il n'est donc que remplaçant en Angleterre pour le début des qualifications à l'Euro 1964. Puis, sans être écarté, il ne rejoue qu'en fin d'année 1963, le... 25 décembre, pour un match amical contre la Belgique au Parc. Cette fois, Masnaghetti marque, à la réception d'un centre de Robert Herbin, le seul but français. Mais on ne le revoit pas, car il va bientôt avoir 30 ans, et des ennuis cardiaques le contraignent à mettre un terme à sa carrière en 1965.

Matches joués : 1963 2 matches sur 8 | **But : 1963** 1 | **Titulaire :** 2 fois sur 2 | **Resté sur le banc :** 3 fois | **Sélectionneur :** Verriest 2 fois

Georges Carnus

Gardien de but
36 sélections

Né le 13 août 1940 à Gignac-la-Nerthe (Bouches-du-Rhône)

Première présélection : 9 janvier 1963 Colombes, France - Espagne (0-0)

Première sélection : 28 avril 1963 à Colombes, France - Brésil (2-3)

Dernière sélection : 19 mai 1973 à Paris, France - Eire (1-1)

Dernière présélection : 26 mai 1973 à Moscou, URSS - France (2-0)

Clubs : 1962-1967 : Stade Français Paris (6 sélections) ▪ 1967-1971 : AS Saint-Étienne

(18 sélections) ▪ 1971-1973 : Olympique de Marseille (12 sélections)

Bilan : 14 victoires, 6 nuls, 16 défaites

Le gardien du Stade Français commence à faire parler de lui en championnat : Georges Carnus, un Méridional formé à Aix, affiche des réflexes étonnants sur sa ligne ce qui en fait un réel espoir du poste. Georges Verriest le sélectionne comme doublure du Nîmois Pierre Bernard en début d'année. Le forfait de ce dernier avant la venue du Brésil, pour la première fois en France, projette Carnus titulaire. Pour ses débuts, il est servi royalement : Pelé marque trois fois, dont une sur penalty, devant 50 000 personnes accourues à Colombes pour découvrir les doubles champions du monde. Carnus perd sur le coup sa place de doublure, au profit d'un autre Méridional, nettement plus exubérant, Marcel Aubour qui de match en match se retrouve titulaire pour la Coupe du monde 66, alors que Carnus, sélectionné également n'est que sur le banc des remplaçants. Ce n'est qu'après ce Mondial en Angleterre qu'il retrouve l'équipe de France. Le duo Snella-Arribas en fait son titulaire. Mais au bout de quatre matches, comme eux, il perd sa place, toujours au profit de Marcel Aubour, mais qui la perd à son tour en avril 68 quand l'équipe de France coule à pic dans le stade de l'Étoile Rouge face à la Yougoslavie (5-1). Louis Dugauguez mise dès lors sur Georges Carnus qui change de standing en rejoignant les Verts de Saint-Étienne. Dans cette équipe solide, il prend confiance et cette fois il s'impose avec les Tricolores. Même la défaite face à la Norvège en novembre 1968 et un nouveau naufrage français, à Wembley en mars 1969 (5-0), n'entament pas son crédit. Carnus dispute presque tous les matches jusqu'en 1972. Son transfert tumultueux à l'OM, en même temps que Bernard Bosquier en 1971, ne freine pas sa carrière internationale. Il bat même en novembre 1971 le record des 26 matches pour un gardien en équipe de France établi par François Remetter en 1959. Par contre, les mauvais résultats contre l'Irlande lors des éliminatoires du Mondial 74 (1-2, 1-1), si. Défaillant au Parc en concédant l'égalisation aux Irlandais, il n'est pas aligné une semaine plus tard à Moscou pour le match décisif face à l'URSS. C'est un nouveau Méridional qui prend sa place, Dominique Baratelli. À 32 ans, la brillante série du gardien s'arrête donc à 36 sélections, nouveau record, qui tiendra jusqu'en 1987 et Joël Bats. Carnus poursuivra sa carrière à l'OM jusqu'en 1974 et un grave accident de voiture qui coûtera la vie à son épouse et à leurs trois filles.

Matches joués : 1963 1 match sur 8 ▪ **1964** - ▪ **1965** - ▪ **1966** 4 matches sur 10 ▪ **1967** 1 matches sur 6 ▪ **1968** 3 matches sur 5 ▪ **1969** 4 matches sur 5 ▪ **1970** 7 matches sur 7 ▪ **1971** 8 matches sur 8 ▪ **1972** 6 matches sur 8 ▪ **1973** 2 matches sur 6 | **Titulaire :** 35 fois sur 36 | **Remplaçant :** 1 fois sur 36 (de Eon) | **Resté sur le banc :** 15 fois | **Coupe du monde 1966 :** 0 match sur 3 | **Sélectionneurs :** Guérin 1 fois, Snella-Arribas 4 fois, Fontaine 1 fois, Dugauguez 3 fois, Boulogne 27 fois

Aimé Gori

Milieu de terrain
0 sélection

Né le 4 avril 1936 à Serémange-Erzange (Moselle), décédé en 2002 (65 ans)

Première présélection : 9 janvier 1963 à Madrid, Espagne - France (0-0)

Dernière sélection : 4 octobre 1964 à Luxembourg, Luxembourg - France (0-2)

Clubs : 1962-1964 : Girondins de Bordeaux ▪ 1964-1965 : FC Rouen

Milieu relayeur, Aimé Gori est un joueur précieux à Bordeaux. Il accompagne son coéquipier André Chorda à Barcelone pour un match amical contre l'Espagne mais ne joue pas. Auteur de 22 buts à la fin de la saison 1962-63, il entre en jeu en septembre au Parc face au Standard de Liège, dans un match non officiel, pour remplacer Yvon Goujon, et marque un des trois buts de la victoire française (3-2). Il reste donc dans le groupe de l'équipe de France mais toujours sur le banc de touche : à Sofia, au Parc où à Luxembourg à l'occasion de ses trois autres « vraies » présélections.

Resté sur le banc : 4 fois

Paul Chillan

Attaquant
2 sélections

Né le 17 décembre 1935 à La Trinité (Martinique)

Première sélection : 17 avril 1963 à Rotterdam, Pays-Bas - France (1-0)

Dernière sélection : 28 avril 1963 à Colombes, France - Brésil (2-3)

Club : 1962-1963 : Nîmes Olympique (2 sélections)

Bilan : 2 défaites

L'ailier gauche nîmois Paul Chillan a un profil de dynamiteur de défense. Cet Antillais succède ainsi à son coéquipier Bernard Rahis en équipe de France. Impuissant dans la cuvette du Feyenoord pour ses débuts face aux Pays-Bas, il est mis sur le banc des remplaçants au match suivant. Il remplace Lucien Cossou en seconde mi-temps, face au Brésil du solide Djalma Santos, le double champion du monde, mais sans réussite. Et il n'est plus appelé ensuite, Georges Verriest lui préférant le Rouennais Jean-Louis Buron.

Matches joués : 1963 2 matches sur 8 | **Titulaire :** 1 fois sur 2 | **Remplaçant :** 1 fois sur 2 (de Cossou) | **Sélectionneur :** Verriest 2 fois

Marcel Aubour

Gardien de but
20 sélections

Né le 17 juin 1940 à Saint-Tropez (Var)

Première présélection : 28 avril 1963 à Colombes, France - Brésil (2-3)

Première sélection : 4 octobre 1964 à Luxembourg, Luxembourg - France (0-2)

Dernière sélection : 24 avril 1968 à Belgrade, Yougoslavie - France (5-1)

Dernière présélection : 8 avril 1972 à Bucarest, Roumanie - France (2-0)

Clubs : 1964-1966 : Olympique Lyonnais (14 sélections) ▪ 1966-1970 : OGC Nice (6 sélections) ▪ 1970-1972 : Stade Rennais (0 sélection)

Bilan : 7 victoires, 5 nuls, 8 défaites

Marcel Aubour

Le gardien de Lyon est un personnage. Venu de Saint-Tropez, c'est un colosse aux larges mains et au rire communicatif. Le forfait de Pierre Bernard contre le Brésil lui permet d'entrer dans le cercle de l'équipe nationale, comme doublure de Georges Carnus à qui il chipe rapidement la place de second gardien après avoir joué en septembre un match non officiel contre le Standard de Liège, au Parc, en remplaçant Bernard en seconde mi-temps. Si bien que quand celui-ci voit la fin de sa carrière se profiler avec l'élimination en quart de finale du championnat d'Europe 1964, en Hongrie, Aubour devient le titulaire du poste avec Henri Guérin comme sélectionneur, après avoir joué un match non officiel en Suisse contre le FC Zurich en septembre (3-1). Aubour dispute les qualifications pour le Mondial 1966 et dans la foulée les trois matches que la France dispute en Angleterre. Après un intérim de Carnus, Marcel Aubour, transféré à Nice, retrouve sa place de titulaire avec Louis Dugauguez comme sélectionneur. Mais la mise hors course de la France par la Yougoslavie en quart de finale de l'Euro 68 (1-1, 1-5) lui est fatale. Carnus reprend la place et cette fois ne la lâche plus. On pense donc que sa carrière internationale est terminée. Mais son transfert de Nice à Rennes en janvier 1970 la relance ! Sur la lancée de ses excellentes prestations en Bretagne, où il remporte la Coupe de France 71, Georges Boulogne le rappelle, à 30 ans, comme doublure de Carnus. Poste qu'il tient pendant une année, avec l'occasion de jouer seulement un match non officiel durant la tournée sud-américaine de janvier 1971, contre le Curitiba FC, au Brésil, avant de le laisser au jeune Dominique Baratelli. En club, Marcel Aubour sera ensuite le dernier rempart du Stade de Reims, jusqu'en 1977.

Matches joués : 1963 - ▪ **1964** 3 matches sur 5 ▪ **1965** 6 matches sur 6 ▪ **1966** 5 matches sur 10 ▪ **1967** 4 matches sur 6 ▪ **1968** 2 matches sur 5 ▪ **1969** - ▪ **1970** - ▪ **1971** - ▪ **1972** - | **Titulaire :** 19 fois sur 20 | **Remplaçant :** 1 fois sur 20 (de P. Bernard) | **Resté sur le banc :** 17 fois | **Coupe du monde 1966 :** 3 matches sur 3 | **Sélectionneurs :** Guérin 14 fois, Snella-Arribas 0 fois, Fontaine 0 fois, Dugauguez 6 fois, Boulogne 0 fois

Marcel Artelesa

Défenseur
21 sélections, 1 but

Né le 2 juillet 1938 à Port-Sainte-Marie (Aube), décédé le 23 septembre 2016 (78 ans)

Première sélection : 29 septembre 1963 à Sofia, Bulgarie - France (1-0)

Dernière sélection : 26 novembre 1966 à Luxembourg, Luxembourg - France (0-3)

Clubs : 1963-1966 : AS Monaco (20 sélections) ▪ 1966-1967 : Olympique de Marseille (1 sélection)

Bilan : 7 victoires, 5 nuls, 9 défaites

La Bulgarie n'est pas un bon souvenir pour l'équipe de France et y débuter ressemble à un piège. C'est pourtant à Sofia que sont lancés trois nouveaux joueurs, dont l'élégant défenseur monégasque Marcel Artelesa qui retrouve ses coéquipiers Douis, Théo et Cossou, récents champions de France comme lui. Malgré la défaite française (1-0), Artelesa séduit et Georges Verriest en fait un titulaire sans plus attendre. Poste qu'il conserve quand celui-ci est remplacé par Henri Guérin, six mois plus tard. Artelesa est même nommé capitaine quand Robert Herbin doit déclarer forfait pour le match décisif de qualification à la Coupe du monde 1966, contre la Yougoslavie au Parc. Artelesa conserve ses galons ensuite malgré le retour du Stéphanois dans l'équipe. Chef de la défense française, jamais blessé, sa tranquille assurance rassure ses partenaires. Mais après le Mondial, Marcel Artelesa ne joue qu'un match sous les ordres du duo Arribas-Snella alors qu'il vient de rejoindre l'OM. Et leurs successeurs ne feront plus appel à lui.

Matches joués : 1963 4 matches sur 8 ▪ **1964** 5 matches sur 5 ▪ **1965** 5 matches sur 6 ▪ **1966** 7 matches sur 10 | **But : 1964** 1 | **Titulaire :** 21 fois sur 21 | **Capitaine :** 9 fois (13e-21e) | **Coupe du monde 1966 :** 3 matches sur 3 | **Sélectionneurs :** Verriest 6 fois, Guérin 14 fois, Snella-Arribas 1 fois.

Pierre Michelin

Défenseur, 5 sélections

Né le 7 février 1937 à Neuville-en-Ferrain (Nord)

Première sélection : 29 septembre 1963 à Sofia, Bulgarie - France (1-0)

Dernière sélection : 25 avril 1964 à Colombes, France - Hongrie (1-3)

Club : 1963-1964 : US Sedan (5 sélections)

Bilan : 1 victoire, 1 nul, 3 défaites

Le Sedanais Pierre Michelin débute en même temps que Jean Artelesa à Sofia, dans le cadre des qualifications pour l'Euro 1964. Comme le Monégasque, il ne s'en sort pas trop mal et aligne les quatre matches suivants en défense centrale. Mais la défaite en quart de finale aller du championnat d'Europe 1964, à Colombes face à la Hongrie (3-1) scelle son sort avec celui du sélectionneur Georges Verriest. Le Nîmois Charles-Alfred lui succède pour le match retour à Budapest et on ne fera plus appel à lui ensuite.

Matches joués : 1963 4 matches sur 8 ▪ **1964** 1 match sur 5 | **Titulaire :** 5 fois sur 5 | **Sélectionneur :** Verriest 5 fois

Jean-Louis Buron

Attaquant, 4 sélections, 1 but

Né le 4 avril 1934 à Venestanville (Seine-Maritime), décédé le 11 septembre 2005 (71 ans)

Première sélection : 29 septembre 1963 à Sofia, Bulgarie - France (1-0)

Dernière sélection : 25 décembre 1963 à Paris, France - Belgique (1-2)

Club : 1963-1964 : FC Rouen (4 fois)

Bilan : 1 victoire, 1 nul, 2 défaites

Le FC Rouen n'avait plus eu de sélectionné depuis Alfred Dambach en 1944, et l'époque des Roger Rio et Jean Nicolas semblait lointaine. Le rapide ailier gauche Jean-Louis Buron ranime la flamme des Diables rouges. Il est aligné pour le match d'entraînement contre le Standard de Liège, et marque dès la 2e minute, le premier but français (3-2). Il vient donc concurrencer le Monégasque Lucien Cossou et remplacer le Nîmois Paul Chillan pour le difficile match en Bulgarie 15 jours plus tard. À 29 ans, Buron a peu de temps pour briller mais il est à l'origine du deuxième but français signé Herbin au match retour contre les Bulgares (3-1). Puis il marque en amical contre la Suisse, au Parc, quand il est associé en attaque au Breton Yvon Goujon qui a quitté le Stade Rennais pour le rejoindre à Rouen. Buron donne également la balle de 2-0 au jeune Georges Lech. Le 25 décembre 1963, les Rouennais Goujon et Buron sont associés pour la troisième fois, face à la Belgique en amical. Mais ce cadeau de Noël est pour tous les deux leur dernière apparition internationale car ni l'un ni l'autre ne disputeront les quarts de finale contre la Hongrie au printemps suivant.

Matches joués : 1963 4 matches sur 8 | **But : 1963** 1 | **Titulaire :** 4 fois sur 4 | **Sélectionneur :** Verriest 4 fois

Georges Lech

Attaquant
35 sélections, 7 buts

Né le 2 juin 1945 à Montigny-en-Gohelle (Pas-de-Calais)

Première sélection : 26 octobre 1963 à Paris, France - Bulgarie (3-1)

Dernière sélection : 3 mars 1973 à Paris, France - Portugal (1-2)

Clubs : 1963-1967 : RC Lens (16 sélections) ▪ 1969-1972 : FC Sochaux (17 sélections) ▪ 1972-1973 : Stade de Reims (2 sélections)

Bilan : 15 victoires, 5 nuls, 15 défaites

Il a 18 ans et quatre mois quand il foule pour la première fois la pelouse du Parc des Princes avec le maillot bleu sur les épaules. Pour beaucoup, Georges Lech est le successeur de Raymond Kopa qui a refusé de jouer ce match contre la Bulgarie après une énième fâcherie avec le sélectionneur Georges Verriest. Le Lensois est un attaquant surdoué, un dribbleur de charme qui bouscule la défense bulgare pourtant réputée pour sa rugosité. Il fait si forte impression comme ailier droit qu'il ne sort plus de l'équipe pendant trois ans ! Henri Guérin le confirme après la démission de Verriest. Mais à un an de la Coupe du monde, le charme s'estompe après un 0-0 au Parc face à l'Argentine. Lech, souvent blessé, n'est plus sélectionné et il manque ainsi la Coupe du monde 1966. Il revient juste après, mais sans parvenir à se maintenir dans l'équipe, malgré trois buts inscrits consécutivement contre la Pologne, qui donne la victoire au Parc, la Belgique, de volée, ou le Luxembourg, dans une saison où il marque 27 fois en championnat pour Lens, ce qui en fait le deuxième meilleur buteur derrière Hervé Revelli. Ce n'est qu'en 1969 que Georges Lech fait son grand retour en équipe de France. Il joue désormais à Sochaux, comme meneur de jeu. Après avoir hésité un peu devant ses limites physiques, Georges Boulogne le remet en selle véritablement en 1971 au cours d'une tournée en Amérique du Sud. À 26 ans, le Nordiste s'impose de nouveau sur la durée, aux côtés d'Henri Michel, Michel Mézy et Georges Bereta, s'avérant plus que jamais un passeur précieux, à huit reprises au total depuis 1963. Mais, toujours fragile physiquement, il ne participe pas aux qualifications pour le Mondial 1974. Passé de Sochaux à Reims, Georges Lech dispute à 27 ans son dernier match international face au Portugal d'Eusébio, qui malgré ses 31 ans marque les deux buts qui abattent la France en amical au Parc 2-1.

Matches joués : 1963 3 matches sur 8 ▪ **1964** 4 matches sur 5 ▪ **1965** 3 matches sur 6 ▪ **1966** 4 matches sur 10 ▪ **1967** 1 match sur 6 ▪ **1968** - ▪ **1969** 2

matches sur 5 ▪ **1970** 3 matches sur 7 ▪ **1971** 8 matches sur 8 ▪ **1972** 6 matches sur 8 ▪ **1973** 1 match sur 6 | **Buts : 1963** 1 ▪ **1966** 3 ▪ **1970** 1 ▪ **1971** 2 | **Titulaire :** 31 fois sur 35 | **Remplaçant :** 4 fois sur 35 (de Bras, Blanchet, Larqué, Molitor) | **Resté sur le banc :** 3 fois | **Sélectionneurs :** Verriest 5 fois, Guérin 6 fois, Snella-Arribas 4 fois, Fontaine 1 fois, Dugauguez 0 fois, Boulogne 19 fois

Jean Deloffre

Attaquant
1 sélection

Né le 5 octobre 1939 à Combles (Somme)

Première présélection : 26 octobre 1963 à Paris, France - Bulgarie (3-1)

Unique sélection : 3 juin 1967 à Paris, France - URSS (2-4)

Clubs : 1963-1965 : RC Lens (0 sélection) ▪ 1965-1966 : SCO Angers (1 sélection)

Bilan : 1 défaire

Comme Georges Lech, Jean Deloffre est un séduisant technicien lensois qui fait partie du groupe retenu pour affronter la Bulgarie en qualification pour le championnat d'Europe 1964, comme demi offensif. Mais il reste sur le banc, comme pour le match suivant et disparaît des listes avec Georges Verriest. Ce n'est que trois ans et demi plus tard qu'un sélectionneur songe à nouveau à Deloffre : Just Fontaine, qui l'a vu briller à Angers avec Jean-Pierre Dogliani en milieu de terrain. Le buteur de 1958 fait jouer les deux Angevins lors d'un match non officiel contre la Corse, perdu 2-0 à Marseille. Puis, après avoir aligné Dogliani contre la Roumanie pour sa première véritable sélection, il positionne Deloffre contre l'URSS au Parc, après l'avoir testé contre Hanovre en match d'entraînement quinze jours auparavant. Mais ces quatre matches s'étant soldés par trois défaites et un nul, Fontaine est limogé et ses essais angevins resteront sans lendemain.

Match joué : 1963 - ▪ **1964** - ▪ **1965** - ▪ **1966** - ▪ **1967** 1 match sur 6 | **Titulaire :** 1 fois sur 1 | **Resté sur le banc :** 3 fois | **Sélectionneurs :** Verriest 0 fois, Fontaine 1 fois

Georges Casolari

Défenseur
3 sélections

Né le 5 mai 1941 à Nice (Alpes-Maritimes), décédé le 6 octobre 2012 (71 ans)

Première sélection : 25 décembre 1963 à Paris, France - Belgique (1-2)

Dernière sélection : 25 mai 1964 à Budapest, Hongrie - France (2-1)

Club : 1963-1966 : AS Monaco (3 sélections)

Bilan : 3 défaites

Après l'arrivée couronnée de succès de Marcel Artelesa, Georges Verriest tente d'incorporer un autre défenseur monégasque, l'arrière latéral Georges Casolari. Mais ce Niçois tombe mal, il enchaîne trois défaites de rang qui condamnent le sélectionneur et lui avec ! C'est Jean Djorkaeff qui prend sa suite, avec succès… Henri Guérin fait néanmoins appel à Georges Casolari avant la Coupe du monde 1966, pour deux matches de préparation. Mais il n'entre pas en jeu et ne fait pas partie des 22 pour le Mondial en Angleterre.

Matches joués : 1963 1 match sur 8 ▪ **1964** 2 matches sur 5 ▪ **1965** - ▪ **1966** - | **Titulaire :** 3 fois sur 3 | **Resté sur le banc :** 2 fois | **Sélectionneurs :** Verriest 3 fois, Guérin 0 fois

Bernard Bosquier

Défenseur
42 sélections, 3 buts

Né le 19 juin 1942 à Thonon-les-Bains (Haute-Savoie)

Première présélection : 25 décembre 1963 à Paris, France - Belgique (1-2)

Première sélection : 2 décembre 1964 à Bruxelles, Belgique - France (3-0)

Dernière sélection : 8 avril 1972 à Bucarest, Roumanie - France (2-0)

Clubs : 1964-1966 : FC Sochaux (12 sélections) ▪ 1966-1971 : AS Saint-Étienne (26 sélections) ▪ 1971-1972 : Olympique de Marseille (4 sélections)

Bilan : 14 victoires, 9 nuls, 19 défaites

Le jeune défenseur sochalien Bernard Bosquier (21 ans) commence à faire parler de lui en championnat avec sa vision du jeu et son aisance technique. Alors il est convié au match amical de Noël contre la Belgique au Parc. Mais resté assis sur le banc, il doit patienter un an pour honorer sa première sélection, contre la Belgique justement, au Heysel, après avoir été encore deux fois remplaçant sans jouer à l'automne, et titulaire comme arrière droit dans un match non officiel contre le FC Zurich. Et Bernard Bosquier souffre face à la vedette d'Anderlecht Paul Van Himst et le Liersois Frans Vermeyen qui signent la victoire belge en fin de match (3-0). Mais il reste dans l'équipe d'Henri Guérin et devient titulaire pour les qualifications du Mondial 1966. Logiquement, il s'affirme en défense pour la Coupe du monde où il évolue comme stoppeur, en duo avec Artelesa, Robert Budzynski étant libero. Parti rejoindre Saint-Étienne après le Mondial, Bernard Bosquier devient le pilier central de la défense des Verts et un incontournable en équipe de France, qu'il joue latéral, droit ou gauche, libero ou stoppeur selon les besoins, et malgré les éliminations successives de l'Euro 1968, du Mondial 1970 et de l'Euro 1972. Désigné meilleur joueur français des années 1967 et 1968, cet ancien attaquant, possède aussi une lourde frappe de balle. Il marque ainsi deux buts à Sepp Maier, lors de matches amicaux contre l'Allemagne. Le premier en 1967 à Berlin sur un coup franc qui ramène le score de 0-5 à 1-5, l'autre un an plus tard, à Marseille à la suite d'un corner. Comme Louis Dugauguez, Georges Boulogne s'appuie sur Bosquier en défense, même s'il lui préfère Jean Djorkaeff comme capitaine. Après un transfert tumultueux de Saint-Étienne à Marseille à l'été 1971, Bernard Bosquier joue sa dernière saison en équipe de France, mais il ne fait pas partie de la tournée sud-américaine de juin 1972.

Matches joués : 1963 - ▪ **1964** 1 match sur 5 ▪ **1965** 5 matches sur 6 ▪ **1966** 8 matches sur 10 ▪ **1967** 4 matches sur 6 ▪ **1968** 5 matches sur 5 ▪ **1969** 4 matches sur 5 ▪ **1970** 7 matches sur 7 ▪ **1971** 7 matches sur 8 ▪ **1972** 1 match sur 8 | **Buts : 1967** 1 ▪ **1968** 1 ▪ **1970** 1 | **Titulaire :** 42 fois sur 42 | **Resté sur le banc :** 4 fois | **Capitaine :** 9 fois (16e, 18e-24e, 42e) | **Coupe du monde 1966 :** 3 matches sur 3 | **Sélectionneurs :** Guérin 12 fois, Snella-Arribas 2 fois, Fontaine 0 fois, Dugauguez 9 fois, Boulogne 18 fois

1964

8 nouveaux joueurs
5 matches

25 avril : France - Hongrie 1-3 (CE)
23 mai : Hongrie - France 2-1 (CE)
4 octobre : Luxembourg - France 0-2 (QCM)
11 novembre : France - Norvège 1-0 (QCM)
2 décembre : Belgique - France 0-3

Nestor Combin

Attaquant
8 sélections, 4 buts

Né le 29 décembre 1940 à Las Rosas (Argentine)

Première sélection : 25 avril 1964 à Colombes, France - Hongrie (1-3)

Dernière sélection : 6 avril 1968 à Marseille, France - Yougoslavie (1-1)

Clubs : 1963-1964 : Olympique Lyonnais (2 sélections) ▪ 1964-1965 : Juventus Turin (1 sélection) ▪ 1965-1966 : Varese Calcio (4 sélections) ▪ 1966-1968 : Torino Calcio (1 sélection)

Bilan : 4 victoires, 2 nuls, 2 défaites

Après Hector De Bourgoing et Angel Rambert, un troisième attaquant argentin fait un malheur en France. Comme Rambert, Nestor Combin joue à l'OL où il est arrivé en 1959, et comme lui, il est vite naturalisé français pour pouvoir jouer en équipe de France. Avec sa frappe de balle foudroyante, il ne déçoit pas : lors de sa deuxième sélection, à 23 ans, avant-centre entouré de Di Nallo et Rambert, Combin ouvre le score à Budapest contre la Hongrie, sur une passe de Georges Lech ce qui donne soudain un fol espoir aux Français de qualification pour la phase finale de l'Euro 1964. Finalement battue, la France n'y participe pas. Mais « Nestor la foudre », deuxième meilleur buteur du championnat derrière André Guy, a décroché un contrat avec la Juventus de Turin, ce qui entrave sa carrière internationale, comme Lucien Muller au Real. Passé à Varèse qui est plus conciliant, Combin revient en équipe de France en août 1965, pour un match non officiel contre Francfort, où il marque. Puis il marque sur un coup franc de 20 m à Oslo, en amical contre la Norvège en septembre. Il est donc à nouveau sélectionné, et pour le match décisif contre la Yougoslavie en octobre 1965 au Parc, en vue de la qualification pour le Mondial 1966. Combin joue en duo avec Philippe Gondet, qui inscrit le but qui envoie la France à la Coupe du monde. Un mois plus tard, à Marseille, Combin et Gondet marquent chacun deux fois en première mi-temps contre le Luxembourg, dans le match qui valide officiellement la qualification. Combin, bien qu'il ne dispute aucun match de préparation, fait bien partie des 22 pour le Mondial. Mais en Angleterre il ne joue que le premier match, face au Mexique à Wembley. Il fait les frais du changement tactique opéré ensuite, la France passant de trois à deux attaquants de pointe, ce sont Gondet et Hausser qui restent et lui qui sort... Combin, toujours en Italie désormais au Torino, ne revient en équipe de France qu'une fois, pour le quart de finale aller de l'Euro 1968, face à la Yougoslavie à Marseille. Il est le passeur décisif sur le but de Di Nallo d'une équipe de France revenue à un 4-2-4 séduisant mais qui n'est pas reconduit au match retour, ce qui lui coute sa place à nouveau. Et cette fois, on ne le reverra plus avec le maillot bleu alors qu'il brillera encore avec celui du Milan AC, jusqu'en 1970.

Matches joués : 1964 3 matches sur 5 ▪ **1965** 3 matches sur 6 ▪ **1966** 1 match sur 10 ▪ **1967** - ▪ **1968** 1 match sur 5 | **Buts : 1964** 1 ▪ **1965** 3 | **Titulaire :** 8 fois sur 8 | **Resté sur le banc :** 2 fois | **Coupe du monde 1966 :** 1 match sur 3 | **Sélectionneurs :** Verriest 2 fois, Guérin 5 fois, Snella-Arribas 0 fois, Fontaine 0 fois, Dugauguez 1 fois.

Daniel Charles-Alfred

Défenseur
4 sélections

Né le 9 mai 1934 à Fort-de-France (Martinique), décédé le 17 septembre 2020 (86 ans)

Première sélection : 23 mai 1964 à Budapest, Hongrie - France (2-1)

Dernière sélection : 2 décembre 1964 à Bruxelles, Belgique - France (3-0)

Club : 1962-1965 : Nîmes Olympique (4 sélections)

Bilan : 2 victoires, 2 défaites

Le solide défenseur nîmois, au jeu de tête réputé, prend la succession du sedanais Pierre Michelin comme libero pour le quart de finale retour de l'Euro 1964 en Hongrie. Sur sa lancée, il joue les trois matches suivants, sous les ordres désormais d'Henri Guérin qui succède à Georges Verriest comme sélectionneur. Mais son aventure internationale s'arrête à la fin de l'année.

Matches joués : 1964 4 matches sur 5 | **Titulaire :** 4 fois sur 4 | **Sélectionneurs :** Verriest 1 fois, Guérin 3 fois

Jean Djorkaeff

Défenseur
48 sélections, 3 buts

Né le 27 octobre 1939 à Charvieu (Isère)

Première sélection : 4 octobre 1964 à Luxembourg, Luxembourg - France (0-2)

Dernière sélection : 2 septembre 1972 à Athènes, Grèce - France (1-3)

Dernière présélection : 15 novembre 1972 à Dublin, Eire - France (2-1)

Clubs : 1964-1966 : Olympique Lyonnais (10 sélections) ▪ 1966-1970 : Olympique de Marseille (21 sélections) ▪ 1970-1972 : Paris SG (16 sélections) ▪ 1972-1973 : Paris FC (1 sélection)

Bilan : 20 victoires, 10 nuls, 18 défaites

Le nouveau sélectionneur Henri Guérin fait débuter Marcel Aubour dans les buts pour son premier match officiel, mais aussi son partenaire de l'OL, Jean Djorkaeff, qu'il a testé comme Aubour en septembre au cours d'un match d'entraînement au Parc contre le Standard de Liège. Ce fils d'émigré cosaque est un défenseur latéral vaillant et fiable qui ne tarde pas à cumuler les sélections. Il devient titulaire en début d'année 1966 et dispute en Angleterre les trois rencontres de Coupe du monde de la France. Il reste en place après le Mondial et ne manque plus un match de septembre 1967 à janvier 1972 ! En avril 1969, Jean Djorkaeff devient capitaine de l'équipe de France, dont il frappe désormais les penalties. Malgré les échecs répétés de qualification pour les grands tournois, les sélectionneurs successifs lui conservent leur totale confiance, alors qu'il passe de Lyon à Marseille, puis à Paris en D2 lors de la saison 1970-71. En septembre 1970, Jean Djorkaeff devient ainsi le premier international du PSG. En avril 1972, pour la première fois, il est mis sur le banc des remplaçants par Georges Boulogne. À 32 ans, le temps commence à faire son effet, il retrouve cependant sa place de titulaire pour la tournée sud-américaine de juin. Mais la fin de sa carrière est proche. Titulaire à Athènes pour le match amical de septembre, il termine l'année 1972 sur le banc de touche et ne porte plus ensuite le maillot bleu. Son fils Youri, né en 1968, lui succédera brillamment au palmarès dans les années 1990.

Matches joués : 1964 2 matches sur 5 ▪ **1965** 3 matches sur 6 ▪ **1966** 9 matches sur 10 ▪ **1967** 4 matches sur 6 ▪ **1968** 5 matches sur 5 ▪ **1969** 5 matches sur 5 ▪ **1970** 7 matches sur 7 ▪ **1971** 8 matches sur 8 ▪ **1972** 5 matches sur 8 | **Buts : 1969** 1 ▪ **1970** 1 ▪ **1971** 1 | **Titulaire :** 48 fois sur 48 | **Resté sur le banc :** 4 fois | **Capitaine :** 24 fois (25e-48e) | **Coupe du monde 1966 :** 3 matches sur 3 | **Sélectionneurs :** Guérin 10 fois, Snella-Arribas 4 fois, Fontaine 0 fois, Dugauguez 9 fois, Boulogne 25 fois.

Jacky Simon

Milieu de terrain
15 sélections, 1 but

Né le 25 mars 1941 à Omonville-la-Rogue (Manche), décédé le 5 décembre 2017 (76 ans)

Première présélection : 4 octobre 1964 à Luxembourg, Luxembourg - France (0-2)

Première sélection : 24 mars 1965 à Paris, France - Autriche (1-2)

Dernière sélection : 12 mars 1969 à Wembley, Angleterre - France (5-0)

Clubs : 1965-1968 : FC Nantes (13 sélections) ▪ 1968-1969 : Girondins de Bordeaux (2 sélections)

Bilan : 1 victoire, 3 nuls, 11 défaites

Jacky Simon

Les joueurs du FC Nantes, qui a découvert la Première division lors de la saison 1963-64, commencent à intéresser le sélectionneur Henri Guérin. Notamment Jacky Simon, un milieu de terrain infatigable porté sans cesse vers l'avant, ce qui l'amène à marquer de nombreux buts. Simon a été formé à Cherbourg par l'ancien international des années 1940 André Simonyi. Guérin lui fait jouer la seconde mi-temps du match non officiel contre le Standard de Liège en septembre (à la place de Rambert) puis le prend comme réserviste contre le Luxembourg en octobre. Simon dispute un autre match d'entraînement, contre l'équipe de France Espoirs en décembre. Il est ensuite lancé pour de bon en mars, au Parc face à l'Autriche, dans une équipe où débutent également Devaux, Péri, Loncle, Hausser et Rodighiero, et qui manque d'automatisme. Le Nantais est conservé pour les deux matches suivants, d'autant qu'il termine la saison meilleur du buteur du championnat remporté par Nantes, avec 24 buts inscrits ! S'il ne participe pas à l'automne à la qualification de la France pour le Mondial, Jacky Simon revient en début d'année 1966 et décroche sa place dans les 22 pour l'Angleterre. Remplaçant contre le Mexique pour le premier match, il entre en jeu à la place de Combin pour les deux suivants, en soutien de son coéquipier Philippe Gondet, mais il ne peut empêcher le fiasco de l'équipe de France. Lors du match contre l'Angleterre, il est blessé volontairement par le méchant Nobby Stiles en fin de match. Le tandem Jean Snella-José Arribas qui succède à Guérin après ce Mondial lui conserve sa confiance. Just Fontaine qui suit, aussi, ainsi que Louis Dugauguez. Parti à Bordeaux durant l'été 1968, Simon est remplaçant contre l'Espagne à Lyon mais joue la seconde mi-temps, celle où la France s'écroule (1-3). Georges Boulogne l'aligne dans sa première équipe, mais la déroute qu'elle essuie à Wembley face aux Anglais (5-0) ne l'incite pas à rappeler ensuite un joueur qui paradoxalement ne gagne vraiment pas souvent. Comme pour Joseph Bonnel, c'est donc cruellement sa dernière sélection.

Matches joués : 1964 - ▪ **1965** 3 matches sur 6 ▪ **1966** 7 matches sur 10 ▪ **1967** 2 matches sur 6 ▪ **1968** 2 matches sur 5 ▪ **1969** 1 match sur 5 | **But : 1967** 1 | **Titulaire :** 14 fois sur 15 | **Remplaçant :** 1 fois sur 15 (de Szczepaniak) | **Resté sur le banc :** 4 fois | **Coupe du monde 1966 :** 2 matches sur 3 | **Sélectionneurs :** Guérin 7 fois, Snella-Arribas 3 fois, Fontaine 1 fois, Dugauguez 3 fois, Boulogne 1 fois

André Guy

Attaquant

8 sélections, 2 buts

Né le 3 mars 1941 à Bourg-en-Bresse (Ain)

Première sélection : 4 octobre 1964 à Luxembourg, Luxembourg - France (0-2)

Dernière sélection : 6 novembre 1968 à Strasbourg, France - Norvège (0-1)

Clubs : 1964-1965 : AS Saint-Étienne (3 sélections) ▪ 1965-1967 : Lille OSC (1 sélection) ▪ 1967-1968 : Olympique Lyonnais (4 sélections)

Bilan : 3 victoires, 5 défaites

Le Bressan André Guy est un chasseur de buts. Opérant entre Rachid Mekhloufi et Robert Herbin à Saint-Étienne, champion de France 1964 et meilleur réalisateur du championnat avec 28 buts, il est bien servi. Alors pourquoi pas en équipe de France ? Et pour sa première sélection Guy ouvre le score contre le Luxembourg sur une passe d'Herbin... Au match d'après, contre la Norvège, alerté par Herbin, il est le passeur décisif cette fois, pour Rambert. En décembre, Guy est aligné contre les Espoirs pour un match d'entraînement et il marque les deux buts des A. Mais il glisse ensuite sur le banc des remplaçants, et son départ de Saint-Étienne pour Lille le fait disparaître progressivement des listes avant le Mondial 1966, les places d'avant-centres revenant à Combin et Gondet. Just Fontaine, le canonnier de 1958, le sort de sa réserve pour jouer contre l'URSS au Parc et compléter la ligne d'attaque Blanchet-Gondet-Loubet. Louis Dugauguez, qui lui succède aussitôt à la tête de l'équipe de France, conserve Guy toujours efficace en championnat avec une vingtaine de buts par saison. À Varsovie, contre la Pologne en amical, il l'associe à Fleury Di Nallo qu'il a rejoint à Lyon durant l'été. Le duo fonctionne bien. Guy marque sur passe de Di Nallo et Di Nallo score deux fois, dont une sur un tir de Guy repoussé par le gardien polonais. Guy manque des matches sur blessure mais reste dans le groupe et joue le match retour contre la Yougoslavie à Belgrade, en quart de finale du championnat d'Europe en avril 1968. Mais la France prend une claque mémorable (5-1). André Guy est aussi présent contre la Norvège à Strasbourg en novembre, pour le premier match de qualification à la Coupe du monde 1970. Avec le revers historique que l'équipe de France subit à la Meinau (0-1), c'est la fin de l'histoire internationale d'André Guy, à 28 ans. Il sera pourtant le meilleur buteur du championnat de France 1969 avec Lyon (25 buts) puis buteur et vainqueur de la Coupe de France 71 avec Rennes, face à Lyon.

Matches joués : 1964 3 matches sur 5 ▪ **1965** - ▪ **1966** - ▪ **1967** 2 matches sur 6 ▪ **1968** 3 matches sur 5 | **Buts : 1964** 1 ▪ **1967** 1 | **Titulaire :** 8 fois sur 8 | **Resté sur le banc :** 5 fois | **Sélectionneurs :** Guérin 3 fois, Snella-Arribas 0 fois, Fontaine 1 fois, Dugauxguez 4 fois

André Guy

Alain Garnier

Milieu de terrain
0 sélection

Né le 6 novembre 1941 à Nîmes (Gard)

Première présélection : 11 novembre 1964 à Paris, France - Norvège (1-0)

Dernière présélection : 18 avril 1965 à Belgrade, Yougoslavie - France (1-0)

Club : 1964-1966 : Nîmes Olympique

Le milieu offensif nîmois fait partie de la deuxième sélection que compose Henri Guérin, à l'automne 1964. Il doit peut-être sa place au forfait de Nestor Combin, retenu par la Juventus, mais il n'est pas sans qualités. Guérin l'aligne en décembre aux côtés de Jacky Simon lors du match non officiel contre les Espoirs (2-1). Puis le convoque à nouveau en mars contre l'Autriche en amical, mais c'est le Rennais Marcel Loncle qui joue. Même chose en avril suivant, pour le match aller contre la Yougoslavie dans le cadre des éliminatoires du Mondial 1966. Comme André Guy, Alain Garnier reste donc encore sur la touche. Et lui ne reviendra plus.

Resté sur le banc : 3 fois

Edmond Baraffe

Attaquant, 3 sélections

Né le 19 octobre 1942 à Annœullin (Nord), décédé le 19 avril 2020 (77 ans)

Première sélection : 2 décembre 1964 à Bruxelles, Belgique-France (3-0)

Dernière sélection : 20 avril 1966 à Paris, France-Belgique (0-3)

Dernière présélection : 20 juillet 1966 à Wembley, Angleterre - France (2-0)

Club : 1963-1966 : Toulouse FC (3 sélections)

Bilan : 1 nul, 2 défaites

L'habile attaquant nordiste de Toulouse est testé par Henri Guérin en septembre lors du match d'entraînement contre le Standard de Liège au Parc (3-2). Puis Edmond Baraffe est présélectionné en octobre pour jouer contre le Luxembourg. Mais il doit déclarer forfait sur blessure et ce n'est donc qu'en décembre 1964 qu'il peut débuter réellement en équipe de France. Comme ailier gauche, au Heysel face à la Belgique. Ce n'est pas un franc succès et Baraffe n'est convié ensuite que comme remplaçant contre l'Argentine en juin 1965. Toutefois Guérin ne l'oublie pas au moment de former sa liste des 22 pour la Coupe du monde. Edmond Baraffe joue un match non officiel contre Bordeaux où il marque le but de la victoire de la sélection française (3-2), puis deux matches amicaux, comme ailier droit, contre l'Italie puis la Belgique au Parc. Suffisant pour qu'il fasse partie de l'expédition anglaise d'autant que Bernard Blanchet avec lequel il était en balance, se blesse durant la préparation finale en Écosse. Mais Baraffe n'a pas l'occasion de jouer en Angleterre et on ne fait plus appel à lui ensuite car, alors qu'il évolue au Red Star, il se blesse gravement à un genou en 1968. Et il ne rejouera qu'en 1971...

Matches joués : 1964 1 match sur 5 ▪ **1965** - ▪ **1966** 2 matches sur 10 | **Titulaire :** 3 fois sur 3 | **Resté sur**

le banc : 4 fois | **Coupe du monde 1966 :** 0 match sur 3 | **Sélectionneur :** Guérin 3 fois

Marc Bourrier

Milieu de terrain
0 sélection

Né le 21 septembre 1934 à Ganges (Hérault)

Unique présélection : 2 décembre 1964 à Bruxelles, Belgique - France (0-3)

Club : 1964-1965 : RC Lens

Coéquipier de Georges Lech et Jean Deloffre à Lens, Marc Bourrier est appelé pour le dernier match de l'année, à Bruxelles. Mais il n'a pas l'occasion d'entrer en jeu et ne fera donc que passer. Plus tard il sera l'adjoint de Michel Hidalgo de 1976 à 1982, puis un sélectionneur très apprécié de l'équipe de France Espoirs qu'il conduira au titre de champion d'Europe 1988, avec les Sauzée, Paille, Silvestre, Angloma, Martini, Blanc, Roche, Casoni, Despeyroux, Guérin, Dogon, Cantona…

Resté sur le banc : 1 fois

1965

11 nouveaux joueurs
6 matches

25 mars : France - Autriche 1-2
18 avril : Yougoslavie - France 1-0 (QCM)
3 juin : France - Argentine 0-0
15 septembre : Norvège - France 0-1 (QCM)
9 octobre : France - Yougoslavie 1-0 (QCM)
6 nov : France - Luxembourg 4-1 (QCM)

Gérard Hausser

Attaquant
14 sélections, 2 buts

Né le 28 octobre 1941 Strasbourg (Bas-Rhin)

Première sélection : 24 mars 1965 à Paris, France - Autriche (1-2)

Dernière sélection : 11 novembre 1966 à Bruxelles, Belgique - France (2-1)

Dernière présélection : 25 septembre 1968 à Marseille, France - Allemagne (1-1)

Clubs : 1964-1967 : RC Strasbourg (14 sélections) ▪ 1967-1968 : Karlsruhe SC ▪ 1968-1969 : FC Metz (0 sélection)

Bilan : 3 victoires, 4 nuls, 6 défaites

L'ailier gauche alsacien est un attaquant solide et puissant. Il frappe fort pour égaliser contre l'Autriche au Parc pour sa première sélection, et malgré la défaite française, il ne sort plus de l'équipe pendant deux ans ! Hausser participe ainsi à la qualification de la France pour la Coupe du monde 1966 et dispute les trois matches en Angleterre. C'est lui qui égalise contre le Mexique à Wembley, sur une passe de Gondet, lors du premier match, le seul que les Français ne perdent pas (1-1). Après ce Mondial, il reste dans l'équipe mais son transfert en Allemagne l'en éloigne au cours de l'année suivante. Revenu au bout d'un an en France, Gérard Hausser est convoqué une fois seulement par Louis Dugauguez, en septembre 1968, mais il reste sur la touche car c'est le Stéphanois Georges Bereta qui a désormais la priorité. Il terminera sa carrière chez lui à Strasbourg, de 1971 à 1974.

Matches joués : 1965 6 matches sur 6 ▪ **1966** 8 matches sur 10 ▪ **1967** - ▪ **1968** - | **Buts : 1965** 1 ▪ **1966** 1 | **Titulaire :** 14 fois sur 14 | **Resté sur le banc :** 1 fois | **Coupe du monde 1966 :** 3 matches sur 3 | **Sélectionneurs :** Guérin : 12 fois, Snella-Arribas 2 fois, Fontaine 0 fois, Dugauguez 0 fois

Robert Péri

Défenseur
3 sélections

Né le 24 janvier 1941 à Marseille (Bouches-du-Rhône)

Première sélection : 24 mars 1965 à Paris, France - Autriche (1-2)

Dernière sélection : 2 septembre 1967 à Berlin, Allemagne-France (5-1)

Clubs : 1964-1965 : Stade Français (1 sélection) ▪ 1965-1968 : Girondins de Bordeaux (2 sélections)

Bilan : 1 nul, 2 défaites

Défenseur apprécié du Stade Français, Robert Péri fait partie des essais d'Henri Guérin contre l'Autriche. Mais le succès autrichien au Parc le renvoie en club. Il a droit à une seconde chance un an plus tard, contre l'Italie cette fois, à trois mois de la Coupe du monde. Face à Rivera, Riva, Mazzola, Corso et Domenghini, les vedettes transalpines, Robert Péri répond présent, en jouant au milieu de terrain, entre Robert Herbin et Jacky Simon. Mais il n'est pas retenu pour le Mondial. Ironie de l'histoire, Robert Péri a joué contre la France avec Bordeaux un match d'entraînement en mars et marqué un but face à Marcel Aubour... En mai 1967, Just Fontaine lui fait disputer un match non officiel à Rouen contre Hanovre. Puis Louis Dugauguez fait appel à lui en septembre, pour un match amical contre l'Allemagne. À nouveau positionné en milieu de terrain, Robert Péri a le malheur de se faire expulser juste avant la mi-temps pour une faute sur Franz Beckenbauer, son vis-à-vis sur le terrain. La France menée 1-0 perd ce match 5-1 et Péri sa qualité d'international avec.

Matches joués : 1965 1 match sur 6 ▪ **1966** 1 match sur 10 ▪ **1967** 1 match sur 6 | **Titulaire :** 3 fois sur 3 | **Expulsion :** 1 fois | **Sélectionneurs :** Guérin 2 fois, Snella-Arribas 0 fois, Fontaine 0 fois, Dugauguez 1 fois

Daniel Rodighiero

Attaquant
2 sélections

Né le 20 septembre 1940 à Saint-Cloud

Première sélection : 24 mars 1965 à Paris, France - Autriche (1-2)

Dernière sélection : 3 juin 1965 à Paris, France - Argentine (0-0)

Dernière présélection : 23 décembre 1967 à Paris, France - Luxembourg (3-1)

Club : 1964-1968 : Stade Rennais (2 sélections)

Bilan : 1 nul, 1 défaite

Le longiligne avant-centre du Stade Rennais, à l'excellent jeu de tête et à l'adresse parfaite devant le but, est un des meilleurs buteurs du championnat (il termine la saison avec 20 buts). Le sélectionneur et ancien Rennais Henri Guérin le fait débuter contre l'Autriche, entouré de Georges Lech et Gérard Hausser qui débute également. Le trio ne fonctionne pas idéalement mais il a droit à une seconde chance, trois mois plus tard, face à l'Argentine. Hélas pour Rodighiero, l'attaque française est tenue en échec et, contrairement à Lech et Hausser, il ne rejoue plus en équipe de France, même s'il participe en août 1965 au match non officiel contre Francfort à Strasbourg (2-2). Pourtant, Louis Dugauguez le fait venir au Parc pour un match contre le Luxembourg dans les éliminatoires de l'Euro 1968. Mais il préfère finalement faire jouer le Bordelais Didier Couécou, qu'il ne rappellera jamais ensuite, pas plus que Rodighiero malgré ses 20 buts inscrits en championnat chaque saison. Rennais jusqu'en 1970, Daniel Rodighiero retrouvera dans les années 1970 l'ancien international nantais Bernard Blanchet au Stade Lavallois, qu'ils feront monter en première division en 1976.

Matches joués : 1965 2 matches sur 6 ▪ **1966** - ▪ **1967** - | **Titulaire :** 2 fois sur 2 | **Resté sur le banc :** 1 fois | **Sélectionneurs :** Guérin 2 fois, Dugauguez 0 fois

Marcel Loncle

Milieu de terrain
2 sélections

Né le 5 janvier 1936 à Saint-Malo (Ille-et-Vilaine)

Première sélection : 24 mars 1965 à Paris, France - Autriche (1-2)

Dernière sélection : 18 avril 1965 à Belgrade, Yougoslavie - France (1-0)

Club : 1964-1965 : Stade Rennais (2 sélections)

Bilan : 2 défaites

Le petit mais habile milieu de terrain rennais Marcel Loncle aurait dû honorer sa première sélection bien avant l'année 1965. En 1962, le sélectionneur Georges Verriest l'avait convoqué une première fois pour le match de la France en Angleterre au cours des éliminatoires de l'Euro 1964. Il avait renoncé sur blessure. Puis une seconde fois, l'année suivante, pour jouer contre la Bulgarie, toujours dans la course au championnat d'Europe. Cette fois Loncle avait refusé sa sélection, ce qui lui avait valu une suspension de quinze jours ! Cette année, il répond favorablement à l'appel d'Henri Guérin pour le match amical face à l'Autriche au Parc. Marcel Loncle est donc monté à Paris avec Daniel Rodighiero, et les deux Rennais, qui vont remporter ensemble la première Coupe de France de l'histoire de leur club à la fin de la saison, sont titulaires. Loncle, qui évolue au milieu de terrain avec Bonnel et Simon, décale sur coup franc Hausser pour le seul but français de la rencontre. Il est aligné au match suivant en Yougoslavie, pour les éliminatoires du Mondial 1966, alors que Paul Sauvage est préféré en attaque à Rodighiero. Mais ensuite c'est le jeune Yves Herbet qui est titularisé à sa place, avec succès, et Marcel Loncle ne reviendra plus ; il achèvera sa carrière, à 30 ans, l'année suivante à Rennes.

Matches joués : 1965 2 matches sur 6 | **Titulaire :** 2 fois sur 2 | **Sélectionneur :** Guérin 2 fois

Denis Devaux

Défenseur
1 sélection

Né le 9 janvier 1939 à Cize (Jura)

Unique sélection : 24 mars 1965 à Paris, France - Autriche (1-2)

Club : 1964-1965 : RC Strasbourg (1 sélection)

Bilan : 1 défaite

Le grand défenseur central strasbourgeois débute avec son coéquipier Gérard Hausser contre l'Autriche au Parc. Mais contrairement à lui, après la défaite face aux Autrichiens, Denis Devaux ne reviendra pas.

Match joué : 1965 1 match sur 6 | **Titulaire :** 1 fois sur 1 | **Sélectionneur :** Guérin 1 fois

Gilbert Gress

Attaquant
3 sélections

Né le 17 décembre 1941 à Strasbourg (Bas-Rhin)

Première présélection : 18 avril 1965 à Belgrade, Yougoslavie - France (1-0)

Première sélection : 27 septembre 1967 à Berlin, Allemagne - France (5-1)

Dernière sélection : 9 octobre 1971 à Colombes, France - Hongrie (0-2)

Clubs : 1965-1966 : RC Strasbourg (0 sélection)
▪ 1967-1971 : VfB Stuttgart (2 sélections)
▪ 1971-1972 : Olympique de Marseille (1 sélection)

Bilan : 3 défaites

Après Hausser et Devaux, un troisième Strasbourgeois retient l'attention d'Henri Guérin, l'ailier droit Gilbert Gress. Il l'emmène à Belgrade pour le match aller des éliminatoires du Mondial 1966 contre la Yougoslavie, mais il préfère finalement laisser jouer Georges Lech. Le talent de Gress interpelle autant que son caractère entier et ses cheveux longs. Guérin décide de le faire venir à nouveau, juste avant la Coupe du monde 1966, pour cette fois un déplacement à Moscou. Gress ne joue pas non plus contre l'URSS, c'est le Nantais Bernard Blanchet qui est aligné. Et malgré le forfait de ce dernier pour la Coupe du monde, Gress ne fait pas partie des 22 en Angleterre, contrairement à ses coéquipiers strasbourgeois Johnny Schuth et Gérard Hausser, car il a refusé de se faire couper les cheveux ! C'est Louis Dugauguez qui, un an plus tard, offre à Gress sa première sélection. L'Alsacien est alors parti jouer en Allemagne, à Stuttgart, et son club refuse de le libérer pour aller jouer à Varsovie un match amical contre la Pologne... En revanche, il accepte qu'il se rende à Berlin pour affronter les Allemands qu'il côtoie désormais en Bundesliga. L'affaire vire au calvaire, Gress est positionné comme milieu droit aux côtés de Simon et Péri qui se fait expulser : la France sombre (5-1) et Gress est laissé à la disposition de son club pour le reste de la saison. Le sélectionneur fait appel à lui un an après, pour les débuts des qualifications du Mondial 1970. Gilbert Gress qui s'est imposé à Stuttgart joue donc contre la Norvège, chez lui à Strasbourg. Mais encore une fois cela tourne au cauchemar, la France domine maladroitement et perd contre les amateurs scandinaves (1-0) ! Gress, qui a manqué une belle occasion et a été sorti dans le denier quart d'heure au profit de Loubet, est aussitôt évincé de la sélection. Georges Boulogne, trois ans plus tard, le rappelle. Gress a quitté l'Allemagne pour rejoindre le champion de France Marseille et la France joue un match de qualification pour l'Euro 1972 à Colombes contre la Hongrie. Gress remplace après la pause Charly Loubet, alors que les Tricolores sont déjà menés 2-0. Il ne change pas le score et il ne reviendra plus cette fois. À peine sa carrière terminée, revenu chez lui à Strasbourg en 1977, Gilbert Gress prendra la direction de l'équipe qu'il conduira au titre de champion en 1979 ! Suivra alors une longue carrière d'entraîneur, en Suisse principalement, entrecoupée de deux retours dans sa ville de Strasbourg.

Matches joués : 1965 - ▪ **1966** - ▪ **1967** 1 match sur 6 ▪ **1968** 1 match sur 5 ▪ **1969** - ▪ **1970** - ▪ **1971** 1 match sur 8 | **Titulaire :** 2 fois sur 3 | **Remplaçant :** 1 fois sur 2 (de Loubet) | **Resté sur le banc :** 2 fois | **Sélectionneurs :** Dugauguez 2 fois, Boulogne 1 fois.

Johnny Schuth

Gardien de but
0 sélection

Né le 7 décembre 1941 à Saint-Omer (Pas-de-Calais)

Première présélection : 18 avril 1965 Belgrade, Yougoslavie - France (1-0)

Dernière présélection : 20 juillet 1966 Wembley, Angleterre - France (2-0)

Club : 1965-1966 : RC Strasbourg

Pierre Bernard blessé lors du match contre l'Autriche a laissé sa place dans les buts à Marcel Aubour pour le match contre la Yougoslavie, mais il faut une doublure au Lyonnais. C'est le Strasbourgeois Johnny Schuth qui est choisi et qui reste pendant plusieurs mois le gardien n°2 des Tricolores, sans jamais jouer. Le Nantais Daniel Eon se blessant juste avant la Coupe du monde, Schuth est assuré de faire partie de la liste des 22 en Angleterre, le troisième gardien étant Georges Carnus. Mais Johnny Schuth s'en ira après le Mondial, sans avoir pu jouer, alors que Carnus, lui, retrouvera la sélection.

Resté sur le banc : 10 fois

Yves Herbet

Milieu de terrain
16 sélections, 1 but

Né le 17 août 1945 à Villers-Cotterêts (Aisne)

Première sélection : 3 juin 1965 à Paris, France - Argentine (0-0)

Dernière sélection : 13 janvier 1971 Mar del Plata, Argentine - France (2-0)

Clubs : 1965-1968 : US Sedan (11 sélections) ▪ 1968-1970 : RSC Anderlecht (1 sélection) ▪ 1970-1971 : Stade de Reims (4 sélections)

Bilan : 8 victoires, 2 nuls, 6 défaites

Le milieu de terrain sedanais présente de nombreuses qualités malgré une allure frêle. Sa justesse et sa finesse technique lui permettent d'exister dans un jeu de plus en plus physique. Débutant en amical face à l'Argentine alors qu'il n'a pas encore 20 ans, Yves Herbet s'impose rapidement dans l'équipe qui se qualifie pour la Coupe du monde en battant la Yougoslavie au Parc (1-0). Associé à Joseph Bonnel, Herbet fait un parfait relais en milieu de terrain. Remplaçant au premier match de la France lors du Mondial en Angleterre, il est titulaire ensuite contre l'Uruguay et l'Angleterre. Malgré deux défaites, Yves Herbet est le meilleur Français sur le terrain où il joue tantôt ailier, tantôt milieu. Écarté à l'issue de la compétition, il revient par intermittence ensuite durant l'ère Dugauguez. À partir de 1969, Georges Boulogne compte davantage sur Herbet qui a été recruté par Anderlecht. Il cohabite alors en milieu de terrain avec la nouvelle vague française, Michel, Huck, Mézy, mais il n'est plus sélectionné après la tournée sud-américaine du début d'année 1971.

Matches joués : 1965 4 matches sur 6 ▪ **1966** 4 matches sur 10 ▪ **1967** 2 matches sur 6 ▪ **1968** 1 match sur 5 ▪ **1969** 1 match sur 5 ▪ **1970** 2 matches sur 7 ▪ **1971** 2 matches sur 8 | **But : 1966** 1 | **Titulaire :** 15 fois sur 16 | **Remplaçant :** 1 fois sur 16 (de Bereta) | **Resté sur le banc :** 9 fois | **Coupe du monde 1966 :** 2 matches sur 3 | **Sélectionneurs :** Guérin 6 fois, Snella-Arribas 2 fois, Fontaine 0 fois, Dugauguez 3 fois, Boulogne 5 fois

Louis Cardiet

Défenseur
6 sélections

Né le 20 Janvier 1943 à Quimperlé (Finistère), décédé le 28 avril 2020 (76 ans)

Première sélection : 3 juin 1965 à Paris, France - Argentine (0-0)

Dernière sélection : 3 juin 1967 à Paris, France - URSS (2-4)

Dernière présélection : 6 novembre 1968 à Strasbourg, France - Norvège (0-1)

Club : 1965-1968 : Stade Rennais (4 sélections)

Bilan : 3 victoires, 1 nul, 2 défaites

Après Rodighiero et Loncle, un troisième joueur du Stade Rennais rejoint l'équipe de France, Louis Cardiet. Il débute latéral gauche, comme en club, contre l'Argentine, puis passe latéral droit dans un match non officiel contre Francfort au Parc en août. Confirmé en Norvège en septembre, c'est toujours à ce poste qu'il participe au match qui envoie la France au Mondial 1966, une victoire 1-0 contre la Yougoslavie au Parc en octobre 1965. Mais Cardiet est vite barré par Jean Djorkaeff, et il n'est sélectionné en début d'année 66 que pour un match d'entraînement contre Bordeaux et il ne fait pas partie des 22 pour le Mondial. Il revient comme remplaçant après la Coupe du monde, retrouve sa place de latéral gauche sous la direction de Just Fontaine en 1967, d'abord dans un match non officiel conte la Corse puis dans deux matches amicaux et encore dans un match d'entraînement Rouen contre Hanovre. Mais Louis Dugauguez ensuite ne le sélectionne qu'une fois, comme remplaçant, pour le funeste match contre la Norvège à Strasbourg après lequel on le revoit plus. Quittant Rennes en 1973, Cardiet terminera sa carrière au Paris SG en compagnie des anciens internationaux, Deloffre, Dogliani, Floch, Novi, sous les ordres de Just Fontaine.

Matches joués : 1965 4 matches sur 6 ▪ **1966** - ▪ **1967** 2 matches sur 6 ▪ **1968** - | **Titulaire :** 6 fois sur 6 | **Resté sur le banc :** 2 fois | **Sélectionneurs :** Guérin 4 fois, Snella-Arribas 0 fois, Fontaine 2 fois, Dugauguez 0 fois

Philippe Gondet

Attaquant
14 sélections, 7 buts

Né le 17 mars 1942 à Blois (Loir-et-Cher), décédé le 21janvier 2018 (75 ans)

Première présélection : 15 septembre 1965 à Oslo, Norvège - France (0-1)

Première sélection : 9 octobre 1965 à Paris, France - Yougoslavie (1-0)

Dernière sélection : 7 octobre 1970 à Vienne, Autriche - France (1-0)

Club : 1965-1971 : FC Nantes (14 sélections)

Bilan : 3 victoires, 3 nuls, 8 défaites

Il y a bien Combin, mais l'équipe de France cherche un buteur qui puisse être présent à chaque match. Pourquoi pas celui du FC Nantes champion de France, Philippe Gondet ? Après l'avoir laissé sur le banc en Norvège en septembre, Henri Guérin mise sur lui pour le match décisif face à la Yougoslavie au

Parc en octobre alors qu'Yvon Douis est forfait de dernière minute. Pari gagnant : Gondet, servi par Bonnel, marque un but superbe, celui de la victoire française à la 77e minute (1-0). Le Nantais signe un exploit pour la France qui n'avait jamais battu les Yougoslaves en match officiel et qui prive ainsi les Osim, Skoblar, Dzajič, Galić (qui joueront tous plus tard en France), Sekularac ou Vasović de la Coupe du monde. Un mois après, Philippe Gondet réalise un doublé contre le Luxembourg (8e, 27e) qui valide le billet de la France pour l'Angleterre. Gondet, partant certain pour le Mondial, marque son quatrième but international à Moscou pour sa 5e sélection en mai 1966, où il délivre en plus deux passes décisives, à Blanchet et Bonnel. Il termine aussi meilleur buteur du championnat, établissant un nouveau record de 36 buts, deux de mieux que Fontaine en 1958 ! C'est bien le grand buteur tant espéré. Mais en Angleterre, il ne trouve pas l'ouverture, malgré une passe décisive pour Hausser face au Mexique. Blessé au genou en Hongrie lors du premier match du duo Snella-Arribas, Gondet subit un coup d'arrêt en septembre. Just Fontaine le fait jouer lors des deux matches amicaux qu'il dirige, ainsi que dans les deux matches d'entraînement contre la Corse à Marseille (2-0) et Hanovre à Rouen (3-3) où Gondet marque deux fois. Mais son successeur Louis Dugauguez s'en passe volontiers alors qu'il est à nouveau blessé, au genou, en championnat cette fois face à Sedan. Dès lors, sa confiance s'effrite. Georges Boulogne le rappelle plus tard, à l'automne 1970, pour des matches amicaux en remplacement momentané d'Hervé Revelli qui s'est affirmé à sa place. Mais malgré un but inscrit à Nice contre la Tchécoslovaquie sur un retourné, Philippe Gondet n'est plus convoqué ensuite et il quittera Nantes à la fin de la saison, pour le Racing, puis le Red Star.

Matches joués : 1965 2 matches sur 6 ▪ **1966** 7 matches sur 10 ▪ **1967** 2 matches sur 6 ▪ **1968** - ▪ **1969** - ▪ **1970** 2 matches sur 7 | **Buts : 1965** 3 ▪ **1966** 2 ▪ **1967** 1 ▪ **1970** 1 | **Titulaire :** 14 fois sur 14 | **Resté sur le banc :** 3 fois | **Coupe du monde 1966 :** 3 matches sur 3 | **Sélectionneurs :** Guérin 8 fois, Snella-Arribas 1 fois, Fontaine 2 fois, Dugauguez 1 fois, Boulogne 2 fois

Robert Budzynski

Défenseur

11 sélections

Né le 21 mai 1940 à Calonne-Ricouart (Pas-de-Calais)

Première présélection : 15 septembre 1965 à Oslo, Norvège-France (0-1)

Première sélection : 9 octobre 1965 à Paris, France - Yougoslavie (1-0)

Dernière sélection : 22 mars 1967 à Paris, France - Roumanie (1-2)

Dernière présélection : 5 juin 1966 à Moscou, URSS - France (3-3)

Club : 1965-1967 : FC Nantes (11 sélections)

Bilan : 3 victoires, 3 nuls, 5 défaites

Après Jacky Simon et Philippe Gondet, Robert Budzynski est le troisième Nantais appelé en équipe de France. Ce Nordiste d'origine polonaise est un défenseur à la fois costaud et clairvoyant. Comme Gondet, il est remplaçant en Norvège puis titulaire contre les Yougoslaves. Il forme la charnière centrale avec Bernard Bosquier et les Français tiennent en respect Dragan Dzajic et Milan Galić, un exploit. Comme Gondet, Budzynski ne sort plus de l'équipe jusqu'à la Coupe du monde 1966. Après celle-ci, il est nommé capitaine par le duo Snella-Arribas qui a pris la relève d'Henri Guérin. Mais Robert Budzynski ne joue plus qu'une fois l'année suivante, et encore, Just Fontaine le fait entrer en cours de match après la blessure sur Valenciennois Provelli contre la Roumanie au Parc. Toujours remplaçant au match suivant, Robert Budzynski n'est pas convoqué ensuite par Louis Dugauguez car il se blesse gravement à la jambe droite en décembre 1968, ce qui précipite sa fin de carrière. Mais il restera à Nantes dont il deviendra en 1970 le directeur sportif, un poste nouveau qu'il occupera avec un immense succès jusqu'en 2005.

Matches joués : 1965 2 matches sur 6 ▪ **1966** 8 matches sur 10 ▪ **1967** 1 match sur 6 | **Titulaire :** 10 fois sur 11 | **Remplaçant :** 1 fois sur 11 (de Provelli) | **Resté sur le banc :** 1 fois | **Capitaine :** 3 fois (8e-10e) | **Coupe du monde 1966 :** 3 matches sur 3 | **Sélectionneurs :** Guérin 7 fois, Snella-Arribas 3 fois, Fontaine 1 fois

1966

12 nouveaux joueurs
10 matches

19 mars : France - Italie 0-0
20 avril : France - Belgique 0-3
5 juin : URSS - France 3-3
13 juillet : France - Mexique 1-1 (CM)
15 juillet : France - Uruguay 1-2 (CM)
20 juillet : France - Angleterre 0-2 (CM)
28 septembre : Hongrie - France 4-2
22 octobre : France - Pologne 2-1 (QCE)
11 nov : Belgique - France 2-1 (QCE)
26 nov : Luxembourg - France 0-3 (QCE)

Bernard Blanchet

Attaquant
17 sélections, 5 buts

Né le 1er décembre 1943 à Saint-Mars-la-Jaille (Loire-Atlantique)

Première sélection : 20 avril 1966 à Paris, France - Belgique (0-3)

Dernière sélection : 25 juin 1972 à Salvador de Bahia, France - Argentine (0-0)

Dernière présélection : 13 octobre 1972 à Paris, France - URSS (1-0)

Club : 1966-1972 : FC Nantes (17 sélections)

Bilan : 5 victoires, 3 nuls, 9 défaites

Le FC Nantes champion de France 1965 puis 1966, séduit. Alors ses joueurs défilent logiquement en équipe de France. Après Simon, Gondet et Budzynski, au tour de Bernard Blanchet. Cet ailier droit n'a que 22 ans, il n'est pas très grand mais possède un talent fou. Henri Guérin le fait entrer en seconde mi-temps à la place de Gérard Hausser contre la Belgique, puis le titularise à Moscou pour le dernier match amical avant la Coupe du monde. Blanchet ouvre le score au stade Lénine, après un « une-deux » avec Philippe Gondet, son complice de l'attaque nantaise… Il est partant certain pour le Mondial, mais il est victime d'une entorse du genou lors du stage de préparation à Peebles, en Écosse, et il doit finalement laisser sa place… Il la retrouve en fin d'année et les sélectionneurs successifs font tous appel à lui, mais de manière intermittente. C'est Georges Boulogne qui en fait un titulaire, à partir de 1971. Mais toujours en balance avec Georges Lech ou Charly Loubet, il n'est plus sélectionné après la tournée au Brésil de juin 1972. Nantais jusqu'en 1974, Blanchet détient toujours avec ses 111 buts le record pour un joueur du FCN en championnat.

Matches joués : 1966 3 matches sur 10 ▪ **1967** 2 matches sur 6 ▪ **1968** 3 matches sur 5 ▪ **1969** - ▪ **1970** 2 matches sur 7 ▪ **1971** 3 matches sur 8 ▪ **1972** 4 matches sur 8 | **Buts : 1966** 1 ▪ **1968** 1 ▪ **1971** 2 ▪ **1972** 1 | **Titulaire :** 14 fois sur 17 | **Remplaçant :** 3 fois sur 17 (de Hausser, Chiesa, Loubet) | **Resté sur le banc :** 6 fois | **Coupe du monde 1966 :** forfait | **Sélectionneurs :** Guérin 2 fois, Snella-Arribas 1 fois, Fontaine 2 fois, Dugauguez 3 fois, Boulogne 9 fois

Daniel Eon

Gardien de but
3 sélections

Né le 20 décembre 1939 à Saint-Nazaire (Loire-Atlantique), décédé le 15 mars 2021 (81 ans)

Première sélection : 5 juin 1966 à Moscou, URSS - France (3-3)

Dernière sélection : 3 juin 1967 à Paris, France - URSS (2-4)

Club : 1965-1967 : FC Nantes (3 sélections)

Bilan : 1 nul, 2 défaites

Daniel Eon

Si Marcel Aubour a pris la succession de Pierre Bernard dans les buts de l'équipe de France depuis deux ans, les prouesses de Daniel Eon avec le FC Nantes, double champion de France, ne laissent pas Henri Guérin indifférent. Il décide de lui donner sa chance avec le dernier match amical avant le Mondial, à Moscou contre l'URSS. Même si Eon s'incline trois fois, sa présence au Mondial semble assurée. Hélas, cinq jours plus tard, à Cannes, il se blesse lors de la dernière journée de championnat, en retombant mal après un saut de joie célébrant le 36e but de Philippe Gondet ! Rupture du tendon d'Achille : pas de Mondial pour Eon... Dix mois plus tard, rétabli, Daniel Eon est choisi par Just Fontaine pour être son gardien titulaire et son capitaine. IL a 27 ans et dispute les deux matches amicaux dirigés par le meilleur buteur de la Coupe du monde 1958. Mais ce sont deux défaites, et ni Eon ni Fontaine ne reviendront ensuite en équipe de France. Victime de nouvelles blessures, Daniel Eon mettra un terme à sa carrière l'année suivante, à 29 ans.

Matches joués : 1966 1 match sur 10 ▪ **1967** 2 matches sur 6 | **Titulaire :** 3 fois sur 3 | **Capitaine :** 2 fois (2e-3e) | **Coupe du monde 1966 :** forfait | **Sélectionneurs :** Guérin 1 fois, Fontaine 2 fois

Gabriel De Michèle

Défenseur
2 sélections

Né le 6 mars 1941 à Saint-Étienne (Loire)

Première sélection : 13 juillet 1966 à Wembley, France-Mexique (1-1)

Dernière sélection : 3 juin 1967 à Paris, France-URSS (2-4)

Club : 1965-1966 : FC Nantes (2 sélections)

Bilan : 1 nul, 1 défaite

Le défenseur nantais entre en équipe de France avec la Coupe du monde en Angleterre. Sélectionné parmi les 22 sans jamais avoir fait partie du groupe, Gabriel De Michèle a gagné sa place durant le stage de préparation en Écosse et il joue à la place du Bordelais André Chorda, en méforme, contre le Mexique. Mais il n'est pas maintenu pour les deux suivants, Bernard Bosquier glissant de l'axe à sa place sur l'aile gauche. Gaby De Michèle n'est pas non plus retenu par le duo Snella-Arribas après la Coupe du monde. Mais Just Fontaine le reprend dans son groupe : il joue une mi-temps contre la Corse dans un match non officiel à Marseille, puis une autre à Rouen contre Hanovre. Il remplace à chaque fois un Rennais, Lavaud puis Cardiet. Fontaine le titularise pour la venue de l'URSS au Parc en amical, mais c'est un tel échec pour les Français, battus 4-2, que ni le sélectionneur ni les quatre défenseurs alignés ne reviendront en équipe de France ! Gaby De Michèle restera fidèle au FC Nantes jusqu'à la fin de sa carrière en 1975, avec 387 matches en Division 1 et trois titres de champion de France.

Matches joués : 1966 1 match sur 10 ▪ **1967** 1 match sur 6 | **Titulaire :** 2 fois sur 2 | **Resté sur le banc :** 3 fois | **Coupe du monde 1966 :** 1 match sur 3 | **Sélectionneurs :** Guérin 1 fois, Fontaine 1 fois

Didier Couécou

Attaquant
1 sélection

Né le 25 juillet 1944 à Caudéran (Gironde)

Première présélection : 13 juillet 1966 à Wembley, France - Mexique (1-1)

Unique sélection : 23 décembre 1967 à Paris, France - Luxembourg (3-1)

Club : 1965-1968 : Girondins de Bordeaux (1 sélection)

Bilan : 1 victoire

C'est l'invité surprise de la Coupe du monde. Le populaire attaquant bordelais, au style bagarreur, bénéficie sans doute du rejet de Gilbert Gress et du forfait de Bernard Blanchet, mais Didier Couécou est bien dans les 22 Tricolores en Angleterre, avec deux autres attaquants girondins, Hector De Bourgoing et Laurent Robuschi. À 21 ans, il se contente néanmoins d'une place sur le banc de touche. Louis Dugauguez le sélectionne à son tour, un an plus tard. Couécou, réserviste contre l'Allemagne en amical, est titularisé au centre de l'attaque contre le Luxembourg. Mais c'est le Niçois Charly Loubet qui flambe, inscrivant les trois buts français et Couécou n'est plus rappelé. Il continuera une longue carrière en club qui le mènera à Nice, Marseille et Nantes avant de revenir à Bordeaux en 1974.

Match joué : 1966 - ▪ **1967** 1 match sur 6 | **Titulaire :** 1 fois sur 1 | **Resté sur le banc :** 4 fois | **Coupe du monde 1966 :** 0 match sur 3 | **Sélectionneurs :** Guérin 0 fois, Dugauguez 1 fois

Hervé Revelli

Attaquant
30 sélections, 15 buts

Né le 5 mai 1946 à Verdun (Meuse)

Première sélection : 28 septembre 1966, à Budapest : Hongrie-France (4-2)

Dernière sélection : 26 mars 1975, à Paris, France-Hongrie (2-0)

Clubs : 1966-1971 : AS Saint-Étienne (15 sélections) ▪ 1971-1973 : OGC Nice (12 sélections) ▪ 1973-1975 : AS Saint-Étienne (3 sélections)

Bilan : 13 victoires, 7 nuls, 10 défaites

Après la déception de l'élimination sans gloire au premier tour de la Coupe du monde 1966 et la démission d'Henri Guérin début septembre, c'est le duo Jean Snella - José Arribas qui prend les rênes de l'équipe de France. Les entraîneurs de Saint-Étienne et Nantes lancent le jeune attaquant Stéphanois Hervé Revelli, 20 ans, dans un 4-2-4 aux côtés de Philippe Gondet, en match amical à Budapest face à la Hongrie. Les deux hommes marquent chacun un but. Mais en face, János Farkas, la terreur du Vasas, a scoré à quatre reprises ! Revelli joue deux autres matches en fin d'année, mais il n'est plus sélectionné quand le duo s'efface pour laisser place à Just Fontaine dès le début de l'année 1967. Le cas Revelli, fiable en club, demande pourtant à être revu puisqu'il termine meilleur buteur du championnat avec 31 buts. Mais Louis Dugauguez lui préfère Di Nallo, puis Combin, puis Guy... C'est Georges Boulogne

Hervé Revelli

qui relance Hervé Revelli au printemps 1969, alors que la qualification pour le Mondial 1970 est déjà fortement compromise. Le 2 avril, dans un match non officiel au Parc contre le Real Madrid, Hervé Revelli réussit un triplé. Le 23 août, un quadruplé contre les Danois de Hvidovre dans un nouveau match d'entraînement, à Béziers (4-2)... Petit à petit, le Stéphanois s'installe ainsi pour de bon en sélection, alors qu'il est désigné meilleur joueur français de l'année 1969. Son année 1971 est riche aussi : il marque le quatrième but français sur le terrain de Boca Juniors lors d'une victoire historique en Argentine (4-3). Puis un, doublé à Valence contre l'Espagne, puis un but en Hongrie où la France arrache un prometteur match nul (1-1) dans les éliminatoires de l'Euro 1972... Revelli quitte alors les Verts pour Nice, mais il ne sort pas de l'équipe de France. En juin 1972, il réalise un triplé à Salvador de Bahia contre une sélection d'Amérique centrale, lors du premier match de la Coupe de l'Indépendance. Mais la France rate ensuite la qualification pour la Coupe du monde 1974, lors du dernier match à Moscou. Hervé Revelli retourne alors à Saint-Étienne, à 27 ans, il semble laisser la place aux jeunes avant-centres qui arrivent : Molitor, Berdoll, Lacombe... Mais le grand retour des Verts sur la scène nationale et bientôt européenne, le relance une nouvelle fois et Stefan Kovacs le rappelle en novembre 1973. Hervé Revelli marque contre le Danemark son 15e but en 28 sélections, alors que débute son frère Patrick, qui sera cinq fois international de 1973 à 1977. Mais ce sont ces derniers feux. Kovacs devant les déceptions des jeunes attaquants français le convoque pourtant encore deux fois pour des matches amicaux, en 1974 et 1975, et aussi pour des matches d'entraînement comme à Lille face à Anderlecht où il a l'occasion de jouer une seconde fois avec son frère Patrick. Accaparé par l'épopée européenne de Saint-Étienne, il ne revient pas en équipe de France sous Michel Hidalgo alors qu'il devient le meilleur buteur de l'histoire du championnat de France en 1978, avec 216 buts. Chiffre dépassé depuis seulement par Bernard Lacombe et Delio Onnis.

Matches joués : 1966 3 matches sur 10 ▪ **1967** 1 match sur 6 ▪ **1968** 1 match sur 5 ▪ **1969** 3 matches sur 5 ▪ **1970** 4 matches sur 7 ▪ **1971** 6 matches sur 8 ▪ **1972** 6 matches sur 8 ▪ **1973** 4 matches sur 6 ▪ **1974** 1 match sur 6 ▪ **1975** 1 match sur 6 | **Buts : 1966** 2 ▪ **1969** 3 ▪ **1970** 1 ▪ **1971** 4 ▪ **1972** 4 ▪ **1973** 1 | **Titulaire :** 28 fois sur 30 | **Remplaçant :** 2 fois sur 30 (de Loubet 2 fois) | **Resté sur le banc :** 3 fois | **Sélectionneurs :** Snella-Arribas 3 fois, Dugauguez 2 fois, Boulogne 22 fois, Kovacs 3 fois

Jean-Claude Suaudeau

Milieu de terrain
4 sélections

Né le 24 mai 1938 à Cholet (Maine-et-Loire)

Première sélection : 28 septembre 1966, à Budapest, Hongrie - France (4-2)

Dernière sélection : 22 mars 1967 à Paris, France - Roumanie (1-2)

Club : 1966-1967 : FC Nantes (4 sélections)

Bilan : 1 victoire, 3 défaites

Le ténébreux demi Jean-Claude Suaudeau est un des cerveaux de l'équipe nantaise double championne de France. Son entraîneur José Arribas, devenu sélectionneur avec Jean Snella, connaît son importance dans le jeu, il l'incorpore donc dès son premier match, associé à Jacky Simon, l'autre homme fort du FCN. Suaudeau qui a déjà 28 ans fait de bons débuts internationaux, donnant notamment la balle de victoire à Georges Lech contre la Pologne (2-1) en octobre 1966 au Parc, lors du match qui lance les qualifications pour l'Euro 1968. Suaudeau est logiquement titulaire en Belgique, pour le deuxième match qualificatif. Mais alors que la France tient bon le 0-0, il est se blesse et s'il reste sur le terrain, il doit s'exiler sur un côté. Les Belges en profitent pour marquer deux fois par Paul Van Himst et la France perd le match (2-1). Just Fontaine qui succède rapidement au duo Arribas-Snella en début d'année 1967, conserve Suaudeau dans son équipe. Mais ce n'est pas le cas de Louis Dugauguez qui préfère lancer un autre Nantais, le jeune Henri Michel. À partir de 1973, Suaudeau deviendra pour de longues années entraîneur à Nantes. D'abord de la réserve puis de l'équipe première, à deux reprises, perpétuant magnifiquement l'œuvre de José Arribas, avec des titres de champion de France en 1983 et 1995.

Matches joués : 1966 3 matches sur 10 ▪ **1967** 1 match sur 6 | **Titulaire :** 4 fois sur 4 | **Sélectionneurs :** Snella-Arribas 3 fois, Fontaine 1 fois

Claude Robin

Défenseur
4 sélections

Né le 10 mai 1941 aux Sables-d'Olonne (Vendée), décédé le 27 juin 2010 (69 ans)

Première sélection : 28 septembre 1966 à Budapest, Hongrie - France (4-2)

Dernière sélection : 27 septembre 1967 à Berlin, Allemagne - France (5-1)

Club : 1966-1967 : FC Nantes (4 sélections)

Bilan : 1 victoire, 3 défaites

José Arribas connaît ses Nantais par cœur et s'appuie sur eux pour composer sa première équipe de France. Si Bernard Blanchet doit déclarer forfait, il aligne Robert Budzynski en défense, Jean-Claude Suaudeau et Jacky Simon au milieu, Philippe Gondet en attaque. Et place Claude Robin sur le banc des remplaçants. Ce défenseur, formé au Stade de Reims mais Vendéen d'origine, a l'occasion de jouer en remplaçant Simon touché en fin de match face la Hongrie. Et il est titularisé aux côtés de Budzynski pour les deux matches suivants, contre la Pologne et la Belgique, dans le cadre des éliminatoires du championnat d'Europe 1968. Just Fontaine qui prend la suite, conserve Robin dans son groupe, mais il ne joue qu'un match non officiel, contre la Corse. Louis Dugauguez ensuite le convoque une fois, pour un match amical à Berlin. Remplaçant, Robin entre en jeu alors que l'Allemagne mène déjà 3-0. Il remplace une nouvelle fois Simon pour renforcer la défense qui prend l'eau et finit par perdre 5-1. Et on ne le revoit plus ensuite.

Matches joués : 1966 3 matches sur 10 ▪ **1967** 1 match sur 6 | **Titulaire :** 2 fois sur 4 | **Remplaçant :** 2 fois sur 4 (de Simon 2 fois) | **Resté sur le banc :** 1 fois | **Sélectionneurs :** Snella-Arribas 3 fois, Fontaine 0 fois, Dugauguez 1 fois

Jean-Claude Lavaud

Défenseur
1 sélection

Né le 18 mai 1938 à Orléans (Loiret), décédé le 6 mars 2011 (72 ans)

Première présélection : 28 septembre 1966, Hongrie - France (4-2)

Unique sélection : 22 mars 1967, France - Roumanie (1-2)

Club : 1966-1967 : Stade Rennais (1 sélection)

Bilan : 1 défaite

Présélectionné à l'automne 1966 par le duo Snella-Arribas, le défenseur latéral rennais reste sur la touche à Budapest. Mais Just Fontaine le convoque pour son premier match, un entraînement contre une sélection de la Corse, en février 1967 à Marseille (0-2) où il joue la première mi-temps. Dans la foulée, Jean-Claude Lavaud est titularisé pour le premier « vrai » match de Fontaine à la tête des Bleus, contre la Roumanie, comme latéral droit, alors que son compère rennais Louis Cardiet est latéral gauche. Mais on ne le revoit plus ensuite et il quittera le monde pro à 30 ans, en 1968, pour jouer à Brest puis Vannes.

Match joué : 1966 - ▪ **1967** 1 match sur 6 | **Titulaire :** 1 fois sur 1 | **Resté sur le banc :** 1 fois | **Sélectionneurs :** Snella-Arribas 0 fois, Fontaine 1 fois

Paul Courtin

Attaquant, 1 sélection

Né le 27 mars 1942 à Sallaumines (Pas-de-Calais)

Première présélection : 28 septembre 1966, Hongrie - France (4-2)

Unique sélection : 23 octobre 1966, France - Pologne (2-1)

Dernière présélection : 26 novembre 1966, Luxembourg, Luxembourg - France (0-3)

Club : 1966-1967 : RC Lens (1 sélection)

Bilan : 1 victoire

Dans le souci de régénérer l'attaque française si décevante en Coupe du monde, le duo Snella-Arribas a lancé Hervé Revelli mais aussi fait appel à Paul Courtin qui joue habituellement avec Georges Lech à Lens. Réserviste contre la Hongrie, Courtin est aligné face à la Pologne comme ailier gauche dans le 4-2-4 instauré par les nouveaux sélectionneurs, avec Herbet, Lech et Di Nallo comme partenaires, alors que Hausser, Gondet et Revelli sont forfaits. Une expérience qui n'est pas renouvelée, Courtin redevenant simplement réserviste pour les deux matches suivants, comptant eux aussi pour l'Euro 1968, la place d'ailier gauche revenant à Hausser, puis à Robuschi dont ce seront également les dernières sélections. Transféré l'été suivant au FC Nantes, la carrière de Courtin sera alors freinée par une blessure au genou.

Match joué : 1966 1 match sur 10 | **Titulaire :** 1 fois sur 1 | **Resté sur le banc :** 3 fois | **Sélectionneur :** Snella-Arribas 1 fois

Louis Landi

Gardien de but
0 sélection

Né le 10 janvier 1941 Alger (Algérie française), décédé le 8 juin 1977 (36 ans)

Unique présélection : 28 septembre 1966, Hongrie - France (4-2)

Club : 1966-1967 : Nîmes Olympique

Alors que Marcel Aubour est écarté de l'équipe de France après la Coupe du monde, le poste revient à Georges Carnus qui honore sa deuxième sélection, trois ans après la première. Pour sa doublure, c'est le gardien nîmois qui est choisi, Louis Landi qui est le digne successeur d'Alexandre Roszak, présélectionné en équipe de France en 1959 et 1961, et de Pierre Bernard 21 fois international de 1960 à 1965. Un passage sans vrai lendemain, car Landi n'est plus appelé ensuite qu'en équipe de France « B », à deux reprises. Il se contentera donc de garder les cages nîmoises jusqu'en 1976, puis montpelliéraines jusqu'à sa disparition tragique en 1977, à la suite d'un accident de la route. Son frère aîné, Pierre, avait connu une carrière internationale similaire : sélectionné en 1951 sans jouer...

Resté sur le banc : 1 fois

Francis Magny

Attaquant
0 sélection

Né le 15 décembre 1939 à Charleville (Ardennes)

Première présélection : 11 novembre 1966, Belgique - France (2-1)

Dernière présélection : 26 novembre 1966, Luxembourg, Luxembourg - France (0-3)

Club : 1966-1967 : FC Nantes

Après Revelli et Courtin, un nouvel attaquant est testé dans cette équipe de France en reconstruction sous la houlette du duo Snella-Arribas : Francis Magny, un autre Nantais, passé auparavant par le Racing et par Lille. Mais comme Courtin, il est maintenu en réserve pour les matches qualificatifs de l'Euro en Belgique et contre le Luxembourg et on ne le retrouve plus dans les listes de sélectionnés. Magny quittera Nantes pour Monaco à la fin de la saison, puis ira terminer sa carrière au Red Star en 1969.

Resté sur le banc : 2 fois

Michel Watteau

Milieu de terrain
1 sélection

Né le 11 octobre 1945 à Wattrelos (Nord), décédé le 29 septembre 2003 (57 ans)

Unique sélection : 26 novembre 1966 à Luxembourg, Luxembourg - France (0-3)

Club : 1966-1967 : US Sedan (1 sélection)

Bilan : 1 victoire

Jean-Claude Suaudeau forfait pour le dernier match de l'année 1966, à la suite de sa blessure contre la Belgique, le duo Arribas-Snella fait appel au milieu de terrain sedanais Michel Watteau pour jouer face au Luxembourg en qualification de l'Euro 1968. À 21 ans, ce grand blond qui jouait à Rennes la saison précédente, est un espoir du football français. Pourtant, personne ne fait appel à lui par la suite tandis qu'il change souvent de club : après Sedan, ce sera Lille, Sochaux, Valenciennes et Troyes jusqu'en 1976.

Match joué : 1966 1 match sur 10 | **Titulaire :** 1 fois sur 1 | **Sélectionneur :** Snella-Arribas 1 fois

1967

13 nouveaux joueurs
6 matches

22 mars : France - Roumanie 1-2
3 juin : France - URSS 2-4
17 septembre : Pologne - France 1-4 (QCE)
27 septembre : Allemagne - France 5-1
28 octobre : France - Belgique 1-1 (QCE)
23 déc : France - Luxembourg 3-1 (QCE)

Charly Loubet

Attaquant
36 sélections, 10 buts

Né le 26 janvier 1946 à Grasse (Alpes-Maritimes)

Première sélection : 22 mars 1967 à Paris, France - Roumanie (1-2)

Dernière sélection : 18 mai 1974 à Paris, France - Argentine (0-1)

Clubs : 1967-1969 : OGC Nice (12 sélections) ▪ 1969-1971 : Olympique de Marseille (13 sélections) ▪ 1971-1974 : OGC Nice (11 sélections)

Bilan : 14 victoires, 7 nuls, 15 défaites

Charly Loubet

Le nouveau sélectionneur Just Fontaine organise fin février 1967 un match d'entraînement, à Marseille, contre une sélection corse. L'occasion de voir à l'œuvre le prometteur et explosif attaquant niçois Charly Loubet, 21 ans. La défaite française (2-0) ne refroidit pas le héros de 1958 qui aligne Loubet pour son premier match officiel, trois semaines plus tard, au Parc, face à la Roumanie. Puis en juin contre l'URSS. Loubet ne marque pas, mais est convaincant et Louis Dugauguez qui succède vite à Fontaine, conserve dans son équipe ce joueur jovial et insouciant. À la fin de l'année 1967, Loubet ouvre son compteur de buts internationaux en signant un triplé face au Luxembourg, en onze minutes, alors qu'il est passé d'ailier gauche à ailier droit pour ce dernier match du tour qualificatif de l'Euro 1968. Loubet demeure ensuite incontournable, mais il devient remplaçant à l'automne 1968, entrant en cours de jeu contre l'Allemagne, puis contre la Norvège à Strasbourg dans le match qui précipite l'éviction de Dugauguez. Georges Boulogne, qui lui succède en début d'année 1969, réintègre Loubet comme titulaire au poste d'ailier, gauche ou droit, ou de second avant-centre, position qui lui permet de marquer plus souvent. Dès lors, Loubet forme un duo complémentaire avec Hervé Revelli, son partenaire à présent en championnat à partir de 1971 à Nice, après une parenthèse à Marseille où il a formé une attaque de feu avec Bonnel, Skoblar et Magnusson. Mais Loubet perd sa place à la fin de l'année 1972 après la défaite en Irlande (2-1) qui compromet déjà les chances de qualification de la France pour la Coupe du monde 1974. Stefan Kovacs le rappelle pour son deuxième match à la tête des Tricolores, en octobre 1973, en l'associant à son nouveau partenaire niçois Marc Molitor, puis au printemps 1974 contre l'Argentine, où il remplace en cours de match Bernard Lacombe. Charly Loubet n'a que 28 ans, mais Kovacs va chercher ailleurs ensuite d'autant qu'il se blesse gravement en cours de saison suivante.

Matches joués : 1967 6 matches sur 6 ▪ **1968** 4 matches sur 5 ▪ **1969** 5 matches sur 5 ▪ **1970** 6 matches sur 7 ▪ **1971** 8 matches sur 8 ▪ **1972** 5 matches sur 8 ▪ **1973** 1 match sur 6 ▪ **1974** 1 match sur 6 | **Buts : 1967** 3 ▪ **1970** 2 ▪ **1971** 3 ▪ **1972** 2 | **Titulaire :** 29 fois sur 36 | **Remplaçant :** 7 fois sur 36 (de Blanchet, Gress, Di Nallo, H. Revelli, Lech, Chiesa, Lacombe) | **Resté sur le banc :** 2 fois | **Sélectionneurs :** Fontaine 2 fois, Dugauguez 8 fois, Boulogne 24 fois, Kovacs 2 fois

Jean-Pierre Dogliani

Attaquant
1 sélection, 1 but

Né le 17 octobre 1942 à Marseille (Bouches-du-Rhône), décédé le 17 avril 2003 (60 ans)

Unique sélection : 22 mars 1967 à Paris, France - Roumanie (1-2)

Dernière présélection : 3 juin 1967 à Paris, France - URSS (2-4)

Club : 1966-1967 : SCO Angers (1 sélection)

Bilan : 1 défaite

Comme Charly Loubet, Jean-Pierre Dogliani est un nouveau venu, déniché par Just Fontaine à l'occasion du match d'entraînement contre la Corse. Le milieu de terrain angevin, habile technicien, est lui aussi aligné contre la Roumanie au Parc, et c'est lui qui inscrit le seul but français, en fin de rencontre, de la tête sur un centre de Loubet. Dogliani joue également le match non officiel contre Hanovre à Rouen, mais reste sur le banc de touche pour le « vrai » match amical qui suit, contre l'URSS au Parc, son coéquipier du SCO Jean Deloffre jouant à sa place. Hélas pour les deux Angevins, Fontaine s'en allant ensuite, ils ne sont plus sélectionnés. Quittant Angers en 1970, Dogliani jouera à Bastia, à Monaco et au Paris SG, sous les ordres de Fontaine, où il finira sa carrière en 1976.

Match joué : 1967 1 match sur 6 | But : **1967** 1 | **Titulaire :** 1 fois sur 1 | **Resté sur le banc :** 1 fois | **Sélectionneur :** Fontaine 1 fois

Louis Provelli

Défenseur
1 sélection

Né le 21 avril 1939 à Crusnes (Meurthe-et-Moselle), décédé le 7 octobre 2014 (75 ans)

Unique sélection : 22 mars 1967 à Paris, France-Roumanie (1-2)

Club : 1966-1967 : US Valenciennes (1 sélection)

Bilan : 1 défaite

Le défenseur valenciennois est lui aussi testé contre la Corse avant d'être titularisé contre la Roumanie pour le premier match officiel dirigé par Just Fontaine. Mais les Corses avaient marqué deux fois (2-0, Sansonetti 2e, Serra 58e) et les Roumains en font autant au Parc (2-1). Bien qu'associé en défense centrale à son partenaire de club Jean-Claude Piumi avec lequel il forme un solide tandem en championnat, Louis Provelli ne sera pas revu.

Match joué : 1967 1 match sur 6 | **Titulaire :** 1 fois sur 1 | **Sélectionneur :** Fontaine 1 fois

Gilbert Le Chenadec

Défenseur
1 sélection

Né le 13 juillet 1938 à Languidic (Morbihan)

Unique sélection : 3 juin 1967 à Paris, France-URSS (2-4)

Club : 1966-1967 : FC Nantes (1 sélection)

Bilan : 1 défaite

Après la déception de Louis Provelli, Just Fontaine tente le Nantais Gilbert Le Chenadec, défenseur central réputé pour son sens du jeu, bientôt 29 ans, dans le match d'entraînement en mai à Rouen contre Hanovre. Un essai pas forcément concluant pour le double champion de France 1965-66 puisqu'il est remplacé en cours de match par Robert Budzynski. Mais le solide Breton, formé à la Montagnarde de Lochrist, est titulaire au centre la défense contre l'URSS au Parc, deux semaines plus tard, associé à Jean-Claude Piumi, et avec à ses côtés un autre Nantais, Gaby De Michèle, devant les buts gardés par Daniel Eon, son habituel gardien en club. Mais les Soviétiques marquent quatre fois, Fontaine est limogé dans la foulée, et Gilbert Le Chenadec avec… Il quittera Nantes durant l'été pour Metz, puis Angoulême.

Match joué : 1967 1 match sur 6 | **Titulaire :** 1 fois sur 1 | **Sélectionneur :** Fontaine 1 fois

Henri Michel

Milieu de terrain
58 sélections, 4 buts

Né le 28 octobre 1947 à Aix-en-Provence (Bouches-du-Rhône), décédé le 24 avril 2018 (70 ans)

Première sélection : 17 septembre 1967 à Varsovie, Pologne - France (1-4)

Dernière sélection : 11 octobre 1980 Limassol, Chypre - France (0-7)

Club : 1967-1980 : FC Nantes (58 sélections)

Bilan : 27 victoires, 14 nuls, 17 défaites

Pour tourner la page Just Fontaine, le nouveau sélectionneur Louis Dugauguez lance trois nouveaux joueurs, dont le très prometteur Henri Michel qui n'a pas encore 20 ans. Le milieu de terrain nantais entre à la place d'Yves Herbet dans un match non officiel au Danemark, contre Odense, quatre jours avant d'affronter la Pologne en match de qualification pour l'Euro 1968. Dans la foulée, il est titulaire face aux Polonais, aux côtés de Herbet et Herbin, comme meneur de jeu. La large victoire française à Varsovie (4-1) lui ouvre alors de grands horizons. Absent lors de la déroute qui suit en amical face à l'Allemagne, Michel revient pour les derniers matches de qualification à l'Euro, où la France ne perd pas et se qualifie ainsi pour les quarts de finale. Mais il est absent contre la Yougoslavie et la France est éliminée sèchement de la phase finale (1-1, 1-5). Michel porte-bonheur ? La déconvenue à laquelle il participe contre la Norvège, en novembre 1968 à Strasbourg, balaie cette idée. Mais Georges Boulogne qui remplace Dugauguez après ce fiasco croit aussi fort que lui dans le talent du Nantais qui devient alors un pilier de son équipe, disputant 29 des 31 matches qu'il dirige ! Qu'il soit meneur de jeu ou relayeur, Henri Michel s'est rendu, comme à Nantes, indispensable au cœur du jeu de l'équipe de France où il est à de nombreuses reprises un passeur décisif. Stefan Kovacs, qui prend la suite de Boulogne durant l'été 1972, pense la même chose, en l'alignant 13 fois sur 15 et faisant de lui son capitaine après Georges Bereta. Un brassard que lui conserve Michel Hidalgo à sa prise de fonction en 1976. Michel encadre alors la nouvelle génération, celle des Platini, Bossis, Six... Il joue moins pendant deux ans, mais comme il est toujours aussi performant avec le FC Nantes, il revient pour la Coupe du monde 78 en Argentine. Il est ainsi le seul joueur de sa génération, pourtant riche en talents, à avoir pu disputer un Mondial... Après celui-ci, il s'efface de la sélection au cours des éliminatoires de l'Euro 1980. Il n'est rappelé qu'une fois, pour dépanner lors du premier match de qualification à la Coupe du monde 1982, à Chypre, où il joue libero pour sa 58e et dernière sélection. Car un mois plus tard, s'il fait partie encore de la sélection pour jouer contre l'Irlande, au Parc, il doit rester en tribune comme « 17e homme ». Mais Henri Michel ne tourne pas complètement la page équipe de France. En 1983, il devient l'adjoint de Michel Hidalgo, puis dirige l'équipe de France olympique qui remporte le tournoi de Los Angeles en 1984 avec les Touré, Xuereb, Bijotat, Brisson, Bibard, Ayache, Sénac, Garande, Rust... Puis il prend la tête des Bleus à son tour. Il poursuit l'héritage de Michel Hidalgo sans heurts pendant deux ans, terminant troisième du Mondial 86 au Mexique. Mais la suite est tendue avec les retraites de Platini, Giresse, Bossis, Tigana et Rocheteau... Henri Michel ne parvient pas à qualifier l'équipe de France pour l'Euro 1988. Puis elle part mal dans les éliminatoires du Mondial 90, et il est limogé sans ménagement dès l'automne 1988. Il deviendra ensuite sélectionneur de nombreux pays africains et participera ainsi encore à trois Coupes du monde : en 1994 avec le Cameroun, en 1998 avec le Maroc, en 2006 avec la Côte d'Ivoire.

Matches joués : 1967 3 matches sur 6 ▪ **1968** 1 match sur 5 ▪ **1969** 5 matches sur 5 ▪ **1970** 7 matches sur 7 ▪ **1971** 7 matches sur 8 ▪ **1972** 7 matches sur 8 ▪ **1973** 5 matches sur 6 ▪ **1974** 5 matches sur 6 ▪ **1975** 6 matches sur 6 ▪ **1976** 1 match sur 6 ▪ **1977** 1 match sur 7 ▪ **1978** 8 matches sur 11 ▪ **1979** 1 match sur 6 ▪ **1980** 1 match sur 6 | **Buts : 1969** 1 ▪ **1970** 1 ▪ **1972** 1 ▪ **1974** 1 | **Titulaire :** 57 fois sur 58 | **Remplaçant :** 1 fois sur 58 (de Guillou) | **Resté sur le banc :** 4 fois | **Resté en tribune :** 1 fois | **Capitaine :** 11 fois (31e, 44e-48e, 50e-51e, 55e-57e) | **Coupe du monde 1978 :** 2 matches sur 3 | **Sélectionneurs :** Dugauguez 4 fois, Boulogne 29 fois, Kovacs 13 fois, Hidalgo 12 fois

Jean Baeza

Défenseur
8 sélections

Né le 20 août 1942 Alger (Algérie française), décédé le 21 février 2011 (68 ans)

Première sélection : 17 septembre 1967 à Varsovie, Pologne - France (1-4)

Dernière sélection : 17 octobre 1968 à Lyon, France - Espagne (1-3)

Dernière présélection : 10 septembre 1969 à Oslo, Norvège - France (1-3)

Dimanche 26 juin 1977, sous un beau soleil d'hiver, l'équipe de France tient l'Argentine en échec (0-0) au stade de Boca Juniors, à Buenos Aires. De bon augure pour Henri Michel et Marius Trésor, un an avant la Coupe du monde. Mais durant ce Mondial, les Bleus seront battus par les Argentins (2-1), futurs champions du monde.

Clubs : 1967-1968 : AS Monaco (6 sélections) ▪ 1968-1969 : Red Star (2 sélections) ▪ 1969-1970 : Olympique Lyonnais (0 sélection)

Bilan : 2 victoires, 3 nuls, 3 défaites

Comme Henri Michel, Jean Baeza a été testé par Louis Dugauguez au cours du match d'entraînement contre Odense, au Danemark, cinq jours avant d'aller en Pologne. Entrée jugée satisfaisante malgré la défaite des Français (2-1) car le très rugueux défenseur de Monaco est confirmé à Varsovie au poste de latéral gauche. Et comme il s'en sort bien, le sélectionneur l'aligne dix jours plus tard à Berlin dans un match amical contre l'Allemagne. Mais cette fois, ça se passe moins bien. L'ailier droit allemand Reinhard Libuda ouvre le score puis lui mène la vie dure. Mais malgré la déroute française (5-1), Baeza reste titulaire pour les matches suivants, même en ayant quitté Monaco pour le Red Star à l'été 1968, où il reste le dernier joueur du club de Saint-Ouen à être sélectionné en équipe de France à ce jour. Sa série s'arrête toutefois à l'automne, après la défaite face à l'Espagne en amical. Face aux attaquants Pirri, Luis Aragones et Amancio, la défense française a trop souffert pour rester en l'état. Baeza n'est pas oublié pour autant. Georges Boulogne le convoque deux fois l'année suivante alors qu'il a rejoint Lyon, mais il le laisse sur le banc, lui préférant désormais Jean-Paul Rostagni qui lui a succédé à Monaco.

Matches joués : 1967 4 matches sur 6 ▪ **1968** 4 matches sur 5 ▪ **1969** - | **Titulaire :** 8 fois sur 8 | **Resté sur le banc :** 2 fois | **Sélectionneurs :** Dugauguez 8 fois, Boulogne 0 fois

Roland Mitoraj

Défenseur, 3 sélections

Né le 5 février 1940 à Bourges (Cher)

Première sélection : 17 septembre 1967 à Varsovie, Pologne-France (1-4)

Dernière sélection : 17 octobre 1968 à Lyon, France-Espagne (1-3)

Dernière présélection : 6 novembre 1968 à Strasbourg, France - Norvège (0-1)

Club : 1967-1969 : AS Saint-Étienne (3 sélections)

Bilan : 1 victoire, 1 nul, 1 défaite

Avec Michel et Baeza, Roland Mitoraj est le troisième nouveau déniché par Louis Dugauguez pour relancer l'équipe de France après les échecs des sélectionneurs depuis le Mondial raté de 1966. Comme eux, il joue au Danemark le match non officiel contre Odense et dans la foulée en Pologne, associé en défense centrale à Bernard Bosquier son partenaire habituel en club. Les deux Stéphanois ont fort à faire avec une ligne d'attaque polonaise Faber-Lubanski-Gadocha (qui joueront tous les trois en France quelques années plus tard, à Lens, Quimper et Nantes), mais ils font bonne garde, les Tricolores repartant avec un succès prometteur (4-1). Mitoraj forfait pour le match suivant, évite la débâcle de Berlin face l'Allemagne (5-1) mais il ne revient que comme remplaçant lors du quart de finale de l'Euro contre la Yougoslavie. Puis comme titulaire contre l'Allemagne en octobre 1968, en amical à Marseille, toujours en duo avec Bosquier pour un bon match nul (1-1). Mais la rencontre suivante se passe mal, à Lyon, l'Espagne surclasse la France (3-1) et Mitoraj retourne sur le banc des remplaçants. Et Georges Boulogne succédant ensuite à Dugauguez, il n'est plus appelé.

Matches joués : 1967 1 match sur 6 ▪ **1968** 2 matches sur 5 | **Titulaire :** 3 fois sur 3 | **Resté sur le banc :** 4 fois | **Sélectionneur :** Dugauguez 3 fois

Georges Bereta

Attaquant
44 sélections, 4 buts

Né le 11 mai 1946 à Saint-Étienne (Loire)

Première présélection : 17 septembre 1967 à Varsovie, Pologne - France (1-4)

Première sélection : 23 décembre 1967, à Paris, France - Luxembourg (3-1)

Dernière sélection : 25 mai 1975, à Reykjavik, Islande - France (0-0)

Dernière présélection : 3 septembre 1975 à Nantes, France - Islande (3-0)

Clubs : 1967-1974 : AS Saint-Étienne (41 sélections) ▪ 1975-1976 : Olympique de Marseille (3 sélections)

Bilan : 16 victoires, 10 nuls, 18 défaites

Comme Henri Michel à Nantes, un jeune joueur éclabousse de son talent le jeu de Saint-Étienne. D'origine polonaise, Georges Bereta est un ailier gauche de petit gabarit mais de grande force. Dugauguez présélectionne ce gaucher trapu pour les matches de qualification à l'Euro 1968 en Pologne puis contre la Belgique, mais il fait jouer Charly Loubet. Il titularise le Stéphanois pour le dernier match de l'année contre le Luxembourg, comme ailier gauche, Loubet passant ailier droit, et Bereta offre à Loubet le but qui signe son triplé. En mars de l'année suivante, Bereta est titulaire lors d'un match non officiel contre le Torino, à Nice, où il marque le but français (1-1), puis ensuite au match aller du quart de finale de l'Euro contre la Yougoslavie, à Marseille. Remplaçant au retour, Bereta enchaîne à partir de la saison 1968-69 les matches, au poste d'ailier gauche, puis de milieu gauche sous Georges Boulogne qui installe un 4-4-2 avec Loubet et Revelli en pointe. Bereta dispute ainsi 27 des 31 matches du sélectionneur. En octobre 1972, Bereta transforme magistralement un coup-franc, à ras de terre, contre l'URSS au Parc dans le premier match de qualification pour le Mondial 1974. Un succès 1-0 qui suscite alors un immense espoir. Hélas, c'est la seule victoire française des éliminatoires et Georges Boulogne doit quitter la scène l'été suivant. Stefan Kovacs, qui arrive au chevet de l'équipe de France, fait alors de Bereta, élu meilleur joueur français en 1973 et en 1974, son capitaine et celui-ci dispute tous les matches que le Roumain dirige jusqu'à l'été 1975, sa précision offrant régulièrement des balles de buts à ses partenaires. Bereta qui a été de toutes les campagnes de Saint-Étienne, champion de France 1967, 68, 69, 70 puis 1974, quitte les Verts à regret durant l'hiver 1975 pour rejoindre Marseille, comme avant lui Carnus, Bosquier et Keita. Mais la flamme commence à vaciller. Remplaçant contre l'Islande en septembre, il ne revient plus ensuite.

Matches joués : 1967 1 match sur 6 ▪ **1968** 4 matches sur 5 ▪ **1969** 4 matches sur 5 ▪ **1970** 5 matches sur 7 ▪ **1971** 7 matches sur 8 ▪ **1972** 8 matches sur 8 ▪ **1973** 6 matches sur 6 ▪ **1974** 6 matches sur 6 ▪ **1975** 3 matches sur 6 | **Buts : 1972** 2 ▪ **1973** 1 ▪ **1974** 1 | **Titulaire :** 42 fois sur 44 | **Remplaçant :** 2 fois sur 44 (de Horlaville, Floch) | **Resté sur le banc :** 5 fois | **Capitaine :** 12 fois (33e-44e) | **Sélectionneurs :** Dugauguez 5 fois, Boulogne 27 fois, Kovacs 12 fois

Roger Lemerre

Défenseur
6 sélections

Né le 18 juin 1941 à Bricquebec (Manche)

Première présélection : 17 septembre 1967 à Varsovie, Pologne - France (1-4)

Première sélection : 25 septembre 1968 à Marseille, France - Allemagne (1-1)

Dernière sélection : 24 avril 1971 Budapest, Hongrie - France (1-1)

Dernière présélection : 8 septembre 1971 à Oslo, Norvège - France (1-3)

Clubs : 1967-1969 : US Sedan (4 sélections) ▪ 1969-1970 : FC Nantes (1 sélection) ▪ 1970-1971 : AS Nancy (1 sélection)

Bilan : 2 victoires, 2 nuls, 2 défaites

Comme Georges Bereta, Roger Lemerre joue contre les Danois d'Odense mais n'est que remplaçant contre la Pologne cinq jours plus tard. Ce robuste défenseur normand que Louis Dugauguez avait recruté à Sedan en 1961, n'est revu qu'un an plus tard, pour le match amical contre l'Allemagne à Marseille. Remplaçant, il entre en jeu en seconde mi-temps pour suppléer Jean Baeza, blessé. Il reste dans le groupe pour les matches suivants. Remplaçant à nouveau contre l'Espagne, il est titulaire pour la première fois à Strasbourg, contre la Norvège à l'occasion du début des éliminatoires du Mondial 1970, comme arrière droit. Malgré une improbable défaite française (1-0), Georges Boulogne qui reprend l'équipe de France ensuite, le conserve et le fait jouer en défense centrale à Wembley, en mars 1969. Malgré une nouvelle débandade des Tricolores, battus 5-0 par les Anglais, Lemerre reste encore au match suivant car Bernard Bosquier est forfait. Mais il débute ensuite une carrière de remplaçant, entrecoupée de deux matches non officiels disputés contre des clubs (Hvidovre en 1969 et Curitiba en 1971). En novembre 1971, après huit matches passés sur le banc de touche, Roger Lemerre est amené à jouer latéral droit contre la Belgique, en amical au Heysel. Devenu Nantais depuis l'été 1969, il ne termine pas le match, expulsé pour une faute sur un défenseur belge ! Il retrouve sa place de remplaçant ensuite, excepté pour un match en Hongrie, dans le cadre des qualifications pour l'Euro 1972, jusqu'à la fin de l'année avant de ne plus être convoqué. On est alors loin de se douter qu'il reviendra un jour en équipe de France... C'est pourtant ce qui arrivera quand Aimé Jacquet, qui avait débuté en même temps que lui en 1968 à Marseille contre l'Allemagne, le choisira comme adjoint pour le Mondial 1998. Et après cette Coupe du monde remportée par la France pour la première fois, Roger Lemerre sera le sélectionneur des Bleus pendant quatre ans, remportant en 2000 le championnat d'Europe.

Matches joués : 1967 - ▪ **1968** 2 matches sur 5 ▪ **1969** 2 matches sur 5 ▪ **1970** 1 match sur 7 ▪ **1971** 1 match sur 8 | **Titulaire :** 5 fois sur 6 | **Remplaçant :** 1 fois sur 6 (de Baeza) | **Resté sur le banc :** 14 fois | **Expulsion :** 1 fois | **Sélectionneurs :** Dugauguez 2 fois, Boulogne 4 fois

Claude Quittet

Défenseur
16 sélections

Né le 12 mars 1941 à Mathay (Doubs)

Première sélection : 27 septembre 1967 à Berlin, Allemagne - France (5-1)

Dernière sélection : 26 mai 1973 à Moscou, URSS - France (2-0)

Clubs : 1967-1969 : FC Sochaux (6 sélections) ▪ 1969-1973 : OGC Nice (10 sélections)

Bilan : 7 victoires, 3 nuls, 6 défaites

L'élégant défenseur central sochalien est appelé par Louis Dugauguez pour pallier le forfait du Stéphanois Roland Mitoraj au moment de jouer en amical face à l'Allemagne. Pour un baptême du feu, Claude Quittet est servi : la France rentre de Berlin avec une valise bien lourde (5-1), mais qui ne plombe pas sa carrière internationale. À 25 ans, ce n'est plus un débutant et il a démontré déjà ses qualités de relance et de jeu de tête en championnat. Alors il reste dans l'équipe qui se qualifie pour les quarts de finale de l'Euro 1968, jouant en duo avec le Stéphanois Bernard Bosquier, son ancien partenaire de Sochaux. Après l'échec de la qualification pour la phase finale du championnat d'Europe face à la Yougoslavie, Quittet cède sa place à Mitoraj, puis la reprend. Mais c'est lors du calamiteux match contre la Norvège à Strasbourg, qui compromet d'entrée les chances de la France de se qualifier pour la Coupe du monde 1970... Du coup, Quittet se retrouve remplaçant pendant deux ans avec Georges Boulogne. Parti à Nice, il est pourtant un chef de défense impeccable et il finit par retrouver sa place au cours de la saison 1971-72. Claude Quittet devient capitaine de l'équipe de France en octobre 1972, au moment de débuter les éliminatoires du Mondial 1974. Mais la campagne française se solde par un nouvel échec, entériné en mai 1973 à Moscou par une défaite face à l'URSS. Après quoi, Stefan Kovacs, voulant renouveler les cadres, se passera de ses services.

Matches joués : 1967 3 matches sur 6 ▪ **1968** 3 matches sur 5 ▪ **1969** - ▪ **1970** - ▪ **1971** 1 match sur 8 ▪ **1972** 7 matches sur 8 ▪ **1973** 2 matches sur 6 | **Titulaire :** 15 fois sur 16 | **Remplaçant :** 1 fois sur 16 (de Mézy) | **Resté sur le banc :** 8 fois | **Capitaine :** 4 fois (13e-16e) | **Sélectionneurs :** Dugauguez 6 fois, Boulogne 10 fois

Aimé Jacquet

Milieu de terrain, 2 sélections

Né le 27 novembre 1941 à Sail-sous-Couzan (Loire)

Première présélection : 28 octobre 1967 à Nantes, France - Belgique (1-1)

Première sélection : 25 septembre 1968 à Marseille, France - Allemagne (1-1)

Dernière sélection : 17 octobre 1968 à Lyon, France - Espagne (1-3)

Club : 1966-1969 : AS Saint-Étienne (2 sélections)

Bilan : 1 nul, 1 défaite

C'est sans doute le plus discret des Stéphanois, mais pas le moins utile : Aimé Jacquet est un milieu de terrain travailleur, un métronome infatigable pour les nouveaux champions de France 1967, et Louis Dugauguez le présélectionne une première fois à l'automne 1967 puis une seconde, au printemps 1968, lors du quart de finale retour contre la Yougoslavie en championnat d'Europe. Et il le titularise enfin pour la première fois fin août 1968, chez lui à Saint-Étienne, à l'occasion d'un match non officiel face au Bayern Munich (1-1). Puis à l'automne suivant, à Marseille face à l'Allemagne, et contre l'Espagne, toujours en amical, comme demi-défensif, aux côtés d'André Betta puis de Robert Herbin. Mais la démission de Dugauguez quelques semaines plus tard sonne déjà la fin de sa brève aventure internationale. Aimé Jacquet deviendra entraîneur après la fin de sa carrière, à Lyon puis à Bordeaux où il sera trois fois champion de France dans les années 80. Jugé en perte de vitesse dans les années 1990, il deviendra sélectionneur des Bleus par défaut en 1994. Il les emmènera pourtant jusqu'au titre suprême de champions du monde en 1998 !

Robert Szczepaniak

Matches joués : 1967 - ▪ **1968** 2 matches sur 5 | **Titulaire :** 2 fois sur 2 | **Resté sur le banc :** 2 fois | **Sélectionneur :** Dugauguez 2 fois

Robert Szczepaniak

Milieu de terrain
5 sélections

Né le 4 avril 1942 à Cransac (Aveyron)

Première sélection : 23 décembre 1967 à Paris, France - Luxembourg (3-1)

Dernière sélection : 6 novembre 1968 à Strasbourg, France - Norvège (0-1)

Club : 1967-1969 : FC Metz (5 sélections)

Bilan : 1 victoire, 1 nul, 3 défaites

Confronté aux forfaits de Robert Herbin et Yves Herbet pour le dernier match de qualification aux quarts de finale de l'Euro 1968, Louis Dugauguez lance deux nouveaux face au Luxembourg. Dont le Messin Robert Szczepaniak, fils de mineur polonais comme tant d'autres avant lui, un inter gauche à l'ancienne, qui fait office de meneur de jeu contre les Luxembourgeois. Il offre ainsi le premier but du match à Charly Loubet, qui en marque trois (3-1). Titulaire lors du match d'entraînement contre le Torino en mars, Szczepaniak est remplaçant au match aller contre les Yougoslaves en quart de finale de l'Euro, mais titulaire au retour dans une équipe passant du 4-2-4 au 4-3-3 et il est encore passeur décisif, pour Di Nallo cette fois, auteur du seul but de la France balayée 5-1. Malgré tout, Robert Szczepaniak n'a pas déçu et reste donc dans l'équipe, marquant notamment le but français contre le Bayern Munich en match non officiel en août 1968, jusqu'au désastre de Strasbourg où la Norvège s'impose 1-0 et compromet ainsi gravement les chances de qualification de la France pour la Coupe du monde au Mexique. Après quoi, Szczepaniak n'est plus revu.

Matches joués : 1967 1 match sur 6 ▪ **1968** 4 matches sur 5 | **Titulaire :** 5 fois sur 5 | **Resté sur le banc :** 1 fois | **Sélectionneur :** Dugauguez 5 fois

Richard Krawczyk

Milieu de terrain
1 sélection

Né le 24 mai 1947 à Aix-Noulette (Pas-de-Calais)

Unique sélection : 23 décembre 1967 à Paris, France-Luxembourg (3-1)

Dernière présélection : 6 avril 1968 à Marseille, France - Yougoslavie (1-1)

Club : 1967-1968 : RC Lens (1 sélection)

Bilan : 1 victoire

Avec Robert Szczepaniak, Richard Krawczyk est l'autre solution de remplacement trouvée par Louis Dugauguez pour terminer la phase éliminatoire de l'Euro 1968, face au Luxembourg. Meneur de jeu rusé, le Lensois gère le milieu de terrain avec Henri Michel et le Messin. Comme ce dernier, ayant donné satisfaction, il fait partie de l'équipe qui dispute un match non officiel conte le Torino en mars suivant à Nice (1-1), puis de celle qui attaque les quarts de finale contre la Yougoslavie. Mais il reste sur le banc à Marseille au match aller, et ne fait pas le déplacement au retour à Belgrade. Après quoi, on ne fait plus appel à lui. Il se contera d'une carrière en Première division, à Metz, Reims et Lens à nouveau, jusqu'en 1979.

Match joué : 1967 1 match sur 6 ▪ **1968** - | **Titulaire :** 1 fois sur 1 | **Resté sur le banc :** 1 fois | **Sélectionneur :** Dugauguez 1 fois

Nés en Afrique subsaharienne

21 internationaux français sont nés en Afrique subsaharienne. Au Sénégal (Adams, Moizan, Simba, Vieira, Ba, Evra et M. Dabo). Au Zaïre-Congo (Makelele, Luyindula, Mavuba et Mandanda). En Côte d'Ivoire (Boli, Djetou et Kapo). Au Cameroun (Boumsong, Ntep et Umtiti). Au Ghana (Desailly). Au Mali (Tigana). En Centre-Afrique (Yanga-Mbiwa). En Angola (Camavinga).

1968

5 nouveaux joueurs
5 matches

6 avril : France - Yougoslavie 1-1 (CE)
24 avril : Yougoslavie - France 5-1 (CE)
25 septembre : France - Allemagne 1-1
17 octobre : France - Espagne 1-3
6 novembre : France - Norvège 0-1 (QCM)

Yves Chauveau

Gardien de but
1 sélection

Né le 14 avril 1945 à Bourg-en-Bresse (Ain)

Première présélection : 6 avril 1968 à Marseille, France - Yougoslavie (1-1)

Unique sélection : 30 avril 1969 à Paris, France - Roumanie (1-0)

Dernière présélection : 1er novembre 1969 à Paris, France - Suède (3-0)

Club : 1967-1970 : Olympique Lyonnais (1 sélection)

Bilan : 1 victoire

Georges Carnus indisponible pour le quart de finale du championnat d'Europe face à la Yougoslavie, c'est le gardien de Lyon Yves Chauveau qui est choisi comme doublure de Marcel Aubour, à qui il a succédé à l'OL. Chauveau devient ensuite le remplaçant de Carnus quand celui-ci prend la place de titulaire à Aubour à partir de la saison 1968-69. Début avril 1969, Chauveau garde les buts de l'équipe de France pour la première fois, dans une rencontre non officielle face au Real Madrid, dans le Parc des Princes fraîchement rénové (5-3). Puis de même contre l'équipe d'Italie Espoirs (2-0). Et à la fin du mois, Georges Boulogne décide de rajeunir son équipe pour un match amical contre la Roumanie : c'est l'occasion de tester Chauveau dans un « vrai » match. Le

Lyonnais retrouve ensuite sa place sur le banc, et n'en ressort qu'une fois, en août, à Béziers, pour un nouveau match d'entraînement, contre les Danois de Hvidovre (4-2). Mais ensuite c'est le Nantais Jean-Michel Fouché qui est appelé comme n°2, puis le duo Carnus-Aubour qui a la préférence de Boulogne. Chauveau, lyonnais jusqu'en 1975, terminera sa carrière à Monaco où, blessé en 1978, il laissera sa place au jeune Jean-Luc Ettori, futur international.

Match joué : 1968 - ▪ 1969 1 match sur 5 | **Titulaire :** 1 fois sur 1 | **Resté sur le banc :** 8 fois | **Sélectionneurs :** Dugauguez 0 fois, Boulogne 1 fois

Vincent Estève

Défenseur
1 sélection

Né le 21 juillet 1945 à Meknès (Maroc)

Unique sélection : 24 avril 1968 à Belgrade, Yougoslavie-France (5-1)

Club : 1967-1968 : FC Nantes (1 sélection)

Bilan : 1 défaite

Presque tous les défenseurs nantais sont passés en équipe de France depuis deux ans. C'est au tour de Vincent Estève, qui y est arrivé en début de saison en provenance de Cannes. Il est appelé pour jouer latéral droit à Belgrade à l'occasion du match retour de quart de finale de l'Euro 1968, contre la Yougoslavie, alors que Jean Djorkaeff quitte son poste pour suivre au marquage le meneur de jeu yougoslave, Osim. Une promotion qui se révèle vite un cadeau empoisonné pour Estève qui se retrouve face au redoutable Dragan Dajazić. L'ailier gauche de l'Étoile Rouge dynamite la défense française en une mi-temps, avec ses acolytes Ilija Petkovic, Ivica Osim, Dobrivoje Trivić et Vahidin Musemic (qui tous joueront en France dans les années 1970, à Bastia, Troyes, Strasbourg, Lyon et Nice). Estève, blessé au bout d'une demi-heure de jeu, ne peut guère tenir efficacement sa place. Et des onze naufragés français de Belgrade, il sera le seul à ne jamais être rappelé !

Match joué : 1968 1 match sur 5 | **Titulaire :** 1 fois sur 1 | **Sélectionneur :** Dugauguez 1 fois

André Betta

Attaquant
2 sélections

Né le 4 mars 1944 à Beaune (Côte-d'Or)

Première sélection : 25 septembre 1968 à Marseille, France - Allemagne (1-1)

Dernière sélection : 6 novembre 1968 à Strasbourg, France - Norvège (0-1)

Club : 1967-1969 : FC Rouen (2 sélections)

Bilan : 1 nul, 1 défaite

Dans une équipe de France qui se cherche toujours, Louis Dugauguez installe à l'automne 68 contre l'Allemagne en amical le Stéphanois Aimé Jacquet et le Rouennais André Betta au milieu de terrain, derrière Robert Szczepaniak, nouveau meneur de jeu. Betta et Jacquet qui font face à Franz Beckenbauer et Wolfgang Overath, deux des meilleurs joueurs allemands, ne s'en sortent pas mal. Ils restent donc dans le groupe. Mais Betta comme remplaçant. Il n'entre pas en jeu contre l'Espagne à Lyon, contrairement face la Norvège, à Strasbourg, où il remplace Szczepaniak en seconde mi-temps. Mais avec la défaite française (1-0) suivie de la démission de Louis Dugauguez, il ne reviendra plus. Il quittera Rouen à la fin de la saison pour jouer à Bordeaux, puis à Rennes, Metz et Reims où il restera toujours un bon joueur du championnat.

Matches joués : 1968 2 matches sur 5 | **Titulaire :** 1 fois sur 2 | **Remplaçant :** 1 fois sur 2 (de Szczepaniak) | **Resté sur le banc :** 1 fois | **Sélectionneur :** Dugauguez 2 fois

André Fefeu

Attaquant
0 sélection

Né le 25 août 1938 à Saint-Mars-d'Outillé (Sarthe)

Unique présélection : 17 octobre 1968 à Lyon, France - Espagne (1-3)

Club : 1967-1968 : AS Saint-Étienne

L'ailier droit stéphanois, double champion de France 1967 et 1968, quatrième mousquetaire de l'attaque stéphanoise, avec Revelli, Keita et Bereta, a été utilisé une fois par Louis Dugauguez en mai 1967, à Rouen, pour un match d'entraînement contre Hanovre (3-3) où il a remplacé en cours de match le Nantais Bernard Blanchet. Le sélectionneur ne l'a pas perdu de vue depuis et il le choisit pour renforcer l'attaque tricolore en octobre 1968, contre l'Espagne à Lyon. Mais André Fefeu reste sur le banc des remplaçants et ne reviendra pas.

Resté sur le banc : 1 fois

Guy Lassalette

Attaquant
0 sélection

Né le 14 juin 1944 à Vauvillers (Haute-Saône), décédé le 4 octobre 1981 (37 ans)

Unique présélection : 6 novembre 1968 à Strasbourg, France - Norvège (0-1)

Club : 1967-1968 : FC Sochaux

Après Fefeu, c'est le Sochalien Guy Lassalette, partenaire en attaque de Georges Lech arrivé dans le Doubs pendant l'été, qui est convié à renforcer le banc des remplaçants de l'équipe de France qui débute les éliminatoires du Mondial 70, à Strasbourg face à la Norvège. Son nom avait déjà été évoqué avant le Mondial 1966. Mais ce sont finalement Charly Loubet et André Betta qui entrent en cours de match, et lui ne sera jamais rappelé. Il poursuivra sa carrière en championnat à Metz, Angoulême et Angers jusqu'en 1974, avant de disparaître tragiquement victime d'une crise cardiaque au cours d'un match de tennis.

Resté sur le banc : 1 fois

1969

12 nouveaux joueurs 5 matches

12 mars : Angleterre - France 5-0
30 avril : France - Roumanie 1-0
10 septembre : Norvège - France 1-3 (QCM)
15 octobre : Suède - France 2-0 (QCM)
1er novembre : France - Suède 0-3 (QCM)

Jean-Paul Rostagni

Défenseur
25 sélections

Né le 14 janvier 1948 à Drap (Alpes-Maritimes)

Première sélection : 12 mars 1969 à Wembley, Angleterre - France (5-0)

Dernière sélection : 26 mai 1973 à Moscou, URSS - France (2-0)

Dernière présélection : 8 septembre 1973 à Paris, France - Grèce (3-1)

Clubs : 1969-1970 : AS Monaco (5 sélections) ▪ 1970-1971 : Girondins de Bordeaux (9 sélections) ▪ 1971-1972 : Paris SG (6 sélections) ▪ 1972-1973 : Paris FC (5 sélections)

Bilan : 11 victoires, 4 nuls, 10 défaites

Jean-Paul Rostagni avait succédé à Jean Baeza à Monaco, il lui succède en équipe de France. Il est l'arrière gauche que choisit Georges Boulogne pour son premier match, qui se termine en déroute totale à Wembley, face à l'Angleterre. Ce 5-0, qui signifie la fin de carrière internationale de Jacky Simon et Joseph Bonnel, sonne pourtant le départ de celle de Rostagni, qui enquille les sélections ensuite, même en passant de Monaco à Bordeaux durant l'été 1970, puis au Paris SG l'été suivant, et au Paris FC l'été d'après. Rostagni ne manque donc pas grand-chose de l'ère Boulogne. Mais Stefan Kovacs, à partir de l'été 1973, se passe des services d'un joueur symbolisant peut-être trop cette période où l'équipe de France manque les Coupes du monde 1970 et 1974.

Matches joués : 1969 5 matches sur 5 ▪ **1970** 6 matches sur 7 ▪ **1971** 5 matches sur 8 ▪ **1972** 6 matches sur 8 ▪ **1973** 3 matches sur 6 | **Titulaire :** 25 fois sur 25 | **Resté sur le banc :** 5 fois | **Sélectionneurs :** Boulogne 23 fois, Kovacs 0 fois

Jacques Novi

Défenseur
20 sélections

Né le 18 juillet 1946 à Bellegarde (Gard)

Première présélection : 12 mars 1969 à Wembley, France - Angleterre (5-0)

Première sélection : 30 avril 1969 à Paris, France - Roumanie (1-0)

Dernière sélection : 2 septembre 1972 à Athènes, Grèce - France (3-1)

Dernière présélection : 15 novembre 1972 à Dublin, Eire - France (2-1)

Clubs : 1969-1972 : Olympique de Marseille (20 sélections)

Bilan : 11 victoires, 3 nuls, 6 défaites

Jacques Novi

Formé à la rude école nîmoise, Jacky Novi impressionne à Marseille, par son abattage en défense centrale. Georges Boulogne le retient donc dès sa première liste et l'aligne pour sa deuxième sortie officielle, après l'avoir testé lors de matches d'entraînement, contre le Real Madrid (5-3) puis face à l'équipe d'Italie Espoirs (2-0). Comme Rostagni, Novi saisit aussitôt sa chance et ne sort plus de l'équipe pendant deux ans, formant avec le Stéphanois Bernard Bosquier une paire de costauds dans l'axe de la défense française. En janvier 1971, à Buenos Aires, dans la « bonbonnière » de Boca Juniors, le fougueux Novi se fait expulser en fin de match pour contestation, ce qui ne remet pas en cause sa place de titulaire. Mais l'année suivante, il ne fait pas partie de la tournée au Brésil de l'équipe de France qui voit la paire Trésor-Quittet s'affirmer en défense centrale. Du coup, Novi ne joue plus qu'un match à la rentrée, avant de s'effacer définitivement. Ce qui ne l'empêchera pas de poursuivre sa carrière au Paris SG puis à Strasbourg où il deviendra champion de France en 1979 (comme il l'avait déjà été en 1971 et 1972 avec l'OM) sous les ordres de Gilbert Gress.

Matches joués : **1969** 4 matches sur 5 ▪ **1970** 7 matches sur 7 ▪ **1971** 7 matches sur 8 ▪ **1972** 2 matches sur 8 | **Titulaire :** 20 fois sur 20 | **Resté sur le banc :** 3 fois | **Expulsion :** 1 fois | **Sélectionneur :** Boulogne 20 fois

Jean-Claude Bras

Attaquant
6 sélections, 2 buts

Né le 15 novembre 1945 à Paris

Première présélection : 12 mars 1969 à Wembley, France - Angleterre (5-0)

Première sélection : 30 avril 1969 à Paris, France - Roumanie (1-0)

Dernière sélection : 3 mai 1970 à Bâle, Suisse - France (1-2)

Dernière présélection : 9 octobre 1971 à Colombes, France - Hongrie (2-0)

Clubs : 1968-1969 : US Valenciennes-Anzin (1 sélection) ▪ 1969-1970 : FC Liège (5 sélections) ▪ 1970-1971 : Paris SG (0 sélection)

Bilan : 4 victoires, 1 nul, 1 défaite

Comme Jacky Novi, Jean-Claude Bras regarde depuis le banc des remplaçants l'équipe de France se faire corriger en amical par l'Angleterre en mars. Et comme le défenseur marseillais, l'attaquant valenciennois débute contre le Real Madrid, début avril, dans un match non officiel où il marque le deuxième but français dès la 7e minute (5-3), puis contre l'Italie Espoirs, pour être aligné au match amical officiel contre la Roumanie au poste d'ailier gauche. Il conserve à l'automne sa place, pour le déplacement en Norvège comptant pour les qualifications de la Coupe du monde. Bras, qui évolue désormais en Belgique, au FC Liège, passe sur le banc des remplaçants en Suède mais revient le mois suivant comme titulaire contre les Suédois pour le dernier match des qualifications, alors que le sort est déjà jeté en défaveur des Français, éliminés de la course au Mondial 1970. Positionné ailier droit, Bras réalise un gros match en marquant deux fois en moins de cinq minutes (39e et 43e). Il conserve sa place dans l'équipe, évoluant dans une position de faux ailier contre la Bulgarie, la Roumanie et la Suisse pour les trois premiers matches amicaux de l'année 1970. Mais Georges Boulogne l'oublie à partir de la saison suivante, quand il rejoint le Paris SG, en D2, comme Jean Djorkaeff, ne faisant appel à lui qu'une seule fois, comme remplaçant en Hongrie à l'automne 1971. Un retour sans lendemain.

Matches joués : 1969 3 matches sur 5 ▪ **1970** 3 matches sur 7 ▪ **1971** - | **Buts : 1969** 2 | **Titulaire :** 6 fois sur 6 | **Resté sur le banc :** 4 fois | **Sélectionneur :** Boulogne 6 fois

Claude Petyt

Milieu de terrain, 0 sélection

Né le 15 avril 1944 à Lille (Nord)

Première présélection : 12 mars 1969 à Wembley, France - Angleterre (5-0)

Dernière présélection : 1er novembre 1969 à Paris, France - Suède (3-0)

Club : 1968-1970 : Girondins de Bordeaux

Le petit milieu de terrain offensif girondin, arrivé en début de saison de Lille, fait partie de la première liste établie par Georges Boulogne. Mais il n'entre pas en jeu à Wembley. À l'automne, il est encore dans la liste des présélectionnés pour les deux matches contre la Suède, à Solna et au Parc, mais il reste toujours sur la touche et on ne fait plus appel à lui ensuite.

Resté sur le banc : 3 fois

Jean-Noël Huck

Milieu de terrain
17 sélections

Né le 20 décembre 1948 à Mutzig (Bas-Rhin)

Première présélection : 30 avril 1969 à Paris, France - Roumanie (1-0)

Première sélection : 8 avril 1970 à Rouen, France - Bulgarie (1-1)

Dernière sélection : 15 novembre 1975 à Paris, France - Belgique (0-0)

Clubs : 1968-1971 : RC Strasbourg (6 sélections) ▪ 1971-1975 : OGC Nice (11 sélections)

Bilan : 7 victoires, 4 nuls, 6 défaites

Jean-Noël Huck

Cet Alsacien de 20 ans intéresse Georges Boulogne par son dynamisme et sa fougue en milieu de terrain. Mais Jean-Noël Huck doit attendre un an après sa première convocation pour jouer. À Rouen, en amical au printemps 1970, il remplace José Broissart à l'heure de jeu. Puis il est titularisé trois semaines plus tard, à Reims, contre la Roumanie, aux côtés de Bereta, Bras et Michel, et il ne manque le dernier match de la saison que sur blessure. Huck a séduit, il revient donc à l'automne suivant puis fait partie de la tournée en Amérique du Sud de janvier 1971. Mais, parti à Nice durant l'été, il ne revient plus que comme remplaçant. Stefan Kovacs le relance à partir du printemps 1974 et Huck est à nouveau titulaire, aux côtés de Michel et Guillou, dans un rôle de relayeur. À la fin de l'année 1975, le départ du Roumain après l'échec de la qualification pour l'Euro 1976 sonne aussi le sien. Michel Hidalgo ne fait en effet pas appel lui, jugeant son jeu trop indiscipliné, bien qu'à Nice il forme alors avec Jean-Marc Guillou et Roger Jouve un formidable trio en milieu de terrain.

Matches joués : 1969 - ▪ **1970** 4 matches sur 7 ▪ **1971** 2 matches sur 8 ▪ **1972** 1 match sur 8 ▪ **1973** 1 match sur 6 ▪ **1974** 5 matches sur 6 ▪ **1975** 4 matches sur 6 | **Titulaire :** 15 fois sur 17 | **Remplaçant :** 2 fois sur 17 (de Broissart, Mézy) | **Resté sur le banc :** 8 fois | **Sélectionneurs :** Boulogne 8 fois, Kovacs 9 fois

José Broissart

Défenseur
10 sélections

Né le 20 février 1947 à Ravenel (Oise)

Première sélection : 30 avril 1969 à Paris, France - Roumanie (1-0)

Dernière sélection : 26 mai 1973 à Moscou, URSS - France (2-0)

Clubs : 1968-1969 : CS Sedan (1 sélection) ▪ 1969-1973 : AS Saint-Étienne (9 sélections)

Bilan : 5 victoires, 1 nul, 4 défaites

Après l'éviction de Bonnel et Simon, Georges Boulogne cherche à construire un nouveau milieu de terrain. Il fait appel en avril à José Broissart qui évolue à Sedan, comme demi-défensif. Il joue ainsi contre le Real Madrid puis l'Italie Espoirs, en matches non officiels début avril, comme Chauveau, Bras, Novi et Rostagni, avant d'être aligné contre la Roumanie. Auteur d'une bonne saison, Broissart est transféré en juin à Saint-Étienne, le champion de France dirigé par Albert Batteux, où il prend une dimension supplémentaire et reste ainsi dans le onze titulaire de l'équipe de France pendant un an. Après une année 1971 sans y jouer, José Broissart revient comme défenseur à l'automne 1972, quand il remplace Jean Djorkaeff au poste d'arrière droit. Mais le nouvel échec des Tricolores dans la qualification à la Coupe du monde qui marque la fin de mandat de Boulogne, marque aussi la fin de sa carrière internationale. Il partira alors jouer pour Bastia, avant de finir son parcours à Lyon en 1980.

Matches joués : 1969 4 matches sur 5 ▪ **1970** 1 match sur 7 ▪ **1971** - ▪ **1972** 3 matches sur 8 ▪ **1973** 2 matches sur 6 | **Titulaire :** 9 fois sur 10 | **Remplaçant :** 1 fois sur 10 (de J. Djorkaeff) | **Resté sur le banc :** 1 fois | **Sélectionneur :** Boulogne 10 fois

Daniel Horlaville

Attaquant
1 sélection

Né le 22 septembre 1945 à Oissel (Seine-Maritime), décédé le 28 avril 2019 (73 ans)

Unique sélection : 30 avril 1969 à Paris, France - Roumanie (1-0)

Club : 1968-1969 : US Quevilly (1 sélection)

Bilan : 1 victoire

L'épopée de Quevilly en Coupe de France, club amateur de la banlieue de Rouen n'étant stoppé qu'en demi-finale, et après prolongation par Bordeaux, a émerveillé la saison précédente. Son capitaine Daniel Horlaville, un fin n° 10, a attiré les convoitises, mais il a préféré rester amateur dans son club. Ce qui ne décourage pas Georges Boulogne de le voir de plus près en lui faisant disputer, lui aussi, les deux matches d'entraînement de début avril, contre le Real Madrid puis l'équipe d'Italie Espoirs. Horlaville, qui a marqué contre les Italiens, est alors titularisé contre la Roumanie à la fin du mois dans un match qui comporte l'étiquette Espoirs, mais qui sera bien comptabilisé comme un match « A ». Le Normand ne dispute hélas qu'une mi-temps, en duo avec Hervé Revelli, avant d'être remplacé par Georges Bereta. Et comme c'est (déjà) le dernier match de la saison, il n'est pas rappelé par la suite. Il est ainsi dernier amateur à avoir joué en équipe de France. Mais en 1971, à 26 ans, Daniel Horlaville passera enfin professionnel, au Paris SG, puis au Paris FC, avant de terminer sa carrière au FC Rouen en 1978.

Match joué : 1969 1 match sur 5 | **Titulaire :** 1 fois sur 1 | **Sélectionneur :** Boulogne 1 fois

Francis Camerini

Défenseur, 2 sélections

Né le 25 janvier 1948 à Marseille (Bouches-du-Rhône)

Première présélection : 30 avril 1969 à Paris, France - Roumanie (1-0)

Première sélection : 24 avril 1971 à Budapest, Hongrie - France (1-1)

Dernière sélection : 10 novembre 1971 à Nantes, France - Bulgarie (2-1)

Dernière présélection : 3 mars 1973, à Paris, France - Portugal (2-1)

Clubs : 1969-1971 : AS Saint-Étienne (1 sélection) ▪ 1971-1972 : OGC Nice (1 sélection)

Bilan : 1 victoire, 1 nul

Le défenseur stéphanois fait partie des nouveaux joueurs testés par Georges Boulogne dans ses matches d'entraînement du début avril, mais comme remplaçant. Du coup, Francis Camerini n'est pas incorporé dans l'équipe qui cherche à se qualifier pour l'Euro 1972, avant le mois d'avril 1971. Il joue défenseur central associé à Bernard Bosquier, comme en club, à Budapest, pour pallier un forfait de Jacky Novi. Il doit alors marquer le meneur de jeu hongrois, Flórián Albert, Ballon d'or 1967... Passé à Nice en 1971, Camerini rejoue avec les Tricolores comme arrière droit, à Nantes, face aux Bulgares en octobre pour remplacer cette fois Jean Djorkaeff, blessé. Mais c'est tout, car Boulogne ne le voit finalement que comme un remplaçant, rôle qu'il tient une dernière fois en mars 1973, sans entrer en jeu. La carrière de Francis Camerini prendra fin assez vite ensuite, à 27 ans en 1976, en raison d'une grave blessure au genou.

Matches joués : 1969 - ▪ **1970 -** ▪ **1971** 2 matches sur 8 ▪ **1972 -** ▪ **1973 -** | **Titulaire :** 2 fois sur 2 | **Resté sur le banc :** 2 fois | **Sélectionneur :** Boulogne 2 fois

Philippe Levavasseur

Attaquant, 0 sélection

Né le 9 janvier 1946 à Périers (Manche), décédé le 19 octobre 2010 (64 ans)

Unique présélection : 30 avril 1969 à Paris, France - Roumanie (1-0)

Club : 1968-1969 : CS Sedan

À la recherche d'un nouvel attaquant, Georges Boulogne songe à Philippe Levavasseur, buteur régulier avec Sedan cette saison comme les précédentes (49 buts en trois ans). Mais contrairement à son partenaire sedanais José Broissart, il reste sur le banc de touche au Parc des Princes lors de la venue de la Roumanie et n'est plus revu ensuite. Il sera néanmoins recruté par le FC Nantes, pour jouer avec Philippe Gondet et Bernard Blanchet, mais sans réussir à s'imposer vraiment.

Resté sur le banc : 1 fois

René Gallina

Gardien de but
0 sélection

Né le 8 mai 1945 à Nice (Alpes-Maritimes), décédé le 9 novembre 2014 (69 ans)

Unique présélection : 30 avril 1969 à Paris, France - Roumanie (1-0)

Club : 1968-1969 : SCO Angers

Dans l'esprit du sélectionneur le poste de gardien de but revient à Georges Carnus en n° 1 et à Yves Chauveau en n° 2. Le premier absent contre la Roumanie, Georges Boulogne choisit, pour doubler Chauveau contre la Roumanie, le gardien angevin René Gallina, ancienne doublure de Carnus au Stade français, et ce bien qu'il opère cette saison en D2. Une « pige » sans lendemain, hormis des passages en France « B ». En fin de saison, alors que le SCO remontera aisément en D1, René Gallina jouera avant-centre et marquera un but à Cannes !

Resté sur le banc : 1 fois

Serge Chiesa

Milieu de terrain
12 sélections, 3 buts

Né le 25 décembre 1950 à Casablanca (Maroc)

Première sélection : 10 septembre 1969 à Oslo, Norvège - France (1-3)

Dernière sélection : 27 avril 1974 à Prague, Tchécoslovaquie - France (3-3)

Club : 1969-1974 : Olympique Lyonnais (12 sélections)

Bilan : 5 victoires, 3 nuls, 4 défaites

Rayonnant déjà avec Lyon aux côtés de Fleury Di Nallo alors qu'il n'est que junior, Serge Chiesa est convoqué par Georges Boulogne pour affronter la Norvège, après avoir été testé trois semaines auparavant contre les Danois de Hvidovre, à Béziers. Ce dribleur et créateur qui rappelle Raymond Kopa ne déçoit pas avec le culot de ses 18 ans et il offre une balle de but à Hervé Revelli. Il garde sa place au match suivant, comme milieu droit. Au printemps, Chiesa glisse sur le banc des remplaçants, suppléant en cours

Serge Chiesa

de matches Bereta puis Loubet. Mais il perd sa place à l'automne 1970 et ne la retrouve qu'en octobre 1972, pour le premier match des qualifications au Mondial 1974, contre l'URSS. Forfait ensuite au match aller en Irlande, Chiesa est remplaçant au retour. Pressé d'entrer en jeu au Parc, il le fait avant que Jean-Michel Larqué soit sorti du terrain à la 61e minute et écope d'un avertissement ! Mais, sur une déviation d'Henri Michel après un corner de Loulou Floch, il marque le but qui permet à la France de mener 0-1 en fin de match. Hélas, une erreur de défense ruine les efforts des Tricolores face aux Irlandais (1-1) et une semaine après, ils sont logiquement battus à Moscou par les Soviétiques (0-2) et éliminés une fois encore de la Coupe du monde. Malgré cela Stefan Kovacs, le nouveau sélectionneur qui effectue un très large tour d'horizon des joueurs français à partir de l'automne 1973, fait de Serge Chiesa un de ses joueurs majeurs. Le Lyonnais évolue en n8°, entre Henri Michel et Jean-Marc Guillou, pour former un milieu de terrain qui a de l'allure. Mais Chiesa n'est pas plus emballé par l'équipe de France que ça. Malgré un très bon match à Prague contre la Tchécoslovaquie en avril 1974 où il ouvre le score puis donne à son complice lyonnais Bernard Lacombe le troisième but français (3-3), il traîne de plus en plus les pieds pour répondre aux convocations. Fin août 1974, Chiesa participe au match non officiel contre le Benfica Lisbonne, dans une sélection mixte avec trois étrangers de France (Curkovic, Bargas et Bianchi) et marque un but avant de sortir à la mi-temps. Mais ensuite, il décide de ne plus venir. Il déclare forfait contre la Pologne et la Belgique, puis il quitte le stage avant le match contre la RDA en fin d'année... Les amendes dont il écope n'y changent rien, à 24 ans, Serge Chiesa ne reviendra jamais en équipe de France.

Matches joués : 1969 2 matches sur 5 ▪ **1970** 2 matches sur 7 ▪ **1971** - ▪ **1972** 1 match sur 8 ▪ **1973** 5 matches sur 6 ▪ **1974** 2 matches sur 6 | **Buts : 1973** 2 ▪ **1974** 1 | **Titulaire :** 9 fois sur 12 | **Remplaçant :** 3 fois sur 12 (de Bereta, Loubet, Larqué) | **Resté sur le banc :** 1 fois | **Sélectionneurs :** Boulogne 7 fois, Kovacs 5 fois

Jean-Michel Larqué

Milieu de terrain
14 sélections, 2 buts

Né le 8 septembre 1947 à Bizanos (Pyrénées-Atlantiques)

Première sélection : 10 septembre 1969 à Oslo, Norvège - France (1-3)

Dernière sélection : 1er septembre 1976 à Copenhague, Danemark - France (1-1)

Club : 1969-1976 : AS Saint-Étienne (14 sélections)

Bilan : 6 victoires, 4 nuls, 4 défaites

Le cavalier seul des Stéphanois en championnat de France depuis deux ans incite forcément le sélectionneur à suivre de près tous les joueurs qui portent le maillot vert, en particulier les jeunes. C'est ainsi que son regard s'est porté sur Jean-Michel Larqué, brillant meneur de jeu à la technique parfaite, qui a disputé les JO de Mexico avec l'équipe de France amateur, en compagnie de Daniel Horlaville. Larqué débute sur le banc des remplaçants, en août contre les Danois de Hvidovre, puis à Oslo en septembre pour le match retour contre la Norvège qui avait piégé les Bleus dix mois auparavant à Strasbourg en éliminatoires de la Coupe du monde 1970. Il remplace alors les deux fois Serge Chiesa en seconde mi-temps. Pas vraiment satisfait, Boulogne ne rappelle Larqué qu'un an plus tard, pour être à nouveau remplaçant. Sur trois matches où il est présélectionné, il n'entre qu'une fois, à la place d'Yves Herbet à la 78e minute en Autriche, et n'impressionne pas davantage. En avril 1972,

Larqué est toujours remplaçant, et succède cette fois à Georges Bereta à la 70e minute. En trois sélections officielles étalées sur trois ans, il n'a joué que 50 minutes, alors qu'il est pourtant déjà quatre fois champion de France... Boulogne le prend pour la tournée brésilienne de juin 1972 où la France dispute la Coupe de l'Indépendance. Larqué est aligné au coup d'envoi deux matches sur quatre, et réussit une passe décisive à chaque fois. Et à la rentrée, il est enfin titulaire en n° 10. Mais l'échec dans la quête de qualification au Mondial 74 lui coûte sa place. Stefan Kovacs lui préfère ensuite le Nantais Henri Michel ou plus souvent l'Angevin Jean-Marc Guillou comme meneur de jeu. Il associe les deux hommes contre le FC Cologne en août 1974 puis en Islande en mai 1975, mais le résultat est décevant à chaque fois (0-0). Remplaçant contre la Belgique à la fin des éliminatoires de l'Euro 1976, encore manqués, Larqué entre en seconde période à place de Jean-Noël Huck et joue à nouveau avec Guillou, mais il se fait expulser vingt minutes après, pour avoir répondu à un défenseur belge... L'arrivée de Michel Hidalgo au printemps 1976 semble changer la donne. Larqué devient capitaine de l'équipe, aux côtés de Guillou contre la Pologne, puis de Platini contre la Hongrie, Mönchengladbach, en match non officiel, et le Danemark. Mais il doit déclarer forfait pour le premier match des éliminatoires du Mondial 1978, laissant ainsi les clés à Platini qui ne les lâche plus. Larqué quittera les Verts pour le PSG à la fin de la saison et entamera à partir de 1980 une carrière de journaliste qu'il effectuera avec bonheur pendant près de quarante ans, jusqu'en 2018, commentant au passage tous les plus grands succès des Bleus.

Jean-Michel Larqué

Matches joués : 1969 1 match sur 5 ▪ **1970** 1 match sur 7 ▪ **1971** - ▪ **1972** 6 matches sur 8 ▪ **1973** 1 match sur 6 ▪ **1974** - ▪ **1975** 2 matches sur 6 ▪ **1976** 3 matches sur 6 | **Buts : 1972** 2 | **Titulaire :** 10 fois sur 14 | **Remplaçant :** 4 fois sur 14 (de Chiesa, Herbet, Bereta, Huck) | **Resté sur le banc :** 7 fois | **Expulsion :** 1 fois | **Capitaine :** 3 fois (12e-14e) | **Sélectionneurs :** Boulogne 9 fois, Kovacs 2 fois, Hidalgo 3 fois

1970

7 nouveaux joueurs 7 matches

8 avril : France - Bulgarie 1-1
28 avril : France - Roumanie 2-0
3 mai : Suisse - France 2-1
5 sep : France - Tchécoslovaquie 3-0
7 octobre : Autriche - France 1-0
11 novembre : France - Norvège 3-1 (QCE)
15 novembre : Belgique - France 1-2

Michel Mézy

Milieu de terrain
17 sélections, 1 but

Né le 15 août 1948 à Aigues-Mortes (Gard)

Première présélection : 8 avril 1970, à Rouen, France - Bulgarie (1-1)

Première sélection : 3 mai 1970, à Bâle, Suisse - France (2-1)

Dernière sélection : 26 mai 1973, à Moscou, URSS - France (2-0)

Club : 1970-1973 : Nîmes Olympique (17 sélections)

Bilan : 7 victoires, 2 nuls, 8 défaites

À 21 ans, le Gardois Michel Mézy présente déjà de sérieuses références d'efficacité avec le Nîmes de Kader Firoud. Milieu de terrain solide, porté vers l'avant, ce gaucher apporte la transition défense-attaque que Georges Boulogne souhaite pour son équipe de France. Il le lance en amical en Suisse, en duo avec Henri Michel au cœur du jeu. Pendant deux ans, Mézy ne manque pas grand-chose des matches des Tricolores, marquant sur coup franc contre la Norvège, à Lyon lors des qualifications pour l'Euro 1972, dans un match où il est passeur décisif sur les deux autres buts français. En club, Mézy est l'un des grands artisans de la deuxième place de Nîmes, derrière l'OM dans le championnat 71-72. Mais il passe sur le banc des remplaçants de l'équipe de France en début de saison 1972-73 d'où il ne sort plus que deux fois, pour être titularisé face au Portugal en amical au printemps 1973, puis pour remplacer Loulou Floch à Moscou, à la mi-temps du match de la dernière chance pour se qualifier au Mondial 1974. Mais la France perd ce match face à l'URSS et c'est donc la fin de sa carrière internationale. Joueur jusqu'en 1982, à Montpellier, il y entamera ensuite une longue carrière d'entraîneur, puis de dirigeant.

Matches joués : 1970 4 matches sur 7 ▪ **1971** 7 matches sur 8 ▪ **1972** 4 matches sur 8 ▪ **1973** 2 matches sur 6 | **But : 1970** 1 | **Titulaire :** 16 fois sur 17 | **Remplaçant :** 1 fois sur 17 (de Floch) | **Resté sur le banc :** 8 fois | **Sélectionneur :** Boulogne 17 fois

Marc Molitor

Attaquant, 10 sélections, 4 buts

Né le 21 septembre 1948 à Strasbourg (Bas-Rhin)

Première présélection : 8 avril 1970 à Rouen, France - Bulgarie (1-1)

Première sélection : 15 novembre 1970 à Bruxelles, Belgique - France (1-2)

Dernière sélection : 3 septembre 1975 à Nantes, France - Islande (3-0)

Clubs : 1970-1973 : RC Strasbourg (6 sélections) ▪ 1973-1975 : OGC Nice (4 sélections)

Bilan : 4 victoires, 6 défaites

Parmi les nouvelles têtes apparues avec Georges Boulogne pour relancer l'équipe de France qui a raté la Coupe du monde 70, Marc Molitor est une des plus sympathiques. À 21 ans, l'avant-centre alsacien reste comme Mézy sur le banc des remplaçants à Rouen pour sa première convocation, Revelli et Loubet tenant les deux places d'attaquants. Boulogne le rappelle en novembre pour les deux derniers matches de l'année. Forfait contre la Norvège à Lyon pour le premier match éliminatoire de l'Euro 1972, il est titulaire, seul en pointe, contre la Belgique à Bruxelles en amical où il retrouve son coéquipier strasbourgeois Jean-Noël Huck. Et Molitor fait parler la poudre en inscrivant les deux buts français, bien servi par Georges Lech puis par Henri Michel, d'une victoire (2-1) pas si courante sur la Belgique. Boulogne l'emmène donc dans la tournée sud-américaine des Tricolores en janvier 1971. Il entre en cours de jeu contre l'Argentine à Mar del Plata, puis dans des matches non officiels, à Curitiba et Lima. Mais Molitor ne marque pas et son club étant descendu en D2, Boulogne en fait un remplaçant, de Floch, Loubet ou Revelli, qui gardent sa préférence en attaque. Mais après avoir terminé meilleur marqueur de D2 avec 40 buts, Molitor est quand même de la tournée brésilienne de juin 1972, et joue contre la Colombie, transformant un penalty lors de la victoire 3-2 des Français. Titularisé de nouveau en mars 1973 au Parc face au Portugal, Molitor ouvre le score, de volée, sur une passe d'Hervé Revelli, mais la France perd 2-1. Transféré à Nice pendant l'été, où il rejoint Jean-Noël Huck, Molitor intéresse Stefan Kovacs qui procède à un grand brassage d'attaquants. Molitor est titulaire contre la Grèce et l'Allemagne, les deux premiers matches du nouveau sélectionneur, puis contre l'Argentine au printemps. Mais ne marquant pas, il laisse sa place rapidement, à Lacombe, Coste ou Berdoll. Molitor est rappelé une dernière fois à la fin de l'été 75, d'abord contre le Real Madrid en match d'entraînement au Parc (3-1), puis contre l'Islande à Nantes, où il est un avant-centre entouré de deux ailiers débutants, Dominique Rocheteau et Albert Emon. Mais il doit laisser sa place à Marc Berdoll au bout de 45 minutes et cette fois, il ne reviendra plus. Molitor mettra rapidement fin à sa carrière à la fin de la saison, à 28 ans seulement pour devenir kinésithérapeute.

Matches joués : 1970 1 match sur 7 ▪ **1971** 1 match sur 8 ▪ **1972** 3 matches sur 8 ▪ **1973** 3 matches sur 6 ▪ **1974** 1

match sur 6 ▪ **1975** 1 match sur 6 | **Buts : 1970** 2 ▪ **1972** 1 ▪ **1973** 1 | **Titulaire :** 7 fois sur 10 | **Remplaçant :** 3 fois sur 10 (de Lech, Floch, Loubet) | **Resté sur le banc :** 9 fois | **Sélectionneurs :** Boulogne 6 fois, Kovacs 4 fois

Jean-Michel Fouché

Gardien de but
0 sélection

Né le 15 juillet 1944 à Paulx (Loire-Atlantique), décédé le 18 octobre 2013 (69 ans)

Première présélection : 8 avril 1970 à Rouen, France - Bulgarie (1-1)

Dernière présélection : 15 novembre 1970 à Bruxelles, Belgique - France (1-2)

Club : 1969-1971 : FC Nantes

Jean-Michel Fouché a succédé à Claude Eon dans les buts du FC Nantes. Et à présent, il succède à Yves Chauveau comme gardien suppléant de Georges Carnus en équipe de France. Mais si Eon avait pu décrocher trois sélections en 1966 et 67, lui n'en obtient aucune, passant toute l'année sur le banc de touche, avant de laisser sa place l'année suivante à Marcel Aubour qui aura au moins la chance de jouer des matches d'entraînement...

Resté sur le banc : 7 fois

Patrick Parizon

Attaquant
3 sélections, 1 but

Né le 3 juin 1950 au Creusot (Saône-et-Loire)

Première présélection : 28 avril 1970 à Reims, Rouen, France - Bulgarie (1-1)

Première sélection : 26 mars 1975 à Paris, France - Hongrie (2-0)

Dernière sélection : 25 mai 1975 à Reykjavik, Islande - France (0-0)

Dernière présélection : 24 avril 1976 à Lens, France - Pologne (2-0)

Clubs : 1969-1973 : AS Saint-Étienne (0 sélection) ▪ 1973-1974 : Troyes AF ▪ 1974-1975 : Lille OSC (3 sélections)

Bilan : 1 victoire, 1 nul, 1 défaite

Saint-Étienne continue d'être le phare du football français en se dirigeant vers un quatrième titre consécutif de champion. Ses attaquants sont scrutés, et après Jean-Michel Larqué, c'est au tour de Patrick Parizon, un ailier droit de 19 ans, de rejoindre Hervé Revelli et Georges Bereta sous le maillot bleu. Convoqué pour le match à Reims contre la Roumanie, il n'entre pas en jeu, comme les autres attaquants réservistes, Lech, Molitor, Blanchet et Chiesa. Et il disparaît des listes de Boulogne ensuite. Quatre ans plus tard, Stefan Kovacs le convoque pour un match d'entraînement en août 1974, contre Cologne, où il remplace après la pause le Rémois Alain Richard (dont ce sera l'unique apparition sous le maillot de l'équipe de France). Patrick Parizon qui a quitté les Verts depuis un an déjà, après une année à Troyes, débute à Lille, où il va former une attaque redoutable avec Christian Coste et le Yougoslave Stanislav Karasi. Sur ses performances lilloises, Parizon est rappelé en avril, pour un match en amical contre la Hongrie. Il remplace en cours de jeu Hervé Revelli, dont c'est la dernière sélection, et il inscrit le second but français trois minutes plus tard sur une passe d'Henri Michel (2-0). Dans la foulée, Parizon joue contre le Portugal à Colombes, associé à Coste cette fois. Mais cela ne fonctionne pas dans ce qui est le dernier match que la France dispute à Colombes (0-2), puis en Islande quand il remplace en fin de match Jean Gallice pour donner un coup de fouet à l'attaque française en panne, mais sans succès. Sa chance n'est pas encore complètement passée, car Michel Hidalgo le rappelle l'année suivante, pour un match amical contre la Pologne, à Lens. Mais c'est le Stéphanois Patrick Revelli qui joue, Parizon restant sur le banc, pour la dernière fois. Joueur ensuite à Sochaux et Brest, il deviendra entraîneur dans les années 1980-90.

Matches joués : 1970 - ▪ **1971** - ▪ **1972** - ▪ **1973** - ▪ **1974** - ▪ **1975** 3 matches sur 6 ▪ **1976** - | **But : 1975** 1 | **Titulaire :** 1 fois sur 3 | **Remplaçant :** 2 fois sur 3 (de H. Revelli, Gallice) | **Resté sur le banc :** 1 fois | **Sélectionneurs :** Boulogne 0 fois, Kovacs 3 fois, Hidalgo 0 fois

Daniel Bourgeois

Attaquant
0 sélection

Né le 19 juillet 1944 à Saint-Morand (Haut-Rhin)

Première présélection : 5 septembre 1970 à Nice, France - Tchécoslovaquie (3-0)

Dernière présélection : 10 novembre 1971 à Nantes, France - Bulgarie (2-1)

Club : 1970-1972 : FC Metz

En début de saison, Georges Boulogne cherche de nouveaux attaquants. Après avoir essayé Marc Molitor, il songe à un autre Alsacien, Daniel Bourgeois, l'ancien buteur de Sedan, international espoir, arrivé cette saison à Metz où il évolue en n° 10. Il le retient pour les quatre derniers matches de l'année, mais ne le fait jamais entrer en jeu. Il le rappelle un an plus tard, mais pour le laisser encore sur le banc et il ne le rappellera plus ensuite.

Resté sur le banc : 5 fois

Louis Floch

Attaquant
16 sélections, 2 buts

Né le 28 décembre 1947 à Saint-Pol-de-Léon (Finistère)

Première sélection : 7 octobre 1970, à Vienne, Autriche - France (1-0)

Dernière sélection : 26 mai 1973, à Moscou, URSS - France (2-0)

Clubs : 1970-1972 : AS Monaco (13 sélections) ▪ 1972-1973 : Paris FC (3 sélections)

Bilan : 7 victoires, 3 nuls, 6 défaites

Le Stade Rennais a déniché un grand talent avec le jeune Finistérien Louis Floch. « Loulou » est un attaquant rapide et adroit devant le but qui brille avec l'équipe de France junior, mais il se blesse gravement à la jambe gauche en 1966, lors d'un match en Belgique. Il s'en remet mais a perdu du temps et Rennes l'a vendu à Monaco, en D2, à la fin de la saison 1969-70 pour renflouer ses caisses. Georges Boulogne, qui n'a jamais perdu de vue le joueur prometteur qu'il dirigeait en junior, le convoque en équipe de France A, à l'automne 1970. Floch entre pour le dernier quart d'heure contre l'Autriche, en amical au Prater de Vienne, à la place de Philippe Gondet qui dispute là son dernier match international. Entrée satisfaisante, Floch est titulaire au match suivant, contre la Norvège pour les éliminatoires de l'Euro 1972. Et c'est lui qui ouvre le score à la 30e minute, sur une passe de Michel Mézy. Le Breton réussit son examen de passage car il enchaîne les rencontres. Mais étant toujours un joueur de deuxième division, il devient remplaçant en 1971. Ce qui ne l'empêche pas d'être performant, avec ses dribbles, ses accélérations et ses frappes soudaines. À Madrid, il remplace Charly Loubet au bout de dix minutes, Floch offre à Hervé Revelli les deux buts français contre l'Espagne (2-2). Remplaçant encore de Revelli lors des deux matches contre la Bulgarie, Floch redevient titulaire en début d'année 1972 et fait partie de la tournée brésilienne de juin, participant aux quatre matches de la Coupe de l'Indépendance. Transféré au Paris FC pendant l'été, Floch reprend sa place parmi les Tricolores au printemps suivant et dispute les trois derniers matches de la saison. Mais la défaite contre l'URSS à Moscou est sa dernière apparition, comme pour Broissart, Rostagni, Quittet et Mézy, qui le remplace à la pause, la page est tournée. Mais il jouera encore en D1, avec le Paris SG jusqu'en 1976 puis avec Brest qu'il contribuera à faire monter en D1 en 1979.

Louis Floch

Matches joués : 1970 3 matches sur 7 ▪ **1971** 5 matches sur 8 ▪ **1972** 5 matches sur 8 ▪ **1973** 3 matches sur 6 | **Buts : 1970** 1 ▪ **1972** 1 | **Titulaire :** 7 fois sur 16 | **Remplaçant :** 9 fois sur 16 (de Gondet, Bereta 2 fois, Loubet, H. Revelli 2 fois, Blanchet 2 fois, Molitor) | **Resté sur le banc :** 1 fois | **Sélectionneur :** Boulogne 16 fois

Robert Rico

Attaquant
1 sélection

Né le 10 mai 1945 à Agadir (Maroc)

Unique sélection : 15 novembre 1970 à Bruxelles, Belgique-France (1-2)

Club : 1970-1971 : Stade Rennais (1 sélection)

Bilan : 1 victoire

Dans une attaque française remaniée pour le denier match de l'année, au Heysel face aux Belges, Georges Boulogne innove avec l'ailier gauche rennais Robert Rico, 25 ans, qui remplace le Marseillais Charly Loubet. Associé à son ancien partenaire de Rennes, Loulou Floch, Rico réalise une prestation honnête mais n'est plus convoqué ensuite. Il restera même le dernier Rennais à porter le maillot bleu avant Bernard Lama, 30 ans plus tard !

Match joué : 1970 1 match sur 7 | **Titulaire :** 1 fois sur 1 | **Sélectionneur :** Boulogne 1 fois

1971

3 nouveaux joueurs
8 matches

8 janvier : Argentine- France 3-4
13 janvier : Argentine - France 2-0
17 mars : Espagne - France 2-2
24 avril : Hongrie - France 1-1 (QCE)
8 septembre : Norvège - France 1-3 (QCE)
9 octobre : France - Hongrie 0-2 (QCE)
10 novembre : France - Bulgarie 2-1 (QCE)
4 décembre : Bulgarie - France 2-1 (QCE)

Jean-Pierre Lopez

Défenseur
0 sélection

Né le 2 janvier 1943 à Cierp (Haute-Garonne)

Première présélection : 8 janvier 1971 à Buenos Aires, Argentine - France (3-4)

Dernière présélection : 13 janvier 1971 à Mar del Plata, Argentine - France (2-0)

Club : 1970-1971 : Olympique de Marseille

Georges Boulogne a mis sur pied une tournée en Amérique du Sud au mois de janvier, avec cinq rencontres au programme. Deux matches officiels contre l'Argentine et trois matches non officiels ensuite contre deux clubs brésiliens et un club péruvien. L'occasion de voir Jean-Pierre Lopez, le défenseur de l'OM qui est à la lutte pour le titre de champion de France avec Saint-Étienne. Mais Lopez ne joue aucun des matches de ce périple et ne reviendra jamais, se contentant donc de deux titres de champion de France avec Marseille.

Resté sur le banc : 2 fois

Jacques Vergnes

Attaquant, 1 sélection, 1 but

Né le 21 juillet 1948 à Magalas (Hérault)

Unique sélection : 8 septembre 1971 à Oslo, Norvège-France (1-3)

Dernière présélection : 10 novembre 1971 à Nantes, France - Bulgarie (2-1)

Club : 1971-1972 : Nîmes Olympique (1 sélection)

Bilan : 1 victoire

Venu du Red Star, mais originaire de la région, Jacky Vergnes a terminé la saison 1970-71 avec 27 buts pour Nîmes. Sur sa lancée, cet avant-centre percutant en est déjà à sept en cinq matches, alors Georges Boulogne le prend pour le premier match de la saison 1971-72 en Norvège, de préférence à Di Nallo ou Hervé Revelli qui vient de quitter Saint-Étienne pour Nice. Encadré par Blanchet et Loubet, l'avant-centre nîmois ouvre le score, d'un lob astucieux à Oslo, pour ce match qualificatif pour l'Euro 1972 que la France remporte 3-1. Bonne pioche ? Non car Boulogne le laisse ensuite sur le banc contre la Bulgarie en fin d'année puis ne le rappelle plus. Vergnes finira pourtant la saison meilleur réalisateur français, avec 25 buts pour Nîmes, et il sera un chasseur de buts régulier partout où il jouera ensuite, à Bastia, Reims, Laval, Strasbourg et Bordeaux jusqu'à la fin des années 1970, totalisant plus de 150 buts en D1.

Match joué : 1971 1 | **But : 1971** 1 | **Titulaire :** 1 fois sur 1 | **Resté sur le banc :** 1 fois | **Sélectionneur :** Boulogne 1 fois

Jacky Vergnes

Marius Trésor

Défenseur
65 sélections, 4 buts

Né le 15 janvier 1950 à Sainte-Anne (Guadeloupe)

Première sélection : 4 décembre 1971 à Sofia, Bulgarie - France (2-1)

Dernière sélection : 12 novembre 1983 à Zagreb, Yougoslavie - France (0-0)

Clubs : 1971-1972 : AC Ajaccio (5 sélections) ▪ 1972-1980 : Olympique de Marseille (40 sélections) ▪ 1980-1984 : Girondins de Bordeaux (20 sélections)

Bilan : 28 victoires, 19 nuls, 18 défaites

Il y avait eu les Martiniquais Xercès Louis, Paul Chillan et Daniel Charles-Alfred, mais aucun joueur né en Guadeloupe avant Marius Trésor, qui est appelé en défense pour le dernier match de l'année, en Bulgarie, comme arrière gauche. Boulogne le garde dans son effectif, comme arrière droit, en Roumanie au match suivant. Dans des conditions difficiles à Sofia comme à Bucarest, malgré deux défaites françaises, Trésor, qui est alors prêté par Marseille à Ajaccio, parvient à montrer ses qualités de vitesse, d'adresse, de détente et de technique suffisamment pour aller au Brésil disputer la Coupe de l'Indépendance en juin 1972. Trésor peut y évoluer à son poste de prédilection, en défense centrale, aux cotés du Niçois Claude Quittet et il ne va plus quitter l'équipe de France pendant douze ans ! Car Trésor, contrairement à Quittet et quelques autres, survit au départ de Boulogne en juin 1972 après l'élimination de la France dans la course à la Coupe du monde 1974. Stefan Kovacs puis Michel Hidalgo font de lui le pilier de la défense française. Au fil des mois, Trésor fait équipe en défense centrale avec Jean-Pierre Adams, pour former la « garde noire », puis Patrice Rio, Christian Lopez, Léonard Specht, Gérard Janvion et Yvon Le Roux pour finir en 1983. Trésor hérite des galons de capitaine à plusieurs reprises, vingt fois en tout, la première en 1976 à l'occasion du match des Bleus en Bulgarie (2-2). Il bat aussi le vieux record de Roger Marche, datant de 23 ans, avec sa 64e sélection contre l'Espagne au Parc en octobre 1983. Marius Trésor, défenseur impérial, aux gestes amples et décisifs, est aussi buteur dans les grandes occasions. En octobre 1973, à Gelsenkirchen, il marque face à l'Allemagne, sur une frappe de 25 mètres, le but qui sauve l'honneur de la France surclassée, mais pas laminée (1-2). En juin 1977 au Maracanã de Rio, il égalise en fin de match, de la tête sur un corner d'Olivier Rouyer. Et lors de la Coupe du monde 1982, il marque le but qui donne l'avantage à la France durant la prolongation face à l'Allemagne au cours de la demi-finale du Mondial à Séville, en reprenant d'une volée acrobatique un coup franc de Giresse... Marius Trésor a pu disputer ainsi deux Coupes du monde, 1978 et 1982, survivant au naufrage de l'OM qui entre les deux est tombé en D2, grâce à un rebond parfait aux Girondins de Bordeaux sous les ordres d'Aimé Jacquet. Mais, à 34 ans, il ne peut aller jusqu'à l'Euro 1984 qui aurait été le couronnement de son incroyable longévité qui l'a vu côtoyer trois générations d'internationaux, de Georges Lech à Manuel Amoros, en passant par Henri Michel et Michel Platini.

Matches joués : 1971 1 match sur 8 ▪ **1972** 8 matches sur 8 ▪ **1973** 5 matches sur 6 ▪ **1974** 5 matches sur 6 ▪ **1975** 6 matches sur 6 ▪ **1976** 5 matches sur 6 ▪ **1977** 4 matches sur 7 ▪ **1978** 6 matches sur 11 ▪ **1979** 3 matches sur 6 ▪ **1980** 2 matches sur 6 ▪ **1981** 4 matches sur 8 ▪ **1982** 14 matches sur 15 ▪ **1983** 2 matches sur 7 | **Buts : 1973** 1 ▪ **1977** 1 ▪ **1978** 1 ▪ **1982** 1 | **Titulaire :** 64 fois sur 65 | **Remplaçant :** 1 fois sur 65 (de Specht) | **Capitaine :** 20 fois (29e-42e, 51e-52e, 57e, 60e-62e, 64e-65e) | **Coupe du monde 1978 :** 3 matches sur 3 | **Coupe du monde 1982 :** 7 matches sur 7 | **Sélectionneurs :** Boulogne 12 fois, Kovacs 13 fois, Hidalgo 40 fois

1972

5 nouveaux joueurs
8 matches

8 avril : Roumanie - France 2-0
11 juin : France - Concacaf 5-0
15 juin : France - Afrique 2-0
18 juin : France - Colombie 3-2
25 juin : France - Argentine 0-0
2 septembre : Grèce - France 1-3
13 octobre : France - URSS 1-0 (QCM)
15 novembre : Eire - France 2-1 (QCM)

Dominique Baratelli

Gardien de but; 21 sélections

Né le 26 décembre 1947 à Nice (Alpes-Maritimes)

Première présélection : 8 avril 1972 à Bucarest, Roumanie - France (2-0)

Première sélection : 11 juin 1972 à Salvador de Bahia, France - Concacaf (5-0)

Dernière sélection : 28 avril 1982 à Paris, France - Pérou (0-1)

Dernière présélection : 16 juin 1982 à Bilbao, France - Angleterre (1-3)

Clubs : 1971-1978 : OGC Nice (19 sélections) ▪ 1978-1982 : Paris SG (2 sélections)

Bilan : 5 victoires, 9 nuls, 7 défaites

Marcel Aubour termine son service de deuxième gardien en ce début d'année 1972, il est temps pour Georges Boulogne de lui trouver un remplaçant qui puisse le moment venu succéder au titulaire Georges Carnus. Son choix se porte sur le gardien niçois Dominique Baratelli, formé au Cavigal comme avant lui Herbin, Camerini et Rostagni, qui démontre avec les Espoirs sa souplesse et sa vista malgré un gabarit modeste. Dans le groupe à Bucarest, Baratelli débute au Brésil pour la Coupe de l'Indépendance, face à une sélection d'Amérique centrale, et s'en sort sans dommage (5-0). Il joue le deuxième match, contre l'Afrique, et laisse ensuite Carnus terminer la compétition. Le gardien de l'OM poursuit la saison suivante, jusqu'à une action malheureuse contre l'Irlande au Parc où il est spectateur sur le but de l'égalisation irlandaise. La semaine suivante, c'est Baratelli qui est aligné à Moscou, et on ne reverra plus Carnus en équipe de France. Le Niçois est logiquement le premier gardien de Stefan Kovacs, à l'automne 1973, mais rapidement il est concurrencé par Jean-Paul Bertrand-Demanes, le Nantais, puis René Charrier, le Marseillais. Mais Baratelli termine l'ère Kovacs comme titulaire et attaque celle de Michel Hidalgo comme tel. Mais cette fois, le Messin André Rey vient lui chiper la place en 1977, et quand celui-ci se blesse avant le Mondial 1978, c'est Bertrand-Demanes qui est choisi comme n° 1 pour l'Argentine. Toutefois, Baratelli est dans les 22 et entre en jeu quand le Nantais se blesse à son tour, à la 55e minute du match contre les Argentins. Et c'est Baratelli qui encaisse le missile expédié par Leopoldo Luque qui élimine la France... Baratelli disparaît alors des listes d'Hidalgo, au profit du Strasbourgeois Dominique Dropsy. Monté à Paris après le Mondial, Baratelli réalise avec le PSG de bons matches en championnat, et revient vraiment dans le groupe à la fin de l'année 81, et pas que pour des matches non officiels. Le titulaire est alors le Stéphanois Jean Castaneda, mais qui ne s'impose pas vraiment et Baratelli rejoue deux fois avant le Mondial, ce qui lui vaut d'être à nouveau retenu dans les 22 pour la Coupe du monde en Espagne, à 32 ans. Hidalgo hésite alors pour le poste de titulaire entre lui, Castaneda et

Jean-Luc Ettori. Et c'est le Monégasque qui est désigné et reste titulaire malgré une entrée en compétition complètement ratée à Bilbao contre l'Angleterre. Vexé, Baratelli refuse d'être son n°2, se désignant ainsi comme n° 3, il ne joue donc pas une seconde en Espagne, ce qui marque sa fin de carrière internationale, alors qu'en club il jouera jusqu'en 1985.

Matches joués : 1972 2 matches sur 8 ▪ **1973** 3 matches sur 6 ▪ **1974** 2 matches sur 6 ▪ **1975** 5 matches sur 6 ▪ **1976** 5 matches sur 6 ▪ **1977** 1 match sur 7 ▪ **1978** 1 match sur 11 ▪ **1979** - ▪ **1980** - ▪ **1981** - ▪ **1982** 2 matches sur 15 | **Titulaire :** 19 fois sur 21 | **Remplaçant :** 2 fois sur 21 (de Charrier, Bertrand-Demanes) | **Resté sur le banc :** 21 fois | **Resté en tribune :** 6 fois | **Coupe du monde 1978 :** 1 match sur 3 | **Sélectionneurs :** Boulogne 3 fois, Kovacs 9 fois, Hidalgo 9 fois

Jean-Pierre Adams

Défenseur
22 sélections

Né le 10 mars 1948 à Dakar (Afrique occidentale française, aujourd'hui Sénégal)

Première présélection : 11 juin 1972 à Salvador de Bahia, France - Concacaf (5-0)

Première sélection : 15 juin 1972 à Maceió, France - Afrique (2-0)

Dernière sélection : 1er septembre 1976 à Copenhague, Danemark - France (1-1)

Clubs : 1971-1973 : Nîmes Olympique (8 sélections) ▪ 1973-1976 : OGC Nice (14 sélections)

Bilan : 9 victoires, 6 nuls, 7 défaites

C'est la première fois qu'un joueur originaire d'Afrique noire est sélectionné : Jean-Pierre Adams est un colosse qui joue stoppeur ou demi-défensif à Nîmes, l'équipe la plus solide et la plus rude du championnat. Georges Boulogne l'embarque pour la tournée au Brésil où la France dispute la Coupe de l'Indépendance, en juin. Adams accompagne donc son coéquipier nîmois Michel Mézy qui est désormais l'un des cadres de l'équipe. Adams a l'occasion de débuter en remplaçant Marius Trésor en fin de match contre l'Afrique, comme un clin d'œil. Il joue ensuite demi défensif contre la Colombie, puis stoppeur contre l'Argentine, aux côtés de Marius Trésor : la « garde noire » de l'équipe de France est née ainsi, à Salvador de Bahia. Adams et Trésor disputent ainsi 15 matches ensemble, jusqu'en 1976. Mais c'est surtout Stefan Kovacs entre 73 et 75 qui rend cette charnière incontournable. Passé de Nîmes à Nice en 1973, Adams s'est affirmé comme un roc mais que des blessures viennent fissurer. Michel Hidalgo l'utilise donc moins à partir de 1976, lui préférant le Stéphanois Christian Lopez où le Nantais Patrice Rio. Adams part alors au Paris SG en 1977, puis à Mulhouse. Mais en 1982, c'est le drame. Opéré pour un problème au genou, il ne se réveille pas après l'anesthésie et demeure depuis dans un état végétatif.

Matches joués : 1972 6 matches sur 8 ▪ **1973** 5 matches sur 6 ▪ **1974** 6 matches sur 6 ▪ **1975** 4 matches sur 6 ▪ **1976** 1 match sur 6 | **Titulaire :** 21 fois sur 22 | **Remplaçant :** 1 fois sur 22 (de Trésor) | **Resté sur le banc :** 1 fois | **Sélectionneurs :** Boulogne 8 fois, Kovacs 13 fois, Hidalgo 1 fois

Jean-Pierre Adams

Jean-François Jodar

Défenseur
6 sélections, 1 but

Né le 2 décembre 1949 à Montereau-Fault-Yonne (Seine-et-Marne)

Première présélection : 11 juin 1972 à Salvador de Bahia, France - Concacaf (5-0)

Première sélection : 18 juin 1972 à Salvador de Bahia, France - Colombie (3-2)

Dernière sélection : 26 avril 1975 à Colombes, France - Portugal (0-2)

Dernière présélection : 27 mars 1976 à Paris, France - Tchécoslovaquie (2-2)

Clubs : 1971-1975 : Stade de Reims (6 sélections) ▪ 1975-1976 : Olympique Lyonnais (0 sélection)

Bilan : 2 victoires, 1 nul, 3 défaites

Jean-François Jodar

Les Rémois n'ont plus la cote des années 1950 et 1960. Yves Herbet a été le dernier, en 1970, avant que Jean-François Jodar vienne pour la tournée de juin au Brésil, comme doublure de Jean-Paul Rostagni au poste d'arrière gauche. Il joue le troisième match, contre la Colombie, mais ne revient pas. Stefan Kovacs, par contre, le sélectionne pour son deuxième match, en Allemagne. Jodar reste alors sur le banc, mais au printemps il a l'opportunité de disputer une mi-temps contre l'Argentine, au Parc. Et à la fin de l'été suivant, il est titularisé, d'abord dans un match d'entraînement contre le FC Cologne, puis à Wroclaw contre la Pologne. Arrière droit, Jodar marque le second but d'une étonnante victoire française (2-0) contre le récent troisième de la Coupe du monde 1974. Du coup, il reste dans l'équipe de Kovacs, mais il souffre contre la RDA face à Sparwasser et Hoffmann. Titulaire encore une fois face au Portugal, dans un match qui échappe aux Tricolores à Colombes, il disparaît ensuite des listes. Michel Hidalgo fait appel à lui une fois, pour sa première présélection, alors qu'il a quitté Reims, dont il reste à ce jour le dernier international, mais la place sur le terrain sera prise par Raymond Domenech et bientôt par Gérard Janvion, et Jodar ne reviendra plus. Joueur à Lyon puis Strasbourg, il entraînera les équipes de France de jeunes de 1988 à 2002, remportant en 2001 le Mondial des moins de 17 ans.

Matches joués : 1972 1 match sur 8 ▪ **1973** - ▪ **1974** 4 matches sur 6 ▪ **1975** 1 match sur 6 ▪ **1976** - | **But : 1974** 1 | **Titulaire :** 6 fois sur 6 | **Remplaçant :** 1 fois sur 6 (de Merchadier) | **Resté sur le banc :** 5 fois | **Sélectionneurs :** Boulogne : 1 fois, Kovacs : 5 fois, Hidalgo : 0 fois

Roger Jouve

Milieu de terrain
7 sélections, 1 but

Né le 11 mars 1949 à Marseille (Bouches-du-Rhône)

Première présélection : 11 juin 1972 Salvador de Bahia, France - Concacaf (5-0)

Première sélection : 8 septembre 1973 à Paris, France - Grèce (3-1)

Dernière sélection : 2 mai 1979 à New York, États-Unis - France (0-6)

Clubs : 1972-1978 : OGC Nice (3 sélections) ▪ 1978-1979 : RC Strasbourg (4 sélections)

Bilan : 3 victoires, 3 nuls, 1 défaite

À Nice, l'association Jouve-Huck donne un milieu de terrain tonique qui n'a pas échappé à Georges Boulogne qui décide donc d'emmener Roger Jouve au Brésil, pour la tournée de juin. Mais il le laisse sur le banc de touche durant toute la Coupe de l'Indépendance brésilienne. Ce n'est qu'un an plus tard que son successeur, Stefan Kovacs, le fait jouer, pour son premier match, au Parc, dans une formation très offensive où le Niçois doit gérer le milieu de terrain avec Chiesa et Bereta derrière trois attaquants, Molitor, Lacombe et Sarramagna. Bien que demi défensif de fait, Jouve ouvre le score à la 9e minute d'une splendide frappe de 20 mètres, en pleine lucarne ! Il est reconduit au match suivant, en Allemagne, aidé cette fois dans ses tâches défensives par Henri Michel. Mais il ne revient ensuite que comme remplaçant et n'entre pas en jeu, sauf en avril 1974, dans un match non officiel, contre l'Ajax Amsterdam quand il succède à Molitor. À partir de 1975, le trio Jouve-Huck-Guillou fonctionne si bien à Nice que Michel Hidalgo fait appel à Jouve quand il donne sa première liste au printemps 1976. Mais il n'est à nouveau que remplaçant et s'il entre en seconde mi-temps, il ne revient pas avant l'année suivante, toujours comme remplaçant. Son départ pour Strasbourg change la donne, après la Coupe du monde 1978 à laquelle il n'a pas été convié. Impressionnant dans l'équipe alsacienne de Gilbert Gress qui domine le championnat, Jouve est titulaire pour les premiers matches de qualification à l'Euro 1980. Mais la concurrence de Jean-François Larios, Jean Petit et Alain Moizan le repousse à nouveau et il mettra fin à sa carrière professionnelle la saison suivante.

Matches joués : 1972 - ▪ **1973** 2 matches sur 6 ▪ **1974** - ▪ **1975** - ▪ **1976** 1 match sur 6 ▪ **1977** 1 match sur 7 ▪ **1978** 2 matches sur 11 ▪ **1979** 1 match sur 6 | **But : 1973** 1 | **Titulaire :** 5 fois sur 7 | **Remplaçant :** 2 fois sur 7 (de Rampillon, Petit) | **Resté sur le banc :** 6 fois | **Sélectionneurs :** Kovacs 2 fois, Hidalgo 5 fois

Patrick Revelli

Attaquant
5 sélections, 1 but

Né le 22 juin 1951 à Mimet (Bouches-du-Rhône)

Première présélection : 11 juin 1972 Salvador de Bahia, France - Concacaf (5-0)

Première sélection : 21 novembre 1973 à Paris, France - Danemark (3-0)

Dernière sélection : 23 février 1977 à Paris, France - Allemagne (1-0)

Club : 1972-1977 : AS Saint-Étienne (5 sélections)

Bilan : 5 victoires

Le cadet des frères Revelli, 21 ans, fait parler de lui à Saint-Étienne depuis que son frère Hervé est parti à Nice. Avec 14 buts inscrits lors de la saison 1971-72, en pouvant jouer à tous les postes de l'attaque, Patrick Revelli est mieux qu'un Espoir. Georges Boulogne l'incorpore en juin au groupe qui part en tournée au Brésil. Mais, comme Roger Jouve, il ne fait que regarder les quatre matches qu'y disputent les Tricolores. Ce n'est que plus d'un an plus tard qu'il est à nouveau convoqué en équipe de France. Par Stefan Kovacs, qui le fait débuter face au Danemark, en amical, pour le dernier match de l'année 73 : Patrick Revelli entre en jeu à la 75e minute et joue avec son frère Hervé pendant un quart d'heure. Il est à l'origine du second but français et obtient ainsi le droit de revenir au match suivant. Mais, à nouveau remplaçant, il ne convainc pas vraiment. Il dispute deux matches non officiels, contre Anderlecht (0-2) en mars, puis face au Benfica Lisbonne en août 1974 (4-2), où il marque un but après avoir remplacé Chiesa pour la seconde mi-temps. Michel Hidalgo lui redonne sa chance en avril 1976, à Lens face à la Pologne, en amical. Aligné pour la première fois comme titulaire, Patrick Revelli, attaquant polyvalent, marque le second but français sur un centre de Didier Six. Forfait pour le match suivant sur décision de son club qui vient de perdre la finale de la Coupe d'Europe, il ne revient qu'une fois l'année suivante, pour la victoire historique de la France sur l'Allemagne en amical au Parc (1-0), en remplaçant Bernard Lacombe après la pause. C'est la dernière sélection de Franz Beckenbauer, ce sera aussi la dernière de Patrick Revelli pour sa cinquième victoire en autant de matches ! Ayant quitté Saint-Étienne en 1978, il jouera encore à Sochaux, aux côtés des jeunes Yannick Stopyra et Bernard Genghini, jusqu'en 1982.

Matches joués : 1972 - ▪ **1973** 1 match sur 6 ▪ **1974** 2 matches sur 6 ▪ **1975** - ▪ **1976** 1 match sur 6 ▪ **1977** 1 match sur 7 | **But : 1976** 1 | **Titulaire :** 1 fois sur 5 | **Remplaçant :** 4 fois sur 5 (de Chiesa, Dalger, Giresse, Lacombe) | **Resté sur le banc :** 4 fois | **Sélectionneurs :** Boulogne 0 fois, Kovacs 3 fois, Hidalgo 2 fois

1973

19 nouveaux joueurs
6 matches

3 mars : France - Portugal 1-2
19 mai : France - Eire 1-1 (QCM)

26 mai : URSS - France 2-0 (QCM)
8 septembre : France - Grèce 3-1
13 octobre : Allemagne - France 2-1
21 novembre : France - Danemark 3-0

Raymond Domenech

Défenseur
8 sélections

Né le 24 janvier 1952 à Lyon (Rhône)

Première sélection : 19 mai 1973 à Paris, France - Eire (1-1)

Dernière sélection : 2 mai 1979 à New York, États-Unis - France (0-6)

Clubs : 1973-1978 : Olympique Lyonnais (6 sélections) ▪ 1978-1979 : RC Strasbourg (2 sélections)

Bilan : 3 victoires, 4 nuls, 1 défaite

Il a 21 ans et n'a peur de rien. Raymond Domenech n'a pas tardé à se faire une place dans la rugueuse défense de Lyon aux côtés de Baeza, Mihajlovic et Lhomme. Une vraie bande de durs dans laquelle Domenech n'est pas le plus maladroit. Georges Bologne, confronté au forfait du Stéphanois José Broissart, décide de le prendre comme arrière droit, au printemps 1973, pour le match contre l'Irlande, au Parc. International Espoir depuis deux ans, Domenech mesure l'écart face à Don Givens, le rude ailier irlandais. Mais Boulogne le conserve dans son groupe qui va ensuite disputer à Moscou le match de la dernière chance pour la qualification au Mondial 74. Mais Domenech n'entre pas en jeu et retourne chez les Espoirs. Stefan Kovacs l'en ressort deux ans plus tard, en mai 1975. Remplaçant pour affronter l'Islande, à Reykjavik, le Lyonnais est titulaire au match retour, à Nantes, puis contre la Belgique au Parc, pour la fin des éliminatoires de l'Euro 1976, et dispute aussi tous les matches de préparation, contre les Queens Park Rangers, le Real Madrid et Hambourg. À la suite de Kovacs, Hidalgo titularise Domenech pour son premier match, en mars 1976, contre la Tchécoslovaquie, et le moustachu lyonnais fait ainsi partie de la première saison du nouveau sélectionneur. Mais rapidement le Stéphanois Gérard Janvion le supplante comme arrière droit. Et quand ce n'est pas lui, c'est Patrick Battiston... Du coup on ne revoit Domenech avec les Bleus que deux ans plus tard, pour la fin de la saison 1978-79. Alors passé à Strasbourg, bientôt sacré champion de France, Domenech est associé à ses partenaires de club Léonard Specht et Dominique Dropsy en Tchécoslovaquie. Puis il joue stoppeur contre les États-Unis, à New York. C'est plutôt une réussite, mais la concurrence est trop forte en défense centrale avec Specht, Lopez ou Trésor, et il ne sera jamais revu. On est alors loin, mais très loin, de se douter qu'un jour Raymond Domenech deviendra le patron des Bleus, de 2004 à 2010 !

Matches joués : 1973 1 match sur 6 ▪ **1974** - ▪ **1975** 2 matches sur 6 ▪ **1976** 3 matches sur 6 ▪ **1977** - ▪ **1978** - ▪ **1979** 2 matches sur 6 | **Titulaire :** 7 fois sur 8 | **Remplaçant :** 1 fois sur 8 (de Janvion) | **Resté sur le banc :** 3 fois | **Sélectionneurs :** Boulogne 1 fois, Kovacs 2 fois, Hidalgo 5 fois

Bernard Lacombe

Attaquant
38 sélections, 12 buts

Né le 15 août 1952 à Lyon (Rhône)

Première présélection : 19 mai 1973 à Paris, France - Eire (1-1)

Première sélection : 8 septembre 1973 à Paris, France-Grèce (3-1)

Dernière sélection : 27 juin 1984 à Paris, France-Espagne (2-0)

Clubs : 1973-1978 : Olympique Lyonnais (16 sélections) ▪ 1978-1979 : AS Saint-Étienne (2 sélections) ▪ 1979-1984 : Girondins de Bordeaux (20 sélections)

Bilan : 24 victoires, 7 nuls, 7 défaites

Palmarès : Champion d'Europe 1984

Le jeune avant-centre de l'Olympique Lyonnais Bernard Lacombe (20 ans) brille depuis déjà deux saisons entre Di Nallo et Chiesa quand Georges Boulogne l'appelle en mai 1973 pour la fin des qualifications de la Coupe du monde 1974. Mais Lacombe, qui a débuté la saison avec les Espoirs, n'entre en jeu ni contre l'Irlande au Parc, ni contre l'URSS à Moscou, Boulogne préférant garder en attaque la paire Floch-Revelli. Son successeur,

Bernard Lacombe

Stefan Kovacs, ayant décidé de tourner clairement la page, Lacombe débute au Parc en septembre, contre la Grèce. Il est le meilleur Français jusqu'à sa sortie à la 57e minute, remplacé par un autre débutant, Marc Berdoll. Blessé ensuite, Lacombe ne rejoue en bleu qu'en avril 1974, contre la Tchécoslovaquie à Prague. Il fait alors une démonstration d'efficacité dans une très bonne équipe de France, en marquant deux buts plein d'opportunisme (28e, 72e). Après avoir manqué deux matches à cause de blessures, Lacombe réalise à l'automne suivant une prestation décevante en Belgique, où une maladresse du Lyonnais occasionne le second but belge fatal aux Français, et il est écarté par Kovacs qui voyait surtout en lui l'indispensable complément de Chiesa : comme ce dernier refuse désormais la sélection, Lacombe est oublié par le Roumain. Il ne revient qu'en août 1976, à la demande de Michel Hidalgo, et fait alors partie de la formation qui dynamite en match d'entraînement le Borussia Mönchengladbach au Parc (5-0). Lacombe marque le quatrième but français et son entente avec Michel Platini saute aux yeux. À Sofia, en octobre, il inscrit le but du 2-0, en reprenant une frappe de Bathenay repoussée par le gardien bulgare. Avec Rocheteau et Six, Lacombe forme à présent le trio d'attaque préférentiel d'Hidalgo pour plusieurs années. Au match retour contre la Bulgarie, décisif pour la qualification de la Coupe du monde 1978, en novembre 1977, Lacombe est à l'origine du premier but français signé Rocheteau. Ce soir-là au Parc, il est à nouveau le meilleur attaquant français, collectif et altruiste. Le Lyonnais se retrouve logiquement titulaire pour le Mondial en Argentine. À Mar del Plata, pour le premier match, il ouvre le score dès la 1re minute, en reprenant de la tête un centre parfait de Six. Après 37 secondes de jeu, c'est le but le plus rapide de l'histoire de la Coupe du monde. Puis, à Buenos Aires contre l'Argentine, il offre à Platini l'égalisation après avoir tiré sur la barre transversale. Un an plus tard, Lacombe, malgré la concurrence de Berdoll, reste le choix n° 1 d'Hidalgo. Au Giant Stadium de New York, il réalise un sensationnel triplé contre les États-Unis en moins d'une demi-heure (8e, 14e, 37e). Ayant quitté Lyon pour Bordeaux, après un passage d'une saison à Saint-Étienne, Lacombe trouve en Gironde un nouveau complice idéal : Alain Giresse. Leur entente est parfaite en championnat se poursuit à partir de 1981 en équipe de France. Bien qu'ayant manqué encore des matches sur blessures, Lacombe est de la partie pour affronter les Pays-Bas au Parc en novembre 1981, dans un nouveau match décisif, pour la qualification à la Coupe du monde 82 (2-0). Il débute toutefois ce Mondial espagnol en tribune, avant de retrouver le terrain contre le Koweït, puis contre la Tchécoslovaquie où c'est lui qui permet à Six d'ouvrir le score. Titulaire encore contre l'Autriche, il se blesse à la 15e minute et ne rejoue plus du Mondial. Michel Hidalgo teste ensuite différentes formules en attaque, avec Rocheteau, Stopyra, Touré et Bellone. Mais Lacombe, toujours performant à Bordeaux, est rappelé en vue du championnat d'Europe 1984 qui se dispute en France. À 31 ans, le revoilà buteur une dernière fois contre l'Écosse, à Marseille en match de préparation, puis titulaire lors des deux premiers matches de l'Euro, contre le Danemark et la Belgique et les deux derniers, contre le Portugal et l'Espagne où il provoque le coup franc qui permet à Platini d'ouvrir le score en finale. Deux matches qu'il ne termine pas, mais qui lui offrent le titre de champion d'Europe pour clore une carrière internationale de onze ans. À la fois buteur et remiseur, Lacombe reste à ce jour le meilleur réalisateur français du championnat de France, avec 255 buts en 497 matches.

Matches joués : 1973 1 match sur 6 ▪ **1974** 3 matches sur 6 ▪ **1975** - ▪ **1976** 3 matches sur 6 ▪ **1977** 4 matches sur 7 ▪ **1978** 6 matches sur 11 ▪ **1979** 4 matches sur

6 ▪ **1980** 3 matches sur 6 ▪ **1981** 3 matches sur 8 ▪ **1982** 5 matches sur 15 ▪ **1983** - ▪ **1984** 6 matches sur 12 | **Buts : 1974** 2 ▪ **1976** 1 ▪ **1978** 1 ▪ **1979** 4 ▪ **1980** 1 ▪ **1981** 2 ▪ **1984** 1 | **Titulaire :** 37 fois sur 38 | **Remplaçant :** 1 fois sur 38 | **Resté sur le banc :** 7 fois | **Resté en tribune :** 4 fois | **Coupe du monde 1978 :** 2 matches sur 3 | **Coupe du monde 1982 :** 3 matches sur 7 | **Championnat d'Europe 1984 :** 4 matches sur 5 | **Sélectionneurs :** Boulogne 0 fois, Kovacs 4 fois, Hidalgo 34 fois

Bernard Gardon

Défenseur
1 sélection

Né le 2 décembre 1951 à Clermont-Ferrand (Puy-de-Dôme)

Unique sélection : 26 mai 1973 à Moscou, URSS - France (2-0)

Club : 1972-1973 : FC Nantes (1 sélection)

Bilan : 1 défaite

Le forfait de Jean-Pierre Adams, blessé contre l'Irlande en mai 1973 au Parc, oblige Boulogne à revoir ses plans pour jouer en URSS une semaine plus tard. Il fait remonter Claude Quittet à sa place en milieu de terrain et titularise en défense centrale, aux côtés de Marius Trésor, Bernard Gardon (21 ans) qui vient d'être sacré champion de France avec Nantes et qui devait jouer avec les Espoirs, à Aix, contre les Espoirs soviétiques. Une sacrée promotion pour le Nantais. Face aux tranchants ukrainiens de l'Union soviétique, Oleg Blokhine et Vladimir Onitchenko, la défense bleue tient courageusement 80 minutes à Moscou, avant de céder. Gardon sera rappelé en équipe de France ensuite une fois par Stefan Kovacs, en février 1975 pour un stage de deux jours à Rambouillet comprenant 29 joueurs. Mais pour rejouer, ce sera en Espoirs uniquement.

Match joué : 1973 1 match sur 6 | **Titulaire :** 1 fois sur 1 | **Sélectionneur :** Boulogne 1 fois

Christian Sarramagna

Attaquant
4 sélections

Né le 29 décembre 1951 à Bayonne (Pyrénées-Atlantiques)

Première sélection : 8 septembre 1973 à Paris, France-Grèce (3-1)

Dernière sélection : 27 mai 1976 à Budapest, Hongrie-France (1-0)

Dernière présélection : 1er septembre 1976 à Copenhague, Danemark - France (1-1)

Club : 1973-1976 : AS Saint-Étienne (4 sélections)

Bilan : 2 victoires, 2 défaites

Christian Sarramagna

Le jeune Basque de Saint-Étienne Christian Sarramagna (21 ans) a séduit Stefan Kovacs dès son arrivée en France. Ailier gauche puissant, il compose avec les frères Revelli, Larqué et Bereta, l'attaque des Verts. Kovacs qui veut remettre la France en 4-3-3 après les échecs du 4-4-2 de Boulogne, le titularise pour son premier match, face à la Grèce en septembre 1973, en compagnie de Molitor et Lacombe. Il retente l'expérience deux mois plus tard, face au Danemark, avec Hervé Revelli et Chiesa cette fois. Puis contre l'Argentine, au Parc en avril 1974, à nouveau avec Lacombe et Molitor. Tous ces matches laissent entrevoir un réel talent. Mais Sarramagna est blessé ensuite et ne peut finir la saison. Avec ses blessures à répétition, la concurrence de Triantafilos puis Rocheteau à Saint-Étienne, son temps de jeu se limite trop ensuite pour qu'il soit rappelé en équipe de France. Michel Hidalgo, qui a lancé Didier Six dès son arrivée comme ailier gauche, rappelle néanmoins Sarramagna en mai 1976 pour le dernier match de la saison, en Hongrie. Alors que ses camarades stéphanois après la finale perdue de Glasgow face au Bayern sont sur le flanc, (Synaeghel, Farison et Rocheteau sont blessés, Lopez, Bathenay et Patrick Revelli, fatigués, déclarent forfaits aussi), il forme le trio d'attaque français avec Emon et Pintenat. Hidalgo le titularise à nouveau contre Hambourg (4-2), en match d'entraînement en août 1977, puis l'appelle nouveau contre le Danemark, quinze jours plus tard. Mais le Stéphanois n'entre pas en jeu cette fois. Son heure n'est peut-être pas encore passée, mais il est gravement blessé en février 1978, en championnat contre Rouen, et il est éloigné des terrains pratiquement deux ans. Cette fois, l'équipe de France est difficilement terminée pour lui.

Matches joués : 1973 2 matches sur 6 ▪ 1974 1 match sur 6 ▪ 1975 - ▪ 1976 1 match sur 6 | **Titulaire :** 4 fois sur 4 | **Resté sur le banc :** 1 fois | **Sélectionneurs :** Kovacs 3 fois, Hidalgo 1 fois

Jean-Claude Osman

Défenseur, 1 sélection

Né le 6 mars 1947 à La Suze-sur-Sarthe (Sarthe)

Unique sélection : 8 septembre 1973 à Paris, France - Grèce (3-1)

Club : 1973-1974 : FC Nantes (1 sélection)

Bilan : 1 victoire

Jean-Claude Osman a déjà 26 ans quand Stefan Kovacs le lance dans le grand bain international. Il vient d'être sacré champion de France avec le FC Nantes dont il est l'arrière droit inamovible, aux côtés de Bargas, Gardon et De Michèle. Mais comme ces deux derniers, sa carrière internationale est courte : il ne sera en effet jamais rappelé après son match contre la Grèce (3-1), hormis pour un stage de deux jours en février 1975 à Rambouillet. Alors qu'il est gravement blessé à un œil en février 1974, le sélectionneur roumain fera jouer à sa place successivement Grava, Repellini, Vanucci, Jodar, Lopez, Domenech et Janvion : la chance du Nantais est vite passée.

Match joué : 1973 1 match sur 6 | **Titulaire :** 1 fois sur 1 | **Sélectionneur :** Kovacs 1 fois

Pierre Repellini

Défenseur
4 sélections

Né le 27 octobre 1950 à Hyères (Var)

Première sélection : 8 septembre 1973 à Paris, France - Grèce (3-1)

Dernière sélection : 18 mai 1974 à Paris, France - Argentine (0-1)

Club : 1973-1974 : AS Saint-Étienne (4 sélections)

Bilan : 2 victoires, 2 défaites

Comme Osman, Pierre Repellini débute avec le premier match de l'ère Kovacs comme arrière latéral, mais côté gauche. Contrairement au Nantais, le Stéphanois qui a connu auparavant les sélections juniors et Espoirs, est rappelé pour les matches suivants, à gauche contre l'Allemagne, et à droite contre le Danemark. Champion de France avec les Verts, Repellini termine la saison avec les Tricolores à droite face à l'Argentine du jeune et prometteur Mario Kempès, au Parc (0-1). Après un dernier match en août 1974, non officiel contre le Benfica Lisbonne au Parc (4-2) où il joue une mi-temps en milieu de terrain, le Vert ne reverra plus le bleu. La concurrence de Gérard Janvion à Saint-Étienne réduira ensuite beaucoup son temps de jeu, mais il restera fidèle à Saint-Étienne toute sa carrière, jusqu'en 1980.

Matches joués : 1973 3 matches sur 6 ▪ **1974** 1 match sur 6 | **Titulaire :** 4 fois sur 4 | **Resté sur le banc :** 1 fois | **Sélectionneur :** Kovacs 4 fois

Marc Berdoll

Attaquant
16 sélections, 5 buts

Né le 6 avril 1953 à Trélazé (Maine-et-Loire)

Première sélection : 8 septembre 1973 à Paris, France - Grèce (3-1)

Dernière sélection : 2 mai 1979 à New York, États-Unis - France (0-6)

Clubs : 1973-1976 : SCO Angers (5 sélections) ▪ 1976-1977 : FC Sarrebruck ▪ 1977-1979 : Olympique de Marseille (11 sélections)

Bilan : 10 victoires, 3 nuls, 3 défaites

Stefan Kovacs a vite cerné le problème n° 1 de l'équipe de France : l'attaque. Certes, il compte toujours sur Hervé Revelli, mais il lui cherche des successeurs qui soient aussi généreux que lui. Son premier choix est Bernard Lacombe, et son second, le jeune Angevin Marc Berdoll (20 ans), un peu chien fou mais opportuniste, qu'il a vu le 24 août 1973 marquer quatre buts face à Curkovic dans un match où le SCO d'Angers a balayé Saint-Étienne (4-0). Pour son premier match, face à la Grèce au Parc, Kovacs fait entrer Berdoll à la 57e minute à la place de Lacombe. Deux minutes plus tard, l'Angevin convertit en but un centre de Marco Molitor, après un amorti et une frappe à ras de terre. C'est ce qui s'appelle une entrée fracassante ! Berdoll s'installe ainsi dans le groupe France, mais reste remplaçant, de Molitor, puis de Revelli. Malgré 29 buts en championnat lors de la saison 1973-74, puis 17 la suivante, ce n'est qu'un an plus tard, en mai 1975, que Kovacs, qui l'a renvoyé régulièrement en Espoirs, le titularise pour la première fois, en Islande. Le pauvre 0-0 des Français à Reykjavik, fait en partie que Berdoll est à nouveau remplaçant au match retour, à Nantes en septembre. Mais cette fois, il marque, en fin de match sur un centre d'un nouveau venu, Dominique Rocheteau... Mais Berdoll évolue alors en D2, le SCO ayant été relégué à la fin de la saison 1975, et logiquement il n'est plus rappelé. Parti ensuite en Allemagne, au FC Sarrebruck où sa carrière s'enlise totalement (un seul but marqué en 17 matches), Berdoll est porté disparu. Son retour en France la saison suivante, à Marseille, change la donne. Il marque huit fois en deux mois pour l'OM et Michel Hidalgo, après le forfait de Lacombe, le sélectionne pour jouer contre l'URSS au Parc en octobre 1977. Ce n'est pas un franc succès (0-0) mais Berdoll a repris pied dans le navire bleu. Et du coup, même s'il ne participe pas à la qualification, il vogue vers la Coupe du monde. En Argentine, Berdoll entre en jeu contre l'Italie, à la place de Lacombe pour le dernier quart d'heure, puis reste sur le banc face à l'Argentine, mais il est titulaire pour le denier match, contre la Hongrie à Mar del Plata. Il inscrit le deuxième but français, avec le maillot rayé vert et blanc de Kimberley sur le dos, d'une frappe qui prend à contre-pied le gardien hongrois. Après le Mondial, Berdoll reste dans le groupe de Michel Hidalgo, mais comme remplaçant à nouveau. Il marque contre la Suède (2-2) le premier but français en septembre, sur un ballon relâché par le gardien Hellström, son cinquième et dernier but en Bleu. Berdoll joue encore trois fois dans la saison mais sans convaincre et Lacombe prend alors définitivement le pas sur lui. Marc Berdoll quittera l'OM en 1980, au moment de sa descente en D2, pour retourner à Angers terminer sa carrière.

Matches joués : 1973 2 matches sur 6 ▪ **1974** 1 match sur 6 ▪ **1975** 2 matches sur 6 ▪ **1976** - ▪ **1977** 1 match sur 7 ▪ **1978** 7 matches sur 11 ▪ **1979** 3 matches sur 6 | **Buts : 1973** 1 ▪ **1975** 1 ▪ **1978** 3 | **Titulaire :** 8 fois sur 16 | **Remplaçant :** 8 fois sur 16 | **Resté sur le banc :** 1 fois | **Coupe du monde 1978 :** 2 matches sur 3 | **Sélectionneurs :** Kovacs 5 fois, Hidalgo 11 fois

Daniel Ravier

Milieu de terrain, 2 sélections

Né le 17 mars 1948 à Lyon (Rhône)

Première sélection : 8 septembre 1973 à Paris, France - Grèce (3-1)

Dernière sélection : 21 novembre 1973 à Paris, France - Danemark (3-0)

Dernière présélection : 27 avril 1974 à Prague, Tchécoslovaquie - France (3-3)

Club : 1973-1974 : Olympique Lyonnais (2 sélections)

Bilan : 2 victoires

Daniel Ravier s'est fait une place à Lyon en appui du trident Chiesa-Lacombe-Di Nallo et Stefan Kovacs étant intéressé par une ossature de club, l'inclut, avec Chiesa et Lacombe, dans sa première sélection. Ravier entre en fin de match, au Parc contre la Grèce (3-1), dans une position de faux ailier, à la place de Sarramagna, qui était un vrai ailier. De nouveau remplaçant au match suivant, contre l'Allemagne, Ravier est titularisé en milieu de terrain face au Danemark, avec Chiesa, Michel et Bereta. Il est encore dans le groupe pour le match en Tchécoslovaquie en avril 1974, puis une dernière fois au mois d'août, alors qu'il a rejoint le Stade de Reims, pour un match d'entraînement contre le FC Cologne (0-0) où il remplace Henri Michel en seconde mi-temps. L'heure des associations lyonnaises étant passée, ce sont désormais les Stéphanoises et les Niçoises qui sont d'actualité, on ne reverra plus Ravier.

Matches joués : 1973 2 matches sur 6 ▪ **1974** - | **Titulaire :** 1 fois sur 2 | **Remplaçant :** 1 fois sur 2 (de Sarramagna) | **Resté sur le banc :** 2 fois | **Sélectionneur :** Kovacs 2 fois

Jean-Marc Guillou

Jean-Marc Guillou

Milieu de terrain
19 sélections, 3 buts

Né le 20 décembre 1945 à Bouaye (Loire-Atlantique)

Première présélection : 8 septembre 1973 (France-Grèce)

Première sélection : 23 mars 1974 à Paris, France - Roumanie (1-0)

Dernière sélection : 2 juin 1978 à Mar del Plata, France - Italie (1-2)

Clubs : 1973-1975 : SCO Angers (9 sélections) ▪ 1975-1978 : OGC Nice (10 sélections)

Bilan : 8 victoires, 5 nuls, 6 défaites

Jean-Marc Guillou est le symbole du malaise du football français du début des années 70. Bien que brillant meneur de jeu du SCO d'Angers, il est ostensiblement boudé par le sélectionneur Georges Boulogne qui le juge inapte aux tâches défensives. Stefan Kovacs, qui arrive pour le remplacer, a évidemment entendu parler de « l'affaire Guillou » et sa première décision est de le convoquer, en équipe de France qui débute sa saison 1973-74 avec un traditionnel stage à Saint-Malo, avant son premier match de septembre. Secret et renfermé, Guillou qui a déjà 28 ans, ne séduit pas d'emblée le nouveau patron des Tricolores qui le laisse sur le banc face aux Grecs, alors que débutent Osman, Repellini, Jouve, Berdoll, Lacombe, Sarramagna et Ravier... Kovacs ne rappelle pas non plus Guillou pour les deux matches suivants, misant sur Serge Chiesa pour animer le jeu. Mais il décide de redonner sa chance à l'Angevin en mars 1974, à l'occasion d'un match non officiel contre Anderlecht, à Rouen. Cette fois le courant passe entre les deux hommes. Associé à Chiesa et Michel, malgré la défaite (2-0), Guillou a montré qu'il avait sa place, ce qu'il confirme quatre jours plus tard face à la Roumanie (1-0). Dès lors, il ne sort plus de l'équipe, disputant toutes les rencontres comme titulaire, y compris celles d'entraînement ! Brillant à Prague contre la Tchécoslovaquie en avril, Guillou l'est plus encore contre la Pologne, à Wroclaw en septembre. De paria, il est passé à indispensable. Le trio Huck-Michel-Guillou, qui se répartit bien les tâches en milieu de terrain en échangeant les rôles en cours de match, fonctionne et Kovacs le reconduit systématiquement. Contre la RDA au Parc (2-2), en novembre 1974, Guillou, qui fait son moins bon match, marque son premier but, sur une passe de Jean-Noël Huck, ce qui remet les Tricolores à flot. Contre l'Islande à Nantes, en septembre 1975, alors qu'il vient de quitter Angers pour Nice où il retrouve Huck, Guillou marque deux fois : il est bien devenu le patron de l'équipe. Mais, battue ensuite en RDA (2-1), la France ne parvient pas à se qualifier pour l'Euro. Bien qu'ayant déjà 31 ans, Michel Hidalgo compte toujours sur Guillou pour encadrer la nouvelle génération, dans un rôle plus reculé et il l'associe ainsi à Larqué et au jeune Platini en fin de saison 1975-76. Puis il le rappelle à nouveau en novembre 1977 pour le match décisif contre la Bulgarie au Parc. Cette fois c'est un trio Bathenay-Guillou-Platini qui tient le milieu de terrain en triangle. La victoire des Bleus (3-1) envoie logiquement Guillou en Argentine pour disputer à 32 ans sa première Coupe du monde. Il est ainsi titulaire pour le premier match, à Mar del Plata, contre l'Italie. Après la défaite, il doit se contenter de suivre le Mondial depuis les tribunes : sa carrière internationale est terminée.

Mais en club, il la poursuivra jusqu'en 1983, au FC Mulhouse.

Matches joués : 1973 - ▪ **1974** 6 matches sur 6 ▪ **1975** 6 matches sur 6 ▪ **1976** 2 matches sur 6 ▪ **1977** 1 match sur 7 ▪ **1978** 4 matches sur 11 | **Buts : 1974** 1 ▪ **1975** 2 | **Titulaire :** 19 fois sur 19 | **Resté sur le banc :** 1 fois | **Resté en tribune :** 2 fois | **Capitaine :** 1 fois (18e) | **Coupe du monde 1978 :** 1 match sur 3 | **Sélectionneurs :** Kovacs 12 fois, Hidalgo 7 fois

Jean-Paul Bertrand-Demanes

Gardien de but
11 sélections

Né le 13 mai 1952 à Casablanca (Maroc)

Première présélection : 8 septembre 1973 à Paris, France - Grèce (3-1)

Première sélection : 21 novembre 1973 à Paris, France - Danemark (3-0)

Dernière sélection : 6 juin 1978 à Buenos-Aires, Argentine - France (2-1)

Dernière présélection : 8 novembre 1978 à Paris, France - Espagne (1-0)

Club : 1973-1978 : FC Nantes (11 sélections)

Bilan : 6 victoires, 3 nuls, 2 défaites

Sa première saison comme titulaire dans les buts du FC Nantes a été couronnée par un titre de champion de France. À 21 ans, Jean-Paul Bertrand-Demanes est un grand (1,92 m, ce qui est assez rare à l'époque) gardien d'avenir. Si Kovacs lui préfère encore Dominique Baratelli pour ses deux premiers matches de sélectionneur, il le titularise pour le troisième, au Parc des Princes contre le Danemark et « le grand » s'en sort très bien. Il enchaîne donc les rencontres pendant un an. Sans disparaître ensuite des sélections du Roumain, le Nantais perd cependant sa place au profit de Baratelli. Ce qui n'empêche pas Michel Hidalgo de le titulariser à nouveau pour son premier match, contre la Tchécoslovaquie, au Parc, en mars 1976 (2-2), en compagnie de deux débutants nantais, Patrice Rio et Maxime Bossis. Avec cette sixième sélection, Bertrand-Demanes est le troisième joueur le plus capé ce soir-là sur la pelouse, après son capitaine Henri Michel (47e) et Marius Trésor (26)... Mais c'est alors André Rey qui concurrence « JPBD », toujours présent dans les listes, mais désormais comme remplaçant. À cause de la blessure du Messin au printemps 1978, Bertrand-Demanes est aligné pour le match amical contre le Brésil, et redevient titulaire à point nommé pour disputer le Mondial. Il joue ainsi les matches contre l'Italie et l'Argentine, qui sont ses deux premières défaites avec les Bleus. Ce second match lui est doublement fatal : à la 55e minute, alors que la France tient un courageux match nul (1-1), en reculant pour mettre en corner une frappe lointaine de Luque, il heurte violemment son poteau droit et, touché au dos, il doit quitter le terrain sur une civière. C'était sa dernière sélection... Car si Hidalgo le rappelle encore une fois en fin d'année, désormais Dominique Dropsy a la préférence dans les buts. Ce qui n'empêchera pas Jean-Paul Bertrand-Demanes de poursuivre sa longue carrière au FC Nantes, jusqu'en 1987, affichant 650 matches et quatre titres de champion de France à son palmarès.

Matches joués : 1973 1 match sur 6 ▪ **1974** 4 matches sur 6 ▪ **1975** - ▪ **1976** 1 match sur 6 ▪ **1977** - ▪ **1978** 5 matches sur 11 | **Titulaire :** 11 fois sur 11 | **Resté sur le banc :** 11 fois | **Coupe du monde 1978 :** 2 matches sur 3 | **Sélectionneurs :** Kovacs 5 fois, Hidalgo 6 fois

Serge Dellamore

Attaquant
0 sélection

Né le 6 juillet 1950 à Briey (Meurthe-et-Moselle)

Unique présélection : 8 septembre 1973 à Paris, France - Grèce (3-1)

Club : 1973-1974 : Paris FC

À 23 ans Serge Dellamore est un ailier gauche déjà réputé dans le championnat de France et international Espoirs depuis deux saisons. Brillant avec Sedan, il vient de rejoindre le Paris FC dont il forme l'attaque avec Loulou Floch et François Félix. Dans la foulée de deux buts marqués au Parc contre Nîmes (1-3), Stefan Kovacs l'incorpore dans sa sélection contre la Grèce. Mais alors que débutent en Bleu Lacombe, Berdoll, Sarramagna, Ravier, Jouve, Repellini et Osman, lui, reste sur le banc, comme Guillou. Mais contrairement à l'Angevin, le Parisien ne sera jamais rappelé.

Resté sur le banc : 1 fois

Dario Grava

Défenseur
1 sélection

Né le 11 décembre 1948 à Claut (Italie)

Unique sélection : 13 octobre 1973, à Gelsenkirchen, Allemagne - France (2-1)

Dernière présélection : 23 mars 1974 à Paris, France - Roumanie (1-0)

Club : 1973-1974 : OGC Nice (1 sélection)

Bilan : 1 défaite

Après avoir testé Osman en septembre, Kovacs tente Dario Grava au poste d'arrière droit un mois plus star. Grava, originaire du Frioul, international junior, avait disputé les JO de Mexico avec Larqué, Horlaville et Triantafilos. Formé à Strasbourg, il vient de rejoindre Nice, 2e du championnat 1973, où évoluent de nombreux internationaux : Baratelli, Adams, Camerini, Jouve, Huck, Molitor et Loubet. Grava débute dans un contexte compliqué, en match amical en Allemagne, face à l'expérimenté allier de Schalke 04, Erwin Kremers. Il souffre logiquement mais le sélectionneur ne l'écarte pas de son groupe tout de suite. Cependant il lui préfère ensuite Repellini, Vanucci puis Jodar… Dario Grava ne revêtira plus le maillot bleu, se contentant de sa carrière niçoise jusqu'en 1977.

Match joué : 1973 1 match sur 6 ▪ **1974** - | **Titulaire :** 1 fois sur 1 | **Resté sur le banc :** 1 fois | **Sélectionneur :** Kovacs 1 fois

Raymond Kéruzoré

Milieu de terrain
2 sélections

Né le 17 juin 1949 à Châteauneuf-du-Faou (Finistère)

Première présélection : 13 octobre 1973 à Gelsenkirchen, Allemagne - France (2-1)

Première sélection : 17 novembre 1976 à Paris, France - Eire (2-0)

Dernière sélection : 11 mai 1978 à Toulouse, France - Iran (2-1)

Clubs : 1973-1974 : Olympique de Marseille (0 sélection) ▪ 1974-1975 : Stade Rennais ▪ 1975-1978 : Stade Lavallois (2 sélections)

Bilan : 2 victoires

Raymond Kéruzoré, qui a remporté la Coupe de France à 21 ans avec Rennes en 1971, est un joueur prometteur. Doué techniquement, c'est un créateur qui peut évoluer en n° 10 ou n° 8. L'OM l'a recruté à l'été 1973 pour succéder à l'ancien international Joseph Bonnel, une lourde tâche. Sur sa lancée d'un bon début de saison, Stefan Kovacs le convoque pour le match amical contre l'Allemagne à Gelsenkirchen. Un peu intimidé, le jeune Breton observe partenaires et adversaires, mais n'entre pas en jeu. La suite de sa saison marseillaise étant compliquée, Kovacs ne le rappelle pas. Revenu à Rennes dès l'été suivant, sa carrière s'enlise avec le club qui descend en Deuxième division. Elle prend une tournure inattendue quand il rejoint le Stade Lavallois en 1975, en D2, avec lequel il monte en D1 en 1976 à la surprise générale. Son talent n'a pas été oublié par Michel Hidalgo qui le convoque en octobre 1976, pour le premier match des éliminatoires du Mondial 1978, en Bulgarie. Il n'entre pas en jeu, mais il est titularisé cette fois pour le match suivant, au Parc face à l'Irlande, dans un milieu à trois, entre Bathenay et Platini. « Kéru » réalise une prestation honorable, mais la concurrence de Christian Synaeghel qui joue à Saint-Étienne, puis d'Omar Shanoun qui évolue à Nantes, est trop forte pour le Lavallois… Il n'est cependant pas écarté par Hidalgo qui l'inscrit dans sa pré-liste pour la Coupe du monde 1978. Kéruzoré dispute ainsi le match de préparation contre l'Iran à Toulouse en mai 1978, comme meneur de jeu, aux côtés des Nantais Michel et Shanoun. Mais comme ce dernier, il ne fait pas partie de la liste finale, Claude Papi bénéficiant de la saison incroyable de Bastia en Coupe d'Europe pour être la « doublure » de Platini. Cette fois, on ne reverra plus Kéruzoré en Bleu.

Matches joués : 1973 - ▪ 1974 - ▪ 1975 - ▪ 1976 1 match sur 6 ▪ **1977 - ▪ 1978** 1 match sur 11 | **Titulaire :** 2 fois sur 2 | **Resté sur le banc :** 2 fois | **Sélectionneurs :** Kovacs 0 fois, Hidalgo 2 fois

Alain Merchadier

Défenseur
5 sélections

Né le 13 mars 1952 à Toulouse (Haute-Garonne)

Première sélection : 21 novembre 1973 à Paris, France-Danemark (3-0)

Dernière sélection : 26 mars 1975 à Paris, France-Hongrie (2-0)

Club : 1973-1975 : AS Saint-Étienne (4 sélections)

Bilan : 3 victoires, 1 nul, 1 défaite

La nouvelle vague stéphanoise commence à peine à déferler : après Repellini et Sarramagna, c'est Alain Merchadier qui est choisi par Stefan Kovacs. Ce grand défenseur central, remplaçant en Allemagne, est aligné comme stoppeur, après le forfait de Marius Trésor, pour affronter le Danemark. Il l'est aussi contre l'Argentine en mai 1974. Mais il ne peut concurrencer la « garde noire » Trésor-Adams sur la durée et doit se contenter ensuite de deux entrées en fin de match, en Pologne puis contre la Hongrie pour conclure une brève carrière internationale. Car désormais à Saint-Étienne, le quatuor Farison-Piazza-Lopez-Janvion le renvoie trop souvent sur banc des remplaçants.

Matches joués : 1973 1 match sur 6 ▪ **1974** 3 matches sur 6 ▪ **1975** 1 match sur 6 | **Titulaire :** 2 fois sur 5 | **Remplaçant :** 3 fois sur 5 (de Adams, Michel, Lopez) | **Resté sur le banc :** 2 fois | **Sélectionneur :** Kovacs 5 fois

François Bracci

Défenseur
18 sélections

Né le 31 octobre 1951 à Beinheim (Bas-Rhin)

Première sélection : 21 novembre 1973 à Paris, France - Danemark (3-0)

Dernière sélection : 15 mai 1982 à Lyon, France - Bulgarie (0-0)

Clubs : 1973-1979 : Olympique de Marseille (16 sélections) ▪ 1979-1980 : RC Strasbourg ▪ 1980-1982 : Girondins de Bordeaux (2 sélections)

Bilan : 8 victoires, 5 nuls, 5 défaites

Après Osman, Repellini, Rostagni, Grava, Jodar et Merchadier, Stefan Kovacs a convoqué un septième défenseur latéral en trois matches : le Marseillais François Bracci (22 ans), qui contrairement aux autres s'installe dans la durée, jouant treize matches de suite comme arrière gauche, plus les sept matches non officiels mis sur pied par le Roumain pour roder son équipe de France contre des équipes de clubs ! Si Marius Trésor, le partenaire de François Bracci à l'OM, est forfait pour ses débuts, il forme ensuite avec lui un duo solide jamais démenti jusqu'à la fin de l'ère Kovacs, malgré un match un peu compliqué à Prague en avril 1974 où Bracci détourne un coup franc dans son but, puis provoque un penalty (manqué). Mais l'arrivée de Michel Hidalgo au début de l'année 1976 marque un arrêt dans sa carrière internationale. Le jeune Nantais Maxime Bossis s'impose tout de suite comme un formidable arrière gauche et Bracci disparaît de la circulation pendant deux ans. Mais il revient à temps pour le Mondial 1978, décrochant une place de remplaçant dans les 22 pour l'Argentine. Il dispute le dernier match face à la Hongrie, à Mar del Plata, avant de quitter à nouveau les Bleus. Le naufrage de l'OM en 1979 l'oblige à migrer vers Strasbourg, puis Bordeaux où il retrouve Marius Trésor qui s'y est aussi réfugié. Ses bonnes prestations avec les Girondins lui valent d'être à nouveau sélectionné, à 30 ans, comme remplaçant pour la fin des éliminatoires du Mondial 1982. Bracci fait ainsi partie de la pré-liste pour la Coupe du monde en Espagne et dispute à Lyon un match de préparation face à la Bulgarie. Mais il n'est finalement pas retenu dans le groupe des 22, Philippe Mahut prenant la dernière place de défenseur.

Matches joués : 1973 1 match sur 6 ▪ **1974** 6 matches sur 6 ▪ **1975** 6 matches sur 6 ▪ **1976** - ▪ **1977** - ▪ **1978** 3 matches sur 11 ▪ **1979** - ▪ **1980** - ▪ **1981** 1 match sur 8 ▪ **1982** 1 match sur 15 | **Titulaire :** 15 fois sur 18 | **Remplaçant :** 3 fois sur 18 (de Battiston, Rio, Mahut) | **Resté sur le banc :** 4 fois | **Resté en tribune :** 1 fois | **Coupe du monde 1978 :** 1 match sur 3 | **Sélectionneurs :** Kovacs 13 fois, Hidalgo 5 fois

Claude Papi

Milieu de terrain
3 sélections

Né le 16 avril 1949 à Porto-Vecchio (Corse), décédé le 28 janvier 1983 (33 ans)

Première sélection : 21 novembre 1973 à Paris, France - Danemark (3-0)

Dernière sélection : 10 juin 1978 à Mar del Plata, France - Hongrie (3-1)

Club : 1973-1978 : SEC Bastia (3 sélections)

Bilan : 3 victoires

À la recherche d'éléments offensifs, Stefan Kovacs met à l'essai le n° 10 bastiais Claude Papi pour le dernier match de l'année 1973, contre le Danemark. C'est la première fois qu'un joueur de Bastia est appelé en équipe de France, et on n'y a plus vu un Corse depuis Dominique Colonna, en 1952 ! Papi n'entre en jeu qu'à la 80e minute au Parc, mais il trouve le temps de faire une passe décisive pour Hervé Revelli qui marque de la tête le troisième but français. Mais l'avènement du trio Michel-Huck-Guillou vient ensuite lui barrer la route. Kovacs le convoque pourtant à nouveau, en mars 1975. Cette fois il entre en jeu à la 70e minute au Parc, mais il n'est pas conservé ensuite. C'est la formidable épopée de Bastia en Coupe de l'UEFA lors de la saison 1977-78 qui remet Papi sur le devant de la scène. Michel Hidalgo est paré en n° 10 avec Michel Platini, mais soucieux de récompenser l'équipe corse, il emmène Papi en Argentine, sans jamais l'avoir fait jouer, argumentant que la saison bastiaise avait été suffisamment chargée comme ça... Papi connaît enfin la consécration d'une place de titulaire pour le troisième match des Bleus, contre la Hongrie. Il remplace alors Platini comme meneur de jeu. Mais il doit céder la place au Lorrain pour la deuxième mi-temps... Papi disputera enfin un match en entier au mois d'août suivant, le non officiel contre Anderlecht, au Parc (1-0), Platini étant blessé. Mais cette fois, ce sera le dernier, Francis Piasecki assurant ensuite à son tour l'intérim du Lorrain. Un an après la fin de sa carrière dans son club de toujours, Papi sera victime d'une rupture d'anévrisme au cours d'une partie de tennis en 1983.

Matches joués : 1973 1 match sur 6 ▪ **1974** - ▪ **1975** 1 match sur 6 ▪ **1976** - ▪ **1977** - ▪ **1978** 1 match sur 11 | **Titulaire :** 1 fois sur 3 | **Remplaçant :** 2 fois sur 3 (de Ravier, Huck) | **Resté sur le banc :** 2 fois | **Resté en tribune :** 1 fois | **Coupe du monde 1978 :** 1 match sur 3 | **Sélectionneurs :** Kovacs 2 fois, Hidalgo 1 fois

Claude Papi

Christian Dalger

Attaquant
6 sélections, 2 buts

Né le 18 décembre 1949 à Nîmes (Gard)

Première présélection : 21 novembre 1973 à Paris, France - Danemark (3-0)

Première sélection : 23 mars 1974 à Paris, France - Roumanie (1-0)

Dernière sélection : 2 juin 1978 à Mar del Plata, France - Italie (1-2)

Club : 1973-1978 : AS Monaco (6 sélections)

Bilan : 3 victoires, 2 nuls, 1 défaite

Christian Dalger

À Monaco, l'Argentin Delio Onnis marque beaucoup de buts et il le doit en partie à l'ailier droit Christian Dalger, habile passeur. Kovacs le retient donc dans son groupe à la fin de l'année 1973 et le fait débuter au premier match de l'année 1974, pour une rencontre non officielle contre Anderlecht, à Lille (2-0) où il remplace en seconde mi-temps Patrick Revelli. Trois jours plus tard, Dalger est titulaire contre la Roumanie au Parc. Mais le Monégasque, timide, sort à la 57e minute, deux minutes avant l'ouverture du score par Bereta sur coup franc... Dalger retourne alors dans l'ombre pour un moment. Il en ressort trois ans et demi plus tard. Alors qu'elle vient de passer une saison en deuxième division, l'AS Monaco se trouve à jouer les premiers rôles en championnat, avec un Christian Dalger toujours au service d'Onnis, mais qui marque aussi lui-même de nombreux buts. Michel Hidalgo le teste donc en août 1977 dans le match d'entraînement contre Hambourg au Parc (4-2) puis le relance à l'automne, en concurrence avec Rocheteau. Dalger est titulaire ainsi contre l'URSS au Parc en octobre, puis entre en jeu à la 70e minute contre la Bulgarie un mois plus tard. Et c'est lui qui marque le troisième but français à la 89e minute, sur un centre de Lacombe, validant ainsi la qualification des Bleus pour la Coupe du monde. Dalger, champion de France à la fin de la saison, est logiquement du voyage en Argentine. Titulaire pour le premier match à Mar del Plata, contre l'Italie, il ne parvient pas à se dépêtrer du marquage du redoutable Claudio Gentile, et Rocheteau lui reprend sa place pour les deux rencontres suivantes. Dalger ne sera jamais plus rappelé ensuite, devant se consacrer à Monaco jusqu'en 1982 puis à Toulon jusqu'en 1985.

Matches joués : 1973 - ▪ **1974** 1 match sur 6 ▪ **1975** - ▪ **1976** - ▪ **1977** 2 matches sur 7 ▪ **1978** 3 matches sur 11 | **Buts : 1977** 1 ▪ **1978** 1 | **Titulaire :** 4 fois sur 6 | **Remplaçant :** 2 fois sur 6 (de Rocheteau 2) | **Resté sur le banc :** 1 fois | **Resté en tribune :** 2 fois | **Coupe du monde 1978 :** 1 match sur 3 | **Sélectionneurs :** Kovacs 1 fois, Hidalgo 5 fois

Victor Zvunka

Défenseur
1 sélection

Né le 15 novembre 1951 au Ban-Saint-Martin (Moselle)

Première présélection : 21 novembre 1973 à Paris, France - Danemark (3-0)

Unique sélection : 26 mars 1975 à Paris, France - Hongrie (2-0)

Dernière présélection : 26 avril 1975 à Colombes, France - Portugal (0-2)

Club : 1973-1975 : Olympique de Marseille (1 sélection)

Bilan : 1 victoire

En sélectionnant François Bracci pour jouer arrière gauche, Stefan Kovacs a aussi pensé au stoppeur de Marseille, Victor Zvunka qui est arrivé de Metz en début de saison. Le petit frère de Georges et Jules a 22 ans et il est encore un peu tendre, mais le Roumain garde un œil sur lui. Le forfait de Jean-Pierre Adams en mars 1975 lui permet de lui donner sa chance. Victor Zvunka joue ainsi contre la Hongrie au Parc, aux côtés de Bracci et de Marius Trésor, ses habituels partenaires de la défense de l'OM. Les Marseillais s'en sortent bien face aux attaquants hongrois, puisque la France s'impose pour la première fois depuis 50 ans (2-0) ! Mais Adams reprend son poste au match suivant et Zvunka, bien qu'encore dans le groupe contre le Portugal, ne parvient donc pas à se faire une place durablement, contrairement à Bracci.

Match joué : 1973 - ▪ 1974 - ▪ 1975 1 match sur 6 | **Titulaire :** 1 fois sur 1 | **Resté sur le banc :** 2 fois | **Sélectionneur :** Kovacs 1 fois

René Charrier

Gardien de but
2 sélections

Né le 23 novembre 1951 à Innsbruck (Autriche)

Première présélection : 21 novembre 1973 à Paris, France - Danemark (3-0)

Première sélection : 26 mars 1975 à Paris, France - Hongrie (2-0)

Dernière sélection : 26 avril 1975 à Colombes, France - Portugal (0-2)

Clubs : 1973-1974 : CS Sedan (0 sélection) ▪ 1974-1975 : Olympique de Marseille (2 sélections)

Bilan : 1 victoire, 1 défaite

Kovacs a fait tourner deux gardiens depuis son arrivée : Baratelli et Bertrand-Demanes. Le forfait du premier pour le dernier match de l'année 1973 l'oblige à en trouver un troisième. Il opte pour le jeune gardien de Sedan dont on dit le plus grand bien, René Charrier (22 ans). Le duo « B-BD » assure la suite de la saison alors que Sedan descend en deuxième division. Charrier est alors recruté par Marseille qui cherche un successeur à Georges Carnus. Pressé par une vague de louanges qui entoure les prestations de Charrier à l'OM, où il devient international Espoirs, Kovacs le rappelle une première fois en octobre 1974 après un forfait de Bertrand-Demanes, puis décide de la titulariser de préférence au Nantais pour les matches du printemps 1975. Contre la Hongrie, au Parc, s'il n'encaisse pas de but, Charrier apparaît fébrile malgré la présence devant lui de sa défense marseillaise, Trésor, Bracci et Zvunka. Contre le Portugal, à Colombes, c'est pire. Il encaisse un but « casquette » à la 21e minute et est remplacé à la pause par Baratelli… En fin de saison, Charrier se blesse dans un choc avec Trésor et il n'est pas rappelé, Kovacs choisissant le Rennais Daniel Bernard. Sa carrière en prend un coup car il perd ensuite sa place à l'OM au profit de Gérard Migeon et sa carrière internationale ne sera plus qu'un éphémère souvenir.

Matches joués : 1973 - ▪ 1974 - ▪ 1975 2 matches sur 6 | **Titulaire :** 2 fois sur 2 | **Resté sur le banc :** 2 fois | **Sélectionneur :** Kovacs 2 fois

1974

8 nouveaux joueurs 6 matches

23 mars : France - Roumanie 1-0
27 avril : Tchécoslovaquie - France 3-3
18 mai : France - Argentine 0-1
7 septembre : Pologne - France 0-2
12 octobre : Belgique - France 2-1 (QCE)
16 novembre : France - RDA 2-2 (QCE)

Albert Vanucci

Défenseur
2 sélections

Né le 8 août 1947 à Ajaccio (Corse)

Première sélection : 23 mars 1974 à Paris, France - Roumanie (1-0)

Dernière sélection : 27 avril 1974 à Prague, Tchécoslovaquie - France (3-3)

Dernière présélection : 16 novembre 1974 à Paris, France - RDA (2-2)

Clubs : 1973-1974 : FC Sochaux (2 sélections) ▪ 1974-1975 : Olympique de Marseille (0 sélection)

Bilan : 1 victoire, 1 nul

Stefan Kovacs tâtonne au poste d'arrière droit. Après Osman, Grava et Repellini, il choisit Albert Vanucci au printemps 1974. Le Corse, ancien international Espoirs, a déjà 28 ans, mais il fait une bonne saison à Sochaux, alors pourquoi pas ? Efficace contre la Roumanie pour ses débuts, il est confirmé le mois suivant pour un match non officiel contre l'Ajax Amsterdam, au Parc (1-0) puis dans la foulée, trois jours après, pour le match amical à Prague face à la Tchécoslovaquie (3-3). Si les attaquants français sont à la fête, Vanucci souffre comme toute la défense face aux Nehoda, Svehlik, Vesely et Panenka. Il est même averti à deux reprises... sans être expulsé ! Kovacs ne l'écarte cependant pas totalement. Alors qu'il a été transféré à Marseille, Vanucci joue encore en août un match non officiel, contre le Benfica Lisbonne, au Parc (4-2). Mais c'est Jean-François Jodar qui devient ensuite titulaire et Vanucci n'est plus rappelé après le mois de novembre.

Matches joués : 1974 2 matches sur 6 | **Titulaire :** 2 fois sur 2 | **Resté sur le banc :** 2 fois | **Sélectionneur :** Kovacs 2 fois

Christian Synaeghel

Milieu de terrain
5 sélections

Né le 28 janvier 1951 à Leffrinckoucke (Nord)

Première présélection : 23 mars 1974 à Paris, France-Roumanie (1-0)

Première sélection : 16 novembre 1974 à Paris, France - RDA (2-2)

Dernière sélection : 30 mars 1977 à Dublin, Eire - France (1-0)

Club : 1974-1977 : AS Saint-Étienne (5 sélections)

Bilan : 2 victoires, 2 nuls, 1 défaite

La montée en puissance de la nouvelle génération stéphanoise n'a pas échappé à Kovacs. Il y a remarqué Christian Synaeghel, milieu de terrain nordiste de 23 ans au bon pied gauche qui accompli un travail de fourmi aux côtés de Jean-Michel Larqué et Georges Bereta. Il le convoque donc au printemps 1974. Cependant il le juge encore un peu tendre par rapport aux Michel, Guillou, Chiesa et Huck qui gardent sa préférence. Mais après la « désertion » de Serge Chiesa, Kovacs fait débuter Synaeghel à l'automne, en cours de match face à la RDA. Alors que la France est menée 2-0, il remplace Henri Michel, et les Tricolores sauvent le nul in extremis (2-2). Mais on retient surtout les bons débuts de Gérard Soler en attaque. C'est Michel Hidalgo qui offre à Synaeghel sa deuxième sélection, un an et demi plus tard, en le titularisant contre la Pologne, en n°6, associé à Larqué et Guillou. Il fait dès lors totalement partie du groupe qui cherche à se qualifier pour le Mondial 1978, à forte ossature stéphanoise avec Larqué, Janvion, Lopez, Rocheteau et Bathenay... Avec ce dernier, Synaeghel encadre Michel Platini lors de la défaite des Bleus en Irlande (1-0), ce qui marque sa dernière sélection car il enchaîne ensuite plusieurs blessures qui le sortent du groupe. Il dispute cependant le match non officiel contre Hambourg en août 1977 au Parc (4-2), avant de disparaître définitivement et manque ainsi la Coupe du monde en Argentine.

Matches joués : 1974 1 match sur 6 ▪ **1975** - ▪ **1976** 2 matches sur 6 ▪ **1977** 2 matches 7 | **Titulaire :** 4 fois sur 5 | **Remplaçant :** 1 fois sur 5 (de Michel) | **Resté sur le banc :** 2 fois | **Sélectionneurs :** Kovacs 1 fois, Hidalgo 4 fois

Christian Coste

Attaquant
5 sélections, 2 buts

Né le 23 février 1949 à Saint-Christol (Hérault)

Première sélection : 7 septembre 1974 à Wroclaw, Pologne - France (0-2)

Dernière sélection : 15 novembre 1975 à Paris, France - Belgique (0-0)

Club : 1974-1975 : Lille OSC (5 sélections)

Bilan : 1 victoire, 2 nuls, 2 défaites

Ni Lacombe, ni Berdoll, ni Molitor n'ont pu s'installer comme buteur de l'équipe de France et comme successeur d'Hervé Revelli, vieillissant... Alors Stefan Kovacs se tourne vers l'avant-centre de Lille, Christian Coste (25 ans) pour un match d'entraînement contre le Benfica Lisbonne au Parc, fin août 1974 (4-2). C'est une surprise, car le LOSC, tout juste remonté en Première division, n'avait pas connu d'internationaux depuis 1967 ! Mais Coste vient de marquer quatre buts en trois matches, associé au Yougoslave Stanislav Karasi... Le Lillois entre en deuxième mi-temps d'une rencontre étrange où Yvan Curkovic, Hugo Bargas et Carlos Bianchi (trois étrangers du championnat de France) renforcent les Tricolores ! Coste ne marque pas, mais il séduit et il est aligné la semaine suivante en Pologne pour un match amical contre les récents troisièmes de la Coupe du monde. Et c'est lui qui ouvre le score à la 37ᵉ minute d'un superbe tir croisé à l'entrée de la surface, puis offre le second à Jean-François Jodar (39e) : la victoire de la France (2-0) est une vraie sensation. Dans la foulée, Coste est titulaire contre la Belgique à Bruxelles, pour l'ouverture des éliminatoires de l'Euro 1976. Il marque à nouveau (16e), égalisant pour la France qui cède hélas en fin de rencontre (2-1). Deux buts en deux matches, Coste semble faire ses preuves. Mais il ne confirme pas vraiment. Et s'il reste présent en 1975, il termine sa carrière internationale en même temps que le sélectionneur, face à la RDA au Parc (0-0). Bien que buteur régulier à Lille (48 buts en trois saisons), Coste ne sera jamais appelé par Michel Hidalgo.

Matches joués : 1974 3 matches sur 6 ▪ **1975** 2 matches sur 6 | **Titulaire :** 5 fois sur 5 | **Resté sur le banc :** 1 fois | **Sélectionneur :** Kovacs 5 fois

Christian Coste

Alain Giresse

Milieu de terrain
47 sélections, 6 buts

Né le 2 août 1952 à Langoiran (Gironde)

Première sélection : 7 septembre 1974 à Wroclaw, Pologne - France (0-2)

Dernière sélection : 25 juin 1986 à Guadalajara, France - Allemagne (0-2)

Club : 1974-1986 : Girondins de Bordeaux (47 sélections)

Bilan : 29 victoires, 11 nuls, 7 défaites,

Palmarès : Champion d'Europe 1984

Alors que le football physique est la référence du début des années 1970, Stefan Kovacs est intrigué par le petit meneur de jeu de Bordeaux Alain Giresse (22 ans, 1,63 m, 60 kg), sa vision du jeu et sa belle frappe de balle. Et comme Serge Chiesa renâcle à venir en équipe de France, il sélectionne le Girondin pour affronter la Pologne, en amical. Mais il doit jouer ailier droit, car il ferait doublon avec Jean-Marc Guillou au milieu de terrain, et du coup, malgré sa présence à un stage de deux jours en février 1975, il ne revient pas en sélection avant deux ans et demi. Michel Hidalgo profite alors d'un match non officiel qui se dispute à Bordeaux, contre la Roumanie, pour aligner Alain Giresse en février 1977. « Gigi » entre en jeu en seconde mi-temps et fait équipe, au milieu de terrain cette fois, avec Henri Michel et Michel Platini. Il est rappelé en fin de saison, pour jouer en Suisse, puis en Argentine. Mais il doublonne trop encore avec le n° 10 des Bleus, qui à présent se nomme Platini... Giresse remplace le Lorrain contre le Portugal en mars 1978, après que celui-ci s'est cabossé la tête à l'entraînement, mais il n'est pas retenu pour le Mondial en Argentine. Toujours barré par Platini, comme tous les n° 10 de France, le petit Girondin semble perdu pour les Bleus. Mais tout change au printemps 1981 : la France est en difficulté pour la qualification à la Coupe du monde 1982 et Platini est blessé : Hidalgo titularise Giresse comme meneur de jeu contre les Pays-Bas (0-1), puis la Belgique (3-2) et les Bleus sauvent les meubles. Le retour de Platini en début de saison suivante pousse à nouveau Giresse sur la touche mais Hidalgo tente un coup de poker pour le match décisif contre les Pays-Bas, en novembre 1981 au Parc : il associe Giresse, Platini et Genghini ! Trois n° 10 évoluant qui plus est derrière trois attaquants (Rocheteau, Lacombe, Six) ! La victoire 2-0 donne raison au sélectionneur, qui désormais parvient à faire jouer Giresse et Platini ensemble. Le duo est logiquement maintenu pour le Mondial, en Espagne. Et si Platini est handicapé par une pubalgie, Giresse peut tenir le premier rôle. Il se révèle passeur sur les premiers matches, puis buteur : contre l'Irlande du Nord, lors du deuxième tour, avec une frappe croisée sur passe de Platini pour ouvrir le score, puis avec une tête au bout portant après un une-deux avec Tigana. Et enfin son chef-d'œuvre, le but du 3-1 contre l'Allemagne, à Séville en demi-finale. Une reprise de plein fouet d'un centre en retrait de Six. Sa joie extatique après ce but fait le tour du monde... Désormais incontournable, Giresse ne quitte plus les Bleus et enchaîne les matches. Après un forfait de Platini, il est nommé capitaine pour un match contre l'Autriche, chez lui à Bordeaux, en mars 1984. Rien à voir avec sa furtive présélection de 77 dans son

Alain Giresse

stade de toujours... Durant l'Euro, Giresse marque un joli but contre la Belgique à Nantes, mais se met cette fois au service de Platini au sommet de son art et assure avec lui la phase offensive du « carré magique » qu'ils forment désormais avec Jean Tigana et Luis Fernandez, base du titre de champion d'Europe décroché le 27 juin 1984 face à l'Espagne (2-0). Porté par ce succès, Giresse enchaîne avec les Bleus désormais coachés par Henri Michel pour le Mondial 1986, au Mexique. Mais à 33 ans, sous un soleil de plomb, ses forces diminuent au fil des matches. Il doit ainsi céder sa place à Ferreri à la 84e minute contre le Brésil en quart de finale, puis à Vercruysse à la 71e minute contre l'Allemagne en demi... Ce match à Guadalajara est son dernier en Bleu, car comme Platini il ne dispute pas la rencontre pour la troisième place contre la Belgique. Mais sa carrière en club se poursuivra, avec Marseille rejoint à l'issue du Mondial, jusqu'en 1988.

Matches joués : 1974 1 match sur 6 ▪ **1975** - ▪ 1976 - ▪ **1977** 2 matches sur 7 ▪ **1978** 2 matches sur 11 ▪ **1979** - ▪ **1980** - ▪ **1981** 5 matches sur 8 ▪ **1982** 11 matches sur 15 ▪ **1983** 4 matches sur 7 ▪ **1984** 10 matches sur 12 ▪ **1985** 5 matches sur 6 ▪ **1986** 7 matches sur 13 | **Buts : 1982** 3 ▪ **1984** 2 ▪ **1985** 1 | **Titulaire :** 45 fois sur 47 | **Remplaçant :** 2 fois sur 47 (de Michel 2 fois) | **Resté sur le banc :** 1 fois | **Resté en tribune :** 1 fois | **Capitaine :** 1 fois (27e) | **Coupe du monde 1982 :** 6 matches sur 7 | **Championnat d'Europe 1984 :** 5 matches sur 5 | **Coupe du monde 1986 :** 6 matches sur 7 | **Sélectionneurs :** Kovacs 1 fois, Hidalgo 32 fois, Michel 14 fois

Christian Lopez

Défenseur
39 sélections, 1 but

Né le 15 mars 1953 à Aïn Temouchent (Algérie française)

Première présélection : 7 septembre 1974 à Wroclaw, Pologne - France (0-2)

Première sélection : 26 mars 1975 à Paris, France - Hongrie (2-0)

Dernière sélection : 10 juillet 1982 à Paris, France - Pologne (0-4)

Club : 1974-1982 : AS Saint-Étienne (39 sélections)

Bilan : 22 victoires, 5 nuls, 12 défaites

La domination de Saint-Étienne lors de la saison 1973-74 attire les regards sur tous les Stéphanois. Après Sarramagna, Repellini, Merchadier et Synaeghel, c'est au tour de Christian Lopez d'être appelé par Stefan Kovacs. Mais contrairement à ses coéquipiers, Lopez fait une longue carrière internationale. Resté sur le banc lors des trois premiers matches de la saison 1974-75, il débute contre la Hongrie au Parc (2-0). Comme arrière droit, alors qu'il est libero avec les Verts, où il est associé à l'Argentin Oswaldo Piazza en défense centrale. À nouveau latéral en Islande, puis contre le Real Madrid en août 1975 en match d'entraînement, Lopez ne parvient pas à remettre en cause la charnière Adams-Trésor en équipe de France, mais il prend date. Lors du match à Sofia contre la Bulgarie en octobre 1976, Michel Hidalgo l'associe à Trésor pour sa troisième sélection, comme stoppeur, et cette fois il entre pour de bon dans l'histoire naissante des Bleus alors qu'il se forge un solide palmarès en Vert dans le registre du défenseur intraitable. Au point, en l'absence de Trésor, d'être nommé capitaine de l'équipe de France pour sa cinquième sélection, contre l'Allemagne en février 1977 au Parc (1-0). Une victoire de prestige pour ce qui est aussi la dernière sélection de Franz Beckenbauer, le capitaine des champions du monde allemands. Concurrencé par Patrice Rio, Lopez n'est pas titulaire au Mondial en Argentine. Mais il remplace le Nantais dès le deuxième match. Et il inscrit un superbe but lors du troisième, face à la Hongrie à Mar del Plata, d'une frappe tendue de 25 mètres pour l'ouverture du score (3-1). Après le retrait de Rio, c'est le Strasbourgeois Léonard Specht qui vient concurrencer un temps Lopez. Cependant, palliant toujours les nombreux forfaits de Trésor, il fait grimper son compteur de sélections. Associé de nouveau au Guadeloupéen pour le match décisif contre les Pays-Bas en 1981 au Parc, en vue du Mondial 1982, Lopez est titulaire cette fois pour le premier match de la Coupe du monde, en Espagne. Mais le naufrage face à l'Angleterre à Bilbao (3-1) lui coute sa place. Au profit de Gérard Janvion, son compère stéphanois, arrière latéral habituellement. Mais Lopez n'est pas écarté du groupe pour autant. Et lors de la demi-finale de Séville face à l'Allemagne, il entre en jeu à la 60e minute, après la sortie de Battiston agressé par Schumacher, dans un rôle de milieu de terrain qui n'a jamais été le sien... Lopez joue son dernier match en Bleu deux jours plus tard, contre la Pologne à Alicante, en remplaçant à la 66e minute Janvion, comme arrière gauche cette fois... Lopez n'a que 29 ans, il quitte Saint-Étienne pour Toulouse, mais il ne sera jamais rappelé. Il terminera sa carrière en 1986 à Montpellier.

Matches joués : 1974 - ▪ **1975** 2 matches sur 6 ▪ **1976** 2 matches sur 6 ▪ **1977** 3 matches sur 7 ▪ **1978** 10 matches sur 11 ▪ **1979** 4 matches sur 6 ▪ **1980** 3 matches sur 6 ▪ **1981** 8 matches sur 8 ▪ **1982** 7 matches sur 15 | **But : 1978** 1 | **Titulaire :** 34 fois sur 39 | **Remplaçant :** 5 fois sur 39 (de Rio, Trésor, Janvion 2 fois, Battiston) | **Resté sur le banc :** 12 fois | **Capitaine :** 9 fois (5e-7e, 18e, 21e, 26e-29e) | **Coupe du monde 1978 :** 2 matches sur 3 | **Coupe du monde 1982 :** 4 matches sur 7 | **Sélectionneurs :** Kovacs 2 fois, Hidalgo 37 fois

Gérard Tonnel

Attaquant
0 sélection

Né le 22 septembre 1947 à Albert (Somme), décédé le 9 novembre 2016 (69 ans)

Unique présélection : 7 septembre 1974 à à Wroclaw, Pologne - France (0-2)

Club : 1974-1975 : Troyes AF

Avec Lopez, Coste et Giresse, Gérard Tonnel est un nouvel appelé en équipe de France à la fin de l'été 1974. Le forfait de Bernard Lacombe a libéré une place d'attaquant dans le groupe et Stefan Kovacs en profite pour voir de plus près l'attaquant troyen qui va sur ses 27 ans. Adroit des deux pieds, Tonnel est aussi très bon de la tête. La saison précédente il a inscrit 21 buts pour le TAF (Troyes Aube Football) et en est à quatre en sept matches depuis la reprise, associé à Patrick Parizon que le sélectionneur surveille aussi toujours. Tonnel a longtemps été amateur, et sélectionné dans l'équipe de France de cette catégorie appelée à jouer les JO. Il a même marqué le tout premier but d'un Français dans le Parc des Princes rénové en 1972, contre l'URSS (3-1). Mais Christian Coste brille à Wroclaw et Lacombe est opérationnel pour le match suivant : on ne verra donc jamais Tonnel sous le maillot bleu, il poursuivra donc sa carrière en club, à Strasbourg, Rennes et Reims.

Resté sur le banc : 1 fois

Jean Gallice

Attaquant
7 sélections, 1 but

Né le 13 mai 1949 à Bordeaux (Gironde)

Première sélection : 12 octobre 1974 à Bruxelles, Belgique - France (2-1)

Dernière sélection : 9 octobre 1976 à Sofia, Bulgarie - France (2-2)

Club : 1974-1977 : Girondins de Bordeaux (7 sélections)

Bilan : 4 nuls, 3 défaites

Ce robuste attaquant bordelais, fils de René Gallice sélectionné en 1951, déjà seize fois international Espoirs, est appelé pour la première fois en équipe « A » à 27 ans. Il entre en jeu à la 83e minute du premier match de qualification pour l'Euro 1976, à Bruxelles contre la Belgique, en remplacement de Bernard Lacombe. Nouvelle entrée un mois plus tard, face à la RDA au Parc, dès la 46e minute cette fois, à la place de Christian Coste. Et c'est lui qui sauve le match nul à la 89e minute, d'un vigoureux coup de tête à la réception d'un coup franc de Georges Bereta. Mais la suite de sa carrière internationale est moins heureuse. Gallice, utilisé comme faux ailier ou avant-centre, ne parvient pas à remporter un match, hormis un non officiel, contre les Queens Park Rangers (3-0) en mai 1975... Michel Hidalgo ne le sélectionne qu'une fois, pour le match de Sofia en octobre 1977 contre la Bulgarie (2-2), où il paraît bien pâle à côté de la génération montante, Platini, Six, Rouyer. Et il a le malheur de provoquer le coup franc qui, juste avant la pause, permet à la Bulgarie de revenir dans le match alors que les Bleus menaient 2-0...

Matches joués : 1974 2 matches sur 6 ▪ **1975** 4 matches sur 6 ▪ **1976** 1 match sur 6 | **But : 1974** 1 | **Titulaire :** 3 fois sur 7 | **Remplaçant :** 4 fois sur 7 | **Resté sur le banc :** 2 fois | **Sélectionneurs :** Kovacs 6 fois, Hidalgo 1 fois

Gérard Soler

Attaquant, 16 sélections, 4 buts

Né le 29 janvier 1954 à Oujda (Maroc)

Première sélection : 16 novembre 1974 à Paris, France - RDA (2-2)

Dernière sélection : 31 mai 1983 à Luxembourg, Belgique - France (1-1)

Clubs : 1974-1977 : FC Sochaux (2 sélections) ▪ 1977-1978 : AS Monaco (1 sélection) ▪ 1979-1982 : Girondins de Bordeaux (10 sélections) ▪ 1982-1983 : Toulouse FC (3 sélections)

Bilan : 8 victoires, 4 nuls, 4 défaites

Formé dans la région parisienne, à Poissy, Gérard Soler s'est fait connaître avec Sochaux où il marque de nombreux buts lors des saisons 1972-73 et 1973-74 alors qu'il n'a pas 20 ans. Au point d'être appelé par Stefan Kovacs pour jouer contre la RDA, au Parc en novembre 1974. Titularisé ailier droit, il apparaît comme un élément d'avenir. Mais, à cause de blessures à répétition, Kovacs ne le rappelle que pour un match non officiel en octobre 1975, contre Hambourg (0-0), avant de le laisser sur la touche en RDA. C'est Michel Hidalgo qui relance Gérard Soler, pour son tout premier match, face à la Tchécoslovaquie en février 1976, le Sochalien ouvrant le score à la 17e minute sur un centre d'Albert Emon. Mais il ne monte pas pour autant dans le train Bleu et manque ainsi le Mondial 1978. Ce n'est qu'après son transfert à Bordeaux, en 1979, que sa carrière internationale est relancée. Il est rappelé en mai 1981 pour jouer face à la Belgique, aux côtés de Rocheteau et Six, et il marque deux fois en quinze minutes (14e 31e). Cette fois, il s'installe chez les Bleus. Titulaire lors du premier match du Mondial 1982, à Bilbao, Soler inscrit le but de l'égalisation face à l'Angleterre, sur une ouverture de son coéquipier bordelais Alain Giresse. Mais il perd sa place au fil de la compétition et ne joue pas la demi-finale de Séville face à l'Allemagne. Pris dans la déroute collective en match amical contre la Pologne au Parc en août 1982 (4-0), l'étoile Soler pâlit et il vit ses derniers feux internationaux au printemps 1983, qui se sont néanmoins étirés sur dix ans.

Matches joués : 1974 1 match sur 6 ▪ **1975** - ▪ **1976** 1 match sur 6 ▪ **1977** - ▪ **1978** 1 match sur 11 ▪ **1979** - ▪ **1980** - ▪ **1981** 1 match sur 8 ▪ **1982** 11 matches sur 15 ▪ **1983** 1 match sur 7 | **Buts : 1976** 1 ▪ **1981** 2 ▪ **1982** 1 | **Titulaire :** 13 fois sur 16 | **Remplaçant :** 3 fois sur 16 (de Rocheteau, Couriol, Six) | **Resté sur le banc :** 3 fois | **Coupe du monde 1982 :** 6 matches sur 7 | **Sélectionneurs :** Kovacs 1 fois, Hidalgo 15 fois

1975

12 nouveaux joueurs
6 matches

26 mars : France - Hongrie 2-0
26 avril : France - Portugal 0-2
25 mai : Islande - France 0-0 (QCE)
3 septembre : France - Islande 3-0 (QCE)
12 octobre : RDA - France 2-1 (QCE)
15 novembre : France - Belgique 0-0 (QCE)

Yves Triantafilos

Attaquant
1 sélection

Né le 27 octobre 1948 à Montbrison (Loire)

Unique sélection : 26 mars 1975 à Paris, France - Hongrie (2-0)

Club : 1974-1975 : AS Saint-Étienne (1 sélection)

Bilan : 1 victoire

Stefan Kovacs est toujours à la recherche d'un avant-centre buteur. En août 1974, alors que Marc Berdoll et Bernard Lacombe sont blessés, il profite du match non officiel contre le FC Cologne au Parc (0-0), pour voir Yves Triantafilos (26 ans) qui avait joué les JO en 1968 à Mexico avec l'équipe de France olympique. À peine rentré d'un exil de trois saisons en Grèce, Triantafilos vient de retrouver son premier club, l'AS Saint-Étienne, et de réussir un doublé contre Nîmes en championnat. « Tintin » entre en seconde mi-temps, à la place de son coéquipier Georges Bereta, mais sans briller. Ce n'est que sept mois plus tard que Kovacs convoque de nouveau « le Grec », pour un vrai match cette fois, face à la Hongrie, toujours au Parc. Il l'associe en attaque à Hervé Revelli (dont c'est la dernière sélection) et Bereta, reformant ainsi la triplette européenne des Verts de début de saison. La France obtient un succès intéressant (2-0), elle n'avait pas battu la Hongrie depuis quarante ans, et Triantafilos, devenu barbu, a donné d'une talonnade inspirée le premier but à Henri Michel. Mais il ne sera jamais rappelé, Coste, Berdoll ou Molitor prenant ensuite la place d'avant-centre chez les Tricolores. Triantafilos perdra aussi sa place chez les Verts et rejoindra en octobre 1976 le FC Nantes, sans grand succès, puis le FC Rouen en 1977, avant de retourner finir sa carrière en Grèce, comme entraîneur-joueur d'un club de Seconde division.

Match joué : 1975 1 match sur 6 | **Titulaire :** 1 fois sur 1 | **Sélectionneur :** Kovacs 1 fois

Yves Mariot

Attaquant, 1 sélection

Né le 5 juillet 1948 à Nancy (Meurthe et Moselle), décédé le 15 janvier 2000 (51 ans)

Unique sélection : 26 avril 1975 à Colombes, France - Portugal (0-2)

Club : 1974-1975 : Olympique Lyonnais (1 sélection)

Bilan : 1 défaite

Encore un nouvel attaquant lancé par Stefan Kovacs : l'ailier gauche de Lyon Yves Mariot (26 ans), pour un match amical disputé sans les Stéphanois ménagés en vue de la Coupe d'Europe. Alors que la France est menée 2-0 par le Portugal à Colombes, Mariot entre en jeu à la 72e minute en remplacement du capitaine Georges Bereta. Difficile de briller dans ces conditions pour le Lyonnais, qui ne sera jamais rappelé par la suite. Mariot était connu pour sa spectaculaire « roulette », un dribble aérien avec le talon, qu'il n'a pas eu le temps de tester en équipe de France. Après ce bref épisode international, sa carrière connaîtra une embellie en club, avec Bastia, finaliste européen en 1978.

Match joué : 1975 1 matchs sur 6 | **Titulaire :** 0 fois sur 1 | **Remplaçant :** 1 fois sur 1 (de Bereta) | **Sélectionneur :** Kovacs 1 fois

Bernard Boissier

Défenseur
1 sélection

Né le 3 octobre 1932 à Nîmes (Gard)

Unique sélection : 26 avril 1975 à Colombes, France - Portugal (0-2)

Club : 1974-1975 : Nîmes Olympique (1 sélection)

Bilan : 1 défaite

Nîmois de toujours, Bernard Boissier est un défenseur rude et redouté de tout le championnat de France. En l'absence des Stéphanois Lopez, Repellini et Merchadier qui préparent leur finale de Coupe d'Europe contre le Bayern Munich, Boissier intègre le groupe de Kovacs pour le match amical contre le Portugal en avril 1975, à Colombes. Remplaçant au coup d'envoi, le Roumain compte néanmoins lui offrir sa première sélection à cette occasion, mais il attend les derniers instants de la partie pour faire sortir le Lyonnais Jean-François Jodar. Résultat, Boissier ne touche pas un ballon pendant les deux petites minutes qu'il passe sur la pelouse ! Il en gardera un souvenir d'autant plus amer qu'il ne sera jamais rappelé, si ce n'est en équipe de France « B », pour un match au Luxembourg en mars 1976. Pour la France aussi, c'était une dernière : elle ne rejouera jamais plus à Colombes.

Match joué : 1975 1 match sur 6 | **Titulaire :** 0 fois sur 1 | **Remplaçant :** 1 fois sur 1 (de Jodar) | **Sélectionneur :** Kovacs 1 fois

Daniel Bernard

Gardien de but
0 sélection

Né le 24 décembre 1949 à Paris, décédé le 9 avril 2020 (70 ans)

Unique présélection : 25 mai 1975 à Reykjavik, Islande - France (0-0)

Club : 1974-1975 : Stade Rennais

Le poste de gardien de but est toujours un sujet de débat dans les années 1970. Après l'échec de René Charrier au printemps, Kovacs tente d'innover avec le discret Daniel Bernard, gardien du Stade Rennais, qui a été la doublure de Marcel Aubour en club avant de lui succéder. Il le teste le 21 mai 1975 à Rouen, dans un match non officiel contre le club londonien des Queen's Park Rangers (3-0). Entré avec succès en seconde mi-temps à la place de Dominique Baratelli, Bernard est du voyage à Reykjavik pour le match suivant, quatre jours plus tard, contre l'Islande, comptant cette fois pour les qualifications de l'Euro 1976. Mais Kovacs préfère aligner une nouvelle fois Baratelli, au nom de l'expérience. L'expérience Bernard, elle, ne sera jamais renouvelée alors que Rennes est relégué en D2… Ce qui ne l'empêchera pas de jouer ensuite au Paris SG, à Brest et enfin à Monaco pour sa dernière saison en 1985.

Resté sur le banc : 1 fois

Romain Arghirudis

Attaquant
0 sélection

Né le 6 novembre 1946 à Mulhouse (Haut-Rhin)

Unique présélection : 25 mai 1975 à Reykjavik, Islande - France (0-0)

Club : 1974-1975 : RC Lens

Après les deux Yves, Triantafilos et Mariot, Romain Arghirudis est la troisième innovation de l'année en attaque. Comme le Stéphanois, le Lensois a des origines grecques qui lui ont permis de jouer en Grèce, à l'Olympiakos, comme Triantafilos, pendant deux saisons (1971-73), après avoir débuté à Lens puis joué à Nice. Revenu à Lens, Arghirudis est le meilleur buteur du club nordiste depuis deux ans. Comme Daniel Bernard, il participe au match non officiel contre les Queen's Park Rangers à Rouen en mai 1975 : il entre en seconde mi-temps la place de Marc Berdoll. Mais l'Angevin qui a marqué contre les Anglais est titulaire pour le match qui suit, en Islande, alors que le Lensois reste sur le banc des remplaçants. Et ne sera plus jamais présélectionné.

Resté sur le banc : 1 fois

Albert Emon

Attaquant, 8 sélections, 1 but

Né le 24 juin 1953 à Berre-l'Étang (Bouches-du-Rhône)

Première sélection : 3 septembre 1975 à Nantes, France - Islande (3-0)

Dernière sélection : 28 mai 1980 à Moscou, URSS - France (1-0)

Clubs : 1975-1977 : Olympique de Marseille (5 sélections) ▪ 1977-1978 : Stade de Reims ▪ 1978-1980 : AS Monaco (3 sélections)

Bilan : 2 victoires, 2 nuls, 4 défaites

Joueur de l'OM, qui brille encore au milieu des années 1970 malgré le départ de son emblématique buteur Josip Skoblar, Albert Emon, après une saison en Espoirs, est appelé à 22 ans par Stefan Kovacs pour intégrer une nouvelle formule d'attaque, à deux ailiers, contre l'Islande à Nantes : lui et Dominique Rocheteau encadrant Marco Molitor. Un succès facile (3-0) qui entraîne trois sélections dans la foulée pour Emon, Michel Hidalgo le conservant comme titulaire pour son premier match, face à la Tchécoslovaquie en mars 1976. Mais ensuite la carrière d'Emon en bleu pâlit. Concurrencé par Didier Six comme ailier gauche, il manque le Mondial 1978 et il ne revient que trois fois après avoir quitté Marseille pour Reims, puis Monaco. Malgré un très joli but au Parc contre le Luxembourg en février 1979, une frappe enroulée du droit en pleine lucarne, sa carrière internationale étirée sur six ans se termine l'année suivante à Moscou.

Matches joués : 1975 3 matches sur 6 ▪ **1976** 2 matches sur 6 ▪ **1977** - ▪ **1978** - ▪ **1979** 2 matches sur 6 ▪ **1980** 1 match sur 6 | **But : 1979** 1 | **Titulaire :** 8 fois sur 8 | **Sélectionneurs :** Kovacs 3 fois, Hidalgo 5 fois

Dominique Rocheteau

Attaquant
49 sélections, 15 buts

Né le 14 janvier 1955 à Étaules (Charente-Maritime)

Première sélection : 3 septembre 1975 à Nantes, France - Islande (3-0)

Dernière sélection : 21 juin 1986 à Guadalajara, France - Brésil (1-1)

Clubs : 1975-1980 : AS Saint-Étienne (16 sélections) ▪ 1980-1986 : Paris SG (33 sélections)

Bilan : 31 victoires, 9 nuls, 9 défaites

Palmarès : Champion d'Europe 1984

Il personnifie le renouveau du football français en 1975 : à peine titulaire à Saint-Étienne, Dominique Rocheteau, 20 ans, est convoqué par Stefan Kovacs pour un match non officiel, contre le Real Madrid au Parc des Princes, le 19 août 1975 (3-1). Le jeune allier droit stéphanois marque deux fois et soulève l'enthousiasme général. Trois semaines plus tard, il honore sa première vraie sélection, à Nantes contre l'Islande. Il ne marque pas mais offre le dernier but à Berdoll : il vient de signer un bail de douze ans avec les Bleus. La suite immédiate est pourtant un peu décevante. À la suite de Kovacs, Michel Hidalgo installe Rocheteau dans son trio d'attaque préférentiel avec Lacombe et Six. Mais il est le moins performant des trois. C'est pourtant lui qui marque le premier but contre la Bulgarie le 16 novembre 1977 au Parc, le match qui envoie les Bleus à la Coupe du monde 1978 (3-1). Un but de raccroc sur corner, pas trop dans son style, mais qui soulage tout le monde. Dans la foulée,

Dominique Rocheteau

Rocheteau participe au Mondial argentin, mais il n'est pas aligné contre l'Italie pour le premier match. Il joue les deux suivants comme titulaire et marque le troisième but français contre la Hongrie à Mar del Plata (3-1). Rocheteau ne dispute ensuite que six rencontres en deux ans, avant de revenir réellement en 1981, alors qu'il est passé au PSG où il peut jouer avant-centre. Toujours ailier droit avec les Bleus, il est de la qualification arrachée contre les Pays-Bas le 18 novembre 1981 au Parc (2-0), aux côtés de ses compères Lacombe et Six. Il enchaîne avec le Mondial 1982 en Espagne, où il joue cette fois avant-centre dans le nouveau 4-4-2 des Bleus, devant le premier « carré magique » Platini, Tigana, Giresse, Genghini. Rocheteau marque ainsi deux fois contre l'Irlande du Nord, lors du deuxième tour, et lance enfin son « compteur but » vers le haut. En demi-finale à Séville, c'est lui qui obtient le penalty qui permet à Platini d'égaliser en première mi-temps. Il réussit aussi sa tentative lors de la séance de tirs au but, fatale aux Bleus. Bien que brillant au PSG ensuite, Rocheteau n'est que remplaçant avec les Bleus deux ans plus tard, lors de l'Euro 1984, disputé en France. Il n'est titularisé que pour le troisième match, contre la Yougoslavie à Saint-Étienne (3-2), et il ne joue ni la demi-finale ni la finale remportée par la France face à l'Espagne. Pourtant sa carrière n'est pas terminée. Après avoir réussi un triplé (4e, 29e, 48e) contre le Luxembourg le 3 octobre 1985 au Parc (6-0), Rocheteau redevient l'avant-centre de la France pour le Mondial 1986, malgré la concurrence de Stopyra et Papin. Buteur contre la Hongrie lors du dernier match du premier tour (son 15e et dernier but en bleu), il est titulaire contre l'Italie en 8es de finale (2-0). Puis contre le Brésil en quart de finale à Guadalajara : c'est lui qui centre sur le but égalisateur de Platini à la 41e minute (1-1). Un match épique qu'il termine épuisé, en étant remplacé à la 99e minute par Bruno Bellone. Sa carrière internationale s'arrête sur cette 49e sélection, à 31 ans. Ce qui ne l'empêchera pas de poursuivre en club, à Paris puis Toulouse, jusqu'en 1989.

Matches joués : 1975 3 matches sur 6 ▪ **1976** 2 matches sur 6 ▪ **1977** 4 matches sur 7 ▪ **1978** 5 matches sur 11 ▪ **1979** 2 matches sur 6 ▪ **1980** 2 matches sur 6 ▪ **1981** 4 matches sur 8 ▪ **1982** 6 matches sur 15 ▪ **1983** 6 matches sur 7 ▪ **1984** 5 matches sur 12 ▪ **1885** 4 matches sur 6 ▪ **1986** 6 matches sur 13 | **Buts : 1977** 2 ▪ **1978** 1 ▪ **1981** 1 ▪ **1982** 2 ▪ **1983** 3 ▪ **1984** 1 ▪ **1985** 4 ▪ **1986** 1 | **Titulaire :** 40 fois sur 49 | **Remplaçant :** 9 fois sur 49 (de Lacombe 4 fois, Stopyra, Amisse, Bellone 2 fois, Papin) | **Resté sur le banc :** 4 fois | **Resté en tribune :** 5 fois | **Coupe du monde 1978 :** 2 matches sur 3 (1 but) | **Coupe du monde 1982 :** 4 matches sur 7 (2 buts) | **Championnat d'Europe 1984 :** 2 matches sur 5 | **Coupe du monde 1986 :** 4 matches sur 7 (1 but) | **Sélectionneurs :** Kovacs 3 fois, Hidalgo 46 fois

Dominique Dropsy

Gardien de but
17 sélections

Né le 9 décembre 1951 à Leuze (Aisne), décédé le 7 octobre 2015 (63 ans)

Première présélection : 3 septembre 1975 à Nantes, France - Islande (3-0)

Première sélection : 10 juin 1978 à Mar del Plata, France - Hongrie (3-1)

Dernière sélection : 15 mai 1981 à Paris, France - Brésil (1-3)

Dernière présélection : 23 mars 1983 à Paris, France - URSS (1-1)

Club : 1975-1983 : RC Strasbourg (17 sélections)

Bilan : 12 victoires, 1 nul, 4 défaites

En août 1975, après avoir utilisé dans les buts René Charrier, Dominique Baratelli, Jean-Paul Bertrand-Demanes et Daniel Bernard, Stefan Kovacs choisi le jeune gardien de Strasbourg, formé à Valenciennes et international Espoirs, Dominique Dropsy (23 ans). Il lui fait disputer la seconde mi-temps du match non officiel contre le Real Madrid (3-1), là où débutent également Rocheteau et Emon. Dropsy encaisse un but de Carlos Santillana (51e), mais conserve la confiance du sectionneur roumain pour être la doublure de Baratelli contre l'Islande au match suivant, à Nantes. Débute alors pour Dropsy trois saisons de gardien remplaçant, entrecoupées seulement d'une mi-temps jouée en octobre 1975 contre Hambourg, en match d'entraînement à Strasbourg (0-0). Mais à la suite du forfait d'André Rey, le Strasbourgeois est retenu par Michel Hidalgo pour la Coupe du monde en Argentine bien que n'ayant encore jamais officiellement été international. Hidalgo lui offre sa première « cape » pour le dernier match du Mondial, contre la Hongrie (3-1), après que Bertrand-Demanes, le titulaire, s'est blessé lors du deuxième match et a été remplacé par Baratelli. Dropsy réussit une belle prestation face aux Hongrois à Mar del Plata, et devient titulaire dans les buts à partir du mois d'octobre suivant. Alors que Strasbourg domine le championnat de France et remporte son premier titre, Dropsy joue dix matches consécutivement avec les Bleus et reste titulaire jusqu'à la fin de la saison suivante. Mais le 25 mars 1981 à Rotterdam, il est victime d'un but malheureux face aux Pays-Bas : sur un coup franc d'Arnold Muhren, la balle frappe la barre puis rebondit sur sa tête avant de pénétrer dans le but, ce qui scelle la défaite des Bleus (1-0). Ce but lui coûte cher car il doit céder sa place au début de la saison suivante au Stéphanois Jean Castaneda et il manque ainsi le Mondial en Espagne, Jean-Luc Ettori et Dominique Baratelli ayant aussi la préférence du sélectionneur. Dropsy revient pourtant en équipe de France deux ans plus tard, comme doublure cette fois de Jean-Pierre Tempet, en février et mars 1983. Un retour sans lendemain, car c'est l'Auxerrois Joël Bats qui va finalement s'imposer chez les Bleus avant l'Euro 84. Dropsy réussira néanmoins ensuite une belle deuxième carrière avec Bordeaux, jusqu'en 1989, où il restera longtemps entraîneur des gardiens, jusqu'à sa disparition prématurée à la suite d'une leucémie.

Matches joués : 1975 - ▪ **1976** - ▪ **1977** - ▪ **1978** 3 matches sur 11 ▪ **1979** 6 matches sur 6 ▪ **1980** 5 matches sur 6 ▪ **1981** 3 matches sur 8 ▪ **1982** - ▪ **1983** - | **Titulaire :** 17 fois sur 17 | **Resté sur le banc :** 13 fois | **Resté en tribune :** 2 fois | **Coupe du monde 1978 :** 1 match sur 3 | **Sélectionneurs :** Kovacs 0 fois, Hidalgo 17 fois

Dominique Bathenay

Francis Piasecki

Milieu de terrain
3 sélections

Né le 28 juillet 1951 à Talange (Moselle), décédé le 6 mars 2018 (66 ans)

Première présélection : 12 octobre 1975 à Leipzig, RDA - France (2-1)

Première sélection : 7 octobre 1978 à Luxembourg, Luxembourg - France (1-3)

Dernière sélection : 25 février 1979 à Paris, France - Luxembourg (3-0)

Clubs : 1975-1977 : Paris SG (0 sélection) ▪ 1977-1979 : RC Strasbourg (3 sélections)

Bilan : 3 victoires

Stefan Kovacs qui a repéré le n°10 du PSG Francis Piasecki, Mosellan d'origine polonaise passé par Metz et Sochaux, le teste au cours du match non officiel contre Hambourg (0-0), à Strasbourg le 8 octobre 1975. Associé à Guillou et Michel au milieu de terrain, Piasecki dispute toute la rencontre. Mais il reste sur le banc de touche quatre jours plus tard à Leipzig, face à la RDA, le Stéphanois Dominique Bathenay prenant sa place dans un rôle plus défensif aux côtés de l'Angevin et du Nantais. Piasecki doit attendre trois ans pour retrouver les Bleus. Parti en Alsace, il surfe sur la vague bleue strasbourgeoise après la Coupe du monde en Argentine, comme Dropsy, Gemmrich, Jouve, Specht et Marx, puis Domenech et Wagner. Piasecki joue ainsi trois matches de rang comme meneur de jeu alors que Platini est blessé pour six mois. Mais avec le retour du Nancéen en avril 1979, le Strasbourgeois, qui n'a ni démérité, ni franchement convaincu, disparaît de la sélection et n'y remettra plus les pieds.

Matches joués : 1975 - ▪ **1976** - ▪ **1977** - ▪ **1978** 2 matches sur 11 ▪ **1979** 1 match sur 6 | **Titulaire :** 3 fois sur 3 | **Resté sur le banc :** 1 fois | **Sélectionneurs :** Kovacs 0 fois, Hidalgo 3 fois

Dominique Bathenay

Milieu de terrain
20 sélections, 4 buts

Né le 13 février 1954 à Pont-d'Ain (Ain)

Première sélection : 12 octobre 1975 à Leipzig, RDA - France (2-1)

Dernière sélection : 26 avril 1982 à Paris, France - Pérou (0-1)

Clubs : 1975-1978 : AS Saint-Étienne (14 sélections) ▪ 1978-1982 : Paris SG (6 sélections)

Bilan : 9 victoires, 7 nuls, 4 défaites

Dominique Bathenay est un joueur aguerri par deux saisons pleines avec l'AS Saint-Étienne championne de France 1974 et 1975, et autant en Espoirs, quand il est convoqué en équipe de France « A » à l'automne 1975, à la suite du forfait de Jean-Noël Huck. En février, Stefan Kovacs l'avait déjà convoqué pour un stage de deux jours à Rambouillet et cette fois il n'hésite pas à la titulariser à Leipzig pour le match de la dernière chance des Bleus dans les qualifications de l'Euro 1976. Demi-défensif entre Henri Michel et Jean-Marc Guillou, le Stéphanois doit marquer Reinhard Häfner, le meneur jeu est-allemand ce qui ne l'empêche pas de contre-attaquer : c'est lui qui ouvre le score, en poussant dans le but vide un ballon contré d'Emon à la 50e minute ! Mais la France perd (2-1) et Bathenay doit patienter presque un an avant de retrouver les Bleus, au début de la saison suivante. Il est aligné lors du match non officiel du mois d'août au Parc où les Bleus dynamitent les Allemands de Mönchengladbach (5-0). Son entente avec Michel Platini au milieu de terrain fait merveille et il ne sort plus de l'équipe. À Sofia, le 9 octobre 1976, Bathenay est à l'origine du second but français contre la Bulgarie (2-2). Et contre l'Irlande (2-0), au Parc le 17 novembre, il marque d'une lourde frappe à ras de terre, du gauche, en fin de match sur une passe de Platini. À nouveau buteur, de la tête cette fois, contre l'Italie lors du match amical de février 1978 à Naples (2-2), Bathenay est un homme-clé de l'équipe de Michel Hidalgo pour la Coupe du monde en Argentine. Relevant de blessure, il ne dispute pas le premier match, que la France perd contre l'Italie à Mar del Plata (2-1). Mais il est réintégré contre l'Argentine, à la place de Guillou, et joue aussi contre la Hongrie. Ayant quitté les Verts pour Paris après le Mondial (comme avant lui Larqué, et comme le feront ensuite Rocheteau et Janvion), Bathenay perd progressivement de son influence en équipe de France et disparaît du groupe à la fin de la saison 1979-80. Il y revient une fois, juste avant le Mondial 1982, comme libero, son nouveau poste à Paris. Mais il ne convainc pas Hidalgo de l'emmener en Espagne, celui-ci préférant Trésor, Lopez et Mahut comme défenseurs centraux. Dommage, car c'est Janvion, un défenseur latéral, qui sera amené à jouer dans l'axe en Espagne…

Matches joués : 1975 1 match sur 6 ▪ **1976** 3 matches sur 6 ▪ **1977** 5 matches sur 7 ▪ **1978** 6 matches sur 11 ▪ **1979** 2 matches sur 6 ▪ **1980** 2 matches sur 6 ▪ **1981** - ▪ **1982** 1 match sur 15 | **Buts : 1975** 1 ▪ **1976** 1 ▪ **1978** 1 ▪ **1980** 1 | **Titulaire :** 19 fois sur 20 | **Remplaçant :** 1 fois sur 20 (de Shanoun) | **Resté sur le banc :** 2 fois | **Resté en tribune :** 1 fois | **Coupe du monde 1978 :** 2 matches sur 3 | **Sélectionneurs :** Kovacs 1 fois ; Hidalgo 19 fois

Gérard Janvion

Défenseur
40 sélections

Né le 21 août 1953 à Fort-de-France (Martinique)

Première sélection : 12 octobre 1975 à Leipzig, RDA - France (2-1)

Dernière sélection : 6 octobre 1982 à Paris, France - Hongrie (1-0)

Club : 1975-1982 : AS Saint-Étienne (40 sélections)

Bilan : 20 victoires, 7 nuls, 13 défaites

Gérard Janvion

Le discret Martiniquais des Verts, ancien attaquant converti défenseur par Robert Herbin, s'est fait une place inamovible chez les champions de France comme arrière droit, fort au marquage et habile en contre-attaque. Alors pourquoi pas en Bleu ? Convoqué avec Bathenay pour un « stage d'observation » en février 1975 à Rambouillet, Kovacs le lance contre

Hambourg, en match non officiel, le 8 octobre à Strasbourg, en même temps que Piasecki. Mais contrairement au Parisien, Janvion conserve sa place pour le match face à la RDA à Leipzig, il est ainsi le premier joueur né en Martinique à revêtir le maillot bleu depuis Charles-Alfred en 1964. Avec Adams, Trésor et Bracci, la défense française tient bon une mi-temps avant de céder face aux redoutables attaquants est-allemands. Joachim Streich devance Janvion à la 55e pour l'égalisation, puis Eberhard Vogel marque sur penalty à la 75e après une faute de François Bracci. Michel Hidalgo rappelle Janvion, trois matches plus tard, et cette fois il l'installe pour longtemps au poste de latéral droit, malgré la concurrence régulière de Patrick Battiston. Celle de Manuel Amoros à partir de février 1982 est plus compliquée pour Janvion. Le jeune Monégasque s'impose rapidement et le Stéphanois, qui était titulaire au Mondial 1978, part comme remplaçant pour celui de 1982. Mais après le premier match à Bilbao face à l'Angleterre, la défense bleue est remaniée et Janvion titularisé... en défende centrale, à la place de son coéquipier stéphanois Christian Lopez. Stoppeur aux côtés de Marius Trésor, Janvion fait de son mieux jusqu'au dernier match des Bleus, pour la troisième place contre la Pologne à Alicante. Mais alors que Saint-Étienne plonge dans la crise, sa carrière internationale se termine deux matches après cette Coupe du monde, Amoros et Battiston prenant définitivement sa relève au poste de latéral droit.

Matches joués : 1975 1 match sur 6 ▪ **1976** 4 matches sur 6 ▪ **1977** 6 matches sur 7 ▪ **1978** 7 matches sur 11 ▪ **1979** 2 matches sur 6 ▪ **1980** 3 matches sur 6 ▪ **1981** 8 matches sur 8 ▪ **1982** 9 matches sur 15 | **Titulaire :** 39 fois sur 40 | **Remplaçant :** 1 fois sur 40 (de Roussey) | **Resté sur le banc :** 7 fois sur 47 | **Resté en tribune :** 1 fois | **Coupe du monde 1978 :** 2 matches sur 3 | **Coupe du monde 1982 :** 6 matches sur 7 | **Sélectionneurs :** Kovacs 1 fois, Hidalgo 39 fois

Charles Orlanducci

Défenseur
1 sélection

Né le 28 octobre 1951 à Vescovato (Corse)

Unique sélection : 15 novembre 1975 à Paris, France - Belgique (0-0)

Club : 1974-1975 : SEC Bastia (1 sélection)

Bilan : 1 nul

Charles Orlanducci est seulement le deuxième joueur de Bastia, après Claude Papi, à être convié en équipe de France. International Espoirs, il remplace Jean-Pierre Adams, forfait, en défense centrale pour le dernier match des éliminatoires de l'Euro 1976, match sans enjeu face à la Belgique, la France étant déjà éliminée. C'est aussi le dernier match de Stefan Kovacs à la tête de l'équipe de France, son contrat n'ayant pas été prolongé. Si Orlanducci, défenseur robuste et appliqué, s'en sort bien au Parc associé à Marius Trésor, il est victime ensuite du changement de régime, car Michel Hidalgo, successeur de Kovacs, fera appel au Nantais Patrice Rio pour les matches suivants. Comme pour Yves Mariot, Orlanducci trouvera une consolation avec le parcours européen de Bastia en 1977-78, mais il ne reverra jamais les Bleus non plus.

Match joué : 1975 1 match sur 6 | **Titulaire :** 1 fois sur 1 | **Sélectionneur :** Kovacs 1 fois

1976

19 nouveaux joueurs 6 matches

27 mars : France - Tchécoslovaquie 2-2
24 avril : France - Pologne 2-0
22 mai : Hongrie - France 1-0
1er septembre : Danemark - France 1-1
9 octobre : Bulgarie - France 2-2 (QCM)
17 novembre : France - Eire 2-0 (QCM)

Michel Platini

Attaquant
72 sélections, 41 buts

Né le 21 juin 1955 à Joeuf (Meurthe-et-Moselle)

Première sélection : 27 mars 1976 à Paris, France - Tchécoslovaquie (2-2)

Dernière sélection : 29 avril 1987 à Parias, France - Islande (2-0)

Clubs : 1976-1980 : AS Nancy-Lorraine (20 sélections) ▪ 1980-1982 : AS Saint-Étienne (19 sélections) ▪ 1982-1987 : Juventus Turin (33 sélections)

Bilan : 37 victoires, 17 nuls, 18 défaites

Palmarès : Champion d'Europe 1984

Tout le monde a entendu parler du phénomène de Nancy nommé Michel Platini. Depuis son entrée dans l'équipe lorraine en 1973, sa vista et son sens du but ont fait de lui un sujet de curiosité. Mais il n'a encore que 20 ans, et on se demande s'il peut vraiment s'imposer au plus haut niveau avec son physique « passe-partout ». Le nouveau sélectionneur Michel Hidalgo, qui succède à Stefan Kovacs, brûle de le savoir et le convoque avec sa première équipe de France, et il n'en sortira plus pendant douze ans ! Le jeune Platini porte le n° 8 pour ses débuts au Parc, entre deux Nantais, l'ancien Henri Michel (n° 6) et le nouveau venu Gilles Rampillon (n° 10). Mais c'est bien lui qui mène le jeu. Et en bonus, il marque le second but français face à la Tchécoslovaquie : un coup franc où son culot éclate. Il dit à Henri Michel : « Décale-moi la balle, je la mets au fond ! » Michel, dont c'est la 47e sélection, s'exécute, et Platini marque le premier de ses dix coups francs victorieux en équipe de France ! Le gamin est un surdoué, on le savait, mais il s'avère tout de suite précieux. Même s'il dispute les JO de Montréal avec l'équipe de France « amateur » l'été suivant (en compagnie de Rouyer, Battiston, Amisse, Pécout, Barronchelli, Meynieu et Zambelli), Platini est déjà incontournable en équipe nationale. La suite de la carrière est limpide. Platini marque deux coups francs à l'automne suivant, contre le Danemark et la Bulgarie. Puis des buts décisifs contre l'Irlande, la Bulgarie et le Brésil que la France bat pour la première fois de son histoire en avril 1978 (1-0). Michel Platini arrive donc en vedette au Mondial argentin. Mais il refuse de porter le trop ostentatoire n° 10 (c'est Guillou qui en hérite), se réfugiant derrière un plus anonyme n° 15. Mais contre l'Italie pour le premier match, Platini, pris au marquage par Marco Tardelli, est inopérant. Vexé, il se rachète contre l'Argentine, distribue mieux le jeu et égalise sur une offrande de Bernard Lacombe, mais la France perd (1-2) et est éliminée : rendez-vous manqué. Cet échec est suivi d'une grave blessure à la fin août : Platini se fracture la cheville en championnat, à Saint-Étienne, et est mis hors service pour six mois. À son retour, en avril 1979, il ne peut sauver les Bleus d'une nouvelle défaite, à Bratislava, contre la Tchécoslovaquie (0-2), qui élimine les Bleus de la course à l'Euro 80. À la rentrée suivante, alors que le Lorrain a quitté Nancy pour Saint-Étienne, Michel Hidalgo en fait son capitaine, pour sa 21e sélection. Car le meneur de jeu est aussi un meneur d'hommes. Mais il est de nouveau blessé en octobre lors d'un match amical contre les États-Unis qu'il était en train de ridiculiser à lui seul au Parc... Flamboyant avec les Verts, Platini l'est aussi avec les Bleus contre la Grèce, Chypre ou l'Eire au cours de l'année 80. Mais il subit un revers personnel contre l'Allemagne, en novembre : son équipe de France est balayée à Hanovre par la puissance du champion d'Europe (1-4) et des critiques commencent à tomber sur sa capacité à mener ses troupes au combat... Blessé de nouveau, Platini ne participe pas aux matches du printemps 81 où la France est à deux doigts de perdre pied dans les qualifications pour le Mondial 82. En août, lors d'un match non officiel contre Stuttgart au Parc des Princes, la France sombre (3-1) et Platini est remplacé par Genghini en seconde mi-temps sous les sifflets. Une cruelle désillusion pour celui qui a si souvent enflammé ces matches de reprises les années précédentes, contre Mönchengladbach en 1976, Hambourg en 1977 ou le Bayern en 1979. Touché dans son orgueil, Platini ne parvient pas à éviter deux nouvelles défaites à la France, en Belgique puis en Irlande qui compromettent les chances des Bleus d'aller au Mondial 82. Mais, dos au mur, il sauve la patrie à lui seul le 18 novembre 1981 : en marquant sur coup franc à la 51e minute contre les Pays-Bas. Ce but, suivi d'un autre de Didier Six en fin de match, ouvre la voie de l'Espagne aux Bleus, Platini redevient indispensable. Pour cette deuxième Coupe du monde, Michel Platini a 27 ans, la force de l'âge. Mais après avoir redonné le titre de champion de France à Saint-Étienne qu'il s'apprête à quitter pour la Juventus de Turin, il arrive en Espagne handicapé par une pubalgie tenace. Et l'équipe de France boite avec son

Michel Platini

capitaine qui doit laisser Alain Giresse donner le tempo offensif. Longtemps opposés, les deux joueurs se découvrent complémentaires. Trop gêné par sa blessure, Platini ne peut pas jouer le quatrième match, contre l'Autriche, mais il revient contre l'Irlande du Nord et tient sa place contre l'Allemagne à Séville. Il marque deux fois, sur penalty en première mi-temps, puis lors de la séance des tirs au but, mais la France est éliminée. Platini, harassé par sa campagne espagnole, a certes fait mieux qu'en 1978, mais ce n'est pas ce qu'il espérait. Son arrivée en Italie lui fait passer un palier. Après six mois compliqués d'adaptation, enfin débarrassé de sa pubalgie, il prend une autre dimension et arrive en 1984 dans la forme de sa vie. Éblouissant avec la Juve en Italie, il porte la France pendant l'Euro réussissant un exploit jamais revu depuis : il marque contre le Danemark (1-0), trois fois contre la Belgique (5-0), les trois buts contre la Yougoslavie (3-2), le but vainqueur contre le Portugal (3-2 ap) et le premier contre l'Espagne en finale, sur un nouveau coup franc qui échappe à la vigilance du gardien Luis Arconada (2-0). Neuf buts en cinq matches ! Cette fois, il a fédéré autour de lui toutes les forces de l'équipe de France, avec au milieu de terrain Giresse, Tigana et Fernandez, jouant à la fois meneur de jeu et second avant-centre aux côtés de Lacombe. Une formule magique qu'Henri Michel reprend à son compte quand il succède à Michel Hidalgo après l'Euro, dans le but de remporter la Coupe du monde 1986 au Mexique. Cela fonctionne dans les éliminatoires, où Platini marque les deux buts qui qualifient la France face à la Yougoslavie (2-0) en novembre 1985 au Parc. Mais Platini arrive à nouveau diminué au Mondial… Après quatre saisons pleines avec le Juventus, le désormais triple Ballon d'Or (1983, 84 et 85) souffre d'un tendon d'Achille, et ne peut pratiquement pas s'entraîner. Pourtant, malgré des conditions climatiques pénibles, il dispute tous les matches en intégralité au Mexique. C'est lui qui fait tomber l'Italie en 8e de finale à Mexico, en ouvrant le score face à ses copains de la Juve, Gaetano Sciera et Antonio Cabrini. C'est encore lui qui égalise contre le Brésil à Guadalajara dans un match d'anthologie que la France finit par remporter aux tirs au but. Une séance dantesque, où Platini rate de manière invraisemblable sa tentative, une frappe trop enlevée qui part dans les tribunes… De ce match fou, Platini ne se relève pas. Épuisé, il ne peut plus faire de différence en demi-finale contre l'Allemagne et doit renoncer, comme Giresse, au match pour la troisième place. Sa carrière internationale touche à sa fin. Michel Platini dispute ensuite sa dernière saison en club avec la Juventus, et encore trois matches crépusculaires avec les Bleus. Le dernier est bien anonyme contre l'Islande au Parc en avril 1987. Il délivre pourtant une dernière passe décisive (sa 21e, meilleur total depuis les 24 de Raymond Kopa) à un jeune qui ne fera pas carrière, Carmelo Micciche. Il en reste donc à 41 buts inscrits, soit onze de plus que le record détenu depuis 1960 par Just Fontaine… Retraité à l'été 1987, Michel Platini ne tardera pourtant pas à revenir chez les Bleus : comme sélectionneur en novembre 1988 après le limogeage sans élégance d'Henri Michel. Pour trois années, achevées par une élimination au premier tour de l'Euro 1992. Il deviendra ensuite organisateur de la Coupe du monde 1998, la remportant ainsi par procuration après avoir échoué trois fois comme joueur…

Matches joués : 1976 5 matches sur 6 ▪ **1977** 7 matches sur 7 ▪ **1978** 6 matches sur 11 ▪ **1979** 4 matches sur 6 ▪ **1980** 6 matches sur 6 ▪ **1981** 4 matches sur 8 ▪ **1982** 10 matches sur 15 ▪ **1983** 4 matches sur 7 ▪ **1984** 10 matches sur 12 ▪ **1985** 6 matches sur 6 ▪ **1986** 9 matches sur 13 ▪ **1987** 1 match sur 6 | **Buts : 1976** 4 ▪ **1977** 2 ▪ **1978** 4 ▪ **1979** 2 ▪ **1980** 5 ▪ **1981** 2 ▪ **1982** 4 ▪ **1983** 1 ▪ **1984** 13 ▪ **1985** 2 ▪ **1986** 2 | **Titulaire :** 71 fois sur 73 | **Remplaçant :** 2 fois sur 73 (de Guillou, Papi) | **Resté en tribune :** 1 fois | **Capitaine :** 50 fois

(21e-40e, 42e-45e, 47e, 49e-60e, 62e-72e) | **Coupe du monde 1978 :** 3 matches sur 3 | **Coupe du monde 1982 :** 5 matches sur 7 | **Championnat d'Europe 1984 :** 5 matches sur 5 | **Coupe du monde 1986 :** 6 matches sur 7 | **Sélectionneurs :** Hidalgo 54 fois, Michel 18 fois

Maxime Bossis

Défenseur
76 sélections, 1 but

Né le 26 juin 1955 à Saint-André (Vendée)

Première sélection : 27 mars 1976 à Paris, France - Tchécoslovaquie (2-2)

Dernière sélection : 28 juin 1986 à Puebla, France - Belgique (4-2)

Clubs : 1976-1985 : FC Nantes (64 sélections) ▪ 1986-1986 : RC Paris (12 sélections)

Bilan : 43 victoires, 15 nuls, 18 défaites

Palmarès : Champion d'Europe 1984

Ce Vendéen de 20 ans a six ans de moins que Patrice Rio avec lequel il joue en défense à Nantes depuis deux saisons, mais c'est un latéral sur lequel on peut compter également. Sobre mais efficace, ses grandes jambes ne passent pas inaperçues, il sait défendre sans faire de faute et relancer sans commettre d'erreur. Bossis succède donc à François Bracci au poste d'arrière gauche avec l'arrivée d'Hidalgo à la tête de la sélection et va garder cette place pendant huit ans avant de passer défenseur central. Maxime Bossis est ainsi de tous les rendez-vous importants de l'ère Hidalgo : le match à Sofia en octobre 1976, la tournée en Amérique du Sud en juin 1977, la victoire sur la Bulgarie au Parc en novembre 1977, le Mondial 1978 en Argentine, le France - Pays-Bas de novembre 1981 au Parc. Il attaque donc la Coupe du monde 1982 en Espagne avec 37 sélections derrière lui, une de plus que Six, deux de plus que Platini avec qui il a débuté, mais tout en discrétion. Le défenseur passe en pleine lumière durant ce Mondial. D'abord en marquant un but, son seul en équipe de France, dans la dernière minute du match contre le Koweït lors du premier tour. Un tir dans un angle fermé qui ne le transporte pas d'émotion, car il s'était vu refuser un but (valable pourtant) peu auparavant et ne voulait pas cette fois sauter de joie pour rien... Fidèle au poste jusqu'à la demi-finale, Maxime Bossis vit alors un immense moment de solitude. Il est le sixième tireur français lors de la séance des tirs au but, et il manque sa tentative, laissant ainsi Horst Hrubesh qualifier l'Allemagne ensuite. Un coup dur, mais que Michel Hidalgo l'aide à surmonter en le faisant passer en défense centrale alors que Marius Trésor s'efface. Associé à Yvon Le Roux dans l'axe, puis à Patrick Battiston,

Maxime Bossis

Bossis se révèle aussi précieux et sûr qu'en latéral. Bon de la tête, lucide dans le placement, il donne une efficacité nouvelle à la défense bleue au cours de l'Euro 1984, puis dans les qualifications pour le Mondial 86, bien qu'ayant quitté Nantes pour rejoindre à Paris le Racing qui évolue alors en deuxième division, où il devient le premier international du club depuis Van Sam en 1961. Car Henri Michel, le nouveau sélectionneur qui l'a vu débuter dix ans auparavant à Nantes, refuse de se passer d'un tel joueur. Et cette fois, c'est fort de 69 sélections que Maxime Bossis se présente pour sa troisième Coupe du monde : il est le recordman français depuis août 1985. Au Mexique, Bossis tient en respect Alessandro Altobelli en 8e de finale lors du match contre l'Italie, puis livre un duel homérique au Brésilien Careca en quart de finale. Il tient encore tête aux Allemands Karl-Heinz Rummenigge et Klaus Allofs en demi-finale, mais la France est éliminée comme en 1982. Contrairement à Platini et Giresse, Bossis entre en jeu pour le match de la troisième place, à Puebla contre la Belgique, pour honorer ce qui sera sa 76e et dernière sélection, un record qui tiendra six ans. En 1990, il reviendra à Nantes terminer sa carrière de joueur, à 36 ans.

Matches joués : 1976 4 matches sur 6 ▪ **1977** 3 matches sur 7 ▪ **1978** 8 matches sur 11 ▪ **1979** 6 matches sur 6 ▪ **1980** 5 matches sur 6 ▪ **1981** 8 matches sur 8 ▪ **1982** 12 matches sur 15 ▪ **1983** 5 matches sur 7 ▪ **1984** 12 matches sur 12 ▪ **1985** 4 matches sur 6 ▪ **1986** 9 matches sur 13 | **But : 1982** 1 | **Titulaire :** 75 fois sur 76 | **Remplaçant :** 1 fois sur 76 (de Le Roux) | **Resté sur le banc :** 4 fois | **Capitaine :** 4 fois (49e, 54e, 66e, 69e) | **Coupe du monde 1978 :** 2 matches sur 3 | **Coupe du monde 1982 :** 6 matches sur 7 | **Championnat d'Europe 1984 :** 5 matches sur 5 | **Coupe du monde 1986 :** 7 matches sur 7 | **Sélectionneurs :** Hidalgo : 60 fois, Michel : 16 fois

Didier Six

Attaquant
52 sélections, 13 buts

Né le 21 août 1954 à Lille (Nord)

Première sélection : 27 mars 1976 à Paris, France - Tchécoslovaquie (2-2)

Dernière sélection : 23 juin 1984 à Marseille, France - Portugal (3-2 ap)

Clubs : 1975-1977 : US Valenciennes (9 sélections) ▪ 1977-1978 : RC Lens (9 sélections) ▪ 1978-1980 : Olympique de Marseille (5 sélections) ▪ 1980 : Cercle de Bruges (3 sélections) ▪ 1981 : RC Strasbourg (4 sélections) ▪ 1981-1983 : VfB Stuttgart (16 sélections) ▪ 1983-1984 : FC Mulhouse (6 sélections)

Bilan : 29 victoires, 11 nuls, 12 défaites

Palmarès : Champion d'Europe 1984

Des six joueurs qui débutent en équipe de France avec la première équipe de Michel Hidalgo, Didier Six est le dernier à entrer en jeu : à la 81e minute, à la place de Gérard Soler. Cet ailier de 21 ans qui a tous les culots, a réussi à se faire remarquer tout en jouant à Valenciennes, où il a débuté en 1972. Avec l'équipe nordiste qui vient de remonter en première division, il saisit sa chance. Pour son deuxième match, à Lens contre la Pologne, il offre un but à Patrick Revelli et est désigné meilleur homme du match. Mais c'est surtout en août suivant qu'il « explose », lors du match de préparation au Parc contre Mönchengladbach (5-0) : il inscrit les deux premiers buts français dans le premier quart d'heure ! Dès lors, Didier Six ne quitte plus les Bleus bien que changeant très fréquemment de club ! Au fil des mois, il devient le titulaire du poste d'ailier gauche chez les Bleus et forme avec Rocheteau et Lacombe, le trio d'attaque préférentiel d'Hidalgo. En juin 1977, il réussit un numéro de funambule au Maracanã de Rio face au Brésil, pour un but qui fera date, et il attaque un an plus tard le Mondial comme un des atouts majeurs de la France. C'est lui qui sert à la perfection Lacombe pour l'ouverture du score face à l'Italie dans la première minute du premier match en Argentine. Bien que buteur et passeur régulier, Didier Six est victime en 1980 de la saison catastrophique de Marseille et joue un peu moins, mais ni Albert Emon, ni Loïc Amisse ou Bruno Bellone ne le font oublier, si bien qu'il revient en force en vue du Mondial 1982 alors qu'il quitte Strasbourg, où il s'est relancé, pour Stuttgart étant alors le seul international français à jouer à l'étranger. Deuxième buteur contre les Pays-Bas lors du match décisif, en fin de match, Six marque en Espagne le but capital contre la Tchécoslovaquie à Valladolid, sur une action de Lacombe (1-1) et il offre à Giresse le but du 3-1 en demi-finale contre l'Allemagne à Séville. Mais il a le malheur ensuite de manquer son tir au but, frappé trop précipitamment après l'échec de Stielike... Ce loupé lui fait du tort, certains insinuant bêtement qu'il n'a pas voulu marquer contre ses « amis allemands » et Six perd petit à petit sa place de titulaire au cours de l'année suivante, bien que faisant monter son total de passes décisives à 12. Remplaçant lors du premier match de l'Euro, Six est titulaire contre la Belgique à Nantes, puis la Yougoslavie à Saint-Étienne et le Portugal à Marseille. Mais il ne joue pas la finale contre l'Espagne, et sa carrière internationale s'arrête avec le tour d'honneur des Bleus champions d'Europe au Parc. À 30 ans, il migrera ensuite encore à l'étranger, notamment pour un étonnant contrat à Galatasaray en 1987.

Matches joués : 1976 6 matches sur 6 ▪ **1977** 5 matches sur 7 ▪ **1978** 10 matches sur 11 ▪ **1979** 1 match sur 6 ▪ **1980** 4 matches sur 6 ▪ **1981** 8 matches sur 8 ▪ **1982** 10 matches sur 15 ▪ **1983** 2 matches sur 7 ▪ **1984** 3 matches sur 12 | **Buts : 1977** 2 ▪ **1978** 3 ▪ **1979** 1 ▪ **1980** 1 ▪ **1981** 3 ▪ **1982** 2 ▪ **1983** 1 | **Titulaire :** 37 fois sur 52 | **Remplaçant :** 15 fois sur 52 (de Soler 2 fois,

Emon, Amisse 3 fois, Rocheteau 3 fois, Rouyer, Bellone 4 fois, Tigana) | **Resté sur le banc :** 3 fois | **Resté en tribune :** 1 fois | **Capitaine :** 1 fois (46e) | **Expulsion :** 1 fois (Brésil) | **Coupe du monde 1978 :** 3 matches sur 3 | **Coupe du monde 1982 :** 7 matches sur 7 | **Championnat d'Europe 1984 :** 3 matches sur 5 | **Sélectionneur :** Hidalgo 52 fois

Patrice Rio

Défenseur
17 sélections

Né le 15 août 1948 à Petit-Quevilly (Seine-Maritime)

Première sélection : 27 mars 1976 à Paris, France - Tchécoslovaquie (2-2)

Dernière sélection : 1er septembre 1978 à Paris, France - Suède (2-2)

Club : 1975-1979 : FC Nantes (17 sélections)

Bilan : 8 victoires, 6 nuls, 3 défaites

Pour son tout premier match, le nouveau sélectionneur Michel Hidalgo a fait appel à six nouveaux joueurs. Patrice Rio est le plus âgé d'entre eux : à 27 ans, le fils de Roger Rio, international rouennais des années 1930, est un joueur expérimenté du championnat de France avec près de de 200 matches comme défenseur central, au FC Rouen puis au FC Nantes qu'il a rejoint en 1970. 8 fois international Espoirs en 1971 et 72, Hidalgo le titularise comme stoppeur aux côtés de Marius Trésor et il s'installe ainsi en équipe de France pour trois ans. S'il doit faire face au retour de Jean-Pierre Adams puis à l'arrivée de Christian Lopez, Rio stoppeur intransigeant à l'excellent jeu de tête, conserve sa place dans le groupe en étant du France-Bulgarie décisif de novembre 1977. Dans la foulée, il part comme titulaire pour le Mondial en Argentine. Mais la défaite à Mar del Plata face à l'Italie de Paulo Rossi lui coûte sa place. Il ne rejoue ensuite qu'un seul match après la Coupe du monde, au Parc contre la Suède, puis il s'efface définitivement. Pourtant, Patrice Rio continuera à jouer longtemps en club, à Nantes jusqu'en 1984 puis à Rennes jusqu'en 1987.

Matches joués : 1976 3 matches sur 6 ▪ **1977** 7 matches sur 7 ▪ **1978** 7 matches sur 11 | **Titulaire :** 17 fois sur 17 | **Resté sur le banc :** 1 fois | **Resté en tribune :** 2 fois | **Coupe du monde 1978 :** 1 match sur 3 | **Sélectionneur :** Hidalgo 17 fois

Robert Pintenat

Attaquant
3 sélections, 1 but

Né le 1er mai 1948 à Paris, décédé le 22 août 2008 (60 ans)

Première sélection : 27 mars 1976 à Paris, France - Tchécoslovaquie (2-2)

Dernière sélection : 27 mai 1976 à Budapest, Hongrie - France (1-0)

Club : 1975-1976 : FC Sochaux (3 sélections)

Bilan : 1 victoire, 1 nul, 1 défaite

Adjoint de Stefan Kovacs pendant deux ans, Michel Hidalgo a bien noté les faiblesses françaises en matière d'avant-centres. Alors il tente un nouveau coup avec Robert Pintenat. C'est un baroudeur de la Première division, 28 ans, qui, comme Jacky Vergnes, marque dans tous les clubs où il passe : Rouen, Red Star, Nîmes et actuellement Sochaux où son entente avec l'ailier droit Gérard Soler le sert à merveille. C'est donc associé à celui-ci que Pintenat fait ses débuts internationaux, et il offre à Soler le premier but français contre la Tchécoslovaquie au Parc. Avec ce match encourageant, Pintenat est reconduit au suivant, et cette fois c'est lui qui marque, contre la Pologne à Lens, en reprenant de la tête un coup franc de Larqué à la 15e minute. Pintenat enchaîne un troisième match, un mois plus tard, mais sans réussite cette fois en Hongrie. Et ce sera son dernier. Car à la rentrée suivante, c'est Bernard Lacombe qui redeviendra, et pour longtemps, l'avant-centre des Bleus.

Matches joués : 1976 3 matches sur 6 | **But : 1976** 1 | **Titulaire :** 3 fois sur 3 | **Sélectionneur :** Hidalgo 3 fois

Gilles Rampillon

Milieu de terrain
3 sélections, 1 but

Né le 28 juillet 1953 aux Aubiers (Deux-Sèvres)

Première sélection : 27 mars 1976 à Paris, France - Tchécoslovaquie (2-2)

Dernière sélection : 26 mars 1980 à Paris, France - Pays-Bas (0-0)

Club : 1975-1980 : FC Nantes (3 sélections)

Bilan : 1 victoire, 2 nuls

Gilles Rampillon

Il a 22 ans, un bon pied gauche, et déjà derrière lui quatre saisons au milieu de terrain du FC Nantes, aux côtés d'Henri Michel : Gilles Rampillon est un n° 10 de talent et Michel Hidalgo le lance pour son match inaugural à la tête de la sélection française. Mais la prestation de Rampillon est éclipsée par celle de Michel Platini qui s'impose tellement que le Nantais n'est pas rappelé avant longtemps : plus de trois ans pour le revoir, alors que Platini est blessé. Et pour sa deuxième sélection, Rampillon, qui a confirmé avec Nantes en championnat tout son potentiel, livre une excellente prestation face à la Tchécoslovaquie, au Parc, dans le dernier match des éliminatoires de l'Euro 1980, hélas sans enjeu la France étant déjà éliminée. Associé aux Monégasques Jean Petit et Alain Moizan, le Nantais mène le jeu allègrement et marque le second but de la victoire française d'une belle frape de 20 m (2-1). Ce qui incite Hidalgo à le convoquer à nouveau pour le match suivant, en mars, alors que Michel Platini est là cette fois. Rampillon entre en seconde mi-temps, joue une demi-heure, mais sans convaincre qu'il ne fait pas « doublon » avec Platini. On ne le reverra donc plus en bleu, ce qui ne l'empêchera pas de briller encore au jaune, avec le FC Nantes jusqu'en 1982.

Matches joués : 1976 1 match sur 6 ▪ **1977** - ▪ **1978** - ▪ **1979** 1 match sur 6 ▪ **1980** 1 match sur 6 | **But : 1979** 1 | **Titulaire :** 2 fois sur 3 | **Remplaçant :** 1 fois sur 3 (de Bathenay) | **Sélectionneur :** Hidalgo 3 fois

Henri Zambelli

Défenseur
0 sélection

Né le 9 mars 1957 à Marseille (Bouches-du-Rhône)

Première présélection : 27 mars 1976 à Paris, France - Tchécoslovaquie (2-2)

Dernière présélection : 26 mars 1980 à Paris, France - Grèce (5-1)

Clubs : 1975-1979 : OGC Nice ▪ 1979-1980 : Olympique de Marseille

Le défenseur provençal est un des grands malheureux de l'histoire de l'équipe de France. Quatre fois appelé, jamais élu ! Michel Hidalgo le prend pourtant dans sa première liste, l'observe aux JO de Montréal aux côtés de Platini and Co, puis le convoque l'année suivante pour la tournée en Amérique du Sud. Mais Henri Zambelli, homme de base de la défense niçoise n'entre pas en jeu. Il dispute néanmoins le 3 juillet 1977 à Belo Horizonte, le match non officiel de fin de tournée contre l'Atlético Mineirão, comme… milieu de terrain, avant d'être remplacé par Platini pour la fin de match. Le message est moyennement rassurant, il fait partie du groupe France, mais à la marge, dans une liste de 30 ou 40… Zambelli revient une dernière fois au printemps 1980, au Parc contre la Grèce, mais toujours sans jouer, et ce sera la dernière.

Resté sur le banc : 4 fois

Farés Bousdira

Milieu de terrain
1 sélection

Né le 20 septembre 1953 à Taher (Algérie française)

Unique sélection : 24 avril 1976 à Lens, France - Pologne (2-0)

Club : 1975-1976 : RC Lens (1 sélection)

Bilan : 1 victoire

La France jouant un match amical à Lens, Michel Hidalgo est décidé à sélectionner un Lensois, avoir un joueur local dans ses rangs est toujours bon pour une équipe nationale en province. Son choix n'est pas très compliqué, il opte pour Farés Bousdira, capitaine de l'équipe de France espoirs, et qui est depuis plusieurs saisons le pourvoyeur en chef des attaquants polonais du Racing (Marx, Kaiser, Juraszek, Jankovic...). Mais Hidalgo laisse le meneur de jeu lensois sur le banc au coup d'envoi, lui préférant le Stéphanois Jean-Michel Larqué dont il a fait son capitaine. Il fait entrer Bousdira en jeu à la 56e minute, à la place de Guillou comme relayeur, sous les acclamations du stade Bollaert. Malheureusement pour Bousdira, il ne sera jamais ensuite rappelé dans un secteur de jeu que Michel Platini, absent à Lens, va vite vampiriser.

Match joué : 1976 1 match sur 6 | **Titulaire :** 0 fois sur 1 | **Remplaçant :** 1 fois sur 1 (de Guillou) | **Sélectionneur :** Hidalgo 1 fois

Carlos Curbelo

Carlos Curbelo

Défenseur, 2 sélections

Né le 28 avril 1954 à San José de Mayo (Uruguay)

Première sélection : 24 avril 1976 à Lens, France - Pologne (2-0)

Dernière sélection : 22 mai 1976 à Budapest, Hongrie - France (1-0)

Club : 1975-1976 : AS Nancy-Lorraine (2 sélections)

Bilan : 1 victoire, 1 défaite

Michel Platini n'est pas le seul Nancéen que Michel Hidalgo a repéré. Le nouveau sélectionneur a vu aussi le solide défenseur Carlos Curbelo. Un drôle de Lorrain, Curbelo, car né en Uruguay ! Avec sa grosse moustache et son gabarit impressionnant, il est le type même du défenseur sud-américain coriace. Mais il a été naturalisé français après s'être imposée comme une valeur sûre du championnat de France, alors pourquoi pas avec les Bleus ? Bon contre la Pologne pour ses débuts en défense centrale, Curbelo est rappelé pour le match suivant, en Hongrie. Mais entre-temps, on s'est aperçu qu'il avait aussi honoré il y a quelques années des sélections en Uruguay, dans l'équipe juniors... Menacée de sanction par la Fifa qui ne prévoit alors plus de dérogations comme dans les années 1930, pour Duhart, Cazenave et Ithurbide, trois Uruguayens qui ont porté le maillot de l'équipe de France. Hidalgo est donc contraint de renoncer à Curbelo. Il entre en jeu néanmoins contre les Hongrois, en milieu de terrain aux côtés de son ami Platini, comme demi-défensif, mais on le reverra plus.

Matches joués : 1976 2 matches sur 6 | **Titulaire :** 1 fois sur 2 | **Remplaçant :** 1 fois sur 2 (de Guillou) | **Sélectionneur :** Hidalgo 2 fois

Gérard Farison

Défenseur
1 sélection

Né le 14 mars 1944 à Terrenoire (Loire)

Unique sélection : 24 avril 1976 à Lens, France - Pologne (2-0)

Club : 1975-1976 : AS Saint-Étienne (1 sélection)

Bilan : 1 victoire

Presque tous les Stéphanois sont ou ont été internationaux. Il ne reste plus que Farison et Santini... Le tour du premier vient au printemps 1976. Arrière gauche indéboulonnable chez les Verts malgré ses 32 ans, Farison profite de l'absence du jeune Max Bossis pour être appelé contre la Pologne. Mais après d'honnêtes débuts face aux redoutables Grzegorz Lato et Andrzej Szarmach, la malchance le frappe : blessé en championnat contre Nîmes quinze jours après, Farison ne peut disputer ni la finale de Coupe d'Europe contre le Bayern, ni le match suivant de l'équipe de France en Hongrie... Hidalgo le convoque néanmoins à la rentrée pour le match non officiel contre Mönchengladbach au Parc, où il participe à la fête (5-0). Dans la foulée le Stéphanois est sélectionné pour jouer au Danemark, mais blessé à nouveau, il doit déclarer forfait et c'est son chant d'adieu, Bossis, de onze ans son cadet, reprenant sa place d'arrière gauche, pour ne plus la lâcher.

Match joué : 1976 1 match sur 6 | **Titulaire :** 1 fois sur 1 | **Sélectionneur :** Hidalgo 1 fois

Rolland Courbis

Défenseur
0 sélection

Né le 12 août 1953 à Marseille (Bouches-du-Rhône)

Unique présélection : 24 avril 1976 à Lens, France - Pologne (2-0)

Club : 1975-1976 : FC Sochaux

Comme Romain Arghirudis et Yves Triantafilos, Rolland Courbis a eu une parenthèse grecque dans sa carrière de club. Sa filiation hellène, moins réelle que celles des deux premiers, lui a permis de jouer deux ans à l'Olympiakos où ce Marseillais a pris une stature supplémentaire avant de rejoindre le FC Sochaux où il se révèle un chef de défense hors-pair. Aussi Michel Hidalgo, après l'avoir fait jouer en équipe de France « B » contre le Luxembourg en mars, est curieux de le voir de plus près en « A » alors que Marius Trésor est forfait pour le match d'avril contre la Pologne. Mais le Sochalien n'entre pas en jeu et ne sera jamais plus convié à la table des grands. Ce qui ne l'empêchera pas de rejoindre ensuite l'AS Monaco, d'y devenir champion de France, avant de se lancer dans une carrière au long cours d'entraîneur à succès, jusque dans les années 2010 !

Resté sur le banc : 1 fois

Patrick Jeskowiak

Attaquant
0 sélection

Né le 23 octobre 1954 à Trith-Saint-Léger (Nord)

Unique présélection : 24 avril 1976 à Lens, France - Pologne (2-0)

Club : 1975-1976 : US Valenciennes-Anzin

Bien qu'ayant déjà expérimenté de nombreux attaquants pour sa première sélection, Hidalgo décide encore d'innover avec Patrick Jeskowiak qui évolue avec Didier Six à Valenciennes. Comme Rolland Courbis, il a joué avec une équipe de France « B » le mois précédent au Luxembourg. D'origine polonaise, Jeskowiak tombe bien à Lens pour rencontrer la Pologne, mais il reste sur le banc de touche, comme Courbis, et comme lui, il ne sera jamais revu.

Resté sur le banc : 1 fois

Francis Meynieu

Défenseur
1 sélection

Né le 9 janvier 1953 à Bordeaux (Gironde)

Unique sélection : 27 mai 1976 à Budapest, Hongrie - France (1-0)

Dernière présélection : 23 avril 1977 à Genève, Suisse - France (0-4)

Club : 1975-1977 : Girondins de Bordeaux (1 sélection)

Bilan : 1 défaite

Gérard Farison blessé, Michel Hidalgo cherche à tester un nouvel arrière gauche capable de concurrencer Maxime Bossis. Il innove donc avec le Bordelais Francis Meynieu, international olympique avec la bande à Platini. Titularisé en Hongrie, Meynieu à fort à faire face à Laszlo Fazekas, le meilleur joueur hongrois, mais Hidalgo ne le condamne pas. Il garde un œil sur lui durant les JO de Montréal et le convoque à nouveau un an plus tard, alors que Bossis est forfait, pour le match de qualification au Mondial 1978 en Irlande, puis ensuite pour un match amical en Suisse. Mais Meynieu n'entre pas en jeu (c'est Tusseau, un autre Nantais qui joue arrière gauche) et il ne participe pas à la tournée en Amérique du Sud : sa chance est passée.

Match joué : 1976 1 match sur 6 ▪ **1977** - | **Titulaire :** 1 fois sur 1 | **Resté sur le banc :** 2 fois | **Sélectionneur :** Hidalgo 1 fois

Patrick Battiston

Défenseur
56 sélections, 3 buts

Né le 12 mars 1957 à Amnéville (Moselle)

Première présélection : 22 mai 1976 à Budapest, Hongrie - France (1-0)

Première sélection : 23 février 1977 à Paris, France - Allemagne (1-0)

Dernière sélection : 29 avril 1989 à Paris, France - Yougoslavie (0-0)

Clubs : 1976-1980 : FC Metz (14 sélections) ▪ 1980-1983 : AS Saint-Étienne (11 sélections) ▪ 1983-1987 : Girondins de Bordeaux (27 sélections) ▪ 1987-1989 : AS Monaco (4 sélections)

Bilan : 35 victoires, 13 nuls, 8 défaites

Palmarès : Champion d'Europe 1984

Nancy vient de « produire » Michel Platini, et son rival le FC Metz n'est pas en reste avec Patrick Battiston. Le Mosellan n'a que 19 ans et vient de disputer les JO de Montréal quand Hidalgo le convoque pour la première fois à la fin de la saison 1976. Il regarde d'abord les Bleus depuis le banc de touche, avant d'être testé sur le terrain le 2 février 1977, à Bordeaux, au cours d'un match non officiel contre la Roumanie (2-0), en même temps que Rey, Shanoun, Zimako et Barronchelli. Trois semaines plus tard, Hidalgo fait débuter Battiston « pour de bon » comme arrière droit en amical contre l'Allemagne championne du monde, au Parc, face à un autre débutant nommé Karl-Heinz Rummenigge... La victoire de la très jeune équipe de France, dont le joueur le plus expérimenté est Bernard Lacombe avec 8 sélections, face à la formation de Franz Beckenbauer dont c'est la 103e et dernière apparition sous le maillot de la Mannschaft, fait sensation. Battiston qui n'a pas encore 20 ans est monté à bord du bon wagon, dont il ne descendra pas avant quatorze ans. À son avantage encore en Argentine en juin 1977, Battiston reste cependant le remplaçant de Gérard Janvion dans un premier temps. Il joue néanmoins à sa place contre l'Argentine lors du Mondial 1978 à Buenos Aires et le concurrence alors sérieusement. Janvion reprend le dessus sur le Messin en 1981, mais c'est le Lorrain qui est titulaire au coup d'envoi du Mondial 1982. Hélas, à Bilbao, par une température caniculaire, Battiston craque face à l'Angleterre quand Paul Mariner et Trevor Francis font boire la tasse à la défense française. Et si Janvion passe en défense centrale, c'est le jeune Manuel Amoros qui devient arrière droit. Néanmoins, c'est Battiston que choisit Hidalgo pour entrer en jeu en demi-finale à la 50e minute à la place de Genghini. Dix minutes plus tard, lancé par Platini, Battiston s'en va défier le gardien allemand. Il tente de le lober, mais manque sa frappe. Harald Schumacher lui, ne le manque pas : il le percute violement de la hanche et Battiston reste KO sur le terrain sans que l'arbitre n'y voie rien à redire. Évacué dans un état de semi-conscience, son Mondial se termine à l'hôpital de Séville. Il s'en sort avec deux vertèbres démises et des dents cassées. Patrick Battiston retrouve au fil des mois une place de titulaire chez les Bleus et dispute l'Euro 1984 comme latéral droit puis en défense centrale au côté de Bossis, avant de revenir sur le côté. Lors de la finale face à l'Espagne, il sort volontairement du terrain pour que puisse y entrer Amoros, expulsé lors du premier match. Un geste de camaraderie qui lui ressemble bien. À partir de l'année 1985, Battiston ne joue plus qu'en défense centrale et forme avec Maxime Bossis une charnière élégante qui tient la route presque jusqu'au bout du Mondial mexicain que le Lorrain termine avec les galons de capitaine contre la Belgique, à Puebla. Après le retrait de la sélection de Maxime Bossis, Battiston fait équipe en défense centrale avec le jeune Basile Boli, Yvon Le Roux ou Jean-François Domergue mais décide d'arrêter à son tour à l'été 1987, à 30 ans. Pourtant, un an plus tard, à la demande de son ami Michel Platini devenu sélectionneur, il rempile, pour trois matches dans l'espoir de sauver la qualification pour le Mondial 1990. Au cœur d'une défense à cinq, c'est un échec et après un match nul contre la Yougoslavie au Parc, il s'arrête définitivement, laissant les clés du camion bleu à la génération Sauzée, Blanc, Deschamps...

Matches joués : 1976 - ▪ **1977** 2 matches sur 7 ▪ **1978** 7 matches sur 11 ▪ **1979** 4 matches sur 6 ▪ **1980** 3 matches sur 6 ▪ **1981** - ▪ **1982** 7 matches sur 15 ▪ **1983** 4 matches sur 7 ▪ **1984** 10 matches sur 12 ▪ **1985** 3 matches sur 6 ▪ **1986** 12 matches sur 13 ▪ **1987** 1 match sur 6 ▪ **1988** - ▪ **1989** 3 matches sur 7 | **Buts : 1979** 1 ▪ **1982** 1 ▪ **1984** 1 | **Titulaire :** 51 fois sur 56 | **Remplaçant :** 5 fois sur 56 (de Lopez 2

fois, Bossis, Janvion, Genghini) | **Resté sur le banc :** 19 fois sur 75 | **Resté en tribune :** 6 fois | **Capitaine :** 4 fois (49e-51e, 53e) | **Coupe du monde 1978 :** 1 match sur 3 | **Coupe du monde 1982 :** 3 matches sur 7 | **Championnat d'Europe 1984 :** 5 matches sur 5 | **Coupe du monde 1986 :** 7 matches sur 7 | **Sélectionneurs :** Hidalgo 36 fois, Michel 17 fois, Platini 3 fois

André Rey

Gardien de but
10 sélections

Né le 22 janvier 1948 à Strasbourg (Bas-Rhin)

Première présélection : 1er septembre 1976 à Copenhague, Danemark - France (1-1)

Première sélection : 23 février 1977 à Paris, France - Allemagne (1-0)

Dernière sélection : 2 mai 1979 à New York, États-Unis - France (0-6)

Dernière présélection : 5 septembre 1979 à Solna, Suède - France (1-3)

Club : 1976-1980 : FC Metz (10 sélections)

Bilan : 5 victoires, 4 nuls, 1 défaite

Stefan Kovacs n'ayant pas solutionné le problème du gardien de but en équipe de France, Michel Hidalgo en a hérité. Il a fait jouer Jean-Paul Bertrand-Demanes puis Dominique Baratelli, observé Dominique Dropsy à l'entraînement, mais il croit surtout en André Rey, le gardien du FC Metz qui, à 28 ans, arrive à maturité. Remplaçant à l'automne, Rey est testé, comme son coéquipier Battiston, à Bordeaux contre la Roumanie début février dans un match d'entraînement, puis titularisé dans la foulée contre l'Allemagne au Parc : sacré baptême du feu face à Dieter Muller, Holzenbein, Flohe et Rummenigge ! Bien que très tendu, Rey s'en sort sans prendre de but, et peut enchaîner tous les matches pendant un an, n'étant remplaçant que pour celui en Argentine en juin 1977. Huit sélections réussies qui font de lui le titulaire indiscutable pour le Mondial 1978. Malheureusement, André Rey se fracture la main droite à l'entraînement en mars ! Malgré une ultime tentative au cours du stage préparatoire au Touquet pour retrouver sa place, Hidalgo doit renoncer à le sélectionner. Rey rejoue à la rentrée suivante contre la Suède, mais il ne peut empêcher les Suédois d'égaliser à la dernière minute, ce qui plombe d'entrée la qualification française pour l'Euro 1980... Dominique Dropsy prend alors sa suite, et Si Rey reste sa doublure quelques mois, il doit dire adieu aux Bleus en fin de saison.

Matches joués : 1976 - ▪ **1977** 6 matches sur 7 ▪ **1978** 3 matches sur 11 ▪ **1979** 1 match sur 6 | **Titulaire :** 9 fois sur 10 | **Remplaçant :** 1 fois sur 10 (de Dropsy) | **Resté sur le banc :** 8 fois | **Sélectionneur :** Hidalgo 10 fois

Jacques Zimako

Attaquant
13 sélections, 2 buts

Né le 28 décembre 1951 à Lifou (Nouvelle-Calédonie)

Première présélection : 1er septembre 1976 à Copenhague, Danemark - France (1-1)

Première sélection : 26 juin 1977 à Buenos Aires, Argentine - France (0-0)

Dernière sélection : 18 novembre 1981 à Paris, France - Pays-Bas (2-0)

Dernière présélection : 23 février 1982 à Paris, France - Italie (2-0)

Clubs : 1976-1977 : SEC Bastia (2 sélections) ▪ 1977-1981 : AS Saint-Étienne (9 sélections) ▪ 1981-1982 : FC Sochaux (2 sélections)

Bilan : 7 victoires, 2 nuls, 4 défaites

Les attaquants de Bastia ont la réputation de faire souffrir toutes les défenses du championnat, et pas qu'à Furiani. Alors que le Serbe Dragan Djazic leur donne le tournis au cours de la saison 1975-76, on commence à remarquer un jeune Néo-Calédonien, Jacques Atre, dit Zimako. Ce Zimako est un ailier qui zigzague mais qui marque aussi des buts. Désireux de le voir à l'œuvre après l'avoir observé en Espoirs, Michel Hidalgo l'appelle une première fois en septembre 1976, puis le fait jouer contre la Roumanie, dans le match non officiel de Bordeaux. Il l'emmène ensuite dans la tournée sud-américaine de juin 1977 : Zimako débute ainsi véritablement à Buenos Aires face à l'Argentine dans le stade de Boca Juniors, la « Bombonera », entrant à la place de Baronchelli à la 64e minute. Puis il connaît sa première titularisation quatre jours plus tard au Maracanã de Rio : jolis endroits pour débuter une carrière internationale ! Mais Zimako ne s'impose pas, manquant souvent de réalisme face au but, et il disparaît de la sélection. En passant à Saint-Étienne, où il rejoint Rocheteau et Platini, il revient en Bleu à l'automne 1979. En Suède, il donne une balle de but à Battiston. Mais ce n'est qu'un an plus tard qu'il marque ses premiers buts, à Chypre puis contre l'Irlande au Parc. S'il fait alors partie du groupe qui se qualifie pour le Mondial 1982, Zimako qui a migré à Sochaux, reste surtout un joker. Un rôle qu'il perd définitivement dans la dernière ligne droite vers le Mondial.

Olivier Rouyer

Matches joués : 1976 - ▪ **1977** 2 matches sur 7 ▪ **1978** - ▪ **1979** 2 matches sur 6 ▪ **1980** 5 matches sur 6 ▪ **1981** 4 matches sur 8 ▪ **1982** - | **Buts : 1980** 2 | **Titulaire :** 6 fois sur 13 | **Remplaçant :** 7 fois sur 13 (de Baronchelli 2 fois, Rocheteau, Lacombe 3 fois, Soler) | **Resté sur le banc :** 4 fois | **Sélectionneur :** Hidalgo : 13 fois

Olivier Rouyer

Attaquant
17 sélections, 2 buts

Né le 1er décembre 1955 à Nancy (Meurthe-et-Moselle)

Première sélection : 9 octobre 1976 à Sofia, Bulgarie - France (2-2)

Dernière sélection : 15 mai 1981 à Paris, France - Brésil (1-3)

Club : 1976-1981 : AS Nancy-Lorraine (17 sélections)

Bilan : 7 victoires, 6 nuls, 4 défaites

Attaquant malicieux et donc complice parfait de Michel Platini à Nancy, Olivier Rouyer a naturellement accompagné son grand copain en équipe de France « amateur » celle qui est allée jusqu'en quart de finale des JO de 1976, stoppée par les professionnels déguisés de la RDA à Montréal (4-0). Rouyer est donc logiquement appelé à rejoindre Platini chez les « A ». Il débute ainsi à Sofia dans le match où la France mène 2-0 et sauve in-extremis le nul (2-2) malgré de nombreuses erreurs d'arbitrage en sa défaveur. Rouyer, qui a remplacé Six en fin de match, concurrence le Nordiste pendant deux saisons. Pour sa troisième sélection, après avoir marqué à Bordeaux contre la Roumanie en match non officiel, Rouyer réussi un morceau de bravoure : contre l'Allemagne au Parc, il bat Sepp Maier d'un tir improbable, une volée acrobatique après un tir contré de Bathenay. Le match n'est pas télévisé, mais la notoriété de Rouyer grimpe alors en flèche. Absent du match qualificatif contre la Bulgarie, Rouyer revient en début d'année suivante et dispute le Mondial en Argentine. Mais il ne parvient pas vraiment à s'imposer en Bleu, restant le plus souvent remplaçant par la suite. Il est titulaire une dernière fois contre le Brésil en mai 1981, au Parc, mais cette fois il n'ira pas plus loin.

Matches joués : 1976 2 matches sur 6 ▪ **1977** 5 matches sur 7 ▪ **1978** 5 matches sur 11 ▪ **1979** 1 match sur 6 ▪ **1980** 3 matches sur 6 ▪ **1981** 1 match sur 8 | **Buts : 1977** 2 | **Titulaire :** 8 fois sur 17 | **Remplaçant :** 9 fois sur 17 (de Six 4 fois, Lacombe, Barronchelli, Zimako, Lecornu, Rocheteau) | **Resté sur le banc :** 4 fois | **Coupe du monde 1978 :** 2 matches sur 3 | **Sélectionneur :** Hidalgo 17 fois

Loïc Amisse

Attaquant
12 sélections, 2 buts

Né le 9 août 1954 à Nantes (Loire-Atlantique)

Première présélection : 17 novembre 1976 à Paris, France - Eire (2-0)

Première sélection : 23 février 1977 à Paris, France - Allemagne (1-0)

Dernière sélection : 23 mars 1983 à Paris, France - URSS (1-1)

Dernière présélection : 7 septembre 1983 à Copenhague, Danemark - France (3-1)

Club : 1976-1983 : FC Nantes (12 sélections)

Bilan : 8 victoires, 2 nuls, 2 défaites

S'il s'appuie sur les joueurs de Saint-Étienne, le nouveau sélectionneur n'oublie pas de regarder du côté du FC Nantes qui est en train de prendre la relève des Verts en championnat. Ainsi, après Bertrand Demanes, Rio, Rampillon, Michel et Bossis, il appelle en novembre 1976 Loïc Amisse, le petit ailier gauche des Canaris (1,66 m) qui faisait partie de l'équipe de France olympique quart de finaliste des JO 1976. S'il ne joue pas contre l'Irlande au Parc, il fait ses débuts trois mois plus tard contre l'Allemagne, en même temps qu'André Rey et Patrick Battiston. Face au redoutable Berti Vogts, le Nantais n'a pas la partie facile, mais Hidalgo l'emmène pour la tournée sud-américaine de juin et Amisse joue contre l'Argentine où cette fois son adversaire direct est Alberto Tarantini, un autre défenseur féroce, mais qui ne l'empêche pas de tirer sur un poteau à la 38e minute. Amisse laisse ensuite le champ libre à Didier Six sur l'aile gauche et ne revient que deux fois l'année suivante, au printemps, mais ce n'est pas suffisant pour convaincre le sélectionneur de l'emmener au Mondial argentin. Toujours aussi virevoltant avec Nantes dont il symbolise bien le jeu collectif, Amisse retrouve les Bleus au printemps 1979, pour disputer cinq matches de rang. Mais malgré la victoire sur la Tchécoslovaque en novembre 1979, victoire 100 % nantaise (but de Pécout sur passe d'Amisse et but de Rampillon sur passe de Pécout), Amisse sort de l'équipe, ne disputant plus qu'un match en deux ans, celui d'Hanovre perdu dans les grandes largeurs face à l'Allemagne (4-1). Du coup le Nantais n'est pas dans la sélection qui se qualifie à l'arrachée pour le Mondial 1982 et donc logiquement écarté du voyage en Espagne. Amisse toujours vaillant avec le FC Nantes, retrouve cependant la sélection au printemps 1983 pour deux matches amicaux, mais sans lendemain : blessé, il déclare forfait contre la Yougoslavie et la Belgique, puis il reste sur le banc au Danemark quand se forme le groupe qui disputera l'Euro 1984, la troisième grande compétition qu'il manque…

Matches joués : 1976 - ▪ **1977** 2 matches sur 7 ▪ **1978** 2 matches sur 11 ▪ **1979** 5 matches sur 6 ▪ **1980** 1 match sur 6 ▪ **1981** - ▪ **1982** - ▪ **1983** 2 matches sur 7 | **Buts : 1979** 2 | **Titulaire :** 11 fois sur 12 | **Remplaçant :** 1 fois sur 12 (de Berdoll) | **Resté sur le banc :** 7 fois | **Sélectionneur :** Hidalgo : 12 fois

Jacques Santini

Milieu de terrain
0 sélection

Né le 25 avril 1952 à Delle (Territoire de Belfort)

Première présélection : 17 novembre 1976 à Paris, France - Eire (2-0)

Dernière présélection : 23 avril 1977 à Genève, Suisse - France (0-4)

Club : 1976-1977 : AS Saint-Étienne

Après la sélection de Gérard Farison au printemps 76, Jacques Santini est le dernier Stéphanois à n'avoir jamais été appelé en équipe de France. Fidèle serviteur du club, dépannant à tous les postes au milieu de terrain, Jacques Santini touche enfin au but à l'automne 76 en étant retenu pour le match contre l'Irlande au Parc. Mais aux côtés de Dominique Bathenay et Michel Platini, c'est le Lavallois Raymond Kéruzoré qui joue finalement. Santini ne disparaît pas pour autant, il est de nouveau convoqué en avril 1977 pour la rencontre amicale à Genève face à la Suisse. Mais là, entre

Dominique Rocheteau a frappé, Bernard Lacombe a esquivé : C'est le premier but français contre la Bulgarie qui, le 16 novembre 1977, lui ouvre la voie du Mondial 78 en Argentine.

Omar Shanoun et Platini, c'est Alain Giresse qui lui est préféré. Et qui dans la foulée fait la tournée en Amérique du Sud pour préparer le Mondial 78... Santini ne revient plus, il n'a vraiment fait que passer... Personne ne peut songer alors qu'un jour, dans une autre vie, Jacques Santini sera à son tour sélectionneur des Bleus, de 2002 à 2004 !

Resté sur le banc : 2 fois

1977

5 nouveaux joueurs
7 matches

23 février : France - Allemagne 1-0
30 mars : Eire - France 1-0 (QCM)
23 avril : Suisse - France 0-4
26 juin : Argentine - France 0-0
30 juin : Brésil - France 2-2
8 octobre : France - URSS 0-0
16 nov : France - Bulgarie 3-1 (QCM)

Omar Sahnoun

Milieu de terrain
6 sélections

Né le 16 août 1955 à Guerrouma (Algérie française), décédé le 21 avril 1980 (24 ans)

Première sélection : 23 février 1977 à Paris, France - Allemagne (1-0)

Dernière sélection : 11 mai 1978 à Toulouse, France - Iran (2-1)

Club : 1976-1978 : FC Nantes (6 sélections)

Bilan : 4 victoires, 2 nuls

Impossible de passer à côté d'Omar Shanoun lorsque l'on voit jouer le FC Nantes au cours de la saison 1976-77. Ce travailleur infatigable règne avec Henri Michel et Gilles Rampillon sur le milieu de terrain du futur champion de France, dont il termine meilleur buteur ! Michel Hidalgo le teste le 2 février 1977 à Bordeaux, au cours du match non officiel contre la Roumanie (2-0). Essai concluant, Shanoun est dans la sélection suivante pour affronter l'Allemagne au Parc. Il entre en jeu à la 72ᵉ minute, à la place de Christian Synaeghel pour jouer en n°8, entre Dominique Bathenay et Michel Platini. Hidalgo est satisfait par ce technicien habile et il le conserve jusqu'à la fin de la saison. Absent au début de la suivante en raison d'une alerte cardiaque, le Nantais revient contre le Portugal en mars 1978, pour jouer avec Henri Michel et Alain Giresse. Il est encore présent en mai, mais il ne fait finalement pas partie des 22 pour le Mondial, « doublé » par le Monégasque Jean Petit. Une grosse désillusion, d'autant qu'il n'est plus sélectionné ensuite. Un an plus tard, Omar Shanoun rejoindra Giresse à Bordeaux pour relancer sa carrière, mais hélas à nouveau victime de troubles cardiaques, il décédera subitement lors d'un entraînement en Gironde.

Matches joués : 1977 4 matches sur 7 ▪ **1978** 2 matches sur 11 | **Titulaire :** 5 fois sur 6 | **Remplaçant :** 1 fois sur 6 (de Synaeghel) | **Resté sur le banc :** 1 fois | **Sélectionneur :** Hidalgo 6 fois

Bernard Zénier

Attaquant
5 sélections, 1 but

Né le 21 août 1957 à Giraumont (Meurthe-et-Moselle)

Première sélection : 23 février 1977 à Paris, France - Allemagne (1-0)

Dernière sélection : 18 novembre 1987 à Paris, France - RDA (0-1)

Clubs : 1976-1978 : FC Metz (1 sélection) ▪ 1978-1983 : AS Nancy-Lorraine (3 sélections) ▪ 1983-1984 : Girondins de Bordeaux ▪ 1984-1986 : Olympique de Marseille ▪ 1986-1987 : FC Metz (1 sélection)

Bilan : 2 victoires, 1 nul, 2 défaites

Après André Rey et Patrick Battiston, un nouveau Messin frappe à la porte de la sélection, Bernard Zénier, un ailier gauche tranchant qui, malgré ses 19 ans, fait le bonheur depuis deux saisons de la paire Hugo Curioni-Nico Braun, les buteurs du

Bernard Zénier

club lorrain. Michel Hidalgo le fait entrer à la 64e minute du match amical contre l'Allemagne au Parc, pour suppléer Loïc Amisse. Un essai qui n'est pas renouvelé avant... cinq ans, en partie à cause d'une fracture de la jambe en 1979. À 24 ans, Zénier a changé de club lorrain pour rejoindre Olivier Rouyer à Nancy, et cette fois, cela se passe de manière beaucoup plus convaincante : il ouvre le score de la tête sur un centre de Giresse et il est à l'origine du deuxième but des Bleus qui se baladent face aux Irlandais du Nord en mars 1982 (4-0). Zénier est logiquement reconduit au match suivant, mais cette fois il n'entre en jeu que pour remplacer Bruno Bellone. Avec Didier Six et Amisse, ils sont désormais quatre pour deux places d'ailier gauche au Mondial... Et avec Amisse, Zénier fait les frais de la soustraction alors qu'il se blesse au genou. Michel Hidalgo le rappelle une fois, en fin de saison 1983, après les forfaits de Bellone et Amisse. Zénier remplace Six en deuxième mi-temps contre la Belgique en amical à Luxembourg, mais il n'est jamais rappelé dans le groupe qui prépare l'Euro 1984. Sa carrière internationale n'est pourtant pas close : à la surprise générale, Henri Michel le convoque en novembre 1987. Plus de dix ans après ses débuts, le revoilà titulaire contre la RDA au Parc, comme meneur de jeu. Retourné au FC Metz en 1986, Bernard Zénier fait un bon début de saison en club, mais il ne peut empêcher l'équipe de France de sombrer dans ce dernier match, sans enjeu,des qualifications manquées pour l'Euro 1988 (0-1). Cette sortie crépusculaire des Bleus est sa dernière d'une carrière en pointillé chez les Bleus.

Matches joués : 1977 1 match sur 7 ▪ **1978** - ▪ **1979** - ▪ **1980** - ▪ **1981** - ▪ **1982** 2 matches sur 15 ▪ **1983** 1 match sur 7 ▪ **1984** - ▪ **1985** - ▪ **1986** - ▪ **1987** 1 match sur 6 | **But : 1982** 1 | **Titulaire :** 2 fois sur 5 | **Remplaçant :** 3 fois sur 5 (de Amisse, Bellone, Six) | **Sélectionneurs :** Hidalgo 4 fois, Michel 1 fois |

Thierry Tusseau

Défenseur
21 sélections

Né le 19 janvier 1958 à Noisy-le-Grand (Seine-Saint-Denis)

Première présélection : 23 février 1977 à Paris, France - Allemagne (1-0)

Première sélection : 30 mars 1977 à Dublin, Eire - France (1-0)

Dernière sélection : 28 juin 1986 à Puebla, France - Belgique (4-2 ap)

Dernière présélection : 19 août 1986 à Lausanne, Suisse - France (0-2)

Clubs : 1976-1983 : FC Nantes (9 sélections) ▪ 1983-1986 : Girondins de Bordeaux (13 sélections) ▪ 1986-1987 : RC Paris (0 sélection)

Bilan : 14 victoires, 6 nuls, 2 défaites

À l'image de Saint-Étienne 1974-76, tous les joueurs du FC Nantes sont scrutés par le sélectionneur. Thierry Tusseau est le plus jeune, tout juste 19 ans, des Canaris qui chassent les Verts du trône qu'ils occupaient depuis trois saisons, mais Michel Hidalgo pressent qu'il a de l'avenir. Sur le banc contre l'Allemagne, Tusseau est titularisé comme latéral gauche à Dublin pour le match de qualification au Mondial 1978 (Bossis forfait, Janvion glissant à droite et Battiston revenant sur le banc). Un coup d'audace car en face de lui se trouve le rusé Steve Heighway, l'ailier gauche de Liverpool... Tusseau s'en sort et joue le match suivant mais il n'est ni de la tournée en AmSud de juin, ni dans la liste des 22 pour l'Argentine la saison suivante. Les mois passent ainsi et les sélections se font rares. Tusseau reste avant tout un remplaçant, Bossis, Battiston et Janvion monopolisant les postes de latéraux.

Son départ de Nantes pour Bordeaux à la fin de la saison 83-1982 ne change pas la donne, mais Tusseau, après avoir manqué les Mondiaux 1978 et 1982, fait partie cette fois des 20 joueurs retenus pour l'Euro 84. Il entre deux fois en jeu, contre la Belgique à la place de Genghini, puis contre la Yougoslavie, à celle de Rocheteau. Après cet Euro de remplaçant, Henri Michel le titularise pour son premier match, comme demi-défensif, qui devient dès lors son nouveau poste de remplaçant. Tusseau reste ainsi dans le groupe bleu et fait partie des 22 pour le Mexique, en étant préféré au Nantais Fabrice Poullain. Arrière gauche pour le premier match contre le Canada car Ayache est blessé et Amoros le remplace à droite, il cède la place à Amoros au match suivant avant de la retrouver contre le Brésil car Ayache est suspendu cette fois. Tusseau participe ainsi à un des plus beaux matches de l'équipe de France ! Mais c'est son avant-dernier. Entrant une fois encore en cours de jeu, à Puebla pour le match de la troisième place face à la Belgique, Tusseau ne va cette fois pas au-delà. Car s'il est encore appelé pour le match de reprise d'après Mondial, il reste sur le banc de touche et ne sera plus jamais convoqué bien que n'ayant que 28 ans.

Matches joués : 1977 3 matches sur 7 ▪ **1978** - ▪ **1979** - ▪ **1980** 2 matches sur 6 ▪ **1981** - ▪ **1982** 1 match sur 15 ▪ **1983** 3 matches sur 7 ▪ **1984** 5 matches sur 12 ▪ **1985** 3 matches sur 6 ▪ **1986** 5 matches sur 13 | **Titulaire :** 11 fois sur 22 | **Remplaçant :** 11 fois sur 22 (de Christophe, Fernandez 4 fois, Mahut, Battiston, Genghini, Rocheteau, Touré, Tigana) | **Resté sur le banc :** 9 fois | **Resté en tribune :** 3 fois | **Championnat d'Europe 1984 :** 2 matches sur 5 | **Coupe du monde 1986 :** 4 matches sur 7 | **Sélectionneurs :** Hidalgo 12 fois, Michel 10 fois

Bruno Baronchelli

Attaquant, 6 sélections, 1 but
Né le 13 janvier 1957 à Tours (Indre-et-Loire)

Première sélection : 23 avril 1977 à Genève, Suisse - France (0-4)

Dernière sélection : 18 février 1981 à Madrid, Espagne - France (1-0)

Club : 1977-1981 : FC Nantes (6 sélections)

Bilan : 4 victoires, 1 nul, 1 défaite

Bruno Baronchelli

Tous les Nantais ou presque sont en équipe de France : il n'en reste plus que trois, Pécout, Van Straelen et Baronchelli. Ce dernier, qui a participé en 1976 aux JO de Montréal, voit son tour arriver : après avoir disputé la seconde mi-temps du France-Roumanie non officiel de février à Bordeaux, Michel Hidalgo l'appelle pour jouer contre la Suisse, en amical à Genève. Bernard Lacombe forfait, il en fait son avant-centre, alors qu'il joue ailier droit à Nantes. Pas vraiment à son aise, Baronchelli est cependant conservé pour la tournée en Amérique du Sud et joue le premier match contre l'Argentine puis le match non officiel contre l'Atlético Mineirão, à Belo Horizonte. S'il n'est pas du match de la qualification contre la Bulgarie en novembre, Baronchelli est appelé en mars 1978 contre le Portugal, en amical au Parc. Et il ouvre le score d'une volée acrobatique à la 9e minute. De nouveau titulaire un mois plus tard contre le Brésil, le Nantais semble en bonne position pour aller au Mondial. Mais il se blesse juste avant le match contre l'Iran, à Toulouse le 11 mai et c'est le Monégasque Christian Dalger qui part en Argentine à sa place... Si « BB » est sur le banc contre la Suède en septembre après le Mondial, il disparaît des listes pendant deux ans, Rocheteau, Rouyer, Zimako mais aussi Wagner, Lecornu, Couriol et Soler lui passant devant régulièrement, ce qui le prive logiquement du Mondial 1982.

Matches joués : 1977 2 matches sur 7 ▪ **1978** 2 matches sur 11 ▪ **1979** - ▪ **1980** 1 match sur 6 ▪ **1981** 1 match sur 8 | **But : 1978** 1 | **Titulaire :** 6 fois sur 6 | **Resté sur le banc :** 2 fois | **Sélectionneur :** Hidalgo 6 fois

Jean Petit

Milieu de terrain
12 sélections, 1 but

Né le 25 septembre 1949 à Toulouse (Haute-Garonne)

Première sélection : 8 octobre 1977 à Paris, France - URSS (0-0)

Dernière sélection : 28 octobre 1980 à Paris, France - Eire (2-0)

Club : 1976-1981 : AS Monaco (12 sélections)

Bilan : 10 victoires, 1 nul, 1 défaite

Monaco à peine remonté en Première division roule droit vers le titre de champion de France ! S'il doit une partie de sa réussite à son buteur argentin Delio Onnis et à son ailier droit Christian Dalger, Jean Petit, 28 ans, fidèle serviteur du club depuis 1969, n'y est pas étranger. Milieu de terrain relayeur, il est l'homme de l'ombre efficace par excellence. Michel Hidalgo le fait jouer à la place d'Omar Shanoun contre l'URSS, entre Bathenay et Platini, au Parc dans le match préparatoire du France-Bulgarie décisif de l'automne 1977 pour la qualification au Mondial, et fini par le préférer au Nantais pour aller en Argentine, malgré seulement ses trois sélections. Mais Petit ne joue qu'un match en Coupe du monde, celui sans enjeu contre la Hongrie à Mar del Plata. Il enchaîne les rencontres à partir de l'automne suivant, marquant du haut de son 1,74 m un but de la tête contre le Luxembourg au Parc. L'avènement de deux jeunes joueurs hors-normes le pousse dehors : Jean Tigana et Jean-François Larios, qui prennent deux places en milieu de terrain à partir de l'automne 1980. Jean Petit n'est donc plus rappelé, il continuera tranquillement sa carrière à l'AS Monaco jusqu'en 1982, un club qu'il n'a jamais quitté depuis !

Matches joués : 1977 1 match sur 7 ▪ **1978** 5 matches sur 11 ▪ **1979** 4 matches sur 6 ▪ **1980** 2 matches sur 6 | **But : 1979** 1 | **Titulaire :** 8 fois sur 12 | **Remplaçant :** 4 fois sur 12 (de Michel, Larios, Tigana, Platini) | **Resté sur le banc :** 1 fois | **Resté en tribune :** 1 fois | **Coupe du monde 1978 :** 1 match sur 3 | **Sélectionneur :** Hidalgo 12 fois

1978

6 nouveaux joueurs
11 matches

8 février : Italie - France 2-2
8 mars : France - Portugal 2-0
1er avril : France - Brésil 1-0
11 mai : France - Iran 2-1
19 mai : France -Tunisie 2-0
2 juin : France - Italie 1-2 (CM)
6 juin : Argentine - France 2-1 (CM)
10 juin : France - Hongrie 3-1 (CM)
1er septembre : France - Suède 2-2 (QCE)
7 octobre : Luxembourg - France 1-3 (QCE)
8 novembre : France - Espagne 1-0

Albert Gemmrich

Attaquant
5 sélections, 2 buts

Né 13 février 1955 à Haguenau (Bas-Rhin)

Première sélection : 8 février 1978 à Naples, Italie - France (2-2)

Dernière sélection : 8 novembre 1978 à Paris, France - Espagne (1-0)

Dernière présélection : 4 avril 1979 à Bratislava, Tchécoslovaquie - France (2-0)

Club : 1977-1979 : RC Strasbourg (5 sélections)

Bilan : 3 victoires, 2 nuls

Comme Monaco, Strasbourg promu en Première division à l'été 1977 fait des étincelles et on commence à s'intéresser à ses joueurs. Parmi eux, le puissant attaquant Albert Gemmrich marque but sur but. Hidalgo le fait donc débuter contre l'Italie à Naples, un peu plus tôt que prévu car il doit remplacer Olivier Rouyer blessé après une demi-heure de jeu. Finissant la saison en trombe sur un triplé contre Laval le 2 mai (21 buts au total), Gemmrich est convoqué pour le match de Toulouse face à l'Iran, le 11 mai. Associé à Dominique Rocheteau et Bernard Lacombe en attaque, l'Alsacien ouvre le score, de la tête, sur un centre du Stéphanois à la 14e minute. Mais ce n'est pas suffisant pour décider le sélectionneur à l'emmener en Argentine. Didier Six et Rouyer lui sont préférés. Toutefois, Gemmrich revient après le Mondial et dispute les trois derniers matches de l'année, marquant au passage contre le Luxembourg. Mais alors que Strasbourg devient champion de France en 1979, Albert Gemmrich ne revient qu'une seule fois, pour le match en Tchécoslovaquie, mais reste sur le banc de touche : les « Mondialistes », Lacombe, Rocheteau, Berdoll, Six et Rouyer gardant la préférence du sélectionneur. Son arrivée à Bordeaux l'année suivante n'y changera rien.

Matches joués : 1978 5 matches sur 11 ▪ **1979** - | **Buts : 1978** 2 | **Titulaire :** 2 fois sur 5 | **Remplaçant :** 3 fois sur 5 (de Rouyer, Rocheteau, Pleimelding) | **Resté sur le banc :** 1 fois | **Sélectionneurs :** Hidalgo 5 fois

Pierre Pleimelding

Attaquant
1 sélection

Né le 19 septembre 1952 à Laxou (Meurthe-et-Moselle), décédé le 1er mai 2013 (60 ans)

Première présélection : 7 octobre 1978 à Luxembourg, Luxembourg - France (1-3)

Unique sélection : 8 novembre 1978 à Paris, France-Espagne (1-0)

Club : 1978-1979 : Lille OSC (1 sélection)

Bilan : 1 victoire

Pierre Pleimelding, âgé de 26 ans, fait sa meilleure saison à Lille. Passé par Troyes et Monaco, le fils de René Pleimelding, international une fois en 1953, est peut-être l'avant-centre buteur qui manque aux Bleus : Michel Hidalgo le convoque une première fois en octobre, puis le fait débuter un mois plus tard, dans le dernier match de l'année, contre l'Espagne, en amical au Parc. Bien qu'encadré par Dominique Rocheteau et Didier Six, Pierre Pleimelding se heurte à la très rude défense centrale espagnole Migueli-Olmo... Il ne parvient pas à tirer son épingle du jeu et ne fera pas plus longue carrière internationale que son père.

Match joué : 1978 1 match sur 11 | **Titulaire :** 1 fois sur 1 | **Resté sur le banc :** 1 fois | **Sélectionneur :** Hidalgo 1 fois

Jean-François Larios

Milieu de terrain
17 sélections, 5 buts

Né le 27 août 1956 à Sidi Bel Abbès (Algérie française)

Première sélection : 7 octobre 1978 à Luxembourg, Luxembourg - France (1-3)

Dernière sélection : 10 juillet 1982 à Alicante, France - Pologne (2-3)

Club : 1978-1982 : AS Saint-Étienne (17 sélections)

Bilan : 7 victoires, 10 défaites

La génération 1970 des Verts a été exceptionnelle : Bathenay, Rocheteau, Sarramagna, Merchadier, Lopez, Janvion, Synaeghel, Repellini, P. Revelli, Santini ont tous été appelés en Bleu. La suivante sera-t-elle aussi brillante ? En tout cas voici sa tête de proue : Jean-François Larios. Ce fils de rapatriés d'Algérie est une force de la nature et un technicien remarquable à la fois. Michel Hidalgo le voit grandir rapidement, il le fait jouer en équipe de France « B » en février 1977, à 20 ans, puis le sélectionne en « A » à 22 ans, alors qu'il s'est fait une place en milieu de terrain chez les Verts après une saison pleine à Bastia où il a été un des éléments clés de l'épopée européenne de 1978. Il débute en milieu défensif contre le Luxembourg, associé aux Strasbourgeois Roger Jouve et Francis Piasecki. Larios s'installe ainsi tranquillement chez les Bleus et s'y impose à partir de septembre 1980. Il est alors le complément parfait de Michel Platini et Jean Tigana derrière les attaquants. Mais des blessures à répétition commencent à hacher sa jeune carrière internationale. Il manque ainsi la rencontre décisive France-Pays-Bas à l'automne 1981 au Parc. Mais il retrouve les Bleus à temps pour le Mondial. Titulaire à Bilbao pour le premier match, bien qu'étant un des moins mauvais Français du jour, il perd sa place, victime d'un changement tactique, la France passant du 4-4-2 au 4-3-3 avec trois n° 10 (Giresse, Platini, Genghini). Et quand elle revient au 4-4-2, c'est Tigana qui entre et non pas Larios... Meurtri par ces choix, Larios joue bien le dernier match du Mondial, celui d'Alicante pour la troisième place face à la Pologne, mais il refusera ensuite toute sélection. Dommage car son énorme talent aurait dû l'amener plus loin.

Matches joués : 1978 1 match sur 11 ▪ **1979** 4 matches sur 6 ▪ **1980** 3 matches sur 6 ▪ **1981** 4 matches sur 8 ▪ **1982** 5 matches sur 15 | **Buts : 1979** 1 ▪ **1980** 3 ▪ **1982** 1 | **Titulaire :** 15 fois sur 17 | **Remplaçant :** 2 fois sur 17 (de Jouve, Platini) | **Resté sur le banc :** 2 fois | **Resté en tribune :** 4 fois | **Coupe du monde 1982 :** 2 matches sur 7 | **Sélectionneur :** Hidalgo 17 fois

Léonard Specht

Défenseur
18 sélections, 1 but

Né le 16 avril 1954 à Mommenheim (Bas-Rhin)

Première sélection : 8 novembre 1978 à Paris, France - Espagne (1-0)

Dernière sélection : 2 mai 1985 à Sofia, Bulgarie - France (2-0)

Clubs : 1978-1982 : RC Strasbourg (16 sélections) ▪ 1982-1985 : Girondins de Bordeaux (2 sélections)

Bilan : 8 victoires, 2 nuls, 8 défaites

Marius Trésor absent en novembre, Patrice Rio écarté, Michel Hidalgo décide donc de revoir à l'œuvre le stoppeur strasbourgeois Léonard Specht, qui a été testé en août contre Anderlecht dans un match non officiel au Parc. Il l'associe à nouveau à Christian Lopez, cette fois pour le dernier match de l'année, au Parc contre l'Espagne qui, comme la France, n'a fait que passer au Mondial 1978. Face à lui, Specht a un client redoutable : Carlos Santillana, l'avant-centre du Real Madrid. Mais non seulement il parvient à le museler, mais il réussit l'exploit de marquer le seul but du match, juste avant la mi-temps : de la tête à bout portant à la réception d'un long coup franc de Dominique Rocheteau ! C'est ce qui s'appelle une entrée en matière réussie. Dans la foulée, Specht est de presque tous les matches, associé soit à Lopez, soit à Trésor, en défense centrale pendant deux ans. Mais il perd sa place en fin de saison 1980-81. La paire Lopez-Trésor se reformant, avec Philippe Mahut comme premier remplaçant... Un choix qui exclu Specht du Mondial 1982. On croit sa carrière internationale terminée, mais non : alors qu'il a rejoint Bordeaux à l'été 1982 où il retrouve son ancien coéquipier strasbourgeois Albert Gemmrich, Léonard Specht est rappelé par Henri Michel pour les matches de la fin de saison 84-85. Bossis forfait pour le premier, il joue avec son partenaire de club Patrick Battiston en charnière centrale, puis avec le Nantais pour le second. Mais la rentrée suivante, c'est Yvon Le Roux qui est choisi pour compléter le duo Bossis-Battiston. Et celle fois, Specht ne reviendra plus.

Matches joués : 1978 1 match sur 11 ▪ **1979** 5 matches sur 6 ▪ **1980** 6 matches sur 6 ▪ **1981** 3 matches sur 8 ▪ **1982** 1 match sur 15 ▪ **1983** - ▪ **1984** - ▪ **1985** 2 matches sur 6 | **But : 1978** 1 | **Titulaire :** 17 fois sur 18 | **Remplaçant :** 1 fois sur 18 (de Trésor) | **Resté sur le banc :** 2 fois | **Sélectionneurs :** Hidalgo 16 fois, Michel 2 fois

Léonard Specht

Didier Simon

Milieu de terrain
0 sélection

Né le 9 septembre 1953 à Arques-la-Bataille (Seine-Maritime)

Unique présélection : 8 novembre 1978 à Paris, France - Espagne (1-0)

Club : 1978-1979 : Lille OSC

Lille pratique un jeu offensif intéressant depuis le début de la saison, avec le quatuor Pleimelding, Cabral, Olarević, Simon. Ce dernier est appelé avec le premier (les deux autres sont argentin et yougoslave) pour le match amical contre l'Espagne au Parc. Formé au FC Rouen puis au Stade de Reims, Didier Simon est un meneur de jeu séduisant. Mais en l'absence de Michel Platini blessé, c'est le Strasbourgeois Francis Piasecki qui a les commandes et Simon n'entre pas en jeu. Le retour de blessure de Platini ensuite condamnera sa carrière internationale.

Resté sur le banc : 1 fois

Éric Pécout

Jean-Jacques Marx

Défenseur, 0 sélection

Né le 23 mai 1957 à Fegersheim (Bas-Rhin)

Unique présélection : 8 novembre 1978 à Paris, France - Espagne (1-0)

Club : 1978-1979 : RC Strasbourg

L'émergence de Strasbourg met tous ses joueurs en lumière, comme cela a été le cas pour les Nantais et les Monégasques dans la suite des Stéphanois. Après Gemmrich, Dropsy, Specht, Jouve et Piasecki, c'est donc au tour du défenseur Jean-Jacques Marx d'être convié par Michel Hidalgo. Mais alors que son partenaire de club Léonard Specht fait des débuts réussis contre l'Espagne, Marx reste sur le banc des remplaçants et, comme Didier Simon, il ne reviendra jamais.

Resté sur le banc : 1 fois

1979

7 nouveaux joueurs
6 matches

25 février : France - Luxembourg 3-0 (QCE)
4 avril : Tchécoslovaquie - France 2-0 (QCE)
2 mai : États-Unis - France 0-6
5 septembre : Suède - France 1-3 (QCE)
10 octobre : France - États-Unis 3-0
17 nov : France - Tchécoslovaquie 2-1 (QCE)

Éric Pécout

Attaquant
5 sélections, 1 but

Né le 17 février 1956 à Blois (Loir-et-Cher)

Première sélection : 25 février 1979 à Paris, France - Luxembourg (3-0)

Dernière sélection : 23 mai 1980 à Moscou, URSS - France (1-0)

Club : 1978-1980 : FC Nantes (5 sélections)

Bilan : 3 victoires, 1 nul, 1 défaite

Éric Pécout, qui a fait partie de l'aventure olympique de 76 avec Platini, Amisse, Barronchelli, Meynieu et Battiston, a goûté à l'équipe de France « A » dès août 1977, au Parc, et dès la 4e minute il a marqué contre Hambourg dans un match non officiel remporté 4-2 par les Bleus. Mais le jeune avant-centre du FC Nantes, qui est le cousin de Philippe Gondet, l'éminent buteur nantais des années 60, doit laisser ensuite la place à Bernard Lacombe et Marc Berdoll et ne voit pas le Mondial 1978. Michel Hidalgo ne le rappelle qu'un an et demi plus tard, comme doublure de Marc Berdoll qu'il remplace à la 66e minute du match contre le Luxembourg, au Parc. Mais le Nantais ne convainc pas vraiment. Il rejoue en août un nouveau match non officiel, contre le Bayern au Parc (4-1), et parvient cette fois à s'inscrire dans le groupe France. Resté sur le banc des remplaçants en Suède puis contre les États-

Unis, Pécout entre en jeu contre la Tchécoslovaquie pour le dernier match de qualification de l'Euro 1980, mais sans enjeu. Après la pause, il remplace Bernard Lacombe et c'est lui qui ouvre le score, en reprenant un centre de Loïc Amisse, son partenaire de Nantes, à la 67e minute. Dix minutes plus tard, Pécout sert un autre Canari, Gilles Rampillon pour le 2-0. Les Bleus s'imposent finalement 2-1 et le Nantais obtient une place de titulaire pour le match suivant contre la Grèce, toujours au Parc. Il provoque le penalty pour l'ouverture du score par Dominique Bathenay dès la 5e minute, mais il est remplacé dès la seconde mi-temps par le jeune Yannick Stopyra. Toutefois, Pécout qui marque 22 buts en championnat avec le FCN, garde sa place jusqu'à la fin de cette saison. Il n'est cependant pas reconduit pour la suivante, malgré son titre de champion de France avec Nantes. Un an plus tard, Éric Pécout est à nouveau titulaire pour le traditionnel match non officiel du mois d'août 1981, contre Stuttgart, mais ce sera la dernière fois qu'on le verra, Lacombe et Rocheteau occupant définitivement les places en pointe en vue du Mondial 1982. Comme pour ses coéquipiers Amisse, Rampillon et Baronchelli, l'attaquant canari n'a jamais vraiment pris son envol avec les Bleus.

Matches joués : 1979 2 matches sur 6 ▪ **1980** 3 matches sur 6 | **But : 1979** 1 | **Titulaire :** 2 fois sur 5 | **Remplaçant :** 3 fois sur 5 (de Berdoll, Lacombe 2) | **Resté sur le banc :** 2 fois | **Sélectionneur :** Hidalgo 5 fois

Alain Moizan

Milieu de terrain
7 sélections

Né le 18 décembre 1953 à Saint-Louis du Sénégal (Afrique occidentale française)

Première sélection : 5 septembre 1979 à Solna, Suède - France (1-3)

Dernière sélection : 9 septembre 1981 à Bruxelles, Belgique - France (2-0)

Clubs : 1979-1981 : AS Monaco (3 sélections) ▪ 1981-1982 : Olympique Lyonnais (4 sélections)

Bilan : 3 victoires, 4 défaites

En remplaçant Dominique Bathenay en seconde mi-temps lors du match non officiel contre le Bayern Munich en août 1979 au Parc, l'élégant Monégasque Alain Moizan met un pied en équipe de France et Michel Hidalgo le titularise milieu de terrain relayeur, entre Bathenay et Platini, deux semaines plus tard, en Suède, pour un match de qualification à l'Euro 1980. Moizan est ainsi aligné trois fois de suite, jusqu'à la fin de l'année. Mais il ne réapparaît ensuite qu'un an plus tard, au moment où le navire bleu tangue dangereusement : il participe à quatre défaites, qu'il soit associé à Michel Platini, Alain Giresse ou Bernard Genghini... La dernière en Belgique est celle de trop, Moizan, sans avoir démérité, fait ensuite les frais du choix audacieux du sélectionneur d'aligner une équipe totalement offensive et on ne le reverra plus en Bleu.

Matches joués : 1979 3 matches sur 6 ▪ **1980** - ▪ **1981** 4 matches sur 8 | **Titulaire :** 7 fois sur 7 | **Resté sur le banc :** 1 fois | **Sélectionneur :** Hidalgo 7 fois

Roland Wagner

Attaquant
1 sélection, 1 but

Né le 22 décembre 1955 à Drusenheim (Bas-Rhin)

Unique sélection : 10 octobre 1979 à Paris, France - États-Unis (3-0)

Dernière présélection : 17 novembre 1979 à Paris, France - Tchécoslovaquie (2-1)

Club : 1979-1980 : RC Strasbourg (1 sélection)

Bilan : 1 victoire

De tous les Strasbourgeois champions de France 1979, Roland Wagner est le plus explosif. Un ailier droit tranchant qui, avec Francis Piasecki, Albert Gemmrich et Joël Tanter, a forcé toutes les défenses de France. Alors qu'Olivier Rouyer et Dominique Rocheteau sont forfaits, le sélectionneur en profite pour le lancer dans un match amical contre les États-Unis au Parc des Princes à l'automne 1979. Et Wagner démarre en trombe : à la 18e minute, il reprend de près un centre de Platini et inscrit le but du 2-0. Mais après avoir ridiculisé les défenseurs américains à plusieurs reprises, il est cisaillé méchamment par un nommé Boris Bandov et ne peut reprendre la deuxième période. Gravement blessé à la cheville, il ne s'en remettra jamais vraiment et malgré une présence dans le groupe au match suivant, il ne rejouera jamais les Bleus.

Match joué : 1979 1 match sur 6 | **But : 1979** 1 | **Titulaire :** 1 fois sur 1 | **Resté sur le banc :** 1 fois | **Sélectionneur :** Hidalgo 1 fois

Patrice Lecornu

Attaquant
3 sélections

Né le 24 mars 1958 à Flers (Orne)

Première sélection : 10 octobre 1979 à Paris, France - États-Unis (3-0)

Dernière sélection : 15 mai 1981 à Paris, France - Brésil (1-3)

Club : 1979-1981 : SCO Angers (3 sélections)

Bilan : 2 victoires, 1 défaite

Comme Roland Wagner, Patrice Lecornu est un nouveau venu à l'automne. Ailier droit lui aussi, à Angers, mais il a débuté tout juste en Première division la saison précédente. Il entre en seconde période contre les États-Unis quand Wagner, blessé, doit céder sa place. On le retrouve titulaire au début de l'année suivante, contre la Grèce et il sert Michel Platini qui redonne alors l'avantage aux Bleus juste avant la mi-temps. Mais, victime à la fois de la concurrence de Rocheteau, Zimako, Baronchelli, Soler, et des performances angevines déclinantes, Patrice Lecornu ne revient en Bleu qu'un an plus tard, pour jouer les dernières minutes au Parc d'un match amical face au Brésil. Passé ensuite au FC Nantes, sa carrière déclinera alors inexorablement avec des blessures.

Matches joués : 1979 1 match sur 6 ▪ **1980** 1 match sur 6 ▪ **1981** 1 match sur 8 | **Titulaire :** 1 fois sur 3 | **Remplaçant :** 2 fois sur 3 (Wagner, Rouyer) | **Sélectionneur :** Hidalgo 3 fois

Philippe Bergeroo

Gardien de but
3 sélections

Né le 13 janvier 1954 à Ciboure (Pyrénées-Atlantiques)

Première sélection : 10 octobre 1979 à Paris, France - États-Unis (3-0)

Dernière sélection : 28 mars 1984 à Paris, France - Autriche (1-0)

Dernière présélection : 28 juin 1986 à Puebla, France - Belgique (4-2)

Clubs : 1979-1983 : Lille OSC (2 sélections) ▪ 1983-1986 : Toulouse FC (1 sélection)

Bilan : 2 victoires, 1 défaite

Palmarès : Champion d'Europe 1984

Michel Hidalgo a stabilisé le poste de gardien avec Dominique Dropsy depuis le Mondial 78. Mais il cherche toujours des solutions de rechange. En août 1979, il a fait jouer la seconde mi-temps du match non officiel contre le Bayern Munich au gardien basque de Lille, Philippe Bergeroo. Opération renouvelée deux mois plus tard, pour la seconde mi-temps du match amical face aux États-Unis. Le Lillois s'en sort sans casse et devient ainsi pour une longue période gardien remplaçant chez les Bleus. Bergeroo est titularisé à Moscou pour la première fois en mai 1980. Même s'il n'est pas responsable de la défaite face à l'URSS, il recule dans la hiérarchie des gardiens, et disparaît des listes pendant quatre ans ! Ce n'est qu'en vue de l'Euro 1984 que Michel Hidalgo le rappelle. Bergeroo joue un match de préparation, et suit l'aventure des champions d'Europe du banc de touche ensuite. Henri Michel convoque lui aussi Bergeroo pour le Mondial au Mexique. Comme troisième gardien, derrière Joël Bats, indéboulonnable, et Albert Rust. C'est la dernière apparition de Bergeroo qui se consacre dès lors à son club, le TFC. À la fin de sa carrière, il intégrera le staff de l'équipe de France comme entraîneur des gardiens, poste qui n'existait pas de son temps, et vivra ainsi la formidable aventure du Mondial 1998 aux côtés d'Aimé Jacquet. Il sera ensuite le sélectionneur des équipes de France de jeunes de 2003 à 2011 puis de l'équipe de France féminine, de 2013 à 2016.

Matches joués : 1979 1 match sur 6 ▪ **1980** 1 match sur 6 ▪ **1981** - ▪ **1982** - ▪ **1983** - ▪ **1984** 1 match sur 12 ▪ **1985** - ▪ **1986** - | **Titulaire :** 1 fois sur 3 | Remplaçant : 2 fois sur 3 (de Dropsy, Bats) | **Resté sur le banc :** 10 fois | **Resté en tribune :** 6 fois | **Championnat d'Europe 1984 :** 0 match sur 5 | **Coupe du monde 1986 :** 0 match sur 7 | **Sélectionneurs :** Hidalgo 3 fois, Michel 0 fois

Didier Christophe

Milieu de terrain, 6 sélections, 1 but

Né le 8 décembre 1956 à Saint-Colombe-Lès-Vienne (Rhône)

Première présélection : 17 novembre 1979 à Paris, France - Tchécoslovaquie (2-1)

Première sélection : 27 février 1980 à Paris, France - Grèce (5-1)

Dernière sélection : 14 octobre 1981 à Dublin, Eire - France (3-2)

Club : 1979-1982 : AS Monaco (6 sélections)

Bilan : 1 victoire, 1 nul, 4 défaites

Monaco champion de France a déjà « exporté » deux de ses milieux de terrain en équipe de France : Jean Petit et Alain Moizan. Le troisième les rejoint, Didier Christophe, qui est dans un registre moins technique et plus physique avec son 1,86 m. Cette force de la nature, issue de l'INF Clichy, est sur le banc de touche à l'automne 1979, puis débute à l'hiver 1980, face à la Grèce, en amical au Parc. Et, tant qu'à faire, il marque le quatrième des cinq buts français, d'une tête plongeante sur un centre de Platini. Didier Christophe reste dans l'équipe jusqu'à la fin de saison, mais la concurrence de Jean-François Larios et Jean Tigana le repousse ensuite et il perd défensivement sa place avec la défaite de la France en Irlande, à l'automne 1981, Michel Hidalgo décidant alors de miser sur une équipe plus offensive pour sauver la qualification au Mondial 1982. Didier Christophe quittera alors Monaco pour Lille puis Toulouse, Rennes et Reims où ses qualités de « guerrier » feront toujours merveille.

Didier Christophe

Matches joués : 1979 - ▪ **1980** 3 matches sur 6 ▪ **1981** 3 matches sur 8 | **But : 1980** 1 | **Titulaire :** 5 fois sur 6 | **Remplaçant :** 1 fois sur 6 (de Moizan) | **Resté sur le banc :** 1 fois | **Sélectionneur :** Hidalgo 6 fois

Jean-Luc Ettori

Gardien de but
9 sélections

Né le 29 juillet 1955 à Marseille (Bouches-du-Rhône)

Première présélection : 17 novembre 1979 à Paris, France - Tchécoslovaquie (2-1)

Première sélection : 27 février 1980 à Paris, France - Grèce (5-1)

Dernière sélection : 31 août 1982 Paris, France - Pologne (0-4)

Dernière présélection : 12 novembre 1983 Zagreb, Yougoslavie - France (0-0)

Club : 1979-1983 : AS Monaco (9 sélections)

Bilan : 4 victoires, 3 nuls, 2 défaites

Michel Hidalgo, après avoir vu Philippe Bergeroo comme doublure de Dominique Dropsy, tente Jean-Luc Ettori, le gardien des champions de France qui a pris la suite d'Yves Chauveau à Monaco. Après l'avoir laissé sur le banc contre la Tchécoslovaquie, il lui fait jouer la seconde mi-temps du match amical contre la Grèce, au Parc en février 1980. Il le reprend trois fois à l'automne 1980 comme doublure de Dropsy, puis l'oublie. Mais avant la Coupe du monde 1982, le nom d'Ettori revient dans la liste de sélectionnés alors que Jean Castaneda et Dominique Baratelli semblent se disputer la place de n° 1 et Pierrick Hiard promis à celle de n° 3. Ettori, profitant de l'indisponibilité de Baratelli et Castaneda pris par la finale de la Coupe PSG-Saint-Étienne, joue un amical à Lyon contre la Bulgarie (0-0) et décroche la place de titulaire pour le Mondial avec seulement deux sélections derrière lui ! Mais en Espagne, le Monégasque n'est pas à la fête, défaillant d'entrée face à l'Angleterre à Bilbao face à Bryan Robson et Paul Mariner, il reste titulaire mais réalise une bien pâle Coupe du monde. Et il ne peut s'opposer efficacement aux Allemands en demi-finale à Séville, lors du match comme lors des tirs au but. Michel Hidalgo qui est conscient qu'il a été desservi par son manque d'expérience, le conserve après le Mondial. Mais pour son match de reprise la France, sans Platini ni Giresse, prend une claque mémorable au Parc face à la Pologne (0-4). À ce jour, sa dernière plus lourde défaite. Bien qu'encore dans le groupe jusqu'à la fin de la saison, ce sera aussi le dernier match d'Ettori, le Lavallois Jean-Pierre Tempet puis l'Auxerrois Joël Bats prenant la relève avec beaucoup plus de sûreté. Bien que convié à un stage à Font-Romeu en décembre 1983, Jean-Luc Ettori ne sera pas des 20 joueurs retenus pour l'Euro 1984. Pourtant il réalisera ensuite une carrière au long cours à Monaco, disputant un record de matches en championnat (602) qui ne sera battu que par un autre éphémère gardien de l'équipe de France, Mickaël Landreau en 2013.

Matches joués : 1979 - ▪ **1980** 1 match sur 6 ▪ **1981** - ▪ **1982** 8 matches sur 15 ▪ **1983** - | **Titulaire :** 8 fois sur 9 | **Remplaçant :** 1 fois sur 9 (de Dropsy) | **Resté sur le banc :** 10 fois | **Coupe du monde 1982 :** 6 matches sur 7 | **Sélectionneur :** Hidalgo 9 fois

Bernard Genghini

1980

5 nouveaux joueurs
6 matches

27 février : France - Grèce 5-1
26 mars : France - Pays-Bas 0-0
23 mai : URSS - France 1-0
11 octobre : Chypre - France 0-7 (QCM)
28 octobre : France - Eire 2-0 (QCM)
19 novembre : Allemagne - France 4-1

Bernard Genghini

Milieu de terrain
27 sélections, 6 buts

Né le 18 janvier 1958 à Soultz (Haut-Rhin)

Première sélection : 27 février 1980 à Paris, France - Grèce (5-1)

Dernière sélection : 10 septembre 1986 à Reykjavik, Islande - France (0-0)

Clubs : 1979-1982 : FC Sochaux (13 sélections) ▪ 1982-1983 : AS Saint-Étienne (4 sélections) ▪ 1983-1986 : AS Monaco (9 sélections) ▪ 1986 : Servette de Genève (1 sélection)

Bilan : 17 victoires, 6 nuls, 4 défaites

Palmarès : Champion d'Europe 1984

Le FC Sochaux a tourné la page de ses anciens internationaux, Bosquier, Quittet, Lech, Soler, Pintenat, mais en ouvre une autre avec une nouvelle génération de surdoués, encadrés par deux anciens internationaux, les deux Patrick, Revelli et Parizon. Premiers de la liste, Yannick Stopyra et Bernard Genghini. Grand, sec, mince, ce dernier est un n° 10 gaucher, d'apparence frêle mais brillant. Avec Platini et Giresse, Michel Hidalgo n'est pas dépourvu en la matière, mais il est curieux de voir si le Sochalien peut passer le cap international. Il le convoque donc pour le match amical de début d'année, au Parc contre la Grèce, et Genghini qui entre en seconde mi-temps à la place de Didier Christophe, ne fait pas une grosse impression. Dans le groupe une fois encore en fin de saison, il n'est plus rappelé durant la suivante avant le mois d'avril, quand Platini est blessé et la France en passe de se faire éliminer de la course au Mondial 1982. Hidalgo associe alors Genghini à Alain Giresse. Les n° 10 de Sochaux et Bordeaux étant secondés par Jean Tigana au milieu de terrain. Le trio fonctionne, la France bat la Belgique, 3-2. Genghini a frappé un coup franc sur la barre qui a été repris par Gérard Soler pour l'ouverture du score… Mais Genghini n'est pas dans l'équipe à la rentrée suivante, quand la France perd successivement en Belgique puis en Irlande et se retrouve au pied du mur face aux Pays-Bas. Michel Hidalgo renverse alors tout : il installe un milieu de terrain Platini-Giresse-Genghini derrière ses trois attaquants fétiches, Rocheteau-Lacombe-Six. Une formation super offensive, où Genghini doit effecteur le travail de demi défensif, et qui renverse les Néerlandais (2-0). Cette fois, Genghini a gagné sa place. Et quand il peut jouer un peu plus haut sur le terrain, il marque aussi, contre Chypre de la tête, puis contre l'Irlande du Nord, de volée. Sa place au Mondial est donc assurée. Remplaçant contre l'Angleterre, il est titulaire contre le Koweït avec Giresse et Platini et il ouvre le score sur un coup franc superbe à Valladolid. Ce qu'il réédite de façon magistrale de son pied gauche contre l'Autriche, lors du deuxième tour, au stade Vicente Calderon de Madrid. Titulaire toujours contre l'Irlande du nord puis l'Allemagne, Genghini forme avec Giresse, Tigana et Platini le premier « carré magique » des Bleus. Parti après ce Mondial à Saint-Étienne pour remplacer Michel Platini qui a migré vers la Juventus, Bernard Genghini a un peu de mal à émerger ensuite dans une équipe verte qui se délite, mais transféré dès la saison suivante à Monaco, il retrouve sa place dans le groupe France en vue de l'Euro 84. Mais sa place dans le « carré magique » est prise par Luis Fernandez, dans un registre plus défensif qui l'équilibre différemment, permettant à Jean Tigana de jouer plus haut. Et donc durant ce championnat d'Europe, Genghini n'est titulaire que contre la Belgique et entre seulement en fin de match de la finale, à la place de Bernard Lacombe. Le successeur d'Hidalgo, Henri Michel délaisse alors Genghini pendant de longs mois, mais il l'inclut néanmoins dans sa liste des 22 pour la Coupe du monde au Mexique. Sur le banc contre le Canada, l'URSS, la Hongrie, le Brésil et l'Allemagne, Genghini joue le match pour la troisième place à Puebla et inscrit le troisième but français durant la prolongation face à la Belgique (4-2). Sélectionné ensuite pour le début des éliminatoires de l'Euro 1988, Genghini joue en Islande mais déclare forfait avant le match contre l'URSS et on ne le reverra plus ensuite alors qu'il ne fait que passer au Servette de Genève. Récupéré par l'Olympique de Marseille, où il sera bientôt rejoint par Alain Giresse, Bernard Genghini fera encore de belles saisons en championnat, jusqu'en 1989 avec Bordeaux.

Matches joués : 1980 1 match sur 6 ▪ **1981** 4 matches sur 8 ▪ **1982** 10 matches sur 15 ▪ **1983** 4 matches sur 7 ▪ **1984** 6 matches sur 12 ▪ **1985** - ▪ **1986** 2 matches sur 13 | **Buts : 1981** 2 ▪ **1982** 2 ▪ **1984** 1 ▪ **1986** 1 | **Titulaire :** 22 fois sur 27 | **Remplaçant :** 5 fois sur 27 (de Christophe, Touré, Platini, Fernandez, Lacombe) | **Resté sur le banc :** 13 fois | **Resté en tribune :** 3 fois | **Coupe du monde 1982 :** 5 matches sur 7 | **Championnat d'Europe 1984 :** 2 matches sur 5 | **Coupe du monde 1986 :** 1 match sur 7 | **Sélectionneurs :** Hidalgo 24 fois, Michel 3 fois

Yannick Stopyra

Attaquant
33 sélections, 11 buts

Né le 9 janvier 1961 à Troyes (Aube)

Première sélection : 27 février 1980 à Paris, France - Grèce (5-1)

Dernière sélection : 27 avril 1988 à Belfast, Irlande du Nord - France (0-0)

Clubs : 1979-1983 : FC Sochaux (9 sélections) ▪ 1983-1984 : Stade Rennais (0 sélection) ▪ 1984-1988 : Toulouse FC (24 sélections)

Bilan : 15 victoires, 11 nuls, 7 défaites

L'autre jeune Sochalien qui épate en championnat, c'est Yannick Stopyra qui vient de marquer sept buts en quatre matches depuis janvier, trois doublés, dont un contre Saint-Étienne… Plus jeune de trois ans que Genghini, Stopyra n'a que 19 ans quand il débute la seconde mi-temps du match contre la Grèce, à la place d'Éric Pécout au poste d'avant-centre. Fils de Julien Stopyra, international en 1960, neveu d'Antoine Cuissard international de 1946 à 1954, et cousin d'Yvon Goujon, international de 1960 à 1963, le gamin a de qui tenir. Et il confirme son culot éclatant en provoquant le troisième but français signé Platini et en inscrivant le cinquième. C'est une entrée fracassante, mais son jeune âge le renvoie rapidement à ses études sochaliennes. Bernard Lacombe tenant toujours bon le maillot n°9 des Bleus. Mais Hidalgo garde un œil sur Stopyra qui est sélectionné en septembre 1981, pour aller en Belgique. Il entre en jeu à la 60e minute pour tenter, en vain, de renverser un match qui échappe à la France. Mais il ne revient pas ensuite avant mai 1982, se contentant de l'équipe de France Espoirs. Hidalgo qui hésite encore sur la composition finale de sa liste des 22 pour le Mondial le fait jouer contre la Bulgarie le dernier quart d'heure à la place de Lacombe. Mais Stopyra n'est finalement pas retenu, c'est Gérard Soler qui prend la dernière place parmi les attaquants. Stopyra revient après la Coupe du monde et se trouve alors en concurrence arec un autre jeune phénomène, Laurent Roussey... Mais alors que le Stéphanois est miné par les blessures, Stopyra saisit sa chance contre le Portugal en amical à Guimarães. Il marque deux buts sur deux passes de Michel Platini et s'il n'est pas titulaire, il reste cette fois dans le groupe jusqu'à la fin de la saison alors qu'il totalise 52 buts avec Sochaux en 143 matches depuis 1978. Mais Stopyra sort du groupe de nouveau dès la saison suivante, d'une part par ce qu'en faisant le choix affectif de signer au Stade Rennais, il se met en difficulté, et d'autre part parce que dans le nouveau 4-4-2 des Bleus, aux côtés de Lacombe, ce sont Rocheteau, Touré, Six ou Bellone qui sont les premiers choix. Résultat, Stopyra n'est pas dans la liste des 20 joueurs pour l'Euro en France... Parti se régénérer à Toulouse durant l'été 84, Stopyra intègre la première liste d'Henri Michel le nouveau sélectionneur. Et pour fêter son retour en Bleu, il marque deux buts contre le Luxembourg, Lacombe ayant arrêté sa carrière internationale, cette fois le voilà titulaire. Yannick Stopyra est donc partant pour la Coupe du monde au Mexique, mais l'arrivée d'un nouveau concurrent vient le troubler : Jean-Pierre Papin, qui se retrouve titulaire à sa place lors des trois matches d'entraînement au Mexique puis pour le match d'ouverture face au Canada et qui inscrit le seul but français... Stopyra a lui remplacé Rocheteau à la 70e minute, et donné à JPP la balle de but. Henri Michel décide alors de lui faire confiance pour la suite. Une bonne inspiration, car dès lors Stopyra se montre irrésistible. Titulaire jusqu'en demi-finale, il marque contre la Hongrie le premier but français, de la tête, le second contre l'Italie, et est à l'origine de celui contre le Brésil, en plongeant vers le gardien brésilien ce qui permet à la Platini d'égaliser. Il transforme aussi le premier essai de la France lors de l'insoutenable séance de tirs au but de Guadalajara face aux Brésiliens. Stopyra sort de ce Mondial avec un nouveau statut, celui de vedette internationale. À 25 ans, c'est son apogée. La suite est moins réjouissante car avec les départs de Giresse, Rocheteau, puis Platini et Tigana, l'équipe de France joue de moins en moins bien et les attaquants sont à la peine. Stopyra est désormais en balance avec Papin, puis Fargeon, Cantona, sans que cela n'améliore le jeu de l'équipe d'Henri Michel qui ne le sélectionne plus après la saison 1987-88. Stopyra quittera alors Toulouse pour Bordeaux, puis Cannes, Metz et Mulhouse où il finira sa carrière en 1994.

Matches joués : 1980 1 match sur 6 ▪ **1981** 1 match sur 8 ▪ **1982** 3 matches sur 15 ▪ **1983** 4 matches sur 7 ▪ **1984** 3 matches sur 12 ▪ **1985** 3 matches sur 6 ▪ **1986** 11 matches sur 13 ▪ **1987** 3 matches sur 6 ▪ **1988** 4 matches sur 9 | **Buts : 1980** 1 ▪ **1982** 2 ▪ **1984** 3 ▪ **1986** 2 ▪ **1987** 1 ▪ **1988** 2 | **Titulaire :** 23 fois sur 33 | **Remplaçant :** 10 fois sur 33 (de Pécout, Moizan, Lacombe, Roussey, Ferreri, Soler, Rocheteau 2 fois, Xuereb, Bellone) | **Resté sur le banc :** 7 fois | **Coupe du monde 1986 :** 6 matches sur 7 | **Sélectionneurs :** Hidalgo 9 fois, Michel 24 fois

Alain Couriol

Attaquant
12 sélections, 2 buts

Né le 24 octobre 1958 à Paris

Première sélection : 26 mars 1980 à Paris, France - Pays-Bas (0-0)

Dernière sélection : 5 octobre 1983 à Paris, France - Espagne (1-1)

Clubs : 1979-1983 : AS Monaco (12 sélections) ▪ 1983-1984 : Paris SG (1 sélection)

Bilan : 3 victoires, 4 nuls, 5 défaites

L'école de l'INF Vichy a produit un attaquant virevoltant de 21 ans, le Monégasque Alain Couriol que Michel Hidalgo teste comme ailier droit face aux Pays-Bas en amical au Parc, puis comme ailier gauche à Moscou face l'URSS. Devant une pénurie d'attaquants à l'automne 81, le sélectionneur le reprend pour jouer en Irlande tentant un coup en l'associant à un autre jeune Monégasque, Bruno Bellone. Ce qui semble fonctionner puisque Bellone marque sur passe de Couriol dès la 9e minute. Mais la France étant finalement battue (3-2), Hidalgo ne refait pas l'expérience tout de suite. Toutefois, Couriol l'a séduit et il entre dans le groupe au printemps suivant. Avec un but marqué contre l'Irlande du nord au Parc, il décroche sa place dans les 22, comme remplaçant. Alain Couriol entre deux fois en cours de match, face à la Tchécoslovaquie puis l'Irlande du nord et dispute le match de la troisième place, à Alicante, contre la Pologne où il marque le dernier but français du Mondial. Mais après, il ne revient plus guère, jouant seulement deux fois comme remplaçant, et laissant à cause de blessures au genou sa place pour l'Euro à d'autres.

Matches joués : 1980 2 matches sur 6 ▪ **1981** 1 match sur 8 ▪ **1982** 8 matches sur 15 ▪ **1983** 1 match sur 7 | **Buts : 1982** 2 | **Titulaire :** 6 fois sur 12 | **Remplaçant :** 6 fois sur 12 (de Emon, Genghini, Lacombe, Rocheteau, Tigana, Bellone) | **Resté sur le banc :** 5 fois sur 17 | **Resté en tribune :** 2 fois | **Coupe du monde 1982 :** 3 matches sur 7 | **Sélectionneur :** Hidalgo 12 fois

Jean Tigana

Jean Tigana

Milieu de terrain
52 sélections, 1 but

Né le 23 juin 1955 à Bamako (Mali)

Première sélection : 23 mai 1980 à Moscou, URSS - France (1-0)

Dernière sélection : 19 novembre 1988 à Belgrade, Yougoslavie - France (3-2)

Clubs : 1979-1981 : Olympique Lyonnais (7 sélections) ▪ 1981-1988 : Girondins de Bordeaux (45 sélections)

Bilan : 29 victoires, 9 nuls, 14 défaites

Palmarès : Champion d'Europe 1984

La « mobylette lyonnaise » lancée par Aimé Jacquet en 1978, intrigue Michel Hidalgo. Voilà un milieu de terrain de petit gabarit qui abat du travail comme un grand, voire plus. Technique et bagarreur à la fois, Jean Tigana a tous les atouts dans son jeu, à bientôt 25 ans, bien que n'ayant jamais connu la moindre sélection en catégorie de jeunes. Hidalgo l'essaie pour le dernier match de l'année, à Moscou et l'adopte aussitôt ! Tigana prend vite le pas sur les autres milieux de terrain testés dernièrement, Moizan et Christophe, pour s'incruster dans le groupe France. Son transfert à Bordeaux durant l'été 1981, où il retrouve Aimé Jacquet, le conforte. Il forme avec Alain Giresse un duo qui fonctionne bien en club et il fait logiquement partie des 22 pour le Mondial. Mais au début de celui-ci, Jean Tigana se retrouve remplaçant. C'est Jean-François Larios qui débute la compétition avec René Girard pour soutenir les duettistes Platini-Giresse. Vexé, Tigana boude quelque peu et n'est même pas sur le banc de touche les deux matches suivants... Mais il revient comme titulaire contre l'Irlande du nord et l'Allemagne en demi-finale. Cette fois, il change tout, il impose la formule du « carré magique » avec Genghini, Giresse et Platini. Et il n'en sort plus. L'arrivée de Luis Fernandez à l'automne suivant ne l'écarte pas, lui, mais Genghini. Tigana arrive en position de force pour l'Euro où il se rend indispensable tout du long. Il joue son morceau de bravoure en demi-finale à Marseille, quand il s'arrache pour percer puis centrer en retrait vers Platini qui peut ainsi marquer le but de la qualification pour la finale, à une minute de la fin de la prolongation contre la Portugal. En finale, Tigana lance cette fois Bruno Bellone pour le second but français qui offre le titre de champions d'Europe aux Bleus. Sur sa lancée, il continue d'empiler les matches avec Henri Michel comme sélectionneur, jusqu'au Mondial 1986. Au Mexique, pour sa 43e sélection face à la Hongrie, Tigana marque son premier but, sur une passe de Rocheteau. Alors que Giresse et Platini sont à bout de souffle, lui, court toujours, et il a la force qu'ils n'ont plus de jouer le match de la troisième place contre la Belgique. Mais l'après-Mexique est compliqué. Sans Giresse et Platini, ni Bossis et Rocheteau, Jean Tigana a du mal à être le leader incontesté de l'équipe de France.

En juin 1987, alors qu'il porte pour la première fois le brassard de capitaine, la France sombre en Norvège (2-0), et il renonce alors à poursuivre sa carrière internationale, laissant l'équipe d'Henri Michel dériver sans lui. Treize matches plus tard, Henri Michel évincé, Tigana accepte de revenir dans l'équipe désormais coachée par Michel Platini. Il dispute ainsi à Belgrade son 52e match international. Mais la France perd toujours (3-2). Rappelé en mars par Platini, il déclare forfait sur blessure et cette fois il ne reviendra plus. À 33 ans Tigana n'a plus les mêmes jambes, mais à Bordeaux il fait encore la différence et il signera pour Marseille en 1989, son club de cœur avec lequel il fera encore deux saisons de haut niveau en championnat. Devenu entraîneur dans les années 1990, il sera candidat en 2004 au poste de sélectionneur de l'équipe de France et vivra son rejet avec une grande amertume.

Matches joués : 1980 5 matches sur 6 ▪ **1981** 4 matches sur 8 ▪ **1982** 12 matches sur 15 ▪ **1983** 4 matches sur 7 ▪ **1984** 10 matches sur 12 ▪ **1985** 4 matches sur 6 ▪ **1986** 11 matches sur 13 ▪ **1987** 1 match sur 6 ▪ **1988** 1 match sur 9 | **But : 1986** 1 | **Titulaire :** 45 fois sur 52 | **Remplaçant :** 7 fois sur 52 (de Christophe, Platini 2 fois, Larios 3 fois, Ferreri) | **Resté sur le banc :** 1 fois | **Resté en tribune :** 2 fois | **Capitaine :** 1 fois (51e) | **Coupe du monde 1982 :** 5 matches sur 7 | **Championnat d'Europe 1984 :** 5 matches sur 5 | **Coupe du monde 1986 :** 7 matches sur 7 | **Sélectionneurs :** Hidalgo 33 fois, Michel 18 fois, Platini 1 fois

Laurent Roussey

Attaquant, 2 sélections, 1 but

Né 22 décembre 1961 à Nîmes (Gard)

Première présélection : 11 octobre 1980 à Limassol, Chypre - France (0-7))

Première sélection : 6 octobre 1982 à Paris, France - Hongrie (1-0)

Dernière sélection : 10 novembre 1982 à Rotterdam, Pays-Bas - France-(1-2)

Club : 1980-1983 : AS Saint-Étienne (2 sélections)

Bilan : 2 victoires

Saint-Étienne, après ses épopées européennes de 1974 à 1977, a connu un vide avec les départs successifs de ses internationaux, Bereta, Revelli, Larqué, Bathenay, Synaeghel, Rocheteau, ce qui a poussé le club à faire monter en première ligne vite, trop vite sans doute, ses meilleurs espoirs. L'un d'eux est Laurent Roussey, un avant-centre doté d'un talent fou, d'un jeu de tête remarquable et d'une puissance étonnante. Il a joué en D1 à

Laurent Roussey

16 ans en 1977, et déjà brillé en Coupe d'Europe quand Michel Hidalgo le prend comme titulaire pour le match non officiel contre la Juventus de Turin, début septembre au Parc. Puis pour le début des éliminatoires du Mondial 1982, alors qu'il n'a que 18 ans. Onze mois plus jeune que Stopyra, Roussey reste cependant sur le banc à Limassol pour ce qui est la dernière sélection d'Henri Michel. On peut alors penser qu'il fera une aussi longue carrière que le Nantais... Mais les blessures à répétition commencent à le frapper, et les mois passent sans qu'il soit de nouveau convoqué. Michel Hidalgo le sélectionne deux ans plus tard, pour un match amical au Parc, face à la Hongrie. Il le place dans une ligne d'attaque aux côtés de Didier Six et Michel Platini. Et il marque le seul but du match, à la conclusion d'une remise de Six, confirmant ainsi ses talents de buteur. Laurent Roussey dispute le match suivant au Feyenoord de Rotterdam, étant remplacé par l'autre grand espoir français Yannick Stopyra à l'heure de jeu. Mais on ne le reverra plus ensuite. Il quittera le navire stéphanois à la dérive en

1983 pour Toulouse, où il jouera avec Stopyra, puis Toulon, mais sans jamais retrouver la pleine puissance de ses débuts.

Matches joués : 1980 - ▪ **1981** - ▪ **1982** 2 matches sur 15 | **But : 1982** 1 | **Titulaire :** 2 fois sur 2 | **Resté sur le banc :** 1 fois | **Sélectionneur :** Hidalgo 2 fois

1981

10 nouveaux joueurs
8 matches

18 février : Espagne - France 1-0
25 mars : Pays-Bas - France 1-0 (QCM)
29 avril : France - Belgique 3-2 (QCM)
15 mai : France - Brésil 1-3
9 septembre : Belgique - France 2-0 (QCM)
14 octobre : Eire - France 3-2 (QCM)
18 novembre : France - Pays-Bas 2-0 (QCM)
5 décembre : France - Chypre 4-0 (QCM)

Jean Castaneda

Gardien de but
9 sélections

Né le 20 mars 1957 à Saint-Étienne (Loire)

Première sélection : 18 février 1981 à Madrid, Espagne - France (1-0)

Dernière sélection : 6 octobre 1982 à Paris, France - Hongrie (1-0)

Club : 1981-1983 : AS Saint-Étienne (9 sélections)

Bilan : 4 victoires, 5 défaites

La France avait trouvé une certaine stabilité au poste de gardien avec Dominique Dropsy. Mais la lourde défaite en Allemagne en novembre 1980 a incité le sélectionneur à voir de plus près Jean Castaneda, 23 ans, 1,88 m, le gardien qui a supplanté Yvan Curkovic à Saint-Étienne. Il lui fait jouer le premier match de l'année, en amical à Madrid face à l'Espagne, le pays de ses origines. Castaneda ne s'incline que sur un penalty de Juanito en fin de match et gagne ainsi ses galons de n° 2. Il rejoue en mai, en remplaçant Dropsy pour la seconde mi-temps du match amical contre le Brésil où il est victime cette fois de Sócrates. Mais il devient le titulaire à l'automne. Bien qu'impuissant à Lansdowne Road face aux Irlandais, Castaneda est le gardien face aux Pays-Bas pour le match décisif de qualification au Mondial 1982. On s'attend donc à le voir titulaire en Coupe du monde. Mais il est mis en concurrence avec Dominique Baratelli, l'expérimenté gardien du Paris SG, international depuis 1972. Castaneda est titulaire pour le dernier match de préparation des Bleus, à Toulouse contre le Pays de Galles, où il est battu par un jeune joueur de Liverpool, Ian Rush. Et c'est un troisième homme qui finalement crée la surprise en étant titulaire dans les buts français au Mondial, Jean-Luc Ettori. Castaneda n'est plus que n° 3 au départ, puis n° 2 devant le refus de Baratelli d'être remplaçant. C'est donc le Stéphanois qui peut jouer le match de la troisième place, à Alicante contre la Pologne. Mais il vit alors un calvaire, encaissant des buts « casquettes » face à Szarmach, Majewski et Kupcewicz. L'étoile du Stéphanois pâlit alors considérablement. Il rejoue encore une fois en octobre, mais disparaît ensuite avec le marasme stéphanois, laissant la place comme Ettori, à Jean-Pierre Tempet. Fidèle malgré tout à Saint-Étienne, même en D2, il finira sa carrière comme gardien remplaçant à Marseille en 1990.

Matches joués : 1981 5 matches sur 8 ▪ **1982** 4 matches sur 15 | **Titulaire :** 8 fois sur 9 | **Remplaçant :** 1 fois sur 9 (de Dropsy) | **Resté sur le banc :** 10 fois sur 19 | **Resté en tribune :** 1 fois | **Coupe du monde 1982 :** 1 match sur 7 | **Sélectionneur :** Hidalgo 9 fois

Daniel Xuereb

Attaquant
8 sélections, 1 but

Né le 22 juin 1959 à Gardanne (Bouches-du-Rhône)

Première sélection : 18 février 1981 à Madrid, Espagne - France (1-0)

Dernière sélection : 29 avril 1989 à Paris, France - Yougoslavie (0-0)

Clubs : 1980-1981 : Olympique Lyonnais (1 sélection) ▪ 1981-1986 : RC Lens (3 sélections) ▪ 1986-1989 : Paris SG (4 sélections)

Bilan : 2 victoires, 3 nuls, 3 défaites

Privé de Dominique Rocheteau blessé, Michel Hidalgo sélectionne l'attaquant lyonnais Daniel Xuereb pour affronter l'Espagne, en amical à Vicente Calderon, le stade de l'Atlético de Madrid. Il fait une timide entrée en seconde mi-temps en remplaçant le Nantais Bruno Baronchelli dont c'est la dernière sélection. Hidalgo ne rappelle Xuereb qu'à la fin de l'année 1983. Lensois depuis deux saisons, Xuereb remplace cette fois Bruno Bellone en seconde période, toujours sans grand succès. Mais il est alors récupéré par l'équipe de France olympique, placée sous la direction d'Henri Michel. Et avec Touré, Brisson, Lemoult, Zanon et Bijotat qui sont déjà internationaux « A » comme lui, il remporte à la surprise générale la médaille d'or des JO de Los Angeles, en battant en finale le Brésil (2-0), terminant meilleur buteur français avec quatre buts. De retour en France, Henri Michel devenu sélectionneur des « A », l'intègre aussitôt dans son équipe, comme remplaçant jusqu'à la fin de l'année. Mais Xuereb ne devient titulaire que pour le premier match de l'année 1986, contre l'Argentine de Maradona, au Parc. Il joue avant-centre, entre Ferreri et Bellone, ne marque pas, mais parvient à décrocher quand même sa place parmi les 22 pour le Mexique. Au Mondial, Xuereb est inscrit sur la feuille de match une seule fois, pour la demi-finale contre l'Allemagne, Rocheteau étant blessé. Il entre en jeu à la 66e minute à la place de Bellone, cuit comme tous ses camarades après un mois dans le four mexicain. Mais Xuereb n'apporte pas grand-chose et, du coup, il sort pour de bon du groupe. Henri Michel le reprend pourtant à l'automne 1988. Devenu parisien, Xuereb marque enfin son premier but sous le maillot tricolore à Nicosie, de la tête. Mais son but est éclipsé par le match nul ramené de Chypre (1-1) qui coûte sa place au sélectionneur ! Son successeur lui fait disputer les deux derniers matches de qualification pour le Mondial 1990. En Écosse (0-2) et contre la Yougoslavie au Parc (0-0). Un match où il est remplacé à la 76e minute, par un nouveau venu nommé Didier Deschamps. Après quoi, on ne reverra plus Daniel Xuereb en Bleu.

Matches joués : 1981 1 match sur 8 ▪ **1982** - ▪ **1983** 1 match sur 7 ▪ **1984** - ▪ **1985** - ▪ **1986** 2 matches sur 13 ▪ **1987** - ▪ **1988** 2 matches sur 9 ▪ **1989** 2 matches sur 7 | **But : 1988** 1 | **Titulaire :** 5 fois sur 8 | **Remplaçant :** 3 fois sur 8 (de Baronchelli, Bellone 2 fois) | **Resté sur le banc :** 5 fois sur 13 | **Resté en tribune :** 5 fois | **Coupe du monde 1986 :** 1 match sur 7 | **Sélectionneurs :** Hidalgo 2 fois, Michel 4 fois, Platini 2 fois

Philippe Anziani

Attaquant
5 sélections, 1 but

Né le 21 septembre 1961 à Bône (Algérie française)

Première sélection : 15 mai 1981 Paris, France - Brésil (1-3)

Dernière sélection : 14 octobre 1987 à Paris, France - Norvège (1-1)

Clubs : 1980-1984 : FC Sochaux (2 sélections) ▪ 1984-1986 : AS Monaco (2 sélections) ▪ 1986-1988 : FC Nantes (1 sélection)

Bilan : 3 victoires, 1 nul, 1 défaite

Après Bernard Genghini et Yannick Stopyra, pointe un autre « lionceau » de Sochaux, Philippe Anziani. Attaquant doué, pouvant jouer à tous les postes, il est aligné d'entrée contre le Brésil, comme « faux avant-centre » en l'absence de Platini. Ce n'est pas une grande réussite et il doit sortir au bout d'une heure pour laisser entrer Patrick Delamontagne. Anziani disparaît alors aussi vite qu'il était arrivé du paysage bleu, n'émergeant plus qu'avec les Espoirs dans la saison 1982-83. Il y réapparaît en avril 1984, alors que Platini est à nouveau forfait, et il remplace en cours de match Rocheteau face à l'Allemagne, en amical à Strasbourg. Mais il ne fait pas partie de la sélection pour l'Euro qui suit. Transféré de Sochaux à Monaco pendant l'été, Anziani est inscrit dans la première liste du nouveau sélectionneur, Henri Michel, et joue un match non officiel contre l'Inter Milan au Parc, puis deux matches de qualifications au Mondial 1986, comme remplaçant, marquant en décembre 1984 face la RDA le second but français au Parc. Mais il disparaît à nouveau des listes ensuite. Michel le convoque une fois en septembre 1986, sans le faire jouer, puis une autre en octobre 1987. Alors Nantais, Anziani joue à nouveau « faux avant-centre », derrière Fargeon et Papin, et encore sans succès. Ce sera sa dernière sortie.

Matches joués : 1981 1 match sur 8 ▪ **1982** - ▪ **1983** - ▪ **1984** 3 matches sur 12 ▪ **1985** - ▪ **1986** - ▪ **1987** 1 match sur 6 | **But : 1984** 1 | **Titulaire :** 2 fois sur 5 | **Remplaçant :** 3 fois sur 5 (de Rocheteau, Brisson, Stopyra) | **Resté sur le banc :** 1 fois | **Sélectionneurs :** Hidalgo 2 fois, Michel 3 fois

Patrick Delamontagne

Patrick Delamontagne

Milieu de terrain
3 sélections

Né le 18 juin 1957 à La Bouëxière (Ille-et-Vilaine)

Première sélection : 15 mai 1981 à Paris, France - Brésil (1-3)

Dernière sélection : 16 juin 1987 à Oslo, Norvège - France (2-0)

Clubs : 1980-1982 : AS Nancy-Lorraine (1 sélection) ▪ 1982-1984 : AS Monaco (1 sélection) ▪ 1984-1987 : Stade Lavallois (1 sélection)

Bilan : 3 défaites

Il n'est pas facile d'être un n° 10 en France dans les années 1980. Car la concurrence franco-française est énorme avec Michel Platini, Alain Giresse et Bernard Genghini en équipe de France. Le jeune Breton Patrick Delamontagne ne manque pourtant pas de talent. Arrivé à Nancy dans les traces de Platini, il décroche une première sélection en mai 1981 quand celui-ci est blessé et que Giresse l'est aussi. Il entre en cours de jeu, à la place d'un autre débutant, Philippe Anziani, mais ne peut pas vraiment se mettre en évidence. Michel Hidalgo le garde néanmoins en réserve. Après le Mondial 1982, alors qu'il vient d'arriver à Monaco, Delamontagne est appelé pour jouer le premier match de la saison, le 21 août au Parc. Dans une équipe toujours sans Giresse ni Platini, il compose un milieu de terrain séduisant avec Bijotat, puis Ferreri, Tigana et Genghini, mais qui explose face aux contres polonais en seconde mi-temps (0-4). La page internationale semble définitivement close pour Delamontagne qui manque les sélections pour l'Euro 1984 et le Mondial 1986 en ne faisant partie que des recours possibles. Pourtant non, en juin 1987, alors que Michel Platini vient d'annoncer sa retraite, Henri Michel le prend dans le groupe qui va à Oslo affronter la Norvège en éliminatoire de l'Euro 1988. Patrick Delamontagne dispute les dix dernières minutes, à la place de Fabrice Poullain, alors que la France est déjà battue et cette fois, il ne reviendra plus. Mais il décrochera un contrat à Marseille où il jouera avec Giresse et Genghini durant la saison 1987-88, avant de revenir terminer sa carrière avec son club formateur, les Stade Rennais.

Matches joués : 1981 1 match sur 8 ▪ **1982** 1 match sur 15 ▪ **1983** - ▪ **1984** - ▪ **1984** - ▪ **1986** - ▪ **1987** 1 match sur 6 | **Titulaire :** 1 fois sur 3 | **Remplaçant :** 2 fois sur 3 (d'Anziani, Poullain) | **Sélectionneurs :** Hidalgo 2 fois, Michel 1 fois

Jean-Marc Pilorget

Défenseur
0 sélection

Né le 13 avril 1958 à Paris

Unique présélection : 15 mai 1981 à Paris (France-Brésil)

Club : 1980-1981 : Paris SG (0 sélection)

Défenseur du Paris SG qui commence à émerger dans le football français, Jean-Marc Pilorget

midonn
Le Paris
TELE
F.F.F.
5
Tango

Le onze de France qui va battre les Pays-Bas dans le match décisif pour la qualification au Mondial 82 en Espagne, le 18 novembre 1981 : Marius Trésor, Gérard Janvion, Bernard Genghini, Maxime Bossis, Christian Lopez, Jean Castaneda (debouts), Dominique Rocheteau, Bernard Lacombe, Alain Giresse, Michel Platini et Didier Six (assis).

profite du forfait de Patrick Battiston pour être appelé à l'occasion du dernier match de la saison, au Parc des Princes, son terrain habituel, face au Brésil. Mais il n'entre pas en jeu et n'est pas convoqué à nouveau avant décembre 1983, pour un stage de préparation à Font-Romeu en vue du championnat d'Europe 1984 qui se jouera en France. Mais il est alors victime d'un grave accident de voiture qui met un terme à sa saison, et à sa carrière internationale.

Resté sur le banc : 1 fois

Manuel Amoros

Manuel Amoros

Défenseur
82 sélections, 1 but

Né le 1er février 1962 à Nîmes (Gard)

Première présélection : 9 septembre 1981 à Bruxelles, Belgique - France (2-0)

Première sélection : 23 février 1982 à Paris, France - Italie (2-0)

Dernière sélection : 17 juin 1992 à Malmö, France - Danemark (1-2)

Dernière présélection : 26 août 1992 à Paris, France - Brésil (0-2)

Clubs : 1981-1989 : AS Monaco (61 sélections) ▪ 1989-1992 : Olympique de Marseille (21 sélections)

Bilan : 41 victoires, 26 nuls, 15 défaites

Avec Manuel Amoros, Monaco a mis la main sur un phénomène de précocité. Un défenseur technique, endurant, au sang bouillant et qui n'a peur de rien. Il n'a pas 20 ans, est déjà titulaire en Principauté après une saison, latéral droit ou gauche, et Michel Hidalgo le chipe vite aux Espoirs pour l'observer à l'entraînement avant le premier match de la saison 1981-82. Son opinion est vite faite et si Amoros ne participe pas aux derniers matches de qualification, son heure est proche. Elle sonne en février 1982, pour le match amical face à l'Italie. Amoros réussit un match parfait comme arrière droit à la place de Gérard Janvion et la France qui n'avait plus battu les Italiens depuis 1920, s'impose 2-0. Le Monégasque ne sort plus de l'équipe de France et file directement en Coupe du monde ! En tribune au premier match, il prend la place de Patrick Battiston au deuxième. Au troisième, il sauve la balle de match des Tchécoslovaques en sortant un ballon de la tête sur sa ligne de but ! En demi-finale, juste avant la prolongation, il expédie une frappe lointaine qui tombe sur la barre transversale du but allemand. Puis, durant la séance des tirs au but, il transforme sa tentative le plus calmement du monde. En six mois le gamin est devenu un vrai briscard ! Manuel Amoros ne manque donc pas grand-chose jusqu'à l'Euro 1984, disputant 12 des 14 matches qui préparent les Bleus à cet objectif, comme arrière gauche titulaire, Maxime Bossis étant passé dans l'axe de la défense. Mais lors du premier match du tournoi, au Parc face au Danemark, Amoros craque : il donne un coup de tête à Jesper Olsen après avoir essayé de lui envoyer le ballon dans la figure parce que le Danois l'avait accroché au sol : carton rouge direct et trois matches de suspension, son Euro est terminé car Jean-François Domergue le remplace bien. Mais en finale, Patrick Battiston demande à sortir dans le dernier quart d'heure pour que Manuel Amoros puisse rejouer et sauver ainsi son Euro... Fort de cette leçon, le Monégasque repart de plus belle comme joueur indéboulonnable et participe cette fois à 9 des 11 matches avant la Coupe du monde 86. Au Mexique, il dispute toutes les rencontres, inscrit sur penalty le dernier but français, lors de la « petite finale » contre la Belgique (4-2 ap) et est désigné meilleur arrière gauche de la compétition ! Il n'a que 24 ans et donc des années devant lui.

Mais le retrait de la « génération Platini » pose très vite de gros problèmes à l'équipe de France. Amoros qui enchaîne 35 matches d'affilée de 1985 à 1989, peine à être le nouveau fédérateur. Avec Luis Fernandez, ils se disputent le brassard de capitaine en 1987, avant de l'obtenir clairement en 1988. Confirmé par Michel Platini, il bat le record de sélections de Maxime Bossis au début de l'année 1992, à Wembley face à l'Angleterre. Mais entre-temps la France a manqué l'Euro 1988 et le Mondial 1990. Qualifiée pour l'Euro 1992, en remportant tous ses matches éliminatoires, elle est une des favorites en Suède. Manuel Amoros dispute les trois matches du premier tour, portant son record à 82 sélections, mais la France étant éliminée, il ne va pas au-delà. Pourtant, il aurait aimé. Présent dans la première sélection de Gérard Houllier en août 1992 au Parc face au Brésil, il reste sur le banc de touche et n'est pas rappelé ensuite. Il quittera alors l'OM, qu'il avait rejoint en 1989, pour Lyon en 1993, avant d'y revenir terminer sa longue carrière en 1996.

Matches joués : 1981 - ▪ **1982** 11 matches sur 15 ▪ **1983** 6 matches sur 7 ▪ **1984** 9 matches sur 12 ▪ **1985** 4 matches sur 6 ▪ **1986** 13 matches sur 13 ▪ **1987** 6 matches sur 6 ▪ **1988** 9 matches sur 9 ▪ **1989** 6 matches sur 7 ▪ **1990** 6 matches sur 8 ▪ **1991** 6 matches sur 6 ▪ **1992** 6 matches sur 11 | **But : 1986** 1 | **Titulaire :** 79 fois sur 82 | **Remplaçant :** 3 fois sur 82 (de Battiston, Sauzée, Petit) | **Resté sur le banc :** 3 fois | **Resté en tribune :** 2 fois | **Capitaine :** 29 fois (49e, 51e-52e, 55e-82e) | **Expulsion :** 1 fois | **Coupe du monde 1982 :** 5 matches sur 7 | **Championnat d'Europe 1984 :** 2 matches sur 5 | **Coupe du monde 1986 :** 7 matches sur 7 | **Championnat d'Europe 1992 :** 3 matches sur 3 | **Sélectionneurs :** Hidalgo 23 fois, Michel 34 fois, Platini 25 fois, Houllier 0 fois

Philippe Mahut

Défenseur
9 sélections

Né le 4 mars 1956 à Lunery (Cher), décédé le 8 février 2014 (57 ans)

Première sélection : 9 septembre 1981 à Bruxelles, Belgique - France (2-0)

Dernière sélection : 23 mars 1983 à Paris, France - URSS (1-1)

Clubs : 1981-1982 : FC Metz (5 sélections) ▪ 1982-1983 : AS Saint-Étienne (4 sélections)

Bilan : 2 victoires, 2 nuls, 5 défaites

Le défenseur central messin a imposé son énergique silhouette blonde et sa détente en championnat. Alors que la défense française est chahutée partout où elle passe depuis un an, Michel Hidalgo le préfère à Léonard Specht pour remplacer Marius Trésor aux côtés de Christian Lopez à l'occasion du match en Belgique comptant dans les éliminatoires du Mondial 1982. Malgré la défaite (2-0), Philippe Mahut reste à son poste de stoppeur le mois suivant en Irlande. Pris dans la tempête irlandaise, Mahut marque contre son camp d'entrée (3e), la France coule à Dublin et il est remplacé par François Bracci à vingt minutes de la fin. De quoi plomber une carrière internationale, mais non. Mahut revient juste avant la Coupe du monde. Il profite des absences de Bathenay, Lopez et Janvion, préservés en vue de la finale de la Coupe de France Paris SG - Saint-Étienne pour jouer le match amical contre la Bulgarie à Lyon. En duo avec Trésor, il fait cette fois bonne garde (0-0) et gagne sa place pour le Mondial au détriment de Bathenay ! En Espagne, Philippe Mahut ne peut jouer que le match de la troisième place, mais il reste dans le groupe toute la saison suivante bien que pris dans la tourmente qui secoue alors Saint-Étienne, avec l'affaire de la « caisse noire », où il a rejoint Battiston et Genghini durant l'été. Mais l'arrivée d'Yvon Le Roux en avril 1983 au poste de stoppeur, met fin à son aventure en Bleu.

Matches joués : 1981 2 matches sur 8 ▪ **1982** 3 matches sur 15 ▪ **1983** 2 matches sur 7 | **Titulaire :** 7 fois sur 9 | **Remplaçant :** 2 fois sur 9 (de Trésor, Bossis) | **Resté en tribune :** 6 fois | **Coupe du monde 1982 :** 1 match sur 7 | **Sélectionneur :** Hidalgo 9 fois

Pierrick Hiard

Gardien de but
1 sélection

Né le 7 avril 1955 à Rennes (Ille-et-Vilaine)

Unique sélection : 9 septembre 1981 à Bruxelles, Belgique - France (2-0)

Dernière présélection : 14 octobre 1981 à Dublin, Eire - France (3-2)

Club : 1981-1982 : SEC Bastia (1 sélection)

Bilan : 1 défaite

L'ancien gardien du Stade Rennais a connu une année 78 spectaculaire, passant de la Seconde division à la finale de Coupe de l'UEFA en six mois avec Bastia. Révélé ainsi au plus haut niveau avec le club corse, il a remporté depuis la Coupe de France en mai 1981, face à Saint-Étienne, et Michel Hidalgo le choisit pour être le gardien des Bleus à la rentrée, de préférence au titulaire Dominique Dropsy. Mais il le prévient d'un étrange marché : Hiard jouera contre la Belgique et le Stéphanois Jean Castaneda ensuite contre l'Irlande, et le meilleur des deux fera la suite… Hiard perd 2-0 contre les Belges, Castaneda 3-2 contre les Irlandais, mais c'est lui, soutenu par certains médias, qui est dans les buts pour le match décisif contre les Pays-Bas au Parc en novembre 1981. Toutefois, Pierrick Hiard s'il n'est pas sur le banc (c'est Dominique Baratelli) est toujours officieusement le troisième gardien des Bleus et Michel Hidalgo lui dit de se tenir prêt. Mais à l'approche du Mondial la donne change soudainement avec l'arrivée d'Ettori. Hiard sort alors de la liste des trois et n'y reviendra jamais.

Match joué : 1981 1 match sur 8 | **Titulaire :** 1 fois sur 1 | **Resté sur le banc :** 1 fois | **Sélectionneur :** Hidalgo 1 fois

Bruno Bellone

Attaquant
34 sélections, 2 buts

Né le 14 mars 1962 à Toulon (Var)

Première sélection : 14 octobre 1981 à Dublin, Eire - France (2-3)

Dernière sélection : 5 février 1988 à Monaco, France - Maroc (2-1)

Clubs : 1981-1987 : AS Monaco (31 sélections) ▪ 1987-1988 : AS Cannes (3 sélections)

Bilan : 16 victoires, 8 nuls, 10 défaites

Alain Couriol et Manuel Amoros ne sont plus les seuls jeunes Monégasques à secouer le championnat, il y a à présent Bruno Bellone, un gaucher ultra rapide qu'on surnomme « Lucky Luke », comme le héros de BD qui tire plus vite que son ombre… Devant la crise majeure qui se dessine en cas d'élimination de la France dans la course à la Coupe du monde, Michel Hidalgo décide de ne pas attendre les 20 ans du gamin pour le faire jouer en Irlande, à la place de Didier Six qui vient d'arriver à Stuttgart. Et Bellone ne déçoit pas : il égalise à Lansdowne Road, six minutes après que Philippe Mahut a marqué contre son camp. Un but en pivot après une passe acrobatique de Couriol ! La fraîcheur et le dynamisme de Bellone ne sauvent pas la France de la défaite, mais elle lui donne de l'espoir pour la suite. « BB » est sur le banc face aux Pays-Bas, car Six est revenu en grande forme, mais il le remplace en cours de match face à Chypre et donne le quatrième but français à Genghini : il a gagné sa place pour le Mondial 1982. En Espagne, Bellone comme Mahut ne joue pas avant la « petite finale », Six, Rocheteau, Lacombe et Soler monopolisant les deux places d'attaquants, Couriol ramassant les miettes. Mais contrairement à ce dernier, la carrière de Bellone est loin d'être terminée, même s'il retourne pour une saison en Espoirs. Didier Six commençant à décliner, Bellone le concurrence réellement à partir de 1984. Au point de partir titulaire à l'Euro. Six reprend le dessus un temps, mais c'est Bellone qui joue la finale contre l'Espagne et qui marque le but du 2-0 qui délivre la France dans les arrêts de jeu, après une longue course sur une ouverture de Jean Tigana ponctuée d'un lob sur Arconada. Henri Michel conserve évidemment Bellone dans son effectif et il peut ainsi disputer une seconde Coupe du monde en 1986. Mais au Mexique, il n'est que le quatrième dans la hiérarchie des attaquants, après Rocheteau, Stopyra et Papin. Entré en jeu contre le Brésil, il est victime d'une faute grossière du gardien brésilien non sifflée durant la prolongation qui aurait pu faire basculer le match en faveur de la France avant la séance des tirs au but durant laquelle il marque le troisième de la série, avec de la réussite son ballon frappant le poteau gauche avant de rebondir sur le gardien brésilien et de pénétrer dans le but… Titulaire pour la demi-finale à la place de Rocheteau blessé, Bellone l'est encore pour le match de la troisième place qui clôt l'aventure mexicain de belle manière. Comme beaucoup des héros du Mexique, la suite est plus compliquée pour Bellone. Il perd sa place en équipe de France et quitte Monaco pour Cannes en 1987. Il rejoue trois fois ensuite, mais sans joie dans une équipe qui se cherche, et comme Yannick Stopyra, il n'y reviendra plus après la fin de la saison 1987-88, une grave blessure à la cheville mettant fin à sa carrière à 28 ans seulement.

Matches joués : 1981 2 matches sur 8 ▪ **1982** 5 matches sur 15 ▪ **1983** 3 matches sur 7 ▪ **1984** 9 matches sur 12 ▪ **1985** 4 matches sur 6 ▪ **1986** 8 matches sur 13 ▪ **1987** 1 match sur 6 ▪ **1988** 2 matches sur 9 | **Buts : 1981** 1 ▪ **1984** 1 | **Titulaire :** 23 fois sur 34 | **Remplaçant :** 11 fois sur 34 (de Six 3 fois, Poullain, Rocheteau 2 fois, Papin 3 fois, Buscher, Bellone) | **Resté sur le banc :** 10 fois | **Resté en tribune :** 5 fois | **Coupe du monde 1982 :** 1 match sur 7 | **Championnat d'Europe 1984 :** 3 matches sur 5 | **Coupe du monde 1986 :** 4 matches sur 7 | **Sélectionneurs :** Hidalgo 17 fois, Michel 17 fois

René Girard

Milieu de terrain
7 sélections, 1 but

Né le 4 avril 1954 à Vauvert (Gard)

Première sélection : 14 octobre 1981 à Dublin, Eire - France (3-2)

Dernière sélection : 10 juillet 1982 à Alicante, France - Pologne (2-3)

Dernière présélection : 28 mars 1984 à Bordeaux, France - Autriche (1-0)

Club : 1981-1984 : Girondins de Bordeaux (7 sélections)

Bilan : 3 victoires, 1 nul, 3 défaites

Après les rudes Jacky Novi, Michel Mézy, Jean-Pierre Adams, Bernard Boissier, le Gardois René Girard est le dernier élève de l'école nîmoise de Kader Firoud, l'international de 1951-52. Mais c'est en tant que Bordelais qu'il est convié à son tour à la table de l'équipe de France, à 27 ans. À Bordeaux, il est le troisième homme du milieu de terrain girondin mis sur pied par Aimé Jacquet avec Jean Tigana et Alain Giresse. Dans un registre nettement plus physique, il déploie un jeu rugueux « à l'ancienne ». Michel Hidalgo décide donc de le lancer face aux Irlandais de Liam Brady, à la place d'Alain Moizan décevant contre les Belges. Ça ne suffit pas, mais dans son registre, Girard n'a pas déçu. Alors au printemps suivant, il revient dans le groupe qui prépare le Mondial et fait bien partie de la liste des 22 pour l'Espagne. Il est même titulaire au premier match face à l'Angleterre, avec Larios, Platini et Giresse au milieu de terrain. Puis il remplace Michel Platini en fin de match contre le Koweït, Soler en fin de partie contre la Tchécoslovaquie, Genghini face à l'Autriche, à chaque fois pour assurer le score. Enfin, il dispute la petite finale à Alicante, contre la Pologne, où il ouvre la marque, sur une passe de Jean Tigana. Michel Hidalgo le rappelle plus tard, en vue de l'Euro 1984. D'abord à Bordeaux, chez lui, contre l'Autriche, mais il reste sur le banc des remplaçants. Puis à Strasbourg, contre l'Allemagne, mais il doit déclarer forfait sur blessure et il manque ainsi sa place dans le groupe pour l'Euro. Bordelais jusqu'en 1988, René Girard retournera à 34 ans terminer sa carrière à Nîmes. Puis il deviendra entraîneur et sera champion de France avec Montpellier en 2012. Entre-temps, il aura été un des adjoints de Roger Lemerre de 1998 à 2002 en équipe de France.

Matches joués : 1981 1 match sur 8 ▪ **1982** 6 matches sur 15 ▪ **1983** - ▪ **1984** - | **But : 1982** 1 | **Titulaire :** 3 fois sur 7 | **Remplaçant :** 4 fois sur 7 (de Giresse, Platini, Soler, Genghini) | **Resté sur le banc :** 2 fois | **Resté en tribune :** 2 fois | **Coupe du monde 1982 :** 5 matches sur 7 | **Sélectionneur :** Hidalgo 7 fois

René Girard

1982

10 nouveaux joueurs
15 matches

23 février : France - Italie 2-0
24 mars : France - Irlande du Nord 4-0

28 avril : France - Pérou 0-1
14 mai : France - Bulgarie 0-0
2 juin : France - Galles 0-1
16 juin : France - Angleterre 1-3 (CM)
21 juin : France - Koweït 4-1 (CM)
24 juin : France - Tchécoslovaquie 1-1 (CM)
28 juin : France - Autriche 1-0 (CM)
4 juillet : France - Irlande du Nord 4-1 (CM)
8 juillet : France - Allemagne 3-3 ap (CM)
10 juillet : France - Pologne 2-3 (CM)
31 août : France - Pologne 0-4
6 octobre : France - Hongrie 1-0
10 novembre : Pays-Bas - France 1-2

Daniel Bravo

Daniel Bravo

Attaquant
13 sélections, 1 but

Né le 9 février 1963 à Toulouse (Haute-Garonne)

Première sélection : 23 février 1982 à Paris, France - Italie (2-0)

Dernière sélection : 11 octobre 1989 à Paris, France - Écosse (3-0)

Clubs : 1981-1983 : OGC Nice (4 sélections) ▪ 1983-1987 : AS Monaco (5 sélections) ▪ 1987-1989 : OGC Nice (3 sélections) ▪ 1989-1990 : Paris SG (1 sélection)

Bilan : 5 victoires, 4 nuls, 4 défaites

Palmarès : Champion d'Europe 1984

La venue de l'Italie au Parc, à quatre mois de la Coupe du monde 82, est un événement. La France ne l'a plus battue depuis 62 ans et souhaite ardemment prendre sa revanche sur sa défaite de Mar del Plata, en 1978. Menés par un Michel Platini des grands soirs, à qui la Juventus fait les yeux doux, les Bleus surclassent leurs adversaires (2-0) et se découvrent deux nouveaux talents : Manuel Amoros, épatant arrière latéral, et Daniel Bravo, entré à la 66e minute à la place de Didier Six, et qui marque le second but à la 84e minute. Ce blondinet de 19 ans est un attaquant dribbleur, au profil de « petit prince ». Michel Hidalgo le sélectionne quatre fois avant le Mondial, mais finalement ne le retient pas dans sa liste des 22, contrairement à Amoros, lui préférant Alain Couriol. Débute alors une carrière internationale en « dents de scie » pour Bravo, qui repasse comme Bruno Bellone par la case Espoirs après la Coupe du monde. En 1984, alors qu'il a rejoint Amoros et Bruno Bellone à Monaco, Daniel Bravo parvient à se faire inscrire dans la liste des 20 pour l'Euro. Mais il ne joue que le troisième match du premier tour, entrant à la 77e minute pour remplacer Jean-Marc Ferreri contre la Yougoslavie. Henri Michel, à la suite d'Hidalgo, ne le voit également que comme un éventuel remplaçant, le charme de France-Italie a bien disparu... Pourtant, Bravo retrouve soudainement les Bleus en 1988. Ailier droit contre la Norvège au Parc, il obtient le penalty qui permet à Jean-Pierre Papin d'arracher une victoire sur la Norvège au Parc dans les éliminatoires de la Coupe du monde 1990. Milieu de terrain ensuite à Chypre, dans le match qui coûte sa place au sélectionneur, Daniel Bravo est dans la première liste établie par Michel Platini nouveau sélectionneur et il remplace Christian Perez à Belgrade lors du match perdu face à la Yougoslavie. Mais Platini ne le rappelle qu'une fois ensuite, un an après, contre l'Écosse au Parc où il remplace à nouveau Perez en fin de match. Passé au Paris SG, Bravo entame alors une seconde carrière de milieu de terrain, défensif, et il jouera jusqu'en 2000.

Matches joués : 1982 4 matches sur 15 ▪ **1983** 2 matches sur 7 ▪ **1984** 3 matches sur 12 ▪ **1985** - ▪ **1986** - ▪ **1987** - ▪ **1988** 3 matches sur 9 ▪ **1989** 1 match sur 7 | **But : 1982** 1 | **Titulaire :** 7 fois sur 13 | **Remplaçant :** 6 fois sur 13 (de Six, Couriol, Lacombe, Ferreri, Pérez 2 fois) | **Resté sur le banc :** 10 fois | **Championnat d'Europe 1984 :** 1 match sur 5 | **Sélectionneurs :** Hidalgo 9 fois, Michel 2 fois, Platini 2 fois

Dominique Bijotat

Milieu de terrain
8 sélections

Né le 3 janvier 1961 à Chassignoles (Indre)

Première présélection : 14 mai 1982 à Lyon, France - Bulgarie (0-0)

Première sélection : 31 août 1982 à Paris, France - Pologne (0-4)

Dernière sélection : 27 avril 1988 à Belfast, Irlande du Nord- France (0-0)

Clubs : 1981-1987 : AS Monaco (2 sélections) ▪ 1987-1988 : Girondins de Bordeaux (6 sélections)

Bilan : 3 victoires, 2 nuls, 3 défaites

Monaco, qui a lancé avec succès ces derniers mois Couriol, Amoros et Bellone, propose à présent Dominique Bijotat, un élégant milieu de terrain, très doué techniquement, sélectionné déjà en Espoirs. Michel Hidalgo qui doit se priver de Larios retenu par la finale de la Coupe de France, l'invite à venir renforcer son groupe contre la Bulgarie, en préparation de la Coupe du monde. Bijotat n'entre pas en jeu et ne fait pas partie des 22 pour l'Espagne, mais le sélectionneur le convoque à nouveau après le Mondial et le titularise pour le match de reprise, en août au Parc, face à la Pologne. Bijotat en demi défensif, souffre terriblement et il est remplacé dès la pause par un autre débutant, Jean-Marc Ferreri. Hidalgo l'oublie ensuite, mais Bijotat trouve refuge dans l'équipe de France olympique qui s'en va conquérir la médaille d'or en août 1984 à Los Angeles. Auteur de deux buts en Amérique, il est l'un des hommes forts de la sélection coachée par Henri Michel. Comme celui-ci reprend les Bleus après Hidalgo, il l'aligne dans un match non officiel contre l'Inter Milan en septembre 1984 au Parc (0-1), mais sans suite. Michel demande à le revoir avant le Mondial 1986. Mais il le laisse sur le banc au Parc lors du match amical contre l'Argentine. Ce n'est qu'après la Coupe du monde qu'il le fait jouer, pour un match de reprise, à nouveau, en Suisse. Mais comme quatre ans auparavant, c'est un cadeau empoisonné, avec une équipe de France non rodée qui perd à Lausanne (0-2). Parti à Bordeaux, où il retrouve Jean Tigana et Jean-Marc Ferreri, le Dominique Bijotat de 87 n'est plus le débutant de 1982. Il a pris de l'assurance et son jeu s'en ressent. Michel compte vraiment sur lui cette fois. Il enchaîne donc les matches de la saison 1987-88, en milieu de terrain, aux côtés de Luis Fernandez, Gerald Passi et Fabrice Poullain. Une formule qui ne prend pas vraiment et il n'ira donc pas au-delà du printemps.

Matches joués : 1982 1 match sur 15 ▪ **1983** - ▪ **1984** - ▪ **1985** - ▪ **1986** 1 match sur 13 ▪ **1987** 2 matches sur 6 ▪ **1988** 4 matches sur 9 | **Titulaire :** 7 fois sur 8 | **Remplaçant :** 1 fois sur 8 (de Ferreri) | **Resté sur le banc :** 6 fois | **Sélectionneurs :** Hidalgo 1 fois, Michel 7 fois

Philippe Jeannol

Défenseur
1 sélection

Né le 6 août 1958 à Nancy (Meurthe-et-Moselle)

Première présélection : 14 mai 1982 à Lyon (France-Bulgarie 0-0)

Unique sélection : 11 octobre 1986 à Paris, France - URSS (0-2)

Clubs : 1981-1984 : AS Nancy-Lorraine (0 sélection) ▪ 1984-1987 : Paris SG (1 sélection)

Bilan : 1 défaite

Comme Dominique Bijotat, Philippe Jeannol profite des absences, celles de Lopez, Janvion et Bathenay, pour renforcer la défense française appelée à jouer contre la Bulgarie à Lyon. Mais le grand Nancéen reste sur le banc. Même histoire un an plus tard, cette fois ce sont les forfaits de Trésor et Bossis qui amènent ce défenseur central massif à venir au Luxembourg pour un match amical contre la Belgique, qu'il regarde depuis la touche. Incorporé comme Bijotat et Xuereb dans l'équipe de France olympique, Jeannol décroche l'or à Los Angeles en 1984 et peut rêver d'un retour chez les « A ». La troisième convocation est la bonne : après le Mondial 1986, les forfaits d'Yvon Le Roux et Patrick Battiston incitent Henri Michel à le titulariser pour la réception de l'URSS en qualification de l'Euro 1988, aux côtés de l'Auxerrois Basile Boli. Jeannol, qui a été sacré champion de France 1986 avec le PSG est chez lui au Parc. Mais il vit un cauchemar face à Igor Belanov, l'Ukrainien qui sera désigné Ballon d'or deux mois plus tard. La France perd sèchement 2-0 et Jeannol sa carrière internationale avec.

Match joué : 1982 - ▪ 1983 - ▪ 1984 - ▪ 1985 - ▪ 1986 1 match sur 13 | **Titulaire :** 1 fois sur 1 | **Resté sur le banc :** 2 fois | **Sélectionneurs :** Hidalgo 0 fois, Michel 1 fois

Richard Ruffier

Gardien de but, 0 sélection

Né le 25 août 1959 à Marseille (Bouches-du-Rhône)

Unique présélection : 14 mai 1982 à Lyon, France - Bulgarie (0-0)

Club : 1981-1982 : Nîmes Olympique

Comme Philippe Jeannol et Dominique Bijotat, l'excellent gardien nîmois Richard Ruffier, titulaire en Espoirs toute la saison, doit sa convocation aux absences dues à la finale de la Coupe de France, celles de Dominique Baratelli et Jean Castaneda. Mais lui ne sera jamais rappelé par la suite. Transféré pendant le Mondial à Bordeaux, il ne pourra pas relancer les espérances nées de ses prestations avec Nîmes et quittera les Girondins dès la saison suivante.

Resté sur le banc : 1 fois

Jean-Marc Ferreri

Attaquant, 37 sélections, 3 buts

Né le 26 décembre 1962 à Charlieu (Loire)

Première sélection : 31 août 1982 à Paris, France - Pologne (0-4)

Dernière sélection : 7 novembre 1990 à Tirana, Albanie - France (0-1)

Clubs : 1982-1986 : AJ Auxerre (18 sélections) ▪ 1986-1990 : Girondins de Bordeaux (19 sélections)

Bilan : 22 victoires, 10 nuls, 5 défaites

Palmarès : Champion d'Europe 1984

L'AJ Auxerre avait déjà étonné la France en allant jusqu'en finale de la Coupe de France en 1979. Elle a encore surpris en montant en Première division en 1981, et maintenant voilà qu'elle propose des internationaux ! Le premier à sortir du rang est Jean-Marc Ferreri, un attaquant talentueux déniché par Guy Roux, l'homme lige de l'AJA. Ferreri n'a que 19 ans quand Michel Hidalgo le retient dans sa première liste après la Coupe du monde. Giresse, Rocheteau, Platini, Lacombe, Six, absents, il y a de la place pour des essais. Ferreri remplace Dominique Bijotat après la pause, et le naufrage des Bleus (0-4) rend sa prestation difficile à évaluer. Mais Hidalgo le conserve dans son groupe, contrairement à Bijotat. Comme Alain Giresse est blessé, il titularise Ferreri en octobre, en amical aux Pays-Bas, en milieu de terrain droit, face à de jeunes néerlandais qui se nomment Ruud Gullit et Frank Rijkaard... Capable de jouer milieu, ailier droit ou meneur de jeu, Ferreri prend pied dans la sélection. Il marque au Portugal lors du match suivant, sur une passe de Platini, et dispute de nombreux matches de préparation à l'Euro 1984 pour lequel il est retenu. Mais, comme Daniel Bravo, il n'y joue qu'un seul match, en remplaçant Bernard Lacombe à la 66e minute de la demi-finale contre le Portugal. Ferreri a beau faire partie des Bleus, il reste dans l'ombre des titulaires. L'occasion de les remplacer se présente en mars 1986, lors de la venue de l'Argentine à Paris. Platini et Giresse forfaits, la direction du jeu revient à Ferreri et Philippe Vercruysse, qui se débrouillent pas mal puisqu'ils marquent chacun, Ferreri de la tête, et la France bat les Argentins de Diego Maradona 2-0. Ils ont donc gagné tous deux leur billet pour la Coupe du monde au Mexique. Cette fois Ferreri joue davantage, mais toujours comme remplaçant. Il succède ainsi en cours de jeu à Stopyra contre la Hongrie, à Platini contre l'Italie, à Giresse contre le Brésil. Il n'est titulaire que pour la « petite finale », face à la Belgique à Puebla, au cours de laquelle il ouvre le score à la 27e minute, servi par Vercruysse. Avec le départ de Giresse puis bientôt de Platini, les deux hommes semblent programmés pour la succession... Mais la charge se révèle rapidement très lourde à porter. Ferreri, qui a quitté Auxerre après le Mondial pour rejoindre Tigana et Giresse à Bordeaux, souffre de la comparaison et peine à tirer les Bleus vers le haut. L'arrivée de Michel Platini comme sélectionneur, fin 1988, le relance. Il n'est plus considéré comme un meneur de jeu, mais comme un soutien au duo d'attaquant Papin-Cantona ce qui lui convient mieux. Mais deux joueurs viennent alors le concurrencer dans ce registre, Pascal Vahirua et Christian Perez qui prennent sa place à la fin de l'année 1990.

Matches joués : 1982 3 matches sur 15 ▪ **1983** 5 matches sur 7 ▪ **1984** 4 matches sur 12 ▪ **1985** - ▪ **1986** 8 matches sur 13 ▪ **1987** 2 matches sur 6 ▪ **1988** 5 matches sur 9 ▪ **1989** 4 matches sur 7 ▪ **1990** 6 matches sur 8 | **Buts : 1983** 1 ▪ **1986** 1 | **Titulaire :** 23 fois sur 37 | **Remplaçant :** 14 fois sur 37 (de Bijotat, Genghini, Rocheteau, Bellone, Lacombe, Platini 2 fois, Tusseau, Stopyra, Giresse, Anziani, Touré, Vercruysse, Vahirua) | **Resté sur le banc :** 9 fois | **Resté en tribune :** 3 fois | **Championnat d'Europe 1984 :** 2 matches sur 5 | **Coupe du monde 1986 :** 4 matches sur 7 | **Sélectionneurs :** Hidalgo 11 fois, Michel 15 fois, Platini 11 fois

Jean-Marc Ferreri

Luis Fernandez

Milieu de terrain
60 sélections, 6 buts

Né le 2 octobre 1959 à Tarifa (Espagne)

Première sélection : 10 novembre 1982 à Rotterdam, Pays-Bas - France (1-2)

Dernière sélection : 17 juin 1992 à Malmö, France - Danemark (1-2)

Clubs : 1984-1986 : Paris SG (34 sélections) ▪ 1986-1989 : RC Paris (10 sélections) ▪ 1989-1992 : AS Cannes (16 sélections)

Bilan : 33 victoires, 18 nuls, 9 défaites

Palmarès : Champion d'Europe 1984

Le Paris SG a ouvert son palmarès en remportant la Coupe de France face à Saint-Étienne, juste avant la Coupe du monde 1982. Ses trois Dominique internationaux, Baratelli, Bathenay et Rocheteau, portent le club, mais un jeune joueur émerge également, Luis Fernandez. Fougueux, limite violent, c'est un marathonien au milieu de terrain. Un voyou, pensent certains, un talent à polir, disent d'autres. Dont Michel Hidalgo qui le lance dans le grand bain international à l'automne alors que Bernard Genghini est forfait. Le résultat est saisissant, la France vient de trouver un joueur de devoir, meilleur technicien qu'il n'y paraissait, capable d'être partout à la fois sur le terrain. Luis Fernandez ne sort plus de l'équipe pendant quatre ans, disputant 34 matches d'affilée, du jamais-vu ! Il se révèle en effet précieux aux côtés de Jean Tigana pour quadriller et stabiliser le milieu de terrain derrière le duo Giresse-Platini : c'est le deuxième « carré magique » de l'équipe de France. Il supplante ainsi Bernard Genghini qui devient remplaçant. Fernandez est évidemment de l'aventure de l'Euro 1984. Mais au deuxième match, à Nantes contre la Belgique, Michel Hidalgo modifie son système de jeu à cause de la suspension d'Amoros et la blessure de Le Roux, et fait de Fernandez un arrière droit théorique, ce qui n'empêche pas le Parisien d'aller marquer de la tête le troisième but français, sur un centre de Giresse. Revenu à son poste en demi-finale, il devient champion d'Europe face à l'Espagne, le pays où il est né, un beau clin d'œil au destin. Comme il ne manque pas un match, Luis Fernandez ne rate pas le Mondial 1986 non plus. À Guadalajara, il devient le héros des Bleus en transformant le dernier tir au but de la série suffocante face au Brésil. Devenu un joueur convoité, il a choisi avant le Mondial de quitter le PSG pour le Racing, le vieux club parisien que tente de relancer l'industriel Jean-Luc Lagardère, avec son entreprise Matra, qui avait déjà recruté la saison précédente Maxime Bossis. Mais comme pour tous ses coéquipiers, les départs de Giresse puis Platini et Tigana, plongent Luis Fernandez dans l'embarras en équipe de France. Leurs successeurs ne sont pas du même niveau et il peine à porter à lui seul l'équipe. Ses prestations déclinent, et il finit par perdre sa place au printemps 1988. Son départ à Cannes ressemble à une retraite anticipée en 1989, mais Michel Platini sélectionneur l'en ressort en fin de saison. Fernandez est inclus dans le groupe qui cherche à se qualifier pour l'Euro 1992. Dans un milieu de terrain où débutent Franck Sauzée et Didier Deschamps, il s'intercale de plus en plus souvent, jusqu'à devenir titulaire en 1991, réussissant un but spectaculaire à Séville contre l'Espagne lors d'une victoire (2-1) qui qualifie la France pour le championnat d'Europe en Suède. S'il y dispute les trois matches, Fernandez n'est titulaire que contre l'Angleterre et ne peut empêcher la France de rater la qualification pour les demi-finales en s'inclinant face au Danemark, futur champion d'Europe. La fin d'une histoire de plus de dix ans avec les Bleus.

Matches joués : 1982 1 match sur 15 ▪ **1983** 7 matches

Luis Fernandez

sur 7 ▪ **1984** 12 matches sur 12 ▪ **1985** 6 matches sur 6 ▪ **1986** 10 matches sur 13 ▪ **1987** 4 matches sur 6 ▪ **1988** 4 matches sur 9 ▪ **1989** - ▪ **1990** 4 matches sur 8 ▪ **1991** 5 matches sur 6 ▪ **1992** 7 matches sur 11 | **Buts : 1983** 1 ▪ **1984** 1 ▪ **1985** 1 ▪ **1986** 1 ▪ **1988** 1 ▪ **1991** 1 | **Titulaire :** 51 fois sur 60 | **Remplaçant :** 9 fois sur 60 (de Poullain, Cantona, Angloma 2 fois, Pardo, Vahirua 2 fois, Deschamps, Sauzée) | **Resté sur le banc :** 3 fois | **Resté en tribune :** 1 fois | **Capitaine :** 4 fois (39e-41e, 43e-44e) | **Championnat d'Europe 1984 :** 5 matches sur 5 | **Coupe du monde 1986 :** 7 matches sur 7 | **Championnat d'Europe 1992 :** 3 matches sur 3 | **Sélectionneurs :** Hidalgo 18 fois, Michel 26 fois, Platini 16 fois

Jean-Pierre Tempet

Gardien de but
5 sélections

Né le 31 décembre 1954 à Humbercourt (Somme)

Première sélection : 10 novembre 1982 à Rotterdam, Pays-Bas - France (1-2)

Dernière sélection : 31 mai 1983 à Luxembourg, France - Belgique (1-1)

Dernière présélection : 5 octobre 1983 à Paris, France - Espagne (1-1)

Clubs : 1982-1983 : Stade Lavallois (5 sélections) ▪ 1983-1984 : RC Lens (0 sélection)

Bilan : 3 victoires, 2 nuls

Michel Hidalgo a été déçu par les prestations de Jean-Luc Ettori au Mondial. Il avait misé sur le Monégasque pour apporter de la sérénité à sa défense, il n'en a rien été. Alors il cherche un nouveau gardien. Et si Auxerre étonne, que dire de Laval qui depuis 1977 se maintient en Première division ! Son excellent gardien Jean-Pierre Tempet, 1,87 m, ne peut pas être étranger à l'affaire, et il a déjà joué avec les Espoirs. Après Raymond Kéruzoré en 1978, voilà donc un second « Tango » chez les Bleus. Il débute au Feyenoord Stadion, où l'équipe de France a souvent subi la marée oranje... Mais après avoir encaissé un but du petit ailier moluquois Simon Tahamata, Tempet se défend bien face à Wim Kieft et Ruud Gullit, qui seront champions d'Europe en 1988. Il a réussi son examen de passage, et il reste le gardien des Bleus pour toute la saison. Mais lors de la suivante, alors qu'il est retourné sans son club formateur à Lens, Michel Hidalgo lance Joël Bats, le gardien d'Auxerre. Tempet devient son remplaçant, avant de laisser la place de doublure à Philippe Bergeroo pour l'Euro 1984.

Matches joués : 1982 1 match sur 15 ▪ **1983** 4 matches sur 7 | **Titulaire :** 5 fois sur 5 | **Resté sur le banc :** 2 fois | **Sélectionneur :** Hidalgo 5 fois

Jean-Marc Ferratge

Attaquant
1 sélection

Né le 10 octobre 1959 à Cazères (Haute-Garonne)

Unique sélection : 10 novembre 1982 à Rotterdam, Pays-Bas - France (1-2)

Club : 1982-1983 : Toulouse FC (1 sélection)

Bilan : 1 victoire

Le Toulousain, formé à Bordeaux et passé par Nîmes, a un profil d'attaquant insaisissable avec son 1,65 m, que Michel Hidalgo veut voir de plus près après une saison passée avec les Espoirs en 1981-82. Il le titularise donc en amical contre les Pays-Bas. Mais Ferratge ne parvient pas à émerger vraiment et il ne sera jamais revu par la suite.

Match joué : 1982 1 match sur 15 | **Titulaire :** 1 fois sur 1 | **Sélectionneur :** Hidalgo 1 fois

François Brisson

Attaquant
2 sélections

Né le 9 avril 1958 à Saintes (Charente-Maritime)

Première sélection : 10 novembre 1982 à Rotterdam, Pays-Bas - France (1-2)

Dernière sélection : 13 octobre 1984 à Luxembourg, Luxembourg - France (0-4)

Club : 1982-1985 : RC Lens (2 sélections)

Bilan : 2 victoires

L'attaquant lensois, formé au PSG, démontre en championnat des qualités intéressantes avec la précision de son pied gauche. En amical aux Pays-Bas, il remplace en deuxième mi-temps Jean-Marc Ferratge qui débute lui aussi. Mais il se met davantage en lumière que lui en frappant un coup franc que reprend victorieusement Michel Platini pour donner la victoire à la France. Cependant Michel Hidalgo ne le rappelle pas. Mais Brisson, comme Bijotat, Jeannol et Xuereb avec qui il forme à Lens une doublette d'attaque parfaitement complémentaire, incorpore l'équipe de France olympique que guide Henri Michel à Los Angeles. Brisson, auteur de trois buts, réussit un parcours remarquable. Michel, devenu le patron des « A », le place donc dans sa première liste pour débuter les qualifications pour le Mondial 1986 au Luxembourg. Mais Brisson ne parvient pas à saisir sa chance, Bruno Bellone reprend donc rapidement sa place.

Matches joués : 1982 1 match sur 15 ▪ **1983** - ▪ **1984** 1 match sur 12 | **Titulaire :** 1 fois sur 2 | **Remplaçant :** 1 fois sur 2 (de Ferratge) | **Sélectionneurs :** Hidalgo 1 fois, Michel 1 fois

Jean-Claude Lemoult

Milieu de terrain
2 sélections

Né le 28 août 1960 à Neufchâteau (Vosges)

Première présélection : 10 novembre 1982 à Rotterdam, Pays-Bas - France (1-2)

Première sélection : 31 mai 1983 à Luxembourg, Belgique-France (1-1)

Dernière sélection : 5 octobre 1983 à Paris, France-Espagne (1-1)

Club : 1982-1984 : Paris SG (2 sélections)

Bilan : 2 nuls

Au Paris SG, Luis Fernandez peut compter sur le soutien actif de Jean-Claude Lemoult en milieu de terrain dont il apparaît comme le complément idéal. International Espoirs toute la saison 1981-82, il est donc convoqué avec lui pour le match de Rotterdam. Mais si Fernandez joue contre les Pays-Bas et s'impose, Lemoult reste sur banc. Toutefois Michel Hidalgo lui donne sa chance pour le dernier match de la saison, contre la Belgique, au Luxembourg, puis cinq mois plus tard, au Parc contre l'Espagne. Toujours associé à Fernandez, Lemoult ne s'en sort pas trop mal. Mais il n'a pas le talent ni le volume de Jean Tigana qui reprend rapidement sa place. Lemoult n'ira donc pas l'Euro, mais aux JO : récupéré par Henri Michel il fera partie de l'expédition de Los Angeles, avec Bijotat, Jeannol, Brisson et Xuereb, dans une équipe plus à sa dimension.

Matches joués : 1982 - ▪ **1983** 2 matches sur 7 | **Titulaire :** 2 fois sur 2 | **Resté sur le banc :** 1 fois | **Sélectionneur :** Hidalgo 2 fois

L'instant fou de la demi-finale du Mondial 82, le 8 juillet à Séville : la France vient de marquer et mène 3-1 face à l'Allemagne ! Alain Giresse, le buteur, et Didier Six, le passeur, courent partager leur joie vers le banc français.

1983

8 nouveaux joueurs
7 matches

16 février : Portugal - France 0-3
23 mars : France - URSS 1-1
23 avril : France - Yougoslavie 4-0
31 mai : Belgique - France 1-1
7 septembre : Danemark - France 3-1
5 octobre : France - Espagne 1-1
12 novembre : Yougoslavie - France 0-0

Yvon Le Roux

Défenseur
28 sélections, 1 but

Né le 19 avril 1960 à Plouvorn (Finistère)

Première sélection : 23 avril 1983 à Paris, France- Yougoslavie (4-0)

Dernière sélection : 11 octobre 1989 à Paris, France - Écosse (3-0)

Clubs : 1982-1983 : Stade Brestois (2 sélections) ▪ 1983-1985 : AS Monaco (10 sélections) ▪ 1985-1987 : FC Nantes (8 sélections) ▪ 1987-1989 : Olympique de Marseille (5 sélections) ▪ 1989-1990 : Paris SG (3 sélections)

Bilan : 17 victoires, 7 nuls, 4 défaites

Palmarès : Champion d'Europe 1984

Brest n'avait pas connu d'international depuis Alexis Thépot en 1927. Le solide défenseur central Yvon Le Roux le rejoint cinquante-six ans plus tard, un an après la deuxième promotion du Stade brestois en Première division. Pour le dernier match de la saison 1982-83, le capitaine de l'équipe de France Espoirs est sélectionné par Michel Hidalgo à la place de Philippe Mahut, en difficulté avec Saint-Étienne. Et il frappe fort pour ses débuts en Bleu, au Parc contre la Yougoslavie, en ouvrant le score d'une tête puissante sur un centre de Bruno Bellone. Buteur, Le Roux est avant tout un robuste défenseur, un colosse à la frappe de balle lourde, qui, comme Luis Fernandez quelques mois plus tôt, ne sort plus de l'équipe. Transféré à Monaco après ses débuts internationaux, Le Roux arrive titulaire aux côtés de Maxime Bossis à l'Euro 1984. Mais, lors match d'ouverture, il se blesse à la 60e minute et doit quitter le terrain. Il manque ainsi les deux matches suivants, mais peut rejouer pour la demi-finale et la finale. Contre l'Espagne au Parc, Le Roux écope de deux cartons jaunes ce qui lui vaut d'être expulsé à la 85e minute. Suspendu, il ne rejoue pas tout de suite avec les Bleus d'Henri Michel, Didier Sénac et Léonard Specht prenant sa place comme stoppeur. Le Breton revient en août 1985, pour remporter la Coupe intercontinentale contre l'Uruguay au Parc (2-0), alors qu'il est devenu cette fois Nantais. Il a repris sa place avec assurance et dispute le match déterminant pour la qualification à la Coupe du monde 1986, face la Yougoslavie au Parc en novembre 1985. Mais là encore, deux cartons jaunes entraînent son expulsion en fin de match. Une expulsion lourde de conséquence, car il perd sa place de titulaire cette fois pour la Coupe du monde : suspendu pour le premier match au Mexique, Henri Michel installe une charnière Bossis-Battiston qui fonctionne et dure donc toute la compétition. Le Roux ne revient que pour la « petite finale » de Puebla, contre la Belgique. C'est un coup d'arrêt dans sa carrière internationale, car si Bossis se retire après le Mondial, l'Auxerrois Basile Boli arrive pour concurrencer Le Roux... Transféré à Marseille en 1987, la cote du Finistérien n'est pourtant pas en baisse et il reste dans le groupe d'Henri Michel jusqu'au printemps 1988. Michel Platini lui préfère ensuite Boli, Sylvain Kastendeuch ou Franck Silvestre dans un premier temps, avant de le rappeler à la fin de l'été 1989, alors qu'il est transféré cette fois de l'OM au PSG. C'est donc sous son cinquième maillot différent qu'il est sélectionné, pour trois matches, avant de se blesser gravement au genou, contre l'Écosse au Parc. Contraint de déclarer forfait pour le dernier match de l'année, il cède alors la place, définitivement à Bernard Casoni et Basile Boli.

Matches joués : 1983 5 matches sur 7 ▪ **1984** 7 matches sur 12 ▪ **1985** 4 matches sur 6 ▪ **1986** 4 matches sur 13 ▪ **1987** 2 matches sur 6 ▪ **1988** 3 matches sur 9 ▪ **1989** 3 matches sur 7 | **But : 1983** 1 | **Titulaire :** 25 fois sur 28 | **Remplaçant :** 3 fois sur 28 (de Ayache, Battiston, Boli) | **Resté sur le banc :** 6 fois | **Resté en tribune :** 2 fois | **Expulsions :** 2 fois | **Championnat d'Europe 1984 :** 3 matches sur 5 | **Coupe du monde 1986 :** 1 match sur 7 | **Sélectionneurs :** Hidalgo 12 fois, Michel 13 fois, Platini 3 fois

José Touré

José Touré

Attaquant
16 sélections, 4 buts

Né le 24 avril 1961 à Nancy (Meurthe-et-Moselle)

Première sélection : 23 avril 1983 à Paris, France - Yougoslavie (4-0)

Dernière sélection : 7 février 1989 à Dublin, Irlande - France (0-0)

Clubs : 1982-1986 : FC Nantes (10 sélections) ▪ 1986-1988 : Girondins de Bordeaux (5 sélections) ▪ 1988-1989 : AS Monaco (1 sélection)

Bilan : 7 victoires, 6 nuls, 3 défaites

La jeune classe offensive nantaise qui avait défilé à la fin des années 1970, Rampillon, Amisse, Baronchelli, Pécout, ne s'est pas imposée en équipe de France. Mais on pense que leur successeur, José Touré, peut le faire. Ce Canari-là est à part. Fils de Bako Touré, joueur malien qui a opéré à Nantes dans les années 1960, c'est un attaquant imprévisible, qui invente des gestes dignes d'un Brésilien... Michel Hidalgo le lance pour le dernier match de la saison, comme Yvon Le Roux, contre la Yougoslavie au Parc, et il ne déçoit pas : à la 74e minute, José Touré réalise un but splendide, une demi-volée pleine lucarne, après avoir amorti le ballon de la poitrine à la réception d'un corner. Il semble comme Le Roux parti pour durer, mais des blessures viennent tout de suite hacher sa carrière internationale. Il dispute le match amical contre l'Angleterre au Parc en février 1984, en position de deuxième attaquant en duo avec Dominique Rocheteau, derrière Michel Platini, une formule très séduisante en vue de l'Euro. Mais il se blesse ensuite avec Nantes et ne peut être retenu parmi les 20 pour le championnat d'Europe. Henri Michel lui offre un beau lot de consolation en le prenant dans son équipe olympique qui remporte le titre à Los Angeles en août 1984, avec deux autres Nantais Michel Bibard et William Ayache. Puis il le sélectionne à nouveau en équipe « A ». Touré devient titulaire à partir de l'été 1985 dans l'équipe qui se qualifie pour la Coupe du monde 1986. Son talent est alors évident, il est une nouvelle arme fatale pour l'équipe de France. Mais il se blesse à nouveau gravement au genou lors d'un match de Coupe d'Europe avec le FC Nantes et ne peut pas être du voyage au Mexique... Ayant quitté Nantes pour Bordeaux après ce Mondial manqué, José Touré ne retrouve l'équipe de France qu'en avril 1987, contre l'Islande, pour le dernier match de Michel Platini avec les Bleus. Il joue alors milieu de terrain coté droit. Il n'est plus le « Brésilien » de ses débuts, mais il a encore de la classe. Miné par des soucis personnels, il rejoue peu ensuite mais il est transféré à Monaco en 1988 pour une somme record qui ne fait qu'aggraver son mal-être. Michel Platini tente de le relancer en le sélectionnant une dernière fois en février 1989. José Touré remplace alors Stéphane Paille en seconde mi-temps à Dublin, mais on le reverra plus ensuite. Sans doute l'un des plus grands talents inaboutis.

Matches joués : 1983 2 matches sur 7 ▪ **1984** 2 matches sur 12 ▪ **1985** 6 matches sur 6 ▪ **1986** - ▪ **1987** 4 matches sur 6 ▪ **1988** 1 match sur 9 ▪ **1989** 1 match sur 7 | **Buts : 1983** 1 ▪ **1985** 2 ▪ **1987** 1 | **Titulaire :** 13 fois sur 16 | **Remplaçant :** 3 fois sur 16 (de Stopyra 2 fois, Paille) | **Resté sur le banc :** 2 fois | **Sélectionneurs :** Hidalgo 3 fois, Michel 14 fois, Platini 1 fois

William Ayache

Défenseur
20 sélections

Né le 10 janvier 1961 à Alger (Algérie française)

Première présélection : 23 avril 1983 à Paris, France - Yougoslavie (4-0)

Première sélection : 5 octobre 1983 à Paris, France - Espagne (1-1)

Dernière sélection : 2 février 1988 à Toulouse, France - Suisse (2-1)

Clubs : 1982-1986 : FC Nantes (13 sélections) ▪ 1986-1987 : Paris SG (3 sélections) ▪ 1987-1988 : Olympique de Marseille (4 sélections)

Bilan : 7 victoires, 8 nuls, 5 défaites

Un autre Nantais accompagne José Touré pour ses premiers pas en Bleu, le discret défenseur latéral droit William Ayache, pilier de l'équipe de France Espoirs en 81-82. Michel Hidalgo profite d'un forfait de Patrick Battiston pour le titulariser contre l'Espagne en octobre 1983. Une simple prise de contact, car il le laisse ensuite à la disposition de l'équipe de France olympique qui s'en va conquérir l'or à Los Angeles en août 1984. Ayache y retrouve neuf autres internationaux « A » : Touré, Bijotat Lemoult, Xuereb, Brisson, Zanon, Thouvenel, Bibard et Jeannol. Henri Michel qui a dirigé l'opération JO prenant ensuite la tête des Bleus, ne tarde pas à miser sur Ayache. S'il ne joue pas le premier match de la Coupe du monde, c'est parce qu'il est blessé, et celui contre le Brésil parce qu'il est suspendu, mais il fait bien partie du onze titulaire au Mexique. Transféré à Marseille après ce Mondial, Ayache conserve sa place en équipe de France jusqu'à la fin de l'année 86 avant de la perdre pour ne plus jouer que par intermittence à cause de blessures à répétition, jusqu'au début de l'année 88 où Luc Sonor le supplante définitivement.

Matches joués : 1983 1 matches sur 7 ▪ **1984** - ▪ **1985** 6 matches sur 6 ▪ **1986** 9 matches sur 13 ▪ **1987** 2 matches sur 6 ▪ **1988** 2 matches sur 9 | **Titulaire :** 20 fois sur 20 | **Resté sur le banc :** 3 fois | **Coupe du monde 1986 :** 4 matches sur 7 | **Sélectionneurs :** Hidalgo 1 fois, Michel 19 fois

Philippe Vercruysse

Milieu de terrain
12 sélections, 1 but

Né le 28 janvier 1962 à Saumur (Maine-et-Loire)

Première sélection : 31 mai 1983 Luxembourg, France - Belgique (1-1)

Dernière sélection : 7 février 1989 à Dublin, Eire - France (0-0)

Clubs : 1982-1986 : RC Lens (5 sélections) ▪ 1986-1987 : Girondins de Bordeaux (3 sélections) ▪ 1988-1988 : RC Lens (1 sélection) ▪ 1988-1989 : Olympique de Marseille (3 sélections)

Bilan : 2 victoires, 7 nuls, 3 défaites

Le meneur de jeu lensois Philippe Vercruysse a un talent fou. C'est un n° 10 d'avenir à 21 ans, mais qui comme Patrick Delamontagne est au pays de Platini, Giresse et Genghini... Il doit donc être patient pour avoir sa chance. Profitant des forfaits de Michel Platini et Alain Giresse, il joue quelques minutes contre la Belgique dans le dernier match de la saison 1982-83 où il est devenu international Espoirs, mais ensuite il reste sur le banc des remplaçants à chacune de ses convocations... Ce n'est que quatre mois avant le Mondial 86 que Vercruysse a sa chance : Platini et Giresse forfaits à nouveau, Henri Michel le titularise contre l'Argentine au Parc en meneur de jeu, avec Jean-Marc Ferreri, Jean Tigana et Luis Fernandez à ses côtés. Le Lensois réussit son match, et d'une frappe placée à ras de terre, marque le second but de la victoire française (2-0) et décroche ainsi, comme Ferreri, son billet pour la Coupe du monde ! Mais au Mexique, Giresse et Platini sont là, et Vercruysse ne joue pas beaucoup : il remplace Giresse en fin de match contre l'URSS puis l'Allemagne et est seulement titulaire contre la Belgique lors du match de la troisième place. Le départ en retraite internationale de Giresse lui ouvre par contre la porte pour la suite. Mais il peine à s'imposer et retourne sur le banc des remplaçants avant de disparaître des listes, alors qu'il est arrivé à Bordeaux en même temps que José Touré. Reparti à Lens, puis transféré à Marseille, Philippe Vercruysse retrouve l'équipe de France lors de la saison 1988-89, mais sans être titulaire. Car c'est le Toulousain Gerald Passi qui a la préférence d'Henri Michel. Son heure semble passée, pourtant Michel Platini le relance en début d'année 1989. Vercruysse remplace

Philippe Vercruysse

en cours de match Laurent Blanc qui débute en Irlande, puis Jean-Philippe Durand contre Arsenal dans un match non officiel à Highbury. Mais ses deux entrées sont insuffisantes pour rester dans le groupe que le nouveau sélectionneur est en train de constituer.

Matches joués : 1983 1 match sur 7 ▪ **1984** - ▪ **1985** - ▪ **1986** 7 matches sur 13 ▪ **1987** - ▪ **1988** 3 matches sur 9 ▪ **1989** 1 match sur 7 | **But : 1986** 1 | **Titulaire :** 5 fois sur 12 | **Remplaçant :** 7 fois sur 12 (de Genghini, Giresse 2 fois, Boli, Passi 2 fois, Blanc) | **Resté sur le banc :** 7 fois | **Resté en tribune :** 3 fois | **Coupe du monde 1986 :** 3 matches sur 7 | **Sélectionneurs :** Hidalgo 1 fois, Michel 10 fois, Platini 1 fois

Jean-Christophe Thouvenel

Défenseur
4 sélections

Né le 1er octobre 1958 à Colmar (Haut-Rhin)

Première sélection : 31 mai 1983 à Luxembourg, France - Belgique (1-1)

Dernière sélection : 16 juin 1987 à Oslo, Norvège - France (2-0)

Dernière présélection : 19 novembre 1988 à Belgrade, Yougoslavie - France (3-2)

Club : 1982-1989 : Girondins de Bordeaux (4 sélections)

Bilan : 1 victoire, 1 nul, 2 défaites

Bordeaux croule sous les internationaux : les anciens, Trésor, Gemmrich, Soler, Bracci, Specht, les actuels, Giresse, Lacombe, Girard, et les futurs comme Jean-Christophe Thouvenel, un défenseur tranchant sous des allures d'étudiant tranquille. Maxime Bossis et Manuel Amoros forfaits, il débute comme arrière droit contre la Belgique, en amical au Luxembourg, avant de rejoindre l'équipe de France olympique qui remporte la médaille d'or des JO de Los Angeles l'année suivante, sous la direction d'Henri Michel. Celui-ci place Thouvenel dans son équipe « A » deux ans plus tard, pour le premier match de la saison 1986-87. Mais il n'est là qu'en tant que remplaçant de William Ayache, qu'il supplée deux fois encore en fin de saison. Michel Platini le place aussi dans sa première liste en novembre 1988, mais sans le faire jouer ni jamais le rappeler.

Matches joués : 1983 1 match sur 7 ▪ **1984** - ▪ **1985** - ▪ **1986** 1 match sur 13 ▪ **1987** 1 match sur 6 ▪ **1988** - | **Titulaire :** 4 fois sur 4 | **Resté sur le banc :** 2 fois | **Sélectionneurs :** Hidalgo 1 fois, Michel 3 fois, Platini 0 fois

Joël Bats

Gardien de but
50 sélections

Né le 4 janvier 1957 à Mont-de-Marsan (Landes)

Première sélection : 7 septembre 1983 à Copenhague, Danemark - France (3-1)

Dernière sélection : 18 novembre 1989 à Toulouse, France - Chypre (2-0)

Clubs : 1983-1985 : AJ Auxerre (17 sélections) ▪ 1985-1989 : Paris SG (33 sélections)

Bilan : 25 victoires, 14 nuls, 11 défaites

Palmarès : Champion d'Europe 1984

La problématique du gardien de but en équipe de France dure depuis le retrait de Georges Carnus, en 1973. Dix ans plus tard, Michel Hidalgo trouve enfin « l'oiseau rare », le gardien qui permet de gagner des matches ou de ne pas les perdre. Il le déniche à Auxerre, qui après Jean-Marc Ferreri, offre à la France un nouveau joueur de grand talent, Joël Bats, arrivé de Sochaux quand l'AJA est montée en D1. Souple et puissant à la fois, sa prise de balle fait la différence et il vient de faire une saison titulaire avec les Espoirs. Le sélectionneur le teste en août 1983, dans un match non officiel contre le Peñarol de Montevideo, au Parc (1-0), avant de le titulariser en amical au Danemark. Et comme Le Roux et Fernandez avant lui, Joël Bats entre dans l'équipe pour ne plus en sortir, écartant toute concurrence dans les buts. Il ne manque pas un match pendant quatre ans ! Il est champion d'Europe à sa 12e sélection en juin 1984, puis titulaire au Mondial 1986. En quart de finale, face au Brésil à Guadalajara, il stoppe un penalty de Zico à la 73e minute, assurément un tournant du match. Puis la tentative de Sócrates, lors de la séance de tirs au but. Mais il est moins heureux en demi-finale, laissant le ballon lui échapper sur un coup franc d'Andreas Brehme en début de match, un but malheureux qui plombe l'équipe de France… Mais sa place n'est pas remise en cause. Devenu Parisien à l'été 85, Bats champion de France 1986 continue d'enquiller les sélections. Il dépasse le record pour un gardien, détenu par Carnus, en septembre 1987 à Moscou face à l'URSS, avec une 37e sélection. Mais il doit commencer à partager sa place avec Bruno Martini, le gardien qui lui a succédé à Auxerre, qui devient titulaire au fil de la saison 1987-88. Durant l'été 1988, Bats reprend le poste de n° 1 qu'il conserve jusqu'à la fin de l'année 1989 et une 50e « cape », avant de laisser Martini prendre définitivement la relève.

Matches joués : 1983 3 matches sur 7 ▪ **1984** 12 matches sur 12 ▪ **1985** 6 matches sur 6 ▪ **1986** 12 matches sur 13 ▪ **1987** 5 matches sur 6 ▪ **1988** 5 matches sur 9 ▪ **1989** 7 matches sur 7 | **Titulaire :** 50 fois sur 50 | **Resté sur le banc :** 4 fois | **Capitaine :** 1 fois (49e) | **Championnat d'Europe 1984 :** 5 matches sur 5 | **Coupe du monde 1986 :** 6 matches sur 7 | **Sélectionneurs :** Hidalgo 15 fois, Michel 27 fois, Platini 8 fois

Michel Bibard

Défenseur
6 sélections

Né le 30 novembre 1958 à Amboise (Indre-et-Loire)

Première présélection : 5 octobre 1983 à Paris, France - Espagne (1-1)

Première sélection : 13 octobre 1984 Luxembourg, Luxembourg-France (0-4)

Dernière sélection : 28 juin 1986 à Puebla, France-Belgique (4-2 ap)

Clubs : 1983-1985 : FC Nantes (3 sélections) ▪ 1985-1986 : Paris SG (3 sélections)

Bilan : 5 victoires, 1 défaite

Après William Ayache, un autre défenseur nantais arrive, Michel Bibard. Comme lui, il ne fait que passer sous le règne de Michel Hidalgo, sans jouer, pour être orienté sur l'équipe olympique d'Henri Michel. Médaillé d'or à Los Angeles en août 1984, Bibard débute dans la foulée chez les Bleus, d'abord en septembre dans un match d'entraînement contre l'Inter Milan au Parc (0-1), puis en octobre face au Luxembourg et il termine l'année comme titulaire du poste d'arrière droit, avant d'en être délogé par son coéquipier nantais. Les deux hommes sont ainsi en concurrence pour le Mondial 1986. Bibard étant parti au PSG, ils sont titulaires en club et tous les deux retenus parmi les 22 sélectionnés. Mais au Mexique, seul Ayache joue, avant la « petite finale » où Bibard le remplace. Mais on le reverra plus ensuite.

Matches joués : 1983 - ▪ **1984** 3 matches sur 12 ▪ **1985** 2 matches sur 6 ▪ **1986** 1 match sur 13 | **Titulaire :** 6 fois sur 6 | **Resté sur le banc :** 4 fois | **Resté en tribune :** 3 fois | **Coupe du monde 1986 :** 1 match sur 7 | **Sélectionneurs :** Hidalgo 0 fois, Michel 6 fois

Jean-Louis Zanon

Défenseur
1 sélection

Né le 30 novembre 1960 à Montauban (Tarn-et-Garonne)

Unique sélection : 5 octobre 1983 à Paris, France-Espagne (1-1)

Club : 1983-1984 : AS Saint-Étienne (1 sélection)

Bilan : 1 nul

Jean-Louis Zanon est le dernier Stéphanois de l'équipe de la fin des années 1970, celle de Michel Platini, à être sélectionné. International Espoirs en 1981-82, il peut jouer au milieu de terrain ou en défense, et c'est comme arrière gauche que Michel Hidalgo l'aligne en amical contre les Espagnols au Parc à l'automne 1983, le jour où Marius Trésor bat le vieux record des 63 sélections de Roger Marche. Le sélectionneur laisse ensuite

Jean-Louis Zanon à la disposition de l'équipe olympique et il peut ainsi décrocher la médaille d'or à Los Angeles en compagnie de Bibard, Ayache, Thouvenel, Touré, Jeannol, Brisson, Xuereb et Bijotat, les autres internationaux « A ». Mais lui, contrairement à eux, ne reviendra pas chez les Bleus ensuite.

Match joué : 1983 1 matches sur 7 | **Titulaire :** 1 fois sur 1 | **Sélectionneur :** Hidalgo 1 fois

1984

3 nouveaux joueurs
12 matches

29 février : France - Angleterre 2-0
28 mars : France - Autriche 1-0
18 avril : France - Allemagne 1-0
1er juin : France - Écosse 2-0
12 juin : France - Danemark 1-0 (CE)
16 juin : France - Belgique 5-0 (CE)
19 juin : France - Yougoslavie 3-2 (CE)
23 juin : France - Portugal 3-2 ap (CE)
27 juin : France - Espagne 2-0 (CE)
13 oct : Luxembourg - France 0-4 (QCM)
21 novembre : France - Bulgarie 1-0 (QCM)
8 décembre : France - RDA 2-0 (QCM)

Jean-François Domergue

Défenseur
9 sélections, 2 buts

Né le 23 juin 1957 à Bordeaux (Gironde)

Première présélection : 28 mars 1984 à Bordeaux, France - Autriche (1-0)

Première sélection : 18 avril 1984 à Strasbourg, France - Allemagne (1-0)

Dernière sélection : 16 juin 1987 à Oslo, Norvège - France (2-0)

Clubs : 1983-1986 : Toulouse FC (6 sélections) ▪ 1986-1987 : Olympique de Marseille (3 sélections)

Bilan : 7 victoires, 2 défaites

Jean-François Domergue

Robuste défenseur toulousain, Jean-François Domergue se fait remarquer grâce à la bonne saison du TFC. Appelé pour la première fois quand la France joue sur le terrain de Bordeaux, son ancien club, en match de préparation à l'Euro 1984, il entre en jeu le mois suivant à Strasbourg lors de la venue l'Allemagne, en jouant la seconde mi-temps à la place de Maxime Bossis. Un essai suffisant aux yeux de Michel Hidalgo pour montrer qu'il peut être le défenseur d'appoint qu'il cherche, capable d'évoluer à plusieurs postes. Domergue fait ainsi partie des 20 sélectionnés pour le championnat d'Europe 1984. Après avoir disputé deux matches d'entraînement contre Andorre, il a tout de suite l'occasion de jouer l'Euro quand Yvon Le Roux se blesse lors du match d'ouverture, contre le Danemark à la 60e minute. Et Domergue joue le match suivant, à Nantes face à la Belgique, mais comme arrière gauche puisque Manuel Amoros expulsé face aux Danois est suspendu. Poste qu'il garde jusqu'à la finale ! Comme pour fêter cette promotion inattendue, Jean-François Domergue se déchaîne en demi-finale : il ouvre le score à Marseille contre le Portugal, d'un coup franc fulgurant de 20 mètres digne de Michel

Michel Platini, devant Joël Bats, Jean-François Domergue, Maxime Bossis, Patrick Battiston, Luis Fernandez, mène les Bleus à l'entrée de la pelouse du Stade vélodrome de Marseille, le 23 juin en demi-finale de l'Euro 1984. Le Portugal sera dur à battre, mais la France ira en finale.

Platini. Puis il égalise durant la prolongation, à la 115e minute ! Quatorze ans plus tard, Lilian Thuram vivra une soirée du même genre… Mais Domergue sort ensuite de l'équipe. Mis à part pour le match non officiel de septembre contre l'Inter Milan au Parc (0-1), Henri Michel le laisse sur le banc six matches d'affilée, puis l'oublie pour le Mondial 1986. Ce n'est qu'après la Coupe du monde au Mexique que Domergue, qui a rejoint comme Alain Giresse, Marseille, retrouve les Bleus, mais à nouveau en tant que remplaçant. Il est titulaire pour les deux matches de la fin de saison 1986-87, en défense centrale, aux côtés de Basile Boli, mais il ne reviendra plus ensuite.

Matches joués : 1984 6 matches sur 12 ▪ **1985** - ▪ **1986** 1 match sur 13 ▪ **1987** 2 matches sur 6 | **Buts : 1984** 2 | **Titulaire :** 6 fois sur 9 | **Remplaçant :** 3 fois sur 9 (de Bossis, Le Roux, Amoros) | **Resté sur le banc :** 11 fois | **Championnat d'Europe 1984 :** 5 matches sur 5 | **Sélectionneurs :** Hidalgo 6 fois, Michel 3 fois

Albert Rust

Albert Rust

Gardien de but
1 sélection

Né le 10 octobre 1953 à Mulhouse (Haut-Rhin)

Première présélection : 12 juin 1984 à Paris, France - Danemark (1-0)

Unique sélection : 28 juin 1986 à Puebla, France - Belgique (4-2 ap)

Club : 1982-1986 : FC Sochaux (1 sélection)

Bilan : 1 victoire

À Sochaux, Albert Rust fut longtemps en concurrence avec Joël Bats, jusqu'à ce que celui-ci parte à Auxerre en 1980. Il a à présent 30 ans et couve la jeune génération sochalienne, Stopyra, Genghini, Anziani, qu'il rejoint en Bleu, après des sélections en équipes de France « B » et olympique, pour être la doublure de Bats durant l'Euro. Albert Rust ne joue pas, mais, sitôt l'Euro terminé, il part pour Los Angeles où il dispute le tournoi olympique comme gardien titulaire. De retour des États-Unis, Rust regagne le banc de touche des « A », toujours comme doublure de Bats. Et c'est en tant que tel qu'il fait partie des 22 pour la Coupe du monde au Mexique, n'ayant disputé que des matches non officiels, contre Bordeaux en juillet 1985 pour le jubilé Marius Trésor, ou face au Guatemala puis aux juniors mexicains juste avant le Mondial. Après 20 matches passés sur la touche, il joue enfin, contre la Belgique à Puebla, pour le match de la troisième place du Mondial 1986. Albert Rust ne reviendra plus ensuite en équipe de France, laissant la place de n° 2 des gardiens à l'Auxerrois Bruno Martini. Transféré en 1987 à Montpellier, Rust jouera jusqu'en 1990, remportant à 36 ans la Coupe de France.

Match joué : 1984 - ▪ **1985** - ▪ **1986** 1 match sur 13 | **Titulaire :** 1 fois sur 1 | **Resté sur le banc :** 20 fois | **Championnat d'Europe 1984 :** 0 match sur 5 | **Coupe du monde 1986 :** 1 match sur 7 | **Sélectionneurs :** Hidalgo 0 fois, Michel 1 fois

Didier Sénac

Défenseur
3 sélections

Né le 2 octobre 1958 à Saint-Denis (Seine-Saint-Denis)

Première sélection : 21 novembre 1984 à Paris, France - Bulgarie (1-0)

Dernière sélection : 14 octobre 1987 à Paris, France - Norvège (1-1)

Clubs : 1984-1987 : RC Lens (2 sélections) ▪ 1987-1988 : Girondins de Bordeaux (1 sélection)

Bilan : 2 victoires, 1 nul

Son père Guy avait été international en 1960 et 61 et Didier Sénac lui succède après l'Euro, profitant de la suspension d'Yvon Le Roux et du forfait de Patrick Battiston. Stoppeur dur sur l'homme, le Lensois a participé à l'aventure américaine de l'équipe de France olympique en août sous les ordres d'Henri Michel et il joue les deux derniers matches de l'année, face aux Bulgares puis aux Allemands de l'Est, et rend une copie propre. Mais il doit céder la place ensuite, à Léonard Specht, puis Yvon Le Roux, et Henri Michel ne le sélectionne plus, hormis pour le jubilé Marius Trésor en juillet 1985, avant le printemps 1987, pour une place sur le banc de touche. Parti à Bordeaux durant l'été suivant, Didier Sénac est rappelé à l'automne, après les forfaits d'Yvon Le Roux et de Rémy Vogel, le Monégasque qui avait débuté au match précédent. Mais la très mauvaise prestation des Bleus contre la Norvège au Parc (1-1) fait qu'on ne le reverra plus ensuite. Bordelais jusqu'en 1995, Didier Sénac totalisera plus de 500 matches de Première division.

Matches joués : 1984 2 matches sur 12 ▪ **1985** - ▪ **1986** - ▪ **1987** 1 match sur 6 | **Titulaire :** 3 fois sur 3 | **Resté sur le banc :** 1 fois | **Sélectionneur :** Michel 3 fois

1985

3 nouveaux joueurs
6 matches

3 avril : Yougoslavie - France 0-0 (QCM)
2 mai : Bulgarie - France 2-0 (QCM)
21 août : France - Uruguay 2-0
11 septembre : RDA - France 2-0 (QCM)
30 oct : France - Luxembourg 6-0 (QCM)
16 nov : France - Yougoslavie 2-0 (QCM)

Gérard Buscher

Attaquant, 2 sélections

Né le 5 novembre 1960 à Alger (Algérie française)

Première présélection : 3 avril 1985 à Sarajevo, Yougoslavie - France (0-0)

Première sélection : 19 août 1986 à Lausanne, Suisse - France (2-0)

Dernière sélection : 12 août 1987 à Berlin, Allemagne - France (2-1)

Clubs : 1984-1987 : Stade Brestois (1 sélection) ▪ 1987-1988 : RC Paris (1 sélection)

Bilan : 2 défaites

Après Yvon Le Roux, un nouveau Brestois débarque en équipe de France. Ce n'est pas un Finistérien de souche puisqu'il vient de Nice, où il était un attaquant aussi prometteur que Daniel Bravo avec qui il a été sélectionné en Espoirs, puis il est passé par Nantes, avant d'arriver à Brest. Auteur de 19 buts pour le Brest Armorique, Gérard Buscher est appelé pour les deux matches du printemps 1985 par Henri Michel. Mais ce sont Yanick Stopyra puis José Touré qui occupent le poste d'avant-centre, et le train du Mondial 1986 part sans lui. Buscher est de nouveau convoqué après la Coupe du monde et cette fois, il est titulaire pour le match de reprise en août, contre la Suisse. Associé en attaque à Yannick Stopyra, même sans avoir pu marquer, Buscher convainc Henri Michel de le conserver pour le match suivant. Mais en Islande, c'est le jeune Sochalien Stéphane Paille qui joue, Buscher reste sur le banc et n'est plus sélectionné ensuite. Transféré l'été suivant au Matra Racing où il rejoint Luis Fernandez, Buscher est appelé à nouveau pour le match de reprise, en Allemagne cette fois, où débute un grand espoir, Éric Cantona. Remplaçant, Buscher succède à Jean-Pierre Papin, à la 55e minute. Mais au match suivant, Henri Michel choisit de tester le phénomène bordelais, Philippe Fargeon, et il oubliera définitivement Gérard Buscher.

Matches joués : 1985 - ▪ **1986** 1 match sur 13 ▪ **1987** 1 match sur 6 | **Titulaire :** 1 fois sur 2 | **Remplaçant :** 1 fois sur 2 (de Papin) | **Resté sur le banc :** 3 fois | **Sélectionneur :** Michel 2 fois

Fabrice Poullain

Milieu de terrain
10 sélections

Né le 27 août 1962 à Alençon (Orne)

Première sélection : 11 septembre 1985 à Leipzig, Rda - France (2-0)

Dernière sélection : 5 février 1988 à Monaco, France - Maroc (2-1)

Club : 1985-1988 : Paris SG (10 sélections)

Bilan : 2 victoires, 3 nuls, 5 défaites

Dernier né de la formidable école nantaise, Fabrice Poullain est dans la lignée d'Henri Michel, un précieux milieu de terrain relayeur. Mais dans un secteur où la France est pourvue avec Jean Tigana, Luis Fernandez et accessoirement Thierry Tusseau, Poulain n'est pas sélectionné autrement qu'avec les Espoirs. Parti tenter sa chance au Paris SG, il est appelé pour pallier le forfait de Tusseau pour le match de qualification au Mondial 1986, en RDA. Mais c'est Tusseau, une fois rétabli, qui est sélectionné pour la Coupe du monde et Poulain doit se contenter du titre de champion de France 1986 avec Paris. Il revient après le Mondial et prend place dans l'équipe de France post Mexique. Une équipe qui sans Giresse, Bossis, Rocheteau, puis Tigana et Platini, n'est plus aussi souveraine. Les mauvais résultats s'enchaînent et Poulain bien que titulaire à partir de la saison 1987-88 souffre à côté d'un Luis Fernandez en perte de vitesse. Il en fait les frais en n'étant plus sélectionné après l'hiver 1988.

Matches joués : 1985 1 match sur 6 ▪ **1986** 2 matches sur 13 ▪ **1987** 4 matches sur 6 ▪ **1988** 3 matches sur 9 | **Titulaire :** 10 fois sur 10 | **Resté sur le banc :** 3 fois | **Sélectionneur :** Michel 10 fois

Pascal Olmeta

Gardien de but
0 sélection

Né le 7 avril 1961 à Bastia (Corse)

Unique présélection : 30 octobre 1985 à Paris, France - Luxembourg (6-0)

Club : 1985-1986 : SC Toulon

Le gardien corse de Toulon est une petite bombe. D'un tempérament explosif, Pascal Olmeta gardien de l'équipe Espoirs lors de la saison 1983-84, est appelé en « A » pour pallier le forfait d'Albert Rust avant la venue du Luxembourg au Parc, dans le cadre des éliminatoires du Mondial 1986. Mais il ne va pas plus loin. Il quitte Toulon après le Mondial pour rejoindre Luis Fernandez et Gérard Buscher au Matra Racing, à Paris. Il est ensuite le gardien de l'équipe de France olympique qui échoue à se qualifier pour les JO de Séoul. En 1992, alors qu'il est passé à Marseille depuis deux ans, Olmeta figurera comme réserviste pour le groupe de l'Euro en Suède constitué par Michel Platini. Non officiellement sélectionné, il est présent en cas de forfait d'un des deux gardiens, Bruno Martini et Gilles Rousset. Ce qui ne se produira pas.

Resté sur le banc : 1 fois

1986

5 nouveaux joueurs
13 matches

26 février : France - Irlande du Nord 0-0
26 mars : France - Argentine 2-0
1er juin : France - Canada 1-0 (CM)
5 juin : France - URSS 1-1 (CM)
9 juin : France - Hongrie 3-0 (CM)
17 juin : France - Italie 2-0 (CM)
21 juin : France - Brésil 1-1 ap (CM)
25 juin : France - Allemagne 0-2 (CM)
28 juin : France - Belgique 4-2 ap (CM)
19 août : Suisse - France 2-0
10 septembre : Islande - France 0-0 (QCE)
11 octobre : France - URSS 0-2 (QCE)
19 novembre : RDA - France 0-0 (QCE)

Jean-Pierre Papin

Attaquant
54 sélections, 30 buts

Né le 5 novembre 1963 à Boulogne-sur-Mer (Pas-de-Calais)

Jean-Pierre Papin

Première sélection : 26 février 1986 à Paris, France - Irlande du Nord (0-0)

Dernière sélection : 18 janvier 1995 à Utrecht, Pays-Bas - France (0-1)

Clubs : 1985-1986 : FC Bruges (5 sélections) ▪ 1986-1992 : Olympique de Marseille (33 sélections) ▪ 1992-1994 : AC Milan (14 sélections) ▪ 1994-1995 : Bayern Munich (2 sélections)

Bilan : 29 victoires, 14 nuls, 11 défaites

C'est la curiosité de l'automne 1985 : il existe un autre Français évoluant à l'étranger que Michel Platini et qui marque des buts... Un inconnu de 22 ans nommé Jean-Pierre Papin, venu de Valenciennes, qui inscrit les trois buts du FC Bruges contre le Boavista Porto en Coupe UEFA, début octobre... Ce triplé tonique attire l'œil du sélectionneur Henri Michel qui après l'avoir vu ensuite en Espoirs, décide de tester cet avant-centre batailleur pour le match amical de février, préparatoire à la Coupe du monde 1986. Dans un Parc des Princes gelé par moins 10°, les Bleus butent sur l'Irlande du Nord (0-0) et le jeune Papin, associé à Platini et Rocheteau en attaque, ne parvient pas à trouver de faille dans la solide défense irlandaise malgré une grosse activité. Si Papin prend date ce jour-là avec les Bleus, c'est le forfait du Nantais José Touré qui lui ouvre les portes du Mondial, trois mois plus tard. Incorporé dans les 22, Papin qui jouait en D2 un an auparavant à Valenciennes, se retrouve titulaire pour le premier match des Bleus face au Canada ! Ce n'est que sa deuxième sélection, et il aurait pu devenir ce jour-là à Léon, le meilleur buteur de la compétition s'il avait converti toutes ses occasions... Il ne marque qu'une fois, à la 79e minute, de la tête à bout portant, sur une remise parfaite de Yannick Stopyra à la réception d'un long ballon de Luis Fernandez. Mais c'est un but qui compte car c'est le seul du match (1-0). Titulaire à nouveau pour les deux matches suivants, Papin perd sa place ensuite au profit de Rocheteau. Il ne revient que pour la « petite finale », contre la Belgique à Puebla où il réussit son deuxième but en cinq sélections. Pas mal pour ce débutant un peu pataud mais terriblement accrocheur. Transféré de Bruges à Marseille, Papin devient rapidement un habitué des rassemblements de l'équipe de France, mais alors que s'en sont allés Giresse, Rocheteau, Bossis puis Tigana et Platini, l'équipe de France ne lui permet pas de briller. Il faut attendre l'arrivée de Michel Platini comme sélectionneur en novembre 1988, pour que celui qui est devenu « JPP » à l'OM, où il est le meilleur buteur du championnat, s'impose vraiment en équipe de France. Et c'est son association avec Éric Cantona qui provoque l'étincelle. Ce duo d'attaquant fait des ravages, notamment lors des qualifications pour l'Euro 1992 : Papin marque neuf fois en huit matches ! Avec des buts plus spectaculaires les uns que les autres, il est devenu l'atout n° 1 des Bleus, presque une tactique à lui seul. Sacré Ballon d'or 1991, Papin inscrit durant l'Euro, les deux seuls buts de la France qui se loupe en Scandinavie. Il part ensuite au Milan AC, mais après six saisons marseillaises menées tambour battant, il peine à s'y faire une place aux côtés du Néerlandais Marco Van Basten. Et alors qu'il a été nommé capitaine des Bleus par Gérard Houllier, l'équipe de France déchire son billet pour le Mondial 1994 en perdant coup sur coup au Parc, contre Israël puis la Bulgarie, deux matches où il ne marque pas. Dépité, Papin annonce alors qu'il arrête l'équipe de France. Cependant au bout de cinq mois, il revient sur sa décision et fête sa 50e sélection contre le Chili, en mars 2014. Mais il ne joue plus que cinq fois sous la direction d'Aimé Jacquet. Il a migré au Bayern Munich durant l'été 1994, mais des blessures l'empêchent de performer comme avant. C'est son crépuscule, malgré trois derniers buts inscrits en 1994 qui portent son total à 30, comme Just Fontaine.

Matches joués : 1986 8 matches sur 13 ▪ **1987** 3 matches sur 6 ▪ **1988** 6 matches sur 9 ▪ **1989** 5 matches sur 7 ▪ **1990** 5 matches sur 8 ▪ **1991** 5 matches sur 6 ▪ **1992** 10 matches sur 11 ▪ **1993** 7 matches sur 8 ▪ **1994** 4 matches sur 9 ▪ **1995** 1 match sur 8 | **Buts : 1986** 2 ▪ **1988** 1 ▪ **1989** 3 ▪ **1990** 4 ▪ **1991** 7 ▪ **1992** 7 ▪ **1993** 3 ▪ **1994** 3 | **Titulaire :** 48 fois sur 54 | **Remplaçant :** 6 fois sur 54 (de Boli, Stopyra 2 fois, Fargeon, Ferreri, Cantona) | **Resté sur le banc :** 2 fois | **Resté en tribune :** 3 fois | **Capitaine :** 11 fois (39e-49e) | **Coupe du monde 1986 :** 4 matches sur 7 | **Championnat d'Europe 1992 :** 3 matches sur 3 | **Sélectionneurs :** Michel 16 fois, Platini 22 fois, Houllier 11 fois, Jacquet 5 fois

Bruno Martini

Gardien de but
19 sélections

Né le 25 janvier 1962 à Nevers (Nièvre), décédé le 20 octobre 2020 (58 ans)

Première présélection : 26 février 1986 à Paris, France - Irlande du Nord (0-0)

Première sélection : 12 août 1987 à Berlin, Allemagne - France (2-1)

Dernière sélection : 29 mai 1996 à Strasbourg, France - Finlande (2-0)

Dernière présélection : 26 juin 1996 à Manchester, France - République tchèque (0-0)

Clubs : 1985-1995 : AJ Auxerre (30 sélections) ▪ 1995-1996 : Montpellier HSC (1 sélection)

Bilan : 18 victoires, 8 nuls, 5 défaites

Aussi discret que Joël Bats à qui il a succédé dans les buts à Auxerre, Bruno Martini est un gardien qui rassure. Henri Michel l'appelle pour le poste de n° 2 en février 1986, parce qu'Albert Rust est indisponible, puis le convoque à nouveau après le Mondial pour une saison entière sur le banc de touche. Martini entre en jeu un an après, en fin de match contre l'Allemagne quand Joël Bats touché, doit quitter le terrain. Il est titularisé deux matches après, au Parc face à la Norvège, et concurrence désormais réellement Bats. Si bien qu'à partir de janvier 1988, c'est lui le titulaire dans les buts, Bats devenant n° 2. Mais en début de saison suivante, Bats reprend le pouvoir et Martini le costume de remplaçant, jusqu'à la fin de l'année 1989. Martini attaque la suivante à nouveau dans la peau du titulaire, et cette fois il le reste pendant trois ans, ne laissant sa place qu'une fois, à Gilles Rousset à Wembley. Mais à partir de la saison 1992-93, Martini voit arriver Bernard Lama qui brille dans les buts du Paris SG. Et qui lui prend sa place en début d'année 1993. Bruno Martini redevient alors n° 2 comme du temps de Bats, ne jouant que deux fois en quatre ans. Aimé Jacquet le conserve toutefois dans son groupe jusqu'à l'Euro 1996 où il porte son nombre de match vu du banc de touche à 45, un record alors.

Matches joués : 1986 - ▪ **1987** 2 matches sur 6 ▪ **1988** 4 matches sur 9 ▪ **1989** - ▪ **1990** 7 matches sur 8 ▪ **1991** 6 matches sur 6 ▪ **1992** 10 matches sur 11 ▪ **1993** 1 match sur 8 ▪ **1994** - ▪ **1995** - ▪ **1996** 1 match sur 14 | **Titulaire :** 30 fois sur 31 | **Remplaçant :** 1 fois sur 31 (de Bats) | **Resté sur le banc :** 45 fois | **Championnat d'Europe 1992 :** 3 matches sur 3 | **Championnat d'Europe 1996 :** 0 match sur 3 | **Sélectionneurs :** Michel 6 fois, Platini 19 fois, Houllier 5 fois, Jacquet 1 fois

Basile Boli

Basile Boli

Défenseur
45 sélections, 1 but

Né le 2 janvier 1967 à Abidjan (Côte d'Ivoire)

Première sélection : 19 août 1986 à Lausanne, Suisse - France (2-0)

Dernière sélection : 28 juillet 1993 à Caen, France - Russie (3-1)

Clubs : 1986-1990 : AJ Auxerre (21 sélections) ▪ 1990-1993 : Olympique de Marseille (24 sélections)

Bilan : 23 victoires, 12 nuls, 10 défaites

Derrière Bats et Ferreri, Basile Boli est le troisième Auxerrois à intégrer l'équipe de France, et comme eux, l'essayer, c'est l'adopter ! Ce défenseur encore un peu brut, passé par les Espoirs en 1984, arrive pour le premier match après la Coupe du monde et a un peu de mal à se situer dans une équipe qui a perdu de nombreux repères. En deux ans, il fait équipe en défense centrale successivement avec Patrick Battiston, Jean-François Domergue, Rémy Vogel, Didier Sénac, Sylvain Kastendeuch, Yvon Le Roux et Bernard Casoni. Pas facile d'installer une complicité dans ces circonstances, sous l'ère Henri Michel. Mais Michel Platini change encore, avec les arrivées de Laurent Blanc et Franck Sauzée, passant même à une défense centrale à trois... Mais Boli, lui, est toujours là, stoppeur de plus en plus solide au fil des mois, en canalisant sa puissance naturelle et compensant ainsi ses limites techniques. Son passage d'Auxerre à Marseille en 1990 le renforce et il ne manque plus un match pendant trois ans. En novembre 1990 à Tirana, il sort les Bleus d'embarras en marquant de la tête le seul but du match face à l'Albanie, à la réception d'un corner de Christian Perez. Pilier central de la défense française, Boli reste titulaire après l'Euro 1992, sous la direction de Gérard Houiller qui le fait jouer avec un nouveau partenaire, Alain Roche. Mais alors, qu'il vient d'offrir la Ligue des champions à Marseille au printemps 1993, Basile Boli se blesse pendant l'été. Sans lui, la France se fait éliminer de manière rocambolesque de la course au Mondial 1994, en perdant contre Israël puis la Bulgarie au Parc. Comme le sélectionneur, Basile Boli ne reviendra pas après cet incroyable échec.

Matches joués : 1986 4 matches sur 13 ▪ **1987** 5 matches sur 6 ▪ **1988** 7 matches sur 9 ▪ **1989** 1 match sur 7 ▪ **1990** 8 matches sur 8 ▪ **1991** 6 matches sur 6 ▪ **1992** 11 matches sur 11 ▪ **1993** 3 matches sur 8 | **But : 1990** 1 | **Titulaire :** 40 fois sur 45 | **Remplaçant :** 5 fois sur 45 (de Amoros 2 fois, Fernandez 2 fois, Casoni) | **Resté sur le banc :** 4 fois | **Championnat d'Europe 1992 :** 3 matches sur 3 | **Sélectionneurs :** Michel 15 fois, Platini 23 fois, Houllier 6 fois

Stéphane Paille

Attaquant
8 sélections, 1 but

Né le 27 juin 1965 à Scionzier (Haute Savoie), décédé le 27 juin 2017 (52 ans)

Première sélection : 10 septembre 1986 à Reykjavik, Islande - France (0-0)

Dernière sélection : 29 avril 1989 à Paris, France - Yougoslavie (0-0)

Dernière présélection : 18 novembre 1989 à Toulouse, France - Chypre (2-0)

Clubs : 1986-1989 : FC Sochaux (8 sélections) ▪ 1989-1990 : Montpellier SC (0 sélection)

Bilan : 1 victoire, 5 nuls, 2 défaites

Comme Yannick Stopyra en 1980, un jeune avant-centre sochalien rejoint les Bleus. Stéphane Paille a 19 ans et déjà offre de belles promesses avec son jeu de tête et son adresse devant les buts. Henri Michel le titularise en Islande pour le début des éliminatoires de l'Euro 1988, en duo avec Stopyra. Mais il est encore un peu juste pour ce niveau, et Sochaux descendant en Deuxième division, Michel ne fait plus appel à lui, le laissant à la disposition de l'équipe de France Espoirs dont il fait partie depuis deux ans déjà et dont il est devenu le leader. Sacré champion d'Europe de cette catégorie en octobre 1988, avec Sauzée, Angloma, Guérin, Despeyroux, Silvestre, Angloma, Blanc, Casoni, Stéphane Paille a réintégré l'équipe « A » en août 1988. Et il a marqué cette fois, d'une tête piquée face à la Tchécoslovaquie en amical au Parc. Après avoir été remplaçant les deux matches suivants à l'automne 1988, Michel Platini dès son arrivée à la tête des Bleus en fait son avant-centre titulaire. Mais au début de la saison suivante, c'est le duo Papin-Cantona qui a les faveurs du sélectionneur. Bien qu'il joue désormais avec Éric Cantona à Montpellier, Stéphane Paille reste sur le banc des remplaçants jusqu'à la fin de l'année 1989 et il n'est plus rappelé ensuite. Il ira de club en club sans jamais retrouver la tranquille aisance de ses débuts à Sochaux.

Matches joués : 1986 1 match sur 13 ▪ **1987** - ▪ **1988** 4 matches sur 9 ▪ **1989** 3 matches sur 7 | **But : 1988** 1 | **Titulaire :** 5 fois sur 8 | **Remplaçant :** 3 fois sur 8 (de Passi, Xuereb, Durand) | **Resté sur le banc :** 4 fois | **Sélectionneurs :** Michel 5 fois, Platini 3 fois.

Le onze qui va affronter le Brésil en quarts de finale du Mondial 1986, le 21 juin à Guadalajara : Michel Platini, Joël Bats, Manuel Amoros, Patrick Battiston, Maxime Bossis, Thierry Tusseau, Jean Tigana, Luis Fernandez, Alain Giresse, Dominique Rocheteau et Yannick Stopyra.

Gérald Passi

Milieu de terrain
11 sélections, 2 buts

Né le 21 janvier 1964 à Albi (Tarn)

Première présélection : 19 novembre 1986 à Leipzig, RDA - France (0-0)

Première sélection : 29 avril 1987 à Paris, France - Islande (2-0)

Dernière sélection : 22 octobre 1988 à Nicosie, Chypre - France (1-1)

Club : 1986-1988 : Toulouse FC (11 sélections)

Bilan : 5 victoires, 4 nuls, 2 défaites

Philippe Vercruysse peine à porter le n° 10 de Platini ou Giresse dans son dos lors des matches d'après-Mondial. Le subtil meneur de jeu de Toulouse, Gérald Passi, peut-il faire mieux ? Henri Michel veut voir cet ancien international Espoirs qui se montre très inspiré en championnat. Sur le banc en novembre 1986, Passi passe titulaire au match suivant, en avril 1987, aux côtés de Michel Platini dont c'est le 72e et denier match international. Auteur d'une première sortie correcte, Passi reste dans l'équipe jusqu'en septembre, mais blessé ensuite, il manque les matches d'octobre et novembre. Il démarre l'année 1988 à nouveau comme titulaire pour une série de matches amicaux, marquant chez lui à Toulouse contre la Suisse, de demi-volée, puis de la tête contre l'Espagne, à Bordeaux. Passi mène encore le jeu de l'équipe de France en début de saison 1988-89. Mais il ne va pas au bout du match catastrophique contre Chypre à Nicosie, laissant Vercruysse finir à sa place. C'est sa dernière sélection, car comme Henri Michel remercié après, il ne sera jamais rappelé ensuite.

Matches joués : 1986 - ▪ **1987** 4 matches sur 6 ▪ **1988** 7 matches sur 9 | **Buts : 1988** 2 | **Titulaire :** 11 fois sur 11 | **Resté sur le banc :** 1 fois | **Sélectionneur :** Michel 11 fois

1987

11 nouveaux joueurs

6 matches

29 avril : France - Islande 2-0 (QCE)
16 juin : Norvège - France 2-0 (QCE)
12 août : Allemagne - France 2-1
9 septembre : URSS - France 1-1 (QCE)
14 octobre : France - Norvège 1-1 (QCE)
18 novembre : France - RDA 0-1 (QCE)

Carmelo Micciche

Attaquant
2 sélections, 1 but

Né le 16 août 1963 à Uckange (Moselle)

Première sélection : 29 avril 1987 Paris, France - Islande (2-0)

Dernière sélection : 16 juin 1987 à Oslo, Norvège - France (2-0)

Club : 1986-1987 : FC Metz (2 sélections)

Bilan : 1 victoire, 1 défaite

On annonce un phénomène à Metz, un ailier droit à la vitesse supersonique, Carmelo Micciche. Henri Michel l'aligne au printemps pour deux matches éliminatoires de l'Euro 1988. Il ouvre le score contre l'Islande, à la réception d'une passe de Michel Platini qui dispute là son dernier match en Bleu, et il est passeur décisif sur le second but français, signé Stopyra. Mais la prestation de Micciche en Norvège ensuite est un peu décevante. Et à la rentrée, Michel préfère lancer cette fois Éric Cantona, alors qu'en octobre, Micciche se blesse gravement au genou et ne retrouvera jamais son niveau d'avant.

Matches joués : 1987 2 matches sur 6 | **But : 1987** 1 | **Titulaire :** 2 fois sur 2 | **Sélectionneur :** Michel 2 fois

Philippe Fargeon

Attaquant
7 sélections, 2 buts

Né le 24 juin 1964 à Ambilly (Haute-Savoie)

Première sélection : 16 juin 1987 à Oslo, Norvège - France (2-0)

Dernière sélection : 27 avril 1988 à Belfast, Irlande du Nord - France (0-0)

Club : 1986-1988 : Girondins de Bordeaux (7 sélections)

Bilan : 2 victoires, 3 nuls, 2 défaites

À Bordeaux, dans l'équipe de Lacombe, Battiston, Girard, Vercruysse, Ferreri et Tigana, un parfait inconnu marque but sur but à partir de la fin de l'année 86, 15 en 18 matches pour Philippe Fargeon qui devient le meilleur buteur du championnat ! C'est la sensation de la saison. Cet avant-centre d'allure plutôt frêle ne paie pas de mine, mais les chiffres parlent pour lui. Henri Michel tente l'expérience improbable d'en faire un international. Remplaçant, Fargeon joue le dernier quart d'heure en Norvège en juin, puis il est titulaire en septembre et octobre quand il marque contre la Norvège au Parc, justifiant sa réputation de chasseur de buts. Malgré l'élimination des Bleus de la course à l'Euro, Philippe Fargeon reste dans le groupe toute la saison, marquant contre la Suisse, à Toulouse, en match amical. Mais ses performances en club déclinant, il n'est plus revu après le printemps 88.

Matches joués : 1987 4 matches sur 6 ▪ **1988** 3 matches sur 9 | **Buts : 1987** 1 ▪ **1986** 1 | **Titulaire :** 4 fois sur 7 | **Remplaçant :** 3 fois sur 7 (de Micciche, Bijotat, Garande) | **Resté sur le banc :** 2 fois | **Sélectionneur :** Michel 7 fois

Éric Cantona

Attaquant
45 sélections, 20 buts

Né le 24 mai 1966 à Marseille (Bouches-du-Rhône)

Première sélection : 12 août 1987 à Berlin, Allemagne - France (2-1)

Dernière sélection : 18 janvier 1995 à Utrecht, Pays-Bas - France (0-1)

Clubs : 1987-1989 : AJ Auxerre (5 sélections) ▪ 1989-1990 : Montpellier HSC (8 sélections) ▪ 1990-1991 : Olympique de Marseille (5 sélections) ▪ 1991 : Nîmes Olympique (2 sélections) ▪ 1992 : Leeds United (9 sélections) ▪ 1992-1995 : Manchester United (16 sélections)

Bilan : 25 victoires, 13 nuls, 7 défaites

Après Boli, c'est au tour d'Éric Cantona d'enrichir le palmarès auxerrois en matière d'internationaux. Ce Méridional au sang chaud possède un talent rare et quelque chose d'insaisissable en lui. Comme chez les Espoirs, il réalise de bons matches, il passe en « A » sans attendre, à 21 ans. Débutant le premier match de la saison à Berlin, associé à Jean-Pierre Papin, Cantona marque le seul but français. Il joue quatre fois ensuite, il est déjà bien plus qu'un Espoir. Et il se vexe de ne pas être dans la première liste d'Henri Michel, en début de saison 1988-89. Il insulte grossièrement le sélectionneur lors d'une interview télévisée, et la sanction tombe logiquement : il est suspendu un an ! Mais alors qu'il est transféré à Montpellier pendant l'été 1989, comme Stéphane Paille, Michel Platini ne manque pas de le rappeler une fois sa peine purgée. Il en fait aussitôt le complément parfait de Jean-Pierre Papin. En août 1989, à Malmö, les deux compères marquent deux fois chacun contre les Suédois dans un match amical interrompu par un monumental orage. La foudre bleue est née, et pendant trois ans elle guide les Bleus. Si Cantona marque un peu moins de buts que Papin, il marque beaucoup quand même. Mais si son tempérament volcanique est apaisé en équipe de France, en club il n'en va pas de même. Il quitte Montpellier pour Marseille puis Nîmes, puis finit par quitter la France sur un nouveau coup de tête pour débarquer en Angleterre en début d'année 1992. À Leeds qu'il quitte au bout de dix mois, pour Manchester United. Instable en club, Cantona ne l'est pas en sélection. Gérard Houiller qui a

Bancs de touche

Être sur le banc des remplaçants et ne pas entrer en jeu est de plus en plus fréquent car on est passé de sélections de onze, puis seize joueurs, à vingt-trois ou vingt-six aujourd'hui. Le record du genre appartient à Steve Mandanda : 113 fois sélectionné sans jouer... Il devance trois autres gardiens Landreau (73), Coupet (49) et Areola (46).

succédé à Michel Platini après l'Euro 1992, s'appuie sur lui. Son influence est grandissante alors que celle de Papin commence à diminuer. C'est Cantona qui ouvre le score contre la Bulgarie en novembre 1993. On croit alors que la route vers les États-Unis est ouverte, mais les Bleus perdent à la dernière seconde... Pas de Coupe du monde pour les Bleus et Cantona, mais le brassard de capitaine lui revient à la reprise en février 1994. Aimé Jacquet, adjoint d'Houllier pense que c'est le meilleur moyen de canaliser cet attaquant toujours ombrageux qui s'impose en Angleterre comme le guide suprême de Manchester. Mais en février 1995, Cantona commet un geste fou en frappant violemment un supporter adverse après avoir été expulsé sur le terrain de Crystal Palace. Suspendu quelques mois, Cantona peut néanmoins jouer l'Euro 1996, en Angleterre. Aimé Jacquet ne le sélectionne pourtant pas, préférant privilégier les jeunes Youri Djorkaeff et Zinédine Zidane. Cantona ne verra pas non plus la Coupe du monde en 1998, puisqu'il se retire du jeu en juin 1997, à 31 ans, après un quatrième titre de champion d'Angleterre avec Manchester.

Eric Cantona

Matches joués : 1987 3 matches sur 6 ▪ **1988** 2 matches sur 9 ▪ **1989** 4 matches sur 7 ▪ **1990** 7 matches sur 8 ▪ **1991** 4 matches sur 6 ▪ **1992** 9 matches sur 11 ▪ **1993** 7 matches sur 8 ▪ **1994** 8 matches sur 9 ▪ **1995** 1 match sur 8 | **Buts : 1987** 1 ▪ **1989** 3 ▪ **1990** 6 ▪ **1991** 2 ▪ **1992** 2 ▪ **1993** 5 ▪ **1994** 1 | **Titulaire :** 45 fois sur 45 | **Resté sur le banc :** 2 fois | Capitaine : 9 fois (37e-45e) | **Championnat d'Europe 1992 :** 3 matches sur 3 | **Sélectionneurs :** Michel 5 fois, Platini 22 fois, Houllier 9 fois, Jacquet 9 fois

Jean-Philippe Rohr

Milieu de terrain
1 sélection

Né le 23 décembre 1961 à Metz (Moselle)

Première présélection : 12 août 1987 à Berlin, Allemagne - France (2-1)

Unique sélection : 9 septembre 1987 à Moscou, URSS - France (1-1)

Dernière présélection : 22 octobre 1988 à Nicosie, Chypre - France (1-1)

Club : 1987-1989 : AS Monaco (1 sélection)

Bilan : 1 nul

Le Messin Jean-Philippe Rohr a fait partie de l'expédition des JO de Los Angeles en 1984, sans avoir été international « A » avant, et ne l'a pas été juste après non plus. Jusqu'à ce qu'Henri Michel l'appelle en août 1987. À Monaco depuis un an, après une saison à Nice, Rohr est sur le banc des remplaçants à Berlin. Il l'est encore à Moscou un mois plus tard, et il entre en jeu cette fois, à la 74e minute, à la place de José Touré, le buteur du match. Rohr n'est pas revu avant un an. Présent lors des deux derniers matches dirigés par Henri Michel, il reste sur le banc de touche à nouveau et Michel Platini ne fera jamais appel à lui ensuite.

Match joué : 1987 1 match sur 6 ▪ **1988** - | **Titulaire :** 0 fois sur 1 | **Remplaçant :** 1 fois sur 1 (de Touré) | **Resté sur le banc :** 3 fois | **Sélectionneur :** Michel 1 fois

Rémy Vogel

Défenseur
1 sélection

Né le 26 novembre 1960 à Strasbourg (Bas-Rhin), décédé le 17 octobre 2016 (55 ans)

Unique sélection : 9 septembre 1987 à Moscou, URSS - France (1-1)

Club : 1987-1989 : AS Monaco (1 sélection)

Bilan : 1 nul

Ce solide Alsacien a quitté le RC Strasbourg durant l'été 1987 pour rejoindre, à 26 ans, Monaco où évoluent Amoros, Bijotat, Ettori, Bravo, Ferratge, Rohr, Bellone, et qu'entraîne Stefan Kovacs, l'ancien patron des Bleus. Patrick Battiston, Yvon

Le Roux et Alain Roche forfaits, Henri Michel décide le faire jouer en défense centrale, aux côtés de Basile Boli, à Moscou contre l'URSS en match de qualification pour l'Euro 1988 que la France ne doit pas perdre. La France ne perd pas (1-1) et Vogel, auteur d'une bonne prestation pour ses débuts, est convoqué le mois suivant. Mais blessé il doit déclarer forfait et on le reverra plus.

Match joué : 1987 1 match sur 6 | **Titulaire :** 1 fois sur 1 | **Sélectionneur :** Michel 1 fois

Luc Sonor

Défenseur
9 sélections

Né le 15 septembre 1962 à Basse-Terre (Guadeloupe)

Première sélection : 14 octobre 1987 à Paris, France - Norvège (1-1)

Dernière sélection : 29 avril 1989 à Paris, France - Yougoslavie (0-0)

Club : 1987-1989 : AS Monaco (8 sélections)

Bilan : 2 victoires, 6 nuls, 1 défaite

Un mois après Vogel, un autre défenseur Monégasque qui est appelé en Bleu, Luc Sonor. Passé de Metz à Monaco comme Rohr, ce Guadeloupéen et ancien attaquant, remplace William Ayache comme arrière droit. Pas très convaincant contre la Norvège au Parc, Sonor ne revient pas avant mars, et cette fois parvient à rester dans l'équipe, jusqu'au funeste match contre Chypre, à Nicosie après lequel il semble disparaître comme le sélectionneur. Michel Platini fait toutefois appel à lui, pour jouer dans une nouvelle défense à cinq où il évolue comme stoppeur. Un essai peu concluant et Sonor ne revient plus après la fin de saison 1988-89, les Marseillais Éric Di Meco et Manuel Amoros prenant les postes de latéraux.

Matches joués : 1987 1 match sur 6 ▪ **1988** 5 matches sur 9 ▪ **1989** 3 matches sur 7 | **Titulaire :** 9 fois sur 9 | **Sélectionneurs :** Michel 6 fois, Platini 3 fois

Marcel Dib

Milieu de terrain
6 sélections

Né le 10 avril 1960 à Marseille (Bouches-du-Rhône)

Première présélection : 14 octobre 1987 à Paris, France - Norvège (1-1)

Première sélection : 23 mars 1988 à Bordeaux, France - Espagne (2-1)

Dernière sélection : 24 janvier 1990 à Koweït-City, France - RDA (3-0)

Club : 1987-1990 : AS Monaco (6 sélections)

Bilan : 4 victoires, 1 nul, 1 défaite

La formation Monégasque inspire le sélectionneur Henri Michel : au tour de Marcel Dib d'être appelé. Relayeur efficace et combatif, il n'entre pas en jeu contre la Norvège, mais débute en mars 1988, en fin de match face à l'Espagne, en remplaçant Dominique Bijotat. Puis il revient comme titulaire en septembre, face la Norvège et Chypre, comme demi défensif. Michel Platini le conserve dans sa première équipe, qui joue à Belgrade, pour former le trio du milieu de terrain avec Jean Tigana et Franck Sauzée. Dib disparaît ensuite des listes, mais il fait partie de la tournée au Koweït du début d'année 1990. Il dispute les trois matches, deux officiels et un d'entraînement, mais c'est sans lendemain, son rôle revenant à Bernard Pardo.

Matches joués : 1987 - ▪ 1988 4 matches sur 9 ▪ **1989 - ▪ 1990** 2 matches sur 8 | **Titulaire :** 4 fois sur 6 | **Remplaçant :** 2 fois sur 6 (de Bijotat, Blanc) | **Resté sur le banc :** 2 fois | **Sélectionneurs :** Michel 3 fois, Platini 3 fois

Sylvain Kastendeuch

Défenseur
9 sélections

Né le 31 août 1963 à Hayange (Moselle)

Première sélection : 18 novembre 1987 à Paris, France - RDA (0-1)

Dernière sélection : 7 février 1989 à Dublin, Eire - France (0-0)

Dernière présélection : 8 mars 1989 à Glasgow, Écosse - France (2-0)

Club : 1987-1989 : FC Metz (9 sélections)

Bilan : 4 victoires, 3 nuls, 2 défaites

Dans la lignée de Patrick Battiston, voici Sylvain Kastendeuch, un défenseur lorrain de grande taille à la sobriété de bon aloi. Henri Michel le fait débuter dans le match crépusculaire de novembre 1987 qui marque la fin des éliminatoires ratés de l'Euro 1988. Un match contre la RDA, au Parc, qui se termine sur un but de Reiner Ernst à la 90e minute. Mais Kastendeuch conserve sa place dans le groupe et enchaîne les matches en défense centrale, avec Basile Boli, Yvon Le Roux ou Bernard Casoni. Il fait aussi partie de la première équipe alignée par Michel Platini, en Yougoslavie, en novembre 1988. Mais le nouveau sélectionneur, après l'avoir fait jouer libéro contre Arsenal en match d'entraînement, le décale comme arrière gauche dans une défense expérimentale à cinq contre l'Irlande, en amical à Dublin. Peu à son aise, Kastendeuch est sur le banc de touche à Glasgow au match suivant contre l'Écosse dans une rencontre décisive pour le Mondial 1990, et on ne le revoit plus en Bleu ensuite. Ce qui ne l'empêchera pas de jouer plus de 500 matches de Première division jusqu'en 2001, avec Metz, Saint-Étienne et Toulouse.

Matches joués : 1987 1 match sur 6 ▪ **1988** 7 matches sur 9 ▪ **1989** 1 match sur 7 | **Titulaire :** 8 fois sur 9 | **Remplaçant :** 1 fois sur 9 (de Boli) | **Resté sur le banc :** 3 fois | **Sélectionneurs :** Michel 7 fois, Platini 2 fois

Alain Roche

Défenseur
25 sélections, 1 but

Né le 14 octobre 1967 à Brive-la-Gaillarde (Corrèze)

Première présélection : 14 octobre 1987 à Paris, France - Norvège (1-1)

Première sélection : 19 novembre 1988 à Belgrade, Yougoslavie - France (3-2)

Dernière sélection : 26 juin 1996 à Manchester, France - République tchèque (0-0 ap)

Clubs : 1986-1989 : Girondins de Bordeaux (2 sélections) ▪ 1989-1990 : Olympique de Marseille ▪ 1990-1992 : AJ Auxerre ▪ 1992-1996 : Paris SG (23 sélections)

Bilan : 11 victoires, 9 nuls, 5 défaites

Bordeaux n'a que des internationaux dans ses rangs depuis plusieurs saisons. Et s'ils ne le sont pas encore, ils le deviennent. Henri Michel a bien repéré Alain Roche, défenseur central qui n'a pas 20 ans, et le sélectionne dès septembre 1987, pour jouer en URSS. Mais Roche déclare forfait. Michel le convoque le mois suivant, mais le laisse sur le banc face la Norvège. Jugé encore un peu jeune, Roche est envoyé en équipe Espoirs, avec Paille, Sauzée et Blanc. Il fait ses vrais débuts internationaux un an plus tard, avec Michel Platini comme sélectionneur pour son match inaugural à Belgrade, face à la Yougoslavie. Mais Roche et les Bleus laissent filer la victoire alors qu'ils menaient 2-1 à un quart d'heure de la fin. Roche remplace Franck Silvestre en fin de rencontre à Dublin ensuite, mais après il disparaît définitivement des listes de Platini. C'est Gérard Houllier qui relance Roche, dès sa prise de fonction après l'Euro 1992. Depuis sa dernière sélection, Roche est passé par Marseille puis Auxerre avant de rejoindre durant l'été le Paris SG où il arrive à maturité. Il commence donc à enchaîner les matches et devient titulaire en défense centrale avec Laurent Blanc. Le fiasco de France-Bulgarie en novembre 1993 ne compromet pas sa carrière internationale car Aimé Jacquet lui conserve sa confiance jusqu'à la fin de l'année 1995. Mais à l'approche du championnat d'Europe 1996, freiné par une blessure au dos, Roche devient remplaçant, Marcel Desailly et Laurent Blanc formant désormais la charnière centrale titulaire. Il n'est plus alors qu'un recours et s'il joue la demi-finale contre la République tchèque à Manchester, c'est parce que Desailly doit monter au milieu de terrain pour pallier l'absence de Deschamps blessé. Et il ne reviendra plus après l'Euro, victime cette fois d'une blessure au genou.

Matches joués : 1987 - ▪ **1988** 1 match sur 9 ▪ **1989** 1 match sur 7 ▪ **1990** - ▪ **1991** - ▪ **1992** 3 matches sur 11 ▪ **1993** 7 matches sur 8 ▪ **1994** 6 matches sur 9 ▪ **1995** : 3 matches sur 4 : **1996** ▪ 8 matches sur 14 | **But : 1993** 1 | **Titulaire :** 22 fois sur 25 | **Remplaçant :** 3 fois sur 25 (de F. Silvestre, Zidane, Angloma) | **Resté sur le banc :** 6 fois | **Capitaine :** 1 fois (21e) | **Championnat d'Europe 1996 :** 3 matches sur 5 | **Sélectionneurs :** Michel 0 fois, Platini 1 fois, Houllier 10 fois, Jacquet 14 fois

Bruno Germain

Milieu de terrain
1 sélection

Né le 28 avril 1960 à Orléans (Loiret)

Unique sélection : 18 novembre 1987 à Paris, France-RDA (0-1)

Club : 1987-1988 : RC Paris (1 sélection)

Bilan : 1 défaite

Venu d'Orléans et passé par Nancy, Bruno Germain a rejoint le Matra Racing en même temps que Gérard Buscher, Luis Fernandez et Pascal Olmeta en 1986. Il est appelé par Henri Michel pour le dernier match de l'année 1987. Milieu de terrain défensif côté gauche dans une équipe de France très expérimentale, il ne peut pas montrer grand-chose face à la RDA. Bien que réussissant ensuite une bonne carrière à Marseille de 1988 à 1991, on ne le reverra jamais en Bleu.

Match joué : 1987 1 match sur 6 | **Titulaire :** 1 fois sur 1 | **Sélectionneur :** Michel 1 fois

Bernard Pardo

Milieu de terrain
13 sélections

Né le 19 décembre 1960 à Gardanne (Bouches-du-Rhône)

Première présélection : 18 novembre 1987 à Paris, France - RDA (0-1)

Première sélection : 24 août 1988 à Paris, France - Tchécoslovaquie (1-1)

Dernière sélection : 29 février 1991 à Paris, France - Espagne (3-1)

Clubs : 1987-1989 : SC Toulon (1 sélection) ▪ 1989-1990 : Girondins de Bordeaux (8 sélections) ▪ 1990-1991 : Olympique de Marseille (4 sélections)

Bilan : 10 victoires, 3 nuls

Pascal Olmeta n'ayant finalement pas joué, Toulon n'a plus eu d'internationaux depuis Jean-Jacques Marcel en 1960. Bernard Pardo, milieu de terrain défensif, fait partie des nouveaux appelés à la rescousse en fin d'année par Henri Michel. Mais Sylvain Kastendeuch et Bruno Germain jouent, et lui reste sur la touche. Ce n'est que neuf mois plus tard, que le Toulonnais est rappelé pour former avec Despeyroux, Frank Sauzée et Gérald Passi, le milieu de terrain du début de saison. Peu concluant, cet essai n'est pas reconduit. Bernard Pardo revient, appelé cette fois par Michel Platini, alors qu'il a rejoint Bordeaux en juillet 1989 pour remplacer Jean Tigana parti à Marseille. Il forme cette fois avec Didier Deschamps un duo de demis défensifs plus convaincant. Il reste donc dans l'équipe toute la saison. Il entame la suivante de même, après avoir été transféré à Marseille où il retrouve Casoni, Papin, Cantona, Boli et Amoros, mais pas Deschamps qui a fait le chemin inverse. Mais Pardo se blesse gravement au genou en mars 1991 et disparaît alors définitivement de l'équipe.

Matches joués : 1987 - ▪ **1988** 1 match sur 9 ▪ **1989** 4 matches sur 7 ▪ **1990** 7 matches sur 8 ▪ **1991** 1 match sur 6 | **Titulaire :** 13 fois sur 13 | **Resté sur le banc :** 1 fois | **Sélectionneurs :** Michel 1 fois, Platini 12 fois

Bernard Pardo

1988

8 nouveaux joueurs
9 matches

27 janvier : Israël - France 1-1
2 février : France - Suisse 2-1
5 février : France - Maroc 2-1
23 mars : France - Espagne 2-1
27 avril : Irlande du Nord - France 0-0

24 août : France - Tchécoslovaquie 1-1
28 septembre : France - Norvège 1-0 (QCM)
22 octobre : Chypre - France 1-1 (QCM)
19 nov : Yougoslavie - France 3-2 (QCM)

Bernard Casoni

Défenseur
30 sélections

Né le 4 septembre 1961 à Valbonne (Alpes-Maritimes)

Première présélection : 27 janvier 1988 à Tel-Aviv, Israël - France (1-1)

Première sélection : 2 février 1988 à Toulouse, Franco - Suisse (2-1)

Dernière sélection : 14 novembre 1992 à Paris, France - Finlande (2-1)

Clubs : 1987-1988 : SC Toulon (3 sélections) ▪ 1988-1989 : RC Paris (3 sélections) ▪ 1989-1990 : SC Toulon (5 sélections) ▪ 1990-1992 : Olympique de Marseille (19 sélections)

Bilan : 18 victoires, 8 nuls, 4 défaites

Les performances de Toulon entraîné par Roland Courbis incitent Henri Michel à se pencher sur ses joueurs. Après Marcel Dib c'est Bernard Casoni qui est convoqué. International Espoirs depuis 1983, c'est un défenseur expérimenté à 27 ans, rigoureux, qui peut stabiliser la défense française. Sur le banc en Israël, Casoni débute comme arrière droit contre la Suisse, en remplaçant William Ayache, puis joue arrière gauche contre le Maroc, et enfin stoppeur contre l'Irlande du Nord. C'est son vrai poste, et il enchaîne jusqu'au match nul contre Chypre en octobre. Écarté de l'équipe de France ensuite, Michel Platini le reprend en fin d'année 89, et en fait un titulaire à partir du printemps suivant, quitte à le faire jouer parfois arrière gauche. Arrivé à Marseille à l'été 90, Casoni forme avec Boli, Amoros, Pardo, Papin et Cantona, l'ossature marseillaise de l'équipe qui se qualifie pour l'Euro 92. Après ce championnat d'Europe où la France échoue à se qualifier pour les demi-finales, Bernard Casoni reste titulaire jusqu'à la fin de l'année. Mais il ne revient pas ensuite, Alain Roche prenant sa place.

Matches joués : 1988 6 matches sur 9 ▪ **1989** 2 matches sur 7 ▪ **1990** 7 matches sur 8 ▪ **1991** 5 matches sur 6 ▪ **1992** 10 matches sur 11 | **Titulaire :** 28 fois sur 30 | **Remplaçant :** 2 fois sur 30 (d'Ayache, Le Roux) | **Resté sur le banc :** 4 fois | **Championnat d'Europe 1992 :** 3 matches sur 3 | **Sélectionneurs :** Michel 6 fois, Platini 21 fois, Houllier 3 fois

Pascal Despeyroux

Milieu de terrain, 3 sélections

Né le 17 novembre 1965 à Toulouse (Haute-Garonne)

Première sélection : 27 janvier 1988 à Tel-Aviv, Israël - France (1-1)

Dernière sélection : 24 août 1988 à Paris, France - Tchécoslovaquie (1-1)

Club : 1987-1989 : Toulouse FC (3 sélections)

Bilan : 1 victoire, 2 nuls

À la recherche de nouveaux joueurs capables de relancer l'équipe de France, Henri Michel teste le solide et énergique milieu de terrain toulousain Pascal Despeyroux, titulaire dans l'équipe de France Espoirs qui marche fort. Il remplace Luis Fernandez en cours de match contre Israël en début d'année puis joue deux fois titulaire avec son partenaire de club Gérald Passi, mais sans parvenir à se rendre indispensable.

Matches joués : 1988 3 matches sur 9 | **Titulaire :** 2 fois sur 3 | **Remplaçant :** 1 fois sur 3 (de Fernandez) | **Resté sur le banc :** 1 fois | **Sélectionneur :** Michel 3 fois

Jean-Philippe Durand

Milieu de terrain
26 sélections

Né le 11 novembre 1960, à Lyon (Rhône)

Première sélection : 23 mars 1988 à Bordeaux, France - Espagne (2-1)

Dernière sélection : 14 novembre 1992 à Paris, France - Finlande (2-1)

Clubs : 1987-1989 : Toulouse FC (5 sélections) ▪ 1989-1990 : Girondins de Bordeaux (7 sélections) ▪ 1990-1992 : Olympique de Marseille (14 sélections)

Bilan : 13 victoires, 7 nuls, 6 défaites

Après Pascal Despeyroux, c'est au tour d'un autre Toulousain, Jean-Philippe Durand d'être invité par Henri Michel à découvrir l'équipe de France. Bien que cinq ans plus âgé que lui, il peine aussi à s'y installer dans le contexte toujours chaotique de l'après-Platini. Mais c'est justement Michel Platini devenu sélectionneur qui relance ce milieu de terrain relayeur et travailleur, qu'il garde dans son groupe comme remplaçant sur plusieurs postes. Avant de le faire évoluer en milieu de terrain ou défenseur latéral gauche lors des éliminatoires de l'Euro 1992, alors qu'il a rejoint le clan des internationaux marseillais à l'été 1990. Comme Bernard Casoni, Jean-Philippe Durand reste dans l'équipe après le championnat d'Europe 1992 avec Gérard Houllier, mais sans aller au-delà de la fin de l'année.

Matches joués : 1988 2 matches sur 9 ▪ **1989** 2 matches sur 7 ▪ **1990** 4 matches sur 8 ▪ **1991** 6 matches sur 6 ▪ **1992** 10 matches sur 11 | **Titulaire :** 14 fois sur 24 | **Remplaçant :** 10 fois sur 24 (de Amoros 2 fois, Blanc, Angloma 2 fois, Fernandez 3 fois, Petit, Vahirua) | **Resté sur le banc :** 4 fois | **Championnat d'Europe 1992 :** 2 matches sur 3 | **Sélectionneurs :** Michel 2 fois, Platini 20 fois, Houllier 4 fois

Patrice Garande

Attaquant
1 sélection

Né le 27 novembre 1960 à Oullins (Rhône)

Unique sélection : 27 avril 1988 à Belfast, Irlande du Nord - France (0-0)

Club : 1987-1988 : AS Saint-Étienne (1 sélection)

Bilan : 1 nul

Patrice Garande a été le grand espoir de l'attaque stéphanoise à la fin des années 1970, après Laurent Roussey. Henri Michel l'a pris dans son équipe de France olympique en 1984 pour Los Angeles d'où il a ramené la médaille d'or, en compagnie des Xuereb, Brisson, Touré, Ayache, Jeannol, etc., après avoir terminé meilleur buteur du championnat avec Auxerre. Garande a mis du temps à vraiment percer ensuite, mais il arrive à émerger avec les Verts qu'il a retrouvés lors de la saison 1987-88. Henri Michel, devant se passer de Jean-Papin et Éric Cantona pour le dernier match amical de la saison, en Irlande du nord, l'associe à Yannick Stopyra. Mais Garande ne pèse pas beaucoup au Windsor Park de Belfast et est remplacé en fin de match par Philippe Fargeon. Pour les trois attaquants, c'est là leur dernière sélection, et donc pour Garande, l'unique.

Match joué : 1988 1 match sur 9 | **Titulaire :** 1 fois sur 1 | **Sélectionneur :** Michel 1 fois

Franck Sauzée

Milieu de terrain
39 sélections, 9 buts

Né le 28 octobre 1965 à Aubenas (Ardèche)

Première sélection : 24 août 1988 à Paris, France - Tchécoslovaquie (1-1)

Dernière sélection : 17 novembre 1993 à Paris, France - Bulgarie (1-2)

Clubs : 1988-1990 : Olympique de Marseille (14 sélections) ▪ 1990-1991 : AS Monaco (6 sélections) ▪ 1991-1993 : Olympique de Marseille (19 sélections)

Bilan : 21 victoires, 11 nuls, 7 défaites

C'est un des éléments clés de la réussite de l'équipe de France Espoirs 87-88, championne d'Europe, avec Éric Cantona et Stéphane Paille. Franck Sauzée est un milieu de terrain puissant et infatigable, mais descendu en D2 avec Sochaux en 1987, il n'est pas appelé tout de suite par Henri

Michel. Une fois le club du Doubs remonté en D1, Sauzée est transféré à Marseille et Henri Michel alors le sélectionne. Et il ne sort plus de l'équipe pendant six ans car Michel Platini et Gérard Houllier s'appuient sur lui pour bâtir leur équipe. Doté d'une bonne lecture du jeu et d'une grosse frappe de balle, Sauzée marque aussi à l'occasion, notamment à Belgrade pour le premier match de Platini sélectionneur, ou sur deux coups francs contre l'Albanie au Parc. Milieu de terrain en n° 6, 8 ou 10, Sauzée peut aussi jouer dans l'axe de la défense où son jeu de tête est précieux. En août 1993, à Solna, il croit avoir donné à la France son billet pour la Coupe du monde aux États-Unis en ouvrant le score à la 75e minute. Mais la France rejointe sur le fil, doit patienter. Sauzée marque à nouveau contre Israël au Parc, en octobre, mais la France perd le match dans les dernières minutes. Et il assiste impuissant à la remontée de balle bulgare au Parc un mois plus tard qui condamne la France à rester chez elle pendant le Mondial 1994. Des treize joueurs présents ce soir de novembre fatal, Frank Sauzée sera le seul à ne jamais rejouer en Bleu. C'était son souhait, mais, à 28 ans il aurait pu rejouer car Aimé Jacquet le voulait dans son équipe en reconstruction.

Matches joués : 1988 4 matches sur 9 ▪ **1989** 7 matches sur 7 ▪ **1990** 7 matches sur 8 ▪ **1991** 4 matches sur 6 ▪ **1992** 9 matches sur 11 ▪ **1993** 8 matches sur 8 | **Buts : 1988** 1 ▪ **1990** 1 ▪ **1991** 4 ▪ **1993** 3 | **Titulaire :** 38 fois sur 39 | **Remplaçant :** 1 fois sur 39 (de Blanc) | **Resté sur le banc :** 1 fois | **Capitaine :** 6 fois (17e, 18e, 23e-25e, 34e) | **Championnat d'Europe 1992 :** 2 matches sur 3 | **Sélectionneurs :** Michel 3 fois, Platini 24 fois, Houllier 12 fois

Jacky Paillard

Milieu de terrain
0 sélection

Né le 6 octobre 1962, à Laval (Mayenne)

Unique présélection : 24 août 1988 à Paris, France - Tchécoslovaquie (1-1)

Club : 1988-1989 : Toulouse FC

En rejoignant Toulouse en 1987, le Lavallois Jacky Paillard a changé de standing à 25 ans. Il côtoie désormais les internationaux du club, Bergeroo, Stopyra, Passi, Durand et Despeyroux et il est sélectionné dans l'équipe de France olympique, puis par Henri Michel pour le premier match de la saison 1988-89 en « A », au Parc des Princes contre la Tchécoslovaquie. Mais c'est Bernard Pardo qui joue, et Jacky Paillard ne sera pas rappelé par la suite.

Resté sur le banc : 1 fois

Christian Perez

Attaquant
22 sélections, 2 buts

Né le 13 mai 1963 à Marseille (Bouches-du-Rhône)

Première sélection : 19 novembre 1988 à Belgrade, Yougoslavie - France (3-2)

Dernière sélection : 17 juin 1992 Malmö, France - Danemark (1-2)

Dernière présélection : 27 mars 1993 à Vienne, Autriche - France (0-1)

Clubs : 1988-1992 : Paris SG (22 sélections) ▪ 1992-1993 : AS Monaco (0 sélection)

Bilan : 10 victoires, 7 nuls, 5 défaites

Michel Platini donnant sa première liste de sélectionnés, pour le match de qualification à la Coupe du monde contre la Yougoslavie, fait quelques innovations. Outre le rappel de Jean Tigana et la titularisation d'Alain Roche en défense, il lance Christian Perez, 25 ans. Le petit (1,64 m) ailier gauche du Paris SG, formé à Nîmes, vient d'arriver au PSG après une saison à Montpellier. Il ne perd pas de temps pour montrer toute sa virtuosité, en battant d'une frappe piquée le gardien yougoslave Tomislav Ivkovic dès la 3e minute après une longue diagonale de Tigana. Perez est aussi à l'origine du but de Sauzée qui redonne l'avantage aux Français à Belgrade. Examen de passage largement réussi pour « Pépé » qui devient au fil des mois le complément idéal de la paire Papin-Cantona en attaque, leur pourvoyeur de balles de but préféré avec douze passes décisives à son compteur. Mais il est aussi concurrencé par le Tahitien d'Auxerre Pascal Vahirua et Perez débute donc le championnat d'Europe 1992 comme remplaçant, n'étant titulaire que pour le dernier match, face au Danemark. Gérard Houllier le convoque dans sa première liste après l'Euro, mais Pérez, parti jouer à Monaco, reste sur la touche contre le Brésil, puis l'Autriche six mois plus tard. La page est donc tournée. Il sera en 1996, le premier international à partir jouer en Chine, à Shanghai.

Christian Perez

Matches joués : 1988 1 match sur 9 ▪ **1989** 6 matches sur 7 ▪ **1990** 4 matches sur 8 ▪ **1991** 4 matches sur 6 ▪ **1992** 7 matches sur 11 ▪ **1993** - | **Buts : 1988** 1 ▪ **1991** 1 | **Titulaire :** 16 fois sur 22 | **Remplaçant :** 6 fois sur 22 (de Xuereb, Durand, Cocard, Vahirua 2 fois, Fernandez) | **Resté sur le banc :** 3 fois | **Championnat d'Europe 1992 :** 3 matches sur 3 | **Sélectionneurs :** Platini 22 fois, Houiller 0 fois

Éric Guérit

Milieu de terrain
0 sélection

Né le 21 juillet 1964 à Niort (Deux-Sèvres)

Unique présélection : 19 novembre 1988 à Belgrade, Yougoslavie - France (3-2)

Club : 1988-1989 : OGC Nice

Avec Alain Roche et Christian Pérez, Éric Guérit est la troisième nouveauté apportée par Michel Platini dans l'effectif de l'équipe de France après le renvoi d'Henri Michel. Mais le Niçois ne fait, lui, que passer : sur le banc des remplaçants à Belgrade, il ne sera jamais revu.

Resté sur le banc : 1 fois

1989

8 nouveaux joueurs
7 matches

7 février : Eire - France 0-0
8 mars : Écosse - France 2-0 (QCM)
29 avril : France - Yougoslavie 0-0 (QCM)
16 août : Suède - France 2-4
5 septembre : Norvège - France 1-1 (QCM)
11 octobre : France - Écosse 3-0 (QCM)
18 novembre : France - Chypre 2-0 (QCM)

Laurent Blanc

Milieu de terrain puis défenseur
97 sélections, 16 buts

Né le 19 novembre 1965 à Alès (Gard)

Première sélection : 7 février 1989 à Dublin, Eire - France (0-0)

Dernière sélection : 2 septembre 2000, à Saint-Denis, France - Angleterre (1-1)

Clubs : 1989-1991 : Montpellier HSC (15 sélections) ▪ 1991-1992 : SS Naples (12 sélections) ▪ 1993 : Nîmes Olympique (3 sélections) ▪ 1993-1995 : AS Saint-Étienne (15 sélections) ▪ 1995-1996 : AJ Auxerre (9 sélections) ▪ 1996-1997 : FC Barcelone (7 sélections) ▪ 1997-1999 : Olympique de Marseille (20 sélections) ▪ 1999-2000 : Inter Milan (16 sélections)

Bilan : 62 victoires, 25 nuls, 10 défaites

Palmarès : Champion du monde 1998, Champion d'Europe 2000

C'était le meneur de jeu de l'équipe de France Espoirs, championne d'Europe en octobre 1988 à Besançon, derrière le duo Paille-Cantona, et aux côtés de Despeyroux et Sauzée en milieu de terrain. Laurent Banc est un n° 10 élégant, technique, complet, clairvoyant, mais jugé inconstant. Michel Platini le sélectionne en début d'année, avec Philippe Vercruysse, l'un des n° 10 qui a pris sa succession depuis 1986. Blanc est titulaire en amical en Irlande, Vercruysse le remplace en fin de match et c'est la dernière fois qu'on voit le Marseillais en match officiel avec les Bleus. Blanc, lui, a encore de l'avenir, mais pas exactement comme on le croit : un an plus tard, il est remplaçant, chez lui à Montpellier, pour la venue de l'Allemagne, toujours en amical. Il entre en jeu à la 49e minute, à la place de Basile Boli et joue libero... S'il évolue encore milieu de terrain par la suite, une idée est née. Et à partir de février 1991, Laurent Blanc est le libero de l'équipe de France qui se qualifie brillamment pour l'Euro 1992 en remportant tous ses matches. Une position qui ne l'empêche pas de marquer des buts et de participer au jeu. Parti une saison à Naples, Blanc conserve son poste de défenseur-organisateur de l'arrière et s'y perfectionne. Gérard Houllier, après l'Euro en Suède, perpétue ce placement. Et c'est dans cette position que Blanc tente un tacle désespéré sur Émile Kostadinov qui crucifie l'équipe de France au Parc, en novembre 1993. C'est sa 35e sélection, et on peut se demander si ce n'est pas la dernière. Il hésite à revenir, Aimé Jacquet ne le convoque pas tout de suite, puis l'écarte à la fin de l'année 1995. Mais Blanc se relance alors avec Auxerre. Le club bourguignon lui redonne le tonus de ses débuts, et il récupère une place de titulaire juste à temps pour l'Euro 1996. En préparation, Blanc marque un but à Stuttgart qui donne une victoire prestigieuse à la France contre l'Allemagne future championne d'Europe et dès lors il ne quitte plus les Bleus. Il est la clé de voûte de la défense française qui se solidifie, match après match, avec Marcel Desailly, Lilian Thuram et Bixente Lizarazu autour de lui. Homme efficace et courtois, il est pour ses coéquipiers, le « Président », la garantie des bases arrières. Blanc, passé par Barcelone et désormais ancré à Marseille attaque le Mondial 98 en leader de l'équipe de France, au même titre que Didier Deschamps et Marcel Desailly. En 8e de finale, durant la prolongation face au Paraguay, il monte à l'assaut du but gardé par José Luis Chilavert et inscrit le « but en or » qui soulage toute la France. À jamais, il est héros de Lens. Hélas en demi-finale, il est victime d'une simulation du Croate Slaven Bilić qui lui vaut un carton rouge et le prive de la finale. Une injustice énorme, à peine réparée deux ans plus tard par le titre de champion d'Europe. Laurent Blanc est toujours aux commandes de la défense française, lors de l'Euro 2000 qui se dispute aux Pays-Bas et en Belgique. Il marque un but contre le Danemark pour le premier match et joue cette fois la finale, remportée au bout du suspense contre l'Italie, sur un nouveau « but en or », cette fois de David Trezeguet. Saveur particulière pour Blanc qui joue de nouveau dans le Calcio, avec l'Inter Milan. Il met fin à sa carrière en même temps que Deschamps, en septembre 2000 à l'occasion d'un match amical contre l'Angleterre, pour sa 97e sélection. Mais pas à sa carrière qu'il prolonge avec Manchester United jusqu'en 2003. Devenu entraîneur, champion de France avec Bordeaux en 2009, il acceptera le poste de sélectionneur après la débâcle honteuse de l'équipe de France en Afrique du Sud. Poste qu'il n'occupera que moins de deux ans, le temps de qualifier les Bleus pour l'Euro 2012 en Ukraine et d'y figurer honorablement jusqu'aux quarts de finale, face à l'Espagne.

Laurent Blanc

Matches joués : 1989 6 matches sur 7 ▪ **1990** 7 matches sur 8 ▪ **1991** 6 matches sur 6 ▪ **1992** 8 matches sur 11 ▪ **1993** 8 matches sur 8 ▪ **1994** 7 matches sur 9 ▪ **1995** 4 matches sur 8 ▪ **1996** 10 matches sur 14 ▪ **1997** 7 matches sur 8 ▪ **1998** 13 matches sur 18 ▪ **1999** 9 matches sur 11 ▪ **2000** 12 matches sur 17 | Buts : **1989** 1 ▪ **1990** 1 ▪ **1991** 2 ▪ **1993** 3 ▪ **1994** 1 ▪ 1996 3 ▪ **1998** 3 ▪ **2000** 2 | **Titulaire** : 91 fois sur 97 | **Remplaçant** : 6 fois sur 97 (de Ferreri 2 fois, Perez, Boli, Sauzée,

Fournier) | Resté sur le banc : 10 fois | **Capitaine :** 4 fois (54e, 58e, 59e, 82e) | **Championnat d'Europe 1992 :** 3 matches sur 3 | **Championnat d'Europe 1996 :** 4 matches sur 5 | **Coupe du monde 1998 :** 6 matches sur 7 | **Championnat d'Europe 2000** : 5 matches sur 6 | **Sélectionneurs :** Platini 25 fois, Houllier 12 fois, Jacquet 39 fois, Lemerre 23 fois

Franck Silvestre

Défenseur, 11 sélections

Né le 5 avril 1967 à Paris

Première sélection : 7 février 1989 à Dublin, Eire - France (0-0)

Dernière sélection : 27 mai 1992 à Lausanne, Suisse - France (2-1)

Dernière présélection : 8 septembre 1993 à Tempere, Finlande - France (0-2)

Clubs : 1988-1993 : FC Sochaux (11 sélections) ▪ 1993-1994 : AJ Auxerre (0 sélection)

Bilan : 7 victoires, 2 nuls, 2 défaites

Défenseur central souple et accrocheur, membre comme Laurent Blanc de l'équipe de France Espoirs championne d'Europe 1988, Franck Silvestre est appelé en même temps que lui pour le premier match de l'année, par Michel Platini. Le Sochalien joue ensuite en défense centrale contre Arsenal en match d'entraînement, puis contre l'Écosse, avant de laisser sa place à Basile Boli. Mais il revient en fin d'année pour occuper cette fois le poste d'arrière droit. Mais Boli et Bernard Casoni deviennent incontournables et c'est le poste de remplaçant qui est le sien à partir de l'été 1990, C'est en tant que tel qu'il est sélectionné pour l'Euro 1992. Logiquement, en Suède Franck Silvestre n'entre pas en jeu. Gérard Houllier ne change pas son statut ensuite et après six matches passés sur le banc de touche, ne jouant qu'un match non officiel contre Lyon, il ne reviendra plus, bien qu'étant performant avec Auxerre. Son cousin Mikaël Silvestre sera international de 2001 à 2006.

Matches joués : 1989 5 matches sur 7 ▪ **1990** 4 matches sur 8 ▪ **1991** 1 match sur 6 ▪ 1992 1 match sur 11 ▪ 1993 - | **Titulaire :** 6 fois sur 11 | **Remplaçant :** 5 fois sur 11 (de Le Roux, Sauzée, Vahirua, Casoni, Boli) | **Resté sur le banc :** 14 fois | **Championnat d'Europe 1992 :** 0 match sur 3 | **Sélectionneurs :** Platini 11 fois, Houllier 0 fois

Thierry Laurey

Milieu de terrain
1 sélection

Né le 17 février 1964 Troyes (Aube)

Unique sélection : 8 mars 1989 à Glasgow, Écosse - France (2-0)

Dernière présélection : 29 avril 1989 à Paris, France - Yougoslavie (0-0)

Club : 1988-1989 : FC Sochaux (1 sélection)

Bilan : 1 défaite

Après Paille, Sauzée et Silvestre un autre Sochalien est appelé en équipe de France, mais sans avoir été formé au club, lui. Thierry Laurey, qui vient de Montpellier et Marseille, est un milieu de terrain relayeur talentueux qui en l'absence de Jean Tigana se retrouve à débuter dans le chaudron d'Hampden Park face à l'Écosse, lors des qualifications pour le Mondial 1990. La nette défaite des Bleus (2-0), victimes d'un doublé du Nantais Mo Johnstone, ne condamne pas Laurey qui est sélectionné pour le match suivant. Mais au Parc, il reste sur le banc des remplaçants d'où il voit sortir le jeune Didier Deschamps qui deviendra vite titulaire alors que lui ne sera plus appelé.

Match joué : 1988 1 match sur 7 | **Titulaire :** 1 fois sur 1 | **Resté sur le banc :** 1 fois | **Sélectionneur :** Platini 1 fois

Didier Deschamps

Milieu de terrain
103 sélections, 4 buts

Né le 15 octobre 1968 à Bayonne (Pyrénées-Atlantiques)

Première sélection : 29 avril 1989 à Paris, France - Yougoslavie (0-0)

Dernière sélection : 2 septembre 2000 à Saint-Denis, France - Angleterre (1-1)

Clubs : 1988-1989 : FC Nantes (5 sélections) ▪ 1990-1991 : Olympique de Marseille (20 sélections) ▪ 1991-1992 : Girondins de Bordeaux (5 sélections) ▪ 1992-1994 : Olympique de Marseille (29 sélections) ▪ 1994-1999 : Juventus Turin (46 sélections) ▪ 1999-2000 : FC

Chelsea (16 sélections) ▪ 2000-2001 : Valence CF (2 sélections)

Bilan : 68 victoires, 23 nuls, 12 défaites

Palmarès : Champion du monde 1998, Champion d'Europe 2000

Le petit Basque du FC Nantes est un joueur précoce, capitaine des Canaris à 20 ans. Prévu pour le match d'avril des Espoirs avec lesquels il est titulaire depuis le début de la saison, il est rapatrié en « A » à la suite du forfait de Daniel Bravo. Michel Platini le fait entrer en fin de match contre la Yougoslavie au Parc, dans un match de qualification pour le Mondial 1990 qui s'éloigne pour la France. Deschamps remplace alors Daniel Xuereb, qu'on ne reverra plus. On ne le sait pas, mais c'est le passage de témoin d'une génération qui n'a pas réussi en équipe de France à une qui va tout gagner... Dès la reprise, en août 1990, Deschamps passe titulaire au milieu de terrain. Sur ses quatre sélections d'ici à la fin d'année, il marque deux fois, confirmant son aplomb. Dès lors, sa place est faite, celle d'un régulateur indispensable du jeu. Deschamps dispute tous les matches de qualification à l'Euro 1992 et est titulaire en Suède, puis tous ceux pour le Mondial 1994, et ne peut que constater les dégâts le soir du 17 novembre 1993 où la Bulgarie renvoie les Bleus à leurs études. Aimé Jacquet, qui a été l'adjoint de Gérard Houllier pendant deux ans, a bien compris le rôle essentiel que Deschamps peut jouer sur et en dehors du terrain pour fédérer une équipe. Il commence à en faire son capitaine quand Éric Cantona n'est pas là, avant de l'introniser définitivement avant l'Euro 1996, de préférence à Laurent Blanc ou Marcel Desailly. Passé de Nantes à Marseille puis à la Juventus de Turin, Didier Deschamps gagne partout où il passe en club. En 1993, c'est lui qui a soulevé en premier la Coupe d'Europe arrachée par l'OM au Milan AC. Métronome de l'équipe de Jacquet, il n'est pas le plus brillant, mais le plus constant, le plus sûr. Blessé, il ne peut pas disputer la demi-finale du championnat d'Europe à Manchester contre la République tchèque, et la France perd, aux tirs au but, un morne duel qu'elle aurait pu remporter. Mais après la mortification ressentie au soir de France-Bulgarie, cet Euro a ranimé la flamme del'équipe de France, symbolisée par Deschamps qui la mène au triomphe de 1998. Une Coupe du monde où il joue à plein son rôle de leader, jusqu'en finale où il dirige la manœuvre sans Laurent Blanc, suspendu, puis sans Marcel Desailly, expulsé en fin de match... Sur sa lancée, Deschamps reste l'incontournable joueur de l'équipe de Roger Lemerre, même si ses forces diminuent et son rendement avec. Mais il ne cède pas la place malgré les montées en puissance de Patrick Vieira et Emmanuel Petit. Capitaine de la finale de l'Euro 2000, il soulève un nouveau trophée majeur. Mais quelques minutes après la finale, sur la pelouse du Feyenoord de Rotterdam, épuisé physiquement et psychologiquement par des années de combats, il annonce à son sélectionneur qu'il arrête avec l'équipe de France. Il ne joue plus que deux fois, sortant à la 57e minute avec Laurent Blanc, au Stade de France lors d'un match amical contre l'Angleterre en septembre 2000. Une belle révérence après avoir porté à 103 le record de sélections, ayant dépassé les 82 de Manuel Amoros en mars 1999 et battu le record de capitanat de Michel Platini. Douze ans plus tard, il deviendra le sélectionneur des Bleus, à la suite de Laurent Blanc. Après les avoir conduits jusqu'en finale de l'Euro 2016, il les mènera sur le toit du monde à Moscou en remportant le Mondial 2018, face à la Croatie. Un incroyable destin en Bleu.

Matches joués : 1989 5 matches sur 7 ▪ **1990** 6 matches sur 8 ▪ **1991** 6 matches sur 6 ▪ **1992** 11 matches sur 11 ▪ **1993** 8 matches sur 8 ▪ **1994** 4 matches sur 9 ▪ **1995** 5 matches sur 8 ▪ **1996** 12 matches sur 14 ▪ **1997** 6 matches sur 8 ▪ **1998** 17 matches sur 18 ▪ **1999** 9 matches sur 11 ▪ **2000** 14 matches sur 17 | **Buts : 1989** 2 ▪ **1990** 1 ▪ **1997** 1 | **Titulaire :** 95 fois sur 103 | **Remplaçant :** 8 fois sur 103 (de Xuereb, Pardo, Vahirua 2 fois, Fernandez, Micoud 2 fois, Vieira) | **Resté sur le banc :** 4 fois | **Capitaine :** 53 fois (38e, 41e, 49e-88e, 90e-94e, 96e-97e, 99e-103e) | Championnat d'Europe 1992 : 3 matches sur 3 | **Championnat d'Europe 1996 :** 4 matches sur 5 | **Coupe du monde 1998 :** 6 matches sur 7 | **Championnat d'Europe 2000 :** 6 matches sur 6 | **Sélectionneurs :** Platini 24 fois, Houiller 12 fois, Jacquet 40 fois, Lemerre 27 fois

Christophe Cocard

Attaquant
9 sélections, 1 but

Né le 23 novembre 1967 à Bernay (Eure)

Première sélection : 29 avril 1989 à Paris, France - Yougoslavie (0-0)

Dernière sélection : 5 septembre 1995 à Auxerre, France - Azerbaïdjan (10-0)

Club : 1988-1995 : AJ Auxerre (9 sélections)

Bilan : 4 victoires, 2 nuls, 3 défaites

C'est un petit ailier droit de 21 ans, international Espoirs, qui fait merveille en championnat, et Michel Platini veut le tester au niveau supérieur. Christophe Cocard entre en seconde mi-temps au Parc, face aux Yougoslaves de France, Safet Susić, Faruk Hadzibegić, Mehmet Bazdarević, Zlatko et Zoran Vujović, qui sont en train d'éliminer la France du Mondial 1990. Une entrée moins remarquée que celle de Didier Deschamps une demi-heure plus tard. Mais Platini ne perd pas Cocard de vue. Il le titularise en mars 1991 contre l'Albanie, toujours au Parc, en compagnie de Pascal Vahirua, l'autre ailier auxerrois, le gauche. Cocard obtient un penalty et sert Papin sur le quatrième des cinq buts français. Il est encore titulaire à l'automne, à Bratislava, où les Français s'imposent 2-1 face aux Tchécoslovaques, et il gagne ainsi sa place dans le groupe pour l'Euro 1992. En Suède, Cocard entre en jeu lors du dernier match face au Danemark, à la place de Christian Pérez en fin de rencontre. Gérard Houllier le fait jouer pour sa première sortie à la tête des Bleus, au Parc face au Brésil en amical. Mais ne le conserve pas ensuite. Aimé Jacquet par contre est sensible à ses talents, et le sélectionne à nouveau. En septembre 1995, Cocard peut ainsi entrer en jeu dans ce qui est le premier match de l'équipe de France à Auxerre. Et il marque contre l'Azerbaïdjan le 10e et dernier but du score fleuve réussi par les Bleus sur le chemin de la qualification l'Euro 1996. Mais il ne sera pas de l'aventure, Jacquet lui préférant ensuite Patrice Loko.

Matches joués : 1989 1 match sur 7 ▪ **1990** - ▪ **1991** 2 matches sur 6 ▪ **1992** 3 matches sur 11 ▪ **1993** - ▪ **1994** 1 match sur 9 ▪ **1995** 2 matches sur 8 | **But : 1995** 1 | **Titulaire :** 5 fois sur 9 | **Remplaçant :** 4 fois sur 9 (de Durand, Cantona, Pérez, Dugarry) | **Resté sur le banc :** 9 fois | **Championnat d'Europe 1992 :** 1 match sur 3 | **Sélectionneurs :** Platini 5 fois, Houllier 1 fois, Jacquet 3 fois

Éric Di Meco

Éric Di Meco

Défenseur
23 sélections

Né le 7 avril 1963 Avignon (Vaucluse)

Première sélection : 16 août 1989 à Solna, Suède - France (2-4)

Dernière sélection : 10 juin 1996 à Newcastle, France - Roumanie (1-0)

Dernière présélection : 26 juin 1996 à Manchester, France - République tchèque (0-0 ap)

Clubs : 1989-1994 : Olympique de Marseille (9 sélections) ▪ 1994-1996 : AS Monaco (13 sélections)

Bilan : 18 victoires, 5 nuls

Ancien attaquant reconverti arrière latéral, Éric Di Meco, 26 ans, est un dur de la défense marseillaise. Michel Platini en fait le successeur à gauche de Manuel Amoros qu'il a déplacé à droite de sa défense, pendant sa première saison complète à la tête des Bleus. Éric Di Meco occupe le poste sans faillir, mais une blessure au genou l'écarte de la suite. C'est Aimé Jacquet qui fait de nouveau appel à lui, près de quatre ans plus tard. Toujours aussi rude, Di Meco, qui passe de l'OM à Monaco durant l'été 1994, s'installe à nouveau au poste d'arrière gauche qu'il tient durant toute la campagne de qualification pour l'Euro 1996. Mais il doit céder sa place à Bixente Lizarazu à la

68e minute du premier match contre la Roumanie, à Newcastle. Et à 33 ans, il ne la retrouve plus ensuite, se contentant d'être à ce jour celui qui a joué le plus de matches en équipe de France sans connaître la moindre défaite...

Matches joués : 1989 3 matches sur 7 ▪ **1990** 3 matches sur 8 ▪ **1991** - ▪ **1992** - ▪ **1993** - ▪ **1994** 7 matches sur 9 ▪ **1995** 5 matches sur 8 ▪ **1996** 5 matches sur 14 | **Titulaire :** 22 fois sur 23 | **Remplaçant :** 1 fois sur 23 (de Papin) | **Resté sur le banc :** 7 fois | **Expulsion :** 1 fois | **Capitaine :** 2 fois (17e, 20e) | **Championnat d'Europe 1996 :** 1 match sur 5 | **Sélectionneurs :** Platini 6 fois, Houllier 0 fois, Jacquet 17 fois

Gilles Rousset

Gardien de but
2 sélections

Né le 22 août 1963 à Hyères (Var)

Première présélection : 16 août 1989 à Malmö, Suède - France (2-4)

Première sélection : 21 janvier 1990 à Koweït-City, Koweït - France (0-1)

Dernière sélection : 19 février 1992 à Wembley, Angleterre - France (2-0)

Dernière présélection : 17 juin 1992 à Malmö, France - Danemark (1-2)

Clubs : 1989-1991 : FC Sochaux (1 sélection) ▪ 1991-1992 : Olympique Lyonnais (1 sélection)

Bilan : 1 victoire, 1 défaite

Ayant pris la relève de Joël Bats, Bruno Martini est à son tour un gardien indétrônable des Bleus. Mais il a un concurrent avec le Lyonnais Gilles Rousset, l'ancien gardien des Espoirs saison 1984-85, arrive de Sochaux où il avait succédé à Albert Rust en 1987. Michel Platini le prend comme n°2 après Bats dont la fin de règne approche au début de la saison 1989-90. Il l'emmène dans la tournée au Koweït du début d'année 1990 et le fait débuter ainsi en alternance de Martini sur les deux matches officiels. Mais le grand Rousset (1,92 m) reste ensuite le n°2 derrière Martini pendant trois ans, ne rejouant qu'un seul match, à Wembley face l'Angleterre où il s'incline deux fois, face à Alan Shearer et Gary Lineker, les deux « gâchettes » anglaises. Gilles Rousset est encore présent à l'Euro en Suède, mais sans jouer. Ensuite, Gérard Houllier préférera faire appel à Bernard Lama pour seconder Bruno Martini, et le Parisien réussira à lui ravir la place.

Matches joués : 1989 - ▪ **1990** 1 match sur 8 ▪ **1991** - ▪ **1992** 1 match sur 11 | **Titulaire :** 2 fois sur 2 | **Resté sur le banc :** 20 fois | **Championnat d'Europe 1992 :** 0 match sur 3 | **Sélectionneur :** Platini 2 fois

Rémi Garde

Milieu de terrain
6 sélections

Né le 3 avril 1966 à L'Arbresle (Rhône)

Première présélection : 18 novembre 1989 à Toulouse, France - Chypre (2-0)

Première sélection : 21 janvier 1990 à Koweït-City, Koweït - France (0-1)

Dernière sélection : 27 mai 1992 à Lausanne, Suisse - France (2-1)

Dernière présélection : 28 juillet 1993 à Caen, France - Russie (3-1)

Club : 1989-1994 : Olympique Lyonnais (6 sélections)

Bilan : 5 victoires, 1 défaite

Rémi Garde

C'est un talentueux milieu de terrain qu'a repéré Michel Platini à Lyon. Rémi Garde, malgré un physique discret, possède un gros volume de jeu comme relayeur. Remplaçant pour le dernier match de l'année 1989, il fait partie de la tournée au Koweït en janvier 1990 et il est ensuite titulaire en février, entre Deschamps et Pardo, contre l'Allemagne en amical à Montpellier. Mais des blessures à répétition et le retour de Luis Fernandez le repoussent un temps. Garde revient comme remplaçant à l'automne 1991, et peut faire ainsi partie des 20 sélectionnés pour l'Euro 1992 en Suède. Mais il reste sur le banc des remplaçants, comme Silvestre et Rousset. Gérard Houllier fait appel à lui un an plus tard, sans le faire jouer, et ne le sélectionnera plus ensuite. Après avoir migré à Strasbourg, Rémi Garde rejoindra en 1996 Arsenal comme tête de pont de la colonie française et il deviendra le premier joueur étranger à porter le brassard de capitaine.

Matches joués : 1989 - ▪ **1990** 3 matches sur 8 ▪ **1991** 2 matches sur 6 ▪ **1992** 1 match sur 11 ▪ 1993 - | **Titulaire :** 2 fois sur 6 | **Remplaçant :** 4 fois sur 6 (de Ferreri, Perez, Amoros, Sauzée) | **Resté sur le banc :** 8 fois | **Championnat d'Europe 1992 :** 0 match sur 3 | **Sélectionneurs :** Platini 6 fois, Houllier 0 fois

1990

6 nouveaux joueurs
8 matches

21 janvier : Koweït - France 0-1
24 janvier : France - RDA 3-0
28 février : France - Allemagne 2-1
28 mars : Hongrie - France 1-3
15 août : France - Pologne 0-0
5 septembre : Islande - France 1-2 (QCE)
13 oct : France - Tchécoslovaquie 2-1 (QCE)
17 novembre : Albanie - France 0-1 (QCE)

Pascal Vahirua

Attaquant
22 sélections, 1 but

Né le 9 mars 1966 à Papeete (Tahiti)

Première sélection : 21 janvier 1990 à Koweït-City, Koweït - France (0-1)

Dernière sélection : 22 mars 1994 à Lyon, France - Chili (3-1)

Club : 1989-1994 : AJ Auxerre (22 sélections)

Bilan : 13 victoires, 5 nuls, 4 défaites

Après Christophe Cocard, c'est au tour de Pascal Vahirua, l'autre ailier auxerrois, rapide et précis, d'être sélectionné par Michel Platini. En championnat, les deux ailiers d'Auxerre font briller leur avant-centre, Gerald Batille ou Lilian Laslandes, alors pourquoi pas en équipe de France ? Vahirua est ainsi le premier Tahitien en Bleu, et le seul à ce jour. Il débute lors de la tournée de début d'année, au Koweït, et comme titulaire. Face à la RDA, qui dispute le dernier match de sa brève histoire (3-0), Vahirua offre l'ouverture du score à Éric Cantona. Il récidive un mois plus tard, alors qu'il est entré en cours de jeu à la place de Jean-Marc Ferreri, permettant cette fois à Cantona d'inscrire le but de la victoire contre l'Allemagne (2-1). Vahirua devient titulaire au cours de la saison 1990-91, malgré la concurrence de Christian Perez. Il joue ainsi l'Euro 1992 en Suède, mis à part le match contre l'Angleterre pour laisser place à Luis Fernandez dans un rôle purement défensif. Mais ensuite, Gérard Houllier en fait un remplaçant cinq fois sur six. Et Aimé Jacquet, aussi, ne le sélectionnant qu'une fois. À 28 ans, Pascal Vahirua doit laisser la place aux jeunes qui arrivent, Reynald Pedros et Christophe Dugarry.

Matches joués : 1990 6 matches sur 8 ▪ **1991** 4 matches sur 6 ▪ **1992** 9 matches sur 11 ▪ **1993** 2 matches sur 8 ▪ **1994** 1 match sur 9 | **But : 1992** 1 | **Titulaire :** 13 fois sur 22 | **Remplaçant :** 9 fois sur 22 (de Ferreri 2 fois, Perez, Cocard, Fournier, Gravelaine, Ginola 2 fois, Pedros) | **Resté sur le banc :** 5 fois | **Championnat d'Europe 1992 :** 2 matches sur 3 | **Sélectionneurs :** Platini 14 fois, Houllier 6 fois, Jacquet 1 fois

Philippe Tibeuf

Attaquant
2 sélections

Né le 17 juin 1962 à Dinan (Côtes-d'Armor)

Première sélection : 28 mars 1990 à Budapest, Hongrie - France (1-3)

Dernière sélection : 7 novembre 1990 à Tirana, Albanie - France (0-1)

Club : 1989-1991 : AS Saint-Étienne (2 sélections)

Bilan : 2 victoires

Jean-Pierre Papin monopolise désormais avec succès le poste d'avant-centre des Bleus depuis un an. Mais il lui faut une doublure en cas de coup dur, aux côtés d'Éric Cantona. C'est le Breton Philippe Tibeuf qui est le premier candidat. Formé à Guingamp, passé de D2 en D1 avec son transfert à Monaco en 1984, il réussit de belles saisons à Saint-Étienne depuis 1987, en duo avec Patrice Garande avec qui il a joué en équipe de France olympique durant la saison 1987-88. Michel Platini le fait débuter en amical contre la Hongrie. Combatif et hargneux, Tibeuf n'est pas un vrai chasseur de but, mais il a droit à une seconde chance, huit mois plus tard. Comme lors de son premier match, il sort sans avoir convaincu vraiment et ne revient pas car en février 1991, il se blesse gravement au genou lors d'un match de championnat contre Nantes, ce qui met fin prématurément à sa carrière.

Matches joués : 1990 2 matches sur 8 | **Titulaire :** 2 fois sur 2 | **Sélectionneur :** Platini 2 fois

Fabrice Divert

Attaquant
3 sélections, 1 but

Né le 9 février 1967 à Caen (Calvados)

Première sélection : 28 mars 1990 à Budapest, Hongrie - France (1-3)

Dernière sélection : 5 juin 1992 à Lens, France - Pays-Bas (1-1)

Dernière présélection : 17 juin 1992 à Malmö, France - Danemark (1-2)

Clubs : 1990-1991 : SM Caen (1 sélection) ▪ 1991-1992 : Montpellier HSC (2 sélections)

Bilan : 1 victoire, 1 nul, 1 défaite

Après Philippe Tibeuf, c'est Fabrice Divert qui est testé comme avant-centre de réserve. De quatre ans plus jeune que le Breton, le Normand qui vient de faire deux saisons en équipe de France Espoirs, le remplace en Hongrie, à la 63e minute, devenant ainsi le premier joueur du Stade Malherbe de Caen à être intronisé international. Moins puissant que Tibeuf, Divert est un meilleur finisseur, mais il n'est pas revu de la saison ni de l'année. Ce n'est qu'à l'approche de l'Euro 1992 qu'il revient, après la grave blessure d'Amara Simba, le Parisien qui avait lui, réussi ses débuts en Bleu à la fin de l'année 1991. Divert, qui a été transféré à Montpellier où il remplace Daniel Xuereb, fait partie des 22 à la place de Simba, et ne manque pas sa deuxième chance en marquant le but français en Suisse, de la tête sur un centre de Jocelyn Angloma, dans le premier match de préparation à l'Euro. S'il remplace Papin en cours du second, à Lens contre les Pays-Bas, Fabrice Divert n'a pas l'occasion de le faire en Suède. Et il ne sera pas rappelé ensuite.

Matches joués : 1990 1 match sur 8 ▪ **1991** - ▪ **1992** 2 matches sur 11 | **But : 1992** 1 (Suisse) | **Titulaire :** 1 fois sur 3 | **Remplaçant :** 2 fois sur 3 (de Tibeuf, Papin) | **Resté sur le banc :** 3 fois sur 6 (Suède, Angleterre, Danemark | **Championnat d'Europe 1992 :** 0 match sur 3 | **Sélectionneur :** Platini 3 fois

Emmanuel Petit

Milieu de terrain
63 sélections, 6 buts

Né le 22 septembre 1970, à Dieppe (Seine-Maritime)

Première sélection : 15 août 1990 à Paris, France - Pologne (0-0)

Dernière sélection : 12 février 2003 à Saint-Denis, France - République tchèque (0-2)

Clubs : 1990-1997 : AS Monaco (15 sélections) ▪ 1997-2000 : Arsenal (26 sélections) ▪ 2000-2001 : FC Barcelone (9 sélections) ▪ 2001-2003 : Chelsea FC (13 sélections)

Bilan : 39 victoires, 12 nuls, 12 défaites

Palmarès : Champion du monde 1998, Champion d'Europe 2000

Il n'a pas encore 20 ans, mais son talent est resplendissant à Monaco où ce gaucher puissant a débuté en mars 1989. Emmanuel Petit est choisi par Michel Platini pour débuter la saison 1990-91 en défense centrale, aux côtés de Franck Sauzée qui vient de le rejoindre à Monaco. Face aux Polonais en amical au Parc, la marche semble encore un peu haute pour Petit, et Basile Boli reprend vite la place de stoppeur et Petit place sur le banc de touche avant de retourner en Espoirs. Platini décide juste de patienter, il rappelle Petit avant l'Euro 1992. Il le fait évoluer à un poste mixte, arrière - milieu gauche en préparation, mais le laisse sur le banc des remplaçants en Suède, Jocelyn Angloma et Jean-Philippe Durand tenant ce rôle. Son successeur, Gérard Houllier, poursuit avec Petit qui après quelques matches devient titulaire du poste de latéral gauche, jusqu'au funeste France-Bulgarie de novembre 1993 où son vis-à-vis bulgare Émile Kostadinov marque les deux buts qui éliminent la France de la course au Mondial 1994. Un violent coup d'arrêt pour Emmanuel Petit. Aimé Jacquet, qui reprend le drapeau tricolore en début d'année 1994, part sur d'autres joueurs, même s'il emmène Petit en tournée au Japon, en mai. Petit ne rejoue qu'une fois avant l'Euro 1996, trop peu pour faire partie des 22 en Angleterre. Sa carrière internationale s'enlise inexorablement. Mais il trouve la chance de sa vie en signant pour Arsenal où une colonie française commence à prendre racine à l'instigation d'Arsène Wenger qui l'avait fait débuter à Monaco... Jacquet rappelle Petit à l'automne 1997. Comme milieu de terrain, son meilleur poste. Son abattage, sa puissance, son jeu de tête, tout cela fait soudain merveille et il gagne sa place dans les 22 pour la Coupe du monde. Au Mondial, qui se déroule en France, Emmanuel Petit est la révélation du tournoi, le meilleur joueur de la finale aussi. Il est partout sur le terrain et comme dans un symbole magique, il marque le but du 3-0 contre le Brésil. Devant un Stade de France stupéfait et ravi, c'est le 1000e but de l'Histoire de l'équipe de France, championne du monde ! Comme la majeure partie de ses coéquipiers, Petit, brillant avec Arsenal, surfe pendant deux ans sur ce titre et devient champion d'Europe en 2000, même s'il ne joue pas la finale. Après le retrait de la sélection de Didier Deschamps et Laurent Blanc, il devient de fait un des leaders de l'équipe, avec Marcel Desailly, Zinédine Zidane et Youri Djorkaeff. Mais le charme semble rompu en Corée lors du Mondial 2002. Il est un des rares Bleus à son niveau mais, suspendu, il ne peut pas jouer le troisième match contre le Danemark et la France est éliminée. Emmanuel Petit malgré tout reprend la saison suivante, sous les ordres de Jacques Santini. Très vite la lassitude l'atteint et en début d'année 2003, il décide à son tour d'arrêter sa carrière internationale, mettant en avant des désaccords avec le sélectionneur. Il arrêtera sa carrière en club un an plus tard, sans avoir vraiment pu retrouver avec Barcelone ou Chelsea ses années fastes d'Arsenal.

Matches joués : **1990** 1 match sur 8 ▪ **1991** - ▪ **1992** 5 matches sur 11 ▪ **1993** 7 matches sur 8 ▪ **1994** 1 match sur 9 ▪ **1995** - ▪ **1996** 1 match sur 14 ▪ **1997** 2 matches sur 8 ▪ **1998** 10 matches sur 18 ▪ **1999** 5 matches sur 11 ▪ **2000** 14 matches sur 17 ▪ **2001** 7 matches sur 13 ▪ **2002** 9 matches sur 13 ▪ **2003** 1 match sur 14 | **Buts :** **1998** 2 ▪ **1999** 1 ▪ **2000** 1 ▪ **2001** 1 ▪ **2002** 1 | **Titulaire :** 56 fois sur 63 | **Remplaçant :** 7 fois sur 63 (de Casoni, Ginola, Deschamps 2 fois, Henry, Djetou, Sagnol) | **Resté sur le banc :** 13 fois | **Championnat d'Europe 1992 :** 0 match sur 3 | **Coupe du monde 1998 :** 6 matches sur 7 | **Championnat d'Europe 2000 :** 3 matches sur 6 | **Coupe du monde 2002 :** 2 matches sur 3 | **Sélectionneurs :** Platini 4 fois, Houllier 9 fois, Jacquet 13 fois, Lemerre 34 fois, Santini 3 fois

Emmanuel Petit

Jocelyn Angloma

Défenseur
37 sélections, 1 but

Né le 7 août 1965 aux Abymes (Guadeloupe)

Première sélection : 13 octobre 1990 à Paris, France - Tchécoslovaquie (2-1)

Dernière sélection : 26 juin 1996 à Manchester, France - République tchèque (0-0)

Clubs : 1990-1991 : Paris SG (2 sélections) ▪ 1991-1994 : Olympique de Marseille (15 sélections) ▪ 1994-1996 : Torino Calcio (20 sélections)

Bilan : 23 victoires, 12 nuls, 2 défaites

Jocelyn Angloma

Formé au Stade Rennais, Jocelyn Angloma a fait partie du groupe champion d'Europe Espoirs en 1988, avec Blanc, Casoni, Silvestre, Sauzée, Cantona, Paille, Roche et Despeyroux. Arrivé de Lille au Paris SG à l'été 1990, il retient l'attention du sélectionneur par sa puissance et son abattage. Michel Platini le titularise au Parc des Princes, chez lui donc, pour le deuxième match des éliminatoires de l'Euro 1992, contre la Tchécoslovaquie, associé à Franck Sauzée et Didier Deschamps en milieu de terrain. Formule intéressante, mais pas reconduite. Passé du PSG à l'OM dès l'été suivant, Angloma revient en Bleu comme arrière droit, dans une défense à cinq, ce qui lui laisse la possibilité de jouer assez haut. Il reste titulaire ainsi jusqu'à l'Euro. Mais en Suède, Angloma perd sa place après le premier match contre la Suède. Bien que titulaire à Marseille avec qui il devient champion d'Europe en mai 1993 à Munich, Angloma n'est appelé qu'épisodiquement en équipe de France par Gérard Houiller. C'est Aimé Jacquet que le relance à partir de 1994 et en fait de nouveau un titulaire, jusqu'à l'Euro 1996. Mais en Angleterre, Lilian Thuram le supplante au poste d'arrière droit, comme Bixente Lizarazu le fait pour le poste d'arrière gauche avec Éric Di Meco. Si Angloma remplace Thuram au cours de la demi-finale contre la République tchèque, il ne va pas plus loin avec les Bleus. Pourtant il continuera longtemps à jouer en club : après le Torino, à l'Inter Milan avec Youri Djorkaeff puis au FC Valence avec Didier Deschamps et Alain Roche, jusqu'à ses 36 ans en 2002.

Matches joués : 1990 2 matches sur 8 ▪ **1991** 4 matches sur 6 ▪ **1992** 6 matches sur 11 ▪ **1993** 2 matches sur 8 ▪ **1994** 8 matches sur 9 ▪ **1995** 7 matches sur 8 ▪ **1996** 8 matches sur 14 | **But : 1996** 1 | **Titulaire :** 31 fois sur 37 | **Remplaçant :** 6 fois sur 37 (de Vahirua, Sauzée, Le Guen, Thuram 2 fois, Karembeu) | **Resté sur le banc :** 5 fois | **Championnat d'Europe 1992 :** 2 matches sur 3 | **Championnat d'Europe 1996 :** 2 matches sur 5 | **Sélectionneurs :** Platini 12 fois, Houllier 2 fois, Jacquet 23 fois

David Ginola

Attaquant
17 sélections, 3 buts

Né le 25 janvier 1967 à Gassin (Var)

Première sélection : 7 novembre 1990 à Tirana, Albanie - France (0-1)

Dernière sélection : 5 septembre 1995 à Auxerre, France - Azerbaïdjan (10-0)

Clubs : 1990-1991 : Brest-Armorique (1 sélection) ▪ 1992-1996 : Paris SG (16 sélections)

Bilan : 9 victoires, 4 nuls, 4 défaites

Repéré à Toulon, où il a débuté en 1985, David Ginola est un grand espoir du football français, un attaquant inspiré, brillant techniquement et il a été recruté par le Matra Racing en 1988 pour un grand destin. Mais l'aventure parisienne tourne court et Ginola doit migrer vers Brest en 1990. Un transfert au goût d'exil pour le Varois. Mais, suivi de près par Michel Platini, Ginola est sélectionné en novembre et entre en jeu à Tirana contre l'Albanie, à la place de Philippe Tibeuf, à la 67e minute. Il n'est pas revu ensuite, et Brest descend en Deuxième division à la fin de la saison... Ginola joue donc en D2 pendant six mois, jusqu'à ce que le club finistérien dépose son bilan à la fin de l'année 1991. Il peut alors être transféré : Marseille et

Paris le veulent, il choisit le PSG et il met le feu au Parc pendant quatre ans. Au début de la saison 1992-93, Gérard Houllier qui a pris la suite de Platini démissionnaire après l'Euro 1992, décide de faire confiance progressivement à Ginola. Mais si les résultats sont positifs, rapidement des tensions se sont créées entre le Parisien et le duo Papin-Cantona à qui il reproche de faire l'équipe sans lui. Ginola marque un très joli but contre Israël au Parc en octobre 1993, une frappe de 20 m pleine lucarne, mais il quitte le terrain avant la fin et la France perd. Au match suivant, il n'est plus titulaire et a fait part de son désappointement. Il entre en fin de match à la place de Papin et il a le malheur alors de perdre, bêtement dans les arrêts de jeu, un ballon qui termine au fond des filets de Bernard Lama pour signifier l'élimination de la France de la Coupe du monde 1994. Au comble de la colère et du désarroi mêlés, le sélectionneur qualifie de « crime contre l'équipe de France », le geste de Ginola. Aimé Jacquet ne lui en tient pas autant rigueur et le maintient dans le groupe qui repart après ce fiasco historique. Mais Ginola a du mal à s'y faire une place véritablement et il sort de l'équipe en fin d'année 1995. Comme Cantona, il ne sera pas retenu dans les 22 pour l'Euro 1996, et pas plus pour le Mondial 1998, alors que pourtant en Angleterre, à Newcastle de 1995 à 97 puis à Tottenham de 1997 à 2000, il sera un des meilleurs joueurs du championnat.

Matches joués : 1990 1 match sur 8 ▪ **1991** - ▪ **1992** 2 matches sur 11 ▪ **1993** 4 matches sur 8 ▪ **1994** 6 matches sur 9 ▪ **1995** 4 matches sur 8 | **Buts : 1993** 1 ▪ **1994** 1 ▪ **1995** 1 | **Titulaire :** 13 fois sur 17 | **Remplaçant :** 4 fois sur 17 (de Tibeuf, Papin, Ouédec, Pedros) | **Resté sur le banc :** 5 fois | **Resté en tribune :** 1 fois | **Sélectionneurs :** Platini 1 fois, Houllier 6 fois, Jacquet 10 fois

1991

2 nouveaux joueurs 6 matches

20 février : France - Espagne 3-1 (QCE)
30 mars : France - Albanie 5-0 (QCE)
14 août : Pologne - France 1-5
4 sept : Tchécoslovaquie - France 1-2 (QCE)
12 octobre : Espagne - France 1-2 (QCE)
20 novembre : France - Islande 3-1 (QCE)

Pascal Baills

Défenseur
1 sélection

Né le 30 décembre 1964 à Perpignan (Pyrénées-Orientales)

Unique sélection : 30 mars 1991 à Paris, France - Albanie (5-0)

Club : 1990-1991 : Montpellier HSC (1 sélection)

Bilan : 1 victoire

À la recherche d'un défenseur pour compenser le forfait de Bernard Casoni, Michel Platini choisi Pascal Baills, le Montpelliérain qui avait été sélectionné en Espoirs en 1985, du temps des premiers pas des Boli, Sauzée, Passi et Paille. Baills entre en jeu au Parc à la place de l'ailier auxerrois Pascal Vahirua, mais pour jouer arrière droit face aux modestes Albanais. Une « pige » de 34 minutes qui n'aura pas de suite.

Match joué : 1991 1 match sur 6 | **Titulaire :** 0 fois sur 1 | **Remplaçant :** 1 fois sur 1 (de Vahirua) | **Sélectionneur :** Platini 1 fois

Amara Simba

Attaquant
3 sélections, 2 buts

Né le 23 décembre 1961 à Dakar (Sénégal)

Première sélection : 14 août 1991 à Poznań, Pologne - France (1-5)

Dernière sélection : 19 février 1992 à Wembley, Angleterre - France (2-0)

Club : 1991-1992 : Paris SG (3 sélections)

Bilan : 2 victoires, 1 défaite

Après Fabrice Divert et Philippe Tibeuf, c'est l'attaquant du Paris SG Amara Simba qui est convié pour être la doublure de Jean-Pierre Papin au poste d'avant-centre. Le Parisien, qui revient d'un prêt à Cannes où il s'est révélé bon buteur, débute en Pologne pour le premier match de la saison 1991-92, et il ne déçoit pas en marquant le troisième des cinq buts français à Poznań, d'une talonnade. Papin suspendu pour le dernier match des qualifications, face à l'Islande au Parc, Simba joue à nouveau et marque le premier but des Bleus cette fois, d'une reprise en ciseau, la « bicyclette » dont il est le spécialiste en championnat ! Dès lors sa présence à l'Euro ne fait guère de doute. Il joue ensuite à Wembley contre l'Angleterre, en remplaçant Christian Perez à la 71e minute. Mais, le 23 avril 1992, le lendemain de l'annonce de la liste des 22 sélectionnés pour la Suède dont il fait partie, Amara Simba se blesse gravement à l'entraînement : fracture du péroné et longue indisponibilité... Il pourra rejouer en club, à Monaco, Caen et Lille, mais il ne retrouvera jamais les Bleus.

Matches joués : 1991 2 matches sur 6 ▪ **1992** 1 match sur 11 | **Buts : 1991** 2 | **Titulaire :** 2 fois sur 3 | **Remplaçant :** 1 fois sur 3 (de Perez) | **Sélectionneur :** Platini 3 fois

1992

8 nouveaux joueurs
11 matches

19 février : Angleterre - France 2-0
25 mars : France - Belgique 3-3
27 mai : Suisse - France 2-1
5 juin : France - Pays-Bas 1-1
10 juin : Suède - France 1-1 (CE)
14 juin : France - Angleterre 0-0 (CE)
17 juin : France - Danemark 1-2 (CE)
26 août : France - Brésil 0-2
9 septembre : Bulgarie - France 2-0 (QCM)
14 octobre : France - Autriche 2-0 (QCM)
14 novembre : France - Finlande 2-1 (QCM)

William Prunier

Défenseur, 1 sélection

Né le 14 août 1967 à Montreuil (Seine-Saint-Denis)

Unique sélection : 26 août 1992 à Paris, France - Brésil (0-2)

Club : 1992-1993 : AJ Auxerre (1 sélection)

Bilan : 1 défaite

Bernard Casoni forfait pour le premier match de la saison, en amical face au Brésil, le nouveau sélectionneur Gérard Houllier décide de donner sa chance au rude stoppeur d'Auxerre, William Prunier, international Espoirs lors de la saison 1988-89, qu'il associe à Alain Roche. Mais en fait ce n'est pas la première fois qu'il porte le maillot Bleu : en février 1989, Michel Platini l'avait fait venir à Londres pour un match non officiel contre Arsenal (0-2) où il avait été associé à Sylvain Kastendeuch et Franck Silvestre dans une défense centrale à trois. Jusqu'ici les Auxerrois en équipe de France (Ferreri, Bats, Boli, Martini, Cantona, Vahirua, Cocard) n'ont pas déçu, mais Prunier est à la peine face aux subtils brésiliens, Raï, Valdo, Romario, Careca... La France perd au Parc, et Prunier ne sera jamais convié à revenir en Bleu.

Match joué : 1992 1 match sur 11 | **Titulaire :** 1 fois sur 1 | **Sélectionneur :** Houllier 1 fois

Laurent Fournier

Milieu de terrain
3 sélections

Né le 14 septembre 1964 à Lyon (Rhône)

Première sélection : 26 août 1992 à Paris, France - Brésil (0-2)

Dernière sélection : 15 octobre 1992 à Paris, France - Autriche (2-0)

Clubs : 1992-1993 : Paris SG (3 sélections)

Bilan : 1 victoire, 2 défaites

Gérard Houllier, avec William Prunier, a sélectionné un autre nouveau pour sa première équipe post Euro 1992, Laurent Fournier. Le milieu de terrain à tout faire, formé à Lyon et qui après être passé à Saint-Étienne et Marseille, est un élément moteur du Paris SG depuis un an. International Espoirs 1984-86, il remplace Emmanuel Petit à la 56e minute, comme arrière gauche dans une défense à cinq, alors que la France est menée 2-0 par le Brésil au Parc. Au match suivant, à Sofia pour le début des éliminatoires du Mondial 1994, Fournier joue arrière droit, toujours dans une défense à cinq qui ne fonctionne pas. Un mois plus tard, il est titulaire cette fois au milieu de terrain, contre les Autrichiens au Parc. Mais il est remplacé au bout d'une heure par le Monégasque Jérôme Gnako, et on ne le reverra plus ensuite.l'

Matches joués : 1992 3 matches sur 11 | **Titulaire :** 2 fois sur 3 | **Remplaçant :** 1 fois sur 3 (de Petit) | **Sélectionneur :** Houllier 3 fois

Bernard Lama

Bernard Lama

Gardien de but
44 sélections

Né le 7 avril 1963 à Saint-Symphorien (Indre-et-Loire)

Première présélection : 26 août 1992, à Paris, France - Brésil (0-2)

Première sélection : 15 février 1993, à Tel-Aviv, Israël - France (0-4)

Dernière sélection : 2 septembre 2000, à Saint-Denis, France - Angleterre (1-1)

Clubs : 1992-1997 : Paris SG (35 sélections) ▪ 1998 : West Ham (2 sélections) ▪ 1998-2000 : Paris SG (6 sélections) ▪ 2000-2001 : Stade Rennais (1 sélection)

Bilan : 26 victoires, 15 nuls, 3 défaites

Palmarès : Champion du monde 1998, Champion d'Europe 2000

Pour un jeune gardien de but bondissant arrivé de Guyane, l'adaptation dans le nord de la France n'était pas évidente. Bernard Lama à Lille, au début des années 80, en a fait les frais mais il s'est accroché partout où il est passé (Abbeville, Besançon, Metz, Brest et Lens). Quittant Lens pour Paris à l'été 1992, il a franchi un cap, à 29 ans. Il succède à Joël Bats au PSG et il est appelé en Bleu par Gérard Houllier, qui vient de prendre ses fonctions de sélectionneur. Après quatre matches passés sur le banc des remplaçants, Lama, déloge du poste de gardien de but Bruno Martini qui avait pris la suite de Bats chez les Bleus. Sa première sélection, à Tel-Aviv contre Israël, est un succès (4-0). Lama enchaîne donc les matches. Même le but improbable d'Emil Kostadinov en novembre 1993 au Parc, qui crucifie les Bleus face à la Bulgarie, ne modifie pas sa trajectoire. Le nouveau sélectionneur Aimé Jacquet lui garde toute sa confiance et Lama poursuit les sorties convaincantes avec son habileté technique et sa bonne lecture du jeu. Lors de l'Euro 1996, en Angleterre, le gardien parisien brille derrière la défense bien regroupée des Bleus. Il les qualifie lors des quarts de finale face aux Pays-Bas, à Liverpool, en stoppant un tir au but de Seedorf. Exploit qu'il ne peut, hélas, pas reproduire contre les Tchèques en demi-finale… Lama a 33 ans, et dès lors son étoile pâlit un peu. Car commence à grandir celle de Fabien Barthez, déjà appelé pour le suppléer à deux reprises. Entre l'Euro et le Mondial 1998, Lama ne joue plus que trois matches, plombé par une suspension pour usage de cannabis et des prestations en demi-teinte à Paris. S'il reste malgré tout dans le groupe pour la Coupe du monde, le n° 1 est désormais Barthez. Vexé, Lama refuse de jouer le troisième match du premier tour avec les autres « doublures », contre le Danemark, et donc ne dispute pas une seconde de la folle aventure qui porte la France sur le toit du monde, ce qu'il regrette par la suite. Toujours présent dans le groupe France, mais désormais clairement remplaçant, Lama deux ans plus tard dispute le troisième match du premier tour de l'Euro 2000, contre les Pays-Bas, et cette fois il est ainsi pleinement associé au titre de champion d'Europe. Le 2 septembre suivant, à Saint-Denis, à l'occasion de France-Angleterre, Bernard Lama a la surprise de se voir remettre en plein match un bouquet de fleurs, comme Laurent Blanc et Didier Deschamps qui avaient annoncé qu'ils mettaient un terme à leur carrière internationale sur ce match, ce qui n'était pas son cas ! Mis à la retraite d'office donc, à 37 ans, après 44 sélections, Lama ne rejouera donc plus avec les Bleus, se contentant d'une dernière saison réussie en Ligue 1 avec le Stade Rennais.

Matches joués : 1992 - ▪ **1993** 8 matches sur 8 ▪ **1994** 8 matches sur 9 ▪ **1995** 7 matches sur 8 ▪ **1996** 11 matches sur 14 ▪ **1997** 1 match sur 8 ▪ **1998** 4 matches sur 18 ▪ **1999** 4 matches sur 11 ▪ **2000** 3 matches sur 17 | **Titulaire :** 43 fois sur 44 | **Remplaçant :** 1 fois sur 44 (de Martini) | **Resté sur le banc :** 24 fois | **Capitaine :** 2 fois (21e, 25e) | **Championnat d'Europe 1996 :** 5 matches sur 5 | **Coupe du monde 1998 :** 0 match sur 7 | **Championnat d'Europe 2000 :** 1 match sur 6 | **Sélectionneurs :** Houiller 10 fois, Jacquet 27 fois, Lemerre 6 fois

Jean-Luc Sassus

Défenseur
1 sélection

Né le 4 octobre 1962 à Tarbes (Hautes-Pyrénées), décédé le 22 mai 2015 (52 ans)

Première présélection : 9 septembre 1992 à Sofia, Bulgarie - France (2-0)

Unique sélection : 15 octobre 1992 à Paris, France - Autriche (2-0)

Dernière présélection : 15 février 1993, à Tel-Aviv, Israël - France (0-4)

Club : 1992-1993 : Paris SG (1 sélection)

Bilan : 1 victoire

Après Laurent Fournier et Bernard Lama, un troisième Parisien est appelé par Gérard Houllier, lui-même ancien entraîneur du PSG. C'est le défenseur latéral Jean-Luc Sassus, très brièvement passé en Espoirs en 1984, qui à 30 ans n'est plus un débutant. Mais son arrivée de Cannes au PSG durant l'été 1992 se révèle une bonne surprise. Sur le banc en Bulgarie, il joue arrière droit face à l'Autriche, dans la défense à cinq des Bleus, à la place de Laurent Fournier. Il s'en sort honorablement, et reste donc dans le groupe jusqu'au début d'année 1993, jouant un match non officiel à Lisbonne contre le Sporting en janvier. Mais ses mauvais rapports avec les Marseillais, en pleine rivalité OM-PSG, l'écartent ensuite de la sélection.

Match joué : 1992 1 match sur 11 ▪ **1993** - | **Titulaire :** 1 fois sur 1 | **Resté sur le banc :** 2 fois | **Sélectionneur :** Houllier 1 fois

Xavier Gravelaine

Xavier Gravelaine

Attaquant
4 sélections

Né le 5 octobre 1968 à Tours (Indre-et-Loire)

Première sélection : 15 octobre 1992 à Paris, France - Autriche (2-0)

Dernière sélection : 28 juillet 1993 à Caen, France - Russie (3-1)

Clubs : 1992-1993 : SM Caen (3 sélections) ▪ 1993-1994 : Paris SG (1 sélection)

Bilan : 4 victoires

Caen avait fourni Fabrice Divert aux Bleus, il propose cette année Xavier Gravelaine. Un attaquant formé à Nantes et venant de Laval qui réussit une grosse performance en Coupe d'Europe face à Saragosse, aux côtés de Stéphane Paille. Houiller associe Gravelaine à Papin et Cantona contre l'Autriche au Parc. Le Caennais cède sa place à Pascal Vahirua à la 73e minute, mais il est aligné au match suivant, il est à l'origine du but de Jean-Pierre Papin contre la Finlande, et l'Auxerrois à nouveau termine le match à sa place. Gravelaine reste dans le groupe pour la suite de la saison où il termine deuxième meilleur buteur du championnat, et meilleur Français, avec 20 buts. Au début de la suivante, alors qu'il a quitté Caen pour le Paris SG, la France débute par un match amical à Caen. Remplaçant, Gravelaine entre en cours de jeu contre la Russie en fin de partie, succédant à Emmanuel Petit. Mais c'est ensuite le Nantais Reynald Pedros qui joue le rôle d'attaquant de soutien du duo Papin-Cantona. Gravelaine doit donc se contenter de jouer en club, ce qu'il fera longtemps avec de multiples transferts, jusqu'en 2004.

Matches joués : 1992 2 matches sur 11 ▪ **1993** 2 matches sur 8 | **Titulaire :** 3 fois sur 4 | **Remplaçant :** 1 fois sur 4 (de Petit) | **Resté sur le banc :** 1 fois | **Resté en tribune :** 1 fois | **Sélectionneur :** Houllier 4 fois

Jérôme Gnako

Milieu de terrain
2 sélections

Né le 17 février 1968 à Bordeaux (Gironde)

Première sélection : 15 octobre 1992 à Paris, France - Autriche (2-0)

Dernière sélection : 16 février 1994 à Naples, Italie - France (0-1)

Club : 1992-1994 : AS Monaco (2 sélections)

Bilan : 2 victoires

Le milieu de terrain monégasque, formé à Bordeaux mais révélé en D2 avec Angers, profite du flou des premiers matches de Gérard Houllier pour intégrer l'équipe de France. Jérôme Gnako remplace Laurent Fournier en fin de match contre l'Autriche mais, remisé sur le banc au match suivant, il ne parvient pas à s'inclure dans le groupe qui cherche à se qualifier pour le Mondial 1994, disputant seulement un match d'entraînement à Lyon en avril 1993, où il marque un but. Il retrouve les Bleus avec la première sélection d'Aimé Jacquet, jouant en n°8 en Italie, à la place de Franck Sauzée, devant deux récupérateurs, Didier Deschamps et Paul Le Guen. Une formule qui n'est pas reconduite ensuite.

Matches joués : 1992 1 match sur 11 ▪ **1993** - ▪ **1994** 1 match sur 9 | **Titulaire :** 1 fois sur 2 | **Remplaçant :** 1 fois sur 2 (de Gravelaine) | **Resté sur le banc :** 1 fois | **Sélectionneurs :** Houllier 1 fois, Jacquet 1 fois

Bixente Lizarazu

Défenseur
97 sélections, 2 buts

Né le 9 décembre 1969 à Saint-Jean-de-Luz (Pyrénées-Atlantiques)

Première sélection : 14 novembre 1992 à Paris, France - Finlande (2-1)

Dernière sélection : 25 juin 2004, à Lisbonne, France - Grèce (0-1)

Clubs : 1992-1996 : Girondins de Bordeaux (25 sélections) ▪ 1996-1997 : Athletic Bilbao (5 sélections) ▪ 1998-2004 : Bayern Munich (67 sélections)

Bilan : 65 victoires, 23 nuls, 9 défaites

Palmarès : Championnat du monde 1998, Champion d'Europe 2000

À Bordeaux, un jeune défenseur de 22 ans virevoltant fait parler de lui depuis la fin des années 80. Pilier de la sélection Espoirs de 1989 à 91, Gérard Houllier intronise "Vincent" Lizarazu en Bleu à la fin de l'année 92, et ne le sort plus de son équipe ! Mais si Lizarazu parvient à imposer son prénom basque, Bixente, il hésite encore sur son véritable poste : défenseur ou milieu de terrain. En fin d'année 93, Emmanuel Petit devenant titulaire en latéral gauche, Lizarazu glisse sur le banc des remplaçants. C'est de là qu'il assiste au désastre de France-Bulgarie. À la suite de quoi, Aimé Jacquet relance Éric Di Meco comme arrière gauche, Lizarazu devenant sa doublure à ce poste, jusqu'à l'Euro 96. En Angleterre, le Bordelais remplace Di Meco au cours du premier match, à Newcastle contre la Roumanie, et cette fois il conserve le poste. Et pour longtemps. Après un passage à Bilbao en 1997 et son transfert au Bayern Munich la saison suivante, une blessure le handicape plusieurs mois. Mais il revient à temps pour le Mondial 98. Avec Thuram, Blanc et Desailly, Lizarazu forme la défense de fer de l'équipe de France. Titulaire lors de la Coupe du monde 98, de l'Euro 2000, de la Coupe du monde 2002 et de l'Euro 2004, il n'est pas vraiment concurrencé par Vincent Candela qui reste au fil des ans sa doublure. Défenseur sûr, « Liza » contre-attaque aussi et marque deux fois : en fin de match contre Israël, à Caen lors de la dernière rencontre des qualifications à l'Euro 96, et pendant la Coupe du monde en France, face à l'Arabie saoudite au Stade de France. Il réussit aussi ses tirs au but, contre les Pays-Bas et la République tchèque lors de l'Euro 1996, mais il manque son essai face à l'Italie au cours du Mondial 1998, sans conséquence, car tout lui réussit... À 34 ans, le championnat d'Europe 2004 au Portugal est sa dernière sortie. Comme Marcel Desailly, il apparaît pour la première fois en difficulté sur son flanc gauche. La défaite face à la Grèce en quart de finale sonne donc la fin de sa carrière internationale, après 97 matches, le même total que Laurent Blanc. En 2014, Lizarazu deviendra le consultant de TF1 pour les matches des Bleus, commentant notamment leur deuxième victoire en Coupe du monde, en 2018, vingt ans après son premier titre.

Matches joués : 1992 1 match sur 11 ▪ **1993** 6 matches sur 8 ▪ **1994** 5 matches sur 9 ▪ **1995** 5 matches sur 8 ▪ **1996** 9 matches sur 14 ▪ **1997** 4 matches sur 8 ▪ **1998** 13 matches sur 18 ▪ **1999** 6 matches sur 11 ▪ **2000** 12 matches sur 17 ▪ **2001** 10 matches sur 13 ▪ **2002** 7 matches sur 13 ▪ **2003** 12 matches sur 14 ▪ **2004** 7 matches sur 15 | **Buts : 1995** 1 ▪ **1998** 1 | **Titulaire :** 82 fois sur 97 | **Remplaçant :** 15 fois sur 97 (de Martins 2 fois, Roche, Di Meco 5 fois, Ginola, Djorkaeff 2 fois, Laigle, Sagnol, M. Silvestre, Vieira) | **Resté sur le banc :** 15 fois | **Championnat d'Europe 1996 :** 5 matches sur 5 | **Coupe du monde 1998 :** 6 matches sur 7 | **Championnat d'Europe 2000 :** 4 matches sur 6 | **Coupe du monde 2002 :** 3 matches sur 3 | **Championnat d'Europe 2004 :** 3 matches sur 4 | **Sélectionneurs :** Houiller 7 fois, Jacquet 32 fois, Lemerre 39 fois, Santini 19 fois

Christian Karembeu

Milieu de terrain
54 sélections, 1 but

Né le 3 décembre 1970 à Lifou (Nouvelle-Calédonie)

Première sélection : 14 novembre 1992 à Paris, France - Finlande (2-1)

Dernière sélection : 27 mars 2002 à Saint-Denis, France - Écosse (5-0)

Clubs : 1992-1995 : FC Nantes (8 sélections) ▪ 1995-1997 : Sampdoria Gènes (20 sélections) ▪ 1998-2000 : Real Madrid (17 sélections) ▪ 2000-2001 : Middlesbrough (7 sélections) ▪ 2001-2002 : Olympiakos Le Pirée (2 sélections)

Bilan : 33 victoires, 15 nuls, 5 défaites

Palmarès : Champion du monde 1998, Champion d'Europe 2000

La nouvelle génération du FC Nantes a été lancée avec Didier Deschamps en 1989 et voici le deuxième joueur à frapper à la porte des Bleus, Christian Karembeu, un Kanak au tempérament de feu. Gérard Houllier la lui ouvre en même temps qu'à Bixente Lizarazu. Mais contrairement au Basque, Karembeu, qui ne dispute que la fin du match contre la Finlande, ne donne pas immédiatement des garanties et Houllier ne le rappelle pas, hormis pour un match d'entraînement à Lyon en avril 1993. C'est Aimé Jacquet qui le fait dès sa prise de fonction, comme arrière droit contre l'Italie à Naples. Dès lors, ce joueur attachant ne sort plus du groupe pendant dix ans, même s'il n'est pas toujours utilisé au même poste. C'est ainsi que Karembeu joue arrière droit 17 fois, défenseur central 1 fois, milieu de terrain 31 fois et arrière gauche 5 fois... Il livre un match formidable en octobre 1995, pour sa 10e sélection, à Bucarest contre la Roumanie, en milieu de terrain. Il ouvre le score de manière peu académique, de l'épaule, mais sa présence dans le jeu est resplendissante. Il est titulaire pendant l'Euro 96, mais suspendu pour la demi-finale, que la France laisse échapper face à la République tchèque à Manchester. Arrivé au Real Madrid en début d'année 1998, il n'est plus titulaire pour la Coupe du monde. Mais il revient à partir des quarts de finale contre l'Italie pour renforcer le milieu de terrain aux côtés de Deschamps et Petit. Ce trio de travailleurs devant les quatre défenseurs est la base de la réussite de la France championne du monde. Roger Lemerre, après Aimé Jacquet, continue à faire confiance à Karembeu, mais qui est de plus en plus souvent remplaçant et sans enchaîner les matches. Lors de l'Euro 2000, Karembeu ne joue qu'une fois, le troisième match du premier tour avec l'équipe « bis » et reste sur le banc ensuite. Du coup, deux ans plus tard, il ne fait pas partie des 23 pour la Coupe du monde en Corée du Sud alors qu'il n'a que 31 ans. Son sens du devoir fera alors bien défaut aux Bleus.

Matches joués : 1992 1 match sur 11 ▪ **1993** - ▪ **1994** 6 matches sur 9 ▪ **1995** 4 matches sur 8 ▪ **1996** 13 matches sur 14 ▪ **1997** 4 matches sur 8 ▪ **1998** 10 matches sur 18 ▪ **1999** 4 matches sur 11 ▪ **2000** 4 matches sur 17 ▪ **2001** 6 matches sur 13 ▪ **2002** 1 match sur 13 | **But : 1995** 1 | **Titulaire :** 43 fois sur 54 | **Remplaçant :** 11 fois sur 54 (de Durand, Desailly, Angloma 2 fois, Lamouchi, Guérin, Thuram 2 fois, Lizarazu 2 fois, Candela) | **Resté sur le banc :** 25 fois | **Championnat d'Europe 1996 :** 4 matches sur 5 | **Coupe du monde 1998 :** 4 matches sur 7 | **Championnat d'Europe 2000 :** 1 match sur 6 | **Sélectionneurs :** Houiller 1 fois, Jacquet 35 fois, Lemerre 18 fois

1993

10 nouveaux joueurs
8 matches

15 février : Israël - France 0-4 (QCM)
27 mars : Autriche - France 0-1 (QCM)
28 avril : France - Suède 2-1 (QCM)
28 juillet : France - Russie 3-1
22 août : Suède - France 1-1 (QCM)
8 septembre : Finlande - France 0-2 (QCM)
13 octobre : France - Israël 2-3 (QCM)
17 novembre : France - Bulgarie 1-2 (QCM)

Paul Le Guen

Milieu de terrain, 17 sélections

Né le 1er mars 1964 à Pencran (Finistère)

Première sélection : 15 février 1993 à Tel-Aviv, Israël - France (0-4)

Dernière sélection : 22 juillet 1995 à Oslo, Norvège - France (0-0)

Club : 1992-1995 : Paris SG (17 sélections)

Bilan : 10 victoires, 5 nuls, 2 défaites

Le milieu de terrain finistérien s'est fait remarquer par sa constance et son volume de jeu avec Brest à la fin des années 1980. Passé à Nantes, puis arrivé au Paris SG en 1991, il mérite à 28 ans d'être vu au plus haut niveau après avoir joué avec l'équipe de France olympique en 1987. Gérard Houllier, qui prépare les matches de qualification au Mondial 1994, le fait débuter en janvier à l'occasion d'un match d'entraînement contre le Sporting du Portugal, à Lisbonne, où il remplace Didier Deschamps à la 63e minute. Essai concluant puisque Le Guen est aligné en Israël un mois plus tard, associé à Deschamps et Franck Sauzée au milieu de terrain. Et il ne sort plus du onze titulaire ! Sobre et posé, Le Guen apporte à l'équipe sa sûreté, sa tranquille assurance, son sens de l'analyse et permet aux autres milieux de terrain de se projeter vers l'avant alors qu'il assure la couverture. Mais en novembre, il ne peut empêcher une contre-attaque bulgare de transpercer le camp français au Parc dans une dernière minute fatale aux ambitions des Bleus. Privé de Coupe du monde, Le Guen reste malgré tout dans l'équipe d'Aimé Jacquet qui s'attaque aux qualifications pour l'Euro 1996. Mais petit à petit, il doit céder la place, d'autant qu'au PSG, à 32 ans, il joue en défense centrale à partir de la saison 1995-96. Un poste que Laurent Blanc reprend en équipe de France au début de l'année 1996 pour ne plus le lâcher. Joueur jusqu'en 1998, Paul Le Guen attaquera ensuite une carrière d'entraîneur, à Rennes, Lyon, Paris, et de sélectionneur, ce qui l'amènera à disputer le Mondial 2010 avec le Cameroun.

Matches joués : 1993 8 matches sur 8 ▪ **1994** 6 matches sur 9 ▪ **1995** 3 matches sur 8 | **Titulaire :** 16 fois sur 17 | **Remplaçant :** 1 fois sur 17 (de Roche) | **Resté sur le banc :** 2 fois | **Resté en tribune :** 1 fois | **Capitaine :** 1 fois (16e) | **Sélectionneurs :** Houllier 8 fois, Jacquet 9 fois

Patrice Loko

Patrice Loko

Attaquant
26 sélections, 7 buts

Né le 6 février 1970 à Sully-sur-Loire (Loiret)

Première sélection : 15 février 1993 à Tel-Aviv, Israël - France (0-4)

Dernière sélection : 7 juin 1997 à Montpellier, France - Angleterre (0-1)

Clubs : 1992-1995 : FC Nantes (8 sélections) ▪ 1995-1997 : Paris SG (18 sélections)

Bilan : 18 victoires, 6 nuls, 2 défaites

La nouvelle vague nantaise arrive. Après Christian Karembeu, au tour de Patrice Loko, un attaquant rapide et adroit qui est passé par les Espoirs de 1990 à 1992. Comme pour Paul Le Guen, Gérard Houllier le teste dans le match d'entraînement à Lisbonne, contre le Sporting du Portugal : il entre à la 75e minute et marque quatre minutes plus tard le premier but de la victoire française (2-0) ! Loko entre également en fin de match lors des qualifications pour le Mondial 1994, en Israël et contre l'Autriche. Mais il est souvent blessé ensuite et Houllier se passe de ses services. Aimé Jacquet le relance au début de la saison 1994-95 et en fait un titulaire pour la première fois contre la Roumanie, à Saint-Étienne, quand il aligne l'attaque nantaise au complet, avec Nicolas Ouédec et Reynald Pedros. Malgré un résultat peu probant (0-0), Loko reste dès lors dans le groupe. Il marque son premier but à Trébizonde, en fin d'année, contre l'Azerbaïdjan, sur un ballon repoussé par le gardien. Il récidive au match suivant, en amical contre les Pays-Bas à Utrecht, d'une reprise de volée croisée sur un centre de Pedros lors de ce qui est le dernier match de Jean-Pierre Papin et d'Éric Cantona... Les deux attaquants vedettes des années 1988-93 partis, Patrice Loko, meilleur buteur de la saison et champion de France avec Nantes, a le champ libre avec la confiance de Jacquet qui apprécie son peps et son abnégation. Transféré au Paris SG durant l'été 1995, Patrice Loko connaît des soucis extra-sportifs qu'il doit régler avant de retrouver les Bleus en fin d'année. Mais dès la suivante, il repart fort, avec un doublé contre la Grèce, à Nîmes, en préparation de l'Euro 1996 : une tête sur corner et un penalty. Il n'attaque cependant pas le championnat d'Europe comme titulaire en Angleterre : il remplace Christophe Dugarry qui le concurrence désormais, contre la Roumanie et la Bulgarie au premier tour. À Newcastle, Loko marque le troisième but français lors de la revanche contre la Bulgarie, sur une action personnelle qui libère définitivement les Bleus du fantôme de 93. Du coup, il est titulaire en quart de finale contre les Pays-Bas puis en demi contre la République tchèque. Patrice Loko est encore dans le groupe la saison suivante, mais comme remplaçant. Et il n'est pas rappelé pour la saison 1997-98. Et alors qu'il n'est plus titulaire au PSG, le train du Mondial 98 part donc sans lui.

Matches joués : 1993 2 matches sur 8 ▪ **1994** 3 matches sur 9 ▪ **1995** 4 matches sur 8 ▪ **1996** 13 matches sur 14 ▪ **1997** 4 matches sur 8 | **Buts : 1994** 1 ▪ **1995** 1 ▪ **1996** 4 ▪ **1997** 1 | **Titulaire :** 13 fois sur 26 | **Remplaçant :** 13 fois sur 26 (de Lizarazu, Gravelaine, Dugarry 5 fois, Madar,

Zidane, Djorkaeff, Ba, Martins, Ouédec) | **Resté sur le banc :** 2 fois | **Championnat d'Europe 1996 :** 5 matches sur 5 | **Sélectionneurs :** Houllier 2 fois, Jacquet 24 fois

Corentin Martins

Milieu de terrain
14 sélections, 1 but

Né le 11 juillet 1969 à Brest (Finistère)

Première présélection : 15 février 1993 à Tel-Aviv (Israël-France)

Première sélection : 27 mars 1993 à Vienne, Autriche - France (0-1)

Dernière sélection : 9 novembre 1996, à Copenhague : Danemark - France (1-0)

Clubs : 1992-1996 : AJ Auxerre (13 sélections) ▪ 1996-1997 : Deportivo La Corogne (1 sélection)

Bilan : 10 victoires, 3 nuls, 1 défaite

Avec Paul Le Guen, un autre Brestois arrive en équipe de France. Mais celui-ci évolue à Auxerre, en meneur de jeu, où sa technique fait merveille malgré un physique modeste. Sur le banc des remplaçants en Israël, Corentin Martins entre en toute fin de rencontre au match suivant, en Autriche, puis est titularisé en avril contre la Suède au Parc. Il réalise un bon match en n° 10 derrière Ginola et Cantona et reste dans le groupe pour la saison suivante qui doit emmener les Bleus en Amérique pour la Coupe du monde 1994… Absent lors du match décisif contre la Bulgarie, Aimé Jacquet, dès sa prise de fonction, le reprend dans son équipe, mais comme remplaçant car il lui préfère Youri Djorkaeff, ce qui ne l'empêche pas de marquer contre le Chili à Lyon, d'un joli ballon piqué au-dessus du gardien. L'arrivée de Zinédine Zidane à partir d'août 1993 n'arrange pas ses affaires, car il a désormais un deuxième sérieux rival au poste de n° 10. Le Bordelais le remplace pour sa première sélection, à Bordeaux justement, alors que la France est menée 2-0 et marque les deux buts français (2-2)… Jacquet redonne sa chance à Martins en mars 1995, à Tel-Aviv pour un match de qualification à l'Euro 1996. Il a laissé Zidane de côté pour lui éviter la pression du remplacement, mais la France brille trop peu alors pour que l'Auxerrois s'impose, et il repart donc sur le banc des remplaçants. Toutefois, Jacquet inscrit Corentin Martins sur la liste des 22 sélectionnés pour le championnat d'Europe. Mais en Angleterre, Zidane est le titulaire et Martins n'entre jamais en jeu. Ayant quitté la France durant l'été pour La Corogne, Corentin Martins n'est rappelé qu'une fois, pour être associé à Zidane face au Danemark. Un « doublon » qui n'apporte rien à l'équipe, alors on ne le reverra plus ensuite.

Matches joués : 1993 4 matches sur 8 ▪ **1994** 5 matches sur 9 ▪ **1995** 2 matches sur 8 ▪ **1996** 3 matches sur 14 | **But : 1994** 1 | **Titulaire :** 8 fois sur 14 | **Remplaçant :** 6 fois sur 14 (de Sauzée, Desailly, Djorkaeff, Dugarry, Pedros, Cocard) | **Resté sur le banc :** 13 fois | **Championnat d'Europe 1996 :** 0 match sur 5 | **Sélectionneurs :** Houllier 4 fois, Jacquet 10 fois

Fabien Barthez

Gardien de but, 87 sélections

Né le 28 juin 1971 à Lavelanet (Ariège)

Première présélection : 28 avril 1993 à Paris, France - Suède (2-1)

Première sélection : 26 mai 1994 à Kobe, France - Australie (1-0)

Dernière sélection : 9 juillet 2006 à Berlin, France - Italie (1-1)

Clubs : 1993-1994 : Olympique de Marseille (1 sélection) ▪ 1994-2000 : AS Monaco (37 sélections) ▪ 2000-2004 : Manchester United (25 sélections) ▪ 2004-2006 : Olympique de Marseille (24 sélections)

Bilan : 61 victoires, 19 nuls, 7 défaites

Palmarès : Champion du monde 1998, Champion d'Europe 2000

On a découvert l'immense talent de Fabien Barthez avec le Toulouse FC. Costaud mais bondissant et brillant sur sa ligne, Fabien Barthez a été aussitôt engagé par l'OM à l'été 1992. Si Bernard Lama devient titulaire au début d'année 1993, Barthez, à 21 ans, incarne déjà un probable successeur. En attendant, il est le n° 2 au printemps, à la place de Bruno Martini indisponible, quelques semaines avant de remporter la Ligue des champions avec l'OM. Un an plus tard, Aimé Jacquet emmène Barthez pour la tournée au Japon qui conclut la saison qui a vu les Bleus échouer à se qualifier pour le Mondial 1994. Barthez peut débuter ainsi contre l'Australie. Il est ensuite le n° 2 de Lama durant la saison suivante. Et lorsque celui-ci est forfait pour le match décisif en Roumanie, à l'automne 1995, Barthez est préféré à Martini pour jouer dans ce match bouillant à Bucarest. Il s'en sort bien et gagne ainsi sa place dans les 22 pour le championnat d'Europe. Sur le banc en Angleterre, comme Martini, Barthez attend son heure sans impatience. Il remplace Lama quatre fois dans la saison 1996-97 avant d'être titulaire lors du Tournoi de France en fin de saison. Désormais Jacquet dispose clairement de deux gardiens pour le Mondial 1998. Entre Lama, 32 ans, 37 sélections, et Barthez, 26 ans, 12 sélections, il penche pour le plus jeune juste avant le Coupe du monde, poussé par plusieurs cadres de l'équipe de France. Un choix qu'il ne regrette pas car Barthez se montre impeccable du début à la fin, n'encaissant que deux buts en sept matches, dont un penalty. Champion du monde, Barthez est devenu incontestable et il reste le gardien des Bleus pendant six ans. Réalisant un excellent championnat d'Europe en 2000 et une bonne Coupe du monde en 2002 en Corée, sauvant la France d'une élimination dès le deuxième match contre l'Uruguay à Busan, dépassant le record des 50 sélections d'un gardien détenu depuis 1989 par Joël Bats. Après l'Euro 2004, où il a encore tenu sa place efficacement, en stoppant notamment un penalty de David Beckham, son coéquipier depuis quatre ans à Manchester, lors du match contre l'Angleterre, à Lisbonne lors du premier tour. Les départs de Desailly, Lizarazu, Zidane et Thuram conjugués à l'arrivée de Raymond Domenech à la tête de la sélection ne lui conviennent guère et il laisse Gregory Coupet s'installer dans les buts. Mais avec le retour de Thuram et Zidane, et l'approche du Mondial 2006, il redevient candidat au poste de titulaire, ce qu'il obtient in extremis, à la grande fureur de Coupet. En Allemagne, Barthez dispute sa troisième Coupe du mode et malgré ses 35 ans réalise encore des performances de haut vol. Hélas, il ne peut rien lors de la séance de tirs au but qui offre le titre aux Italiens, à Berlin. Il stoppe par contre sa carrière internationale avec un record de sélections pour un gardien porté à 87. Record que battra Hugo Lloris, en 2017. Fabien Barthez assouvira ensuite sa passion du sport automobile, participant aux 24 Heures du Mans en 2014, 2016 et 2017.

Matches joués : 1993 - ▪ **1994** 1 match sur 9 ▪ **1995** 1 match sur 8 ▪ **1996** 2 matches sur 14 ▪ **1997** 5 matches sur 8 ▪ **1998** 12 matches sur 18 ▪ **1999** 8 matches sur 11 ▪ **2000** 11 matches sur 17 ▪ **2001** 5 matches sur 13 ▪ **2002** 9 matches sur 13 ▪ **2003** 9 matches sur 14 ▪ **2004** 10 matches sur 15 ▪ **2005** 3 matches sur 11 ▪ **2006** 11 matches sur 17 | **Titulaire :** 87 fois sur 87 | **Resté sur le banc :** 25 fois | **Resté en tribune :** 1 fois | **Capitaine :** 2 fois (71e, 72e) | **Championnat d'Europe 1996 :** 0 match sur 5 | **Coupe du monde 1998 :** 7 matches sur 7 | **Championnat d'Europe 2000 :** 5 matches sur 6 | **Coupe du monde 2002 :** 3 matches sur 3 | **Championnat d'Europe 2004 :** 4 matches sur 4 | **Coupe du monde 2006 :** 7 matches sur 7 | **Sélectionneurs :** Houllier 0 fois, Jacquet 20 fois, Lemerre 31 fois, Santini 19 fois, Domenech 16

Reynald Pedros

Attaquant
25 sélections, 3 buts

Né le 10 octobre 1971 à Orléans (Loiret)

Première sélection : 28 juillet 1993 à Caen, France - Russie (3-1)

Dernière sélection : 9 novembre 1996 à Copenhague, Danemark - France (0-1)

Clubs : 1993-1996 : FC Nantes (22 sélections) ▪ 1996-1997 : Olympique de Marseille (3 sélections)

Bilan : 14 victoires, 9 nuls, 2 défaites

Patrice Loko est venu en janvier, Reynald Pedros arrive en juillet. Un deuxième attaquant nantais passe donc du jaune au bleu. Remplaçant en juillet contre la Russie pour le match de reprise, ce petit gaucher habile est titularisé en Suède pour un match qualificatif au Mondial 1994. Corentin Martins laissé sur le banc de touche, Pedros joue meneur de jeu derrière le duo Papin-Cantona. Rôle qu'il reprend trois mois plus tard contre la Bulgarie au Parc, sans grand succès. L'élimination des Bleus à l'issue de ce match jette évidemment un froid et Pedros n'est pas rappelé tout de suite par Aimé Jacquet qui tente de rebâtir une équipe de France compétitive. Mais le Nantais fait quand même partie de la tournée de fin de saison au Japon, avec trois autres Canaris, Christian Karembeu, Jean-Michel Ferri et Nicolas Ouédec. Jacquet en fait un titulaire la saison suivante, alors que Nantes remporte formidablement le titre de champion de France avec un Pedros déterminant. Mais qui ne parvient toujours pas à s'imposer en Bleu et reste sur le banc de touche pour le dernier match de la saison, à Nantes contre la Slovaquie… Zidane et Djorkaeff, eux s'imposent d'avantage, et Pedros s'il n'est pas écarté, doit se contenter de boucher les trous. Il ne fait que trois entrées en cours de jeu durant l'Euro 1996. Et il a le malheur de manquer le tir au but qui élimine la France en demi-finale à Manchester face à la République tchèque ! Transféré ensuite à Marseille, il perd la fluidité de son jeu nantais et disparaît de la sélection après l'automne.

Matches joués : 1993 4 matches sur 8 ▪ **1994** 5 matches sur 9 ▪ **1995** 5 matches sur 8 ▪ **1996** 11 matches sur 14 | **Buts : 1995** 1 ▪ **1996** 2 | **Titulaire :** 16 fois sur 25 | **Remplaçant :** 9 fois sur 25 (de Sauzée, Martins, Ginola 2 fois, Guérin, Dugarry 2 fois, Zidane, Lamouchi) | **Resté sur le banc :** 5 fois | **Championnat d'Europe 1996 :** 3 matches sur 5 | **Sélectionneurs :** Houllier 4 fois, Jacquet 21 fois

Jean-Luc Dogon

Défenseur
1 sélection

Né le 13 octobre 1967 à Valognes (Manche)

Unique sélection : 28 juillet 1993 à Caen, France - Russie (3-1)

Club : 1993-1994 : Girondins de Bordeaux (1 sélection)

Bilan : 1 victoire

L'élégant défenseur bordelais n'est pas sans rappeler Laurent Blanc avec qui il a fait partie de la génération championne d'Europe Espoirs en 1988 alors qu'il s'était révélé avec le Stade Lavallois. Jean-Luc Dogon remplace Basile Boli à la 61e minute d'un match amical contre la Russie en juillet. Il est de nouveau sélectionné pour le match suivant, mais il se blesse la veille de rencontrer la Suède et c'est Marcel Desailly qui joue à sa place… L'élimination de la France de la Coupe du monde 1994, trois mois plus tard, ne lui donnera aucune chance de revenir.

Match joué : 1993 1 match sur 8 | **Titulaire :** 0 fois sur 1 | **Remplaçant :** 1 fois sur 1 (de Boli) | **Sélectionneur :** Houllier 1 fois

Marcel Desailly

Défenseur
116 sélections, 3 buts

Né le 7 décembre 1968 à Accra (Ghana)

Première sélection : 22 août 1993 à Stockholm, Suède - France (1-1)

Dernière sélection : 17 juin 2004 à Leiria, France - Croatie (2-2)

Dernière présélection : 25 juin 2004 à Lisbonne, France - Grèce (0-1))

Clubs : 1993 : Olympique de Marseille (3 sélections) ▪ 1993-1998 : Milan AC (47 sélections) ▪ 1998-2004 : Chelsea FC (66 sélections)

Bilan : 78 victoires, 26 nuls, 12 défaites

Palmarès : Champion du monde 1998, Champion d'Europe 2000

Marcel Desailly

Il n'est pas le « joueur-type » produit par la prestigieuse école du FC Nantes, mais Marcel Desailly n'en est pas moins un phénomène. Né au Ghana et adopté par un diplomate français qui prend sa retraite à Nantes, il a grandi à l'académie des Canaris et très vite s'est imposé comme un défenseur puissant, athlétique, sûr de son jeu et sûr de lui. Après avoir été international Espoirs avec son ami Didier Deschamps en 1989-90, il est passé, à 24 ans, du FCN à l'Olympique de Marseille durant l'été 1992 et a participé dans la foulée au triomphe européen de l'OM à Munich, face au Milan AC. Après avoir visité toutes les sélections de jeunes en équipes de France, Desailly découvre enfin l'équipe « A », en août 1993, appelé par Gérard Houllier pour jouer en Suède, sur la route du Mondial 1994 (1-1). Desailly est entré chez les Bleus et il n'en sort plus pendant douze ans ! Le grand Marcel débute comme arrière droit, après les forfaits de Boli et Dogon, l'axe de la défense étant tenu par la paire Roche-Blanc. C'est dans cette position qu'il participe au funeste France-Bulgarie de novembre 1993 alors qu'il vient juste d'être transféré au Milan AC... Aimé Jacquet, qui succède à Houllier après le désastre du Parc, ne tarde pas à recentrer Desailly au cœur de sa défense, et c'est dans cette position qu'il fait la suite de sa carrière internationale, ou au milieu de terrain, son poste à Milan où ses longues jambes en font une véritable pieuvre. Au fil des matches, Desailly s'impose sans discussion et forme à partir de 1996 avec Laurent Blanc la paire de référence en défense centrale. Desailly ne manque ainsi pas un seul match des championnats d'Europe 1996 et 2000, ni des Coupes du monde 1998 et 2002, Roger Lemerre conservant après 1998 la ligne claire si bien tracée par Aimé Jacquet. Lors de la finale de la Coupe du monde disputée en France, Desailly livre un combat titanesque à Ronaldo, qu'il a déjà croisé dans le Calcio lors des derbies Inter-Milan. Associé à Frank Lebœuf, car Blanc est suspendu. Infatigable, Desailly se multiplie sur le terrain et finit par « découper » Cafu ce qui lui vaut une expulsion pour deuxième carton jaune à la 68e minute. Frayeur atténuée par l'avance des Bleus au score et finalement effacée par le succès final (3-0) : le petit gamin d'Accra est champion du monde ! Parti à Chelsea après ce Mondial, Desailly est aussi à son aise en Angleterre qu'en Italie dans un championnat moins tactique mais plus physique. Il devient « the Rock » chez les Blues, en duo avec Frank Lebœuf. Chez les Bleus, il récupère le brassard de capitaine quand Deschamps quitte la sélection après l'Euro 2000. Une fonction où il est aussi à son aise que sur la pelouse, jouant les grands frères et les guides, à 48 reprises. L'échec de l'expédition coréenne en 2002 marque le début de son déclin, même s'il bat le record des 103 sélections de Deschamps au printemps 2003 et qu'il parvient à mener les Bleus au succès dans la Coupe des confédérations 2003 à Saint-Denis, face au Cameroun. L'année suivante, l'Euro 2004 arrive comme la compétition de trop pour lui. Blessé aux tendons d'Achille, il peine, à 35 ans, à tenir sa place mais le sélectionneur Jacques Santini hésite quand même à se passer de lui. Marcel Desailly ne joue finalement qu'un match au Portugal, contre la Croatie, à Leiria (2-2). Sa 116e et dernière sélection, nouveau record de France, est une prestation trop loin de celles d'antan, avec ses 78 victoires à son compteur, pour faire naître en lui des regrets malgré son éternelle envie de rester sur le terrain.

Matches joués : 1993 4 matches sur 8 ▪ **1994** 7 matches sur 9 ▪ **1995** 7 matches sur 8 ▪ **1996** 12 matches sur 14 ▪ **1997** 7 matches sur 8 ▪ **1998** 13 matches sur 18 ▪ **1999** 11 matches sur 11 ▪ **2000** 16 matches sur 17 ▪ **2001** 12 matches sur 13 ▪ **2002** 13 matches sur 13 ▪ **2003** 9 matches sur 14 ▪ **2004** 5 matches sur 15 | **Buts : 1995** 1 ▪ **1998** 1 ▪ **2001** 1 | **Titulaire :** 115 fois sur 116 | **Remplaçant :** 1 fois sur 116 (de M. Silvestre) | **Resté sur le banc :** 11 fois | **Capitaine :** 48 fois (16e, 19e, 21e, 45e, 56e, 61e, 66e, 69e, 75e-97e, 99e- 116e) | **Expulsion :** 1 fois | **Coupe du monde 1994 :** 7 matches sur 7 | **Championnat d'Europe 1996 :** 5 matches sur 5 | **Coupe du monde 1998 :** 7 matches sur 7 | **Championnat d'Europe 2000 :** 6 matches sur 6 | **Coupe du monde 2002 :** 3 matches sur 3 | **Championnat d'Europe 2004 :** 1 match sur 4 | **Sélectionneurs :** Houiller 4 fois, Jacquet 45 fois, Lemerre 48 fois, Santini 19 fois

Jean-Michel Ferri

Milieu de terrain, 5 sélections

Né le 7 février 1969 à Lyon (Rhône)

Première présélection : 22 août 1993 à Solna, Suède - France (1-1)

Première sélection : 22 mars 1994 à Lyon, France - Chili (3-1)

Dernière sélection : 18 janvier 1995 à Utrecht, Pays-Bas - France (0-1)

Dernière présélection : 29 mars 1995 à Tel-Aviv, Israël- France (0-0)

Club : 1993-1995 : FC Nantes (5 sélections)

Bilan : 4 victoires, 1 nul

Un nouveau Canari nantais en Bleu : Jean-Michel Ferri, un milieu de terrain costaud sur lequel s'appuie le trio offensif Loko-Ouédec-Pedros. Gérard Houllier qui l'a sélectionné en août puis octobre 1993 n'a pas le temps de le tester, ce que fait Aimé Jacquet ensuite au printemps 1994. Mais rapidement la présence de Marcel Desailly en milieu de terrain lui bouche l'horizon et Jean-Michel Ferri n'est plus rappelé après le printemps suivant, alors qu'il devient pourtant champion de France avec Nantes.

Matches joués : 1993 - ▪ **1994** 4 matches sur 9 ▪ **1995** 1 match sur 8 | **Titulaire :** 3 fois sur 5 | **Remplaçant :** 2 fois sur 5 (Desailly 2 fois) | **Resté sur le banc :** 3 fois | **Sélectionneurs :** Houllier 0 fois, Jacquet 5 fois

Vincent Guérin

Milieu de terrain
19 sélections, 2 buts

Né le 22 novembre 1965 à Boulogne-Billancourt (Hauts-de-Seine)

Première sélection : 8 septembre 1993 à Tampere, Finlande - France (0-2)

Dernière sélection : 31 août 1996 à Paris, France - Mexique (2-0)

Club : 1993-1997 : Paris SG (19 sélections)

Bilan : 13 victoires, 5 nuls, 1 défaite

Enfin ! Vincent Guérin est le dernier des Espoirs champions d'Europe 1988 à rejoindre l'équipe de France « A ». Après Paille, Cantona, Blanc, Sauzée, Roche, Despeyroux, Angloma, Casoni, Silvestre et Dogon... Gérard Houllier l'appelle pour compléter son milieu de terrain en vue de la Coupe du monde 1994. Ayant débuté Brest, comme Paul Le Guen, avant de le rejoindre en 1992 au Paris SG, après des détours par le Matra Racing et Montpellier, Guérin débute en « A » en remplaçant Didier Deschamps en Finlande en toute fin de match, puis Franck Sauzée contre la Bulgarie le jour où la France perd sa place en Coupe du monde... À 28 ans, c'est une grosse déception pour lui aussi, mais Aimé Jacquet, après avoir tâtonné, le reprend au printemps 1995 dans son groupe en vue de l'Euro 1996. Guérin est titulaire pour la première fois à Nantes, face à la Slovaquie. Il marque le dernier but d'une large victoire (4-0) qui redonne le sourire aux Bleus mais qui lui laisse un goût d'amertume pour avoir rejoint si tard, à 29 ans, le groupe dont il devient alors un titulaire, comme relayeur entre Deschamps et Zidane. Il attaque ainsi l'Euro 1996, disputant tous les matches, transformant ses tirs au but, contre les Pays-Bas puis la République tchèque. Mais à la rentrée, à 31 ans, il est remplaçant contre le Mexique, et ensuite Jacquet ne le rappelle plus, préférant miser sur des jeunes, comme Patrick Vieira.

Matches joués : 1993 2 matches sur 8 ▪ **1994** 1 match sur 9 ▪ **1995** 6 matches sur 8 ▪ **1996** 10 matches sur 14 | **Buts : 1995** 2 | **Titulaire :** 15 fois sur 19 | **Remplaçant :** 4 fois sur 19 (de Deschamps, Sauzée, Gnako, Lizarazu) | **Capitaine :** 1 fois (9e) | **Championnat d'Europe 1996 :** 5 matches sur 5 | **Sélectionneurs :** Houllier 2 fois, Jacquet 17 fois

Youri Djorkaeff

Attaquant
82 sélections, 28 buts

Né le 9 mars 1968 à Lyon (Rhône)

Première sélection : 13 octobre 1993 à Paris, France - Israël (2-3)

Dernière sélection : 11 juin 2002 à Incheon, France - Danemark (0-2)

Clubs : 1993-1995 : AS Monaco (8 sélections) ▪ 1995-1996 : Paris SG (14 sélections) ▪ 1996-1999 : Inter Milan (32 sélections) ▪ 1999-2001 : FC Kaiserslautern (22 sélections) ▪ 2001-2002 : Bolton (6 sélections)

Bilan : 52 victoires, 20 nuls, 10 défaites

Palmarès : Champion du monde 1998, Champion d'Europe 2000

C'est une belle histoire qu'on a vue venir. Le fils de Jean Djorkaeff a percé à Grenoble puis à Strasbourg. Son père était défenseur, lui est attaquant, mais on sent la même intelligence dans le regard, la même finesse dans le jeu et la même robustesse pour grandir. Youri Djorkaeff, retenu en Espoirs en 1990, est convoqué la première fois en « A » pour un match qualificatif au Mondial 1994, au Parc des Princes, là où son père a terminé sa carrière, ce qui le remplit déjà de joie. Il remplace en fin de partie David Ginola, mais la France perd contre toute attente face à Israël (3-2) qui n'avait pas marqué trois fois à l'extérieur depuis 1974 ! Remplaçant lors du France-Bulgarie fatal aux ambitions françaises, Djorkaeff est ensuite intronisé comme meneur de jeu ou deuxième attaquant par Aimé Jacquet dans son 4-4-2, en février 1994, à Naples, en amical. Juste avant la pause, Djorkaeff marque le but français, sur une passe de Ginola, contre les futurs finalistes du Mondial dont les Bleus sont privés (1-0). Djorkaeff se révèle, comme à Monaco, être un précieux finisseur grâce à sa précision dans le dernier geste. Il marque ensuite contre le Chili, de la tête, et le Japon, de volée. Moins en vue la saison suivante, il doit souvent laisser la place de n° 10 au jeune Zidane… En août 1995, alors qu'il vient d'être transféré de Monaco au Paris SG, Djorkaeff est encore sur le banc des remplaçants contre la Pologne, au Parc, dans un match important pour la qualification à l'Euro 1996. La France est menée longtemps 1-0, sur un but d'Andrzej Juskowiak (35e). Youri entre à la 69e minute, à la place du défenseur Frank Lebœuf, mais pour jouer en attaque. À trois minutes de la fin, il brosse magistralement un coup franc de 20 mètres et égalise, ouf (1-1) ! Dès lors son association avec Zinédine Zidane n'est plus un tabou, mais une question de répartition des tâches et de gestion des egos. Concurrents peut-être, rivaux sans doute, mais complémentaires aussi. Ensemble, ils renversent la Roumanie à Bucarest, dans le match décisif pour la qualification au championnat d'Europe, marquant chacun un but. Djorkaeff marque aussi contre Israël à Caen pour libérer les Bleus à la 69e minute. Les deux vedettes du championnat de France ont définitivement supplanté Éric Cantona et David Ginola et partent sans eux à l'Euro, où ils disputent tous les matches. Djorkaeff ayant toujours une efficacité rare devant le but, marque contre l'Espagne à Leeds son 11e but en 19 sélections. Le duo fonctionne. Transférés tous les deux en Italie après ce Championnat d'Europe, Djorkaeff et Zidane préparent le Mondial 1998 dans une équipe qui se cherche encore malgré tout. L'arrivée de Stéphane Guivarc'h à l'automne 1997, donne un sérieux point d'ancrage aux Bleus devant, rôle que ne pouvait assumer Djorkaeff, qui peut ainsi jouer dans une position plus libre autour de ce précieux n° 9. Durant la Coupe du monde en France, Djorkaeff évolue ainsi comme second attaquant, puis comme meneur de jeu quand Zidane est suspendu contre le Danemark et le Paraguay. Il ne marque qu'une fois, à Lyon sur penalty face aux Danois, mais il est toujours titulaire, même s'il ne termine ni la demi-finale ni la finale, remplacé en fin de match par des joueurs à vocation défensive. Champion du monde à 30 ans, Djorkaeff reste comme ses coéquipiers incontournables pendant deux ans. Il arrive à l'Euro 2000 avec 62 sélections derrière lui et 24 buts inscrits. Il en marque encore deux pendant ce championnat d'Europe, contre la République tchèque au 1er tour, et l'Espagne en quart de finale. Roger Lemerre ne touchant pas à l'équipe héritée d'Aimé Jacquet après le Mondial 1998, Djorkaeff malgré ses 34 ans est encore titulaire pour le Mondial 2002 en Corée. Mais il n'a plus la même vivacité. Ayant quitté l'Inter en 1999 pour Kaiserslautern, puis Bolton en 2001, il est en bout de course. Il débute contre le Sénégal à Séoul, mais passe ensuite sur le banc des remplaçants, et comme Christophe Dugarry, il termine sa carrière internationale sur l'élimination par le Danemark à Incheon. Sa 10e défaite seulement en 82 matches…

Matches joués : 1993 1 match sur 8 ▪ **1994** 5 matches sur 9 ▪ **1995** 7 matches sur 8 ▪ **1996** 12 matches sur 14 ▪ **1997** 6 matches sur 8 ▪ **1998** 18 matches sur 18 ▪ **1999** 9 matches sur 11 ▪ **2000** 11 matches sur 17 ▪ **2001** 7 matches sur 13 ▪ **2002** 6 matches sur 13 | **Buts : 1994** 3 ▪ **1995** 5 ▪ **1996** 5 ▪ **1997** 3 ▪ **1998** 3 ▪ **1999** 3 ▪ **2000** 4 ▪ **2001** 2 | **Titulaire :** 58 fois sur 82 | **Remplaçant :** 24 fois sur 82 (de Ginola, Pedros, Martins, Zidane 8 fois, Leboeuf, Ba, Maurice, Laslandes, Dugarry 3 fois, Diomède, Pirès, Petit 2 fois, Wiltord 2 fois) | **Resté sur le banc :** 7 fois | **Championnat d'Europe 1996 :** 5 matches sur 5 | **Coupe du monde 1998 :** 7 matches sur 7 | **Championnat d'Europe 2000 :** 5 matches sur 6 | **Coupe du monde 2002 :** 2 matches sur 3 | **Sélectionneurs :** Houllier 1 fois, Jacquet 44 fois, Lemerre 37 fois

1994

8 nouveaux joueurs
9 matches

16 février : Italie - France 0-1
22 mars : France - Chili 3-1
26 mai : Australie - France 0-1
29 mai : Japon - France 1-4
17 août : France - Rép. tchèque 2-2
7 sept : Slovaquie - France 0-0 (QCE)
8 octobre : France - Roumanie 0-0 (QCE)
16 novembre : Pologne - France 0-0 (QCE)
13 déc : Azerbaïdjan - France 0-2 (QCE)

Christophe Dugarry

Jean-Pierre Cyprien

Défenseur
1 sélection

Né le 12 février 1969 à Basse-Terre (Guadeloupe)

Unique sélection : 16 février 1994, à Naples, Italie - France (0-1)

Club : 1993-1994 : AS Saint-Étienne (1 sélection)

Bilan : 1 victoire

Le Guadeloupéen, international Espoirs de 1988 à 1990, qui tient depuis deux ans la défense centrale des Verts, avec Sylvain Kastendeuch puis Laurent Blanc depuis le début de l'année, offre des garanties intéressantes. Le nouveau sélectionneur Aimé Jacquet l'inclut dans sa première liste, pour le match amical en Italie et, entrant en cours de match, il fait bonne impression. Mais trois jours après, Cyprien est victime d'une rupture du tendon d'Achille ! Il ne retrouvera jamais son niveau ensuite, ni l'équipe de France.

Match joué : 1994 1 match sur 9 | **Titulaire :** 0 fois sur 1 | **Remplaçant :** 1 fois sur 1 (de Karembeu) | **Sélectionneur :** Jacquet 1 fois

Christophe Dugarry

Attaquant
55 sélections, 8 buts

Né le 24 mars 1972 à Bordeaux (Gironde)

Première sélection : 26 mai 1994 à Kobe, Australie - France (0-1)

Dernière sélection : 11 juin 2002 à Incheon, France - Danemark (0-2)

Clubs : 1994-1996 : Girondins de Bordeaux (15 sélections) ▪ 1996-1997 : Milan AC (5 sélections) ▪ 1997 : FC Barcelone ▪ 1998-1999 : Olympique de Marseille (15 sélections) ▪ 2000-2002 : Girondins de Bordeaux (20 sélections)

Bilan : 33 victoires, 15 nuls, 7 défaites

Palmarès : Champion du monde 1998, Champion d'Europe 2000

L'attaquant bordelais ne manque pas de qualités, même si la constance n'est pas son point fort. Aimé Jacquet le prend pour la tournée au Japon de fin de saison, puis pour le premier match de la saison suivante, qu'il débute en tant que titulaire, chez lui à Bordeaux, avant de céder sa place à Patrice Loko. Christophe Dugarry reste dans le groupe ensuite, comme Zinédine Zidane avec lequel il partage une belle complicité aux Girondins. Dugarry se retrouve alors en concurrence avec Nicolas Ouédec pour le poste d'avant-centre qui est en train d'échapper à Jean-Pierre Papin, la référence depuis six ans. Dans un style très différent de JPP, Dugarry peine à convaincre, d'autant qu'il ne marque pas. Le Bordelais inscrit son premier but pour sa septième sélection, contre l'Azerbaïdjan à Auxerre, un jour où tout le monde marque (10-0). Mais Aimé Jacquet apprécie ce joueur technique qui se bat aussi pour les autres. Dugarry attaque ainsi l'Euro 1996 comme titulaire en Angleterre. Et c'est lui qui inscrit le seul but de la France face à la Roumanie, dans son match d'ouverture à Newcastle. Un but un peu heureux, d'une tête contrée, sur un long centre de Youri Djorkaeff. Mais si Ouédec n'est pas là, il reste concurrencé par Loko pour jouer aux côtés de Youri Djorkaeff en attaque et ne convainc pas vraiment. Après l'Euro, Dugarry passe au Milan AC, puis au FC Barcelone et à Marseille en moins de deux ans, peinant toujours à s'installer. Mais il reste dans le groupe qui prépare la Coupe du monde en France. L'arrivée de nouveaux attaquants testés par Aimé Jacquet, Maurice, Henry, Guivarc'h, Laslandes, Trezeguet, Diomède, Anelka, remet en cause sa présence parmi les 22 au Mondial 1998. Finalement ce sont Maurice, Anelka et Laslandes qui restent à quai, et Dugarry sauve sa place. Accablé de critiques après avoir raté une balle de but en Finlande lors du dernier match de préparation des Bleus, Dugarry est sur le banc des remplaçants au début du Mondial, face à l'Afrique du Sud. La blessure de Stéphane Guivarc'h au bout de vingt minutes à Marseille, lui permet d'entrer en jeu et il ouvre le score dix minutes plus tard en détournant de la tête un corner de Zidane ! Regonflé par cette réussite, son troisième but seulement en 25 matches, Dugarry pense pouvoir rester titulaire. Mais il se blesse dès le match suivant ! Il revient en état de jouer en fin de Mondial, et remplace à nouveau Guivarc'h lors de la finale, à la 66e minute. Il ne marque pas, mais il est champion du monde ! Roger Lemerre, qui succède alors à Aimé Jacquet, conserve Dugarry dans son effectif, même si sa popularité n'est pas énorme auprès du public qui le siffle volontiers, au grand agacement de Zidane. Dugarry qui marque toujours très peu, fait bien partie des 22 pour l'Euro 2000, mais il le débute à nouveau comme remplaçant. Il regagne sa place au troisième match du premier tour, contre les Pays-Bas où il marque le premier but français. Puis il est titulaire en quart de finale et en finale, dans une position plus reculée qu'à ses débuts, en soutien de Djorkaeff et Thierry Henry qui jouent en pointe, et le voilà champion d'Europe ! Bien que sur le déclin, Dugarry est conservé dans le groupe par Roger Lemerre pour la Coupe du monde 2002. Il entre en cours de jeu lors des deux premiers matches en Corée puis il est titulaire pour le dernier face au Danemark. Comme Djorkaeff, c'est sa dernière sortie internationale, à 30 ans. Il jouera deux ans encore en Angleterre, à Birmingham, avant de se tourner vers le Qatar. Il deviendra ensuite un commentateur avisé du football français dans les médias.

Matches joués : 1994 5 matches sur 9 ▪ **1995** 3 matches sur 8 ▪ **1996** 7 matches sur 14 ▪ **1997** 5 matches sur 8 ▪ **1998** 9 matches sur 18 ▪ **1999** 6 matches sur 11 ▪ **2000** 9 matches sur 17 ▪ **2001** 5 matches sur 13 ▪ **2002** 6 matches sur 13 | **Buts : 1995** 1 ▪ **1996** 1 ▪ **1998** 2 ▪ **1999** 1 ▪ **2000** 2 ▪ **2001** 1 | **Titulaire :** 40 fois sur 55 | **Remplaçant :** 15 fois sur 55 (de Pedros, Ouédec 2 fois, Loko 3 fois, Djorkaeff 2 fois, Guivarc'h 2 fois, Pirès, Wiltord 2 fois, Anelka, Henry) | **Resté sur le banc :** 10 fois | **Championnat d'Europe 1996 :** 4 matches sur 5 | **Coupe du monde 1998 :** 3 matches sur 7 | **Championnat d'Europe 2000 :** 4 matches sur 6 | **Coupe du monde 2002 :** 3 matches sur 3 | **Sélectionneur :** Jacquet 27 fois, Lemerre 28 fois

Nicolas Ouédec

Nicolas Ouédec

Attaquant
7 sélections, 1 but

Né le 28 octobre 1971 à Lorient (Morbihan)

Première présélection : 26 mai 1994 à Kobe, Australie - France (0-1)

Première sélection : 29 mai 1994 à Tokyo, Japon - France (1-4)

Dernière sélection : 7 juin 1997 à Montpellier, France - Angleterre (0-1)

Dernière présélection : 11 juin 1997 à Paris, France - Italie (2-2)

Clubs : 1993-1996 : FC Nantes (5 sélections) ▪ 1996-1997 : Espanyol Barcelone (2 sélections)

Bilan : 3 victoires, 3 nuls, 1 défaite

Après Patrice Loko et Reynald Pedros, le troisième mousquetaire de l'attaque nantaise est enfin sélectionné en équipe de France « A ». Nicolas Ouédec, longtemps titulaire en Espoirs, est un avant-centre précis et appliqué qui réussit en championnat depuis deux ans, terminant co-meilleur buteur en 1994, avec Youri Djorkaeff et Roger Boli, le frère de Basile. Mais il a plus de mal à exprimer son registre au niveau international. Lancé après Christophe Dugarry lors de la tournée de fin de saison au Japon, il revient à l'automne comme titulaire contre la Roumanie, à Saint-Étienne, dans un match où, bien qu'encadré par Loko et Pedros, il ne parvient pas à concrétiser les occasions qui se présentent à lui. La comparaison avec le réalisme passé de Jean-Pierre Papin lui est néfaste à chacune de ses apparitions. Et après un match nul en Israël au printemps 1995 (0-0), Ouédec disparaît des listes d'Aimé Jacquet, contrairement à Dugarry qui, sans être plus efficace, s'inscrit dans la durée. Parti tenter sa chance à l'Espanyol de Barcelone, Ouédec est rappelé juste après l'Euro 1996, pour un match amical conte le Mexique au Parc, et il marque le premier but français, sur un ballon mal renvoyé par la défense mexicaine, juste avant d'être remplacé par Florian Maurice qui débute alors. Ouédec est à nouveau sélectionné en fin de saison, pour le Tournoi de France, sorte de répétition à un an du Mondial 1998 en France. Mais il ne joue qu'un seul des trois matches de la France, celui qu'elle perd à Montpellier face à l'Angleterre (1-0)... Cette fois sa chance est passée, on ne le reverra plus ensuite.

Matches joués : 1994 3 matches sur 9 ▪ **1995** 2 matches sur 8 ▪ **1996** 1 match sur 14 ▪ **1997** 1 match sur 8 | **But : 1996** 1 | **Titulaire :** 5 fois sur 7 | **Remplaçant :** 2 fois sur 7 (de Djorkaeff, Papin) | **Resté sur le banc :** 5 fois | **Sélectionneur :** Jacquet 7 fois

Lilian Thuram

Défenseur
142 sélections, 2 buts

Né le 1er janvier 1972 à Pointe-à-Pitre (Guadeloupe)

Première sélection : 17 août 1994 à Bordeaux, France -République tchèque (2-2)

Dernière sélection : 13 juin 2012 à Berne, France - Pays-Bas (1-4)

Clubs : 1994-1996 : AS Monaco (16 sélections) ▪ 1996-2001 : Parme AC (51 sélections) ▪ 2001-2006 : Juventus Turin (54 sélections) ▪ 2006-2008 : FC Barcelone (21 sélections)

Bilan : 93 victoires, 34 nuls, 15 défaites

Palmarès : Champion du monde 1998, Champion d'Europe 2000

Le jeune Monégasque est une force de la nature. Il débute en équipe de France avec la saison 1994-95 dans une défense à cinq, comme arrière central avec Laurent Blanc et Bruno Ngotty. Une expérience peu concluante pour Lilian Thuram face à la République tchèque qui marque deux fois avant la pause, par Tomas Skuhravý et Daniel Smejkal. Il ne revient qu'en début d'année 1995, et comme remplaçant. Il prend pied dans le groupe d'Aimé Jacquet véritablement la saison suivante, alternant les entrées en jeu et les places de titulaire en défense centrale. Mais l'avènement de la paire Blanc-Desailly à partir du printemps 1996, le pousse sur le flanc droit de la défense française. C'est à ce poste que Thuram débute le championnat d'Europe, délogeant alors un autre Guadeloupéen, Jocelyn Angloma. Car même si arrière doit n'est pas son poste de prédilection, Thuram s'y impose remarquablement. Parti de Monaco pour Parme, Aimé Jacquet ne le sort plus de son onze titulaire jusqu'à la Coupe du monde. Lors du Mondial 1998, Thuram fait parler toute sa puissance, sa sûreté et sa régularité. Pour sa 38e sélection, il dispute la demi-finale contre la Croatie et juste après la pause commet une erreur en couvrant Davor Šuker qui ouvre le score. Au lieu de le tétaniser, cette bévue le transcende. Lui qui ne marque même pas à l'entraînement, score deux fois en vingt minutes ! Il égalise tout de suite après le but croate d'une frappe puissante. Puis à la 69e, sur un but improbable, il donne l'avantage

Mercredi 25 mars 1992, Jean-Pierre Papin au sommet de son art réceptionne un centre de Basile Boli d'une superbe reprise de volée en ciseau : la France égalise in extremis (3-3) face à la Belgique, en match amical au Parc des princes.

aux Bleus qui se qualifient ainsi pour la finale (2-1). Stupéfait lui-même devant son audace et sa réussite, il prend une pause d'incrédulité qui fait le tour du monde. Lilian Thuram termine le Mondial sur un nuage, pas loin d'avoir été le meilleur joueur de la compétition. Champion du monde puis champion d'Europe deux ans plus tard, il est le meilleur arrière droit de la planète, transféré à la Juventus en forme de consécration. Le fiasco du Mondial 2002 en Corée ne modifie pas sa trajectoire. Jacques Santini, qui a succédé à Roger Lemerre après cette Coupe du monde ratée, commence à repositionner Thuram dans l'axe, pour pallier les défaillances récurrentes de Marcel Desailly. Il joue ainsi l'Euro 2004 en duo avec Mikaël Silvestre au Portugal. Mais l'élimination en quart de finale à Lisbonne par la Grèce (1-0) lui laisse un goût amer et il décide de se retirer, comme le font Desailly, Zidane et Lizarazu. Thuram a alors 32 ans et il égale l'ancien record de sélections de Didier Deschamps (103). Mais l'équipe de France, reprise par Raymond Domenech, fait une saison décevante. Les nouveaux défenseurs centraux, Gaël Givet, Jean-Alain Boumsong, Sébastien Squillaci, ont du mal à soutenir la comparaison avec leurs prédécesseurs... Et quand Zidane décide de revenir aux affaires à l'été 2005, Thuram accepte d'en faire autant. Il retrouve donc sa place d'arrière central pour arracher la qualification au Mondial 2006 à l'Irlande. Il est associé alors à Boumsong, mais c'est avec William Gallas, un autre Guadeloupéen, qu'il forme la charnière centrale en Coupe du monde. En Allemagne, Lilian Thuram dispute son troisième Mondial, comme Thierry Henry, Zinédine Zidane, David Trezeguet, Patrick Vieira et Fabien Barthez. Et il est encore à son meilleur niveau. Il bat le record des 116 sélections de Marcel Desailly au troisième match du premier tour, contre le Togo à Cologne. En finale, il livre un duel titanesque à l'avant-centre italien Luca Toni, mais la France finit par s'incliner aux tirs au but dans une fin de match électrique à Berlin face à la Squadra Azzura où il compte cinq partenaires de la Juve, Buffon, Zambrotta, Cannavaro, Camoranesi et Del Piero. Raymond Domenech persuade Thuram ne pas rester sur cet échec et d'emmener la nouvelle génération des Bleus à l'Euro 2008. À 34 ans, Thuram, qui quitte la Juventus pour le Barça, rempile donc pour deux saisons et la France se qualifie pour l'Euro 2008. Mais en Suisse, pour la première fois, il souffre lors d'un grand tournoi. À Berne, face aux Pays-Bas, la France est submergée par les vagues des attaquants néerlandais. Kuyt, Van Persie, Robben et Sneijder marquent tous, la France sombre (4-1). Pour Lilian Thuram, 36 ans, sa 142e sélection, nouveau record de France pour longtemps, est un vrai cauchemar. Domenech renonce à l'aligner au match suivant, contre l'Italie pour lui éviter le « match de trop ». Il sera sur le point d'être transféré l'été suivant de Barcelone au Paris SG, mais on décèlera une anomalie cardiaque, et il préféra alors mettre un terme à sa longue carrière.

Matches joués : 1994 1 match sur 9 ▪ **1995** 5 matches sur 8 ▪ **1996** 13 matches sur 14 ▪ **1997** 8 matches sur 8 ▪ **1998** 15 matches sur 18 ▪ **1999** 10 matches sur 11 ▪ **2000** 14 matches sur 17 ▪ **2001** 4 matches sur 13 ▪ **2002** 12 matches sur 13 ▪ **2003** 12 matches sur 14 ▪ **2004** 9 matches sur 15 ▪ **2005** 7 matches sur 11 ▪ **2006** 16 matches sur 17 ▪ **2007** 10 matches sur 12 ▪ **2008** 6 matches sur 14 | **Buts : 1998** 2 | **Titulaire :** 134 fois sur 142 | **Remplaçant :** 8 fois sur 142 (de Karembeu, Angloma 2 fois, Zidane, Guérin, Desailly 2 fois, Sagnol) | **Resté sur le banc :** 13 fois | **Capitaine :** 15 fois (109e, 110e, 127e- 130e, 133e-136e, 138e-142e) | **Championnat d'Europe 1996 :** 5 matches sur 5 | **Coupe du monde 1998 :** 6 matches sur 7 | **Championnat d'Europe 2000 :** 5 matches sur 6 | **Coupe du monde 2002 :** 3 matches sur 3 | **Championnat d'Europe 2004 :** 4 matches sur 4 | **Coupe du monde 2006 :** 7 matches sur 7 | **Championnat d'Europe 2008 :** 2 matches sur 2 | **Sélectionneur :** Jacquet 33 fois, Lemerre 44 fois, Santini 26 fois, Domenech 39 fois

Bruno Ngotty

Défenseur
6 sélections

Né le 10 juin 1971 à Lyon (Rhône)

Première sélection : 17 août 1994, à Bordeaux, France - République tchèque (2-2)

Dernière sélection : 11 juin 1997, à Paris, France - Italie (2-2)

Dernière présélection : 10 octobre 1997 à Lens, France - Afrique du Sud (2-1)

Clubs : 1994-1995 : Olympique Lyonnais (1 sélection) ▪ 1995-1998 : Paris SG (5 sélections)

Bilan : 2 victoires, 2 nuls, 2 défaites

Comme Lilian Thuram, le Lyonnais Bruno Ngotty est un défenseur central puissant, plus jeune d'un an, international Espoirs en 1991, qu'Aimé Jacquet fait également débuter comme stoppeur dans sa nouvelle défense à cinq expérimentée contre la République tchèque. Une expérience bien peu concluante dont Ngotty fait les frais, ne revenant qu'une fois pendant trois ans, comme remplaçant, et sans entrer en jeu ! Il manque ainsi l'Euro 1996 alors que passé au Paris SG, il a marqué le but parisien en finale de la Coupe des Coupes 1996, à Bruxelles face au Rapid de Vienne (1-0). Ngotty revient à l'automne 1996 pour jouer en duo avec Marcel Desailly alors que Laurent Blanc est forfait. Mais il retourne sur le banc des remplaçants pour les deux matches suivants. Sélectionné pour le Tournoi de France à l'été 1997, il est titulaire contre l'Angleterre, mais la France tombe sur un but d'Alan Shearer, l'avant-centre de Newcastle... Remplaçant contre l'Italie, son entrée en jeu en fin de match à place de Marcel Desailly est sa dernière sortie car Aimé Jacquet ne le rappelle pas. La concurrence est décidément trop forte et il ne fait pas partie des 22 pour le Mondial 98.

Matches joués : 1994 1 match sur 9 ▪ **1995** - ▪ **1996** 1 match sur 14 ▪ **1997** 4 matches sur 8 | **Titulaire :** 3 fois sur 6 | **Remplaçant :** 3 fois sur 6 (de Deschamps, Vieira, Desailly) | **Resté sur le banc :** 3 fois | **Sélectionneur :** Jacquet 6 fois

Zinédine Zidane

Milieu de terrain
108 sélections, 31 buts

Né le 23 juin 1972 à Marseille (Bouches-du-Rhône)

Première sélection : 17 août 1994 à Bordeaux, France - République tchèque (2-2)

Dernière sélection : 9 juillet 2006 à Berlin, France – Italie (1-1)

Clubs : 1994-1996 : Girondins de Bordeaux (17 sélections) ▪ 1996-2001 : Juventus Turin (49 sélections) ▪ 2001-2006 : Real Madrid (42 sélections)

Bilan : 73 victoires, 27 nuls, 8 défaites

Palmarès : Champion du monde 1998, Champion d'Europe 2000

Attention, phénomène ! Depuis plusieurs années, on entend parler du jeune Cannois Zinédine Zidane, brillant techniquement en championnat, mais plus discret en équipe de France Espoirs. Son passage à Bordeaux durant l'été 94 le met en pleine lumière. Il a 22 ans et un potentiel à faire grandir encore. C'est pour pallier un forfait de dernière minute de Youri Djorkaeff qu'Aimé Jacquet l'appelle en « A ». Il découvre un joueur discret et réservé, qu'il place sur le banc des remplaçants pour le premier match de la saison, à Bordeaux, face à la République tchèque. C'est l'Auxerrois Corentin Martins qui porte le n° 10 et dirige le jeu des Bleus. La France est menée 2-0 depuis la pause quand Zidane remplace Martins à la 63e minute. À cinq minutes de la fin du match, partant comme une flèche vers l'avant, Zidane efface Kubik et Repka magistralement en deux crochets et réduit le score d'une frappe qui termine en lucarne, splendide ! Et deux minutes plus tard, il égalise d'une reprise canon de la tête, sur un corner de Jocelyn Angloma. Deux buts pour son premier match ! Mais Jacquet n'en fait pas un titulaire pour autant, car Djorkaeff reprend sa place aux matches suivants puis ce sont Reynald Pedros et Martins qui sont chargés de mener le jeu. Zidane est titularisé pour la première fois en avril 1995, à Nantes, contre la Slovaquie. Il est à l'origine de trois des quatre buts français à la Beaujoire : cette fois, il est lancé. Zidane est donc titulaire pour la saison suivante, poussant Corentin Martins sur la touche et Youri Djorkaeff en position d'attaquant, place libérée par l'auto-exclusion d'Éric Cantona. C'est ainsi associés, que Djorkaeff et Zidane qualifient la France pour l'Euro

1996 en Angleterre. Dans le match décisif à Bucarest, Zidane marque le troisième but français contre la Roumanie, d'une énorme frappe pleine lucarne. Mais en Angleterre, il ne réalise pas un grand Euro. Présent à tous les matches du tournoi mais victime d'un accident de voiture peu avant, il peine à peser sur le jeu. Aimé Jacquet refuse pourtant de se passer de lui, estimant que même en méforme, il peut à tout instant faire la différence... Après l'Euro, Zidane quitte Bordeaux pour la Juventus, où il retrouve Didier Deschamps. En Italie, il travaille son physique et devient plus costaud. Pour l'inauguration du Stade de France, en janvier 1998, il marque le seul but français face à l'Espagne en reprenant une frappe de Djorkaeff renvoyée par le gardien espagnol Zubizaretta sur la barre transversale. Zidane attaque le Mondial avec 34 sélections derrière lui, mais il fait une erreur de débutant en marchant sur un Saoudien lors de la deuxième rencontre des Bleus. Expulsé, il est suspendu deux matches... Il revient pour le quart de finale contre l'Italie. Avec Thuram, Dessailly, Djorkaeff et Deschamps, Zidane fait partie des « Italiens » de l'équipe de France et il s'accroche pour remporter aux tirs au but ce véritable derby. Les Bleus se fraient un passage jusqu'en finale après avoir déjoué le piège croate, mais Zidane n'a pas vraiment encore marqué de son empreinte cette Coupe du monde. En finale, tout change : il marque deux fois en première mi-temps, deux reprises de la tête sur corner, un de la droite frappé par Emmanuel Petit, un de la gauche tiré par Youri Djorkaeff ! Deux têtes piquées qui assomment le Brésil qui ne peut pas s'en relever. Champion du monde puis élu Ballon d'or en fin d'année, Zidane est arrivé là où on l'attendait, c'est-à-dire au sommet. Comme délivré de cette attente de quatre ans, son jeu se libère aussi, il devient le vrai leader technique de l'équipe reprise par Roger Lemerre. Il fluidifie, rassure, guide, et assume désormais son rôle. Lors du championnat d'Europe 2000, Zidane mène grand train. Il transforme un coup franc magistral contre l'Espagne en quart de finale, puis un penalty avec sang-froid contre le Portugal en demi-finale, un « but en or » qui met fin au match. Champion d'Europe à Rotterdam, plus que jamais il est l'étoile des Bleus. Passé au Real Madrid à l'été 2001, Zidane remporte la Ligue des champions face à Leverkusen à Glasgow en 2002,

Zinédine Zidane

en inscrivant un but somptueux, juste avant de rejoindre l'équipe de France en Corée pour le Mondial. Mais il se blesse à la cuisse lors du dernier match de préparation, en première mi-temps face à la Corée du Sud. C'est le drame, il ne peut pas jouer les deux premiers matches. Il dispute le troisième sur une jambe, contre le Danemark à Incheon, mais il ne peut éviter la sortie de route des Bleus incapables de marquer. Pour effacer cette déception, Zidane repart à l'assaut de l'Euro avec Jacques Santini comme nouveau sélectionneur. Pour le premier match du championnat d'Europe à Lisbonne, il réalise contre l'Angleterre un nouveau coup de maître : il égalise à la 90e minute sur coup franc, puis donne la victoire aux Bleus en transformant un penalty à la 93e minute... Mais l'élimination de la France par la Grèce en quart de finale sonne comme un coup d'arrêt. Il décide de se retirer de l'équipe nationale sur sa 93e sélection. Son départ, associé à ceux de Thuram, Makélélé, Lizarazu et Desailly, laisse un vide immense. Et l'équipe de France en grand danger. Zidane revient donc sur sa décision un an plus tard, et ranime la flamme bleue dès son retour, lors d'un match amical à Montpellier contre la Côte d'Ivoire, en marquant son 27e but international. Avec lui comme nouveau capitaine, la France retrouve son jeu et se qualifie pour le Mondial 2006. Mais Zidane, à 34 ans, commence à avoir du mal à enchaîner les matches. Sa saison au Real est la moins bonne depuis son arrivée en Espagne, et il rejoint les Bleus à bout de souffle.

Au cours de la préparation, il est fantomatique pour sa 100e sélection au Stade de France face au Mexique, et pas mieux ensuite face au Danemark et à la Chine… Lors des deux premiers matches de la Coupe du monde en Allemagne, Zidane apparaît encore fatigué, usé, et agacé par sa méforme. Il récolte un carton jaune contre la Suisse puis un autre contre la Corée du Sud et est donc suspendu pour le troisième match face au Togo que la France bat difficilement à Cologne (0-2). En 8e de finale, les Bleus doivent affronter l'Espagne, « l'équipe qui monte ». Comme en 1998, c'est un peu un derby pour Zidane le Madrilène. La presse espagnole, pressentant la fin proche du n° 10 français qui a annoncé qu'il arrêterait sa carrière après la Coupe du monde, titre : « Nous allons mettre Zidane à la retraite ! »… Mais Zidane redevient subitement le grand Zidane. Il livre un match plein, porte le jeu de son équipe et inscrit le dernier des trois buts français qui renvoient la Roja à ses études (3-1). Mieux encore, en quart de finale, contre le Brésil à Francfort, Zidane réalise pour sa 106e sélection, le meilleur match de sa carrière internationale. Il est partout, d'une habileté technique exceptionnelle, d'une clairvoyance absolue. Plus brésilien que les Brésiliens, il subjugue le monde entier. Et, sur coup franc, il donne à Thierry Henry la balle qui élimine le Brésil à la 57e minute, curieusement la première passe décisive qu'il fait à l'attaquant d'Arsenal en huit années communes en équipe de France. Zidane est encore l'homme du match en demi-finale, en transformant le penalty qui à la 33e minute élimine, comme en 2000, le Portugal (1-0). La finale à Berlin, dans le stade olympique se présente comme son triomphe. Il a annoncé que ce Mondial serait sa dernière sortie, ce match est donc le dernier. Son destin l'attend. Il brille quand à la 7e minute il transforme un nouveau penalty, après une faute sur Florent Malouda. Il prend un risque en tentant face à Gianluigi Buffon une « panenka » qui touche la barre traversable avant de pénétrer dans le but italien. La suite du match est une lutte intense, dure, serrée qui débouche sur une prolongation. À la 103e minute, il reprend de la tête un long centre de Willy Sagnol que Buffon sort magnifiquement de son but. Et puis à la 110e minute, c'est l'incident. Zidane souffre de l'épaule depuis plusieurs minutes, le suspense et le temps orageux le rendent de plus en plus nerveux. Un énième tirage de maillot de Materazzi l'agace, une provocation verbale de l'Italien le met soudain hors de lui et il le frappe violemment d'un coup de tête au plexus ! Surpris, l'Italien tombe au sol. L'arbitre n'a rien vu, mais en regardant un ralenti sur une télévision au bord du terrain, le quatrième arbitre dénonce Zidane qui est alors expulsé ! Il doit quitter ainsi la scène mondiale, sur son deuxième carton rouge en équipe de France. Sans lui, les Bleus s'inclinent aux tirs au but. Il est entré dans la légende comme escompté, mais pas par la grande porte. Pourtant au fil des ans, cette tache sombre sur sa carrière brillante s'estompera, puis disparaîtra quand il deviendra entraîneur à succès au Real Madrid. En attendant de devenir à son tour sélectionneur des Bleus, un jour…

Matches joués : 1994 2 matches sur 9 ▪ **1995** 6 matches sur 8 ▪ **1996** 12 matches sur 14 ▪ **1997** 8 matches sur 8 ▪ **1998** 15 matches sur 18 ▪ **1999** 6 matches sur 11 ▪ **2000** 11 matches sur 17 ▪ **2001** 8 matches sur 13 ▪ **2002** 9 matches sur 13 ▪ **2003** 7 matches sur 14 ▪ **2004** 7 matches sur 15 ▪ **2005** 5 matches sur 11 ▪ **2006** 10 matches sur 17 | **Buts : 1994** 2 ▪ **1995** 2 ▪ **1996** 1 ▪ **1997** 1 ▪ **1998** 5 ▪ **1999** 1 ▪ **2000** 4 ▪ **2001** 2 ▪ **2002** 1 ▪ **2003** 3 ▪ **2004** 4 ▪ **2005** 2 ▪ **2006** 3 | **Titulaire :** 101 fois sur 108 | **Remplaçant :** 7 fois sur 108 (de Martins, Loko 2 fois, Djorkaeff 2 fois, Dugarry, Pirès) | **Resté sur le banc :** 6 fois | **Resté en tribune :** 1 fois | **Capitaine :** 25 fois (76e, 81e, 82e, 85e, 86e, 89e à 108e) | **Expulsions :** 2 fois | **Championnat d'Europe 1996 :** 5 matches sur 5 | **Coupe du monde 1998 :** 5 matches sur 7 | **Championnat d'Europe 2000 :** 5 matches sur 6 | **Coupe du monde 2002 :** 1 match sur 3 | **Championnat d'Europe 2004 :** 4 matches sur 4 | **Coupe du monde 2006 :** 6 matches sur 7 | **Sélectionneurs :** Jacquet 39 fois, Lemerre 36 fois, Santini 18 fois, Domenech 15 fois

Frank Lebœuf

Défenseur
50 sélections, 4 buts

Né le 22 janvier 1968 à Marseille (Bouches-du-Rhône)

Première présélection : 16 novembre 1994 à Zabrze, Pologne - France (0-0)

Première sélection : 22 juillet 1995, à Oslo, Norvège - France (0-0)

Dernière sélection : 6 juin 2002 à Busan, France - Uruguay (0-0)

Clubs : 1994-1996 : RC Strasbourg (8 sélections) ▪ 1996-2001 : Chelsea FC (32 sélections) ▪ 2001-2002 : Olympique de Marseille (10 sélections)

Bilan : 31 victoires, 13 nuls, 6 défaites

Palmarès : Champion du monde 1998, Champion d'Europe 2000

Il est parti de loin. Joueur amateur à Toulon, puis Hyères et Meaux, Frank Lebœuf obtient un contrat pro à Laval en 1988, alors que le club mayennais s'apprête à quitter l'élite. Passé à Strasbourg, en D2, il redécouvre la D1 en 1992, à 26 ans. Mais c'est un défenseur qui sait faire beaucoup de choses, notamment participer au jeu et marquer. Sur le banc de touche de l'équipe de France à l'automne 94, il entre en jeu pour le premier match de la saison suivante, en remplaçant Paul Le Guen en milieu de terrain à la 68e minute d'un match amical en Norvège. Alain Roche et Laurent Blanc forfaits ensuite contre la Pologne, lors des qualifications pour l'Euro 1996, Lebœuf est titularisé en défense centrale, associé à Lilian Thuram au Parc. Puis à Marcel Desailly contre l'Azerbaïdjan à Auxerre. Il profite de la faiblesse de l'adversaire pour monter à l'attaque et il marque deux fois en seconde mi-temps, sur des passes de Vincent Guérin ! Lebœuf reste donc titulaire contre la Roumanie et Israël quand la France se qualifie pour le championnat d'Europe 1996. Mais au printemps suivant, le retour en forme de Laurent Blanc le pousse sur le banc des remplaçants pour l'Euro. En Angleterre, Lebœuf ne joue donc pas un match, mais cela ne l'empêche pas de signer un contrat avec Chelsea. Débute alors sa carrière de « doublure » de Laurent Blanc qui l'amène à la Coupe du monde 1998. Il dispute le troisième match du premier tour, à Lyon contre le Danemark, avec les autres remplaçants attitrés, Vincent Candela, Christian Karembeu, Patrick Vieira, Alain Boghossian, Robert Pirès, Bernard Diomède, et pense devoir s'en tenir là. Mais l'expulsion de Blanc en demi-finale contre la Croatie lui ouvre une porte inespérée. Il entre en jeu, à la place de Youri Djorkaeff, pour tenir la fin de match en défense centrale, puis il est logiquement titulaire pour la finale. Face à Rivaldo, Bebeto et Ronaldo, Frank Lebœuf livre un match intense dont il sort vainqueur et champion du monde ! Son statut ne change pas pour autant, il reste encore le substitut de Laurent Blanc en défense, même s'il joue régulièrement. En juin 1999, à Barcelone, il prend ses responsabilités pour frapper un penalty qui permet aux Bleus de venir à bout d'Andorre (1-0) dans les qualifications pour l'Euro 2000. Mais durant le championnat d'Europe, il ne joue que le match sans grand enjeu du premier tour, contre les Pays-Bas, à Amsterdam. Le départ en retraite de Laurent Blanc après cet Euro permet enfin, à Lebœuf, 32 ans, d'être le libero titulaire des Bleus. Il peut aligner ainsi les sélections jusqu'au Mondial 2002, reformant avec Marcel Desailly le duo qui fonctionne bien à Chelsea depuis quatre ans. Mais en Corée, rien ne va plus. Après le match perdu face au Sénégal, il se blesse dès la 16e minute contre l'Uruguay. Frank Lebœuf ne peut pas jouer le troisième match, face au Danemark, et son odyssée internationale s'achève sur la touche dans le port d'Incheon.

Matches joués : 1994 - ▪ **1995** 5 matches sur 8 ▪ **1996** 4 matches sur 14 ▪ **1997** 1 match sur 8 ▪ **1998** 9 matches sur 18 ▪ **1999** 5 matches sur 11 ▪ **2000** 11 matches sur 17 ▪ **2001** 9 matches sur 13 ▪ **2002** 6 matches sur 13 | **Buts : 1995** 2 ▪ **1999** 1 ▪ **2002** 1 | **Titulaire :** 36 fois sur 50 | **Remplaçant :** 14 fois sur 50 (de Le Guen, Angloma, Desailly 4 fois, Djorkaeff 2 fois, Blanc 6 fois) | **Resté sur le banc :** 31 fois | **Resté en tribune :** 1 fois | **Capitaine :** 1 fois (38e) | **Expulsion :** 1 fois | **Championnat d'Europe 1996 :** 0 match sur 5 | **Coupe du monde 1998 :** 3 matches sur 7 | **Championnat d'Europe 2000 :** 1 match sur 6 | **Coupe du monde 2002 :** 2 matches sur 3 | **Sélectionneurs :** Jacquet 16 fois, Lemerre 34 fois

Lionel Charbonnier

Gardien de but
1 sélection

Né le 25 octobre 1965 à Poitiers (Vienne)

Première présélection : 13 décembre 1994 à Trébizonde, Azerbaïdjan - France (0-2)

Première et unique sélection : 11 juin 1997, à Paris, France - Italie (2-2)

Dernière présélection : 12 juillet 1998 à Saint-Denis, France - Brésil (3-0)

Club : 1993-1998 : AJ Auxerre (1 sélection)

Bilan : 1 nul

Palmarès : Champion du monde 1998

Lionel Charbonnier

Auxerre a donné un gardien de grande classe à l'équipe de France dans les années 1980 avec Joël Bats. Au tour de Lionel Charbonnier de tenter sa chance. Fabien Barthez forfait, Aimé Jacquet décide de le prendre comme doublure de Bernard Lama pour le dernier match de l'année 1994, en Turquie, face à l'Azerbaïdjan, dans le cadre des éliminatoires du championnat d'Europe 1996. Charbonnier reste dans le groupe au match suivant, à Utrecht contre les Pays-Bas, mais il doit ensuite s'effacer devant Barthez et Bruno Martini, les doublures de Lama choisies pour l'Euro, alors qu'il réalise le doublé coupe-championnat avec Auxerre en 1996. Lionel Charbonnier ne revient que deux ans après. Pour le Tournoi de France qui sert à l'été 1997 de répétition à la Coupe du monde 1998. Bernard Lama forfait, Charbonnier est l'un des deux gardiens de la sélection avec Barthez. Il joue le dernier match face à l'Italie où la France lâche la victoire au Parc sur un penalty transformé par Alessandro Del Piero à la 90e minute (2-2). Mais Charbonnier a pris date, et il fait partie cette fois des trois gardiens retenus pour le Mondial en France, de préférence à Lionel Letizi, qui s'est « troué » en amical contre la Russie en mars 1998. Troisième gardien des Bleus, derrière Barthez et Lama, Charbonnier prend son mal en patience et attend son heure. Il pense que celle-ci sonne après la Coupe du monde, quand Barthez se blesse avant un match en Russie et déclare forfait. Mais Roger Lemerre, qui a succédé à Jacquet, convoque alors Bernard Lama avec l'idée de le faire jouer. Furieux, Charbonnier, qui vient d'être transféré aux Glasgow Rangers, quitte alors le rassemblement de l'équipe de France en claquant la porte et n'y remettra plus jamais les pieds !

Match joué : 1994 - ▪ **1995** - ▪ **1996** - ▪ **1997** 1 match sur 8 ▪ **1998** - | **Titulaire :** 1 fois sur 1 | **Remplaçant :** 0 fois sur 1 | **Resté sur le banc :** 16 fois | **Coupe du monde 1998 :** 0 match sur 7 | **Sélectionneur :** Jacquet 1 fois

1995

5 nouveaux joueurs
8 matches

18 janvier : Pays-Bas - France 0-1
29 mars : Israël - France 0-0 (QCE)
26 avril : France - Slovaquie 4-0 (QCE)
22 juillet : Norvège - France 0-0
16 août : France - Pologne 1-1 (QCE)
5 sept : France - Azerbaïdjan 10-0 (QCE)
11 octobre : Roumanie - France 1-3 (QCE)
15 novembre : France - Israël 2-0 (QCE)

Claude Makélélé

Milieu de terrain
71 sélections

Né le 18 février 1973 à Kinshasa (Zaïre, aujourd'hui RD Congo)

Première sélection : 22 juillet 1995, à Oslo, Norvège - France (0-0)

Dernière sélection : 16 juin 2008, à Zurich, France - Italie (0-2)

Clubs : 1995-1997 : FC Nantes (2 sélections) ▪ 1997-1998 : Olympique de Marseille (1 sélection) ▪ 1998-2000 : Celta Vigo ▪ 2000-2003 : Real Madrid (21 sélections) ▪ 2003-2008 : Chelsea FC (47 sélections)

Claude Makélélé

Bilan : 42 victoires, 19 nuls, 10 défaites

La greffe nantaise a du mal à prendre en équipe de France. Mis à part Christian Karembeu, les Canaris ne sont pas très à l'aise en Bleu. Claude Makélélé est un milieu de terrain précieux dans le système du champion de France, mais il a du mal à trouver sa place dans une équipe de France déjà pourvue à son poste. Il profite d'un forfait de Marcel Desailly pour disputer le premier match de la saison 1995-96, en amical en Norvège, mais il n'est pas convoqué au match suivant et il ne l'est pas pour l'Euro, se contentant de disputer les JO d'Atlanta avec l'équipe de France Espoirs managée par Raymond Domenech. Il revient au printemps 1997, pour pallier cette fois une indisponibilité de Karembeu, mais c'est encore sans lendemain. Makélélé ne retrouve la sélection qu'un an plus tard, pour le match de préparation à Marseille, où il évolue désormais, contre la Norvège. Mais il n'est que remplaçant, et ne fait pas partie des 28 présélectionnés pour le Mondial 1998, pas plus ensuite que des 22 de l'Euro 2000... Roger Lemerre l'appelle après ce Championnat d'Europe, pour les matches amicaux de fin d'année. Makélélé a désormais 27 ans et est titulaire au Real Madrid, ce qui a changé sa perception. Il entre en jeu face au Cameroun au Stade de France, puis est titulaire en Afrique du Sud, puis de nouveau remplaçant en Turquie. Cette fois, il a pris pied dans la sélection. Mais il n'est toujours qu'un remplaçant au milieu de terrain, de Patrick Vieira ou Emmanuel Petit. Il est bien sélectionné pour le Mondial 2002 en Corée, mais il ne joue que le dernier match, quand les chances de la France sont déjà largement compromises, pour remplacer Petit qui est suspendu. C'est sa 16e sélection, la 6e seulement comme titulaire... L'arrivée de Jacques Santini change la donne. Petit est poussé vers la sortie et Claude Makélélé est installé en milieu défensif aux côtés de Vieira. Il peut enchaîner enfin les rencontres et son transfert à Chelsea à l'été 2003 renforce sa cote. Il est devenu indispensable et soutient parfaitement Zidane au milieu de terrain, comme il l'a fait pendant deux saisons au Real. Mais quand celui-ci décide d'arrêter après l'Euro 2004, il en fait autant. Makélélé a 31 ans et s'inscrit donc dans la vague de départs qui touche les Bleus, avec Desailly, Lizarazu et Thuram. Raymond Domenech, qui l'a connu dix ans plus tôt en Espoirs, regrette beaucoup son absence car il manque singulièrement de leaders pour encadrer son équipe qui patine dans les qualifications du Mondial 2006. Zidane puis Thuram revenant en Bleu à l'été 2005, il en profite pour faire revenir aussi Makélélé. Le retour des trois anciens est couronné de succès et Makélélé est titulaire pour le Mondial 2006. En Allemagne, il joue avec abnégation tous les matches en intégralité. Et on l'arrête plus ! Malgré ses 33 ans, il continue jusqu'à l'Euro 2008. Son entraîneur à Chelsea, José Mourinho, a beau se plaindre des cadences infernales que la sélection lui fait vivre, Domenech refuse de s'en passer. Makélélé qui a souffert en début de carrière d'avoir manqué tant de grands rendez-vous, ne lâche pas celui du championnat d'Europe. En Suisse, Patrick Vieira blessé, il est le patron du milieu de terrain, avec comme adjoint un autre ancien Nantais, Jérémy Toulalan. Mais le navire bleu coule, corps et biens en trois matches... Cette fois, il n'ira pas plus loin que sa 71e sélection, 13 ans après la première.

Matches joués : 1995 1 match sur 8 ▪ **1996** - ▪ **1997** 1 match sur 8 ▪ **1998** 1 match sur 18 ▪ **1999** - ▪ **2000** 3 matches sur 17 ▪ **2001** 6 matches sur 13 ▪ **2002** 9 matches sur 13 ▪ **2003** 6 matches sur 14 ▪ **2004** 8 matches sur 15 ▪ **2005** 5 matches sur 11 ▪ **2006** 14 matches sur 17 ▪ **2007** 11 matches sur 12 ▪ **2008** 6 matches sur 14 | **Titulaire :** 60 fois sur 71 | **Remplaçant :** 11 fois sur 71 (de Zidane 2 fois, Lizarazu, Vieira 5 fois, E. Petit 2 fois, Dacourt) | **Resté sur le banc :** 8 fois | **Resté en tribune :** 2 fois | **Expulsion :** 1 fois | **Coupe du monde 2002 :** 1 match sur 3 | **Championnat d'Europe 2004 :** 3 matches sur 4 | **Coupe du monde 2006 :** 7 matches sur 7 | **Championnat d'Europe 2008 :** 3 matches sur 3 | **Sélectionneurs :** Jacquet 3 fois, Lemerre 13 fois, Santini 18 fois, Domenech 37 fois

Alain Goma

Défenseur, 2 sélections

Né le 5 octobre 1972 à Sault (Vaucluse)

Première présélection : 22 juillet 1995 à Oslo, Norvège - France (0-0)

Première sélection : 9 octobre 1996, à Paris : France - Turquie (4-0)

Dernière sélection : 19 août 1998, à Vienne : Autriche - France (2-2)

Dernière présélection : 5 septembre 1998, à Reykjavik, Islande - France (1-1)

Clubs : 1996-1998 : AJ Auxerre (1 sélection) ▪ 1998-1999 : Paris SG (1 sélection)

Bilan : 1 victoire, 1 nul

Depuis 15 ans, Auxerre n'en finit pas de proposer des joueurs à l'équipe de France. Dernier né de chez Guy Roux, Alain Goma, un stoppeur imposant qui vient renforcer le groupe d'Aimé Jacquet pour le premier match de saison 1995-96. Mais il n'entre pas en jeu en Norvège. Après l'Euro, le sélectionneur le choisit pour jouer à la place Marcel Desailly forfait pour un match amical contre la Turquie, au Parc des Princes. Mais au match suivant, c'est Bruno Ngotty qui joue, Goma restant sur le banc des remplaçants puis disparaissant des listes Il n'y revient qu'après le Mondial 1998. Roger Lemerre l'inclut alors dans ses deux premières listes pour pallier à nouveau un forfait de Desailly. Goma, qui vient de rejoindre le Paris SG, entre en jeu en Autriche mais pas en Islande et on ne le revoit plus ensuite.

Matches joués : 1995 - ▪ **1996** 1 match sur 14 ▪ **1997** - ▪ **1998** 1 match sur 18 | **Titulaire :** 1 fois sur 2 | **Remplaçant :** 1 fois sur 2 (de Leboeuf) | **Resté sur le banc :** 3 fois | **Sélectionneurs :** Jacquet 1 fois, Lemerre 1 fois

Mickaël Madar

Attaquant
3 sélections, 1 but

Né le 8 mai 1968 à Paris

Première sélection : 11 octobre 1995, à Bucarest, Roumanie - France (1-3)

Dernière sélection : 5 juin 1996, à Villeneuve-d'Ascq, France - Arménie (2-0)

Dernière présélection : 26 juin 1996, à Manchester, France - République tchèque (0-0 ap)

Club : 1995-1996 : AS Monaco (3 sélections)

Bilan : 3 victoires

Le déclin de Papin et le départ de Cantona laissent un vide en attaque que les Nantais ou Christophe Dugarry n'ont pas comblé. Aimé Jacquet se tourne vers un joueur atypique, le Monégasque Mickaël Madar, connu jusqu'ici pour avoir joué à Sochaux, Laval et Cannes en D2, un avant-centre bagarreur, bon de la tête. Aimé Jacquet le préfère à David Ginola et Christophe Cocard pour le déplacement risqué en Roumanie où la France joue sa qualification pour l'Euro 1996. Madar remplace à la 62e minute Dugarry et dix minutes plus tard, il offre à Zinédine Zidane le troisième but français. Du coup, Madar se retrouve titulaire au match suivant, à Caen contre Israël pour valider la qualification au championnat d'Europe. Il ne dispute pas les premiers matches de l'année suivante, mais au moment de former son groupe de 22 pour l'Euro, Jacquet se rappelle les services rendus à l'automne par Madar et l'y inscrit. Il dispute le dernier match de préparation, contre l'Arménie, et marque d'une tête piquée, sur un centre de Bixente Lizarazu, le second but français (2-0). Mais Madar reste sur le banc des remplaçants durant toute la compétition en Angleterre. Transféré ensuite à La Corogne, puis Everton et au Paris SG, sa carrière ne décolle pas vraiment et il n'est plus rappelé ensuite.

Matches joués : 1995 2 matches sur 8 ▪ **1996** 1 match sur 14 | **But : 1996** 1 | **Titulaire :** 2 fois sur 3 | **Remplaçant :** 1 fois sur 3 (de Dugarry) | **Resté sur le banc :** 6 fois | **Championnat d'Europe 1996 :** 0 match sur 5 | **Sélectionneur :** Jacquet 3 fois

Marc Keller

Attaquant
6 sélections, 1 but

Né le 14 janvier 1968 à Colmar (Haut-Rhin)

Première présélection : 11 octobre 1995, à Bucarest, Roumanie - France (1-3)

Première sélection : 15 novembre 1995, à Caen, France - Israël (2-0)

Dernière sélection : 26 mars 1998, à Moscou, Russie - France (1-0)

Clubs : 1995-1996 : RC Strasbourg (1 sélection) ▪ 1996-1998 : Karlsruhe SC (5 sélections)

Bilan : 2 victoires, 1 nul, 3 défaites

Outre Frank Lebœuf, Strasbourg possède un autre joueur de talent dans ses rangs, Marc Keller. L'Alsacien, licencié en sciences-éco, fait partie des nouveaux attaquants qu'Aimé Jacquet teste pour pallier les retraits plus ou moins forcés de Cantona, Ginola et Papin. Sur le banc des remplaçants en Roumanie, Keller entre en jeu lors des dernières minutes contre Israël à Caen, trop peu pour se montrer et espérer faire partie des 22 sélectionnés de l'Euro 1996. Mais le sélectionneur garde un œil sur lui, alors qu'il quitte la France pour jouer en Bundesliga, à Karlsruhe. À l'automne 1996, Keller remplace ainsi Zidane en fin de match au Danemark, puis Ba au printemps contre la Suède et décroche une place dans le groupe qui dispute le Tournoi de France, à un an du Mondial 1998. Keller succède à Robert Pirès pour la seconde mi-temps face au Brésil à Lyon, et c'est lui qui égalise en catapultant un ballon repoussé par le gardien brésilien Claudio Taffarel. Mais Keller n'a pas décroché une place de titulaire pour autant et il disparaît du groupe en début de saison suivante. Jacquet le rappelle en mars 1998, pour un match amical en Russie. Mais il est de nouveau simplement remplaçant et ne fait pas partie de la liste des 28 présélectionnés pour le Mondial. Après sa carrière, poursuivie à West Ham et terminée en 2001, Marc Keller entamera une brillante carrière de dirigeant à Strasbourg, Monaco puis à nouveau Strasbourg et à la Fédération française.

Matches joués : 1995 1 match sur 8 ▪ **1996** 1 match sur 14 ▪ **1997** 3 matches sur 8 ▪ **1998** 1 match sur 18 | **But : 1997** 1 | **Titulaire :** 1 fois sur 6 | **Remplaçant :** 5 fois sur 6 (de Karembeu 2 fois, Zidane, Ba, Pirès) | **Resté sur le banc :** 2 fois | **Sélectionneur :** Jacquet 6 fois

Cyrille Pouget

Attaquant, 3 sélections

Né le 6 décembre 1972 Metz (Moselle)

Première présélection : 11 octobre 1995 à Bucarest, Roumanie - France (1-3)

Première sélection : 24 janvier 1996, à Paris, France - Portugal (3-2)

Dernière sélection : 27 mars 1996, à Bruxelles, Belgique - France (0-2)

Club : 1995-1996 : FC Metz (3 sélections)

Bilan : 3 victoires

Après Madar, c'est l'avant-centre messin Cyrille Pouget, qui forme un duo percutant en championnat avec Robert Pirès, qu'Aimé Jacquet décide de tester au niveau international. Il reste en tribune lors des deux derniers matches de l'année, puis il entre en jeu dans les trois suivants. Mais Pouget ne parvient pas dans le peu de temps qui lui est imparti, moins d'un quart d'heure à chaque fois, à montrer ses qualités et il ne sera plus revu ensuite et quittera Metz pour jouer dans de nombreux clubs, dont Paris et Marseille.

Matches joués : 1995 - ▪ **1996** 3 matches sur 14 | **Titulaire :** 0 fois sur 3 | **Remplaçant :** 3 fois sur 3 (de Loko, Petit, Dugarry) | **Resté en tribune :** 2 fois | **Sélectionneur :** Jacquet 3 fois

1996

9 nouveaux joueurs
14 matches

24 janvier : France - Portugal 3-2
21 février : France - Grèce 3-1
27 mars : Belgique - France 0-2
29 mai : France - Finlande 2-0
1er juin : Allemagne - France 0-1
5 juin : France - Arménie 2-0
10 juin : France - Roumanie 1-0 (CE)
15 juin : France - Espagne 1-1 (CE)
18 juin : France - Bulgarie 3-1 (CE)
22 juin : France - Pays-Bas 0-0 ap (CE)
26 juin : France - Rép. tchèque 0-0 ap (CE)
31 août : France - Mexique 2-0

9 octobre : Turquie - France 0-4
9 novembre : Danemark - France 1-0

Sabri Lamouchi

Milieu de terrain
12 sélections, 1 but

Né le 9 novembre 1971 à Lyon (Rhône)

Première sélection : 24 janvier 1996 à Paris, France - Portugal (3-2)

Dernière sélection : 24 mars 2001 à Saint-Denis, France - Japon (5-0)

Dernière présélection : 28 mars 2001 à Valence, Espagne - France (2-1)

Clubs : 1996-1998 : AJ Auxerre (11 sélections) ▪ 1998-2000 : AS Monaco ▪ 2000-2001 : AC Parme (1 sélection)

Bilan : 9 victoires, 2 nuls, 1 défaite

Encore un Auxerrois en Bleu ! Sabri Lamouchi est un brillant meneur de jeu qui peut évoluer aussi en n°8 ou en attaque. Une polyvalence qui intéresse Aimé Jacquet qui le lance pour les premiers matches de l'année, au Portugal puis contre la Grèce et en Belgique. Il joue à chaque fois dans une position différente. Attaquant et buteur contre les Belges, il prouve qu'il sait s'adapter et gagne ainsi une place dans les 22 pour le championnat d'Europe 1996. Mais en Angleterre, Lamouchi reste sur le banc des remplaçants jusqu'à la demi-finale. Didier Deschamps blessé, Christian Karembeu suspendu, une place au milieu de terrain se libère pour lui. Mais en manque de rythme, il est remplacé à l'heure de jeu par Reynald Pedros. L'Auxerrois reste dans le groupe à la rentrée, mais en disparaît pendant l'hiver. Il y revient en mars 1998, pour mener le jeu en l'absence de Zinédine Zidane en Russie. Puis, au match suivant il est associé avec lui au milieu de terrain. Lamouchi décroche alors une place parmi les 28 présélectionnés pour le Mondial. Mais il fait partie des six « exclus », avec Djetou, Ba, Anelka, Letizi et Laigle, quand Aimé Jacquet ramène sa liste à 22 noms... Une blessure cruelle pour son ambition. D'autant que Lamouchi ne fait pas plus partie de l'aventure de l'Euro 2000, bien que champion de France avec Monaco qu'il a rejoint après le Mondial. Ayant migré en Italie, à Parme, Roger Lemerre le sélectionne pour deux matches amicaux en mars 2001. Lamouchi est titulaire pour le premier, contre le Japon au Stade de France, mais reste sur le banc pour le second en Espagne... Le message est suffisamment clair pour qu'il comprenne qu'il ne sera pas rappelé par la suite.

Matches joués : 1996 9 matches sur 14 ▪ **1997** - ▪ **1998** 2 matches sur 18 ▪ **1999** - ▪ **2000** - ▪ **2001** 1 match sur 13 | **But : 1996** 1 | **Titulaire :** 9 fois sur 12 | **Remplaçant :** 3 fois sur 12 (de Angloma, Guérin, Thuram) | **Resté sur le banc :** 5 fois | **Championnat d'Europe 1996 :** 1 match sur 5 | **Sélectionneurs :** Jacquet 11 fois, Lemerre 1 fois

Sabri Lamouchi

Pierre Laigle

Milieu de terrain
8 sélections, 1 but

Né le 2 septembre 1970 à Auchel (Pas-de-Calais)

Première sélection : 21 février 1996 à Nîmes, France - Grèce (3-1)

Dernière sélection : 12 novembre 1997 à Saint-Étienne, France-Écosse (2-1)

Dernière présélection : 22 avril 1998 à Solna, Suède - France (0-0)

Clubs : 1996-1997 : RC Lens (3 sélections) ▪ 1997-1998 : Sampdoria Gènes (5 sélections)

Bilan : 6 victoires, 2 défaites

Comme Sabri Lamouchi, le Lensois peut évoluer à plusieurs postes, mais dans le registre défensif. Il remplace justement l'Auxerrois pour les 20 dernières minutes du match amical contre la Grèce qui prépare l'Euro 1996, puis Pedros contre la Belgique. Mais il n'est pas retenu dans les 22 pour le championnat d'Europe. Parti après l'Euro en Italie, à la Sampdoria de Gènes où il retrouve Christian Karembeu, Pierre Laigle est rappelé par Aimé Jacquet et est titulaire pour sa quatrième sélection au Portugal, en janvier 1997, au poste d'arrière gauche. Puis au milieu de terrain contre les Pays-Bas, au Parc. Mais c'est comme latéral que le sélectionneur le préfère. Malheureusement pour lui, il a un sérieux candidat déjà en place à ce poste, Bixente Lizarazu, et un autre qui arrive, Vincent Candela… Profitant de l'indisponibilité de Lizarazu pendant plusieurs mois, Laigle reste dans le groupe jusqu'à la fin de l'année 1997, marquant à Saint-Étienne un joli but, de demi-volée sur un renvoi du gardien. Puis à faire partie des 28 présélectionnés pour le Mondial 1998 qui sont rassemblés à Clairefontaine début mai. Mais, comme Lamouchi, il fait partie des six malheureux qui sont priés de quitter les lieux avant que ne débutent les derniers matches de préparation. Et il ne reviendra plus ensuite.

Matches joués : 1996 3 matches sur 14 ▪ **1997** 5 matches sur 8 ▪ **1998** - | **But : 1997** 1 | **Titulaire :** 4 fois sur 8 | **Remplaçant :** 4 fois sur 8 (de Lamouchi, Pedros, Candela 2 fois) | **Resté sur le banc :** 4 fois | **Sélectionneur :** Jacquet 8 fois

Robert Pirès

Attaquant
79 sélections, 14 buts

Né le 29 octobre 1973 à Reims (Marne)

Première sélection : 31 août 1996, à Paris, France - Mexique (2-0)

Dernière sélection : 13 octobre 2004, à Nicosie, Chypre - France (0-2)

Clubs : 1996-1998 : FC Metz (17 sélections) ▪ 1998-2000 : Olympique de Marseille (21 sélections) ▪ 2000-2004 : Arsenal FC Londres (41 sélections)

Bilan : 54 victoires, 16 nuls, 9 défaites

Robert Pirès

Palmarès : Champion du monde 1998, Champion d'Europe 2000

À Metz, Robert Pirès et Cyrille Pouget sont les « PP flingueurs », deux jeunes attaquants qui n'ont pas froid aux yeux. Aimé Jacquet a fait venir Pouget en octobre 1995, il convoque Pirès dix mois plus tard, une fois celui rentré des États-Unis où il a disputé les JO d'Atlanta avec l'équipe de France managée par Raymond Domenech. Au Parc, Pirès remplace Patrice Loko pour la seconde mi-temps. Il en fait de même un mois plus tard, contre la Turquie. Cette fois, il marque un but, le quatrième des Bleus, sur une ouverture de Zidane. Au Danemark, Pirès remplace cette fois Reynald Pedros dont c'est la dernière apparition. Comme Pouget, Pirès ne fait que des remplacements pour ses trois premières sélections, mais, lui, a droit à une suite. L'hiver suivant, il est titulaire au Portugal et entre en jeu contre les Pays-Bas. Et c'est lui qui égalise, d'une superbe frappe sur un ballon mal renvoyé par la défense néerlandaise. Robert Pirès a réussi ce que Pouget n'a pas su faire, marquer et se faire remarquer. Il reste ainsi dans le groupe que construit péniblement Aimé Jacquet en vue de la Coupe du monde 1998, même s'il est le plus souvent remplaçant. Alors qu'Ibrahim Ba et Sabri Lamouchi sont exclus finalement des 22 pour le Mondial, le Messin y figure bien. Il entre en jeu contre l'Arabie saoudite, est titulaire contre le Danemark, puis entre en jeu face au Paraguay en 8e de finale à Lens, avant de regarder depuis le banc de touche le parcours triomphal des Bleus se poursuivre. Si Aimé Jacquet lui conseille de « muscler son jeu », il est champion du monde ! Transféré à Marseille après la Coupe du monde, Pirès ne sort plus de l'équipe et fait naturellement partie des champions d'Europe 2000. Mais il n'est titulaire que lors du dernier match du premier tour, et doit se contenter ensuite de deux entrées, en demi-finale puis en finale. Mais contre l'Italie à Rotterdam, quand il remplace Lizarazu à la 85e minute, c'est pour un coup de poker gagnant de Roger Lemerre. Car c'est lui qui perce puis centre vers David Trezeguet pour le but de la victoire durant la prolongation (2-1). Après ce nouveau triomphe, Pirès tente le pari de s'imposer en Angleterre. Il rejoint à Arsenal Thierry Henry et Patrick Vieira. Et dans ce championnat exigeant physiquement, il progresse encore et devient au fil des mois indispensable au bon équilibre de l'équipe de France dans un rôle de relais entre le milieu et l'attaque. Il marque aussi régulièrement. Contre le Brésil en Coupe des confédérations au Japon, contre le Danemark à Nantes, contre l'Algérie au Stade de France… Mais en mars 2002, il se blesse gravement au genou en championnat : pas de Coupe du monde pour lui. En Corée, les Bleus, incapables de marquer le moindre but en trois matches, peuvent mesurer le poids de son absence… Pirès remis sur pieds ne revient qu'un an plus tard en sélection. Mais il repart de plus belle, sous la direction de Jacques Santini. Avec Zidane, il est le pourvoyeur de balles de buts du duo Trezeguet-Henry qui marche fort désormais. Pirès est donc titulaire à l'Euro 2004 au Portugal. Mais il ne parvient pas à sortir les Bleus du piège grec à Lisbonne, en quart de finale. L'équipe de France perd de nombreux cadres à la suite de cette défaite : Zidane, Thuram, Desailly, Lizarazu, Makélélé renoncent aux Bleus, et Robert Pirès avec ses 75 sélections devient le plus « capé » des 20 joueurs que convoque Raymond Domenech pour sa première sélection. Mais le courant ne passe pas avec le nouveau sélectionneur dont il a du mal à comprendre les schémas de jeu. Énervé par les réflexions de Pirès et son rendement décevant, Domenech le sort la mi-temps d'un match à Chypre. Et il ne le rappellera jamais plus, profitant de l'avènement de Florent Malouda pour l'oublier définitivement.

Matches joués : 1996 3 matches sur 14 ▪ **1997** 4 matches sur 8 ▪ **1998** 14 matches sur 18 ▪ **1999** 9 matches sur 11 ▪ **2000** 10 matches sur 17 ▪ **2001** 13 matches sur 13 ▪ **2002** 1 match sur 13 ▪ **2003** 12 matches sur 14 ▪ **2004** 13 matches sur 15 | **Buts : 1996** 1 ▪ **1997** 1 ▪ **1998** 1 ▪ **1999** 1 ▪ **2000** 2 ▪ **2001** 4 ▪ **2003** 4 | **Titulaire :** 42 fois sur 79 | **Remplaçant :** 37 fois sur 79 (de Pedros 2, Loko, Laigle, Ba, Lamouchi, Zidane 4, Diomède, Henry 4, Dugarry 3, Djorkaeff 2, Candela, Dhorasoo, Wiltord 6, Petit, Lizarazu, Makélélé, Dacourt, Kapo, Trezeguet, Govou, Évra, Rothen) | **Resté sur le banc :** 11 fois | **Capitaine :** 1 fois (58e) | **Coupe du monde 1998 :** 3 matches sur 7 | **Championnat d'Europe 2000 :** 3 matches sur 6 | **Coupe du monde 2002 :** forfait | **Championnat d'Europe 2004 :** 4 matches sur 4 | **Sélectionneurs :** Jacquet 17 fois, Lemerre 37 fois, Santini 20 fois, Domenech 5 fois

Florian Maurice

Attaquant
6 sélections, 1 but

Né le 20 janvier 1974 à Sainte-Foy-lès-Lyon (Rhône)

Première sélection : 31 août 1996 à Paris, France - Mexique (2-0)

Dernière sélection : 13 novembre 1999 à Saint-Denis, France - Croatie (3-0)

Clubs : 1996-1997 : Olympique Lyonnais (3 sélections) ▪ 1997-1998 : Paris SG (0 sélection) ▪ 1998-2000 : Olympique de Marseille (3 sélections)

Bilan : 3 victoires, 3 nuls

Aimé Jacquet n'a toujours pas trouvé comment remplacer Jean-Pierre Papin et son réalisme diabolique qui ont porté l'équipe de France de 1989 à 1993. Certains médias le pressent d'essayer Florian Maurice, le jeune avant-centre de Lyon, qui a été le buteur de l'équipe de France Espoirs puis Olympique aux JO d'Atlanta. Maurice fait donc ses débuts au Parc en remplaçant à la 54e minute Nicolas Ouédec qui vient juste de marquer son premier but pour les Bleus, à sa sixième sélection… Mais Maurice se blesse gravement au tendon d'Achille juste après ce match et manque la saison internationale, jusqu'au Tournoi de France, en juin 1997. Il est titulaire contre le Brésil, chez lui à Lyon, et l'Italie au Parc, mais il ne marque pas. Il est encore dans le groupe en octobre, face à l'Afrique du Sud, mais Stéphane Guivarc'h débute le match et marque : ce sera lui le n° 9 des Bleus au Mondial, Maurice restant en club au Paris

SG où il vient d'arriver et a du mal à s'imposer. Roger Lemerre, juste après la Coupe du monde, rappelle Maurice qui est parti à Marseille comme Robert Pirès, rejoindre Christophe Dugarry et Laurent Blanc. Mais il est concurrencé cette fois par Lilian Laslandes chez les Bleus et ne revient pas avant le premier match de l'année 1999, qui se joue à Marseille. La concurrence est forte au poste de n°9 avec, outre Laslandes et Guivarc'h, les jeunes loups que sont Henry, Trezeguet, Wiltord et Anelka. Maurice ne peut décrocher qu'une dernière sélection à la fin de l'année 1999. Il remplace Guivarc'h pour la seconde mi-temps contre la Croatie et il marque enfin son premier but en bleu. Mais comme pour le Breton, ce sera sa dernière apparition internationale.

Matches joués : 1996 1 match sur 14 ▪ **1997** 2 matches sur 8 ▪ **1998** 1 match sur 18 ▪ **1999** 2 matches sur 11 | **But : 1999** 1 | **Titulaire :** 3 fois sur 6 | **Remplaçant :** 3 fois sur 6 (de Ouédec, Laslandes, Guivarc'h) | **Resté sur le banc :** 3 fois | **Sélectionneurs :** Jacquet 3 fois, Lemerre 3 fois

Vincent Candela

Défenseur
40 sélections, 1 but

Né le 24 octobre 1973 à Bédarieux (Hérault)

Première sélection : 9 octobre 1996, à Paris, France - Turquie (4-0)

Dernière sélection : 21 août 2002, à Radés, Tunisie - France (1-1)

Clubs : 1996-1997 : En Avant Guingamp (2 sélections) ▪ 1997-2003 : AS Rome (38 sélections)

Bilan : 26 victoires, 8 nuls, 6 défaites

Palmarès : Champion du monde 1998, Champion d'Europe 2000

C'est un événement. Pour la première fois un joueur de l'En Avant Guingamp est appelé en équipe de France ! Le petit club breton qui s'est fait connaître dans les années 70 avec la Coupe de France alors qu'il évoluait au niveau amateur, a été promu en Première division en 1995. Depuis, ses joueurs sont scrutés et Vincent Candela, venu de Toulouse pour renforcer l'équipe en D1, après avoir été sélectionné dans l'équipe olympique pour les JO d'Atlanta, est appelé en « A ». Au poste d'arrière gauche alors que Bixente Lizarazu est blessé. Candela est en concurrence jusqu'au Mondial avec Pierre Laigle pour être la doublure du Basque. Mais en quittant dès l'hiver 96-97 la Bretagne pour l'Italie et l'AS Rome, il s'impose devant le Nordiste. Sur le banc durant la Coupe du monde, mis à part pour le troisième match contre le Danemark à Lyon, Candela apporte sa bonne humeur et sa grinta italienne au groupe où il s'est fait sa place sans heurt. Candela champion du monde devient donc, deux ans plus tard, champion d'Europe, toujours dans le même registre, même s'il dispute deux matches du premier tour cette fois. La Coupe du monde 2002 ne bouleverse pas son destin d'éternel remplaçant. Sur le banc contre le Sénégal, il entre en jeu face à l'Uruguay quand Lebœuf blessé doit sortir à la 16e minute, il joue alors arrière droit à la place de Thuram qui se décale au centre. Même chose ensuite face au Danemark. Jacques Santini le place dans sa première liste après cette Coupe du monde ratée, mais Candela, à nouveau remplaçant, lassé du rôle de doublure, préfère s'arrêter là pour se consacrer à son club.

Matches joués : 1996 2 matches sur 14 ▪ **1997** 5 matches sur 8 ▪ **1998** 6 matches sur 18 ▪ **1999** 6 matches sur 11 ▪ **2000** 7 matches sur 17 ▪ **2001** 6 matches sur 13 ▪ **2002** 8 matches sur 13 | **But : 1998** 1 | **Titulaire :** 24 fois sur 40 | **Remplaçant :** 16 fois sur 40 (de Lamouchi, Lizarazu 6 fois, Laigle, Deschamps 2 fois, Petit, Zidane, Thuram 3 fois, Leboeuf) | **Resté sur le banc :** 24 fois | **Resté en tribune :** 1 fois | **Coupe du monde 1998 :** 1 match sur 7 | **Championnat d'Europe 2000 :** 2 matches sur 6 | **Coupe du monde 2002 :** 2 matches sur 3 | **Sélectionneurs : Jacquet** 11 fois, Lemerre 28 fois, Santini 1 fois

Martin Djetou

Défenseur, 6 sélections

Né le 15 décembre 1974 à Abidjan (Côte d'Ivoire)

Première sélection : 9 octobre 1996 à Paris, France - Turquie (4-0)

Dernière sélection : 15 novembre 2000 à Istanbul, Turquie - France (0-4)

Clubs : 1996-2001 : AS Monaco (6 sélections)

Bilan : 3 victoires, 3 nuls

À Strasbourg, Martin Djetou fait grosse impression avec son gabarit et sa faculté à couvrir plusieurs postes en défense. Raymond Domenech l'a pris dans l'équipe olympique qui a disputé les JO d'Atlanta, en compagnie de Maurice, Pirès, Makélélé, Letizi, Dacourt, Candela, Vairelles, Wiltord et Dhorasoo. Transféré ensuite à Monaco, où il remplace Lilian Thuram parti à Parme, Aimé Jacquet le teste à trois reprises avant la Coupe du monde 1998. Djetou remplace Thuram comme arrière gauche en fin de match contre la Turquie au Parc, puis Vieira comme milieu défensif face à la Suède et enfin, il le titularise en défense centrale, en Suède, à deux mois du Mondial... Suffisant pour faire partie des 28 joueurs conviés à Clairefontaine pour débuter la préparation à la Coupe du monde. Mais pas pour faire partie de la liste finale des 22... Djetou manque dans la foulée l'Euro 2000 car très peu de joueurs non présents en 1998 en font partie (seulement Anelka, Wiltord, Micoud et Ramé). Par contre, Roger Lemerre le prend après. Djetou brille alors avec Monaco, sacré champion de France 2000, où il forme avec Sabri Lamouchi une excellente paire en milieu de terrain. Il dispute les trois derniers matches de l'année 2000, en milieu de terrain. Mais malgré le départ de Didier Deschamps, cela reste le secteur le plus concurrentiel de l'équipe de France, avec Vieira, Petit, Makélélé... Djetou ne parvient pas à s'imposer, malgré de bonnes prestations. À la fin de saison il quittera Monaco pour Parme afin de succéder à nouveau à Lilian Thuram. Mais il ne reviendra plus en Bleu.

Matches joués : 1996 1 match sur 14 ▪ **1997** 1 match sur 8 ▪ **1998** 1 match sur 18 ▪ **1999** - ▪ **2000** 3 matches sur 17 | **Titulaire :** 2 fois sur 6 | **Remplaçant :** 4 fois sur 6 (de Thuram, Vieira, Micoud, Petit) | **Resté sur le banc :** 1 fois | **Sélectionneurs :** Jacquet 3 fois, Lemerre 3 fois

Franck Gava

Milieu de terrain
3 sélections

Né le 3 février 1970 à Montargis (Loiret)

Première sélection : 9 octobre 1996 à Paris, France - Turquie (4-0)

Dernière sélection : 12 novembre 1997 à Saint-Étienne, France - Écosse (2-1)

Clubs : 1996-1997 : Olympique Lyonnais (2 sélections) ▪ 1997-1998 : Paris SG (1 sélection)

Bilan : 3 victoires

Aimé Jacquet a connu à Nancy Frank Gava quand il en était l'entraîneur. Transféré à Lyon 1992, il livre des matches intéressants en milieu de terrain et le sélectionneur tente de voir s'il peut faire partie du groupe qui prépare la Coupe du monde. Gava dispute ainsi trois fins de matches, mais sans pouvoir bousculer la hiérarchie de milieux offensifs de l'équipe de France, même en ayant rejoint le Paris SG à l'été 1997.

Matches joués : 1996 1 match sur 14 ▪ **1997** 2 matches sur 8 | **Titulaire :** 0 fois sur 3 | **Remplaçant :** 3 fois sur 3 (de Pedros, Zidane, Ba) | **Resté sur le banc :** 1 fois | **Sélectionneur :** Jacquet 3 fois

Franck Gava

Christophe Revault

Gardien de but
0 sélection

Né le 22 mars 1972 à Paris, décédé le 6 mai 2021 (49 ans)

Première présélection : 9 octobre 1996 à Paris, France - Turquie (4-0)

Dernière présélection : 12 novembre 1997 à Saint-Étienne, France - Écosse (2-1)

Clubs : 1995-1997 : Le Havre ▪ 1997-1998 : Paris SG

Avec Bernard Lama et Fabien Barthez, Aimé Jacquet est paré au poste de gardien. Mais il est à la recherche de celui qui pourra faire le troisième durant la Coupe du monde, position ingrate car il est quasiment certain de ne pas jouer. Le sélectionneur tente en premier Christophe Revault, brillant gardien du Havre. Mais il va aussi essayer Lionel Letizi et Lionel Charbonnier... Bien que n'ayant pas l'occasion de jouer avec les Bleus, Revault sur ses bonnes prestations en championnat est transféré à Paris l'été suivant. Mais, en difficulté avec le PSG, il ne sera pas revu après octobre 1997. Ce qui ne l'empêcher pas de faire une longue carrière en club ensuite, à Rennes et Toulouse, dépassant les 500 matches.

Resté sur le banc : 4 fois

Lionel Letizi

Lionel Letizi

Gardien de but
4 sélections

Né le 28 mai 1973 à Nice (Alpes-Maritimes)

Première présélection : 9 novembre 1996 à Copenhague, Danemark - France (1-0)

Première sélection : 10 octobre 1997 à Lens, France - Afrique du Sud (2-1)

Dernière sélection : 28 mars 2001 à Valence, Espagne - France (1-2)

Dernière présélection : 1er septembre 2001 à Santiago du Chili, Chili - France (2-1)

Clubs : 1996-1999 : FC Metz (2 sélections) ▪ 1999-2001 : Paris SG (2 sélections)

Bilan : 1 victoire, 1 nul, 2 défaites

Comme Christophe Revault, le Messin Lionel Letizi, qui a fait partie de la sélection pour les JO d'Atlanta, est appelé dans la perspective d'être le gardien n°3 des Bleus au Mondial 1998. Mais lui, après un match sur le banc, a sa chance : il profite du double forfait de Bernard Lama et Fabien Barthez pour disputer le premier match de la saison 1997-98, Christophe Revault étant sa doublure... Letizi s'en sort pas trop mal avec un seul but encaissé contre l'Afrique du Sud et se voit proposer un deuxième test, en mars contre la Russie à Moscou. Mais là, ça se passe mal. Dans des conditions climatiques difficiles, il encaisse un but de Sergueï Youran dès la 2e minute sur lequel il est largement fautif en se faisant contrer par l'attaquant russe. Ce but qui est celui de la défaite française (1-0) lui fait doublement mal car s'il est bien retenu dans les 28 présélectionnés pour le Mondial 1998, il en sort quand le groupe est ramené à 22, au profit de Lionel Charbonnier. Mais sa carrière internationale n'est pas terminée. Il passe au Paris SG en 1999 pour succéder à Revault parti à Rennes et Roger Lemerre qui tourne la page Bernard Lama après l'Euro 2000, décide de le faire revenir dans le groupe des Bleus. Profitant d'un nouveau forfait de Barthez, Letizi joue contre le Cameroun en octobre puis l'Espagne en mars. Il est alors le gardien n°3, après Barthez et le Bordelais Ulrich Ramé. Letizi est encore dans le groupe en septembre 2001, mais l'arrivée de Grégory Coupet l'en écarte ensuite définitivement.

Matches joués : 1996 - ▪ **1997** 1 match sur 8 ▪ **1998** 1 match sur 18 ▪ **1999** - ▪ **2000** 1 match sur 17 ▪ **2001** 1 match sur 13 | **Titulaire :** 4 fois sur 4 | **Resté sur le banc :** 11 fois | **Sélectionneurs :** Jacquet 2 fois, Lemerre 2 fois

1997

7 nouveaux joueurs

8 matches

22 janvier : Portugal - France 0-2
26 février : France - Pays Bas 2-1
2 avril : France - Suède 1-0
3 juin : France - Brésil 1-1
7 juin : France - Angleterre 0-1
11 juin : France - Italie 2-2
10 octobre : France - Afrique du Sud 2-1
12 novembre : France - Écosse 2-1

Ibrahim Ba

Attaquant
8 sélections, 2 buts

Né le 12 novembre 1973 à Dakar (Sénégal)

Première sélection : 22 janvier 1997 à Braga, France - Portugal (0-2)

Dernière sélection : 28 janvier 1998 à Saint-Denis, France - Espagne (1-0)

Dernière présélection : 25 février 1998 à Marseille, France - Norvège (3-3)

Clubs : 1996-1997 : Girondins de Bordeaux (5 sélections) ▪ 1997-1998 : Milan AC (3 sélections)

Bilan : 6 victoires, 2 nuls

L'attaquant de Bordeaux est une petite bombe. Rapide, percutant, agile, il a été la révélation de la saison précédente au Havre et son transfert aux Girondins l'a fait encore grandir. Aimé Jacquet, qui cherche à dynamiser son secteur offensif, saute sur l'occasion. Il le titularise pour le premier match de l'année, au Portugal, et c'est un franc succès. Non seulement Ba est bon, mais il marque le second but français, après un contre dans le rond central puis une longue course avec un petit pont sur Fernando Couto. Ba est titulaire à nouveau pour les trois matches suivants, et en début de saison suivante. À Lens, il marque à nouveau le second but français, face à l'Afrique du Sud, alors qu'il vient d'être transféré au Milan AC. Ba est encore titulaire en début d'année 1998, face à l'Espagne pour l'inauguration du Stade de France. Il est alors partant certain pour le Mondial. Il fait bien partie de la liste des 28 présélectionnés pour Clairefontaine, mais il disparaît quand celle-ci est ramenée à 22 noms… En manque de temps de jeu à Milan, le sélectionneur lui a préféré finalement Robert Pirès et Bernard Diomède… Grosse déception pour l'étoile montante du football français qui se transforme en météorite au fil des mois. Car jamais plus on ne le reverra à son niveau de 1997… Ibrahim Ba errera de club en club pendant dix ans, sans jamais pouvoir s'y installer durablement.

Matches joués : 1997 7 matches sur 8 ▪ **1998** 1 match sur 18 | **Buts : 1997** 2 | **Titulaire :** 7 fois sur 8 | **Remplaçant :** 1 fois sur 8 (de Y. Djorkaeff) | **Resté sur le banc :** 2 fois | **Sélectionneur :** Jacquet 8 fois

Patrick Blondeau

Défenseur
2 sélections

Né le 27 janvier 1968 à Marseille (Bouches-du-Rhône)

Première sélection : 22 janvier 1997 à Braga, Portugal - France (0-2)

Dernière sélection : 2 avril 1997 à Paris, France - Suède (1-0)

Club : 1996-1997 : AS Monaco (2 sélections)

Bilan : 2 victoires

Bixente Lizarazu toujours absent, Aimé Jacquet appelle le rugueux défenseur monégasque pour compléter sa liste pour la première rencontre de l'année, face au Portugal. Patrick Blondeau, qui va avoir 29 ans, remplace en fin de match Robert Pirès. Jacquet le conserve dans son groupe pour les deux matches suivants, le faisant entrer à la place de Lilian Thuram enfin de partie contre la Suède. Mais Lizarazu revenant ensuite, il oubliera définitivement Patrick Blondeau.

Matches joués : 1997 2 matches sur 8 | **Titulaire :** 0 fois sur 2 | **Remplaçant :** 2 fois sur 2 (de Pirès, Thuram) | **Resté sur le banc :** 1 fois | **Sélectionneur :** Jacquet 2 fois

Patrick Vieira

Milieu de terrain
107 sélections, 6 buts

Né le 22 juin 1976 à Dakar (Sénégal)

Première sélection : 26 février 1997 à Paris, France - Pays-Bas (2-1)

Dernière sélection : 2 juin 2009 à Saint-Étienne : France - Nigeria (0-1)

Dernière présélection : 5 juin 2009 à Lyon, France - Turquie (1-0)

Clubs : 1997-2005 : Arsenal FC Londres (79 sélections) ▪ 2005-2006 : Juventus Turin (15 sélections) ▪ 2006-2009 : Inter Milan (13 sélections)

Bilan : 66 victoires, 25 nuls, 16 défaites

Palmarès : Champion du monde 1998, Champion d'Europe 2000

Comme Zinédine Zidane, Patrick Vieira a été formé à Cannes. C'est un milieu terrain grand (1,91 m), sec et dur, au jeu déjà bien rodé malgré ses 20 ans. Il a été transféré au Milan AC en 1995, et vient d'intégrer Arsenal, managé par Arsène Wenger. C'est le premier joueur que le club londonien fourni à l'équipe de France… Sous des allures paradoxalement timides, Patrick Vieira est une force en marche. Cela n'a pas échappé à Aimé Jacquet qui le titularise directement contre les Pays-Bas, en amical au Parc, et Vieira ne sort plus du groupe ! Mais dans le registre du demi défensif qui est le sien, le sélectionneur a le choix, avec Didier Deschamps, Christian Karembeu et Emmanuel Petit qui est son partenaire privilégié à Arsenal. Pour le Mondial 1998, Jacquet décide de ne se passer d'aucun d'eux, mais il n'y a pas de place pour tous sur le terrain. Vieira en fait les frais, il est remplaçant. Il joue le troisième match contre le Danemark à Lyon et reste sur le banc le reste du temps. Jusqu'à la 75e minute de la finale : après l'expulsion de Marcel Desailly, Aimé Jacquet doit vite recomposer son équipe Il sort un joueur offensif, Youri Djorkaeff, pour faire entrer un défensif, le seul qu'il lui reste : Patrick Vieira et le place en défense centrale. Mais il ne se prive pas de contre-attaquer : c'est lui qui donne la balle de 3-0 à Emmanuel Petit dans la dernière minute… Fort de ce triomphe, Vieira est plus que jamais membre des Bleus pour l'Euro 2000. Et, de remplaçant chronique de Petit ou Deschamps, Roger Lemerre le titularise à partir du deuxième match de ce championnat d'Europe. Cette fois Vieira joue à plein temps, finale comprise. Le départ en retraite de Didier Deschamps en septembre 2000 lui ouvre les portes encore en plus grand, il devient un des piliers de l'équipe de France. En juin 2001, Vieira inscrit à Yokohama face au Japon, d'une superbe tête lobée sur une longue passe de Lebœuf, le but qui donne la Coupe des confédérations à la France (1-0). Si un an plus tard, en Corée, il est impuissant à éviter le naufrage des Bleus lors du Mondial 2002, Vieira reste indiscutable. Seule une blessure l'empêche de participer en fin d'année au match amical contre la Yougoslavie au Stade de France après avoir joué 44 matches de l'équipe de France consécutivement, du jamais-vu ! Absent encore sur blessure pour la Coupe des confédérations 2003 en France, Vieira reprend son poste pour l'Euro 2004. Il dispute les matches du premier tour, mais blessé à la cuisse, il est forfait pour le quart de finale où la France se fait piéger par la Grèce, sur un but d'Angelos Charisteas (1-0). Raymond Domenech fait de Vieira son capitaine quand il prend ensuite l'équipe en main, de préférence à Fabien Barthez ou Robert Pirès, pourtant plus ancien que lui. Énervé par le piètre jeu des Bleus aux Îles Féroé en septembre, Vieira se fait expulser lors de ce match de qualification pour le Mondial ce qui le prive du suivant contre l'Irlande où il fait bien défaut aux Bleus, remplacé par Rio Mavuba qui n'a pas son volume de jeu. L'été suivant, les retours de Thuram, Zidane et Makélélé soulagent les Bleus à temps pour aller en Allemagne. Mais Vieira, qui a quitté Arsenal pour la Juventus, arrive fatigué en Allemagne. Il peine énormément durant les matches de préparation. Et encore lors du premier tour. À Cologne, il s'arrache littéralement pour ouvrir le score, d'un tir en pivot, contre le Togo à la 55e minute du troisième match, puis donner de la tête la balle de 2-0 à Thierry Henry pour une victoire qui qualifie les Bleus en 8e de finale. À partir de là, comme Zinédine Zidane, Patrick Vieira est transfiguré, il couvre à nouveau énormément de terrain et fait parler son impact physique. À Hanovre, il inscrit de la tête le deuxième but français contre l'Espagne et lance Zidane pour le troisième : il est revenu à son meilleur niveau. Mais en finale, à Berlin, après 55 minutes, son corps le lâche brutalement et il doit quitter le terrain, certainement une des raisons de l'échec des Bleus face à l'Italie. À 30 ans, Vieira n'a plus ses jambes de 20 ans, mais il a conservé son cœur de combattant et il reste donc un atout pour les Bleus dont il est à nouveau le capitaine car Zidane s'en est allé définitivement. Devenu joueur de l'Inter Milian, il conduit la France vers l'Euro 2008. Le 15 novembre 2006, Vieira atteint, face à la Grèce en amical, les 100 sélections, comme seuls avant lui Deschamps, Zidane et Thuram. Mais, un an plus tard, il n'a joué que quatre matches de plus... Souvent blessé, il a du mal à récupérer désormais. Et c'est blessé qu'il arrive en Suisse pour le championnat d'Europe, espérant être rétabli à temps. Mais sa guérison tarde à venir, et tend l'ambiance avec le staff médical des Bleus qui refuse certaines pratiques escomptées par le joueur. La France est éliminée avant qu'il soit apte à jouer. Patrick Vieira ne renonce pas à l'équipe de France, il revient pour le dernier match de l'année 2008, au Stade de France contre l'Uruguay. Mais il se blesse de nouveau et ne peut jouer qu'un des deux derniers matches de la saison 2008-09, à Saint-Étienne, contre le Nigéria (0-1). Il quitte les Bleus sur cette défaite qui est loin de refléter son immense carrière.

Matches joués : 1997 5 matches sur 8 ▪ **1998** 5 matches sur 18 ▪ **1999** 8 matches sur 11 ▪ **2000** 17 matches sur 17 ▪ **2001** 13 matches sur 13 ▪ **2002** 12 matches sur 13 ▪ **2003** 5 matches sur 14 ▪ **2004** 11 matches sur 15 ▪ **2005** 7 matches sur 11 ▪ **2006** 17 matches sur 17 ▪ **2007** 4 matches sur 12 ▪ **2008** 2 matches sur 14 ▪ **2009** 1 match sur 12 | **Buts : 2001** 2 ▪ **2002** 2 ▪ **2006** 2 | **Titulaire :** 86 fois sur 107 | **Remplaçant :** 21 fois sur 107 (de Karembeu 2 fois, Deschamps 6 fois, Djorkaeff 4 fois, Anelka, Dugarry, Petit 4 fois, Boghossian, Carrière, Makélélé) | **Resté sur le banc :** 18 fois | **Resté en tribune :** 2 fois | **Capitaine :** 21 fois (73e-79e, 95e-107e) | **Expulsion :** 1 fois | **Coupe du monde 1998 :** 2 matches sur 7 | **Championnat d'Europe 2000 :** 6 matches sur 6 | **Coupe du monde 2002 :** 3 matches sur 3 | **Championnat d'Europe 2004 :** 3 matches sur 4 | **Coupe du monde 2006 :** 7 matches sur 7 | **Championnat d'Europe 2008 :** 0 match sur 3 | **Sélectionneurs :** Jacquet 9 fois, Lemerre 47 fois, Santini 16 fois, Domenech 35 fois

Stéphane Guivarc'h

Attaquant
14 sélections, 1 but

Né le 6 septembre 1970 à Concarneau (Finistère)

Première sélection : le 10 octobre 1997 à Lens, France - Afrique du Sud (2-1)

Dernière sélection : le 13 novembre 1999, à Saint-Denis, France - Croatie (3-0)

Clubs : 1997-1998 : AJ Auxerre (13 sélections) ▪ 1998-1999 : Newcastle puis Glasgow Rangers ▪ 1999-2000 : AJ Auxerre (1 sélection)

Bilan : 11 victoires, 2 nuls, 1 défaite

Stéphane Guivarc'h

Palmarès : Champion du monde 1998

C'est un buteur, un vrai. Passé par Brest, Guingamp, Auxerre et Rennes, le Finistérien Stéphane Guivarc'h, 27 ans, a toujours marqué. L'idée qu'il puisse le faire aussi en Bleu ne vient pas tout de suite à Aimé Jacquet qui en doute ostensiblement. Mais les échecs de Nicolas Ouédec et Florian Maurice, joueurs plus réputés techniquement, l'incitent à tenter un essai à la rentrée 1997. Et contre l'Afrique du Sud à Lens, à la 53e minute, le Breton égalise en frappant fort un ballon qui traînait. Ce but, mais aussi son abnégation et son état d'esprit, lui ouvrent les portes de la Coupe du monde. Séduit, Jacquet en fait un point de fixation pour les autres attaquants, Youri Djorkaeff, Christophe Dugarry et Zinédine Zidane. Guivarc'h réalise une saison pleine avec Auxerre, jouant 63 matches et marquant 47 fois. Plus que les jeunes, Thierry Henry, Nicolas Anelka et David Trezeguet, que Jacquet teste aussi avant le Mondial, c'est lui qui a la confiance du sélectionneur.

Mais Guivarc'h arrive très fatigué au Mondial. Titulaire contre l'Afrique du Sud en ouverture à Marseille, il se blesse au bout de 25 minutes. Remplaçant pendant trois matches, il reprend sa place en quart de finale contre l'Italie et livre un duel physique impressionnant à Cannavaro et Costacurta. Il a un rôle très ingrat, seul en pointe, mais il permet aux Bleus de maintenir la pression sur leurs adversaires. Même chose en demi-finale et en finale. Des matches qu'il ne peut terminer autrement qu'épuisé et remplacé avant la fin. Contre le Brésil, Stéphane Guivarc'h a deux fois l'occasion de marquer, mais il manque la cible dans des positions où il a pourtant si souvent marqué durant la saison. Il devient ainsi le premier avant-centre champion du monde sans avoir pu marquer ! Une incongruité que reproduira vingt ans plus tard Olivier Giroud... Transféré à Newcastle dans la foulée, Guivarc'h n'est pas sélectionné par Roger Lemerre après le Mondial. Passé très rapidement aux Glasgow Rangers, le Breton a du mal à se remettre de sa Coupe du monde et retourne à Auxerre à l'été 1999. Il est rappelé en fin d'année pour un match amical contre la Croatie où la réussite le fuit encore. Il est remplacé par Florian Maurice en seconde mi-temps qui marque un but facile... Mais des deux hommes dont c'est conjointement la dernière sortie internationale, un seul est champion du monde.

Matches joués : 1997 2 matches sur 8 ▪ **1998** 11 matches sur 18 ▪ **1999** 1 match sur 11 | But : **1997** 1 | **Titulaire :** 12 fois sur 14 | **Remplaçant :** 2 fois sur 14 (de Trezeguet, Diomède) | **Resté sur le banc :** 2 fois | **Coupe du monde 1998 :** 6 matches sur 7 | **Sélectionneurs :** Jacquet 13 fois, Lemerre 1 fois

Thierry Henry

Attaquant
123 sélections, 51 buts

Né le 17 août 1977 aux Ulis (Essonne)

Première sélection : 11 octobre 1997 à Lens, France - Afrique du Sud (2-1)

Dernière sélection : 22 juin 2010 à Bloemfontein, France - Afrique du Sud (1-2)

Clubs : 1997-1999 : AS Monaco (11 sélections) ▪ 1999 : Juventus Turin ▪ 1999-2007 : Arsenal FC (81 sélections) ▪ 2007-2010 : FC Barcelone (31 sélections)

Bilan : 74 victoires, 33 nuls, 16 défaites

Palmarès : Champion du monde 1998, Champion d'Europe 2000

Le gamin des Ulis est un surdoué. Formé à l'INF Clairefontaine, c'est un attaquant technique et rapide comme on en a peu vu en France. Lancé par Monaco en Première division en août 1994, Thierry Henry a connu toutes les sélections de jeunes de l'équipe de France, notamment lors des Mondiaux juniors de 1997 en Malaisie, mais Aimé Jacquet ne veut pas attendre plus que ses 20 ans pour le lancer. À moins d'un an de la Coupe du monde, le secteur offensif est toujours son grand souci, alors pourquoi pas lui ? Thierry Henry ne déçoit pas vraiment face à l'Afrique du Sud, mais il doit s'adapter encore au niveau international. Le sélectionneur le laisse donc avec les Espoirs quelques mois. Et après avoir testé Nicolas Anelka et David Trezeguet, deux autres jeunes phénomènes, il tente le pari Henry pour le Mondial. C'est donc avec une seule sélection au compteur que celui-ci attaque les derniers matches de préparations, ce qui lui en fait quatre pour débuter le Mondial, comme titulaire aux côtés de Stéphane Guivarc'h et Youri Djorkaeff. La France souffre dans son premier match face à l'Afrique du Sud, mais Henry concrétise en fin de match la supériorité française en contraignant Pierre Issa à marquer contre son camp et en marquant lui-même ensuite. La France et Henry sont lancés, on ne les arrête plus. Henry marque

Thierry Henry

encore deux fois contre l'Arabie saoudite au match suivant. Titulaire en 8e de finale face au Paraguay à Lens, Henry sort blessé et se retrouve remplaçant contre l'Italie. Mais il entre en cours de jeu, à la place de Karembeu, et lorsque les tirs au but se présentent, il ne tremble pas pour convertir le sien. Karembeu se blessant en première mi-temps contre la Croatie en demi-finale, Henry joue son sixième match de Coupe du monde d'affilée. Mais il ne participe pas à la finale, Jacquet préférant faire entrer Dugarry en attaque à la place de Guivarc'h en seconde mi-temps. Champion du monde à 20 ans, pour Henry aussi c'est un exploit hors-norme. Mais à l'automne, le nouveau sélectionneur Roger Lemerre décide de le renvoyer en équipe de France Espoirs puisqu'il en a encore l'âge. Un retour en arrière mal vécu par Henry qui quitte pendant l'hiver Monaco pour la Juventus, alors que Nicolas Anelka s'installe à sa place en équipe « A ». La mise à l'écart d'Henry dure un an. Pendant ce temps, il file à Arsenal rejoindre Patrick Vieira et Emmanuel Petit et il devient rapidement l'attaquant n° 1 des Gunners, ce qui oblige Roger Lemerre à le réintégrer en mars 2000, à l'occasion d'un match en Écosse. À Hampdem Park, Henry inscrit le second but français et cette fois, il ne sort plus de l'équipe. Il attaque donc l'Euro 2000 comme titulaire et le reste jusqu'à la finale. Si les attaquants bleus, Trezeguet, Anelka, Wiltord, Dugarry, Djorkaeff, tournent, lui pas. Même exempté de Coupe des confédérations 2001, Henry est la référence désormais en attaque et il se présente avec le titre de meilleur buteur du championnat d'Angleterre au Mondial 2002. Mais en Corée, après la défaite en match d'ouverture face au Sénégal, il se fait expulser contre l'Uruguay, à Busan, pour un tacle violent sur Marcelo Romero. Laissant les Bleus à 10 pendant 65 minutes, Henry déchante. Mais son aura ne faiblit pas et Jacques Santini compte bien sur lui car, à 26 ans désormais, il enquille les buts. Après avoir inscrit, du genou, celui qui donne la Coupe des confédérations 2003 à La France contre le Cameroun à la 97e minute, Henry marque de la tête à Gelsenkirchen contre l'Allemagne, en amical, son 25e but en 56 sélections. Ce qui en fait alors déjà le cinquième meilleur réalisateur français de l'Histoire. Lors de l'Euro 2004, il en marque deux de plus, contre la Suisse à Coimbra. Raymond Domenech qui l'a dirigé en Espoirs en fait son joueur n° 1 ensuite. Mais Henry, blessé, manque les matches de qualification au Mondial 2006 du printemps 2005 et la France s'enlise inexorablement, ce qui conduit au retour de Zidane, Thuram et Makélélé pendant l'été suivant. Mais c'est bien Henry qui sort la France de l'ornière, en marquant à Lansdowne Road le but qui permet à la France de battre l'Irlande sur son terrain (1-0). Un but superbe, à la 68e minute, sur une action personnelle conclue par un tir enroulé dans la lucarne du gardien irlandais Shay Given. L'équipe de France compte sur lui pour aller le plus loin possible en Allemagne. Il ouvre le score dès la 9e minute contre la Corée du Sud à Leipzig, il marque le second but conte le Togo à Cologne : c'est le meilleur Français du premier tour. Le retour en forme de Patrick Vieira et Zinédine Zidane ensuite le font passer au second plan, même si c'est encore lui qui marque contre le Brésil, à Francfort, le seul but français, à la réception d'un coup franc frappé par Zidane à la 57e minute. En finale, à Berlin, Thierry Henry est victime dans les premières minutes d'une agression de Fabio Cannavaro. Un méchant coup par derrière qui le handicape toute la finale qui finit par échapper aux Bleus lors des tirs au but. Avec Vieira et Thuram, Henry est l'un des trois rescapés du Mondial 98 sur la route de l'Euro 2008. Son total de buts continue à grimper. Il a dépassé les 30 de Just Fontaine et Jean-Pierre Papin en 2005, et, passé d'Arsenal à Barcelone, il dépasse les 41 de Michel Platini à Nantes en réussissant un doublé contre la Lituanie qui qualifie les Bleus pour le championnat d'Europe. À défaut de recevoir le Ballon d'Or, ce record est une vraie consécration. Thierry Henry atteint à son tour les 100 sélections, juste avant le début du championnat d'Europe en Suisse où il inscrit le seul but français de la compétition, face aux Pays-Bas, à Berne. Avec les absences de plus en plus répétées de Patrick Vieira, Henry hérite du brassard de capitaine, et c'est en tant que tel qu'il est chargé de conduire les Bleus sur la route du Mondial 2010, sa possible quatrième Coupe du monde, ce qu'aucun Français n'a encore pu faire. Mais la France patine à nouveau, ne parvenant pas à intégrer les jeunes joueurs comme Karim Benzema et Samir Nasri. Henry a beau avoir porté son record de buts à 51 en octobre 2009, la France doit jouer un match de barrage contre l'Irlande, ce qui ravive les pénibles souvenirs des années 60 face à la Bulgarie. La France part bien en s'imposant en Irlande (1-0), mais elle est plongée dans l'angoisse quatre jours plus tard en étant battue sur le même score par les Irlandais au Stade de France, ce qui débouche sur une prolongation incertaine. À la 103e minute, tout bascule : Thierry Henry rabat de la main un ballon qui allait sortir hors du terrain pour servir William Gallas qui marque enfin pour les Bleus : 1-1, la France est qualifiée, mais dans le tumulte d'un but non valable. Pas fier de son mauvais réflexe qui a malheureusement échappé à l'arbitre mais qui passe en boucle sur les télévisions du monde entier, Thierry Henry, meurtri, se sent bien seul, d'autant que ses performances à Barcelone sont déclinantes et Raymond Domenech songe, à contrecœur, à ne pas le sélectionner pour le Mondial. Finalement il le prend comme remplaçant pour aller en Afrique du Sud… À Knysna, Henry reste les bras croisés au fond du bus quand les Bleus décident bêtement de faire grève pour protester contre le renvoi de Nicolas Anelka qui a insulté Domenech, laissant le nouveau capitaine, Patrice Évra, gérer maladroitement l'affaire. À défaut d'avoir levé la main pour sortir ses camarades du chaos, Henry entre en jeu deux fois, contre l'Uruguay puis l'Afrique du Sud pour ses 122e et 123e sélections, crépusculaires mais qui le placent au deuxième rang derrière Thuram. À 32 ans, il ne reviendra plus évidemment. Il jouera aux États-Unis jusqu'en 2014, puis deviendra lui aussi consultant avant d'être un adjoint du sélectionneur de la Belgique lors du Mondial 2018 en Russie, sa cinquième Coupe du monde, remportée par la France, vingt ans après la première.

Matches joués : 1997 1 match sur 8 ▪ **1998** 10 matches sur 18 ▪ **1999** - ▪ **2000** 14 matches sur 17 ▪ **2001** 7 matches sur 13 ▪ **2002** 10 matches sur 13 ▪ **2003** 14 matches sur 14 ▪ **2004** 13 matches sur 15 ▪ **2005** 6 matches sur 11 ▪ **2006** 16 matches sur 17 ▪ **2007** 6 matches sur 12 ▪ **2008** 11 matches sur 14 ▪ **2009** 9 matches sur 12 ▪ **2010** 6 matches sur 13 | **Buts : 1998** 3 ▪ **2000** 5 ▪ **2001** 3 ▪ **2002** 3 ▪ **2003** 11 ▪ **2004** 3 ▪ **2005** 3 ▪ **2006** 8 ▪ **2007** 5 ▪ **2008** 4 ▪ **2009** 4 | **Titulaire :** 107 fois sur 123 | **Remplaçant :** 16 fois sur 123 (de Pirès 2 fois, Karembeu 2 fois, Dugarry, Zidane, Wiltord 2 fois, Anelka 4 fois, Marlet, Govou, Ribéry, Cissé) | Resté sur le banc : 9 fois | **Resté en tribune :** 3 fois | **Capitaine :** 17 fois (99e, 102e-107e, 109e-118e) | **Expulsion :** 1 fois | **Coupe du monde 1998 :** 6 matches sur 7 | **Championnat d'Europe 2000 :** 5 matches sur 6 | **Coupe du monde 2002 :** 2 matches sur 3 | **Championnat d'Europe 2004 :** 4 matches sur 4 | **Coupe du monde 2006 :** 7 matches sur 7 | **Championnat d'Europe 2008 :** 2 matches sur 3 | **Coupe du monde 2010 :** 2 matches sur 3 | **Sélectionneurs :** Jacquet 9 fois Lemerre 29 fois, Santini 25 fois, Domenech 60 fois

Alain Boghossian

Milieu de terrain
26 sélections, 2 buts

Né le 27 octobre 1970 à Digne-les-Bains (Alpes-de-Haute-Provence)

Première sélection : 10 octobre 1997 à Lens, France - Afrique du Sud (2-1)

Dernière sélection : 18 mai 2002 à Saint-Denis, France - Belgique (1-2)

Dernière présélection : 11 juin 2002 à Incheon, France - Danemark (0-2)

Clubs : 1997-1998 : Sampdoria Gènes (11 sélections) ▪ 1998-2002 : Parme AC (15 sélections)

Bilan : 17 victoires, 6 nuls, 3 défaites

Palmarès : Champion du monde 1998

Aimé Jacquet cherche encore à bâtir son groupe, renonçant à reproduire celui de l'Euro 96 en entier. En milieu de terrain, après avoir fait venir Patrick Vieira, il ouvre la porte à Alain Boghossian, un Marseillais qui n'a que peu joué en France et qui depuis 1994 évolue en Italie. Après Naples, il est à la Sampdoria de Gènes où il remplace Christian Karembeu parti au Real Madrid. Une blessure d'Emmanuel Petit contre l'Afrique du Sud en amical précipite ses débuts et il s'en sort très bien. Il intègre ainsi en douceur le groupe des Bleus et il fait partie des 22 retenus en mai pour le Mondial, après avoir été titulaire contre l'Espagne et la Norvège en début d'année 1998. Milieu de terrain polyvalent, Boghossian est le parfait remplaçant. Il n'est titulaire qu'une fois lors du Mondial 1998, face à l'Arabie saoudite, mais il entre en jeu contre l'Afrique du Sud, le Danemark, le Paraguay et le Brésil en finale ! Succédant à Jacquet, Roger Lemerre le conserve évidemment dans son groupe. Boghossian marque le but de la victoire française à Moscou en octobre, après un débordement de Robert Pirès. Il est alors au sommet de sa carrière qu'il poursuit à Parme, avec Lilian Thuram. Mais en 2000, à quelques semaines de l'Euro, Boghossian se blesse gravement au genou et ne peut faire partie de l'aventure. Roger Lemerre ne l'oublie pas et le convoque de nouveau, en vue du Mondial 2002. Il est alors remplaçant dans les quatre matches qu'il dispute en préparation. Mais en Corée, contrairement à 98, il n'entre pas une seule fois en jeu et comme Frank Lebœuf, Youri Djorkaeff et Christophe Dugarry, Alain Boghossian tire sa révérence avec l'élimination prématurée des Bleus. Il retrouvera l'équipe de France quelques semaines en 2012, en étant un des adjoints de Laurent blanc durant l'Euro en Ukraine.

Matches joués : 1997 2 matches sur 8 ▪ **1998** 12 matches sur 18 ▪ **1999** 8 matches sur 11 ▪ **2000** - ▪ **2001** 1 match sur 13 ▪ **2002** 3 matches sur 13 | **Buts : 1998** 2 | **Titulaire :** 11 fois sur 26 | **Remplaçant :** 15 fois sur 26 (de Petit 8 fois, Deschamps, Karembeu, Djorkaeff 2 fois, Zidane, Vieira, Wilord) | **Resté sur le banc :** 11 fois | **Coupe du monde 1998 :** 5 matches sur 7 | **Coupe du monde 2002 :** 0 match sur 3 | **Sélectionneurs :** Jacquet 11 fois, Lemerre 15 fois

Alain Boghossian

Lilian Laslandes

Attaquant
7 sélections, 3 buts

Né le 4 septembre 1971 à Pauillac (Gironde)

Première sélection : 12 novembre 1997, à Saint-Étienne, France - Écosse (2-1)

Dernière sélection : 9 octobre 1999, à Saint-Denis, France - Islande (3-2)

Club : 1997-1999 : Girondins de Bordeaux (7 sélections)

Bilan : 4 victoires, 3 nuls

Après Stéphane Guivarc'h, Aimé Jacquet veut voir à l'œuvre Lilian Laslandes. L'imposant avant-centre d'Auxerre champion de France 1996 a été transféré à Bordeaux et continue d'impressionner par son envergure. Il l'aligne donc en duo avec le Breton face à l'Écosse, en match amical à Saint-Étienne. Mais ce n'est pas assez concluant pour la Coupe du monde. Roger Lemerre, par contre, prend Laslandes dès sa première liste post Mondial. Et il est le premier buteur des nouveaux champions du monde, en ouvrant le score contre l'Autriche en amical à Vienne. Un joli but de la tête sur une passe longue de Bixente Lizarazu. Du coup, Laslandes est titulaire en Islande pour le début des qualifications à l'Euro 2000, encadré par Robert Pirès et Christophe Dugarry. L'arrivée ensuite de Nicolas Anelka le repousse hors du groupe. Il n'y revient qu'en début de saison suivante. Et c'est lui qui inscrit le seul but français contre l'Irlande du Nord en amical à Belfast, en août 1999, en reprenant en pivot un centre en retrait de Lilian Thuram. Il reprend pied ainsi dans la sélection. Il marque encore, en Arménie, le troisième but des Bleus, sur une passe de Youri Djorkaeff, qui arrachent une précieuse victoire à Erevan (3-2). Laslandes est titulaire pour le dernier match de qualification à l'Euro 2000, au Stade de France face à l'Islande. Mais il est remplacé par David Trezeguet en seconde mi-temps, et c'est le Monégasque qui, marquant le but de la victoire française, est le héros du match. Avec le retour au printemps suivant de Thierry Henry dans l'équipe, Laslandes ne reviendra plus en Bleu.

Matches joués : 1997 1 match sur 8 ▪ **1998** 2 matches sur 18 ▪ **1999** 4 matches sur 11 | **Buts : 1998** 1 ▪ **1999** 2 | **Titulaire :** 6 fois sur 7 | **Remplaçant :** 1 fois sur 7 (de Anelka) | **Sélectionneurs :** Jacquet 1 fois, Lemerre 6 fois

1998

11
8

Le moment magique : le 12 juillet 1998, la France soulève pour la première fois la Coupe monde ! Robert Pirès, Zinedine Zidane, Marcel Desailly et Didier Deschamps sont aux anges, tout comme (au premier plan) Bixente Lizarazu, Youri Djorkaeff, Aimé Jacquet, Roger Lemerre et Philippe Bergeroo.

5 nouveaux joueurs
18 matches

28 janvier : France - Espagne 1-0
25 février : France - Norvège 3-3
26 mars : Russie - France 1-0
22 avril : Suède - France 0-0
27 mai : France - Belgique 1-0
29 mai : France - Maroc 2-2
5 juin : Finlande - France 0-1
12 juin : France - Afrique du Sud 3-0 (CM)
18 juin : France - Arabie saoudite 4-0 (CM)
24 juin : France - Danemark 2-1 (CM)
28 juin : France - Paraguay 1-0 ap (CM)
3 juillet : France - Italie 0-0 ap (CM)
8 juillet : France - Croatie 2-1 (CM)
12 juillet : France - Brésil 3-0 (CM)
19 août : Autriche - France 2-2
5 septembre : Islande - France 1-1 (QCE)
10 octobre : Russie - France 2-3 (QCE)
14 octobre : France - Andorre 2-0 (QCE)

Bernard Diomède

Attaquant
8 sélections

Né le 23 janvier 1974 à Saint-Doulchard (Cher)

Première sélection : 28 janvier 1998 à Saint-Denis, France - Espagne (1-0)

Dernière sélection : 28 juin 1998 à Lens, France - Paraguay (1-0)

Dernière présélection : 12 juillet 1998 à Saint-Denis, France - Brésil (3-0)

Club : 1997-1998 : AJ Auxerre (8 sélections)

Bilan : 5 victoires, 2 nuls, 1 défaite

Palmarès : Champion du monde 1998

L'attaquant auxerrois Bernard Diomède est le 15e international depuis 1982 du club bourguignon qui rivalise désormais avec les grands pourvoyeurs de l'équipe de France. En lançant ce gabarit léger, Aimé Jacquet tente une dernière carte dans son jeu offensif à cinq mois du Mondial. À la surprise générale, il le titularise comme ailier gauche contre l'Espagne pour le match inaugural du Stade de France, misant sur son association avec Stéphane Guivarc'h qui fonctionne si bien à Auxerre. Diomède reste titulaire pour les deux matches suivants et c'est suffisant aux yeux du sélectionneur pour qu'il fasse partie des 22 à la Coupe du monde. Diomède est titulaire contre l'Arabie saoudite et le Danemark au premier tour, puis face au Paraguay en 8e de finale. Mais, éreinté par la saison auxerroise comme Guivarc'h, il reste ensuite sur le banc des remplaçants jusqu'au triomphe final du 12 juillet. Bernard Diomède est ensuite le seul champion du monde… à n'être jamais rappelé ! Vingt ans plus tard, il deviendra sélectionneur des équipes de jeunes, notamment au Mondial U20 de 2019.

Matches joués : 1998 8 matches sur 18 | **Titulaire :** 7 fois sur 8 | **Remplaçant :** 1 fois sur 8 (de Dugarry) | **Resté sur le banc :** 5 fois | **Coupe du monde 1998 :** 3 matches sur 7 | **Sélectionneur :** Jacquet 8 fois

David Trezeguet

Attaquant
71 sélections, 34 buts

Né le 15 octobre 1977 à Rouen (Seine-Maritime)

Première sélection : 28 janvier 1998 à Saint-Denis, France - Espagne (1-0)

Dernière sélection : 26 mars 2008 à Saint-Denis, France - Angleterre (1-0)

Clubs : 1998-2000 : AS Monaco (21 sélections) ▪ 2000-2008 : Juventus Turin (50 sélections)

Bilan : 40 victoires, 19 nuls, 12 défaites

Palmarès : Champion du monde 1998, Champion d'Europe 2000

Dans l'ombre de Thierry Henry, un autre jeune attaquant phénomène est en train de grandir à toute vitesse à Monaco : David Trezeguet. Il est le fils d'un défenseur argentin du FC Rouen de la fin des années 1970, Jorge Trezeguet. Possédant par sa naissance en Normandie la nationalité française il a tenté sa chance en France, au Paris SG puis à Monaco qui a été séduit par ses qualités de buteur-né. Présent avec Henry dans l'équipe de France Juniors au Mondial 1997, en Malaisie, sous les ordres de Gérard Houllier, Aimé Jacquet décide à cinq mois du Mondial de lui faire passer un cap en l'invitant pour le premier match de l'année 1998 face à l'Espagne. C'est aussi l'inauguration du Stade de France. Et par cette soirée glaciale, Trezeguet débute en entrant en fin de match, à la place de Stéphane Guivarc'h. Il remplace à nouveau le Breton contre la Norvège un mois plus tard, puis Anelka lors du match amical en Suède. Trezeguet n'a que trois entrées en jeu à son actif, mais cela est suffisant pour qu'il fasse partie des 22 pour la Coupe du monde. Il marque son premier but lors du dernier match de préparation des Bleus, en Finlande, bien lancé en contre par Didier Deschamps. Son deuxième survient lors du deuxième match du Mondial, face à l'Arabie saoudite, alors qu'il n'a toujours pas débuté comme titulaire. Il l'est contre le Danemark, puis le Paraguay en 8ᵉ de finale. De nouveau entrant en cours de jeu contre l'Italie, comme Thierry Henry son pied ne tremble pas au moment de convertir son tir au but. Trezeguet termine son Mondial par une nouvelle entrée en cours de jeu en demi-finale face à la Croatie. Bien que champion du monde à 20 ans, Roger Lemerre juge utile de le renvoyer ensuite avec les Espoirs, comme pour Henry, ce qu'il fait en traînant quelque peu les pieds. Il revient pour le dernier match éliminatoire de l'Euro 2000, face à l'Islande à l'automne 1999. Remplaçant pour la 11ᵉ fois en 14 sélections, Trezeguet marque un quart d'heure après son entrée le but qui sort la France de l'ornière face et la qualifie. Une reprise à bout portant d'un ballon repoussé par le gardien islandais... Cette fois, il a pris pied pour de bon dans le navire bleu, mais Roger Lemerre le considère toujours comme un recours. Et c'est encore en sortant du banc qu'il marque deux fois en amical contre la Slovénie en avril 2000 au Stade de France. À l'Euro, Trezeguet ne joue pas avant le dernier match du premier tour, avec l'équipe « bis » dont il marque le premier but, et il retourne sur le banc des remplaçants ensuite. Lemerre l'en fait sortir à un quart d'heure de la fin de la finale à Rotterdam alors que la France est menée 1-0 par l'Italie. Et c'est lui qui jaillit superbement à la 113ᵉ minute pour placer une volée magistrale, sur un centre parfait de Robert Pirès, un « but en or » qui offre le titre de champion d'Europe aux Bleus. À la reprise de la saison suivante, Trezeguet réalise un triplé à Marseille face à une sélection Fifa. Un exploit plus vu en Bleu depuis Dominique Rocheteau en 1985 face au Luxembourg. Mine de rien, en 22 sélections, cela fait 11 buts à son tableau de chasse... Mais Trezeguet est encore une fois sur deux remplaçant alors qu'arrivé à la Juventus après l'Euro, il s'impose en Italie. Fort d'un titre de meilleur buteur du Calcio, Trezeguet est enfin titulaire en 2002 au moment d'attaquer le Mondial en Corée. Mais comme Henry, meilleur buteur d'Angleterre, et Djibril Cissé, meilleur buteur en France, il ne marque pas, frappant sur les poteaux, contre le Sénégal et le Danemark. Après cette Coupe du monde ratée, Trezeguet ne joue plus en Bleu pendant six mois. Il retrouve la sélection en février 2003, à nouveau comme remplaçant, puis est exempté de Coupe des confédérations en fin de saison, comme plusieurs cadres des Bleus. Il débute la saison suivante titulaire dans l'attaque mise sur pied par Jacques Santini, associé pleinement enfin à Thiery Henry comme quand ils étaient ensemble à Monaco. Trezeguet en profite pour marquer six fois en quatre matches avant la fin de l'année, réussissant notamment un doublé à Gelsenkirchen face à l'Allemagne en amical, servi par Henry puis par Zidane. C'est donc avec le plein de confiance qu'il aborde l'Euro 2004, au Portugal. Il joue tous les matches titulaire, mais ne touchant que peu de ballons, il ne marque qu'une seule fois, contre la Croatie à Leiria... Touché par cette nouvelle déconvenue, Trezeguet n'est pas sélectionné par Raymond Domenech, nouveau patron des Bleus, pendant six mois. Il revient en février 2005, et marque son 30e but international, en amical face à la Suède. Il a ainsi rejoint Just Fontaine et Jean-Pierre Papin comme un peu avant lui, Thierry Henry. Mais un mois plus tard, à Tel-Aviv, Trezeguet se fait expulser à l'heure de jeu et laisse les Bleus en grand danger face à Israël. Suspendu, il ne participe pas aux derniers matches de qualification pour le Mondial et son crédit est entamé auprès du sélectionneur qui remet en cause l'association Henry-Trezeguet pour jouer avec une seule « pointe ». Du coup, Trezeguet est sur le banc pendant la Coupe du monde 2006 en Allemagne. Il n'est titulaire que contre le Togo au troisième match et ne joue ni le 8e, ni le quart, ni la demi-finale ! Domenech préférant, quand il doit remplacer Henry, lancer Louis Saha… Mais celui-ci suspendu pour la finale, il se résout à faire entrer Trezeguet, durant la prolongation contre l'Italie, à la 100e minute, à la place de Franck Ribéry. Lors de l'épreuve des tirs au but, David Trezeguet, qui est le deuxième tireur français, a la malchance de voir son tir renvoyé par l'arrêt de Gianluigi Buffon, son gardien à la Juventus, ce qui provoque la défaite de la France, les cinq tireurs italiens ayant trompé Fabien Barthez. Un malheur n'arrivant jamais seul, la Juventus doit jouer la saison suivante en série B, rétrogradée pour tricheries, et Domenech le sélectionne moins. Trezeguet parvient néanmoins à marquer encore deux fois contre les Îles Féroé à Sochaux, ses 33e et 34e buts internationaux. Mais ensuite, il ne joue plus que trois fois en deux ans, le sélectionneur préférant ostensiblement Nicolas Anelka ou Karim Benzema pour épauler Henry en attaque. Titulaire en mars 2008, en amical contre l'Angleterre, Trezeguet espère pourtant faire partie des 23 pour l'Euro, dix ans après le Mondial 98. Mais il reste à quai. À 30 ans, c'est le bout de sa route avec les Bleus.

Matches joués : 1998 12 matches sur 18 ▪ **1999** 2 matches sur 11 ▪ **2000** 12 matches sur 17 ▪ **2001** 7 matches sur 13 ▪ **2002** 7 matches sur 13 ▪ **2003** 8 matches sur 14 ▪ **2004** 7 matches sur 15 ▪ **2005** 5 matches sur 11 ▪ **2006** 8 matches sur 17 ▪ **2007** 2 matches sur 12 ▪ **2008** 1 match sur 14 | **Buts : 1998** 2 ▪ **1999** 1 ▪ **2000** 9 ▪ **2001** 5 ▪ **2002** 3 ▪ **2003** 8 ▪ **2004** 1 ▪ **2005** 2 ▪ **2006** 3 | **Titulaire :** 42 fois sur 71 | **Remplaçant :** 29 fois sur 71 (de Guivarc'h 5 fois, Anelka 2 fois, Dugarry 2 fois, Djorkaeff 2 fois, Laslandes, Henry 6 fois, Pires 2 fois, Vieira, Wiltord 2 fois, Marlet, Saha 2 fois, Cissé, Zidane, Ribéry) | **Resté sur le banc :** 15 fois | **Expulsion :** 1 fois | **Coupe du monde 1998 :** 6 matches sur 7 | **Championnat d'Europe 2000 :** 3 matches sur 6 | **Coupe du monde 2002 :** 3 matches sur 3 | **Championnat d'Europe 2004 :** 4 matches sur 4 | **Coupe du monde 2006 :** 3 matches sur 7 | **Sélectionneurs :** Jacquet 11 fois, Lemerre 29 fois, Santini 15 fois, Domenech 17 fois

Nicolas Anelka

Attaquant
69 sélections, 13 buts

Né le 14 mars 1979 au Chesnay (Yvelines)

Première apparition : 26 mars 1998, à Moscou, Russie - France (1-0)

Première sélection : 22 avril 1998 à Solna, Suède - France (0-0)

Dernière sélection : 16 juin 2010, à Polokwane : France - Mexique (0-2)

Clubs : 1997-1999 : Arsenal FC Londres (9 sélections) ▪ 1999-2000 : Real Madrid (8 sélections) ▪ 2000-2001 : Paris SG (10 sélections) ▪ 2002-2003 : Liverpool FC (1 sélection) ▪ 2003-2005 : Manchester City ▪ 2005-2006 : Fenerbahçe Istanbul (3 sélections) ▪ 2006-2007 : Bolton (12 sélections) ▪ 2008-2010 : Chelsea FC Londres (26 sélections)

Bilan : 36 victoires, 19 nuls, 14 défaites

Palmarès : Champion d'Europe 2000

L'équipe de France juniors qui va jusqu'en quart de finale du Mondial 97 en Malaisie comprend trois attaquants sur qui la France fonde de grands espoirs : Thierry Henry, David Trezeguet et Nicolas Anelka. Ce dernier est le plus jeune et il vient d'avoir 19 ans quand Aimé Jacquet le convoque à son tour en « A », à trois mois du Mondial 1998. Ayant fait de brillantes apparitions au Paris SG, il a quitté la France pour rejoindre Arsenal en début de saison et il s'impose doucement mais sûrement en Angleterre. C'est un beau joueur, un avant-centre rapide, fluide, supérieurement doué techniquement. Remplaçant en Russie, Anelka est titulaire en Suède, et parvient à en montrer assez en 68 minutes pour faire parie des 28 présélectionnés pour la Coupe du monde. Il est en balance avec Trezeguet et Henry pour faire partie des 22, mais c'est lui qui « saute ». Il n'en prend pas ombrage, se disant à juste titre qu'il a l'avenir devant lui. Roger Lemerre, qui succède à Jacquet après le Mondial, ne tarde pas à lui donner raison. Anelka retrouve les Bleus en octobre et passe titulaire en février. Contre l'Angleterre, à Wembley, la France réalise un match sensationnel. Zinédine Zidane est au-dessus du lot et la France trouve en Nicolas Anelka le réalisateur qui lui a manqué lors du Mondial. À la 69e minute, sur une passe de Zidane, puis à la 76e sur un centre de Dugarry alerté par Zidane, l'avant-centre des Gunners trompe David Seaman, le gardien anglais qui est aussi celui d'Arsenal. Il offre ainsi à la France la première victoire de son histoire en Angleterre. Même s'il s'agit d'un match amical, c'est historique. Pour Anelka, c'est l'adoubement des champions du monde qui le qualifient de « Ronaldo français ». Même s'il ne marque plus ensuite, il fait partie des titulaires désormais. À l'intersaison, Anelka quitte, déjà, Arsenal pour le Real Madrid, ce qui est une erreur stratégique, mais qui n'entame pas son crédit auprès du sélectionneur ni de ses partenaires qui aiment jouer avec lui. Il débute donc l'Euro 2000 aux côtés de Thierry Henry, avec qui il a joué six mois à Arsenal. Mais il ne marque pas et se retrouve sur le banc de touche pour la finale. Anelka quitte alors le Real, à nouveau dans la précipitation, pour revenir au PSG où il perd confiance et finit par perdre sa place chez les Bleus au cours de l'hiver 2001-02 quand il quitte à nouveau la capitale précipitamment, pour Liverpool cette fois. Roger Lemerre lui fait jouer le match de préparation contre la Russie en avril 2002 mais ne l'inscrit pas ensuite dans sa liste des 23 pour le Mondial en Corée, lui préférant au dernier moment l'Auxerrois Djibril Cissé. On pense alors que la carrière internationale de Nicolas Anelka est close, à 23 ans. D'autant que Jacques Santini ne le sélectionne pas tout de suite après le Mondial, ce qui provoque chez lui une grossière réaction de fureur qui l'auto-exclut de l'équipe de France. Mais deux ans plus tard, Raymond Domenech lui propose un défi : venir en Martinique avec l'équipe de France qui s'y rend pour la première fois pour un match amical contre le Costa Rica. Anelka, qui joue en Turquie à présent, fait un grand voyage pour répondre à l'appel du sélectionneur et témoigne ainsi de son attachement à l'équipe de France. Il marque à Fort-de-France le premier des trois buts des Bleus et reprend la place quittée en 2001. Mais Domenech ne le sélectionne pas pour le Mondial six mois plus tard, préférant lui aussi Djibril Cissé, qui a remplacé Anelka à Liverpool. Et quand celui-ci se blesse gravement lors du dernier match de préparation, Domenech préfère encore appeler en catastrophe le Lyonnais Sydney Govou plutôt qu'Anelka... Cela fait donc trois Coupes du monde manquées pour Anelka, qui revient pourtant en piste à la fin de l'année 2006. Revenu jouer en Angleterre, à Bolton, Domenech le préfère désormais ouvertement à David Trezeguet, même s'il ne joue plus dans un registre d'homme de pointe, mais d'attaquant sur un côté. Et au fil des mois, Anelka contre toute attente redevient titulaire dans l'équipe qui se qualifie pour l'Euro 2008. En Suisse, Anelka qui a changé une fois de plus de club et qui évolue à présent à Chelsea, est titulaire contre la Roumanie. Mais ensuite il devient le remplaçant de Govou lors des deux autres matches. Ce qui ne remet

Nicolas Anelka

pas en cause sa présence pour les qualifications du Mondial 2010. Même si les nouveaux venus, Franck Ribéry, Karim Benzema, Yoann Gourcuff et André-Pierre Gignac le privent parfois de temps de jeu, il est titulaire lors des matches de barrage contre l'Irlande, à l'automne 2009. Mieux, c'est lui qui inscrit à Crooke Park le but qui bat l'Irlande (1-0) au match aller, bien servi par Gourcuff. Mais ce jour-là, c'est surtout la partie exceptionnelle du jeune gardien Hugo Lloris qui est mise en avant, ce qui attise, sans qu'on le perçoive alors, une énorme rancœur chez Anelka. En Afrique du Sud, à 31 ans, Nicolas Anelka joue enfin la Coupe du monde. La quatrième tentative a été la bonne. Trezeguet écarté, Henry sur le banc, il est l'avant-centre titulaire des Bleus lors des deux premiers matches, entouré de Sidney Govou et Franck Ribéry. Soutenu par Florent Malouda et Yoann Gourcuff. Mais le système ne fonctionne pas bien. À la mi-temps du match contre le Mexique, à Polokwane, Anelka s'emporte contre le sélectionneur qui lui reproche à juste titre de « dézoner » et de semer ainsi la pagaille dans le jeu des Bleus. En réponse, Domenech le sort de l'équipe et le remplace par Gignac. On apprend quelques heures plus tard qu'Anelka a utilisé des mots grossiers et violents pour parler à Raymond Domenech, ce qui fait scandale. Après des atermoiements, la Fédération décide de le renvoyer en France. En quittant ses camarades à Knysna, il leur demande un geste de soutien. Ceux-ci ne trouvent rien de moins stupide que de faire grève de l'entraînement devant les caméras du monde entier... L'équipe de France sombre dans le ridicule en mondovision, puis dans le chaos en étant battue deux jours plus tard par l'Afrique du Sud. Nicolas Anelka sera suspendu 18 matches deux mois plus tard, mais il avait tourné sa page bleue depuis longtemps déjà.

Matches joués : 1998 3 matches sur 18 ▪ **1999** 7 matches sur 11 ▪ **2000** 10 matches sur 17 ▪ **2001** 7 matches sur 13 ▪ **2002** 1 match sur 13 ▪ **2003** - ▪ **2004** - ▪ **2005** 2 matches sur 11 ▪ **2006** 3 matches sur 17 ▪ **2007** 10 matches sur 12 ▪ **2008** 11 matches sur 14 ▪ **2009** 9 matches sur 12 ▪ **2010** 6 matches sur 13 | **Buts : 1998** 1 ▪ **1999** 2 ▪ **2000** 2 ▪ **2001** 1 ▪ **2005** 1 ▪ **2006** 1 ▪ **2007** 3 ▪ **2008** 1 ▪ **2009** 2 | **Titulaire :** 50 fois sur 69 | **Remplaçant :** 19 fois sur 69 (de Trezeguet 5 fois, Zidane, Wiltord, Henry 4 fois, Née, Saha, Benzema 3 fois, Govou 2 fois, Nasri) | **Resté sur le banc :** 6 fois sur 75 | **Resté en tribune :** 4 fois | **Championnat d'Europe 2000 :** 5 matches sur 6 | **Championnat d'Europe 2008 :** 3 matches sur 3 | **Coupe du monde 2010 :** 2 matches sur 2 | **Sélectionneurs :** Jacquet 1 fois, Lemerre 27 fois, Santini 0 fois, Domenech 41 fois

Tony Vairelles

Attaquant
8 sélections, 1 but

Né le 10 avril 1973 à Nancy (Meurthe-et-Moselle)

Première sélection : 19 août 1998 à Vienne, Autriche - France (2-2)

Dernière sélection : 26 avril 2000 à Saint-Denis, France - Slovénie (3-2)

Clubs : 1998-1999 : RC Lens (3 sélections) ▪ 1999-2000 : Olympique Lyonnais (5 sélections)

Bilan : 7 victoires, 1 nul

Tous les champions du monde ne sont pas aptes

Tony Vairelles

à reprendre en août 1998, alors il y a des places à prendre. En attaque, Guivarc'h, Trezeguet et Dugarry faisant défaut, voilà donc une ouverture pour Florian Maurice et Lilian Laslandes, oubliés de la liste des 28, mais aussi pour une nouvelle tête, celle de Tony Vairelles, ancien de l'équipe de France olympique de 1996, comme Maurice. Le Lensois se retrouve ainsi titulaire en Autriche, associé à Thierry Henry et Laslandes. Fougueux, tonique, parfois brouillon mais parfois adroit aussi, il dénote un peu dans le tableau bleu mais il reste dans le groupe jusqu'à la fin de l'année, profitant des absences de Trezeguet et Henry, renvoyés en Espoirs. Vairelles revient en sélection en août 1999, alors qu'il a été transféré à Lyon. Il participe au dernier match de qualification pour l'Euro 2000 et marque un but contre la Croatie, celui du 3-0, bien lancé par Patrick Vieira, dans ce match amical qui conclut l'année. Tony Vairelles entre encore deux fois en jeu lors des matches amicaux de février et d'avril, mais il ne fait pas partie des 22 pour l'Euro, Sylvain Wiltord ayant la préférence du sélectionneur en termes de nouveauté. Et il ne sera plus revu ensuite.

Matches joués : 1998 3 matches sur 18 ▪ **1999** 3 matches sur 11 ▪ **2000** 2 matches sur 17 | **But : 1999** 1 | **Titulaire :** 2 fois sur 8 | **Remplaçant :** 6 fois sur 8 (d'Anelka, Laslandes, Wiltord, Pirès, Djorkaeff, Dugarry) | **Resté sur le banc :** 2 fois | **Sélectionneur :** Lemerre 8 fois

Frédéric Déhu

Milieu de terrain, 5 sélections

Né le 24 octobre 1972 à Villeparisis (Seine-et-Marne)

Première sélection : 19 août 1998 à Vienne, Autriche - France (2-2)

Dernière sélection : 8 septembre 1999 à Erevan, Arménie - France (2-3)

Clubs : 1998-1999 : RC Lens (1 sélection) ▪ 1999-2000 : FC Barcelone (3 sélections) ▪ 2000-2001 : Paris SG (1 sélection)

Bilan : 4 victoires, 1 nul

Avec Tony Vairelles, un autre Lensois profite des absents de l'immédiat après-Mondial pour entrer en équipe de France : Frédéric Déhu. C'est un milieu de terrain relayeur efficace, qui remplace Didier Deschamps à la pause, au Prater, face à l'Autriche. Mais opérant dans le secteur de jeu le plus fourni des Bleus, contrairement à Vairelles, Déhu ne reste pas dans le groupe. Auteur cependant d'une excellente saison à Lens, il est transféré au FC Barcelone et réintègre les Bleus au début de la saison 1999-2000. À Erevan, Déhu remplace Zinédine Zidane à la 72e minute mais il se fait expulser dans les arrêts de jeu avec un second carton jaune ! Un carton rouge qui lui coûte son éventuelle place dans les 22 pour l'Euro, que sa saison décevante à Barcelone ne risquait pas de contrebalancer. Revenu en France, au Paris SG, Déhu revient une dernière fois en Bleu, pour un match amical en Turquie. Pour la cinquième fois, il entre en jeu, encore à la place de Zidane, mais c'est trop peu pour espérer aller plus loin.

Matches joués : 1998 1 match sur 18 ▪ **1999** 3 matches sur 11 ▪ **2000** 1 match sur 17 | **Titulaire :** 0 fois sur 5 | **Remplaçant :** 5 fois sur 5 (de Deschamps, Vieira, Zidane 2 fois, Boghossian) | **Resté sur le banc :** 1 fois | **Expulsion :** 1 fois | **Sélectionneur :** Lemerre 5 fois

1999

6 nouveaux joueurs
11 matches

20 janvier : France - Maroc 1-0
10 février : Angleterre - France 0-2
27 mars : France - Ukraine 0-0 (QCE)
31 mars : France - Arménie 2-0 (QCE)
5 juin : France - Russie 2-3 (QCE)
9 juin : Andorre - France 0-1 (QCE)
18 août : Irlande du Nord - France 0-1
4 septembre : Ukraine - France 0-0 (QCE)
8 septembre : Arménie - France 2-3 (QCE)
9 octobre : France - Islande 3-1 (QCE)
13 novembre : France- Croatie 3-0

Ulrich Ramé

Gardien de but
12 sélections

Né le 19 septembre 1972 à Nantes (Loire-Atlantique)

Première apparition : 20 janvier 1999 à Marseille, France - Maroc (1-0)

Première sélection : 9 juin 1999 à Barcelone, Andorre - France (0-1)

Dernière sélection : 12 février 2003 à Saint-Denis, France - République tchèque (0-2)

Dernière apparition : 16 novembre 2007 à Saint-Denis, France - Maroc (2-2)

Club : 1999-2007 : Girondins de Bordeaux (12 sélections)

Bilan : 8 victoires, 1 nul, 3 défaites

Palmarès : Champion d'Europe 2000

Pas facile d'être gardien au pays de Fabien Barthez champion du monde. Bernard Lama est bien placé pour le savoir, les autres gardiens du championnat de France également. Depuis sa prise de fonction, Roger Lemerre a appelé Lionel Charbonnier puis Lionel Letizi pour être la doublure de Barthez, et Lama pour le remplacer. Il opte en début d'année 99 pour le gardien bordelais Ulrich Ramé, titulaire en Gironde depuis un an et demi. Grand, solide, discret, il donne des gages de fiabilité et le sélectionneur lui fait disputer au stade olympique de Barcelone le match contre Andorre comptant pour les qualifications de l'Euro 2000. Ramé est alors en balance avec le Marseillais Stéphane Porato et Letizi pour le poste de n° 3 des gardiens, derrière les intouchables Barthez et Lama. Il décroche le job après un match en Écosse où il est aligné après un nouveau forfait de Barthez. Solide à Hampdem Park, Ramé peut donc aller au championnat d'Europe. En tant que troisième gardien, il n'a pas l'occasion de jouer durant la compétition, mais Lemerre lui donne à jouer une mi-temps contre la sélection Fifa en août, puis le match amical en Afrique du Sud en octobre. Lama mis à la retraite d'office, Ramé passe ainsi n° 2. Et même n° 1 pour la Coupe des confédérations 2001, au Japon, avec comme substituts, Gregory Coupet et Michaël Landreau. Si bien qu'avant de partir pour la Coupe du monde 2002, Ramé totalise onze sélections. Mais en Corée, Fabien Barthez tient fermement sa place de titulaire et le Bordelais reprend celle de doublure. Un poste qu'il perd en début d'année 2003. Titulaire contre la République tchèque au Stade de France, la France perd 2-0 sur des buts de Zdenek Grygera, une frappe de loin qui le surprend, et Milan Baroš qui devance sa sortie. Après ce match, Jacques Santini choisi Grégory Coupet comme doublure de Barthez, et Michael Landreau comme n° 3. Ramé, un temps contacté par Arsenal et Barcelone, se consacre donc aux Girondins, loin des Bleus. Jusqu'au début de la saison 2007-08, alors qu'il va avoir 35 ans. Raymond Domenech le présélectionne à nouveau pour pallier le forfait de Coupet, blessé au genou, jusqu'à la fin de l'année. Mais il est dans une position de n° 3, à nouveau, derrière Landreau et Sébastien Frey... Pas de quoi rêver donc à l'Euro 2008, d'autant qu'arrive un nouveau phénomène du poste, Steve Mandanda...

Matches joués : 1999 1 match sur 11 ▪ **2000** 3 matches sur 17 ▪ **2001** 5 matches sur 13 ▪ **2002** 2 matches sur 13 ▪ **2003** 1 match sur 14 ▪ **2004** - ▪ **2005** - ▪ **2006** - ▪ **2007** - | **Titulaire :** 11 fois sur 12 | **Remplaçant :** 1 fois sur 12 (de Barthez) | **Resté sur le banc :** 33 fois | **Resté en tribune :** 5 fois | **Championnat d'Europe 2000 :** 0 match sur 6 | **Coupe du monde 2002 :** 0 match sur 3 | **Sélectionneurs :** Lemerre 11 fois, Santini 1 fois, Domenech 0 fois

Sylvain Wiltord

Attaquant
92 sélections, 26 buts

Né le 10 mai 1974 à Neuilly-sur-Marne (Seine-Saint-Denis)

Première sélection : 10 février 1999 à Wembley, Angleterre - France (0-2)

Dernière sélection : 15 novembre 2006 à Saint-Denis, France - Autriche (1-0)

Dernière présélection : 28 mars 2007 à Saint-Denis (France-Autriche)

Clubs : 1999-2000 : Girondins de Bordeaux (18 sélections) ▪ 2000-2004 : Arsenal FC Londres (47 sélections) ▪ 2004-2007 : Olympique Lyonnais (27 sélections)

Bilan : 64 victoires, 16 nuls, 12 défaites

Palmarès : Champion d'Europe 2000

Cela fait plusieurs années qu'on a remarqué à Rennes un jeune attaquant turbulent mais inspiré qui sait tout faire. Sylvain Wiltord a ainsi pu participer à l'aventure olympique de 1996 avec l'équipe de France Espoirs de Raymond Domenech, en compagnie de Robert Pirès, Claude Makélélé, Martin Djetou, Florian Maurice, Vincent Candela et Tony Vairelles. Mais ce n'est qu'après son transfert à Bordeaux en 1997, qu'on se penche de plus près sur son potentiel international. Après avoir relancé Maurice en début d'année 99, Roger Lemerre opte pour Wiltord à l'occasion du match amical de février, contre l'Angleterre. Il remplace simplement Christophe Dugarry blessé en fin de match à Wembley, mais gagne le droit de revenir en mars pour les matches éliminatoires de l'Euro 2000. Contre l'Ukraine, Wiltord remplace à nouveau Dugarry en seconde mi-temps. Contre l'Arménie, il est titulaire et ouvre le score dès la 2e minute, sur une passe de Nicolas Anelka. Porteur du n° 10 en l'absence de Zinédine Zidane, Sylvain Wiltord est confirmé au match suivant, contre la Russie, toujours dans les éliminatoires de l'Euro. Et il marque le second but français, après un long raid solitaire à travers tout le terrain. C'est un match que les Bleus finissent par perdre (3-2) mais Wiltord est devenu un membre à part entière du groupe France, et il fait donc partie des 22 pour l'Euro 2000, un des rares qui n'ait pas été présents en 98, avec Anelka, Micoud et Ramé. Cependant, au championnat d'Europe, Wiltord n'est que remplaçant, mis à part le troisième match du premier tour, avec quatre entrées en jeu. Dont deux déterminante. En demi-finale, durant la prolongation il provoque la faute de main d'Abel Xavier qui amène le penalty « en or » transformé par Zidane. Et en finale, alors qu'on joue les arrêts de jeu, et que l'Italie mène 1-0 depuis 20 minutes, il sort de sa boîte comme un diable pour égaliser d'un violent tir croisé presque sans angle ! Ce but égalisateur inespéré relance le match et la France l'emporte au but en or de Trezeguet à la 110e minute. Après ce titre de champion d'Europe, Sylvain Wiltord file à Arsenal comme Robert Pirès, et rejoint donc Thierry Henry et Patrick Vieira. À 26 ans, il marque régulièrement désormais. Lors de la Coupe des confédérations 2001, au Japon, il en est à 12 buts à sa 29e sélection. Rarement blessé, il enquille les matches avec les Bleus et dispute la Coupe du monde 2002 comme titulaire cette fois. Jacques Santini, qui prend la suite de Lemerre, lui conserve la même confiance et il peut ainsi remporter en 2003 sa seconde Coupe des confédérations, en France : il fait désormais partie des cadres de l'équipe, comme les champions du monde 98. Même si à l'Euro 2004 au Portugal, il se retrouve remplaçant trois matches sur quatre. Wiltord décide alors de quitter l'Angleterre pour jouer à Lyon. Ça tombe bien pour Raymond Domenech qui reprend l'équipe de France avec l'idée de s'appuyer d'avantage sur des joueurs évoluant en France. Wiltord termine même la saison 2004-05 avec le brassard de capitaine, comptant alors une sélection de plus que Thierry Henry, qui est absent comme Patrick Vieira. Le retour durant l'été suivant de Zinédine Zidane n'impacte pas sa carrière personnelle car il reste un passeur très précieux pour ses partenaires (22 passes décisives, quatrième meilleur total de l'histoire de France). Il débute donc la Coupe du monde 2006 en tant que titulaire. Puis, après les deux premiers matches, il passe sur le banc des remplaçants, mais il entre à chaque rencontre, à la place de Florent Malouda ou celle de Thierry Henry. Et en finale à Berlin face à l'Italie, c'est lui qui frappe, et transforme le premier tir au but français, après que Pirlo a ouvert la séance. Après la déception du Mondial perdu d'un rien, il reste remplaçant. À 32 ans, il ne se retrouve titulaire qu'une fois sur cinq matches. Et au début de l'année 2007, il n'entre même plus en jeu. La porte se referme ainsi doucement sur lui, laissant Franck Ribéry et Samir Nasri occuper désormais sa place.

Sylvain Wiltord

Matches joués : 1999 8 matches sur 11 ▪ **2000** 14 matches sur 17 ▪ **2001** 13 matches sur 13 ▪ **2002** 11 matches sur 13 ▪ **2003** 13 matches sur 14 ▪ **2004** 8 matches sur 15 ▪ **2005** 9 matches sur 11 ▪ **2006** 16 matches sur 17 ▪ **2007** - | **Buts : 1999** 2 ▪ **2000** 6 ▪ **2001** 4 ▪ **2002** 3 ▪ **2003** 5 ▪ **2004** 3 ▪ **2005** 1 ▪ **2006** 2 | **Titulaire :** 55 fois sur 92 | **Remplaçant :** 37 fois sur 92 (de Dugarry 8 fois, Djorkaeff, Anelka 3 fois, Henry 5 fois, Marlet, Zidane, Makélélé, Rothen, Pires 4 fois, Dacourt, Trezeguet 2 fois, Vieira, Saha 2 fois, Malouda 3 fois, Mavuba, Govou, Ribéry) | **Resté sur le banc :** 9 fois | **Resté en tribune :** 2 fois | **Capitaine :** 1 fois (70e) | **Championnat d'Europe 2000 :** 5 matches sur 6 | **Coupe du monde 2002 :** 3 matches sur 3 | **Championnat d'Europe 2004 :** 3 matches sur 4 | **Coupe du monde 2006 :** 7 matches sur 7 | Sélectionneurs : Lemerre 42 fois, Santini 23 fois, Domenech 27 fois

Stéphane Porato

Gardien de but, 1 sélection

Né le 19 septembre 1973 à Colombes (Hauts-de-Seine)

Première présélection : 10 février 1999 à Wembley, Angleterre - France (0-2)

Unique sélection : 13 novembre 1999, à Saint-Denis, France - Croatie (3-0)

Club : 1998-2000 : Olympique de Marseille (1 sélection)

Bilan : 1 victoire

Après Ulrich Ramé testé au poste de n°2 des gardiens, au tour de Stéphane Porato. Le gardien de l'OM, ancien n°2 de Fabien Barthez à Monaco, est impressionnant en championnat où il côtoie Laurent Blanc, Robert Pirès, Florian Maurice et Christophe Dugarry. Il semble prendre le pas sur Ramé après l'été et il débute à son tour en équipe de France, avec le dernier match de l'année 99, contre la Croatie en amical, au Stade de France. Mais le Bordelais très régulier en club lui repasse devant en début d'année 2000 et est choisi pour aller à l'Euro, alors que lui est suspendu en championnat après avoir violemment insulté un arbitre. Porato ne reviendra plus, quittant même l'OM en fin de saison pour retourner sans succès à Monaco.

Match joué : 1999 1 match sur 11 | **Titulaire :** 1 fois sur 1 | **Resté sur le banc :** 6 fois | Sélectionneur : Lemerre 1 fois

Vikash Dhorasoo

Milieu de terrain, 18 sélections, 1 but

Né le 10 octobre 1973 à Harfleur (Seine-Maritime)

Première sélection : 27 mars 1999 à Saint-Denis, France- Ukraine (0-0)

Dernière sélection : 18 juin 2006 à Leipzig, France - Corée du Sud (1-1)

Dernière présélection : 9 juillet 2006 à Berlin, France - Italie (1-1 ap)

Clubs : 1998-1999 : Olympique Lyonnais (2 sélections) ▪ 2004-2005 : Milan AC (5 sélections) ▪ 2005-2006 : Paris SG (11 sélections)

Bilan : 9 victoires, 8 nuls, 1 défaite

Vikash Dhorasoo

Formé au Havre, Vikash Dhorasoo dénote dans le football français par son originalité et sa créativité. C'est un joueur offensif dont on a du mal à cerner le meilleur poste, mais qui apporte toujours là où il joue. Il a fait partie lui aussi des Espoirs emmenés aux JO d'Atlanta, comme Pirès, Maurice, Wiltord, Letizi, Djetou, Makélélé et Candela. Arrivé à Lyon en début de saison, Roger Lemerre l'appelle en « A » à l'occasion des deux matches de mars 99, et il joue dix minutes contre l'Ukraine en remplacement de Robert Pirès. Puis pour les deux de juin, il est cette fois titulaire une heure contre Andorre avant de céder sa place à Pirès. Mais cela n'a pas été franchement convaincant, d'autant qu'un « petit pont » infligé à Didier Deschamps lors d'un entraînement a été mal perçu par les anciens... Lemerre l'écarte donc de la sélection. Raymond Domenech l'y reprend cinq ans plus tard, pour un déplacement aux Îles Féroé, à l'automne 2004, alors qu'il vient d'arriver au Milan AC. Cette fois Dhorasoo remplace Thierry Henry en seconde mi-temps. Mais le sélectionneur compte bien sur lui pour la suite : il est titulaire en meneur de jeu au printemps suivant, contre la Suède, la Suisse et la Hongrie. Le retour de Zinédine Zidane ensuite ne l'écarte pas, il le décale seulement sur le terrain dans un rôle de n°8 qui lui va bien alors qu'il vient de se poser au Paris SG. C'est ainsi que Dhorasoo participe à la qualification des Bleus pour le Mondial 2006, marquant un but contre Chypre dans le dernier match, d'un audacieux « extérieur croisé » qui rentre après avoir touché le poteau. Il est donc partant pour la Coupe du monde, à 28 ans. Mais il perd sa place dès les matches de préparation, Claude Makélélé et Patrick Vieira prenant deux des quatre places au milieu, les deux autres revenant à Zidane et Florent Malouda... Dhorasoo entre en jeu deux fois en Allemagne avant de se morfondre sur le banc de touche à partir des 8es de finale. Il en profite pour filmer ses camarades dans leur vie quotidienne, et sans le savoir il quitte ainsi définitivement le monde des Bleus.

Matches joués : 1999 2 matches sur 11 ▪ **2000** - ▪ **2001** - ▪ **2002** - ▪ **2003** - ▪ **2004** 1 match sur 15 ▪ **2005** 11 matches sur 11 ▪ **2006** 4 matches sur 17 | **But : 2005** 1 | **Titulaire :** 11 fois sur 18 | **Remplaçant :** 7 fois sur 18 (de Pires, Henry, Wiltord, Zidane 2, Ribéry, Malouda) | **Resté sur le banc :** 9 fois | **Coupe du monde 2006 :** 2 matches sur 7 | **Sélectionneurs :** Lemerre 2 fois, Santini 0 fois, Domenech 16 fois

Johan Micoud

Milieu de terrain
17 sélections, 1 but

Né le 24 juillet 1973 à Cannes (Alpes-Maritimes)

Première sélection : 18 août 1999 à Belfast, Irlande du Nord - France (0-1)

Dernière sélection : 31 mars 2004 à Rotterdam, Pays-Bas - France (0-0)

Clubs : 1999-2000 : Girondins de Bordeaux (7 sélections) ▪ 2000-2002 : Parme AC (9 sélections) ▪ 2002-2004 : Werder Brème (1 sélection)

Bilan : 9 victoires, 4 nuls, 4 défaites

Palmarès : Champion d'Europe 2000

S'il n'est pas aisé d'être gardien au pays de Fabien Barthez, il est tout aussi compliqué d'être n° 10 dans celui de Zinédine Zidane. Johan Micoud a beau sortir comme lui de l'école cannoise et jouer à présent lui aussi à Bordeaux, le défi est compliqué comme autrefois il l'était pour les rivaux de Michel Platini. Sur ses bonnes performances girondines, Roger Lemerre le prend pour le premier match amical de la saison 99-2000 alors que Zidane est forfait. Un début honnête en Irlande du Nord lui ouvre les portes du groupe France. Comme jadis Platini-Giresse, le sélectionneur essaie de faire fonctionner un duo Zidane-Micoud. Essai concluant contre la Croatie en fin d'année, puis en seconde mi-temps face à la Slovénie en avril, puis au Maroc en juin. Mais à l'Euro, le plan n'est pas retenu. Micoud est seulement le remplaçant de Zidane et ne joue donc qu'une fois, pour le dernier match du premier tour. Zidane étant au sommet de sa forme, il n'entre jamais en jeu. Mais Lemerre compte toujours sur Micoud qui est parti lui aussi en Italie après l'Euro, à Parme. Si Micoud joue surtout quand Zidane n'est pas là, il fait bien partie des 22 pour le Mondial 2002. Zidane blessé, Micoud s'attend à jouer le premier match mais Roger Lemerre préfère miser sur Youri Djorkaeff pour mener le jeu contre le Sénégal. Du coup, Micoud ne pense pas jouer non plus le deuxième match, d'autant plus que le sélectionneur ne lui en parle pas ! Mais il joue finalement contre l'Uruguay à Busan, pas très bien préparé, et avec une équipe de France qui perd vite Henry expulsé... Au troisième match, Micoud est repassé sur le banc puisque Zidane revient, mais entre en jeu en fin de partie à la place de Patrick Vieira sans pouvoir renverser une situation déjà très compromise. Parti au Werder Brême après ce Mondial décevant, Micoud poursuit une brillante carrière en club mais est ignoré par Jacques Santini jusqu'à deux mois de l'Euro 2004. Privé de Zidane forfait, le sélectionneur fait alors venir Micoud comme meneur de jeu pour un match amical aux Pays-Bas. Le 0-0 ne convainc pas le sélectionneur de le prendre dans sa liste pour le championnat d'Europe au Portugal. Raymond Domenech hésitera encore moins à sélectionner Micoud alors que Zidane pourtant a pris sa retraite après cet Euro, ne l'appelant jamais. Et son retour un an plus tard, enterrera définitivement le sujet.

Matches joués : 1999 2 matches sur 11 ▪ **2000** 7 matches sur 17 ▪ **2001** 3 matches sur 13 ▪ **2002** 4 matches sur 13 ▪ **2003** - ▪ **2004** 1 match sur 15 | **But : 2000** 1 | **Titulaire :** 8 fois sur 17 | **Remplaçant :** 9 fois sur 17 (de Giuly, Pirès 3 fois, Henry, Zidane, Djorkaeff, Anelka, Vieira) | **Resté sur le banc :** 12 fois | **Championnat d'Europe 2000 :** 1 match sur 6 | **Coupe du monde 2002 :** 2 matches sur 3 | **Sélectionneurs :** Lemerre 16 fois, Santini 1 fois

Laurent Robert

Attaquant, 9 sélections, 1 but

Né le 21 mai 1975 à Saint-Benoît (La Réunion)

Première sélection : 18 août 1999 à Belfast, Irlande du Nord - France (0-1)

Dernière sélection : 10 juin 2001 à Yokohama, Japon - France (0-1)

Club : 1999-2001 : Paris SG (9 sélections)

Bilan : 6 victoires, 2 nuls, 1 défaite

Cet attaquant révélé à Montpellier est explosif avec une frappe redoutable du gauche. Roger Lemerre inclus alors Laurent Robert, qui vient de rejoindre le Paris SG, dans le groupe pour la saison 99-2000. Il est le premier Réunionnais à être en équipe de France et il remplace deux fois Sylvain Wiltord en seconde mi-temps, en Irlande du Nord puis en Arménie. Mais cela ne suffit pas pour faire partie des 22 à l'Euro 2000 d'autant qu'en championnat Robert se fait remarquer en se faisant expulser trois fois dans la saison… Un an plus tard, Lemerre lui redonne sa chance. Il est titulaire contre l'Afrique du Sud puis buteur en Turquie, après avoir remplacé Wiltord une fois encore. Comme de nombreux joueurs sont exemptés de la tournée de fin de saison au Japon à l'occasion de la Coupe des confédérations 2001, cette fois il y a une place pour Robert dans le groupe des 22 sélectionnés. Mais il n'est titulaire qu'une fois sur les cinq matches que disputent les Bleus, sans Henry, Zidane, Trezeguet et Dugarry. Ceux-ci reprendront leur place ensuite et Robert y perdra la sienne, définitivement.

Matches joués : 1999 2 matches sur 11 ▪ **2000** 3 matches sur 17 ▪ **2001** 4 matches sur 13 | **But : 2000** 1 | **Titulaire :** 2 fois sur 9 | **Remplaçant :** 7 fois sur 9 (de Wiltord 4 fois, Trezeguet, Marlet 2 fois) | **Resté sur le banc :** 1 fois | **Sélectionneur :** Lemerre 9 fois

2000

5 nouveaux joueurs 17 matches

23 février : France - Pologne 1-0
29 mars : Écosse - France 0-2
26 avril : France - Slovénie 3-2
28 mai : Croatie - France 0-2
4 juin : France - Japon 2-2
6 juin : Maroc - France 1-5
11 juin : France - Danemark 3-0 (CE)
16 juin : France - Rép. tchèque 2-1 (CE)
21 juin : Pays-Bas - France 3-2 (CE)
25 juin : France - Espagne 2-1 (CE)
28 juin : France - Portugal 2-1 (CE)
2 juillet : France - Italie 2-1 (CE)
16 août : France - Fifa 5-1
2 septembre : France - Angleterre 1-1
4 octobre : France - Cameroun 1-1
7 octobre : Afrique du Sud - France 0-0
15 novembre : Turquie - France 0-4

Ludovic Giuly

Attaquant
17 sélections, 2 buts

Né le 10 juillet 1976 à Lyon (Rhône)

Première sélection : 29 mars 2000 à Glasgow, Écosse - France (0-2)

Dernière sélection : 12 octobre 2005 à Saint-Denis, France - Chypre (4-0)

Clubs : 2000-2004 : AS Monaco (10 sélections) ▪ 2004-2005 : FC Barcelone (7 sélections)

Bilan : 10 victoires, 7 nuls

Découvert à Lyon, Ludovic Giuly est un feu follet de petite taille (1,64 m) qui égaie l'attaque monégasque championne de France 2000. Zinédine Zidane forfait pour un match amical en Écosse, Roger Lemerre installe Giuly en meneur de jeu pour la première mi-temps, de préférence à Johan Micoud. Essai non reconduit, Giuly ne fait pas partie des 22 pour l'Euro 2000. Il revient comme remplaçant pour les deux matches amicaux d'octobre, mais il se blesse juste après gravement au genou et ne peut prétendre à faire partie des 22 pour le Mondial 2002. Jacques Santini veut le revoir à la fin de l'année 2002. Giuly remplace d'abord Éric Carrière en fin de match amical contre la Yougoslavie puis il fait partie en fin de saison du groupe choisi pour aller disputer la

Coupe des confédérations en France, dont est exempté Zidane. Giuly saisit sa chance et il est titulaire lors de la victoire en finale face au Cameroun, au Stade de France. Si le retour de Zidane le pousse sur le banc des remplaçants, il reste dans le groupe la saison suivante. Toujours brillant avec Monaco qui élimine le Real Madrid puis Chelsea de la Ligue des champions, il est partant certain pour le championnat d'Europe au Portugal. Mais il se blesse en finale contre Porto, à Gelsenkirchen, et doit renoncer à l'Euro 2004. Zidane en retrait ensuite, Raymond Domenech fait de Giuly son meneur de jeu en septembre. Il marque ainsi son premier but, aux Féroé, sur un ballon relâché par le gardien scandinave, alors qu'il vient d'être transféré au FC Barcelone. Mais le sélectionneur tâtonne pour trouver le bon équilibre en milieu de terrain et Giuly n'est plus titulaire en fin de saison. Le retour de Zidane pendant l'été complique encore plus sa situation. Il est de nouveau remplaçant. En octobre 2005, sur une passe cadeau de Zidane, Giuly marque au Stade de France le quatrième but des Bleus d'une victoire contre Chypre qui valide leur qualification pour le Mondial 2006. Mais il se brouille mystérieusement avec le sélectionneur et ne reviendra jamais plus se contenant en fin de saison de remporter la Ligue des champions avec le Barça.

Matches joués : 2000 3 matches sur 17 ▪ **2001** - ▪ **2002** 1 match sur 13 ▪ **2003** 5 matches sur 14 ▪ **2004** 4 matches sur 15 ▪ **2005** 4 matches sur 11 | **Buts : 2004** 1 ▪ **2005** 1 | **Titulaire :** 8 fois sur 17 | **Remplaçant :** 9 fois sur 17 (de Wiltord 3 fois, Thuram, Carrière, Zidane, Pirès, Ber. Mendy, Cissé) | **Resté sur le banc :** 7 fois sur 24 | **Resté en tribune :** 2 fois | **Championnat d'Europe 2004 :** forfait | **Sélectionneurs :** Lemerre 3 fois, Santini 7 fois, Domenech 7 fois

Richard Dutruel

Gardien de but
1 sélection

Né le 24 décembre 1972 à Thonon-les-Bains (Haute Savoie)

Unique sélection : 4 octobre 2000 à Saint-Denis, France - Cameroun (1-1)

Dernière présélection : 7 octobre 2000 à Johannesburg, Afrique du Sud - France (0-0)

Club : 2000-2001 : FC Barcelone (1 sélection)

Bilan : 1 nul

La gestion des gardiens n'est pas le souci majeur de Roger Lemerre qui, avec Fabien Barthez, peut dormir tranquille. Mais il lui faut un n°2 après la mise en retraite d'office de Bernard Lama. Le sélectionneur a sous la main Ulrich Ramé, mais Barthez blessé, il profite des matches amicaux d'octobre pour relancer Lionel Letizi et voir de plus près Richard Dutruel. Letizi est titulaire contre le Cameroun, mais il se blesse à la 57e minute et c'est Dutruel qui entre en jeu. Un grand gardien (1,92 m) formé au Paris SG au début des années 90, dans l'ombre de Lama, passé par Caen, et qui a brillé en Espagne au Celta Vigo de 1996 à 2000. Au point d'avoir été recruté, à 27 ans, par le FC Barcelone… Mais après ses 33 minutes contre le Cameroun et avoir été ensuite sur le banc en Afrique du Sud, Ramé reprenant place dans les buts, Dutruel ne sera jamais rappelé, victime de deux saisons ratées à Barcelone.

Match joué : 2000 1 match sur 17 | **Titulaire :** 0 fois sur 1 | **Remplaçant :** 1 fois sur 1 (de Letizi) | **Resté sur le banc :** 1 fois | **Sélectionneur :** Lemerre 1 fois

Philippe Christanval

Défenseur, 6 sélections

Né le 31 août 1978 à Paris

Première présélection : 4 octobre 2000, à Saint-Denis, France - Cameroun (1-1)

Première sélection : 7 octobre 2000, à

Johannesburg, Afrique du Sud - France (0-0)

Dernière sélection : 7 septembre 2002 à Nicosie, Chypre - France (1-2)

Clubs : 2000-2001 : AS Monaco (1 sélection) ▪ 2001-2002 : FC Barcelone (5 sélections)

Bilan : 3 victoires, 3 nuls

C'est un surdoué, de la génération Anelka, Henry, Trezeguet avec qui il a disputé le Mondial juniors en 1997. Philippe Christanval est un grand défenseur central (1,89 m) de 22 ans, champion de France 2000 avec Monaco et dont l'élégance rappelle Laurent Blanc. Roger Lemerre, après l'avoir gardé comme joker éventuel pour l'Euro 2000, profite des matches amicaux d'octobre pour l'intégrer à son groupe en vue de la Coupe du monde 2002. Christanval remplace Frank Lebœuf en Afrique du Sud à la 59e minute sans laisser une grande impression à l'Ellis Park de Johannesburg, mais le sélectionneur compte sur lui. Il revient un an plus tard, alors qu'il a été transféré au FC Barcelone. Remplaçant en Australie fin 2001, Christanval est titulaire pour le premier match de l'année 2002 contre la Roumanie, en duo avec Marcel Desailly. Il remplace ensuite deux fois Lebœuf dans les matches suivants et gagne ainsi son billet pour le Mondial 2002. Mais en Corée, il ne joue pas. Quand Lebœuf se blesse à la 16e minute du match contre l'Uruguay, Lemerre préfère faire entrer Vincent Candela et repositionner Thuram dans l'axe plutôt que faire appel à Christanval... Jacques Santini par contre semble repartir avec lui, en le titularisant pour ses deux premiers matches, en Tunisie et à Chypre. Mais il se blesse et William Gallas le remplace efficacement. De retour de blessure Christanval ne peut pas s'imposer à Barcelone où il perd sa place, et donc en équipe de France. Miné par des blessures à répétition, il ne parviendra pas plus à s'imposer ensuite à Marseille puis à Fulham où il mettra un terme à sa carrière en 2007.

Matches joués : 2000 1 match sur 17 ▪ **2001** - ▪ **2002** 5 matches sur 13 | **Titulaire :** 3 fois sur 6 | **Remplaçant :** 3 fois sur 6 (de Leboeuf 3 fois) | **Resté sur le banc :** 7 fois | **Coupe du monde 2002 :** 0 match sur 3 | **Sélectionneurs :** Lemerre 4 fois, Santini 2 fois

Willy Sagnol

Défenseur
58 sélections

Né le 18 mars 1977 à Saint-Étienne (Loire)

Première sélection : 15 novembre 2000, à Istanbul, Turquie - France (0-4)

Dernière sélection : 13 juin 2008, à Berne, France - Pays-Bas (1-4)

Dernière présélection : 17 juin 2008 à Zurich, France - Italie (0-2)

Club : 2000-2008 : Bayern Munich (58 sélections)

Bilan : 40 victoires, 11 nuls, 7 défaites

Ce Stéphanois, qui était lui aussi du Mondial juniors de 97 en Malaisie, n'a joué qu'une saison chez les Verts. Dès l'été 97, il a migré vers Monaco où il n'a pas tardé à montrer de grosses qualités de défenseur latéral sachant jouer vers l'avant. Si bien que le Bayern Munich l'a engagé à l'été 2000 où il a rejoint Bixente Lizarazu. Longtemps cantonné aux Espoirs, Sagnol débute en « A » en Turquie, à la 78e minute, quand Roger Lemerre le fait entrer à la place de Lilian Thuram comme arrière droit. Puis il l'aligne comme arrière gauche au match suivant, contre l'Allemagne. Des débuts prometteurs, Sagnol reste donc dans le groupe et dispute la Coupe des confédérations en fin de saison en Corée et au Japon dont est exempté Thuram, comme quelques autres. Sagnol joue trois matches sur cinq et confirme son potentiel. Il se trouve logiquement dans les 22 pour le Mondial 2002, mais au titre de remplaçant de

Thuram. Il ne joue donc aucun match de cette Coupe du monde vite bouclée pour les Bleus, car comme pour Philippe Christanval, c'est Vincent Candela qui est choisi pour compenser le passage de Thuram dans l'axe après le forfait de Lebœuf contre le Danemark. Avec Jacques Santini comme sélectionneur, Sagnol poursuit sa carrière de remplaçant. Toutefois, en finale de la Coupe des confédérations 2003, c'est lui qui joue avant que Thuram le remplace, à la 75e minute. Le passage de Thuram dans l'axe la saison suivante lui laisse espérer une place de titulaire comme latéral droit. Mais Jacques Santini lui préfère alors William Gallas, qui occupe ce poste pour l'Euro 2004. Cette fois Sagnol joue un peu, mais il n'est titulaire qu'une fois sur quatre. L'arrivée de Raymond Domenech à la tête des Bleus ne change rien immédiatement : il n'est pas appelé lors des cinq premiers matches du nouveau sélectionneur. Sagnol revient pour le dernier match de l'année 2004 et prend enfin la place de titulaire en mars 2005, à sa 28e sélection. Cette fois Sagnol tient le bon bout, car Thuram de retour joue toujours dans l'axe et Gallas l'y rejoint pour la Coupe du monde 2006. Sagnol peut ainsi disputer l'intégralité des sept matches du Mondial 2006 en Allemagne, où il évolue depuis six ans, comme arrière droit. Avec en prime un tir au but transformé en finale contre l'Italie, le quatrième de la série, malheureusement le dernier puisqu'en transformant le sien, Fabio Grosso donne la victoire à l'Italie ensuite. Avec 45 sélections désormais, Sagnol fait partie des cadres de l'équipe où la précision de ses centres est appréciée comme son franc-parler. Mais il se blesse gravement au genou en avril 2007 et ne revient qu'en février 2008, juste à temps pour disputer l'Euro en Suisse. Mais pris comme Thuram dans le naufrage de Berne face aux Pays-Bas, et soufrant du tendon d'Achille, Domenech ne l'aligne pas pour le dernier match du premier tour, à Zurich, face l'Italie. Et il ne repartira pas la saison suivante avec lui, préférant se tourner vers Bacary Sagna, alors que Sagnol opéré en août, devra arrêter définitivement sa carrière dès l'hiver suivant. De 2013 à 2014, Willy Sagnol renouera avec l'équipe de France, en dirigeant l'équipe Espoirs.

Matches joués : 2000 1 match sur 17 ▪ **2001** 7 matches sur 13 ▪ **2002** 4 matches sur 13 ▪ **2003** 8 matches sur 14 ▪ **2004** 7 matches sur 15 ▪ **2005** 7 matches sur 11 ▪ **2006** 17 matches sur 17 ▪ **2007** 2 matches sur 12 ▪ **2008** 5 matches sur 14 | **Titulaire :** 44 fois sur 58 | **Remplaçant :** 14 fois sur 58 (de Thuram 7 fois, Petit, Vieira, Lizarazu, Wiltord, Gallas 2 foi, Silvestre) | **Resté sur le banc :** 15 fois | **Resté en tribune :** 1 fois | **Expulsion :** 1 fois | **Coupe du monde 2002 :** 0 match sur 3 | **Championnat d'Europe 2004 :** 3 matches sur 4 | **Coupe du monde 2006 :** 7 matches sur 7 | **Championnat d'Europe 2008 :** 2 matches sur 3 | **Sélectionneurs :** Lemerre 10 fois, Santini 16 fois, Domenech 32 fois

Steve Marlet

Attaquant
23 sélections, 6 buts

Né le 10 janvier 1974 à Pithiviers (Loiret)

Première sélection : 15 novembre 2000, à Istanbul, Turquie - France (0-4)

Dernière sélection : 6 juin 2004 à Saint-Denis, France - Ukraine (1-0)

Dernière présélection : 30 mars 2005 à Tel-Aviv, Israël - France (1-1)

Clubs : 2000-2001 : Olympique Lyonnais (5 sélections) ▪ 2001-2003 : Fulham (15 sélections) ▪ 2004-2005 : Olympique de Marseille (3 sélections)

Bilan : 19 victoires, 2 nuls, 2 défaites

Voilà un Auxerrois qui n'est pas devenu international alors qu'il était au club de Guy Roux. Mais c'est bien là qu'il a percé, en jouant en attaque avec Bernard Diomède et Stéphane Guivarc'h, les champions du monde 98. Passé en 2000 à Lyon, Marlet est un attaquant rapide qu'il faut voir au niveau international. Après une entrée lors du dernier match de l'année, en Turquie, Roger Lemerre le prend pour la Coupe des confédérations 2001 au Japon et en Corée, alors que Trezeguet et Henry en sont exemptés. Dès la 9e minute du premier match contre la Corée, Marlet ouvre le score sur une volée acrobatique en « ciseau ». Il ne sort plus du groupe France ensuite, alors qu'il évolue désormais à Fulham. Il marque encore contre l'Écosse en mars 2002, le cinquième but d'une éclatante victoire française (5-0), sur une passe en retrait d'Éric Carrière. Mais, peinant en Angleterre, il n'est pas retenu pour le Mondial 2002. Après cette Coupe du monde manquée, Jacques Santini, qui a été son coach à Lyon, le place dans sa première liste et Marlet aligne à nouveau les matches, en duo d'attaque avec Thierry Henry, réussissant notamment un doublé contre la Slovénie au Stade de France en octobre, tout en promptitude, servi par Sylvain Wiltord et Lilian Thuram. Il participe à la Coupe des confédérations 2003, mais ne joue qu'un match titulaire sur les cinq disputés par les Bleus, contre le Japon. Il marque un nouveau but en amical contre la Suisse à Genève en août 2003, un tir placé sur une nouvelle passe de Wiltord, avant d'être transféré à Marseille. Mais il reste un remplaçant derrière la paire Henry-Trezeguet et lors de l'Euro 2004 il n'a pas l'occasion de jouer, étant blessé malencontreusement à l'œil par le carton volant au vent du Portugal de son accréditation ! Raymond Domenech ne fait appel à lui qu'une fois ensuite, pour un déplacement en Israël alors qu'Henry est forfait. Mais Steve Marlet reste sur le banc de touche à Ramat-Gan et il ne reviendra plus en Bleu.

Matches joués : 2000 1 match sur 17 ▪ **2001** 5 matches sur 13 ▪ **2002** 7 matches sur 13 ▪ **2003** 7 matches sur 14 ▪ **2004** 3 matches sur 15 ▪ **2005** - | **Buts : 2001** 1 ▪ **2002** 3 ▪ **2003** 1 ▪ **2004** 1 | **Titulaire :** 10 fois sur 23 | **Remplaçant :** 13 fois sur 23 (de Trezeguet 2, Wiltord, Pires, Henry 6, Djorkaeff, Luyindula, Saha) | **Resté sur le banc :** 13 fois | **Championnat d'Europe 2004 :** 0 matches sur 4 | **Sélectionneurs :** Lemerre 8 fois, Santini 15 fois

2001

10 nouveaux joueurs 13 matches

21 février : France - Allemagne 1-0
24 mars : France - Japon 5-0
28 mars : Espagne - France 2-1
25 avril : France - Portugal 4-0
30 mai : Corée du Sud - France 0-5
2 juin : France - Australie 0-1
4 juin : France - Mexique 4-0
6 juin : France - Brésil 2-1
10 juin : France - Japon 1-0
15 août : France - Danemark 1-0
1er septembre : Chili - France 2-1
6 octobre : France - Algérie 4-1
11 novembre : Australie - France 1-1

Mikaël Silvestre

Défenseur
40 sélections, 2 buts

Né le 9 aout 1977 à Chambray-les-Tours (Indre-et-Loire)

Première sélection : 27 février 2001, à Saint-Denis, France - Allemagne (1-0)

Dernière sélection : 23 juin 2006, à Cologne, France -Togo (2-0)

Dernière présélection : 19 novembre 2008, à Saint-Denis, France - Uruguay (0-0)

Clubs : 2001-2008 : Manchester United (40 sélections) ▪ 2008-2009 : Arsenal FC Londres (0 sélection)

Bilan : 30 victoires, 5 nuls, 5 défaites

Le Stade Rennais a laissé bêtement partir un très bon joueur en 1998 quand Mikaël Silvestre est allé tenter sa chance à l'Inter Milan. Membre de l'équipe de France juniors au Mondial 97, en compagnie de Sagnol, Henry, Trezeguet et Anelka, c'est un défenseur qui peut évoluer dans l'axe ou sur un côté. Son talent n'a pas échappé à Alex Fergusson, le manager de Manchester United qui l'a enrôlé dès l'été 1999. Et de l'équipe de France Espoirs, Silvestre, cousin de Franck Silvestre, passe en « A » en début d'année 2001, après un forfait de Philippe Christanval. Il entre en jeu en remplaçant à la 77e minute le capitaine des Bleus, Marcel Desailly. Silvestre remplace ensuite Frank Lebœuf dès la 35e minute au match suivant, face au Japon, et il est titulaire à Valence, contre l'Espagne de Raul et Morientes en mars. Puis contre le Portugal de Luis Figo et Miguel Pauleta en avril, marquant le deuxième but d'une large victoire (4-0), d'une superbe volée sur une remise de Vieira après un corner de Petit. Lemerre prend aussi Silvestre pour la Coupe des confédérations, en Asie, où il joue deux matches sur cinq. En six

Mickaël Silvestre

mois, l'ancien Rennais est devenu derrière Desailly et Lebœuf, le troisième défenseur central des Bleus, devançant Christanval. Mais au Mondial 2002, comme le Monégasque, il ne sort pas du banc des remplaçants car Roger Lemerre privilégie l'expérience de Lilian Thuram pour suppléer Frank Lebœuf, blessé. Mais Jacques Santini qui prend la suite de Lemerre après la Coupe du monde, compte sur Silvestre qui s'est imposé à Manchester, et le fait évoluer arrière gauche pour compenser l'absence de Bixente Lizarazu, puis en défense centrale pour compenser les faiblesses naissantes de Marcel Desailly. Silvestre dispute ainsi à nouveau la Coupe des confédérations, en 2003 en France. Il devient ensuite titulaire dans l'axe en début de saison 2003-2004, il l'est encore pour l'Euro au Portugal, associé à Thuram. L'élimination de la France en quart de finale par la Grèce, puis l'arrivée de Raymond Domenech à la tête des Bleus, provoque une rupture dans sa carrière internationale. Il ne dispute que deux matches au cours de la saison 2004-05 et ne rejoue ensuite qu'en mars 2006. Silvestre fait partie des 23 pour le Mondial 2006, mais en Allemagne, il ne joue qu'une fois, contre le Togo, quand Éric Abidal devenu titulaire au poste d'arrière gauche depuis 2004, est suspendu. Domenech ne rappelle pas Silvestre après cette Coupe du monde. Il le fait seulement après l'Euro 2008, pour le dernier match de l'année, un amical contre l'Uruguay au Stade de France, car Abidal est forfait. Mais Mikaël Silvestre qui évolue depuis 2008 à Arsenal, n'entre pas en jeu, Domenech lui préférant cette fois Patrice Évra comme arrière gauche et le duo Gallas-Mexès dans l'axe...

Matches joués : 2001 9 matches sur 13 ▪ **2002** 7 matches sur 13 ▪ **2003** 10 matches sur 14 ▪ **2004** 10 matches sur 15 ▪ **2005** - ▪ **2006** 4 matches sur 17 ▪ **2007** - ▪ **2008** - | **Buts : 2001** 1 ▪ **2002** 1 | **Titulaire :** 29 fois sur 40 | **Remplaçant :** 11 fois sur 40 (de Leboeuf 2, Desailly 3, Bréchet, Lizarazu 2, Cissé, Abidal) | **Resté sur le banc :** 21 fois | **Coupe du monde 2002 :** 0 match sur 3 | **Championnat d'Europe 2004 :** 4 matches sur 4 | **Coupe du monde 2006 :** 1 match sur 7 | **Sélectionneurs :** Lemerre 11 fois, Santini 23 fois, Domenech 6 fois

Jonathan Zebina

Défenseur, 1 sélection

Né le 19 juillet 1978 à Paris

Première présélection : 28 mars 2001 à Valence, Espagne - France (2-1)

Unique sélection : 9 février 2005 à Saint-Denis, France - Suède 1-1

Dernière présélection : 17 août 2005 à Montpellier, France - Côte d'Ivoire (3-0)

Clubs : 2000-2004 : AS Rome (0 sélection) ▪ 2004-2006 : Juventus Turin (1 sélection)

Bilan : 1 nul

Curieux parcours que celui de Jonathan Zebina. Formé à Cannes, comme Zidane, Vieira et Micoud, ce défenseur évolue en Italie depuis 1998, à Cagliari puis à l'AS Rome, où il jouit d'une grande réputation. Roger Lemerre l'appelle pour compléter sa liste de mars, après le forfait de Frank Lebœuf, blessé contre le Japon. Mais à Valence, Zebina reste sur le banc de touche de Mestalla et n'est jamais rappelé ensuite pendant trois ans et demi ! Il vient alors d'intégrer la Juventus de Turin et Raymond Domenech le présélectionne pour les deux matches d'octobre comptant pour les qualifications du Mondial 2006, mais sans le faire entrer en jeu. Toutefois, il le reprend en début d'année suivante. Zebina, qui a déjà 28 ans, joue alors arrière droit contre la Suède, en amical, en février puis est sur le banc pour les deux matches du mois de mars. Il revient une dernière fois pour le premier match de saison suivante. Mais il reste encore sur la touche et ne fera pas partie des 23 pour le Mondial 2006, Domenech lui préférant finalement Pascal Chimbonda pour boucler sa liste.

Match joué : 2001 - ▪ **2002** - ▪ **2003** - ▪ **2004** - ▪ **2005** 1 match sur 11 | **Titulaire :** 1 fois sur 1 | **Resté sur le banc :** 6 fois | **Sélectionneur :** Domenech 1 fois

Olivier Dacourt

Olivier Dacourt

Milieu de terrain
21 sélections

Né le 25 septembre 1974 à Montreuil (Seine-Saint-Denis)

Première sélection : 30 mai 2001 à Daegu, Corée du Sud - France (0-5)

Dernière sélection : 13 octobre 2004 à Nicosie, Chypre - France (0-2)

Dernière présélection : 9 février 2005 à Saint-Denis, France - Suède (1-1)

Clubs : 2001-2003 : Leeds United (4 sélections) ▪ 2003-2006 : AS Rome (17 sélections)

Bilan : 16 victoires, 3 nuls, 2 défaites

Il était de l'équipée olympique de 1996 à Atlanta, sous les ordres de Raymond Domenech, en compagnie des Makélélé, Pirès, Maurice, Djetou, Letizi, Candela, Wiltord et Vairelles. Olivier Dacourt est le dernier à rejoindre l'équipe de France « A », à 27 ans. Il fait partie de la sélection pour la Coupe des confédérations 2001 que la France dispute pour la première fois, en Asie. Roger Lemerre ayant laissé au repos Petit, Zidane, Barthez, Thuram, Trezeguet et Henry, il innove avec plusieurs joueurs dont l'ancien Strasbourgeois qui est arrivé à Leeds en 2000. Dacourt remplace Robert Pirès contre la Corée en fin de match, puis est titulaire contre l'Australie, un match que la France perd 1-0, puis remplace à nouveau Pirès contre le Mexique. Au total des cinq matches, il ne joue que trente minutes et n'est pas rappelé ensuite par Lemerre. Jacques Santini, par contre, le reprend en octobre 2002, il remplace alors Patrick Vieira en fin de match, à La Valette contre Malte. Transféré au début de l'année 2003 à la Roma, où il rejoint Jonathan Zebina, Dacourt est de nouveau convoqué chez les Bleus au printemps, contre l'Égypte. Puis il dispute sa deuxième Coupe des confédérations, en France. Cette fois, il est titulaire quatre matches sur cinq et prend pour de bon pied en sélection. Santini lui maintient sa confiance en milieu de terrain où il est une bonne alternative au duo Makélélé-Vieira. Dacourt fait donc partie des 22 pour l'Euro 2004. Au Portugal, il entre en jeu contre l'Angleterre puis il est titulaire contre la Croatie, et la Grèce en quart de finale, parce que Vieira est blessé. À 30 ans, Domenech semble compter encore sur lui puisque Claude Makélélé s'est retiré après l'Euro. Dacourt joue les deux matches d'octobre 2004, comptant pour les éliminatoires du Mondial 2006. Il est encore convoqué en février, mais c'est la dernière fois. Le retour de Makélélé l'été suivant et la présence d'Alou Diarra lui bouchent l'horizon de la Coupe du monde 2006.

Matches joués : 2001 3 matches sur 13 ▪ **2002** 1 match sur 13 ▪ **2003** 10 matches sur 14 ▪ **2004** 7 matches sur 15 ▪ **2005** - | **Titulaire :** 15 fois sur 21 | **Remplaçant :** 6 fois sur 21 (de Pires 2, Vieira 2, Trezeguet, Makélélé) | **Resté sur le banc :** 7 fois | **Championnat d'Europe 2004 :** 3 matches sur 4 | **Sélectionneurs :** Lemerre 3 fois, Santini 16 fois, Domenech 2 fois

Éric Carrière

Milieu de terrain
10 sélections, 5 buts

Né le 24 mai 1973 à Foix (Ariège)

Première sélection : 30 mai 2001 à Daegu,

Corée du Sud - France (0-5)

Dernière sélection : 20 novembre 2002 à Saint-Denis, France - Yougoslavie (3-0)

Clubs : 2000-2001 : FC Nantes (4 sélections) ▪ 2001-2002 : Olympique Lyonnais (6 sélections)

Bilan : 8 victoires, 2 nuls

Brillant meneur du jeu nantais champion de France 2001, passé professionnel sur le tard, à 22 ans, Éric Carrière est convié à la table des Bleus en remplacement de Zinédine Zidane à la Coupe des confédérations 2001 qui se dispute en Corée et au Japon. Porteur du célèbre n° 10, Carrière est titulaire d'entrée, contre la Corée du Sud. Puis face au Mexique où il marque deux fois ! Il remplace ensuite à l'heure de jeu Youri Djorkaeff pour la demi-finale face au Brésil et pour la finale contre le Japon. Ses débuts sont assez probants, mais Roger Lemerre ne le sélectionne plus avant février 2002. Parti alors à Lyon, Carrière rayonne moins qu'à Nantes, et ne dispute que deux fins de match, contre la Roumanie et l'Écosse, top peu pour espérer une place parmi les 22 pour le Mondial. Même en l'absence de Robert Pirès blessé, Lemerre lui préfère Johan Micoud comme doublure de Zidane. Son successeur, Jacques Santini, le rappelle à l'automne 2002. Remplaçant à La Valette, Carrière marque contre Malte six minutes après avoir remplacé Henry à la 78e minute, après un une-deux avec Sylvain Wiltord. Puis, titulaire pour le dernier match amical de l'année, il score à deux reprises contre la Yougoslavie au Stade de France. Cela lui fait cinq buts en dix sélections avec aucune défaite. Mais malgré cette excellente moyenne, à 29 ans, il ne reviendra plus en Bleu car perdant sa place à Lyon, il n'est pas retenu pour l'Euro 2004 au Portugal.

Matches joués : 2001 5 matches sur 13 ▪ **2002** 5 matches sur 13 | **Buts : 2001** 2 ▪ **2002** 3 | **Titulaire :** 4 fois sur 10 | **Remplaçant :** 6 fois sur 10 (Djorkaeff 2 fois, Makélélé, Zidane, Trezeguet, Henry) | **Resté sur le banc :** 3 fois | **Sélectionneurs :** Lemerre 7 fois, Santini 3 fois

Grégory Coupet

Gardien de but, 34 sélections

Né le 31 décembre 1972 au Puy-en-Velay (Haute-Loire)

Première présélection : 30 mai 2001 à Daegu, Corée du Sud - France (0-5)

Première sélection : 1er juin 2001 à Daegu, France - Australie (0-1)

Dernière sélection : 16 juin 2008 à Zurich, France - Italie (0-2)

Club : 2001-2008 : Olympique Lyonnais (34 sélections)

Bilan : 20 victoires, 8 nuls, 6 défaites

Gardien de l'AS Saint-Étienne depuis 1993, Grégory Coupet a fait le pari à 25 ans, de s'imposer à Lyon, le rival n° 1, en 1997. Un risque certain qui montre son ambition d'évoluer au plus haut niveau. Roger Lemerre valide cette option en l'incorporant dans son groupe de 23 joueurs pour la Coupe des confédérations 2001 où Fabien Barthez ne se présente pas. En Asie, Coupet est le gardien n° 2 des Bleus, derrière Ullrich Ramé, et devant le Nantais Mickaël Landreau nouvel appelé comme lui. Coupet joue un seul match, le deuxième, celui que la France perd 1-0 contre l'Australie, sur un but de Zane (60e)... Ce n'est pas une entrée en matière idéale, et Lemerre ne le reprend pas tout de suite. Coupet revient seulement en début d'année 2002, mais il décroche la place de gardien n° 3 pour le Mondial, derrière Barthez et Ramé. Après le fiasco de la Coupe du monde en Corée, Coupet est le premier gardien titulaire de Jacques Santini, à Radés contre la Tunisie en amical, puis à Chypre pour le début des éliminatoires de l'Euro 2004. Si Barthez reprend ensuite sa place, Coupet, lui, a pris celle de n° 2 à Ramé. Coupet rejoue à l'occasion de la Coupe des confédérations 2003 et dispute deux matches sur cinq, dont la demi-finale contre la Turquie, au Stade de France (3-2). À l'automne, il est le gardien des Bleus qui s'imposent magistralement 3-0 à Leverkusen, en amical, contre l'Allemagne. Il attaque l'Euro 2004 au Portugal comme n° 2 de Barthez, fort de huit sélections et 28 présences sur le banc des remplaçants. Coupet ne joue pas la compétition, mais quand Raymond Domenech prend la direction de la sélection ensuite, il instaure une concurrence entre Barthez et Coupet... La première saison, Barthez joue cinq fois, Coupet quatre fois. Puis c'est le Lyonnais qui attaque la saison suivante comme titulaire, disputant les quatre derniers matches de qualification pour la Coupe du monde 2006. Mais Barthez qui s'est fait souvent porter pâle depuis deux ans, revient postuler pour le Mondial. Durant le stage préparatoire à Tignes, Coupet comprend que Barthez sera le titulaire en Allemagne et lui son remplaçant, quoi qu'il fasse à l'entraînement. Lassé de ce jeu de dupes, Coupet claque la porte des Bleus et s'en va, comme l'avait fait Lionel Charbonnier en 2000. On le persuade rapidement de revenir sur sa décision et de participer à la Coupe du monde, mais il en a gros sur le cœur... Barthez prenant sa retraite internationale après la défaite de la France en finale du Mondial, cette fois la place revient définitivement à Coupet, 33 ans, avec pour objectif l'Euro 2008. Il se blesse en début de saison 2007, et Landreau le remplace pendant six mois, mais il revient à temps pour le championnat d'Europe qui se dispute en Suisse. Hélas, les Bleus mal agencés entre anciens trop usés, et nouveaux trop peu aguerris, ne gagnent pas un match et Coupet, abandonné par sa défense, doit arrêter son parcours en Bleu sur deux défaites, face aux Pays-Bas (4-1) puis à l'Italie (2-0).

Matches joués : 2001 1 match sur 13 ▪ **2002** 2 matches sur 13 ▪ **2003** 3 matches sur 14 ▪ **2004** 4 matches sur 15 ▪ **2005** 8 matches sur 11 ▪ **2006** 5 matches sur 17 ▪ **2007** 4 matches sur 12 ▪ **2008** 7 matches sur 14 | **Titulaire :** 34 fois sur 34 | **Resté sur le banc :** 49 fois | **Coupe du monde 2002 :** 0 match sur 3 | **Championnat d'Europe 2004 :** 0 match sur 4 | **Coupe du monde 2006 :** 0 match sur 7 | **Championnat d'Europe 2008 :** 3 matches sur 3 | **Sélectionneurs :** Lemerre 1 fois, Santini 7 fois, Domenech 26 fois

Mickaël Landreau

Gardien de but
11 sélections

Né le 14 mai 1979, à Machecoul (Loire-Atlantique)

Première présélection : 30 mai 2001 à Daegu, France - Corée du Sud (5-0)

Première sélection : 3 juin 2001 à Ulsan, France - Mexique (4-0)

Dernière sélection : 16 novembre 2007 à Saint-Denis, France - Maroc (2-2)

Dernière présélection : 4 juillet 2014 à Rio, France - Allemagne (0-1)

Clubs : 1998-2006 : FC Nantes (3 sélections) ▪ 2006-2010 : Paris SG (8 sélections) ▪ 2010-2013 : Lille OSC (0 sélection) ▪ 2013-2014 : SEC Bastia (0 sélection)

Bilan : 7 victoires, 3 nuls, 1 défaite

Comme Éric Carrière, Mickaël Landreau met à profit le titre de ce champion de France 2001 du FC Nantes pour découvrir l'équipe de France en fin de saison, après avoir été en 1997 le gardien des juniors lors de la Coupe du monde en Malaisie. Précocement lancé sur le devant la scène en championnat de France, à la suite de multiples forfaits des gardiens nantais en octobre 1996, Landreau a déjà montré une maturité sidérante. À 21 ans, il garde les buts des Bleus contre le Mexique lors du troisième match de la Coupe des confédérations en Asie, et prend date. Car devant lui, il y a du monde : Barthez, Ramé et Coupet pour ne citer que les trois gardiens les plus en vue. En attendant, Landreau enquille les sélections en Espoirs, portant le record du genre à 43 matches en 2002, quand il est le capitaine de la formation finaliste de l'Euro Espoirs en Suisse. Jacques Santini fait appel à la lui plusieurs fois ensuite durant les deux ans qu'il passe à la tête de l'équipe de France. Landreau dispute une nouvelle Coupe des confédérations, en 2003, et avec un match sans encombre contre la Nouvelle-Zélande, au Stade de France (5-0). Et il fait partie des 22 pour l'Euro 2004, comme troisième gardien derrière Barthez et Coupet. Ensuite, Raymond Domenech, qui l'a si souvent sélectionné en Espoirs, lui fait jouer le dernier match amical de l'année 2004, contre la Pologne au Stade de France (0-0) puis le

Mickaël Landreau

prend à nouveau comme troisième gardien pour le Mondial 2006, toujours derrière Barthez et Coupet. Après la Coupe du monde, la donne change un peu avec le retrait de Barthez. Landreau, qui quitte Nantes pour Paris, passe n° 2 et peut jouer quelques matches en remplacement de Coupet, surtout quand celui-ci se blesse en début de saison 2007-08. Landreau est le titulaire à Milan en septembre 2007 contre l'Italie pour un match décisif dans l'optique de la qualification à l'Euro 2008. À San Siro, il rend une nouvelle copie sans faute (0-0), ce qui fait qu'en sept matches avec les Bleus, il n'a encaissé aucun but ! Mais ce but arrive au match suivant, au Parc des Princes, où il joue habituellement avec le PSG, signé de l'Écossais d'Everton, James McFadden, d'une frappe lointaine qui le dépasse alors qu'il est un peu trop avancé. Ce but qui cause à la France une défaite imprévue (1-0), lui fait mal. Car s'il joue encore trois matches le temps de l'indisponibilité de Coupet, son crédit est entamé. Au point que Domenech l'écarte de sa liste des 23 pour l'Euro 2008, en même temps que Cissé, Diarra, Mexès, Escudé, Flamini et Ben Arfa, au profit de Sébastien Frey et Steve Mandanda. Un coup très dur pour Landreau qui a cumulé 52 matches sur le banc des remplaçants pour onze sélections... On pense alors que sa carrière internationale a touché à sa fin, d'autant qu'il fait partie à nouveau des sept « exclus » de la liste finale pour la Coupe du monde 2010. Mais on se trompe. Parti rebondir à Lille en 2009, Landreau est toujours performant en remportant avec le Losc le championnat 2011, et en octobre 2012, Didier Deschamps ressort son nom pour annoncer sa liste pour les matches d'octobre, comme troisième gardien, derrière Hugo Lloris et Steve Mandanda. C'est un des come-backs les plus inattendus de l'histoire de l'équipe de France. Landreau accepte d'être à nouveau le remplaçant du remplaçant, jusqu'au Mondial 2014 au Brésil. Passé de Lille à Bastia en début d'année 2013, il bat le record des 603 matches disputés en Première division de Jean-Luc Ettori, le gardien des Bleus au Mondial 1982, pour le porter à 618. Landreau quitte donc la scène au Maracanã de Rio, après l'élimination de la France en quart de finale de la Coupe du monde 2014. À défaut d'avoir beaucoup joué, une belle sortie sur un 73e match sur le banc, un autre record de France.

Matches joués : 2001 1 match sur 13 ▪ **2002** - ▪ **2003** 1 match sur 14 ▪ **2004** 1 match sur 15 ▪ **2005** - ▪ **2006** 1 match sur 17 ▪ **2007** 7 matches sur 12 ▪ **2008** - ▪ **2009** - ▪ **2010** - ▪ **2011** - ▪ **2012** - ▪ **2013** - ▪ **2014** - | **Titulaire :** 11 fois sur 11 | **Resté sur le banc :** 73 fois | **Championnat d'Europe 2004 :** 0 match sur 4 | **Coupe du monde 2006 :** 0 match sur 7 | **Coupe du monde 2014 :** 0 match sur 4 | **Sélectionneurs :** Lemerre 1 fois, Santini 1 fois, Domenech 9 fois, Deschamps 0 fois

Jérémy Bréchet

Défenseur
3 sélections

Né le 14 août 1979 à Lyon (Rhône)

Première présélection : 30 mai 2001 à Daegu, Corée du Sud - France (5-0)

Première sélection : 2 juin 2001 à Daegu, Australie - France (1-0)

Dernière sélection : 20 novembre 2002 à Saint-Denis, France-Yougoslavie (3-0)

Club : 2001-2004 : Olympique Lyonnais (3 sélections)

Bilan : 1 victoire, 1 nul, 1 défaite

Comme Grégory Coupet, le défenseur lyonnais est du voyage en Asie de fin de saison. Comme lui, il ne dispute que le deuxième match, celui où l'Australie bat (1-0) et Roger Lemerre qui peut compter sur Bixente Lizarazu et Vincent Candela comme latéraux côté gauche, se passe des services de Jérémy Bréchet ensuite. Devenu champion de France en 2002 puis finaliste de l'Euro Espoirs en Suisse, Bréchet est dans la première liste du nouveau sélectionneur qui est son ancien entraîneur à Lyon, Jacques Santini. Il remplace Candela, dont c'est le dernier match, en seconde mi-temps du match amical en Tunisie. Puis il est titulaire au poste d'arrière gauche conte la Yougoslavie en fin d'année. Mais Bréchet se blesse rapidement et est remplacé dès la 14e minute par Mikaël Silvestre qui s'impose brillamment. Lui, ne reviendra plus.

Matches joués : 2001 1 match sur 13 ▪ **2002** 2 matches sur 13 | **Titulaire :** 2 fois sur 3 | **Remplaçant :** 1 fois sur 3 (de Candela) | **Resté sur le banc :** 5 fois | **Resté en tribune :** 2 fois | **Sélectionneurs :** Lemerre 1 fois, Santini 2 fois

Frédéric Née

Attaquant
1 sélection

Né le 18 avril 1975 à Bayeux (Calvados)

Première présélection : 30 mai 2001 à Daegu, Corée du Sud - France (5-0)

Unique sélection : 2 juin 2001 à Daegu, Australie - France (1-0)

Dernière présélection : 10 juin 2001 à Yokohama, Japon - France (0-1)

Club : 2000-2001 : SEC Bastia (1 sélection)

Bilan : 1 défaite

Formé à Caen, comme avant lui Fabrice Divert, le Normand Frédéric Née est un avant-centre adroit qui sait marquer, comme cette saison à Bastia où il a frappé 16 fois ce qui en a fait le meilleur buteur français du championnat. Face aux forfaits de ses attaquants habituels, David Trezeguet et Thierry Henry, Roger Lemerre lui ouvre la porte des Bleus pour la Coupe des confédérations en Corée et au Japon qui sert de test avant le Mondial 2002. Née est aligné pour le deuxième match, mais face à l'Australie, il ne parvient pas à se mettre en évidence et est remplacé à la 79e minute par Nicolas Anelka. Il assiste à la suite de la compétition sur le banc de touche et ne sera jamais revu ensuite.

Match joué : 2001 1 match sur 13 | **Titulaire :** 1 fois sur 1 | **Resté sur le banc :** 4 fois | **Sélectionneur :** Lemerre 1 fois

Nicolas Gillet

Défenseur, 1 sélection

Né le 8 novembre 1976 à Brétigny-sur-Orge (Essonne)

Première présélection : 30 mai 2001 à Daegu, Corée du Sud - France (5-0)

Unique sélection : 2 juin 2001 à Daegu, France - Australie (0-1)

Dernière présélection : 10 juin 2001 à Yokohama, Japon - France (0-1)

Club : 2000-2001 : FC Nantes (1 sélection)

Bilan : 1 défaite

Avec Éric Carrière et Mickaël Landreau, Nicolas Gillet est le troisième champion de France nantais à être invité à participer à la Coupe des confédérations en Asie. Il débute au deuxième match, contre l'Australie, comme Grégory Coupet, Jérémy Bréchet, Frédéric Née et Zounama Camara, titulaire en défense centrale, en remplacement de Marcel Desailly, en duo avec Frank Lebœuf. Mais celui-ci se fait expulser en fin de match, la France est battue 1-0 et Gillet reste ensuite sur le banc de touche jusqu'à la fin de la compétition. Et il ne sera plus sélectionné ensuite.

Match joué : 2001 1 match sur 13 | **Titulaire :** 1 fois sur 1 | **Resté sur le banc :** 4 fois | **Sélectionneur :** Lemerre 1 fois

Zounama Camara

Défenseur, 1 sélection

Né le 3 avril 1979 à Colombes (Hauts-de-Seine)

Première présélection : 30 mai 2001 à Daegu, Corée du Sud - France (5-0)

Unique sélection : 2 juin 2001 à Daegu, France - Australie (0-1)

Dernière présélection : 12 octobre 2005 à Saint-Denis, France - Chypre (4-0)

Clubs : 2001-2002 : Olympique de Marseille (1 sélection) ▪ 2002-2004 : RC Lens (0 sélection) ▪ 2004-2006 : AS Saint-Étienne (0 sélection)

Bilan : 1 défaite

Puissant défenseur central, Zounama Camara a été formé à Saint-Étienne et sort d'une bonne saison avec Marseille. Roger Lemerre le prend comme défenseur latéral droit, pour pallier l'absence de Lilian Thuram à la Coupe des confédérations. Comme Grégory Coupet, Jérémy Bréchet, Frédéric Née et Nicolas Gillet, il joue le match contre l'Australie, et comme ces trois derniers il ne joue plus ensuite, la place étant tenue par Willy Sagnol ou Christian Karembeu. Blessé ensuite, sa carrière est bien ralentie. Mais quatre ans plus tard, alors qu'il est revenu à Saint-Étienne, Raymond Domenech le convoque pour les deux deniers matches de qualifications pour la Coupe du monde 2006. Mais Camara reste sur le banc de touche. Non retenu pour le Mondial, il jouera ensuite longtemps au PSG, jusqu'en 2015, sans jamais revoir les Bleus.

Matches joués : 2001 1 match sur 13 ▪ 2002 - ▪ 2003 - ▪ 2004 - ▪ 2005 - | **Titulaire :** 1 fois sur 1 | **Resté sur le banc :** 6 fois | **Sélectionneurs :** Lemerre 1 fois, Domenech 0 fois

2002

10 nouveaux joueurs
13 matches

13 février : France - Roumanie 2-1
27 mars : France - Écosse 5-0
17 avril : France - Russie 0-0
18 mai : France - Belgique 1-2
26 mai : Corée du Sud - France 3-2
31 mai : France - Sénégal 0-1 (CM)
6 juin : France - Uruguay 0-0 (CM)
11 juin : France - Danemark 0-2 (CM)
21 août : Tunisie - France 1-1
7 septembre : Chypre - France 1-2 (QCE)
12 octobre : France - Slovénie 5-0 (QCE)
26 octobre : Malte - France 4-0 (QCE)
20 novembre : France - Yougoslavie 3-0

Djibril Cissé

Attaquant
41 sélections, 9 buts

Né le 12 août 1981 à Arles (Bouches-du-Rhône)

Première sélection : 18 mai 2002 à Saint-Denis, France - Belgique (1-2)

Dernière sélection : 7 octobre 2011 à Saint-Denis, France - Albanie (3-0)

Dernière présélection : 11 octobre 2011 à Saint-Denis, France - Bosnie (1-1)

Clubs : 2002-2004 : AJ Auxerre (16 sélections) ▪ 2004-2006 : Liverpool FC (14 sélections) ▪ 2006-2009 : Olympique de Marseille (7 sélections)

▪ 2009-2011 : Panathinaikos (3 sélections) ▪ 2011-2012 : SS Lazio Rome (1 sélection)

Bilan : 27 victoires, 7 nuls, 7 défaites

L'Auxerrois Djibril Cissé, 20 ans, est la nouvelle attraction du championnat de France. Le successeur de Stéphane Guivarc'h à l'AJA est un attaquant explosif, rapide, adroit, puissant, souple, imprévisible et déroutant. Il termine meilleur buteur de la saison 2001-02, avec 22 buts, comme le Portugais Miguel Pauleta. Après avoir hésité à sélectionner de nouveau Nicolas Anelka, Roger Lemerre opte finalement pour Cissé à la veille de la Coupe du monde 2002. Il le fait débuter lors du premier match de préparation des Bleus, contre la Belgique, en seconde mi-temps à la place de David Trezeguet. Cissé remplace ensuite Youri Djorkaeff lors du second match de préparation, en Corée. Puis il fait trois entrées durant le Mondial, de dix, neuf et trente minutes, aux places de Wiltord, Trezeguet et Dugarry. Mais Cissé ne marque pas plus que les autres. Sans être un échec, ses débuts sont un peu décevants. Après la Coupe du monde, Jacques Santini repart avec Cissé qui marque son premier but pour sa première titularisation, à Chypre en septembre, d'un « pointu » qui soulage les Bleus en difficulté à Nicosie. Mais il se blesse ensuite, ce qui va être une constante dans sa carrière. Cissé revient en début d'année 2003, il marque en contre un but face à l'Égypte ponctué par un

« double salto » renversant qui fait partie de ses habitudes de buteur débridé. Il dispute la Coupe des confédérations, associé avec Thierry Henry en attaque. En fin d'année, il est laissé à la disposition de l'équipe de France Espoirs. Mais en quart de finale retour contre le Portugal, à Clermont-Ferrand, il se fait expulser après une bagarre, et est suspendu quatre matches ! Du coup, il ne peut pas participer au championnat d'Europe 2004 au Portugal avec les Bleus... Raymond Domenech, son coach en Espoirs, rattrape cette bévue, en le sélectionnant dès sa prise de fonction à l'été 2004, même s'il n'en fait pas un titulaire. Transféré à Liverpool, Cissé est encore souvent blessé et ne joue en Bleu qu'en fin de saison. En septembre 2005, il réalise un doublé, à Lens, contre les Féroé (3-0), puis marque un but capital à Berne conte la Suisse, pour la qualification au Mondial 2006. Entré à la pause à la place de Vikash Dhorasoo, Cissé réceptionne un ballon en profondeur de Zidane puis évite la sortie du gardien et le retour d'un défenseur suisse. Ayant arraché le nul (1-1), les Bleus ont ainsi fait le plus dur pour aller en Allemagne. Cissé se présente comme un titulaire en puissance à cette Coupe du monde, avec 30 sélections derrière lui, de préférence à David Trezeguet. Mais à la 13e minute du dernier match de préparation, contre la Chine à Saint-Étienne, à la veille du départ pour le Mondial, il se casse la jambe ! Un terrible coup d'arrêt. Transféré à Marseille, Cissé retrouve l'équipe de France en février 2007. Il joue cinq matches, mais quatre comme remplaçant, barré désormais par le duo Henry-Anelka. Présélectionné pour l'Euro 2008, il perd sa place de remplaçant dans les 23 au profit de Bafetimbi Gomis, et disparaît à nouveau de la sélection. Raymond Domenech le fait pourtant revenir en mars 2010. Cissé est alors parti jouer en Grèce, au Panathinaikos, où son style fantasque fait merveille. Il ne joue que deux fins de matches avec les Bleus mais gagne sa place pour le Mondial, au détriment d'Hatem Ben Arfa et de Jimmy Briand. En Afrique du Sud, il participe à sa seconde Coupe du monde, mais ne joue que le dernier match, à la place d'Anelka qui est renvoyé chez lui après son mauvais comportement envers le sélectionneur. Cissé dispute les 55 premières minutes contre les Sud-Africains avant de laisser sa place à Thiery Henry qui vit à Bloemfontein son dernier match international. Mais à 29 ans, ce n'est pas terminé pour Cissé : Laurent Blanc, après les forfaits de Karim Benzema et Kevin Gameiro, le sélectionne pour les matches d'octobre 2011, comptant pour les éliminatoires de l'Euro 2012. Cissé, qui évolue à La Lazio Rome, son sixième club, ne joue que dix minutes contre l'Albanie, remplaçant Gomis, et ne fait finalement pas partie des 23 pour le championnat d'Europe en Ukraine.

Matches joués : 2002 7 matches sur 13 ▪ **2003** 9 matches sur 14 ▪ **2004** 3 matches sur 15 ▪ **2005** 8 matches sur 11 ▪ **2006** 3 matches sur 17 ▪ **2007** 5 matches sur 12 ▪ **2008** 2 matches sur 14 ▪ **2009** - ▪ **2010** 3 matches sur 13 ▪ **2011** 1 match sur 13 | **Buts : 2002** 1 ▪ **2003** 2 ▪ **2004** 1 ▪ **2005** 5 | **Titulaire :** 14 fois sur 41 | **Remplaçant :** 27 fois sur 41 (de Trezeguet 4 fois, Djorkaeff, Wiltord 2 fois, Dugarry, Govou 4 fois, Henry 6 fois, Saha, Dhorasoo, Anelka 4 fois, Makélélé, Malouda, Gomis) | **Resté sur le banc :** 11 fois | **Coupe du monde 2002 :** 3 matches sur 3 | **Championnat d'Europe 2004 :** suspendu | **Coupe du monde 2006 :** forfait | **Coupe du monde 2010 :** 1 match sur 3 | **Sélectionneurs :** Lemerre 5 fois, Santini 11 fois, Domenech 24 fois, Blanc 1 fois

Sidney Govou

Attaquant
49 sélections, 10 buts

Né le 27 juillet 1979 au Puy-en-Velay (Haute-Loire)

Première sélection : 21 août 2002 à Tunis, Tunisie - France (1-1)

Dernière sélection : 22 juin 2010 à Bloemfontein, France - Afrique du Sud (1-2)

Club : 2002-2010 : Olympique Lyonnais (49 sélections)

Bilan : 27 victoires, 13 nuls, 9 défaites

À Lyon, qu'il vient de quitter pour prendre la tête des Bleus, Jacques Santini a connu un attaquant insouciant et audacieux qui peut faire des misères à n'importe quelle défense, comme à celle du Bayern Munich en Ligue des champions en octobre 2001. Sidney Govou, qui a participé à la finale de l'Euro Espoirs 2002 en Suisse, est donc testé en « A » dès les débuts du nouveau sélectionneur. Pour sa troisième sélection, il marque le cinquième but français contre la Slovénie au Stade de France, trois minutes après

Sidney Govou

sur un centre de Mikaël Silvestre. Un parfait « joker » est né. Govou dispute la Coupe des confédérations 2003, en France, marque contre le Japon à Saint-Étienne, mais il est cantonné dans son rôle de remplaçant, au point de n'être pas prévu pour l'Euro 2004. Mais le forfait de Ludovic Giuly lui permet d'être incorporé dans la liste en dernière minute. S'il ne joue aucun match au Portugal, Govou n'est pas écarté des Bleus pour autant. Raymond Domenech le sélectionne en octobre 2004, au printemps et à l'automne 2005. Mais le Lyonnais est toujours une roue de secours. Alors quand Djibril Cissé se blesse gravement à la veille du départ pour la Coupe du monde 2006, c'est lui qui est appelé de nouveau pour faire partie des 23 ! Mais cette fois, Govou joue des matches : il remplace trois fois Ribéry en Allemagne, et une fois Malouda, dans un rôle d'attaquant de soutien. Toutefois, il reste sur le banc lors de la finale du Mondial. En septembre 2006, pour le début des éliminatoires de l'Euro 2008 au Stade de France, Sidney Govou est titulaire contre l'Italie, pour la sixième fois seulement en 25 sélections. Il en profite pour être l'homme du match en marquant deux fois face à Gianluigi Buffon : une reprise acrobatique d'un centre de William Gallas à la 2e minute, puis une superbe tête croisée sous le nez de Fabio Cannavaro, à la réception cette fois d'une passe de Willy Sagnol, à la 55e. Joli doublé pour une revanche éclatante de la finale de Berlin. Mais, blessé, Govou ne peut enchaîner les matches. Il est à nouveau titulaire en fin d'année 2007 et marque à Kiev contre l'Ukraine, seul face au gardien, lors du dernier match de qualification pour le championnat d'Europe (2-2). Cette fois, Govou fait bien partie dès le départ de la liste des sélectionnés. En Suisse, il est titulaire contre les Pays-Bas et l'Italie, deux défaites qui renvoient les Bleus vite fait chez eux. Mais il garde sa place et marque dès la reprise deux fois contre la Suède à Göteborg en amical. La concurrence de Ribéry et Malouda devient ensuite plus prenante pour lui et il joue moins, tout en restant dans le groupe ; il fait ainsi partie des 23 pour la Coupe du monde 2010. En Afrique du Sud, à bientôt 31 ans, Sidney Govou dispute les trois matches des Bleus, les deux premiers en tant que titulaire, le dernier en remplaçant Alou Diarra en fin de match. Comme pour Thierry Henry et William Gallas, c'est sa dernière sortie internationale. Il quittera alors Lyon, pour une aventure au Panathinaikos où il retrouvera Djibril Cissé...

Matches joués : 2002 3 matches sur 13 ▪ **2003** 6 matches sur 14 ▪ **2004** 5 matches sur 15 ▪ **2005** 5 matches sur 11 ▪ **2006** 6 matches sur 17 ▪ **2007** 5 matches sur 12 ▪ **2008** 9 matches sur 14 ▪ **2009** 5 matches sur 12 ▪ **2010** 7 matches sur 13 | **Buts : 2002** 1 ▪ **2003** 1 ▪ **2004** 1 ▪ **2006** 2 ▪ **2007** 2 ▪ **2008** 3 | **Titulaire :** 22 fois sur 49 | **Remplaçant :** 27 fois sur 49 (de Marlet 2 fois, Wiltord 5 fois, Cissé 2 fois, Trezeguet 2 fois, Mavuba, Giuly, Malouda 3 fois, Ribéry 7 fois, Anelka, Gignac, Henry, A. Diarra) | **Resté sur le banc :** 21 fois | **Resté en tribune :** 5 fois | **Championnat d'Europe 2004 :** 0 match sur 4 | **Coupe du monde 2006 :** 4 matches sur 7 | **Championnat d'Europe 2008 :** 2 matches sur 3 | **Coupe du monde 2010 :** 3 matches sur 3 | **Sélectionneurs :** Santini 11 fois, Domenech 38 fois

Bruno Cheyrou

Milieu de terrain
2 sélections

Né le 10 mai 1978 à Suresnes (Hauts-de-Seine)

Première sélection : 21 août 2002 à Radés, Tunisie - France (1-1)

Dernière sélection : 12 octobre 2002 à Saint-Denis, France - Slovénie (5-0)

Dernière présélection : 16 octobre 2002 à La Valette, Malte - France (0-4)

Club : 2002-2003 : Liverpool FC (2 sélections)

Bilan : 1 victoire, 1 nul

Milieu de terrain formé à Lille, Bruno Cheyrou vient d'être transféré à Liverpool à 24 ans. Une sacrée promotion qui en entraîne une autre, sa présence dans les trois premières sélections établies par Jacques Santini. Il entre en jeu contre la Tunisie, à la place de Lilian Thuram à la 74e minute, puis reste en tribune à Nicosie quand la France joue contre Chypre, et enfin remplace à la 88e minute Sylvain Wiltord contre la Slovénie, au Stade de France. Mais la marche a semblé un peu haute pour lui et, ayant du mal à s'imposer à Liverpool, il ne sera jamais revu.

Matches joués : 2002 2 matches sur 13 | **Titulaire :** 0 fois sur 2 | **Remplaçant :** 2 fois sur 2 (de Thuram, Wiltord) | **Resté sur le banc :** 1 fois | **Resté en tribune :** 1 fois | **Sélectionneur :** Santini 2 fois

Philippe Mexès

Défenseur
29 sélections, 1 but

Né le 30 mars 1982 à Toulouse (Haute-Garonne)

Première présélection : 21 août 2002 à Radès, Tunisie - France (1-1)

Première sélection : 16 octobre 2002 à La Valette, Malte - France (0-4)

Dernière sélection : 19 juin 2012 à Kiev, France - Suède (0-2)

Clubs : 2002-2004 : AJ Auxerre (6 sélections) ▪ 2004-2011 : AS Rome (16 sélections) ▪ 2011-2012 : AC Milan (7 sélections)

Bilan : 21 victoires, 3 nuls, 5 défaites

Philippe Mexès

Après Djibril Cissé, au tour d'un autre jeune Auxerrois de pointer son nez : Philippe Mexès, un libéro de 20 ans qui rappelle Laurent Blanc. Jacques Santini le laisse sur le banc de touche avant de lui faire jouer deux minutes contre Malte, puis la seconde mi-temps du match amical contre la Yougoslavie au Stade de France. Mexès est ensuite sélectionné pour la Coupe des confédérations 2003 qu'il débute comme titulaire face à la Colombie, à Lyon, associé en défense centrale à Marcel Desailly. Mais il ne rejoue qu'un autre match, contre la Nouvelle-Zélande, William Gallas ayant ensuite la priorité. Rapatrié en Espoirs comme Djibril Cissé à l'automne suivant, Mexès ne revient qu'une fois avec les « A », pour être remplaçant en février 2004 et n'est pas retenu pour l'Euro au Portugal. Une déception qu'il compense par un transfert à l'AS Rome. Mais Raymond Domenech, qui l'a connu en Espoirs, ne s'intéresse pas plus à lui avant le Mondial 2006. Mexès ne retrouve les Bleus qu'après, comme remplaçant sans entrer en jeu. Il ne connaît sa septième sélection qu'en mars 2007, en amical, contre l'Autriche, mais il ne joue qu'une mi-temps. Au printemps 2008, Mexès fait partie des 30 joueurs présélectionnés pour l'Euro en Suisse, mais aussi des sept qui sont renvoyés du stage de Tignes, par hélicoptère, comme Mickaël Landreau et Djibril Cissé. Sa carrière internationale semble pouvoir enfin décoller après ce championnat d'Europe raté. Thuram parti en retraite, une place s'est libérée en défense centrale. Mais un match catastrophique au Prater de Vienne face à l'Autriche le plombe d'entrée ! Son entente avec Gallas a été trop mise à mal par les attaquants autrichiens, Marc Janko, René Aufhauser et Andreas Ivanchitz, pour que Mexès puisse conserver sa place. Et s'il ne sort pas totalement du groupe, il n'est plus question de lui pour le Mondial 2010. Laurent Blanc après le fiasco sud-africain, relance Mexès. Mieux, il en fait son premier capitaine, pour le match de reprise à Oslo face à la Norvège. Et même si la France perd ce match, il lui conserve sa confiance. À 28 ans, Philippe Mexès peut cette fois enchaîner les sélections, associé à un débutant, Adil Rami. Il marque aussi un but, de la tête contre le Luxembourg, à la suite d'un coup franc de Samir Nasri. Le duo inattendu Mexès-Rami va ainsi jusqu'à l'Euro 2012. En Ukraine, Mexès, qui évolue au Milan AC depuis un an, participe à sa première phase finale dix ans après ses débuts, mais, suspendu, il ne peut disputer le quart de finale que la France perd à Donetsk face à l'Espagne (2-0). Didier Deschamps prenant ensuite la tête des Bleus, il ne reviendra plus.

Matches joués : 2002 2 matches sur 13 ▪ **2003** 3 matches sur 14 ▪ **2004** 1 match sur 15 ▪ **2005** - ▪ **2006** - ▪ **2007** 2 matches sur 12 ▪ **2008** 3 matches sur 14 ▪ **2009** 2 matches sur 12 ▪ **2010** 5 matches sur 13 ▪ **2011** 3 matches sur 13 ▪ **2012** 7 matches sur 14 | **But : 2011** 1 | **Capitaine :** 2 fois (14e, 24e) | **Titulaire :** 25 fois sur 29 | **Remplaçant :** 4 fois sur 29 (de Thuram, Desailly 2 fois, Saha) | **Resté sur le banc :** 21 fois | **Resté en tribune :** 1 fois | **Championnat d'Europe 2012 :** 3 matches sur 4 | **Sélectionneurs :** Santini 6 fois, Domenech 7 fois, Blanc 16 fois

Anthony Réveillère

Défenseur
20 sélections, 1 but

Né le 10 novembre 1979 à Douai-la-Fontaine (Maine-et-Loire)

Première présélection : 21 août 2002 à Radès, Tunisie - France (1-1)

Première sélection : 11 octobre 2003, à Saint-Denis, France - Israël (3-0)

Dernière sélection : 14 novembre 2012, à Parme, Italie - France (1-2)

Clubs : 2002-2003 : Stade Rennais (0 sélection) ▪ 2003 : Valence CF (0 sélection) ▪ 2003-2012 : Olympique Lyonnais (20 sélections)

Bilan : 12 victoires, 6 nuls, 2 défaites

Défenseur latéral de l'équipe de France Espoirs finaliste de l'Euro 2002 en Suisse, Anthony Réveillère s'est imposé à Rennes sans faire de bruit. Jacques Santini l'a intégré dans sa première liste à l'été 2002, mais sans le rappeler ensuite. Après six mois passé à Valence, Réveillère rejoint le champion de France, Lyon, en juillet 2003 et cette fois, en l'absence de Willy Sagnol, le sélectionneur le fait débuter comme arrière droit contre Israël lors du dernier match de qualification pour l'Euro 2004. Mais Sagnol reprend ensuite sa place et Réveillère ne fait pas partie des 23 pour l'Euro au Portugal. Raymond Domenech qui l'a sélectionné 24 fois en Espoirs, le prend lui aussi dans sa première liste, en août 2004, mais Réveillère ne joue pas avant mai 2005, toujours pour suppléer Sagnol, forfait. Il revient à l'automne et joue trois matches sur six. Mais il se blesse en début d'année 2006 et ne peut faire partie des 23 pour le Mondial en Allemagne. Bien que multiple champion de France avec Lyon, Réveillère ne revient pas en Bleu tout de suite. Car outre Sagnol, François Clerc, Bacary Sagna et Rod Fanni ont tour à tour la préférence de Domenech jusqu'à quelques semaines du Mondial 2010. Réveillère se retrouve alors dans la liste des 23 pour le Mondial, préféré à Rod Fanni qui a pourtant participé à toute la qualification... En Afrique du Sud, Réveillère ne joue pas, il est un simple témoin du suicide collectif des Bleus. Mais Laurent Blanc le récupère en octobre 2010. Et il concurrence cette fois Sagna. Réveillère marque contre l'Albanie le troisième but français en octobre 2011, d'une frappe sèche entre le poteau et le gardien. Mais le Lillois Mathieu Debuchy vient lui contester la place de titulaire à la fin de l'année 2011, et c'est lui qui joue à l'Euro 2012. Sauf pour le quart de finale, contre l'Espagne à Donetsk, où les deux arrières droits sont alignés l'un derrière l'autre, dans l'espoir de contrecarrer les plans espagnols. Une tactique qui échoue et met fin à la présence de Laurent Blanc à la tête des Bleus. Son successeur Didier Deschamps conserve Antony Réveillère dans son effectif, sans garder Philippe Mexès, jusqu'à la fin de l'année 2012, avant de lui préférer définitivement Debuchy, Sagna et Christophe Jallet.

Matches joués : 2002 - ▪ **2003** 1 match sur 14 ▪ **2004** - ▪ **2005** 4 matches sur 11 ▪ **2006** - ▪ **2007** - ▪ **2008** - ▪ **2009** - ▪ **2010** 4 matches sur 13 ▪ **2011** 7 matches sur 13 ▪ **2012** 4 matches sur 14 | **But : 2011** 1 | **Titulaire :** 14 fois sur 20 | **Remplaçant :** 6 fois sur 20 (de Abidal, Sagna 3, Évra, Debuchy) | **Resté sur le banc :** 22 fois | **Resté en tribune :** 3 fois | **Coupe du monde 2010 :** 0 match sur 3 | **Championnat d'Europe 2012 :** 1 match sur 4 | **Sélectionneurs :** Santini 1 fois, Domenech 5 fois, Blanc 12 fois, Deschamps 2 fois

Olivier Kapo

Attaquant
9 sélections, 3 buts

Né le 27 juillet 1980 à Abidjan (Côte d'Ivoire)

Première sélection : 7 septembre 2002 à Nicosie, Chypre - France (1-2)

Dernière sélection : 20 mai 2004 à Saint-Denis, France - Brésil (0-0)

Club : 2002-2004 : AJ Auxerre (9 sélections)

Bilan : 8 victoires, 1 nul

Comme Djibril Cissé et Philippe Mexès, Olivier Kapo régale à Auxerre au début des années 2000. C'est un attaquant filiforme, très séduisant techniquement. Jacques Santini le fait entrer en fin de match à Chypre pour jouer avec Cissé. Puis, pour sa première titularisation, Kapo marque un but contre la Yougoslavie au Stade de France, lors du dernier match amical de l'année 2002, sur une balle repoussée par le gardien. Il est encore buteur contre l'Égypte en avril 2003, sur un centre de Willy Sagnol. Puis il dispute quatre matches sur cinq de la Coupe des confédérations, en France. Kapo semble solidement installé en bleu. Mais la saison suivante, il ne joue que deux fois, comme remplaçant, et il n'est pas retenu parmi les 23 pour l'Euro 2004, Santini lui préférant Louis Saha, Sidney Govou et Steve Marlet pour compléter son secteur offensif. Un tournant, car quittant Auxerre durant l'été, Kapo multipliera ensuite les mauvais choix de clubs et ne reverra jamais les Bleus.

Matches joués : 2002 2 matches sur 13 ▪ **2003** 5 matches sur 14 ▪ **2004** 2 matches sur 15 | **Buts : 2002** 1 ▪ **2003** 2 | **Titulaire :** 3 fois sur 9 | **Remplaçant :** 6 fois sur 9 (de Wiltord, Henry, Pirès, Dacourt, Zidane 2 fois) | **Resté sur le banc :** 1 fois | **Sélectionneur :** Santini 9 fois

Sylvain Armand

Défenseur
0 sélection

Né le 1er août 1980 à Saint-Étienne (Loire)

Première présélection : 7 septembre 2002 à Nicosie (Chypre-France)

Dernière présélection : 17 novembre 2004, à Saint-Denis (France-Pologne)

Club : 2002-2005 : FC Nantes (0 sélection)

Un an après ses camarades nantais Éric Carrière, Mickaël Landreau et Nicolas Gillet, Sylvain Armand est appelé en Bleu. Finaliste de l'Euro Espoirs 2002 en Suisse, avec les Landreau, Govou, Réveillère, il est dans la liste de septembre de Jacques Santini, mais il n'entre pas en jeu et ne revient pas le mois suivant. Armand est à nouveau présélectionné en mai 2004, juste avant l'Euro, mais sans suite également. Puis une dernière fois, en novembre 2004, par Raymond Domenech, mais pour rester sur le banc de touche et ne plus y revenir ensuite.

Resté sur le banc : 2 fois | **Resté en tribune :** 1 fois

William Gallas

Défenseur
84 sélections, 5 buts

Né le 17 août 1977 à Asnières-sur-Seine (Hauts-de-Seine)

Première sélection : 12 octobre 2002 à Saint-Denis : France - Slovénie (5-0)

Dernière sélection : 22 juin 2010 à Bloemfontein : France - Afrique du Sud (1-2)

Clubs : 2002-2006 : Chelsea FC (48 sélections) ▪ 2006-2010 : Arsenal FC (36 sélections)

Bilan : 50 victoires, 24 nuls, 10 défaites

Formé à Clairefontaine en même temps que Thierry Henry, sa carrière lancée à Caen en 1995 a failli tourner court, quand Marseille après l'avoir fait venir en 1997, l'a reclassé en amateur. Mais William Gallas est vraiment un joueur qui sort de l'ordinaire. Un défenseur central sûr, puissant, bon de la tête, et qui n'hésite pas à monter à l'avant. Au point que Chelsea le recrute en 2001 pour remplacer Frank Lebœuf, parti justement à Marseille. Il y trouve Marcel Desailly et Emmanuel Petit, deux internationaux qui alertent vite le nouveau sélectionneur Jacques Santini qui le fait donc débuter en octobre dans l'axe de la défense, en duo avec Desailly face à la Slovénie. Dès lors Gallas ne sort plus de l'équipe. Mais il doit jouer parfois arrière droit pour laisser l'axe à Lilian Thuram. C'est ainsi qu'il dispute l'Euro 2004 au Portugal. Raymond Domenech lui conserve ce poste de latéral, mais à gauche pour laisser le droit à Willy Sagnol, avant de le rapatrier dans l'axe pour former avec Thuram une charnière inflexible durant le Mondial 2006 en Allemagne. Comme en 2004, Gallas joue tous les matches avec une régularité de performances totale. Passé de Chelsea à Arsenal après la Coupe du monde, il continue sur sa lancée et dispute toutes les rencontres de l'Euro 2008 en Suisse et toutes celles du Mondial 2010 en Afrique du Sud. Gallas n'a ainsi pas manqué un match de quatre phases finales consécutives des Bleus ! Il est même celui

William Gallas

qui a qualifié la France pour la Coupe du monde 2010, en poussant dans le but irlandais de la tête un ballon rabattu par la main de Thierry Henry... Mais cela se termine mal. Avec la mise en retrait d'Henry en début d'années 2010, Gallas pense hériter du brassard de capitaine pour le Mondial, fort de ses états de services irréprochables. Mais c'est Patrice Évra que Domenech a choisi et Gallas le découvre dans le vestiaire avant de jouer le premier match de préparation, à Lens contre le Costa Rica, pour sa 79e sélection, alors qu'Évra n'en compte que 27. Une cruelle désillusion. Quittant Arsenal pour Tottenham, son troisième club londonien, il n'est pas rappelé par Laurent Blanc ensuite. Comme Henry et Govou, la longue carrière internationale de William Gallas s'est donc achevée à Bloemfontein, sur une piètre prestation face l'Afrique du Sud.

Matches joués : 2002 3 matches sur 13 ▪ **2003** 8 matches sur 14 ▪ **2004** 15 matches sur 15 ▪ **2005** 11 matches sur 11 ▪ **2006** 15 matches sur 17 ▪ **2007** 7 matches sur 12 ▪ **2008** 10 matches sur 14 ▪ **2009** 9 matches sur 12 ▪ **2010** 6 matches sur 13 | **Buts : 2005** 1 ▪ **2006** 1 ▪ **2009** 2 ▪ **2010** 1 | **Titulaire :** 80 fois sur 84 | **Remplaçant :** 4 fois sur 84 (de Sagnol 2 fois, Thuram 2 fois) | **Resté sur le banc :** 5 fois | **Resté en tribune :** 2 fois | **Capitaine :** 1 fois (73e) | **Championnat d'Europe 2004 :** 4 matches sur 4 | **Coupe du monde 2006 :** 7 matches sur 7 | **Championnat d'Europe 2008 :** 3 matches sur 3 | **Coupe du monde 2010 :** 3 matches sur 3 | **Sélectionneurs :** Santini 20 fois, Domenech 64 fois

Daniel Moreira

Attaquant
2 sélections

Né le 8 aout 1977 à Maubeuge (Nord)

Première présélection : 12 octobre 2002 à Saint-Denis, France - Slovénie (5-0)

Première sélection : 20 novembre 2002 à Saint-Denis, France - Yougoslavie (3-0)

Dernière sélection : 30 avril 2003 à Saint-Denis, France - Égypte (5-0)

Dernière présélection : 9 octobre 2004 à Saint-Denis, France - Eire (0-0)

Clubs : 2002-2004 : RC Lens (2 sélections) ▪ 2004-2005 : Toulouse FC (0 sélection)

Bilan : 2 victoires

Une cascade de forfaits (Trezeguet, Cissé, Kapo) donne l'opportunité au Lensois Daniel Moreira d'intégrer le groupe France de Jacques Santini. Après deux matches passés en tribune, il peut jouer dix minutes contre la Yougoslavie en fin d'année, en remplaçant Thierry Henry, puis 15 minutes contre l'Égypte, à la place de Sylvain Wiltord en avril 2003. Trop peu pour revenir dans un contexte d'énorme concurrence. Après l'Euro 2004, Raymond Domenech le convoque cependant à nouveau, mais il le laisse lui aussi en tribune face à l'Irlande, lui préférant Péguy Luyindula comme remplaçant.

Matches joués : 2002 1 match sur 13 ▪ **2003** 1 match sur 14 ▪ **2004** - | **Titulaire :** 0 fois sur 2 | **Remplaçant :** 2 fois sur 2 (de Henry, Wiltord) | **Resté en tribune :** 3 fois | **Sélectionneur :** Santini 2 fois, Domenech 0 fois

Benoît Pedretti

Milieu de terrain
22 sélections

Né le 12 novembre 1980 à Audincourt (Doubs)

Première sélection : 20 novembre 2002 à Saint-Denis, France - Yougoslavie (3-0)

Dernière sélection : 31 mai 2005 à Metz, France - Hongrie (2-1)

Clubs : 2002-2004 : FC Sochaux (15 sélections) ▪ 2004-2005 : Olympique de Marseille (7 sélections)

Bilan : 14 victoires, 7 nuls, 1 défaite

Benoit Pedretti

Il y avait douze ans que Sochaux n'avait plus fourni d'international à l'équipe de France. Le milieu de terrain Benoît Pedretti est le leader d'une nouvelle génération de Lionceaux ambitieux qu'on a vue à l'œuvre durant la phase finale du championnat d'Europe Espoirs 2002 en Suisse, avec Camel Meriem et Pierre-Alain Frau. Pedretti est appelé par Jacques Santini en fin d'année 2002 et il remplace Lilian Thuram en fin de match contre la Yougoslavie. Il est titulaire pour sa troisième sélection, contre Malte, à Lens, en mars 2003. Il fait alors partie d'un milieu de terrain à trois, entre Claude Makélélé et Zinédine Zidane. Pedretti gagne ainsi sa place pour la Coupe des confédérations en fin de saison, alors que Patrick Vieira est forfait. Il participe aux cinq matches, terminant titulaire pour la finale face au Cameroun (1-0 ap). Sa vision du jeu et son sens de la passe l'ont imposé, mais le retour de Vieira le pousse sur le banc des remplaçants. Il conserve néanmoins sa place parmi les 23 pour l'Euro 2004. Mais au Portugal, Pedretti ne joue qu'une fois, en remplaçant Oliver Dacourt en cours de match contre la Croatie, à Leiria. Raymond Domenech, le sélectionne lors de sa première saison à la tête des Bleus, alors qu'il vient de rejoindre Marseille. Mais le retour de Claude Makélélé à l'été 2005 le repousse définitivement hors du champ des Bleus.

Matches joués : 2002 1 match sur 13 ▪ **2003** 10 matches sur 14 ▪ **2004** 7 matches sur 15 ▪ **2005** 4 matches sur 11 | **Titulaire :** 15 fois sur 22 | **Remplaçant :** 7 fois sur 22 (de Thuram, Petit, Dacourt 2 fois, Vieira, Makélélé 2 fois) | **Resté sur le banc :** 7 fois | **Championnat d'Europe 2004 :** 1 match sur 4 | **Sélectionneurs :** Santini 15 fois, Domenech 7 fois

2003

4 nouveaux joueurs
14 matches

12 février : France - Rép. tchèque 0-2
29 mars : France - Malte 6-0 (QCE)
2 avril : Israël - France 1-2 (QCE)
30 avril : France - Égypte 5-0
18 juin : France - Colombie 1-0
20 juin : France - Japon 2-1
22 juin : France - Nouvelle-Zélande 5-0
26 juin : France - Turquie 3-2
29 juin : France - Cameroun 1-0 ap
20 août : Suisse - France 0-2
6 septembre : France - Chypre 5-0 (QCE)
10 septembre : Slovénie - France 0-2 (QCE)
11 octobre : France - Israël 3-0 (QCE)
15 novembre : Allemagne - France 0-3

Jean-Alain Boumsong

Défenseur, 27 sélections, 1 but

Né le 14 décembre 1979 à Douala (Cameroun)

Première présélection : 12 février 2003 à Saint-Denis, France - République tchèque (0-2)

Première sélection : 20 juin 2003 à Saint-Étienne, France - Japon (2-1)

Dernière sélection : 5 juin 2009 à Lyon : France - Turquie (1-0)

Dernière présélection : 3 mars 2010 à Saint-Denis, France - Espagne (0-2)

Clubs : 2002-2004 : AJ Auxerre (7 sélections) ▪ 2004-2005 : Glasgow Rangers (1 sélection) ▪ 2005-2006 : Newcastle United (11 sélections) ▪ 2006-2007 : Juventus Turin (3 sélections) ▪ 2008-2010 : Olympique Lyonnais (5 sélections)

Bilan : 16 victoires, 8 nuls, 3 défaites

À la suite de Djibril Cissé, Philippe Mexès, Olivier Kapo, un nouvel Auxerrois couvé par Guy Roux frappe à la porte des Bleus. Jean-Alain Boumsong est un solide défenseur central, membre de l'équipe Espoirs vice-championne d'Europe 2002. Présélectionné en début d'année, Jacques Santini le prend dans son groupe élargi pour la Coupe des confédérations en fin de saison. Mais il ne joue qu'un match, associé à William Gallas dans l'axe de la défense contre le Japon, à Saint-Étienne, et entame une carrière sur le banc de touche qui se poursuit la saison suivante. Boumsong profite d'un forfait de Marcel Desailly pour jouer contre Israël en octobre 2003 et marquer le troisième but français, de la tête à la réception d'un coup franc de Zinédine Zidane. Mais il reste une doublure pour l'Euro 2004 au Portugal, ne remplaçant Gallas qu'à la 92e minute du match contre la Suisse... Quand Raymond Domenech reprend ensuite la sélection, Boumsong fait partie de ses listes mais il est d'abord barré par Gaël Givet et Sébastien Squillaci avant de devenir titulaire en début d'année 2005. Le retour de Lilian Thuram, après une année sabbatique, à l'été suivant ne le remet pas en cause tout de suite. Mais il perd sa place juste avant le Mondial 2006 et s'il reste dans les 23, il ne joue aucun match de la Coupe du monde en Allemagne... Après avoir joué en Écosse et en Angleterre, Boumsong évolue en Italie, à la Juventus, et est titularisé en octobre 2006, contre l'Écosse à Glasgow à la place de William Gallas. Mais la France perd, sur un but sur corner signé Gary Caldwell et Boumsong ne retourne même pas sur le banc des remplaçants ensuite. Il n'est plus rappelé qu'une fois, en août 2007, avant de faire partie des 23 pour l'Euro 2008 alors qu'il est revenu jouer en France, à Lyon. Remplaçant en Suisse, Boumsong a l'occasion d'entrer en jeu quand Éric Abidal se fait expulser après avoir provoqué un penalty contre l'Italie, à Zurich. Pour renforcer la défense, Domenech sort alors Samir Nasri, et le fait jouer en défense centrale avec Gallas. Le départ définitif de Thuram ne change pas son statut d'éternel substitut. Gallas, Mexès, Abidal, Squillaci ou Escudé passant toujours avant lui. Boumsong est rappelé dans le groupe en mars 2010, pour un 39e match sur le banc des remplaçants, un record alors pour un joueur de champ. Mais il n'est pas dans la liste des 30 présélectionnés en vue du Mondial en Afrique du Sud. Vu ce qui s'y passera ensuite, il ne peut pas aujourd'hui en avoir le regret.

Matches joués : 2003 3 matches sur 14 ▪ **2004** 4 matches sur 15 ▪ **2005** 10 matches sur 11 ▪ **2006** 4 matches sur 17 ▪ **2007** 1 matches sur 12 ▪ **2008** 4 matches sur 14 ▪ **2009** 1 match sur 12 ▪ **2010** - | **But : 2003** 1 | **Titulaire :** 20 fois sur 27 | **Remplaçant :** 7 fois sur 27 (de Desailly, Gallas 2 fois, Marlet, Mexès, Thuram, Nasri) | **Resté sur le banc :** 39 fois | **Championnat d'Europe 2004 :** 1 match sur 4 | **Coupe du monde 2006 :** 0 match sur 7 | **Championnat d'Europe 2008 :** 1 match sur 3 | **Sélectionneurs :** Santini 7 fois, Domenech 20 fois

Jérôme Rothen

Milieu de terrain
13 sélections, 1 but

Né le 31 mars 1978 à Chatenay-Malabry (Hauts-de-Seine)

Première sélection : 20 mars 2003 à Lens, France - Malte (6-0)

Dernière sélection : 16 novembre 2007 à Saint-Denis, France - Maroc (2-2)

Dernière présélection : 21 novembre 2007 à Kiev, France - Ukraine (2-2)

Clubs : 2002-2004 : AS Monaco (5 sélections) ▪ 2004-2008 : Paris SG (8 sélections)

Bilan : 8 victoires, 4 nuls, 1 défaite

Issu de la même promotion que William Gallas et Thierry Henry à l'INF de Clairefontaine, Jérôme Rothen a débuté à Caen puis Troyes avant de rejoindre Monaco en 2002 où il s'est fait une place dans un rôle de milieu de terrain offensif. Jacques Santini décide de voir s'il peut évoluer au niveau international. Au printemps 2003, Rothen joue les dix dernières minutes du match contre Malte, à Lens, puis les 20 dernières de celui contre l'Égypte au Stade de France et gagne ainsi une place dans le groupe retenu pour la Coupe des confédérations en juin. Mais il ne fait que 53 minutes, à Saint-Étienne, contre le Japon car il se blesse. Santini fait revenir Rothen l'année suivante alors qu'il participe avec Monaco à une belle saison en Ligue des champions, son duo avec Ludovic Giuly faisant des étincelles sous la direction de Didier Deschamps. Après avoir disputé la finale face au FC Porto à Gelsenkirchen, Rothen se retrouve parmi les 23 pour l'Euro 2004. Mais au Portugal, il ne fait qu'une seule entrée en jeu, à la place de Robert Pirès, face à la Grèce, à Lisbonne. Transféré ensuite au Paris SG, Raymond Domenech le titularise pour son premier match, à Rennes face à la Bosnie, en meneur de jeu. Puis contre Israël au Stade de France, de préférence à Pirès. Mais ce n'est pas un franc succès et il ne revient qu'en fin de saison, contre la Hongrie, en amical à Metz. Rothen est encore présent dans le groupe en fin d'année 2005, mais il en sort ensuite et n'est pas retenu pour le Mondial 2006. En 2007, il revient à l'automne. Titulaire aux Féroé où les Bleus sont arrivés deux heures avant le match pour cause de difficulté à se poser en avion sur l'archipel noyé dans le brouillard, Rothen est titulaire et marque sur un coup franc « pleine lucarne » le quatrième des six buts français. Il reste encore pour trois matches dans le groupe, avant d'en ressortir, définitivement cette fois, n'étant pas dans les 30 présélectionnés pour l'Euro 2008.

Matches joués : 2003 3 matches sur 14 ▪ **2004** 4 matches sur 15 ▪ **2005** 4 matches sur 11 ▪ **2006** - ▪ **2007** 2 matches sur 12 | **But : 2007** 1 | **Titulaire :** 6 fois sur 13 | **Remplaçant :** 7 fois sur 13 (de Henry, Pirès 2 fois, Givet, Vieira, Malouda 2 fois) | **Resté sur le banc :** 8 fois | **Resté en tribune :** 1 fois | **Championnat d'Europe 2004 :** 1 match sur 4 | **Sélectionneurs :** Santini 5 fois, Domenech 8 fois

Ousmane Dabo

Milieu de terrain
3 sélections

Né le 8 février 1977 à Laval (Mayenne)

Première présélection : 18 juin 2003 à Lyon, France - Colombie (1-0)

Première sélection : 20 juin 2003 à Saint-Étienne, France - Japon (2-1)

Dernière sélection : 20 août 2003 à Genève, Suisse - France (0-2)

Dernière présélection : 11 octobre 2003 à Saint-Denis, France - Israël (3-0)

Clubs : 2002-2003 : Atalanta Bergame (2 sélections) ▪ 2003-2004 : Lazio Rome (1 sélection)

Bilan : 3 victoires

Son itinéraire est celui de Mikaël Silvestre. Comme lui, Ousmane Dabo débute à Rennes, fait partie de l'équipe de France Espoirs, et, en même temps que lui, quitte la Bretagne à l'été 98 pour l'Inter Milan. Et comme Silvestre, Dabo est appelé en équipe de France « A ». Mais deux ans plus tard, à l'occasion de la Coupe des confédérations, qui permet à Jacques Santini, qui se passe d'Emmanuel Petit, Patrick Vieira et Claude Makélélé, de voir ou revoir des joueurs qui sont encore à la marge de l'équipe de France. Dabo qui évolue alors à Bergame est titulaire en milieu de terrain contre le Japon, avec Dacourt, Pirès et Rothen, puis entre en jeu contre la Nouvelle-Zélande. Passé de l'Atalanta à la Lazio pendant l'été, il est convoqué pour le premier match de la saison suivante, et remplace en fin de match Olivier Dacourt contre la Suisse, à Genève. Ousmane Dabo est encore dans le groupe en octobre, mais la concurrence à son poste est trop forte, avec Vieira, Dacourt, Makélélé et Pedretti qui monopolisent les places en vue de l'Euro 2004, et il ne reviendra plus.

Matches joués : 2003 3 matches sur 14 | **Titulaire :** 1 fois sur 3 | **Remplaçant :** 2 fois sur 3 (de Pedretti, Dacourt) | **Resté sur le banc :** 4 fois | **Sélectionneur :** Santini 3 fois

Sébastien Squillaci

Défenseur, 21 sélections

Né le 11 août 1980 à Toulon (Var)

Première présélection : 11 octobre 2003 à Saint-Denis, France - Israël (3-0)

Première sélection : 18 août 2004 à Rennes, France - Bosnie (1-1)

Dernière sélection : 22 juin 2010 à Bloemfontein : France - Afrique du Sud (1-2)

Clubs : 2004-2006 : AS Monaco (10 sélections) ▪ 2006-2008 : Olympique Lyonnais (3 sélections) ▪ 2008-2010 : FC Séville (8 sélections)

Bilan : 9 victoires, 9 nuls, 3 défaites

Monaco vainqueur de la Coupe de la Ligue 2003 et lancé dans une belle Ligue des champions 2004, ne possède pas que des joueurs offensifs, comme Jérôme Rothen et Ludovic Giuly, mais aussi des défenseurs qui intéressent le sélectionneur. Sébastien Squillaci est le premier appelé, en octobre 2003, après le forfait de Marcel Desailly. Mais Jacques Santini donne la priorité à Jean-Alain Boumsong. Après l'Euro, Raymond Domenech, lui, n'hésite pas avec les Monégasques. Il titularise Squillaci contre la Bosnie à Rennes, et sélectionne également Patrice Évra et Gaël Givet. Squillaci, lui, enchaîne les matches en défense centrale. Grand, bon de la tête, propre techniquement, il fait impression mais perd sa place de titulaire au printemps, au profit de Boumsong et finit par être oublié au moment de la Coupe du monde 2006, Thuram, Gallas, Boumsong, Silvestre et Givet prenant les places de défenseurs centraux. Squillaci est rappelé à l'automne 2006, sans jouer, puis pour un match amical en février contre l'Argentine, au Stade de France, quand Thuram et Gallas sont forfaits, et passe encore du temps sur le banc de touche. Ce qui lui permet toutefois de faire partie des 23 pour l'Euro 2008, en Suisse. Il ne retrouve une place de titulaire qu'au printemps 2009, en duo avec Gallas, puis Julien Escudé avec qui il joue désormais au FC Séville après deux saisons passées à Lyon. Mais la paire titulaire reste Gallas-Abidal et Squillaci est sélectionné pour le Mondial 2010 au titre de remplaçant à nouveau. Il joue néanmoins un match en Afrique du Sud, celui qu'Éric Abidal refuse de disputer après l'éviction de Nicolas Anelka... À Bloemfontein, Sébastien Squillaci subit avec les autres Bleus une défaite peu reluisante face aux Sud-Africains qui met fin à sa carrière internationale comme pour William Gallas, Sidney Govou et Thierry Henry.

Matches joués : 2003 - ▪ **2004** 6 matches sur 15 ▪ **2005** 4 matches sur 11 ▪ **2006** - ▪ **2007** 1 match sur 12 ▪ **2008** 1 match sur 14 ▪ **2009** 5 matches sur 12 ▪ **2010** 3 matches sur 13 | **Titulaire :** 14 fois sur 21 | **Remplaçant :** 7 fois sur 21 (de Gallas 3 fois, Thuram 3 fois, Escudé) | **Resté sur le banc :** 26 fois | **Resté en tribune :** 4 fois | **Championnat d'Europe 2008 :** 0 match sur 3 | **Coupe du monde 2010 :** 1 match sur 3 | **Sélectionneurs :** Santini 0 fois, Domenech 21 fois

2004

13 nouveaux joueurs
15 matches

18 février : Belgique - France 0-2
31 mars : Pays-Bas - France 0-0
20 mai : France - Brésil 0-0
28 mai : France - Andorre 4-0
6 juin : France - Ukraine 1-0
13 juin : France - Angleterre 2-1 (CE)
17 juin : France - Croatie 2-2 (CE)
21 juin : France - Suisse 3-1 (CE)
25 juin : France - Grèce 0-1 (CE)
18 août : France - Bosnie 1-1
4 septembre : France - Israël 0-0 (QCM)
8 septembre : Féroé - France 0-2 (QCM)
9 octobre : France - Eire 0-0 (QCM)
13 octobre : Chypre - France 0-2 (QCM)
17 novembre : France- Pologne 0-0

Louis Saha

Attaquant
20 sélections, 4 buts

Né le 8 août 1978 à Paris

Première sélection : 18 février 2004 à Bruxelles, Belgique - France (0-2)

Dernière sélection : 29 février 2012 à Brême, Allemagne - France (1-2)

Clubs : 2004-2008 : Manchester United (18 sélections) ▪ 2008-2011 : Everton FC (1 sélection) ▪ 2012-2012 : Tottenham Hotspurs (1 sélection)

Bilan : 14 victoires, 3 nuls, 3 défaites

Louis Saha

Formé à l'INF Clairefontaine en même temps que Nicolas Anelka, Louis Saha est un avant-centre révélé à Metz, à la fin des années 90, mais qui a vite filé en Angleterre, à Newcastle, Fulham puis Manchester United. C'est là que Jacques Santini va le chercher en début d'année 2004, à l'occasion d'un match amical en Belgique, pour pallier les forfaits de David Trezeguet et Thierry Henry. Saha ne déçoit pas, admirablement servi par Zinédine Zidane, il marque le second but français et décroche ainsi une place dans les 22 pour le championnat d'Europe, où il compense cette fois l'absence de Djibril Cissé, qui est suspendu. Saha fait deux entrées au Portugal, en fin de match à la place de Trezeguet, et semble s'installer dans le groupe. Il continue avec le nouveau sélectionneur, Raymond Domenech, jusqu'au début de l'année 2005. Mais Saha enchaîne alors les blessures et s'éloigne ainsi des Bleus. Domenech le récupère cependant juste avant le Mondial 2006. En Allemagne, Saha joue trois fins de matches, dont deux fois cinq minutes en quart et demi-finale, après avoir remplacé Henri : c'est peu, mais suffisant pour qu'il récolte deux avertissements qui le privent de la finale ! Domenech ne lui en tient pas rigueur et continue à le sélectionner jusqu'à la fin de l'année 2006. Saha marque ainsi dès la première minute contre les Îles Féroé, à Sochaux en octobre, sur une remise de la tête d'Henry. Mais de nouvelles blessures l'éloignent à nouveau de l'équipe de France. Il y revient avant le Mondial 2010, mais il doit renoncer, blessé, une fois de plus... Laurent Blanc fait appel à lui pour le premier match des qualifications à l'Euro 2012, mais il ne joue qu'une minute en fin de match. Saha revient en février 2012, et dispute le dernier quart d'heure du match amical contre l'Allemagne en remplaçant Olivier Giroud. Mais c'est le Montpelliérain qui ira à l'Euro en Ukraine, et pas Saha qui, à bientôt 32 ans, ne reviendra plus.

Matches joués : 2004 8 matches sur 15 ▪ **2005** - ▪ **2006** 10 matches sur 17 ▪ **2007** - ▪ **2008** - ▪ **2009** - ▪ **2010** 1 match sur 13 ▪ **2011** - ▪ **2012** 1 match sur 14 | **Buts : 2004** 2 ▪ **2006** 2 | **Titulaire :** 11 fois sur 20 | **Remplaçant :** 9 fois sur 20 (de Trezeguet 3 fois, Wiltord, Henry 2 fois, Ribéry, Menez, Giroud) | **Resté sur le banc :** 9 fois | **Championnat d'Europe 2004 :** 2 matches sur 4 | **Coupe du monde 2006 :** 3 matches sur 7 | **Sélectionneurs :** Santini 5 fois, Domenech 13 fois, Blanc 2 fois

Péguy Luyindula

Attaquant, 6 sélections, 1 but

Né le 25 mai 1979 à Kinshasa (Zaïre, aujourd'hui RD Congo)

Première sélection : 18 février 2004 à Bruxelles, Belgique - France (0-2)

Dernière sélection : 1er avril 2009 à Saint-Denis, France - Lituanie (1-0)

Clubs : 2003-2004 : Olympique Lyonnais (2 sélections) ▪ 2004-2005 : Olympique de Marseille (2 sélections) ▪ 2006-2007 : AJ Auxerre (0 sélection) ▪ 2007-2009 : Paris SG (2 sélections)

Bilan : 4 victoires, 2 nuls

Comme Louis Saha, Péguy Luyindula est aligné pour le match amical en Belgique en l'absence du duo Henry-Trezeguet. L'attaquant Lyonnais, formé à Niort et passé par Strasbourg, membre de l'équipe de France Espoirs au championnat d'Europe 2002, se met en évidence lui aussi et reste dans le groupe au match suivant. Mais il ne parvient pas à se faire inscrire par Jacques Santini sur la liste des 23 pour l'Euro au Portugal. Raymond Domenech le titularise pour son premier match amical à la tête des Bleus, en août à Rennes, et Luyindula marque contre la Bosnie, après un corner de Jérôme Rothen. Mais il souffre de la comparaison avec les autres attaquants français et passe rapidement sur le banc de touche, puis disparaît des listes après l'automne 2005 alors qu'il est en difficulté sportive à Marseille. Luyindula, passé au PSG, ne revient qu'au printemps 2009. Alors que Jimmy Briand se blesse gravement à Clairefontaine, il est titularisé pour les deux matches contre la Lituanie qui comptent pour les éliminatoires du Mondial 2010, dans un carré d'attaque avec Yoann Gourcuff, Franck Ribéry et Thierry Henry. Mais il n'ira pas plus loin en Bleu.

Matches joués : 2004 3 matches sur 15 ▪ **2005** - ▪ **2006** - ▪ **2007** - ▪ **2008** - ▪ **2009** 2 matches sur 12 | **But : 2004** 1 | **Titulaire :** 5 fois sur 6 | **Remplaçant :** 1 fois sur 6 (de Trezeguet) | **Resté sur le banc :** 4 fois | **Resté en tribune :** 2 fois | **Sélectionneurs :** Santini 2 fois, Domenech 4 fois

Steed Malbranque

Attaquant, 0 sélection

Né le 6 janvier 1980 à Mouscron (Belgique)

Unique présélection : 31 mars 2004 à Rotterdam, Pays-Bas - France (0-0)

Club : 2003-2004 : Fulham (0 sélection)

C'est la grosse surprise de la liste des sélectionnés du mois de mars délivrée par Jacques Santini. Confronté aux forfaits de Robert Pirès, Jérôme Rothen et Zinédine Zidane, le sélectionneur fait venir ce milieu de terrain dynamique qu'il a connu à Lyon et qui rayonne à Fulham. Mais Steed Malbranque, qui était de l'équipe de France Espoirs vice-championne d'Europe en 2002, n'entre pas en jeu au « Kuip » du Feyenoord, et l'expérience ne sera pas renouvelée.

Resté sur le banc : 1 fois

Bernard Mendy

Défenseur
3 sélections

Né le 20 août 1981 à Évreux (Eure)

Première sélection : 20 mai 2004 à Saint-Denis, France- Brésil (0-0)

Dernière sélection : 4 septembre 2004 à Saint-Denis, France - Israël (0-0)

Club : 2003-2005 : Paris SG (3 sélections)

Bilan : 3 nuls

C'est le dernier essai de Jacques Santini avant l'Euro 2004. Pour un match amical face au Brésil, au Stade de France, il fait venir le défenseur du PSG Bernard Mendy, formé à Caen comme Jérôme Rothen et William Gallas. Mendy joue la seconde mi-temps comme arrière droit et montre des qualités de contre-attaquant intéressantes avec sa vitesse, mais il ne fait pas partie des 23 pour le Portugal, le poste étant bien pourvu avec Willy Sagnol, Lilian Thuram et William Gallas. Raymond Domenech reprend Mendy après l'Euro. Il est titulaire pour les deux premiers matches du nouveau sélectionneur, mais disparaît ensuite ne parvenant pas à confirmer en club les espoirs placés en lui. D'autant que Gallas et Sagnol tiendront avec succès la place d'arrière droit chez les Bleus pendant quatre ans.

Matches joués : 2004 3 matches sur 15 | **Titulaire :** 2 fois sur 3 | **Remplaçant :** 1 fois sur 3 (de Desailly) | **Sélectionneurs :** Santini 1 fois, Domenech 2 fois

Patrice Évra

Défenseur
81 sélections

Né le 15 mai 1981 à Dakar (Sénégal)

Première sélection : 18 août 2004 à Rennes, France - Bosnie (1-1)

Dernière sélection : 11 novembre 2016, à Saint-Denis, France - Suède (2-1)

Dernière présélection : 15 novembre 2016, à Lens, France - Côte d'Ivoire (0-0)

Clubs : 2004-2005 : AS Monaco (5 sélections) ▪ 2005-2014 : Manchester United (57 sélections) ▪ 2014-2016 : Juventus Turin (19 sélections)

Bilan : 46 victoires, 20 nuls, 15 défaites

Dans l'équipe de Monaco qui commence à émerger en France, Patrice Évra ne passe pas inaperçu. C'est un ancien attaquant reconverti défenseur latéral qui participe bien au jeu. Raymond Domenech en fait d'entrée le successeur de Bixente Lizarazu, qui est apparu en bout de course durant l'Euro 2004 au Portugal. Mais il n'est pas si facile de remplacer Lizarazu, Évra peine un peu à faire oublier le Basque et rapidement disparaît de la sélection. Ce qui ne l'empêche pas de se faire transférer l'été suivant à Manchester United où l'ont précédé Éric Cantona, Fabien Barthez, Mikaël Silvestre, Laurent Blanc et Louis Saha, et il peut s'y épanouir tranquillement. Après la Coupe du monde en Allemagne, Domenech rappelle Évra pour le dernier match de l'année 2006, comme remplaçant, Éric Abidal occupant alors le poste d'arrière gauche. Mais Évra cette fois reste dans le groupe. Il fait partie des 23 pour l'Euro 2008 et est titulaire pour les deux derniers matches du premier tour. Malgré deux défaites, face aux Pays-Bas et à l'Italie, qui éliminent les Bleus avant les quarts de finale, Évra gagne sa place et ne la lâche plus. Il fait ainsi toute la campagne de qualification pour le Mondial 2010 et Raymond Domenech, qui apprécie l'influence de compétiteur qu'il exerce sur ses coéquipiers, lui donne le brassard de capitaine pour la Coupe du monde, quand Thierry Henry est mis en retrait. À 29 ans, Patrice Évra est au sommet. Mais ce Mondial tourne au cauchemar. La France joue mal, ne gagne pas un match et Évra doit gérer la crise à Knysna due au renvoi de Nicolas Anelka après ses propos injurieux envers le sélectionneur. Dépassé par les événements, Évra multiplie les propos déplacés et s'embourbe avec les Bleus dans le ridicule d'une grève en mondovision. Il est sorti de l'équipe avant la dernière rencontre, face à l'Afrique du Sud. La Fédération le suspend pour cinq matches, on pense alors ne jamais le revoir en Bleu. À tort, car dès sa suspension purgée, Laurent Blanc s'empresse de le faire revenir en mars 2011, estimant que ses qualités de joueur sont indispensables à l'équilibre de l'équipe de France. Évra revient donc en grâce, mais sans faire de bruit. Il se fond dans le groupe et est titulaire pour l'Euro 2012 en Ukraine, mais il ne dispute que le premier match, étant supplanté par Gaël Clichy ensuite... On pense à nouveau que c'est la fin de sa carrière internationale. À tort encore, car Didier Deschamps, qui l'a lancé quand il entraînait Monaco au début des années 2000, à son tour le rappelle. Évra redevient titulaire indiscutable, écartant la concurrence de Clichy, puis celle de Lucas Digne. Il peut donc disputer au Brésil sa deuxième Coupe du monde comme titulaire, dépassant les 60 sélections. Parti après ce Mondial à la Juventus de Turin où il rejoint Paul Pogba dont il est le « tonton » depuis qu'il l'a découvert à Manchester en 2009, Évra malgré ses 33 ans, reste titulaire en vue de l'Euro 2016 en France. Il dispute tous les matches de son troisième Euro, et en intégralité ! Deschamps veut tourner la page Évra ensuite mais les prestations de Kurzawa et Digne étant peu convaincantes, il fait encore appel à lui en novembre 2016, pour jouer contre la Suède en éliminatoire du Mondial 2018. Il le garde en réserve toute la saison en cas de nouvelles défaillances, mais Évra finalement n'ira pas plus loin que sa 81e sélection. Le même chiffre que Franck Ribéry, Karim Benzema et Florent Malouda.

Matches joués : 2004 5 matches sur 15 ▪ **2005** - ▪ **2006** 1 match sur 17 ▪ **2007** 3 matches sur 12 ▪ **2008** 8 matches sur 14 ▪ **2009** 9 matches sur 12 ▪ **2010** 6 matches sur 13 ▪ **2011** 7 matches sur 13 ▪ **2012** 8 matches sur 14 ▪ **2013** 7 matches sur 12 ▪ **2014** 10 matches sur 15 ▪ **2015** 5 matches sur 10 ▪ **2016** 12 matches sur 17 | **Titulaire :** 77 fois sur 81 | **Remplaçant :** 4 fois sur 81 (de Luyindula, Malouda, Abidal, Escudé) | **Resté sur le banc :** 34 fois | **Resté en tribune :** 1 fois | **Championnat d'Europe 2008 :** 2 matches sur 3 | **Coupe du monde 2010 :** 2 matches sur 3 | **Championnat d'Europe 2012 :** 1 match sur 4 | **Coupe du monde 2014 :** 4 matches sur 5 | **Championnat d'Europe 2016 :** 7 matches sur 7 | **Capitaine :** 3 fois (28e-30e) | **Sélectionneurs :** Domenech 32 fois, Blanc 11 fois, Deschamps 39 fois

Éric Abidal

Défenseur
67 sélections

Né le 11 septembre 1979 à Saint-Genis-Laval (Rhône)

Première sélection : 18 août 2004 à Rennes, France - Bosnie (1-1)

Dernière sélection : 15 novembre 2013 à Kiev, Ukraine - France (2-0)

Dernière présélection : 19 novembre 2013 à Saint-Denis, France - Ukraine (3-0)

Clubs : 2004-2007 : Olympique Lyonnais (24 sélections) ▪ 2007-2013 : FC Barcelone (37 sélections) ▪ 2013-2014 : AS Monaco (6 sélections)

Bilan : 36 victoires, 20 nuls, 10 défaites

Éric Abidal

C'est à Lille qu'Éric Abidal s'est révélé, en 2002. Venant de Monaco, ce défenseur d'origine lyonnaise est alors racheté par l'OL qui en fait un pilier de sa défense championne de France. Polyvalent, Abidal est aligné dans l'axe d'une défense à cinq par Raymond Domenech pour sa première sélection, à Rennes. Cette défense n'étant pas reconduite, Abidal ne rejoue plus avant le printemps, puis l'automne. Mais il revient en force au début de l'année 2006. Il est titularisé au poste d'arrière gauche, de préférence à Patrice Évra et Mikaël Silvestre. Et c'est ainsi qu'il peut disputer la Coupe du monde. En Allemagne, Abidal ne manque qu'un seul match, pour cause de suspension, contre le Togo. Il continue sa série après le Mondial, jouant parfois dans l'axe quand William Gallas ou Lilian Thuram ne sont pas là. Étant parti de Lyon pour Barcelone, en 2007, il est titulaire comme latéral au premier match de l'Euro 2008 en Suisse, contre la Roumanie, mais remplaçant pour le deuxième face aux Pays-Bas. Puis Domenech l'aligne comme défenseur central face à l'Italie pour le dernier match du premier tour. Mais Abidal provoque un penalty à la 25e minute après une double faute sur Luca Toni et se fait expulser ! Une bourde qui n'entame pas son crédit auprès du sélectionneur qui l'installe à nouveau en défense centrale après le championnat d'Europe. Mais sa carrière est alors freinée par des problèmes de santé. Abidal revient à temps pour le Mondial 2010. Défenseur central lors des deux premiers matches des Bleus en Afrique du Sud, il refuse de jouer le troisième pour protester contre le renvoi de Nicolas Anelka, ce qui ne lui vaut pourtant pas une suspension, contrairement à Anelka, Évra, Ribéry et Toulalan. Comme presque tous les autres « mutins de Knysna », Laurent Blanc le réintègre, en février 2011. Abidal reste dans l'équipe titulaire jusqu'à ce que de nouveaux graves problèmes de santé le stoppent et l'empêche de participer à l'Euro 2012 en Ukraine. Mais il revient encore une fois, en août 2013, alors qu'il vient de quitter le Barça pour retourner à Monaco. Didier Deschamps le sélectionne jusqu'à la fin de l'année. Mais lors du barrage aller pour la qualification au Mondial 2014, Abidal, qui a 34 ans, est défaillant contre l'Ukraine, à Kiev, et n'est pas aligné au match retour quatre jours plus tard, remplacé par Mamadou Sakho. Le Parisien devient le héros du match dans une symbolique transmission de témoin, car Abidal ne sera plus sélectionné.

Matches joués : 2004 1 match sur 15 ▪ **2005** 3 matches sur 11 ▪ **2006** 15 matches sur 17 ▪ **2007** 12 matches sur 12 ▪ **2008** 9 matches sur 14 ▪ **2009** 5 matches sur 12 ▪ **2010** 6 matches sur 13 ▪ **2011** 9 matches sur 13 ▪ **2012** 1 match sur 14 ▪ **2013** 6 matches sur 12 | **Titulaire :** 62 fois sur 67 | **Remplaçant :** 5 fois sur 67 (de Zebina, Silvestre, Mexès, Gallas, Sakho) | **Resté sur le banc :** 12 fois | **Resté en tribune :** 2 fois | **Capitaine :** 2 fois (42e, 56e) | **Expulsion :** 1 fois | **Coupe du monde 2006 :** 6 matches sur 7 | **Championnat d'Europe 2008 :** 2 matches sur 3 | **Coupe du monde 2010 :** 2 matches sur 3 | **Sélectionneurs :** Domenech 50 fois, Blanc 11 fois, Deschamps 6 fois

Gaël Givet

Défenseur
12 sélections

Né le 9 octobre 1981 à Arles (Bouches-du-Rhône)

Première sélection : 18 août 2004 à Rennes, France-Bosnie (1-1)

Dernière sélection : 16 août 2006 à Sarajevo, Bosnie-France (1-2)

Dernière présélection : 22 août 2007 à Trnava, Slovaquie - France (0-1)

Clubs : 2004-2007 : AS Monaco (12 sélections) ▪ 2007-2008 : Olympique de Marseille (0 sélection)

Bilan : 5 victoires, 7 nuls

Avec Sébastien Squillaci et Patrice Évra, Gaël Givet est le troisième mousquetaire de la défense monégasque convoqué dans la première sélection établie par Raymond Domenech, en août 2004. Sur le banc au coup d'envoi face à la Bosnie à Rennes, Givet remplace Squillaci pour la seconde mi-temps, dans une défense à cinq, composée avec Évra, Gallas, Abidal et Mendy. Domenech, qui a connu Givet en Espoirs, aime son caractère de guerrier et pense s'appuyer sur lui pour faire oublier Marcel Desailly. Givet dispute les neuf premiers matches de la saison, avant de perdre sa place après le match nul concédé en Israël (1-1). Il passe alors sur banc des remplaçants au profit de Jean-Alain Boumsong qui, à partir de l'été suivant, fait équipe avec Lilian Thuram de retour après un an d'absence. Givet ne joue titulaire ensuite que contre le Costa Rica, à Fort-de-France, en novembre. Et s'il fait bien partie des 23 pour le Mondial 2006, il ne dispute aucune minute en Allemagne, comme Coupet, Landreau, Boumsong et Chimbonda. Après cette Coupe du monde, Givet dispute la dernière demi-heure du match de reprise en Bosnie, et il est rappelé encore jusqu'en août 2007, mais sans plus jamais entrer sur le terrain. Les places de défenseurs centraux étant occupées par Squillaci, Gallas, Boumsong, Mexès, Escudé ou Abidal. Givet, qui n'a pourtant jamais perdu un match en Bleu, ne reviendra plus.

Matches joués : 2004 6 matches sur 15 ▪ **2005** 5 matches sur 11 ▪ **2006** 1 match sur 17 ▪ **2007** - | **Titulaire :** 8 fois sur 12 | **Remplaçant :** 4 fois sur 12 (de Squillaci 2 fois, Sagnol, Boumsong) | **Resté sur le banc :** 17 fois | **Resté en tribune :** 1 fois | **Coupe du monde 2006 :** 0 match sur 7 | **Sélectionneur :** Domenech 11 fois

Rio Antonio Mavuba

Milieu de terrain
13 sélections

Né le 8 mars 1984 en mer, au large de l'Angola.

Première sélection : 18 août 2004 à Rennes, France - Bosnie (1-1)

Dernière sélection : 15 juin 2014 à Porto Alegre, France - Honduras (3-0)

Dernière présélection : 7 septembre 2014 à Belgrade, Serbie - France (1-1)

Clubs : 2004-2007 : Girondins de Bordeaux (6 sélections) ▪ 2007-2008 : Villarreal CF ▪ 2008-2014 : Lille OSC (7 sélections)

Bilan : 9 victoires, 4 nuls

Rio Antonio Mavuba

Singulière histoire que celle de Rio Mavuba. Il est le fils d'un joueur zaïrois qui a disputé la Coupe du monde 1974 en Allemagne, et il est né sur le bateau qui permettait à sa famille de fuir le pays en guerre dix ans plus tard. Ayant grandi à Bordeaux, Rio Mavuba a été formé à l'école des Girondins, en compagnie de Mathieu Valbuena. Il devient rapidement titulaire en club, puis en sélection Espoirs dirigée par Raymond Domenech en début d'année 2004. Domenech n'hésite pas ensuite à le sélectionner en « A » dès sa prise de fonction, en août. À 20 ans, Mavuba débute donc titulaire à Rennes contre la Bosnie, dans un milieu de terrain à trois, avec Benoît Pedretti et Jérôme Rothen. Mais il est remplacé dès la pause par Sidney Govou. Domenech ne le sélectionne pas en septembre, car Mavuba n'a pas encore les papiers nécessaires pour sortir du pays... Une fois régularisé, il est rappelé en octobre avec la lourde tâche de remplacer Patrick Vieira, suspendu, contre l'Irlande au Stade de France. Dans un contexte difficile, il ne fait pas oublier le joueur d'Arsenal dont il n'a pas du tout le gabarit, et est sévèrement jugé. Il reste dans le groupe jusqu'à la fin de la saison, mais en est écarté ensuite avec le retour de Claude Makélélé, dont le père est lui aussi un ancien joueur du Zaïre 74. Mavuba retrouve les Bleus juste après le Mondial 2006, encore pour un match amical contre la Bosnie. Il réintègre bien le groupe, mais comme remplaçant et ne fait finalement pas partie des 30 présélectionnés pour l'Euro 2008. Domenech ne fait appel à lui qu'une fois ensuite, au printemps 2009, mais Mavuba reste alors en tribune et peut croire sa carrière internationale définitivement bloquée à six sélections. Il se relance alors en venant jouer à Lille, avec qui il réalise un doublé inattendu championnat - Coupe de France en 2011. Un an plus tard, Didier Deschamps décide de le sélectionner dans la première équipe qu'il met en place, en août 2012 au Havre face l'Uruguay. Mais après trois matches comme titulaire, Mavuba se blesse gravement au genou en championnat, à Rennes, et perd donc sa place que Yohan Cabaye et Blaise Matuidi occupent ensuite. Deschamps le rappelle l'année suivante et il est dans le groupe pour les matches de barrage à la Coupe du monde 20014 contre l'Ukraine. Mavuba ne joue pas mais il a repris pied dans le navire bleu qui vogue vers le Brésil. À 30 ans, il peut disputer la Coupe du monde, comme son père quarante ans auparavant ! Il le vit avec une émotion intense à Porto Alegre, quand il remplace Cabaye en seconde mi-temps contre le Honduras. Il n'a pas l'occasion de quitter le banc des remplaçants ensuite, mais Deschamps le prend encore en septembre pour les premiers matches de préparation à l'Euro 2016, Restant sur la touche, il n'y reviendra plus. Comme Gaël Givet, et avant eux Éric Di Meco, Ludovic Giuly et Éric Carrière, il n'a connu aucune défaite en équipe de France.

Matches joués : 2004 2 matches sur 15 ▪ **2005** 1 match sur 11 ▪ **2006** 2 matches sur 17 ▪ **2007** 1 match sur 12 ▪ **2008** - ▪ **2009** - ▪ **2010** - ▪ **2011** - ▪ **2012** 3 matches sur 14 ▪ **2013** - ▪ **2014** 4 matches sur 15 | **Titulaire :** 7 fois sur 13 | **Remplaçant :** 6 fois sur 13 (de Dhorasoo, Makélélé, Matuidi, Cabaye 3 fois) | **Resté sur le banc :** 13 fois | **Resté en tribune :** 5 fois | **Coupe du monde 2014 :** 1 match sur 5 | **Sélectionneurs :** Domenech 6 fois, Deschamps 7 fois

Alou Diarra

Milieu de terrain, 44 sélections

Né le 15 juillet 1981, à Villepinte (Seine-Saint-Denis)

Première présélection : 18 août 2004 à Rennes, France - Bosnie (1-1)

Première sélection : 9 octobre 2004 à Saint-Denis, France - Eire (0-0)

Dernière sélection : 19 juin 2012 à Kiev, France - Suède (0-2)

Dernière présélection : 23 juin 2012 à Donetsk, France - Espagne (2-0)

Clubs : 2004-2006 : RC Lens (11 sélections) ▪ 2006-2007 : Olympique Lyonnais (1 sélection) ▪ 2007-2011 : Girondins de Bordeaux (22 sélections) ▪ 2011-2012 : Olympique de Marseille (9 sélections)

Bilan : 28 victoires, 12 nuls, 4 défaites

Grand milieu de terrain (1,90 m), Alou Diarra a fait ses classes à l'étranger, au Bayern puis à Liverpool, mais c'est au Havre qu'il a véritablement débuté, en 2002. Deux ans plus tard, Raymond Domenech l'inclut dans sa toute première liste, pour le match de reprise après l'Euro 2004, à Rennes contre la Bosnie, alors qu'il vient de rejoindre Lens. Diarra est un des sept joueurs convoqués pour la première fois, mais il n'entre pas en jeu. Il le fait en octobre, en remplaçant Oliver Dacourt à la 68e minute contre l'Irlande, puis quatre jours après, à Chypre, mais à la 91e minute. Diarra est titulaire pour la première fois en Israël, en mars 2005. Mais, évoluant déjà dans le registre de Patrick Vieira, il voit le retour de Claude Makélélé, l'été suivant, le concurrencer encore davantage... Diarra parvient cependant à faire partie des 23 pour la Coupe du monde 2006. En Allemagne, il ne joue qu'une fois avant la finale, en remplaçant Vieira en fin de match contre le Togo. Mais il le remplace également à Berlin, lors de la finale contre l'Italie, quand le joueur de la Juventus se blesse à la 56e minute.

Mais Diarra reste un remplaçant aux yeux du sélectionneur qui ne le fait jouer qu'un match, amical contre la Grèce, avant mai 2008. Puis il l'évince du groupe des 30 présélectionnés pour l'Euro en Suisse (comme Landreau, Cissé et Mexès), préférant prendre Vieira alors que celui-ci est blessé... Après cet Euro raté par les Bleus, Diarra revient dans le groupe et commence à s'installer durablement, mais il est concurrencé à présent par Lassana Diarra et Jérémy Toulalan. Mais Alou Diarra est titulaire lors des deux matches de barrage pour le Mondial 2010, contre l'Irlande, en novembre 2009, et donc logiquement il fait partie des 23 pour la Coupe du monde. En Afrique du Sud, il ne joue que le troisième et dernier match des Bleus, avec le brassard de capitaine qui a été retiré à Patrice Évra. Laurent Blanc décide de lui conserver le capitanat et de s'appuyer sur lui à partir de septembre 2010. Mais Diarra perd sa place en début de saison 2011-12, le Rennais Yann M'Vila s'affirmant rapidement. Diarra retrouve donc le banc des remplaçants jusqu'à l'Euro en Ukraine où il est de nouveau titulaire lors du premier tour, car M'Vila est blessé. Celui-ci reprend sa place en quart de finale, face à l'Espagne, et Diarra voit son 40e match depuis le banc, nouveau record du genre pour un joueur de champ. Ce dernier Euro était aussi son dernier bal en Bleu.

Matches joués : 2004 2 matches sur 15 ▪ **2005** 5 matches sur 11 ▪ **2006** 5 matches sur 17 ▪ **2007** - ▪ **2008** 6 matches sur 14 ▪ **2009** 6 matches sur 12 ▪ **2010** 6 matches sur 13 ▪ **2011** 6 matches sur 13 ▪ **2012** 7 matches sur 14 | **Titulaire :** 25 fois sur 44 | **Remplaçant :** 19 fois sur 44 (de Dacourt 2 fois, Makélélé 3 fois, Vieira 4 fois, Dhorasoo, Malouda, Govou, Gourcuff, Toulalan, Valbuena, Rémy, Cabaye 2 fois, M'Vila) | **Resté sur le banc :** 40 fois | **Resté en tribune :** 4 fois | **Capitaine :** 9 fois (26e-29e, 31e-35e) | **Coupe du monde 2006 :** 2 matches sur 7 | **Coupe du monde 2010 :** 1 match sur 3 | **Championnat d'Europe 2012 :** 3 matches sur 4 | **Sélectionneurs :** Domenech 26 fois, Blanc 18 fois

Pierre-Alain Frau

Attaquant
0 sélection

Né le 15 avril 1980 à Montbéliard (Doubs)

Première présélection : 18 août 2004 à Rennes, France - Bosnie (1-1)

Dernière sélection : 17 novembre 2004 à Saint-Denis, France - Pologne (0-0)

Club : 2004-2006 : Olympique Lyonnais (0 sélection)

Avec Patrice Évra, Éric Abidal, Sébastien Squillaci, Gaël Givet, Rio Mavuba et Alou Diarra, Pierre-Alain Frau est le septième nouveau venu en Bleu à l'occasion de la première liste de Raymond Domenech. Membre de l'équipe Espoirs vice-championne d'Europe 2002, comme Landreau, Boumsong, Govou, Luyindula, Bréchet, Réveillère et Pedretti, Frau était l'avant-centre performant de Sochaux et il vient d'arriver à Lyon. Mais il n'entre pas en jeu contre la Bosnie, Henry, Cissé, Luyindula et Govou ayant la préséance en attaque. Avec le retour ensuite de Saha et Wiltord, les chances de Frau s'amenuisent. Il est présélectionné une seconde fois, en novembre, pour un autre match amical contre la Pologne, mais il ne peut pas plus entrer en jeu, et ce sera la dernière fois.

Resté sur le banc : 2 fois

Florent Malouda

Attaquant
80 sélections, 9 buts

Né le 13 juin 1980 à Cayenne (Guyane)

Première sélection : 17 novembre 2004, à Saint-Denis, France - Pologne (0-0)

Dernière sélection : 23 juin 2012, à Donetsk, France - Espagne (0-2)

Clubs : 2004-2007 : Olympique Lyonnais (30 sélections) ▪ 2007-2012 : Chelsea FC (50 sélections)

Bilan : 49 victoires, 18 nuls, 13 défaites

Après Raoul Diagne, né à Saint-Laurent-du-Maroni dans les années 1910, et Bernard Lama, Florent Malouda est troisième Guyanais à accéder à l'équipe de France. Né à Cayenne, il a débuté à Châteauroux avant d'exploser à Guingamp où il a formé avec Didier Drogba un duo d'attaque détonnant lors de la saison 2002-03. Transféré à l'été 2003 à Lyon, Florent Malouda joue désormais la Ligue des champions et ses qualités font merveille. Raymond Domenech finit par le convoquer pour le dernier match de l'année 2004, en amical contre la Pologne au Stade de France. Malouda revient au printemps et commence à s'imposer comme attaquant de soutien. La saison suivante, il joue au milieu de terrain, aux côtés de Zinédine Zidane qui est de retour parmi les Bleus, et il décroche sa place parmi les 23 pour la Coupe du monde. En Allemagne, Malouda manque le premier match pour un ennui de santé, mais il participe ensuite aux six autres comme titulaire. C'est lui qui, en finale à Berlin, obtient le penalty qui permet à Zidane d'ouvrir le score à la 7e minute. Fort désormais de 20 sélections, Malouda enchaîne les matches des Bleus, sans discontinuer jusqu'en septembre 2007, alors qu'il vient de rejoindre Claude Makélélé à Chelsea. Malouda joue les deux premiers matches de l'Euro 2008 comme titulaire et continue de faire grimper son nombre de sélections ensuite jusqu'au Mondial 2010, même s'il se dispute parfois avec Franck Ribéry la position préférentielle sur le flanc gauche de l'attaque française. Florent Malouda n'est pas titulaire au premier match de la Coupe du monde en Afrique du Sud, contre l'Uruguay. À la 75e minute, il remplace Yoann Gourcuff, puis joue à sa place face au Mexique. Il n'est pas non plus titulaire contre l'Afrique du Sud ensuite. Il remplace cette fois, après la pause, André-Pierre Gignac et c'est lui qui inscrit le seul but français, sur une passe en retrait parfaite de Franck Ribéry, de ce Mondial particulièrement raté. Laurent Blanc en fait son capitaine pour le premier match de qualification à l'Euro 2012, contre la Biélorussie au Stade de France. Malouda enchaîne à nouveau les matches, encadrant avec Ribéry, Karim Benzema le nouvel avant-centre titulaire. À 32 ans, Malouda attaque l'Euro en Ukraine comme titulaire cette fois, mais il perd sa place après le premier match contre l'Angleterre. Il la récupère pour le quart de finale contre l'Espagne à Donetsk, mais il est remplacé à la 65e minute par Samir Nasri. La défaite et l'élimination des Bleus mettent alors fin à sa carrière internationale.

Matches joués : 2004 1 match sur 15 ▪ **2005** 8 matches sur 11 ▪ **2006** 16 matches sur 17 ▪ **2007** 9 matches sur 12 ▪ **2008** 10 matches sur 14 ▪ **2009** 6 matches sur 12 ▪ **2010** 12 matches sur 13 ▪ **2011** 11 matches sur 13 ▪ **2012** 7 matches sur 14 | **Buts : 2005** 1 ▪ **2006** 2 ▪ **2010** 2 ▪ **2011** 2 ▪ **2012** 2 | **Titulaire :** 64 fois sur 80 | **Remplaçant :** 16 fois sur 80 (de Zidane 2 fois, Nasri, Henry, Govou, Gignac 2 fois, Gourcuff 2 fois, Ribéry 2 fois, Menez, Valbuena 2 fois, M'Vila, Ben Arfa) | **Resté sur le banc :** 10 fois | **Resté en tribune :** 4 fois | **Coupe du monde 2006 :** 6 matches sur 7 | **Championnat d'Europe 2008 :** 2 matches sur 3 | **Coupe du monde 2010 :** 3 matches sur 3 | **Championnat d'Europe 2012 :** 3 matches sur 4 | Capitaine : 1 fois (58e) | **Sélectionneurs :** Domenech 57 fois, Blanc 23 fois

Florent Malouda

Camel Meriem

Milieu de terrain
3 sélections

Né le 18 octobre 1979 à Audincourt (Doubs)

Première sélection : 17 novembre 2004 à Saint-Denis, France - Pologne (0-0)

Dernière sélection : 26 mars 2005 à Saint-Denis, France - Suisse (0-0)

Dernière présélection : 30 mars 2005 à Tel-Aviv, Israël - France (1-1)

Club : 2004-2005 : Girondins de Bordeaux (3 sélections)

Bilan : 3 nuls

Comme Benoît Pedretti et Pierre-Alain Frau, Camel Meriem a fait partie de l'équipe de France Espoirs finaliste de l'Euro 2002 en Suisse quand il était encore Sochalien comme eux. Transféré à Bordeaux en 2002, Meriem rejoint à son tour les Bleus, en fin d'année 2004, porteur d'une flatteuse réputation de meneur de jeu technique et lucide.

Zinédine Zidane s'étant retiré après l'Euro 2004, Raymond Domenech cherche un n° 10 capable de le faire oublier. Après avoir essayé Jérôme Rothen, Ludovic Giuly et Robert Pirès dans ce rôle, il veut voir de quoi est capable Meriem. Il le fait entrer trois fois de suite en cours de match au Stade de France, et Meriem fait plutôt bonne impression. Mais le retour de Zidane l'été suivant conjugué à des difficultés à s'imposer durablement à Monaco où il est transféré l'été suivant, le font disparaître alors totalement de la circulation internationale.

Matches joués : 2004 1 match sur 15 ▪ **2005** 2 matches sur 11 | **Titulaire :** 0 fois sur 3 | **Remplaçant :** 3 fois sur 3 (de Giuly, Saha, Dhorasoo) | **Resté en tribune :** 1 fois | **Sélectionneur :** Domenech 3 fois

Camel Meriem

Sébastien Frey

Gardien de but
2 sélections

Né le 18 mars 1980 à Thonon-les-Bains (Haute-Savoie)

Première présélection : 17 novembre 2004 à Saint-Denis, France - Pologne (0-0)

Première sélection : 21 novembre 2007 à Kiev, Ukraine - France (2-2)

Dernière sélection : 28 mai 2008 à Grenoble, France - Équateur (2-0)

Dernière présélection : 17 juin 2008 à Zurich, France - Italie (0-2)

Clubs : 2004-2005 : Parme AC (0 sélection) ▪ 2005-2008 : AC Fiorentina (2 sélections)

Bilan : 1 nul, 1 défaite

Avec Fabien Barthez et Grégory Coupet comme gardiens expérimentés, Raymond Domenech n'a pas de soucis dans les buts. Il a choisi déjà Mickaël Landreau comme réserviste, mais il lui en faut un autre, au cas où. Son choix se porte sur Sébastien Frey, sorti de l'école cannoise comme avant lui Zidane, Micoud, Vieira et Zebina. Frey, qui est le petit-fils d'André Frey international de 1944 à 1950, joue en Italie depuis ses 19 ans, en 1998 : Inter Milan, Vérone et maintenant Parme où il brille. Domenech le prend comme deuxième gardien en fin d'année 2004, puis devant l'abondance de biens, l'oublie jusqu'en octobre 2006, avant de l'intégrer pour de bon dans son groupe en septembre 2007, quand Coupet est blessé et Barthez parti en retraite. Il lui donne l'occasion de jouer pour le dernier match de l'année, à Kiev contre l'Ukraine. Frey, qui rayonne toujours en Italie avec la Fiorentina désormais, a alors le malheur de prendre un but « caquette », sur une tête d'Andreï Shevchenko : aveuglé par un projecteur du stade olympique, il claque maladroitement le ballon dans son propre but... Le sélectionneur ne l'accable pas, et lui offre même le poste de second gardien pour l'Euro 2008, à la place de Landreau. Frey dispute auparavant une mi-temps conte l'Équateur à Grenoble en préparation. Mais ce sont ses dernières 45 minutes en équipe de France car il n'aura plus jamais l'occasion d'enfiler les gants de l'équipe de France ensuite.

Matches joués : 2004 - ▪ **2005** - ▪ **2006** - ▪ **2007** 1 match sur 12 ▪ **2008** 1 match sur 14 | **Titulaire :** 2 fois sur 2 | **Resté sur le banc :** 13 fois | **Resté en tribune :** 1 fois | **Championnat d'Europe 2008 :** 0 match sur 3 | **Sélectionneur :** Domenech 2 fois

2005

2 nouveaux joueurs

11 matches

9 février : France - Suède 1-1
26 mars : France - Suisse 0-0 (QCM)
30 mars : Israël - France 1-1 (QCM)
31 mai : France - Hongrie 2-1
17 août : France - Côte d'Ivoire 3-0
3 septembre : France - Féroé 3-0 (QCM)
7 septembre : Eire - France 0-1 (QCM)
8 octobre : Suisse - France 1-1 (QCM)
12 octobre : France - Chypre 4-0 (QCM)
9 novembre : France - Costa Rica 3-2
12 novembre : France - Allemagne 0-0

Julien Escudé

Défenseur, 13 sélections

Né le 17 août 1979, à Chartres (Eure-et-Loir)

Première présélection : 26 mars 2005 à Saint-Denis, France-Suisse (0-0)

Première sélection : 11 octobre 2006, à Sochaux : France - Féroé (5-0)

Dernière sélection : 3 mars 2010, à Saint-Denis, France - Espagne (0-2)

Clubs : 2004-2006 : Ajax Amsterdam (0 sélection) ▪ 2006-2010 : Séville FC (13 sélections)

Bilan : 5 victoires, 3 nuls, 5 défaites

Issu de l'école cannoise, Julien Escudé forme la paire d'arrières latéraux avec Anthony Réveillère au Stade Rennais comme en équipe de France Espoirs. Frère de Nicolas, le tennisman qui a remporté la Coupe Davis en 2001, Julien Escudé a été finaliste de l'Euro 2002 en Suisse et a été transféré à l'Ajax Amsterdam en 2003, après avoir été convoité par Manchester United. Raymond Domenech le fait passer en « A » une première fois au printemps 2005, mais il reste en tribune contre la Suisse puis en Israël. Escudé retrouve les Bleus un an et demi plus tard, alors qu'il est arrivé au FC Séville. Il est aligné comme arrière gauche face aux Féroé, à Sochaux, pour suppléer Éric Abidal mis au repos. Escudé reste ensuite dans le groupe et joue en défense centrale contre l'Argentine au Stade de France, puis arrière gauche contre l'Autriche. Il est de nouveau central en septembre 2007, à Milan, lors d'un match décisif pour la qualification à l'Euro 2008 face à l'Italie, puis contre l'Écosse au Parc. Mais c'est la paire Thuram-Gallas, excellente au Mondial 2006, qui s'impose à nouveau dans l'axe. Si Escudé fait partie des 30 présélectionnés pour l'Euro, il est évincé, de la liste des 23, comme Landreau, Cissé, Mexès et Diarra, car il est aussi barré au poste d'arrière gauche par le duo Abidal-Évra... Un an plus tard, Domenech convoque à nouveau Escudé, pour les matches amicaux de fin de saison, puis le titularise en défense centrale pour les deux premiers matches de la saison suivante. Mais il a le malheur de marquer contre son camp en faveur de la Roumanie au Stade de France, en déviant du bout du pied un centre roumain, ce qui fait perdre deux points précieux à la France sur la route du Mondial 2010... Escudé est encore titulaire lors du barrage retour contre l'Irlande, à la place d'Éric Abidal, blessé. Mais il a le nez fracturé dès la 19e minute dans un choc malencontreux avec Patrice Évra, et doit laisser sa place à Sébastien Squillaci qui l'a rejoint au FC Séville. Escudé dispute le premier match amical de l'année 2010, contre l'Espagne au Stade de France, en duo avec un nouveau venu, le Bordelais Michaël Ciani. Mais le match tourne mal pour les Bleus, surclassés par les Espagnols. Du coup, contrairement à Squillaci, il n'est pas dans les 30 présélectionnés pour le Mondial et doit se contenter de ses onze sélections.

Matches joués : 2005 - ▪ **2006** 1 match sur 17 ▪ **2007** 4 matches sur 12 ▪ **2008** 2 matches sur 14 ▪ **2009** 5 matches sur 12 ▪ **2010** 1 match sur 13 | **Titulaire :** 12 fois sur 13 | **Remplaçant :** 1 fois sur 13 (de Thuram) | **Resté sur le banc :** 8 fois | **Resté en tribune :** 5 fois | **Sélectionneur :** Domenech 13 sélections

Franck Jurietti

Défenseur
1 sélection

Né le 30 mars 1975, à Valence (Drôme)

Première présélection : 8 octobre 2005, à Berne, Suisse - France (1-1)

Unique sélection : 12 octobre 2005 à Saint-Denis, France - Chypre (4-0)

Dernière présélection : 12 novembre 2005, à Saint-Denis, France - Allemagne (0-0)

Club : 2005-2006 : Girondins de Bordeaux (1 sélection)

Bilan : 1 victoire

Franck Jurietti a une solide réputation de défenseur « dur sur l'homme », forgée à Bastia où il a évolué de 1997 à 2000. Après avoir joué à Monaco et Marseille, Bordeaux l'a engagé en juillet 2003 où il tient son poste d'arrière gauche avec autorité. Au point que Raymond Domenech fait appel à lui, à la surprise générale, pour les deux derniers matches qualificatifs à la Coupe du monde 2006 afin de compenser le forfait de Gaël Givet. Sur le banc contre la Suisse, Jurietti entre en fin de match contre Chypre, à la place de Sydney Govou : mais il n'a le temps de jouer que... cinq secondes ! Il bat ainsi le « record » du Nîmois Bernard Boissier qui avait joué deux minutes en 1975. Domenech fait encore appel à lui pour les deux matches amicaux de novembre, mais Jurietti ne sort pas du banc et ne réapparaîtra plus ensuite.

Match joué : 2005 1 match sur 11 | **Titulaire :** 0 fois sur 1 | **Remplaçant :** 1 fois sur 1 (de Govou) | **Resté sur le banc :** 3 fois | **Sélectionneur :** Domenech 1 fois

2006

5 nouveaux joueurs
17 matches

1er mars : France - Slovaquie 1-2
27 mai : France - Mexique 1-0
31 mai : France - Danemark 2-0
7 juin : France - Chine 3-1
14 juin : France - Suisse 0-0 (CM)
18 juin : France - Corée du Sud 1-1 (CM)
23 juin : France - Togo 2-0 (CM)
27 juin : France - Espagne 3-1 (CM)
1er juillet : France - Brésil 1-0 (CM)
5 juillet : France - Portugal 1-0 (CM)
9 juillet : France - Italie 1-1 ap (CM)
16 août : Bosnie - France 2-1
2 septembre : Géorgie - France 3-0 (QCE)
6 septembre : France - Italie 3-1 (QCE)
7 octobre : France - Écosse 0-1 (QCE)
11 octobre : France - Féroé 5-0 (QCE)
15 novembre : France - Grèce 1-0

Jérémy Toulalan

Milieu de terrain, 35 sélections

Né le 10 septembre 1983 à Nantes (Loire-Atlantique)

Première présélection : 1er mars 2006 à Saint-Denis, France - Slovaquie (1-2)

Première sélection : 11 octobre 2006 à Sochaux, France - Féroé (5-0)

Dernière sélection : 16 juin 2010 à Polokwane, France - Mexique (0-2)

Clubs : 2005-2006 : FC Nantes (0 sélection) ▪ 2006-2010 : Olympique Lyonnais (35 sélections)

Bilan : 17 victoires, 9 nuls, 9 défaites

Le FC Nantes n'a plus fourni d'internationaux depuis la génération Carrière, Landreau, Gillet en 2001. En voilà un autre, le milieu de terrain Jérémy Toulalan. Le dernier des Canaris est appelé au printemps 2006 par Raymond Domenech. Mais le sélectionneur ne le retient pas pour le Mondial, misant sur Alou Diarra pour être le remplaçant de Claude Makélélé ou Patrick Vieira au poste de demi-défensif. Parti à Lyon durant l'été, Toulalan est sélectionné à nouveau, pour les matches d'octobre. En tribune en Écosse, il est titularisé contre les Féroé quatre jours plus tard à Sochaux, en duo avec Vieira. Auteur d'un match sérieux, Toulalan ne quitte plus le groupe et termine même la saison comme titulaire alors que Vieira est blessé. Il fait partie ensuite des 23 sélectionnés pour l'Euro 2008 en Suisse, où il joue l'intégralité des trois matches des Bleus, toujours à la place de Vieira encore blessé. Sobre et appliqué, Toulalan impose son registre de métronome en milieu de terrain. Mais il commence à perdre sa place en fin d'année 2009 au profit d'Alou Diarra, et ne dispute aucun des deux matches de barrage pour la Coupe du monde 2010, contre l'Irlande. Toutefois, Toulalan récupère son poste pour le Mondial. Et il dispute les deux premiers matches en Afrique du Sud, contre l'Uruguay et le Mexique. Face aux Mexicains, voulant récupérer un ballon perdu bêtement par Nicolas Anelka, il récolte un carton jaune qui lui vaut une suspension pour le match suivant. Anelka décidément ne lui porte pas chance, car Toulalan fait ensuite rédiger par son agent le communiqué des joueurs qui explique leur grève de l'entraînement pour protester contre l'exclusion d'Anelka du groupe... Toulalan est suspendu un match par la FFF pour cette initiative malheureuse. Laurent Blanc essaiera ensuite de le faire revenir en équipe de France, ce qu'il refusera à plusieurs reprises, étant profondément marqué par le scandale de Knysna, contrairement à Patrice Évra, Éric Abidal ou Franck Ribéry qui reviendront sans la moindre gêne.

Jérémy Toulalan

Matches joués : 2006 1 match sur 17 ▪ **2007** 8 matches sur 12 ▪ **2008** 13 matches sur 14 ▪ **2009** 8 matches sur 12 ▪ **2010** 5 matches sur 13 | **Titulaire :** 31 fois sur 35 | **Remplaçant :** 4 fois sur 35 (de Vieira, Ribéry, Makélélé, A. Diarra) | **Resté sur le banc :** 6 fois | **Resté en tribune :** 3 fois | **Championnat d'Europe 2008 :** 3 matches sur 3 | **Coupe du monde 2010 :** 2 matches sur 2 | **Sélectionneur :** Domenech 35 fois

François Clerc

Défenseur, 13 sélections

Né le 18 avril 1983 à Bourg-en-Bresse (Ain)

Première présélection : 1er mars 2006 à Saint-Denis, France - Slovaquie (1-2)

Première sélection : 11 octobre 2006 à Sochaux, France - Féroé (5-0)

Dernière sélection : 17 juin 2008 à Zurich, France - Italie (0-2)

Club : 2006-2008 : Olympique Lyonnais (13 sélections)

Bilan : 8 victoires, 3 nuls, 2 défaites

Les Lyonnais multiples champions de France ont la cote avec Raymond Domenech. Comme Jérémy Toulalan, François Clerc est appelé une première fois avant le Mondial 2006, mais il n'est pas retenu. Et comme lui, il est rappelé en octobre et débute face aux Îles Féroé. Clerc remplace Willy Sagnol au poste d'arrière droit à la 78e minute, rejoignant ainsi le bataillon de l'OL, déjà fort de Florent Malouda, Grégory Coupet, Éric Abidal, Sidney Govou, Sylvain Wiltord et Jérémy Toulalan. Clerc est titulaire à sa quatrième sélection, contre l'Argentine au Stade de France, en mars 2007, et concurrence alors sérieusement Sagnol. Mais c'est encore celui-ci qui est titulaire pour l'Euro 2008. Clerc, parti en Suisse comme remplaçant parmi les 23 sélectionnés, succède néanmoins au joueur du Bayern pour le dernier match du premier tour, face à l'Italie. Mais la France perd (2-0) et il ne sera plus convoqué ensuite.

Matches joués : 2006 2 matches sur 17 ▪ **2007** 7 matches sur 12 ▪ **2008** 4 matches sur 14 | **Titulaire :** 9 fois sur 13 | **Remplaçant :** 4 fois sur 13 (de Sagnol 4 fois) | **Resté sur le banc :** 11 fois | **Resté en tribune :** 1 fois | **Championnat d'Europe 2008 :** 1 match sur 3 | **Sélectionneur :** Domenech 13 fois

Franck Ribéry

Attaquant, 81 sélections, 16 buts

Né le 7 avril 1983 à Boulogne-sur-Mer (Pas-de-Calais)

Première sélection : 27 mai 2006 à Saint-Denis, France - Mexique (1-0)

Dernière sélection : 5 mars 2014 à Saint-Denis, France - Pays-Bas (2-0)

Clubs : 2005-2007 : Olympique de Marseille (18 sélections) ▪ 2007-2014 : Bayern Munich (63 sélections)

Zinedine Zidane vient d'ouvrir le score en finale du Mondial 2006, le 9 juillet contre l'Italie à Berlin : Thierry Henry, Franck Ribéry et Florent Malouda sont les premiers à le féliciter, mais le match ne fait que commencer…

Bilan : 42 victoires, 22 nuls, 16 défaites

Franck Ribéry a pris des chemins détournés pour débuter sa carrière. Refusé dans plusieurs clubs, ce Nordiste, né comme Jean-Pierre Papin à Boulogne-sur-Mer, au visage balafré depuis l'enfance, a fini par trouver refuge en 2003 à Brest, alors en National. C'est là que le FC Metz repère cet attaquant, au style hargneux, habile dribbleur, et l'engage à l'été 2004. Rapidement titulaire en Ligue 1, Ribéry est sélectionné en équipe de France Espoirs, puis transféré à Galatasaray, avant de venir dès l'été 2005 à Marseille. Durant la saison 2005-06, Ribéry progresse encore à pas de géant, donnant un coup de fraîcheur avec son style débridé à l'attaque marseillaise. Alors qu'il ne l'a pas sélectionné au printemps, Raymond Domenech l'inscrit directement dans sa liste des 23 pour le Mondial 2006, de préférence à Sidney Govou. Ribéry fait trois entrées au cours des matches de préparation, comme attaquant côté droit, montrant une joyeuse envie débordante de bien faire. Si bien qu'il se retrouve titulaire pour le premier match de la Coupe du monde ! À Stuttgart, contre la Suisse, il s'épuise à courir dans tous les sens sous un chaud soleil. Remplaçant contre la Corée ensuite, il est de nouveau titulaire contre le Togo et l'Espagne. À Hanovre, en 8ᵉ de finale, alors que la France est menée 1-0, bien lancé par Patrick Vieira, Ribéry prend toute la défense espagnole de vitesse et s'en va battre Iker Casillas juste avant la pause. Fou de joie, il traverse tout le terrain pour se jeter dans les bras des remplaçants : de mascotte, Ribéry est passé à homme providentiel en un temps record. Car même s'il ne termine aucun match, il ne quitte plus l'équipe jusqu'à la finale. La retraite de Zinédine Zidane après le Mondial lui ouvre un champ d'action plus large, et il devient aussi un animateur du jeu et buteur à l'occasion. En juin 2007, Ribéry ouvre le score contre l'Ukraine au Stade de France : à la réception d'un long ballon de Claude Makélélé, il évite magistralement la sortie du gardien Ukrainien Oleksandr Shokovsky et marque dans le but vide. Transféré à l'été 2007 au Bayern Munich, son influence est grandissante dans une équipe qui perd ses anciens de 98 les uns après les autres. Lors de l'Euro 2008, Ribéry est blessé gravement à une cheville au cours du troisième match, contre l'Italie, dès la 10ᵉ minute et ne peut sortir la France de l'impasse dans laquelle elle s'est engagée. Par contre, il la sort d'un mauvais pas en octobre suivant, en marquant à Constanta face à la Roumanie, sur une bonne passe de Yoann Gourcuff, puis en servant le Breton pour une égalisation inespérée (2-2). Son entente technique avec Gourcuff semble alors prometteuse. Au printemps 2009, Ribéry est l'auteur des buts qui battent la Lituanie deux fois 1-0 en quatre jours : une belle frappe sur une passe de Gourcuff à l'aller, et un ballon poussé dans le but vide sur une remise d'André-Pierre Gignac, au retour. Malheureusement, il est à nouveau blessé au moment des barrages contre l'Irlande et la France a bien du mal sans lui à se qualifier pour le Mondial 2010. Remis sur pied, Ribéry est l'atout majeur des Bleus en Afrique du Sud. Mais troublé par une fâcheuse affaire extra-sportive, il y arrive hors de forme et se brouille avec Gourcuff puis avec le sélectionneur... Bien que faisant la passe décisive à Florent Malouda pour le seul but des Bleus durant la compétition, il en ressort avec une image ternie, écopant de trois matches de suspension pour son rôle actif dans la grève des joueurs à Knysna. Meurtri par ses diverses mésaventures, Ribéry revient en même temps que Patrice Évra, en mars 2011, et reprend une place de titulaire sur le flanc gauche de l'attaque française. Mais il est souvent blessé aussi, et manque le match de la qualification pout l'Euro 2012. Toutefois, il arrive en forme en Ukraine où il joue tous les matches en intégralité. Après cet Euro achevé en quart de finale face à l'Espagne, Didier Deschamps, comme Laurent Blanc à qui il

Franck Ribéry

succède, fait de Ribéry qui rayonne avec le Bayern, un de ses hommes de base en vue de la Coupe du monde 2014. Ribéry sort encore une fois la France de l'ornière, à Gomel cette fois : il égalise deux fois contre la Biélorussie, alors que les Bleus sont menés 1-0 puis 2-1 : sur un penalty qu'il obtient face au gardien et qu'il transforme, puis sur un centre de Mathieu Valbuena. Et en barrage contre l'Ukraine, pris au marquage à l'aller, il se déchaîne au retour pour être directement à l'origine des deux buts marqués par Mamadou Sakho. À 31 ans, Ribéry est partant pour la Coupe du monde au Brésil, avec l'espoir d'effacer celle de 2010 et sa déconvenue de n'avoir pas reçu le Ballon d'or 2013 malgré une année faste. Mais il se blesse au dos dans les premiers jours du stage préparatoire à Clairefontaine et souffre d'une lombalgie. Le sélectionneur jugeant qu'il ne peut être rétabli à temps pour jouer, Ribéry doit renoncer à l'expédition au Brésil. Une cruelle désillusion de plus. Il annoncera la fin de sa carrière internationale ensuite, tout en espérant secrètement être à nouveau convoqué, ce qui n'arrivera pas. Il se contentera de poursuivre sa riche carrière au Bayern jusqu'en 2019.

Matches joués : 2006 15 matches sur 17 ▪ **2007** 9 matches sur 12 ▪ **2008** 9 matches sur 14 ▪ **2009** 8 matches sur 12 ▪ **2010** 7 matches sur 13 ▪ **2011** 8 matches sur 13 ▪ **2012** 14 matches sur 14 ▪ **2013** 10 matches sur 12 ▪ **2014** 1 match sur 15 | **Buts : 2006** 1 ▪ **2007** 1 ▪ **2008** 3 ▪ **2009** 2 ▪ **2012** 4 ▪ **2013** 5 | **Titulaire :** 67 fois sur 81 | **Remplaçant :** 14 fois sur 81 (de Trezeguet, Zidane, Vieira, Wiltord, Malouda 3 fois, Gignac, Henry, Rémy, Gourcuff, Ménez, Sissoko, Valbuena) | **Resté sur le banc :** 1 fois | **Resté en tribune :** 1 fois | **Coupe du monde 2006 :** 7 matches sur 7 | **Championnat d'Europe 2008 :** 3 matches sur 3 | **Coupe du monde 2010 :** 3 matches sur 3 | **Championnat d'Europe 2012 :** 4 matches sur 4 | **Coupe du monde 20014 :** forfait | **Sélectionneurs :** Domenech 48 fois, Blanc 16 fois, Deschamps 17 fois

Pascal Chimbonda

Défenseur, 1 sélection

Né le 21 février 1979 aux Abymes (Guadeloupe)

Première présélection : 27 mai 2006 à Saint-Denis, France - Mexique (1-0)

Unique sélection : 31 mai 2006 à Lens, France - Danemark (2-0)

Dernière présélection : 9 juillet 2006 à Berlin, France - Italie (1-1 ap)

Club : 2005-2006 : Wigan (1 sélection)

Bilan : 1 victoire

Les Guadeloupéens nés sur l'île ne sont pas nombreux à avoir joué en équipe de France. Il y a eu Marius Trésor, puis Luc Sonor, Jocelyn Angloma, Jean-Pierre Cyprien et Lilian Thuram. Le sixième se nomme Pascal Chimbonda, et on l'a moins vu venir que les autres. Après avoir joué au Havre et à Bastia, ce défenseur latéral droit est arrivé en Angleterre, à Wigan en début de saison, et s'est imposé comme un des meilleurs défenseurs du championnat anglais. Mais c'est quand même l'invité surprise de la liste des 23 pour la Coupe du monde 2006. Comme Franck Ribéry, il ne compte aucune sélection, mais contrairement au Marseillais, son nom n'avait été avancé par personne pour aller en Allemagne. Raymond Domenech, qui aurait sans doute songé à Anthony Réveillère s'il n'avait pas été blessé, préfère Chimbonda à François Clerc appelé en mars sans jouer, pour être un remplaçant discret. Il lui fait jouer trois minutes à Lens en fin de match contre le Danemark en guise de préparation et le laisse ensuite tranquillement sur le banc des remplaçants durant tout le Mondial. Malgré deux saisons pleines après la Coupe du monde à Tottenham, Domenech ne le rappellera jamais.

Match joué : 2006 1 match sur 17 | **Titulaire :** 0 fois sur 1 | **Remplaçant :** 1 fois sur 1 (de Sagnol) | **Resté sur le banc :** 9 fois | **Coupe du monde 2006 :** 0 match sur 7 | **Sélectionneur :** Domenech 1 fois

Julien Faubert

Milieu de terrain
1 sélection, 1 but

Né le 1er août 1983 au Havre (Seine-Maritime)

Unique sélection : 16 août 2006 à Sarajevo, Bosnie - France (1-2)

Club : 2006-2007 : Girondins de Bordeaux (1 sélection)

Bilan : 1 victoire

Raymond Domenech doit innover pour le premier match de la saison après la Coupe du monde 2006, au moins pour remplacer numériquement

Zinédine Zidane qui a mis fin à sa carrière. Il pioche dans l'équipe de France Espoirs Julien Faubert, à qui il attribue le n° 10... Le Bordelais, remplaçant au coup d'envoi, entre en jeu à la 70e minute, à la place de Franck Ribéry, et marque le but de la victoire française à la 91e, sur une frappe croisée déviée par un défenseur bosnien (2-1) ! Que de similitudes avec Zidane : formé à Cannes, joueur à Bordeaux, buteur décisif pour sa première sélection alors qu'il est remplaçant... On pense que Faubert vient de réussir une entrée en matière fracassante. Pourtant, quittant Bordeaux pour West Ham en juillet 2007, il se blesse gravement tout de suite et il ne sera jamais revu en Bleu.

Match joué : 2006 1 match sur 17 | **But : 2006** 1 | **Titulaire :** 0 fois sur 1 | **Remplaçant :** 1 fois sur 1 (de Ribéry) | **Resté en tribune :** 1 fois | **Sélectionneur :** Domenech 1 fois

2007

10 nouveaux joueurs 12 matches

6 février : France - Argentine 0-1
24 mars : Lituanie - France 0-1 (QCE)
28 mars : France - Autriche 1-0
2 juin : France - Ukraine 2-0 (QCE)
6 juin : France - Géorgie 1-0 (QCE)
22 août : Slovaquie - France 0-1
8 septembre : Italie - France 0-0 (QCE)
12 septembre : France - Écosse 0-1 (QCE)
13 octobre : Féroé - France 0-6 (QCE)
17 octobre : France - Lituanie 2-0 (QCE)
16 novembre : France - Maroc 2-2
21 novembre : Ukraine - France 2-2 (QCE)

Mathieu Flamini

Milieu de terrain
3 sélections

Né le 7 mars 1984 à Marseille (Bouches-du-Rhône)

Première présélection : 6 février 2007 à Saint-Denis, France - Argentine (0-1)

Première sélection : 16 novembre 2007, à Saint-Denis, France - Maroc (2-2)

Dernière sélection : 10 juillet 2008, à Saint-Denis, France - Serbie (2-1)

Clubs : 2006-2008 : Arsenal FC Londres (2 sélections) ▪ 2008-2009 : AC Milan (1 sélection)

Bilan : 2 victoires, 1 nul

Déjà en vue avant le Mondial 2006, Mathieu Flamini est parti jouer à Arsenal à 20 ans, en 2004, après une demi-saison à Marseille. Il est appelé par Raymond Domenech en début d'année 2007 pour compléter son milieu de terrain après un forfait de Jérémy Toulalan, mais sans l'utiliser. Flamini revient en octobre, toujours sans jouer, puis en novembre et cette fois, il entre en jeu, à la place de Jérôme Rothen, en fin de match, face au Maroc. Flamini fait ensuite partie des 30 présélectionnés pour l'Euro 2008, en Suisse, et dispute le premier match de préparation, contre l'Équateur à Grenoble, en remplaçant Alou Diarra en seconde mi-temps. Mais il n'est finalement pas retenu, comme Landreau, Cissé, Escudé et Mexès, même si le sélectionneur lui dit de se tenir prêt en cas de forfait de Patrick Vieira, ce qui ne se produit pas. Transféré durant l'été au Milan AC, Flamini revient en Bleu en septembre. Sur le banc contre l'Autriche, il remplace Yoann Gourcuff pour la dernière minute du match contre la Serbie et ne sera jamais revu ensuite.

Matches joués : 2007 1 match sur 12 ▪ **2008** 2 matches sur 14 | **Titulaire :** 0 fois sur 3 | **Remplaçant :** 3 fois sur 3 (de Rothen, A. Diarra, Gourcuff) | **Resté sur le banc :** 5 fois | **Resté en tribune :** 2 fois | **Sélectionneur :** Domenech 3 fois

Julien Rodriguez

Défenseur
0 sélection

Né le 11 juin 1978 à Béziers (Hérault)

Unique présélection : 6 février 2007 à Saint-Denis, France - Argentine (0-1)

Club : 2007 : Olympique de Marseille (0 sélection)

Membre de la solide défense monégasque lors de l'épopée qui a conduit le club de la Principauté jusqu'en finale de la Ligue des champions en 2004, Julien Rodriguez vient de rejoindre Marseille en janvier, après un an et demi passé aux Glasgow Rangers. Confronté au forfait de Lilian Thuram, Raymond Domenech l'appelle pour un match amical contre les Argentins, au Stade de France, mais ne lui donne pas l'occasion de jouer, et il ne le rappellera pas ensuite.

Resté sur le banc : 1 fois

Lassana Diarra

Lassana Diarra

Milieu de terrain, 34 sélections

Né le 10 mars 1985 à Paris

Première sélection : 24 mars 2007 à Kaunas, Lituanie - France (0-1)

Dernière sélection : 30 mai 2016 à Nantes, France - Cameroun (3-2)

Clubs : 2006-2007 : Chelsea FC Londres (3 sélections) ▪ 2007 : Arsenal FC Londres (6 sélections) ▪ 2008: Portsmouth FC (7 sélections) ▪ 2009-2012 : Real Madrid(12 sélections) ▪ 2012-2013 : Anzhi Makhachkala ▪ 2014-2015 : Lokomotiv Moscou ▪ 2015-2016 : Olympique de Marseille (6 sélections)

Bilan : 20 victoires, 7 nuls, 7 défaites

Comme Alou Diarra, Lassana Diarra a vite quitté la France pour tenter sa chance à l'étranger, dès 2005 à 20 ans. Milieu de terrain hyperactif au Havre, mû par une ambition dévorante et une instabilité chronique, il a du mal à s'imposer à Chelsea sous la direction de José Mourinho. Mais Raymond Domenech tente l'expérience de le faire débuter en Lituanie pour un match de qualification à l'Euro 2008. Expérience concluante, Diarra ne sort plus du groupe de toute l'année ! En septembre, alors qu'il est passé à Arsenal et que François Clerc comme Willy Sagnol sont indisponibles, Diarra joue arrière droit contre l'Italie et réalise un grand match à San Siro. En début d'année 2008, il rejoint Portsmouth, son troisième club en moins d'un an, et rejoue en milieu de terrain les matches amicaux puis fait logiquement partie des 23 pour l'Euro. Mais en Suisse, Diarra est cantonné au rôle de remplaçant. Il réintègre le onze de départ des Bleus en début de saison suivante, toujours en milieu de terrain. En janvier 2009, il part au Real Madrid et prend une dimension supplémentaire. À Belgrade, en septembre, il réalise une nouvelle prestation de haut vol quand la France réduite à dix après l'expulsion de Lloris dès la 10e minute, se multipliant sur le terrain. Il est alors un poumon et un relais indispensable aux Bleus. Mais il est forfait pour la Coupe du monde en Afrique du Sud, souffrant officiellement d'un mal lié à l'altitude, découvert lors du stage préparatoire de Tignes en mai... Diarra retrouve le maillot bleu après le Mondial, quand Laurent Blanc décide de ne reprendre aucun des 23 sélectionnés de Knysna, mais il ne le rappelle plus ensuite. Didier Deschamps sélectionne Diarra en octobre 2012, mais il déclare forfait pour un mal de dos... On pense qu'on ne le reverra donc jamais d'autant qu'il s'embarque dans des destinations lointaines, jouant dans le championnat russe, à l'Anzhi Makhatchkala puis au Lokomotiv Moscou... Mais comme d'autres, Lassana Diarra fait un retour inattendu. Cinq ans plus tard, Deschamps profite de son retour en France, à Marseille, pour le revoir, à Nice contre l'Arménie en octobre 2015. Il joue ensuite contre l'Allemagne, le jour des terribles attentats de Paris où une ses cousines trouve la mort dans la fusillade du Bataclan. Durement touché par cette tragique disparation, Diarra joue néanmoins le match suivant quatre jours plus tard, à Wembley. Il est titulaire lors des trois premiers matches de l'année 2016 qui préparent l'Euro 2016, en France. Mais il ne dispute que la première mi-temps de celui contre le Cameroun, à Nantes, après lequel il se déclare blessé au genou et forfait pour le championnat d'Europe. Cette fois, à 31 ans, on ne le reverra plus.

Matches joués : 2007 8 matches sur 12 ▪ **2008** 7 matches sur 14 ▪ **2009** 10 matches sur 12 ▪ **2010** 2 matches sur 13 ▪ **2011** - ▪ **2012** - ▪ **2013** - ▪ **2014** - ▪ **2015** 3 matches sur 10 ▪ **2016** 3 matches sur 17 | **Titulaire :** 28 fois sur 34 | **Remplaçant :** 6 fois sur 34 (de Nasri, Makélélé 2 fois, Benzema, Rémy, Cabaye) | **Resté sur le banc :** 9 fois | **Resté en tribune :** 1 fois | **Championnat d'Europe 2008 :** 0 match sur 3 | **Coupe du monde 2010 :** forfait | **Championnat d'Europe 2016 :** forfait | **Sélectionneurs :** Domenech 27 fois, Blanc 1 fois, Deschamps 6 fois

Abou Diaby

Milieu de terrain, 16 sélections, 1 but

Né le 11 mai 1986 à Aubervilliers (Seine-Saint-Denis)

Première sélection : 24 mars 2007, à Kaunas, Lituanie - France (0-1)

Dernière sélection : 7 septembre 2012, à Helsinki, Finlande - France (0-1)

Dernière présélection : 11 septembre 2012, Saint-Denis, France - Biélorussie (3-1)

Club : 2006-2013 : Arsenal FC Londres (16 sélections)

Bilan : 9 victoires, 3 nuls, 4 défaites

Abou Diaby est un surdoué de l'INF Clairefontaine. Passé en suite à Auxerre, il a été enrôlé en 2006 par Arsène Wenger, friand de jeunes talents pour forger ses futures équipes d'Arsenal. Raymond Domenech le fait débuter au même moment que Lassana Diarra, qui a un an de plus que lui. Diaby ne dispute que les deux dernières minutes du match en Lituanie, comptant pour les éliminatoires de l'Euro 2008 mais il est titulaire pour le match amical qui suit contre l'Autriche. On découvre un milieu de terrain longiligne (1,91 m), sobre et technique, mais aussi fragile. Une blessure l'écarte de la suite de la saison, puis une autre... Il ne revient que deux ans plus tard en équipe de France, en mars 2009, mais il n'est pas aligné. Il fait partie du groupe à nouveau en juin et à l'automne, mais il reste sur le banc des remplaçants ou en tribune... Ce n'est finalement qu'en mai 2010 que Diaby peut honorer sa troisième sélection : il vient d'être inscrit sur la liste des 23 pour la Coupe du monde et apparaît en grande forme. Si bien qu'il est titulaire pour le premier match du Mondial, au Cap face à l'Uruguay ainsi qu'aux deux suivants. En Afrique du Sud, Diaby est un des rares Bleus à surnager, mais sans pouvoir éviter le naufrage collectif. Laurent Blanc décide de s'appuyer sur lui dans son équipe en reconstruction après le désastre de Knysna. Diaby forme alors avec Yoann Gourcuff et Alou Diarra un milieu de terrain complémentaire et séduisant. Il participe à la tournée de fin de saison dans les pays de l'Est, Biélorussie, Ukraine, Pologne. Mais, blessé à nouveau la saison suivante, il ne peut pas être sélectionné pour l'Euro 2012. Didier Deschamps après ce championnat d'Europe, le titularise en septembre contre la Finlande pour le premier match de qualification au Mondial 2014. À Helsinki, Diaby marque le but de la victoire française à la 20e minute, sur une passe de Karim Benzema. Mais une nouvelle série de blessures, à la cheville, au mollet, aux adducteurs, au genou, s'abat sur lui, et alors que Paul Pogba s'impose à sa place, cette fois il ne s'en relèvera pas.

Matches joués : 2007 2 matches sur 12 ▪ **2008** - ▪ **2009** - ▪ **2010** 9 matches sur 13 ▪ **2011** 4 matches sur 13 ▪ **2012** 1 match sur 14 | **But : 2012** 1 | **Titulaire :** 9 fois sur 16 | **Remplaçant :** 7 fois sur 16 (de Malouda 3 fois, Gourcuff, M'Vila, Matuidi, Diarra) | **Resté sur le banc :**

Abou Diaby

3 fois | **Resté en tribune :** 12 fois | **Coupe du monde 2010 :** 3 matches sur 3 | **Sélectionneurs :** Domenech 8 fois, Blanc 7 Deschamps 1 fois

Samir Nasri

Attaquant, 41 sélections, 5 buts

Né le 26 juin 1987 à Marseille (Bouches-du-Rhône)

Première présélection : 24 mars 2007, à Kaunas, Lituanie - France (0-1)

Première sélection : 28 mars 2007, à Saint-Denis, France - Autriche (1-0)

Dernière sélection : 15 novembre 2013, à Kiev, Ukraine - France (2-0)

Dernière présélection : 19 novembre 2013, à Saint-Denis, France - Ukraine (3-0)

Clubs : 2006-2008 : Olympique de Marseille (12 sélections) ▪ 2008-2011 : Arsenal FC (11 sélections) ▪ 2011-2013 : Manchester City (18 sélections)

Bilan : 21 victoires, 13 nuls, 7 défaites

C'est la pépite du centre de formation de l'OM. Samir Nasri a 17 ans quand il débute en championnat de France, en septembre 2004. On découvre un brillant manieur de ballon, adroit devant le but, un meneur de jeu de talent. Raymond Domenech le sélectionne dès mars 2007, à 19 ans. Remplaçant en Lituanie, Nasri est titulaire quatre jours plus tard contre l'Autriche, en amical. Il délivre une passe décisive, sur coup franc, pour Karim Benzema en seconde mi-temps : une entrée réussie. Il est donc titulaire les deux matches suivants et, à Auxerre, contre la Géorgie, il inscrit le seul but français du match, c'est peut-être le « nouveau Zidane »... Mais Nasri doit se faire une place en milieu de terrain où Florent Malouda et Franck Ribéry occupent déjà deux places offensives, ce qui le pousse sur le banc des remplaçants pour l'Euro 2008. En Suisse, Nasri entre en fin de match contre la Roumanie, puis il remplace Ribéry, blessé, à la 10e minute du match contre l'Italie, avant d'être sorti un quart d'heure plus tard : le sélectionneur préférant faire entrer à sa place Jean-Alain Boumsong pour compenser l'expulsion d'Éric Abidal. Moins de 30 minutes de jeu seulement pour cet Euro raté par les Bleus, mais un contrat à Arsenal pour se relancer... L'étoile de Nasri pâlit pourtant alors. Il est bien le meneur de jeu des Bleus à la rentrée en Autriche, mais l'équipe de France se rate et il perd sa place au profit de Yoann Gourcuff, le meneur de jeu de Bordeaux qui se révèle alors comme l'étoile montante du football français. Nasri disparaît du groupe après mars 2009 et manque donc la Coupe du monde 2010. Laurent Blanc le récupère en août 2010 quand il décide de composer une équipe de France sans les joueurs qui étaient en Afrique du Sud. Nasri en profite pour reprendre pied dans la sélection, il hérite même du brassard de capitaine au Luxembourg en mars 2011, en l'absence d'Alou Diarra. Ayant quitté Arsenal pour Manchester City, il fortifie son jeu et c'est lui qui assure la qualification de la France pour l'Euro 2012 en obtenant puis en transformant un penalty contre la Bosnie, au Stade de France à un quart d'heure de la fin du match que la France perdait 1-0 depuis la pause. Sur sa lancée, Nasri est titulaire pour le championnat d'Europe en Ukraine. Dans une formation offensive aux côtés de Malouda et Ribéry, derrière Benzema, il égalise pour la France contre l'Angleterre lors du premier match avant la mi-temps. Mais son premier réflexe, au lieu de fêter son but avec ses partenaires, est de régler ses comptes avec la presse qui l'avait critiqué avant ce match, ce qui traduit un état d'esprit étrange. Nasri reste titulaire les matches suivant mais sa prestation décevante contre la Suède à Kiev incite Laurent blanc à le remplacer par un milieu défensif pour le quart de finale. Énervé, après la rencontre dont il a disputé les vingt dernières minutes, Nasri s'en prend grossièrement à un journaliste, ce qui lui vaut après les dérapages de Knysna trois matches de suspension de la part de la Fédération, déjà agacée par la manière virulente avec laquelle il avait participé aux négociations sur les primes de match avant l'Euro... Didier Deschamps ne le sélectionne donc pas après sa prise de fonction en août 2012. Il attend un an pour le rappeler, doutant de son état d'esprit... Il en fait d'abord le suppléant de Dimitri Payet, puis lui donne sa chance en octobre, ce qui le conduit à le titulariser ensuite pour le match aller des barrages pour la Coupe du monde 2014, en Ukraine. Mais à Kiev, Nasri est décevant, et ne finit pas le match, étant remplacé par Mathieu Valbuena à la 80e minute. Le sélectionneur modifiant son dispositif tactique au match retour, Nasri perd sa place. Et celle pour la Coupe du monde avec, car Deschamps mise désormais sur Valbuena puis Griezmann pour animer le jeu offensif des Bleus. Vexé, Nasri se répandra en termes désagréables sur le sélectionneur, coupant ainsi bêtement mais définitivement les ponts avec la sélection.

Matches joués : 2007 7 matches sur 12 ▪ **2008** 7 matches sur 14 ▪ **2009** 1 match sur 12 ▪ **2010** 4 matches sur 13 ▪ **2011** 8 matches sur 13 ▪ **2012** 8 matches sur 14 ▪ **2013** 6 matches sur 12 | **Buts : 2007** 2 ▪ **2011** 1 ▪ **2012** 1 ▪ **2013** 1 | **Titulaire :** 26 fois sur 41 | **Remplaçant :** 15 fois sur 41 (de Ribéry 3 fois, Vieira, Benzema 2 fois, Toulalan, Gourcuff 2 fois, Malouda 2 fois, Cabaye, Payet 2 fois, Guilavogui) | **Resté sur le banc :** 4 fois | **Resté en tribune :** 4 fois | **Championnat d'Europe 2008 :** 2 matches sur 3 | **Championnat d'Europe 2012 :** 4 matches sur 4 | **Capitaine :** 1 fois (20e) | **Sélectionneurs :** Domenech 15 fois, Blanc 20 fois, Deschamps 6 fois

Karim Benzema

Attaquant
87 sélections, 31 buts

Né le 19 décembre 1987 à Lyon (Rhône)

Première présélection : 24 mars 2007 à Kaunas, Lituanie - France (0-1)

Première sélection : 28 mars 2007, à Saint-Denis, France - Autriche (1-0)

Dernière sélection : 28 juin 2021 à Bucarest, France - Suisse (3-3 ap)

Clubs : 2006-2009 : Olympique Lyonnais (24 sélections) ▪ 2009-2021 : Real Madrid (63 sélections)

Bilan : 48 victoires, 23 nuls, 16 défaites

C'est le grand espoir du football lyonnais qui débute en championnat en janvier 2005, à 17 ans. Karim Benzema a tout pour lui : avant-centre très assuré, adroit et fin techniquement, doté d'une belle frappe et d'une grande lucidité devant le but, il est de la lignée des Combin, Di Nallo et Lacombe ses illustres prédécesseurs des années 60 et 70. Raymond Domenech, Lyonnais lui aussi, n'attend pas ses 20 ans pour le sélectionner. Il l'appelle en mars 2007. Laissé en tribune en Lituanie, il débute la seconde mi-temps du match amical qui suit, contre l'Autriche, à la place de Djibril Cissé. Et neuf minutes après, il réceptionne parfaitement un coup franc de Samir Nasri pour inscrire l'unique but du match d'une belle volée placée. C'est l'entrée en matière des grands. Il connaît sa première titularisation en octobre, pour sa sixième sélection, le jour au Thierry Henry marque deux fois contre la Lituanie à Nantes, battant ainsi le record des 41 buts de Michel Platini en équipe de France. Un record qui ne fait pas peur à Benzema tant ses qualités sont grandes... Mais il doit encore se faire une place de titulaire entre Henry et Nicolas Anelka qui sont en place. Sélectionné pour l'Euro 2008, ce n'est pas une réussite. Benzema joue à la place d'Henry pour le premier match, mais il ne réussit rien de bon contre la Roumanie. Il ne joue pas contre les Pays-Bas puis revient titulaire contre l'Italie, associé à Henry, mais sans vraiment réussir à nouveau : comme pour les Bleus, cet Euro est décevant pour lui. Lors de la saison suivante, Benzema est souvent remplaçant, même si son entente avec Franck Ribéry est prometteuse. Titulaire en fin de saison contre le Nigeria, Benzema se fait huer à Saint-Étienne parce qu'il est Lyonnais, et il ne joue qu'une mi-temps. Il a sa revanche trois jours plus tard, à Lyon, en inscrivant le seul but français face la Turquie, sur penalty. Mais il est concurrencé non seulement par Henry et Anelka mais aussi par André-Pierre Gignac, bien qu'il ait été transféré durant l'été au Real Madrid. Benzema reste sur la touche lors des deux matches de barrages contre l'Irlande et perd ainsi sa place pour le Mondial 2010. Laurent Blanc le sélectionne dès la reprise, comme Diarra, Ben Arfa et Nasri, quand il doit former une équipe sans aucun des 23 sélectionnés de l'Afrique du Sud. Benzema avec ses 27 sélections est alors le plus « capé » des Bleus. Henry et Anelka ayant disparu des rangs, il devient le titulaire du poste d'avant-centre, mais avec le n° 10 dans le dos. Benzema marque à Sarajevo le premier but français contre la Bosnie, puis le premier but contre le Luxembourg et le premier contre l'Angleterre en fin d'année, ce qui lui fait 11 buts en 32 matches et clôt le débat sur sa légitimité. Même si un nouveau concurrent arrive, Olivier Giroud, Benzema est l'avant-centre des Bleus pour l'Euro 2012 en Ukraine. Mais il ne marque pas en Ukraine restant alors sur 15 buts en 49 sélections : sa moyenne a baissé, et elle continue à baisser avec Didier Deschamps comme sélectionneur qui lui conserve malgré tout sa place de titulaire contre vents et marées pendant un an. En septembre 2013, Benzema se retrouve sur le banc des remplaçants en Biélorussie, puis contre l'Australie en amical début octobre à Paris. Il n'a alors plus marqué depuis mai 2012, quand il entre à la place de Giroud et score enfin sous les ovations quelque peu ironiques du Parc... Relancé enfin, Benzema marque encore contre la Finlande au match suivant, puis surtout lors du match de barrage retour contre l'Ukraine. Benzema inscrit le deuxième but français la 34e minute, celui qui remet les deux équipes à égalité. Cela lui fait désormais 18 buts au compteur en 64 sélections. Même si marquer n'est pas son seul atout dans le jeu, cela correspond mieux à son standing. Il part donc comme titulaire au Mondial 2014, mais il doit partager un peu la place avec Giroud désormais. Double buteur contre le Honduras au premier match, Benzema est associé à Giroud pour le deuxième. Ils marquent chacun contre la Suisse, mais leur entente n'est pas évidente, Benzema devant se décaler pour laisser l'axe à Giroud qui ne peut pas évoluer autre part... Benzema, qui a aussi manqué un penalty, donné deux passes décisives, et vu un but contre la Suisse refusé par l'arbitre car le temps additionnel était épuisé, reste néanmoins seul titulaire. Dans les dernières minutes de finale contre l'Allemagne au Maracanã de Rio, il a la balle d'égalisation au bout du pied que Manuel Neuer sort magistralement d'une main ferme... Benzema continue d'avoir les faveurs de Deschamps, qui le nomme capitaine en mars 2015 contre le Brésil, en l'absence d'Hugo Lloris blessé. Benzema est donc parti pour être l'avant-centre des Bleus à l'Euro 2016. Mais une sordide affaire de « sextape » vient tout arrêter. Compromis dans une tentative de chantage contre Mathieu Valbuena à l'automne 2015, il n'est plus sélectionné et manque l'Euro pris dans cette affaire qui se judiciarise. Frustré, ne comprenant pas la gravité de la situation, il s'enferme alors dans une paranoïa envers le sélectionneur qu'il traite de raciste par voie de presse. C'est un point de rupture pour Didier Deschamps qui a toujours soutenu Benzema et qui ne le sélectionnera plus jamais. Il s'arrête donc à 81 sélections, comme avant lui Évra, Malouda et Ribéry. Et à 27 buts, très loin finalement du record de Thierry Henry qu'il se voyait pourtant bien battre un jour. Malgré ses belles prestations avec le Real Madrid sous la direction de Zinedine Zidane, il voit les Bleus sans lui aller en finale de l'Euro 2016 puis remporter le Mondial 2018... Mais à la surprise générale, il revient pour l'Euro 2020, décalé à 2021, à 33 ans ! Face à la baisse de régime de Giroud et la blessure de Martial, Deschamps l'incorpore à son groupe de 26 joueurs et en fait le titulaire en pointe dès les matches de préparation. Ses premiers pas entre Griezmann et Mbappé sont prometteurs même s'il ne marque pas (un penalty raté contre le Pays de Galles). Mais durant l'Euro, il se montre plus adroit en étant double buteur contre le Portugal (dont un penalty cette fois transformé) puis la Suisse. Il n'empêche cependant pas l'élimination prématurée de la France en 8e de finale, mais il justifie son retour. Son histoire avec les Bleus n'est décidément pas terminée...

Matches joués : 2007 8 matches sur 12 ▪ **2008** 11 matches sur 14 ▪ **2009** 7 matches sur 12 ▪ **2010** 5 matches sur 13 ▪ **2011** 10 matches sur 13 ▪ **2012** 12 matches sur 14 ▪ **2013** 10 matches sur 12 ▪ **2014** 13 matches sur 15 ▪ **2015** 4 matches sur 10 | **Buts : 2007** 3 ▪ **2008** 2 ▪ **2009** 3 ▪ **2010** 3 ▪ **2011** 2 ▪ **2012** 2 ▪ **2013** 3 ▪ **2014** 7 ▪ **2015** 2 | **Titulaire :** 66 fois sur 80 | **Remplaçant :** 21 fois sur 87 (de Cissé, Anelka 4 fois, Henry, Abidal, Malouda, Ribéry, Luyindula, Gourcuff 2 fois, Gignac 4 fois, Hoarau, Gameiro, Giroud 3 fois, Rémy) | **Resté sur le banc :** 9 fois | **Resté en tribune :** 4 fois | **Capitaine :** 1 fois (78e) | **Championnat d'Europe 2008 :** 2 matches sur 3 | **Championnat d'Europe 2012 :** 4 matches sur 4 | **Coupe du monde 2014 :** 5 matches sur 5 | **Championnat d'Europe 2021 :** 4 matches sur 4 | **Sélectionneurs :** Domenech 27 fois, Blanc 22 fois, Deschamps 38 fois

Karim Benzema

Frédéric Piquionne

Attaquant
1 sélection

Né le 8 décembre 1978 à Nouméa (Nouvelle-Calédonie)

Première présélection : 24 mars 2007 à Kaunas, Lituanie - France (0-1)

Première et unique sélection : 28 mars 2007, à Saint-Denis, France - Autriche (1-0)

Dernière sélection : 17 octobre 2007 à Nantes, France - Lituanie (2-0)

Club : 2007-2008 : AS Monaco (1 sélection)

Bilan : 1 victoire

Passé par Nîmes, Rennes et Saint-Étienne, Frédéric Piquionne est un attaquant du championnat qui, à 28 ans, réussit parfois des très bons matches mais qui a du mal à les enchaîner. Raymond Domenech à court de munitions offensives avec le forfait de Thierry Henry et l'éloignement de David Trezeguet, le fait venir pour les matches de mars 2007 en même temps que Karim Benzema, Samir Nasri et Abou Diaby, qui sont beaucoup plus jeunes que lui. Comme Benzema, Piquionne entre en seconde mi-temps du match amical contre l'Autriche, à la place de Diaby. Il joue un quart d'heure, trop peu pour se montrer efficacement. Pourtant, il est rappelé en octobre, à la suite cette fois du forfait de Nicolas Anelka, mais sans jouer et ce sera la dernière fois. En 2012, Frédéric Piquionne jouera avec la sélection de Martinique, l'île de ses origines.

Match joué : 2007 1 match sur 12 | **Titulaire :** 0 fois sur 1 | **Remplaçant :** 1 fois sur 1 (Diaby) | **Resté sur le banc :** 2 fois | **Sélectionneur :** Domenech 1 fois

Bacary Sagna

Bacary Sagna

Défenseur
65 sélections

Né le 14 mai 1983 à Sens (Yonne)

Première présélection : 6 juin 2007 à Saint-Denis, France - Géorgie (1-0)

Première sélection : 22 août 2007 à Trnava, Slovaquie - France (0-1)

Dernière sélection : 7 octobre 2016 à Saint-Denis, France - Bulgarie (4-1)

Clubs : 2006-2007 : AJ Auxerre (0 sélection) ▪ 2007-2014 : Arsenal FC Londres (42 sélections) ▪ 2014-2016 : Manchester City (23 sélections)

Bilan : 36 victoires, 15 nuls, 13 défaites

Willy Sagnol blessé, le poste d'arrière droit commence à faire débat. Raymond Domenech a titularisé le Lyonnais François Clerc à sa place, mais il suit de près l'Auxerrois Bacary Sagna. Il le fait venir pour les matches de juin 2007, dont un à Auxerre. C'est le 20e joueur de l'AJA appelé en équipe de France depuis Jean-Marc Ferreri en 1982, mais, il n'entre pas en jeu. Capté pendant l'été par Arsenal, comme avant lui Mathieu Flamini, Abou Diaby et Samir Nasri, Sagna a l'occasion de jouer en août, en remplaçant Clerc contre la Slovaquie en match amical. Il est titularisé pour la première fois en octobre, le jour où les Bleus arrivent deux heures avant le coup d'envoi aux Féroé, retardés par des problèmes d'avion. Sagnol revenant ensuite, Sagna n'est pas retenu dans les 30 présélectionnés pour l'Euro 2008. Mais après ce championnat d'Europe qui marque la fin de la carrière de Sagnol et de Clerc, Sagna reprend le poste de latéral droit comme titulaire indiscutable. Il dispute ainsi tous les matches du Mondial 2010 en Afrique du Sud. Un temps concurrencé par Antony Réveillère, Sagna récupère son poste la saison suivante avant de se fracturer la jambe en octobre 2011 puis en mai 2012, ce qui le prive de l'Euro. Didier Deschamps le relance en février 2013, en concurrence avec Christophe Jallet et Mathieu Debuchy. Le Nordiste prend alors le dessus sur Sagna qui est sa doublure au Mondial 2014. Sagna ne joue que le troisième match du premier tour, contre l'Équateur à Salvador de Bahia. Mais il revient à son meilleur niveau après la Coupe du monde, alors qu'il a migré vers Manchester City. Il enchaîne à nouveau les matches et est titulaire pour l'Euro 2016 en France où il joue cette fois l'intégralité des sept rencontres de la France. Après ce championnat d'Europe, Deschamps mise sur Djibril Sidibé au poste d'arrière droit. Sagna, qui a 32 ans, rejoue une fois en octobre, contre la Bulgarie. Il concède un penalty en début de match, donne une passe décisive à Kevin Gameiro et doit quitter le terrain sur blessure pour finir. Cette fois, on ne le reverra plus en Bleu.

Matches joués : 2007 2 matches sur 12 ▪ **2008** 4 matches sur 14 ▪ **2009** 10 matches sur 12 ▪ **2010** 10 matches sur 13 ▪ **2011** 6 matches sur 13 ▪ 2012 - ▪ **2013** 6 matches sur 12 ▪ **2014** 7 matches sur 15 ▪ **2015** 8 matches sur 10 ▪ **2016** 11 matches sur 17 | **Titulaire :** 59 fois sur 65 | **Remplaçant :** 6 fois sur 65 (de Clerc, Debuchy 3 fois, Jallet 2 fois) | **Resté sur le banc :** 19 fois | **Resté en tribune :** 5 fois | **Coupe du monde 2010 :** 3 matches sur 3 | **Coupe du monde 2014 :** 1 match sur 5 | **Championnat d'Europe 2016 :** 7 matches sur 7 | **Sélectionneurs :** Domenech 23 fois, Blanc 9 fois, Deschamps 32 fois

Jimmy Briand

Attaquant
5 sélections

Né le 2 aout 1985 à Vitry-sur-Seine (Val-de-Marne)

Première présélection : 2 juin 2007 à Saint-Denis, France - Ukraine (2-0)

Première sélection : 10 octobre 2008 à Constanta, Roumanie - France (2-2)

Dernière sélection : 15 août 2012 au Havre, France - Uruguay (0-0)

Clubs : 2006-2010 : Stade Rennais (3 sélections) ▪ 2010-2013 : Olympique Lyonnais (2 sélections)

Bilan : 1 victoire, 3 nuls, 1 défaite

Issu de l'INF Clairefontaine, une année avant Abou Diaby, Jimmy Briand est un attaquant séduisant à Rennes. Pas un chasseur de but, mais un joueur altruiste qui permet à ses partenaires de briller. En juin 2007, il est le premier attaquant du Stade Rennais sélectionné depuis Robert Rico en 1970... Raymond Domenech le laisse en tribune, mais il ne le perd pas de vue. Après l'Euro 2008, il l'invite à nouveau, pour les matches d'octobre. Cette fois, Briand entre en jeu contre la Roumanie à Constanta, puis contre la Tunisie au Stade de France. Même chose en novembre, face à l'Uruguay. Sur le banc de touche à nouveau face à l'Argentine en début d'année 2009, Domenech s'apprête à titulariser Briand contre la Lituanie, à Kaunas, en match qualification pour le Mondial 2010 quand il se blesse gravement au genou lors d'un entraînement de fin de journée à Clairefontaine... Un gros coup dur dans sa carrière. Briand retrouve néanmoins son niveau et fait partie des 30 présélectionnés pour le Mondial 2010, en compagnie de deux autres Rennais, Rod Fanni et Yann M'Vila. Mais comme ses deux coéquipiers, il n'est pas dans les 23 finalement retenus pour aller en Afrique du Sud. Après avoir été transféré à l'été 2010 à Lyon, il fait partie de la première équipe mise sur pied par Laurent Blanc, en amical à Oslo. Mais il n'est pas rappelé ensuite. Il fait aussi partie de la première équipe alignée deux ans plus tard par Didier Deschamps, au Havre, face à l'Uruguay. Une fois encore, il entre en cours de match, mais là non plus il ne sera pas revu ensuite.

Matches joués : 2007 - ▪ **2008** 3 matches sur 14 ▪ **2009** - ▪ **2010** 1 match sur 13 ▪ **2011** - ▪ **2012** 1 match sur 14 | **Titulaire :** 0 fois sur 5 | **Remplaçant :** 5 fois sur 5 (de Ribéry, Gourcuff, Henry, Nasri, Valbuena) | **Resté sur le banc :** 2 fois | **Resté en tribune :** 4 fois | **Sélectionneurs :** Domenech 3 fois, Blanc 1 fois, Deschamps 1 fois

Hatem Ben Arfa

Attaquant
15 sélections, 2 buts

Né le 7 mars 1987 à Clamart (Hauts-de-Seine)

Première sélection : 12 octobre 2007 à Tórshavn, Féroé - France (0-6)

Dernière sélection : 17 novembre 2015 à Wembley, Angleterre - France (2-0)

Clubs : 2007-2008 : Olympique Lyonnais

(6 sélections) ▪ 2008-2010 : Olympique de Marseille (2 sélections) ▪ 2011-2014 : Newcastle United (5 sélections) ▪ 2015-2016 : OGC Nice (2 sélections)

Bilan : 8 victoires, 4 nuls, 3 défaites

Avec Karim Benzema, Lyon possède un autre joyau : Hatem Ben Arfa. C'est un phénomène identifié depuis l'INF Clairefontaine. De la même génération qu'Abou Diaby, les clubs se sont battus pour le prendre dans leur centre de formation. C'est donc l'OL qui l'a obtenu en 2002. Parfois étincelant en championnat où il a débuté en août 2004, Ben Arfa est en équipe de France Espoirs, quand Louis Saha se blesse et Raymond Domenech le fait passer directement en « A » pour le déplacement aux Îles Féroé d'octobre 2007. Un voyage mouvementé, le brouillard empêchant les Bleus d'arriver sur les îles la veille du match. L'avion de l'équipe de France se pose seulement deux heures avant le début de la rencontre, Ben Arfa remplace Franck Ribéry à la 63e minute et marque le dernier des six buts français, à la 93e minute : comme dans un rêve... Ben Arfa participe du coup aux quatre matches suivants, comme remplaçant. En mai 2008, il fait partie des 30 présélectionnés pour l'Euro en Suisse. Il est titularisé pour la première fois contre l'Équateur en match de préparation à Grenoble. Mais il ne termine pas le match et est évincé de la liste des 23, au profit de Bafetimbi Gomis à qui il a donné une balle de but pour sa première sélection ! Domenech reprend Ben Arfa, qui joue à Marseille désormais, pour un match amical contre la Tunisie, le pays de son père, en octobre 2008, où il joue la seconde mi-temps à la place de Ribéry. Mais il ne le rappelle plus ensuite avant mars 2010, comme remplaçant toujours, avant de l'inclure dans sa liste des 30 pour le Mondial 2010. Et comme en 2008, Ben Arfa fait partie des sept exclus, en compagnie de Mickaël Landreau... Après la Coupe du monde, Laurent Blanc, qui se passe des joueurs ayant été en Afrique du Sud, fait appel à Ben Arfa. Il entre après la pause et ouvre tout de suite le score d'une superbe frappe tendue. Mais la France est battue en Norvège (2-1), il se blesse gravement avec Newcastle et presque tous les « mondialistes » revenant ensuite, Ben Arfa disparaît à nouveau des listes, jusqu'en mai 2012. Cette fois, Ben Arfa fait enfin partie des 23 sélectionnés pour l'Euro. En Ukraine, il fait une entrée en jeu, contre l'Angleterre puis est titulaire contre la Suède à Kiev. Mais sa prestation est insuffisante et son implication mise en doute. Il disparaît donc du paysage de l'équipe de France. Didier Deschamps fait réapparaître Ben Arfa à l'automne 2015 quand il est revenu en France et brille avec Nice. Il joue la fin de match contre l'Allemagne le soir des attentats de Paris, puis la première mi-temps contre l'Angleterre quatre jours après à Wembley. Un retour pas exactement sans lendemain car il figure ensuite dans la liste des « réservistes » pour l'Euro 2016. Mais comme en 2008 et 2010, il ne participera pas à la compétition. Ses performances déclinantes ensuite à Paris ou à Rennes, ne lui permettront pas de retrouver les Bleus.

Matches joués : 2007 4 matches sur 12 ▪ **2008** 3 matches sur 14 ▪ **2009** - ▪ **2010** 1 match sur 13 ▪ **2011** - ▪ **2012** 5 matches sur 14 ▪ **2013** - ▪ **2014** - ▪ **2015** 2 matches sur 10 | **Buts : 2007** 1 ▪ **2010** 1 | **Titulaire :** 4 fois sur 15 | **Remplaçant :** 11 fois sur 15 (de Ribéry 3 fois, L. Diarra, Govou, Vieira, Sissoko, Malouda 2 fois, Nasri, Griezmann) | **Resté sur le banc :** 4 fois | **Championnat d'Europe 2012 :** 2 matches sur 4 | **Championnat d'Europe 2016 :** réserviste | **Sélectionneurs :** Domenech 7 fois, Blanc 6 fois, Deschamps 2 fois

2008

9 nouveaux joueurs
14 matches

6 février : Espagne - France 0-1
26 mars : France - Angleterre 1-0
28 mai : France - Équateur 2-0
31 mai : France - Paraguay 0-0
3 juin : France - Colombie 1-0
9 juin : France - Roumanie 0-0 (CE)
13 juin : France - Pays-Bas 1-4 (CE)
17 juin : France - Italie 0-2 (CE)
20 août : Suède - France 2-3
6 septembre : Autriche - France 3-1 (QCM)
10 septembre : France - Serbie 2-1 (QCM)

11 octobre : Roumanie - France 2-2 (QCM)
14 octobre : France - Tunisie 3-1
19 novembre : France - Uruguay 0-0

Steve Mandanda

Gardien de but
34 sélections

Né le 28 mars 1985 à Kinshasa (Zaïre)

Première sélection : 11 novembre 2020 à Saint-Denis, France - Finlande (0-2)

Dernière sélection : 28 juin 2021 à Bucarest, France - Suisse (3-3 ap)

Dernière présélection : 25 mars 2019 à Saint-Saint-Denis, France - Islande (4-0)

Clubs : 2007-2016 : Olympique de Marseille (22 sélections) ▪ 2016-2017 : Crystal Palace Londres (2 sélections) ▪ 2017-2021 : Olympique de Marseille (10 sélections)

Bilan : 22 victoires, 6 nuls, 6 défaites

Palmarès : Champion du monde 2018

Formé au Havre, Steve Mandanda (23 ans) est un gardien performant à Marseille depuis le début de la saison, alors il est convoqué parmi les 30 présélectionnés pour l'Euro 2004 et Raymond Domenech lui fait disputer la seconde mi-temps du match de préparation contre l'Équateur, à Grenoble. À la surprise générale, Mandanda est maintenu dans les 23, et c'est Mickaël Landreau qui est sorti du groupe... Mandanda est donc le troisième gardien au championnat d'Europe en Suisse, derrière Grégory Coupet et Sébastien Frey. Ceux-ci s'effaçant après l'Euro, le Marseillais devient n° 1 en début de saison suivante, avec comme nouveau n° 2, le gardien de Lyon, Hugo Lloris. Mais celui-ci lui prend la place dès août 2009, pour ne plus la lâcher pendant plus de dix ans ! Mandanda entame alors la plus longue carrière de doublure de l'histoire de l'équipe de France. Bien que toujours performant avec l'OM, il doit se contenter de jouer un ou deux matches par saison, quand Lloris est blessé ou mis au repos. Car les successeurs de Domenech, Laurent Blanc en 2010, puis Didier Deschamps en 2012, ne changent pas l'ordre établi. Mandanda est ainsi sélectionné pour le Mondial 2010, l'Euro 2012 et l'Euro 2016 sans jouer. Blessé lors de la dernière journée de championnat en 2014, il manque le Mondial au Brésil... Conscient du calvaire qu'il endure depuis dix ans sur le banc, lors de la Coupe du monde 2018, Lloris et Deschamps lui laissent disputer le troisième match du premier tour, contre le Danemark à Moscou (0-0). Son seul match de phase finale en cinq compétitions, mais qui lui permet d'être pleinement associé au titre de champion du monde 2018. Encore dans le groupe la saison suivante il est écarté pour les derniers matches de juin au profit de la nouvelle vague, Lecomte et Maignan. La blessure de Lloris à l'automne 2019 le relance, et il joue les quatre derniers matches de l'année, sans encombre. Mais il reste le n° 2 des Bleus jusqu'à l'Euro 2021, malgré quelques présences manquées à cause du Covid-19 en 2020. Et il établit un incroyable record : 113 matches passés sur le banc de touche.

Matches joués : 2008 6 matches sur 14 ▪ **2009** 6 matches sur 12 ▪ **2010** 1 match sur 13 ▪ **2011** 1 match sur 13 ▪ **2012** 1 match sur 14 ▪ **2013** 1 match sur 12 ▪ **2014** 3 matches sur 15 ▪ **2015** 2 matches sur 10 ▪ **2016** 3 matches sur 17 ▪ **2017** 2 matches sur 11 ▪ **2018** 2 matches sur 18 ▪ **2019** - | **Titulaire :** 32 fois sur 34 | **Remplaçant :** 2 fois sur 28 (de Frey, Gignac) | **Resté sur le banc :** 113 fois | **Resté en tribune :** 2 fois | **Capitaine :** 2 fois (14e et 34e) | **Championnat d'Europe 2008 :** 0 match sur 3 | **Coupe du monde 2010 :** 0 match sur 3 | **Championnat d'Europe 2012 :** 0 match sur 4 | **Coupe du monde 2014 :** forfait | **Championnat d'Europe 2016 :** 0 match sur 7 | **Coupe du monde 2018 :** 1 match sur 7 | **Championnat d'Europe 2021 :** 0 match sur 4 | **Sélectionneurs :** Domenech 13 fois, Blanc 2 fois, Deschamps 13 fois

Steve Mandanda

Bafetimbi Gomis

Attaquant
12 sélections, 3 buts

Né le 6 août 1985 à La Seyne-sur-Mer (Var)

Première sélection : 24 mai 2008, à Grenoble, France-Équateur (2-0)

Dernière sélection : 9 juin 2013, à Porto Alegre, Brésil-France (3-0)

Clubs : 2007-2009 : AS Saint-Étienne (4 sélections) ▪ 2009-2013 : Olympique Lyonnais (8 sélections)

Bilan : 5 victoires, 3 nuls, 4 défaites

Comme Franck Ribéry en 2006, c'est l'invité surprise pour le championnat d'Europe 2008. Auteur d'une bonne saison en championnat à Saint-Étienne (16 buts en 35 matches), Bafetimbi Gomis est sélectionné in extremis dans les 30 pour l'Euro, dont est écarté David Trezeguet, et dispute le match de préparation à Grenoble contre l'Équateur. Entrant en seconde mi-temps à la place de Djibril Cissé Gomis inscrit les deux buts français : une frappe dans la lucarne (59e), et un ciseau acrobatique (86e) ! Un double coup d'éclat, plus vu depuis Zidane en 1994 et avant lui Marco Molitor en 1970. Du coup Domenech le laisse dans les 23, au détriment de Cissé ! Mais le joker du sélectionneur ne fonctionne pas. En Suisse, lors de ses deux entrées en cours de match, face à la Roumanie et les Pays-Bas, Gomis n'est pas au niveau, et il n'est pas rappelé après l'Euro. Ce n'est qu'en août 2009, alors qu'il vient d'arriver à Lyon, qu'il retrouve le groupe de l'équipe de France, et il n'entre en jeu que contre l'Autriche en octobre. Gomis ne fait pas partie des 30 présélectionnés pour le Mondial 2010. Laurent Blanc le sort de l'oubli international en octobre 2011, pour la venue de l'Albanie au Stade de France. Il est même titulaire pour la première fois, en profitant d'un forfait de Karim Benzema. Mais Gomis ne fait pas partie des 23 pour l'Euro 2012 ensuite. Didier Deschamps compte davantage sur lui. Il le prend dans sa première liste en août 2012, et l'y garde jusqu'à la fin de l'année. Après avoir remplacé Olivier Giroud, Gomis en profite pour marquer le but de la victoire à Parme contre l'Italie en amical, en se jetant pour dévier un tir trop croisé de Patrice Évra. Gomis fait aussi partie de la tournée de fin de saison en Amérique du Sud, mais qui est un échec sportif, ce qui n'amènera pas le sélectionneur à faire de nouveau appel à lui.

Bafetimbi Gomis

Matches joués : 2008 4 matches sur 14 ▪ **2009** 1 match sur 12 ▪ **2010** - ▪ **2011** 1 match sur 13 ▪ **2012** 4 matches sur 14 ▪ **2013** 2 matches sur 12 | **Buts : 2008** 2 ▪ **2012** 1 | **Titulaire :** 1 fois sur 12 | **Remplaçant :** 11 fois sur 12 (de Cissé, Henry, Anelka, Malouda, Benzema, Giroud 3, Ribéry, Chantôme, Cabaye) | **Resté sur le banc :** 7 fois | **Resté en tribune :** 2 fois | **Championnat d'Europe 2008 :** 2 matches sur 3 | **Sélectionneurs :** Domenech 5 fois, Blanc 1 fois, Deschamps 6 fois

Hugo Lloris

Gardien de but
129 sélections

Né le 26 décembre 1986 à Nice (Alpes-Maritimes)

Première présélection : 20 août 2008, à Göteborg, Suède-France (2-3)

Première sélection : 19 novembre 2008 à Saint-Denis, France - Uruguay (0-0)

Dernière sélection : 28 juin 2021 à Bucarest, France - Suisse (3-3 ap)

Clubs : 2008-2012 : Olympique Lyonnais (38 sélections) ▪ 2012-2021 : Tottenham Hotspurs Londres (91 sélections)

Bilan : 77 victoires, 30 nuls, 22 défaites

Palmarès : Champion du monde 2018

En passant de Nice à Lyon durant l'été 2008, Hugo Lloris montre son ambition nationale. Il ne tarde pas à montrer son ambition internationale en intégrant alors l'équipe de France, comme second gardien derrière Steve Mandanda. Lloris joue le dernier match de l'année, au Stade de France face à l'Uruguay et prend ses marques (0-0). Il dispute aussi le dernier match de la saison, à Gerland, son stade lyonnais face à la Turquie (1-0). Et dès lors Raymond Domenech décide de miser sur lui. Lloris dispute les premiers matches de la saison suivante comme titulaire. À Belgrade, il se fait expulser sévèrement pour une faute sur l'attaquant Serbe Nikola Zigic dès la 10e minute. C'est la première fois que la France perd son gardien sur un carton rouge... Mais Lloris retrouve sa place après un match de suspension et réalise à Dublin une prestation exceptionnelle face à l'Irlande qui permet à la France de s'imposer 1-0 en barrage aller pour la Coupe du monde 2010. Battu par Robbie Keane au retour, Lloris tient bon néanmoins la qualification arrachée en prolongation dans le tumulte d'une faute de main de Thierry Henry non sanctionnée. Lloris reste le titulaire pour le Mondial en Afrique du Sud où il assiste impuissant au naufrage collectif des Bleus. Laurent Blanc ne change pas d'avis à son égard, il est le gardien indiscutable des Bleus. Alou Diarra absent, il en fait son capitaine pour un match amical contre l'Angleterre à Wembley, en novembre 2010. L'idée semble saugrenue tant Lloris apparaît discret, voire effacé dans le groupe. Mais l'idée fait son chemin. À l'automne 2011, après avoir remplacé trois fois encore Diarra au capitanat, il est nommé capitaine de façon permanente en vue de l'Euro 2012. Petit à petit son autorité se dessine, ses performances étant égales dans les buts, personne ne songe à la remettre en cause, même s'il a des mots avec Jérémy Ménez pendant un match en Ukraine. Lloris est un rempart sûr et fiable, comme l'ont été avant lui Joël Bats et Fabien Barthez, ne manquant jamais en rendez-vous. Il arrive ainsi aux 50 sélections en septembre 2012. Il vient alors de tenter un nouveau défi, celui de s'imposer en Angleterre, un championnat qui ne fait pas la part belle aux gardiens en général... Mais Lloris s'impose rapidement avec Tottenham, dont il porte aussi le brassard de capitaine au fil du temps. Lloris est donc le gardien indétrônable des Bleus au Mondial 2014 puis à l'Euro 2016. Lors de ce championnat d'Europe disputé en France, il sauve plusieurs fois son équipe, contre l'Irlande en 8e de finale à Lyon, puis contre l'Allemagne en demi-finale à Marseille en mettant en échec les attaquants allemands, encore des performances de haute volée. Il ne peut malheureusement pas ensuite empêcher Eder de marquer en finale, lors de la prolongation face au Portugal qui coûte le titre de champion d'Europe aux Bleus, lors de sa 82e sélection. Lloris égale les 87 sélections de Barthez en mars 2017 et bat le record pour un gardien dans les buts de l'équipe de France, à Rennes, en match amical contre le Paraguay (5-0). Lloris qui n'a quasiment pas commis d'erreur jusque-là, en commet une au match suivant, en Suède, au cours d'un match qualificatif pour le Mondial 2010. En voulant relancer rapidement en fin de match, il envoie le ballon sur Ola Toivonen qui marque depuis le rond central dans le but vide. Une erreur qu'il assume sans se défiler. Il tient sa revanche un an plus tard, au cours de la Coupe du monde en Russie. Alors qu'il a atteint les 100 sélections contre le Pérou à Ekaterinbourg, Lloris réalise des arrêts exceptionnels en quart de finale face à l'Uruguay à Nijni-Novgorod et en demi-finale contre la Belgique à Saint-Pétersbourg. La France lui doit sa qualification pour la finale. Un match étrange à Moscou, où les Bleus, ballottés par moments par les Croates, mènent 1-4 à la 65e minute... Sur un nuage, déconcentré par ce titre fabuleux qui arrive, Lloris commet une bourde face à Mario Mandzukić qui réduit l'écart à 2-4. Qu'importe, une demi-heure plus tard, c'est bien lui qui reçoit dans ses mains la Coupe du monde alors qu'une pluie d'orage monumentale noie le stade Loujniki. Sa 104e sélection est forcément la plus belle. Ayant battu depuis longtemps le record de capitanat de Didier Deschamps, Lloris est lancé désormais à la poursuite du record de sélections Lilian Thuram, mais sans le chercher véritablement. Une grave blessure à l'épaule, survenue en club à l'automne 2019, le freine un peu, mais ne remet pas en cause son leadership en Bleu. Ayant retrouvé son niveau sans soucis, il enchaîne donc avec l'Euro 2021 pour de nouveaux records, dont celui d'avoir été 105 fois capitaine des Bleus... En 8e de finale, on pense qu'il sauve la France en détournant un penalty qui aurait donné deux buts d'avance aux Suisses... Mais finalement il n'a fait que retarder l'échéance, ne pouvant réaliser un autre exploit lors de la séance de tirs au but fatale aux Bleus.

Matches joués : 2008 1 match sur 14 ▪ **2009** 7 matches sur 12 ▪ **2010** 11 matches sur 13 ▪ **2011** 11 matches sur 13 ▪ **2012** 13 matches sur 14 ▪ **2013** 11 matches sur 12 ▪ **2014** 11 matches sur 15 ▪ **2015** 7 matches sur 10 ▪ **2016** 13 matches sur 17 ▪ **2017** 9 matches sur 11 ▪ **2018** 14 matches sur 18 ▪ **2019** 4 matches sur 5 | **Titulaire :** 129 fois sur 112 | **Resté sur le banc :** 21 fois | **Resté en tribune :** 3 fois | **Expulsion :** 1 fois | **Capitaine :** 105 fois (19e, 26e-129e) | **Coupe du monde 2010 :** 3 matches sur 3 | **Championnat d'Europe 2012 :** 4 matches sur 4 | **Coupe du monde 2014 :** 5 matches sur 5 | **Championnat d'Europe 2016 :** 7 matches sur 7 | **Coupe du monde 2018 :** 6 matches sur 7 | **Championnat d'Europe 2021 :** 4 matches sur 4 | **Sélectionneurs :** Domenech 14 fois, Blanc 23 fois, Deschamps 92 fois

Yoann Gourcuff

Milieu de terrain
31 sélections, 4 buts

Né le 11 juillet 1986 à Ploemeur (Morbihan)

Première sélection : 20 août 2008 à Göteborg, Suède - France (2-3)

Dernière sélection : 5 juin 2013 à Montevideo, Uruguay - France (1-0)

Dernière présélection : 9 juin 2013 à Porto Alegre, Brésil - France (3-0)

Clubs : 2008-2010 : Girondins de Bordeaux (22 sélections) ▪ 2010-2013 : Olympique Lyonnais (9 sélections)

Bilan : 16 victoires, 8 nuls, 7 défaites

Formé au Stade Rennais qui n'a pas su le retenir, Yoann Gourcuff après deux saisons passées au Milan AC, est en train de réaliser un beau retour en France avec Bordeaux, comme meneur de jeu, à 22 ans. Raymond Domenech décide donc de le voir dès le début de la saison 2008-09. Il ne joue qu'une minute en Suède, puis vingt en Autriche pour le début des éliminatoires du Mondial 2010, et se retrouve titulaire contre la Serbie à Saint-Denis en septembre, associé à Jérémy Toulalan et Sidney Govou en milieu de terrain. Un mois plus tard, à Constanta, Gourcuff est de nouveau titulaire contre la Roumanie. Il sert Franck Ribéry pour le premier but français et inscrit le second d'une superbe frappe sous la barre ! De plus en plus performant avec Bordeaux, le Breton enchaîne les matches avec les Bleus, alliant son jeu avec celui de Ribéry. Champion de France 2009 avec Bordeaux, il est devenu la nouvelle star du football français, ce qui agace quelque peu certains de ses partenaires... Sa sûreté technique et sa sobriété sur le terrain ne se démentent pas la saison suivante, tout comme sa faculté d'analyse, ce qui commence aussi à susciter quelques jalousies. Sélectionné pour la Coupe du monde 2010, Gourcuff est titulaire au Cap pour le premier match face à l'Uruguay, mais son entente avec Anelka et Ribéry est déficiente et Florent Malouda termine le match à sa place. Gourcuff est remisé sur le banc de touche au match suivant. De nouveau titulaire contre l'Afrique du Sud, il se fait expulser à Bloemfontein, à la 26e minute, pour un coup de coude maladroit... Après ce Mondial catastrophique, Laurent Blanc qui l'a dirigé pendant deux ans à Bordeaux, s'appuie sur lui alors qu'il vient d'être transféré à prix d'or à Lyon. Après avoir remplacé Samir Nasri, Gourcuff inscrit le second but français contre la Roumanie en octobre, sur une passe de Dimitri Payet. Puis le second également contre le Luxembourg, quatre jours plus tard, toujours servi par Payet. Mais blessé en fin de saison, il perd sa place. Blanc le rappelle néanmoins au printemps 2012, pour être dans sa pré-liste de 26 joueurs pour l'Euro en Ukraine. Mais Gourcuff est sorti des 23, avec Mapou Yanga-Mbiwa et Loïc Rémy. Didier Deschamps s'intéresse à lui l'automne suivant et l'emmène dans la tournée de fin de saison en Amérique du Sud. Il est titulaire au Centenario de Montevideo, face l'Uruguay, mais il réalise une prestation en demi-teinte. Sur le banc de

Yoann Gourcuff

touche contre le Brésil ensuite, il ne parviendra plus à revenir en équipe de France car victime de blessures à répétition qui mineront définitivement sa carrière, malgré une tentative de rebond à Rennes en 2015.

Matches joués : 2008 6 matches sur 14 ▪ **2009** 10 matches sur 12 ▪ **2010** 9 matches sur 13 ▪ **2011** 3 matches sur 13 ▪ **2012** 2 matches sur 14 ▪ **2013** 1 match sur 12 | **Buts : 2008** 1 ▪ **2010** 2 ▪ **2011** 1 | **Titulaire :** 25 fois sur 31 | **Remplaçant :** 6 fois sur 31 (de Toulalan, Sagna, Benzema, Nasri 2 fois, Valbuena) | **Resté sur le banc :** 2 fois | **Expulsion :** 1 fois | **Coupe du monde 2010 :** 2 matches sur 3 | **Sélectionneurs :** Domenech 22 fois, Blanc 7 fois, Deschamps 2 fois

Gaël Clichy

Défenseur
20 sélections

Né le 26 juillet 1985 à Toulouse (Haute-Garonne)

Première présélection : 20 août 2008 à Göteborg, Suède - France (2-3)

Première sélection : 10 septembre 2008 à Saint-Denis, France - Serbie (2-1)

Dernière sélection : 11 octobre 2013 à Paris, France - Australie (6-0)

Dernière présélection : 19 novembre 2013 à Saint-Denis, France - Ukraine (3-0)

Clubs : 2008-2011 : Arsenal FC Londres (10 sélections) ▪ 2011-2013 : Manchester City (10 sélections)

Bilan : 11 victoires, 4 nuls, 5 défaites

Le poste d'arrière gauche est tenu par Patrice Évra et Éric Abidal, mais le forfait de ce dernier donne l'occasion à Gaël Clichy de venir une première fois en août, puis de jouer en septembre.
Formé à Cannes, en même temps que Julien Faubert, Clichy fait partie du contingent français d'Arsenal depuis 2003. Il se pose en remplaçant pendant deux saisons et parvient à se faire inscrire dans la liste des 23 sélectionnés pour la Coupe du monde 2010. C'est lui qui remplace Évra, mis sur la touche, pour le dernier match de la France, à Bloemfontein contre l'Afrique du Sud. Clichy continue à remplacer Évra après le Mondial, mais doit retourner sur le banc quand l'ex-capitaine des Bleus revient après ses six matches de suspension en début d'année 2011. Parti d'Arsenal pour Manchester City, comme le feront ensuite Bacary Sagna et Samir Nasri, Clichy joue par intermittence en Bleu, mais il est dans les 23 pour l'Euro 2012. En Ukraine, il remplace Évra dès le deuxième match et termine la compétition titulaire. Mais avec l'arrivée de Didier Deschamps comme sélectionneur, Évra repasse devant Clichy qui enquille à nouveau les places sur le banc des remplaçants. Il est encore dans le groupe qui dispute les barrages contre l'Ukraine en novembre 2013, mais il perd ensuite sa place de remplaçant au profit du Parisien Lucas Digne et n'est pas sélectionné pour le Mondial 2014 ni pour l'Euro 2016.

Matches joués : 2008 2 matches sur 14 ▪ **2009** 1 match sur 12 ▪ **2010** 6 matches sur 13 ▪ **2011** 2 matches sur 13 ▪ **2012** 5 matches sur 14 ▪ **2013** 4 matches sur 12 | **Titulaire :** 18 fois sur 20 | **Remplaçant :** 2 fois sur 20 (d'Évra 2 fois) | **Resté sur le banc :** 25 fois | **Resté en tribune :** 3 fois | **Coupe du monde 2010 :** 1 match sur 3 | **Championnat d'Europe 2012 :** 3 matches sur 4 | **Sélectionneurs :** Domenech 5 fois, Blanc 10 fois, Deschamps 5 fois

Rod Fanni

Défenseur
5 sélections

Né le 6 décembre 1981 à Martigues (Bouches-du-Rhône)

Première présélection : 20 août 2008, à Göteborg, Suède - France (2-3)

Première sélection : 14 octobre 2008, à Saint-Denis, France - Tunisie (3-1)

Dernière sélection : 11 août 2010, à Oslo, Norvège - France (2-1)

Dernière présélection : 15 octobre 2013, à Saint-Denis, France - Finlande (3-0)

Clubs : 2008-2011 : Stade Rennais (5 sélections) ▪ 2011-2013 : Olympique de Marseille (0 sélection)

Bilan : 2 victoires, 1 nul, 2 défaites

Arrivé à Rennes en 2007 en provenance de Nice, Rod Fanni s'est affirmé comme un arrière droit appliqué et régulier. Il fait partie avec Hugo Lloris, Yoann Gourcuff et Gaël Clichy des quatre nouveaux venus en début de saison 2008-09. Une blessure de Bacary Sagna en octobre lui donne l'occasion de jouer deux matches titulaire, contre la Tunisie et l'Uruguay. En compagnie de Jimmy Briand : c'est la première fois que deux Rennais sont en équipe de France depuis Jean-Claude Lavaud et Louis Cardiet en 1967... Sagna reprend ensuite sa place, mais Fanni reste dans le groupe qui se qualifie pour la Coupe du monde 2010. Présent parmi les 30 présélectionnés, il a la mauvaise surprise d'être sorti de la liste finale des 23, Raymond Domenech lui préférant Anthony Réveillère et Marc Planus... Absent à Knysna donc, Rod Fanni peut jouer le match de reprise en août 2010, en Norvège, sur les ordres de Laurent Blanc. Mais Sagna et Réveillère reprennent leur place après et il disparaît des listes. Didier Deschamps le rappelle à l'automne 2013. Fanni, qui évolue désormais à l'OM, fait partie du groupe lors des barrages contre l'Ukraine pour la qualification à la Coupe du monde 2014. Mais il reste en tribune et est devancé par Bacary Sagna et Mathieu Debuchy pour aller au Brésil.

Matches joués : 2008 2 matches sur 14 ▪ **2009** 2 matches sur 12 ▪ **2010** 1 match sur 13 ▪ **2011** - ▪ **2012** - ▪ **2013** - | **Titulaire :** 5 fois sur 5 | **Resté sur le banc :** 11 fois | **Resté en tribune :** 10 fois | **Sélectionneurs :** Domenech 4 fois, Blanc 1 fois, Deschamps 0 fois

Rod Fanni

Florent Sinama-Pongolle

Attaquant, 1 sélection

Né le 20 octobre 1984 à Saint-Pierre (la Réunion)

Première présélection : 11 octobre 2008 à Constanta, Roumanie - France (2-2)

Unique sélection : 14 octobre 2008 à Saint-Denis, France - Tunisie (3-1)

Club : 2008-2009 : Atlético de Madrid (1 sélection)

Bilan : 1 victoire

Meilleur joueur du championnat du monde des 17 ans en 2001, remporté par la France à Port-au-Prince, en Haïti, Florent Sinama-Pongolle est le seul « Bleuet » à vraiment confirmer. C'est un talent offensif original et créatif, un attaquant qui sort de l'ordinaire. Raymond Domenech l'avait fait venir en mars en équipe « A' », il le fait venir en « A » en octobre alors que Nicolas Anelka est forfait. À 24 ans, Sinama-Pongolle qui est le deuxième Réunionnais seulement en Bleu après Laurent Robert en 1999, est passé de club en club depuis ses débuts : Le Havre, Liverpool, Blackburn, Huelva et maintenant Atlético de Madrid. Sur le banc en Roumanie, il remplace Karim Benzema à la 69e minute contre la Tunisie, en amical, quatre jours plus tard. Mais on ne le reverra jamais alors qu'il continuera son tour mondial des clubs : Sporting Lisbonne, Saragosse, Saint-Étienne, Rostov, Chicago, Lausanne, Dundee et en Thaïlande pour finir en 2018.

Match joué : 2008 1 match sur 14 | **Titulaire :** 0 fois sur 1 | **Remplaçant :** 1 fois sur 1 (de Benzema) | **Resté en tribune :** 1 fois | **Sélectionneur :** Domenech 1 fois

Yohann Pelé

Gardien de but
0 sélection

Né le 4 novembre 1982 à Brou-sur-Chantereine (Seine-et-Marne)

Première présélection : 14 octobre 2008 à Saint-Denis, France - Tunisie (3-1)

Dernière présélection : 19 novembre 2008 à Saint-Denis, France - Uruguay (0-0)

Club : 2008-2009 : Le Mans

Avec Steve Mandanda n° 1 et Hugo Lloris n° 2, Raymond Domenech tient l'avenir de l'équipe de France au poste de gardien. Lloris indisponible pour le deuxième match d'octobre, il fait appel à Yohann Pelé, le gardien du Mans, dont l'envergure est impressionnante (1,96 m). C'est la première fois qu'un Manceau est appelé en équipe de France. Il revient le mois suivant, comme troisième gardien. Mais ce sera ensuite le tour du Toulousain Cédric Carrasso de venir et Yohann Pelé, miné par de graves ennuis de santé, ne sera plus appelé.

Resté sur le banc : 2 fois

Steve Savidan

Attaquant, 1 sélection

Né le 29 juin 1978 à Angers (Maine-et-Loire)

Unique sélection : 19 novembre 2008 à Saint-Denis, France - Uruguay (0-0)

Club : 2008-2009 : SM Caen (1 sélection)

Bilan : 1 nul

Steve Savidan a 30 ans et baroudé en attaque dans des clubs de National puis de Ligue 2, Angers, Châteauroux, Ajaccio, Beauvais, Angoulême, Valenciennes. Mais il flambe en cette fin d'année 2008 en Ligue 1 avec Caen, après avoir découvert l'élite avec Valenciennes les deux saisons précédentes. Alors, après un forfait de Nicolas Anelka, Raymond Domenech décide de donner une chance à Savidan qui devient le troisième international caennais, après Fabrice Divert et Xavier Gravelaine. Il joue la seconde mi-temps du match amical contre l'Uruguay, au Stade France, et se procure quelques occasions mais ne parvient pas à marquer. Dommage, car il ne sera jamais rappelé ensuite. D'autant que devant être transféré l'été suivant à Monaco, on lui décèlera une anomalie cardiaque qui l'obligera à stopper sa carrière.

Match joué : 2008 1 match sur 14 | **Titulaire :** 0 fois sur 1 | **Remplaçant :** 1 fois sur 1 (d'Anelka) | **Sélectionneur :** Domenech 1 fois

2009

9 nouveaux joueurs

12 matches

11 février : France - Argentine 0-2
28 mars : Lituanie - France 0-1 (QCM)
1er avril : France - Lituanie 1-0 (QCM)
2 juin : France - Nigeria 0-1
5 juin : France - Turquie 1-0
12 août : Féroé - France 0-1 (QCM)
5 sept : France - Roumanie 1-1 (QCM)
9 septembre : Serbie - France 1-1 (QCM)
10 octobre : France - Féroé 5-0 (QCM)
14 octobre : France - Autriche 3-1 (QCM)
14 novembre : Eire - France 0-1 (QCM)
18 novembre : France - Eire 1-1 ap (QCM)

Cédric Carrasso

Gardien de but, 1 sélection

Né le 30 décembre 1981 à Avignon (Vaucluse)

Première présélection : 11 février 2009 à Marseille, France - Argentine (0-2)

Unique sélection : 9 juin 2011 à Varsovie, Pologne - France (0-1)

Dernière présélection : 23 juin 2012 à Donetsk, France - Espagne (0-2)

Clubs : 2008-2009 : Toulouse FC (0 sélection) ▪ 2009-2012 : Girondins de Bordeaux (1 sélection)

Bilan : 1 victoire

Après Yohann Pelé, au tour de Cédric Carrasso d'être testé comme troisième gardien. Le portier Toulousain a croisé les Bleus en 2003, déjà lors d'un match de Marseille contre les « anciens de 98 », au cours duquel il s'est gravement blessé au genou ! Alors en surpoids, il s'est reconstruit et est devenu un bon spécialiste du poste en France. Il a succédé à Fabien Barthez à l'OM mais l'arrivée de Steve Mandanda l'a poussé à partir à Toulouse. Il devient rapidement un habitué des stages de Clairefontaine et, sans avoir jamais joué avec les Bleus, il prend place parmi les 23 pour le Mondial 2010, au détriment de Mickaël Landreau. Mais il se blesse à la cuisse lors d'un entraînement à Knysna, avant le troisième match, et doit rentrer en France un peu avant ses camarades. Laurent Blanc le conserve comme troisième gardien et lui permet de jouer le dernier match amical de la saison 2010-11, à Varsovie contre la Pologne. Cédric Carrasso effectue toute la saison suivante à nouveau comme troisième gardien des Bleus, jusqu'à l'Euro 2012 en Ukraine. Avec l'arrivée de Didier Deschamps en août 2012, il devient le n° 4, car Landreau remonte en n° 3 et il ne sera plus sélectionné.

Match joué : 2009 - ▪ **2010** - ▪ **2011** 1 match sur 13 ▪ **2012** - | **Titulaire :** 1 fois sur 1 | **Resté sur le banc :** 24 fois | **Resté en tribune :** 18 fois | **Coupe du monde 2010 :** 0 match sur 2 | **Championnat d'Europe 2012 :** 0 match sur 4 | **Sélectionneurs :** Domenech 0 fois, Blanc 1 fois

Mouhamadou Dabo

Défenseur, 0 sélection

Né le 28 novembre 1986 à Dakar (Sénégal)

Unique présélection : 11 février 2009, à Marseille, France - Argentine (0-2)

Club : 2008-2009 : AS Saint-Étienne

Convoité comme beaucoup de « binationaux » par son pays d'origine, le Sénégal, Mahamadou Dabo, international Espoirs, est convoqué en « A » par Raymond Domenech en début d'année. Le sélectionneur veut lui signifier qu'il compte sur lui dans l'avenir, alors que Gaël Clichy et Julien Escudé sont blessés. Mais il ne le fait pas jouer, et ne le rappellera jamais ensuite.

Resté sur le banc : 1 fois

André-Pierre Gignac

Attaquant
35 sélections, 7 buts

Né le 5 décembre 1985 à Martigues (Bouches-du-Rhône)

Première présélection : 28 mars 2009 à Kaunas, Lituanie - France (0-1)

Première sélection : 1er avril 2009, à Saint-Denis : France - Lituanie (1-0)

Dernière sélection : 10 octobre 2016, à Amsterdam : Pays-Bas - France (0-1)

Clubs : 2008-2010 : Toulouse FC (16 sélections) ▪ 2010-2015 : Olympique de Marseille (5 sélections) ▪ 2015-2017 : Tigres de Monterrey (14 sélections)

Bilan : 21 victoires, 8 nuls, 6 défaites

Comme Steve Savidan, on ne pense pas qu'André-Pierrée Gignac puisse avoir la carrure d'un international. Et lorsque le sélectionneur avance son nom un soir de match de Lorient à Paris en 2008, on croit à une boutade... À tort, car Raymond Domenech le convoque pour les matches de mars 2009, afin de compenser l'absence de Nicolas Anelka. Dans les tribunes à Kaunas, Gignac, devenu Toulousain en début de saison, débute au match retour quatre jours plus tard, en remplaçant Péguy Luyindula qui termine là sa carrière internationale. Celle de Gignac ne fait que commencer. Pour sa première titularisation, il sort l'équipe de France de l'impasse aux Îles Féroé, en inscrivant le seul but du match, d'une frappe en pivot sur un service de Florent Malouda. Gignac garde sa place de titulaire pour les trois matches suivants. S'il doit quitter prématurément le terrain à Belgrade, pour permettre à Steve Mandanda de remplacer Hugo Lloris expulsé, il a son heure de gloire à Guingamp, en octobre, en inscrivant les deux premiers des cinq buts français au Roudourou contre les Féroé. Buteur encore contre l'Autriche, d'une belle frappe enroulée, il dénote avec le style plus technique de Thierry Henry et Nicolas Anelka, mais il apporte une fraîcheur et un enthousiasme qui font parfois défaut aux deux anciens de Clairefontaine. Il forme avec eux la ligne d'attaque française lors des matches de barrage pour le Mondial 2010, contre l'Irlande en novembre. Gignac a gagné ainsi son ticket pour le Mondial en Afrique du Sud. Mais l'expédition tourne au cauchemar avec la grève de Knysna qu'il subit, comme quelques autres. C'est lui qui remplace Anelka, sorti de l'équipe par Domenech à la mi-temps du match contre le Mexique à Polokwane. Une entrée imprévue et précipitée ce qui fait qu'il met du temps à être vraiment dans le match... Titulaire contre les Sud-Africains à Bloemfontein ensuite, il ne joue que la première mi-temps pour laisser entrer Florent Malouda alors que les Bleus sont réduits à dix après l'expulsion de Yoann Gourcuff. Après ce désastre médiatico-sportif, Gignac transféré à Marseille, n'est pas appelé par Laurent Blanc.

Mais Didier Deschamps le relance trois ans plus tard, à Tbilissi contre la Géorgie, sans suite. Par contre, il le rappelle pour les matches d'octobre 2014. Il est même titulaire en Arménie et transforme à Erevan un penalty, son premier but en bleu depuis cinq ans. Gignac redevient ainsi un possible recours au poste d'avant-centre après le duo Olivier Giroud-Karim Benzema. Ce dernier s'excluant de l'équipe de France à cause du scandale du chantage à la « sextape », Gignac réapparaît alors qu'il vient de partir jouer à Monterrey, au Mexique ! Mais la traversée de l'Atlantique ne lui fait pas peur, pas plus qu'à Deschamps qui l'inscrit dans sa liste des 23 pour l'Euro, de préférence à Kevin Gameiro et Alexandre Lacazette. À 30 ans, André-Pierre Gignac dispute sa seconde grande compétition. Il n'est titulaire que contre la Suisse, au premier tour, mais il remplace Giroud pour toutes les fins de match ensuite. En finale, à quelques secondes de la fin du temps réglementaire, il a la balle de match au bout du pied, mais le poteau gauche du gardien portugais repousse sa tentative... Un loupé qui lui gâche ses vacances et que trois derniers matches disputés encore à l'automne 2016 avec les Bleus n'effacent pas. Il se consacrera ensuite pendant plusieurs saisons à sa carrière mexicaine, très réussie... Au point d'être appelé en juin 2021 pour encadrer la jeune équipe de France envoyée au Japon pour les Jeux olympiques !

André-Pierre Gignac

Matches joués : 2009 10 matches sur 12 ▪ **2010** 6 matches sur 13 ▪ **2011** - ▪ **2012** - ▪ **2013** 1 match sur 12 ▪ **2014** 4 matches sur 15 ▪ **2015** 2 matches sur 10 ▪ **2016** 12 matches sur 17 | **Buts : 2009** 4 ▪ **2014** 1 ▪ **2015** 1 ▪ **2016** 1 | **Titulaire :** 12 fois sur 35 | **Remplaçant :** 23 fois sur 35 (de Luyindula, Anelka 3 fois, Benzema 3 fois, Henry, Ribéry 2 fois, Govou, Lacazette, Giroud 9 fois, Gameiro 2 fois) | **Resté sur le banc :** 4 fois | **Resté en tribune :** 1 fois | **Coupe du monde 2010 :** 3 matches sur 3 | **Championnat d'Europe 2016 :** 5 matches sur 7 | **Sélectionneurs :** Domenech 16 fois, Deschamps 19 fois

Adil Rami

Défenseur
36 sélections, 1 but

Né le 27 décembre 1985 à Bastia (Corse)

Première présélection : 28 mars 2009 à Kaunas, Lituanie - France (0-1)

Première sélection : 11 août 2010, à Oslo, Norvège - France (2-1)

Dernière sélection : 20 novembre 2018 à Saint-Denis, France - Uruguay (1-0)

Clubs : 2008-2011 : Lille OSC (11 sélections) ▪ 2011-2014 : Valence CF (15 sélections) ▪ 2014-2015 : AC Milan ▪ 2015-2017 : FC Séville (7 sélections) ▪ 2017-2019 : Olympique de Marseille (3 sélections)

Bilan : 23 victoires, 8 nuls, 6 défaites

Palmarès : Champion du monde 2018

Comme André-Pierre Gignac, voilà un joueur qu'on n'a pas vu venir. Adil Rami qui n'est pas passé par un centre de formation, a été déniché à Fréjus par Lille en 2006 où il s'impose comme un défenseur central solide. Raymond Domenech l'intègre à son groupe pour les matches de mars, palliant ainsi le forfait de Jean-Alain Boumsong. Il ne le rappelle plus ensuite avant de l'inclure dans sa liste de 30 présélectionnés pour la Coupe du monde 2010. Mais Rami est retiré de la liste finale des 23, comme Fanni, Briand, Ben Arfa et Landreau. Laurent Blanc se souvient de lui, quand il doit rebâtir l'équipe de France qui s'est autodétruite en Afrique du Sud. Rami fait donc équipe avec Philippe Mexès en défense centrale et il aligne dix titularisations consécutives ! Il dispute logiquement les quatre matches de la France à l'Euro 2012 en Ukraine, portant son total de sélections à 24 en moins de deux ans. Parti à Valence en 2011, Rami a pris une dimension supplémentaire, mais Didier Deschamps ne le sélectionne pas avant le début d'année 2013, car Rami est concurrencé par Laurent Koscielny, Raphaël Varane et Mamadou Sakho, sans oublier Éric Abidal qui est un temps de retour. Du coup, Rami n'est pas sélectionné pour le mondial 2014. Passé par le Milan AC et le FC Séville, Rami bénéfice du forfait de Sakho juste avant l'Euro 2016 pour intégrer in extremis la liste des 23. Il dispute les trois matches de préparation comme titulaire, puis les quatre premiers de l'Euro avant d'être suspendu et remplacé en quart de finale par Samuel Umtiti, qui conserve ensuite la place. Rami reste sur le banc des remplaçants la saison suivante, mais aussi dans le groupe où sa bonne humeur est appréciable. Il fait donc partie des 23 pour la Coupe du monde 98 alors qu'il évolue à Marseille depuis le début de saison. En Russie, Adil Rami n'a pas l'occasion de jouer, ce qui ne l'empêche pas de recevoir comme les autres la médaille des champions du monde le soir de la finale à Moscou. À 34 ans, il est rappelé jusqu'à la fin de l'année par Deschamps et peut honorer une 34e sélection, au Stade de France face à l'Uruguay, la dernière.

Matches joués : 2009 - ▪ **2010** 6 matches sur 13 ▪ **2011** 10 matches sur 13 ▪ **2012** 8 matches sur 14 ▪ **2013** 2 matches sur 12 ▪ **2014** - ▪ **2015** - ▪ **2016** 7 matches sur 17 ▪ **2017** - ▪ **2018** 3 matches sur 18 | **But : 2012** 1 | **Titulaire :** 33 fois sur 36 | **Remplaçant :** 3 fois sur 36 (de Kaboul, Mexès, Koscielny) | **Resté sur le banc :** 34 fois | **Resté en tribune :** 2 fois | **Championnat d'Europe 2012 :** 4 matches sur 4 | **Championnat d'Europe 2016 :** 4 matches sur 7 | **Coupe du monde 2018 :** 0 match sur 7 | **Sélectionneurs :** Domenech 0 fois, Blanc 24 fois, Deschamps 12 fois

Adil Rami

Loïc Rémy

Attaquant
30 sélections, 7 buts

Né le 2 janvier 1987 à Rilleux-le-Pape (Rhône)

Première présélection : 28 mars 2009, à Kaunas, Lituanie - France (1-0)

Première sélection : 2 juin 2009, à Saint-Étienne, France - Nigeria (0-1)

Dernière sélection : 14 octobre 2014, à Erevan, Arménie - France (0-3)

Clubs : 2008-2010 : OGC Nice (2 sélections) ▪ 2010-2012 : Olympique de Marseille (15 sélections) ▪ 2013-2013 : Queen's Park Rangers (1 sélection) ▪ 2013-2014 : Newcastle United (9 sélections) ▪ 2014-2015 : Chelsea FC Londres (3 sélections)

Bilan : 16 victoires, 9 nuls, 5 défaites

Grand espoir lyonnais, il a été devancé par Karim Benzema et Hatem Ben Arfa et a dû migrer à Nice pour éclore à son tour. Attaquant talentueux, Loïc Rémy est appelé par Raymond Domenech en mars et débute en juin, à Saint-Étienne, dans une attaque où il a un peu de mal à se situer entre Benzema, Franck Ribéry et Nicolas Anelka. Rémy doit se contenter ensuite de bancs de touche en début de saison et n'est pas concerné par la Coupe du monde 2010. Laurent Blanc fait par contre appel à lui. Néo-Marseillais, il n'est titulaire que lors de ses deux premiers matches. Contre la Roumanie, après avoir remplacé Mathieu Valbuena à la 68e minute, Rémy ouvre le score à la 83e minute en s'échappant sur une balle en profondeur. Mais il demeure un remplaçant le reste de la saison. En l'absence de Benzema, Rémy est de nouveau titulaire en octobre 2011 et marque contre l'Albanie. Il conserve sa place d'avant-centre contre la Bosnie pour le match qui qualifie la France à l'Euro 2012. Il est bien dans la présélection de 26 joueurs ensuite pour aller en Ukraine en juin, mais blessé il doit renoncer au championnat d'Europe. Parti en Angleterre, Rémy refait surface au printemps 2013, toujours comme remplaçant, puis à l'automne. Il est titulaire à Kiev lors du barrage aller contre l'Ukraine pour aller au Mondial 2014, sur le flanc droit de l'attaque française, mais la France battue (2-0), il regagne la touche pour le match retour. Néanmoins, le sélectionneur lui garde sa confiance pour le Mondial et il fait partie des 23 au Brésil. Il entre en fin de match face l'Équateur, puis contre l'Allemagne en quart de finale, sans pouvoir peser sur le destin de l'équipe de France. Loïc Rémy reste à l'automne dans le groupe qui prépare l'Euro 2016, étant titulaire en Serbie et en Arménie, où il marque son septième but international. Mais en manque de temps de jeu à Chelsea, il ne sera plus convoqué ensuite.

Matches joués : 2009 1 match sur 12 ▪ **2010** 5 matches sur 13 ▪ **2011** 11 matches sur 13 ▪ **2012** - ▪ **2013** 4 matches sur 12 ▪ **2014** 9 matches sur 15 | **Buts : 2010** 1 ▪ **2011** 3 ▪ **2014** 3 | **Titulaire :** 13 fois sur 30 | **Remplaçant :** 17 fois sur 30 (de Valbuena 4 fois, Hoarau, Benzema, Menez 2 fois, Diaby, N'Zogbia, Ribéry, Nasri, Griezmann 4 fois, Cabaye) | **Resté sur le banc :** 14 fois | **Resté en tribune :** 3 fois | **Coupe du monde 2014 :** 2 matches sur 5 | **Sélectionneurs :** Domenech 1 fois, Blanc 16 fois, Deschamps 13 fois

Guillaume Hoarau

Attaquant
5 sélections

Né le 5 mars 1984, à Saint-Louis (La Réunion)

Première présélection : 29 mars 2009 à Kaunas (Lituanie-France)

Première sélection : 11 août 2010 à Oslo, Kaunas, Lituanie - France (1-0)

Dernière sélection : 9 juin 2011 à Varsovie, Pologne - France (0-1)

Dernière présélection : 10 août 2011 à Montpellier, France - Chili (1-1)

Club : 2008-2012 : Paris SG (5 sélections)

Bilan : 3 victoires, 2 défaites

Après Florent Sinama-Pongolle, un autre attaquant réunionnais se voit ouvrir les portes de l'équipe de France. Guillaume Hoarau, formé au Havre comme lui et Alou Diarra, Lassana Diarra, Steve Mandanda, est un avant-centre grand et fin (1,92 m) au bon jeu de tête que vient d'engager la Paris SG. Comme pour André-Pierre Gignac, Raymond Domenech veut le voir de plus près en l'absence de Nicolas Anelka, mais il ne le fait pas jouer contre la Lituanie, contrairement au Toulousain. Et il l'oublie ensuite. Mais Laurent Blanc, lui, est content de pouvoir le lancer après le Mondial 2010, puisqu'il se prive des Mondialistes de Knysna. Hoarau joue en duo avec Loïc Rémy deux matches, mais doit ensuite laisser la place à Karim Benzema qui est d'un autre calibre. Hoarau fait malgré tout partie de la tournée de fin de saison dans les pays de l'Est, mais face la concurrence de Benzema, Kevin Gameiro, puis bientôt celle d'Olivier Giroud, il ne reviendra plus. Il fera ensuite une longue carrière en Suisse, aux Young Boys de Berne.

Matches joués : 2009 - ▪ **2010** 4 matches sur 13 ▪ **2011** 1 match sur 13 | **Titulaire :** 4 fois sur 5 | **Remplaçant :** 1 fois sur 5 (de Gourcuff) | **Resté sur le banc :** 5 fois | **Resté en tribune :** 3 fois | **Sélectionneurs :** Domenech 0 fois, Blanc 5 fois

Aly Cissokho

Défenseur
1 sélection

Né le 15 septembre 1987 à Blois (Loir-et-Cher)

Première présélection : 12 août 2009 à Tórshavn, Féroé - France (0-1)

Unique sélection : 11 août 2010, à Oslo, Norvège - France (2-1)

Club : 2009-2011 : Olympique Lyonnais (1 sélection)

Bilan : 1 défaite

Pour l'expédition des Féroé en août 2009, alors que les championnats ont à peine repris, Raymond Domenech fait appel au défenseur lyonnais Aly Cissokho pour compléter sa liste en cas de défection. Mais il reste dans les tribunes du champêtre stade Tórsvollur, de même lors des matches de barrage contre l'Irlande, et il n'est pas appelé pour la Coupe du monde. Après ce Mondial, Laurent Blanc qui doit construire une équipe sans les « mutins de Knysna ». Installe Cissokho comme arrière gauche, à la place d'Évra. Une expérience guère concluante, et c'est Gaël Clichy qui reprend le ensuite le rôle, Cissokho retrouvant une place en tribune avant de disparaître définitivement.

Match joué : 2009 - ▪ **2010** 1 match sur 13 | **Titulaire :** 1 fois sur 1 | **Resté sur le banc :** 1 fois | **Resté en tribune :** 5 fois | **Sélectionneurs :** Domenech 0 fois, Blanc 1 fois

Moussa Sissoko

Milieu de terrain
71 sélections, 2 buts

Né le 16 août 1989 au Blanc-Mesnil (Seine-Saint-Denis)

Première sélection : 10 octobre 2009, à Guingamp, France - Féroé (5-0)

Dernière sélection : Dernière sélection : 28 juin 2021 à Bucarest, France - Suisse (3-3 ap)

Clubs : 2009-2013 : Toulouse FC (6 sélections) ▪ 2013-2016 : Newcastle United (38 sélections) ▪ 2016-2021 : Tottenham Hotspurs Londres (27 sélections)

Bilan : 46 victoires, 12 nuls, 13 défaites

Moussa Sissoko commence à faire parler de lui à Toulouse. Grand, rapide, puissant, il peut jouer milieu de terrain offensif ou défensif. Raymond Domenech le lance en cours de match contre les Féroé à Guingamp puis le titularise contre l'Autriche. Sissoko est sur banc des remplaçants lors du barrage contre l'Irlande, puis contre l'Espagne en début d'année 2010, mais il ne figure pas parmi les 30 présélectionnés pour la Coupe du monde en Afrique du Sud. Laurent Blanc, obligé de ratisser large pour faire une équipe sans les Mondialistes sud-africains, le place dans son premier onze de départ, en Norvège. Mais il le remplace dès la pause par Ben Arfa et ne le rappelle plus ensuite. C'est Didier Deschamps qui se penche plus sérieusement sur le cas Sissoko, en octobre 2012 alors qu'il tâtonne encorne pour composer son milieu de terrain. Il le titularise contre le Japon, puis le fait entrer en Espagne où il contribue à renverser le cours du match (1-1). Sissoko devient un joker intéressant pour le sélectionneur qui le fait entrer souvent en fin de rencontre. Il fait donc partie des 23 sélectionnés pour le Mondial 2014. Au Brésil, Sissoko est titulaire contre la Suisse et inscrit le cinquième but français d'une belle frappe après un service sur mesure de Karim Benzema. Il participe aux autres matches, sauf au quart de finale, perdu à Rio contre l'Allemagne. Son crédit a augmenté, et il est inclus désormais systématiquement dans les listes. Sissoko, qui évolue le plus souvent comme milieu droit, a sa place dans les 23 pour l'Euro 2016. Il est titulaire au troisième match, contre la Suisse, puis contre l'Islande en quart de finale où il réussit une grosse prestation qui lui permet de rester titulaire en demi et en finale, terminant l'Euro comme l'un des meilleurs joueurs de la compétition, fort désormais de 44 sélections. Passé à la fin de l'été de Newcastle à Tottenham, où il rejoint Hugo Lloris, Sissoko conserve sa place pendant une saison. Mais l'émergence de jeunes talents que sont Ousmane Dembélé et Kylian Mbappé incite le sélectionneur à revoir ses plans, ce dont Sissoko fait les frais, disparaissant des listes à l'automne 2017. Il figure seulement dans celle des « suppléants » avant le Mondial 2018, sans être appelé... Mais Deschamps ne l'oublie pas, et il le réintègre dans son groupe pour les deux derniers matches de l'année, où il entre en jeu à la place de Matuidi puis à celle de Griezmann. Et toujours performant avec Tottenham, avec qui il dispute la finale de la Ligue des champions, il revient tout au long de l'année 2019 puis 2020 et 2021 et cette fois, il ne manque pas le train pour l'Euro. Mais il n'y fait que deux entrées discrètes en fin de match, contre le Portugal puis la Suisse, à la place de Griezmann, sans influer sur le destin des Bleus.

Matches joués : 2009 2 matches sur 12 ▪ **2010** 1 match sur 13 ▪ **2001 - ▪ 2012** 3 matches sur 14 ▪ **2013** 7 matches sur 12 ▪ **2014** 14 matches sur 15 ▪ **2015** 7 matches sur 10 ▪ **2016** 16 matches sur 17 ▪ **2017** 3 matches sur 11 ▪ **2018** 2 matches sur 18 ▪ **2019** 3 matches sur 5 | **Buts : 2014** 1 ▪ **2017** 1 | **Titulaire :** 34 fois sur 58 | **Remplaçant :** 37 fois sur 71(de Toulalan, Capoue, Matuidi 3 fois, Benzema, Ribéry, Cabaye 3 fois, Rémy, Pogba 7 fois, Valbuena 2 fois, Payet 2 fois, Griezmann 5 fois, Schneiderlin, Kanté, Coman 2 fois, Dembélé, Giroud, Ndombele 2 fois, Tolisso 2 fois) | **Resté sur le banc :** 22 fois | **Coupe du monde 2014 :** 4 matches sur 5 | **Championnat d'Europe 2016 :** 7 matches sur 7 | **Coupe du monde 2018 :** réserviste | **Championnat d'Europe 2021 :** matches 2 sur 4 | **Sélectionneurs :** Domenech 2 fois, Blanc 1 fois, Deschamps 68 fois

Nicolas Douchez

Gardien de but
0 sélection

Né le 22 avril 1980 à Rosny-sous-Bois (Seine-Saint-Denis)

Première présélection : 10 octobre 2009, à Guingamp, France - Féroé (5-0)

Dernière présélection : 11 août 2010, à Oslo, Norvège - France (2-1)

Club : 2009-2011 : Stade Rennais

Formé à Toulouse, Nicolas Douchez est monté à Rennes pour progresser en 2008. Il bénéficie d'une présélection en octobre 2009 quand Raymond Domenech installe l'équipe de France une semaine en Bretagne, en stage d'oxygénation à Perros-Guirec, avant de jouer contre les Îles Féroé à Guingamp. Mais dans une équipe où cohabitent déjà trois autres gardiens que sont Hugo Lloris, Steve Mandanda et Cédric Carrasso, les chances de Douchez de jouer sont maigres et il reste en tribune. Laurent Blanc songe à lui en août suivant. Privé des trois gardiens du Mondial 2010, il reprend Douchez pour son premier match en Norvège, mais comme n°2 derrière Stéphane Ruffier. Le retour de Lloris et Mandanda dès le match suivant lui bouchera alors définitivement l'horizon.

Resté sur le banc : 1 fois | **Resté en tribune :** 2 fois

2010

15 nouveaux joueurs
13 matches

3 mars : France - Espagne 0-2
26 mai : France - Costa Rica 2-1
30 mai : Tunisie - France 1-1
4 juin : France - Chine 0-1
11 juin : France - Uruguay 0-0 (CM)
17 juin : France - Mexique 0-2 (CM)
22 juin : Afrique du Sud - France 2-1 (CM)
11 août : Norvège - France 2-1
3 sept : France - Biélorussie 0-1 (QCE)
7 septembre : Bosnie - France 0-2 (QCE)
9 octobre : France - Roumanie 2-0 (QCE)
12 oct : France - Luxembourg 2-0 (QCE)
18 novembre : Angleterre - France 1-2

Michaël Ciani

Défenseur
1 sélection

Né le 6 avril 1984 à Paris

Unique sélection : 3 mars 2010, à Saint-Denis, France - Espagne (0-2)

Club : 2009-2010 : Girondins de Bordeaux (1 sélection)

Bilan : 1 défaite

Révélé par le FC Lorient comme André-Pierre Gignac, Michaël Ciani est un défenseur central puissant que Bordeaux a recruté à l'été 2009. William Gallas forfait, Raymond Domenech décide de le voir à l'œuvre, pour le premier match amical de l'année, au Stade de France, à trois mois de la Coupe du monde. Mais devant l'Espagne championne d'Europe, Ciani associé à Julien Escudé, passe une très mauvaise soirée face à David Villa, Cesc Fabregas et Iniesta, et il ne sera jamais rappelé.

Match joué : 2010 1 match sur 13 | **Titulaire :** 1 fois sur 1 | **Sélectionneur :** Domenech 1 fois

Mathieu Valbuena

Mathieu Valbuena

Attaquant
52 sélections, 8 buts

Né le 28 septembre 1984 à Bruges (Gironde)

Première sélection : 26 mai 2010, à Lens, France - Costa Rica (2-1)

Dernière sélection : 11 octobre 2015, à Copenhague, Danemark - France (1-2)

Clubs : 2009-2014 : Olympique de Marseille (38 sélections) ▪ 2014-2015 : Dynamo Moscou (10 sélections) ▪ 2015-2016 : Olympique Lyonnais (4 sélections)

Bilan : 31 victoires, 8 nuls, 13 défaites

Raymond Domenech avait réussi son coup de poker en 2006, en lançant au dernier moment Franck Ribéry. Il tente la même chose avant la Coupe du monde 2010, en incluant dans ses 23 sélectionnés Mathieu Valbuena, qui lui aussi sort d'une brillante saison à Marseille. Valbuena, attaquant de petit gabarit (1,67 m), mais doté d'une bonne frappe de balle et d'une volonté farouche, a échappé, comme Ribéry, aux dénicheurs de talents. Rejeté du centre de formation de Bordeaux, il est allé jouer en National, à Libourne, avant d'être pris par l'OM à l'été 2006 où il s'est imposé au fil des ans face au scepticisme de ses propres coéquipiers, Franck Ribéry et Samir Nasri en tête. Valbuena, à 25 ans, n'a plus de temps à perdre, alors il marque à Lens pour son premier match, contre le Costa Rica, vingt minutes après avoir remplacé Sidney Govou. Avec le n° 10 dans le dos, il place une frappe croisée dans le petit filet après un décalage d'Abou Diaby. En Afrique du Sud, Valbuena ne joue que 20 minutes, en remplaçant à nouveau le Lyonnais contre le Mexique, à Polokwane. Témoin impuissant face aux meneurs de la grève des Bleus, Valbuena sort dépité de ce premier Mondial. Mais Laurent Blanc le reprend et lui donne sa première place de titulaire en septembre, lorsque la France s'impose à Sarajevo face à la Bosnie (2-0). En novembre, Valbuena titulaire en Angleterre, pour un match amical, marque le second but français dans le temple rénové de Wembley, à la réception d'un centre en retrait de Bacary Sagna. Mais le retour de suspension de Ribéry, le pousse ensuite souvent sur le banc des remplaçants, même s'ils jouent ensemble à Bucarest contre la Roumanie, en septembre 2011. Valbuena fait partie des 23 sélectionnés pour l'Euro 2012, mais il ne joue aucune minute en Ukraine, les places d'attaquants autour de Karim Benzema étant monopolisées par Franck Ribéry, Samir Nasri, Florent Malouda et Jérémy Ménez... Didier Deschamps titularise Valbuena pour son premier match, au Havre en août 2012, en soutient avec Ribéry du duo Giroud-Benzema. En février 2013, au Stade de France, Valbuena ouvre le score en match amical contre l'Allemagne, juste avant la pause, de la tête sur une remise de Pogba après un coup franc de Ribéry renvoyé par la barre transversale. La France perd finalement (2-1), mais Valbuena a gagné sa place comme attaquant sur le côté droit. Il n'est pourtant que remplaçant lors du match aller des barrages pour le Mondial 2014, à Kiev contre l'Ukraine. Deschamps lui préfère alors Nasri. Mais celui-ci réalisant un mauvais match, le sélectionneur fait entrer Valbuena à sa place en fin de rencontre, puis le titularise au match retour où la France s'impose 3-0 avec une ligne d'attaque Valbuena-Benzema-Ribéry. Valbuena, toujours étincelant avec l'OM, est donc titulaire pour la Coupe du monde. Cette fois, il joue, et réalise un grand match à Salvador de Bahia contre la Suisse. Il marque avant la mi-temps le troisième des cinq buts français, à la conclusion d'un contre d'Olivier Giroud (5-2). Il rentre du Brésil avec 38 sélections au compteur et une position de titulaire que son départ au Lokomotiv Moscou ne remet pas en cause. Valbuena transforme un penalty contre la Belgique en juin 2015, puis un coup franc magistral contre le Portugal en septembre, alors qu'il vient d'arriver à Lyon. En octobre, il dispute son 52e match international. On ne se doute pas alors que c'est le dernier car l'affaire de chantage à la « sextape » dont il est victime torpille net sa carrière. Portant plainte, il déclenche la mise à l'écart de Karim Benzema compromis par ses mauvaises fréquentations et se retrouve comme lui banni des Bleus pour l'Euro. À 31 ans, il ne reviendra plus et ira jouer en Turquie puis en Grèce.

Matches joués : 2010 7 matches sur 13 ▪ **2011** 2 matches sur 13 ▪ **2012** 9 matches sur 14 ▪ **2013** 12 matches sur 12 ▪ **2014** 14 matches sur 15 ▪ **2015** 8 matches sur 10 | **Buts : 2010** 2 ▪ **2012** 1 ▪ **2013** 2 ▪ **2014** 1 ▪ **2015** 2 | **Titulaire :** 34 fois sur 52 | **Remplaçant :** 18 fois sur 52 (de Govou 3 fois, Rémy 2 fois, Ben Arfa, Cabaye, Ménez, Giroud, Gonalons 2 fois, Ribéry, Nasri, Sissoko, Payet, Sissoko, Griezmann) | **Resté sur le banc :** 10 fois | **Resté en tribune :** 5 fois | **Coupe du monde 2010 :** 1 match sur 3 | **Championnat d'Europe 2012 :** 0 match sur 4 | **Coupe du monde 2014 :** 4

matches sur 5 | **Sélectionneurs :** Domenech 3 fois, Blanc 9 fois, Deschamps 40 fois

Marc Planus

Défenseur, 1 sélection

Né le 7 mars 1982 à Bordeaux (Gironde)

Première présélection : 26 mai 2010, à Lens, France - Costa-Rica (2-1)

Première sélection : 30 mai 2010, à Radés : Tunisie - France (1-1)

Dernière présélection : 22 juin 2010, à Bloemfontein : France - Afrique du Sud (1-2)

Club : 2009-2010 : Girondins de Bordeaux (1 sélection)

Bilan : 1 nul

En inscrivant Marc Planus, 28 ans, dans sa liste de 30 présélectionnées pour le Mondial 2010, Raymond Domenech a surpris car il n'avait jamais appelé le Bordelais auparavant, oubliant ainsi son coéquipier Michaël Ciani appelé en mars... Il surprend encore en le conservant dans sa liste finale des 23 alors qu'il en sort Rod Fanni qui était pourtant dans son groupe depuis deux ans. Planus découvre les Bleus en jouant la seconde mi-temps du match de préparation en Tunisie, à la place d'Éric Abidal. Mais il n'aura pas d'autre occasion de se montrer.

Match joué : 2010 1 match sur 13 | **Titulaire :** 0 fois sur 1 | **Remplaçant :** 1 fois sur 1 (d'Abidal) | **Resté sur le banc :** 5 fois | **Coupe du monde 2010 :** 0 match sur 3 | **Sélectionneur :** Domenech 1 fois

Yann M'Vila

Milieu de terrain
22 sélections, 1 but

Né le 29 juin 1990, à Amiens (Somme)

Première sélection : 11 août 2010, à Oslo, Norvège - France (2-1)

Dernière sélection : 23 juin 2012, à Donetsk, France - Espagne (0-2)

Club : 2010-2012 : Stade Rennais (22 sélections)

Bilan : 13 victoires, 5 nuls, 4 défaites

Yann M'Vila

Raymond Domenech a surpris en sélectionnant Marc Planus pour le Mondial 2010, mais il l'a fait aussi en choisissant Yann M'Vila dans sa présélection de 30 joueurs. Le milieu de terrain rennais n'a pas encore 20 ans, et vient juste de terminer une première saison en Ligue 1, où sa qualité de passe, sa justesse technique et sa puissance ont attiré les regards. Mais M'Vila ne fait pas partie des 23 pour l'Afrique du Sud. Une déception rapidement effacée par le naufrage de Knysna et par l'appel de Laurent Blanc dès le mois d'août suivant. Mieux, le nouveau sélectionneur le titularise contre la Norvège, comme son coéquipier rennais Rod Fanni, recalé lui aussi des 23. M'Vila séduit tout de suite par son abattage et sa sûreté. Il ne sort quasiment pas de l'équipe jusqu'à l'Euro 2012, marquant au passage un but important à Tirana contre l'Albanie. Une superbe frappe sur un service de Karim Benzema qu'il avait lui même lancé dans la profondeur sur une contre-attaque. Six mois plus tard, M'Vila joue son 19e des 22 matches dirigés par Blanc quand il se blesse, à Reims, contre la Serbie en amical avant l'Euro 2012. Il reste malgré tout dans les 23 pour le championnat d'Europe mais ne peut pas participer au premier match. Il dispute le deuxième en remplaçant Yohan Cabaye à la 69e minute, contre l'Ukraine à Donetsk, avant de retrouver sa place de titulaire contre la Suède. Mais lorsqu'en quart de finale contre l'Espagne, mécontent d'être remplacé à la 79e minute, par Olivier Giroud, il ne serre pas la main du sélectionneur, il fait un faux-pas. Ce qui lui vaut une remontrance. Toutefois, le nouveau sélectionneur Didier Deschamps lui fait savoir qu'il compte sur lui à l'avenir, même s'il est remisé en Espoirs en septembre. Hélas, il ne trouve rien de mieux que de participer à une virée nocturne du Havre à Paris, en compagnie de quatre autres « bleuets », Ben Yedder, Griezmann, Niang et Mavinga. Cette sortie non autorisée, couplée à une défaite éliminatoire en Norvège ensuite, lui coûte une suspension de six mois et sa carrière internationale.

Matches joués : 2010 5 matches sur 13 ▪ **2011** 12 matches sur 13 ▪ **2012** 5 matches sur 14 | **But : 2011** 1 | **Titulaire :** 19 fois sur 22 | **Remplaçant :** 3 fois sur 22 (de Matuidi, Cabaye 2) | **Resté sur le banc :** 2 fois | **Resté en tribune :** 2 fois | **Coupe du monde 2010 :** non sélectionné | **Championnat d'Europe 2012 :** 3 matches sur 4 | **Sélectionneur :** Blanc 22 fois

Stéphane Ruffier

Gardien de but
3 sélections

Né le 27 septembre 1986 à Bayonne (Pyrénées-Atlantiques)

Première sélection : 11 août 2010 à Oslo, Norvège - France (2-1)

Dernière sélection : 29 mars 2015 à Saint-Étienne, France - Danemark (2-0)

Dernière présélection : 13 juin 2015, à Elbasan, Albanie - France (1-0)

Clubs : 2010-2011 : AS Monaco (1 sélection) ▪ 2011-2015 : AS Saint-Étienne (2 sélections)

Bilan : 2 victoires, 1 défaite

Stéphane Ruffier, le solide gardien monégasque, ne figure pas dans la liste des 30 présélectionnés pour le Mondial 2010, mais il est quand même appelé en Afrique du Sud, car le troisième gardien des Bleus, Cédric Carrasso, se blesse à Knysna avant le troisième match. Ruffier saute dans un avion et arrive le jour de la grève de l'entraînement ! Difficile de faire pire comme entrée en matière, d'autant que la Fifa n'autorise pas qu'il soit inscrit sur la feuille du dernier match des Bleus... Laurent Blanc considère donc qu'il n'a pas participé à cette mascarade, et le prend comme titulaire pour son match inaugural de sélectionneur, en Norvège, où il se passe volontairement des « Sud-Africains ». Mais Hugo Lloris et Steve Mandanda reviennent dès le match suivant et Ruffier est laissé à son club, qu'il quitte pour Saint-Étienne durant l'été 2011. Didier Deschamps fait appel à Ruffier pour la tournée de juin 2013, en Amérique du Sud. Mais comme troisième gardien, et il ne joue ainsi pas en Uruguay et au Brésil. En concurrence avec Mickaël Landreau pour le poste de n° 3, Ruffier est dans les 30 présélectionnés pour le Mondial 2014, mais pas dans les 23. La blessure de Steve Mandanda lors de la dernière journée de championnat règle le problème : Ruffier et Landreau sont finalement tous les deux du voyage au Brésil, et c'est Ruffier qui est intronisé gardien n° 2, derrière Lloris. Il a le droit ainsi de jouer un match de préparation, contre la Norvège, encore, au Stade de France. Ruffier enchaîne ensuite les matches sur le banc. Deschamps profite d'une rencontre organisée à Saint-Étienne pour le titulariser contre le Danemark au printemps 2015. Mais Ruffier n'est pas dupe, il reste le troisième gardien derrière Lloris et Mandanda qui sont bien ancrés dans la sélection. Alors en début de saison suivante, il fait savoir au sélectionneur qu'il ne viendra plus pour être le n° 3 des gardiens français, le remplaçant du remplaçant. Et donc, il ne sera jamais rappelé.

Matches joués : 2010 1 match sur 13 ▪ **2011** - ▪ **2012** - ▪ **2013** - ▪ **2014** 1 match sur 15 ▪ **2015** 1 match sur 10 | **Titulaire :** 3 fois sur 3 | **Resté sur le banc :** 17 fois | **Coupe du monde 2010 :** 0 match sur 1 | **Coupe du monde 2014 :** 0 match sur 5 | **Sélectionneurs :** Blanc 1 fois, Deschamps 2 fois

Blaise Matuidi

Milieu de terrain
84 sélections (9 buts), milieu de terrain

Né le 9 avril 1987, à Toulouse (Haute-Garonne)

Première présélection : 11 août 2010, à Oslo, Norvège - France (2-1)

Première sélection : 7 septembre 2010, à Sarajevo, Bosnie - France (0-2)

Dernière sélection : 14 octobre 2019 à Saint-Denis, France - Turquie (1-1)

Club : 2010-2011 : AS Saint-Etienne (3 sélections) ▪ **2011-2017 :** Paris SG (55 sélections) ▪ **2017-2020** : Juventus Turin (26 sélections)

Bilan : 58 victoires, 11 nuls, 15 défaites

Palmarès : Champion du monde 2018

Formé à l'INF Clairefontaine, passé ensuite à Troyes, Blaise Matuidi s'impose à Saint-Etienne comme un milieu de terrain relayeur depuis 2007. Laurent Blanc l'inscrit dans sa première liste, après le désastre du Mondial 2010, comme neuf autres nouveaux venus que sont Cissokho, M'Vila, Cabaye, N'Zogbia, Ménez, Hoarau, Sakho, Debuchy

Blaise Matuidi

et Trémoulinas. Mais comme ces trois derniers, Matuidi n'entre pas en jeu. Il reste dans le groupe pour les matches suivants, mais ne fait qu'une seule apparition, pour les dix dernières minutes en Bosnie. Matuidi connait sa première titularisation en mars 2011, au Stade de France, face à la Croatie en amical (0-0), à la place de Yann M'Vila mis au repos mais qui a su s'imposer à l'automne. Présent lors de la tournée de fin de saison dans les pays de l'Est, Matuidi bien que passé ensuite au Paris SG, reste en arrière-plan derrière M'Vila, Yohan Cabaye et Alou Diarra qui occupent les places défensives en milieu de terrain. Si bien qu'à l'Euro 2012 en Ukraine, Matuidi fait banquette. Didier Deschamps part sur la même idée avant de la titulariser en octobre. Et dès lors, il ne sort plus du onze titulaire, enchaînant les matches convaincants et faisant rapidement oublier M'Vila, mis à l'index. À partir de mars 2015, Matuidi est associé au jeune Paul Pogba et à Yohan Cabaye : ils forment un trio efficace au milieu de terrain qui est celui des Bleus à la Coupe du monde 2014. Matuidi marque son premier but en amical contre les Pays-Bas en mars puis un doublé contre la Jamaïque en juin, juste avant de partir au Brésil. Il dispute les cinq matches du Mondial comme milieu côté gauche, marquant contre la Suisse, à Salvador de Bahia, le deuxième but français, sur un décalage parfait de Karim Benzema. Désormais bien installé en Bleu, Matuidi récupère le brassard de capitaine en octobre 2014 quand Hugo Lloris est mis au repos contre le Portugal. Solide au poste, il ne manque pas grand-chose des matches de préparation disputés pendant l'année et demie avant l'Euro 2016. En mars, il marque le but de la victoire française à Amsterdam contre les Pays-Bas en amical. Vice-capitaine des Bleus, Matuidi dispute toutes les rencontres du championnat d'Europe où il dépasse les 50 sélections. Malgré la concurrence de N'Golo Kanté, il reste incontournable sur le chemin du Mondial 2018. À Sofia, en octobre 2017, alors qu'il joue désormais à la Juventus, comme jadis Didier Deschamps, Matuidi inscrit dès la troisième minute le but qui qualifie quasiment les Bleus, d'un « coup de cuillère » qui s'avère précieux. En Russie, Il n'est pourtant pas titulaire au premier match, à Kazan, contre l'Australie, Deschamps misant sur un milieu de terrain Tolisso-Kanté-Pogba. Mais la piètre prestation des Bleus l'incite à remettre rapidement en jeu Matuidi, à la place de Tolisso, mais occupant une position de faux ailer gauche qu'il tient jusqu'à la finale. Plus vaillant que jamais malgré ses 31 ans, Matuidi continue à enchaîner les sélections et les places de titulaires en 2019. Mais la pandémie stoppe la saison avant le printemps 2020. Et comme il choisit alors de quitter la Juventus pour aller jouer aux États-Unis, à Miami, il s'éloigne des Bleus… Et bien qu'ayant fait des offres de services, il n'est pas rappelé pour l'Euro 2021.

Matches joués : 2010 1 match sur 13 ▪ **2011** : 3 matches sur 13 ▪ **2012** : 5 matches sur 14 ▪ **2013** : 10 matches sur 12 ▪ **2014** : 13 matches sur 15 ▪ **2015** : 9 matches sur 10 ▪ **2016** : 14 matches sur 17 ▪ **2017** : 7 matches sur 11 ▪ **2018** : 15 matches sur 18 ▪ **2019** : 7 matches sur 11 ▪ **Buts : 2014** : 4 ▪ **2015** : 2 ▪ **2016** : 2 ▪ **2017** : 1 ▪ **Titulaire :** 73 fois sur 84 ▪ **Remplaçant :** 11 fois sur 84 (de Malouda, Martin, Cabaye 2 fois, Pogba, Lacazette, Griezmann, Rabiot, Tolisso 2 fois) ▪ **Resté sur le banc :** 20 fois sur 104 ▪ **Resté en tribune :** 9 fois ▪ **Capitaine :** 6 fois (13e, 31e, 32e, 42e, 61e, 65e) ▪ **Championnat d'Europe 2012 :** 0 match sur 4 ▪ **Coupe du monde 2014 :** 5 matches sur 5 ▪ **Championnat d'Europe 2016 :** 7 matches sur 7 ▪ **Coupe du monde 2018 :** 5 matches sur 7 ▪ **Sélectionneurs :** Blanc 4 fois, Deschamps 80 fois.

Yohan Cabaye

Milieu de terrain
48 sélections, 4 buts

Né le 14 janvier 1986 à Tourcoing (Nord)

Première sélection : 11 août 2010 à Oslo, Norvège - France (2-1)

Dernière sélection : 7 juillet 2016 à Marseille, France- Allemagne (2-0)

Dernière présélection : 10 octobre 2016, à Amsterdam, Pays-Bas - France (0-1)

Clubs : 2010-2011 : Lille OSC (4 sélections) ▪ 2011-2013 : Newcastle United (22 sélections) ▪ 2014-2015 : Paris SG (13 sélections) ▪ 2015-2016 : Crystal Palace Londres (9 sélections)

Bilan : 29 victoires, 10 nuls, 8 défaites

Jadis grand pourvoyeur d'internationaux, Lille n'en a plus connu depuis des lustres : Philippe Bergeroo en 1979... Et en voilà deux d'un coup : Adil Rami, titulaire en défense contre la Norvège, et Yohan Cabaye qui entre en seconde mi-temps à la place de Yann M'Vila en milieu de terrain. Mais si le Rennais s'impose tout de suite, le Nordiste a plus de mal à convaincre Laurent Blanc. Cabaye ne rejoue qu'en février 2011, à nouveau en fin de match. Mais il est titulaire pour des deux derniers de la saison, en Ukraine et en Pologne. C'est un n°6 solide et complet, capable d'aller de l'avant et qui forme au fil des matches un bon duo avec M'Vila. Parti à Newcastle, Cabaye s'est adapté au jeu anglais et a gagné en puissance, si bien qu'il est titulaire pour l'Euro 2012. Il marque le second but français contre l'Ukraine à Donetsk : bien servi par Karim Benzema, il place en finesse le ballon hors de portée du gardien, et s'affirme comme un joueur précieux. Didier Deschamps le conserve ensuite dans son équipe type jusqu'à l'arrivée de Paul Pogba au printemps 2013. Sur le banc des remplaçants au match aller du barrage contre l'Ukraine, en novembre 2013, Cabaye revient pour le retour, et forme avec Matuidi et Pogba un triangle solide au milieu de terrain, la rampe de lancement idéale pour le trio d'attaque Valbuena-Benzema-Ribéry. Cabaye, comme Valbuena, a gagné sur ce match sa place de titulaire pour le Mondial 2014. Au Brésil, il ne manque que le dernier match du premier tour, sur suspension. Après la Coupe du monde, Cabaye revient en France pour jouer au Paris SG mais sans parvenir à s'y installer et repart en Angleterre au bout d'un an, à Crystal Palace. Sa place de titulaire est alors remise en cause par l'émergence de Moussa Sissoko, le retour de Lassana Diarra, puis l'arrivée de N'Golo Kanté qui offrent d'autres options au sélectionneur. Yohan Cabaye reste dans les 23 pour l'Euro 2016, mais comme remplaçant. Il dispute le match contre la Suisse, chez lui à Lille, et les arrêts de jeu de la demi-finale contre l'Allemagne à Marseille. Deschamps le rappelle encore à l'automne, mais il n'ira pas au-delà.

Matches joués : 2010 1 match sur 13 ▪ **2011** 8 matches sur 13 ▪ **2012** 10 matches sur 14 ▪ **2013** 7 matches sur 12 ▪ **2014** 12 matches sur 15 ▪ **2015** 6 matches sur 10 ▪ **2016** 4 matches sur 17 | **Buts : 2012** 1 ▪ **2013** 1 ▪ **2014** 1 ▪ **2015** 1 | **Titulaire :** 37 fois sur 48 | **Remplaçant :** 11 fois sur 48 (de M'Vila, Gourcuff, Nasri, Matuidi 5 fois, Martial, Coman, Griezmann) | **Resté sur le banc :** 23 fois | **Championnat d'Europe 2012 :** 3 matches sur 4 | **Coupe du monde 2014 :** 4 matches sur 5 | **Championnat d'Europe 2016 :** 2 matches sur 7 | **Sélectionneurs :** Blanc 16 fois, Deschamps 32 fois

Yohan Cabaye

Mamadou Sakho

Défenseur, 29 sélections, 2 buts

Né le 13 février 1990, à Paris

Première présélection : 11 août 2010, à Oslo, Norvège - France (2-1)

Première sélection : 18 novembre 2010, à Wembley, Angleterre - France (1-2)

Dernière sélection : 20 novembre 2018, à Saint-Denis, France - Uruguay (1-0)

Clubs : 2010-2013 : Paris SG (14 sélections) ▪ 2013-2017 : Liverpool FC (14 sélections) ▪ 2017-2019 : Crystal Palace Londres (1 sélection)

Bilan : 16 victoires, 7 nuls, 6 défaites

Le Paris SG en grande difficulté sportive a été obligé de l'aligner à 17 ans en octobre 2007. Impressionné par sa force et son potentiel, Paul Le Guen en a fait alors le plus jeune capitaine de l'histoire du championnat de France et lui prédit un immense avenir. L'ancien international n'a pas tort, Mamadou Sakho confirme au fil des mois en championnat, et Laurent Blanc le coche dans sa première liste post Mondial 2010. Sakho doit patienter un peu pour jouer, mas il dispute la seconde mi-temps contre l'Angleterre à Wembley en fin d'année, à la place de Philippe Mexès. Sans faire de bruit, il s'inscrit dans le groupe des défenseurs centraux derrière Mexès, Adil Rami, Éric Abidal et Younes Kaboul. Mais il est doublé par Laurent Koscielny pour l'Euro 2012. Didier Deschamps ne tergiverse pas et place Sakho titulaire dès son premier match à la tête des Bleus, en août 2012 au Havre contre l'Uruguay. Sakho enquille huit matches en intégralité jusqu'en mars 2013. Transféré Liverpool l'été suivant, il perd sa place de titulaire à l'automne. Sur le banc contre l'Ukraine lors du match aller des barrages pour la Coupe du monde, il fait partie des cinq joueurs que le sélectionneur relance pour le retour quatre jours plus tard, avec Raphaël Varane, Yohan Cabaye, Karim Benzema et Mathieu Valbuena. Pour sa 16e sélection, Sakho transmet à ses partenaires toute sa rage de vaincre. Il marque deux fois contre les Ukrainiens, lui qui ne marque pas souvent, comme Lilian Thuram en 1998. Des buts à l'arrachée, en position d'avant-centre... Le premier ouvre le score à la 22e minute sur un ballon relâché par le gardien ukrainien, le second à la 72e, en déviant du genou un tir de Franck Ribéry (3-0) qualifie la France pour la Coupe du monde ! Sakho le sauveur est là où on l'attendait à ses débuts. Il est titulaire au Brésil pour le Mondial mais il se blesse contre l'Équateur et ne peut pas jouer le 8e de finale face au Nigeria. Il revient contre l'Allemagne en quart de finale à Rio, mais doit quitter le terrain à la 71e minute... Sa blessure l'éloigne des Bleus plusieurs matches. Puis son manque de temps de jeu à Liverpool le freine. Mais il est de nouveau titulaire en mars 2016 contre la Russie au Stade de France en vue de l'Euro. Un contrôle anti-dopage positif lui tombe alors dessus, juste avant la publication de la liste des 30 présélectionnés. Il manque ainsi l'Euro et, comble de l'ironie, il est blanchi quelques semaines plus tard, le brûleur de graisses utilisé n'étant pas clairement prohibé. Très digne dans sa mésaventure, Sakho ne se plaint pas, mais il a laissé partir le train bleu sans lui d'autant qu'il ne joue plus du tout avec Liverpool, après une brouille avec son entraîneur, Jürgen Klopp. Ayant pu trouver une porte de sortie à Crystal Palace, Deschamps l'inscrit sur la liste des suppléants pour le Mondial 2018. Mais aucun forfait n'étant signalé, Sakho ne va pas en Russie. Il revient toutefois dans le groupe à l'automne et peut jouer le dernier match de l'année, deux ans et demi après sa dernière sélection. Sans être rappelé ensuite.

Matches joués : 2010 1 match sur 13 ▪ **2011** 4 matches sur 13 ▪ **2012** 6 matches sur 14 ▪ **2013** 5 matches sur 12 ▪ **2014** 7 matches sur 15 ▪ **2015** 3 matches sur 10 ▪ **2016** 1 match sur 17 ▪ **2017** - ▪ **2018** 1 match sur 18 | **Buts : 2013** 2 | **Titulaire :** 26 fois sur 29 | **Remplaçant :** 3 fois sur 29 (de Mexès, Rami, Abidal) | **Resté sur le banc :** 26 fois | **Resté en tribune :** 1 fois | **Capitaine :** 1 fois (17e) | **Coupe du monde 2014 :** 4 matches sur 5 | **Coupe du monde 2018 :** réserviste | **Sélectionneurs :** Blanc 5 fois, Deschamps 24 fois

Mathieu Debuchy

Défenseur
27 sélections, 2 buts

Né le 28 juillet 1985 à Fretin (Nord)

Première présélection : 11 août 2010, à Oslo, Norvège - France (2-1)

Première sélection : 7 octobre 2011 à Saint-Denis, France - Albanie (3-0)

Dernière sélection : 7 septembre 2015 à Bordeaux, France - Serbie (2-1)

Clubs : 2010-2013 : Lille OSC (13 sélections) ▪ 2013-2014 : Newcastle United (12 sélections) ▪ 2014-2015 : Arsenal FC Londres (2 sélections)

Bilan : 18 victoires, 3 nuls, 6 défaites

Avec Adil Rami et Yohan Cabaye, Mathieu Debuchy est le troisième Lillois appelé en août 2010 dans une équipe de France vraiment « new-look ». Mais il n'entre pas en jeu contrairement à ses deux coéquipiers, car c'est le Rennais Rod Fanni qui prend le poste d'arrière droit contre la Norvège. Bacary Sagna revenant au match suivant, Debuchy doit patienter plus d'un an pour débuter en équipe de France. Sagna blessé, il peut jouer, mais il se trouve en concurrence avec le Lyonnais Anthony Réveillère. Les deux hommes alternent les sélections jusqu'à l'Euro. En Ukraine, c'est Debuchy qui est le titulaire. Mais en quart de finale contre l'Espagne, ils jouent tous les deux ! Laurent Banc tente un coup en positionnant Debuchy en milieu de terrain côté droit pour contrecarrer le jeu d'attaque espagnol. Ce qui est un échec. Didier Deschamps hésite à son tour sur le poste d'arrière droit, Debuchy joue le premier match, mais il se blesse contre l'Uruguay au bout de 25 minutes... Alors c'est Réveillère et Jallet qui sont installés, puis Bacary Sagna qui revient... Mais Debuchy finit par prendre le dessus sur ses rivaux en octobre 2013. Évoluant désormais à Newcastle, comme Cabaye, il a pris lui aussi une autre dimension. Il est donc le titulaire du poste d'arrière droit au Brésil pour le Mondial 2014. Mais Bacary Sagna qui était son remplaçant pendant la Coupe du monde au Brésil, reprend la place ensuite. Debuchy qui est passé pourtant à Arsenal, peine désormais à le concurrencer et il ne fait même pas partie des huit réservistes pour l'Euro 2016. Par contre, deux ans plus tard alors qu'il est de retour en France, à Saint-Étienne, Deschamps l'inscrit dans la liste des onze suppléants pour le Mondial 2018 en Russie, en cas de forfait de Djibril Sidibé ou Benjamin Pavard, ce qui n'arrive pas.

Matches joués : 2010 - ▪ **2011** 2 matches sur 13 ▪ **2012** 11 matches sur 14 ▪ **2013** 5 matches sur 12 ▪ **2014** 8 matches sur 15 ▪ **2015** 1 match sur 10 | **Buts : 2012** 1 ▪ **2013** 1 | **Titulaire :** 26 fois sur 27 | **Remplaçant :** 1 fois sur 27 (de Sagna) | **Resté sur le banc :** 13 fois | **Championnat d'Europe 2012 :** 4 matches sur 4 | **Coupe du monde 2014 :** 4 matches sur 5 | **Coupe du monde 2018 :** réserviste | **Sélectionneurs :** Blanc 9 fois, Deschamps 17 fois

Charles N'Zogbia

Milieu de terrain
2 sélections, 1 but

Né le 28 mai 1986 à Harfleur (Seine-Maritime)

Première sélection : 11 août 2010 à Oslo, Norvège - France (2-1)

Dernière sélection : 9 juin 2011 à Varsovie, Pologne - France (0-1)

Club : 2010-2011 : Wigan Athletic (2 sélections)

Bilan : 1 victoire, 1 défaite

C'est un joueur d'attaque très doué, formé au Havre comme Florent Sinama-Pongolle, parti très vite en Angleterre comme lui, en 2004 à Newcastle puis Wigan. Laurent Blanc en fait un titulaire de sa première sélection, et il ne déçoit pas. Mais Charles N'Zogbia n'est pourtant pas rappelé avant la tournée de fin de saison dans les pays de l'Est. Il fait encore bonne impression contre la Pologne au stade du Legia Varsovie, il marque le but qui donne la victoire à la France (1-0), sur une frappe déviée par un défenseur polonais. Mais il ne sera plus jamais convoqué ensuite.

Matches joués : 2010 1 match sur 13 ▪ **2011** 1 match sur 13 | **But : 2010** 1 | **Titulaire :** 2 fois sur 2 | **Resté sur le banc :** 1 fois | **Resté en tribune :** 1 fois | **Sélectionneur :** Blanc 2 fois

Jérémy Ménez

Attaquant
24 sélections, 2 buts

Né le 7 mai 1987, à Longjumeau (Essonne)

Première sélection : 11 août 2010, à Oslo, Norvège - France (2-1)

Dernière sélection : 26 mars 2013, à Saint-Denis, France - Espagne (0-1)

Clubs : 2010-2011 : AS Rome (5 sélections) ▪ 2011-2013 : Paris SG (19 sélections)

Bilan : 12 victoires, 5 nuls, 7 défaites

Avec Samir Nasri, Hatem Ben Arfa et Karim Benzema, Jérémy Ménez est le quatrième « as » de la génération 87 championne d'Europe des 17 ans, en 2004, contre l'Espagne. Encore un talent offensif formé à Sochaux, comme avant lui Genghini, Stopyra, Anziani, Paille et Meriem. Mais son caractère ombrageux a retardé son éclosion internationale. Parti à Monaco en 2006 puis à Rome en 2008, il finit enfin par rejoindre ses copains au plus haut niveau deux ans plus tard. Blanc pour son premier match le fait entrer en jeu à la place de Charles N'Zogbia après la pause. Ménez laisse une bonne impression et est titulaire au match suivant contre la Biélorussie, dans une ligne d'attaque avec Florent Malouda, Loïc Rémy et Guillaume Hoarau. Cette fois, il déçoit et retourne sur le banc en Bosnie. Il revient jouer en France, au Paris SG à l'été 2011 et même s'il ne flambe pas vraiment avec les Bleus, Laurent Blanc le garde pour l'Euro 2012 en Ukraine, comme joker. Sur le banc au premier match, Ménez est titulaire au deuxième et ouvre le score contre l'Ukraine à Donetsk. Mais il réintègre le banc des remplaçants ensuite, pour entrer en fins de matches. Il se fait remarquer en récoltant un carton jaune après avoir insulté l'arbitre, ce qui lui vaut une remontrance de la FFF qui le suspend un match. Didier Deschamps est lui aussi séduit pas ses qualités techniques, mais peine comme son prédécesseur à en tirer le meilleur profit. Il le conserve dans son groupe jusqu'en mars 2013 avant de l'oublier, sans grand regret.

Matches joués : 2010 2 matches sur 13 ▪ **2011** 7 matches sur 13 ▪ **2012** 12 matches sur 14 ▪ **2013** 3 matches sur 12 | **Buts : 2012** 2 | **Titulaire :** 11 fois sur 24 | **Remplaçant :** 13 fois sur 24 (de N'Zogbia, Malouda 2 fois, Rémy, Ribéry 5 fois, Nasri, Debuchy, Valbuena, Cabaye) | **Resté sur le banc :** 5 fois | **Resté en tribune :** 3 fois | **Championnat d'Europe 2012 :** 3 matches sur 4 | **Sélectionneurs :** Blanc 16 fois, Deschamps 8 fois

Benoit Trémoulinas

Benoît Trémoulinas

Défenseur
5 sélections

Né le 28 décembre 1985 à Bordeaux (Gironde)

Première présélection : 11 août 2010, à Oslo, Norvège - France (2-1)

Première sélection : 14 novembre 2012 à Parme, Italie - France (1-2)

Dernière sélection : 7 septembre 2015 à Bordeaux, France - Serbie (2-1)

Clubs : 2010-2013 : Girondins de Bordeaux (2 sélections) ▪ 2013-2014 : Dynamo Kiev ▪ 2014 : AS Saint-Étienne ▪ 2014-2015 : Séville FC (3 sélections)

Bilan : 3 victoires, 2 défaites

Le défenseur réunionnais de Bordeaux fait partie des heureux élus de la première liste de Laurent Blanc d'où sont écartés les « Mondialistes » de 2010. Mais, non utilisé, Benoit Trémoulinas est vite renvoyé à ses études en club. Ce n'est que deux ans plus tard qu'il revient en équipe de France, appelé par Didier Deschamps pour le dernier match de l'année 2012 : il joue ainsi à Parme les arrêts de jeu contre l'Italie. Trémoulinas est ensuite convié pour la tournée de fin de saison, en Amérique du Sud. Arrière gauche, il supplée Patrice Évra et Gaël Clichy qui se sont fait exempter. Il joue contre l'Uruguay mais souffre face à Diego Forlán ou Edinson Cavani, et Deschamps ne le convoque pas ensuite pour la saison qui débouche sur la Coupe du monde 2014, Trémoulinas devant se contenter d'être dans la liste des sept réservistes pour le Brésil. Il n'est convoqué à nouveau qu'en mars 2015. Il peut jouer alors deux matches, mais sans convaincre qu'il est meilleur que Patrice Évra. Trémoulinas a encore une chance à l'automne, à Bordeaux, face à la Serbie, mais Évra reprend sa place sans problème ensuite. Et c'est Lucas Digne qui sera choisi pour être sa doublure à l'Euro 2016.

Matches joués : 2010 - ▪ **2011** - ▪ **2012** 1 match sur 14 ▪ **2013** 1 match sur 12 ▪ **2014** - ▪ **2015** 3 matches sur 10 | **Titulaire :** 4 fois sur 5 | **Remplaçant :** 1 fois sur 5 (de Sissoko) | **Resté sur le banc :** 5 fois | **Sélectionneurs :** Blanc 0 fois, Deschamps 5 fois

Kevin Gameiro

Attaquant, 13 sélections, 3 buts

Né le 9 mai 1987 à Senlis (Oise)

Première sélection : 3 septembre 2010, à Saint-Denis, France - Biélorussie (0-1)

Dernière sélection : 28 mars 2017, à Saint-Denis, France - Espagne (0-1)

Clubs : 2010-2011 : FC Lorient (5 sélections) ▪ 2011-2012 : Paris SG (3 sélections) ▪ 2012-2016 : FC Séville (0 sélection) ▪ 2016-2017 : Atlético de Madrid (5 sélections)

Bilan : 6 victoires, 5 nuls, 2 défaites

Kevin Gameiro

Après André-Pierre Gignac, Kevin Gameiro, révélé comme avant-centre à Strasbourg, est le nouveau buteur de Lorient depuis 2008. Mais lui est sélectionné alors qu'il porte le maillot orange des Merlus, ce qui n'était plus arrivé depuis 1947 et Antoine Cuissard ! Laurent Blanc le lance contre la Biélorussie, à la place de Louis Saha qui se blesse en fin de match. Gameiro n'a pas le temps de se mettre en valeur, mais il revient en octobre et novembre, sans jouer. Il reste dans le groupe en début d'année suivante et obtient sa première titularisation lors de la tournée de fin de saison dans les pays de l'Est, contre l'Ukraine à Donetsk. Il ne laisse pas passer sa chance et égalise pour la France d'une superbe frappe tendue à la 58e minute, avant d'être remplacé par Karim Benzema. Transféré au Paris SG juste après, Gameiro reste dans le groupe en vue de l'Euro 2012, mais l'arrivée d'Olivier Giroud à l'automne l'en éjecte. On croit alors que carrière internationale est passée. Mais elle reprend, quatre années plus tard... Alors joueur du FC Séville, Gameiro fait partie des réservistes pour l'Euro 2016 et ne participe qu'au stage préparatoire de Biarritz. Didier Deschamps ne l'oublie pas ensuite et alors que Gameiro a rejoint Antoine Griezmann à l'Atlético de Madrid, il le convoque pour les matches de septembre, quand Alexandre Lacazette doit déclarer forfait. Gameiro remplace Giroud en Biélorussie, à Gomel, puis est titulaire à sa place contre la Bulgarie au Stade de France : jouant avec son entente naturelle avec Griezmann, Gameiro marque deux fois : d'une tête croisée, sur un centre de Sagna à la 23e minute, et puis de volée sur un centre à ras de terre de Griezmann à la 59e. Titulaire encore aux Pays-Bas et contre la Côte d'Ivoire, il semble avoir repris place dans le train bleu. Mais en mars 2017, la défaite en amical contre l'Espagne alors qu'il est titulaire et associé au jeune Kylian Mbappé lui fait mal. Il n'est plus rappelé ensuite et ne fait pas partie de l'aventure de la Coupe du monde en Russie, n'étant même pas dans la liste des « suppléants ».

Matches joués : 2010 1 match sur 13 ▪ **2011** 7 matches sur 13 ▪ **2012** - ▪ **2013** - ▪ **2014** - ▪ **2015** - ▪ **2016** 4 matches sur 17 ▪ **2017** 1 match sur 11 | **Buts : 2011** 1 ▪ **2016** 2 | **Titulaire :** 6 fois sur 13 | **Remplaçant :** 7 fois sur 13 (de Saha, Benzema 3 fois, Hoarau, Malouda, Giroud) | **Resté sur le banc :** 11 fois | **Resté en tribune :** 3 fois | **Championnat d'Europe 2016 :** réserviste | **Sélectionneurs :** Blanc 8 fois, Deschamps 5 fois

Dimitri Payet

Attaquant
38 sélections, 8 buts

Né le 29 mars 1987 à Saint-Pierre (La Réunion)

Première sélection : 9 octobre 2010, à Saint-Denis, France - Roumanie (2-0)

Dernière sélection : 11 octobre 2018 à Guingamp, France - Islande (2-2)

Dernière présélection : 16 octobre 2018 à Saint-Denis, France - Allemagne (2-1)

Clubs : 2010-2011 : AS Saint-Étienne (3 sélections) ▪ 2011-2013 : Lille OSC (2 sélections) ▪ 2013-2015 : Olympique de Marseille (10 sélections) ▪ 2015-2016 : West Ham Londres (17 sélections) ▪ 2017-2019 : Olympique de Marseille (6 sélections)

Bilan : 25 victoires, 6 nuls, 7 défaites

Le gamin de la Réunion est un joyau. Attaquant ou meneur de jeu formé au Havre, renvoyé chez lui pour mauvaise conduite, récupéré par le FC Nantes en 2004, transféré à Saint-Étienne en 2007, Dimitri Payet respire le jeu. Laurent Blanc le teste à l'automne 2010, en le faisant entrer trois fois en cours de match, puis le rejette pas très convaincu de son sérieux. Didier Deschamps aussi a un doute, alors que Payet a rejoint le champion de France, Lille, en 2011, mais il le prend quand même pour les deux derniers matches de l'année 2012, sans le faire jouer. Il l'embarque ensuite pour la tournée de fin de saison en Amérique du Sud, où il ne flambe pas plus que les autres. Passé a Marseille l'été suivant, Payet a de nouveau sa chance en septembre, mais retrouve le banc des remplaçants en novembre lors des barrages contre l'Ukraine et il n'est pas sélectionné pour le Mondial 2014 au Brésil. Il retrouve la sélection en octobre seulement et il y reste jusqu'à la fin de la saison 2014-15. Mais, titulaire en Albanie pour le dernier match, à Elbasan, Payet est sorti par Deschamps dès la pause pour manque d'implication... On peut croire sa carrière internationale terminée sur cette 15e sélection. Mais Payet a encore droit à une dernière chance, avant l'Euro 2016. Il est convoqué pour les matches amicaux de mars, et réalise une prestation de premier ordre à Amsterdam face aux Pays-Bas. Puis, contre la Russie au Stade de France, il marque, deux minutes après avoir remplacé Antoine Griezmann, sur un coup franc de 30 mètres, pleine lucarne. Payet décroche ainsi sa place pour l'Euro. Et, cette fois, il ne déçoit pas. Pour le match d'ouverture contre la Roumanie, Payet arrache la victoire d'un tir splendide du gauche à nouveau pleine lucarne, à la 90e minute ! Cinq jours plus tard, à Marseille, il inscrit le second but français contre l'Albanie, une frappe enroulée du droit cette fois, à la 93e minute ! Titulaire jusqu'à la finale, Payet score également contre l'Islande au Stade de France, à la 43e minute, d'une frappe croisée à ras de terre. Il termine la compétition épuisé, ne pouvant aller au bout de la finale contre le Portugal. À 29 ans, il est entré dans l'histoire des Bleus et ne sort plus de l'équipe où il occupe la place d'attaquant côté gauche jusqu'en juin 2017, marquant encore des buts opportunistes contre la Bulgarie et la Suède lors des qualifications pour le Mondial 2018. Mais à partir de la saison suivante, l'émergence de Kylian Mbappé et de Thomas Lemar lui complique la vie et il glisse vers le banc des remplaçants. Il pense néanmoins avoir sa place dans les 23 pour le Mondial 2018. Mais à Lyon, en finale de la Ligue Europa avec Marseille, il se blesse et doit renoncer à aller en Russie. Deschamps le rappelle pour les matches d'octobre 2018, mais la saison décevante de l'OM l'écarte définitivement des Bleus en 2019.

Matches joués : 2010 3 matches sur 13 ▪ **2011** - ▪ **2012** - ▪ **2013** 4 matches sur 12 ▪ **2014** 4 matches sur 15 ▪ **2015** 4 matches sur 10 ▪ **2016** 17 matches sur 17 ▪ **2017** 5 matches sur 11 ▪ **2018** 1 match sur 18 | **Buts : 2015** 1 ▪ **2016** 7 | **Titulaire :** 24 fois sur 38 | **Remplaçant :** 14 fois sur 38 (de Benzema 2 fois, Malouda, Valbuena 3 fois, Cabaye, Griezmann, Coman, Martial 2 fois, Lacazette, Lemar, Dembélé) | **Resté sur le banc :** 13 fois | **Championnat d'Europe 2016 :** 7 matches sur 7 | **Coupe du monde 2018 :** forfait | Sélectionneurs : Blanc 3 fois, Deschamps 35 fois

Younès Kaboul

Défenseur
5 sélections, 1 but

Né le 4 janvier 1986 à Saint-Julien-en-Genevois (Haute-Savoie)

Première présélection : 18 novembre 2010, à Wembley, Angleterre - France (1-2)

Première sélection : 6 juin 2011 à Donetsk, Ukraine - France (1-4)

Dernière sélection : 7 octobre 2011 à Saint-Denis, France - Albanie (3-0)

Dernière présélection : 11 octobre 2011 à Saint-Saint-Denis, France - Bosnie (1-1)

Club : 2010-2012 : Tottenham Hotspurs Londres (5 sélections)

Bilan : 4 victoires, 1 nul

Défenseur central formé à Auxerre comme Basile Boli, William Prunier, Jean-Alain Boumsong et Philippe Mexès, Younès Kaboul est parti jouer en Angleterre, à Tottenham, en 2007. Et il s'est imposé dans un championnat taillé pour lui. Laurent Blanc le convoque justement pour le match amical à Wembley, le dernier de l'année 2012. Mais il ne le fait pas entrer en jeu, lui préférant Mamadou Sakho. Partie remise, car Kaboul est de la tournée de fin de saison dans les pays de l'Est. Il est titulaire en Ukraine, et marque le dernier but d'une tête smashée, sur un corner de Marvin Martin, lors de la large victoire française qui s'est dessinée en seconde mi-temps (4-1). Ainsi lancé, Kaboul joue titulaire quatre matches sur cinq. Mais il n'est plus rappelé à partir de novembre et une blessure au genou l'écarte de l'éventualité de jouer l'Euro 2012. Younès Kaboul fera ensuite une saison blanche en club et ne sera donc plus rappelé en Bleu.

Matches joués : 2010 - ▪ 2011 5 matches sur 13 | **But : 2011** 1 | **Titulaire :** 5 fois sur 5 | **Resté sur le banc :** 3 fois | **Resté en tribune :** 1 fois | **Sélectionneur :** Blanc 5 fois

2011

5 nouveaux joueurs
13 matches

9 février : France - Brésil 1-0
25 mars : Luxembourg - France 0-2 (QCE)
29 mars : France - Croatie 0-0
3 juin : Biélorussie - France 1-1 (QCE)
6 juin : Ukraine - France 1-4
9 juin : Pologne - France 0-1
10 août : France - Chili 1-1
2 septembre : Albanie - France 1-2 (QCE)
6 septembre : Roumanie - France 0-0 (QCE)
7 octobre : France - Albanie 3-0 (QCE)
11 octobre : France - Bosnie 1-1 (QCE)
11 novembre : France - États-Unis 1-0
15 novembre : France - Belgique 0-0

Laurent Koscielny

Défenseur
51 sélections, 1 but

Né le 10 septembre 1985 à Tulle (Corrèze)

Première présélection : 9 février 2011, à Saint-Denis, France - Brésil (1-0)

Première sélection : 11 novembre 2011 à Saint-Denis, France - États-Unis (1-0)

Dernière sélection : 23 mars 2018 à Saint-Pétersbourg, Russie - France (1-3)

Club : 2010-2018 : Arsenal FC Londres (51 sélections)

Bilan : 30 victoires, 9 nuls, 12 défaites

Après Michaël Ciani, André-Pierre Gignac et Kevin Gameiro, un autre joueur mis en évidence par le FC Lorient est appelé en équipe de France : Laurent Koscielny, qui a rejoint l'été précédent la colonie française d'Arsenal à Londres. Défenseur central appliqué, il est pour Laurent Blanc un recours éventuel derrière la paire Rami-Mexès. Après sept matches passés sans jouer, Koscielny est aligné pour une rencontre amicale contre les États-Unis, en duo avec Rami. Auteur d'une bonne sortie, il valide ainsi sa place de remplaçant parmi les 23 pour l'Euro 2012. En Ukraine, Koscielny ne joue que le quart de finale contre l'Espagne, à Donetsk, parce que Philippe Mexès est suspendu. Après lui avoir préféré Mapou Yanga-Mbiwa en début de saison suivante, Didier Deschamps l'installe comme titulaire en défense centrale à partir d'octobre 2012. Koscielny réalise des performances régulières, en duo avec Mamadou Sakho puis Raphaël Varane et Éric Abidal qui se succèdent à ses côtés. Mais lors du barrage aller contre l'Ukraine à Kiev, pour une place en Coupe du monde, il commet une faute sur Roman Zozulya à la 82e minute qui coûte à la France un but sur penalty, qui fait monter la marque à 2-0, puis il se fait expulser en fin de match… Koscielny est donc privé du match retour et affublé d'une étiquette de « faiseur de fautes » qui s'avère tenace. Du coup, il n'est pas titulaire au Mondial 2014. Mais, suppléant automatique de Varane ou Sakho, il participe malgré tout à quatre matches sur cinq. Il ne revient ensuite qu'en mars de l'année suivante, et toujours comme solution de rechange face aux forfaits de Varane ou de Sakho.

La mise hors-jeu de ce dernier pour contrôle antidopage positif, et le forfait sur blessure de Varane, lui ouvrent évidemment en grand les portes de l'Euro 2016 : à 30 ans, Koscielny est titulaire jusqu'à la finale, où il ne peut empêcher le Portugais Eder d'ajuster Hugo Lloris à la 110e minute de la prolongation. Mais sa place n'est pas remise en cause. Ayant dépassé les 50 sélections à Saint-Pétersbourg fin mars 2018, Laurent Koscielny s'apprête à jouer sa seconde Coupe du monde, en Russie. Hélas, il se blesse gravement au tendon d'Achille au cours d'un match de Ligue Europa à Madrid, contre l'Atlético, début mai et voit ses espoirs s'envoler avec.

Laurent Koscielny

Matches joués : 2011 1 match sur 13 ▪ **2012** 6 matches sur 14 ▪ **2013** 8 matches sur 12 ▪ **2014** 5 matches sur 15 ▪ **2015** 5 matches sur 10 ▪ **2016** 16 matches sur 17 ▪ **2017** 8 matches sur 11 ▪ **2018** 1 match sur 18 | **But : 2016** 1 | **Titulaire :** 46 fois sur 51 | **Remplaçant :** 5 fois sur 51 (d'A. Diarra, Sakho 2 fois, Varane, Giroud) | **Resté sur le banc :** 21 fois | **Resté en tribune :** 2 fois | **Expulsion :** 1 fois | **Championnat d'Europe 2012 :** 1 match sur 4 | **Coupe du monde 2014 :** 4 matches sur 5 | **Championnat d'Europe 2016 :** 7 matches sur 7 | **Sélectionneurs :** Blanc 4 fois, Deschamps 47 fois

Marvin Martin

Milieu de terrain
15 sélections, 2 buts

Né le 10 juin 1988, à Paris

Première sélection : 6 juin 2011 à Donetsk, Ukraine - France (1-4)

Dernière sélection : 15 août 2012 au Havre, France - Uruguay (0-0)

Clubs : 2010-2012 : FC Sochaux (14 sélections) ▪ 2012-2013 : Lille OSC (1 sélection)

Bilan : 9 victoires, 6 nuls

Le centre de formation sochalien vient de produire une nouvelle petite merveille avec Marvin Martin. Un n° 10 pas très grand, mais d'une grande habileté technique. Laurent Blanc est curieux de le voir de plus près et l'embarque dans la tournée de fin de saison dans les pays de l'Est. Il le fait entrer en jeu à Kiev, contre l'Ukraine en match amical à la 76e minute, à la place de Yohan Cabaye. Et Martin réussit le tour de force de marquer deux fois : à la 87e minute, sur une passe de Franck Ribéry, d'une frappe rentrante avec l'aide du poteau, et à la 92e minute, sur une passe de Karim Benzema, d'une frappe sous la barre : le même exploit que Zinédine Zidane contre la République tchèque en 1994 ! Deux buts entrecoupés en prime d'un corner décisif pour la tête de Younes Kaboul... Évidemment, les comparaisons affluent et Martin devient, comme Yohan Gourcuff deux ans auparavant, le nouvel espoir des Bleus. Il enchaîne donc les sélections la saison suivante. Mais la charge se révèle vite très lourde à porter, avec des concurrents comme Samir Nasri, Jérémy Ménez, Florent Malouda et Franck Ribéry au poste de meneur de jeu... Ce n'est donc que comme remplaçant qu'il est dans les 23 pour l'Euro 2012. En Ukraine, il ne fait que deux entrées en fin de match, sans apporter beaucoup. Didier Deschamps lui fait jouer trente minutes de son premier match à la tête des Bleus, mais pour Marvin Martin, trop peu influent, c'est déjà le dernier. Car il ne peut confirmer ensuite en club, à Lille où il vient d'être transféré, restant simplement invaincu en Bleu.

Matches joués : 2011 9 matches sur 13 ▪ **2012** 6 matches sur 14 | **Buts : 2011** 2 | **Titulaire :** 4 fois sur 15 | **Remplaçant :** 11 fois sur 15 (de Cabaye 5 fois, Malouda, Benzema 2 fois, Nasri, Ribéry, Ménez) | **Resté sur le banc :** 3 fois | **Resté en tribune :** 1 fois | **Championnat d'Europe 2012 :** 2 matches sur 4 | **Sélectionneurs :** Blanc 14 fois, Deschamps 1 fois

Jérémy Mathieu

Défenseur, 5 sélections

Né le 29 octobre 1983 à Luxeuil-les-Bains (Haute-Savoie)

Première présélection : 7 octobre 2011 à Saint-Denis, France - Albanie (3-0)

Première sélection : 11 novembre 2011 à Saint-Denis, France - États-Unis (1-0)

Dernière sélection : 29 mars 2016, à Saint-Denis, France - Russie (4-2)

Clubs : 2011-2014 : Valence CF (2 sélections) ▪ 2014-2016 : FC Barcelone (3 sélections)

Bilan : 3 victoires, 1 nul, 1 défaite

Encore un ancien Sochalien chez les Bleus ! Jérémy Mathieu solide défenseur polyvalent a quitté le Doubs pour Toulouse en 2005, puis il a gagné le championnat espagnol et le FC Valence en 2009. À la suite de plusieurs forfaits, Laurent Blanc l'appelle pour les derniers matches de qualification à l'Euro 2012, mais le laisse en tribune. Il le fait débuter en amical le mois suivant, comme arrière gauche, en même temps que Laurent Koscielny. Mais il ne fait pas appel à lui pour le championnat d'Europe, les deux places de latéral gauche revenant à Patrice Évra et Gaël Clichy. Didier Deschamps, qui doit se passer de ces deux joueurs en juin 2013, fait jouer Mathieu contre le Brésil, à Porto Alegre. Mais les Bleus sont submergés par les Auriverde en seconde mi-temps (3-0) et le sélectionneur ne rappelle plus Mathieu ensuite. Il poursuit pourtant une carrière brillante en Espagne, à Barcelone où il joue parfois arrière central. C'est à ce poste qu'il est sélectionné à l'automne 2014, à Belgrade puis à Erevan. Mais il disparaît à nouveau des rassemblements ensuite. Mathieu y revient en mars 2016, et joue arrière gauche la seconde mi-temps du match amical contre la Russie, au Stade de France. Mais il se blesse au genou au bout de huit minutes. Il fait pourtant partie de la liste des 23 pour l'Euro, mais il se blesse à nouveau, lors de la finale de la Coupe d'Espagne, et doit déclarer forfait pour le championnat d'Europe, ce qui fait le bonheur de Samuel Umtiti. Contacté en septembre par Didier Deschamps, il décline toute nouvelle sélection, estimant qu'à bientôt 33 ans, il ne pourrait jamais être mieux qu'un remplaçant dans l'équipe vice-championne d'Europe.

Matches joués : 2011 1 match sur 13 ▪ **2012** - ▪ **2013** 1 match sur 12 ▪ **2014** 2 matches sur 15 ▪ **2015** - ▪ **2016** 1 match sur 17 | **Titulaire :** 4 fois sur 5 | **Remplaçant :** 1 fois sur 5 (d'Évra) | **Resté sur le banc :** 5 fois | **Resté en tribune :** 2 fois | **Championnat d'Europe 2016 :** forfait | **Sélectionneurs :** Blanc 1 fois, Deschamps 4 fois

Olivier Giroud

Attaquant
110 sélections, 46 buts

Né le 30 septembre 1986 à Chambéry (Savoie)

Première sélection : 11 novembre 2011, à Saint-Denis, France - États-Unis (1-0)

Dernière sélection : 28 juin 2021 à Bucarest, France - Suisse (3-3 ap)

Clubs : 2011-2012 : Montpellier HSC (9 sélections) ▪ 2012-2017 : Arsenal FC (60 sélections) ▪ 2018-2021 : Chelsea FC (41 sélections)

Bilan : 71 victoires, 19 nuls, 20 défaites

Palmarès : Champion du monde 2018

Olivier Giroud

Les sceptiques sont nombreux quand Olivier Giroud, 25 ans, est invité à rejoindre les Bleus. Même en marquant des buts avec Montpellier, l'image du joueur de Ligue 2 qu'il était à Tours jusqu'en 2010, prédomine. Mais Laurent Blanc, ancien Montpelliérain, a de bons renseignements sur son état d'esprit et il lui donne sa chance en fin d'année 2011. Giroud remplace Kevin Gameiro à l'heure de jeu, contre les États-Unis en amical au Stade de France, puis Karim Benzema à la 72e minute contre la Belgique. Deux entrées qui sont suivies par une titularisation en Allemagne, en février 2012. À Brême, Giroud ouvre le score à la 21e minute avec sang-froid, sur un contre mené par Mathieu Debuchy : cette fois il a forcé la porte des Bleus. Il est incorporé dans les 23 qui vont à l'Euro, comme doublure de Karim Benzema. En Ukraine, Giroud fait trois entrées en fin de match, sans plus. Mais Didier Deschamps poursuit l'idée de Blanc, d'autant que Giroud a été acheté par Arsenal, une référence. Le nouveau sélectionneur associe Giroud et Benzema, deux avants-centres aux styles et aux qualités très différentes, dont il espère une association fructueuse, mais qui ne se produit pas. Giroud reste donc le remplaçant de Benzema. Mais il sait se servir de ce rôle : à Madrid, en octobre 2012, pour un match de qualification, pour le Mondial 2014, Giroud remplace Benzema à la 88e minute et égalise pour la France à la 93e, en trompant Iker Casillas d'une tête placée au ras du poteau sur un centre de Franck Ribéry ! Giroud n'est pas aussi fin et doué que le Lyonnais, mais il est efficace. Et il finit par le déloger de sa place de titulaire à l'automne 2013. Giroud a marqué cinq fois en un an et demi, alors que Benzema ne l'a fait qu'une seule fois dans le même temps… Giroud est donc l'avant-centre des Bleus pour le match aller des barrages face à l'Ukraine, pour une place au Mondial. Mais la nette défaite française à Kiev (2-0) entraîne le retour de Benzema au match retour, et cette fois celui-ci ne rate pas l'occasion de se mettre en évidence en inscrivant le but du 2-0 qui remet les Bleus à égalité. La France possède donc deux avants-centre pour la Coupe du monde au Brésil et Deschamps ne renonce pas à l'idée de les faire jouer ensemble. Il retente le coup contre la Suisse, avec Giroud dans l'axe et Benzema sur le flanc gauche. Giroud ouvre le score, de la tête sur un corner de Mathieu Valbuena à qui il offre le troisième but, Benzema marque le quatrième but, manque un penalty et donne la balle du cinquième but à Moussa Sissoko. Le sélectionneur reconduit l'association en 8e de finale, contre le Nigeria, à Brasilia. Mais cette fois, cela se passe moins bien. Les deux hommes n'arrivent pas à jouer ensemble. Giroud ne reçoit aucun ballon exploitable de Benzema et Deschamps doit le sortir à l'heure de jeu, pour faire entrer à sa place Antoine Griezmann et recentrer Benzema. Et il abandonne le plan pour le quart de finale. Giroud ne joue plus après le Mondial, avant mars 2015 et surtout plus avec Benzema qui reste l'option principale au poste d'attaquant de pointe. Mais sa mise hors jeu à l'automne 2015, à la suite du scandale de la « sextape », change la donne. Giroud devient le n° 1, avec comme éventuels rivaux André-Pierre Gignac et Alexandre Lacazette. Giroud qui compte déjà plus de 40 sélections a de l'avance sur eux, avec 17 buts au compteur avant l'Euro. Lors de l'avant-dernier match de préparation, à Nantes contre le Cameroun, alors qu'il marque encore, d'une magnifique reprise de volée sur un long centre de Paul Pogba, il se fait siffler par une partie du public qui lui reproche stupidement l'absence de Benzema, à laquelle il n'est pour rien. Alors c'est avec une rage supplémentaire qu'il aborde son deuxième championnat d'Europe. Titulaire dès le match d'ouverture à Saint-Denis, Giroud ouvre le score à la 58e minute contre la Roumanie, en devançant de la tête la sortie du gardien roumain, sur un long centre de Dimitri Payet. En quart de finale, il marque deux fois contre l'Islande : il ouvre le score à la 12e minute, lancé par Blaise Matuidi, d'une puissante frappe croisée, puis marque le cinquième but français à la 59e minute, de la tête sous le nez du gardien islandais, à la suite d'un long coup franc de Payet. Usé par un système où il opère seul en pointe, il est systématiquement remplacé en fin de match par Gignac mais qui ne marque pas. Après l'Euro, Giroud reste le titulaire et continue à marquer. En juin 2017, il réalise un triplé contre le Paraguay, à Rennes, une performance rare puisque les deux derniers triplés en équipe de France remontaient à David Trezeguet en 2000 et Dominique Rocheteau en 1985… Puis il marque le seul but français en Suède, d'une frappe invraisemblable en pleine lucarne. Un but vraiment somptueux. L'arrivée de Kylian Mbappé ne le déstabilise pas. À la fin de l'année, Giroud atteint les 30 buts en marquant contre le Pays de Galles au Stade de France sur un centre en retrait de Mbappé : autant que Jean-Pierre Papin et Just Fontaine, trois de mieux que Karim Benzema qui a joué treize matches de plus que lui… Cette fois enfin, la place de Giroud n'est plus remise en cause, n'en déplaise à ceux qui raillent sa technique limitée et son jeu direct. Touché à la tête lors du dernier match de préparation de la Coupe du monde à Lyon contre les États-Unis, Giroud n'est pas titulaire au premier match en Russie. Mais il l'est aux six qui suivent. Il se bat seul en pointe, fait des points de fixation dont profitent Mbappé et Griezmann, les deux buteurs des Bleus. Lui, ne marque pas, comme Stéphane Guivarc'h en 1998. Troublante similitude, à vingt ans d'écart, entre ces n°9 champions du monde sans but... Mais Giroud poursuit à 32 ans sa carrière en Bleu. Il marque son 32e but contre les Pays-Bas, en Ligue des nations, en septembre 2018 : cette fois il a distancé Zinédine Zidane (31). Et en novembre, il marque sur penalty le but qui permet à la France de terminer l'année sur un succès face l'Uruguay (1-0). Il enchaîne avec deux nouveaux buts en mars 2019, en Moldavie et contre l'Islande, ce qui fait qu'avec 35 buts, il a cette fois dépassé le chiffre de David Trezeguet (34)... L'automne lui sourit encore, avec quatre nouveaux buts, dont deux sur penalty. Malgré un temps de jeu réduit en club, grâce à son efficacité en Bleu jamais démentie, il garde la confiance du sélectionneur et fait donc partie des 26 pour l'Euro 2021 où il arrive avec 46 buts au compteur après un doublé contre la Bulgarie, le 9e de sa carrière, un record ! Mais poussé sur le banc des remplaçants par le retour de Benzema, il ne fait que deux entrées en jeu durant ce championnat d'Europe, contre la Hongrie et la Suisse, sans vraiment peser. Ayant remplacé Benzema durant la prolongation face aux Suisses, il n'a pas tremblé pour transformer son tir au but, mais cela n'a pas suffi.

Matches joués : 2011 2 matches sur 13 ▪ **2012** 12 matches sur 14 ▪ **2013** 12 matches sur 12 ▪ **2014** 9 matches sur 15 ▪ **2015** 10 matches sur 10 ▪ **2016** 14 matches sur 17 ▪ **2017** 10 matches sur 11 ▪ **2018** 18 matches sur 18 ▪ **2019** 4 matches sur 5 | **Buts : 2012 :** 2 ▪ **2013 :** 3 ▪ **2014 :** 4 ▪ **2015 :** 5 ▪ **2016** : 8 ▪ **2017 :** 8 ▪ **2018** : : : : 4 : **2019** 6 ▪ **2020 :** 5 ▪ **2021** : 2 | **Titulaire :** 72 fois sur 110 | **Remplaçant :** 38 fois sur 110 (de Gameiro 2 fois, Benzema 13 fois, M'Vila 2 fois, Sissoko, Jallet, Valbuena 2 fois, Matuidi 2 fois, Griezmann 3 fois, Gignac 2 fois, Mbappé 2 fois, Dembélé 2 fois, Ben Yedder 3 fois, Martial, Coman) | **Resté sur le banc :** 6 fois | **Championnat d'Europe 2012 :** 3 matches sur 4 | **Coupe du monde 2014 :** 5 matches sur 5 | **Championnat d'Europe 2016 :** 6 matches sur 7 | **Coupe du monde 2018 :** 7 matches sur 7 | **Championnat d'Europe 2021 :** 2 matches sur 4 | **Sélectionneurs :** Blanc 9 fois, Deschamps 101 fois

Maxime Gonalons

Milieu de terrain, 8 sélections

Né le 10 mars 1989 à Vénissieux (Rhône)

Première sélection : 11 novembre 2011 à Saint-Denis, France - États-Unis (1-0)

Dernière sélection : 13 juin 2015 à Elbasan, Albanie - France (1-0)

Club : 2011-2015 : Olympique Lyonnais (8 sélections)

Bilan : 3 victoires, 3 nuls, 2 défaites

Maxime Gonalons

Pour les deux derniers matches de l'année 2011, Laurent Blanc fait débuter quatre nouveaux joueurs : Jérémy Mathieu, Laurent Koscielny, Olivier Giroud et Maxime Gonalons qui, comme le Montpelliérain, entre en cours de match. Le Lyonnais remplace deux fois Yann M'Vila, à l'heure de jeu contre les États-Unis, puis juste avant la mi-temps contre la Belgique quand le Rennais est touché dans un choc aérien. Gonalons fait bonne impression par son calme et sa vision du jeu. Mais il n'est pas retenu dans les 26 présélectionnés pour l'Euro 2012. Didier Deschamps, par contre, l'aligne d'entrée dans la première équipe qu'il met sur pied, en août 2012 au Havre face à l'Uruguay. Il le prend aussi en octobre et en fait un titulaire à Madrid pour le match important contre l'Espagne lors des qualifications pour le Mondial 2014. Mais ensuite Gonalons devient clairement un remplaçant avec les affirmations de Blaise Matuidi et Yohan Cabaye conjuguées à l'arrivée de Paul Pogba, avant de disparaître des convocations. Gonalons n'est donc que réserviste pour le Mondial 2014. Rappelé pour les matches de novembre 2014, il ne joue que cinq minutes contre la Suède à Marseille. Présent en fin de saison, il est titulaire dans l'expédition en Albanie. Mais à Elbasan, la France perd pour la première fois de son histoire face à l'Albanie (1-0)... Sorti du jeu à la 59e minute, Maxime Gonalons n'est plus jamais appelé ensuite.

Matches joués : 2011 2 matches sur 13 ▪ **2012** 4 matches sur 14 ▪ **2013** - ▪ **2014** 1 match sur 15 ▪ **2015** 1 match sur 10 | **Titulaire :** 3 fois sur 8 | **Remplaçant :** 5 fois sur 8 (de M'Vila 2 fois, Capoue 2 fois, Guilavogui) | **Resté sur le banc :** 9 fois | **Sélectionneurs :** Blanc 2 fois, Deschamps 6 fois

2012

6 nouveaux joueurs
14 matches

29 février : Allemagne - France 1-2
27 mai : France - Islande 3-2
31 mai : France - Serbie 2-0
5 juin : France - Estonie 4-0
11 juin : France - Angleterre 1-1 (CE)
15 juin : France - Ukraine 2-0 (CE)
19 juin : France - Suède 0-2 (CE)
23 juin : France - Espagne 0-2 (CE)
15 août : France - Uruguay 0-0
7 sept : Finlande - France 0-1 (QCM)
11 sept : France - Biélorussie 3-1 (QCM)
12 octobre : France - Japon 0-1
16 octobre : Espagne - France 1-1 (QCM)
14 novembre : Italie - France 1-2

Morgan Amalfitano

Attaquant, 1 sélection

Né le 20 mars 1985 à Nice (Alpes-Maritimes)

Unique sélection : 29 février 2012 à Brême, Allemagne - France (1-2)

Club : 2011-2012 : Olympique de Marseille (1 sélection)

Bilan : 1 victoire

Encore un ancien Lorientais appelé sous le drapeau bleu : après André-Pierre Gignac, Michaël Ciani et Laurent Koscielny, c'est au tour de Morgan Amalfitano. Arrivé en début de saison à Marseille, il présente des qualités d'attaquant imprévisible au service du collectif. Suivi par Laurent Blanc, il est convoqué pour le match amical de février, en Allemagne. Il remplace son coéquipier de l'OM Mathieu Valbuena pour les vingt dernières minutes, mais il ne fait pas partie ensuite des 26 présélectionnés pour l'Euro, Blanc lui préférant Hatem Ben Arfa et Jérémy Ménez, et on ne le reverra plus.

Match joué : 2012 1 match sur 14 | **Titulaire :** 0 fois sur 1 | **Remplaçant :** 1 fois sur 1 (de Valbuena) | **Sélectionneur :** Blanc 1 fois

Mapou Yanga-Mbiwa

Défenseur, 4 sélections

Né le 15 mai 1989 à Bangui (Centrafrique)

Première présélection : 27 mai 2012, à Valenciennes, France - Islande (3-2)

Première sélection : 15 août 2012 au Havre, France - Uruguay (0-0)

Dernière sélection : 14 novembre 2014 à Rennes, France - Albanie (1-1)

Clubs : 2011-2013 : Montpellier HSC (3 sélections) ▪ 2013-2014 : Newcastle United (0 sélection) ▪ 2014-2015 : AS Rome (1 sélection)

Bilan : 2 victoires, 2 nuls

Les performances de Mapou Yanga-Mbiwa à Montpellier ont grandement aidé le club héraultais à devenir champion de France 2012. Défenseur polyvalent, Laurent Blanc l'inscrit dans sa liste des 26 présélectionnés pour l'Euro, bien qu'il n'ait pas encore fait appel à lui. Mais comme Loïc Rémy et Yohan Gourcuff, Yanga-Mbiwa n'est pas dans la liste finale des 23 pour l'Ukraine. Didier Deschamps en fait son premier titulaire en défense centrale, trois mois plus tard, au Havre contre l'Uruguay. Yanga-Mbiwa dispute ainsi trois matches de rang, associé à Mamadou Sakho. Mais Laurent Koscielny le remplace en octobre, et Yanga-Mbiwa devient remplaçant pour le reste de la saison et n'est pas concerné par le Mondial 2014. Deschamps le rappelle cependant pour les matches d'octobre et novembre 2014. Il joue ainsi contre l'Albanie à Rennes, mais blessé, il doit renoncer à jouer contre la Suède et ne sera plus revu ensuite.

Matches joués : 2012 3 matches sur 14 ▪ **2013** - ▪ **2014** 1 match sur 15 | **Titulaire :** 4 fois sur 4 | **Resté sur le banc :** 7 fois | **Sélectionneurs :** Blanc 0 fois, Deschamps 4 fois

Raphaël Varane

Défenseur
79 sélections, 5 buts

Né le 25 avril 1993 à Lille (Nord)

Première présélection : 15 août 2012, au Havre, France - Uruguay (0-0)

Première sélection : 22 mars 2013 à Saint-Denis, France - Géorgie (3-1)

Dernière sélection : 28 juin 2021 à Bucarest, France – Suisse (3-3 ap)

Club : 2012-2021 : Real Madrid (79 sélections)

Bilan : 52 victoires, 16 nuls, 11 défaites

Palmarès : Champion du monde 2018

Le jeune Nordiste qui a débuté à Lens n'est pas sans rappeler Xercès Louis, l'international lensois des années 50, né de père martiniquais comme lui. Défenseur grand (1,91 m) et fin, sobre et élégant, Raphael Varane tranche très vite en équipe de France Espoirs et Didier Deschamps ne perd pas de temps en l'appelant dès sa prise de fonction, alors qu'il n'a que 19 ans et vient de passer une première saison au Real Madrid. Encore un peu timide, Varane ne joue pas contre l'Uruguay, mais il revient en mars 2013 et débute en défense centrale contre la Géorgie, au Stade de France, associé à Mamadou Sakho, puis en Espagne en duo avec Laurent Koscielny. S'il apparaît encore un peu tendre, il ne fait pas de doute que Varane est un joueur d'avenir. Puissant et clairvoyant, sa relance dynamique est précieuse. Il reste donc dans le groupe des Bleus, mais blessé au genou, il manque plusieurs rendez-vous. Absent au match aller des barrages décisifs pour le Mondial 2014 contre l'Ukraine, Varane est présent au retour où la France se qualifie. Et même s'il ne compte que six sélections avant la Coupe du monde, c'est bien en tant que titulaire qu'il la débute au Brésil. En quart de finale, il est devancé de la tête par Mats Hummels qui inscrit le but de l'Allemagne qui élimine la France (1-0). Mais cela ne remet pas en cause son potentiel et sa classe. Varane enchaîne la saison suivante, livrant notamment un duel magnifique à Cristiano Ronaldo, son coéquipier au Real, en octobre 2014 au Stade de France. En novembre, Hugo Lloris mis au repos, Deschamps lui confie le brassard alors qu'il n'a que 21 ans : c'est le plus jeune capitaine de l'histoire de l'équipe de France. Varane s'impose sur et hors du terrain, marquant contre la Suède puis le Brésil en amical, de la tête. Fort de 29 sélections désormais, dont 24 consécutives, Varane s'apprête à disputer son premier championnat d'Europe quand il se blesse avec le Real Madrid en mai 2016 et doit déclarer forfait, ce qui entraîne le rappel d'Adil Rami. Mais Varane revient après l'été et retrouve sa place. Son expulsion à la 47e minute du match amical conte l'Angleterre en juin 2017, pour une faute en position de dernier défenseur, est sans conséquence. Après avoir joué avec Sakho et Koscielny en défense centrale, c'est avec Samuel Umtiti qu'il officie dans une bonne répartition des rôles. Bien que freiné par des blessures récurrentes, Varane arrive au point pour la Coupe du monde 2018. En Russie, il dispute l'intégralité de sept matches qui portent les Bleus jusqu'au titre de champion du monde. En quart de finale, à Nijni-Novgorod face à l'Uruguay, il ouvre le score à la 40e minute, d'une tête décroisée à la réception d'un coup franc d'Antoine Griezmann. Vainqueur un mois auparavant d'une quatrième Ligue des champions avec le Real Madrid, la troisième consécutive, Raphaël Varane est sur le toit du monde et aurait mérité le Ballon d'or 2018. Titulaire inamovible et patron incontesté de la défense, il est capitaine quand Lloris blessé ne peut jouer à l'automne 2019. Mais lors de l'Euro 2021, après un bon début contre l'Allemagne, il ne peut empêcher la France de sombrer petit à petit défensivement, notamment contre la Suisse en fin de rencontre.

Matches joués : 2012 - ▪ **2013** 4 matches sur 12 ▪ **2014** 13 matches sur 15 ▪ **2015** 10 matches sur 10 ▪ **2016** 8 matches sur 17 ▪ **2017** 5 matches sur 11 ▪ **2018** 14 matches sur 18 ▪ **2019** 4 matches sur 5 | **Buts : 2014** 1 ▪ **2015** 1 ▪ **2018** 1 ▪ **2019** 1 | **Titulaire :** 76 fois sur 79 | **Remplaçant :** 3 fois sur 79 (de Sakho, Upamecano, Lenglet) | **Resté sur le banc :** 7 fois | **Capitaine :** 15 fois (17e, 19e, 25e, 30e, 31e, 35e, 40e, 46e, 49e, 50e, 57e, 61e, 64e)| **Expulsion :** 1 fois | **Coupe du monde 2014 :** 5 matches sur 5 | **Championnat d'Europe 2016 :** forfait | **Coupe du monde 2018 :** 7 matches sur 7 | **Championnat d'Europe 2021 :** 4 matches sur 4 | **Sélectionneur :** Deschamps 79 fois

Raphaël Varane

Christophe Jallet

Défenseur, 16 sélections, 1 but

Né le 31 octobre 1983 à Cognac (Charente)

Première sélection : 15 août 2012 au Havre, France - Uruguay (0-0)

Dernière sélection : 14 novembre 2017 à Cologne, Allemagne - France (2-2)

Clubs : 2012-2014 : Paris SG (5 sélections) ▪ 2014-2017 : Olympique Lyonnais (9 sélections) ▪ 2017-2018 : OGC Nice (2 sélections)

Bilan : 9 victoires, 3 nuls, 4 défaites

Et un ex-Lorientais de plus en Bleu ! Christophe Jallet rejoint André-Pierre Gignac, Laurent Koscielny, Michaël Ciani et Morgan Amalfitano dans le cercle des internationaux passés chez les Merlus. Convoqué par Didier Deschamps pour faire partie de sa première équipe de France, Jallet débute plus vite que prévu lorsque Mathieu Debuchy se blesse après 25 minutes au Havre contre l'Uruguay. Arrivé au Paris SG en 2009, Jallet se glisse au poste d'arrière droit en toute discrétion. Lors de sa première titularisation contre la Biélorussie, il marque au Stade de France le deuxième but des Bleus : en voulant centrer, son ballon fini par retomber juste sous la barre transversale du gardien biélorusse ! Jallet s'inscrit alors pour de bon dans le groupe, mais plutôt comme remplaçant, de Debuchy, de Bacary Sagna ou Anthony Réveillère. Quatrième arrière droit donc dans la hiérarchie, il ne fait pas partie des 30 présélectionnés pour le Mondial 2014. Mais, passé du PSG à Lyon, Jallet revient régulièrement pour compléter le groupe qui prépare le championnat d'Europe en France, et il termine ainsi dans les 23 pour l'Euro 2016. Il compte alors 10 sélections pour 19 bancs de touche... Il ne joue pas pendant cet Euro, mais il conserve sa place dans le groupe alors que Djibril Sidibé y arrive comme nouveau postulant au poste d'arrière droit. Jallet conserve son strapontin jusqu'à la fin de l'année 2017, mais l'émergence de Benjamin Pavard l'éjecte cette fois définitivement du groupe et il n'est pas sélectionné pour le Mondial 2018, même comme suppléant.

Matches joués : 2012 3 matches sur 14 ▪ **2013** 2 matches sur 12 ▪ **2014** 1 match sur 15 ▪ **2015** 3 matches sur 10 ▪ **2016** 1 match sur 17 ▪ **2017** 5 matches sur 11 | **But : 2012** 1 | **Titulaire :** 12 fois sur 16 | **Remplaçant :** 4 fois sur 16 (de Debuchy 2 fois, Sidibé 2 fois) | **Resté sur le banc :** 21 fois | **Championnat d'Europe 2016 :** 0 match sur 7 | **Sélectionneur :** Deschamps 16 fois

Étienne Capoue

Milieu de terrain, 7 sélections

Né le 11 juillet 1988 à Niort (Deux-Sèvres)

Première sélection : 15 août 2012 au Havre, France - Uruguay (0-0)

Dernière sélection : 14 août 2013 à Bruxelles, Belgique - France (0-0)

Club : 2012-2013 : Toulouse FC (7 sélections)

Bilan : 2 victoires, 2 nuls, 3 défaites

Didier Deschamps pour sa prise de fonction innove avec Raphaël Varane, Christophe Jallet, Mapou Yanga-Mbiwa et un quatrième joueur : Étienne Capoue, ancien capitaine de l'équipe de France Espoirs. Un milieu de terrain à l'aisance technique intéressante. Le Toulousain dispute la seconde mi-temps contre l'Uruguay au Havre, à la place de Rio Mavuba, et reste dans le groupe toute la saison, étant titulaire contre la Biélorussie, le Japon et l'Italie, dans un rôle de relayeur n'hésitant pas à se projeter vers l'avant. Contre les Biélorusses, Capoue ouvre le score à la 49e minute, du plat du pied sur un centre en retrait de Franck Ribéry. Mais il n'est plus revu après le match amical du mois d'août 2013, le dernier du genre d'ailleurs. Car la concurrence à son poste est vraiment énorme avec Paul Pogba, Josuha Guilavogui, Geoffrey Kondogbia, Moussa Sissoko, Blaise Matuidi, Yohan Cabaye et Rio Mavuba...

Matches joués : 2012 4 matches sur 14 ▪ **2013** 3 matches sur 12 | **But : 2012** 1 | **Titulaire :** 4 fois sur 7 | **Remplaçant :** 3 fois sur 7 (de Mavuba, Matuidi, Kondogbia) | **Resté sur le banc :** 3 fois | **Sélectionneur :** Deschamps 7 fois

Clément Chantôme

Milieu de terrain, 1 sélection

Né le 11 septembre 1987 à Sens (Yonne)

Unique sélection : 12 octobre 2012, à Saint-Denis, France - Japon (0-1)

Club : 2012-2013 : Paris SG (1 sélection)

Bilan : 1 défaite

C'est une histoire brève que la carrière internationale de Clément Chantôme. Le milieu de terrain du Paris SG est appelé en dernière minute pour compenser les forfaits de Rio Mavuba puis Lassana Diarra en octobre 2012, avant un match amical contre le Japon. À la pause, Chantôme remplace Blaise Matuidi, son partenaire du PSG, mais il se blesse au bout d'une demi-heure et ne sera jamais revu ensuite.

Match joué : 2012 1 match sur 14 | **Titulaire :** 0 fois sur 1 | **Remplaçant :** 1 fois sur 1 (de Matuidi) | **Sélectionneur :** Deschamps 1 fois

2013

8 nouveaux joueurs
12 matches

6 février : France - Allemagne 1-2
22 mars : France - Géorgie 3-1 (QCM)
26 mars : France - Espagne 0-1 (QCM)
5 juin : Uruguay - France 1-0
9 juin : Brésil - France 3-0
14 août : Belgique - France 0-0
6 septembre : Géorgie - France 0-0 (QCM)
10 sept : Biélorussie - France 2-4 (QCM)
11 octobre : France - Australie 6-0
15 octobre : France - Finlande 3-0 (QCM)
15 novembre : Ukraine - France 2-0 (QCM)
19 novembre : France - Ukraine 3-0 (QCM)

Romain Alessandrini

Attaquant
0 sélection

Né le 3 avril 1989 à Marseille (Bouches-du-Rhône)

Unique présélection : 6 février 2013, à Saint-Denis, France - Allemagne (1-2)

Club : 2012-2013 : Stade Rennais (0 sélection)

Après avoir débuté en Ligue 2 à Clermont, c'est à Rennes que Romain Alessandrini a pu montrer son talent en Ligue 1. Attaquant explosif et inspiré, il intéresse Didier Deschamps en début d'année. Présélectionné pour le match de février en Allemagne, il prend date avec les Bleus. Mais une semaine plus tard, il se blesse gravement à genou ce qui l'écarte de la sélection qu'il ne retrouvera jamais malgré son transfert à Marseille à l'été 2014.

Resté sur le banc : 1 fois

Paul Pogba

Milieu de terrain
84 sélections, 11 buts

Né le 15 mars 1993 à Lagny-sur-Marne (Seine-et-Marne)

Première sélection : 22 mars 2013 à Saint-Denis, France - Géorgie (3-1)

Dernière sélection : 28 juin 2021 à Bucarest, France - Suisse (3-3 ap)

Clubs : 2013-2016 : Juventus Turin (38 sélections) ▪ 2016-2021 : Manchester United (46 sélections)

Bilan : 58 victoires, 15 nuls, 11 défaites

Palmarès : Champion du monde 2018

Paul Pogba

La source havraise ne se tarit pas. Après Pascal Chimbonda, Guillaume Hoarau, Steve Mandanda, Alou et Lassana Diarra, Florent Sinama-Pongolle, Charles N'Zogbia et Dimitri Payet, c'est Paul Pogba qui est la dernière pépite sortie du grand port normand. Et ce n'est pas une simple météorite. Déterminé, Pogba est parti à 16 ans à Manchester United, puis trouvant le temps long pour intégrer l'équipe professionnelle, il a migré à la Juventus de Turin à l'été 2012. Là, il joue en équipe première et rapidement il éclabousse de sa classe insolente la Calcio. Au point que Didier Deschamps l'appelle pour les matches de mars 2013, et le titularise directement en milieu de terrain contre la Géorgie. Très à son aise, Pogba est reconduit quatre jours plus tard, contre l'Espagne dans un match capital pour la qualification à la Coupe du monde 2014. Mais Pogba s'emballe, surjoue plus qu'il ne joue, et finit par se faire expulser pour deux cartons jaunes récoltés en trois minutes. Trop pressé peut-être, Pogba est renvoyé en équipe des moins de 20 ans, dont il est le capitaine, et avec laquelle il remporte le titre mondial en Turquie, en juillet. Pogba revient en « A » en septembre et marque le quatrième but français contre la Biélorussie, à Gomel, au terme d'un match qui a failli échapper aux Bleus. Cette fois, il ne sort plus de la place : il enchaîne vingt rencontres consécutives, dont les matches de barrages pour la Coupe du monde contre l'Ukraine, et les cinq du Mondial au Brésil. Même si, ayant failli se faire bêtement expulser contre le Honduras, le sélectionneur l'a recadré en le mettant sur le banc au match suivant, contre la Suisse. En 8e de finale, Pogba délivre les Bleus face au Nigeria en marquant de la tête à la 81e minute, après une sortie ratée du gardien nigérian Vincent Enyeama. Joueur puissant, à la fois réfléchi et instinctif, il est désigné meilleur jeune de la Coupe du monde, à 21 ans. Désormais, on attend énormément de lui. Contre le Portugal, en octobre 2014, il livre un match somptueux, et marque le deuxième but français, sur une passe de Karim Benzema d'une frappe au ras du poteau. Mais il est blessé durant l'hiver et ne rejoue pas avant la fin de saison. Fatigué par deux années pleines, sans repos, Pogba donne moins l'impression de voler sur le terrain qu'à ses débuts. Deschamps essaie de canaliser son énergie, en lui faisant gommer les gestes superflus qui enchantent le public mais ne servent pas toujours à grand-chose. Positionné comme milieu de terrain côté droit, Pogba déçoit lors du match d'ouverture de l'Euro 2016, face à la Roumanie, et est remplacé par Anthony Martial à la 77e minute. Il reste sur le banc au match suivant avant de revenir en jeu après la pause, plus discipliné mais pas moins rageur, comme en témoigne sa « sarabande » après le but de Dimitri Payet en fin de match. Même s'il reste titulaire ensuite, sur le côté gauche cette fois, jusqu'à la finale, Pogba n'est pas le meilleur Français du championnat d'Europe, et doit accepter de laisser la vedette à Antoine Griezmann, ce qu'il fait de bon cœur car c'est son ami. Après l'Euro, Pogba choisi de retourner à Manchester United, moyennant un transfert record de 105 M€, ce qui lui met une pression particulière sur les épaules. Il ne semble ne pas la subir pourtant et réalise enfin un grand match, à Amsterdam en octobre 2016, où il marque face aux Pays-Bas le but de la victoire française, d'une frappe tendue qui transperce le gardien hollandais à la 30e minute et qui place la France en position idéale dans les qualifications pour le Mondial 2018. Buteur encore au match suivant contre la Suède, Pogba s'impose plus nettement que lors des derniers mois, devenant un vrai leader sur le terrain et repoussant ainsi les débats sur sa place de titulaire vers Blaise Matuidi ou N'Golo Kanté. En mars 2018, il dépasse les 50 sélections, à seulement 25 ans. En Russie pour la Coupe du monde, Pogba est positionné en milieu de terrain axial, poussant Matuidi sur le flanc gauche. Face au jeu, Pogba peut donner sa pleine mesure, avec du rythme et de la percussion. Il forme avec N'Golo Kanté un solide duo devant la défense et à la relance. Lors du premier match, Pogba débloque la situation en frappant fort sur le but australien. Son ballon, dévié par un défenseur, lobe le gardien australien. Très présent dans le vestiaire pour motiver ses camarades, Pogba enchaîne les matches sérieux, complets. Et en finale, en apothéose, il marque son premier but de la Coupe du monde, à la 59e minute, celui du 3-1 pour la France : après un essai repoussé du droit, il frappe une seconde fois, du gauche, et trompe Danijel Subašić, le gardien croate. Cette fois, Paul Pogba est exact au rendez-vous et son histoire en bleu est loin d'être terminée. Mais la seconde partie de l'année 2019 est gâchée par des blessures qui l'écartent de la sélection pendant un an. Il revient peu à peu à son meilleur niveau lors de la saison 2020-2021 et arrive en très grande forme pour l'Euro 2021. Il le démontre sur le terrain où il fait office de leader technique et mental étant à l'origine des meilleures actions françaises. On croit qu'il donne la victoire aux Bleus en 8e de finale contre la Suisse lorsqu'il inscrit un but sublime qui porte le score à 3-1… Joie un peu trop vite montrée. Mais malgré quelques balles perdues défensivement, il a encore montré la voie à ses coéquipiers en transformant le premier essai lors de la séance des tirs au but. Hélas, cela n'a pas été suffisant.

Matches joués : 2013 7 matches sur 12 ▪ **2014** 15 matches sur 15 ▪ **2015** 5 matches sur 10 ▪ **2016** 17 matches sur 17 ▪ **2017** 5 matches sur 11 ▪ **2018** 15 matches sur 18 ▪ **2019** 5 matches sur 5 | **Buts : 2013** 1 ▪ **2014** 4 ▪ **2016** 3 ▪ **2018** 2 ▪ **2021** 2 | **Titulaire :** 73 fois sur 84 | **Remplaçant :** 11 fois sur 84 (de Matuidi 4 fois, Giroud, Payet, Martial, Tolisso, Rabiot, Camavinga, Giroud) | **Resté sur le banc :** 1 fois | **Coupe du monde 2014 :** 5 matches sur 5 | **Championnat d'Europe 2016 :** 7 matches sur 7 | **Coupe du monde 2018 :** 6 matches sur 7 | **Championnat d'Europe 2021 :** 4 matches sur 4 | **Sélectionneur :** Deschamps 84 fois

Alexandre Lacazette

Attaquant, 16 sélections, 3 buts

Né le 28 mai 1991 à Lyon (Rhône)

Première sélection : 5 juin 2013 à Montevideo, Uruguay - France (1-0)

Dernière sélection : 14 novembre 2017 à Cologne, Allemagne - France (2-2)

Clubs : 2012-2017 : Olympique Lyonnais (11 sélections) ▪ 2017-2018 : Arsenal FC Londres (5 sélections)

Bilan : 8 victoires, 4 nuls, 4 défaites

Beaucoup d'avants-centres formés à Lyon sont arrivés en équipe de France. Combin, Di Nallo, Guy, Lacombe, Maurice, Benzema, Rémy. En voici un autre, Alexandre Lacazette, un joueur fin techniquement qui marque beaucoup en championnat de France, et que Didier Deschamps teste lors de la tournée de fin de saison 2012-13 en Amérique du Sud. Lacazette fait deux entrées en jeu timides, contre l'Uruguay et le Brésil. Du coup, il n'est pas revu et doit se contenter d'une place de réserviste pour la Coupe du monde 2014. Il retrouve les Bleus en septembre, toujours en tant que remplaçant, puis connaît sa première titularisation en novembre, à Rennes, contre l'Albanie, en étant associé en attaque à Karim Benzema. Mais il sort alors que la France est menée 1-0 et se retrouve remplaçant à nouveau ensuite. En mars 2015, alors que la France joue à Saint-Étienne et qu'il est conspué lamentablement par les supporters des Verts, Lacazette ouvre le score contre la Danemark à la 14e minute, en reprenant de volée un ballon repoussé par le gardien danois. Présent encore en juin, Lacazette est titulaire dans l'équipe qui rate complètement son match en Albanie et se retrouve donc sur le banc pour les matches suivants, puis dépassé par Anthony Martial, formé à Lyon lui aussi, et Kingsley Coman. Résultat, Lacazette est encore sur la liste des réservistes pour l'Euro 2016 ! Ce n'est qu'en juin 2017 qu'il retrouve les Bleus. Mais toujours comme remplaçant : il entre en jeu après que Giroud a marqué trois fois et lui ne marque pas : la comparaison le dessert évidemment... Lacazette rejoint pourtant l'ancien Montpelliérain à Arsenal durant l'été. Il est encore son remplaçant en équipe de France avant d'être titularisé, en Bulgarie puis en Allemagne en fin d'année. À Cologne, Lacazette marque les deux buts français : à la 37e minute, servi sur un plateau par Anthony Martial, et à la 71e bien lancé par Kylian Mbappé seul face au gardien Kevin Trapp. Il semble enfin pour sa 16e sélection avoir accroché le niveau international. Mais les arrivées de Mbappé et Ousmane Dembélé le rejettent pour la troisième fois dans la liste des réservistes, avant le Mondial 2018 ! Il n'est revu en Bleu qu'en novembre suivant, mais blessé, il déclare forfait et n'est pas rappelé de la saison. Malgré de bonnes prestations avec Arsenal, il n'est ni du Mondial 2018 ni de l'Euro 2021.

Matches joués : 2013 2 matches sur 12 ▪ **2014** 3 matches sur 15 ▪ **2015** 5 matches sur 10 ▪ **2016** - ▪ **2017** 6 matches sur 11 | **Buts : 2015** 1 ▪ **2017** 2 | **Titulaire :** 5 fois sur 16 | **Remplaçant :** 11 fois sur 16 (de Gourcuff, Valbuena 2 fois, Cabella, Griezmann 2 fois, Giroud 4 fois, Coman) | **Resté sur le banc :** 5 fois | **Coupe du monde 2014 :** réserviste | **Championnat d'Europe 2016 :** réserviste | **Coupe du monde 2018 :** réserviste | **Sélectionneur :** Deschamps 16 fois

Eliaquim Mangala

Défenseur, 8 sélections

Né le 13 février 1991 à Colombes (Hauts-de-Seine)

Première sélection : 5 juin 2013 à Montevideo, Uruguay - France (1-0)

Dernière sélection : 3 juillet 2016 à Saint-Denis, France - Islande (5-2)

Dernière présélection : 15 novembre 2016, à Lens, France - Côte d'Ivoire (0-0)

Clubs : 2012-2014 : FC Porto (3 sélections) ▪ 2014-2016 : Manchester City (5 sélections)

Bilan : 6 victoires, 1 nul, 1 défaite

Encore un joueur qui a débuté sa carrière à l'étranger : Eliaquim Mangala s'est fait remarquer en Belgique, où ses parents se sont installés pendant son enfance, au Standard de Liège, puis au Portugal à Porto où on découvre un défenseur central

Eliaquim Mangala

massif. Didier Deschamps le teste à l'occasion des matches en Amérique du Sud du mois de juin. Mangala réalise un bon match contre l'Uruguay, mais Luis Suárez lui échappe une fois et marque le but de la victoire uruguayenne au Centenario de Montevideo... Mangala reste cependant dans le groupe la saison suivante et fait partie des 23 pour la Coupe du monde 2014, avec seulement deux sélections au compteur. Au Brésil, il est le quatrième dans la hiérarchie des défenseurs centraux, derrière Raphaël Varane, Mamadou Sakho et Laurent Koscielny et ne joue pas. Transféré à Manchester City après la Coupe du monde, Mangala dispute quelques matches. Mais quand Varane et Koscielny sont là, il reste sur le banc. Toutefois sa place dans les 23 pour l'Euro 2016 est assurée après les forfaits successifs de Sakho, Varane et Jérémy Mathieu. Durant le championnat d'Europe, Mangala a une seule opportunité de jouer, lors du quart de finale contre l'Islande, au Stade de France, en remplaçant Laurent Koscielny touché en fin de rencontre. Car Samuel Umtiti et Adil Rami lui sont aussi préférés. Il retrouve sur le banc de touche ensuite jusqu'en fin d'année. Mais il manque le Mondial 2018, Presnel Kimpembe prenant sa place de défenseur axial remplaçant.

Matches joués : 2013 1 match sur 12 ▪ **2014** 4 matches sur 15 ▪ **2015** 2 matches sur 10 ▪ **2016** 1 match sur 17 | **Titulaire :** 6 fois sur 8 | **Remplaçant :** 2 fois sur 8 (de Sakho, Koscielny) | **Resté sur le banc :** 29 fois | **Coupe du monde 2014 :** 0 match sur 5 | **Championnat d'Europe 2016 :** 1 match sur 7 | **Sélectionneur :** Deschamps 8 fois

Josuha Guilavogui

Milieu de terrain
7 sélections

Né le 19 septembre 1990 à Ollioules (Var)

Première sélection : 5 juin 2013 à Montevideo, Uruguay - France (1-0)

Dernière sélection : 29 mars 2015 à Saint-Étienne, France - Danemark (2-0)

Clubs : 2012-2013 : AS Saint-Étienne (3 sélections) ▪ 2013 : Atlético de Madrid (2 sélections) ▪ 2014 : AS Saint-Étienne (0 sélection) ▪ 2014-2015 : VfL Wolfsburg (2 sélections)

Bilan : 3 victoires, 2 nuls, 2 défaites

Acceptant une tournée de fin de saison en Amérique du Sud, Didier Deschamps renoue avec les années 70 quand l'équipe de France était allée se mettre en danger outre-Atlantique, en 1971, 72 et 77. Pour l'occasion, le sélectionneur embarque à son bord quatre nouvelles têtes : Alexandre Lacazette, Clément Grenier, Eliaquim Mangala et Josuha Guilavogui. Ce dernier, formé à Saint-Étienne, international Espoirs, est un milieu de terrain travailleur, qui remplace Étienne Capoue contre l'Uruguay puis est titulaire face au Brésil. Guilavogui séduit suffisamment par son abattage pour revenir en début de saison suivante, alors qu'il a rejoint l'Atlético de Madrid. Mais face à la concurrence du trio Matuidi-Cabaye-Pogba, il disparaît des listes juste avant le Mondial 2014. Passé à Wolfsburg, Guilavogui revient en novembre 2014 puis en mars 2015, pour pallier des forfaits, mais sans pouvoir s'imposer davantage.

Matches joués : 2013 5 matches sur 12 ▪ **2014** 1 match sur 15 ▪ **2015** 1 match sur 10 | **Titulaire :** 4 fois sur 7 | **Remplaçant :** 3 fois sur 7 (de Capoue, Valbuena, Kondogbia) | **Resté sur le banc :** 3 fois | **Sélectionneur :** Deschamps 7 fois

Clément Grenier

Milieu de terrain
5 sélections

Né le 7 janvier 1991 à Annonay (Ardèche)

Première sélection : 5 juin 2013 à Montevideo, Uruguay - France (1-0)

Dernière sélection : 1er juin 2014 à Nice, France - Paraguay (1-1)

Club : 2012-2014 : Olympique Lyonnais (5 sélections)

Bilan : 1 victoire, 2 nuls, 2 défaites

Invité avec Alexandre Lacazette à traverser l'Atlantique en fin de saison pour découvrir l'univers des Bleus, Clément Grenier débute dix minutes après son collègue lyonnais, contre l'Uruguay. Au mythique stade du Centenario, il remplace Mathieu Valbuena. À Porto Alegre, quatre jours plus tard, il succède à Blaise Matuidi et confirme en deux bouts de matches les qualités intéressantes vues avec Lyon comme animateur offensif. Il dispute le match de rentrée en août, à Bruxelles contre la Belgique, en succédant à nouveau à Valbuena, puis il reste sur le banc de touche lors des deux matches de barrage contre l'Ukraine. En mai 2014, Grenier fait partie des 23 sélectionnés pour la Coupe du monde. Il remplace à nouveau Valbuena en fin de match de préparation contre la Norvège puis Matuidi face au Paraguay. Mais lors d'un entraînement à Clairefontaine, il se blesse aux adducteurs et doit déclarer forfait. Il est remplacé par Morgan Schneiderlin pour aller au Brésil, et il ne retrouvera jamais les Bleus.

Matches joués : 2013 3 matches sur 12 ▪ **2014** 2 matches sur 15 | **Titulaire :** 0 fois sur 5 | **Remplaçant :**

5 fois sur 5 (de Valbuena 3 fois, Matuidi 2 fois) | **Resté sur le banc :** 2 fois | **Coupe du monde 2014 :** forfait | **Sélectionneur :** Deschamps 5 fois

Geoffrey Kondogbia

Milieu de terrain, 5 sélections

Né le 15 février 1993 à Nemours (Seine-et-Marne)

Première sélection : 14 août 2013 à Bruxelles, Belgique - France (0-0)

Dernière sélection : 7 septembre 2015 à Bordeaux, France - Serbie (2-0)

Dernière présélection : 7 septembre 2016, à Borisov, Biélorussie - France (0-0)

Clubs : 2012-2013 : FC Séville (1 sélection) ▪ 2013-2015 : AS Monaco (3 sélections) ▪ 2015-2016 : Inter Milan (1 sélection)

Bilan : 2 victoires, 1 nul, 2 défaites

Didier Deschamps continue à explorer les possibilités en milieu de terrain défensif. Après avoir vu en une saison Mavuba, Gonalons, Capoue, Cabaye, Matuidi, Chantôme, Sissoko, Pogba et Guilavogui, il tente Geoffrey Kondogbia. Formé à Lens, ce dernier est parti jeune à l'étranger, comme beaucoup, et s'épanouit au FC Séville depuis un an. Champion du monde des 20 ans, avec Paul Pogba, au mois de juillet en Turquie, Kondogbia est une force de la nature, qui impressionne pour ses débuts en amical face à la Belgique. Il est donc rappelé en septembre, mais ne joue pas et ne fait pas partie des présélectionnés pour la Coupe du monde. Cependant ce n'est pas un coup pour rien : Kondogbia revient en Bleu en mars 2015, alors qu'il évolue désormais à Monaco. Il est encore présent pour le dernier match de saison, en Albanie, puis en début de saison suivante, juste après avoir été transféré à l'Inter Milan, en jouant la seconde mi-temps contre la Serbie à la place de Blaise Matuidi. Mais ce n'est pas suffisant pour faire partie des 23 à l'Euro 2016, ni même des réservistes. Deschamps le revoit une dernière fois en septembre 2016, mais le laisse sur le banc des remplaçants et ne le rappelle plus ensuite. Alors Geoffrey Kondogbia choisira de se tourner vers son pays de naissance, la Centrafrique pour laquelle il reste sélectionnable n'ayant joué que des matches amicaux avec la France.

Matches joués : 2013 1 match sur 12 ▪ **2014** - ▪ **2015** 4 matches sur 10 ▪ **2016** - | **Titulaire :** 4 fois sur 5 | **Remplaçant :** 1 fois sur 5 (de Matuidi) | **Resté sur le banc :** 4 fois | **Sélectionneur :** Deschamps 5 fois

Kurt Zouma

Défenseur
8 sélections, 1 but

Né le 27 octobre 1994 à Lyon (Rhône)

Première présélection : 11 octobre 2013, à Paris, France - Australie (6-0)

Première sélection : 29 mars 2015 à Saint-Étienne, France - Danemark (2-0)

Dernière sélection : 28 mars 2021 à Astana, Kazakhstan - France (0-2)

Dernière présélection : 28 juin 2021 à Bucarest, France - Suisse (3-3 ap)

Clubs : 2013-2014 : AS Saint-Étienne (0 sélection) ▪ 2014-2017 : Chelsea FC (2 sélections) ▪ 2017-2018 : Stoke City ▪ 2018-2019 : Everton FC (3 sélections) ▪ 2020-2021 : Chelsea FC (3 sélections)

Bilan : 6 victoires, 1 nul, 1 défaite

Il y a quelque temps déjà que le jeune Kurt Zouma, un colosse en défense centrale, impressionne à Saint-Étienne. Devenu début juillet 2013 champion du monde des moins de 20 ans en compagnie de Paul Pogba et Geoffrey Kondogbia, Didier Deschamps le convoque en octobre, mais ne le fait pas jouer et ne l'intègre pas dans sa présélection pour le Mondial 2014. Il le revoit en novembre 2014, mais ne le fait toujours pas jouer. Parti à Chelsea, Zouma peut enfin débuter en mars 2015, pour dix minutes à Saint-Étienne, en remplaçant Morgan Schneiderlin contre le Danemark. Puis il dispute la seconde mi-temps du match retour contre les Danois à Copenhague, à la place de Raphaël Varane, ménagé. Mais Zouma, victime d'une grave blessure au genou, ne peut pas être retenu pour l'Euro, alors que Varane, Sakho et Mathieu sont forfaits... Zouma revient un an plus tard, pour les trois derniers matches de la saison, mais encore une fois sans jouer. Il fait pourtant partie cette fois des réservistes pour le Mondial 2018, comme Sissoko, Debuchy, Lacazette et Sakho. Deschamps fait appel à lui en octobre 2018, et il peut obtenir sa troisième sélection, en remplaçant Varane pour la deuxième mi-temps, à Guingamp, contre l'Islande, alors qu'il porte le maillot d'Everton. Zouma fait toujours partie du groupe en mars 2019, sans jouer, puis en juin où, titularisé pour la première fois, il marque en Andorre le quatrième but de la facile victoire française. Mieux installé dans le groupe, il passe néanmoins tout l'automne 2019 sur le banc des remplaçants. Toutefois il fait quelques apparitions lors de la saison suivante et cela est suffisant pour obtenir une place dans la liste (élargie de 23 à 26) pour l'Euro 2021. Mais il n'y a pas l'occasion d'entrer en jeu une seule fois.

Matches joués : 2013 - ▪ **2014** - ▪ **2015** 2 matches sur 10 ▪ **2016** - ▪ **2017** - ▪ **2018** 1 match sur 11 ▪ **2019** 2 matches sur 5 | **Titulaire :** 3 fois sur 8 | **Remplaçant :** 5 fois sur 8 (de Schneiderlin, Varane 3 fois, Umtiti) | **Resté sur le banc :** 27 fois | **Resté en tribune :** 3 fois | **Coupe du monde 2018 :** réserviste | **Championnat d'Europe 2021 :** 0 matchs sur 4 | **Sélectionneur :** Deschamps 8 fois

2014

7 nouveaux joueurs
15 matches

5 mars : France - Pays-Bas 2-0
27 mai : France - Norvège 4-0
1er juin : France - Paraguay 1-1
8 juin : France - Jamaïque 8-0
15 juin : France - Honduras 3-0 (CM)
20 juin : France - Suisse 5-2 (CM)
25 juin : France - Équateur 0-0 (CM)
30 juin : France - Nigéria 2-0 (CM)
4 juillet : France - Allemagne 0-1 (CM)
4 septembre : France - Espagne 1-0
7 septembre : Serbie - France 1-1
11 octobre : France - Portugal 2-1
14 octobre : Arménie - France 0-3
14 novembre : France - Albanie 1-1
18 novembre : France - Suède 1-0

Antoine Griezmann

Attaquant
95 sélections, 38 buts

Né le 21 mars 1991 à Mâcon (Saône-et-Loire)

Première sélection : 5 mars 2014, à Saint-Denis, France - Pays-Bas (2-0)

Dernière sélection : 28 juin 2021 à Bucarest, France - Suisse (3-3 ap)

Clubs : 2013-2014 : Real Sociedad Saint-Sébastien (9 sélections) ▪ 2014-2019 : Atlético de Madrid (63 sélections)) ▪ 2019-2021 : FC Barcelone (23 sélections)

Bilan : 66 victoires, 17 nuls, 12 défaites

Palmarès : Champion du monde 2018

C'est parce que plusieurs centres de formation français ont refusé Antoine Griezmann, pas assez fort physiquement, qu'il est allé tenter sa chance en Espagne, à Saint-Sébastien en 2005, à 14 ans. L'école de football basque l'a laissé grandir et a pu profiter ensuite de ses talents techniques. Surdoué balle au pied, Griezmann a attiré l'œil des sélectionneurs des équipes de France de jeunes en 2010. Mais tout aurait pu s'arrêter en septembre 2012, alors qu'il est en équipe de France Espoirs, quand il a la mauvaise idée de participer à une virée nocturne entre deux matches contre la Norvège. Suspendu un an comme ses compagnons, Yann M'Vila, Wissam Ben Yedder, M'Baye Niang et Chris Mavinga, il perd du temps. Mais Didier Deschamps lui donne sa chance trois mois avant la Coupe du monde 2014, en le titularisant contre les Pays-Bas, en match amical au Stade de France. Griezmann évolue comme attaquant côté gauche où il paraît bien timide comparé à Karim Benzema et Mathieu Valbuena. Il ne termine pas le match, remplacé par Loïc Rémy. Mais le sélectionneur fait le pari de miser sur lui quand même pour le Mondial et Griezmann s'envole ainsi pour le Brésil. Juste avant de partir, il marque trois fois en match de préparation, à Nice contre le Paraguay, d'une frappe subtile du droit, et deux fois à Lille contre la Jamaïque. Il prend confiance, et sa fraîcheur fait du bien aux Bleus qui viennent de perdre Franck Ribéry sur blessure. On comprend qu'il peut s'agir là d'un passage de témoin... Au Mondial, Griezmann est titulaire trois fois, notamment lors du quart de finale contre l'Allemagne qu'il termine en larmes tellement déçu de l'élimination des Bleus... Transféré à l'Atlético de Madrid, Griezmann prend rapidement de l'importance dans le jeu de l'équipe de France dont il est désormais un titulaire à part entière. Il lui arrive de jouer sur côté droit, pour laisser le gauche à Anthony Martial ou Dimitri Payet, mais il joue toujours. Il marque sur un superbe coup franc brossé pleine lucarne contre les Pays-Bas à Amsterdam en mars 2016, mais il arrive fatigué à l'Euro après une saison chargée avec l'Atlético. Il n'est donc pas titulaire lors du premier tour. Heureusement, dès les 8es de finale, Griezmann retrouve la flamme. À Lyon, il sort les Bleus d'une dangereuse impasse face à l'Irlande. Il égalise la 48e minute, d'une tête canon sur un centre de Bacary Sagna, puis il donne la victoire à la 51e minute, à la réception d'une déviation parfaite d'Olivier Giroud. Buteur contre l'Islande en quart de finale, Griezmann marque aussi les deux buts qui éliminent l'Allemagne, championne du monde, en demi-finale à Marseille : en transformant un penalty juste avant la pause, puis en exploitant un mauvais renvoi de Manuel Neuer à la 72e minute. Depuis le quart de finale, Griezmann évolue dans l'axe, comme un deuxième attaquant derrière Olivier Giroud, une formule gagnante. Mais qui ne fonctionne pas en finale face au Portugal. Griezmann doit donc se contenter d'être désigné meilleur joueur du championnat d'Europe. À 25 ans, il est déjà parmi les grands. Griezmann poursuit dans son rôle de deuxième attaquant jusqu'au Mondial 2018, ce qui lui permet de marquer plus souvent. Mais il arrive en Russie encore éreinté par une longue saison avec l'Atlético. Chargé de tirer les penalties depuis deux ans, il transforme ceux qui permettent à la France d'ouvrir le score à Kazan, contre l'Australie au premier match, puis contre l'Argentine en 8e de finale. Au fil des rencontres, il parvient à marier son jeu avec celui de Kylian Mbappé, aussi bien qu'il a pu le faire depuis deux ans avec celui de Giroud. Contre l'Uruguay en quart de finale, Griezmann inscrit le but du KO, à la 61e minute, d'une frappe tendue qui échappe aux mains du gardien Fernando Muslera. Comptant des amis de l'Atlético dans la sélection uruguayenne, Griezmann ne fête pas son but outre mesure... En finale à Moscou, il frappe le coup franc que Mandzukić dévie dans son propre but pour ouvrir le score puis transforme son troisième penalty de la compétition pour redonner aux Bleus un avantage qu'ils ne lâcheront plus. Champion du monde, Antoine Griezmann a confirmé son emprise sur l'équipe de France. En octobre, il marque à nouveau les deux buts contre l'Allemagne, au Stade de France : une tête pleine lucarne puis un nouveau penalty face à Neuer, entrant ainsi parmi les dix meilleurs réalisateurs de l'Histoire des Bleus, avec 26 buts, dont sept sur penalty ce qui est un nouveau record de France ! Buteur en mars, juin et novembre, Griezmann monte à 30 buts. Indiscutable et toujours présent avec les Bleus, il peine par contre au FC Barcelone qu'il a rejoint à l'été 2019. Mais il ne perd pas sa place pour autant. Au contraire, il prend de plus en plus d'importance dans l'animation offensive des Bleus et marque de plus en plus, atteignant les 38 buts lors de l'Euro 2021 et portant le record de sélections consécutives à 51 ! Mais cela ne suffit pas à son bonheur, car la France est éliminée dès les 8es de finale. S'il a fait une compétition très correcte, ne rechignant jamais aux tâches défensives, son potentiel offensif n'a sans doute pas été exploité au mieux, son entente avec le revenant Benzema ne sautant aux yeux.

Antoine Griezmann

Matches joués : **2014** 14 matches sur 15 ▪ **2015** 10 matches sur 10 ▪ **2016** 15 matches sur 17 ▪ **2017** 10 matches sur 11 ▪ **2018** 18 matches sur 18 ▪ **2019** 5 matches sur 5 | **Buts :** **2014** 5 ▪ **2015** 1 ▪ **2016** 8 ▪ **2017** 5 ▪ **2018** 7 ▪ **2019** 3 | **Titulaire :** 80

fois sur 95 | **Remplaçant :** 15 fois sur 95 (de Rémy, Giroud 2 fois, Valbuena, Sissoko, Cabaye, Fekir 2 fois, Martial 2 fois, Coman 2 fois, Lacazette, Aouar, Ben Yedder) | **Resté sur le banc :** 2 fois | **Coupe du monde 2014 :** 5 matches sur 5 | **Championnat d'Europe 2016 :** 7 matches sur 7 | **Coupe du monde 2018 :** 7 matches sur 7 | **Championnat d'Europe 2021 :** 4 matches sur 4 | **Sélectionneur :** Deschamps 95 fois

Lucas Digne

Défenseur
40 sélections

Né le 20 juillet 1993 à Meaux (Seine-et-Marne)

Première sélection : 5 mars 2014 à Saint-Denis, France - Pays-Bas (2-0)

Dernière sélection : 23 juin 2021 à Budapest, France - Portugal (2-2)

Clubs : 2013-2015 : Paris SG (8 sélections) ▪ 2015-2016 : AS Rome (5 sélections) ▪ 2016-2018 : FC Barcelone (8 sélections) ▪ 2018-2021 : Everton FC Liverpool (19 sélections)

Bilan : 27 victoires, 8 nuls, 5 défaites

Lucas Digne

Membre de l'équipe de France des moins de 20 ans championne du monde en juillet 2013, Lucas Digne est suivi par Didier Deschamps qui cherche une nouvelle doublure pour Patrice Évra au poste d'arrière gauche. Arrivé en début de saison au PSG, Digne, malgré un gabarit moyen, s'est imposé comme un défenseur tonique. Alors le sélectionneur le lance en amical, sur la seconde mi-temps contre les Pays-Bas au Stade de France. Un test probant, Digne sur cette seule apparition est dans les 23 pour le Mondial 2014. Au Brésil, il joue l'intégralité du troisième match du premier tour, contre l'Équateur au Maracanã et se pose en successeur d'Évra. Mais l'ancien capitaine des Bleus fait de la résistance, et ne lâche pas son poste après la Coupe du monde. Digne joue bien quelques matches, mais il reste le n° 2, même en ayant rejoint l'AS Rome. Il est encore dans les 23 pour l'Euro, mais il ne dispute ensuite aucun des sept matches du championnat d'Europe. À la reprise, alors qu'Évra est cette fois sur la fin, Digne voit arriver de nouveaux postulants au poste d'arrière gauche : Layvin Kurzawa, puis Benjamin Mendy et enfin Lucas Hernandez. Ces deux derniers prennent les deux places pour le Mondial 2018. Et Digne bien qu'évoluant au FC Barcelone, n'est que réserviste, en compagnie de Mamadou Sakho, Mathieu Debuchy et Kurt Zouma. Parti à Everton, il est rappelé après l'été, mais soumis à la forte concurrence des désormais champions du monde. Dans le groupe en mars 2019, Digne se blesse à l'entraînement et ne peut pas jouer. Titulaire en juin, il souffre contre la Turquie et est remplacé dès la mi-temps, par Ferland Mendy. Mais il conserve sa place dans le groupe et n'en sort pas jusqu'en vue de l'Euro 2021 malgré son poste désormais de remplaçant attitré de Lucas Hernandez. Il remplace celui-ci pour jouer contre la Hongrie, puis en cours de match face au Portugal. Malheureusement il se blesse six minutes après son entrée en jeu et son Euro se termine ainsi.

Matches joués : 2014 8 matches sur 15 ▪ **2015** 2 matches sur 10 ▪ **2016** 5 matches sur 17 ▪ **2017** 5 matches sur 11 ▪ **2018** 3 matches sur 18 ▪ **2019** 2 matches sur 5 | **Titulaire :** 25 fois sur 40 | **Remplaçant :** 15 fois sur 40 (d'Evra 5 fois, Kurzawa 2 fois, B. Mendy 3 fois, Hernandez 5 fois) | **Resté sur le banc :** 35 fois | **Coupe du monde 2014 :** 1 match sur 5 | **Championnat d'Europe 2016 :** 0 match sur 7 | **Coupe du monde 2018 :** réserviste | **Championnat d›Europe 2021 :** M2 Matches sur 2| **Sélectionneur :** Deschamps 40 fois

Morgan Schneiderlin

Milieu de terrain
15 sélections

Né le 8 novembre 1989 à Strasbourg (Bas-Rhin)

Première présélection : 27 mai 2014, à Saint-Denis, France - Norvège (4-0)

Première sélection : 8 juin 2014 à Lille, France - Jamaïque (8-0)

Dernière sélection : 17 novembre 2015 à Wembley, Angleterre - France (2-0)

Dernière présélection : 10 juillet 2016, à Saint-Denis, France - Portugal (0-1 ap)

Clubs : 2013-2015 : Southampton (9 sélections) ▪ 2015-2016 : Manchester United (6 sélections)

Bilan : 10 victoires, 3 nuls, 2 défaites

Le milieu de terrain strasbourgeois a tenté comme beaucoup de joueurs français l'aventure en Angleterre. Installé depuis 2008 à Southampton, il y est devenu un joueur régulier et Didier Deschamps le met sur sa liste de réserviste pour le Mondial 2014, bien que ne l'ayant jamais appelé auparavant. La blessure de Clément Grenier change son destin : Schneiderlin est incorporé aux 23 et a juste le temps de disputer les cinq dernières minutes du match de préparation contre la Jamaïque à Lille avant de partir pour le Brésil. Comme Lucas Digne, il n'a qu'une occasion de jouer lors du Mondial, pour le dernier match du premier tour, à Rio, contre l'Équateur. Schneiderlin a montré suffisamment au Maracanã pour avoir le droit de revenir ensuite. C'est un milieu de terrain sobre mais efficace qui s'adapte bien aux autres joueurs en place. Rejoignant Manchester United en 2015, il franchit un nouveau palier, mais il reste dans la liste des réservistes pour l'Euro 2016. Cette fois c'est le forfait de Lassana Diarra qui lui permet d'intégrer les 23. Il rejoint les Bleus en stage préparatoire en Autriche, mais il ne joue aucun match, et le sélectionneur ne le rappellera plus ensuite.

Matches joués : 2014 7 matches sur 15 ▪ **2015** 6 matches sur 10 | **Titulaire :** 8 fois sur 15 | **Remplaçant :** 7 fois sur 15 (de Benzema, Sissoko 2 fois, Griezmann, Cabaye, Matuidi, L. Diarra) | **Resté sur le banc :** 14 fois | **Coupe du monde 2014 :** 1 match sur 5 | **Championnat d'Europe 2016 :** 0 match sur 7 | **Sélectionneur :** Deschamps 15 fois

Rémy Cabella

Attaquant
4 sélections

Né le 8 mars 1990 à Ajaccio (Corse)

Première sélection : 27 mai 2014 à Saint-Denis, France - Norvège (4-0)

Dernière sélection : 11 octobre 2014 à Saint-Denis, France - Portugal (2-1)

Clubs : 2013-2014 : Montpellier HSC (1 sélection) ▪ 2014-2015 : Newcastle United (3 sélections)

Bilan : 3 victoires, 1 nul

Comme Morgan Schneiderlin, le Montpelliérain Rémi Cabella n'a jamais été convoqué en équipe de France « A ». Comme lui, son nom a été néanmoins couché par Didier Deschamps sur la liste des sept réservistes pour le Mondial 2014, et c'est le forfait de Franck Ribéry qui lui ouvre les portes de la sélection. Il entre en jeu en fin de match contre la Norvège, au Stade de France, à la place de Yohan Cabaye, mais il n'a plus l'occasion de jouer ensuite, ni en préparation, ni durant la Coupe du monde. Transféré à Newcastle, Cabella reste dans le groupe au début l'automne, mais il n'est titulaire qu'à Belgrade contre la Serbie, pendant une heure. Et il n'est plus jamais appelé après le mois d'octobre.

Matches joués : 2014 4 matches sur 15 | **Titulaire :** 1 fois sur 4 | **Remplaçant :** 3 fois sur 4 (de Cabaye, Valbuena, Payet) | **Resté sur le banc :** 7 fois | **Coupe du monde 2014 :** 0 match sur 5 | **Sélectionneur :** Deschamps 4 fois

Loïc Perrin

Défenseur, 0 sélection

Né le 7 août 1985 à Saint-Étienne (Loire)

Première présélection : 27 mai 2014, à Saint-Denis, France - Norvège (4-0)

Dernière présélection : 17 novembre 2015 à Wembley, Angleterre - France (2-0)

Club : 2013-2016 : AS Saint-Étienne (0 sélection)

Cela faisait longtemps qu'il se disait que le capitaine stéphanois méritait une chance en équipe de France. Indéfectible défenseur central des Verts, Loïc Perrin a malheureusement une forte concurrence au niveau international avec Raphaël Varane, Mamadou Sakho, Laurent Koscielny ou Eliaquim Mangala. Il est cependant inscrit, à 28 ans, dans la liste des sept réservistes pour le Mondial 2014 et participe à ce titre au début du stage de préparation. Deschamps fait aussi appel à lui pour les matches amicaux de novembre, mais il n'est finalement pas inscrit sur la feuille de match. Il l'est, par contre, un an plus tard, mais il n'entre pas en jeu contre l'Allemagne ni contre l'Angleterre, dans le contexte tragique des attentats de Paris. À 30 ans, son heure est passée.

Resté sur le banc : 5 fois

Benoît Costil

Gardien de but, 1 sélection

Né le 3 juillet 1987 à Caen (Calvados)

Première présélection : 11 octobre 2014 à Saint-Denis, France - Portugal (2-1)

Unique sélection : 15 novembre 2016 à Lens, France - Côte d'Ivoire (0-0)

Dernière présélection : 9 septembre 2018 à Saint-Denis, France - Pays-Bas (2-1)

Clubs : 2014-2017 : Stade Rennais (1 sélection) ▪ 2017-2021: Girondins de Bordeaux (0 sélection)

Bilan : 1 nul

La génération 87, celle des champions d'Europe des 17 ans en 2004, a brillé depuis longtempsenéquipe de France, avec Samir Nasri, Karim Benzema, Hatem Ben Arfa et Jérémy Ménez, les quatre as de l'attaque managée alors par Philippe Bergeroo, le gardien international des années 80. Mais on a un peu oublié justement le gardien de cette équipe : Benoît Costil, qui a pris des chemins de traverse pendant que ses copains affolaient les grands clubs européens. Mais à force de travail et de conviction, Costil a réussi à percer à son tour en Ligue 1, avec Rennes. Après le refus de Stéphane Ruffier de continuer à être troisième gardien des Bleus, et l'arrêt de la carrière de Mickaël Landreau, Didier Deschamps cherche un nouveau suppléant à la doublette Hugo Lloris-Steve Mandanda et tente l'expérience Costil qui, à 27 ans, n'est pas un arriviste susceptible de semer la zizanie. Costil débute alors une longue carrière sur le banc de touche, comme Mandanda et d'autres avant lui. 23 matches sans jouer, un nouveau record de France qui prend fin, un peu miraculeusement, en novembre 2016 quand successivement Alphonse Areola puis Steve Mandanda se blessent alors que Lloris est mis au repos. Costil garde donc les buts des Bleus à Lens contre la Côte d'Ivoire où il effectue une parade décisive qui évite une défaite à la France en fin de match. Sa carrière internationale est lancée pour de bon, même s'il avait fait partie des 23 pour l'Euro 2016 cinq mois auparavant. Costil continue à faire partie des rassemblements des Bleus ensuite, mais il est concurrencé depuis l'Euro par Alphonse Areola qui vient lui chiper la place de n° 3 pour le Mondial 2018. Réserviste cette fois, Costil retrouve le groupe en septembre quand Lloris et Mandanda sont indisponibles. Mais c'est la dernière fois. Puis encore à l'automne 2020. Mais il ne fait pas partie des trois gardiens retenus finalement pour l'Euro 2021, l'arrivée du Lillois Mike Maignan lui fermant la porte définitivement cette fois.

Match joué : 2014 - ▪ **2015** - ▪ **2016** 1 match sur 17 ▪ **2017** - ▪ **2018** - | **Titulaire :** 1 fois sur 1 | **Resté sur le banc :** 34 fois sur 35 (Portugal, Arménie, Albanie, Suède, Brésil, Danemark, Portugal, Allemagne, Angleterre, Pays-Bas, Russie, Cameroun, Écosse, Roumanie, Albanie, Suisse, Eire, Islande, Allemagne, Portugal, Italie, Biélorussie, Suède, Luxembourg, Espagne, Paraguay, Suède, Angleterre, Galles, Allemagne, Pays-Bas, Allemagne, Croatie, Finlande) | **Championnat d'Europe 2016 :** 0 match sur 7 | **Coupe du monde 2018 :** réserviste | **Sélectionneur :** Deschamps 1 fois

Layvin Kurzawa

Défenseur
11 sélections, 1 but

Né le 4 septembre 1992 à Fréjus (Var)

Première sélection : 14 novembre 2014 à Rennes, France - Albanie (1-1)

Dernière sélection : 25 mars 2019 à Saint-Denis, France - Islande (4-0)

Clubs : 2014-2015 : AS Monaco (2 sélections) ▪ 2015-2019 : Paris SG (11 sélections)

Bilan : 8 victoires, 4 nuls, 1 défaites

La succession de Patrice Évra semble ouverte après le Mondial 2014. Lucas Digne et Christophe Jallet se sont succédé, au tour du Monégasque Layvin Kurzawa. Le fantasque défenseur monégasque est testé en novembre, sans convaincre, et il n'est pas revu pour l'Euro 2016, où les deux arrières gauches sont encore Digne et Évra. Passé au PSG, Kurzawa revient après ce championnat d'Europe et enquille cette fois quatre matches comme arrière gauche, marquant au passage à Bari un joli but contre l'Italie, dans un angle impossible, avant de se blesser. Ce qui entraîne le rappel, momentané, d'Évra... Toutefois le sélectionneur reprend Kurzawa en mars 2017 puis à l'automne suivant, toujours en concurrence avec Lucas Digne. Mais les deux joueurs se font doubler dans la dernière ligne droite du Mondial par Lucas Hernandez et Benjamin Mendy. Et si Digne figure parmi les réservistes, Kurzawa n'y est même pas... Il fait cependant son retour en mars 2019. Prévu comme remplaçant, la blessure de Digne à l'entraînement lui offre deux nouvelles sélections. Mais en juin, il n'est pas sélectionné et ne le sera plus.

Matches joués : 2014 2 matches sur 15 ▪ **2015** - ▪ **2016** 4 matches sur 17 ▪ **2017** 5 matches sur 11 ▪ **2018** - ▪ **2019** 2 matches sur 5 | **But : 2016** 1 | **Titulaire :** 11 fois sur 13 | **Remplaçant :** 2 fois sur 13 (de Digne 2 fois) | **Resté sur le banc :** 1 fois | **Sélectionneur :** Deschamps 13 fois

2015

5 nouveaux joueurs 10 matches

26 mars : France - Brésil 1-3
29 mars : France - Danemark 2-0
7 juin : France - Belgique 3-4
13 juin : Albanie - France 1-0
4 septembre : Portugal - France 0-1
7 septembre : France - Serbie 2-1
8 octobre : France - Arménie 4-0
11 octobre : Danemark - France 1-2
13 novembre : France - Allemagne 2-0
17 novembre : Angleterre - France 2-0

Nabil Fekir

Nabil Fekir

Attaquant
25 sélections, 2 buts

Né le 18 juillet 1993 à Lyon (Rhône)

Première sélection : 26 mars 2015 à Saint-Denis, France - Brésil (1-3)

Dernière sélection : 8 septembre 2020 à Saint-Denis, France - Croatie (4-2)

Dernière présélection : 25 mars 2019 à Saint-Denis, France - Islande (4-0)

Club : 2014-2019 : Olympique Lyonnais (21 sélections ▪ 2019-2020 : Betis Séville (4 sélections)

Bilan : 17 victoires, 5 nuls, 3 défaites

Palmarès : Champion du monde 2018

Il a longtemps hésité à répondre aux appels de l'équipe de France car l'Algérie le voulait également pour son équipe nationale. Finalement ce Lyonnais au jeu d'attaque percutant a choisi les Bleus en début d'année 2015, avec la perspective de disputer le championnat d'Europe. Didier Deschamps le voit comme la doublure d'Antoine Griezmann, sur le flanc gauche alors de l'attaque.

Après quatre entrées en jeu, et un but contre la Belgique au Stade de France, sur une remise de Paul-Georges Ntep, Fekir est titulaire pour la première fois en septembre, au Portugal. Mais il se blesse sérieusement au genou au bout de dix minutes et doit quitter le terrain. Indisponible pour de longs mois, il manque donc l'Euro… Fekir retrouve les Bleus en octobre 2016, mais peine à retrouver le niveau qui était le sien, et il ne rejoue plus de la saison en équipe de France. À la rentrée 2017, Fekir fait de nouvelles apparitions en fin de match et reprend ainsi pied dans le groupe et peut faire partie des 23 sélectionnés pour la Russie, mais plutôt en tant que remplaçant. Durant la Coupe du monde, il succède en fin de match une fois à Ousmane Dembélé, puis quatre fois à Antoine Griezmann et enfin à Olivier Giroud pour terminer la finale à Moscou. Deuxième champion du monde lyonnais après Youri Djorkaeff en 1998, Nabil Fekir boucle l'année toujours comme remplaçant, de Tanguy Ndombele, son partenaire à Lyon, cette fois. Il le reste en mars alors qu'il ne brille pas avec l'OL. Mais il n'est pas convoqué en juin. Transféré au Betis Séville, Fekir retrouve les Bleus à l'automne 2019, mais reste un remplaçant. Après la coupure due à la pandémie, à l'automne suivant Fekir entre en fin de match contre la Croatie, à la place de Griezmann, mais il ne revient plus ensuite, victime de la concurrence en attaque.

Matches joués : 2015 5 matches sur 10 ▪ **2016** 2 matches sur 17 ▪ **2017** 3 matches sur 11 ▪ **2018** 10 matches sur 18 ▪ **2019** 4 matchs sur 11 ▪ 2020 : 1 match sur 8 | **Buts : 2015** 1 ▪ **2018** 1 | **Titulaire :** 2 fois sur 25 | **Remplaçant :** 23 fois sur 25 (de Griezmann 14 fois, Valbuena, Giroud 3 fois, Dembélé, Ndombele) | **Resté sur le banc :** 10 fois | **Championnat d'Europe 2016 :** non sélectionné | **Coupe du monde 2018 :** 6 matches sur 7 | **Sélectionneur :** Deschamps 25 fois

Paul-Georges Ntep

Attaquant
2 sélections

Né le 29 juillet 1992 à Douala (Cameroun)

Première sélection : 7 juin 2015, à Saint-Denis, France - Belgique (3-4)

Dernière sélection : 13 juin 2015, à Elbasan, Albanie - France (1-0)

Club : 2014-2015 : Stade Rennais (2 sélections)

Bilan : 2 défaites

Découvert à Auxerre, en Ligue 2 où il devient international Espoirs, Paul-Georges Ntep est un ailier perforant qui confirme ses talents à Rennes en Ligue 1, au cours de la saison 2014-15. Au point que Didier Deschamps désire le voir au niveau international. Il le convoque donc pour les deux derniers matches de la saison. Très à son aise, Ntep remplace Giroud contre la Belgique à la 80e minute, et permet à Nabil Fekir de marquer, puis succède à Antoine Griezmann en Albanie à la 59e. Mais sa désinvolture agace quelque peu, et il ne sera jamais revu. D'autant qu'en octobre 2018, il rejoindra la sélection du Cameroun, sans plus de succès, n'étant pas retenu pour la CAN 2019.

Matches joués : 2015 2 matches sur 10 | **Titulaire :** 0 fois sur 2 | **Remplaçant :** 2 fois sur 2 (de Giroud, Griezmann) | **Sélectionneur :** Deschamps 2 fois

Anthony Martial

Anthony Martial

Attaquant
27 sélections, 1 but

Né le 5 décembre 1995 à Massy (Essonne)

Première sélection : 4 septembre 2015 à Lisbonne, Portugal - France (0-1)

Dernière sélection : 28 mars 2021 à Astana, Kazakhstan – France (0-2)

Club : 2015-2021 : Manchester United (27 sélections)

Bilan : 20 victoires, 4 nuls, 3 défaites

Formé à Lyon où il trépigne d'impatience, Anthony Martial est parti dès ses 17 ans à Monaco, en 2013. Attaquant axial ou de côté, il fait rapidement remarquer sa puissance, au point d'être transféré à prix d'or (80 M€) à Manchester United deux ans plus tard. Didier Deschamps qui prépare l'Euro 2016 ne perd pas de temps et le sélectionne dès la rentrée 2015. Martial remplace Karim Benzema contre le Portugal à la 74e minute, puis Mathieu Valbuena, contre la Serbie à la 76e, et à la 77e contre l'Arménie. Des entrées prometteuses. Le sélectionneur titularise Martial en octobre à Copenhague, face au Danemark où il est le meilleur sur le terrain confirmant son potentiel. Il ne sort donc plus du groupe dont sont exclus Benzema et Valbuena, suite au scandale de la « sextape ». Martial fait donc partie des 23 pour l'Euro, alors que Kevin Gameiro et Alexandre Lacazette ne sont que réservistes. Mas il n'est titulaire que contre l'Albanie, avant d'être sorti à la pause et il ne rejoue ensuite que les dix dernières minutes de la prolongation contre le Portugal en finale, à la place de Moussa Sissoko alors qu'Eder vient d'ouvrir le score... Malgré cet Euro décevant pour lui, Deschamps le conserve dans son effectif, et il marque, enfin, son premier but, en amical contre l'Italie à Bari, pour sa 13e sélection, bien lancé par Paul Pogba face à Gianluigi Buffon. Mais Martial disparaît ensuite des listes en 2017, jusqu'au mois de novembre. Pour le dernier match de l'année, à Cologne contre l'Allemagne, il est titulaire et offre l'ouverture du score à Alexandre Lacazette. Il revient à son meilleur niveau à temps pour la Coupe du monde, mais il ne fait finalement partie que des onze « suppléants », comme Lacazette et Sissoko. Didier Deschamps ne le convoque pas ensuite avant novembre 2018, puis mars 2019, mais il doit à chaque fois déclarer forfait sur blessure. Enfin rétabli, Martial enchaîne lors de la saison 2020-21 : s'il n'est titulaire qu'une fois sur deux, il s'impose néanmoins dans le groupe, même sans marquer. Mais hélas, en mars 2021, il se blesse lors du match face au Kazakhstan et ne peut être opérationnel à temps pour l'Euro.

Matches joués : 2015 6 matches sur 10 ▪ **2016** 9 matches sur 17 ▪ **2017** 2 matches sur 11 ▪ **2018** 1 match sur 18 ▪ **2020** : 7 matches sur 8 ▪ **2021** : 2 matches sur 8 | **But : 2016** 1 | **Titulaire :** 15 fois sur 27 | **Remplaçant :** 12 fois sur 27 (de Benzema, Valbuena 2 fois, Griezmann, Payet 2 fois, Pogba, Sissoko, Coman, Mbappé 2 fois, Giroud 2 fois) | **Resté sur le banc :** 7 fois | **Championnat d'Europe 2016 :** 3 matches sur 7 | **Coupe du monde 2018 :** réserviste | **Sélectionneur :** Deschamps 27 fois

Alphonse Areola

Gardien de but
3 sélections

Né le 27 février 1993 à Paris

Première présélection : 8 octobre 2015, à Nice, France - Arménie (4-0)

Première sélection : 6 septembre 2018 à Munich, Allemagne - France (0-0)

Dernière sélection : 2 juin 2019 à Nantes, France - Bolivie (2-0)

Dernière présélection : 11 juin 2019 à Andorre-la-Vieille (Andorre - France)

Clubs : 2015-2016 : Villarreal (0 sélection) ▪ 2016-2019 : Paris SG (3 sélections)

Bilan : 2 victoire, 1 nul

Palmarès : Champion du monde 2018

Champion du monde des moins de 20 ans en 2013, avec Paul Pogba, Kurt Zouma, Lucas Digne et Geoffrey Kondogbia, le Parisien Alphonse Areola est un grand (1,95 m) gardien d'avenir. Mais il doit jouer pour progresser et le PSG ne lui fait pas encore confiance. Alors il est prêté à Lens, à Bastia, et jusqu'en Espagne, à Villarreal où il s'impose en Liga à 22 ans. Didier Deschamps peut dormir tranquille avec Hugo Lloris et Steve Mandanda dans les buts, mais il pense à l'avenir et incorpore Areola à son groupe comme troisième gardien dès octobre 2015. Devancé par Benoît Costil au poste de n°3 pour l'Euro, Areola fait partie des sept réservistes. Il enchaîne à nouveau les présélections ensuite et fini par gagner sa place de n°3 pour la Coupe du monde, Costil étant rétrogradé en n°4. Champion du monde sans jouer, Areola porte alors le record à 31 matches suivis depuis le banc de touche sans avoir été aligné une fois ! Sa longue série prend fin en septembre 2018 quand Lloris et Mandanda sont indisponibles. Revenu au PSG après l'Euro, où il joue en alternance avec Kevin Trapp puis Gianluigi

Buffon, Areola est titularisé dans les buts face l'Allemagne, à Munich, et réalise une performance de premier plan. Puis contre les Pays-Bas à Saint-Denis où il encaisse son premier but international, de la part de Ryan Babel. Le retour de Lloris le repousse sur le banc, mais désormais il est en concurrence pour le poste de n° 2 avec Mandanda. Et en l'absence de celui-ci en juin 2019, c'est lui qui remplace Lloris retenu par la finale de la Ligue des champions pour jouer contre la Bolivie à Nantes. Mais il quitte alors Paris pour le Real Madrid, où il est gardien n° 2, et à l'automne, malgré le forfait le Lloris, c'est Mandanda qui prend la place de titulaire… Et après la coupure due à la pandémie, son transfert à Fulham n'arrange rien : il n'est plus du tout convoqué en Bleu, rétrogradant en n° 4 ou n° 5 virtuel au poste de gardien et il manque ainsi la sélection pour l'Euro 2021.

Matches joués : 2015 - ▪ **2016** - ▪ **2017** - ▪ **2018** 2 matches sur 18 ▪ **2019** 1 match sur 5 | **Titulaire :** 3 fois sur 3 | **Resté sur le banc :** 37 fois | **Championnat d'Europe 2016 :** réserviste | **Coupe du monde 2018 :** 0 match sur 7 | **Sélectionneur :** Deschamps 3 fois

Kingsley Coman

Attaquant, 32 sélections, 5 but

Né le 13 juin 1996 à Paris

Première sélection : 13 novembre 2015 à Saint-Denis, France - Allemagne (2-0)

Dernière sélection : 28 juin 2021 à Bucarest, France - Suisse (3-3 ap)

Club : 2015-2021 : Bayern Munich (32 sélections)

Bilan : 22 victoires, 7 nuls, 3 défaites

Cette petite bombe formée au Paris SG n'a pas eu la patience d'attendre que les portes s'ouvrent, comme Anthony Martial. Il a donc filé à la Juventus de Turin en 2014 et vient d'être transféré, en prêt, au Bayern Munich. C'est un talent évident, doté d'un jeu imprévisible fait de dribbles et de frappes soudaines. Didier Deschamps l'incorpore pour les deux derniers matches de l'année 2015, rendus complexes d'appréciation par les dramatiques attentats de Paris. Mais, devant se passer désormais de Karim Benzema et de Mathieu Valbuena pris dans la tourmente de l'affaire de la « sextape », le sélectionneur reprend Coman en mars 2016, et cela lui suffit. Coman, qui remplace Martial pour la seconde mi-temps du match amical contre la Russie au Stade de France, marque le quatrième but de la victoire française. Un but somptueux, d'une frappe enroulée sous la barre après avoir mystifié le gardien russe remplaçant, Youri Lodyguine. Coman décroche sa place dans les 23 pour l'Euro 2016, au détriment de Kevin Gameiro et Alexandre Lacazette. Coman est titulaire contre l'Albanie et la Suisse lors du premier tour, puis entre en jeu contre l'Irlande, l'Islande et le Portugal. Mais il n'apporte pas tout le « peps » escompté et il n'est pas sélectionné de toute la saison suivante. Il ne revient qu'en août 2017 et participe au dynamitage des Pays-Bas au Stade de France (4-0). Mais l'arrivée de Kylian Mbappé et Ousmane Dembélé, les deux nouvelles pépites du football français, le repousse dans la hiérarchie des attaquants et Coman ne fait partie, comme Martial et Lacazette, que des réservistes pour le Mondial 2018. Blessé ensuite, il n'est plus rappelé avant mars 2019. Mais il se blesse à l'échauffement en Moldavie et doit à nouveau déclarer forfait. Remplaçant en juin, il se blesse à nouveau juste avant le match contre Andorre et doit à nouveau renoncer… L'automne lui sourit davantage : brillant face l'Albanie où il réussit un doublé, il s'installe enfin comme un titulaire. Mais son élan est coupé cette fois par la pandémie ! Après une nouvelle blessure, il revient en octobre 2020, mais le plus souvent comme remplaçant et c'est comme tel qu'il est sélectionné pour l'Euro 2021 où il fait les frais, comme Giroud, du retour de Benzema. Il n'entre que deux fois en cours de match, contre le Portugal puis la Suisse, en 8e de finale, dès la deuxième mi-temps pour un changement tactique radical. Percutant, il aurait pu sauver la France si sa frappe à la dernière minute du temps réglementaire n'avait pas été renvoyée par la barre transversale…

Matches joués : 2015 2 matches sur 10 ▪ **2016** 9 matches sur 17 ▪ **2017** 4 matches sur 11 ▪ **2018** - ▪ **2019** 2 matches sur 5 | **But : 2016** 1 ▪ **2019** 3 ▪ **2020** 1 | **Titulaire :** 15 fois sur 32 | **Remplaçant :** 17 fois sur 32 (de Martial 2 fois, Ben Arfa, Griezmann, Kanté, Payet 2 fois, Mbappé 2 fois, Lemar, Matuidi, Giroud, Dembélé, Pogba, Tolisso, Lenglet) | **Resté sur le banc :** 9 fois | **Championnat d'Europe 2016 :** 6 matches sur 7 | **Coupe du monde 2018 :** réserviste | **Championnat d'Europe 2021 :** 2 matches sur 4 | **Sélectionneur :** Deschamps 32 fois

2016

9 nouveaux joueurs
17 matches

25 mars : Pays-Bas - France 2-3
28 mars : France - Russie 4-2
30 mai : France - Cameroun 3-2
4 juin : France - Écosse 3-0
10 juin : France - Roumanie 2-1 (CE)
15 juin : France - Albanie 2-0 (CE)
19 juin : France - Suisse 0-0 (CE)
26 juin : France - Eire 2-1 (CE)
3 juillet : France - Islande 5-2 (CE)
7 juillet : France - Allemagne 2-0 (CE)
10 juillet : France- Portugal 0-1 ap (CE)
1er septembre : Italie - France 1-3
6 sept : Biélorussie - France 0-0 (QCM)
7 octobre : France - Bulgarie 4-1 (QCM)
10 octobre : Pays-Bas - France 0-1 (QCM)
11 novembre : France - Suède 2-1 (QCM)
15 novembre : France - Côte d'Ivoire 0-0

N'Golo Kanté

Milieu de terrain
50 sélections, 2 buts

Né le 29 mars 1991 à Paris

Première sélection : 26 mars 2016 à Amsterdam, Pays-Bas - France (2-3)

Dernière sélection : 28 juin 2021 à Bucarest, France – Suisse (3-3 ap)

Clubs : 2015-2016 : Leicester City (8 sélections) ▪ 2016-2021 : Chelsea FC Londres (42 sélections)

Bilan : 35 victoires, 11 nuls, 4 défaites

Palmarès : Champion du monde 2018

Petit par la taille (1,68 m) mais grand par le talent, N'Golo Kanté a été déniché en 2013 à Boulogne-sur-Mer par le Stade Malherbe de Caen qui avait déjà lancé par le passé William Gallas, Bernard Mendy et Jérôme Rothen. Kanté, après deux saisons pleines d'allant à Caen, a été capté par l'ambitieuse équipe de Leicester pour le plus grand bonheur de son coach Claudio Ranieri en passe de faire du club un champion d'Angleterre des plus inattendus. À tel point que Didier Deschamps décide en mars 2016 de sélectionner Kanté. Et pour un coup d'essai, c'est un coup de maître. À Amsterdam, face aux Pays-Bas, Kanté joue la seconde mi-temps à la place de Lassana Diarra avec succès. Et trois jours plus tard, il est titulaire au Stade de France contre la Russie. Kanté est parfait dans un rôle de ratisseur de ballons et de relanceur. Infatigable, batailleur, habile, il se rend précieux pour ses partenaires avec une humilité rare. Il s'offre même le luxe de marquer dès la 8e minute, d'un tir croisé plein de culot après une remise d'Antoine Griezmann… Deschamps n'hésite pas : il lui trouve une place dans sa liste des 23 pour l'Euro, qu'il lui fait débuter en tant que titulaire. Mais à partir des quarts de finale, Deschamps préférant jouer avec deux milieux de terrain plutôt qu'à trois, Kanté doit laisser la place au duo Paul Pogba-Blaise Matuidi. Il n'empêche que Kanté a gagné ses galons d'international et il reste donc dans le groupe après le championnat d'Europe. Transféré à Chelsea, il ne déçoit jamais quand il est aligné, et quand il ne l'est pas, la

N'Golo Kanté

France perd, comme à Solna face à la Suède en juin 2017. Après ce revers sur le chemin du Mondial 2018, Kanté devient véritablement titulaire. En Russie, pour la Coupe du monde, il commence au centre d'un milieu à trois, entre Matuidi et Pogba, puis en duo de demi défensif avec Pogba jusqu'à la finale, où pour la première fois en 31 sélections, il ne donne pas sa pleine mesure et doit céder sa place à Steven Nzonzi à la 55e minute. Mais il est champion du monde et à 27 ans sa carrière est loin d'être terminée. Kanté remporte la Ligue Europa avec Chelsea au printemps 2019, mais, blessé, il doit renoncer à la fin de saison des Bleus. De nouveau blessé à l'automne, il ne joue qu'une fois avant la crise sanitaire. Après celle-ci, il peine un temps à retrouver la grande forme, bien qu'il soit l'auteur du but à Lisbonne qui donne à la France la victoire face au Portugal en novembre 2020, en Ligue des nations. Mais sa place n'est pas remise en cause, et il termine la saison en trombe avec Chelsea, vainqueur cette fois de la Ligue des champions, avant d'attaquer l'Euro 2021. Infatigable, il y tient son rôle habituel aux côtés de Pogba atteignant ainsi les 50 sélections en disputant l'intégralité des matches.

Matches joués : 2016 13 matches sur 17 ▪ **2017** 7 matches sur 11 ▪ **2018** 16 matches sur 18 ▪ **2019** 2 matches sur 5 | **But : 2016** 1 (Russie) ▪ **2020** 1 (Portugal) | **Titulaire :** 43 fois sur 50 | **Remplaçant :** 7 fois sur 50 (de L. Diarra 2 fois, Griezmann 3 fois, Pogba 2 fois) | **Resté sur le banc :** 10 fois | **Championnat d'Europe 2016 :** 4 matches sur 7 | **Coupe du monde 2018 :** 7 matches sur 7 | **Championnat d'Europe 2021 :** 4 matches sur 4 | **Sélectionneur :** Deschamps 50 fois

Samuel Umtiti

Défenseur
31 sélections, 4 buts

Né le 14 novembre 1993 à Yaoundé (Cameroun)

Première présélection : 30 mai 2016, à Nantes, France - Cameroun (3-2)

Première sélection : 3 juillet 2016 à Saint-Denis, France - Islande (5-2)

Dernière sélection : 8 juin 2019 à Konya, Turquie - France (0-2)

Dernière apparition : 11 juin 2019 à Andorre-la-Vieille, Andorre - France (0-4)

Clubs : 2015-2016 : Olympique Lyonnais (3 sélections) ▪ 2016-2019 : FC Barcelone (28 sélections)

Bilan : 23 victoires, 4 nuls, 4 défaites

Palmarès : Champion du monde 2018

Samuel Umtiti

Originaire du Cameroun, comme Jean-Alain Boumsong et Paul-Georges Ntep, Samuel Umtiti est un des grands espoirs lyonnais, dans le registre défensif, comme l'a été dans les années 90 Bruno N'Gotty. En 2013, il est champion du monde des moins de 20 ans, en Turquie, avec les Pogba, Zouma, Kondogbia, Areola. Mais Didier Deschamps, s'estimant déjà bien pourvu au poste de défenseur central, ne l'appelle pas et Umtiti se pose la question de son avenir en regardant du côté du Cameroun. Le sélectionneur l'inscrit toutefois dans sa liste de réservistes pour l'Euro. Une bonne idée puisque tour à tour, Raphaël Varane, Mamadou Sakho et Jérémy Mathieu doivent déclarer forfait : une hécatombe qui entraîne l'arrivée d'Umtiti avant le match de préparation à Nantes, contre… le Cameroun ! Un drôle de clin d'œil du destin, mais Umtiti reste sur le banc car c'est Adil Rami qui est associé à Laurent Koscielny en défense centrale. Et c'est aussi la charnière désignée pour l'Euro. Mais Rami récolte deux avertissements lors des quatre premiers matches et se trouve suspendu pour le quart de finale contre l'Islande. Umtiti est donc désigné pour jouer avec Koscielny, de préférence à Eliaquim Mangala. Ses débuts sont suffisamment convaincants face aux Islandais pour qu'il dispute ensuite la demi-finale et la finale de l'Euro, sa troisième sélection. C'est ce qui s'appelle une entrée par le haut ! Transféré dans la foulée au FC Barcelone, Umtiti est un temps écarté par le retour de Varane, mais il retrouve les Bleus en mars 2017 et cette fois ne les lâche plus, jouant alternativement avec Varane et Koscielny. Le forfait de ce dernier pour la Coupe du monde règle le problème : la charnière centrale des Bleus en Russie est Varane-Umtiti. Umtiti ne manque que le dernier match du premier tour, laissant sa place à Presnel Kimpembe face au Danemark. Pour le reste, solide, puissant, il fait bonne garde malgré des douleurs au genou. En demi-finale, à Saint-Pétersbourg, Umtiti inscrit le but de la victoire française face à la Belgique, à la 51e minute, en déviant de la tête un corner d'Antoine Griezmann, dans le but de Thibaut Courtois. Devenu champion du monde cinq jours plus tard à Moscou, Umtiti est lui aussi sur le toit du monde. Mais à partir de l'automne sa blessure récurrente au genou l'oblige à se mettre au repos. Il revient au printemps 2019 et ouvre le score contre l'Islande, de la tête. Mais entre les blessures et un temps de jeu de plus en plus réduit à Barcelone, Umtiti ne joue pas en Bleu lors de la saison suivante. Il sort ainsi du groupe et ne fait pas partie des huit défenseurs retenus pour l'Euro 2021.

Matches joués : 2016 4 matches sur 17 ▪ **2017** 10 matches sur 11 ▪ **2018** 13 matches sur 18 ▪ **2019** 4 matches sur 5 | **Buts : 2017** 1 ▪ **2018** 2 ▪ **2019** 1 | **Titulaire :** 30 fois sur 31 | **Remplaçant :** 1 fois sur 31 (de Koscielny) | **Resté sur le banc :** 10 fois | **Championnat d'Europe 2016 :** 3 matches sur 7 | **Coupe du monde 2018 :** 6 matches sur 7 | **Sélectionneur :** Deschamps 31 fois

Djibril Sidibé

Défenseur
18 sélections, 1 but

Né le 29 juillet 1992 à Troyes (Aube)

Première sélection : 1er septembre 2016 à Bari, Italie - France (1-3)

Dernière sélection : 26 juin 2018 à Moscou, France - Danemark (0-0)

Dernière présélection : 25 mars 2019 à Saint-Denis, France - Islande (4-0)

Club : 2015-2019 : AS Monaco (18 sélections)

Bilan : 11 victoires, 5 nuls, 2 défaites

Palmarès : Champion du monde 2018

Le poste d'arrière droit occupé ces dernières années par Bacary Sagna est ouvert à la concurrence après l'Euro 2016. Djibril Sidibé, qui était réserviste pour le championnat d'Europe, est le premier à se présenter et tient le poste toute la saison avec succès. Il la termine avec un but contre l'Angleterre, surgissant pour reprendre un ballon repoussé par le gardien Tom Heaton après un tir d'Ousmane Dembélé. Et si en novembre 2017, il déclare forfait, remplacé par Christophe Jallet, il est encore titulaire en mars 2018, face à la Colombie. Mais entre-temps, le jeune Benjamin Pavard a réussi à disputer des bouts de matches satisfaisants et se pose en candidat pour le Mondial. Sidibé se blesse alors avec Monaco et craint pour sa participation à la Coupe du monde. Finalement, Deschamps le sélectionne, ainsi que Pavard, de préférence à Mathieu Debuchy qui est réserviste. Estimant Sidibé encore un peu juste physiquement, le sélectionneur préfère aligner Pavard pour débuter le Mondial. Et comme il fait bien l'affaire, Sidibé ne peut jouer que le match des « coiffeurs », contre le Danemark à Moscou, pour laisser les titulaires au repos avant le 8e de finale. Après le titre de champion du monde, l'ordre reste établi, et Djibril Sidibé le n° 2 au poste de n° 2 des Bleus avant de disparaître des listes. Parti à Everton durant l'été 2019, il ne fait que des retours comme remplaçant, sans jouer. Revenu à l'été 2020 à Monaco, il enchaîne les bonnes performances, mais il ne retrouve pas pour autant sa place en équipe de France et ne fait pas partie des 26 pour l'Euro 2021.

Matches joués : 2016 6 matches sur 17 ▪ **2017** 8 matches sur 11 ▪ **2018** 4 matches sur 18 ▪ **2019** - | **But : 2017** 1 | **Titulaire :** 17 fois sur 18 | **Remplaçant :** 1 fois sur 18 (de Sagna) | **Resté sur le banc :** 14 fois | **Championnat d'Europe 2016 :** réserviste | **Coupe du monde 2018 :** 1 match sur 7 | **Sélectionneur :** Deschamps 18 fois

Ousmane Dembélé

Attaquant
27 sélections, 4 buts

Né le 15 mai 1997 à Vernon (Eure)

Première sélection : 1er septembre 2016, à Bari, Italie - France (1-3)

Dernière sélection : 19 juin 2021 à Budapest, Hongrie - France (1-1)

Clubs : 2015-2017 : Borussia Dortmund (7 sélections) ▪ 2017-2021 : FC Barcelone (20 sélections)

Bilan : 16 victoires, 8 nuls, 3 défaites

Palmarès : Champion du monde 2018

On n'a pas vu un tel phénomène depuis des lustres. Peut-être même jamais : Ousmane Dembélé, 19 ans, est un ambidextre d'une rapidité folle qui a mis le feu au championnat de France en une demi-saison avec le Stade Rennais. Sélectionné en Espoirs, il passe en « A » à la suite du forfait de Nabil Fekir, qui revient tout juste de blessure, et débute sans préavis contre l'Italie, en remplaçant Antoine Griezmann à l'heure de jeu. Dembélé vient alors d'arriver à Dortmund à qui Rennes l'a cédé devant son impatience capricieuse de jouer dans un « grand » club, exactement comme avant lui Anthony Martial et Kingsley Coman. Mais l'équipe de France reste une marche au dessus, et Dembélé ne réussit pas grand-chose lors de ses six premières sélections. C'est à la septième, pour le dernier match amical de la saison, qu'il parvient à se lâcher vraiment. Il marque contre l'Angleterre le but de la victoire au Stade de France, sur une passe de Kylian Mbappé en fin de match. Mais dès l'été suivant, Dembélé veut quitter Dortmund pour Barcelone et fait la grève de l'entraînement. Ce comportement d'enfant gâté agace Didier Deschamps qui doit lui faire la leçon en ne le reprenant pas à l'automne. Arrivé à ses fins à Barcelone, Dembélé se blesse et ne joue plus de l'année 2017. Remis sur pieds, Deschamps qui reste époustouflé par ses performances à l'entraînement, le réintègre dans son groupe en mars 2018 et l'inscrit dans les 23 pour la Coupe du monde, à la place de Martial et Coman qui ne sont que « suppléants ». Avant de partir en Russie, Dembélé inscrit un but splendide contre l'Italie, d'une balle déposée dans la lucarne de Salvatore Sirigu, quelques minutes après avoir frappé sur la barre transversale. Un but qui masque une prestation décevante mais qui confirme aussi son immense potentiel. En Russie, Dembélé est titulaire au premier match, attaquant coté gauche, mais il déçoit encore une fois et se retrouve sur le banc des remplaçants. Dans la phase finale du Mondial, il ne joue que les cinq dernières minutes du quart de finale contre l'Uruguay, alors que Mbappé, son cadet de dix-huit mois, s'impose sur toute la compétition. Malgré quelques incartades à Barcelone, Deschamps continue à croire fortement en lui après le Mondial, espérant qu'avec l'âge la maturité indispensable viendra. Blessé musculairement à répétition avec le FC Barcelone, il manque les matches de mars et de juin 2019, puis ceux de l'automne... La coupure due à la crise sanitaire n'arrange rien, et ce n'est qu'en mars 2021 que Dembélé retrouve les Bleus après avoir enfin enchaîné de façon convaincante les matches avec le Barça. Buteur au Kazakhstan, sur une passe de Martial, il est dans les temps pour participer à l'Euro 2021. Mais il ne le débute que comme remplaçant et il se blesse à nouveau quelques minutes après son entrée en jeu lors du deuxième match, contre la Hongrie... Ce qui le contraint à quitter prématurément la compétition pour se faire opérer puis à observer un nouvel arrêt de quatre mois.

Matches joués : 2016 3 matches sur 17 ▪ **2017** 4 matches sur 11 ▪ **2018** 14 matches sur 18 | **Buts : 2017** 1 ▪ **2018** 1 ▪ **2021** 2 | **Titulaire :** 10 fois sur 27 | **Remplaçant :** 15 fois sur 27 (de Griezmann 3 fois, Sissoko, Gameiro, Mbappé 5 fois, Giroud 4 fois, Coman, Rabiot 2 fois) | **Resté sur le banc :** 6 fois | **Coupe du monde 2018 :** 4 matches sur 7 | **Championnat d'Europe 2021 :** 2 matches sur 4 | **Sélectionneur :** Deschamps 27 fois

Sébastien Corchia

Défenseur
1 sélection

Né le 1er novembre 1990 à Noisy-le-Sec (Seine-Saint-Denis)

Première présélection : 7 septembre 2016, à Bari, Italie - France (1-3)

Première sélection : 15 novembre 2016 à Lens, France - Côte d'Ivoire (0-0)

Dernière présélection : 28 mars 2017, à Saint-Denis, France - Espagne (0-2)

Club : 2016-2017 : Lille OSC (1 sélection)

Bilan : 1 nul

Défenseur appliqué au Mans à partir de 2008, puis à Sochaux, Sébastien Corchia a souvent été pressenti pour le poste de latéral droit, mais toujours devancé par d'autres. Arrivé à Lille en 2014, Didier Deschamps le prend à l'automne 2016, comme doublure de Djibril Sidibé, et fini par lui donner une sélection en remplacement du Monégasque à la 69e minute du match amical contre la Côte d'Ivoire, à Lens. Trop peu pour se mettre en évidence. Il est pourtant rappelé en mars après une blessure de Sidibé lors du match contre le Luxembourg, mais c'est alors Christophe Jallet qui joue face à l'Espagne. Et Corchia n'est plus convoqué ensuite.

Match joué : 2016 1 match sur 17 | **Titulaire :** 0 fois sur 1 | **Remplaçant :** 1 fois sur 1 (de Sidibé) | **Resté sur le banc :** 5 fois | **Sélectionneur :** Deschamps 1 fois

Presnel Kimpembe

Défenseur
21 sélections

Né le 13 août 1995 à Beaumont-sur-Oise (Val-d'Oise)

Première présélection : 7 octobre 2016 à Saint-Denis, France - Bulgarie (4-1)

Première sélection : 27 mars 2018 à Saint-Pétersbourg, Russie - France (1-3)

Dernière sélection : 28 juin 2021 à Bucarest, France – Suisse (3-3 ap)

Club : 2016-2021 : Paris SG (21 sélections)

Bilan : 13 victoires, 7 nuls, 1 défaite

Palmarès : Champion du monde 2018

Voilà un jeune prometteur que le PSG a réussi à garder, et à faire jouer. D'origine congolaise, Presnel Kimpembe a du temps devant lui, mais Didier Deschamps le prend pour pallier le forfait d'Eliaquim Mangala à l'automne. Défenseur central costaud et adroit à la fois, il entame une carrière inédite pour un joueur de champ, sur le banc des remplaçants : Kimpembe cumule en un an 13 matches sans jouer. Il débute enfin, à l'occasion du match amical en Russie de mars 2018. En remplaçant Samuel Umtiti en fin de match. Douze minutes qui suffisent à le faire inscrire dans la liste des 23 pour la Coupe du monde ! Durant le Mondial, Kimpembe poursuit sa carrière de remplaçant assis sur le banc, ne jouant que le match contre le Danemark lors du premier tour alors que la France est déjà qualifiée pour les 8es de finale. Ayant appris à être patient, il peut profiter à l'automne suivant du forfait d'Umtiti pour enquiller enfin les matches, mais sans pouvoir lui prendre sa place. Blessé en fin de saison, il manque les matches de juin 2019, mais revient dans le groupe à l'automne, comme remplaçant. Umtiti perdant sa place au fil des mois, Kimpembe est alors en balance avec Lenglet pour jouer aux côtés de Varane en défense centrale. Le Parisien prend finalement le dessus en novembre 2020, avec des matches convaincants contre le Portugal en Ligue des nations, et attaque ainsi l'Euro 2021 dans la peau d'un titulaire. Associé à Varane, il fait la loi contre l'Allemagne, mais la suite est plus compliquée et le match contre la Suisse est difficile dans une défense remaniée avant le coup d'envoi et pendant le match. Mais il a le mérite d'aller transformer son tir au but dans la série qui élimine la France.

Presnel Kimpembe

Matches joués : 2016 - ▪ **2017** - ▪ **2018** 7 matches sur 18 ▪ **2019** 1 match sur 5 | **Titulaire :** 17 fois sur 21 | **Remplaçant :** 4 fois sur 21 (d'Umtiti 2 fois, Sakho, Kurzawa) | **Resté sur le banc :** 32 fois | **Coupe du monde 2018 :** 1 match sur 7 | **Championnat d'Europe 2021 :** 4 matches sur 4 | **Sélectionneur :** Deschamps 21 fois

Aymeric Laporte

Défenseur
0 sélection

Né le 27 mai 1994 à Agen (Lot-et-Garonne)

Première présélection : 7 octobre 2016 à Saint-Denis, France - Bulgarie (4-0)

Dernière présélection : 28 mars 2017, à Saint-Denis, France - Espagne (0-2)

Club : 2016-2017 : Athletic Bilbao (0 sélection) 2018-2021 : Manchester City

Expatrié, à l'image d'Antoine Griezmann, en Espagne depuis 2011, Aymeric Laporte s'est imposé comme un des meilleurs défenseurs de la Liga, au point de susciter l'intérêt de la Roja... International Espoirs, il piaffe pourtant d'impatience d'intégrer les Bleus et a le tort de le faire savoir. Didier Deschamps finit par le convoquer en octobre 2016, sans le faire jouer. Puis en mars 2017, après qu'Adil Rami s'est blessé, mais il ne lui donne toujours pas de temps de jeu, et ne le rappelle plus ensuite. Malgré son transfert réussi à Manchester City pendant l'été 2017, Laporte n'est même pas inscrit sur sa liste des réservistes pour la Coupe du monde 2018. Pourtant en septembre 2019, il est appelé par le sélectionneur : hélas, il se blesse deux jours plus tard avec Manchester City et ne peut répondre à la convocation... Blessé encore à l'automne 2020, il ne figure plus ensuite dans les « pré-convocations » de Didier Deschamps. Se sentant Ignoré, il finit par demander et obtenir la nationalité espagnole, et peut ainsi disputer l'Euro 2021, avec la « Roja »...

Resté sur le banc : 3 fois

Thomas Lemar

Attaquant
26 sélections, 4 buts

Né le 12 novembre 1995 à Baie-Mahault (Guadeloupe)

Première présélection : 11 novembre 2016 à Saint-Denis, France - Suède (2-1)

Première sélection : 15 novembre 2016, à Lens, France - Côte d'Ivoire (0-0)

Dernière sélection : 19 juin 2021 à Budapest, Hongrie - France (1-1)

Dernière présélection : 28 juin 2021 à Bucarest France - Suisse (3-3)

Clubs : 2016-2018 : AS Monaco (13 sélections) ▪ 2018-2021 : Atlético de Madrid (18 sélections)

Bilan : 16 victoires, 7 nuls, 3 défaites

Palmarès : Champion du monde 2018

Encore un pur talent déniché par le SM Caen ! Attaquant ou milieu de terrain offensif, Thomas Lemar est aussi discret en dehors des terrains que brillant balle au pied. Le forfait d'Antoine Griezmann blessé contre la Suède en novembre 2017, donne l'occasion à Didier Deschamps de l'appeler pour la première fois et de le faire jouer en fin de match contre la Côte d'Ivoire, à Lens. Alors qu'il participe à la formidable aventure européenne de Monaco, Lemar revient en fin de saison avec les Bleus, et réalise un match remarquable contre l'Angleterre, au Stade de France. Vitesse d'exécution et précision confirmées deux mois plus tard, face aux Pays-Bas où il marque deux fois en seconde mi-temps, d'une superbe reprise de volée (73e), puis sur un contre de Griezmann (88e). Positionné milieu offensif côté gauche, Lemar, représente le futur immédiat des Bleus, avec Ousmane Dembélé et Kylian Mbappé. Buteur encore contre la Colombie en mars, à la conclusion d'une superbe combinaison Griezmann-Mbappé, sa présence dans les 23 au Mondial ne fait pas de doute. Mais son rendement commence à chuter avec des rumeurs de transfert à l'Atlético de Madrid. Le flanc gauche étant rapidement pris par Blaise Matuidi, sa Coupe du monde se résume au match contre le Danemark, où il ne brille guère à Moscou, avec les autres remplaçants alignés que sont Mandanda, Kimpembe, Sidibé, Dembélé et Nzonzi. Après le Mondial, Lemar perd sa place et il ne joue que le match contre l'Islande, à Guingamp. Il n'est rappelé en mars 2019 qu'après le forfait d'Anthony Martial et ne fait que des entrées en fin de partie. Relancé en juin, il brille à Nantes face à la Bolivie, mais n'est que remplaçant ensuite... À l'automne, il continue à alterner les titularisations et les remplacements. Peu en vue à l'Atlético, il finit par perdre sa place chez les Bleus. Il la retrouve juste à temps pour l'Euro dans un groupe élargi à 26, mais il ne fait pas partie des titulaires et ne fait qu'une seule apparition, en remplacement de Dembélé quand celui-ci se blesse à la 87e minute face à la Hongrie...

Matches joués : 2016 1 match sur 17 ▪ **2017** 7 matches sur 11 ▪ **2018** 6 matches sur 18 ▪ **2019** 4 matches sur 5 | **Buts : 2017** 2 ▪ **2018** 1 ▪ **2019** 1 | **Titulaire :** 16 fois sur 26 | **Remplaçant :** 16 fois sur 26 (de Rabiot, Tolisso, Payet 2 fois, Mbappé 2 fois, Dembélé 2 fois, Thauvin 2 fois, Matuidi 2 fois, Kanté 2 fois, Ikoné, Coman) | **Resté sur le banc :** 20 fois | **Coupe du monde 2018 :** 1 match sur 7 | **Championnat d'Europe 2021 :** 1 matches sur 4 | **Sélectionneur :** Deschamps 26 fois

Adrien Rabiot

Milieu de terrain, 19 sélections

Né le 3 avril 1995 à Saint-Maurice (Val-de-Marne)

Première présélection : 11 novembre 2016 à Saint-Denis, France - Suède (2-1)

Première sélection : 15 novembre 2016 à Lens, France - Côte d'Ivoire (0-0)

Dernière sélection : 28 juin 2021 à Bucarest, France – Suisse (3-3 ap)

Club : 2016-2019 : Paris SG (6 sélections) 2019-2021 : Juventus Turin (13 sélections)

Bilan : 11 victoires, 7 nuls, 1 défaite

Comme Presnel Kimpembe, Adrien Rabiot est un grand espoir du PSG. Milieu de terrain capable de tout faire, il a réussi à s'affirmer parmi les stars recrutées à coups de millions par le club de la capitale. Performance qui n'échappe pas à Didier Deschamps qui le met sur sa liste des réservistes pour l'Euro 2016. Mais quand Lassana Diarra se blesse, il préfère Morgan Schneiderlin à Rabiot pour le remplacer... Il présélectionne néanmoins Rabiot en fin d'année 2016 et le titularise à Lens contre la Côte d'Ivoire. Une entrée en matière satisfaisante. Rabiot revient en mars et débute le match amical contre l'Espagne au Stade de France alors que Paul Pogba est forfait sur blessure. Pogba reprend sa place et Rabiot repasse sur le banc de touche ensuite, mais il reste dans le groupe. En octobre 2017, il fait une entrée décevante à Sofia quand il doit remplacer N'Golo Kanté, touché en première mi-temps, qu'il explique un peu naïvement par la peur de se blesser à son tour... Face à la concurrence grandissante de Corentin Tolisso et Steven Nzonzi, Rabiot après avoir été titulaire en amical face à la Russie en mars 2018, n'est finalement que réserviste pour le Mondial 2018, comme il l'avait été en 2016 pour l'Euro. Jugeant ce statut indigne de lui, il annonce par mail au sélectionneur qu'il ne faut pas compter sur lui. Estomaqué par sa réaction, Didier Deschamps, après avoir tenté en vain de le joindre, lui fait savoir qu'il tirera à l'avenir les conclusions qui s'imposent d'un tel comportement. C'est-à-dire qu'il se passera de ses services. Son transfert à la Juventus en 2019 n'y change rien dans un premier temps. Mais finalement ses performances à la hausse en Italie incitent le sélectionneur à lui redonner sa chance en septembre 2020 à l'occasion de la Ligne des nations... Titulaire, Rabiot ne déçoit pas, et livre même une excellente prestation, en milieu de terrain coté gauche, au Portugal en novembre : de quoi faire oublier Blaise Matuidi qui occupait ce rôle lors du Mondial 2018 et de lui ouvrir ainsi les portes de l'Euro 2021. Il débute donc cet Euro dans cette position contre l'Allemagne à Munich. Décevant ensuite contre la Hongrie, il est mis au repos contre le Portugal mais doit entrer en jeu comme arrière gauche après la blessure de Digne qui venait de remplacer Hernandez. À nouveau titulaire contre la Suisse en 8e de finale, son impact est trop déclinant au fil du match pour faire oublier Matuidi.

Matches joués : **2016** 1 match sur 17 ▪ **2017** 4 matches sur 11 ▪ **2018** 1 match sur 18 | **Titulaire :** 15 fois sur 19 | **Remplaçant :** 4 fois sur 19 (de Matuidi, Kanté, Pogba, Digne) | **Resté sur le banc :** 8 fois | **Championnat d'Europe 2016 :** réserviste | **Coupe du monde 2018 :** réserviste | **Championnat d'Europe 2021 :** 4 matches sur 4 | **Sélectionneur :** Deschamps 19 fois

2017

8 nouveaux joueurs
11 matches

25 mars : Luxembourg - France 1-3 (QCM)
28 mars : France - Espagne 0-2
2 juin : France - Paraguay 5-0
9 juin : Suède - France 2-1 (QCM)
13 juin : France - Angleterre 3-2
31 août : France - Pays-Bas 4-0 (QCM)
3 sept : France - Luxembourg 0-0 (QCM)
7 octobre : Bulgarie - France 0-1 (QCM)
19 octobre : France - Biélorussie 2-1 (QCM)
10 nov : France - Pays de Galles 2-0
13 novembre : Allemagne - France 2-2

Kylian Mbappé

Attaquant
48 sélections, 17 buts

Né le 20 décembre 1998 à Bondy (Seine-Saint-Denis)

Première sélection : 24 mars 2017, à Luxembourg, Luxembourg - France (1-3)

Dernière sélection : 28 juin 2021 à Bucarest, France - Suisse (3-3 ap)

Clubs : 2016-2017 : AS Monaco (4 sélections) ▪ 2017-2019 : Paris SG (44 sélections)

Bilan : 32 victoires, 10 nuls, 5 défaites

Palmarès : Champion du monde 2018

Impatient comme avant lui Anthony Martial, Kingsley Coman et Ousmane Dembélé, Kylian Mbappé est tout aussi talentueux, plus même, et avec un train d'avance tant sa maturité intellectuelle est précoce. Il émerge avec la vague monégasque qui balaie l'Europe en début d'année 2017. Et Didier Deschamps le sélectionne sans plus attendre, à 18 ans, en mars. Mbappé marque son premier but pour sa cinquième sélection, contre les Pays-Bas en 2017, après avoir remplacé Olivier Giroud à la 75e minute, sur une percée foudroyante puis un une-deux avec Sidibé. Il réussit son premier doublé en Russie, en mars 2018, en match amical à Saint-Pétersbourg. Dans le stade chauffé du Zenith, bien lancé par Pogba à la 40e, puis servi par Matuidi à la 83e. Il attaque donc le Mondial avec déjà 15 sélections. Il joue en soutien du duo d'attaque Giroud-Griezmann, avec une liberté d'action qui lui permet de passer d'un côté à un autre. Contre le Pérou, à Ekaterinbourg, Mbappé inscrit le seul but de la difficile victoire française, en reprenant une frappe contrée de Giroud. Puis il réalise, en 8e de finale à Kazan, contre l'Argentine, son match chef-d'œuvre du Mondial. À la 13e minute, il traverse tout le terrain et fini par être fauché par Rojo obtenant ainsi un penalty qui permet à Griezmann d'ouvrir le score. Puis il marque deux fois en quatre minutes (64e et 68e) sur des frappes sèches qui renversent l'Argentine. En finale, à Moscou, contre la Croatie, Mbappé réussit le quatrième but français, à la 65e minute : une frappe précise de 25 mètres après un contrôle, sur une passe de Lucas Hernandez. Un moment irréel, car aucune équipe n'avait marqué autant de buts en finale depuis le Brésil en 1970... Mbappé devient alors une vedette mondiale, comparée au « Roi Pelé », sacré lui aussi très jeune, en 1958, lors de la Coupe du monde en Suède. Forfait en septembre, Mbappé retrouve les Bleus en octobre. Et les sort d'un mauvais pas à Guingamp, face à l'Islande. Entré à la place de Griezmann à la 60e minute, Mbappé provoque un but contre son camp d'Eyjolfsson à la 86e minute, puis transforme à la 90e un pénalty qui permet à la France de sauver la face (2-2). Mbappé n'a pas encore 20 ans mais plus que jamais, l'équipe de France a besoin de lui. Buteur encore en Moldavie, puis contre l'Islande et Andorre, il atteint les 13 buts pour sa 33e sélection. Blessé à l'automne 2019, il ne joue qu'un match avant la crise sanitaire. Mais il retrouve ensuite sa place et continue à marquer, des buts et les esprits. À l'Euro, il est associé en attaque à Karim Benzema qui fait son grand retour, et Antoine Griezmann, soit la promesse d'une « attaque de feu ». Mais la fatigue accumulée et la surveillance accrue des défenses adverses l'empêchent de jouer un rôle décisif. Entre maladresse et excès d'individualisme, malgré plusieurs occasions, il ne parvient pas à marquer... Et comme dans un symbole, c'est lui qui manque le tir au but qui élimine la France face à la Suisse en 8e de finale.

Matches joués : 2017 10 matches sur 11 ▪ **2018** 18 matches sur 18 ▪ **2019** 5 matches sur 5 ▪ 2020 : 5 matches sur 8 ▪ 2021 : 9 matches sur 9 | **Buts : 2017** 1 ▪ **2018** 9 ▪ **2019** 3 ▪ **2020** 3 ▪ **2021** 1 | **Titulaire :** 39 fois sur 48 | **Remplaçant :** 9 fois sur 48 (de Payet, Griezmann 3 fois, Giroud, Coman, Dembélé, Martial, M. Thuram) | **Resté sur le banc :** 2 fois | **Coupe du monde 2018 :** 7 matches sur 7 | **Championnat d'Europe 2021 :** 4 matches sur 4 | **Sélectionneur :** Deschamps 48 fois

Kylian Mbappé

Benjamin Mendy

Défenseur
10 sélections

Né le 17 juillet 1994 à Longjumeau (Essonne)

Première sélection : 24 mars 2017 à Luxembourg, Luxembourg - France (1-3)

Dernière sélection : 20 novembre 2018 à Saint-Denis, France - Uruguay (1-0)

Clubs : 2016-2017 : AS Monaco (4 sélections) ▪ 2017-2019 : Manchester City (6 sélections)

Bilan : 7 victoires, 2 nuls, 1 défaite

Palmarès : Champion du monde 2018

Encore un joueur issu du Havre qui promet beaucoup et qui, après trois saisons à Marseille, surfe magistralement sur la vague monégasque de la saison 2016-17. Défenseur latéral gauche capable de jouer en avançant, Benjamin Mendy a un profil qui intéresse le sélectionneur. Il le fait débuter en douceur au Luxembourg, rencontre où il est passeur décisif pour Olivier Giroud en fin de match. En concurrence avec Lucas Digne et Layvin Kurzawa, Mendy s'impose, mais il se blesse lors de sa quatrième sélection, contre l'Angleterre. Transféré à Manchester City durant l'été, Mendy se blesse à nouveau, gravement cette fois au genou. Il ne reprend qu'en mai 2018, mais Didier Deschamps fait quand même le pari de le prendre dans les 23 pour la Coupe du monde. Pari risqué, Mendy ne peut jouer finalement que 40 minutes contre le Danemark, en remplaçant Lucas Hernandez lors du dernier match sans enjeu du premier tour. Revenu après le Mondial à son niveau, Mendy dispute le dernier match de l'année face à l'Uruguay, mais blessé à nouveau il n'est pas rappelé de la saison.

Matches joués : 2017 4 matches sur 11 ▪ **2018** 6 matches sur 18 | **Titulaire :** 7 fois sur 10 | **Remplaçant :** 3 fois sur 10 (de Hernandez 3 fois) | **Resté sur le banc :** 8 fois | **Coupe du monde 2018 :** 1 match sur 7 | **Sélectionneur :** Deschamps 10 fois

Corentin Tolisso

Milieu de terrain
28 sélections, 2 buts

Né le 3 aout 1994 à Tarare (Rhône)

Première présélection : 24 mars 2017, à Luxembourg, Luxembourg - France (1-3)

Première sélection : 28 mars 2017, à Saint-Denis, France - Espagne (0-2)

Dernière sélection : 23 juin 2021 à Budapest, France – Portugal (2-2)

Dernière présélection : 28 juin 2021 à Bucarest (France – Suisse)

Clubs : 2016-2017 : Olympique Lyonnais (1 sélection) ▪ 2017-2021 : Bayern Munich (27 sélections)

Corentin Tolisso

Bilan : 21 victoires, 6 nuls, 1 défaite

Palmarès : Champion du monde 2018

Formé à l'école Lyonnaise, Corentin Tolisso occupe depuis quatre saisons déjà une place centrale dans le milieu de terrain de l'OL où son acharnement fait merveille. Bien que pourvu déjà dans ce secteur, Didier Deschamps le convoque pour les matches de mars, alors que Paul Pogba est forfait. Tolisso souffre pour ses débuts face à l'Espagne au Stade de France et ne revient pas en juin. Mais, après avoir été transféré au Bayern Munich, il est rappelé en septembre, comme remplaçant, puis en octobre comme titulaire. Associé à N'Golo Kanté et Blaise Matuidi, Tolisso réalise un match solide à Sofia contre la Bulgarie et reste titulaire pour les trois matches suivants. Il a gagné sa place dans les 23 pour la Coupe du monde 2018 et débute même la compétition titulaire, à Kazan, face à l'Australie. Mais ce n'est pas une grande réussite et il cède sa place en fin de match à Matuidi. Redevenu remplaçant, Tolisso entre en jeu contre l'Argentine, puis joue face à l'Uruguay parce que Matuidi est suspendu. Il le remplace à nouveau en fin de match, contre la Belgique et contre la Croatie en finale. Champion du monde comme ses anciens partenaires lyonnais Samuel Umtiti et Nabil Fekir, il reste néanmoins une option pour le sélectionneur. Malheureusement, il se blesse gravement au genou en septembre ce qui l'éloigne des terrains pour six mois. Mais un an plus tard, Tolisso revient en force : il est titulaire pour les six matches de l'automne 2019 et marque à Tirana son premier but en Bleu dès la 8e minute. Il marque à nouveau onze mois plus tard contre l'Ukraine en amical et semble désormais incontournable en Bleu. Cependant une grave blessure à la cuisse durant l'hiver compromet sa saison car il doit être opéré. Mais il parvient à se rétablir, contre toute attente, en trois mois et est donc prêt pour l'Euro 2021. Mais le retour de Rabiot le prive d'une place de titulaire pour les premiers matches. Il l'a retrouvée pour le troisième, contre la Hongrie, mais sans convaincre vraiment et il retourne sur le banc des remplaçants pour les 8es de finale.

Matches joués : 2017 5 matches sur 11 ▪ **2018** 10 matches sur 18 ▪ 2019 : 6 matches sur 11 ▪ 2020 : 2 matches sur 8 ▪ 2021 : 5 matches sur 9 | **Buts : 2019** 1 ▪ **2020** 1 | **Titulaire :** 20 fois sur 28 | **Remplaçant :** 8 fois sur 28 (de Kanté, Matuidi 5 fois, Benzema, Pogba) | **Resté sur le banc :** 11 fois | **Coupe du monde 2018 :** 5 matches sur 7 | **Championnat d'Europe 2021 :** 3 matches sur 4 | **Sélectionneur :** Deschamps 28 fois

Florian Thauvin

Attaquant
10 sélections, 1 but

Né le 26 janvier 1993 à Orléans (Loiret)

Première présélection : 24 mars 2017, à Luxembourg, Luxembourg - France (1-3)

Première sélection : 2 juin 2017 à Rennes, France - Paraguay (5-0)

Dernière sélection : 11 juin 2019 à Andorre la Vieille, Andorre - France (0-4)

Club : 2016-2019 : Olympique de Marseille (10 sélections)

Bilan : 8 victoires, 1 nul, 1 défaite

Palmarès : Champion du monde 2018

C'est le septième champion du monde des moins de 20 ans de 2013 à rejoindre les Bleus, après Pogba, Kondogbia, Areola, Digne, Umtiti et Zouma. Lancé par Bastia en première division, Thauvin a refusé de jouer pour Lille et insisté pour tenter sa chance à Marseille à l'été 2013, avant de partir en Angleterre deux ans plus tard, à Newcastle. Un choix malheureux car il est revenu à l'OM au bout de six mois, où il brille par intermittence, mais avec une abnégation qui intéresse Didier Deschamps. Il le fait donc venir en mars, mais sans le faire jouer. Le sélectionneur profite du match amical contre le Paraguay à Rennes pour lui faire disputer les dix dernières minutes, à la place de Griezmann. Il le conserve dans son groupe ensuite, mais Thauvin ne joue que huit minutes contre le Pays de Galles, puis neuf contre la Colombie au Stade de France, en mars 2018. Trois fins de matches c'est peu, mais suffisant avec ce qu'il montre aux entraînements pour faire partie des 23 de la Coupe du monde, alors que Kingsley Coman, Anthony Martial et Alexandre Lacazette sont mis sur la liste des suppléants. Pendant le Mondial, Thauvin conserve son statut de remplaçant. Il n'entre en jeu qu'une fois, contre l'Argentine en 8e de finale à Kazan, pour les quatre dernières minutes à la place de Kylian Mbappé. Champion du monde sans avoir jamais été titulaire, Thauvin débute enfin un match en octobre 2018, à Guingamp contre l'Islande. Mais il déçoit et sort au bout d'une heure de jeu alors que la France est menée 2-0... Il retrouve ensuite sa place sur le banc des remplaçants, entrant en fin de match du dernier match de l'année, face à l'Uruguay, puis en mars contre la Moldavie. Mais il est titulaire deux fois en juin 2019, contre la Bolivie et Andorre contre qui il marque un joli but en ciseau retourné. Mais sa saison 2019-2020 est gâchée par les blessures, et il ne porte plus le maillot bleu. Malgré une bonne saison 2020-2021 avec l'OM, il est ensuite victime de la concurrence en attaque. Il décide alors de tenter sa chance à l'été 2021 dans le championnat mexicain en rejoignant André-Pierre Gignac à Monterrey, qu'il a accompagné préalablement au Japon avec l'équipe de France olympique.

Matches joués : 2017 2 matches sur 11 ▪ **2018** 5 matches sur 18 ▪ **2019** 3 matches sur 5 | **But : 2019** 1 | **Titulaire :** 3 fois sur 10 | **Remplaçant :** 7 fois sur 10 (de Griezmann 3 fois, Mbappé 4 fois) | **Resté sur le banc :** 20 fois | **Coupe du monde 2018 :** 1 match sur 7 | **Sélectionneur :** Deschamps 10 fois

Tiémoué Bakayoko

Milieu de terrain
1 sélection

Né le 17 août 1994 à Paris

Première présélection : 24 mars 2017, à Luxembourg, Luxembourg - France (1-3)

Unique sélection : 28 mars 2017 à Saint-Denis, France - Espagne (0-2)

Club : 2016-2017 : AS Monaco (1 sélection)

Bilan : 1 défaite

Auteur d'une bonne saison au Stade Rennais, Tiémoué Bakayoko a vite été vendu à Monaco. Milieu de terrain à la grosse activité, il participe à l'épopée européenne de Monaco en Ligue des champions, avec Kylian Mbappé, Thomas Lemar, Benjamin Mendy et Djibril Sidibé. Au point d'être retenu par Didier Deschamps en mars. Resté sur le banc au Luxembourg, Bakayoko entre en jeu contre l'Espagne, pour la seconde mi-temps à la place d'Adrien Rabiot. Mais il a le malheur de perdre un ballon plein axe qui débouche sur le deuxième but espagnol. Une bévue qui lui coûte sa place pour les matches suivants dans un secteur de jeu hautement concurrentiel. Parti ensuite à Chelsea où il ne parvient pas à s'imposer, Bakayoko n'est pas des 34 joueurs concernés par le Mondial 2018, le sélectionneur lui préférant comme réservistes Adrien Rabiot... qui déclinera finalement l'offre. Prêté au Milan AC pour la saison 2018-19, il se relance bien, mais ne retrouve pas les Bleus.

Match joué : 2017 1 match sur 11 | **Titulaire :** 0 fois sur 1 | **Remplaçant :** 1 fois sur 1 (de Rabiot) | **Resté sur le banc :** 1 fois | **Sélectionneur :** Deschamps 1 fois

Jordan Amavi

Défenseur
0 sélection

Né le 9 mars 1994 à Toulon (Var)

Première présélection : 7 octobre 2017, à Sofia, Bulgarie - France (0-1)

Dernière présélection : 10 octobre 2017, à Saint-Denis, France - Biélorussie (2-1)

Club : 2017-2018 : OGC Nice

Le forfait de Layvin Kurzawa pour les matches du mois d'octobre ouvre une place de défenseur latéral côté gauche. Didier Deschamps choisi le Niçois Jordan Amavi mais le laisse sur le banc, lui préférant Lucas Digne qui évolue au FC Barcelone désormais. Amavi n'est plus convoqué ensuite, malgré son transfert à Marseille, les places pour le Mondial revenant à deux nouveaux venus, Benjamin Mendy et Lucas Hernandez.

Resté sur le banc : 2 fois

Benjamin Pavard

Défenseur
38 sélections, 2 buts

Né le 23 août 1996 à Maubeuge (Nord)

Première sélection : 10 novembre 2017 à Saint-Denis, France - Galles (2-0)

Dernière sélection :28 juin 2021 à Bucarest, France - Suisse (3-3 ap)

Club : 2016-2019 : VfB Stuttgart (20 sélections) ▪ 2019-2021 : Bayern Munich (16 sélections)

Bilan : 27 victoires, 9 nuls, 2 défaites

Palmarès : Champion du monde 2018

Benjamin Pavard

Plutôt à son aise en équipe de France Espoirs, Benjamin Pavard a-t-il la carrure pour jouer au niveau supérieur ? Ancien joueur de Lille parti en D2 allemande, il évolue à présent en Bundesliga avec Stuttgart qui vient de remonter dans l'élite. Sidibé indisponible pour les derniers matches de novembre, Didier Deschamps choisit de titulariser Christophe Jallet, mais il a fait appel aussi à Pavard et lui fait disputer la seconde mi-temps contre le Pays de Galles au Stade de France. Plein de sang-froid défensivement et de culot offensivement, Pavard fait des débuts remarqués, qu'il confirme quatre jours plus tard à Cologne contre l'Allemagne. Deschamps le titularise pour la première fois en mars, contre la Russie à Saint-Pétersbourg, et Pavard décroche son billet pour le Mondial, en tant que doublure de Djibril Sidibé alors que Mathieu Debuchy est réserviste et Jallet oublié. Mais la blessure de Sidibé au printemps rend le Monégasque incertain et c'est Pavard qui débute la Coupe du monde au poste d'arrière droit, qu'il ne quitte plus, hormis pour le dernier match du premier tour. En 8e de finale à Kazan, l'improbable se produit, sur un centre tendu de Lucas Hernandez, Pavard parvient à reprendre de volée, ce qui permet à la France d'égaliser à 2-2. Un but sublime et capital pour les Bleus. C'est même le but du Mondial ! Sur un nuage, Pavard va jusqu'à la finale sans faiblir. Moins en vue avec Stuttgart à son retour en club, il n'en est pas moins transféré dès l'hiver au Bayern Munich pour la saison suivante alors qu'il reste titulaire en Bleu. Son arrivée au Bayern renforce sa position, son apport offensif ne se dément pas et il enchaîne les matches comme titulaire du poste d'arrière droit, marquant un but contre la Suède au passage, d'une belle volée, en novembre 2020. Titulaire à l'Euro, il est victime d'un gros choc à la tête contre l'Allemagne, lors du premier match, à Munich. Il a ensuite du mal à retrouver son meilleur niveau et réalise une compétition un peu décevante.

Matches joués : 2017 2 matches sur 11 ▪ **2018** 16 matches sur 18 ▪ **2019** 4 matches sur 5 ▪ 2020 : 4 matches sur 8 ▪ 2021 : 7 matches sur 9 | **But : 2018** 1 (Argentine) ▪ **2020** : 1 (Suède) | **Titulaire :** 33 fois sur 38 | **Remplaçant :** 5 fois sur 34 (de Jallet 2 fois, Sidibé 2 fois, Dubois) | **Resté sur le banc :** 6 fois | **Coupe du monde 2018 :** 6 matches sur 7 | **Championnat d'Europe 2021 :** 3 matches sur 4 | **Sélectionneur :** Deschamps 38 fois

Steven Nzonzi

Milieu de terrain
20 sélections

Né le 15 décembre 1988 à Colombes (Hauts-de-Seine)

Première sélection : 10 novembre 2017, à Saint-Denis : France - Galles (2-0)

Dernière sélection : 17 novembre 2020 à Saint-Denis, France - Suède (4-2)

Clubs : 2016-2018 : FC Séville (9 sélections) ▪ 2018-2019 : AS Rome (5 sélections) ▪ 2019 : Galatasaray SK Istanbul ▪ 2020-2021 : Stade Rennais (6 sélections)

Bilan : 15 victoires, 3 nuls, 2 défaite

Palmarès : Champion du monde 2018

Cela fait longtemps que Steven Nzonzi a quitté la France et Amiens, alors en D2, en 2009. Pour Blackburn, puis Stoke, et le FC Séville depuis 2015. Il a été en équipe de France Espoirs en 2010, avec Varane et Griezmann, mais il a disparu des radars ensuite. Il a presque 29 ans quand Didier Deschamps le convoque pour les derniers matches de l'année 2017. Nzonzi fait deux entrées en milieu de terrain, en seconde mi-temps face aux Gallois, puis aux Allemands, et rend une copie très propre. Sa tranquille assurance, sa sobriété et son grand gabarit (1,96 m) rassurent. Le sélectionneur l'inscrit donc dans sa liste des 23 pour le Mondial 2018, de préférence à Adrien Rabiot et Moussa Sissoko, ce qui est une surprise. En Russie, Nzonzi est un remplaçant discret. Il n'est titulaire que contre le Danemark pour le « match des coiffeurs », mais il entre en jeu ensuite dans tous les matches. C'est en finale qu'il joue le plus, relevant N'Golo Kanté, défaillant, dès la 55e minute. Transféré à l'AS Rome ensuite, alors que Maxime Gonalons fait le chemin inverse, malgré ses 30 ans, Nzonzi jouit toujours de la confiance du sélectionneur et reste dans le groupe des Bleus jusqu'à la fin de l'année. Mais il n'y réapparaît ensuite qu'en septembre 2019, sans jouer. Relancé par son transfert à Rennes à la fin de l'été 2020, Nzonzi retrouve les Bleus en même temps que son jeune coéquipier rennais Eduardo Camavinga les découvre… Il fait partie des sélections de septembre, octobre et novembre, alors que Pogba est absent sur blessure. Mais pas de celle de mars 2021. Il n'est donc pas de l'aventure pour l'Euro 2021.

Matches joués : 2017 2 matches sur 11 ▪ **2018** 12 matches sur 18 | **Titulaire :** 8 fois sur 20 | **Remplaçant :** 12 fois sur 20 (de Tolisso 2 fois, Matuidi 2 fois, Pogba 2 fois, Giroud 2 fois, Kanté, Griezmann, Mbappé, Rabiot) | **Resté sur le banc :** 8 fois | **Coupe du monde 2018 :** 5 matches sur 7 | **Sélectionneur :** Deschamps 20 fois

2018

6 nouveaux joueurs 18 matches

23 mars : France - Colombie 2-3
27 mars : Russie - France 1-3
28 mai : France - Eire 2-0
1er juin : France - Italie 3-1
9 juin : France - États-Unis 1-1
16 juin : France - Australie 2-1 (CM)
21 juin : France - Pérou 1-0 (CM)
26 juin : France - Danemark 0-0 (CM)
30 juin : France - Argentine 4-3 (CM)
6 juillet : France - Uruguay 2-0 (CM)
10 juillet : France - Belgique 1-0 (CM)
15 juillet : France - Croatie 4-2 (CM)
6 septembre : Allemagne - France 0-0 (LN)
9 septembre : France - Pays-Bas 2-1 (LN)
11 octobre : France - Islande 2-2
16 octobre : France - Allemagne 2-1 (LN)
16 novembre : Pays-Bas - France 2-0 (LN)
20 novembre : France - Uruguay 1-0

Lucas Hernandez

Défenseur
28 sélections

Né le 14 février 1996 à Marseille (Bouches-du-Rhône)

Première sélection : 23 mars 2018 à Saint-Denis, France-Colombie (2-3)

Dernière sélection : 23 juin 2021 à Budapest, Hongrie - France (3-3)

Dernière présélection : 28 juin 2021 à Bucarest, France - Suisse (3-3 ap)

Club : 2017-2019 : Atlético de Madrid

(15 sélections) ▪ 2019-2021 : Bayern Munich (13 sélections)

Bilan : 20 victoires, 7 nuls, 1 défaite

Palmarès : Champion du monde 2018

Lucas Hernandez

Encore un joueur qui n'a jamais évolué en France... Fils d'un ancien milieu de terrain de Marseille, Sochaux et Toulouse, Lucas Hernandez a grandi à Madrid quand son père jouait pour l'Atlético. Qu'il soit central ou latéral, sous la conduite de Diego Simeone, il est devenu un défenseur rigoureux, athlétique, tranchant. Un membre important des Colchoneros de l'Atlético. Toujours inquiet pour le poste d'arrière gauche, Didier Deschamps tente de l'incorporer en mars, à trois mois du Mondial. 20 minutes contre la Colombie puis 90 face à la Russie : c'est une réussite ! Il n'hésite donc pas à le sélectionner dans ses 23, à la place de Lucas Digne ou Layvin Kurzawa, en formation accélérée, alors que Benjamin Mendy est toujours incertain pour la Coupe du monde. Après avoir remporté avec Antoine Griezmann la Ligue Europa, à Lyon contre Marseille en mai (3-0), Hernandez part donc en Russie. Et il y dispute tous les matches en tant que titulaire ! Tonique, percutant, agressif, capable de couvrir tout le côté gauche du terrain, Hernandez est mieux qu'un débutant. Lors du 8e de finale contre l'Argentine, il centre magistralement pour Benjamin Pavard qui reprend pour inscrire un formidable but. Sa place de titulaire n'est plus remise en question après le Mondial, malgré le rétablissement de Mendy. Mais, blessé à son tour, il manque les rencontres après l'hiver jusqu'à la fin de saison où il est transféré au Bayern Munich. Revenu à l'automne, il est de nouveau blessé en fin d'année. Après la longue coupure due à la pandémie, Hernandez retrouve sa place sans soucis et peut attaquer l'Euro dans la peau d'un titulaire au poste d'arrière gauche. À Munich, « chez lui », il est à l'origine du but de la victoire française sur l'Allemagne, en centrant fort devant le but vers Mbappé, piégeant ainsi Hummels qui marque contre son camp. Mais une douleur au genou l'empêche de jouer le match suivant, puis le contraint à sortir lors du troisième... Remplaçant contre la Suisse, le sélectionneur ne veut pas prendre de risque en le faisant entrer en jeu. À juste titre car il devra se faire opérer ensuite et sera indispinible au moins quatre mois.

Matches joués : 2018 15 matches sur 18 ▪ 2019 : 2 matches sur 11 ▪ 2020 : 5 matches sur 8 ▪ 2021 : 6 matches sur 9 | **Titulaire :** 24 fois sur 28 | **Remplaçant :** 3 fois sur 15 (Digne, Bj. Mendy 2 fois) | **Resté sur le banc :** 9 fois | **Coupe du monde 2018 :** 7 matches sur 7 | **Championnat d'Europe 2021 :** 2 matches sur 4 | **Sélectionneur :** Deschamps 28 fois

Wissam Ben Yedder

Attaquant
14 sélections, 2 buts

Né le 12 août 1990 à Sarcelles (Val-d'Oise)

Première sélection : 23 mars 2018 à Saint-Denis, France-Colombie (2-3)

Dernière sélection : 8 juin 2021 à Saint-Denis, France - Bulgarie (3-0)

Dernière présélection : 28 juin 2021 à Bucarest, France - Suisse (3-3)

Club : 2017-2019 : FC Séville (4 sélections) 2019-2021 : AS Monaco (10 sélections)

Bilan : 10 victoires, 1 nul, 3 défaites

Surdoué balle au pied, Wissam Ben Yedder est un artiste qui a flambé au « futsal ». Recruté par Toulouse en 2010, il a été international Espoirs mais la virée nocturne en 2012 avec Yann M'Vila et Antoine Griezmann, l'en a écarté... À Toulouse, il fait néanmoins de bonnes saisons, il marque et fait marquer, et donc remarquer par le Séville FC qui l'engage en 2016. En Espagne, Ben Yedder confirme ses talents d'attaquant vif et adroit devant le but. Didier Deschamps décide de le tester, comme Lucas Hernandez à trois mois du Mondial 2018. Il joue ainsi contre la Colombie au Stade de France, après avoir remplacé Olivier Giroud au poste d'avant-centre. Mais c'est trop juste pour avoir le temps de se faire une place dans les 23 pour le Mondial. Il doit donc se contenter de celle de réserviste, comme Alexandre Lacazette et n'est pas rappelé ensuite avant juin 2019. Mais il profite de cette convocation pour se montrer : il entre contre la Bolivie et la Turquie, puis est titulaire en Andorre où il inscrit le deuxième but français. Revenu en France durant l'été, il flambe avec Monaco et reste donc dans le groupe bleu, avec un nouveau but contre Andorre en fin de match après avoir remplacé Giroud dont il devient la « doublure officielle ». Un temps menacé par Martial de retour en grande forme, Ben Yedder conserve sa place dans le groupe pour l'Euro mais avec l'arrivée de Benzema, son temps de jeu est encore plus limité. Et il doit se contenter de regarder depuis le banc de touche l'élimination prématurée de la France à l'Euro.

Matches joués : 2018 1 match sur 18 ▪ **2019** 7 matches sur 11 ▪ 2020 : 3 matches sur 8 ▪ 2021 : 3 matches sur 9 | **But : 2019** 1 | **Titulaire :** 5 fois sur 14 | **Remplaçant :** 9 fois sur 14 (de Giroud 5 fois, Mbappé 2 fois, Martial, Griezmann) | **Resté sur le banc :** 1 fois | **Coupe du monde 2018 :** réserviste | **Championnat d'Europe 2021 :** 0 matches sur 4 | **Sélectionneur :** Deschamps 14 fois

Benjamin Lecomte

Gardien de but
0 sélection

Né le 26 avril 1991 à Paris

Première présélection : 6 septembre 2018 à Munich, Allemagne - France (0-0)

Dernière présélection : 2 juin 2019 à Nantes, France - Bolivie (2-0)

Club : 2018-2019 : Montpellier HSC

Les forfaits d'Hugo Lloris et Steve Mandanda pour les deux premiers matches de la saison 2018-19 ouvrent les portes à un nouveau gardien, le Montpelliérain Benjamin Lecomte, qui devient donc le n° 3 derrière Alphonse Areola et Benoît Costil. Le retour des deux anciens l'écarte ensuite mais il s'est positionné et revient dans le groupe pour les matches de juin. Mais, tandis que Mandanda n'est pas retenu, arrive le Lillois Mike Maignan, pour une place de n° 3 derrière Lloris et Areola. De fait n° 4, Lecomte n'est sur le banc que pour un match, à Nantes contre la Bolivie, avant de rentrer chez lui. Transféré à Monaco pendant l'été, il n'est pas revu en Bleu ensuite, victime, comme Benoît Costil, de l'émergence du gardien lillois Mike Maignan.

Resté sur le banc : 3 fois

Tanguy Ndombele

Milieu de terrain
7 sélections

Né le 28 décembre 1996 à Longjumeau (Essonne)

Première sélection : 11 octobre 2018 à Guingamp, France - Islande (2-2)

Dernière sélection : 28 mars 2021 à Astana, Kazakhstan - France (0-2)

Dernière présélection : 31 mars 2021 à Sarajevo, Bosnie - France (0-1)

Club : 2018-2019 : Olympique Lyonnais (6 sélections) ▪ 2019-2021 : Tottenham Hotspurs Londres (1 sélection)

Bilan : 4 victoires, 1 nul, 1 défaite

Lorsqu'Amiens est monté pour la première fois de son Histoire en Ligue 1, on a vite aperçu un joueur qui sortait de l'ordinaire : Tanguy Ndombele. Une force de la nature, infatigable relayeur en milieu de terrain et adroit balle au pied. Transféré dès la fin août 2017 à Lyon, où il vient compenser le départ de Corentin Tolisso au Bayern, Ndombele est pressenti rapidement pour intégrer les Bleus. Il le fait après le Mondial 2018, en octobre, à Guingamp en succédant à Paul Pogba en seconde mi-temps contre l'Islande. Clin d'œil du destin, Ndombele n'avait pas été conservé par le club des Côtes d'Armor en 2014… Une entrée discrète, mais qui lui donne néanmoins le droit de revenir pour les matches suivants, jusqu'à la fin de la saison où il quitte l'OL pour Tottenham, le club d'Hugo Lloris et Moussa

Le onze de France qui va remporter la Coupe du monde 2018 le 15 juillet à Moscou : Paul Pogba, Samuel Umtiti, Lucas Hernandez, Raphaël Varane, Olivier Giroud, Hugo Lloris (debouts), Antoine Griezmann, Blaise Matuidi, Benjamin Pavard, N'Golo Kanté et Kylian Mbappé.

U MONDE
RUSSIE 2018
NALE
LLET 2018
OSCOU

Sissoko. Blessé en septembre 2019, il revient en octobre et novembre, mais il reste cette fois sur le banc des remplaçants. Revu après la coupure de la pandémie, en mars 2021, alors que Tolisso est blessé, il ne convainc pas suffisamment pour prendre une place parmi les 26 joueurs retenus pour l'Euro.

Matches joués : 2018 4 matches sur 18 ▪ **2019** 2 matches sur 5 ▪ 2021 : 1 match sur 5 | **Titulaire :** 4 fois sur 7 | **Remplaçant :** 3 fois sur 7 (de Pogba, Mbappé, N'Nzonzi) | **Resté sur le banc :** 8 fois | **Sélectionneur :** Deschamps 7 fois

Alasanne Pléa

Attaquant
1 sélection

Né le 10 mars 1993 à Lille (Nord)

Première présélection : 16 novembre 2018 à Rotterdam, Pays-Bas - France (2-0)

Unique sélection : 20 novembre 2018 à Saint-Denis, France - Uruguay (1-0)

Club : 2018-2020 : Borussia Mönchengladbach (1 sélection)

Bilan : 1 victoire

La liste des avants-centres formés à Lyon et qui arrivent en Bleu s'allonge. Après Karim Benzema, Anthony Martial et Alexandre Lacazette, voici Alasanne Pléa. Parti de l'OL en 2014, pour Nice, il évolue à Mönchengladbach depuis le début de la saison. Didier Deschamps constatant qu'il s'impose en Bundesliga, le convoque pour les derniers matches de l'année 2018 et Pléa peut ainsi remplacer Giroud contre l'Uruguay. Mais il reste sur la touche cette fois. Et contrairement à son coéquipier de Mönchengladbach Marcus Thuram, il n'est pas rappelé ensuite et manque donc le strapontin pour l'Euro 2021.

Match joué : 2018 1 match sur 18 **2019** 0 match sur 11 | **Titulaire :** 0 fois sur 1 | **Remplaçant :** 1 fois sur 1 (de Giroud) | **Resté sur le banc :** 1 fois | **Sélectionneur :** Deschamps 1 fois

Ferland Mendy

Défenseur
7 sélections

Né le 8 juin 1995 à Meulan (Yvelines)

Première présélection : 16 novembre 2018 à Rotterdam, Pays-Bas - France (2-0)

Première sélection : 20 novembre 2018 à Saint-Denis, France - Uruguay (1-0)

Dernière sélection : 14 octobre 2020 à Zagreb, Croatie - France (1-2)

Dernière présélection : 31 mars 2021 à Sarajevo, Bosnie - France (0-1)

Club : 2018-2019 : Olympique Lyonnais (4 sélections)

Bilan : 6 victoires, 1 défaite

Le poste d'arrière gauche est frappé par les blessures en fin d'année. Après Benjamin Mendy, c'est Lucas Hernandez qui doit déclarer forfait. Le titulaire devient alors Lucas Digne, et son remplaçant pour la première fois est Ferland Mendy. Formé au Havre comme son homonyme Benjamin Mendy, il réalise de belles prestations avec Lyon et Didier Deschamps lui donne sa chance contre l'Uruguay en amical où il fait bonne figure. Forfait à son tour pour les matches du mois de mars 2019, il revient en juin. Remplaçant pour les deux premiers matches, il est titulaire pour le troisième en Andorre et dans la foulée, il signe au Real Madrid ! Mais il enchaîne alors les blessures, et n'est pas revu de la saison 2019-2020. Son retour à l'automne 2020 est prometteur, mais de nouveau blessé, son rendement baisse un peu et en mars 2021, bien que sélectionné il n'est pas aligné. Et une nouvelle blessure le prive de l'Euro ensuite.

Matches joués : 2018 1 match sur 18 ▪ **2019** 3 matches sur 11 ▪ 2020 : 3 matches sur 8 ▪ 2021 : 0 match sur 5 | **Titulaire :** 4 fois sur 7 | **Remplaçant :** 3 fois sur 7 (de Digne 2 fois, Dubois) | **Resté sur le banc :** 4 fois | **Sélectionneur :** Deschamps 7 fois

2019

5 nouveaux joueurs
11 matches

22 mars Moldavie - France 1-4 (QCE)
26 mars France - Islande 4-0 (QCE)

2 juin France - Bolivie 2-0
8 juin Turquie - France 2-0 (QCE)
11 juin Andorre - France 0-4 (QCE)
7 septembre France - Albanie 4-1 (QCE)
10 septembre France - Andorre 3-0 (QCE)
11 octobre Islande - France 0-1 (QCE)
14 octobre France - Turquie 1-1 (QCE)
14 novembre France - Moldavie 2-1 (QCE)
17 novembre Albanie - France 0-2 (QCE)

Clément Lenglet

Léo Dubois

Défenseur
7 sélections

Né le 14 septembre 1994 à Segré (Maine-et-Loire)

Première sélection : 2 juin 2019 à Nantes, France - Bolivie (2-0)

Dernière sélection : 28 mars 2021 à Astana, Kazakhstan - France (0-2)

Dernière présélection : 28 juin 2021 à Bucarest (France - Suisse)

Club : 2018-2021 : Olympique Lyonnais (7 sélections)

Bilan : 6 victoires, 1 défaite

Le poste d'arrière droit est bien tenu désormais par Benjamin Pavard. Mais le sélectionneur désire voir ce que peut donner aussi Léo Dubois, formé à l'école nantaise qui n'a plus lancé d'internationaux depuis l'époque Landreau-Carrière. Passé à Lyon l'été précédent, Dubois a livré de très bons matches en Ligue des champions, et Deschamps le sélectionne donc pour les derniers matches de la saison. Dubois fait une entrée en douceur chez les Bleus, jouant la deuxième mi-temps contre la Bolivie, à Nantes justement, puis le match contre Andorre. Confirmé à l'automne, il termine l'année titulaire, avec une passe décisive en Albanie... S'il reste ensuite dans le groupe, son temps de jeu est de plus en plus limité car Pavard s'affirme comme incontournable et sa saison lyonnaise n'est pas exceptionnelle. Malgré tout, il est de l'aventure pour l'Euro 2021. Mais l'arrivée de dernière minute du jeune Koundé l'envoie en tribune pour les matches contre l'Allemagne et le Portugal. Remplaçant du remplaçant, il ne joue donc pas du tout durant le championnat d'Europe.

Matches joués : 2019 2 matches sur 5 | **Titulaire :** 6 fois sur 7 | **Remplaçant :** 1 fois sur 7 (de Pavard) | **Resté sur le banc :** 12 fois | **Championnat d'Europe 2021 :** 0 matche sur 4 | **Sélectionneur :** Deschamps 7 fois

Clément Lenglet

Défenseur
13 sélection 1 but

Né le 17 juin 1995 à Beauvais (Oise)

Première présélection : 2 juin 2019 à Nantes, France - Bolivie (2-0)

Première sélection : 11 juin 2019 à Andorre-la-Vieille, Andorre - France (0-4)

Dernière sélection : 28 juin 2021 à Bucarest, France - Suisse (3-3 ap)

Club : 2018-2021 : FC Barcelone (13 sélection)

Bilan : 10 victoires, 2 nuls, 1 défaite

Formé à l'AS Nancy, club qui ne peut plus se maintenir parmi l'élite française, Clément Lenglet a été capté par le FC Séville en janvier 2016. Et en toute discrétion, il s'est fait une place en Liga, suscitant l'intérêt du FC Barcelone qui l'a enrôlé à son tour en juillet 2018. Lenglet s'y est imposé en défense centrale, malgré la concurrence de

Samuel Umtiti, le champion du monde souvent blessé. Pressenti depuis plusieurs mois pour intégrer les Bleus, Lenglet est appelé pour les derniers matches de la saison et joue la rencontre face à Andorre. C'est le début d'une nouvelle aventure car à la rentrée 2019, il devient titulaire aux côtés de Varane et enchaîne les six matches disputés avant la crise sanitaire, avec en prime un but contre Andorre. Mais il perd sa place ensuite à l'automne 2020, au profit de Kimpembe dont il devient le remplaçant pour l'Euro 2021. Lenglet fait donc banquette jusqu'au 8e de finale contre la Suisse. Titularisé dans une défense relookée à trois, avec Varane et Kimpembe, il est peu à son aise. Surpris par Seferovic qui ouvre le score, il fait rapidement les frais de la réorganisation tactique des Bleus, cédant sa place à Coman après la pause.

Match joué : 2019 1 match sur 5 | **Titulaire :** 13 fois sur 13 | **Resté sur le banc :** 13 fois | **Championnat d'Europe 2021 :** 1 matche sur 4 |**Sélectionneur :** Deschamps 13 fois

Mike Maignan

Gardien de but
1 sélection

Né le 3 juillet 1995 à Cayenne (Guyane)

Première présélection : 2 juin 2019 à Nantes, France - Bolivie (2-0)

Première sélection : 7 octobre 2020 à Saint-Denis, France - Ukraine (7-1)

Dernière présélection : 28 juin 2021 à Bucarest, France - Suisse (3-3 ap)

Club : 2018-2019 : Lille OSC

Avec Dubois et Lenglet, Mike Maignan est le troisième nouvel appelé de l'année, pour les matches de juin. Le gardien lillois qui a réalisé une saison remarquable avec le LOSC, 2e du championnat, est convoqué en compagnie de Lloris, Areola et Lecomte, alors que Mandanda n'est pas dans le groupe pour la première fois depuis plus de dix ans. Areola joue le premier match et Lloris les deux suivants, mais alors que Lecomte est renvoyé chez lui après le premier, Maignan est de fait intronisé n° 3 des gardiens, en attendant mieux. Ce qui ne tarde pas. Entré en seconde mi-temps du match amical contre l'Ukraine à l'automne 2020, s'il encaisse un but, il fait par ailleurs la démonstration de ses talents à l'entraînement. Et en championnat, en devenant champion de France avec Lille avant d'être transféré au Milan AC. Devenu « n° 2 bis », il a écarté la concurrence et se pose en successeur de Lloris. Il participe à l'Euro sans jouer, attendant patiemment son heure.

Bilan : 1 victoire

Matches joués : 2019 0 match sur 11 ▪ **2020** 1 match sur 8 ▪ **2021** 0 match sur 9 | **Titulaire :** 0 fois sur 1 | **Resté sur le banc :** 25 fois | **Remplaçant :** 1 fois sur 1 (de Mandanda) **Championnat d'Europe 2021 :** 0 matche sur 4 |**Sélectionneur :** Deschamps 1 fois

Jonathan Ikoné

Attaquant
4 sélections, 1 but

Né le 2 mai 1998 à Bondy (Seine-Saint-Denis)

Première sélection : 7 septembre 2019 à Saint-Denis, France - Albanie (4-1)

Dernière sélection : 14 octobre 2019 à Saint-Denis, France - Turquie (1-1)

Dernière présélection : 8 septembre 2020 à Saint-Denis, France - Croatie (4-2)

Club : 2019-2021 : Lille OSC (4 sélections)

C'est la vraie nouveauté de liste de Didier

Deschamps en septembre : Jonathan Ikoné, né à Bondy comme Mbappé, formé au PSG et révélé au LOSC qu'il a choisi de rejoindre en 2018, après un prêt d'un an à Montpellier, pour avoir du temps de jeu. Choix judicieux car il performe avec l'équipe lilloise, surprise de la saison 2018-2019, dont il dynamise l'attaque sur le flanc gauche. Remplaçant contre l'Albanie, Ikoné marque en fin de match ! Titulaire ensuite contre Andorre, il réalise une passe décisive. Avec ces débuts réussis, il reste dans le groupe le mois suivant, entre deux fois en cours de jeu. Mais en novembre, le sélectionneur préfère le laisser en équipe Espoirs dont il a encore l'âge. Il revient dans le groupe au début de l'automne 2020, mais sans jouer. Moins souvent titulaire à Lille, malgré le titre de champion de France 2021, il reste alors avec les Espoirs et dispute avec eux la phase finale de leur Euro qui s'arrête en quart de finale.

Bilan : 3 victoires, 1 nul

Match joué : 2019 4 match sur 11 ▪ 2020 0 match sur 8 | **But :** 2019 | **Titulaire :** 1 fois sur 4 | **Resté sur le banc :** 25 fois | **Remplaçant :** 2 fois sur 6 (Suède, Croatie) | **Sélectionneur :** Deschamps 4 fois

Mattéo Guendouzi

Milieu de terrain
0 sélection

Né le 14 avril 1999 à Poissy (Yvelines)

Première présélection : 7 septembre 2019 à Saint-Denis, France - Albanie (4-1)

Dernière présélection : 17 novembre 2019 à Tirana, Albanie - France (0-2)

Club : 2019-2020 : Arsenal FC Londres

Formé comme Ikoné au Paris SG, Mattéo Guendouzi a vite compris que son avenir était ailleurs. C'est donc à Lorient qu'il a commencé sa carrière, comme Benjamin Lecomte. Mais après seulement une trentaine de matches, en Ligue 1 puis en Ligue 2, il est recruté par Arsenal en 2018 où il obtient suffisamment de temps de jeu pour se faire remarquer. International Espoirs, il passe en « A » à l'occasion du forfait de Paul Pogba en septembre 2019, puis de celui de Matuidi en novembre. Des entrées dans le groupe de Didier Deschamps, mais sans jouer… Peu utilisé ensuite à Arsenal, il retourne en Espoirs. Son transfert au Hertha Berlin à l'automne 2020 ne change pas grand-chose, il ne réintègre pas les Bleus pour l'Euro.

Resté sur le banc : 4 fois (Albanie, Andorre, Moldavie, Albanie) | **Sélectionneur :** Deschamps

2020

5 nouveaux joueurs
8 matches

5 septembre Suède - France 0-1 (LN)
8 septembre France - Croatie 4-2 (LN)
7 octobre France - Ukraine 7-1
11 octobre France - Portugal 0-0 (LN)
14 octobre : Croatie - France 1-2 (LN)
11 novembre France - Finlande 0-2
14 novembre : Portugal - France 0-1 (LN)
17 novembre : France - Suède 4-2 (LN)

Dayot Upamecano

Défenseur, 3 sélections, 1 but

Né le 27 octobre 1998 à Évreux (Eure)

Première sélection : 5 septembre 2020 à Stockholm, Suède - France (0-1)

Dernière sélection : 7 octobre 2020 à Saint-Denis, France - Ukraine (7-1)

Dernière présélection : 14 octobre 2020 à Zagreb, Croatie - France (1-2)

2020-2021 : RB Leipzig (3 sélections)

Formé à Valenciennes, champion d'Europe des moins de 17 ans en 2015, ce défenseur central costaud est engagé à l'été 2015 par le RB Salzbourg alors qu'il n'a pas 17 ans. Mais il joue d'abord en D2 autrichienne, avec Liefering, pendant une saison. Suffisamment bien toutefois pour revenir à Salzbourg puis pour passer ensuite au RB Leipzig en 2017. Ses prestations convaincantes en Bundesliga poussent Didier Deschamps à l'appeler à la fin de l'été 2020. Upamecano débute alors dans une défense inédite à trois, avec Varane et Kimpembe. Il enchaîne contre la Croatie (où il marque un but de la tête, sur un corner de Griezmann), puis contre l'Ukraine. Mais il sort au bout de 45 minutes sans avoir pleinement convaincu et il n'est pas rappelé ensuite pour les matches de novembre, ni pour ceux de mars 2021. Et malgré son transfert au Bayern Munich à la fin de la saison, il ne fait pas partie des 26 pour l'Euro.

Bilan : 3 victoires

Matches joués : 2020 : 3 matches sur 8 (Suède 1-0, Croatie 4-2, Ukraine 7-1) | **But :** 2020 : 1 (Croatie) | **Titulaire :** 3 fois sur 3 | **Resté sur le banc :** 1 fois sur 4 | **Resté en tribune :** 1 fois (Croatie) | **Sélectionneur :** Deschamps 3 fois

Eduardo Camavinga

Milieu de terrain, 3 sélections, 1 but

Né le 18 novembre 2002 à Moconje (Angola)

Première présélection : 5 septembre 2020 à Stockholm, Suède - France (0-1)

Première sélection : 8 septembre 2020 à Saint-Denis, France - Croatie (4-2)

Dernière sélection : 14 octobre 2020 à Zagreb, Croatie - France (1-2)

Club : 2020-2021 : Stade Rennais (3 sélections)

Né en Afrique, fraîchement naturalisé français après avoir passé son enfance à Fougères, près de Rennes, Eduardo Camavinga devient, à la fin de l'été 2020, le plus jeune international français depuis 1914 et Maurice Gastiger ! À 17 ans et 303 jours, après une saison exceptionnelle avec Rennes, Deschamps le lance dans le grand bain des « A », presque sans être passé par la case « espoirs », à la suite d'un forfait de Paul Pogba. Camavinga ne déçoit pas. Il fait une bonne entrée en milieu de terrain contre la Croatie, et confirme son culot le mois suivant, contre l'Ukraine. Titulaire cette fois, il ouvre le score d'une reprise acrobatique ! Il fait une autre entrée en jeu, en Croatie, et semble déjà s'installer... Mais il se blesse et manque les matches de novembre. La suite est plus compliquée, car il ne retrouve pas son punch de la saison passée et doit se contenter de réintégrer l'équipe Espoirs où ses performances sont décevantes, comme en championnat, ce qui ne lui ouvre pas les portes de l'Euro 2021.

Bilan : 3 victoires

Matches joués : 2020 : 3 matches sur 8 (Croatie 4-2, Ukraine 7-1, Croatie 2-1) | **But** 2020 : 1 (Ukraine) | **Titulaire :** 1 fois sur 3 | **Remplaçant :** 2 fois sur 3 (de Kanté, Tolisso) | **Resté sur le banc :** 2 fois sur 4 (Suède, Portugal) | **Sélectionneur :** Deschamps 3 fois

Houssem Aouar

1 sélection, milieu de terrain

Né le 30 juin 1998 à Lyon (Rhône)

Première et unique sélection : 7 octobre 2020 à Saint-Denis, France – Ukraine (7-1)

Dernière présélection : 14 octobre 2020 à Zagreb, Croatie - France (1-2)

Club : 2020-2021 : Olympique Lyonnais (1 sélection)

L'élégant milieu offensif lyonnais était dans l'antichambre des Bleus depuis un moment quand Didier Deschamps le convoque à l'automne 2020. Il est tout de suite titulaire en meneur de jeu derrière Martial et Giroud, face à l'Ukraine pour un festival offensif. Mais il ne rejoue pas les deux matches suivants, et ne fait pas partie de la sélection pour l'Euro 2021.

Bilan : 1 victoire

Matches joués :2020 : 1 match sur 8 (Ukraine 7-1) | **Titulaire** : 1 fois sur 1 | **Remplaçant** : 0 fois sur 1 | **Resté sur le banc** : 1 fois sur 2 (Croatie) | **Resté en tribune :** 1 fois (Portugal) | **Sélectionneur :** Deschamps 1 fois

Marcus Thuram

Attaquant
4 sélections

Né le 6 août 1997 à Parme (Italie)

Première sélection : 11 novembre 2020 à Saint-Denis, France - Finlande (0-2)

Dernière sélection : 28 juin 2021 à Bucarest, France - Suisse (3-3 ap)

Club : 2020-2021 : Borussia Mönchengladbach (4 sélections)

À l'automne 2020, Didier Deschamps cherche encore à renforcer son attaque, inquiet du peu de temps de jeu de Giroud, et des méformes de Dembélé ou Martial. Il tente Marcus Thuram, un des fils de son ancien partenaire Lilian Thuram... Formé à Sochaux, révélé à Guingamp, Marcus fait un gros début de saison en Bundesliga, avec Mönchengladbach aux côtés de Pléa, sélectionné l'année précédente. Même si ses débuts coïncident avec la première défaite de son histoire de la France face à la Finlande, Thuram junior a fait bonne impression au sein d'une attaque new-look, sans Mbappé et Griezmann, et aurait pu marquer deux fois. Il entre en jeu au match suivant, puis est de nouveau titulaire six jours plus tard face à la Suède, avant d'être remplacé par Mbappé. Un dérapage malheureux durant l'hiver (crachat sur un adversaire en championnat) lui cause un préjudice et il n'est pas de la sélection de mars. Le forfait de Martial et le passage de la liste de 23 à 26 joueurs lui rouvrent cependant la porte des Bleus, et le voilà à l'Euro. En tribune deux matches sur trois lors du premier tour, il entre en jeu durant la prolongation face à la Suisse en 8e de finale, à la place de Coman blessé. S'il ne marque pas, il a le cran de transformer son tir au but, le 3e de la série fatale à la France.

Bilan : 2 victoires, 1 nul, 1 défaite

Matches joués : 2020 3 matches sur 8 ▪ **2021** 1 match sur 9 | **Titulaire :** 2 fois sur 4 | **Resté sur le banc :** 2 fois | **Remplaçant :** 2 fois sur 4 (de Coman 2 fois) **Championnat d'Europe 2021 :** 1 matche sur 4 |**Sélectionneur :** Deschamps 4 fois

Marcus Thuram

Ruben Aguilar

Défenseur, 1 sélection

Né le 26 avril 1993 à Grenoble (Isère)

Première et unique sélection : 11 novembre 2020 à Saint-Denis, France - Finlande (0-2)

Dernière présélection : 18 novembre 2020 à Saint-Denis, France - Suède (4-2)

Club : 2020-2021 : AS Monaco (1 sélection)

Suivi depuis longtemps, son passage de Montpellier à Monaco en 2020, où il retrouve Benjamin Lecomte, lui offre une meilleure exposition. Ruben Aguilar est appelé à l'automne pour suppléer Ferland Mendy, blessé. Il joue vingt minutes face à la Finlande, à la place de Dubois, sans démériter, mais il n'est pas rappelé ensuite pour l'Euro 2021.

Bilan : 1 défaite

Matches joués 2020 : 1 match sur 8 (Finlande 0-2) | **Titulaire** : 0 fois sur 1 | **Remplaçant** : 1 fois sur 1 (de Dubois) | **Resté sur le banc** : 2 fois sur 3 | **Sélectionneur :** Deschamps 1 fois

2021

1 nouveau joueur
9 matches

24 mars : France - Ukraine 1-1 (QCM)
28 mars : Kazakhstan - France 0-2 (QCM)
31 mars : Bosnie - France 0-1 (QCM)
2 juin : France - Pays de Galles 3-0
8 juin : France - Bulgarie 3-0
15 juin : Allemagne - France 0-1 (CE)
19 juin : Hongrie - France 1-1 (CE)
23 juin : France - Portugal 2-2 (CE)
28 juin : France - Suisse 3-3 (CE) tab 4-5

Jules Koundé

Défenseur
2 sélections

Né le 12 novembre 1998 à Paris

Première sélection : 2 juin 2021 à Nice, France - Pays de Galles (3-0)

Dernière sélection : 23 juin 2021 à Budapest, France - Portugal (2-2)

Club : 2020-2021 : FC Séville (2 sélections)

Formé à Bordeaux, parti au FC Séville en 2019, ce brillant défenseur semblait destiné à l'Euro Espoirs, mais Didier Deschamps l'a finalement chipé à Sylvain Ripoll pour compléter son escouade défensive pour l'Euro 2021 à la place de Ferland Mendy, toujours blessé. Ses débuts en seconde mi-temps à Nice en match de préparation contre le Pays de Galles, comme arrière droit, à la place de Benjamin Pavard, sont si convaincants, qu'il devient son premier remplaçant de préférence à Léo Dubois. Titularisé contre le Portugal, Koundé semble cette fois un peu intimidé par l'enjeu. Blessé ensuite, il ne peut participer au 8e de finale contre la Suisse.

Bilan : 1 victoire, 1 nul

Matches joués : 2020 : 2 matches sur 9 | **Titulaire :** 1 fois sur 2 | **Remplaçant :** 1 fois sur 2 (de Pavard) | **Resté sur le banc :** 3 fois | **Championnat d'Europe 2021 :** 1 match sur 4 | **Sélectionneur :** Deschamps 2 fois

Jules Koundé

Coupe du monde

Championnat d'Europe

Statistiques arrêtées au 1er juillet 2021

Les sélectionneurs

De 1904 à 1919, quelques dirigeants se concertent pour former l'équipe de France. Puis, après les 37 premiers matches disputés avant la Première Guerre mondiale, un très officiel « Comité de sélection » est mis en place, le 13 novembre 1919. Il est décisionnaire jusqu'en 1960. La composition de ce Comité, fort de cinq ou six personnes, varie au fil des ans. On y trouve Gaston Barreau de 1919 à 1958, Jean Rigal de 1922 à 1936, Alexis Thépot de 1953 à 1956, Paul Nicolas de 1949 à 1956, date à laquelle celui-ci prend seul la tête de la direction de l'équipe de France. De temps à autre, un entraîneur est affecté aux matches de l'équipe de France : des Anglais, Charles Griffiths en 1924, Peter Farmer en 1928, Georges Kimpton en 1934-1936, puis Maurice Cottenet en 1938. Le fantasque Franco-Argentin Helenio Herrera et Paul Baron en 1945, Pierre Pibarot en 1949-1953, Albert Batteux en 1954-1960... Mais à partir de l'automne 1960, Georges Verriest devient le premier sélectionneur unique.

Georges Verriest (octobre 1960 - juillet 1964)

Après le premier championnat d'Europe, appelé Coupe d'Europe des Nations, dont la phase finale a été disputée en France, en juillet 1960, la mission de Georges Verriest est de poursuivre l'œuvre de Paul Nicolas qui avait mené les Tricolores jusqu'en demi-finale de la Coupe du monde 58 avant de décéder dans un accident de voiture le 3 mars 1959. Mais l'équipe de France est contrainte par la Bulgarie à un match d'appui pour participer au Mondial 62. Match qu'elle perd 1-0 à Milan, sur un but malheureux d'André Lerond contre son camp. Verriest, ancien capitaine de l'équipe des années 30, fait logiquement de Raymond Kopa son capitaine... avant de se fâcher avec lui ! Cette brouille à épisodes tire la France vers le bas : elle est éliminée en quart de finale du championnat d'Europe 1964 par la Hongrie (1-3, 1-2) et Verriest doit démissionner en juillet.

25 matches : 4 victoires, 6 nuls, 15 défaite

Buts : 34-45

Coupe du monde 1962 : non qualifiée

Euro 1964 : non qualifiée

Henri Guérin (août 1964 - 20 juillet 1966)

L'objectif assigné lors de l'été 1964 au Breton Henri Guérin est de retrouver le chemin de la Coupe du monde. L'ancien joueur du Stade Rennais, international en 1948-49, y parvient brillamment en éliminant la Yougoslavie, demi-finaliste du Mondial 62. Mais en Angleterre, il est mal secondé par des entraîneurs aux principes opposés, Lucien Jasseron et Robert Domergue. La France ne gagne pas un match et elle est éliminée sans gloire dès le premier tour. Guérin doit donc démissionner.

15 matches : 5 victoires, 4 nuls, 6 défaites

Buts : 15-18

Coupe du monde 1966 : 1er tour

José Arribas et Jean Snella (août 1966 - décembre 1966)

Après la déception du Mondial 66, un tandem original est installé à la tête de l'équipe de France, avec l'entraîneur du FC Nantes, José Arribas, et celui de l'AS Saint-Étienne, Jean

Snella. Deux équipes pratiquant le meilleur jeu du championnat... Mais au bout de six mois ils n'ont pas convaincu et sont remerciés.

4 matches : 2 victoires, 2 défaites. Buts : 8-7

Just Fontaine (janvier 1967 - juillet 1967)

La Fédération française, en panne d'idée, charge le caustique dirigeant de Toulouse, Jean-Baptiste Doumeng, homme d'affaires et membre du Parti communiste français, de rétablir la situation. Celui-ci choisit alors Just Fontaine pour diriger les Bleus. Mais deux défaites plus tard, en matches amicaux au Parc des princes contre la Roumanie et l'URSS, le « héros du Suède » est limogé sans ménagement !

2 matches : 2 défaites. Buts : 3-6

Louis Dugauguez (août 1967 - février 1969)

C'est au tour de l'entraîneur de Sedan d'être appelé à la rescousse après un an de tâtonnements complets. Avec Louis Dugauguez, l'équipe de France se qualifie pour les quarts de finale du championnat d'Europe 68. Mais pour participer au tournoi final, elle doit affronter la Yougoslavie en quart de finale et c'est trop dur pour elle. Après un match nul 1-1 à Marseille, la France est balayée 5-1 à Belgrade. Dugauguez a ensuite pour mission de lancer la France vers le Mondial 70, au Mexique. Mais le premier match de qualification est une catastrophe : à Strasbourg, les Français se font battre par les modestes amateurs norvégiens (1-0) et Dugauguez doit démissionner sur-le-champ.

9 matches : 2 victoires, 3 nuls, 4 défaites.

Buts : 13-19.

Euro 1968 : non qualifiée

Georges Boulogne (mars 1969 - juin 1973)

C'est un éminent cadre technique de la Fédération qui se voit assigner la tâche de relever l'équipe de France défaillante : Georges Boulogne. Et ça commence bien mal avec un 5-0 encaissé à Wembley en amical pour son premier match ! Boulogne tente ensuite en vain de rattraper la qualification pour la Coupe du monde 70, compromise par la défaite initiale contre la Norvège. Il manque aussi dans la foulée celle pour l'Euro 72, la France étant devancée dans son groupe par la Hongrie et la Bulgarie... Boulogne relance pourtant les Tricolores lors de matches amicaux, mais ils flanchent ensuite régulièrement lors des matches officiels. La France rate ainsi la qualification pour la Coupe du monde 74, malgré une victoire initiale sur l'URSS (1-0), en étant incapable de battre l'Irlande ensuite (1-2, 1-1). La défaite lors du dernier match, à Moscou (0-2), sonne le glas du sélectionneur resté quatre ans en place mais ayant échoué dans trois qualifications.

31 matches : 15 victoires, 5 nuls, 11 défaites.
Buts : 49-40.

Coupe du monde 1970 : non qualifiée

Euro 1972 : non qualifiée

Coupe du monde 1974 : non qualifiée

Stefan Kovacs (août 1973 - décembre 1975)

La France qui vient de manquer deux Coupes du monde de suite tente un « coup » avec un sélectionneur étranger, le Roumain Stefan Kovacs qui vient de passer deux ans à la tête de l'Ajax Amsterdam. Habile meneur d'hommes, le truculent Kovacs découvre le football français et multiplie les essais ainsi que les matches d'entraînement, avec comme objectif le championnat d'Europe 76. Mais si son équipe de France remporte des matches amicaux, elle est incapable de gagner ses matches officiels, face à la Belgique (1-2, 0-0) et la RDA (2-2, 1-2) et se fait donc éliminer pour la cinquième fois de suite d'une grande compétition. L'expérience Kovacs tourne donc rapidement court.

15 matches : 6 victoires, 4 nuls, 5 défaites

Buts : 22-15

Euro 1976 : non qualifiée

Michel Hidalgo (janvier 1976 - juillet 1984)

Pour succéder à Stefan Kovacs, la Fédération décide de miser sur un homme peu connu, l'ancien joueur de Monaco, Michel Hidalgo. Celui-ci a un coup d'avance car il a été le discret adjoint du Roumain pendant deux ans et connaît bien tous les joueurs. Il a l'intuition de miser sur deux équipes, Saint-Étienne, qui réveille le football français en Coupe d'Europe, et Nantes qui pratique un jeu séduisant. Il a aussi la chance de tomber sur Michel Platini qui débute avec lui... La combinaison fonctionne, et la France se qualifie pour le Mondial 78. Si elle ne passe pas le premier tour en Argentine, pour être tombée dans un groupe très difficile, elle progresse enfin. À nouveau éliminée en qualification du championnat d'Europe 80, par la Tchécoslovaquie, la France parvient à arracher son billet pour le Mondial 82 quand Hidalgo tente un coup de poker pour le match décisif face aux Pays-Bas en alignant trois n° 10 (Giresse, Genghini, Platini) derrière trois attaquants (Rocheteau, Six, Lacombe) ! En Espagne, après des débuts laborieux, la France se faufile jusqu'en demi-finale et livre à Séville un match d'anthologie face à l'Allemagne, qu'elle finit par perdre au bout de la nuit aux tirs au but. C'est le meilleur résultat des Français depuis 1958... Dans la foulée, Hidalgo mène les Bleus au sacre de l'Euro 84, en France, avec un Platini au sommet de son art. Il se retire alors, lui aussi au sommet. Une décision qu'il regrettera un peu par la suite...

75 matches : 41 victoires, 16 nuls, 18 défaites

Buts : 139-72

Coupe du monde 1978 : 1er tour

Euro 1980 : non qualifiée

Coupe du monde 1982 : demi-finale

Euro 1984 : vainqueur

Henri Michel (août 1984 - octobre 1988)

Dauphin désigné de Michel Hidalgo après 1982, Henri Michel s'est fait la main avec l'équipe de France olympique, médaillée d'or aux JO de 1984 à Los Angeles, puis a surfé sur le titre des champions d'Europe 84 jusqu'à la troisième place du Mondial 86. Mais au Mexique, c'est la fin de la « génération Platini », et lancer la suivante se révèle complexe pour Michel, malgré son grand passé d'international (1967-1980). La France manque ainsi la qualification pour le championnat d'Europe 88, face à l'URSS et la RDA, et débute mal les éliminatoires du Mondial 90 avec un match nul à Chypre (1-1). Ajouté à l'enchaînement de piètres prestations, ce nul coûte sa place à Henri Michel qui est limogé sans le moindre égard le 1er novembre 1988.

36 matches : 16 victoires, 12 nuls, 8 défaites

Buts : 46-2

Coupe du monde 1986 : demi-finale

Euro 1988 : non qualifiée

Michel Platini (novembre 1988 - juillet 1992)

Appelé au secours du football français, dix-huit mois après la fin de sa carrière, Michel Platini découvre le métier de sélectionneur sur le tas. Il ne parvient pas à qualifier l'équipe de France pour le Mondial 90, à cause de deux défaites en Yougoslavie (3-2) puis en Écosse (2-0) qui empêchent les Bleus de rattraper le point perdu à Chypre sous Henri Michel. Par contre, Platini réalise un sans-faute lors des éliminatoires de l'Euro 92 : dix matches, dix victoires, une grande première ! Avec ses succès en Espagne et en République tchèque, la France, portée aussi par le réalisme de Jean-Pierre Papin, est une des favorites pour le championnat d'Europe. Mais en Suède, elle ne gagne pas un match et Platini abandonne dans la foulée sa fonction, sans regret, pour se consacrer à l'organisation du Mondial 98.

29 matches : 16 victoires, 8 nuls, 5 défaites

Buts : 53-28

Coupe du monde 1990 : non qualifiée

Euro 1992 : 1er tour

Gérard Houiller (août 1992 - novembre 1993)

C'est l'adjoint de Michel Platini qui prend sa suite pendant l'été 92. L'ancien professeur d'anglais, qui a fait du PSG un champion de France en 1986, n'est pas un ancien international comme ses trois prédécesseurs, mais il redresse au fil des mois la barque bleue mal partie dans les éliminatoires du Mondial 94 avec une défaite en Bulgarie (2-0). Si bien que la France est en passe de se qualifier à l'automne 93, avec plus qu'un seul point à prendre sur deux matches à domicile. Mais ce sont deux défaites, face à Israël (3-2) puis la Bulgarie (2-1), à la dernière seconde. Houiller tente de rejeter la faute sur les joueurs, mais il est rapidement acculé à la démission.

12 matches : 7 victoires, 1 nul, 4 défaites

Buts : 20-13

Coupe du monde 1994 : non qualifiée

Aimé Jacquet (décembre 1993 - juillet 1998)

C'est à nouveau l'adjoint qui succède au sélectionneur démissionnaire. Mais temporairement. Car la Fédération, qui ne croit pas spécialement en Aimé Jacquet, a du mal à trouver un volontaire. Pourtant Jacquet en quatre mois fait ses preuves : la France n'ayant pas perdu un match, il est alors conservé. Il atteint son premier objectif en qualifiant les Bleus pour l'Euro 96, non sans mal, en collectionnant longtemps les matches nuls avant un succès libérateur en Roumanie (3-1). Mieux, il conduit les Bleus jusqu'en demi-finale en Angleterre, encore à coups de matches nuls. Mais il ne perd toujours pas et donc est confirmé pour le Mondial 98. Devant la faiblesse des prestations de l'équipe de France, l'inquiétude grandit à l'approche de la Coupe du monde et Jacquet doit essuyer des violentes critiques. Il semble improviser de plus en plus et les premiers matches du Mondial ne sont pas vraiment rassurants. Pourtant, la France parvient à passer les obstacles les uns après les autres, de justesse parfois, mais elle les passe jusqu'à la finale, la première de son histoire. Et dans une nuit magique à Saint-Denis, la France bat le Brésil champion du monde en titre, 3-0 ! Épuisé par quatre années de combat permanent, Jacquet se retire sur le toit du monde.

53 matches : 34 victoires, 16 nuls, 3 défaites

Buts : 93-27

Euro 1996 : demi-finale

Coupe du monde 1998 : victoire

Roger Lemerre (août 1998 - juillet 2002)

Comme en 1992, on peine à trouver un nouveau sélectionneur. Mais pour des raisons contraires. Non pas que personne ne croie plus aux Bleus mais parce que désormais on a peur de faire moins bien que Jacquet ! Du coup la Fédération pousse l'adjoint Roger Lemerre sur le devant de la scène. En bon soldat, le Normand accepte la mission, sous les regards goguenards de certains joueurs. Comme pour Henri Michel en 84, l'équipe de France est sous pilotage automatique et se qualifie pour l'Euro sans trop forcer ses talents, au dernier match, en réussissant à se faire peur pendant un quart d'heure face à l'Islande. Mais durant le championnat d'Europe, la France plane à nouveau. Écartant l'Espagne, le Portugal et l'Italie sur le même score de 2-1, après des matches à suspens qu'elle maîtrise au final. Double championne, du monde et d'Europe, c'est du jamais-vu ! Malgré une nervosité grandissante, Lemerre est conservé pour le Mondial 2002 auquel la France est qualifiée d'office et dont elle fait figure d'immense favorite. Mais en Corée, c'est la déconvenue brutale. Sans Pirès blessé en mars, puis Zidane en match de préparation, l'équipe de France patine. Pire, elle ne parvient pas à marquer un but en trois matches, du jamais-vu là non plus. Éliminés dès le premier tour, les Bleus retournent tête basse chez eux. Roger Lemerre qui avait signé une prolongation de contrat avant de partir en Corée, est remercié brutalement, à sa grande fureur.

53 matches : 34 victoires, 11 nuls, 8 défaites

Buts : 106-43

Euro 2000 : victoire

Coupe du monde 2002 : 1er tour

Jacques Santini (août 2002 - juillet 2004)

Dans la précipitation de l'éviction de Roger Lemerre, la France se cherche un nouveau sélectionneur. Elle se rabat sur Jacques Santini qui vient d'obtenir le premier titre de champion de France de Lyon. Discret et parfois maladroit, Santini hérite d'une équipe de France revancharde après le fiasco du Mondial 2002 et qui se qualifie aisément pour l'Euro 2004. Mais il commet l'erreur de se vexer quand sa demande de prolongation de contrat avant le championnat d'Europe lui est refusée, à cause de la récente « jurisprudence Lemerre »... Du coup, Santini annonce qu'il s'en ira après l'Euro. Plus vraiment maîtresse de la situation dès lors, l'équipe de France passe le premier tour mais pas le quart de finale, piégée comme toute l'Europe par la Grèce (1-0). Santini s'en va donc sans laisser une meilleure trace.

28 matches : 22 victoires, 4 nuls, 2 défaites

Buts : 69-13

Euro 2004 : quart de finale

Raymond Domenech (août 2006 - juillet 2010)

Il y a de longs débats pour trouver le nouveau sélectionneur. Plusieurs candidats cette fois, et finalement c'est celui de la Fédération qui est retenu : le sélectionneur des Espoirs Raymond Domenech. D'entrée celui-ci impose son style original et tente de tourner la page de 98. Il change rapidement de méthode devant les mauvais résultats d'une équipe de France qui s'embourbe dans les qualifications du Mondial 2006 et il doit son salut au retour providentiel de Zidane, Makélélé et Thuram qui avaient pris leurs distances avec la sélection après l'Euro 2004. En Allemagne, la France peine une fois de plus lors du premier tour, puis, menée par Zidane qui termine sa carrière, elle décolle de manière stupéfiante à partir des 8es de finale, renversant tour à tour l'Espagne, le Brésil et le Portugal pour s'offrir huit ans après une deuxième finale de Coupe du monde. Un match tendu contre l'Italie à Berlin par une soirée orageuse qui débouche sur l'expulsion improbable de Zidane et une défaite aux tirs au but. Ce scénario imprévisible laisse Domenech en place sans discussion. Il peut donc attaquer les qualifications de l'Euro 2008 sereinement. Elles sont globalement maîtrisées par les Bleus qui sortent invaincus face aux Italiens (3-1, 0-0) et aux Ukrainiens (2-0, 0-0). Mais en Suisse, le championnat d'Europe est un vrai fiasco. Avec un nul contre la Roumanie et deux défaites, face aux Pays-Bas et à l'Italie, la France est sortie dès le premier tour. Bien que de plus en plus conspué par le public, Domenech conserve son poste, avec comme objectif le Mondial 2010. Mais la France traîne comme un boulet une défaite d'entrée à Vienne, contre l'Autriche (3-1). Un retard qui n'est jamais rattrapé et qui oblige la France à un barrage, comme en 1949 et 1961. Elle parvient cette fois à se qualifier, mais au prix d'un vilain but contre l'Irlande, entaché d'une faute de main de Thierry Henry. Bien mal acquis, ne profite jamais : six mois plus tard, l'équipe de France est catastrophique sur le terrain en Afrique du Sud et ridicule en coulisse. Elle ne gagne pas un match, et se donne en spectacle à la planète entière en refusant de s'entraîner. Cette fois, le compte de Domenech est bon, il est licencié sans ménagement, après avoir été le sélectionneur le plus longtemps en poste de l'histoire de France.

79 matches : 41 victoires, 24 nuls, 14 défaites

Buts : 107-54

Coupe du monde 2006 : finale

Euro 2008 : 1er tour

Coupe du monde 2010 : 1er tour

Laurent Blanc (août 2010 - juillet 2012)

Le libero des Bleus champions du monde 98 vient de faire ses preuves en coachant les Girondins de Bordeaux, champions de France 2009. Alors il est convié sur le champ de ruine où son prédécesseur a laissé l'équipe de France. Il s'attaque avec conviction à la reconstruction et parvient sans trop de mal à qualifier la France pour l'Euro 2012, en réincorporant en douceur plusieurs des « mutins de Knysna ». Mais en Ukraine, Laurent Blanc ne s'implique pas assez et laisse certaines mauvaises manières revenir. La France qui ne domine pas suffisamment son sujet, ni sur le terrain ni en dehors, est sortie en quart de finale par l'Espagne (2-0), et la Fédération décide de ne pas prolonger le contrat de Blanc.

27 matches : 16 victoires, 7 nuls, 3 défaites

Buts : 40-17

Euro 2012 : quart de finale

Didier Deschamps (depuis août 2012)

Il y a longtemps qu'un sélectionneur n'avait pas été choisi à ce point à dessein. Le président de la Fédération, Noël Le Graët, voulait Didier Deschamps, il l'a. Persuadé qu'il est le seul homme capable de remettre l'équipe de France sur les bons rails, il lui laisse carte blanche. Après avoir stoppé sa carrière de joueur en 2003, Deschamps a réussi sa reconversion comme entraîneur à Monaco, Turin et Marseille. Le meneur d'hommes qu'il était sur le terrain, l'est aussi au bord du terrain et il ne se laisse pas faire par ses joueurs. Il remet en place ce qui doit être remis. Et même si la France doit encore passer par les barrages pour se qualifier pour le Mondial 2014, elle se qualifie proprement cette fois en battant l'Ukraine 3-0 au Stade de France un soir d'allégresse et de réconciliation nationale. Au Brésil, l'équipe de France alterne le bon et le moins bon. Mais en n'échouant qu'en quart de finale, face à l'Allemagne (1-0), elle prend date. Deux ans plus tard, elle est exacte au rendez-vous de l'Euro 2016 organisé en France. Elle bat l'Allemagne en demi-finale à Marseille (2-0) et se trouve présente pour une nouvelle finale. Mais contrairement à 1984, l'Euro sur son sol lui échappe lors de la prolongation contre la Portugal (1-0). Cette défaite participe à construire l'équipe de 2018. Fort de son expérience de champion du monde 98, Deschamps sait faire le bon dosage entre anciens et nouveaux. Il se prive de Benzema, son meilleur attaquant, pour assurer une tranquillité médiatique, mais lance un jeune surdoué, Mbappé. En Russie, la France commence doucement, comme en 98, puis accélère à partir des 8es de finale. Et elle grimpe jusqu'en finale : la troisième en vingt ans, mieux que n'importe quelle autre nation dans le même temps. À Moscou, le match contre la Croatie est irrationnel. La France marque sans vraiment dominer et s'impose 4-2 dans une finale au plus grand nombre de buts depuis 1958 ! Deschamps bat tous les records, champion du monde comme sélectionneur après l'avoir été comme joueur, il est devenu intouchable et atteint la barre symbolique des 100 matches dirigés avant la crise sanitaire du printemps 2020. Il attaque avec la confiance nationale l'Euro repoussé d'un an en 2021. Mais il y connaît son premier échec en ne passant pas le cap des 8es de finale, la France étant sortie aux tirs au but par la Suisse.

117 matches : 76 victoires, 23 nuls, 18 défaites

Buts : 234-98 (*)

Coupe du monde 2014 : quart de finale

Euro 2016 : finale

Coupe du monde 2018 : vainqueur

Euro 2021 : 8e de finale

(*) au 1er juillet 2021

Palmarès

Les records de sélections

(Au 1er juillet 2021, en gras les joueurs encore en activité)

1. Thuram 142
2. Lloris 129
3. Henry 123
4. Desailly 116
5. Giroud 110
6. Zidane 108
7. Vieira 107
8. Deschamps 103
9. Blanc et Lizarazu 97
11. **Griezmann 95**
12. Wiltord 92
13. Barthez et **Benzema 87**
15. Gallas, **Matuidi** et **Pogba 84**
18. Amoros et Y. Djorkaeff 82
20. **Ribéry** et Evra 81
22. Malouda 80
23. Pirès et **Varane 79**
25. Bossis 76
26. Platini 72
27. Makélélé, Trezeguet et **Sissoko 71**
30. Anelka 69
31. Abidal 67
32. Trésor et Sagna 65
34. Marche et E. Petit 63
36. Fernandez 60
37. Jonquet, Michel et Sagnol 58
40. Battiston 56
41. Dugarry 55
42. Papin 54
43. Karembeu 53
44. Six, Tigana et **Valbuena 52**
47. **Koscielny 51**
48. Bats, Lebœuf et **Kanté 50**

Les records de buts

(Au 1er juillet 2021, en gras les joueurs encore en activité)

1. Henry 51
2. **Giroud 46**
3. Platini 41
4. **Griezmann 38**
5. Trezeguet 34
6. Zidane et **Benzema 31**
8. Fontaine et Papin 30
10. Y. Djorkaeff 28
11. Wiltord 26
12. Vincent 22
13. J. Nicolas 21
14. P. Nicolas et Cantona 20
16. Baratte 19
17. Kopa et Piantoni 18
19. **Mbappé 17**
20. Blanc et Ribéry 16
22. Maes, H. Revelli et Rocheteau 15
25. Veinante, Pirès et Anelka 14
28. Six 13
29. Dewaquez, Wisniewski et Lacombe 12
32. Vaast, Cisowski, Stopyra et **Pogba 11**
36. Uljaki, Courtois, Loubet et Govou 10

Les adversaires de l'équipe de France par ordre d'apparition

Belgique 1904
Suisse 1905
Angleterre 1906
Pays-Bas et Danemark 1908
Italie 1910
Hongrie et Luxembourg 1911
Tchécoslovaquie 1920

Irlande 1921
Espagne 1922
Norvège 1923
Lettonie et Uruguay 1924
Autriche 1925
Portugal et Yougoslavie 1926
Argentine, Chili, Mexique et Écosse 1930
Allemagne 1931
Roumanie et Bulgarie 1932
Pays de Galles 1933
Suède 1935
Pologne 1939
Irlande du Nord 1951
URSS 1955
Islande 1957
Grèce, Paraguay et Brésil 1958
Finlande 1960

Sélection d'Afrique, Sélection d'Amérique centrale, et Colombie 1972
RDA 1974
Iran et Tunisie 1978
États-Unis 1979
Chypre 1980
Pérou et Koweït 1982
Canada 1986
Israël, Maroc 1988
Albanie 1990
Russie 1993
République tchèque, Australie, Japon, Slovaquie et Azerbaïdjan 1994
Arménie et Turquie 1996
Afrique du Sud 1997
Andorre, Arabie saoudite et Croatie 1998
Ukraine 1999
Cameroun, Sélection Fifa et Slovénie 2000
Corée du Sud et Algérie 2001
Sénégal, Malte et Serbie 2002
Égypte, Nouvelle-Zélande 2003
Bosnie et Féroé 2004
Costa Rica et Côte d'Ivoire 2005
Togo, Chine et Géorgie 2006
Lituanie 2007
Équateur 2008
Nigeria 2009
Biélorussie 2010
Estonie 2012
Jamaïque et Honduras 2014
Moldavie et Bolivie 2019
Kazakhstan 2021

Les adversaires par nombre de rencontres

74 fois : Belgique

41 fois : Angleterre

39 fois : Suisse et Italie

35 fois : Espagne

32 fois : Allemagne

28 fois : Portugal et Pays-Bas

26 fois : Yougoslavie

23 fois : Suède, Bulgarie, Hongrie et Autriche

20 fois : Tchécoslovaquie

18 fois : Luxembourg et Irlande

16 fois : Pologne, Écosse, Danemark et Roumanie

15 fois : Norvège, Islande et Brésil

12 fois : URSS et Argentine

11 fois : Ukraine

10 fois : Uruguay

9 fois : Israël, Irlande du Nord, Finlande et Albanie

8 fois : Grèce, Chypre et Croatie

7 fois : Mexique, Russie et RDA

6 fois : Pays de Galles, Japon, Féroé, Biélorussie et Turquie

5 fois : Australie, Paraguay, Arménie, Chili, Maroc, Serbie, Bosnie et Andorre

4 fois : Afrique du Sud, Colombie, États-Unis, Géorgie, Lituanie, Slovaquie, République tchèque et Tunisie

3 fois : Cameroun, Corée du Sud et Slovénie

2 fois : Azerbaïdjan, Malte, Costa Rica, Côte d'Ivoire, Pérou, Koweït, Équateur, Chine, Moldavie et Nigeria

1 fois : Lettonie, Sélection d'Afrique, Sélection d'Amérique centrale, Iran, Canada, Arabie saoudite, Sélection Fifa, Algérie, Sénégal, Égypte, Nouvelle-Zélande, Togo, Jamaïque, Honduras, Estonie, Bolivie et Kazakhstan

Remerciements

À Emmanuel Laureau qui a cru en ce projet inédit, faire défiler les joueurs de l'équipe de France par ordre de leur entrée en scène, du premier match en 1904 au dernier en cours, sans oublier les « sans sélection », ces joueurs appelés mais jamais élus. Un cortège monumental, forcément monumental.

À Laure Drocourt et l'équipe de Talent Sport, pour toute l'attention portée.

À Maxime Gillio pour sa relecture minutieuse et précieuse.

À tous les joueurs de l'équipe de France que j'ai pu croiser depuis le premier match que j'ai couvert pour *Ouest-France,* en 1992, ce France-Belgique flamboyant (3-3) au Parc des Princes, à jamais le meilleur écrin des Bleus même s'ils ont été champions du monde ailleurs.

À Michel Hidalgo, Henri Michel, Michel Platini, Gérard Houllier, Aimé Jacquet, Roger Lemerre, Jacques Santini, Raymond Domenech, Laurent Blanc, Didier Deschamps et Guy Stéphan, les sélectionneurs et leurs adjoints qui m'ont ouvert quelques portes en coulisses.

À Pierre Cavret, qui m'accompagnait amicalement à la prime origine de ce projet, alors que les Bleus n'étaient pas ce qu'ils sont aujourd'hui, en palmarès comme en nombre, loin de là.

Bibliographie

Équipe de France - Gilles Gauthey, 1962

Les coqs du football - Jacques Thibert, 1972 (Calmann-Lévy)

L'équipe de France de football - Jean-Philippe Rethacker, 1976 (Odil)

L'équipe de France de football 1904-1991 - Pierre Cazal et Michel Oreggia, 1992 (FFF)

Chronique des Bleus - Denis Chaumier, 2002 (Editions Chronique)

L'équipe de France de Football, La Belle histoire - 2004 (L'Équipe)

Le carré magique, quand le jeu était à nous - Patrick Lemoine, 2016 (Talent Sport)

Index

Impression & brochage sepec - France

Numéro d'impression : 19387210510 - Dépôt légal : septembre 2021

IMPRIM'VERT®

PEFC 10-31-1470 / Certifié PEFC / Ce produit est issu de forêts gérées durablement et de sources contrôlées. / pefc-france.org